U0940692

中国证券市场年鉴

（1994）

中国证券监督管理委员会编

主　编
刘鸿儒
副主编
童赠银　傅丰祥　王占臣

改革出版社

(京)新登字 053 号

责任编辑 蔺红英
装祯设计 李　萌
责任校对 高金利
监督印制 刘志豪

《中 国 证 券 市 场 年 鉴》
(1994)
中国证券监督管理委员会编
*
改革出版社出版发行
(北京东城安德里北街 23 号)
宏伟印刷厂印刷
*
889×1194 毫米 16 开本 52.5 印张 2359 千字
1994 年 10 月第 1 版　1994 年 10 月第 1 次印刷
印数　7000 册
ISBN7-80072-505-7/F·313
定价:180.00 元

《中国证券市场年鉴》编委会

序　言

中国当代证券市场的建立和发展，是改革开放中的一件大事情。这一方面标志着建立社会主义市场经济体制有了新的进展，另一方面在它给国民经济注入活力的同时，也带来了前所未有的复杂问题。面对这样一个全新的课题，我们要既积极，又稳妥地进行试验，不断研究新的情况，解决新的矛盾。《中国证券市场年鉴》从第一部开始，就应当逐年真实完整地记录证券市场发展的轨迹，努力将实践中总结出的经验上升到理论，推动中国的证券市场逐步走向成熟。

这几年来，中国证券市场从无到有，从小到大，从国内到国外，发展很快，但道路并不平坦。在曲折、艰辛的探索中，人们学到了许多从书本上学不到的知识，也树立了许多不经过实践难以形成的观念。从1992年成立国务院证券委员会和中国证券监督管理委员会以来，证券市场的法规建设和日常监管有了明显的起色。国务院有关部门、各级政府及其证券监管部门，为建立规范的证券市场秩序做出了积极的贡献。

今后，建立规范、成熟、开放的中国证券市场还有很长的路要走。希望中国的证券市场每年都有进步，也希望《中国证券市场年鉴》编得一年比一年好。

朱镕基

1994年6月29日

中国证券监督管理委员会简介

中国证券监督管理委员会(简称“证监会”)经国务院批准,于1992年10月在北京成立。成立证监会的目的是为了加强证券市场的管理,统一协调有关政策,建立健全监管工作制度,保护广大投资者的利益。它的成立,对完善证券管理体制,保障证券市场健康发展有着重要意义。

根据《国务院关于进一步加强证券市场宏观管理的通知》(国发[1993]68号)、《国务院关于坚决制止期货市场盲目发展的通知》(国发[1993]77号)和《国务院关于中国证券监督管理委员会列入国务院直属事业单位序列的通知》(国发[1994]2号),中国证券监督管理委员会为国务院直属事业单位,是国务院证券委员会的监管执行机构,依照法律、法规的规定对证券市场、期货市场进行监督和管理。其主要职责为:

(一)根据国务院和国务院证券委员会授权起草证券、期货法规,拟定证券、期货市场的管理规则和实施细则。

(二)依法对有价证券的发行、上市、交易及其相关活动进行监管。

(三)审查证券经营机构,证券清算、保管、过户、登记机构从事证券业务的资格,并对其业务活动以及其上述机构人员的从业资格进行监管。

(四)会同有关主管部门制定市场中介组织及其从业人员从事证券、期货业务的资格标准、业务规则和行为准则,并对其业务活动、从业行为进行监管。

(五)依法对证券交易场所、证券业协会的业务活动进行监管。

(六)依据证券委授权,对期货交易所、期货经纪机构的设立进行审核,对其活动进行监管。

(七)依法对向社会公开发行股票的公司实施监管。

(八)依法对境内企业直接或间接向境外发行具有股票性质、功能的证券以及在境外上市活动进行监管。

(九)依据有关法律、法规的规定,根据证券委授权或者会同有关部门对违反证券、期货法律、法规、实施细则和有关规则的行为进行调查、处罚。

(十)会同有关部门管理证券、期货市场信息,研究分析证券市场、期货市场发展形势和问题,根据证券委的要求,拟定证券、期货市场发展规划和战略。

(十一)组织、参与证券业、期货业对外交往与合作活动。

(十二)办理国务院和国务院证券委员会交办的其他事宜。

国务院证券委员会副主任刘鸿儒、童赠银分别兼任证监会主席、副主席,傅丰祥、李剑阁、朱利任副主席。根据上述职能,证监会设首席律师、首席会计师及相关业务部室。

总目录

Table of Contents

重要文献篇

重要文献篇

目录

一、国务院有关证券管理方面的重要文件

二、1993年中国证监会召开的重要会议文件

三、1993年的重要理论文章

一、国务院有关证券管理方面的重要文件

国务院关于进一步加强证券市场宏观管理的通知

（1992年12月17日　国发[1992]68号）

各省、自治区、直辖市人民政府，国务院各部委、各直属机构：

证券市场的建立和发展，对于筹集资金，优化资源配置，调整产业结构，转换企业经营机制，促进社会主义市场经济发展具有积极的作用。我国的证券市场在改革开放中得到恢复并有了较快发展，今年以来，在邓小平同志视察南方时的重要谈话和中央政治局全体会议精神的指导下，又有了进一步发展。但由于我国有关证券市场的法律、法规和监督体系还不健全，证券市场的操作经验不足，投资者缺乏必要的风险意识，一些地方推行股份制改革和发展证券市场存在着一哄而上的倾向，加之证券市场管理政出多门、力量分散和管理薄弱，使证券市场出现了一些混乱现象。为了加强证券市场的宏观管理，统一协调有关政策，建立健全证券监管工作制度，保护广大投资者的利益，促进我国证券市场健康发展，国务院已决定成立国务院证券委员会（简称证券委）和中国证券监督管理委员会（简称证监会）。这是深化改革，完善证券管理体制的一项重要决策，对于保障证券市场健康发展有着重要意义。现就进一步加强证券市场宏观管理的有关问题通知如下：

一、理顺和完善证券市场管理体制

（一）证券委是国家对全国证券市场进行统一宏观管理的主管机构，主要职责是：负责组织拟订有关证券市场的法律、法规草案；研究制定有关证券市场的方针政策和规章；制定证券市场发展规划和提出计划建议；指导、协调、监督和检查各地区、各有关部门与证券市场有关的各项工作；归口管理证监会。

（二）证监会是证券委的监管执行机构，由有证券专业知识和实践经验的专家组成，按事业单位管理，主要职责是：根据证券委的授权，拟订有关证券市场管理的规则；对证券经营机构从事证券业务，特别是股票自营业务进行监管；依法对有价证券的发行和交易以及对向社会公开发行股票的公司实施监管；对境内企业向境外发行股票实施监管；会同有关部门进行证券统计，研究分析证券市场形势并及时向证券委报告工作，提出建议。

（三）国务院有关部门和地方人民政府关于证券工作的职责分工是：国家计委根据证券委的计划建议进行综合平衡，编制证券计划；中国人民银行负责审批和归口管理证券机构，同时报证券委备案；财政部归口管理注册会计师和会计师事务所，对其从事与证券业有关的会计事务的资格由证监会审定；国家体改委负责拟订股份制试点的法规并组织协调有关试点工作；上海、深圳证券交易所由当地政府归口管理，由证监会实施监督，设立新的证券交易所必须由证券委审核，报国务院批准；现有企业的股份制试点，地方企业由省级或计划单列市人民政府授权的部门会同企业主管部门负责审批，中央企业由国家体改委会同企业主管部门负责审批。新建和在建项目的股份制试点审批办法另行下达。

（四）要充分发挥证券行业自律性组织的作用，逐步建立起有中国特色的，分层次的，各司其职、各负其责、协调配合的证券市场监督管理体系。

二、严格规范证券发行上市程序

为了确保证券发行与上市的质量，体现“公开、公正、公平”的原则，对证券的发行程序作如下规范：

（一）股票发行、上市的程序是：经过批准的股份制试点企业，经证监会认可的资产评估机构和会计师事务所进行资产评估和财务审核后，向企业所在地的省级或计划单列市人民政府提出公开发行上市股票的申请，地方企业由省级或计划单列市人民政府在国家下达给该地的规模内审批；中央企业由其主管部门商企业所在地的省级或计划单列市人民政府在国家下达给该部门的规模内审批；被批准的发行申请送证监会进行资格复审后，由上海、深圳证券交易所发行上市委员会审核批准，报证监会备案（同时抄报证券委），15 日内无异议即可发行。何时上市，由证券交易所发行上市委员会确定。

股票发行要借鉴境外成功经验。目前，可试行在每一个公司股票发行之前，无限量发售只收工本费的一次性认购表，在公证机关监督下公开抽签，中签后再交款购买股票的办法，或者试用国际上通用的其他办法。

证券委及各有关部门要密切注意研究解决股票发行、上市中出现的问题，不断总结经验，逐步完善有关的管理办法，把试点工作做得更好。

（二）其他证券发行的管理职责分工如下：国债由财政部负责；金融机构债券、投资基金证券由中国人民银行负责审批；国家投资债券、国家投资公司债券由国家计委负责审批；中央企业债券由中国人民银行和国家计委负责审批；地方企业债券、地方投资公司债券由省级或计划单列市人民政府负责审批。

证券的发行必须按上述程序和职责分工，在国家下达的规模内，经过严格财务审核、信用评级，按照产业政策的要求从严掌握。任何地区和部门不得越权审批、突破规模。在遵守国家有关规定的前提下，发行主体和代理单位可自主签订合同，并承担相应的责任，各地区、各部门不得干预其正常业务活动。

三、关于 1993 年的证券发行问题

1993 年证券的发行规模，由证券委根据有关部门提出的计划，结合全国经济发展情况提出计划建议，经国家计委综合平衡后，报国务院审批。分地区、分部门的年度规模，由国家计委会同证券委下达。各省、自治区、直辖市及计划单列市和国务院有关部门可在国家下达的规模内，各选择一两个经过批准的股份制企业，进行公开发行股票的试点（广东、福建、海南三省经批准可以适当增加试点企业的数目）；对 1992 年未经国家批准擅自公开发行股票、信托受益证券和超出国家规定范围发行内部股权证的地区，必须进行清理整顿并写出报告，经证券委审查合格后，再下达规模。债券的利率政策应当统一，对少数部门和企业违反国家规定高利率发行企业债券的现象，必须坚决制止。

四、进一步开放证券市场

为了更多更好地筹集资金，促进经济建设发展，我国的证券市场要逐步加快开放步伐，在加强统一管理的基础上，积极组织投资基金证券、可转换证券、信托受益证券等新品种的试点，丰富、活跃证券市场。要进一步放开搞活债券二级市场。要继续做好人民币特种股票（B 股）的试点工作。目前，我国证券市场有关法规尚不完善，各有关部门在制定与证券市场有关的对外开放政策时，要事先与证券委研究。选择若干企业到海外公开发行股票和上市，必须在证券委统一安排下进行，并经证券委审批，各地方、各部门不得自行其是。

五、抓紧证券市场的法制建设

健全法规是证券市场健康发展的法律保障。近期，证券委要组织有关方面抓紧完成《股票发行与交易暂行规定》（国家体改委和证监会牵头），《证券经营机构管理办法》、《投资基金管理办法》（中国人民银行牵头），《证券从业人员行为规范》（证监会和证券业协会牵头），《股票发行资格审查管理办法》（证监会牵头）等法规的起草修改工作；国家体改委要组织有关部门抓紧《证券法》的起草工作。上述法规，按规定程序批准后发布实施。

六、研究制订证券市场发展战略和规划，加强证券市场基础建设

证券市场是社会主义市场经济体系的重要组成部分，我国的证券市场经过多年的发展，虽已初具规模，但与

社会主义市场经济发展的要求还有很大距离。证券委要组织各有关方面，根据建立社会主义市场经济体制的要求和证券市场发展的规律，在充分调查研究的基础上，研究制订证券市场的发展战略和规划，不断加强和改善国家对证券市场的宏观调控，积极发挥证券市场对资金配置所具有的积极作用，努力克服并限制其自身的弱点和消极面，指导证券市场健康发展。要加强证券经营机构和证券交易所、证券业协会等机构以及全国证券交易系统的自身建设。要采取多种方式，大力培养证券专业人才。要建立证券市场的分析、预测和信息发布系统。积极开展对外交往与合作，学习借鉴境外的成功经验。

七、加强证券市场管理，保障证券市场健康发展

证券市场的稳定与健康发展，影响到国家的金融秩序、人民群众的切身利益和社会的安定，各地区、各部门要严格执行国家关于证券市场的有关规定，对突破国家计划规模或违反规定擅自发行股票、债券的，要严肃处理。要坚持两手抓，加强廉政建设，坚决查处在股份制企业设立和股票、债券发行上市等工作中的腐败行为和证券从业人员及会计、律师等人员利用职权违法违纪、营私舞弊的行为。对证券市场上出现的经济犯罪分子要坚决予以打击。

为了防止出现管理工作的脱节，各地区、各部门要按照证券委的统一部署和上述分工，各司其职，切实加强证券市场管理。各省、自治区、直辖市和计划单列市人民政府要指定一名负责同志分管证券工作，并将名单报证券委，抄送证监会 。

关于中国证券监督管理委员会职责的批复

（1993 年 1 月 28 日　证委发[1993]11 号）

中国证券监督管理委员会：

你会于 1993 年 1 月 12 日送来的《证监会职责和组建意见》收悉。根据国发[1992]68 号文《国务院关于进一步加强证券市场宏观管理的通知》精神，参考有关委员单位的意见，现批准《中国证券监督管理委员会职责》附后，望认真贯彻执行，并在实践中不断完善。

附件：《中国证券监督管理委员会职责》

附件：

中国证券监督管理委员会职责

中国证券监督管理委员会作为国务院证券委员会对证券业和证券市场进行监督、管理的执行机构，接受国务

院证券委员会的指导、监督、检查和归口管理。

中国证券监督管理委员会依法对证券业、证券市场进行全过程、全方位的监督、管理。其主要职责为：

1.根据国务院证券委员会授权起草或制定有关证券业和证券市场管理的规则和实施细则、起草证券法规。

2.监督、管理有价证券发行、上市、交易。

3.对证券经营机构、证券清算、保管、过户登记机构、投资基金经营机构和证券从业人员的业务活动进行监管；会同有关部门制定证券从业人员的资格标准和行为准则，进行监管。

4.会同有关主管部门审定从事证券业务的律师、会计师事务所，颁发证券业从业许可证书；规定前述专业人员为证券发行、交易及对上市公司监管等业务所提供的专业性报告、意见书的格式和所应包含的内容。

5.监督管理证券交易场所的业务活动。

6.监管上市公司及其有关人员执行证券法规的行为；审查上市公司的有关报告；监管上市公司的收购、兼并活动。

7.对境内企业直接或间接向境外发行股票和上市行为进行监管。

8.对违反证券法规、实施细则和有关具体规则的行为进行调查、提出意见，并提交有关部门进行处罚。

9.会同统计部门编制证券统计资料，研究分析证券市场形势，及时向国务院证券委员会报告证券市场运行中的重大问题并提出相应建议；向证券业和社会公众提供信息。

10.从事对外交往与合作事宜。

11.办理国务院证券委员会交办的其他事宜。

证监会作为证券委的监管执行机构，由有证券专业知识和实践经验的专家组成，按事业单位管理。办公经费主要是向证券交易场所、上市公司及证券经营机构等收取一定比例管理费用。

根据需要，证监会逐步在一些中心城市设立派出机构。目前先在上海、深圳设立，具体办法由证监会与上海、深圳市政府协商。

关于授权中国证券监督管理委员会查处证券违法违章行为的通知

（1993年8月17日　证委发[1993]42号）

中国证券监督管理委员会：

根据《股票发行与交易管理暂行条例》(以下简称《股票条例》)第七十五条的规定，特决定：你会可以依照《股票条例》规定，对有《股票条例》第七十条、第七十一条、第七十二条、第七十四条所列行为者进行处罚；但是对需要撤销当事单位的证券经营业务许可的处罚，应当商中国人民银行总行处理。

国务院关于坚决制止期货市场盲目发展的通知

(1993年11月4日　国发[1993]77号)

各省、自治区、直辖市人民政府,国务院各部委、各直属机构:

期货市场是市场发育的高级形态,其风险性和投机性很大,管理要求很高,根据我国现阶段的实际情况,除选择少数商品和地方进行试点探索外,必须严加控制,不能盲目发展。一九八八年以来,国务院有关部门在几个批发市场和交易所进行了部分引进期货交易机制的试点工作。近来,一些地方和部门竞相争办期货交易所或以发展期货交易为目标的批发市场,盲目成立期货经纪公司;一些执法部门也参与期货经纪活动;有些外资、中外合资或变相合资的期货经纪公司蓄意欺骗客户;一些境内外不法分子互相勾结搞期货经纪诈骗活动;一些单位和个人对期货市场缺乏基本了解,盲目参与境内外的期货交易,上当受骗,造成经济损失。这些问题虽然发生在少数地方,但涉及面广,影响很坏,隐患很大,严重干扰了期货市场试点工作的正常进行。为坚决制止期货市场的盲目发展,确保试点工作健康地进行,特作如下通知:

一、在期货市场试点工作中,必须坚持"规范起步,加强立法,一切经过试验和严格控制"的原则,加强宏观管理,实行统一指导和监管,不得各行其是。国务院决定,对期货市场试点工作的指导、规划和协调、监管工作由国务院证券委员会(简称证券委,下同)负责,具体工作由中国证券监督管理委员会(简称证监会,下同)执行。各有关部门要在证券委的统一指导下,与证监会密切配合,共同做好期货市场试点工作。未经证券委批准,不得设立期货交易所(中心)。

二、一律暂停审批注册新的期货交易和经纪机构。已经成立的各种期货交易机构,要按照国务院即将发布的期货交易法规重新履行审核批准手续,由证监会从严审核后报国务院批准,统一在国家工商行政管理局重新登记注册;重新审核后未予批准的,一律停止进行期货交易。期货交易法规发布前已经成立的各种期货经纪机构,要按照国家工商行政管理局发布的《期货经纪公司登记管理暂行办法》(中华人民共和国国家工商行政管理局令第11号)的规定,由证监会审核后,在国家工商行政管理局重新登记注册;外资、中外合资期货经纪公司,在有关涉外期货法规发布前,原则上暂不予重新登记注册,有关方面要切实做好善后工作。经重新审核不予登记注册的各种期货经纪机构,一律停止办理期货经纪业务。

三、取缔非法期货经纪活动。对那些以各种名义从事非法期货经纪业务的机构和个人,各级工商行政管理部门要会同有关部门严肃查处,坚决取缔。

四、对国有企业、事业单位参与期货交易,要从严控制。执法部门及其所属单位不得参与期货经纪活动。严禁用银行贷款从事期货交易。未经中国人民银行和国家外汇管理部门批准,一律不得从事金融期货业务和进行外汇期货交易。期货交易和经纪机构要切实完善风险防避措施。新闻单位要注意加强有关期货风险方面的宣传,提高人们的风险意识。

军队系统所办期货经纪机构的重新审核工作,由中央军委办公厅根据本通知精神商证监会制定具体办法。

二、1993年中国证监会召开的重要会议文件

股票市场的风险与管理

国务院证券委员会副主任
中国证券监督管理委员会主席 刘鸿儒

（1993年3月28日）

我国试行股份制和股票市场，对于融通资金，转换企业经营机制和调节经济结构的积极作用，已经越来越明显的发挥出来了，对于坚持公有制为主体的社会主义原则已经能够得到确实的保障。实践证明了马克思早在1858年曾经预言的，股份公司形式是可以导向共产主义的。所以，这项改革要坚持试验下去。但是，我们一定要看到，国际经验还告诉我们，股票市场是有很大风险的，它如同一柄双刃的利剑，既对经济发展产生积极的推动作用，也可能对经济生活带来不利影响，情况严重时可能出现大的风波，对经济造成震动，甚至引发社会问题，影响社会安定。对此，我们要始终保持清醒的认识。

在社会主义制度下建立股票市场，要求高、难度大。我们必须认真总结国际上发生股灾的经验教训，借鉴它们对付风险、加强管理的好经验和好方法。结合中国的实际，探索社会主义制度下股票市场健康发展的途径。

股灾难免发生，力求减少损失

从历史发展来看，早在17世纪末和18世纪初，在欧美一些信用经济关系发达的国家，已经出现了证券市场的萌芽。1773年在伦敦乔那森咖啡馆非正式交易的基础上，组织了英国第一个交易所。在17年之后，即1790年诞生了美国第一个交易所——费城交易所。220多年来，证券市场发展很快，先是债券，后是股票，发行量和交易量迅猛增加。

但是，随着股票交易的扩大，股灾也不断出现。

一、世界性的经济危机必然带来世界性的股灾

第一次是1929－1933年的股灾。第一次世界大战到1929年的10年，美国人均国民生产总值增长了53%，跃居世界诸经济强国之首。经济发展刺激了股票市场的繁荣。而信用急剧膨胀，大大超过了工业增长的速度，助长了生产过剩，也必然引发信用危机，最灵敏的反映是股市暴跌。当时，美、英等国对股票市场并没有健全的法规和强有力的管理机构，投机之风盛行，市场操纵、欺诈和信用交易大量出现，股市狂涨。在1929年，道·琼斯30种工业股票的指数，达到创纪录的452点，但从10月28日起急剧下跌。这一年的10月和11月两个月工业股票指数下跌了36%，损失260亿美元。1929－1930年这一年间，工业股票指数下跌了89%。在这次大危机中，企业大批倒闭，工业减产60%以上，直到1940年还没恢复到大危机前的水平。由于世界经济的相互渗透与联结，又使美国为先导的股灾波及到其他经济发达国家。

二、经济出现泡沫，必然出现股价大涨大落，造成股灾

第一次世界性的经济危机和股灾后，证券市场长期处于衰落时期。直到20世纪50年代，随着西欧和日本的

经济恢复和发展，以及美国经济的进一步膨胀，证券市场由清淡转向繁荣，到20世纪70年代出现了高度繁荣的现象。在这个期间，资本主义国家的股市经历无数次大小不同的波动后，又于1987年10月爆发了第二次世界性股灾。

1987年10月19日是星期一，美国纽约证券交易所出现抛售风潮，股价大幅度下跌，道·琼斯工业股票指数在一天之内下跌508点，跌落幅度高达23%，远远超过1929年10月股市崩溃时的一日之内的跌幅，人们称之为"黑色星期一"。在短短的几小时内，5000多亿美元的股票价值，竟像肥皂泡破灭一样化为乌有。对股市崩溃的恐慌迅速蔓延，全球各地的股票市场均相继出现了剧烈的股价下跌。10月19日，香港股票市场恒生指数创下暴跌420.8点的空前纪录，跌幅达11.12%，香港联合交易所面对严峻的形势，被迫采取停市4天的非常行动。10月19日，伦敦股市收盘时，金融时报指数一天之内下跌11%。日本东京证券交易所在19和20日两天内，日经股价指数共跌落4446.66点，跌幅为16.9%。其他地区如悉尼、法兰克福等地的股市也出现狂跌。在以后的几天之内，各主要股票市场仍然是动荡不安，股价下跌之风不止。股市的风潮很快波及到外汇市场，美元汇价大幅度下跌。对此，美国与西方各国政府一起联合采取行动，协调各国经济政策，试图恢复投资者对经济的信心，挽救股市，避免股市全面崩溃对世界经济造成难以挽回的损失。

1987年的世界性股灾是由一系列复杂因素造成的。首先，在很长一段时间内，西方国家股票市场一直是稳定增长。美国从1983年起，英国几乎从1975年起，欧洲大陆市场从80年代中期起股价就开始持续上涨。日本市场则从1965年起，整整上涨了一代人的时间。据统计从1982年到1987年，日本日经指数上升2.87倍；英国金融时报指数上升2.53倍；香港恒生指数上升3倍，德国法兰克福和澳大利亚悉尼股价指数分别上升2.41倍和4倍。美国在此期间，道·琼斯指数上升2.5倍，而国民生产总值仅增加20%。股市与经济增长相比，像一堆巨大的泡沫，掩盖了经济发展的实绩，形成了虚假繁荣的泡沫经济。与此同时，长时间的牛市给人们带来了乐观和幻觉，使人们在观察股票市场时总觉得它是正常的，只要投资就能赚钱，这种幻觉加剧了经济泡沫的膨胀。

其次，自80年代中期以来，大量的机构投资者，如养老基金、保险公司、投资基金等参与股票市场活动，使得市场规模扩大。随着电脑和现代通讯技术的广泛运用，股票市场进入全球一体化的时代，电脑和现代通讯手段把世界各主要股票市场都紧密地联系在一起，形成一个24小时几乎不中断地高速运转的全球市场，这同时也为世界性股灾的爆发和迅速传播提供了基础和条件。

第三，需要特别指出的是：80年代以来，发达国家推行金融自由化政策，采取扩张性货币政策，放松银根，使得市场资金充裕，同时放松金融管制使得资本在国际间大规模流动，相当一部分流到收益高的股票市场。许多投机者利用贷款大量吞吐股票，兴风作浪，助长了股市的大涨。泡沫经济在这种背景下得到进一步膨胀。

泡沫经济带来的市场虚假繁荣，一旦银根收紧，就会露出真容。在1987年10月原联邦德国提高利率，美元汇率受到影响，美国外贸逆差恶化以及海湾冲突发生，促使泡沫的破灭，引发了股市的狂跌，造成全球性股灾。日本的泡沫经济除了股票以外，还表现在房地产的过度投机，价格大幅度攀升。其后遗症不仅表现在1987年的股灾，而且1990年以来股价连续3年下跌，1992年初比1989年历史高点下降了57%，房地产交易锐减，积压大量的资金。泡沫经济加剧了市场的波动。

三、发展中国家和地区在证券市场刚刚兴起、法规不健全、投机盛行、大户操纵市场和股民风险意识很差的状况下，容易出现股市大起大落

台湾：从1963年建立证券交易所到1983年，出现过四次股灾，甚至出现过因股价暴跌，群众包围"经济部"，并由政府被迫购回国有企业发行的股票这种事情。1986年以后，台湾对外贸易出现巨额顺差，新台币升值，外汇管制放松，国际热钱大量涌入，又受纽约、东京股市攀高的影响，股价大幅上扬。1990年2月10日，台北证券交易所综合股价指数达到历史最高点12495点。台湾当局为稳定股市，采取强制性行政干预，出现股市第四次崩盘，到了1990年10月1日降至2564.7点，下跌了79.5%。

台湾股市狂涨的一个重要原因是台湾80年代经济高速增长，国民生产总值年均增长8.2%，外汇储备到80年代末达750亿美元，国民储蓄率保持较高水平，占国民生产总值的37%，人均收入超过7000美元，这都加强人们对经济的信心，同时向股市提供了资金来源。其次是股票供求失衡，到1989年上市公司只有181家，1990年底上市公司只增加到199家，上市股份面值总额为506亿新台币，而且上市股份中只有20%到40%为社会公众所持有，其余都掌握在政府和私人家族手中。第三是对证券公司监管控制不严。台湾当局1988年放松限制，证券公司数量猛增，由1987年的28家增加到1990年的373家，这么多的证券公司盲目竞争，推动股价上涨。由于对这

些证券公司监控不严，一些非法的地下投资公司得以在股市上兴风作浪，控制了成交量的40%左右。第四是个人投资者数量太大，盲目跟从大户。在台湾股市上，个人投资者占到95%，他们缺乏投资经验，盲目跟从大户买进卖出，而且容易听信各种谣言，往往是上当受骗。

香港：1973年也发生过一次地区性股灾。从1969年到1972年1月，香港先后有四家证券交易所开业，1972年的股票成交量比1971年增长了3倍。1973年股市进入猛烈上涨，恒生指数达到1774.96点，比1972年上升120%。但从3月以后股价开始下跌，持续了一年多时间。这一年的12月24日恒生指数下跌到400.01点，到1974年跌到150.11点，大部分股票的价格都跌到面额以下。

当时香港的股价狂涨，一方面因为政治、经济方面的有利因素，特别是经济发展前景看好，居民储蓄增加，外国资金纷纷入港，需要寻求投资出路。但是，更主要的还是因为市场上赌博性投机盛行，一些大财团制造谣言或散布传播虚假消息，借以操纵市场从中渔利；许多银行也加入投机行列。而当地的个人投资者缺乏股市投资知识和风险意识，只顾追求短期利益，很容易被投机者操纵。在这种情况下，尽管当局采取了不少限制股市过热的措施，但都无济于事。

海外投资资金在赚了大钱之后便撤出香港，估计有60亿至70亿美元之巨；本地财团公开小量买入，实际暗中大量卖出；银行收紧贷款，资金紧缺；新公司不断上市，吸收大量资金；政府对以买卖证券作为业务的人士征收资本利得税；小投资者因股价急跌也大量抛售；政府监管不完善，难以管制大户操纵市场的活动。因此，造成了股价狂跌。

印度尼西亚：1912年建立第一家证券交易所，买卖荷兰股票，1942年日本入侵后关闭。1952年印尼独立后重开，苏加诺总统实行国有化政策后，于1958年关闭。20年后的1977年又开办了证券交易所，但交易很不活跃，到1983年只有9家公司上市，主要是因为上市公司税收高，而银行存款免税，利息高。

1987年底以后，政府采取一系列措施培育股票市场的发展。1988年下半年开始，股票价格逐步上升，到1990年4月，雅加达证券交易所的雅加达指数达到最高峰682点（市盈率为80倍左右）。以后就开始走下坡路，到1991年降为最低点223点，锐降67.3%。股价大跌的主要原因是：

(1)为了改变股票供不应求的状况，追求上市公司的数量，不注意质量。在1989年上市公司只57家，股票供不应求助长股价上涨。印尼当局定下目标，要在1993年把上市公司增加到300家。这种一窝蜂的增加上市公司的做法，出现很多质量问题：提供的财务资料不足；因没有资产评估标准，上市公司资产评估不准；通过发行股票筹集的资金超过了实际的经营需要的承受力；利润预测不真实，抽查60个上市公司中有三分之二存在这个问题；还出现了一连串的丑闻。在这种情况下，一些原股票持有者担心新股上市带来股价下落，急着抛出股票。后来发现上市公司的质量问题多了，国内外投资者开始失去信心，纷纷抛出股票。

(2)法律制度不完善。印尼没有系统的法规监管证券业。已有的法规只是针对突发性问题的出现而临时制定的，忽视了整体的连贯性。这使证券从业人员感到无所是从，尤其是习惯于较高监管标准的外国公司更难适应。

(3)监管机构的职责不清，工作不力。印尼资本市场的监管机构，既负责政策制定，监管工作，又负责经营雅加达证券交易所。经营和管理合为一身，带来利益冲突，不可能进行有效的监管。此外，印尼证券条例不健全，使监管工作受到局限。

(4)贪污严重，股票市场难以按市场规则正常运作。印尼官方的政治风险调查报告指出，当地贪污情况是妨碍外国投资进入的重要原因。印尼资本市场成本高，其原因多是贪污造成的。

除上述国家和地区外，像韩国等也经历过类似的股票市场暴涨、暴跌。

从上述各国出现股灾的情况看，尽管各国有各自的特殊情况，发生股灾的原因也不尽相同，但从中可以看到，股票市场的变化是经济变化的结果，也是经济管理水平的体现。既然是市场，而且是反映最灵敏的市场，就必然会出现波动，股票价格总是要有涨有落，不可能永远跌下去，也不可能永远往上涨。在某种意义上说，出现股灾也是难免的，重要的是要做好工作，使管理跟上去，避免出现大的波动，防止引发社会问题，尽量减少损失。

接受经验教训，强化市场管理

股灾给经济带来震动，给股票市场的发展带来损害，同时也得到了经验教训。各国为避免股灾的再次发生，都尽力客观地分析每次股灾的成因，研究完善管理体制和市场运作的机制。30年代发生第一次股灾以来，以美国为首的诸多发达国家，在立法、监管和市场运作等方面做了大量的基础工作，逐步形成了一个法制健全、机构齐备、机制顺畅的证券市场监管和运作体系。正因为各国都接受了经验教训，采取了措施，1987年由“黑色星期一”为起点的全球股灾，不致于像30年代股灾那样影响大和时间持久。各国都能在较短的时间内采取措施，阻止股灾的蔓延，后遗症也较小。

总的来看，各国在总结经验教训，强化市场管理方面采取的措施，主要集中在以下几方面：

一、制定、完善法规

1929－1933年股灾发生时，美国几乎没有市场管理的法规，因此，股票市场充满着欺诈和操纵行为。对此，罗斯福总统上任后，即对市场进行了整顿，采取若干变革措施，第一条即是制定证券市场的管理法规。自此以来，美国基本上形成了比较完备的市场法规体系。到目前为止，美国证券市场的管理法规主要有6项。核心是保护投资者利益，维护市场稳定。是《1933年证券法》：要求公开发行有价证券的公司，必须向社会公众提供重要的信息资料，保证投资者根据这些信息资料对所发行的证券作出正确的价值判断。为此，该法要求公开发行的公司必须到美国证监会注册，并按规定的表格申报有关资料。是《1934年证券交易法》规定：从发行环节到证券交易领域，通过发行人及有关人员的持续的信息披露，保护市场上证券买卖双方的利益。该法要求证券经纪人和自营商、证券商协会、清算过户机构、全国性证券交易所、收购与合并、利用贷款从事证券业务、卖空以及证券商为客户借贷证券等必须向证监会注册。要求发行人、发行公司董事、持有10%以上股份的大股东等的交易活动必须向证监会或交易所报告。禁止市场操纵、欺诈活动。实际上，《1934年证券交易法》从证券交易市场的各方面和全过程，规范了市场参与者的行为，进一步保证了市场的公开性和公平性。此外，《1935年公用事业持股公司法》、《1939年信托契约法》、《1940年投资公司法》和《1940年投资顾问法》，都是为了保护投资人的利益，而对市场参与者行为加以规范，保障市场的平衡发展的。

香港在经历股灾之后，于1974年出台了《证券条例》和《保障投资人士条例》，此后1975年又出台了《公司收购与合并守则》等。《证券条例》确定：成立证券事务监察委员会，负责执行有关法案，监督证券交易活动；规定证券商、投资顾问必须向证监会注册；设立赔偿基金，使因经纪公司失职而遭受损失的客户可以得到赔偿；禁止不正常的交易活动，如：抛空、做假市和内幕交易等等。《保障投资人士条例》主要是禁止有关人士运用欺诈等手段，引诱投资者买卖证券，同时对有关招揽投资者投资的广告实施管制，保护投资人不受欺骗和误导。《公司收购与合并守则》则主要规定收购与合并的程序、原则、管理收购、合并活动，保护投资人的正当利益。

其他诸多国家在借鉴股灾教训，发展股票市场中，都建立了自己的法规体系。总的来看，各国的法规体系多是一部《证券法》或《证券交易法》为主，对主要法规中不完备或不细致之处，又制定了专门的法规。在各种法规项下，又制定了具体的管理规则和实施细则。在此之下，证券交易所和证券业协会又根据上述法律和规则，制定自律性管理规则，从而形成了法规全面、层次分明的证券市场的法规体系。为保障证券市场的健康发展奠定了基础。

二、建立健全监管机构

股灾的教训表明，证券市场的健康发展需要一个专门的监管机构，对市场实施统一管理，执行法规，及时发现问题并采取措施。因此，30年代股灾后，美国等一些西方国家采取的第二项措施即是成立证券和交易的专门监管机构。

从世界各国和地区的监管体系看，监管机构大致有两种模式：一种是有专门的监管机构，如美国、韩国、日本、香港、新加坡、泰国、法国、台湾等国家和地区，另一种是没有政府的专门监管机构，而建立了以自律管理为主的证券市场监管体系，如英国及一些欧陆国家。

美国的证监会是独立的、统一管理全国证券业的联邦管理机构，所有委员由美国总统任命，参议院批准，直接对国会负责。在证监会的管理职能以下，还有证券交易所和全国证券商协会这两方面的自律性管理机构，它们按证监会制定的规则，具体管理证券商及证券交易行为，是证监会实施其监管的重要手段。根据《1934年证券交易法》，证监会的主要职权包括：

1. 制定证券发行注册的规则，负责注册及审查工作，公开发行公司所披露的信息；2. 管理场内和场外交易，制定证券交易管理的原则和方法；3. 统一管理投资银行、证券经纪商、交易商、投资公司、投资顾问等市场参与者的设立和业务；4. 制定规则并监督、指导证券交易所和证券商协会的自律管理行为；5. 对违反证券法规的公司和个人提起民事诉讼，或建议联邦法院追究刑事责任；6. 有权对在证监会注册的机构和个人行使处罚权。

香港证券监察委员会建立于1973年股灾之后。1987年的股灾发生后，为加大其权力，变为香港证券及期货监察委员会。香港证监会与美国有所不同，即它是一个半官半民的准政府机构，委员会由不少于7名执行理事组成担任，均由香港总督任命。非执行理事主要来自民间的专业人士，如会计师、律师、经纪商、工商界人士等。经费来源除少量政府拨款外，主要来自交易所的规费收入。尽管香港证监会为半官半民的机构，但是其职责范围很广，是执法机构，与政府管理机构并没有实质性的差别。其所存在的差别，是设立半官方的机构，更利于吸引专家参与管理，不进入政府序列，工资、编制等可以不受政府的限制。

实际上，从世界各国和地区的情况看，集中、统一且有权威的监管机构的重要性，已经被越来越多的国家认识到。经历过股灾和股市风波后，印尼取消了资本市场委员会经营证券交易所的职能，使其专一于证券市场监管。日本经历股市丑闻及泡沫经济破裂后，朝野纷纷指责大藏省监管机构管理不力。为此，已于1992年成立了相对独立的证券委员会，试图加强其集中、统一监管的权威性。由此可见，建立独立的、集中统一的、有权威的证券监管机构是市场监管的趋势，是完善市场的重要措施之一。

三、保证上市企业的质量

对上市企业的质量要求，在不同的国家表现在不同的方面。美国的股票交易所，在企业申请上市时，除了考虑其经营的性质、产品的市场以及管理层的信誉外，还有一系列硬条件规定，其中纽约股票交易所有更严格的要求，如：持有100股以上的股东数目不少于2000人，或者股东总数超过2200人；除公司大股东、董事及高级职员以外，公众持有的股份不少于110万股；公众持股的市价总值不少于1800万美元；有形净资产不少于1800万美元；上一财政年度的税前利润为250万美元，前两年税前利润分别不低于200万美元；或者前三年税前利润总额不少于650万美元，且每年必须盈利。正因为纽约交易所这种严格的上市标准，使得一流的公司都愿意到纽约股票交易所上市，这既是一种信誉的象征，同时股市的高度流动性和股市的平稳发展，也为上市公司提供了大量的好处。

除了美国之外，其他各国和地区的证券交易所都对上市公司有大致相仿的条件要求。台湾除了在上市时有标准要求外，在发行环节也有最低条件限制。根据台湾对发行人有关发行准则的规定，公开发行有价证券的发行人，其前两年税前利润占年度决算实收资本的比例不得低于10%；上一年度的每股净值不得低于面值；上一年度分红前资产净值不得低于资产总值的三分之一。此外，向公众发行股票的公司，必须由承销的证券公司辅导一年，然后再挂牌上市。

总之，上市公司的质量一定要得到保证，这是防止股灾的一项重要内容，这一点已在资本主义股票市场发展初期得到了验证。前两年印尼股市的崩溃，也同样证明了严格要求上市公司，是保证股市平稳发展的重要条件。

四、加强对证券商的管理

证券商作为股票市场联结投资人、交易所、上市公司以及政府主管部门的中介机构，其地位的特殊性表明，如果不对其管理，对股市将会有很大的损害。这方面的例子很多，远的不说，1991年日本四大证券公司作弊丑闻一暴露，立即引发股市狂跌。台湾股灾中，有一条重要的教训即是证券商发展过猛，一方面超过需要，另一方面质量不高盲目竞争。因此，各国在市场发展过程中，对证券商的管理逐步形成了一套比较完备的制度。

对证券商设立的管理：在美国，证券商的设立采取注册制，在日本、台湾等则采取批准制。无论是注册制，还是批准制，都必须具备一定的条件。例如必须有充足的资本。还要求资本与资产负债等维持一定的比率。又如，具有经营证券业务的知识和经验，具有良好的信誉。美国还规定证券商的有关人员必须经过资格考试，以作为有专业知识的证明。此外，还有对高级管理人员必须具备条件的规定。对证券商业务的管理，分为不同情况，都有具体的要求。

证券商有违法行为惩处的手段很多，有警告、罚款、短期停业、吊销营业许可证、命令交易所开除其会员资格、追究刑事责任等。

对证券商的管理是一项复杂细致的工作，各国的规定都很具体。随着股市风波和股灾的出现，各国都不断地将管理证券商的法规、规则加以修正和完善。对证券商管理的不断完善和加强，在很大程度上对股市的稳定、防范股灾起了积极作用。

五、加强社会中介服务机构的作用

社会中介服务机构除证券商外还有会计师事务所、律师事务所、资产评估机构等，其依照相关的法律制度进行的独立的审计、评估，形成了对公司有效的外部监督，使投资者能够放心地依据独立的审计和评估结果，进行有价证券的投资。有的人形象地称他们是政府不用花钱的“经济警察”。

律师参与证券市场的业务范围很宽，通常帮助公司编制公开说明书及其他有关注册文件，审查有关文件的合法性，对证券发行、股款缴付及股东的有限责任等法律问题提供法律意见，律师还必须就申报文件的措辞进行审核,以确保其没有错误陈述或误导信息。因此,在证券事务中律师的作用,是保证证券发行、交易过程的合法性,使一切活动置于法规的指导下,合法地进行。如果律师帮助雇主从事违反证券法律的交易,那么律师就负有一定的法律责任。对违法的律师,视其违法的严重程度,可以暂停或吊销其律师资格,处以罚款,判处监禁等。如果违法所涉金额过大,要追究律师的无限责任。

会计师在证券事务中的任务,是审计发行或上市公司的财务账目,查证企业的各项财务指标和经营成果是否真实和准确。这些审查的内容主要包括企业的资产、负债、净值以及损益是否真实,有无遗漏或虚列,财务处理方法是否前后一致,财务报告所说明的内容是否充分表明了企业的财务状况等等。这种审计,由于由独立的注册会计师来完成,有公正性,公众相信他们的审计结果。所以各国规定证券发行所申报、公开的财务资料,必须经过注册会计师的审计,上市公司持续披露的年度财务报告也必须经过注册会计师的审计。因为财务审计工作的好坏将直接影响千万投资公众的利益,所以对取得会计师的资格要求十分严格,建立了由会计师公会考试发证制度。会计师如果违反法规规定,有不适当的行为,必须要对其加以严厉的惩处,使其承担法律上和经济上的责任。包括警告、暂停业务、吊销执业许可证、承担赔偿责任,违法涉及金额过大的,会计师事务所及其合伙人要负连带的无限责任,严重违法的,要判处监禁。

资产评估机构也一样,根据政府规定的评估标准,准确、合理地评估出企业的资产价值,违反规定而作不实的评估要承担相应的责任。

实际上,市场发达国家,已经形成了完备的中介服务机构体系和机制。发展中国家在培育市场中,越来越重视完善中介机构的服务机制,逐步充分发挥其对证券市场各方面的外部监督作用。

六、完善股市的操作措施

出现股灾既有制度上的原因,又有操作上的问题。1987 年股灾后,在总结教训的基础上,美国的一些期货交易所接受政府研究报告提出的建议,交易价格波动过大时,采取限价措施。纽约股票交易所和全国证券商报价交易系统,通过了在非正常状况下的停市措施,其中纽约交易所规定,道·琼斯工业平均数一日下跌 250 点时,所有的交易活动停止 1 小时,如果在此基础上再下跌 150 点时,交易中止 2 小时。

台湾在市场初期也曾有股民排长队抢股票甚至高价炒卖之事。后来实行预交款,然后抽签,几十 万上百万人预交款,资金量很大,一进一出,给银行增加很多不必要的负担。后来决定取消预交款规定,采取电脑抽签。具体做法是,承销商将购股申请表以印制成本低价发出,不限量,充分供应,可以邮寄,也可以刊登在报纸上剪下来即可。有意欲购者只要填好表,写明身份证号码,便可把表寄到承销商处。按身份证号码,通过电脑抽签。中签率不定,完全是随机的。这样既公平又高效。

在股市发展的一些政策措施上,台湾股灾时也有教训。当时台湾股市上 95% 为个人投资者,易受大户操纵,盲目跟风,加剧股票市场的波动幅度。因此台湾后来较注意发展基金,培育机构投资人。印尼股灾后,也提出要发展投资基金业务,一方面引导个人投资者投资,另一方面稳定市场。

总之,前述许多方面的措施,都是各国在总结经验教训的基础上,强化股票市场管理的一系列内容,大的措施有加强立法,小的措施有市场操作方法。这些措施虽然庞杂,但各国都从实际出发,使之运用中具有系统性,在后来的股市发展中起到了积极的作用,值得新兴股票市场国家研究借鉴。

借鉴国外经验　探索我国股票市场健康发展的道路

我国的股票市场,自 1984 年上海飞乐音响公司比较规范的公开发行股票以来,已经历了近十个年头。真正形成市场并有较快发展,是在 1990 年以后这三年期间,上海、深圳分别成立了证券交易所,国务院明确股票公开发行和交易试点集中在上海、深圳进行,股票市场开始向规范化的方向迈进。1993 年,国务院决定扩大公开发行的股票市场试点,各省可以选择 1－2 家企业进行试点,这将是股票市场发展新的飞跃。到 1992 年底,上海、深圳共向社会个人发行 A 股票面值 10 多亿元,发行 B 股约 10 亿面值,上海、深圳 1992 年的股票交易额各为 300 多亿元和 400 多亿元,分别比 1991 年增加 40 多倍和 10 倍。目前,上海、深圳共有上市公司 60 余家,其中有 19 家公司的 B 股上市交易,市价总值 1700 余亿元。股票市场已经具备了一定基础,市场构造已有雏形,通过股市的融资机制已初步形成。

在我国股票市场蓬勃发展的同时,我们还要看到,我国的股票市场和世界上别的股票市场一样,也是效益大和风险大并存。它由于联结社会经济生活的各个方面,结构复杂,功能独特,能够对经济发展产生积极的促进作用，但也容易出现波动甚至较大的风波，影响经济和社会的稳定。我国经济同样存在着产生“泡沫经济”的不正常因素，这些因素也有可能在股票市场上制造出泡沫来，危害整个经济。我国的股票市场也同样可能出现赌博性投机，少数人操纵市场，内幕交易、徇私舞弊等问题，同样存在广大投资者缺乏证券投资知识和风险意识以及盲目跟大户的问题。上海、深圳都已发生过较大幅度的股价涨跌。所有这些，都是在股票市场发展过程中难以避免的伴生物，我们需要借鉴国际上股灾的经验教训，认真地加以对待和防范。

一、认真研究中国股票市场的特点

我国股票市场的发展在遵循国际惯例的同时，又具有自己的特点，这是由我国的特殊国情所决定的。

首先，我国是社会主义国家，经济体制改革的目标是建立社会主义市场经济。当然，社会主义市场经济和资本主义国家的市场经济除了所有制基础不同外，都是遵循相同的经济规律运行的。但基于我国的特殊国情，在发展股票市场的过程中，需要解决好三个问题。一是公有制为主体问题。发展股票市场不仅不会动摇我国经济的公有制基础，而且还会促进公有制经济的发展。二是在坚持按劳分配原则的基础上，允许和鼓励一部分人先富起来，但要走共同富裕的道路是我们的基本政策。一些人通过投资于股票市场而获得投资收益符合这一政策，只要他们是运用合法获得的资金在股票市场上进行合法的投资，得到的收益都是允许的。但同时要采取一些必要的措施，防止在股票市场上少数人操纵市场等一切非法活动，保护广大投资者利益。三是要防止在股票市场上发生影响社会安定的问题。股票市场涉及面广，影响到社会经济生活的各个方面，它本身的波动性也相对较大，同时也容易出现违法乱纪行为，管理防范不周，就有可能出现影响社会安定的问题。甚至一些技术性问题如果处理不当，也容易引发社会问题。对此我们应保持高度警惕。

其次，中国社会各界对股市风波的承受能力比较低。我们从30年代的高度集中统一的计划经济体制走过来，虽然已经经历了十多年的改革开放，对市场波动有了一些了解和感受，但总的来说，仍然是习惯于过风平浪静的生活，不太容易适应市场的千变万化，对于股市的涨落起伏更是不适应。人们对于股市波动的承受能力的提高需要有一个过程，加强对证券投资知识的宣传教育，使人们从理论上懂得股市有收益也有风险，无疑是需要的。更有效的恐怕还是人们从直接或间接参与市场活动，从市场的波动中逐渐形成和提高对股市波动的承受能力。

第三，我国幅员辽阔，各地区经济发展很不平衡，沿海地区和中西部地区无论是经济发展水平，还是人们的商品经济意识都存在比较大的差别。在发展股票市场的过程中，确实需要有先后之分，快慢之分。近两年我们采取的就是先在上海、深圳两市进行试点，取得经验之后再逐步向全国推广的方针。但股票市场不可能是人为地封闭于某一地区的市场，其影响范围必然要向外扩大。如何建立起一个统一的全国性的市场，充分照顾各地区各方面的愿望和利益，同时在市场结构和组织形式上不再重复别人走过的老路，在高起点上建立现代化的市场体系，对我们来说是一大难题。如果各地一哄而起，盲目发展，自成体系，会给今后的工作造成极大的困难，工作中出现失误，还有可能带来社会问题，影响社会经济的稳定。

第四，我国的市场发育程度还比较低，股票市场进一步发展所需要的市场经济条件还不完全配套。比如我国的价格体系经过十多年的改革，80%的产品价格已经放开，但对国民经济全局有重大影响的基础产业如能源、交通、原材料等价格仍旧偏低，影响比较广。这个问题反映到股票市场上，有的上市公司的利润大而其股票价格就有可能并不完全反映其真实的经营和财务状况。有的企业可能因为价格不合理，利润偏低，不能向社会公开发行股票。

第五，我国的国营企业经过多年改革，有了一定的经营自主权，但仍没有从体制上真正解决政府直接干预企业的生产经营以及过分保护一些企业的问题，没有把企业完全推向市场，政府的职能也没有比较大的转变。再加上多年形成的企业机制和干部思想习惯，转变需要时间。这就给国有企业向股份制企业改制和股份制企业的组建和运作带来比较大的困难，同时也难以使不同的企业处于平等的竞争地位，由市场对企业的经营效果作出评价。

第六，我国开办证券市场特别是股票市场，时间短，刚刚起步，没有经验，缺乏人才，法规不可能很快出台，难度加大了。

总之，在中国建立社会主义股票市场是非常重要的改革，但难度大，风险大，必须经过试验，逐步推广、稳步发展。目前是试验阶段，要经过开荒，铺路、建轨道的过程，在没有铺好路建立轨道就想开快车是难以达到目的地的。

二、认真研究解决我国股票市场发展中的一些重要问题

虽然建立和发展股票市场具有一定的风险，并存在许多困难，但仍然要坚定不移地试验下去，这是我们建立

社会主义市场经济体制的一个重要的环节。党的十四大报告中指出："我们要建立的社会主义市场经济体制，就是要使市场在社会主义国家宏观调控下对资源配置起基础性作用"。报告还明确，为加快市场体系的培育，要"积极培育包括债券、股票等有价证券的金融市场。"方针是明确肯定的，现在的问题是如何搞好社会主义股票市场的试验，使其逐步完善，逐步推广，健康发展。从我国实际出发，并借鉴海外的经验，有以下几个重要问题要加以明确，正确解决。

第一，我国的融资要解决好两个关系：一是间接金融（通过金融机构贷款）为主，直接金融（通过证券市场）为辅，到 1992 年末，银行贷款余额 27000 多亿元，各类有价证券余额仅 2100 多亿元；二是在证券市场中债券为主，股票为辅。在证券余额 2100 多亿元中，股票只有 200 多亿元。这两个为主的原则，是十多年来的金融改革中一直坚持的，是符合中国国情的，无疑是正确的。从实践经验和情况的变化来看，有必要适当提高两个为辅的比重，加快证券市场特别是股票市场的发展。因为国民收入格局起了变化，个人收入多了，需要能吸引个人投资的渠道，只是存款满足不了，同时，企业进入市场需要多种筹资渠道，通过股份制转换企业的经营机制。从宏观调控角度讲也需要通过证券市场加大对资金使用的制约，提高效益，并减轻银行负担，把个人的储蓄通过股票转为投资，而且只分红不还本，有利于减少通货膨胀的压力。当然，必须有控制地发展，如果储蓄向股票分流过多也会对宏观调控带来不良影响。

第二，坚持以社会主义公有制为主体，保证国有资产的保值和增值。从股份制企业的试点范围上讲，涉及国家安全、国防尖端技术的企业，具有战略意义的稀有金属的开采项目，以及必须由国家专卖的行业和企业，仍由国营企业经营。国家产业政策重点发展的能源、交通、通讯等垄断性较强的行业，在股制份试点的过程中，公有资产股必须达到控股程度。同时也规定了一个自然人在一个企业持股不能超过千分之五。这就从根本上保证了公有制在国民经济中的主导地位。现在需要进一步研究的问题是如何具体体现公有股为主。公有股不准进入市场买卖，本来是为防止削弱公有股，但实际上这种限制不利于公有股增加收益，也不利于市场的稳定和发展，这也是需要研究解决的问题。

第三，企业股份制改造必须做到规范化，向社会公开发行股票和上市必须按标准严格要求，这是股票市场健康发展的基石。我们必须按照国家有关部门颁布的《股份制企业试点办法》及其他规范性文件，认真作好企业股份制改造工作。成熟一家，发行一家，上市一家，绝不能盲目地追求数量而放松质量要求。企业的资产评估必须真实，产权界定必须明晰。要按照股份制的会计制度，对企业的会计制度进行改造。要建立和健全企业内部管理制度，股东大会、董事会和监事会制度要按照规范意见的要求组织和建设好，真正做到转换企业经营机制，提高企业的自我约束能力。值得注意的是，随着对外开放的发展和企业进入市场，股份公司的改制必须逐步向国际标准靠近，走向国际化。从目前国有企业改制为股份公司的情况看，必须解决好三个问题：一是建立股份公司管理体制，改变企业办社会、政企不分的状况；二是清产核资、资产评估，解决账实不符、财产不清的问题；三是改革会计制度，解决成本不实、利润不实以及虚盈实亏的问题。这是最基础的工作，必须做好。

第四，股票市场从发行到交易都必须作到高度透明，坚持"公开、公平、公正"的原则，做到保护广大投资者利益，防止出现徇私舞弊等腐败现象。首先是充分披露各方面的信息包括企业状况、市场状况以及监管和法律要求，这是股票市场赖以存在并高效运转的基础。其次是提高股票发行的透明度。发行新股认购表应该不限数量，不公布中签率，只收工本费，做到彻底公开，防止再次出现排队抢购新股认购表，影响社会安定的问题。对于股票交易，要加强监督管理，防止内幕交易，防止少数人操纵，保证交易市场公平高效地运转。这里最重要的是政府不能直接干预市场的运行。股价是多种因素决定的，按市场规律变动的，监管部门只能依法管理。有人提出建立"平准基金"用于"托市"，这是不可取的。世界上没有任何一个国家是这样做的，有的国家采取了一些干预股市的措施也是不成功的。如韩国 1989 年底发生股灾后，财政部在政府的支持和中央银行的合作下，指示商业银行向投资信托公司提供 2.7 万亿韩元的贷款，用于股市投资。但此举并没有挽救股市，反而造成投资公司高额负债和巨额亏损。发行的溢价是发行人和承销人之间根据市场情况在竞争中确定的；交易价是供求双方在市场中形成的。我们往往在股市狂涨时想压价，股市下泻时想托市，其基本指导思想是求股市平稳，实际上是政府包管市场。这是做不到的，不符合市场经济的发展规律。任何市场，特别是股票市场的价格，受多种因素影响，涨落不断变化，否则就不成为市场了。政府所做的，应当是从法规、规则的角度，尽量理顺市场的机制。

第五，科学地运用宏观经济政策手段，促进股票市场的发展。在税收政策上，要加强个人收入所得税的征管工作。在金融政策方面，必须坚持证券业和银行业分开的原则，加强对证券经营机构的管理。我们目前已有 70 多家证券公司以及 300 多家其他金融机构经营证券业务。他们的遵纪守法程度，他们的经营管理水平，直接关系到股票市场的声誉和兴衰。这里有三个问题要解决好：一是不能盲目发展，超过市场的需要。二是平等竞争，不能人为地用垄断性手段包括不平等设营业机构、用银行贷款拉客户等办法进行不平等竞争。三是证券经营机构的自营业务必须严加管理，不能盲目依靠银行贷款扩大证券业务，造成货币失控和股市泡沫。我们应当花大力气，培养出一批高水平的证券经营机构，提高从业人员的业务素质，特别是要加强对从业人员的职业道德教育。要制定出有关证券市场各方面业务的严格的规章制度，使证券经营机构的经营活动有章可循，有法可依。

第六，积极发展机构投资者，提高市场的稳定性。我国目前股票市场上的投资者多为散户，风险意识和承受能力都比较弱，而且容易受谣言的左右，盲目跟进跟出，引起市场波动，自己受损失。随着股票市场规模的不断扩大，发展机构投资者已成为十分重要的问题。目前我们正在进行社会保障体制的改革，应当允许各种保险基金进入股票市场进行长期投资。同时要大力发展合作基金，由专业人员为广大的中小投资者进行投资，从而降低单个投资者所面临的风险，获得综合效益。这种机构投资在中国有特殊重要意义，组织起来可以变成法人而不再是私人投资，有利于实现公有制为主体的原则，可以加快股份制和股票市场的发展。同时通过基金的投资，可以有效地同操纵市场的大户的不正当行为作斗争，限制赌博性投机，引导短期行为的投资转向长期投资。基金发展以后，公股进入市场、干部通过入基金进入市场都能较好地处理。但要尽快立法，使基金的发展循序渐进。

第七，建立专门的监管机构，健全证券市场监管体制。在指导思想上应当明确，建立市场体系，特别是对证券市场，政府必须加强监督管理，因为它关系广大群众利益而又投机性比较强。但加强监管并不是说由政府直接出面插手管市场的运作，主要抓两头：一头是健全法规，严格执法，依法管理。在观念上应当转变，不是谁说了算而是法规说了算，不是谁有权审批，而是不论谁批都得严格按法规和程序办事。另一头是社会性监督组织。许多国家或地区在接受股灾的教训后，都建立了强有力的监管机构。我国从当前实际出发，决定成立国务院证券委员会（简称证券委），及其归口管理下的中国证券监督管理委员会（简称证监会）。证券委是国家对证券市场进行统一宏观管理的主管机构，负责制定有关法规和方针政策，制定发展规划和年度计划，指导、协调、监督和检查有关工作并归口管理证监会。证监会是证券委的证券市场监管执行机构，由有证券专业知识和实践经验的专家组成，具体负责对证券市场的监督管理，包括对证券商、交易所、股票发行和上市、参与证券市场业务的会计师事务所和律师事务所等中介机构的监督管理。

根据证券市场特别是股票市场的具体特点，要把证券业协会建成真正自律性组织，加强证券经营机构的自我管理和监督；特别是要充分发挥会计师事务所、律师事务所等民间“经济警察”的作用，加强社会监督；要充分发挥证券交易所的作用，加强对上市公司、交易所会员及交易过程的监督和管理。总之，要在加强政府对股票市场的监督管理的同时，让市场机制更好地发挥作用，建立起从政府主管机构到证券行业自律性组织和中介机构，分层次、各负其责、协调配合的证券市场监督管理体系。我国的证券监管体系，将随着证券市场的发展和经验的积累，逐步完善。目前我国初步建立的监管体系是个很大的突破，但问题和矛盾不少，并没有真正理顺，需要逐步解决。

第八，运用股票市场利用外资，是灵活有效的对外融资渠道。改革开放以来，研究如何吸引外资并积极拓宽对外融资渠道一直是改革开放的重要内容之一。在证券市场发展和股份制试点的初期阶段，吸引外资主要是以鼓励外商直接投资兴办“三资”企业为主要方式，还没有考虑发行股票的方式。随着我国证券市场的发展，特别是股票市场的兴起，外商对以购买股票投资中国企业表现出了浓厚的兴趣，通过发行股票以吸引外资也随之被提到议事日程。通过比较可以看出，直接投资和购买股票都可以达到在中国投资并分享经济成长收益的目的，其结果基本一样。但是购买股票使外商的投资变得更加灵活，外国投资者可以通过买卖股票来选择其投资方向，以获取较高的收益。为此，1991 年，我们进行了只对境外人的 B 种股票的试验，同境内人用人民币买卖的股票市场分开管理，这是在我国实行外汇管制，中国内地与海外的经济管理体制差别较大的情况下设计的过渡方案。从试验情况来看，基本上取得了成功。同时我们还考虑了中国企业到海外直接上市。中国企业到海外直接上市的好处是：影响更大，任何投资者都可以投资参与，筹资的潜力更大。我们还可以学到国外证券业先进的管理经验，有助于国内改进对证券市场的管理。境外上市目前主要考虑香港，将来还可以考虑别的地方。但这并不意味着我们要把大部分企业送到国外上市，也不会停止或减弱 B 种股票市场的试点。从中国证券市场发展的角度出发，大量的企业还是要在国内上市，国内长期资本市场的发展和完善仍然是我们开放和发展证券市场的主要任务。

三、目前的工作重点

由于今年全国范围的股票公开发行扩大试点，股票市场运作中的各项工作任务很重。总体说来，主要有以下几方面：

（一）加强立法，抓紧有关法规出台。《股票发行与交易管理暂行条例》经过几十次的讨论修改，已获国务院证券委员会全体会议原则通过，再经过小的修改后，要马上出台。今年的股票发行及上市交易都要按照此办法来执行。由于这个法规主要针对股票，因此还是一个单行法规，需要有其它的规定加以补充。目前还准备抓紧拟定《证券交易所管理规定》、《防止内幕交易和证券欺诈办法》、《国有股管理规定》、《证券从业人员行为规范》、《境内企业向境外发行和上市股票管理办法》等有关法规和规则，尽量完善证券市场的法规体系。

(二)集中力量搞好今年新股发行试点工作。今年的新股发行，数量大，范围广，许多地区缺乏发行股票的经验，而目前的股市又很热，群众购股热情高涨。因此，成功地将新股发行完毕意义重大。3 月 4 日证券委已在北京召开了新股发行工作程序会议，对有关工作作了布置。搞好今年的新股发行，主要要抓以下几项重点工作：

1. 一定要选择好企业：各地在选择企业时，要重点选择生产性企业，资金要有明确的用途，且经营管理水平较高。选择进行公开发行股票的企业，必须按“股份制企业试点办法”、“股份有限公司规范意见”等文件的要求，进行严格的股份制改制工作。即将公布的“股票发行与交易管理暂行条例”，还规定了公开发行股票企业的基本条件，包括发起人投入的资本，向社会公开发行的比例，有形资产与无形资产的比例、公司的盈利记录等各项要求，各地必须按此执行。

2. 强化中介机构在股票发行中的作用。借鉴国外股市运作的成功经验，我国的股票发行工作中，必须要有证券商、会计师、律师、资产评估机构对企业进行审核、评估、鉴证，加强上述中介机构的法律责任。其中对企业的财务审计工作要由经过证监会和财政部共同确认资格的会计师事务所来进行，对企业的资产评估要由经过证监会和资产评估机构共同确认的资产评估机构进行，企业公开发行的全套文件，还必须由经过证监会和司法部共同确认的律师事务所来审核并出具法律意见书，股票发行还需要由承销商来组织和协调。必须强调，上述中介机构的选择由企业自主决定。

3. 股票的发行上市必须按规定的程序申报核准。根据国务院 68 号文件和即将公布的“股票发行和交易管理暂行条例”的有关规定，新股发行及上市要按以下程序办理。

第一步：由地方政府和中央企业主管部门，在国家下达股票公开发行额度内，选定可以申报公开发行的企业。

第二步：被选定的企业选择承销商，为企业股票发行工作进行总体安排，同时聘请有资格的会计师事务所、资产评估机构对企业财务和资产进行审计、评估，聘请有资格的律师事务所处理发行、上市的有关法律事务。在上述工作结束后，企业即可将有关材料报地方政府和中央企业主管部门审批。

第三步：企业在股票发行申请得到批准后，将原材料及审批决定上报证监会复审。证监会的复审工作，由专家组成的发行审核委员会进行。发行审核委员会由会计师、律师、证券商、交易所代表、证监会代表以及知名学者组成。复审通过的，即可以进行公开发行和申请上市工作，发行、上市连续进行，即经证券交易所通过上市后，才能在核定的日期起发行，防止发行后出现黑市交易，也暂时不搞柜台交易。未通过的，由地方政府或中央企业主管部门帮助该企业达到条件，也可以另选企业，额度仍然有效。

第四步：企业申请到交易所上市，由交易所上市委员会在接到申请之日起 20 日内审批，审批决定报证监会备案，并抄报证券委。

4. 搞好新股发售与认购工作。由于今年的新股发售及认购在全国较大范围试点，做好发行工作十分重要。为此，我们制定了“新股发售与认购试行办法”，作了些原则性的规定。各地需要认真组织、协调，保证今年新股发行和上市工作的顺利进行，千万不可以掉以轻心。

(三)下力量搞好股份制的规范化工作，特别是内部职工持股股份制的规范化工作。去年各地大量推行内部职工持股的股份制试点，许多地方的做法不规范，不符合规范意见的要求，将内部股票推向社会。有的还出现严重的黑市交易，给今年的股票发行带来一定难度。最近要下发一个通知，各地必须按此做好规范和清理工作。

(四)抓紧审核一批有资格会计师事务所、律师事务所、资产评估机构，以使今年公开发行股票企业的准备工作尽早进行。目前，已审定了第一批 45 家会计师事务所，35 家律师事务所，21 家资产评估机构。

(五)健全监管机构。证券委员会和证监会要尽快搞好自身建设，履行职责，全力投入证券市场的监管工作，防止出现监管工作脱节现象。

(六)搞好海外上市的监管工作。目前许多企业热衷于到境外上市，变换各种途径将企业重新包装。很多做法从理论上讲是好的，但实践上会不会造成国有资产的流失，侵蚀国内股东的利益等等，都缺乏研究和管理。国务院已明确到境外上市要经过证券委批准，具体怎样监督、管理，近期将公布管理办法。

(七)重视人才培训工作。培养高素质的证券市场专门人才是一项长期而艰巨的任务，是市场发展的重要条件，必须建立制度，常抓不懈。

国务院证券委副主任、证监会主席刘鸿儒同志在1993年证券机构承销工作座谈会上的讲话

（1993年9月28日）

这次会议主要是交流经验，统一思想，以保证发行工作能够安全、健康、顺利地进行下去。我们已在天津开了政府方面的会，这儿又开了证券商的会，一件事分别两个会来进行，目的是一个，就是刚才说的，防止发行工作出现类似深圳“8.10”事件中的问题，能健康、安全、顺利地进行。应该说，这个会通过交流思想，统一认识，达到了目的。

会议本身也起到了另一个作用，就是提供一个机会使证券商与我们监管部门、证券商与证券商之间能够交流情况和经验，沟通思想，做好通气工作。

就发行工作来说，我们公布了一个《意见》，这个《意见》是个原则，至于具体办法，各地可以灵活，可以创造。从目前已经试验的地区看，各有长处，各有教训，所以随着时间的发展，要不断地总结经验，研究值得注意的新问题，通过交流经验来提醒大家更好地贯彻落实经国务院批准、由证券委颁布的新股承销与认购原则。我在天津会上讲过，技术问题容易引发社会问题、政治问题，对方法不能小看。我们连续开了两个会，以后依进展情况，遇到突出的问题我们再想办法通报，希望大家向本地的政府主管部门、主管领导汇报一下，因为天津会议以后又有一些新情况，值得各地重视。

一、前一段发行工作的基本情况和下一段工作的基本要求

从数量上看，到目前为止，各地已报来证监会审查的企业87家，其中有十几家占今年规模，但股票已发行，属于遗留下来的问题。这87家到昨日为止，提交复审委员会复审讨论的有80家，通过76家，有4家需补充、充实材料再议。已经或正在发行的地区有青岛、上海、安徽、武汉、珠海、南京、宁波、广州。深圳去年“8.10”时发的认购表，已经抽签的，发行工作也在进行。据我们现在了解到的情况，大概10月份还要发行一批。

前一段，大家做了很多工作，成效是比较明显的。

首先，我们的发行工作是正常的、健康的，防止了出现大量排队，引发社会问题等混乱现象，有的地区出了一点小事情，但及时采取措施，得到了解决。

第二，各地对企业的选择是认真的，基本上符合产业政策和条例等法规的要求。

第三，专业性中介机构做了大量工作，并且基本上能够按照条例要求为企业出具各类报告。证监会同财政部、司法部、国有资产管理局，共同审核了一批会计师事务所、律师事务所、资产评估机构，并确定了资格。这些机构大都能按条例及相关法规要求进行工作，为企业发行股票出具了各种文件，在保证上市企业质量方面做了贡献。

第四，承销机构的作用得到了加强，并在实践中得到了锻炼，做出了贡献。我们一开始就强调承销机构的重要性，要求承销机构在企业改制、主要文件制作、材料报送以及发行工作的组织等方面做工作。承销机构在保证上市公司质量和发行工作顺利进行方面发挥了重要作用，在培养干部队伍方面也有很多收获。

第五，各地政府在挑选企业、股份制改造以及股票发售方面做了大量工作。这些工作没有政府的介入会有很大难度。前面说过，已经发行了股票的地方，当地党、政领导下了很大力量，特别在发行方面做了很多组织工作，这就保证了我们的工作不出问题，这一条非常重要。

总的来说，前一段情况是正常的，工作成绩很大。但我们对下一段工作要有足够的思想准备，决不能因前一段没出什么事就粗心大意，松口气。现在我们的发行工作，最基本的要求就是健康、顺利地进行。这包括两方面含义，一方面防止出现徇私舞弊、违法乱纪，另一方面防止引发社会问题，影响社会安定，这是最基本的要求。如果说要进行成本与效益比较的话，首先看这两条效果如何，不能像深圳"8.10"事件那样，动用了警察、部队，不仅造成了经济上的损失，而且造成了不好的社会影响和国际影响。所以我们决心宁可用笨办法，浪费一些人力和纸张，也要保证不出社会问题，这是最大的要求，最基本的目标。在这个问题上，任何人不能动摇。

我在天津会上讲了，股票市场风险是很大的，之所以大，是因为有两方面的风险：一是投资者的风险，他可能赚，也可能赔，谁也说不清；另一个是社会风险，搞得不好，容易引发社会问题。因为大家不习惯，有事动不动找政府。赚钱不找，赔了就闹。外国当然也有社会问题，但我们引发社会问题的情况更复杂些。我常说，咱们的股票市场一定要走国际化道路，但是，中国情况太复杂，要想达到这个标准，需要做大量的工作，需要相当长的时间，不要简单化。外国的办法我们都能用吗？可以借鉴，但马上用不了。有些是应该做的，但现在还做不到。要面对现实，研究措施。发行工作的主要要求是不要出事，不要出类似"8.10"事件的事。当然我们也研究成本问题，但对这个主要要求必须要搞清楚。不要把主要问题丢了去研究次要问题，那样我们的工作就要失败。

我想提醒大家注意现在市场的复杂性。大量的排队购买会引发社会问题，但现在有了新情况，就是说，买认购表的情况比原来预计的情况冷淡得多。青岛与安徽是一种，武汉与珠海是另一种。广东的情况也较冷淡，对这个新情况思想准备不足，有人有点着急，我说决不能着急，决不能在报刊上发表任何意见，不要出花花点子引出问题来。这是市场成熟的表现嘛。我们有时奇怪，到外国一看商店，这么高级，没有几个顾客，我都替它发愁，能赚钱吗？我们排队排惯了，看人家不排队不习惯，反而觉得不正常。发行工作出现的新情况也是这么一个问题。面对这些情况，要有一个充分的预计，要有恰当的对策。市场经济每时每刻都在变，是复杂的，是千变万化的，变化的速度超过我们的预想，我们必须有相应的措施。但是不管怎么样，前提是不要出事，不要引发社会问题，不要出现徇私舞弊，我觉得基本的要求很简单：安全、顺利、健康地做好我们的工作，实现我们的目标。再复杂，你把这个基本问题抓住，下一步就好做了。千万不要中途动脑筋，耍小聪明，看到认购表销售不好，就想办法去刺激，市场不是人为刺激出来的，是供求关系决定的。刺激是暂时的，刺激不好，就刺激歪了，人家就骂你刺激得不对。不遵循市场规律，想任意干预市场，就容易出问题。我说得严重一点，目的是引起大家注意。

二、主要经验和应当注意解决的问题

第一，要保证上市公司的质量，这是最基本的前提。上市公司质量是股票市场健康发展的基石，像我们到百货大楼买商品一样，如果买的商品相当一部分都是假冒伪劣产品，那个百货大楼就没有人去了，失去了社会的信任。股票市场比商品市场更严重，在商品市场上买一件假冒伪劣商品，下次不买了，而且买这种商品的毕竟是少数人。股票市场出现假冒伪劣，就是说上市公司质量有问题，材料不真实，是坑害千万老百姓。国际上教训很多，印尼股市垮下来，就是因为上市公司质量没有保证，材料不真实，会计师事务所给钱就签字，证券商给钱就让它上市。我们从保证上市公司质量出发，有几项工作必须要抓：

一是产业政策，目前因为规模有限，还不能放开来让所有企业上市，因此必须按产业政策的顺序来安排。我们发了个通知，优先安排基础产业、能源、交通、原材料、高科技，严格控制房地产。金融业今年不准备上，几个老的历史遗留问题，因为已经发了股票，怎么处理我们正在研究。关于流通企业，我们是主张上的，但现在搞得太多了，有的省市指标全给了流通企业，这不行，不能把它变成主导的、第一位的，今年规定各地最多只能上一个。

二是要严格执行《股票发行与交易管理暂行条例》和有关法规的规定。这一条不能动摇。证券市场能否健康发展，关键就在于能否依法办事。不严格执法，证券市场必然会乱，而且徇私舞弊会不断出现。所以，各证券商帮助企业改制、研究方案、制作材料、组织上市都要严格按法规办。

三是改进复审工作。大家对复审工作有一些要求和意见，童主席昨天已经讲过，我们不断在改进。这里只是说明一下，为什么搞复审工作。现在不是上海、深圳两个地区试验，而是全国试验。各地对企业标准要求不一，大家对法规的熟悉程度、掌握的程度也不一样。我们复审是为了统一规格、统一标准，主要审核是否符合法规。简单地说，是不是按产业政策办事，是不是按法规办事。如果各省五花八门，百花齐放，都上市，就会出问题。现在我们组织专家委员会复审，无记名投票。昨天讨论13个企业，有3个就没有通过，推迟表决，再补充材料。大家知道，所有权一发生变化，企业就变成几万个股东的企业了，将来打官司的事情很多，开头就必须把法律问题搞清楚。有人老觉得这样繁琐，你现在图简单，过一段出问题打起官司来，问题就复杂了。

我们现在同经贸委、体改委三家联合调查上市公司的规范化情况,针对存在的问题采取政策措施。10月份准备专门开会研究上市公司规范化和转换经营机制的问题。

第二,依靠地方党政领导,强化中介机构的“经济警察”作用。大家对地方政府管具体事提出一些要求和建议。我觉得要明确一点,目前上市公司的选择、股份制改造、股票发行以及上市公司的规范化等一系列工作要依靠各地政府来做。青岛啤酒股票的顺利发行,政府起了很大作用。但是也要发挥证券商的作用。上市企业由政府定,证券商自己选定包销对象,发行方案由证券商提建议,政府拍板。工作过程中许多面向社会、面向公众的工作,还是要证券商出面,政府主要是执法,负责组织领导,是在后台。当然,随着市场机制的健全,政府会逐渐减少这方面的工作量。

中介服务机构的特殊作用,形象点说,就是“经济警察”的作用,一定要强化。海外一家会计师事务所的会计师对我说,他们这些人是政府不花钱雇佣的经济警察,比政府工作人员还卖力气,因为政府工作人员有收入保证,会计师是靠信誉生存的,信誉就在“认真”二字上。如果经过他们手出的材料有虚假,轻则罚款,重则进监狱,而且以后谁也不找他了,饭碗砸了。这是和生存连在一起的,因此他们不能不认真。我们最近反复研究,准备处分两个企业,处分证券商、会计师事务所。证监会对中介机构历来采取积极态度,积极支持大家的工作,帮助大家提高工作水平,但是对犯规的还要亮牌,要按法规来处罚,做到赏罚分明。

第三,发行工作原则必须坚持,发行方法可以适当改进。发行工作的原则,我这里要突出强调两条:一条是公开、透明,一条是防止徇私舞弊,这两条是要害。公开透明有利于防止徇私舞弊,但徇私舞弊可以在多种情况下发生,必须严格注意。外国的经验证明:证券市场能不能搞好,就看对徇私舞弊等违法行为处理得如何。对我们来说,也是如此。深圳为何闹事?他一肚子气,没处发去,最后抓了一个徇私舞弊,就开始围攻政府。为什么出现走后门?除了其他原因外,很重要一个原因就是透明度不高,没有无限量发表,公布了中签率。有两件事强调一下,一是根据目前已经发行的几个地区的经验,发行中的所有做法必须事先公布,不能中途变花样。二是对于公布不公布发行量的问题,大家有些争论。我们研究后,觉得不能轻易表态支持这种做法。两个问题没有把握,第一个,最后一天的压力,弄不好会出事。你要事先说明公布发售量,买表肯定会往后拖,而且会比不公布中签率压力更大。第二个问题,这给大户投机提供了一个很方便的条件。我们不说这个方法不对,基本原则是不要出事,能够安全、顺利、健康地发行。实现这个目标,用这个方法,我们感到没有把握,所以我们不敢推广。

关于外地人购买的问题。原来想组织跨地区发行,后来实践证明目前不易做到。所以发行地区要经过批准。但外地的公民可以到发行地区来买表,不应限制,国务院也同意这个意见,原因是两条:一条是我们要搞统一的市场,不能搞地区割据;第二条,如果限制容易出现买卖和借用身份证的社会秩序问题。

我觉得,用认购表的方法存在的最大问题是如何降低成本。如果不能降低成本,二级市场的压力很大。青岛啤酒发行价6.38元,加上认购表,成本为12.77元,而现在市场价格11元,低于成本,对二级市场很不利,对企业的形象也不好。用认购表的方法,印表的费用浪费也比较大。我在小组会上与大家商量,你们能不能研究个办法,比如先收款给个单据,换抽签表的时间多准备几天,这样可以先少印,有了认购数量后再大量印,发了表马上抽签,发表和抽签时间距离短一些。另外,其他各种费用也不要打得太高了。如果想从这里捞把钱,这个指导思想是不对的,不利于市场的健康发展。

另外,在遵循基本原则的前提下,要积极试验既不会引发社会问题,又能够节省人力物力、降低成本的新办法。无限量发认购表的办法解决了“8.10”事件时曾出现过的问题,青岛、合肥、武汉、珠海把这个问题解决了。花了人力、物力,但是保证了股票发行今年能按计划进行下去,使这项改革可以顺利推进。实际上这个办法是从台湾学来的,“8.10”事件后我找台湾朋友谈了两天,他们都遇到过同样的情况,先是预存资金,带来存款大搬家,后来发表又出现大量排队,最后确定无限量发表,报纸都印上,剪下来就行,登记时交五块新台币,解决了社会上的矛盾。现在大家都觉得这个办法矛盾不少,我们一方面进行改进,另一方面研究新办法。这次会上大家提了很多好方法。上海在研究用竞价办法。山东的青岛利勃海尔公司和济南轻骑公司,准备用储蓄挂钩的方法,希望你们抓紧试。因为这两个城市发过青岛啤酒股票,他们从市政府到普通百姓不同意再用发认购表的方法。青岛利渤海尔准备用专项定额存单,500元钱一张,然后凭存单换抽签表,初步规定是一年期,照付利息。这样,外地的冲击力就弱了,也比较稳定了。济南轻骑是另外一个办法,是足额存款,先存后发,存款三个月,利息照付。其他还有什么好方法,希望你们积极研究。方案不需要我们批,但是我们要求报,看看还有什么预想不到的问题,我们还要协调发行上市的时间,要考虑二级市场压力问题。

三、提高承销机构的工作水平

承销机构在股票的发行、交易中起着核心的作用，所以，如何提高证券机构的工作水平，和保证上市公司质量一样，是证券市场健康发展的关键所在。

从发行这个角度来说，大体有以下几件主要工作需要承销机构来做，第一是配合企业改制。现在发行股票的公司前身一般是国营公司或者集体企业，它的管理方法和股份公司有很大差别。从目前情况看，企业改制工作量是很大的，主要由政府体改部门来做，证券商要参与这件事，帮助企业理顺产权关系，理顺各方面经济利益关系，真正建立起股份制企业的经营管理机制。9大企业到香港上市，我们工作了一年，才上市4家，其中企业转制是一项主要任务。第二，认真准备发行申请材料。被选中企业的上报材料证券商要负责认真审查、准备，对它的经营状况、财务状况、管理层状况、产业状况，要有一个正确的判断，该披露的必须保证真实、准确。大家讨论时对证券商负连带责任有些意见，刚才我说了，你们起核心、龙头作用，做得不对，当然有连带责任。第三，要搞好组织发行工作。第四，帮助企业上市。台湾为保证上市公司质量，上市推荐人对上市公司有一年的辅导期，股票上市前承销商和企业要签订股票上市辅导服务契约书，根据这个契约书，承销商要制定辅导其上市的计划，经过一年才上市。我们的企业，挂了个牌子就想上市，其实距离股份公司的要求差得远着呢。这一批上市后，明年就得研究这个问题。

谈到这里，我想对证券商提出三条要求。第一条，要保证工作质量，不能只顾拉客户，扩展地盘，追求公司利益，不顾工作质量。我们要保护竞争，但是反对不正当竞争，特别是非法竞争。我们对公司工作好坏的评定，主要看工作质量的高低。我们为什么对现有的证券机构进行承销股票资格审查呢？似乎批了证券机构，允许做这个业务，就当然可以做，但是大家要清楚，证券公司的大量批准都是在股票大量发行以前，是从一般的证券交易、特别是债券发行和交易这个角度来审批的，没有按股票发行要求来审核。股票发行要求很高，不是谁都可以做的。因此必须采取一个特殊措施，对已经批准营业的证券经营机构进行资格审查，这就像我们会同司法部、财政部、国有资产管理局联合对会计师事务所、律师事务所、资产评估机构重新进行资格审查一样，不是审查证券公司的资格，而是审查做股票发行承销业务资格。之所以这么做，是因为有些做股票承销的机构确实不够资格。所以我们要按有关法规和45号文件进行承销资格审查。希望被确认资格的证券商一定要注意保证工作质量。

第二条，严格依法办事。讲两个方面内容：一方面从帮助企业改制、股票发行到股票上市整个过程中都要依法办事；另外一个方面，我们反对内幕交易、徇私舞弊、贪污受贿这种违法乱纪行为，坚持不断地进行反腐败斗争。

第三条，加强自身建设，加强自我约束，加强人才培养。要建立制度，提高效率。要研究市场的未来和你自身所处的地位，头脑要清醒，如果只顾盲目地设机构，不注意自身建设，后果轻则赔本，重则自我解体。现在一级市场与二级市场的价格差急剧地收缩，就值得大家研究。

目前，证券商要在反腐败斗争中下功夫。我们对证券商提出约法三章：第一，不能徇私舞弊，行贿受贿；第二，从业人员不能买卖股票，这个问题证券商要特别注意；第三，证券公司不能违法经营，如搞信用交易、内幕交易、联手操纵市场、用送股票打通关系、用公司的钱以私人的名义抢购认购证和股票等。当然，我们不是你们的上级主管机关，但作为监管部门有责任监管，有些问题提出来提醒大家，供你们参考。我还想强调人才培养。据我了解，国外搞投资银行的人都是素质最高的，要懂企业本身知识、财会知识、法律知识、资产评估知识、产业知识及自己的金融、证券业务方面的基础知识，所以人才的培养非常重要。我们准备进行从业人员资格认定，就是鼓励大家提高水平。美国的律师、英国的会计师资格证书都很难拿到，拿不到证书就开不了业，所以我们要研究，通过资格认定促进大家学习和提高，方法可以灵活，并在实践中改进。

最后，想给大家明确一个问题，即监管就是服务。首先明确一条，扶正压邪就是服务，把闯红灯的制止了，使按绿灯走的顺畅通行，就是为大家服务。如果有的人乱闯红灯不去制止，邪气上升，正气不得声张，证券商队伍就没法建设。我们替证券商服务还不够，如交流信息不够，大家都说看不到文件，听不到消息，不了解上级意图和政策要求。我们准备采取措施，一个是尽量给各位直接发文，一个是采取开会的方式，既通情况又研究问题。将来还可以研究一种书面的通气办法。

我们希望和你们协作研究一些问题。如市场动向，你们了解最多，要多反映，多交流。投资者的结构和它的动向，特别是大户的动向，要帮助我们研究。任何一个市场，完全是散户，没有大户活跃不起来，但是如果发展到了大户操纵市场，小户盲目跟进，这就是问题了。我们要保护大户，也保护小户。又比如，法人股市场问题，还有B股和A股的关系问题，B股市场怎么完善的问题，我们都正在研究，大家都可以协助我们一起研究。目前，我们相对地集中力量考虑发行问题，对交易中的问题花的力量不够，下一步我们要花力量研究交易中的问题以及二级市场中证券商怎么发挥作用的问题，等等。

上市公司必须把转换企业经营机制放在首位

——在上市公司转换经营机制座谈会上的讲话

国务院证券委员会副主任
中国证券监督管理委员会主席 刘鸿儒

(1993年10月28日)

同志们:

由国家体改委、国家经贸委和国务院证券委联合召开的上市公司转换经营机制座谈会,是在我国经济持续高速发展,中央宏观调控措施初见成效的形势下召开的,这是一次非常重要的会议。出席这次会议的,有上市公司所在地的政府主管部门,包括体改委、经委、证券委或证管会的负责同志,上海、深圳两个交易所的负责同志,50家上市公司的负责同志。这次会议,得到了四川省委、省政府的大力支持,四川省体改委和长钢股份有限公司为这个会议的筹备做了大量工作,我代表这次会议的主办单位:国家体改委、国家经贸委、国务院证券委向四川省委、省政府表示衷心的感谢。向为这次会议做了大量具体工作的四川省体改委和长钢股份有限公司的同志们表示衷心的感谢!

这次会议的目的,就是要总结交流在社会主义市场经济逐步形成的条件下,上市公司转换企业经营机制的经验,探索进一步巩固和发展上市公司转换经营机制所取得的成果的途径,促使体改部门、经济主管部门、证券主管部门和上市公司充分认识转换经营机制的重要性和迫切性,为上市公司转换经营机制创造条件和提供必要的帮助,使上市公司转换经营机制的步伐更快一点,更自觉一点。

一、提高上市公司质量的重要性和迫切性

转换企业经营机制,提高上市公司质量,已成为当前政府、企业和广大投资者共同关注的焦点。在一定意义上来说,转换企业经营机制,是发展社会主义市场经济的基础,是缓解乃至解决经济发展中诸多矛盾,保证国民经济持续、稳定、协调发展的关键。实践证明,企业只有形成适应市场需要的经营机制,才能不断提高自己的竞争能力、应变能力和经济效益。

上市公司,做为最先按照市场经济规则运行的企业,从法律上和产权关系上来说已成为自主经营、自负盈亏、自我积累、自我发展、自我约束、自担风险的独立的商品生产者和经营者,它的经营机制的转换,更具有紧迫性。只有真正转换了经营机制,上市公司才能在市场的竞争中掌握主动权,才能确保经济效益的不断提高,才可以给广大投资者以稳定而丰厚的回报。如果不把主要精力放在经营机制的转换上,靠着募集的充裕资金过太平日子,甚至自觉不自觉地回归国营企业的那一套,就背离了搞股份制试点和公司上市的初衷,也必然使上市公司在竞争中处于不利地位。

具体地分析,提高上市公司质量的重要性和迫切性,有以下三点应当引起大家注意:

(一)上市公司质量好坏关系到股份制和股票市场改革的成败

我们进行股份制改革的主要目的有两个方面:一是通过证券市场来融通资金,二是通过股份制促进企业实现经营机制的转换这是最重要的。要做到这一点,就要使企业完全按照规范化的标准进行改造,不能挂着股份公司的牌子,还是按照老办法、老方式经营,这就达不到企业股份制改造的目的。从上市前准备到上市以后,要不断而

且严格地沿着规范化的路子走；与此同时，我们要通过股票市场，通过股东以至社会公众的力量加强对企业的制约力和社会压力，促使企业按规范化准则办事。

（二）保证上市公司的质量是股票市场稳定、健康发展的基石

在商品市场上，我们可以看到，只要市场商品质量没有保证，甚至出现假冒伪劣商品，这个市场就很难健康发展。股票市场的商品是股票，它每时每刻在反映着上市公司的质量。如果上市公司质量没有保证，受到影响的是成千上万的股东，并直接影响广大群众的信心。一旦投资者失去信心，市场就会垮掉。

印度尼西亚发生1990－1991年股灾的深刻教训，值得我们高度注意。1987年底以后，印尼政府采取一系列措施培育股票市场，1988年下半年开始，股票价格逐步上升：年初，雅加达证交所指数为82.6点，到了年底达到303点。1989年，政府允许海外投资者最高可持有一家上市公司股份的49%，因而刺激股价急剧上升，到了1990年4月，雅加达证交所的指数达到最高峰682点，股市的平均市盈率为80倍。股市上升趋势维持了一年半的时间，尔后市场气氛急剧转变。1990年4月以后，指数猛跌，到1991年11月为223点，市场成交萎缩，新股发行市场也很冷清。其中原因是多方面的，最主要的是：为了改变股票供不应求的状况，追求上市公司的数量，忽视了上市公司的质量。新公司一窝蜂的上市，使股票供应量骤增。随之而来的是严重质量问题的大量出现：提供的财务资料不足；对新申请上市的公司没有资产评估的适当标准，上市公司资产评估不准；通过发行股票筹集的资金超过了实际经营需要的承受力；利润预测不真实，对未来盈利过于乐观，在抽查的60个上市公司中，有三分之二的公司盈利均大幅度低于其预算的数字；出现了一连串掩盖经营真相的丑闻。在这种情况下，一些原股票持有者担心新股上市带来股价下落，特别是外国投资者预期股价将会下跌，急着抛出股票。后来，发现上市公司的质量问题多了，国内外投资者开始失去信心，纷纷出售他们手里的旧股票，从而严重打击了已有的市场投资欲。就这样，一片繁荣的市场突然变得冷冷清清。

世界各个国家和地区都在不同程度上发生过类似的情况，他们都在总结经验教训的基础上，采取措施，完善法规，以保证上市公司的质量。其目的主要是两条：一是保护广大投资者的利益；二是维护股票市场的稳定发展，防止对经济和社会带来震动。

（三）股票市场的风险不容忽视

我国试行股份制和股票市场，对于融通资金，转换企业经营机制和调节经济结构的积极作用，已经越来越明显地发挥出来，但是，也应当看到，股票市场是有很大风险的，它确如一柄双刃的利剑，既对经济发展产生积极的推动作用，也可能对经济生活带来不利影响，更重要的是它关系广大投资者切身利益的，弄得不好，可能会引发社会问题。我国的上市公司已有一百多家，如果只按一年发行50亿个人股的规模计算，大体上可以新上市一百个企业。发展下去，涉及的股民不只几百万，而是上千万，甚至更多。在股票供不应求、股价暴涨的泡沫掩盖下，人们不关心上市公司状况，现在泡沫逐渐消失了。大家都把注意力逐步转移到上市公司的经营情况上。如果上市公司质量出了问题，如果不能保证分红，甚至倒闭，在法律上讲是风险自担，但也容易引发社会问题。在我国广大股民缺乏风险意识的情况下出现社会问题可能性比较大。说一句通俗的话，坑害老百姓的事绝对不能做。

总之，上市公司质量的高低，直接关系到千百万股民的切身利益，关系到股份制试点的成败，关系到股票市场的命运，我们必须以更大的努力，在提高上市公司质量问题上，下一番苦功夫。

提高上市公司的质量有两层含义：一是上市前，必须符合国家有关法规对上市公司的要求，严格掌握发行和上市条件；二是上市后，要把经营机制真正转换到符合市场经济对上市公司的要求上来，以不断增强企业竞争能力和盈利水平，确保在优胜劣汰的市场竞争中立于不败之地。这不仅直接关系到成千上万投资者的切身利益，还关系到股份制能否为国营企业转换经营机制提供成功的经验，所以，在提高上市公司质量这个大的原则问题上，各级领导和上市公司本身，一定要警钟长鸣，高度重视，来不得丝毫懈怠。

二、上市公司对转换企业经营机制的作用和存在的问题

今年8、9月份，国家体改委、国家经贸委、国务院证券委组织了联合调查组，赴上市公司比较集中的上海、深圳、四川、海南等省市，从经营决策、经营管理、领导体制、工作作风、财务预算约束、与政府的关系、募集资金使用等方面，对上市公司转换经营机制的情况进行了调查，并要求上市公司所在省、市的“三委”也开展联合调查。

截止9月底，全国共有上市公司124家，比去年底增加了72家。这些企业分布在19个省、直辖市和计划单列

市,突破了过去仅集中于沿海开放地区的格局;上市企业规模也由中小企业扩展到大型或特大型企业,普通股股本总额已达248亿元。遍及工业、商业、城市建设、能源、交通、通讯等行业,其中工业企业居多,占上市企业总数的70%。上市公司在转换经营机制中取得了可喜成绩,主要体现在:

1.产权关系明晰,实现了“两权分离”,做到了自主经营。企业成为股份公司后,产权多元化,产权的所有者具体化、国有资产、法人资产和个人资产保值、增殖的责任得以明确和落实。上市公司基本上可以按照股份制企业规范化的要求,改革传统运行机制。股东代表大会是公司的最高权力机构,股东大会选举出董事,组成董事会为股东大会的常设机构。公司不再是政府某个部门的所属企业,公司经营不再受政府的干预,重大的事项均由股东大会或董事会表决通过。董事会聘任总经理,由总经理组成经营班子,全权负责日常的经营管理,在企业的市场开拓、产品销售、资金运用、人事任免等方面行使自己的职权。把企业的所有权和经营权通过公司章程制度化地分离开来,从而增加了上市公司的自主经营能力。

上市公司摆脱了传统隶属关系的束缚,实现了政企分开,主要表现在:(1)理顺了与政府的利益关系,从过去只对主管部门负责,变为向全体股东负责,向国家交税、给所有者分利,实现了税利分流,企业对资产有完全的使用权;(2)改变了过去由政府直接任命企业领导人的做法,由董事会聘任;(3)企业有了投资决策权,项目发展由企业自定,即由董事会提出投资方案经股东大会决定。上市公司普遍认为,转换企业经营机制条例中规定的企业14项权力,除拒绝摊派权难以落实外,其余权力都得到了落实。

2.积极探索理顺股份制企业领导体制与原企业党政工之间关系的途径,努力建立起新的管理体制。对如何理顺股份制企业股东大会、董事会、监事会与原企业党、政、工之间的关系,许多上市公司作了积极探索,一些地区的上市公司领导大多数是党委、行政双向兼职;也有一些地区的上市公司领导基本实行党政一肩挑,使党政融为一体。公司内部建立起股东大会、董事会、监事会“三会”决策、监督机制,总经理全面负责,党委政治保证和公司员工参与民主管理的新的运作体制。

3.基本形成了岗位能上能下、职工能进能出、收入能升、能降的劳动用工和收入分配新机制。上市公司的人事制度发生了根本变化,上至董事长、总经理,下至部门经理,已无铁交椅可坐。在部分上市公司中,副总理以下管理人员面向社会公开招聘,定期或不定期聘用,使竞争机制在人事管理、干部制度上得到了充分体现。上市公司普遍实行了全员劳动合同制,大部分公司做到了员工能进能出。企业职工收入与企业经济效益挂钩浮动,自主分配。企业不吃国家的大锅饭,职工不吃企业的大锅饭。

4.进一步改善了企业内部管理,财务预算约束软化的情况从根本上得到改善。不少上市公司实行了财务部长下管一级的制度,即总公司二级机构的财务主管由总公司财务部委派,其工资在总公司领取。总公司及其全资、控股公司一律废除了财务“一支笔”制度,费用支出任何一个人都不能独自审批,要根据费用的多少,逐级办理审批,并附各种资料、凭证。

5.证券市场和投资公众给上市公司构造了一个无形的约束和激励机制。公司中期和年度财务报告要向社会公布,接受社会监督,尤其是股民的监督,这给公司以较强的约束力和压力,迫使企业在市场竞争中奋力拚搏,保证公司财产保值增值,维护股东权益。最大限度地提高企业经济效益已经成为上市公司领导层的经营指导思想。上市公司最高层领导经常考虑的是,面对市场的需求变化,调整公司的产品结构和产业结构,加强管理,提高质量,降低成本,加速发展。因此,上市公司的领导层总的来说,经营思想比较端正。工作作风比企业改制前更为深入、细致、扎实。

6.“一业为主,综合经营”,形成了新的发展模式。企业成为上市公司后,可获得较充裕的资金,为企业形成集团化经营创造了有利条件,为企业开展“一业为主、多种经营”形成新的经济增长点,打下了良好的基础。不少上市公司利用股份公司的新机制,通过出资收购、投资参股、联营合资等方式,在坚持以原有行业为主体的前提下,积极开展多元化经营,形成了一个由核心层(公司本部)紧密层(全资或控股子公司)、半紧密层(参股公司)的集团化网络。

7.新机制给上市公司带来了巨大的活力,经济效益迅速提高。股份制这一现代企业制度使上市公司获得了巨大的活力,生产力获得迅速发展,经济效益猛增,企业显示了极强的自我发展能力。三委联合调查组调查的上海12家上市公司1993年上半年实现利润比去年同期提高幅度最少为44%,最大的为274%。深圳的7家上市公司,1993年上半年实现利润比去年同期提高106%。海南省的5家上市公司1992年税后利润为2.53亿元,而今年上半年税后利润就达3.31亿元,比去年全年税后利润还多30.83%。

上市公司在转换经营机制取得明显成效的同时,公司内部体制和企业行为依然存在着一些缺陷和不规范的地方,这些问题主要有:

1.一些上市公司还未完全树立起公众公司的意识，对投资者是企业的主人这一点认识不深刻，在信息披露和募集资金的使用方面还存在一些问题。目前上市公司通常只在半年期和年末两次向社会公众披露公司财务经营情况。《股票发行与交易管理暂行条例》中关于公司重大事项必须及时披露的要求，上市公司一般的都未做到。一些重大的投资项目或重大的经营方针的转变，有可能会给企业的股价带来较大影响，本应让股东知道，但公司未及时作出披露，这不仅违背了有关规定，而且容易产生利用内幕消息投机的现象。还有一些上市公司募集资金的投向与招股说明书中已披露的不一致，出现这一情况的客观原因是由于上市公司在社会股东要求高回报的压力下，把资金转投到了高盈利的行业中。据统计，上市公司至少有30%的资金与募集时的计划投向不符，有的甚至高达70%，且带有一定的盲目性，加大了潜在的经营风险。这种公司随意变更筹集资金用途的做法，也反映了上市公司领导人对投资公众尊重不够，法制观念不强。

2.上市公司增资扩股失控，募集的资金投向追求短期效益。调查中发现，不少地区的上市公司配股缺乏自我约束，配股数量过大，最多达到1股配售4股，公司股本急剧膨胀，配股所筹资金大大超过生产发展的需要。由于国家在这方面无统一规定，并且宏观监管不力，各地的企业、同一地区的不同企业相互攀比，高比例配股以满足股民的要求。不少企业募集的资金过多，无生产项目可投，有的去建五星级酒店，有的去炒股票、炒房地产，有的放贷进行短期拆借。这种作法虽然短期内能给股民带来较高回报，但使企业无发展后劲，只是利用资金优势，掩盖经营上的不善。

3.上市公司对小股东的权益没有给予充分保证。一些上市公司对中小股东的权益不重视，没有实现小股东出席股东大会的权力，如开股东大会不是让全体股东出席，而是要求持有一定股票数量的股东才有资格参加，并把这种规定写入公司章程。公司对这种作法的解释是，股东大会的会场小，容纳不了过多的人。而更深层的原因是，公司认为，公司股票换手率高，一般股东关心的是股市效益，而不关心公司的经营，参加大会与否无实际意义。有的公司领导更明确地讲，公司只能照顾大股东的利益，小股东不满意可卖掉公司的股票。

4.国有股的管理和流通是个亟待解决的问题。我们的股份制试点，必须以公有制为主体。各地在股份制试点过程中都贯彻了这个原则。但公有制为主体在上市公司的股权结构与运作中怎么更好地体现，还有许多值得探索的地方。当前，遇到的主要矛盾和问题是：一些上市公司因国家持股比例过大，并且不能流通，影响了企业的正常发展和国有资产的保值增值。首先，在每次公司为发展需要配股筹资时，由于国家股不能流通，国家股权代表无力购买新股，只能放弃国家股的配股权。其次，国家股在公司总股本中占比重过大，不利于经营机制的转换。现在一些上市公司由于国家股占总股本的60－80%，实际上仍未摆脱政府对企业说了算了状况，每年的股东大会流于形式，董事会的任何重大决策均需与政府事先协商好，然后再拿出来表决，广大股民对企业的经营基本上无法发挥监督作用。

另外，上市公司国有股权的管理仍然处于无人负责的状况。譬如：有的上市公司的国有资产代表由好几个部门共同派出，每个代表行使一定比例的权力，在重大问题表决时，往往不能统一意志，投票时各有各的主张。这表明，在一些上市公司，国家股的股权代表实际上处于“缺位”状态，仍是无人负责，也无法负责。因此，要让上市企业真正转变机制，必须改变国有资产的产权管理模式，使董事会真正代表所有者的利益并与政府部门分离，大力强化董事会的决策和监督职能。总之，国有股包括法人股的管理和流通转让，是一个政策性极强，又很敏感的问题，必须持积极慎重的态度，证券委正在对这个问题进行调查研究，制定相应法规，上报国务院审批，依法行事。这样，才能真正谈得上提高上市公司的质量。

三、转换经营机制需要解决的几个问题

转换企业的经营机制，是一个复杂的系统工程，是一篇大文章，牵扯到方方面面，它既需要企业自身的努力，也需要政府转变职能，帮助企业不断改善外部环境，特别是市场环境和法制环境。从这个意义上来说，转变企业的经营机制是一个长期努力的过程，不可能一蹴而就，我谨就几个迫切的问题，谈几点意见。

（一）上市公司转换经营机制首先需要转变认识

我们的上市公司，大多是由国营企业改组后取得上市资格的，历史很短，所以在领导层和广大职工中，还残存着不少从国有企业中带过来的旧观念。思想认识、领导体制还有许多方面不符合上市公司规范化的要求。有的挂着一个股份制的牌子，在企业经营管理的各个方面，仍按老规矩、老办法办事，使企业股份制改造与转换企业的经营机制脱节。这集中表现在上市公司的领导体制方面。一是领导制度不健全，没有反映上市公司的规范要求，许多

上市公司没有建立监事会制度，因而也就放弃了代表上市公司股东利益、对公司经营管理特别是对董事会的工作实施全面监督的职能。二是在国有股占绝对控股地位的格局下，上市公司的董事长或总经理仍由作为国有资产所有者的各级政府委派，结果是，政府通过自己委派的董事长或总经理对上市公司的经营管理实行了更为直接的行政干预，强化了政企合一的弊端，也强化了企业对行政权力的依附关系。思想作风，工作作风还远远不适应股份制企业运作的要求。

(二)上市公司必须按规范化要求运作

所谓规范化就是必须按照已经颁布的《股份制企业试点办法》、《股份有限公司规范意见》、《股票发行与交易管理暂行条例》等一系列法规以及公司章程，认真做好企业股份制改造工作，绝不能搞急功近利的所谓的股份制改造，盲目追求数量而放松质量。从我国股份制试点企业和上市公司的实际情况出发，当前要注意解决四个方面的问题：(1)建立股份公司管理体制，健全企业内部管理制度，切实按照《规范意见》的要求，组织和建设好股东大会、董事会和监事会制度，改变政企合一、两权不分的状况，真正做到转换企业经营机制，提高企业的自我约束能力。(2)明晰产权界定，通过科学的评估，解决帐实不符，财产不清的现象。(3)对股份制企业的会计制度进行认真地改造，按照我国新会计制度，彻底解决成本不实、利润不实和虚盈实亏的问题。(4)向国际标准靠拢，尽快实现股份公司改制方面的接轨。随着我国对外开放的发展和到香港上市的9家企业的实际操作，应从内地与香港在股份制改造、上市企业方面的反差中，吸取有益的经验，完善自己，逐步走向国际化。此外，我们还要通过国家体改委组织的清理、整顿定向募集股份有限公司的内部职工股工作，解决这类公司改造蜂拥而起、粗制滥造、千方百计企求一步上市的问题，扎扎实实地做好上市公司的前期工作。

要严格控制上市公司的上市条件，把好上市公司的质量关。今年，为保证股票市场的健康发展，国家从实际情况出发，制定并下达了股票发行计划规模和股票发行的试点企业个数，这反映了政府对保护投资者利益，保护股票市场稳定的切实努力。在股票发行工作中，要坚决执行《股票发行与交易管理暂行条例》及其相应的《申请公开发行股票公司报送材料的标准格式》，遵循公开、公正、公平，防止少数人决定问题和徇私舞弊的原则，在控制规模的前提下，从严复审，控制股票发行试点企业的个数。对9家在香港上市的公司和发行B股的公司，要按照与国际证券市场接轨标准，从严要求。

(三)认真搞好信息披露工作

我们知道，较之一般的股份制企业，上市公司可以获得很多好处：上市公司可以在全社会范围内筹集到大量的资金，以便用于本企业的发展；上市公司的股票在证券交易所挂牌上市，本身就意味着公司商业信誉的提高，且易于在公众心目中确立形象，增强投资信心；上市公司还可以通过本企业股票价格在报刊、电视、广播中报道收到广告效应，提高其国内外的知名度，这又大大有利于其拓展国内外业务。与这些利益同时存在的是，上市公司必须履行对投资者的责任，其核心内容之一是对上市公司的盈利能力、经营记录、资产规模等财会资料进行如实申报和公开披露。这是保护广大投资者利益，实现全社会监督，保证证券市场“公开、公平、公正”的基本依据，是上市公司对广大投资者必须履行的法律责任。由于我们上市公司的历史很短，发展很快，各项法规还不够完善，加上监管部门对企业在这方面的帮助、督促和检查力度不够，所以还存在许多问题。这在前边已经讲过。我在这里，再重申一下对上市公司在信息披露方面的要求。

第一，对于正在申请公开发行和上市的企业，必须按照《股票发行与交易管理暂行条例》的要求，编制并披露招股说明书、上市公告书。这个问题，由于实行了严格的复审制度，现在做得比较规范。

第二，对于已经上市的股份有限公司，必须自觉做好年度报告、中期报告和临时报告(包括重大事件公告和收购与合并公告)的披露。

按照《股票发行与交易管理暂行条例》和《公开发行股票公司信息披露实施细则》的规定：

上市公司应在每个会计年度的前6个月结束后60日内向证监会、证券交易场所提交中期报告，并向社会公布。中期报告应包括下列内容：公司财务报告，公司管理部门对公司财务状况和经营成果的分析；涉及公司的重大诉讼事项；公司发行在外股票的变动情况；公司提交给有表决权的股东审议的重要事项。

上市公司应在每个会计年度结束后120日内向证监会、证券交易场所提交经注册会计师审计的年度报告，并向社会公布。年度报告应包括下列内容：公司简况；公司的主要产品或者主要服务项目简况；公司所在行业简况；公司所拥有的重要的工厂、矿山、房地产等财产简况；公司发行在外股票的情况，包括持有公司5%以上发行在外普通股的股东名单；前十名最大的股东名单；公司股东数量；公司董事、监事和高级管理人员简况、持股情况和报酬；公司及其关联人一览表和简况；公司近三年或者成立以来的财务信息摘要；公司管理层对公司财务状况和经营成果的分析；公司发行在外债券的变动情况；涉及公司的重大诉讼事项；经注册会计师审计的公司最近二个年度的比较财务报告及其附表、注释；该上市公司为控股公司的，还应包括最近二个年度的比较合并财务报告。

公司发生重大事件，应当编制重大事件公告书及时向证监会和证券交易场所报告并向社会披露。重大事件是指可能对公司的股票价格产生重大影响的事件，包括：公司订立可能对其资产、负债、权益和经营成果中的一项或者多项产生显著影响的重要合同；公司发生重大的投资行为或者购入金额较大的长期资产的行为；公司的经营政策或者经营项目发生重大变化；公司发生重大债务；公司未能归还到期债务的违约情况；公司发生重大经营性或非经营性亏损；公司财产遭到重大损失；公司生产经营环境发生重要变化；新颁布的法律、法规、政策、规章等，可能对公司经营有显著影响；董事长、30%以上的董事或者总经理发生变动；持有公司5%以上的发行在外的普通股的股东，其持有该种股票的增减变化每达到该种股票发行在外总额的2%以上的事实；涉及公司的重大诉讼事项；公司进入清算，或破产状态；公司章程变更，注册资金和注册地址的变更；发生大额银行退票；公司更换为其审计的会计师事务所；公司公开发行的债务担保或抵押物的变更或者增减，股票的二次发行或者公司债到期或购回，可转换公司债依规定转为股份；公司营业用主要资产的抵押、出售或者报废一次超过该资产的30%，发起人或者董事的行为可能依法负有重大损害赔偿责任；股东大会或者公司监事会议的决定被法院依法撤销；法院做出裁定禁止对公司有控股权的大股东转让其股份；公司合并或者分立。

我重复讲了《股票发行与交易管理暂行条例》和《公开发行股票公司信息披露实施细则》中关于上市公司信息披露的有关规定，目的是要上市公司的董事、监事和高级管理人员提高对这个问题的认识，自觉做好这项工作。这对于转换上市公司经营机制，对于我国正在发展中的年幼的证券市场尤为重要。鉴于上市公司对信息披露，特别是重大事件及时披露的重视程度远远不够，对社会公众负责的主观意识淡薄，广大中小投资者对自己所享有的权利也未能相应的珍视，当务之急是要求上市公司的董事、监事和高级管理人员认真学习《股票发行与交易管理暂行条例》和《公开发行股票公司信息披露实施细则》，坚决纠正对这两个法规不重视，不学习或学习时浅尝辄止，不求甚解的不良倾向。

（四）董事、监事、高级管理人员，必须学法、懂法、守法并忠实履行信托责任

市场经济是法制经济，由于证券市场的诸多特点，更需要加强法制建设。上市公司的领导层，必须把自己的经营活动，建立在法律法规的框架之内。虽然我国目前还没有出台公司法和证券法，但对上市公司的董事、监事和高级管理人员的行为，也已经制定了若干具有法律性质的规定。如《股票发行与交易管理暂行条例》对公司董事和高级管理人员的要求有：

1.保证《招股说明书》的真实。如：

第十七条规定："全体发起人或者董事以及主承销商应当在招股说明书上签字，保证招股说明书没有虚假、严重误导性陈述或者重大遗漏，并保证对其承担连带责任。"

2.不得任意转让股票。

第三十八条规定："股份有限公司的董事、监事、高级管理人员和持有公司5%以上有表决权股份的法人股东，将其所持有的公司股票在买入后六个月内卖出或者在卖出后六个月内买入，由此获得的利润归公司所有。

前款规定适用于持有公司5%以上有表决权股份的法人股东的董事、监事和高级管理人员。"

3.披露个人资料。

第十五条、第三十四条、第五十九条、第六十条规定，在《招股说明书》、《上市公告书》、《年度报告》、《重大事件公告》中按规定披露个人资料和持股情况。

第六十二条规定："上市公司的董事、监事和高级管理人员持有该公司普通股的，应当向证监会、证券交易场所和该公司报告其持股情况；持股情况发生变化的，应当自该变化发生之日起十个工作日内向证监会、证券交易场所和该公司作出报告。

前款所列人员在辞职或者离职后六个月内负有依照本条规定作出报告的义务。"

第六十四条规定："证监会应当将上市公司及其董事、监事、高级管理人员和持有公司5%以上的发行在外的普通股的股东所提交的报告、公告及其他文件及时向社会公开，供投资人查阅。"

在《股份有限公司规范意见》第三十条第六款规定：

公司董事和经理在任职的三年内不得转让本人所持有的公司股份。三年后在任职内转让的股份不得超过其持有公司股份额的百分之五十，并须经董事会同意。社会募集公司的董事或经理转让股份还应报国家或省、自治

区、直辖市的体改委(以下简称体改部门)和人民银行备案。由于人民银行已将其对股票的管理职能转交证券委和证监会,所以,现在应向证券委和证监会报告。

第六十二条规定:“董事和经理对公司负有诚信和勤勉的义务,不得从事与本公司有竞争或损害本公司利益的活动。

到香港上市的企业,经与香港有关部门协商,按照国际惯例,明确了董事、监事、总经理及高级管理人员受托诚信的义务,并由国家体改委发布了《到香港上市公司章程必备条款》。必备条款严格规定了董事、总经理及高级管理人员的信托责任,负有受托诚信的义务。股份公司是实行所有权和经营权相分离的企业形式。投资者即公司的所有者往往不能亲自管理公司,于是把管理权委托给董事会行使,而董事会又将日常的经营管理权授权给总经理或其他管理人员,这种“委托代理”的机制在创造管理效率的同时,也可能产生管理层的利益与投资所有人利益相背离的现象。为此,香港方面对我们到港上市的公司提出要求,对董事、总经理及其他高级管理人员的诚信义务在公司章程中必须明确规定,加以制约,这主要是:

规定上述人员在行使公司赋予的权力时,必须对每位股东负有下列义务:不得使公司超越其营业执照规定的营业范围;必须真诚地以公司最大利益为出发点行事;不得以任何形式剥夺公司财产,包括(但不限于)对公司有利的机会;以及不得剥夺股东的个人权益。此外,公司章程还对董事、总经理和其他高级管理人员的某些行为进行了限制性的规定。如禁止不公平对待各类股东,尤其是小股东;禁止在不知情的情况下与其它公司订定合同、交易或有利益关系的安排;禁止以其在公司的地位为自己谋私利、收取与公司交易有关的佣金等。这些义务除上述人员本身必须遵守外,其配偶或未成年子女、信托人和合伙人都必须遵守。如不遵守,就构成违法行为。

我国目前尚未颁布《公司法》,缺乏对董事人员受托诚信义务的法律规定,这需要通过进一步健全法规来解决。在法律不健全的情况下,做为社会主义企业的经营者,也应该自觉做到这些,廉洁自律,不谋私利,遵纪守法,勤勉尽责。

我这里强调公司董事和高级管理人员的信托责任,一方面是指出他们对企业转换经营机制的决定性作用,另一方面也是强调他们必须依法约束自己的行为,才能使上市公司经营机制的转换在法制的轨道上健康扎实地进行。

(五)按证券市场的规律办事,自觉接受证券市场的压力

企业成为上市公司后,就必须遵循证券市场的原则,按市场规律办事。上市公司属于公众公司,是一种开放型的企业,所谓开放型可从两方面去理解:一是公司时时处处处于社会公众的监督之下,特别是公司的股东,他们是公司的主人,他们依法有权随时去查询企业的财务账目;企业领导人也有义务接受股民对企业经营情况、股票价格变动、企业发展规划等方面的询问。这也就是说,上市公司领导人必须摆正自己的位置,明确自己在公司的角色。广大投资者才是企业的所有者,是老板,自己是企业的经营者,是雇员。因此,必须对公众负责,对企业负责。二是上市公司的股权持有人是流动的、开放的,从一般意义上而言是任何人都可以持有的,例如,一个上市公司的股权被其它法人购买,该法人成为大股东,它就可以对这个上市公司的领导体制、经营决策行使自己法定的权力,如果股权达到30%,就构成收购行为,可以依法行使收购的权力。这是证券市场发育到一定阶段的必然产物,也是我们搞股份制,发展证券市场希望达到的目标之——即优化资源配置、调整产业结构。作为收购与被收购的双方,均应严格按照已经颁布的法规,如《暂行条例》和《规范意见》的有关规定运作。例如,法人直接或间接持有一个公司5%的股权时,应在当日起三个工作日内向该公司、证券交易所和证监会作出书面报告,并向社会公开披露,在报告和信息公开披露后二个工作日内,不得再行直接或间接买卖该种股票,以后每变动2%都要再报告和披露。在股票市场上依法通过大量买入公司的股票从而成为该公司的大股东或者达到控股地位,是证券市场运作中的正常现象,是一种市场行为,受到法律的保护,但是,利用内募信息低买高卖的投机行为,或制造收购假象去坑害中小股民利益的行为,是法律所不允许的,一经查实,要依法处理。

基于产权关系和法律关系的变化,上市公司的董事、监事和高级管理人员必须勤勉尽责,但不能把公司视为自己的“地盘”或“领地”,容不得别人介入。更不能对证券市场出现的正常的掺股或收购行为,作出违反法规的反映。从法律角度来说,公司所有者的变动,并不属于经营者所应干预的事情。我们希望上市公司的经营者能充分认识和摆正自己在公司中的位置,因此,上市公司的经营者应正确对待公司在运行中可能出的问题,特别应在自己管理的公司在处于被收购时能正确对待。

(六)抓 好 人 才 培 养

中国的股份制企业、上市公司和证券市场,需要成千上万的证券业专门人才,特别是精通证券业务和企业管

理的会计师、律师,没有一大批这样的专门人才,要达到与国际证券市场接轨是非常难的。各上市公司都应该培养一批精通财务、法律的专业人才,只有这样,才能使自己的行为规范。例如到香港上市的企业按照《公司章程必备条款》的规定,都必须设立公司秘书,公司董事会秘书是公司的高级管理人员,通常由具有必备知识和经验的专业人士担任,其主要任务是监督公司遵守有关法律和交易所的规则。这是从公司自身约束上市公司的行为。为了帮助和督促上市公司规范自己的行为,证监会同有关部门一起抓好中介机构人才的培训和考核,将举办上市公司股务人员培训班,培养一批精通上市公司信息披露工作的专业人才。同时,进一步完善信息披露的操作规范,如制定年度报告和中期报告的内容与格式,做为准则下发执行。还正在制定上市公司监督管理暂行办法,以使上市公司的行为进一步规范化。

转换上市公司经营机制,必须依靠各级政府加强领导。而政府也要逐步转换职能。各地证管部门,要系统研究,不能再用管理国有企业的那一老模式来监管上市公司。在这个方面我们都还没有经验,加上新旧管理体制交替这个外部环境,操作起来难度会更大一些。希望大家解放思想,努力探索,走出一条适合我国国情的有利于上市公司经营机制转换,又便于对其实行监管的路子来,以保证上市公司的质量不断提高,促进股票市场稳定、健康地发展。

同心协力　办好交易所
为完善和发展我国证券市场作贡献
——在上海证券交易所会员大会第四次会议上的发言

国务院证券委员会副主任
中国证券监督管理委员会主席　刘鸿儒

(1994年3月12日)

各位代表：

应上海证券交易所的邀请，前来参加交易所会员大会。在短短的三年里上海证券交易所发展迅速，成绩显著，我们感到很高兴。我代表证监会预祝这次会员大会取得圆满成功。我借此机会讲三个方面的情况和意见。

一、证券交易所为证券市场发展作出了积极贡献

近几年我国的证券市场发展得很快，特别是1993年股票公开发行试点扩大到全国以来，证券市场发展取得了令人瞩目的成绩。归纳起来，主要表现在以下几个方面：

1.市场规模不断扩大。到1993年底，我国累计发行各类有价证券4300多亿元，公开发行股票60多亿元；上市公司达到183家，上市股票市价总值达到3500多亿元；投资者队伍迅速壮大，达700多万。

2.交易市场活跃，交易机制不断完善。1991年上海、深圳交易所证券交易量仅52亿元，1992年增加到762亿元，1993年则达到3840亿元(按单边计算)。交易所会员1993年底达到900多家，其网点遍布全国。

3.证券市场法规逐步健全。1993年国务院颁布了《股票发行与交易管理暂行条例》，证券委、证监会制定公布了十几种专项法规和细则，交易所也公布了相关的业务规则，初步建立了维护证券市场健康发展和保护投资人利益的法律框架，使市场运作有章可循，有法可依。

4.市场监管体系初步形成。1992年10月建立了证券委和证监会，一些地区也相应建立了证券监管机构，加强了对市场的监督管理。1993年这一年，证券委和证监会制订了一系列法规、条例；组织股票发行与复审工作；与有关部门共同组织六家国内大中型企业直接到香港上市，获得了成功；加强了对二级市场的监管，查处了一批证券违法案件；与人民银行等部门协调配合，确立了证券机构承销资格审查制度，加强了对证券机构及中介机构的监管；采取措施抓了提高上市公司质量的工作；根据国务院有关文件规定，初步着手对期货市场的监管工作。

5.培养一批市场监管、证券投资、市场中介和市场分析方面的专业人才。

6.证券交易所一年来加强各方面建设取得了可喜成绩。1993年，沪、深两市场发展迅速，技术装备水平大大提高，从开始时的手工交易过渡到目前全部采用大型计算机系统进行撮合，大大提高了数据处理能力；行情传输系统也由过去的电话专线传送发展为利用卫星和地下光缆等多种手段进行传输，及时性、稳定性有了明显提高；采取了增加交易席位、提高单个席位“利用率”等措施，以满足市场拓展的需要。到1993年年底，上交所、深交所可交易的席位分别达2118个和426个，日均交易量分别由1992年的约0.97亿、0.8亿上升到1993年的9.19亿、5.32亿，分别增加了8.5倍和5.6倍；成立了中央登记结算公司，完善两个市场的登记、清算体系；积极探索新的券种，在国债期货及国库券无纸化发行等方面都进行了一些有益的探索。此外，证券交易所在加强自身建设、树立自我管理意识和人才培训等方面取得了可喜的进展。

二、适应市场发展需要，加强证券交易所的自身建设

证券交易所在几年内有了迅速的发展，从上市公司、会员公司投资者的数量和分布情况来看，上海、深圳两个

证券交易所事实上都已经成为全国性的证券交易场所。这种新局面对交易所提出了新的、更高的要求。三年多来,证券交易所虽然发展迅速、形势喜人,但是也应该看到,与市场发展的需要相比,与建立规范化的证券交易市场的目标相比,仍然存在一定的差距。证券交易所不仅仅是为投资者提供交易场所,它也是证券市场监管体系的一个重要组成部分。证券交易所作为证券业的自律性管理组织,同证监会一起构成了我国不同层次、协调一体的证券市场监督管理体系,共同承担着保护投资者利益、维护证券市场公平、公开和公正原则的责任。两者的作用都能充分发挥,证券市场监管体系才能顺利运转,证券市场发展才能走上正轨。

交易所作为监管体系中的一员,处于市场监管的第一线,必须兼顾发展和管理的双重任务。现在我国的证券市场还比较小,也还不很规范。狭小的市场不能适应经济发展的需要,市场不规范也不会吸引真正的投资者。大家在考虑交易所的建设问题时,应该把市场的发展和自律管理这两方面任务都考虑进来。加强自律性管理是交易所规范化建设的一部分,只有规范化,才能促进我国证券市场不断走向成熟。基于这一考虑,从加强交易所自律性管理功能出发,交易所应注意抓好以下几个方面的工作:

(一)进一步加强对信息披露的管理,使证券投资者能够及时、准确地获取有关证券市场运行的信息

证券市场上的各种信息,是投资者进行投资决策的基本依据,一个运转良好的证券市场必须做到信息披露的全面性、及时性和准确性。信息披露是证券市场建设的基础性工作,没有健全的信息披露制度,就不可能保证市场的公开、公平,不利于加强股东对公司的监督作用,也不利于培养投资者的理性投资行为。前一阶段证监会和交易所在加强信息披露的管理方面做了很多工作,但仍存在不少问题,如信息披露的内容不符合有关规定,披露的渠道和方式不规范,内幕消息被泄露,一些虚假信息流传等。首先证监会要加强对信息披露的管理和引导工作;同时也希望各有关方面在自已的责任范围内严格自律。希望证券交易所从以下几方面进一步加强信息披露的管理:

1.严格要求上市公司执行国家法律、法规和交易所规章中有关信息披露的规定,交易所要督促上市公司按照规定的内容、格式、公布的时间和方式等向投资者披露有关信息,对不按规定进行信息披露的上市公司,交易所应根据有关规定进行处罚。

2.进一步补充、完善有关信息披露的实施细则,按照有关法律、法规的规范化要求,制定切实可行的操作方案。

3.配备必要的技术手段,对在证券交易过程中出现的需要披露的事项,如大股东持股比例的变动等情况,能够按有关规定及时和准确地进行披露。

4.加强对交易所内幕人员的教育,督促他们严格自律,对违反规定者严格依法办事。

5.进一步拓宽信息披露的渠道,保证有关的信息披露事项能够及时、准确地传达给投资者;同时加强对市场的监督,对于影响市场的各种流言要及时予以澄清,对故意散布虚假信息的,要依法处理。

(二)加强对市场交易活动的监督,建立有效的交易监控手段

加强对交易活动的监督,是发现和查处各种违法行为、维护证券市场正常秩序、保护投资者利益的一项重要措施。证券交易所是证券交易市场的中心,对市场反映最敏感,因此要利用自己所处的特殊地位,加强对交易活动的监督,及时发现问题,及早解决问题,保护市场的平稳运转。国外许多交易所都设有专门的市场监督部门,采用先进的技术手段,由专门负责实时跟踪市场行情的变化并在事后检查成交记录。只有公开、公平、高效、有序的市场才能真正吸引投资者,才具有生命力和竞争力。

目前我国的证券市场处于试验阶段,由于有关法规和管理手段尚不完善,各种违法的交易活动也必然存在。为了保证我国证券市场的健康发展,采用先进的技术手段对交易活动进行监控,由此发现和打击不法行为,保护市场的正常秩序,就显得更为重要。国务院证券委和证监会对此一直十分重视。1993年7月7日公布的《证券交易所管理暂行办法》的第43条已明确要求证券交易所要建立交易监控系统。

因此,交易所在引入先进技术,提高证券交易效率的同时,应尽快采用相应的技术手段来监督市场的交易活动。对干扰市场正常秩序的不法行为坚决查处。

(三)完善证券交易所内部组织建设

目前两个交易所的上市公司和会员数量增长很快,在册投资者遍布全国,这种快速发展的形势对交易所的内部管理提出了新的要求。目前来看,应注意做好下面一些工作:

1.充分发挥会员大会的作用。会员大会是证券交易所的最高权力机构,会员大会的权力和义务已在《证券交

易所管理暂行办法》和证券交易所的章程中加以明确。证券交易所在工作中要严格按有关法律、法规和证券交易所章程的规定，尊重会员大会的权力，充分发挥会员大会的作用。同时，要根据实际情况不断完善各项民主管理措施，调动会员公司参与民主管理的积极性。各位会员也要提高对证券交易所管理的参与意识，认真履行自己的职责。

2.进一步发挥理事会的作用。《证券交易所管理暂行办法》明确规定，证券交易所要设置理事会及其下属的各类专门委员会，负责证券交易所重大事务的决策和监督管理工作。理事会是证券交易所的决策机构。

加强理事会的工作非常重要，只有发挥理事会的作用，才能发挥集体的智慧，解决复杂问题。同时要注意发挥上市委员会等专门委员会的作用。

3.加强对会员公司的管理，认真执行各项法律、法规和内部规章，严肃查处违法违规行为。

证券商是证券交易的重要环节，证券交易所加强对会员公司业务的监督检查，是证券市场规范化的重要内容。证监会已经把二级市场的管理列为今年的重要工作。要做好这项工作，必须强化证交所的一线监管。证交所应依照有关法规和内部规章，从严掌握吸收会员的标准，防止不符合法规要求的机构成为会员。这是加强会员管理，提高会员素质的必不可少的措施。证券交易所和各会员单位要进一步健全各项内部规章制度，堵塞漏洞，以适应今后证券市场管理和运作的需要。证券交易所要建立对证券商业务的检查制度。要完善监控指标的设计，加强对会员业务记录资料的保存管理，并对证券商代理和自营的业务记录进行定期检查和重点检查，发现问题严肃处理，公布于众。各位会员也要建立内部检查制度，加强自我管理。

（四）证券交易所和证券经营机构要不断提高技术装备水平，加强设备运转的安全性管理

我国证券市场的起点比较高，在证券交易的技术手段上处于世界先进水平。但是，交易技术水平的提高，必须以技术装备的安全运转为前提，一些发达国家的证券市场至今仍然保留一部分手工交易方式，主要是出于市场安全性的考虑。所以证交所既要注意交易的快速高效，又要注意安全性。今后证券交易所在进行重大技术装备的改进时，应经过周密细致的可行性论证。从1993年下半年开始，证监会已着手组织以技术专家为主体的调研小组，对证券交易所和其它证券经营机构的技术装备情况进行全面调查，并准备提出改进意见。

三、当前加强我国证券市场建设的几点意见

证券市场的建设与健康发展离不开良好的外部环境。改革开放以来，中国政治稳定，经济建设领域取得了令人瞩目的成绩。目前中国是经济增长最快的地区之一，成为国际投资者关注的热点地区。中央决定1994年对财税、金融、外汇、企业制度、投资体制等几方面进行重大改革，建立社会主义市场经济体系的框架。这会对证券市场发展起到积极的促进作用，同时也会为证券市场的发展创造更为有利的条件。

为了适应社会主义市场经济的发展，必须积极地拓展和完善证券市场，坚定不移地搞好这项改革，创造一种灵活有效的融资机制，为转换企业的经营机制和建立现代企业制度作出贡献。

不过，证券市场也是最敏感、最复杂的市场。虽然经过几年的试验，取得了不少成绩，但从总体情况看，目前中国证券市场还处于试验阶段，还很不成熟。因为我国的经济体制尚处于从计划经济向市场经济转变的过渡时期，企业的经营机制还没有真正转轨，健全的市场体系尚未形成。而且证券市场的法规还不健全，人才缺乏，经验不足，社会公众的金融意识和风险意识较差。因此，证券市场的建设需要一个循序渐进的过程，必须经过试验，在实践中总结经验、探索适合中国国情的社会主义证券市场的发展道路。在这一过程中，出现这样或那样的问题是难免的。国外证券市场发展历史已证明，证券市场总是在不断遇到问题、不断解决问题、不断完善法规，逐步发展起来的。我国是新兴市场，时间短、经验不足，更是不可避免地会出现这样那样的问题。出现了问题，就要认真调查研究加以解决。几年来，上海、深圳的证券市场也经历了大大小小的风波，是经过实践的磨炼，逐步发展起来的。我们要坚定信心，增强毅力，同心协力，同舟共济，排除前进道路上的各种困难，把这项改革推向前进。中国证监会，作为证券市场的监管机构，在市场不断变化的过程中，尤其需要深入调查研究，认真听取各方面的意见，遵循市场规律，谨慎采取措施，不断解决新出现的问题，以维护市场的健康发展。

最近股市出现下滑的情况，我们也听到各方面的反映和建议。大家共同的愿望是使我国股票市场健康发展。目前，社会各界对股市下跌的原因有不同的分析，概括起来，比较主要的因素是：第一、在股票市场不成熟的初级阶段，由于股票供不应求，势必造成股价过高，当股市由不成熟走向成熟，从畸形状态逐步走向正常状态，价格自然会有所调整。任何股市都是有涨有落，由不成熟走向成熟，这是市场发展的客观规律，没有价格的起伏就不会是

市场。第二、外部环境对股市的影响，特别是在讨论一些改革措施的过程中，一些意见传出来了，传得不完整、不具体，使一些投资者产生顾虑。第三、市场发展快，一些基础工作跟不上。如上市公司增加了，但基金一类的机构投资者没有相应的组织起来。一些上市公司的质量有问题，只配股，少分红或者不分红，回报率低，等等，都影响了股市的波动。面对这一状况，一方面，希望广大投资者能够认识市场规律，适应市场规律，看到有涨必有落，有落必有涨，不会永远低迷，也不会无限度地猛涨。另一方面，我们在工作中，要采取相应措施，解决存在的问题，以适应市场变化。关于涉及外部环境的几个问题，作如下说明：

第一、1994 年计划新增 55 亿的股票发行规模，尚未下达，将根据市场情况，决定下达的时间。根据目前情况已确定：这 55 亿上半年不上市，推迟到下半年，而且有相当部分要推迟到 1995 年，但分到各地的规模 1995 年仍然有效。

第二、1994 年不征收股票转让收益所得税。

第三、由于条件尚不具备，1994 年内国有股、法人股不在交易所上市，不和个人股并轨。

第四、上市公司的配股从严控制。

关于 1994 年的证券市场工作，我们准备组织力量，深入调查，对重大的政策性问题进行研究。当前证券市场监管工作主要注重以下几点：

(一)健全、细化法规，严格执法

建立统一、高效、公平、公开的证券市场，必须要有完善的法规作保障。中国证监会成立以来，已逐步制定和颁布了一系列全国统一的证券法规、条例，这对促进我国证券市场的健康发展起到很大作用。但是我国的证券法规体系仍不完善，我们的立法工作任务还十分艰巨。《公司法》已经公布，7 月 1 日将实施，我们和其他有关部门要制定一些规定、细则以保证公司法的实施。《证券法》也在修改之中，在《证券法》出台之前，证券委和其他有关部门要抓紧制定《境内企业向境外发行和上市股票的管理办法》、《投资基金管理办法》、《国有股管理规定》等一系列法规和实施细则。在健全法规的同时，我们还须继续重视执法工作，对于那些利用内幕消息从事非法交易，利用欺诈手段牟取暴利等严重损害投资者利益的行为，要深入调查，绳之以法，以保证证券市场依法公正而有序地运作和发展。

(二)培养机构投资者，提高市场的稳定性

目前我国股票市场上的投资者多为个人投资者，其资金实力、投资经验、风险承担能力等方面都比较弱，容易受谣言左右，盲目跟进跟出，引起市场的大起大落，自己也遭受经济损失。随着股市规模的扩大，积极建立各种形式的投资基金的组织，发展机构投资者，增加长期投资的比重已成为重要的问题。由于基金组织者可以集中个人零散基金，提高风险承受能力，又可以利用专业投资人员的经验，进行理性投资，从而会提高市场的整体承受能力，增加市场容量，促进市场向成熟化发展。目前有关部门正在抓紧制定投资基金管理办法。

(三)积极采取措施，提高上市公司质量

较高的上市公司质量是保证股票市场稳定并健康发展的基石。上市公司在现代公司制度中具有特定的法律地位，股票的内在价值是由公司的资产、资信状况和获利能力决定的，这是一般股票投资者选择投资对象的基本依据。如果上市公司的运作不规范，自觉不自觉地做出违反法律规定的行为，往往直接损害其股东的利益并影响股票市场的稳定。已经取得上市资格的公司必须深入学习《公司法》和我国现行证券法规的有关规定，进一步明确自身的法律地位，提高按照法律规定行使权利并承担义务的自觉性，按照现代公司制度的要求转换经营机制，规范自身行为。证监会将进一步根据法律赋予的权利，依法对上市公司严格监管，对故意违规甚至严重触犯法律规定的，坚决查处，决不手软。对新上市公司，应严格按照股份有限公司制度的要求进一步规范化，严格掌握发行、上市标准，对不符合规定的企业，决不迁就。

(四)积极稳妥地推进国内企业直接到海外上市试点

当前中国经济发展最突出的问题是资金不足。国内企业到境外上市，一方面可以为中国企业利用股权市场吸引外资开辟新的渠道；另一方面可以推动中国证券市场的国际化进程。1994 年，将推选 22 家国内企业到海外上市，主要是能源、交通、通讯、铁路、钢铁等基础性产业领域的企业。香港是重要的国际资本市场之一，也是重要的国际金融中心，香港的繁荣与内地密切相关，对中国经济的发展，也具有重要意义。所以我们继续将香港作为重要市场，与此同时，我们也非常重视欧美股票市场融资功能对我国经济发展的重要作用。由于经验不足，必须分步推

进,1994年准备选择少量的企业到美国的股票市场直接上市,以后再考虑其他地区。

(五)加强学习,培训人才

人员整体素质不高,是影响我国证券市场规范发展的一大障碍。尽管证监会、交易所近几年在培养人才方面做了大量工作,取得了不少成绩,但仍不适应需要,需要进一步花力量培训人才,提高从业人员的素质。证券业现有从业人员也要加强学习,学习有中国特色的市场经济理论、法规知识、党和国家的方针政策,不断提高水平,适应社会主义市场经济新形势的需要。

此外,对期货工作,根据国务院77号文件精神,证监会召开了座谈会并向国务院报告了加强期货市场监管工作的意见,已形成文件,批准后即着手实施。

各位代表,中国证券市场经过十多年的风风雨雨,发展到今天这个局面,很不容易。主要是有中央、国务院领导和各级政府的关心支持,也与证券交易所和在座各位的辛勤努力分不开。希望大家继续为我国证券市场的规范化建设不断努力,促进国民经济持续、快速、稳定的发展。

童赠银副主任在“1993年股票发行与认购工作座谈会”上的讲话

(1993年8月30日)

同志们:

这次新股发行工作座谈会,是今年以来第三次召开的有关今年新股发行工作的会议。从3月4日在北京召开的“新股发行工作会议”以来,各地政府和证券管理部门认真研究落实今年新股发行工作,提出很多好的方法和意见。昨天,青岛市政府、上海市证券管理办公室和申银证券公司的同志向与会同志介绍了新股发行的经验与教训,希望对尚未进行新股发行的地区有所借鉴。与会同志还就股票发行与交易中的一些政策性问题以及《关于<股票发行与交易管理暂行条例>若干问题的解释(一)》进行了热烈的讨论和座谈,提出了很多问题,也谈了很多宝贵的意见。下面,我想就这次会议所讨论的问题讲几点意见:

一、关于股票发售与认购办法

8月18日由国务院证券委员会发布的《关于1993年股票发售与认购办法的意见》,是去年以来在征求各地、各有关方面意见的基础上经过反复讨论、修改后形成的,最后报经国务院同意公布。由于这个办法只作了原则性的规定,所以叫作“意见”。各地可以借鉴青岛、上海的经验,结合本地的实际情况创造一些更好的办法,但必须遵照以下几条原则。

(一)坚持公开、公平、公正的原则,提高透明度,防止徇私舞弊,保证社会的安定

今年的新股发行不限于上海和深圳,而是扩展到全国试点,强调这一点尤为重要。股票市场涉及千家万户的利益,十分敏感,搞不好就会成为社会问题。深圳“8.10”事件以及各种因股市引起的风波都是可以说明问题的例子。因此一定要从发行的方法上、组织上以及各个技术细节、环节上做到公开和公平,防止徇私舞弊。从公开、公平的原则出发,我们不主张限制外地居民购买认购表,这在意见中已经明确规定,这一点是经过反复研究,才由国务院领导定下来的。做到这一点,要严格按《股票发行与交易管理暂行条例》的规定,认真准备各种材料,及时、充分地加以披露,增加市场的透明度,从保护投资者利益出发,严格纪律,一切依照法规的规定办事。

(二)对股票发售与认购的方案要认真研究,要切实可行

《意见》推荐的两种发售方法都是原则的规定,便于各地根据自己的情况加以具体化,各地在选用其中一种方法时,要有具体、细致、周密的方案。无限量发售认购申请表然后抽签的方法,经过青岛、上海的试点,可以说是成功的,一方面买卖公平,谁都可以买,没有限制;另一方面企业的情况、发行价格等都是公开的,投资者自己决策。由于认购表无限量发行,透明度高,基本上没有黑市炒卖认购表的现象,大家觉得比较公平,秩序很好。但是这个方法也有操作上较繁琐,认购表浪费大,成本较高的缺点。与储蓄挂钩的方法还有待试验。各地如采用《意见》之外的其他方法,要事先与证监会商量,以保证其可操作性,尽量完备和周密。

(三)严格选择发售股票的城市

为充分保证股票发行的平稳进行,各地要严格选择可发售股票的地点。今年原则上股票在本省或本市发行,不搞跨地区发行,如确需要跨地区发售则要报经证券委批准。在本省发行的,要在通讯、电脑网络和交通条件较好

的城市进行，且这些城市要有一定数量的金融分支机构，有上海、深圳证券交易所的异地会员。这样做的好处是，一方面缩小发售面，减轻组织工作的压力，把发售工作掌握在可控制的范围内；另一方面公司上市后方便投资者在二级市场上的交易。

（四）各省、自治区、直辖市和计划单列市人民政府要加强对股票发行工作的领导

从理论上讲，股票发售是一种市场行为，由承销商来组织和具体操作。但考虑到我国的特殊国情，考虑到市场发育程度还不高，地方政府一定要按照《意见》的规定，制定具体方案，并负责组织实施。青岛市、上海市的新股发售，政府都花了很大力量，成立了领导小组，从网点设置、宣传报道、安全保卫以及监督检查等方面参与指导这项工作，领导亲自抓，各部门密切配合，严明纪律是搞好新股发售工作成功的重要保证。也是我们现阶段搞好发售股票工作的一条经验。

除了上述几点之外，做好新股发行的宣传工作很重要。由于市场发育的地区差异，许多地方老百姓还不十分了解股票是怎么回事，缺乏投资风险意识。从青岛、上海的情况看，不但二级市场有风险，一级市场也有风险。因此做好宣传工作十分重要，这既有利于搞好今年新股的发行工作，也有利于长期培育和发展市场。

二、关于股票发行复审工作

根据国务院[1992]68号文件《国务院关于进一步加强证券市场宏观管理的通知》的精神，从去年11月正式成立国务院证券委和中国证监会以来，为了加强对股票市场的管理，促进这项试点向规范化的方向健康发展。我们主要抓了两项大的工作。一是加强证券市场立法。先后制定和颁布了《股票发行与交易管理暂行条例》、《公开发行股票公司与信息披露的内容与格式准则第一号》、《公开发行股票公司信息披露实施细则》、《证券交易所管理暂行办法》、《司法部、中国证券监督管理委员会关于从事证券法律业务律师及律师事务所资格确认的暂行规定》、《关于从事证券业务的会计师事务所、注册会计师资格确认的规定》、《关于从事证券业务的资产评估机构资格确认的规定》、《关于1993年股票发售与认购办法的意见》等十几个法规。通过立法，初步改变了过去股票市场政出多门，无法可依的状况。二是严格按照已经颁布的各项法规的要求，认真做好股票的发行审核工作。中国证监会从今年4月中旬开始陆续收到各地区申请股票公开发行的上报材料，截止8月19日共收到50亿规模内的企业46家，经国家体改委重新确认1990年以前发行股票的企业和经国务院证券委确认的1992年公开发行股票企业共28家。证监会组织工作人员和有关专家严格按照《股票发行与交易管理暂行条例》和《股份有限公司规范意见》对申报材料进行预审，召开发行审核委员会工作会议12次，讨论了32家，现已有27家通过复审，并出具了复审意见书，保证了这些企业的股票及时发行上市。

应该看到，严格把关，认真做好股票发行的初审和复审工作，对于保证上市公司的质量，促进企业真正转换机制，使我国的股票市场改革试点积极稳妥地向前发展，都具有非常重要的意义。各级地方政府的证券管理部门和中国证监会都充分认识到这项工作的重要性。因为股票发行企业的好坏，企业股份制改制是否彻底，直接影响到证券市场的质量，直接关系到股票市场能否健康发展。前一段时期的股票发行复审工作，得到了各级政府的支持，总的来说，工作是富有成效的。但由于股票市场试点是一项非常复杂的综合改革试验，仍处在不断完善和规范化的过程中，股票发行审查只能是边干边学，有待完善。另一方面，由于与企业股份制配套的相关法规还没有出台，许多技术性和政策性问题还缺乏相应的政策规定，给复审工作带来一定难度。现在，我对复审工作中遇到的一些共性问题讲几点意见。

（一）关于发行股票企业的选择问题

认真选好企业扎扎实实地搞好股份制改组，然后向社会公开发行股票，是搞好股票发行的第一关。选择什么样的企业发股票，既是深化经济改革，积极稳妥发展股票市场的要求；也是配合当前宏观经济调整政策的需要。在国务院68号文件中，国家把选择股票发行权交给了各地政府。各地政府，尤其是各省、市、计划单列市证券管理部门，必须把好第一关。

今年国务院证券委根据改革和经济发展的需要，已经把50亿的股票发行规模下达给了各省、市、计划单列市。从报来复审的46家企业看，大多数省市能够按照《股票发行与交易管理暂行条例》的规定和国家产业政策的要求选择企业。但也有一些问题是值得我们注意：第一，有些省、市在选择企业时存在撒胡椒面的现象，这样不利于运用股权方式调整结构。希望各地注意选择大中型的企业试点。第二，选择股票发行企业的产业结构不尽合理。

有些省、市选定的企业多为商业企业和中小型轻工企业，有些省、市选择与房地产和贸易有关的流通领域企业居多；有些地方还选择了房地产和金融性的信托投资公司发股票。这些都是与当前宏观经济调整政策不相一致的。第三，有些地方在股票发行企业选择上，只注重筹措资金、上项目而忽视企业经营机制转换宏观经济整体协调。这些问题必须引起各地证券管理部门的同志的高度重视，因为靠你们在第一线把好产业政策关，责任重大。

(二)关于中介机构问题

认真搞好企业股份制改组，企业资产评估和财务会计审计，是保证股票发行是否符合法规要求，充分进行信息披露，保护投资人利益的重要环节。在这方面，企业、承销商、会计师事务所和律师事务所负有相当大的责任。中介机构有义务帮助企业做好从改制到股票上市各环节的工作。根据前一阶段复审情况和企业的说明，有些中介机构在这方面的工作做得不够好。一是有些中介机构对于企业申报材料的准备没有做认真细致的工作，有些重大信息未做披露，按法规规定进行自我监管的意识不够，如有一家公司为了上市，将以前已募集法人股的情况不作披露，结果证券承销商、会计师事务所、律师事务所都未严格审核。这样重大的信息，中介机构未能发现，有些还是在知情的情况下未予公开，这都说明了中介机构的工作质量和服务水平，以及自我监管的作用有待提高。二是不少企业反映中介机构拿钱不少，干事不多。许多准备工作由企业自己来做，意见很大。三是中介机构的收费重，收费层次多。如有的会计师事务所的收费，承销商的收费与所做的工作量不相称。

(三)关于股票发行复审问题

为了提高上市公司的质量，保证企业股票发行符合产业政策和宏观经济调整政策的要求，确保企业按照《股票发行与交易管理暂行条例》的规定发行股票，证监会对各地企业的申请股票公开发行材料进行复审是必要的。由于证券委、证监会是新组建的机构，缺少工作经验，加上许多法规规章也是陆续制订和颁布，肯定有不少地方需要改进。最近一段时间，我们已经着手总结前一段复审工作的经验教训，听取大家的意见，尽快制定改进措施。目前各地主要反映了以下几方面的问题：

1.复审工作的时间长，企业和中介机构需消耗很大的精力来应付复审。从企业角度看，总是希望复审工作越快越好。但由于对企业的复审是一项复杂的工作，许多审查内容需一一落实。加上前一段按国务院的有关规定，必须等各地国库券发完后才能复审，使得部分企业将申请复审材料报到证监会后还要等一至二个月。此外，承销商、会计师事务所和律师事务所也必须等待随时修改补充材料，把很大一部分时间用于等待复审上。当然，企业等待时间长，与企业准备的申报材料不完备有一定的关系，但如何减少不必要的等待时间是需要考虑改进的。前段时间，证监会发了证监机字[1993]45 号文《关于在股票发行工作中强化证券承销机构和专业性中介机构作用的通知》，提出加强证券承销商等中介机构的作用，目的就是为了减少企业的负担，现在看来还需要进一步改进。

2.复审工作环节比较多。为了提高股票发行审查工作的科学性、公正性和透明度，证监会组织了由 20 名专家组成股票发行审核委员会负责股票发行的最终审查工作。但由于在提交股票发行审核委员会之前，企业的申报材料要经过预审，预审工作人员可随时提出修改意见，客观上造成企业的复审工作要经过很多环节。另一方面，各个预审工作人员对《股票发行与交易管理暂行条例》及有关政策的熟悉和了解需要一个过程，掌握政策的尺度也可能不完全一致，有的要求严格一些，有的可能松一点，使企业感到政策规定和复审要求不一致，产生一些看法。

3.有些复审要求脱离实际。从指导思想上讲，我们都希望中国的股票市场尽可能借鉴国外经验，规范化地发展。近一段时间我们制定的一些规则和准则可能有些超前性，企业和中介机构一时难以做到。而且受现行经济体制的限制，有些规范化的要求，现时企业根本做不到。这就不可避免地发生主观要求与客观实际两者间的差异，容易形成强人所难的事情，影响发审工作的进度。

总之，上述存在的种种问题都是前进中的问题。客观上讲我国证券市场的发展速度是比较快的，在企业素质不高、老百姓的金融意识不强、中介机构业务水平还有待于进一步提高，加上我们监管部门成立不久也缺乏经验，在这种情况下不可避免地会出现一些问题和矛盾。我们的态度是要及时总结经验，在探索中求完善，求发展。为此有必要明确以下几点：

第一，必须明确各地政府，尤其是地方证券管理部门与国务院证券委和证监会的关系，要做到分工明确，各尽其责，共同把关，促进股票市场的健康发展。

国务院[1992]68 号文件指出："各省、自治区、直辖市及计划单列市和国务院有关部门可在国家下达的规模内，各选择一两个经过批准的股份制企业，进行公开发行股票的试点(广东、福建、海南三省经批准可适当增加试点企业的数目)"，同时规定"股票发行、上市的程序是：经过批准的股份制试点企业，经证监会认可的资产评估机构和会计师事务所进行资产评估和财务审核后,向企业所在地的省级或计划单列市人民政府提出公开发行上市股票的申请,地方企业由省级或计划单列市人民政府在国家下达给该地的规模内审批。”这就是说,各地政府是负有审批责任的。为了把好第一关,各地在选择股票发行企业时,应注意这样几点:首先,必须结合产业政策的要求和宏观经济调整的要求选择好股票发行企业,把政策用在国民经济急需发展的行业和企业上。原则上暂不允许金融企业发行股票,严格控制房地产公司发行股票,对于商业企业、百货公司发行股票也要适当控制。鼓励和支持国有大中型工业企业和能源、交通、通讯行业和原材料工业的企业进行公开发行股票的试点。其次,各地政府要树立勿求多,但求好的指导思想,不要搞拼盘,多选企业素质高、规模适宜的企业进行试点。再次,各地政府,尤其是地方证券管理部门要切实抓好申报企业的审查工作。要帮助企业做好公开发行股票必需的各项准备工作,严格按法规的规定进行信息披露。你们把各项审查工作做好,到复审时就会进度加快,减少复审占用的时间,提高工作效率。

第二,复审工作应不断完善,逐步做到标准化、程序化和制度化。

在总结前一阶段复审工作的基础上,我们将对今后的复审工作按程序化、标准化和制度化的要求做一些改进。

1.复审工作程序化。申报企业材料通过地方政府初审后连同承销商资格审定的有关文件上报中国证监会复审。发行部在企业申报的各项材料及有关文件齐备后,开具收文回执。申报材料接收后,我会将安排有关工作人员进行审查。证监会将每星期定期召开股票发行预审工作会议,将预审意见和需要补充修改的材料统一研究后以书面形式答复承销商和地方证券管理部门。股票发行审核委员会会议也将根据预审情况及时召开。从开始计算复审时间,扣除企业补报材料的时间,20个工作日内出具复审意见书。在预审期间,证监会不回答企业、有关中介机构和地方证券管理部门有关人员询问。

2.复审工作标准化。证监会现已下发了《申请公开发行股票公司报送材料标准格式》、《公开发行股票公司信息披露的内容与格式准则第一号 招股说明书的内容与格式(试行)》等文件,《法律意见书和律师工作报告内容与格式》即将出台,企业申报材料需符合以上的格式要求,其中审计报告应符合注册会计师协会颁发的《注册会计师查帐验证报告规则》。证监会在进行复审时将对申报材料的主要内容进行严格的审查,与此同时我们将逐步根据复审过程中摸索出来的经验制定复审工作手册,抓住重点,统一审查内容。符合要求的就复审通过,以保持统一的审查口径。

3.复审工作制度化。根据近期的工作实践及有关方面对复审工作的情况反映,决定建立统一答复制度。原则上复审工作人员不向承销商和地方政府直接答复有关问题,有关发行审核过程中发现的问题将归纳成书面报告,经证监会有关部门讨论、研究后,指派有关工作人员统一答复承销商或地方政府。这样既防止预审工作人员的随意性,减少企业补报材料的次数,又可提高工作效率。

复审工作是证券监管的一个重要方面,通过复审工作的程序化、标准化、制度化建设推动证券业逐步走向规范,各地方政府和中介机构要把好关,以保证上市公司质量,与证监会共同配合做好股票发行的试点工作,使证券市场向健康方向发展。

三、关于《股票发行与交易管理暂行条例》的解释

《股票发行与交易管理暂行条例》公布以来,各地的股票发行准备工作均按《条例》所规定的内容在积极准备。由于《条例》规定的局限性,许多条款内容不具体,执行起来有一定的难度和不便。为有利于执行条例,有利于各地更好地搞好股票发行、上市工作,有必要将条例的一些条款具体化,对一些重要条款加以必要说明,为此我们制定了关于条例的解释。考虑到条例的内容很多,有些问题现在还没有遇到,但随着股票市场向纵深发展,会有越来越多的具体问题需要解释。因此,我们先拟出条例解释之一,主要对目前所遇到一些重大原则问题进行解释,以后还会陆续有解释之二、之三等。

这次会上,大家对条例解释之一中的各个问题解释的理解,或说得还不清楚,以及条例公布之前的遗留问题如何处理提出了不少修改意见,这稿是征求意见稿,在大家讨论的基础上,我们抓紧修改,把大家一些好的意见吸收进去,尽快公布,作为条例的具体化。各地在执行过程中,如还有具体问题,希望立即反馈给我们,我们会在以后的解释中,加以修正或进一步具体化。

以上算是对这次会议的一个总结。这次会议虽然时间短,一共才两天时间,但大家交流了经验,交换了意见,对证券委、证监会工作提出了很多有益的建议。希望大家能够将这次会议的精神带回去,同心协力,把今年的股票

发行、上市工作做好。

通过这次座谈会，大家学习了青岛、上海两市发行工作经验，各地申报材料经证监会复审合格的企业，要抓紧到交易所申请上市，积极做好发行准备工作，就可以陆续发行与上市。在正式发行前和发行过程中，希望大家互相沟通情况，齐心协力做好今年股票发行工作。

三、1993年的重要理论文章

证券法律制度与证券市场规范化

国务院证券委员会副主任
中国证券监督管理委员会主席 刘鸿儒

（1993年8月）

随着我国证券市场的进一步发展，证券市场规范化和法制建设的重任，已经越来越紧迫地摆在我们面前。证券市场的法制建设，关系到在证券市场中坚持以公有制为主体的社会主义原则，关系到公开、公平、公正、统一、高效的社会主义证券市场的建立与发展，关系到对广大公众投资者，特别是对中、小投资者利益的保护，关系到证券市场依法管理和依法运作。可以说，证券市场法制建设的好坏，是股份制和股票市场及其改革试验成败的关键。

一、我国证券市场立法的指导思想及其沿革

（一）我国证券市场立法的指导思想

中国的证券市场，是在党的十一届三中全会以后，随着对内搞活、对外开放政策的贯彻实行，逐步产生和发展起来的。1981年，国家恢复发行国库券，以国家信用形式向社会筹措资金。1984年，北京天桥百货股份有限公司和上海飞乐音响股份有限公司发行股票，开辟了企业以股票方式筹集资金的新渠道。1985年，中国工商银行等专业银行向社会发行金融债券，一批经过批准的企业向社会发行企业债券。随着经济体制改革的深入发展，特别是在小平同志南巡讲话以后，我国股份制和证券市场的发展进入到一个新阶段。

随着证券市场的发展，我国证券市场立法工作也得到较大发展，法规制度在不断完善。从过去几年的实践看，我国证券市场立法工作的指导思想主要表现在以下几方面：

1.适应证券市场发展的客观需要，加强证券立法。从历史的角度看，证券市场的发展史就是证券市场危机与反危机的斗争史，是证券市场从盲目、无序走向公平、公开、公正和规范化、法制化的历史。

证券交易市场萌芽于17世纪末、18世纪初。两个世纪以来，证券的发行量和交易量迅猛增加，证券市场的危机和世界性的股灾不断出现。在工业发达国家，曾经发生过两次震撼世界的股市危机。第一次是1929年至1933年发生在美国的股市危机。在这次大危机中，企业大批倒闭，工业减产60%以上，直到1940年还未恢复到大危机前的经济发展水平。由于世界经济的相互渗透与联结，又使以美国为先导的股市危机波及其他发达国家。第二次是1987年10月19日，美国纽约证券交易所出现抛售风潮，股价大幅度下跌，道·琼斯工业股票指数在一天内下跌508点，跌落幅度高达23%，远远超过1929年10月股市崩溃时一日之内的跌幅，人们称之为“黑色星期一”。在短短几小时内，5000多亿美元的股票价值化为乌有。股市崩溃的恐慌波及世界各股票市场。

分析股市危机的原因，除经济和政治因素外，仅从证券市场来讲，主要有以下几点：

第一，过度投机。证券市场中的投机行为是市场的必然现象。它如同一把双刃剑，一方面可以填补各地股价差异，加速市场流转，加快市场对信息的反馈，活跃证券市场；另一方面也可使股价剧烈波动，使社会投资者对证券

市场丧失信心，将股市推向灾难。问题的关键是，如何把握与约束投机的尺度。美国1929年至1933年的"大危机"就是过度投机的结果。

第二，信息滥用。信息在证券市场中具有重要的意义。西方经济学家的多种经济理论，如随机理论、效率资本市场假设理论、现代证券组合理论，均证明了信息与证券市场的内在关联性。就投资者而言，投资效率与其获得信息的提前量成正比。简言之，获得为一般社会公众不知悉的信息优势，判断股价走势，作出买进或卖出的决策，以获得证券价格变动的差价收益，这就是证券投机与信息的全部秘密。然而，真正公平的市场不可能使一部分投资者享有信息，而另外一部分投资者远离信息源，这样的证券市场无公平可言。美国证券市场于1929年至1933年出现的"大危机"，其重要原因之一就是信息公开与信息利用的不公平。部分公司内部人员利用信息优势交易证券获利，部分投资者恶意散布虚假信息，以影响证券市场价格走势。因此，必须以法律手段，保证信息公开的全面性、真实性、时效性与合法性，使投资者公平利用信息。

第三，操纵市场。操纵市场是指故意制造市场假象，操纵证券市场价格，诱导投资者作出错误投资判断，获取非法经济利益，或者使证券市场交易秩序受到严重损害的行为。西方国家证券市场上的操纵行为主要包括：(1)为制造证券虚假价格，与他人串通，从事不移转所有权的证券交易。(2)以影响证券市场行情为目的，与他人合谋，由一方作出交易委托，另一方以知悉的对方委托内容为依据，在同一时间、地点，以同等数量、价格委托，并达成交易的行为。(3)通过合谋集中资金操纵市场的行为。(4)以影响证券市场价格为目的，连续交易某种证券的行为等。操纵市场的结果必将导致人为因素影响市场价格对真实信息的反馈，使市场价格与价值过度背离，使投资者丧失投资判断的自由抉择权，最终造成证券资源的低效配置。因此，证券法律制度必须以制度的形式，约束、禁止、制裁市场操纵行为，以创造公平的竞争环境。

基于上述原因，自30年代以来，以美国为首的工业发达国家，在证券立法、管理方面做了大量工作，逐步形成一个法制健全、机构齐备、机制顺畅的证券市场监管和运作体系。

就法律规范而言，美国证券市场的法律规范主要有：(1)《1933年证券法》。确立信息公开原则，要求公开发行有价证券的公司，必须向社会公众提供重要的信息资料，保证投资者依据信息资料作出正确的价值判断。(2)《1934年证券交易法》。将信息公开原则扩至交易市场及其参加者，以保证市场的公开性和公正性。并由此形成美国统一的证券监管机构——美国证券交易委员会(SEC)。(3)其他法律规范。包括《1935年公用事业控股公司法》、《1939年信托契约法》和《1940年投资顾问法》等。

西方国家证券市场法制建设的发展表明，证券市场的平稳发展，必须建立在科学、完整的法律、法规体系之上。有秩序的市场必须是法律化和规范化的市场。没有法律制度作保证的证券市场，只能处于盲目、低效状态，必将充满欺诈与操纵，投资者利益将无从保护。

2.证券立法的重心是保护社会公众投资者。发展社会主义市场经济，必须承认市场主体独立的法律地位，必须保护各行为主体的民事权利。权利是构成法律制度的基本要素，并借助法律的形式使权利得以表现和保证。商品、证券、货币的交换，均以所有权为前提。马克思指出"从法律上来看这种交换的唯一前提，是任何人对自己产品拥有所有权和支配权。"(《马克思恩格斯全集》第46卷(上)，第454页)现代法律制度必须以表彰、维护权利为中心。

证券法律制度也是如此。首先证券法固然要确立证券市场诸行为主体的法律地位，表彰发行人、证券商、证券专业服务机构、证券交易场所的权利与义务；更应当维护社会公众投资者的权利与利益。因为在证券市场诸行为主体中，社会公众投资者为社会弱者。他们无论从信息的获取，还是专业知识与技术的掌握均处于不利地位。法律的任务应当是保护社会弱者。首先，证券市场依靠社会公众投资者作支撑。他们以自己的投资行为保证证券发行成功，保证适度的证券交易规模。所有这一切，都必须来自投资者对证券市场的信任。只有秩序化、法律化、规范化的市场，只有确实真正保护投资者利益的市场，投资者才有安全感。因此，保护投资者的合法权益是证券法律的基本宗旨。

3.证券法律制度的指导原则是公开、公平、公正和诚实信用。

(1)公开。公开是证券交易制度的核心，是杜绝证券市场舞弊行为的有力手段。证券法律制度的公开，体现三层精神：第一，股票应当向社会公开发行。《股票发行与交易管理暂行条例》第8条第5款规定："向社会公众发行的部分不少于公司拟发行的股本总额的25%，其中公司职工认购的股本数额不得超过拟向社会公众发行的股本总额的10%。"第二，股票发行后，应在证券交易场所公开上市交易，禁止非法"黑市"交易。第三，必须公开与股票发行、交易相关的一切信息，包括招股说明书和上市公告书等。

(2)公平。在证券发行和交易活动中，发行人、投资人、证券商和证券专业服务机构的法律地位平等，合法权益受到公平保护。不能因为投资者投资数额多寡,交易量的大小,居住地的不同,存在差别待遇。在交易所内,本地会员和外地会员的权利义务应当相同。一切市场主体均应在相同法律条件下公平竞争。

(3)公正。国家证券监督管理机关在履行职责时,应当依据法律授予的权限进行。在遵循法律的基础上,对一切被监管对象给予公正待遇。处理证券纠纷与争议,应当公正进行。

(4)诚实信用。诚实信用是民法的基本原则。它起源于罗马法。20世纪以来,诚实信用原则已发展成为民法的最基本原则,并在我国《民法通则》中得到确认。证券法律制度中的诚实信用原则是指证券发行与交易活动的当事人应当诚实履行义务,不得有任何证券欺诈行为,不得以损害国家、集体或他人利益为目的,不得滥用权利。证券管理机构和证券争议处理机关在履行职责时,如果没有法律依据或法律规定不明,应当依据诚实信用原则解释法律和处理问题。

(二)我国证券市场立法概况

1.上海和深圳的地方证券立法。上海于1984年由上海市人民政府发布了《关于发行股票的暂行管理办法》。1987年,制订颁布了《证券柜台交易暂行规定》、《企业短期融资券管理暂行办法》等。1990年11月27日,上海市人民政府发布了《上海市证券交易管理办法》,这是我国第一部较全面、系统的地方性证券交易法规。1992年6月,又颁发了《上海市股份有限公司暂行规定》。上海证券交易所成立以后,各种自律管理规章也已逐步建立健全。

深圳作为我国最早建立的经济特区,在证券市场的管理和法制建设方面取得了较好的成绩。1986年10月,深圳市人民政府制定颁布了《国营企业股份化试点暂行规定》,以指导企业的股份制改造。随后又制定、颁布了相关的法规和文件。1991年5月,颁布了《深圳市股票发行与交易管理暂行办法》,强调股票的发行与交易应遵守公开、公平、公正原则。1991年12月颁布了《深圳市人民币特种股票管理暂行办法》,对B种股票的发行与交易等问题作了规定。1992年2月,发布了《深圳市上市公司监管暂行办法》。此外,中国人民银行深圳经济特区分行还颁布了一些规定,如1991年6月的《深圳市证券机构管理暂行规定》等。深圳证券交易所也逐步完善了各种自律管理规章。

2.全国证券市场立法。在证券市场发展初期,依靠地方政府和有关部门制定相关法规并对证券市场进行管理是必要的。但是,随着证券市场的不断发展,在继续完善地方证券管理体制的同时,应当强化国家对证券市场的立法和统一管理。

1987年,国务院颁布《企业债券管理暂行条例》和《国务院关于加强股票、债券管理的通知》,对股票、债券的发行、转让等问题作了规定。1992年,国务院颁发《国务院关于进一步加强证券市场宏观管理的通知》(国发[1992]68号文件),决定建立新的证券管理体制,成立国务院证券委员会和中国证券监督管理委员会。同时就证券市场立法工作进行部署。要求抓紧制定《股票发行与交易管理暂行条例》、《证券经营机构管理办法》、《投资基金管理办法》、《证券从业人员行为规则》和《股票发行资格审查管理办法》。并且,要求有关部门抓紧《证券法》起草工作。

在国务院的领导下,加上有关部、委的紧密配合,国务院证券委和证监会的立法工作卓有成效。1993年4月,国务院颁布《股票发行与交易管理暂行条例》,这是目前我国股票发行与交易的基本行政法规依据。1993年7月,国务院证券委颁发了《证券交易所管理暂行办法》,加强对证券交易所的规范与管理。在此基础上,证监会制订了《公开发行股票公司信息披露实施细则(试行)》、《申请公开发行股票公司报送材料的标准格式(试行)》、《公开发行股票公司信息披露的内容与格式准则》,规范证券市场的信息披露工作。为了加强证监会工作人员的廉正建设,1993年7月24日,证监会颁发了《中国证券监督管理委员会工作人员守则》。国务院证券委员会于8月18日发布了《关于一九九三年股票发售与认购办法的意见》,对股票发售与认购的原则、办法作了具体规定。

目前,证监会一方面抓紧进行《股票发行与交易管理暂行条例》的解释工作,另一方面在制定或与有关部委共同制定《禁止证券欺诈行为办法》、《证券经营机构管理办法》、《人民币特种股票管理办法》、《境内企业到境外发行股票及股票境外交易管理规定》、《投资基金管理办法》、《法律意见书标准格式》、《证券争议裁定工作规则》、《证券争议仲裁工作规则》和《证券违法违纪案件调查处理办法》。全国人大也在抓紧制定《证券法》,起草工作已经进入第七稿,并报八届全国人大常委会第三次会议审议。

二、我国现行证券法律制度的主要内容

(一)证 券 发 行 制 度

证券监管机关对证券发行的审核,是证券法律制度的重要内容之一。西方国家证券发行审核体制主要有两种:一种是以美国、日本为代表的注册申报制,另一种是以美国部分州的“蓝天法”和欧陆国家为代表的核准制。

注册申报制的基本价值理念是信息公开主义。这是贯串美国1933年证券法的基本原则。依据这一原则,发行人需将所有关于发行人及其发行证券的资料或信息完全公开。信息公开不得有虚假、误导和重大遗漏。美国证券交易委员会(SEC)审核公开文件,并保证投资者充分获得公开信息,不对发行证券的价值作任何实质判断。任何投资决定只能由投资者作出。证券监管机构不对投资者的投资收益或损失负担保责任。

发行核准制不仅要求对证券发行文件充分公开,而且,证券监管机构对发行申请的营业业绩、资本结构、营业前景及发起人股东的出资等条件作实质审核。由此决定是否授予发行申请人证券发行权。

客观评价上述两种证券发行审核体制,各具优点,又各有不足。我国证券发行审核体制的确立,是在充分认识中国国情,广泛吸收国际惯例的基础上,创造出的具有中国特色的发行审核制度。

目前,我国《股票发行与交易管理暂行条例》确定的证券发行审核制度具有如下特点:

第一,在吸收注册申报制的信息公开和核准制的实质审核的优点基础上,实行两级审批体制。首先,由发行申请人依照隶属关系,分别向省、自治区、直辖市、计划单列市人民政府或者中央企业主管部门提出公开发行股票的申请。在国家下达的发行规模内,地方政府对地方企业的发行申请进行审批,中央企业主管部门在与申请人所在地地方政府协商后对中央企业的发行申请进行审批。其次,被批准的发行申请,送证监会复审,证监会在收到复审申请之日起20个工作日内出具复审意见书。

第二,是“股票发行与上市”连续进行的体制。被批准公开发行的股票同时允许在上海或深圳证券交易所上市。发行申请人应在取得证监会发行复审同意意见书后,向上海或深圳证券交易所上市委员会提出上市申请,待上市委员会同意接受上市,方可发行股票。

第三,强调证券专业服务机构在证券发行中的作用。证券的发行涉及法律、财务会计、资产评估及企业股份制改造方案设计等诸多问题,需要相应的专业机构提供技术服务。例如,会计师事务所、资产评估机构应对发行人的资信、资产和财务状况进行审定、评估。律师事务所应就与证券发行相关的问题出具法律意见书。证券市场中的专业服务机构具有双重性质:一方面,他们接受委托单位的委托,提供相应的专业服务;另一方面,专业服务机构或相应的会计师、律师作为国家确认的具有从事证券业务资格的专业服务机构、注册会计师和法律工作者,有义务依法履行国家和法律赋予的职责。

(二)信 息 披 露 制 度

1.信息披露制度的意义和法律依据。信息披露制度是管理证券市场的重要手段,是证券市场贯彻公开原则的具体体现。要求股票发行申请人和上市公司披露信息具有如下意义:

第一,信息披露是衡量发行申请人是否符合发行、上市条件的重要手段。只有申请人将招股说明书、发行与上市申请文件提交审批机构,才能使审批机构全面了解发行申请情况。因此,相关法律文件的制作必须真实、准确、全面披露申请人的有关信息。

第二,信息披露是保护投资者的重要手段。投资者鉴别上市公司质量的唯一手段是阅读信息披露文件。由此,投资者可以全面真实地了解企业情况,并作出投资选择。如果信息披露不及时、不全面或不真实,就可能对投资者形成欺诈或误导,损害公众投资者的利益。

第三,信息披露是促使企业走向规范化的重要手段。股份制和股票市场的试验目的不仅在于通过证券市场融通资金,更重要的是使企业真正实现经营机制的转换。要做到这一步,必须使企业按照公司法律规范进行改组。上市公司的信息披露行为是股份有限公司的特征之一。它使上市公司以高度透明的方式,展示自己的资信和经营活动。使公司置于广大股东和全社会的监督与制约之下,从而改变过去传统的政府行政管理企业的方式,推动企业的股份制改革。可以说,上市公司信息披露制度在我国企业制度中的确立,是对建国后我国行政管理企业模式的一次重大突破,是企业转换经营机制的一个重要标志。

目前,我国证券市场中信息披露制度的法规依据,主要是《股票发行与交易管理暂行条例》中关于招股说明

书、上市公告书、上市公司的信息披露和公司合并与收购的规定；证监会制定了《公开发行股票公司信息披露实施细则(试行)》和《公开发行股票公司信息披露的内容与格式准则》(第1号)。今后，还将陆续制定相应的法律规范。

2.信息披露制度的内容。股份有限公司公开发行股票或其股票在证券交易场所交易，必须公开披露信息。信息披露的主要形式包括：

(1)招股说明书。招股说明书是公司信息披露的关键性资料，是向证券监管机构报送的主要审核文件之一。投资者需要了解的主要信息，应当在招股说明书中反映出来。

招股说明书具有以下特点：

第一，招股说明书的内容应当真实、准确、完整。发行人、公司董事以及承销商应当在招股说明书上签字，保证招股说明没有虚假、严重误导性陈述或者重大遗漏，并保证对其承担连带责任。为发行出具文件的注册会计师及其事务所、专业评估人员及其所在机构、律师及其所在事务所，应当按照本行业公认的业务标准和道德规范，对其出具文件内容的真实性、准确性、完整性进行核查和验证。专业服务机构及其律师、会计师，应当对招股说明书中相关部分，承担法律责任。

第二，招股说明书作为证券发行申请报批文件之一，应当上报相关审批机构；但是，政府和国家证券监管部门对证券发行作出的任何决定，均不表明其对发行人所发行的股票的价值或者投资的收益作出实质判断或者保证。政府或国家证券监管机构不对证券市场风险和投资者的损失承担任何法律责任。由此保证政府和证券监管机构与证券市场之间留有相对空间，防止市场风险转嫁给政府。

第三，对股票价值和投资效益的判断，是投资者独立的行为。投资者应对自己的证券出售或买入行为自担风险，自享收益，并承担相应的法律责任。

(2)上市公告书。上市公告书是上市公司按照证券法规和证券交易所业务规则的要求，于该公司证券上市前，就其公司及证券上市事宜，通过指定报刊向社会公众披露的法律文件。

公开上市公告书的意义是使投资者了解上市公司情况，判断上市公司的经营状况及前景，从而作出科学的投资决策。上市公告书是保护投资者权益的法律手段。

(3)定期报告。定期报告是保证上市公司信息持续公开的法律文件。上市公司应当在每个会计年度中，不少于两次向公众提供公司的定期报告。定期报告包括中期报告和年度报告。中期报告在每个会计年度的前六月结束后60日内提交，年度报告在每个会计年度结束后120日内提交。

(4)重大事件临时报告。在发生重大事件的情况下，上市公司应当编制重大事件公告书，向社会披露相关信息。重大事件指可能对公司的股票价格产生重大影响的事件。临时报告的意义是使投资者及时了解上市公司发生的重大事件，从而作出科学的投资决策。

(5)公司收购报告。任何法人直接或间接持有一个上市公司发行在外的普通股达到5%时，应当自该事实发生之日起3个工作日，向该公司、证券交易所和证监会作出书面报告并公告。

任何法人持有一个上市公司5%以上的发行在外的普通股后，其持有该种股票的增减变化每达到该种股票发行在外总额的2%时，应当自该事实发生之日起3个工作日内，向该公司、证券交易场所和证监会作出书面报告并公告。

法人在作出上述报告并公告之日起2个工作日内和作出报告前，不得再行直接或者间接买入或者卖出该种股票。

发起人以外的任何法人直接或者间接持有一个上市公司发行在外的普通股达到30%时，应当自该事实发生之日起45个工作日内，向该公司所有股票持有人发出收购要约，即公司收购公告书。

上述报告制度的最终目的是保护小股东的权益。用信息披露和强制收购方式，创造公平竞争环境，使小股东在大股东掌握控股权时，仍能维护自己的合法权益。

(三)证券交易市场监管制度

证券交易市场，又称二级证券市场，是已发行的证券再行转让的交易市场。证券交易市场包括证券交易所和场外交易市场(Over－The－Counter Market)。

1.证券交易所的管理。证券交易所是集中的、有形证券交易场所，在证券流通市场中居核心地位。依据《证券交易所管理暂行办法》的规定，我国的证券交易所是不以盈利为目的，为证券的集中和有组织的交易提供场所、设施，并履行相关职责，实行自律性管理的会员制事业法人。

纵观各国证券交易所，依其组织结构分析，可分为公司制证券交易所和会员制证券交易所。公司制证券交易所是由银行、证券公司、投资信托机构和各类其他公司等共同出资入股组成，以股份有限公司或有限责任公司为组织形态的社团法人。出资人以其出资额对证券交易所承担法律责任。证券交易所对本所内的证券交易负担保责任。公司制证券交易所应设赔偿基金或向国库交纳保证金，因本所成员违约造成投资者损失，以基金或保证金赔偿。

会员制证券交易所是由会员自愿出资共同组成，非盈利性的证券交易机构。证券交易所会员包括法人或自然人。我国证券交易所会员不包括自然人。比较而言，会员制证券交易所具有非盈利性，交易费用低廉，利于活跃证券交易等特征，故为我国证券交易所采纳。

1993年7月7日，国务院证券委员会发布《证券交易所管理暂行办法》，这是我国对证券交易所进行规范管理的行政法规依据。依照该《办法》，证券交易所由所在地的市人民政府归口管理，中国证券监督管理委员会监管。证券交易所有义务对证券交易活动实施监管。应当公布即时行情，并按日制作证券行情表。应当就其市场内的成交情况编制日报表、周报表、月报表和年报表，并及时向社会公布。证券交易所应当监督上市公司按照规定披露信息，并对上市公司董监事和高级管理人员持有上市公司证券情况进行监督。证券交易所的管理和监管机构有权要求证券交易所建立符合证券监管要求的实时监控系统，并提供有关业务、财务方面的报告资料。必要时，可以派员检查业务、财务状况以及会计帐簿和其他有关资料。

2.场外交易市场的监管。

场外交易市场是指证券交易所以外的证券交易市场。它早于证券交易所诞生。场外交易市场是一种自然产生的无形市场，没有固定的交易场所，在交易所之外通过证券交易柜台、或当面洽谈，或者通过电话、电报、电传等现代通讯手段进行交易。

美国的场外交易十分发达。1939年成立的美国全国证券商协会，是对美国场外市场进行监管的非盈利组织。本世纪60年代末，由于证券交易所实行固定佣金制，证券交易费很高。一些机构投资者和个人投资者试图通过场外交易降低交易费用。部分上市证券亦转入场外交易，从而形成第三市场。70年代，由于计算机网络和现代通讯设施的发达，部分机构投资者绕开证券商，借助现代通讯手段进行证券交易，从而形成第四市场。1971年，美国全国证券商协会将计算机系统引入场外市场，以增加市场的透明度，建立了全国证券商协会自动报价系统(NASDAQ)，使场外市场发生革命性变革。引入现代通讯手段的场外市场，在证券交易中越来越发挥着重要作用。场外交易市场的现代化与迅速发展，已成为西方证券交易市场发展趋势之一。

我国的场外交易市场，既有合法的证券交易市场，又有非法的证券交易市场(简称“黑市”)。“黑市”交易已经成为我国证券交易市场规范化的一大障碍。要使证券市场规范化、法制化，必须走集中管理的路子，坚决打击黑市交易，取缔非法交易市场。同时，注意发挥自动报价系统的作用，引进现代科学技术手段，管理与疏导相结合，彻底解决历史遗留问题。

(四)证券经营机构和证券专业服务机构的监管制度

我国的证券经营机构包括专营证券业务的证券公司、兼营证券业务的证券兼营机构。证券公司主要包括两种形式：一种是由一家金融机构全资设立的独资公司，另一种是由金融机构、非金融机构共同出资组建的股份制公司。兼营证券业务的机构从事证券业务，可以按规定设立证券营业部。证券经营机构可以委托其他金融机构及其网点，代其办理证券业务。接受证券经营机构委托代其办理证券业务的金融机构为证券代办机构，如专业银行的分支机构、城乡信用合作社等金融机构设立的证券业务代办点。证券代办机构不属于证券经营机构。为加强对证券经营机构的管理，目前应当严格证券经营机构的审批程序，做好证券经营机构从事股票承销、自营业务的资格确定和经营许可工作。

我国的证券专业服务机构是指具有从事证券业务资格的会计师事务所、律师事务所、资产评估机构和证券投资咨询顾问机构。目前，证监会正在会同财政部、司法部、国家国有资产管理局做好从事证券业务的会计师事务所和会计师、律师事务所和律师、资产评估机构的资格确定与人员培训工作。

(五)禁止证券欺诈行为

证券市场是以公开、公平为特征的市场，所有投资者都应基于平等的地位和均等的机会参与证券投资。因此，在证券市场中贯彻诚实信用原则，禁止证券欺诈行为具有重要意义。所谓证券欺诈行为是指在证券发行、交易及其相关活动中发生的内幕交易、操纵市场、欺诈客户、虚假陈述等行为。

1.禁止内幕交易。内幕交易是各国证券立法共同禁止的对象。美国证券法律制度关于内幕交易的规定主要有普通法上的董事、大股东等公司内部人购买本公司股票的规定；证券法、证券交易法和美国证券交易委员会规则关于禁止滥用公司内部信息的规定；1984年内幕交易制裁法。日本过去曾一度被认为是内幕交易的“温床”。本世纪80年代中期，曾发生一系列震惊日本的内幕交易案件（如1987年的TATEHO化学工业公司股票案、1988年7月的三协精机制作所股票案、1988年9月的利库路特公司事件）。1988年5月日本国会修改《证券交易法》，明文禁止知内情者或从知内情者处获得信息者，在信息公布前进行该上市股票等有价证券的买卖。在欧洲，法国于1970年在法律中明文规定禁止内幕交易。德国于1970年曾颁布内幕交易建议书，后于1976年、1988年两次修改。英国在1980年公司法中有禁止内幕交易的规定，后被1985年公司证券法取代。80年代后期，欧洲经济共同体理事会通过一系列国际条约，强调欧共体成员国要相互交换对有价证券市场进行监视的情报，以期在打击内幕交易过程中加强国际合作。

尽管各国法律对内幕交易构成要件的宽窄认识不一，法律责任规定不同；但对内幕交易的禁止与制裁是共同的。并且，内幕人员的范围有越来越宽的趋势。

我国《股票发行与交易管理暂行条例》禁止从事内幕交易。股份有限公司的董事、监事、高级管理人员和持有公司5%以上有表决权股份的法人股东，将其所持有的公司股票在买入后6个月内卖出或者在卖出后6个月内买入，由此获得的利润归公司所有。证券业从业人员、证券业管理人员和国家规定禁止买卖股票的其他人员，不得直接或者间接持有、买卖股票，但是买卖经批准发行的投资基金证券除外。为股票发行出具审计报告、资产评估报告、法律意见书等文件的有关专业人员，在该股票承销期内和期满后6个月内，不得购买或持有该股票。为上市公司出具审计报告、资产评估报告、法律意见书等文件的有关专业人员，在其审计报告、资产评估报告、法律意见书等文件成为公开信息前，不得购买或者持有该公司的股票；成为公开信息后的5个工作日内，也不得购买该公司的股票。内幕人员和以不正当手段获取内幕信息的其他人员违反法律规定，泄露内幕信息、根据内幕信息买卖股票或者向他人提出买卖股票的建议的，根据不同情况，没收非法获取的股票和其他非法所得，并处以5万元以上50万元以下的罚款。证券从业人员、证券业管理人员和国家规定禁止买卖股票的其他人员违反本条例的规定，直接或者间接持有、买卖股票的，除责令限期出售其持有的股票外，根据不同情况，单处或并处警告、没收非法所得、5千元以上或5万元以下的罚款。

2. 禁止操纵证券市场。证券市场的特征之一是市场自由提供投资资本。以人为干预或其他因素影响资本的自由流动，都是对证券市场自由性的破坏。

操纵证券市场是指以获取利益或者减少损失为目的，利用资金、信息等优势或者滥用职权，影响证券市场价格，制造证券市场假象，诱导、致使投资者在不了解事实真相的情况下作出证券投资决定，扰乱证券市场秩序的行为。

操纵市场包括下列行为：

(1)通过合谋或者集中资金操纵证券市场价格；(2)以散布谣言等手段影响证券发行、交易；(3)为制造证券的虚假价格，与他人串通，不转移证券的所有权或者实际控制，虚买虚卖；(4)出售或者要约出售其并不持有的证券，扰乱证券市场秩序；(5)以抬高或者压低证券交易价格为目的，连续交易某种证券；(6)利用各种职务上的便利，人为地压低或抬高证券价格；(7)其他操纵市场行为。

3. 禁止欺诈客户。欺诈客户是指代理人在证券交易及其相关活动中，违背被代理人真实意思进行代理的行为，以及诱导客户委托其代理进行证券交易的行为。

欺诈客户包括下列行为：

(1)证券经营机构将自营业务和代理业务混合操作；(2)证券经营机构违背被代理人的指令为其买卖证券；(3)证券经营机构不按国家有关法规和证券交易场所业务规则的规定处理证券买卖委托；(4)证券经营机构不向被代理人及时提供证券买卖书面确认文件；(5)证券登记、清算机构不按国家有关法规和本机构业务规则的规定办理清算、交割、过户、登记手续；(6)证券登记、清算机构擅自将客户委托保管的证券用作抵押；(7)证券经营机构、证券登记或清算机构以及其他各类从事证券业的机构对客户收取不合理的佣金；(8)证券经营机构以多获取佣金为目的，诱导客户进行不必要的证券买卖，或者在客户的帐户上翻炒证券；(9)证券发行人或发行代理人将证券出售给投资者时，未向其提供招募说明书；(10)证券经营机构保证客户的交易收益或者允诺赔偿客户的投资损失；(11)其他欺诈客户行为。

4. 禁止虚假陈述。虚假陈述是指对证券发行、交易及其相关活动的事实、性质、前景、法律等事项作出不实、严重误导或者含有重大遗漏的、任何形式的表述、诱导或者致使投资者在不了解事实真相的情况下作出证券投资决定的行为。

虚假陈述包括下列行为：

(1)证券发行人、上市公司、证券经营机构在招募说明书、上市公告书、公司报告及其他文件中作出虚假陈述；(2)律师事务所、会计师事务所、资产评估机构等证券专业服务机构在其出具的法律意见书、审计报告、资产评估报告及参与制作的其他文件中作出虚假陈述；(3)证券交易场所、证券业协会或者其他证券业自律性组织作出对证券市场产生影响的虚假陈述；(4)证券发行人、证券经营机构、证券专业服务机构、证券业自律性组织在向证券监管部门提交的各种文件、报告和说明中作出的虚假陈述；(5)证券管理、监督部门作出的对证券市场产生影响的虚假陈述；(6)证券发行、交易及其相关活动中的其他虚假陈述。

5.禁止卖空交易。卖空交易是指投资者在不持有款或券的情形下，向金融机构或证券经营机构融资或融券，从事证券买入或卖出，以期谋利的行为。

我国《股票发行与交易管理暂行条例》禁止任何金融机构为股票交易提供贷款，证券经营机构将客户的股票借与他人或者作为担保物。

三、我国证券市场立法与规范化中的若干重要问题

建立和发展股票市场是建立社会主义市场经济体制的重要组成部分。这场试验的成功与否，不仅取决于我们的决心与信心，更重要的是要有科学的态度和重视市场经济发展规律的求实精神。证券市场法制化与规范化是证券市场科学运作的根本保证。在证券市场法制化的进程中，有许许多多的矛盾和问题需要去克服与解决。

（一）关于证券市场的管理体制

我国证券市场的管理体制是随着证券市场的发展和深化，不断发展和演变的。现行证券市场管理体制是在不断总结过去管理证券市场成功经验与教训的基础上确立的。自去年11月分别成立国务院证券委员会和中国证券监督管理委员会以来，在过去的一段时间内，经过中央证券监管机构和地方证券监管机构的辛勤工作，我国股票市场的发展取得了一定的成绩。特别是在证券市场立法、股票发行的规范化、上市公司监管，证券交易所、证券经营机构、证券服务机构的监管方面做了大量的工作。

当然，股票市场的培育与发展是一场试验。证券市场管理体制也应当在不断探索中趋向科学化。目前，应当注意处理好以下几个关系：

第一，集中管理与分散管理的关系。证券市场涉及面广，问题复杂。除了中央证券主管部门对证券市场进行监管外，还需要各个有关的部门密切配合、相互协调，共同处理好市场中的诸多矛盾。在这方面，我们可以有选择地借鉴国外证券市场管理体制中的成功经验，使国家对证券市场宏观调控与监督管理具有权威性。

第二，中央监管与地方监管的关系。现行的证券发行体制是由地方政府或中央企业主管部门对股票发行申请进行审批，由证监会进行复审。上海、深圳两个证券交易所分别由上海市和深圳市政府进行归口管理，由证监会进行监管。中央证券监管机构与地方政府对证券市场的发展，共同负有重大责任。我们必须强调依法管理市场，无论是中央证券监管部门，还是地方政府都应当严格按照法律、法规赋予的职权和法定程序办事。部门利益、地方利益不能超越国家利益。只有这样，中央和地方才能共同承担起促进证券市场健康发展的重任。

第三，证券监管机构与证券市场的关系。实现由计划经济向社会主义市场经济的转变，要求我们的管理职能和手段必须作相应的变革，必须对传统的行政管理手段进行科学的扬弃。我国的证券市场尚未发育到成熟阶段，法律、法规尚不健全，股票市场存在着一些潜在的不利因素和矛盾。如果我们不加强对股票市场监管，这些潜在的不利因素和矛盾，就有可能成为不稳定因素，影响改革、开放和安定、团结。如果我们继续延用传统的行政管理体制，证券监管机构直接插手证券发行和交易市场的内部运作，就可能将股市中的市场风险转嫁到地方政府、中央证券监管部门。我们必须在培育、发展证券市场中学会管理证券市场。掌握监管证券市场的科学手段，让证券市场在法制化的轨道上健康发展。

（二）关于保护国有资产不受侵害

维护社会主义公有制主体地位，保障国有资产不受侵害，是发展我国证券市场必须遵循的原则之一。从股份制企业试点范围和国家产业政策上讲，涉及国家安全、国防尖端技术的企业，具有战略意义的稀有金属开采项目，以及必须由国家专卖的行业和企业，仍由国有企业经营，不搞股份制试点。国家产业政策重点发展的能源、交通、通讯等垄断性较强的行业，在股份制试点的过程中，公有资产必须达到控股程度。在证券市场中，一个自然人在一

个企业持股不能超过5‰。股份有限公司发行的普通股限于一种，同股同权。这从根本上保障了公有制主体在国民经济中的主导地位。

但是，实践中存在对国有资产保护不力的弊端。例如，全民所有制企业改组为股份有限公司，在资产评估时，对国有资产评估过低，或者对国有土地所有权不列入评估资产。对国有股份"同股不同权，同股不同利"。分配股利时，国家股的股利低于个人股。有的企业采取"先分后税"的作法损害了国家利益。

为克服国有资产流失和保护不力的弊端，应当具体研究国有资产的保护手段。目前，国有资产的评估应当经过国有资产管理部门确认。地方国有企业和中央国有企业改制为社会募集股份有限公司申请发行股票，其原国资产中存量、增值部分折股和划入资本公积金的比例以及每股发行最低溢价幅度，须有企业所在省、自治区、直辖市、计划单列市国有资产管理部门或国家国有资产管理部门出具文件确认。国家拥有股份的转让必须经国家有关部门批准。现在正在抓紧制定国家拥有股份转让的具体管理办法。在该《办法》实施前，国家拥有的股份转让暂不进行。

（三）关于法人股

所谓法人股是企业法人以其依法享有或支配的资产向公司投资形成的股份，或具有法人资格的事业单位和社会团体以国家允许用于经营的资产向公司投资形成的股份。依据《股份有限公司规范意见》第30条的规定，采取发起方式设立的公司，公司股权证的转让须在法人之间进行；定向募集方式设立的公司，其股权证按其持有人的身份，如为法人持有，可在法人之间转让。各种法人均不得将持有的公有股份、认股权证和优先认股权证转让给本单位的职工，不得将集体福利基金、奖励基金、公益金购买的股份派送给职工。

法人股转让和法人股市场规范化问题，是一个敏感而又复杂的问题。需要采取积极而又稳妥的办法加以解决。其中最关键的是制定相应的法律规范，解决法人股与个人股的并轨问题。

（四）关于上市公司的监管

企业实行股份制改造的根本目的是实现企业经营机制的转换，使其成为享有财产权并承担相应法律责任的独立法人。实现企业经营机制的转换必须解决下列问题：第一，通过企业股份制改造，使其成为具有独立法人地位的股份有限公司或有限责任公司，可以依法享有民事权利、承担民事义务。第二，股份有限公司通过向社会公众募集股份，解决企业的融资渠道。第三，通过实施上市公司的信息披露制度和对上市公司的监管，使企业摆脱传统的行政管理方式。使企业通过公开方式置于股东和广大投资者的监督之下，从而形成企业发展的压力和动力。

股票市场的功能不仅仅是筹集社会资金，同时还兼有规范和加强管理企业的职能。因此，我们的着眼点应当主要集中在企业经营机制的转换上。证监会也始终把上市公司监管作为重点工作之一。最近，证监会、体改委和经贸委已经联合组织调查组，调查上市公司的现状和存在的问题。今后，上市公司监管工作将会进一步加强。

（五）关于投资者利益的保护

证券市场的发展，必须坚持"公开、公平、公正"原则，以保护投资者的利益为核心，防止出现徇私舞弊等腐败现象。首先，要提高发行市场的透明度。发行新股认购表应该不限数量，不公布中签率，只收工本费，做到完全公开，机会均等。其次，对于证券交易市场要加强监管，防止内幕交易和操纵市场，保证交易市场公平高效运转。第三，发行人和上市公司应当充分披露信息，利于投资者投资判断和股东对上市公司的监督。第四，抓好证券监管机构的廉政建设。第五，认真处理股民投诉和建议，对重大违法违纪案件要认真追查处理。

我国企业股份制和证券市场的现状与展望

中国证券监督管理委员会副主席　傅丰祥

（1994 年 4 月）

一、马克思主义论股份制

股份制，尤其是证券市场，是发展商品经济和现代化大生产的“中性”工具，还是打了资本主义烙印的专有手段？

马克思关于股份制的基本观点是：

股份制的出现是生产社会化的结果，而股份制又进一步推动了生产力的发展。

资本主义的股份制没有从根本上消灭私有制性质，但由于股份制采取了社会资本和社会企业的形式，而与私人资本和私人企业相对立，是由资本主义生产方式转为联合生产方式的过渡形式。

股份制使生产资料的所有权和经营管理权相分离。

结合中国实际来学习马克思主义，我们可以得出这样的结论：股份制是商品经济发展的产物，是组织现代化大生产的一种有效方法，资本主义社会运用它扩大生产规模，变私人资本为社会资本，由资本主义生产方式过渡到联合生产方式，但是没有改变私人占有生产资料的本质。社会主义社会可以运用它来组织现代化的大生产，在坚持生产资料公有制为主体的前提下，股份制和证券市场完全可以为发展社会主义经济服务。

二、股份制试点的发展概况

我国股份制是经济体制改革的产物，是随着社会主义市场经济的发展而产生和发展的，经过十多年的培育和发展，已经取得了一定的成果。

十一届三中全会之后，农民积极发展商品生产和商品流通。最初是采取“以资带劳，以劳带资”的形式筹集资金兴办乡镇企业。1984 年，党和国家多次在文件中对这种集资入股发展经济的形式给予肯定和支持。以后，这一形式逐步发展成为以集体经济或联户合作经济为基础的“股份合作制”。

国营企业试行股份制始于 1985 年第四季度。当时，党的十二届三中全会通过的《中共中央关于经济体制改革的决定》中提出“要在自愿互利的基础上，广泛发展全民、集体、个体经济相互之间灵活多样的合作经济和经济联合”。在这个原则指导下，全国横向经济联合迅速兴起。最早是地区之间的物资协作，后来发展到企业之间的技术和资金协作。在这以前，少数地方已经出现股份制企业的萌芽。1983 年深圳宝安县联合投资公司，在深圳首次公开发行股票；1984 年 7 月北京出现了第一家股份公司——天桥百货股份公司；同年 11 月上海电声总厂发起的上海飞乐音响公司，向社会公开发行股票，共筹集股金 40 多万元。

1987 年 10 月，党的十三大报告指出“改革中出现的股份制形式，包括国家控股和部门、地区企业参股以及个人入股，是社会主义企业财产的一种组织方式，可以继续试行”。以后，各地股份制试点企业迅速增多，据 1988 年的一次不完全统计，已有 3800 多家。

在这期间，由于缺乏必要的知识和经验，缺乏立法、管理办法和监管机构，加上各地积极性很高，一哄而起，出现了不少问题。如股票与债券混同，入股后退股，对国有资产或集体资产低估，变相地把集体资产量化到个人，事前规定较高的股息和红利，股息在税前成本中列支，等等。国家体改委在 1989 年 2 月先后采取了措施进行引导。

1989 年以后，根据治理整顿的要求，股份制试点着重是完善和提高。1990 年 5 月，国务院批转国家体改委《在治理整顿中深化企业管理的意见》中，提出区别三种情况，继续搞好股份制试点的方针：一是企业间相互参股、持股的股份制要积极试行；二是企业内部职工持股的股份制，不再扩大试点，凡是已经搞了的要完善提高，逐步规范化，特别要注意不得变相扩大消费；三是向社会公开发行股票的股份制在上海、深圳两市进行配套改革的试点，不再铺新点。

1990年12月，十三届七中全会通过的《中共中央关于制定国民经济和社会发展十年规划和"八五"计划建议》中提出：要"逐步扩大债券和股票的发行，并严格加强管理。……在有条件的大城市建立和完善证券交易所"。1990年12月和1991年7月，上海、深圳两市先后经批准开办了证券交易所。1992年2月上海、深圳发行了吸收港澳台同胞及外国人投资的人民币特种股票(即B股)。

1992年国家体改委会同国务院有关部门制定了有关股份制改革试点的一系列规范性文件，为1993年进一步扩大这项改革奠定了法规基础。1993年在吸取过去经验的同时，继续扩大股份制改革的试点，特别是在组建有限责任公司和扩大法人相互持股以及内部职工定向募集股份有限公司方面有了新的发展。

通过总结1990年到1992年两年多来深圳、上海两地公开发行股票和上市的经验教训，国家决定将公开发行股票的试点工作从深、沪两地向全国扩大试验。1993年全年公开发行股票的个人股总规模为50亿元，各省、自治区、直辖市和计划单列市在计划额度内选择一两家企业进行公开发行并在交易所上市股票试点，这项工作已顺利完成。

1993年，经过国内有关部门和香港证券机构的共同努力，7家大中型国有企业在海外(主要是香港)发行并上市股票的试点取得成功。

针对股份制改革中存在的不规范问题，1993年4月，国务院办公厅下发了《国务院关于立即制止发行内部职工股不规范做法意见的紧急通知》。5月，国务院办公厅下发了关于执行《股份有限公司规范意见》的通知，要求各地股份有限公司的组建和其它事项，必须执行《规范意见》。针对有些地方内部职工股发行混乱，黑市猖獗的现象，有关部门立即采取有力措施，认真清理整顿。7月1日。国家体改委又发布了《定向募集股份公司内部职工持股管理规定》，对内部职工持股的范围、审批、转让和股权证的管理等有关事项作出了明确的规定。同时，还下发了《关于清理定向募集股份有限公司内部职工持股不规范作法的通知》，对未经有关部门批准擅自发行、超出规定的比例和范围发行以及违反《规范意见》进行交易的内部职工股进行一次全面清理，并对内部职工股权证进行集中托管，以杜绝黑市交易。

据不完全统计，截止到1993年底，全国股份制企业累计已达11560家，股本总额2086亿元。仅1993年一年全国就增加股份制企业7760家。在一万余家股份制企业中，股份有限公司3210家(公开上市企业183家，占5%)，有限责任公司8350家。

在3210家股份有限公司中，工业企业1254家，占39.04%；商业企业812家，占25.4%；交通运输业120家，占3.74%；金融企业82家，占2.56%；建筑企业59家，占1.8%；其它行业企业883家，占27.46%。这说明股份制试点主要在工商企业中进行。

公开向社会发行股票的183家试点企业，共有股本总额386.77亿元，其中国家持股194.75亿元，占50.35%；法人持股79.81亿元，占20.64%；个人持股63.32亿元，占16.37%，B股及H股48.49亿元，占12.64%。这说明，在公开发行股票的企业中，公有制处于主体地位。

在公开发行股票的企业中，工业类114家，占62.3%；商业类20家，占10.63%；金融类1家，占0.55%；房地产类11家，占6.03%，公用事业类14家，占7.65%；综合类19家，占10.38%；其它4家，占2.19%。基础产业类企业仅有10家，占上市企业的5.46%。这说明我国公开发行股票企业中工业类企业占多数。

在183家公开发行股票的企业中，上海、深圳有99家的股票在两市的证券交易所上市，有31个省、市的84家企业的股票在深、沪异地上市交易。异地股票，已占到深沪两交易所上市股票的46%。其中在上海交易所上市的异地企业37家，占上海交易所上市股票的35%；在深圳交易所上市的异地企业47家，占深圳交易所上市股票的61%。

三、证券市场发展概况

我国证券市场是随着经济体制改革的不断深化而出现的。财政由向中央银行透支弥补，改变为向社会发行国家债券，由此产生了债券市场。单一投资主体的国有企业，改组为多个投资主体的股份制企业，由此出现了股票市场。随着债券、股票这些直接融资方式的出现，我国金融体制出现了间接融资为主，直接融资为辅，两者相互配合协调的新局面。

从 1981 年我国恢复发行国库券这一年算起，我国证券业的出现至今已有 13 个年头，全国累计发行各种有价证券约 4434.89 亿元，从单一的国库券发展到包括企业债券、金融债券和股票等多种系列的几十个品种。

1988 年国家允许居民持有的国库券进行流通，开始在 60 多个城市建立了国库券的二级市场(流通市场)。这一举措，不仅带动了政府债券品种和发行量的大幅度增长，而且改变了认购者的观念，使认购政府债券成为一种投资行为。与此同时，大批企业改变传统的筹资方式，开始以直接融资方式进入资本市场筹措资金。特别是在上海、深圳两市，股票交易市场有了长足的发展。到 1990 年，上海已有 8 家股份公司的股票在柜台上交易，深圳在柜台上交易的公司为 5 家。

1990 年 12 月、1991 年 7 月上海、深圳证券交易所分别成立，标志着中国证券市场由场外分散交易进入场内集中交易，交易手段实现了电脑配对、无纸交易、提高了市场效率，证券市场向规范的方向前进了一步。1991 年国库券发行改过去的行政推销为市场承销的试验成功，标志着我国一级证券市场进入了新的阶段，并为更有效地运用市场手段发行其他债券创造了有益的经验。1992 年初，人民币特种股票(B 股)的发行，开辟了通过股票市场吸引外资的新渠道。

1992 年初以来，邓小平同志南巡讲话肯定了股份制和证券市场改革的试验，有力地推动了改革开放的进程。1993 年初通过总结深圳、上海两地公开发行上市股票的经验教训，国家决定将公开发行股票的试验从深、沪两地扩大到其他省、自治区、直辖市和计划单列市。这一年，随着全国性证券管理体制的初步形成，法规建设的加快，证券市场的发展开始步入规范化、法制化的轨道。

1993 年我国累计发行各种有价证券 4434.89 亿元。其中国库券 1514.10 亿元，占 34.14%； 财政债券约 333.47亿元，占 7.52%；特种国债和保值公债 217.73 亿元，占 4.91%；国家投资债 155 亿元，占3.50%；企业债 1248.9亿元，占28.16%。金融债406.97亿元，占9.18%；股票293.22亿元，占6.62%。显然，证券发行市场仍以债券为主，其中国债占48.48%，股票只占少部分。

在证券流通市场，1993 年各种有价证券转让总额为 8474.59 亿元(双边)。其中国家债券 830.56 亿元(双边)，占 9.8%；股票 3667.03 亿元，占 86.54%，为 1992 年 681.25 亿元的 5.44 倍。其中，上海证券交易所为 2380.36 亿元，是 1992 年 247.18 亿元的 9.63 倍。深圳证券交易所为 1286.67 亿元，是 1992 年 434.07 亿元的 3.05 倍。

1993 年上市股票增至 218 种，A 股 177 种，B 股 41 种。其中：

上海证券交易所有 A 股 101 只，B 股 22 只，债券 44 种，基金 1 种上市交易。总股本 206.17 亿元，是 1992 年的 46.94 亿元的 4.41 倍。股票市价总值为 2195 亿元，是 1992 年 558.4 亿元的 3.9 倍，其中 A 股 2067.66 亿元，B 股 128.04 亿元；成交金额 2380.36 亿元，是 1992 年 247.18 亿元的 9.63 倍，其中 A 股 2301.50 亿元，B 股 78.86 亿元。总成交股数 15507.51 百万股，是 1992 年 1883 百万股的 8.24 倍。其中 A 股 14133.63 百万股，B 股 1373.88 百万股，综合股价指数最高为 1558.4 点，最低为 750.4 点。

深圳证券交易所有 A 股 76 只，B 股 19 只，债券 8 种，可转换债 1 种，上市交易。总股本 122.06 亿元，是 1992 年 26.27 亿元的 4.64 倍。股票市价总值为 1326.77 亿元，其中 A 股 1242.46 亿元，B 股 84.31 亿元。成交金额 1286.67 亿元，是 1992 年的 434.07 亿元的 3 倍，其中 A 股 1260.87 亿元，B 股 25.80 亿元。总成交股数 7914.66 百万股，是 1992 年 1911.99 百万股的 4.14 倍，其中 A 股 7548.57 百万股，B 股 366.09 百万股。综合股价指数最高为 359.44 点，最低为 203.91 点。

到 1993 年底止，我们共发行面值人民币 28.17 亿元的 B 股，筹集外汇资金 14.34 亿美元。共有 6 家国有企业到香港发行上市 H 股，共发行 46.8 亿元，筹集外汇资金 84.9 亿港元。

随着证券市场的发展，我国非银行金融机构和为证券业服务的中介机构得到迅速发展。全国可以经营证券业务的金融机构中，证券公司有 87 家，信托投资公司 386 家，各种可以办理证券业务的网点约 3000 家。经中国证券监督管理委员会和有关部门认定可以从事证券业务的会计师事务所、审计师事务所、律师事务所、资产评估机构共 302 家。此外，还出现了一些信用评级公司及证券投资咨询公司等中介服务机构。与此同时，上海、深圳证券交易所的会员也不断增加，到目前为止，上海证券交易所有会员 481 家，深圳证券交易所有会员 426 家，为了方便境外投资者参与 B 股的交易，1993 年 8 月以来上海、深圳交易所分别批准了 9 家和 10 家特别会员。

四、建立股份制企业和证券市场的必要性

我国进行股份制试点已经 9 年多，发行国库券已有 13 年，集中的证券交易市场建立只有 3 年。总起来看，时间还很短，仍处于试验阶段，绝大部分股份制企业还很不规范，但对国民经济的发展已经呈现了明显的积极作用。

(一)股份制对国民经济改革的直接作用

1.围绕发展经济的需要,迅速筹集财政资金和建设资金。通过股份制和证券市场,能够在很短时间里筹集数额较大的资金,这点已为实践所证明。这种直接融资的形式较之间接融资在机制上还有以下的优越性:

(1)对筹资的一方有较好的约束性。债券和股票是向社会公众与机构发行的,与向银行透支和贷款不同,到期必须偿还本息和分红。

(2)对购买企业债券和股票的投资者要求承担风险,从而使其谨慎地选择投资的企业。

(3)对发行债券或股票的企业,既有长期或永久无偿使用资金的优越条件;也有对千百万债权人和股东承担责任的压力,一些股份公司的董事长和总经理,都觉得担子重,压力大,搞不好就不是"易地做官",而是"身败名裂"了。

(4)能够更广泛地吸收境外投资。通过证券市场吸引外资,可以使许多有资金并愿意向中国投资而无力或不想参与经营的境外投资者有一个方便的渠道。

2.可以促进企业的经营管理和技术进步,从而提高企业的经济效益。企业发行债券,尤其是发行股票,是把企业推向市场,接受市场和社会的选择与监督的有效形式。企业要完善财务会计管理,符合规范要求;要定期公布经营、财务情况和今后经营发展设想;要在税后向投资各方发付红利,既保证了赋税,也强化了盈利观念;要保持企业在股票市场上坚挺的优势,就必须开拓新的技术产品和市场。而所有这些活动,都是在市场、公众和社会中介机构的监督下进行的,是难以弄虚作假的。通过这种筹资方式较好地解决了国有企业效益不高的难题。

3.有利于经济结构的调整,包括企业资产存量和增量的调整,使资金向优势企业流动。经济结构包括产品结构、企业结构、产业结构和地区结构,难以根据国内外市场和科技进步、合理布局等要求灵敏地进行调整,特别是存量的调整更加困难,这是长期困扰我们的问题,也是影响资源的合理配置和更有效地发展经济的问题。通过搞股份制,特别是股票市场这个难题就迎刃而解了。这主要体现在两个方面,一是在发行市场,我们在审批企业发行股票时,要看以下条件:(1)企业的效益是否好,不仅看当年,还要看前三年;(2)是否符合国家的产业政策;(3)企业经营管理如何。也就是使资金向效益好、具有发展前景、符合国家产业政策的企业倾斜。另一方面是体现在流通市场,如果上市的股份公司经营不佳、效益差、没有发展前途,投资者将抛出它的股票,购买绩优企业的股票,从而使资金从劣势企业流向优势企业,这种资金的流动,意味着企业的优胜劣汰是通过市场、社会和公众,而不只是行政部门来对企业进行评价。当然这种重要的作用,在我国还未充分显露出来,但这个因素已经逐渐在起作用。随着股份制和证券市场的完善、规范和健康发展,这种有效灵活的促进资源优化配置的机制,将在中国大地上建立起来。

4.有利于产权关系明晰,促进国有企业经营机制的转换。国有企业改革的目标是政企分开、自主经营、自负盈亏、自我约束、自我发展。改革十多年来,我们一直在寻找达到这个目标的途径。目前国有企业活力不足是一个普遍性的问题。从根本上解决这个问题,必须转换经营机制,实行自主经营、自负盈亏。为此必须做到产权清晰,责权明确。试点经验证明,股份制企业,特别是上市公司摆脱了传统隶属关系的束缚,企业在国家宏观政策的指导下,股东大会、董事会和总经理拥有经营方针、投资决策、人事任命、利润分配、经营管理等决策与实施的权力。同时,企业以其全部法人财产自负盈亏,出资者只以投入企业的资本额对企业债务负有限责任,这就解决了国家对国有企业负无限责任、企业只能负盈不能负亏的问题,形成了激励和约束相结合的经营机制。

(二)股份制对国民经济改革的间接作用

1.资本市场的健康发展对政府宏观调控有着积极的作用。一方面可以将相当一部分消费基金转化为生产基金,成为国家进行宏观调控的有效手段。90年代资金短缺仍是困扰我国经济建设的主要问题,引进外资,举借外债固然不失为一种措施,但主要还是要靠挖掘国内的潜力。从现实情况看,随着经济体制改革的深入,企业和居民在国民收入中所占的份额不断增大,1993年末企业在银行的存款为8673.77多亿元,城乡居民储蓄加上手持现金达21068.24亿元,随着经济的发展和改革的深化,企业和居民金融资产的增长势头还将保持下去,这方面潜力是很大的。而通过发展证券市场,扩大债券和股票的发行来筹集建设资金,对于把相当一部分消费资金转化为建设资金,减少市场压力,防止通货膨胀的再度发生,将起到重要的作用。另一方面,国家可以通过增加或减少证券发行数量,在宏观上进行货币政策调控,随着国家债券发行总量的增大,中央银行可以进一步通过收购或出售国家债券进行公开市场业务,作为政府间接调控宏观经济的有效手段。

2.通过股份制与资本市场的发展,可以造就一支宏大的企业家队伍,中介机构队伍和投资者队伍。长期以来我们实行的是产品经济、计划经济。要搞市场经济，推行股份制和发展证券市场，迫切需要大批既有现代商品经济、企业和证券知识，又有创新精神、职业道德、能够开创新局面的领导和经营管理人才。我们相信，通过股份制和资本市场的发展，在不久的将来，我们将会培养和锻炼出一批懂经营、会管理的，与国际上的优秀企业家并驾齐驱的企业家队伍；通过证券市场的发展，证券、会计、律师等中介机构会很快地发展起来，政府部门监督的职能将由中介机构来承担，这对政府转变职能、精简机构，从而推进企业的现代化建设，将起重要作用。随着中国拥有金融资产的人口的不断增多，特别是对债券、股票投资人口的迅速增加，人们将从对自已利益的关心中逐步认识到如何投资，如何关心宏观经济，如何对市场、对企业进行了解、分析和判断，全民族的经济知识和实践的水平将不断提高。

综上所述，可以看出，建立股份制企业和证券市场，涉及到企业体制、财政体制、金融体制、计划与投资体制等许多方面，它对于改造微观机制和完善宏观调控手段都有着重要的作用。特别是在改造微观机制方面。随着股份制和证券市场的规范、完善和发展，其作用将会越来越显露出来。可以毫不夸张地说：中国企业改革要达到的目标——政企职责分开，所有权和经营权适当分离，产权关系清晰，自主经营、自负盈亏、自我发展、自我约束，将离不开建立公有制为主体的股份制和具有中国特色的社会主义证券市场这一有效的途径。

五、如何推进股份制和证券市场的健康发展

西方发达国家的股份公司和证券市场，已经有200多年的历史。我国股份制企业和证券市场的试验只有十几年的时间，尚处于试验阶段。在解决了意识形态上的障碍以后，我们完全有必要和可能吸取西方国家在这方面的有益经验，避免失误和走弯路，结合我国的国情，走出一条既能与国际惯例相衔接、又符合社会主义市场经济体制的中国式的股份制和证券市场的道路来。

（一）企业股份制改革的规范化问题

企业股份制改造必须做到规范化，向社会公开发行股票和上市的企业必须按标准严格要求，这是股票市场健康发展的基石。在《公司法》颁布实施以前，我国的股份制企业基本上是按照1992年由国家体改委会同国家有关部门制定的《股份制企业试点办法》、《股份有限公司规范意见》、《有限责任公司规范意见》及19个配套文件进行设计、运作和改造的。现在《公司法》已经颁布并将于1994年7月份实施，企业股份制改革正面临着一个如何与《公司法》的规范要求相衔接的问题。此外，在具体的操作中，企业股份制改造也存在着一些不规范的问题，主要表现在：一是一些企业在股份制改造中，没有进行严格的资产评估，造成国有资产帐面低估和流失。二是在进行定向募集时，超范围发行内部职工股，造成“内部股公众化，法人股个人化”的不良现象，并由此导致股权证黑市转让。三是部分地区没有按照中央有关法规文件的要求进行股份制改造，不按规定的程序报批，降低审批标准。四是有些已经公开发行上市的股份公司，企业经营机制转换滞后，股东大会形同虚设，股东权益难以保证。要解决这些问题，政府有关部门、中介服务机构要协助企业按照现有的法规，认真作好企业股份制改造工作。成熟一家，发行一家，上市一家，绝不能盲目地追求数量而放松质量要求。企业的资产评估必须真实，产权界定必须明晰。要按照股份制企业的会计制度，对企业的会计制度进行改造。要建立和健全企业内部管理制度，股东大会、董事会和监事会制度要按照《公司法》的要求组织和建设好，真正做到转换企业经营机制，提高企业的自我约束能力。此外，随着更多的企业进入国际资本市场，股份公司的组建和机制转换必须逐步向国际规范靠拢，走向国际化。

（二）提高上市公司质量问题

迄今为止，在上海、深圳上市的公司已达239家，近一半左右为非上海、深圳的异地公司。由于在股份制改造时期，各地方标准掌握不一致。因此，虽然有的股份公司已经是上市公司了，但机制转换并不彻底，素质也还有待于进一步提高。所谓提高素质，就是要把经营机制真正转换到符合市场经济对上市公司的要求上来，符合法规要求，不断增强企业竞争能力和盈利水平，确保在优胜劣汰的市场竞争中立于不败之地。目前，有不少上市公司的内部体制和企业行为存在着一些缺陷和不规范，主要表现为：(1)一些上市公司还未完全树立起公众公司的意识，信息披露的观念薄弱，对投资者是企业的股东这一点认识不深。(2)上市公司增资扩股失控，募集的资金投向追求短期效益。有些上市公司配股缺乏自我约束，配股数量过大，配股所筹资金大大超过生产发展的需要，无生产项目时就去炒股票、房地产，甚至进行短期拆借。(3)上市公司对小股东的权益没有给予充分保证。(4)上市公司国有股权的管理仍然处于无人负责的状况。有些上市公司的国有资产代表由好几个部门共同派出，每个代表行使一定比例

的权力，在重大问题表决时，往往不能统一意志，各有主张，有的上市公司则由于国有资产代表不明确，而使国有资产长期无人管理。

上市公司质量问题关系到股票市场的基石是否稳固，必须引起各方面的高度重视，否则上市公司一旦出现问题，发生倒闭，不仅会损害广大股民的利益，而且会引发股市震荡，严重的还会导致股灾。在这方面，国外，特别是发展中国家的证券市场已经有过惨痛的教训，我们要引以为戒。为了提高上市公司的质量，应积极借鉴境外的各种成功做法，将培训与监管结合起来，建立发行前后与上市后的辅导制度。这一制度的核心是通过对企业的一次性辅导和持续辅导，帮助企业规范经营，真正转变企业经营机制，使上市公司成为好中择优的、有充分质量保证的、投资者信得过的股票市场交易商品。这一制度在具体组织实施的过程中，可考虑分三个阶段：一是对申请公开发行股票的股份公司高级领导层和服务人员实行发行前半年的辅导期制度。辅导的主要内容是股份有限公司的基本知识、股票发行的理论与技术操作知识，确立公众公司的重要意识。实施这一辅导工作的应是拟担任该公司上市保荐人或发行主承销的证券经营机构，以及有关的咨询机构。这些证券与咨询机构必须获得证券主管部门颁发的辅导资格证书，才能从事辅导业务，从而杜绝“以其昏昏，使人昭昭”的情况发生。二是在发行前半年辅导的基础上，实行上市前半年的辅导期制度。辅导的主要内容是股票上市的基本知识、信息披露与持续信息披露的法规，以及股票市场上本公司股票价格与本公司业绩的关系，使拟上市公司进一步树立公众公司意识和投资者就是股东的意识。三是公司上市后三年的持续辅导制度。实施这一制度，证券经营机构必须树立“长期为客户服务的意识”，以良好的服务扩大客户市场份额，增加客户数量，彻底改变“打一枪换一个地方”的做法。在三年持续辅导中，上市保荐人或发行主承销对上市公司辅导的重点内容是如何严格执行信息披露法规，提高上市公司的透明度，以使投资者在购买该公司股票后，能通过公司持续、规范的信息披露，了解上市公司的经营状况，提高投资者对该公司的信任度，从而放心地、长期地投资该公司。在实行辅导期制度的同时，证券主管部门要严格遵守《公司法》和有关证券法规，强化对已上市公司的监管力度，按照现代企业制度的要求，切实解决经营机制转换滞后的问题。

(三)法规体系的建设问题

证券市场法规体系的建设应着重注意三方面的问题。一是要着手全国法规的统一。由于各地区经济发展和改革进程的差异，在证券立法和执法上出现了全国性法规和地方性法规同时并存，有的甚至不一致的现象，这既不利于市场的统一，也不利于境内外投资者投资中国证券市场。因此，在证券法规制定和实施上，要强调统一性，地方没有证券立法权，但可以在全国性法规和实施细则的基础上，制定一些符合本地情况的准实施细则，报国家立法机关审议备案后，方得实施，以使准细则在原则上与全国性法规统一。二是注意法规的系统化和连续性。在制订新的法规时，要充分考虑到与原来法规的配套与衔接，避免对市场产生大的冲击。三是要按照系统化的思路，对法规做进一步的细化，使法规具有可操作性，特别是对一些根本法，要尽快推出实施细则。

(四)关于建立健全统一的证券监管体系问题

目前，我国的证券管理体制是按照国务院(1992)68 号文件的规定确立起来的。经过一年多的实践和运作表明，这一体制比过去有很大的进步，但管理力量分散、政出多门、责任不明的状况未完全改变。在管理手段和管理内容上，还存在许多不完善之处。改变这一状况的有效途径，就是建立集中统一的证券管理体制。

健全的监督管理体系是市场健康发展的重要保证。坚持集中统一管理的原则，是这一体系的核心，其目的在于提高证券市场运作的效率，更有利于发挥证券市场在优化资源配置、资金筹集，以及减少境内外投资者风险方面的作用。

坚持集中统一管理的原则，应该贯彻在机构、立法、管理、监督四个方面。借鉴国外经验并结合我国的实际情况，通过理顺关系，我们设想我国的监管体系应分为两个层次：第一个层次是自律性的机构。如要求独立的会计师事务所、审计师事务所、资产评估机构等证券中介机构对证券发行上市进行审核、评定、把关，充分发挥其民间“经济警察”的作用。赋予证券交易所、证券业协会等自律性机构一定的监管职责，加强对上市公司、交易所会员及交易过程的监督管理。第二个层次是政府机构。国务院已成立了证券委员会和中国证券监督管理委员会，这两个委员会主要从立法、规划、监管的角度，对中国证券业实施集中、统一、全面的管理。为强化行政监管力度，在《证券法》未出台之前，可以考虑对证券交易所所在地和部分股份制改造较早、上市公司较多的地方省(市)级政府证券管理部门实行分类授权监管的试点办法，将部分监管职能(例如对上市公司、证券公司、证券信息、稽核等有关方面)一一授权地方。待《证券法》颁布时，再总结分类授权监管试点的经验，决定取舍。总之，要在加强政府对股票市场的监督管理的同时，让市场机制更好地发挥作用，建立起从政府主管机构到证券行业自律性组织和中介机构，分层次、各负其责、协调配合的证券市场监督管理体系。我国的证券监管体系，将随着证券市场的发展和经验的积累，逐步完善。

（五）改善投资者结构问题

我国目前股票市场上的投资者多为散户，风险意识和承受能力都比较弱，容易受谣言的左右，盲目追风，引起市场波动。随着股票市场规模的不断扩大，必然上市公司数量增大，而且大中型企业比重增大，只靠个人散户投资，出现供 求结构失衡状态，因此，发展机构投资人已成为十分重要的问题。目前我们正在进行社会保障体制的改革，可以考虑允许各种保险基金依一定比例进入股票市场进行长期投资。同时要发展合作基金，由专业人员为广大的中小投资者进行投资，从而降低单个投资者所面临的风险，获得综合效益。这种机构投资人在中国有特别重要的意义，组织起来可以变成法人而不再是私人投资，有利于实现公有制为主体的原则，可以加快股份制和股票市场的发展。同时通过基金的投资，可以有效地抑制大户操纵市场的不正当行为，有助于改变工作人员离开岗位盲目炒股的状况，引导短期行为的投机转向长期投资，减缓市场的波动幅度。基金发展起来以后，公股进入市场、党政干部通过加入基金进入市场，都能较好地得到处理。但基金的发展也要循序渐进，目前不宜多发展封闭型基金，造成“两头炒”的局面，一头是利用集资去炒股票；另一头是基金的收益证券还可以上市，由别人炒，加上内部分配的发行方法，容易出现比股票发行更为严重的问题。我认为，当前最好多发展开放型的基金，投资者根据契约可进入可退出，基金不上市转让，这是比较安全、稳妥的选择。国外成熟的证券市场上都有相当一批机构投资者，他们是社会资金进入证券市场的经营管理专家。他们将这些资金组织成为投资基金时，通常采取三种方式：开放式、封闭式、介于两者之间的半开放半封闭式。其中多以开放式基金为主，例如美国，开放式基金约占全部投资基金的 90%以上。在开放式基金中，至少有 50%的基金投入到证券市场的国债和股票；我国的香港地区规定，投资于证券交易所上市以外的证券不超过 15%。上述经验作法是值得我们借鉴的。

发展机构投资人在当前股市扩容速度较快、规模较大的情况下，意义更为重要。发展机构投资人可以在一定程度上扩大需求方的力量，为股市找到一个新的供需平衡点。当然，发展基金首先要制定专项法规，要有一批有能力管理经营基金的人才，依法运行。

中国证券市场近况及未来发展

中国证券监督管理委员会秘书长 朱利

（1993年12月）

自1981年中国首次发行国库券以来的12年中，中国证券市场从无到有、从小到大、从单一的政府债券发行市场，发展到以债券、股票为主体的多种证券形式并存、集中交易与场外分散交易相协调的全国性证券市场体系，新的证券品种有所增加，证券融资渠道不断扩大。1992年以来邓小平同志南巡讲话肯定了股份制和证券市场的改革试验，强有力地推动了改革试验的进程。证券市场在和整个经济体制改革相互推进中进入了新的高速发展时期，公开发行股票试点的地区由发展初期的上海、深圳两地扩大到广东、福建和海南三省。1992年10月，党的十四大确立了建立社会主义市场经济体制的发展目标，证券市场的发展步伐再度加快。到目前已有较规范的股份公司3200家。1993年公开发行股票的试点扩大到全国各省、自治区、计划单列市。

一、中国证券市场的建设与未来发展

（一）中国证券市场与社会主义市场经济

中国实行经济改革和对外开放十几年来，经济建设各个领域取得了举世瞩目的成就。1992年，中国改革开放和现代化经济建设事业进入了一个新的发展阶段，国民经济持续、高速发展。

1993年11月11日召开的中共十四届三中全会讨论并通过了《中共中央关于建立社会主义市场经济体制若干问题的决定》，构筑了社会主义市场经济体系的总体框架，就培育市场体系、加快宏观调控领域的改革以及对国有企业产权改革等若干深层次改革问题作出了重大决策，并通过了与国有企业、金融、财税、外贸、农业等领域有关的一系列改革措施，其中建立市场经济法律体系，改革企业产权是最深层次的改革。

中国证券市场作为中国社会主义市场体系的重要组成部分，与我们正在进行的金融、财税、外贸、投资体制等领域的改革，特别是对国有企业经营机制转换，市场资源配置的优化等方面改革相关，改革的不断扩大和深入也会更加有利于证券市场的进一步发展和完善。

关于发展证券市场对社会主义市场经济的重要作用和意义，我想从以下三个方面加以说明：首先，证券市场是发展社会主义市场经济的一个重要内容，证券市场是为经济建设筹集大量国内资金和吸引海外资金的重要渠道，其作用不言而喻；其次，我们说资金是经济的“血液”，资金资源的配置决定其它生产要素的流向，因此资金配置市场化，必然决定其它要素（如技术、劳动力、原材料等）按市场经济的规律流动。换句话说，证券市场的发展可以带动其它要素市场的发展，以完善和健全社会主义市场经济体制；第三，证券市场的发展对转换企业经营机制有重要意义，股票市场的建立，使产权约束变得实实在在，迫使企业改革经营机制，以效益为目标，从而使企业走向市场。这是发展社会主义市场经济的重要内容。

（二）证券市场管理体制的建立与完善

1992年10月，国务院证券委员会（简称证券委）和中国证券监督管理委员会（简称证监会）成立，标志着全国统一的证券市场管理体制的初步形成。证券委是国家对全国证券市场进行统一宏观管理的主要管理机构，证监会作为证券委的监管执行机构，对证券市场行使具体的监督管理职能。国家计委、体改委、人民银行、财政部等中央有关部门相互配合协调,继续发挥了相应的证券管理职能。多数省市也成立了相应的证券管理部门,参与指导当地企业股份制改造、公开发行股票试点企业的初审以及股票公开发行的组织工作。所有这些,对目前证券市场的发展,特别是对1993年开始的全国范围的扩大股票公开发行试点工作起到了重要的保障作用。

建立证券委和证监会的根本目的,是要加强对证券市场的集中统一管理,使证券市场发挥其最大功效。国外证券管理的经验也表明,证券市场由分散管理走向统一管理,有助于提高证券市场的运行效率,有助于制定并贯彻实施统一的证券法规,保护市场的整体性,打破分割,充分发挥市场机制的积极作用。中国证券市场还处于发展初期,其管理体系还有待于进一步改进。

在当前和今后一个时期,要逐步理顺证券市场管理体制,对证券市场实施分层次管理。所谓分层次管理体现在两个方面:第一个层次是民间自律机构对市场的管理功能。如发挥独立注册的、合格的会计师事务所、律师事务所对上市公司的财务状况实施严格的审核作用,对经其签证的财务报告、盈利预测等的真实性负有法律责任;发挥资产评估机构的作用,严格评估企业资产,既要防止国有资产流失,又要保护中小投资者的利益;发挥证券中介机构的作用,对证券发行上市进行综合把关,成为企业、投资者、政府主管机构之间的桥梁;发挥证券交易所的作用,在统一规则的指导下履行其对会员、上市公司及交易市场、清算等的综合性、自律性管理职能;发挥证券业协会的作用,使其成为证券商的代表,帮助政府主管部门加强对证券商的监管。第二个层次是证券主管机构对证券市场的管理,代表政府从立法、规划等方面,行使其对证券市场的政策指导作用,为证券市场营造整体架构。证监会作为证券委的执行机构,要发挥其专家管理的特长,对证券市场实施较全面的监管,以法律、法规为依据,对参与证券市场的证券商、会计师事务所、律师事务所、资产评估机构,上市公司等实施监管,规范其在证券市场的行为,防止欺诈、操纵市场和内幕交易,保证市场的效率和公平。当然,政府的管理必须依照市场经济规律,严格按法律进行。

(三)加快证券立法、严格执法

证券委和证监会成立后,加快了全国统一的证券立法工作。1993年4月由国务院颁布了《股票发行与交易管理暂行条例》,7月,国务院又颁布了《证券交易所管理暂行办法》,在此基础上证监会制定了《公开发行股票公司信息披露实施细则(试行)》、《申请公开发行股票公司报送材料的标准格式》、《中国证券监督管理委员会工作人员守则》。8月2日,国务院证券委发布了《企业债券管理条例》、《关于一九九三年股票发售与认购办法的意见》,9月,证券委发布了《禁止证券欺诈行为暂行办法》。

目前,证券委、证监会会同有关部门正在抓紧制定《证券经营机构管理办法》、《人民币特种股票管理办法》、《境内企业到境外发行股票及股票境外交易管理规定》、《投资基金管理办法》、《法律意见书格式》、《证券争议裁定工作规则》、《证券争议仲裁工作规则》和《证券违法违纪案件调查处理办法》。全国人大也在抓紧制定《证券法》,起草工作已进入实质性阶段,并报八届人大常委会第三次会议审议,《公司法》不久也将颁布。

建立统一、高效、公开、公平的证券市场,必须要有法规制度作保障。从建立统一的证券市场来看,我们要坚决打破条块分割,这首先要做的是统一的立法;从建立高效的证券市场来看,需要立法来明确市场参与者及政府主管部门在市场中的行为规范和法律责任,减少不必要的环节和干预;从建立公开、公平的证券市场来看,更需要有严格的规则使投资者和筹资者公平竞争,防止内幕交易和证券欺诈。

1993年以来,我们一方面加紧证券立法,一方面注重严格执法,按现有法规规范市场行为。9月底,宝安上海公司大量买入延中股票一事引起了社会各界的广泛关注,这反映出社会公众对发展我国证券市场的重视。中国证监会在经过周密调查的基础上,依据《股票发行与交易管理暂行条例》作出公正处理,取得了很好的效果。我们相信,这件事以及由此引发的讨论,对于推动我国证券市场的发展,促进企业经营机制的转换,通过市场调整股份公司的股权结构,加快和完善证券法规体系的建设都将产生积极的影响。同时,这件事也从一个侧面提醒有关机构和广大投资公众注意掌握证券知识,了解证券法规,在证券交易活动中进行自我约束,建立风险意识和自我保护意识。

现在,国务院证券委员会、中国证监会正加紧完善和制订有关上市公司收购的法规条文以及具体操作的办法和程序,近期将予以公布。同时,对于证券市场交易过程中存在的问题,我们将继续调查研究。一旦发现违法行为,我们将根据情节轻重,依法严肃处理。我们相信,经过证券管理部门、证券交易所和广大投资公众的共同努力,我国的证券市场将在法制化、规范化的轨道上继续稳步、健康地发展。

(四)一级市场的规范化

1993年以来,我们在总结了部分改革先行地区进行股票公开发行试点经验的基础上,进行了全国范围的股票公开发行试点。为保证公开发行的顺利进行，1993年3月在天津召开了“1993年全国股票公开发行研讨会”，8月公布了《关于1993年股票发售与认购办法的意见》。这是一个原则性意见，具体办法，各地可以依据实际情况制定。8月底，证券委、证监会在天津召开了“1993年全国股票公开发行与认购工作座谈会”。在1993年的新股发行中，证监会对各地经初审后报上来的企业进行严格的复审，对发行新股的公司严格把关，统一标准。为了做好审核工作，有利于公平、公正和加强社会监督，证监会专门设立了发行审核委员会，由证监会专家和社会各界知名人士各10人组成。1993年的新股发行工作所以花这样大的精力，主要出于三个目的：第一，由于1993年是扩大股票发行的第一年，各地对发行工作没有经验，通过统一复审，可以总结经验，统一标准，主要审核是否符合法规，是否符合国家产业政策；第二，对公开发行股票公司的质量严格把关，保护投资者的利益；第三，防止徇私舞弊、违法乱纪行为，努力使发行工作公开、公平、公正，防止引发类似1992年深圳“8.10”事件那样的社会问题。这也是我们的最基本的目的和要求。从长远来看，随着新股发行工作逐步成熟，新股票的发行、上市审核工作可逐步交由证券交易所来做。

从目前情况看，新股发行工作是正常和健康的，各地对企业的选择是认真的，承销机构的作用得到了加强，并在实践中得到了锻炼，地方政府也做了大量工作。从实验的地区看，目前已进行了多种发行方法的实验，我们将继续总结经验，注意随时研究和解决所出现的新问题，例如降低发行成本、新股发行上市与二级市场的衔接、如何缓解二级市场压力等问题，使新股发行工作进一步规范化。

（五）二级市场的进一步完善

我国证券交易市场初步形成了集中交易和分散交易相结合的格局。集中交易市场包括“两所”、“两网”，即上海证券交易所、深圳证券交易所，全国证券交易自动报价系统（STAQ）和全国电子交易系统（NET）。两家交易所以股票、债券的场内集中交易为主，“两网”以债券的联网交易为主，也包括部分法人股的流通试点。分散的交易市场是部分地区建立的证券交易中心（以债券为主，也包括部分基金的流通试点）和分布在全国的上千个证券营业网点（以国债柜台交易为主）。

近两年来，深、沪两地交易所采取多项措施，进一步改善了电子交易系统和清算交收办法，完善了信息披露制度，加强了对上市公司的规范化管理。特别是1993年以来为促进B股市场的发展进行了多方面探索和改进。证券交易所在管理体制，交易规则等方面也作了相应的调整。深、沪两地交易所已逐步由成立初期的区域性交易所发展成为全国性的证券交易所。

（六）加强对证券机构的规范化管理

与证券发行与交易市场的发展相适应，我国证券机构发展迅速，全国已有证券经营机构约500家，其中专营机构90家，兼营机构约410家（包括约400家信托投资公司和9家商业银行）。证券专业性中介机构也有较大发展，现有证券专业性中介机构共158家，其中具有从事证券业务资格的资产评估机构56家，具有从事证券法律业务资格的律师事务所49家，具有从事证券会计业务资格的会计师事务所53家。

1993年以来，中国证监会会同有关部门进一步加强了对证券经营机构和证券中介机构的规范化管理。特别加强了证券商在股票承销工作中的管理，印发了《关于在股票发行工作中强化证券承销机构和专业性中介机构作用的通知》。由于多数证券机构是在股票大量发行前成立的，对于承销股票发行没有经验。因此，证监会对过去曾批准的证券机构进行了承销股票资格审查，严把质量关。9月底召开了“证券机构承销工作座谈会”，对证券商承销业务提出了具体明确的要求。

在证券中介机构的管理方面，证监会会同财政部联合发布了《关于从事证券业务的会计事务所、注册会计师资格确认的规定》，与国家国有资产管理局联合颁发了《关于从事证券业务的资产评估机构资格确认的规定》，与国家审计署联合颁发了《关于从事证券业务的审计师事务所资格确认问题的通知》，并对有关证券中介机构进行了资格确认。

证券机构在证券发行、交易中起着核心和纽带作用。从今后发展看，要在尽快建立健全证券机构管理法规的基础上加强管理，严格以法办事，惩治违法行为。同时，要帮助证券机构加强自身建设，加强自我约束，加快培养人才，提高自身素质。要发挥证券业协会、注册会计师协会、律师协会等自律性管理组织的作用，尽快形成一支规范化、高素质的证券机构队伍，以适应证券市场高速发展的需要。

（七）提高上市公司质量

随着上市公司数目的迅速增长，提高上市公司质量，显得更加重要和迫切。主要基于三点考虑：

1. 上市公司质量好坏关系到股份制和股票市场改革的成败。我们进行股份制改革主要有两个目的，一是通过证券市场来融通资金；二是通过股份制促进企业实现经营机制的转换，这是最重要的。要做到这一点，就要使企业从股份制改造开始完全符合规范化标准，与此同时，要通过股票市场、股东以至社会公众的力量加强对企业的制约力和社会压力，使企业行为规范化。

2. 保证上市公司质量是股票市场稳定、健康发展的基石。如果上市公司质量普遍没有保证，缺乏必要的市场监管，受影响的是成千上万的股东，一旦投资者失去信心，市场就会垮掉。

我们在1993年的新股发行中，实行额度控制，适当限制上市企业的数量，对企业的财务标准、经营业绩、资产评估、利润预测的真实性等方面严格把关。正是基于这一考虑，在规范已上市公司的市场行为方面，花了较多精力，如发布《股票公开发行公司信息披露实施细则》，对上市公司在招股说明书、中期报告、年度报告及重大事项的信息披露方面作了严格要求。并且对宝安公司等没有按照要求披露信息的公司进行了处罚。

3. 上市公司质量直接关系广大投资者的切身利益，如管理不当也会引发社会问题。如果按一年发行50亿个人股规模计算，每年上市一百家企业发展下去，涉及的股民成千万计。目前在股票供不应求、股票暴涨的情况下，人们不甚关心上市公司质量。而当泡沫消失，上市公司出问题、分红不能保证甚至企业倒闭时，在股民缺乏风险意识的情况下就容易引发社会问题。因此，不能掉以轻心，必须从现在开始严格掌握，打好基础，即一方面严格掌握发行条件，一方面要规范已上市公司的市场行为。

1993年，国务院证券委会同国家体改委、国家经贸委组织了联合调查组赴上市公司较集中的上海、深圳、四川、海南等地从多方面对上市公司的情况进行了调查，10月底召开了全国上市公司转换经营机制座谈会，总结了经验，找出存在的问题，提出了解决问题的措施。上市公司已取得的效果主要是：产权明确，实现了所有权和经营权分离、自主经营，建立了新型的企业管理体制；形成了新的劳动用工制度和收入分配机制，进一步改善了企业内部管理；通过发行股票，筹集了充裕的资金，为企业扩大生产和技术改造创造了条件，经济效益大幅度提高，如上海、深圳、海南当地上市公司上年实现利润比1992年同期提高幅度最少为44%，最大为274%。存在的问题主要是以下几方面：一些上市公司还没有完全树立上市公司的意识，在信息披露和募集资金使用方面还存在一些问题；部分上市公司增资扩股失控，募集资金追求短期效益；部分上市公司对小股东的权益没有给予充分保障。国有股和法人股的管理和流通也是个亟待解决的问题，政策性强，又很敏感，证券委正在对此进行调查研究，制定相应法规，上报国务院审批。

（八）需要进一步研究的几个问题

中共十四届三中全会的召开，提出了加快建立和完善社会主义市场经济的改革新措施，对中国证券市场发展提出了新的要求；证券市场规模的扩大也会遇到许多新问题，需要我们不断加以研究和解决。例如：

1. 金融、财税、外贸和投资体制等方面的改革对证券市场产生的影响，证券市场如何适应这种变化，与社会主义市场经济的发展进一步协调起来。

2. 如何完善中国证券市场管理体制，打破条块分割，建立公平、高效的全国统一的证券市场。

3. 如何减少股价的过度波动，怎样发展机构投资人以有利于二级市场的稳定，投资基金如何运行和管理。

4. 如何避免国有资产流失，怎样才能使国有股、法人股既参与市场流通实现增值，又不对二级市场产生负面影响。

5. 全国统一的证券交易市场如何布局等。

6. 如何加速中国证券市场国际化进程，与国际证券市场接轨，促进中国企业利用海外资本市场吸引外资。

许多专家学者对上述问题提过许多好的建议，我们将加以研究，也欢迎海内外有识之士继续为中国证券市场的发展献计献策。

二、加强大陆与香港的证券市场合作

（一）中国企业到香港上市近况

自1992年中开始，中港双方有关证券主管部门就开始了中国企业到香港上市的准备工作，成立了中港联合工作小组，就两地在证券法规、会计、外汇以及发行、上市、交易、交收及结算等方面的差异进行调整。1993年6月，大陆与香港签定了《中港监管合作备忘录》，为中国企业到香港上市作了充分准备。

从1993年6月底开始，6家中国大型国营企业陆续在港发行H种股票，并在香港联交所上市，6家企业发售总量为3976亿股，集资总金额为79.96亿港元，其中上海石化同时发行了美国存股证和全球存股证，向全球发售，并成功地在纽约交易所挂牌。马钢也采取了向美、欧市场配售的方式，认购非常踊跃。H股的交易对香港股市的格局产生了重要影响。随着中国企业到香港上市数量的增加，这种影响将会更加明显。

这里我着重谈谈对于港澳及海外投资者投资H股的法律保障。中国企业到香港上市的H种股票在法律保障形式、投资者利益保护、交易交收等各方面都是有充分法律保障的，其法律保障水准也是符合国际惯例要求，能为国际证券界所接受的。到香港上市的企业都是经过严格挑选的业绩优良的企业，由国家主管部门统一审批，严格把关。通常要进行如下几方面的工作。

1. 必须经过严格的股份制改组。上市前，企业要在转制方面花很大精力，首先要进行资产分割和重组，把非生产性的资产部分划分出来组建服务性公司，以便符合香港的上市要求。同时必须按《股份有限公司规范意见》和《到香港上市公司章程必备条款》的要求，制定公司章程。为与香港对上市公司的要求相适应，《到香港上市公司章程必备条款》增加了许多具体而严格的要求，例如在对小股东利益保护方面，还同时借鉴了其它国家的有关法规，比香港的要求更多一些。另外，要制定企业转为股份公司所需的一系列配套政策和必备的法律文件，包括土地转为租用或折价入股的法律手续；明确公司纳税税率的政策文件；国有资产评估后进入股份公司资产的数量及其确认文件。此外还有劳动人事、进出口权、融资权、财务预算管理等方面的政策都要在转制阶段加以落实。

2. 进行严格的资产评估和财务会计审计。为保证投资者利益，确保招股说明书财务资料的公正性、准确性，企业在会计核算标准与核算方式上，按国际标准做了较大调整，并聘请国际上公认的会计师事务所和律师事务所参与。财政部下发了《关于股份制试点企业股票香港上市有关会计处理问题的补充规定》，对多项核算方法和会计处理准则做了具体规定，从而保证了到香港上市企业的财务核算符合国际会计准则的要求。

3. 上市程序规范。企业在完成股份制改组和资产评估、财务会计审计后，由主承销商（通常由国际上知名的证券商担任）编制招股说明书，向香港联交所提出上市申请，审查合格后，送联交所上市委员会审查通过方可上市。

4. 外汇问题得到妥善解决。境外投资人买卖H股，以及H股的股票红利支付所采用的外汇汇率，将使用深圳外汇调剂中心人民币对港元的调剂汇率，以前一周平均调剂汇率作为折算基准。随着将来国家对外汇管制的放宽和汇率并轨，将会大大降低汇率风险，更加有利于海外投资者投资中国股票。

5. 对上市公司的监管，中国在香港上市的企业受中港双方监管部门的共同监管，《中港监管合作备忘录》中对此做了较明确的规定。

（二）中港证券市场合作与未来发展

中港之间证券市场关系的最新发展，使得研究大陆与香港之间的证券市场关系显得尤为重要，从当前情况看，主要应围绕三方面问题进一步进行研究：

1. 中港证券市场关系。核心问题是研究如何保持香港的国际金融中心地位，保持香港的繁荣和稳定，中国在宏观金融政策特别是证券市场发展战略上怎样协调发展中港之间的关系。中国企业在香港上市，对改变香港的股市结构，加大香港市场在国际资本市场的份量，具有积极的推动作用。我们注意到了近一个时期，海外资金大量涌入香港的情况，国际资本市场的最新发展值得我们认真研究。

2. 大陆企业在香港上市。一方面它是巩固香港联交所作为世界主要资本市场中心地位的重要措施；另一方面，可以为中国企业利用股权市场吸引外资开辟新的渠道。1993年以来，我们选择国营大企业到港上市，受到香港金融界、证券界的重视，也受到中国企业和各界的普遍欢迎，达到了满意的效果。中国企业通过赴香港上市，按照国际标准，经过严格的资产评估和财务会计审计，促进了企业经营机制的转换。我们应在此基础上，进一步总结经验、完善法规，为今后中国企业继续到香港上市打下坚实的基础。

3. 借鉴香港经验，推动中国证券市场的国际化进程。香港证券市场，特别是股票市场，与国际资本市场有着广泛而密切的联系，已初步形成了较完善的市场运作体系，而大陆证券市场形成时间较短，目前还处于初期发展阶段，证券法规尚未健全，与国际标准还有一定的差距。通过加强中港证券市场合作，对于我们借鉴香港股票市场发展经验，逐步完善和发展国内股票市场，是十分有益的。

利用证券市场吸引海外资金将是我国今后引进外资的主要渠道之一，未来几年将会得到迅速发展。单纯靠借用外国贷款以及外商直接投资是有限度的，我国经济发展呈新兴增长势态，应当利用目前经济稳定、高速增长的优势和众多的投资机会，吸引海外股权投资。香港市场是我国海外股权融资的重要渠道之一，实践证明，我们选择企业到香港发行股票和上市这条路是对的。1994年我们将继续选择一批境内企业到香港上市，原则上，我们主要挑选一批效益好、潜力大、急需引进外资的企业，就行业而言，应主要考虑工业类，优先选择能源、原材料等基础产业，而暂不考虑房地产和商业类企业。到香港上市方面，我们通过1993年的试点取得了一些经验，步伐可以稍大一些，而到美国、欧洲等其它国家公开发行和上市，我们目前还没有经验，拟先选择个别企业作为试点，同时还有许多基础性工作要做，如我们已与香港签定了《中港监管合作备忘录》，也准备与美国SEC订立类似协议，目的是要有利于对上市公司的监管，保护境外投资者利益。我们与欧洲等有关国家证券监管部门的合作也会有步骤地进行，有关海外第二上市的工作也在研究之中。

另外，我们多次强调，不主张企业通过走迂回道路到海外上市(包括买壳上市和通过在海外注册控股公司上市等方式)，这是因为，一方面，企业没有经验，集资成本高，另一方面，也不利于两国对上市公司的监管，投资者的利益不能得到保障。我们要求，大陆到海外上市的公司一律要经过中国证券管理部门的统一批准和监管。企业到海外上市是一项政策性、技术性很强的工作，而中国证券管理部门对此持既积极探索，又慎重、稳妥的态度，有计划，有步骤地进行这项工作。

中国证券市场的建立虽然时间不长，但已展现出其广阔的发展前景，正像海内外朋友们所期望的那样，随着中国经济的高速增长和社会主义市场经济体制的建立和完善，中国证券市场将会有更大的发展。

中国证券
市　场　篇

中国证券市场篇

目　录

一、证券法规综述

二、证券发行市场

三、证券交易市场

四、证券经营机构

五、上市公司

六、证券市场国际化

一、证券法规综述

我国股份制企业试点的规范化及股票市场试验的法制化

一、建立市场经济体系与制定法规

《中共中央关于建立社会主义市场经济体制若干问题的决议》指出："国有企业实行公司制，是建立现代企业制度的有益探索。规范的公司，能够有效地实现出资者所有权与企业法人财产权的分离，有利于政企分开、转换经营机制，企业摆脱对行政机关的依赖，国家解除对企业承担的无限责任，也有利于筹集资金、分散风险。...实行公司制不是简单更换名称，也不是单纯为了筹集资金，而要着重转换机制。要通过试点，逐步推行，绝不搞形式主义，一哄而起。要防止把不具备条件的企业强行改为公司。现有公司要按规范的要求加以整顿。"

我国实行经济体制改革的目标是建立社会主义市场经济体系。在我国实行经济体制改革和建立社会主义市场经济体系，基本上是先走试点，再推广，先在少数地区试点，然后扩大到全国，以及先干起来摸索思路，然后总结经验和制定法规的路子。这样做的初衷，是为了防止一哄而上，避免造成混乱。伴随产生的问题，则是政策不明、无法可依、监管不力，仍然造成某种程度的混乱，同时，由于各级管理部门的人员素质和政策水平差异很大，"政策走样"是一个普遍现象。

多年来，市场的监督管理部门就是在一种矛盾的状态下，循着从初步的政策精神到粗糙的法律规范，从进一步的政策精神到比较完备的法律规范的公式，被 x 试点拖着走，让市场推着走。这也就是学者们经常抱怨的所谓改革中的"立法滞后"问题。从形式上看，市场经济法制建设似乎没有跟上。但是就实质而言，从没有法规到有法规，从不认真执行法规到认真执行法规，这是一个人们对市场经济规范化和法制化必要性逐步加深认识的过程，同时也是一个人们就发展社会主义市场经济问题，在政治理论上不断解放思想的过程。

成熟的市场经济条件下法规有较多的明确性和稳定性，市场行为人可以依据法规和参照案例预期自己行为结果；试验性的市场经济条件下的法规有较大的变动性，市场行为人不得不更多地依赖行政主管部门的指导。随着《中华人民共和国公司法》丁 1994 年 7 月 1 日的实施和证券法的加紧制定，我国股份制企业试点和股票市场试验不断沿着规范化、法制化的方向推进，但是试点、试验的性质并不就此而改变，因为建立社会主义市场经济体制本身就是一项综合性的试验，在这一前提下制定的各种法规，都不可避免地带有试验性，同时，政府部门的指导也就成为法规实施的关键，与非市场经济不同，在市场经济条件下，政府部门是依法指导法规的实施，而不是旧式的行政包揽和行政干预。

二、股份制企业的试点与发展

我国的企业股份制萌发于 80 年代初期，1982 年召开的党的十二届三中全会通过的《中共中央关于经济体制改革的决定》中提出，要在自愿互利基础上广泛发展全民、集体、个体经济之间灵活的合作经营和经济联合。在这一政策精神的指导下，"一些企业开始冲破地区、部门、所有制界限，相继组建多种形式的联合体，并逐步从单纯生产技术协作发展到相互以资金、技术、设备等投资入股；还有一些企业用股份制形式集资搞技术改造或组建新企业"。①

随着募股集资活动的增多，"股票"一词重新回到人们的生活中来。例如，1984 年 9 月，北京天桥股份有限公司，内部发行了"定期三年的股票"；同年 11 月，上海飞乐音响公司向社会公开发行了"不还本的股票"；1985 年 1 月，上海延中实业公司发行了全部由社会公众认购的股票，等等。在这一时期，企业尽管有强烈的集资欲望，并且凭借对中央政策精神的猜测搞股份制，但是对于什么是股份制，如何搞股份制以及股份制的前景等一系列政策或者技术问题，当时都找不到现成的答案。

1987 年 10 月召开的党的十三大明确提出，改革中出现的股份制形式，包括国家控股和部门、地区、企业参股以及个人入股，是社会主义企业财产的一种组织方式，可以继续试行。在这以后，我国的股份制试点企业迅速增加。然而，由于缺乏必要的知识和经验，也由于缺少明确的法规和有效的约束，这些试点企

① 张彦宁，"发展股份制，转换企业经营机制"，《股份制企业组建和试点政策汇编》，企业管理出版社，1992 年，第 23 页

业不可避免地带有不规范的烙印。为了促使股份制试点的健康发展，国家体改委从1987年初，开始推动股份制试点的规范化，经过三年的努力，终于于1992年5月与国家体改委、国家计委、财政部、中国人民银行、国务院生产办公室（现国家经贸委）联合发布了《股份制企业试点办法》，以及包括《股份有限公司规范意见》和《有限责任公司规范意见》在内的一系列配套文件。这一套关于股份制企业试点的政策法规的制定，结束了过去企业股份制改造和股票发行无全国性的政策法规可依据的局面，在实践中具有"代行公司法"的价值，对于股份制试点的发展产生了巨大的促进作用。当然，由于历史沿革的原因，仅靠这些法规文件，规范化的目标还远远没有达到。

国家体改委副主任刘鸿儒同志于1992年7月撰文《关于我国试行股份制的几个问题》，他在文中写到："从世界范围来说，股份制产生、发展到逐步成熟，经历了几百年的历史，在这个过程中，不断出现问题，不断采取对应措施，不断完善法规和监管办法，逐步形成了一套规范性的东西。股份制的基本规范，反映的是客观规律，不论是哪个国家的股份制，都必须按这些基本规范办事，才能符合客观规律。股份制的基本规范要与我国实际情况相结合，但不能离开基本规范，任意降低标准，搞自己的一套"土特产"。①

三、改革试验与规范化和法制化

刘鸿儒同志上面这段论述不幸在一个月后，即被在深圳发生的"8.10"股民抢购股票认购证风波所印证。水能载舟，亦能覆舟。股份制和股票市场具有转换经营机制和优化资源配置的功能，但它除了能对经济发展产生积极的推动作用外，在一定的条件下，特别是在不规范作法泛滥的情况下，也可能给经济生活带来不利影响，严重时还会引发社会问题。为了切实推动股份制和股票市场的规范化，将规范化与法制化统一起来，国务院于1992年10月决定设立国务院证券委员会及其监管执行机构中国证券监督管理委员会。国务院证券委员会（证券委）和中国证券监督管理委员会（中国证监会）的成立，大大推进了我国股份制和股票市场的规范化和法制化的进程。

股份制企业和股票市场有着不可分割的联系。好的企业是健康的市场基础。因此，发展股票市场，基本功应当下在股份制企业上。以法说话，依法监管，这是股份制和股票市场监督管理的基本规则。但是法的内容要规范，内容不规范的法，达不到有效地监管的目的。《中共中央关于建立社会主义市场经济体制若干问题的决定》，就建立社会主义市场经济体制的问题，从宏观管理和外部监督方面提出了若干规范化的基本要求：

首先，改变政府实现其管理经济职能的方式。政府主要是制订和执行宏观调控政策，要培育市场体系、监督市场运行和维护平等竞争，管理国有资产和监督国有资产经营，运用经济手段、法律手段和必要的行政手段管理国民经济，但是不直接干预企业的生产经营活动。

其次，改善和加强对市场的管理和监督，建立正常的市场进入、市场竞争和市场交易秩序，保证公平交易，平等竞争，保护经营者和消费者的合法权益。提高市场交易的公开化程度，建立有权威的市场执法和监督机构，加强对市场的管理，发挥社会舆论对市场的监督作用。

第三、发展市场中介组织，发挥其服务、沟通、公证、监督作用。当前要着重发展会计师、审计师和律师事务所，公证和仲裁机构，计量和质量检验认证机构，信息咨询机构，资产评估机构等。发挥行业协会、商会等组织的作用。中介组织要依法通过资格认定，依据市场规则，建立自律性运行机制，承担相应的法律和经济责任，并接受政府有关部门的管理和监督。

四、证券业和证券市场的监督管理体系

证券业的管理，包括对各种证券经营机构和市场中介机构的设立审批，对各种投资或者融资性证券的发行、转让审批，对各种证券交易场所的设立及业务规则的审批，对各种证券活动、各种证券机构的经营、交易场所运行、证券市场信息的传播和使用的监督管理，对各种证券争议的审理和对各种证券违法行为的查处。

国务院于1992年12月17日发出《关于进一步加强证券市场宏观管理的通知》。从这个文件起，国家对证券市场的管理进入了分业管理的时期。实行银行业和证券业分业管理以及国家对证券市场的集中统一管理。在此以前，无论是银行业还是证券业，均由金融业的主管机关中国人民银行管理。

作为金融体制改革的一项重大举措，《中共中央关于建立社会主义市场经济体制若干问题的决定》确定了"银行业与证券业实行分业管理"的原则。这一原则对于加强对证券市场的宏观管理，统一协调有关政策，建立健全证券监管工作制度，保护广大投资者的利益，促进我国证券市场健康发展，具有十分重要的意义。

银行业与证券业分业管理的原则尽管是在1993年底由《中共中央关于建立社会主义市场经济体制若干问题的决定》明确表述出来的，而遵循这一原则制定的改革办法在1992年底即已出台。《关于进一步加强证券市场宏观管理的通知》在机构性质上，细化了国务院办公厅关于国务院决定成立国务院证券委员会和中国证券监督管理委员会的决定，在机构职责上，明确了由证券委和中国证监会全面负责股票发行、上市的审批以及对包括股票市场在内的证券市场的监督管理。这是对证券业实行分业管理和对证券市场实行统一管理的第一步。

国务院证券委是国家对全国证券市场进行统一宏观管理的主管机构，主要职责是：负责组织拟订有关证券市场的法律、法规草案；研究制定有关证券市场的方针政策和规章；制定证券市场发展规划和提出计划建议；指导、协调、监督和检查各地区、各有关部门与证券市场有关的各项工作；归口管理证监会。

中国证监会是国务院证券委的监管执行机构，由具有证券专业知识和实践经验的专家组成，按事业单位管理，主要职责是：根据国务院证券委的授权，拟订有关证券市场管理的规则；对证券经营机构从事证券业务，特别是股票自营业务进行监管；依法对有价证券的发行交易以及对向社会公开发行股票的公司实施监管；对境内企业向境外发行股票实施监管；会同有关部门进行证券统计，研究分析证券市场形势并及时向国务院证券委报告工作，提出建议。

国务院有关部门和地方人民政府关于证券工作的职责分工是：国家计委根据证券委的计划建议进行综合平衡，编制证券计划；中国人民银行负责审批和归口管理证券机构，同时报国务院证券委备案；财政部归口管理注册会计师和会计师事务所，对其

① 《股份制企业组建和试点政策汇编》，企业管理出版社，1992年，第14－15页）

从事与证券业有关的会计师事务所的资格由证监会审定；国家体改委负责拟订股份制试点的法规并组织协调有关试点工作；上海、深圳证券交易所由当地政府归口管理，由中国证监会实施监督，设立新的证券交易所必须由证券委审核，报国务院批准，现有企业的股份制试点，地方企业由省级或计划单列市人民政府授权的部门会同企业主管部门负责审批，中央企业由国家体改委会同企业主管部门负责审批。

商业性证券活动是市场经济行为，其中包括股份制改造后的公司发行、上市股票类和债券类证券的活动，证券经营机构、证券投资咨询机构和其他各种证券专业性服务机构的活动，证券投资基金管理机构组织向社会公众发行证券投资基金股份和为基金股份持有人的利益进行证券投资活动，国家发行的证券进入交易市场，以及在交易市场中的其他各种证券买卖活动以及与这些活动相关的其他从属或者辅助活动。这些都是遵循市场运行规则的证券活动，根据党的十四届三中全会《关于建立社会主义市场经济体制若干问题的决定》中得到确立的证券业与银行业实行分业管理这一管理证券市场的基本原则，应当由国务院证券主管机构实行行业归口集中统一管理。

证券市场具有很大风险性，有的是来自市场行为本身，有的是由于政策、法律、法规不健全或者是监督管理不力引起，有的是宏观管理或者宏观政策不妥当引起的。由于管理的范围和要解决的问题不同，在国务院证券主管机构和国务院其他证券管理部门之间以计划与市场标准来划分管理权限，有利于建立高效的管理体制和分清责任。

集中统一管理的原则，应当贯彻在机构、立法、管理、监督四个方面。这样可以提高市场运作效率。公司发行股票、债券和其他形式的证券，可以只向一个主管机构提出申请，证券在二级市场的流通也由一个主管机构统一管理，这更有利于发挥证券市场在资源配置、筹集资金等方面的作用。监管证券市场统一由一个中央证券主管机构负责，可以提高监管效率，使证券市场出现问题可以得到及时解决，不必经过各部门相互协商的繁琐程序。

五、证券市场监管的主要内容和基本原则

证券市场法制化的任务在于：建立和发展全国统一、高效的证券市场，维护证券市场秩序，保护投资人的合法权益和社会公共利益，促进社会主义市场经济的发展。其核心是防范证券欺诈行为，强调行为人的自我约束。证券欺诈行为可以概括为：股票发行过程中的虚假陈述行为；股票交易过程中的操纵市场行为、内幕交易行为和欺骗客户行为。

我国证券市场的法制化经历了从无到有、从粗到细并逐步完善的过程。虽然也只是刚刚起步，但进展却很快，初步建立起了规范公司行为和证券发行与交易行为的法规框架。在《公司法》颁布实施以前，我国的股份制企业基本上是按照1992年由国家体改委会同国家有关部门制定的《股份制企业试点办法》、《股份有限公司规范意见》、《有限责任公司规范意见》及十几个配套文件进行设计、运作和改造的。这些办法和意见为规范公司行为，推动企业股份制改造，建立现代企业制度等起到了重大作用。

为了尽快规范证券市场特别是股票的发行和交易市场，中国证监会从1992年10月成立起，就把立法工作摆在首位。近一年来，我国先后制定并发布了《股票发行与交易管理暂行条例》、《禁止证券欺诈行为暂行办法》等。《股票发行与交易管理暂行条例》是目前规范我国股票市场的最重要的一部行政法规。它不仅以法律的形式确立了我国证券市场的管理体制，而且也对股票的发行、交易、上市公司的收购、股票的保管、清算、过户、上市公司的信息披露、证券违法行为的调查和处罚都作了详细的规定。经过一段时间的操作，初步改变了证券市场管理政出多门、力量分散、管理薄弱的状况，取得了较好的成效。

《禁止证券欺诈行为暂行办法》对证券发行、交易及相关活动中的内幕交易、操纵市场、欺诈客户、虚假陈述等扰乱证券市场秩序的行为制定了严厉的处罚措施，为有效的保护投资者的合法权益和社会公共利益提供了法律保障。

为了有效制止内部职工持股扩大化及企业内部股份制中的混乱状况，国家体改委于1993年7月份先后发布了《关于清理定向募集股份公司内部职工持股不规范做法的通知》、《定向募集股份公司内部职工持股管理规定》，及时纠正了内部职工持股的不规范作法。

为了防止境内企业一哄而上到境外发行股票和上市，避免国有资产产权受到侵害、保护国家和投资者的利益，加强对境内企业到境外发行股票和上市的统一管理，国务院证券委于1993年4月批转了《关于批转证监会＜关于境内企业到境外公开发行股票和上市存在的问题的报告＞的通知》，重申了凡是企业到境外公开发行股票和上市，均应事先报证券委审批。证监会对获得批准到境外发行股票和上市的企业及其业务活动进行监管。

为了严格上市公司的信息披露制度，明确上市公司在信息披露中的责任，中国证监会发布了《公开发行股票公司信息披露实施细则（试行）》、《招股说明书的内容与格式（试行）》和《年度报告的内容与格式（试行）》等规范性文件。

证券市场中最容易发生的问题，是各种各样的证券欺诈行为。从保护投资人的合法权益和社会公众利益的角度出发，防范证券欺诈行为，是证券市场管理的核心。为了实现这一政策目标，《公司法》和正在制定中的《证券法》都已经确立了公开原则，以达到公平和公正的目的。贯彻执行公开原则，必须实行充分的信息披露。信息披露必须在集中统一的规范和监督下进行，否则就达不到信息披露的目的。强调信息披露，是以市场规则来管理市场的办法。在集中统一管理体制下以信息披露为中心，能够充分体现防范证券欺诈这个核心。

在这方面，尤其要对证券投资基金加以重视。证券投资基金是方便企业融资、利于投资者投资的有益的集体投资方式。这种投资方式的运作特点，是证券投资基金的管理机构将广大投资公众分散的资金集中起来，以追求证券的长期收益为目的，将资金投入效益好的公司的证券中去。证券投资基金的管理机构和投资公众均不参与发行证券的公司的经营管理。这种投资方式的优点，在于证券投资基金的管理机构可以以专有的证券业务优势帮助投资公众控制投资风险；这种投资方式的缺点，在于证券投资基金的管理机构滥用其受托人的地位的可能性。由于涉及千家万户，在这其中的证券欺诈行为的社会恶性也比较大。

六、股份有限公司的法律框架

自1994年7月1日起，《中华人民共和国公司法》（以下简称《公司法》）开始实施。企业法人除可以依据其他法律、法规设立外，还可以依据《公司法》设立，并采取《公司法》规定的有限责任公司或者股份有限公司的法律形式。无论是已经成立的股份制企业，还是新成立的股份制企业，只有符合《公司法》规定的股

份有限公司,才可以发行股票,其他任何形式的企业法人不得发行股票。

《公司法》所称的股份有限公司(以下简称"公司"),由股东、董事和经理组成。股东大会是公司的权力机构。股东大会选举董事会,董事会对股东大会负责,执行股东大会的决议并向股东大会报告工作。董事会聘任经理,经理对董事会负责,组织实施董事会的决议并向董事会报告工作。此外,公司还设监事会,由股东代表和适当比例的公司职工代表,依法履行监督职责。

公司必须制定公司章程。公司章程是确定公司、股东、董事、监事、经理之间相互关系的法律文件,对公司、股东、董事、监事、经理具有《公司法》上的约束力。股东、董事、监事、经理依据法律和公司章程的规定,享有权利,承担义务,履行职责。

公司的资本划分为等额股份。股份的持有人是公司股东。股东按其持有股份的种类和数额享有权利,承担义务。公司发行股份,必须遵循公开、公平、公正的原则,必须作到同股同权,同股同利。根据这些原则,同次发行的股份,每股的发行条件和价格应当相同,任何单位或者个人认购的同次发行的股份,每股支付的价额应当相同。股东通过出席或者委托代理人出席股东会并行使表决权,来实现对公司重大决策的参予。有表决权的股东出席股东大会,所持每一股份有一表决权。

《公司法》将公司大多数权力保留给了股东会。这些权力包括决定公司的经营方针和投资计划,选举和更换董事、监事并决定其报酬事项,审议、批准董事会和监事会的报告,审议批准公司年度财务预、决算方案和利润分配、亏损弥补方案,决定公司增、减资本和发行债券,决定公司的合并、分立、解散,以及修改公司章程。

《公司法》赋予董事会职权包括决定公司的经营计划和投资方案,决定公司内部管理机构的设置和基本管理制度,以及聘任、解聘公司经理、副经理、财务负责人并决定其报酬事项。董事会可以决定由董事会成员担任经理。董事长为公司法定代表人。董事长和经理为同一人时,经理在事实上是公司法定代表人。董事长的职权仅限于主持股东大会和召集、主持董事会,检查董事会决议的实施情况,以及签署公司股票、债券。经理原则上是执行机构,但是董事会的职权由可能通过公司章程和董事会决议的方式授予经理。

公司的组织结构是按照所有权与经营权分离的思想设计的。股东是公司的所有人,股东大会是公司的决策机构;董事、经理是公司的管理人,董事会加经理是公司的经营管理机构。所有人将财产委托给管理人经管,董事和经理作为管理人,对公司从而对全体股东负有诚信和勤勉的义务,不得从事与本公司有竞争或损害本公司利益的活动。

七、股票发行、上市的条件和审批程序

公司发行股份有两种情况,即设立发行和增资发行。设立发行是指设立公司时发行股份;增资发行是指公司设立后发行新股。股份有限公司必须要有注册资本,最低限额为人民币1000万元。注册资本是在公司登记机关登记的实收股本。在《规范意见》中,实收股本总额是指股票的票面金额与股份总数的乘积。在《公司法》中没有同样的说明。由于股票发行价格可以按票面金额,也可以超过票面金额,但是不得低于票面金额。按照《规范意见》的定义,公司设立时至少要发行票面总额人民币1000万元的股票。如果把实收股本总额理解为发行股份实际募集到的资金总额,股票必须要有票面金额的规定,就没有多大的实际意义了。

设立发行又有两种情况,即发起设立发行股份和募集设立发行股份。发行设立发行的股份,由发起人全部认购;募集设立发行股份,由发起人认购法定最低限额,其余部分向社会公开募集。《公司法》没有给"向社会公开募集"下定义,但是仅从文字表述上来看,向发起人以外的人募集股份,即可以理解为向社会公开募集。无论公司设立发行股份还是增资发行股份,凡是属于向社会公开募集的,必须经国务院证券管理部门批准。根据《股票发行与交易管理暂行条例》(以下简称《股票条例》)的规定,公司向社会公开募集股票,必须经中国证监会批准。

公司股东转让其股份,必须在依法设立的证券交易场所进行。股票在允许进行股票交易的证券交易场所进行流通转让,称为股票上市。公司发行的股票在实践中分为上市股票和不上市股票。向社会公开发行的股票,一般都是上市股票。股票发行后,有的立即上市,有的隔一段时间再上市。经国务院证券主管机构批准,向社会公开发行的股票方可上市。

股票上市除必须经中国证监会批准,还必须符合法律规定的条件。股票上市的法定条件包括《公司法》规定的条件和国务院规定的其他条件。《公司法》规定的条件有:公司股票经批准已向社会公开发行;公司股本总额不少于人民币5000万元;公司开业时间在三年以上,最近三年连续盈利;公司股票具有法定的流动性;公司在最近三年内无重大违法行为,财务会计报告无虚假记载。国务院规定的其他条件有:公司的生产经营必须符合国家的产业政策;公司必须获得国家下达和地方政府或者主管部门分配的年度股票发行额度;公司必须聘请专业性中介机构出具专业报告,如会计师事务所对其财务报表进行审计并出具审计报告,资产评估机构对其资产进行评估并出具评估报告,律师事务所对法律问题进行审查并出具法律意见书等;公司必须满足证券交易所的上市要求;公司必须按照《股票条例》的要求作到充分披露信息。

审计报告、评估报告和法律意见书是公开发行股票所必备的三个基本的专业性文件。法律意见书作为股票发行、上市的法定条件之一,在《股票条例》第丨二条第一款( )项的文字中是这样规定:"申请公开发行股票,按照下列程序办理:申请人聘请……律师事务所……就有关事项出具法律意见书后,……提出公开发行股票的申请"。《股票条例》第十三条第一款(九)项进一步明确规定:"申请公开发行股票,应当……报送下列文件:(九)经二名以上律师及其所在事务所就有关事项签字、盖章的法律意见书"。这也就是说,没有律师事务所出具的法律意见书的支持,申请人也是无法提出公开发行股票的申请的。

八、律师在股票发行上市中的作用与责任

公司申请发行股票和上市,聘请律师就与发行、上市有关的事项出具的法律意见书,是公开发行股票所必备的法定文件之一。将法律意见书作为公开发行股票的必备文件写入《股票条例》,立法意图是为了对股份制企业规范化多把一道关,对社会公众的利益多提供一层保护。

由于法律意见书是公开发行股票所必备的法定文件之一,因此,在律师和企业之间的关系上,一般地说律师是处于主动的地位,企业是处于被动的地位,因为没有法律意见书,申请人就无法提出申请。但是从商业的角度来看和就单个律师事务所而

言,律师又是处于被动的地位,而企业反过来处于主动的地位,因为如果企业不聘请,律师就得不到业务。

由此可见,受企业聘请就有关事项出具法律意见书,律师是处于一种矛盾地位。一方面,法律要求律师出具法律意见书,首先是为了维护社会公众的整体利益,其次还有保护企业的局部利益的效果;另一方面,企业出钱聘请律师,形式上是为了满足法律的要求,但是实质上或者更重要的是要保护企业的局部利益。

为了能够出具法律意见书,律师就必须参与股票发行、上市的准备工作,至于参与到什么程度,则取决于法律和证券监管机关对法律意见书所涉及的范围和内容要求到什么程度。

律师参与股票发行、上市筹划乃至前期的股份制改造工作,目的是要保证股票发行、上市的合法性。

律师在参与股票发行、上市准备工作中,至少要帮助发行人弄清五个基本问题:(1)实质性条件已经得到满足;(2)程序性条件已经得到满足;(3)重大法律障碍已经得到排除;(4)有关信息已经得到充分披露;(5)招股说明材料中没有虚假、严重误导性陈述。

在我国证券市场目前的成熟程度下,律师受聘担任发行人发行、上市股票的法律顾问后,开展工作通常经过三个阶段:沟通阶段;查验阶段;总结阶段。

(一)沟通是指律师对发行人进行教育,使发行人充分认识到发行股票的严肃性和可能招致的法律后果及相应的法律责任,从而建立发行人对律师在股票发行、上市过程中起主导作用的信念。同时律师还要使发行人明了,为保证股票发行、上市的合法性,律师需要作那些工作 ,了解那些事实,查阅那些文件,核实那些材料,获得那些证据,等等。为了沟通,律师通常向发行人提交一份详尽的调查问卷,列明律师需要了解的一切情况和要求发行人提供的各种便利。

(二)查验是指律师在发行人的合作下,根据其调查问卷中的工作提纲,了解事实,查阅文件,核实材料,收集证据,询问情况 ,疏通关节,排除障碍,提出问题,并在此基础上写出并提交给发行人一份工作报告。一切有关股票发行、上市的事实和法律问题都应当写入工作报告。工作报告要说明律师的工作过程并详细列举每一项法律意见的事实及法律依据。律师要在工作报告中讨论已经解决的问题、正在解决的问题、有待解决的问题和难以解决的问题。工作报告要能够描绘一幅发行人的完整的图画,使发行人通过阅读工作报告,对其自身的法律状态有清楚的了解。律师在工作报告中要提出建议,告诉发行人还需要作那些努力才能做到合法地发行、上市股票。工作报告是律师和发行人之间进一步的沟通。律师应当根据事情的发展、变化,不断补充和修改工作报告。发行、上市筹备工作进入尾声,工作报告也可完稿。

(三)总结是指律师在查验的基础上提出结论性的意见。经过大量的查验工作,律师已经在工作报告中积累了其出具法律意见书所需的各种依据。以工作报告为基础,律师无需进一步阐述事实、过程和开列材料来源,即可在法律意见书中直接确认有关问题的合法性。工作报告是法律意见书的基础、补充和后备。鉴于在实际操作中,法律意见书目前是作为招股说明书的附件,因此,其篇幅宜短不宜长。结论性的内容写入法律意见书,其他内容均写入工作报告。此外,基于对法律的认识不同,以及律师业务水平的差异,律师可能会在法律意见书中提出 错误的见解。在这种情况下,律师也许需要通过援引工作报告来表明自己已经做到了勤勉尽责。

律师每次出具法律意见书,为的是确认该发行、上市的合法性。律师不能确认某次发行上市的合法性,可以出具该次发行、上市不合法的意见书。律师出具法律意见书不应使用“基本符合条件”一类的措词。如果不能作总括确认,可以逐项确认,对不符合条件的事项作出保留说明。律师可以要求发行人向其就某些事宜作出保证。但是,不论有无发行人的保证,律师仍受勤勉尽责义务和不得作虚假陈述责任的约束。

为了维护法律意见书的严肃性和减少律师被动地做虚假陈述的机会,律师可在股票发行、上市筹备过程中,以工作报告的形式向发行人提供法律意见,并且不断补充、修改工作报告。但是要等到全部工作都结束后,审批材料正式上报时,方可出具法律意见书。

(中国证监会法律部　供稿)

二、证券发行市场

1993年中国的股票发行市场

随着我国经济体制改革的不断深入和社会主义市场体系的逐步完善，我国的股票市场在1993年内获得了较大的发展。其主要标志为股票发行的试点面从上海、深圳两市已经推广至全国各个省、自治区和计划单列市；安全、平稳地完成全年近50亿元社会公众股的发行；比较充分地体现了“公开、公平、公正”的股票市场原则；基本上杜绝了利用关系和权力购股的腐败现象，较好地维护了社会安定。因而，1993年的股票发行市场是由不规范走向规范、由“局部少量”迈向“全面大量”的转折，也被各界称之为“股票发行年”。

1993年，全国股票市场取得巨大成绩的基础，一是国家公布了关于公开发行股票的一系列法规和政策，逐步扭转了股票发行市场的不正常状况，开始步入法制化和正常化管理的轨道；二是国家证券委、中国证监会对股票发行采取严格的发行审核办法，各地上报效益好、质量优的企业保证了上市公司的质量；三是地方政府高度重视，直接领导和精心组织股票发行工作；四是精心制定了发行实施方案，对发行股票的各个环节，各个方面的问题作预案处理，发行准备工作深入、细致和充分；五是加强安全保卫和宣传工作等。

一、股票发行市场的现状及监管工作

(一)股票发行市场的监督管理架构。自深圳爆发“8.10”事件后，为了统一全国证券市场的管理，国务院决定成立国务院证券委员会和其执行机构——中国证券监督管理委员会，取代中国人民银行，担负起对全国证券市场监管的职责，成为全国证券市场的主管机关。证券市场监管体系得以初步理顺。同时国务院明确由地方政府负责划分本地区股票发行指标和挑选股票发行企业，初审企业申请股票发行的材料；证券交易所负责企业股票上市前的审核。地方政府、证监会、交易所分工负责，各司其职，共同承担对股票发行市场的管理工作。证券承销商、会计师事务所、律师事务所和资产评估事务所等中介机构参与企业的股份制改造，股票发行的策划、咨询、服务等工作，并对企业申报发行股票的工作进行监督。这种比较规范的监管体系运作一年来，取得了很大的成绩。

(二)股票发行企业的选择。为了提高股票发行企业的质量，防止股票发行一哄而起，确保股票市场的健康发展，国务院决定暂时对股票的发行采取发行额度和企业数量的双重控制方法。即一个地区的股票发行不仅不得突破该地区股票发行总量的限界，同时也不得突破该地区企业个数的限制。1993年，全国股票发行指标为50亿元社会公众股，由国务院证券委和国家计委根据各地区经济发展程度和股份制改造的基础分配股票发行的额度指标和企业数量指标。在这些指标范围内，由各地证券主管部门选择当地企业从事股票发行的准备工作。企业的选择主要根据《股票发行与交易管理暂行条例》来进行，其标准主要为：一是股份有限公司；二是符合国家产业政策的企业；三是经济效益较好、没有重大违法行为的企业；四是公司的股权设置及社会公众股必须达到规定的要求。各省、自治区、直辖市和计划单列市政府根据上述要求组织选择股票发行企业。一般地，各地均组织了股份制领导小组，要经过多次选择、集体研究才能确定最后申请发行的企业。获取申请股票发行额度的企业按照规定聘请证券中介机构从事申请文件的制作。制作完毕的申报材料要报经省级证券管理部门进行审核，经审核同意后的材料才可报送证监会进行复审。

(三)股票发行企业申请材料的审核。为了保证股票发行工作的顺利进行，提高上市公司的质量，中国证监会重点对企业的申报材料进行严格审核，严格把关。

1.为了配合股票的发行审查，根据证券委的授权，证监会发布了一系列证券市场的法规或制度。与股票发行有关的规定主要有《股票发行与交易管理暂行条例》、《关于企业公开发行股票报送材料的标准格式》、《公开发行股票公司信息披露细则》、《股票发行审核程序与规则》、《股票发审工作细则》等。一系列法规文件的颁布，不仅使企业在股票发行申请活动中有法可依，有章可循，也使证监会在复审企业申报材料时照章办事，有力地保证股票发行活动的公开、公平和公正。

2.经过实践中摸索，初步形成了“三大三小”的审核程序。“三大”是指企业申请发行股票的材料首先应经地方政府依照有关规定进行审核批准；其次经审核同意后，上报中国证监会，由证监会依法进行复审并通过；最后，复审通过的企业在发行股票后，申请去企业选定的交易所上市。上市前，还须由交易所上市委员会依据上市标准进行审查。“三小”则指在证监会内部的复审工作中，首先由预审人员对申报材料进行审核，反馈审查意

见;其次对企业依据审查意见补充的材料和预审人员所作的初审报告进行审核,最后由股票发行审核委员会开会审查。审查同意后,发给企业复审意见书。由证券承销商组织该企业的股票发行。

3. 为了保证预审工作人员以统一的标准和原则审核发行申请企业的材料,避免出现审核尺度"因人而异"的现象,证监会根据股票发行审核工作的特殊性,制定以下原则:

第一、公开性原则。证监会对企业申报材料的审核,不进行实质性审核,只是对企业申报材料的充分性进行审查,要求企业就与股票发行有关的所有事项均需向投资者披露。特别是对涉及企业发展的财务、法律等有关问题作为披露的重点。

第二、自愿性原则。企业选择发行股票完全是企业自身的行为,需要企业自行申请,不存在任何强制性手段。企业申请发行股票需要发起人或股东大会一致通过并形成决议。

第三、平等性原则。这一原则体现在企业内部是股份权利平等,享有分红、清偿等权利。证监会在审查企业材料时,不仅要保证国家股、法人股的权利与个人股的权利平等,还体现在证监会对申报企业一视同仁,不搞区别对待。获取发行额度后的企业,只要其申报材料符合规定要求,都可以通过复审。

第四、规范化原则。企业申请股票的发行涉及企业组织制度的改变,是一项重大的改革措施,一切活动均需依照法规进行规范化操作。申报材料由证监会颁布规范格式进行制作,并制定有关企业申报材料审核的具体细则。预审人员据此进行审查。

第五、不与企业直接接触原则。承销商在企业申请股票发行过程中,应当承担文件的制作、咨询和中介机构的组织协调任务。证监会为了减轻企业的负担,锻炼和发展证券承销机构、防止出现腐败行为,要求审核人员尽量不与企业进行直接接触,关于审核中的问题,通过证券商或地方政府来解决。但由于部分企业发股心切,同时,部分证券承销商质量有待提高。在不能顺利地解决发审中出现的问题时,企业愿意与承销商一起从事股票发行的有关工作,从而出现有些企业在北京常驻的现象。这是证监会所不愿意看到的。

第六、集体决策的原则。为了保证股票复审的公平、公正、公开性,证监会组织 20 名专家、学者及部分证监会成员组成的复审委员会。该委员会分二组工作,随机对复审企业的申报材料进行审核,审核的结果以无记名投票的方式进行,以少数服从多数的原则决定。

在完善这些大量基础工作的同时,证监会于 1993 年 5 月开始正式受理企业发行股票的申请。至 1993 年 12 月 31 日,证监会共正式受理 179 家企业申请公开发行或上市股票的材料。其中,新发行或增资发行企业 135 家,127 家企业的材料已通过了证监会的复审,所占规模 45.79 亿元。除新发行股票的企业之外,还有一部分历史遗留问题的企业和违规发行需占用 1993 年发行规模的企业 44 家。因此,1993 年的股票发行审核任务相当重。

(四)对股票发行工作的监管。在《股票发行与交易管理暂行条例》所规定的申报材料之外,经复审通过后,企业在股票发行前,还必须由地方政府或承销商向证监会提交股票发行的方案。经证监会备案同意后,才允许正式发行股票。在 1993 年中,证监会主要从保证社会安定出发,对股票发行的方式、时间、费用、组织领导、安全、保卫及宣传等各环节进行严格的把关。首先,要求所有企业的股票发行必须取得当地政府的领导和支持,要求省、计划单列市一级的主要领导亲自指挥股票发行工作,起组织协调作用;其次,要求各地主要采取无限量发售认购表方式或与储蓄存款挂钩等方式认购股票;第三,要求各地在股票发行中本着"公开、公平、公正、经济、安全"的原则,严格控制股票发行的费用,证监会从保护投资者的权益,维护二级市场的发展出发,从严从紧控制;第四,要求地方政府派出安全保卫人员,维护各发行点的秩序,防止出现社会问题;最后,要求各地对发行采取"一枝笔"审批发布有关股票的发行情况。这些规定有力地保证了股票发行工作的正常进行,促进了股票市场的发展。

同时,证监会还对股票发行过程中的不公正行为进行严肃地查处。对机构入市,公款购股和承销商认购所承销企业的股票等活动,一经举报,就组织有关方面的人员进行调查和处理。股票发行市场的一系列监管措施使得我国的一级市场日趋规范。

二、股票发行市场的发展

1993 年股票发行市场的特点有别于以往,形成了新的突破。

(一)股票公开发行试点由上海、深圳两市扩展至全国。由于股份制改革尚处于试点阶段,以前只限于上海、深圳两地从事股票公开发行并上市的试点,其他地区一律不允许公开发行股票。1993 年,国家对公开发行股票采取发行指标额度控制后,允许全国其他省、自治区、直辖市、计划单列市在额度范围内选择企业公开发行股票并到交易所上市。这样,股票公开发行和上市的试点面实际上已经全面推广,形成全国范围内的股份制改革的局面。

(二)初步突破了发行难关。由于股票发行与需求相差较大,难以满足投资者的要求。因此,股票发行时的排队和拥挤等现象比较严重。为了避免发行股票引起其他社会问题,证券主管机关参照国外的规范做法,结合我国的具体情况,推荐 1993 年的股票发行采取无限量发售认购表的方式结合其他如与储蓄存款挂钩购买股票的方式进行。1993 年大量的企业采取了发售认购表的方式发售了股票,少量企业运用与存储挂钩的方式发售股票。实践证明,这几种方式能够较好地解决股票供求关系而引起的社会问题,保证了股票发行的稳定进行,推动了股票市场的向前发展。

(三)基本抑制了发行内部职工股的不规范做法。《股票发行与交易管理暂行条例》规定了企业内部职工股的比例,使得所有定向募集公司申请成为公开募集公司时,必须考虑内部职工股数量。同时,全国范围内公开发行股票吸收了大量的社会闲散资金,使得投资者对内部股票兴趣减小,逐步将股票市场纳入健康的轨道。

(四)成功地发行了 H 股。为了开辟吸引外资的新渠道,满足境外投资者对中国股票的投资热情。1993 年,首批选择了 9 家大型国营企业到海外上市。目前为止已有青岛啤酒等 6 家企业顺利完成发行与上市工作,并获得了成功。这 6 家企业共发行 H 股 40.8 亿股,筹集外汇资金 84.9 亿港币;发行国内 A 股 19.36 亿股,筹集资金 73.15 亿元。在海外发行股票并上市,使海外投资者进一步了解中国的经济发展状况,加速了国营大型企业经营机制的转换,增强了企业在国际市场的知名度和竞争力,也同时带动了国内经济的迅猛发展。

(五)B 股市场扩大,仍受欢迎。在受人民币汇率影响,B 股一度低落后,随着国内经济的持续发展,B 股又再度被海外投资者看好。B股发行认购热烈，市场价格逐步回升。有部分企业的B股价格甚至与A股持平或高出，交易量增加。

三、1993年股票发行市场的主要特征

1993年股票发行市场的主要特征表现为以下方面：

(一)股票发行试点由局部推广至全国。在股票市场的发展初期，为了摸索股票市场对社会主义经济建设的作用和我国股票市场的发展规律，股票发行工作作为试点仅限于上海、深圳两市进行，其它地区暂不进行试点。但随着经济体制改革的不断深入和上海、深圳两个市场的不断发展和壮大，各地要求股份制改造、公开发行股票呼声日趋强烈。在邓小平同志“南巡”讲话精神的指引下，至1993年，公开发行股票的试点不再局限于“二市”而扩展至全国各省、自治区和计划单列城市，形成全国范围的股份制改革的格局。

(二)股票发行额度指标控制。前几年，由于人们购买股票的热情还不很高，上海、深圳两市的企业发行股票并没有采取规模限制的措施。但目前阶段，由于人们对股票的投资热情甚殷，在股份有限公司的行为还没有受到严格的监管和部分市场利益的推动和筹资压力下，一些企业不顾条件争取早发多发股票，导致了股票筹资的冲动。为了抑制企业发行股票的急剧扩大，提高上市公司质量，1993年，股票市场上一个突出的手段则是国家证券主管机关采取股票发行指标和公开发行股票公司数量双重控制的办法，要求各地股票发行不得突破企业数量和股票发行的规模，限制股票和上市公司的过度膨胀。

(三)股票发行申请材料集中审核。在股票市场发展初期，我国的股票市场实际上是上海、深圳两个分散的市场。上海、深圳当地的证券管理部门制定各自的管理规章和发行上市标准，自行管理。自1993年5月国务院颁布《股票发行与交易管理暂行条例》之后，第一次初步统一了股票发行与交易市场的管理规则，根据规定，1993年申请公开发行股票的企业除上海、深圳两市继续由当地证券管理部门按国家统一的法律审批报证监会备案外，其余各地申请发行股票的公司的材料统一经地方政府审核后，报证监会复审，经证监会复审同意后的企业才准许公开发行股票。基本上形成全国集中统一管理股票发行的格局。

(四)选择基本符合市场发展的股票发行方式。1993年的股票发行，在吸取了以往历年股票发行的经验教训的基础上，为满足广大投资者的投资要求，改有限量发行为无限量发行。主要选择了无限量发售股票认购表的方式认购股票，同时，部分地区采取了与储蓄存款挂钩的发行方式。这二种方式最突出的特点是保护了投资者认购股票的权利，缓解了在短时期内股票供需的差异，有力地防止了因股票发行而导致的社会不安定问题。1993年，全国二十多个省相继发行股票，除极个别省份因在股票发行组织过程中存在问题引起股民小的骚动外，绝大部分地区均平稳、安全地完成了发行的任务，保证了股票发行工作的顺利进行。

(五)严格执行国家的产业政策。今年股票发行企业的选择和审查严格遵照国家的产业政策，鼓励和支持基础产业特别是能源、交通、原材料行业的发展，限制商业、房地产业企业的发行和上市。在目前已审批通过新发行股票企业中，工业企业占78%，其中：电力、汽车、机械等企业就占48%；商业、房屋建设及城市开发企业占16%，其他类企业为6%。

四、股票发行市场存在的问题

(一)股票发行方式欠完善。一年来的实践表明，无限量发行认购表的方式存在较多的弊病。第一、认购表的数量因事先无法预计而从多从大量准备，印制成本较高。同时，需要由政府部门调派大量的治安力量维持发行秩序。第二、中签率的高低无规律可循。中签率高低直接影响到股票认购成本。认购成本过高，抵消了一、二级市场的价差，不仅使投资一级市场的股民承受蚀本的风险，也危及了二级市场的正常发展。与储蓄存款挂钩的方式存款期过长，冻结资金较多，直接从股票二级市场“抽血”，影响了二级市场的发展。同时，与储蓄存款挂钩的方式也存在费用过大的问题，未能有效地降低股票的认购成本。

(二)地方政府压力大。由于限量发售认购表的方式，需要当地政府的支持和协调。在发行工作中，需要当地政府组织发行领导小组承担发行的组织工作，使得政府有关部门在股票发行中承担了较多的责任，政治行为与经济行为合二为一。既不利于证券市场承销商业务能力的提高，更难以使政府部门超脱股票市场，负面影响较大。

(三)在股票发行市场中，证券中介机构没有充分发挥作用。证券中介机构理应成为企业申请发行股票的“经济警察”。但目前这些中介机构处于激烈的竞争状态，中立公正性不够。对发行企业的服务、监督作用没有很好发挥，一些证券商责任心不强，行为不正，业务素质不高，甚至存在着个别证券商与大户联手操纵市场的现象。部分会计师事务所未能对企业的财务状况进行认真审核，未能对上市公司的财务质量严格把关。

(四)股票发行审查环节较多。股票发行的材料要经过地方政府、证监会和证券交易所的审查。地方政府和证券交易所的审查依据和审核标准与证监会大同小异。企业在发行申请中需要面对多部门的管理，难以适从。

(五)发行市场还存在一些不规范行为。如承销商购买认购表，机构入市，用公款购买认购表；承销活动中购买大量设备、加重认购成本等。

(中国证监会发行部　供稿)

无限量发售认购申请表方式

——广东佛山电器照明股份有限公司

广东佛山电器照明股份有限公司向社会公开发行股票1930万股,每股面值人民币1元,每股发行价格为人民币10.23元。采用无限量发行认购申请表的发行方式发行股票。所谓无限量发售认购申请表方式,是指在一定期限内,股票承销商以成本价无限量发售认购申请表后,根据申请表认购数量与拟发行股票数量的多少确定中签比例,再通过公开摇号抽签方式确定中签者,中签者按规定要求办理缴纳股款手续的方式。发行地区为佛山市、广州、中山、肇庆、南海、三水、高明等市县,发行对象为持有中华人民共和国居民身份证的自然人。

此次股票发行工作由佛山国际信托投资公司承担,自1993年10月8日至11月5日结束,期间经过认购申请表发售、摇号公证、股权登记三个阶段,共售表13,687,114万张,筹集资金19743.9万元,中签率2.8201%,平均每股认购成本11.65元。

一、发行工作的经验和体会

(一)各级领导高度重视,指挥得力,有关部门通力合作是此次发行成功的根本保证。采用无限量发放申请表的方式,涉及面广,政策性强,环节多,对整个社会产生重大的影响。佛山市政府各部门和各金融单位的主要领导组成股票发行领导小组,各部门紧密协助,从而使发行工作得以安全、规范、顺利进行。

(二)精心设计发行方案。发行方案的制定,本着从实际情况出发,以证券法规为依据,全面规划的原则,是搞好股票发行的前提。

(三)发行方法充分体现"三公"原则。

(四)进行规范的业务培训。

(五)制定、落实应急措施。主要有:防止突发事件的发生和制订发售结束时的应急方案等措施,以确保发售工作的顺利结束。

(六)严明发行纪律。如制定严格的纪律、加强纪律监督、采取严格的保密措施等。

二、发行中一些需要探讨和解决的问题

(一)牵扯政府部门的精力过多。这次公开发行投入的人员多,各级领导机关也投入很大精力,动员了各方面的力量,费用较多,如果继续采取这种发行方式,势必过多牵扯各级领导的时间和精力。

(二)成本高,风险大。无限量发售申请表,一方面投资者面临购股成本过高的风险,存在引发社会问题的隐患;另一方面,如认购不踊跃,证券商又将面临巨额亏损的风险。这次共印刷5000万张申请表,仅售出13687114张,占印制总数的27.37%。

(三)研究新的发行方法。建议在实践的基础上,总结新股发行经验,研究解决新问题,使新股的发行方法更完善,更符合实际。

全额定期存单方式

——济南轻骑摩托车股份有限公司

济南轻骑摩托车股份有限公司向社会公开发行股票5500万股(其中向内部职工募集550万股),每股面值1元,每股发行价6.68元。此次股票发行采取与储蓄存款挂钩的全额存单发行方式,是指在一定期限内无限量发售专项定期定额存单,然后,根据存单发售数量、批准发行股票数量及每张中签存单可认购股份数量的多少确定中签率,通过公开摇号抽签方式确定中签者,中签者按规定要求办理缴纳股款手续。存单面额为该次发行股票X股(X为中签后每张存单可认购的股数)的全部认股款,

若存单中签,投资者可持该存单和其它证件到指定的网点换股,不用另缴股款;若存单未中签,则从存入之日起,按银行同期存款利率计息,期满后方可支取。在全额定期存款方式下,每张存单收取一定量工本费,以后不再收取其它费用。每份存单面额固定为3340元(为本次发行轻骑股票500股的发行价格),存期六个月,每份存单收取20元工本手续费。发售地区为济南市,发售对象为持有中华人民共和国居民身份证的自然人。中签后,每股手续费0.3元。

组织此次股票发行工作的主承销商为上海万国证券公司。发行工作从1993年10月20日至10月24日,前后经过5天时间全部结束。共发行65872份(每份500股,面额3340元),存款22001.2万元,占应向社会发行总量的66.54%,余33128份全部由承销商包销。

一、这次发行的主要做法和特点

(一)领导重视,组织落实。首先成立股票发行工作领导小组,并组成股票发行、安全保卫、纪律监督检查、新闻宣传报导和财务监督等6个工作小组,按照分工合作的原则具体搞好组织发行工作;其次制订股票发行工作总体方案,保证发行工作的顺利进行。

(二)严密组织,科学发行。在发行工作中着重抓好几个环节:一是搞好发行方案的制订工作。二是搞好存款点的审定工作。从全市359个银行及信用社存款网点中筛选出了240个网点作为双定特种储蓄存款点,约占全市网点的69%。三是搞好代办人员的组织和培训工作。

(三)密切配合,协同作战。地方政府牵头,承销商与地方银行、体改部门及监察机关互相配合,使发行工作顺利进行。

(四)搞好宣传,正确引导。因股票发行涉及面较广,舆论宣传方面稍有不慎就会损害有关人员和部门的利益,引发其他问题。

二、需要研究的几个问题和建议

一是股票发售余额如何处理问题。二是未中签存单存款期限问题。

非全额定期存单方式

——成都人民商场股份有限公司

成都人民商场股份有限公司1993年度社会公众股的发行总额为2150万元人民币,计2150万股。其中215万股面向公司内部职工发行,1935万股面向社会公众发行。本次股票采取溢价发行,每股溢价为人民币4.10元,采用与储蓄存款挂钩的非全额存单发行方式发行。所谓非全额定期存单方式,是指在一定期限内无限量发售专项定期定额存单,然后根据存单发售数量、批准发行股票数量及每张中签存单可认购股份数量的多少确定中签率,通过公开摇号抽签方式确定中签者,中签者按规定要求办理缴纳股款手续。投资者欲购股票必先准备两笔资金,一笔用于存款,换取专项存单(该存单面额与股款额无关),该存款从存入之日起计息,到期方可支取;另一笔用于中签后认缴股款。非全额存款方式下,存单不收费,中签后每股收取一定数额发行费。存单每张面额为500元人民币,存期为半年,存款月利率为7.5‰。专项存单的顺序编号即为抽签摇号所用号码。中签后,每股交纳手续费0.80元。

成都人民商场股份有限公司的股票公开发行自1993年12月18日开始,先后经过预约缴款、换领存单、摇号公证、股东开户、缴纳股款和股东登记等阶段,于12月28日圆满结束,历时11天。共办理专项定期定额存单919,759张,吸收存款4.6亿元,参与专项存款的约为6万人次。共计有38700张专项存单中签。中签率为4.2076%。

组织本次股票发行工作的主承销商为上海申银证券公司,分承销商为中国工商银行四川省信托投资公司和成都市证券公司。发行范围为成都市,凡持有中华人民共和国身份证的城乡居民均可认购。此次股票发行在全市五城区内设置207个网点,这些网点为:主承销商、分承销商证券经营机构的营业网点;银行机构储蓄网点。每个网点内设若干发售组,每组不少于3人,同时配备10名以上的安全保卫人员。此外,在市股票发行领导小组的领导下,建立两级监督检查领导小组和监察网络,实行分组负责的原则,以确保发行工作的顺利进行。

此次股票发行工作的圆满成功,主要表现在以下几个方面:

(一)提高认识、统一思想。新股发行不仅仅是一项技术性强的业务工作,也是一项十分重要的政治任务和群众工作,政策性强,涉及面广,也较敏感。因此,此次新股发行得到了地方各级领导的高度重视,做到统一领导、周密计划、精心组织、严格管理、规范操作、严肃纪律、万无一失。各级领导和各有关部门始终从政治和社会稳定的角度提高对这项工作的认识,引起足够的重视,确保发行工作顺利进行。

(二)组织工作严密,方案设计配套完整。参加发行领导小组的各成员都有明确的职责分工,对发行工作的日程安排、组织保证,有关纪律、新闻舆论、应急措施等都作了详细的设计,形成了"一个中心"、"三大系统"和"宣传报道一支笔"。

(三)严格规范办事,创立公平环境。这次成都人民商场股票发行工作主要是由上海申银证券公司和成都城区的金融机构、证券机构承担。为使上述各承销机构在发行过程中能做到工作协调，配合默契，符合股票发行的严格工作程序，事先制定了一系列的工作细则：包括《股票发行网点的组建细则》、《股票发行业务操作程序》、《股东缴款及登记开户工作细则》、《专项定期定额存单印制细则》、《股票发行安全保卫实施细则》等，使各机构工作有章可循。与此同时，通过报刊向社会公众公布了《发行认购须知》、《专项定期定额存单存款办法》、《发行有关事项的解答》等，使每个投资者都明了办理的方法和程序。政府不直接出面干预具体业务工作，而是积极审订规章，创造公平环境。使管理者、发售者、投资者都做到心中有数，行为有章可循。

(四)严格费用管理，减轻投资者的负担。发行工作领导小组作出了财务开支"一支笔"和财务审计的决定。控制费用开支，发行工作中添置的必要设备，在工作结束后归发行公司所有。经过全体工作人员的努力和严格执行财务制度，发行费用基本做到收支平衡，节余 4 万元已上交财政部门。

需要进一步探讨的几个问题和建议：一是股票发行方案的制定一定要切合实际情况；二是凡新股发行地区应结合本地实际情况建立一整套发行基本规则；三是监察部门参与此项工作是非常必要的；四是保证股票发行过程中使用的各种凭证、票据的印制质量；五是以专项存单方式发行股票，尽量体现"三公"原则，便于政府调控，保证社会秩序的相对稳定。但在实践中，政府及有关部门花费的精力太多，发行程序、相关环节、操作过程对发行者、投资者和组织者来讲，仍感到十分繁琐。如果一个环节出了差错，将会引起连锁反应，造成社会问题；六是要进一步规范发行主体各方面的行为。

三、证券交易市场

1993年中国证券交易市场综述

随着改革开放的深入，近几年，我国证券市场得到迅速发展，特别是1993年，我国企业股份制改造和股票公开发行试点已扩展到全国，取得的成绩是有目共睹的。这里仅就交易市场的情况做一回顾。

一、交易市场组织体系已初步形成

目前，我国交易市场初步形成集中交易和分散交易相结合的格局。集中的交易场所包括"两所"、"两网"、"交易中心"；分散的交易市场是指全国各地的证券营业网点，包括证券公司、信托投资公司证券业务部的网点及银行、信用社的证券代办点。

集中的交易市场中，"两所"即：上海证券交易所和深圳证券交易所，在这里上市的券种包括向社会公开发行的股票、基金、债券及其它具有股票性质、功能的证券。"两网"即：全国证券交易自动报价系统(STAQ)和中国证券自动交易系统(NET)，在"两网"中同时进行国库券交易和法人股的流通转让试点。另外，部分省市设立了证券交易中心，主要进行国库券和投资基金券的交易，到1993年底，福建证券交易中心和广州南方证券交易中心已与上海证券交易所联网，其它交易中心中有相当部分也正在考虑联网工作。

分散的市场主要办理各类债券的交易。

二、交易市场的规模进一步扩大

截止到1993年底，深、沪两证券交易所总成交金额为3802.174亿元，上市公司总数已达到183家(其中深圳77家，上海106家)，上市总股本为328.12亿元，市价总值为4000亿元。

(一)深圳证券交易所。1993年初深交所上市公司仅为24家，其中异地5家，到年底已发展到77家，其中异地48家；上市券种年初为A股24只，B股9只，年底为A股76只，B股19只，企业债券8只，可转换债券1只，还有各上市公司短期认购权证；上市总股本从年初的26.6亿元增至121.5亿元；市价总值从年初的481.77亿元增加到年底的1800亿元；会员总数年初为127家，其中进场的为36家，年底为427家；总成交金额近1300亿元，其中A股为1260.87亿元。

(二)上海证券交易所。1993年年初上市公司为29家(异地2家)，发展到年末，已达104家(异地36家)；上市的券种年初为78种(其中38种股票中A股29只)，1993年底为179种(其中股票122只，A股为100只；国债21只；其它债35只；基金1只)；上市总股本从年初的47.28亿元(A股38.89亿元，B股8.39亿元)发展到1993年底的206.62亿元(A股188.67亿元，B股为17.95亿元)；市价总值为1992年底558.40亿元(A股520.5亿元)，1993年底为2200亿元(A股为2067.65亿元)；会员总数从年初的171家增至481家；总成交金额达2479.41亿元，比1992年增长6.65倍，其中股票成交额达2380.36亿元，比1992年增长了8.63倍。

从以上的数据中可以看出，1993年我国证券交易市场发展得很快，已由小型市场发展成具有一定规模的市场。

三、1993年股价指数总体上看呈现向下走势，但有几次反弹

1993年，我国的股价走势从总体上看是向下滑落，其间几经反复，终没能走出疲软。尽管如此，发展仍然是其主流。

1993年元月4日和3日，上海股市和深圳股市分别以785点和250点开盘，自1992年11月股市反转向上，至新的1993年的2月中旬，股价一直上升，到2月22日和2月15日，深沪两地股价指数分别以356点和1558.95点的收盘价创下全年的最高点。这一段上升的行情，主要是因为投资者对上市公司业绩期望较高以及大量异地资金的涌入起了推动作用。经过一段时间的暴炒和飚升以后，股市进行调整，这次调整幅度较大，时间较长，使整个上半年的走势呈现M型，到6月底，深、沪两地的指数分别为261点和1007点。

进入1993年下半年以后，各地开始发行新股，吸纳了一部分资金，7月，国家强化宏观调控、整顿金融秩序的措施出台，资金相对紧缺，影响到股市，使深指于7月20日跌到历史最低点194点。受深圳暴跌的影响，上海股指也下落到800点以下，最后探到777点。8月中旬，深股重新上升到330点以上，上海受深圳股市的带动重回1000点。随后大市又逐步滑落，到11月初，两地指数分别以232点和814点收盘。但在送配股消息及收购概念股的炒作下，股价再度回升，12月8日上证指数达1044.85点，深圳指数也由于上述原因及推出T+O回转交易，于11月22日达280点。以后，市场中传出征收股票收益个人所得税的消息，给市场造成利空消息，加之一些宏观政策的出台及一些

不确定的消息，人们对业绩浪的到来失去了信心，1993 年底，深、沪分别以 238 点和 834 点收盘。

四、1993 年我国证券市场的基础建设

1993 年，我国证券市场在市场建设方面取得了重大成绩，无论是软件还是硬件方面，证券交易市场都逐渐得到完善，逐步走向规范化。具体表现如下：

（一）证券市场的法规逐步健全。1993 年，国务院颁布了《股票发行与交易管理暂行条例》，年内证券委、证监会制定公布了十几种专项法规和细则。《股票发行与交易管理暂行条例》是目前规范我国股票市场的最重要的一部行政法规。它以法律的形式确立了我国证券市场的管理体制——证券委作为全国证券市场的管理机构，依法对全国证券市场进行统一管理，证监会作为证券委的监督管理执行机构，依法对证券发行与交易的具体活动进行管理和监督。1993 年出台的另两部重要的法规是《证券交易所管理暂行办法》、《禁止证券欺诈行为暂行办法》，此外还有《公开发行股票公司信息披露实施细则（试行）》、《招股说明书的内容与格式》、《年度报告的内容与格式》、《证监会关于上市公司送配股的暂行规定》等等有关规范股票发行、信息披露、上市公司、中介机构、境外上市方面的法规。交易所也公布了相关的业务规则，如上海 1993 年出台的《上海证券交易所基金证券上市试行办法》、《上海市 1993 年股票认购证发售办法》、《上海证券交易所新股竞价发行实施办法》，深圳 1993 年出台的《证券经营机构自营业务管理暂行办法》、《深圳证券交易所 B 股对敲交易暂行规则》、《深圳证券交易所回转交易管理暂行办法》、《深圳证券交易所基金上市规则》等多项规章制度。

以上法规的出台，表明维护证券市场健康发展，保护投资者合法权益和社会公共利益的法律体系正逐步形成，使参与证券市场的各方行为有了法律依据。

（二）交易所的交易系统和结算体系有了进一步的改进。1993 年，深、沪两地随着市场的不断扩大，技术装备水平也相应得到改善，已全部采用大型计算机系统进行撮合成交，电脑交易系统的功能得到增强，容量大，交易配对的速度快，大大提高了数据处理能力；一年来通讯设施的改善和发展也取得了重要成果，行情传输系统由过去的电话专线传送发展到利用卫星通讯系统和地下光缆等多种手段进行传输，使行情传送和成交回报的及时性、稳定性明显提高；为了满足市场拓展的需要，上海证券交易所和深圳证券交易所都增设了交易席位，交易网点已覆盖全国绝大部分省、市、自治区；深圳、上海分别成立了中央登记结算公司，完善了两个市场的登记、清算体系，以适应市场向深度和广度发展的需要。

1993 年，我国证券市场得到了一定程度的发展，但同时也存在一些尚待解决的问题，1994 年在巩固原有成果的基础上，要进一步加强证券市场的规范化，保持市场持续、稳定、健康地发展。

（中国证监会交易部　供稿）

牛市行情短暂　疲软市道持久

——1993 年中国股价走势分析

1993 年我国股票交易市场在多方面的关注下得到了迅速的发展。随着统一的管理机构和相应法规的建立，上市企业数量的增多，参与者的广泛，股票二级市场逐渐由幼稚开始走向成熟和规范。一年中，深、沪两市场可谓是几经波折，几经磨难。广大的投资者和管理人员饱尝了成长中巨变的阵痛，历经了严峻的考验。一年来股票市场走势有涨势如宏的大牛市，也有一泻千里的恐慌性的抛售；有引人注目的个股飚升，也有长期被冷落而一跌再跌的股票。尽管在这一年中股票市场历经曲折，但发展还是其主流。1993 年两股票市场的交易额高达 3740 亿元，比 1992 年增长了 3.3 倍；交易网点遍及 42 个省、直辖市、自治区及计划单列市；股票上市公司高达 183 家，其中 35 家发行了 B 股；两地上市公司的市价总值为 4000 亿元。股票市场的发展虽然错综复杂，但仍有其内在的规律性，回顾过去的一年不仅仅在于了解我国股票市场发展的艰难历程，对于认识这一新兴股票市场的特性有所裨益。1993 年我国股票市场经过了以下几个历程：

一、业绩推动，市场牛气大现

1993 年元月 4 日和 3 日，上海股票市场和深圳股票市场分别以 785 点和 250 点开盘，由此拉开了 1993 年我国股票市场的帷幕。1992 年 11 月两市场经过充分的探底后开始反转向上，从年初到 2 月中旬股价节节高升，途中虽有回档整理但一直处于多头行情中，走出了一段强有力的牛市。年初市场仍处于牛市的前期，人们在谈论反弹与反转中涨势平稳。当时上海日成交金额在 10 亿元左右；深圳日成交金额在 5 亿元上下徘徊。稳固的势头为后市的发展奠定了坚实的基础。到 1 月底，深、沪两市场的综合指数分别突破 270 点和 1000 点的强阻力线，市场上人气迅速聚集，大户大量吃进，散户杀入追涨。在大量透支盘涌出的情况下成交量快速放大，为狂升势头又起到了推波助澜的作用。到 2 月 15 日上海股市涨升到历史的最高峰 1536 点，在 1993 年初的一个多月中，平均日涨幅在 20 点以上。深圳股市到 2 月 22 日

指数以359点创下最高纪录。至此，两市场从1992年11月份起动后，走出了一段较短的牛市行情。分析这一段的走势，主要源于投资者对上市公司的业绩寄予较大的期望，同时大量的异地资金的涌入为市场增添了大量新鲜的血液，因而走出了一波高于一波的行情。

二、居高位人心浮动，多头转空头

经过一个月有余的暴炒和飚升，股市已处于价高势危的境地。在上升的过程中回档幅度有限，上海一般仅有十几点，而深圳也只有几点。因而由于获利盘的积压越来越多，获利的幅度越来越大，终于引发了大量的获利抛盘。因而，市场在无明显利空消息的影响下，指数犹如突然失去支撑的重物向下加速坠落。上证指数从2月22日的1527点狂泻至2月24日的最低点1196点。在上海股市的影响下，深圳股市虽然没有产生像沪市如此之大的跌势，但市场上的元气已受到很大的创伤。接下来2月27日上海证券交易所公布了规范机构投资者行为的几项措施，控制透支现象。同时，深圳人行要求证券商停止信用交易。这一举措规范了市场行为，有利于市场的健康发展。然而由于很多大户在透支方面陷得太深，对他们这无疑是"当头一棒"，为了急于脱手股票补上缺额资金，大量透支盘迅速涌出，引起股市又一次较大幅度的向下滑动。常言道："人心不足，蛇吞象"，股市经过较大幅度下跌后，投资者信心受挫，个股分红方案难以带动大市上升。到4月初两市场分别下破1000点和300点，各种技术指标构成空头排列。

三、哄抬个股，套牢族惨遭损失

4月上旬，国家体改委等部门发布了关于《立即制止发行内部职工股不规范做法的意见》，这在一定程度上抑制了当时极为火爆的内部职工股炒作，促使场外的部分资金回流到了二级市场中，使经过牛市后持续下跌的市场发生了强有力的反弹。而"金桥"、"国脉"、"众城"几只新股上市后高开高走，把上证指数重新推到1200点以上，4月22日，"乐电"、"爱建"在沪挂牌，当天又使指数被拉高85点。新股上市的走势使股民特别看重于个股，一时间市场上形成了狂炒个股的现象，股民们满市场中寻找心目中的"黑马"。一时间"金桥""小飞""浦东大众"等成为人们追踪的热点，几只股票都曾有过周升幅50%以上的瞬间光辉历史。然而，物极必反，狂炒个股不但没能使大盘稳固上升，走出人们期待的第五浪，反而造成投资者大量抛售大盘股，抽出资金加入到热炒的行列，致使大市失向而下跌。特别是在炒新股中形成了几十亿的新股套牢盘，锁定了大量的资金，上证指数在狂炒个股的后期连续下跌百余点，进而形成了在1000点的盘势。这期间深圳股市基本在消息面的配合下，随上海股市上、下波动。4月30日"琼民源"大盘股上市，低开高走拉动大盘指数有十余点的上升。虽然个股炒作不像沪市火爆，但绩优股如"金田""宝安"仍有一定的升幅。而在沪市走跌时，深市幅度较大，特别是当北京STAQ系统法人股火热时，深市资金流失严重。5月3日，深股一度发生恐慌性抛售行情，指数下落到300点以下，周跌幅在26%以上，套牢损失严重。两市场虽然炒作方式有别，但都产生了幅度较大的下跌。5月中旬后，两市场在低价区形成盘势，套牢族难见天日。

四、政策面影响，大市探低后牛皮

进入1993年下半年以后，由于投资过热，银行储蓄存款明显下降，各地滥集资，乱搞开发区，竞相搞房地产，使生产资料的需求增加，通货膨胀加剧。因而6月下旬，国家强化宏观调控，整顿金融秩序，严肃金融纪律的一连串措施出台。在这样的宏观经济背景下，资金相对紧张，人心较为浮动。两市场长达三个交易周的盘局被打破，由于深圳股市上市公司从事房地产业的较多，因而对此反应敏感，领先形成跌势。7月20日，深市跌到了历史的最低点194点。受深圳暴跌的影响，7月26日，"哈医药"在前周公布国家股转让的消息后首日交易，其股价不但没能像"申能"产生较大的涨幅，而大市借此却下落到800点以下，最低下探到777点。在两市场分别探底后，开始有炒底资金介入，大市产生了较有力度的反弹，到8月中旬深圳市场重新弹升到330点以上；上海也借深圳的涨势重新收复1000点失地。从这波受政策面影响而走出的V字形中，两市场一改以往深圳跟着上海走的连动关系，沪市的变化不但落后于深市，而且变化的幅度也相对较小。其原因在于深市对上述政策面的反应较为敏感，因而跌幅较大，反弹的幅度也较沪市有力。从2月底以来市场开始下行，其中几次反弹力度一次比一次低，因而从技术方面X看，两市场形成了长期的下降通道。特别是市场受政策方面的影响后，人气难以迅速恢复，进而走出了一段长达两个多月的盘软行情。上证指数在800～900点以下波动，深圳在220～230点形成了拉锯战。

五、"收购"——个股活跃的新题材

虽然深、沪股市在较长的盘局中，大市激动人心的场面并不多，但市场的炒作者不甘寂寞，频频从个股中寻找题材。进入到10月份以后，由"宝延"事件引发了一起"收购"的浪潮。持续十多个交易日的"延中"股票连续上涨较为引人注目，股价从9月14日9元，到9月30日上升到15.5元。但人们并不知缘何至此，9月30日中午收市前上海证券交易所有关人士在场内宣布，因目前机构持有"延中"股票已超过5%，暂停其交易。至此，真相大白，狂炒收购概念股的浪潮在沪市兴起，最后同样也波及到深圳股市。在此波炒作中，小盘"三无"股倍受人们的追捧，由于这类股票可流通股本占总股本数量较大，而总股本相对其它股票又较小，因而容易通过二级市场达到控股乃至收购的目的。如上海股市上的"小飞乐""爱建""申华"深圳股市上的"苏三山"等成了炒作的目标，股价在几日内成数倍的狂涨。个股的火爆又一次使大市失血，大盘指数一步步下挫，到10月27日上证指数又下破800点，以778点收盘。而深圳市场虽然表面显的较为平静，但也受上海狂炒个股大市低迷的影响，10月份以最低点235点收盘。在上市企业的收购过程中，主要是一些深圳的企业瞄准了上海地区未来的发展前景，想通过在二级市场的参股和控股的形式来把业务扩展到上海地区。如"宝延风波"、"万申事件"及接踵而至的深圳天极光技术实业股份公司大量购入上海飞乐音响股票基本都是一个模式。收购事件的发生表明国内股票市场的参与者金融意识的增加，同时也暴露出我国股票市场法律、法规的不健全。在这收购的炒作中，许多人获取了暴利，而一些散户追涨者倍受套牢之苦。

六、双向扩容股价指数继续下落

1993年国家计划发行50亿原始股，从下半年开始发行。8月18日上海市第一批新股开始发行，接着各地发行工作相继开始。由于1992年原始股的高额获利诱使大量资金又一次涌向一级市场，一时间哪里发行股票，哪里就成为资金流向的热点。致使二级市场上的资金出现溃乏现象，而一级市场的中签率较低，风险加大。如"青啤""美菱"的中签率只有万分之六，发行的附加费用和发行价格不相上下，当股票上市时，二级市场价格低于发行的总成本，出现了原始股被套的现象，使原始股获利的神话第一次被打破。为了减少投资者的风险，"轻骑"、"白鸽"又先后推出了"存单"和"特种存款"方式，虽然风险相对有所减少，但是其占用资金量却成倍地增加，大部分资金被一级市场中锁定。

随着一级市场发行量的增多和发行速度的加快，二级市场的压力越来越明显。为了使新股上市对市场的影响减到最小，投资者对新股采取"冷处理"的方式，新股上市后很少有人问津，股价低开低走，新股的换手率较低。特别是一些大盘股，长期的低迷，拉动大盘指数一滑再滑，整个市场难以显露生机，形成了长期的疲软的状态。

七、朦胧消息笼罩，业绩浪化为乌有

进入11月份以来，宏观经济调控特别是整顿金融秩序而形成的紧缩局面已明显宽松，十四届三中全会提出加快改革步伐，建立现代企业制度的决议增强了人们对我国发展股票市场的信心。在宏观利好消息的刺激下，持续低迷的市场有所改观，人气有所复苏。同时联想去年底股市的走势，投资者对年底的业绩浪抱有较大的幻想。入市者的情绪由悲观转向谨慎乐观，市场上多头逐渐占据上风。上海股市从10月底开始回暖，11月18日重上900点，接着一鼓作气26日冲上1000点的心理大关，到12月8日上证指数达到了1045点近期的最高价位。深圳股市的表现与沪市基本相同，在230点经过长期的盘恒后，借深市实行T＋O回转交易，入市者把注意力集中于盘小绩优股，以此为先导推动整个市场不断攀高。到11月15日深指上升到270点，然后到月底略试回档，在260点形成蓄势整理的势态。

然而好景不长，12月13日市场中传出有关股票收益征收个人所得税的消息，两市场的上升行情受阻。12月20日沪市狂泻至750点不止，为了防止股市崩盘只好停市五分钟，然后机构以"申能"8.18元的价位护盘才没使股市产生较大的滑坡。深市也难逃厄运，当天股市下跌到237点，在略试小幅上弹后，交投转为清淡。时至年底，有关经济改革的政策大量出台。有关税制改革；国有股、法人股流通；所得税；下年度一、二级市场上市的额度等不确定消息在市场中盛传，投资者不敢贸然入市。深、沪股市形成盘软下跌的状态，人们对业绩浪的到来彻底失去了信心，最后深、沪两股票市场分别以238点和834点结束了一年的行情。

（中国证券市场研究设计中心　供稿）

上海证券市场回顾与展望

一、1993年回顾

1993年是我国经济体制改革不断深化、国民经济持续健康稳定发展的一年。根据党的十四届三中全会关于建立社会主义市场经济体系的目标和要求，上海证券交易所在市委、市府和上级证券主管机关的领导下，团结依靠广大会员，认真贯彻落实会员大会第三次会议的各项决议，抓住时机，积极进取，大力拓展和健全市场，取得了显著的进步。主要是：

（一）市场规模总量成倍增长，小型市场初步发展成具有一定规模的市场。1993年底，上海证券交易所的上市证券品种达到179个，其中上市股票122个，国债21个，其他债券35个，基金1个。尤其是股票市场的规模发展很快。1993年国务院决定在全国推广股份制试点，为股票市场的发展提供了前所未有的机遇。上海证券交易所从1993年初开始集中主要精力抓重点，不失时机地拓展股票二级市场，积极推动各地的股份公司上市，与1992年相比，上市公司从29个发展为104个，股票上市总额从47.28亿元发展到206.62亿元，股票市价总值从558.40亿元发展到2200亿元，增长率分别为430%、340.15%和293.21%。值得提出的是，随着部分国有大中型企业去海外证券市场上市和在国内发行股票，上海证券市场出现了上海石化、马钢、青啤、广船、申能等一批大型骨干企业的上市公司，流通股本在5000万元以上的上市公司所占的比重，从1992年的6.9%提高到24%，改变了原来上市公司规模构成中"小企业、小股本"居多的情况，市场承载能力有较大的提高。上市公司的行业构成呈现出以工业为主、多元化发展的良性趋势。在组织公司上市的工作中，交易所不断摸索上市的节奏和方式，从长远发展利益出发，逐步锻炼提高市场的"抗摔打"能力，积极争取今后市场发展的主动权。并逐步形成了一套以即时公布、例行停牌和信息例会为主的上市公司信息发布监管工作体系。

在积极扩大上市证券规模的同时，一年来，在理事会的大力支持下，上海证券交易所放手吸纳新会员。至1993年底，会员数量已达481家，比1992年的171家增长了310家。新增的会员主要是外地证券经营机构，特别是以往会员数量不多的广东等华南地区的新会员增长较快。会员数量的大幅度增加和会员公司开拓市场的主观能动作用，促使上海证券市场的经营网点大幅度增长，至1993年底，已开业营运的交易柜台近1100个，比1992年的250个左右净增了3倍多。交易柜台的设施和业务处理能力比1992年有显著进步，在一些城市，"交易难"的情况有

了较大改观。通过市场竞争和查处“信用交易”等，柜台业务的服务和规范水平有所提高。为适应会员和经营网点的大量增加，一年来交易员的培训工作有较大发展，全年共举办培训班12期，坚持质量，坚持标准，培训合格交易员3315人，是前几年累计培训交易员数量的2.2倍，使“红马甲”队伍的规模扩大到5200多人。

投资者队伍在过去的一年中有了较大的增长。至1993年底，登记注册的投资者已有460万人，比1992年的130万人净增加330万人左右。尤其是1993年9月放开了机构投资者的开户工作，已有数千个机构登记入市，对改善投资队伍结构和活跃交易起了积极促进作用，引发了“宝延”、“万申”等参、控股活动，为我国股票市场的发展注入了新的含义。

市场交易在1993年的各项增长中显得较为突出。全年证券累计成交达2600多万笔，比1992年增长11.82倍；成交金额达到2479.41亿元(按1992年的统计方法为4958.82亿元)，比1992年增长6.65倍。交易结构的变化与上市公司大幅度增加相吻合，股票成交额达2380.36亿元，比1992年增长了8.63倍，占各类证券成交额的比重，从1992年的76.3%提高到96.01%。在成交额大幅增长的同时，市场愈显成熟，尽管一年中几次股指下跌，但股价波动状况明显好于1992年；市场规律调节的主导作用已基本确立；投资群体的风险意识和风险承受力有较大程度的提高。这将为市场今后的健康发展打下良好的基础。

(二)市场覆盖面进一步扩大，地区性市场初步发展成全国性市场。一年来，上海证券市场突破原有发展格局，迅速从地区性的市场发展成为全国性的市场。至1993年底，在上市公司中，外地上市公司的数量从1992年底的2家增加到36家，所占比重从6.9%提高到34%，覆盖了12个省、市、自治区。在会员数量中，外地会员所占比例达到90.86%。在1100个交易柜台中，设在上海市的有300个左右，有800个左右分布在全国300多个城市。在沿海及内地经济较为发达的地区，地(市)以上的中心城市绝大部分已经设立了上海证券市场的证券经营柜台，江浙等地已延伸到一些经济发达的县城，地处“世界屋脊”的拉萨市民，也可参与上海证券市场的交易。在460万投资者中，外地投资者已达310万人，占投资者总数的三分之二左右。外地投资者参与的交易，也因投资者人数以及外地上市公司的增加，出现较大幅度的增长，占成交总额的比重估计从1992年的10%提高到40%左右。

为促进地区性市场向全国性市场的转化，一年来，交易所根据市委、市府关于上海证券市场要打开大门，服务于全国的要求，始终以面向全国发展为方针，对交易席位分配、交易员培训以及卫星通讯设施等资源，优先满足外地证券经营机构的需要，并对西藏等证券市场发展困难较大的地区，在技术和物资方面给予无偿支持；设立专门从事为会员服务的“上证服务发展公司”，重点加强为外地会员公司的服务；大量吸收各地的证券登记机构加入上海证券中央登记结算公司，扩大登记清算系统的辐射面，并建立资金三级清算制度，方便异地证券经营柜台的交易交收工作，以及改革开户管理方式，方便外地投资者开户登记等；在理事会和会员单位的支持理解下，于1993年10月较大幅度地降低佣金和交易所经手费收取标准，基本消除了外地投资者投资成本高于上海当地投资者的差异，调动了各地投资者参与上海证券市场的积极性。在安排公司上市的问题上，面对公司上市申请较为集中，排期矛盾较大的情况，优先满足外地公司的上市申请。上海市政府有关领导和部门对此予以大力支持和配合。

(三)国债市场发展呈现新势头。一年来，国债市场发展经历了较多波折。由于宏观调控、银根紧缩和股票市场的飞跃发展，对国债市场带来较大冲击，市场成交不很活跃，占证券成交总额的比重有较大幅度的下降，上海国债市场的传统优势有被其它城市的国债市场所取代的趋势。

面对国债市场的不利形势，上海证券交易所在理事会的指导支持下，认真反顾自身工作上的不足，从1993年第四季度开始把工作重心摆到国债市场的发展上，抓住国家决定对财政金融体制进行重大改革的机遇，采取一系列有力措施，重振上海国债市场。建立了专门的国债市场职能管理部门，加强国债市场的组织发展工作；向社会公众推出国债期货交易和开办国债回购业务，改变国债市场单一、传统的现货交易品种的局面，完善国债市场的功能；大幅度降低国债现、期货交易收费标准，调动经营和投资国债的积极性；开辟国债专场和专用交易大厅及其席位，尽可能避开股票交易的冲击和影响，保障国债交易的需要；整顿国债库存管理，清理欠库实物，并在国内一些大的城市设立国债保管分库，方便国债实物的就近入库和调运，杜绝“卖空”等干扰国债市场健康发展的违规行为，保障国债投资人的权益；大力开展国债市场的宣传和知识普及培训工作。特别是积极配合财政部、人民银行国债发行体制改革和公开市场业务的准备工作，在方案设计和操作实施上发挥积极作用，使上海证券交易所成为1994年国债无纸化发行、交易、清算，以及中央银行公开市场操作的重要“基地”，为上海国债市场的长远发展作了充分准备。一些会员公司在开拓国债市场方面也采取了积极举措。

经过多方努力，从1993年第四季度起，上海国债市场逐渐显示出新的生机，交投大幅度增加，第四季度的国债成交额占了全年国债成交总额的40%，期货合约成交高峰时已达一万多口，国债市场的成交额已基本恢复到以往较好时期的水平。持续低迷的国债价格迅速回升，国债作为“金边债券”的声誉逐步得到恢复。1993年国债市场发展的良好态势，预示着1994年上海国债市场的发展前景。

(四)B股市场开始走出困境。自1992年建立B股市场以来，由于多方面的原因，上海B股市场曾长期处于沉闷的低谷，令人怀疑B股市场的生存和发展前途。但是，在过去的一年中，上海证券交易所知难而进，乘我国经济发展、世界关注中国的大好形势，在市证管办等部门的支持下，以高度务实的精神和扎扎实实的工作态度，坚持定期召开B股工作会议，邀集海外证券机构共商改进B股市场的措施，每次都集中精力解决好一个大的问题，一步一个脚印地推动上海B股市场发展。

针对上海B股市场登记结算体系不健全，严重阻碍国际投资者投资B股的问题，在1993年初，集中精力推出了“上海证券中央登记结算公司”，并完全按G30的国际标准设计其业务规程，使上海B股市场的登记、清算、交收、存管及其风险处置达到国际同行公认的一流水准，很快使一些发达国家的证券管理当局准予机构投资者购买上海的B股。自1993年5月投入营业以来，上海证券中央登记结算公司准确、及时地完成了所有B股的成交清算业务，对B股市场体系的完善起到显著推动作用。目前，B股的清算体系已开始逐步推广运用于A股市场。

为进一步活跃B股的交易，上海证券交易所对B股交易体系作了积极的调整，对B股专用电脑交易系统进行了升级换代；准予B股海外代理商拥有专用席位直接进场交易；实行T+O回转交易制度；降低B股申报竞价的价位，提高了B股市场的效率和流通性。

为使海外投资者能够及时和公平地获取上海B股市场的各种信息，一年来，上海证券交易所对B股市场的信息公布工作采取了积极措施。严格B股上市公司信息境内境外同时公布的制度；编辑《上海资讯》(英文版)，并加强与路透社、美联社、卫视中文台等公开传媒的合作，同时指定境外刊物，及时、准确地提供、公布各类信息，较大程度地改善了B股市场的信息披露工作，保障境外投资者的权益。

通过坚持不懈的努力，1993年上海B股市场开始走出困境。市场规模进一步扩大，上市B股22个，上市总额17.95亿元，市价总值128.04亿元，分别比1992年增长144.44%、122.98%和238.27%。并推出了托管凭证(ADR)、可转换B股债券等新的市场工具。B股的交易大幅度增加，全年累计成交金额为78.86亿元，比1992年增长4.45倍。B股价格逐渐回升，指数从年内最低的52点，一度曾突破100点。登记在册的B股投资者从1992年的4000多人上升至1万多人，新增的主要是世界各地实力雄厚的大机构投资家。

(五)市场运作"硬件"环境大为改善。为适应和满足证券市场迅速发展的需要，一年来，上海证券交易所坚持一手抓市场扩展，一手抓基础设施建设，在改善市场运作发展环境方面取得了可喜的成果。

为适应大批新会员和市场发展的需要，1993年上海证券交易所的交易场所设施有了突飞猛进的发展。一年中，交易所大大加快工程装修进度，新建成四个交易大厅，从1993年5月份起分期投入使用，使交易席位比1992年的564个增加了1990个，达2554个，满足了发展新会员和老会员增设经营网点的需要，保证了交易渠道的畅通。立足于未来数十年发展的"上海证券大厦"的建设工作，按计划进入了全面打桩施工阶段。

除扩大在上海当地的交易场所设施外，为发展全国统一的证券市场，1993年上海证券交易所根据会员大会第三次会议提出的工作计划，在扩大市场网络上大胆创新，发展与兄弟省、市证券交易组织的联合并网交易，已与16个省、市的证券交易中心签署互相联网交易的合约，并在8月2日首先实现了与福建证券交易中心的联网交易，福建地区的证券经营机构和投资者，不出省界同样可以参与上海证券市场的交易。该中心目前已启用交易席位50个，最高日交易额达2亿元。这种市场网络的组织方式，充分利用了各地的市场资源，加强了市场网络向地(市)以下地区延伸的能力，有利于降低投资和经营成本，受到当地政府和群众的热烈欢迎。继福建证券交易中心之后，在1993年12月2日又实现了与广州南方证券交易中心的联网。

电脑交易系统在1993年中得到进一步的加强。一年来，为了完善和加强电脑交易系统的功能，对电脑主机配置进行了再次更新，并于1993年4月完成了电脑交易系统可模块化扩充的改造工程，支持系统用户的数量从1993年底的300个PC终端扩大到2500多个。电脑交易系统的功能得到增强，在用户增长7倍多的情况下，场内申报保持了较快的速度，交易配对提高至每秒1800笔，比1992年的水平提高了6倍。新开发了许多电脑应用软件，新增了买卖盘、查询等辅助功能，扩大了交易透明度。为解决市场高速向全国扩展带来的上市公司配股缴款难的问题，独具匠心，开发了增资配股缴款的系统，为67家上市公司增资配股提供有效的市场服务，大大方便了承销商和投资者。

一年来基础设施建设取得的最重要的成果是通讯设施的改善和发展，基本解决了数年来制约市场发展的最大"瓶颈"，打了一个较大的"翻身仗"。在邮电通讯部门的支持下，新增电话中继线路2400对，使中继线路总量达到了3800对，满足了交易席位大规模扩增的需要，其中开通专线500条，比1992年增加了450条；完成了上海市内高速光纤通讯网络的改造，市内通讯联网全面实现了高速化和现代光纤技术，替代原来由普通电话线模拟数字传输的落后技术，信息传输速率由24K提高到64K，故障率大幅度降低。尤其是交易所专用卫星通讯系统的建立，使远程通讯手段发生了质的深刻变化，将上海证券市场的通讯系统发展推向一个全新的阶段。在"高智公司"等协作单位的支持下，1993年4月开通了卫星广播发射系统，在8个月时间内，克服了人手少、关键设备进口到货严重脱期的困难，完成了1000个卫星接收小站的安装任务，覆盖全国300多个城市，覆盖城市的面比1992年的33个提高了10多倍。由于掌握了解决远程通讯问题的主动权，大大缩短了行情信息通达的等待时间，促进了证券经营机构进场开展业务的进度。在卫星广播系统开通以后，1993年12月，再接再励，顺利实现了卫星通讯的双向传输，可以通过"空中桥梁"实现异地场外直接申报，并首先投入了与证券交易中心联网的使用。在通讯设施改善的基础上，行情信息传递和统计工作有了较大进步。

除上述工作外，1993年上海证券交易所的对外宣传、接待工作也有较大的提高。《上海证券报》，从1993年1月1日起公开发行，一年之内迈出了"三大步"，从每周一期四版发展到每周五期八版，在外省、市大的城市设立了16个代印点，发行量从15万份跃升到30万份左右，并与20多家省(市)报建立了证券市场信息传播协作网络，对市场信息的披露和沟通与投资者的联系，引导市场，提高投资群体的素质，起到了积极推动作用。1993年共接待来访宾客2万多人，其中外宾6500人，不少是海外政界、商界、金融界高层人士，扩大了上海证券市场的对外影响。

交易所的自身建设也取得了进步。领导体制和内部机构设置更为合理，职能部门的作用进一步加强，干部和骨干队伍得到充实，领导班子保持较强的主动开拓和团结一致的实干精神；职工队伍保持高昂的士气和吃苦耐劳、敢于打硬仗的作风，廉洁自律风气得以发扬；内部行政、财务管理进一步完善；经济实力大幅度增强。

二、1994年展望

党的十四届三中全会提出加快改革、建立社会主义市场经济体系的宏大目标。证券市场是社会主义市场经济体系一个十分重要的组成部分。通过三年来的发展，上海证券交易所已经确立了在全国证券市场中的优势地位，对全国证券市场的发展具有十分重要的影响和作用。为此，在新的一年中，上海证券交易所要继续坚定不移地贯彻执行邓小平同志"南巡讲话"和十四届三中全会的精神，根据市委、市府和证券主管机关的要求，进一步发扬敢于开拓、敢于实践的精神，谦虚谨慎，戒骄戒躁，团结依靠广大会员和投资者，推动证券市场不断进步。重点做好以下几项工作：

(一)保持市场持续健康稳定发展。经过三年时间的高速发展，上海证券市场已初具规模。但是要看到，市场发展结构不平衡，股票市场持续高速发展带来了一些新的矛盾，遗留问题没有得到妥善解决，管理等工作跟不上去。为此，1994年市场发展要区分不同情况，分类采取相应的方针。

1. 要积极稳妥地进一步发展股票市场。上海股票市场要坚持发展。对发展中出现的问题，要有坚定的信心，用发展的办法来加以解决。根据股票市场的现状，1994年要加强市场发展的科学性。一是要把握好市场发展的节奏，坚持在稳定的基础上寻求新的发展。要注意调节市场供求，适量安排新股上市的速度，让市场具有巩固、调整的空间，并注意保持市场发展的均衡性和连续性，尽力避免市场出现大起大落的现象。二是要充分发挥主观能动性，建立健全市场发展研究机构，积极开展市场调研工作，特别是研究探索稳妥、有效的解决法人股、国家股等问题的办法，协助证券主管机关解决股市几年来遗留的问题，进一步推动市场的规范化建设。三是要充分发挥市场机制的调节作用，通过各种途径和形式，倡导中、长期投资，引导克服目前市场中存在的偏重技术分析等助长短期投机行为的现象，进一步把投资行为纳入健康的轨道，促进理性投资。四是要严格履行新股发行上市的审核职能，保证上市公司的质量。要充分发挥市场网络覆盖面大、技术优势强的作用，为新股发行工作提供"竞价发行"等市场支持和技术手段，促进股票一级市场和二级市场的有机衔接。

2. 要大力开拓国债、基金市场。根据国家财税金融体制改革的精神，1994年国债市场面临大发展的机遇。上海证券交易所承担配合国债无纸化发行、交易、清算以及公开市场操作的任务以后，上海国债市场发展的状况对宏观经济调控具有直接的影响。为此，1994年交易所要拿出相当精力，切实做好国债市场的各项工作，保持目前国债市场发展的良好势头。

3. 要为国债发行市场的改革提供技术支持。总结第一季度成功实施两期国债无纸化发行的经验，保证今后的国债无纸化发行和到期兑付。要积极配合人民银行公开市场的业务，保证公开市场操作与国债二级市场的技术衔接，加强对各大银行进入国债市场的服务和组织工作。要大力开展国债市场的宣传工作，提高公众投资国债的意识。针对目前国债市场新品种、新功能多，而会员公司和投资公众不很熟悉的情况，以加强培训为先导，积极培养国债投资群体。交易所将大力举办对会员和银行的有关人员的国债市场知识培训班，以及利用各种社会培训渠道，广泛向公众介绍国债市场投资知识。

发展国债市场需要方方面面的共同努力。要求会员公司和证券交易中心等联网单位高度重视开拓国债市场，建立专门机构和配置专职人员，增设国债经营网点，方便投资者买卖国债。今后遇有国债无纸化发行任务，交易所将联合全部联网单位共同实施操作，为国家筹措资金提供有力的支持。要继续搞好国债期货和国债回购业务，调整改进国债期货、回购品种的设置，使其更易理解和操作，把国债期货等业务延伸到上海以外的城市，促进活跃交易，加强国债市场的流通性。要探索试行国债期权的交易，充实国债市场的功能，利用多种形式把国债市场搞活。

在大力加强国债市场发展的同时，要在目前已有一个基金上市的基础上，努力扩大基金上市品种，活跃基金的交易。

(二)进一步发展市场网络，改善市场运作的技术环境。1994年市场网络建设的重点是发展与各地证券交易中心及其他证券交易组织的联网。要进一步加强与兄弟单位深圳证券交易所的合作，互相尊重，互惠互利，携手共进，推动全国统一证券市场的发展。

要进一步吸收新会员，尤其是那些专门从事国债和期货经营的机构。要继续下大力解决"交易难"的问题，在经济相对比较发达、市场潜力比较大而目前网点不足的城市，会员公司要进一步发展证券经营网点，改善投资环境。为满足会员进场的需要，抓紧完成第七交易大厅600个席位的工程，争取在5月份投入使用，并利用高速光纤通讯网，发展场外柜台直接向场内报盘和电话委托申报，首先是已经实行了磁卡帐户交易的柜台，把有形市场和无形市场结合起来，提高市场网络的效能。

电脑交易和通讯系统要进一步强化。一是搞好网络结构和应用软件的优化工作，充分发挥现有电脑设施的潜能，解决在交易高峰时发生"梗阻"的问题，达到在日成交200万笔的情况下，交易照常可以顺畅进行的目标。二是强化系统管理，降低故障率，杜绝因管理不健全而导致的故障，并通过加强管理来及时发现和排除硬件设备等不可预见因素导致的事故。三是加强系统防范风险的措施，完善全程备份设施，尽全力保障电脑交易系统的稳定性和安全性。通讯工作的重点是上半年基本完成卫星传输128K的调整工作，进一步提高传输速率，广泛实现成交即时回报，为投资者提供更多的信息服务，让柜台业务人员准时下班。

(三)健全登记结算体系。经过1993年的努力，上海B股的登记结算工作已取得了可喜进步，但A股市场这方面的工作有待进一步完善。1994年要把B股登记结算体系成功的做法移植到A股市场上来，提高上海证券市场登记结算体系的整体水平。

要全面推广在各地即时开办帐户的办法，方便个人和机构投资者入市。要在国债市场上大力推行二级帐户制度，以适应国债市场覆盖范围广阔、投资者众多和分散的特点，保障国债无纸化改革的推行，并增设异地国债实物保管分库，切实解决实物券管理的问题，既方便交易，又利于加强管理。

清算方法要进一步改进，重点是发展"三级清算"，减少资金汇兑往来，促进异地证券经营柜台放手发展交易，增强资金清算系统的安全性。在年内，对凡是有条件的城市，全部实行"三级清算"制度。要推动上海市内及其跨地区的磁卡交易，发展"钱货两讫"的即时清算制度。积极推广A股的托管体系，发展电话自动查询，使外地的投资者可直接通过长途电话自动查询股权变动情况，保护投资者的合法权益不受侵犯。对代理上市公司发放股息红利的工作，要拿出一套切实可行的办法，利用股票二级市场的交易网络，使全国各地的投资者可以像配股缴款一样方便地领取股息红利。

要加强与各结算会员单位的联系，通过举办人员培训、到中央登记结算公司实习等，协助结算会员提高业务处理能力。

(四)加快市场的国际化进程。资本市场要实现国际化，这是我国长期实行对外开放的基本国策所决定的。最近相继有一些大型企业走向海外证券市场，大规模吸收外资，这是我国证券市场向外发展的重要途径。从经济发展的战略需要和提高国内市场发展的水平考虑，国内证 券市场体系自身的国际化建设拟应提上议事日程，以不断提高我国证券市场的国际竞争能力，使其能够动员国内、国际两个方面的资源，支持我国的经济发展。上海证券市场由于其所处的环境和独特的优势，要大力争取各级领导的支持，想方设法在国际化发展方面走得早一些、快一些，摸索和积累经验。尽管要实现这个目标涉及到的宏观外部因素很多，但我们必须扎扎实实地去推动这一进程。

要大力发展B股市场。经过几年的发展，B股市场已为国际证券和投资界所接受，成为我国吸引利用外资的一条重要渠道，同时也是目前国内证券市场与国际证券市场相连接的主要纽带。但目前B股上市公司太少，公司股本规模较小，对国际投资人缺乏足够的吸引力。为此，1994年要争取各级证券管理机关的支持，放手发展B股市场，特别要注意根据国际机构投资者居多的特点，发展"盘大、绩优"和基础设施等具有规模、产业吸引力的B股公司上市，用"大公司"、"大市场"来广泛地吸引众多国际投资者，改善上海B股市场的国际形象。要积极发展存管凭证(DR)等辅助市场工具，扩大B股的市场容量。

要通过发展专用席位、特别会员等办法，进一步吸引海外证券经营机构参与B股市场，并把B股市场的电脑交易网络延伸到海外发达证券市场中去，实现境外直接向境内报盘，减少交易环节，活跃B股交易。要进一步完善B股的交易、清算、信息披露体系，使其尽可能向国际惯例靠拢，在已经成为日本特许指定海外证券市场的基础上，进一步在海外扩大取得类似资格，把上海B股市场真正融进国际证券市场的大舞台。

除B股市场的发展外，要根据国家的政策，进一步扩大上海证券市场对外开放的范围。积极研究推动国债市场对境外投资者的开放，利用多种投资工具，吸引更多的国际投资者投资，同时也促进活跃国债市场。

1993年下半年以来，有一些外国公司申请到上海证券交易所挂牌上市。这个迹象从一个侧面表明，上海证券交易所的发展已开始为外国公司所认可。这是向国际化发展的一个良好机遇。为此，要争取有关管理部门的批准，力争实现国际著名大企业的股票直接在上海证券交易所挂牌交易，提高上海证券市场的国际地位。

(五)大力加强市场监管。上海证券交易所成立三年来，市场管理工作始终是一个薄弱环节。在新的一年里，交易所要在证券主管机关的领导下，对市场管理工作予以高度重视，根据证券交易法规赋予的职责和各项自律规则，大力加强市场监管工作，健全自律管理体系，配合有关部门搞好市场建设。

1.完善自律管理规章。根据证券市场管理体制发生变化和《公司法》等新的法规逐步出台的情况，交易所要按照国家统一规定的要求，总结这几年市场发展的实践经验，在1994年全面修订前几年制订的上市、交易、会员管理和登记结算业务等规则的基础上，充实管理性条款，为加强自律管理提供有力的手段。

2.对会员的自律管理。重点是解决公平竞争的环境问题，保障公正、公平交易。要严格查处"信用交易"等违规、不正当竞争问题。继续纠正证券经营柜台中存在的随意制订"土政策"、"土框框"、"土标准"等违反业务规则、损害投资者利益的行为，维护业务经营规范的严肃性和统一性。要求会员公司加强自身管理和内部控制制度，改进柜台管理和业务工作。对异地证券经营柜台，交易所要依托当地的有关单位进行必要的监督管理，并加强巡回调查，及时发现和纠正存在的问题。加强正面宣传，倡导经营作风好的典型，并给予其业务发展上的便利和支持。对问题严重、屡查屡犯的，要从严进行处罚。建议理事会设立专门委员会，加强会员自律管理的工作。

随着"红马甲"队伍的扩大，交易员队伍管理的任务越来越重。要修订《交易员守则》，密切与会员公司的配合，加强交易员的职业道德教育，倡导好的典型，对违反法律、法规和《交易员守则》的，要清除出交易员队伍。近来，在交易员"跳槽"的问题上引起一些纠纷，不利于会员公司相互间的团结。交易所要制订相关的规定，做到既可保证人才的合理流动，又能维护会员单位的切身利益。

3.对上市公司的市场监管。重点是加强上市公司法定披露义务的执行监管。坚持披露信息的及时性、充分性和真实性。要严格实行重大事项在第一时间报告的制度；坚持信息例会等行之有效的信息披露办法，加强与国内外传播媒介的合作，帮助上市公司尽可能广泛地披露消息。保证信息披露的渠道和方式符合公开、公正、公平的要求。对"内幕消息"等违反"三公"原则的情况，交易所将根据有关法规和上市规则的规定进行查处，并报告证券主管机关进一步处理。要求各上市公司加强内部控制工作，约束内部工作人员的相关行为。

4.建立市场电脑监控系统。在1994年内，要尽快完成市场电脑监控系统的开发工作，使用有效的手段自动监测交易过程，发现和制止联手操纵市场、"内幕交易"等违法现象，并建立有效的市场信息快速、即时传播渠道，制止"谣言"对市场的危害，保障"三公"原则和维护中、小散户的合法权益。

(上海证券交易所　供稿)

深圳证券市场回顾与展望

1993年伊始，李鹏总理视察了深圳证券交易所，并为深圳证券市场新的一年鸣钟开市。1993年深圳证券市场的飞跃发展没有辜负中央领导"办好深圳证券交易所，为社会主义市场经济服务"的厚望。这一年，深圳证券市场顺应市场经济改革的大潮，市场规模迅速扩大，基础建设不断完善，交易手段不断创新，国际化进程稳步加快，深圳证券交易所已由一个区域化的股票交易场所发展为依托华南、辐射海内外的现代化、高效率的全国性证券交易中心，为转变企业经营机制、深化金融体制改革、建立健全市场体系及完善宏观调控机制都起到积极的推动作用。

一、'93深圳证券市场回顾

(一)基本市场回顾。1993年是建立和完善现代企业制度关键性的一年。经济体制的改革向纵深发展,企业股份化改组的浪潮汹涌澎湃。与此同时,国家成立了国务院证券委员会和证券监督管理委员会,以加强对证券市场的领导和管理工作。年内国家陆续颁布了《股票发行与交易管理暂行条例》、《公开发行股票公司信息披露实施细则》、《禁止证券欺诈行为暂行办法》和《中华人民共和国公司法》等证券法规,证券市场法制建设不断完善,股份制公司的运作和证券经营机构的经营行为逐步规范化、投资者权益受到保护,中国证券市场开始走向海外并遵循公开、公平、高效的原则运作。

1993年是深圳证券交易所正式运作的第三年,深圳证券市场逐渐走向成熟,在市场规模、交易机制、制度建设等方面都有长足的发展和进步。

1.股市规模迅速扩大。年初深交所只有上市公司24家,其中异地公司5家,A股24只,B股9只,上市总股本26.6亿元,深交所会员127家,其中进场会员36家。

截止1993年底,在深交所挂牌上市的交易品种中,有A股股票76只,B股19只,企业债券8只,投资基金4只,可转换债券1只,还有各类认股权证在深挂牌。1993年新上市股票53只,其中异地股票42只,占新上市公司数目的79.3%。深交所47家异地上市公司遍及西北、东北、华北、华中、华东、西南、华南七大地区的17个省市、自治区、直辖市,上市公司股本总额为122.06亿元,上市股票总市值达1334亿元。从上市公司的行业结构来看,工业类企业48家,公用事业类8家,综合类9家,地产类6家,商业类4家,金融类1家,上市公司的产业结构日渐合理。深交所的会员426家,遍布全国各省市,市场年总成交金额1378亿元。深圳已初具全国性证券市场格局。在深交易挂牌的股票中,业绩优良的优质股占绝大比重,1993年预计每股盈利超过0.7元的上市公司有19家,超过0.5元的33家,分别占上市公司数目的24%和42%,"优质股市场"的特色为实现深交所成为亚太地区一流交易所的目标奠定了基础。多元优质的上市品种,灵活高效的交易手段,规范的市场运作,优质的服务为投资者投资深圳股市,拓宽企业融资渠道,完善市场机制提供了有力的保障。

2.信息通讯手段不断创新。深圳证券市场从创立始,就在借鉴国际经验进行规范化运作的同时,注重引用现代高新电脑技术和通讯技术,促进交易手段的现代化,形成了自己的特色。

早在1992年5月,深圳开通同城电脑网络,实现了深圳本地证券商与交易所直接联网报盘和行情揭示、成交数据的实时回报。

1992年底,深圳率先推出电话委托交易方式,股民通过按键电话可以直接输单进入撮合系统,极大地方便了投资者。继电话委托之后,"触摸屏"、"掌中宝"等新的交易手段不断开发应用,使"家庭证券部"的梦想成为现实。

1992年困扰深圳证券市场的两大"瓶颈"问题——异地证券商行情传递与成交回报不稳定及交易所电脑容量和撮合速度滞后问题在1993年从根本上得到改善。

1993年4月15日,深交所首创利用国际上先进的VAST卫星通讯网络传送成交回报和交易行情,有效地解决了证券交易中的通讯瓶颈问题。目前全国拥有单向卫星通讯站300多家,已形成以卫星通讯为主体、电话专线、X25线、光纤DDN网兼备的多元化通讯格局。具有双向传递交易行情、成交回报和委托报盘三种功能的卫星站将于1994年开通。

1993年5月,具有系统容错功能的TANDEM计算机与原交易系统切换成功,拓宽了交易中的撮合瓶颈,日撮合能力由原先的10万笔提高到130多万笔,使成交量迅速放大。

1993年11月,广州证券讯息服务中心建立,使广东地区的股民买卖深股票享有深圳本地一样的权利,标志着深交所在异地市场的开拓上迈出一大步。成都讯息服务中心也随后开通。目前异地多家证券商经由深圳营业网点或地区讯息服务中心实现了与交易所的直接联网,降低了交易成本和出错概率,提高了交易效率。

在信息传播方面,深交所超远程行情传送范围不断扩大,形成了联通国内(中央电视台和广东、上海等地区新闻媒介和各地区信息服务台)和国外(路透社、德励财经和新加坡行情揭示系统)的全球行情公告系统,并通过交易重大信息公告系统和各类新闻媒介即时公开有关重大信息,维护了信息披露的公开、公平原则。

3.深圳证券市场迈向国际化。证券市场国际化是国际金融市场的发展趋势。深交所在引进外资推动深圳证券市场国际化方面作出了积极的努力。1992年2月28日,深圳市首家B股——南玻B股在交易所挂牌,拉开了深圳证券市场走向海外的序幕。此后,交易所在转换B股发行公司运营机制、会计制度与证券管理法规与国际市场接轨方面进行了有益的探索。1993年深交所组织召开了四次国际研讨会,就深交所如何向国际化迈进和B股市场推广问题展开深入探讨,取得理论上和实践上的突破。截止1993年底,在深交所上市的19只人民币特种股(B股)股本为10.54亿元人民币,市价总值为82.5亿港元,B股投资者遍布50多个国家和地区、B股特许境外经纪商70多家,B股交易实时行情同时通过路透社和德励资讯系统向世界150多个国家和地区传播。

1993年,深交所采取了统一挂牌与结算货币,开放两边客买卖、设置B股特别席位等措施,8月B股成交量首次突破1.1亿港元,11月赤湾B股股价超出A股,南玻、康佳等工业类股票市价一再创高,B股与A股价位逐渐接近,为A、B股的最终统一创造了条件。

4.深圳证券市场规范化建设不断加强。为保护广大投资者的利益,深圳证券市场在运作初期,就十分注重建立和健全市场有序运作的法规体系。在国家有关证券法规尚未出台之前,深圳市制订了《深圳市股票发行与交易管理暂行办法》、《深圳市人民币特种股管理暂行办法》、《深圳市股份有限公司暂行规定》、《深圳市上市公司监管暂行办法》等各项证券管理规定。深圳证券交易所拟定《深圳证券交易所业务规则》,据以构建交易所公平、高效的运作机制。国家证券委和证监会成立以后,1993年4月1日深圳市证券管理办公室正式运作,开始负责深圳证券市场的日常管理工作。年内,深圳市人大颁布了《深圳经济特区股份有限公司条例》、《深圳特区有限责任公司条例》等法律文件,确立了"先立法、后运作,以法规为本构建市场运作体系"的市场建设的指导原则。深圳市管办和深圳证券交易所在国家有关政策法规的基础上,陆续发布了《证券经营机构自营业务管理暂行办法》、《深圳证券交易所B股对敲交易暂行规则》、《深圳证券交易所回转交易管理暂行办法》、《深圳证券交易所基金上市规则》等多项规章制度，为维护证券市场的公开、公平及高效率运作提供了法律依据。

1994年1月3日，原野股票经停牌17个月后，更名为“深星源A”重新在深交所挂牌亮相，为中国首宗上市公司重组案暂时划上一个句号。原深圳原野实业股份有限公司是中国首家上市的中外合资企业，1992年7月深圳市政府鉴于其存在严重的资产流失问题，决定对其进行整改。为防止原野股份的暴跌，保护市场和投资者利益，7月7日交易所对原野股票停牌。深圳市和广东省人民法院分别对原野个别董事侵害股东权益案作出一审和二审判决，判决原野公司资产形成和权益的划分具有虚假和不实成分。经过一年多的清查和改组，原原野公司的股权结构和资产组合发生根本变化，企业经营逐步走上正轨。“原野事件”的发生暴露出深圳证券市场发展初期法制不健全，对上市公司监管不力等问题，为如何规范市场行为提供了一个活生生的案例。原野股票复牌标志着深圳证券市场开始步入规范化发展的新阶段。

5.市场主体的市场意识和参与意识增强。1993年深圳市两家上市企业先后参股沪市上市公司，引发了中国股票市场和企业产权结构的又一场新的变革，为完善购并法规、更有效地配置社会资源、促进转换企业经营机制、推动产权关系和组织结构改革走向深入起到了有力的推动作用。

9月30日，深圳市场上市公司——中国宝安集团发布公告：其全资子公司——中国宝安集团上海公司已持有延中实业5%以上的股份。宝安此举开创了中国股市收购之先河，被厉以宁称之为“中国股份制与证券发展史上一件大事”。其后，宝安上海公司继续增加其延中股票持有比例，10月6日持股比例达18%，成为延中第一大股东。10月22日，中国证监会就宝安参股延中事件作出裁定：宝安上海公司所获延中股票有效，其关联公司卖给社会公众延中股票所获利润归延中所有，对宝安上海公司未按规定及时披露有关信息的行为处以警告处分，并罚款100万元。10月25日，双方签订五项纪要，坦诚合作。宝延事件是中国股市史上第一次通过二级市场收购而达到控股目的的案例，对于完善证券法规、发展证券市场起到积极作用。

继宝延事件之后，1993年11月深圳市又一家上市企业——万科企业股份有限公司参股上海申华实业股份有限公司获得成功。11月10日万科及其下属三家企业持有申华5%发行在外股份，依据证券法规对外公告。11月14日万科及申华联合举行新闻发布会，万科管理层进入申华董事会。万科参股申华是中国证券市场上第一桩善意参股行为，为企业之间的“联姻”开辟了新的领域和思路。

1993年12月22日，深圳天极光电技术实业有限公司宣布：天极及其关联公司持有飞乐音响股份有限公司5.2%的股权。天极意图通过参股飞乐叩开上海及华东市场的大门。因此其后继续将其持股比例扩大至18.3%。天极作为一家新成立的非上市公司控股一家上市公司，被人们看作是此次事件的一个引人注目的特点。

三次参股事件的发动者均来自深圳，反映了深圳市上市公司和企业市场意识强，观念超前，具有创新和开拓精神，是深圳证券市场走向成熟的一个突出的表现。同时，也对中国证券法规体系的滞后和不健全拉响了警钟。

（二）二级市场回顾。受国家宏观金融调整和市场扩容的影响，1993年深圳股市走势呈一路下滑势态。第一个交易日（1月3日）深圳证券交易所综合股价指数以241.2开市，最后一个交易日（12月31日）以238.28点收市，全年经历了251个交易日，股票年总成交金额1286.67亿元，比1992年增加了852.58亿元。

全年市道微弱，但仍有四个阶段的上升形态，2月22日的359点、4月16日的340点、8月17日的334点、11月2日的280点分别构成四次升浪的峰顶。深市行情上扬主要是与深市上市公司业绩成长、深交所改善电脑操作系统及深交所施行证券商自营和回转交易等政策相联系。

尽管A股市场受到扩容压力，行情趋淡，但1993年B股市场一反沉闷、冷淡的局面，个股行情突出。11月赤湾B股价首次超出A股，南玻、康佳等B股市价一再创高，说明深市基础产业和工业类股票被境外投资者看好，深圳证券市场逐步走向国际化。

二、'94深圳证券市场展望

经历了1993年大扩容时期，1994年全国股市进入一个调整和适应的阶段。国家将逐步健全证券法规，对市场监管加强力度，保证上市公司的质量，提高证券经营机构的业务素质，并加强证券境外发行的管理工作。投资者的风险意识将有所增强，逐渐适应一个机制健全、容量扩大的市场环境，科学的投资选择，将取代投机心理成为证券市场投资行为的主流。

1994年深圳证券市场将显现多元化的特点。（1）投资品种的多元化。国债交易将在深市崭露头角，同时国债期货、回购业务也将适时推出，为投资者提供多样化的投资组合。（2）个股行情突出。深市股票齐涨齐跌的行情将被各呈风采的个股表现所代替，规范运作、具有稳定发展潜质的上市公司将成为一枝独秀，受到投资者青睐。

“国际化、规范化”是1994年深圳证券市场发展的主题。为进一步发展和完善深圳市场，深交所将推出以下举措：

1.开发国债期货、备兑认股证、可换股债券（B股）、指数期货、期权等新的交易品种，增加投资者的投资选择，同时研究信用交易、卖空交易等新的交易方式。

2.进一步扩大上市规模，尤其是提高B股的发行与上市规模，根据市场条件、掌握上市节奏，吸引更多的优质股票来深交所上市。

3.进一步加强市场规化建设，强化对上市公司信息披露的监管工作，拓宽信息披露的媒介，并加强硬件设施建设，实现交易所与全国各大城市的卫星双向开通。

4.推进深圳证券市场国际进程，加强深圳B股对境外的宣传推广工作，规范B股信息披露，吸引海外基金投资深圳B股，实现境外证券商场外直接报盘，并引导上市公司发行存托凭证到海外上市；同时，深交所积极创造条件，吸引海外企业来深挂牌上市，深圳上市企业去海外第二上市。

5.本着安全、高效，低成本原则，进一步完善市场机制。

6.建立中央结算公司，完善中央结算制度，为市场提供高效、安全的结算服务。

（深圳证券交易所　供稿）

上海证券交易所

上海证券交易所成立于1990年11月26日，同年12月19日开张营业，为会员制非盈利性的事业法人。目前，注册资本为人民币三亿元。

上海证券交易所以为中国现代化建设服务为宗旨，致力于造就一个公平、稳定、高效的市场。立足上海，面向全国，积极向国际化方向发展，立志于办成具有世界第一流水平的证券交易所。

会员大会为交易所最高权力机构。理事会为日常事务决策机构，由理事13人组成，其中会员理事9人，非会员理事4人。理事会设理事长一人，常务理事5人。总经理为法定代表人，主持交易所日常工作。现任理事长李祥瑞、总经理尉文渊。

上海证券交易所现有会员501家，来自全国30个省(直辖市、自治区)，均为经证券主管机关批准可经营证券业务的金融机构，其注册资本金不少于人民币500万元。

目前，开办上海证交所上市证券买卖业务的会员公司营业支店已有1100多个。受过交易员培训合格注册的交易员已有3715人。

上海证券交易所业务职能包括：提供证券集中交易的场所和设施；管理上市证券的买卖；办理上市证券交易的清算交割；提供上市证券的过户和集中保管服务；提供证券市场的信息服务；监管上市公司和会员的业务经营活动；国家证券主管机关许可或委托的其他业务。

上海证券交易所的上市证券包括：各级政府发行的政府债券；各地企业公开发行的企业债券；金融机构公开发行的金融债券；股份有限公司公开发行的人民币股票(A股)、人民币特种股票(B股)；基金证券、认股权证及各类信托受益凭证等。

发行者申请证券上市，须向交易所提交上市申请书、公司登记注册文件；证券公开发行的批准文件；按要求提交经会计师审计的财务报告；交易所会员的推荐书；最近一次发行说明书以及本所认为其他须提交的文件。交易所根据规定的条件加以审核，报呈证券主管机关核准，决定证券的上市。政府债券在本所上市，豁免上市审批。

至1993年底，上市证券品种达到179个，其中上市股票122个，国债21个，其他债券35个，基金1个。

股票上市公司104个，上市总额、市价总额分别为206.62亿元和2200亿元，上市A股101个，上市总额、市价总额分别为188.67亿元和2067.65亿元；上市B股22个，上市总额、市价总额分别为17.95亿元和128.04亿元人民币。

上海证券交易所为投资者提供了一个极富流动性、低成本、高效率的市场，具体表现在：

(一)电脑自动交易。买卖指令通过场内电脑终端申报输入，由计算机主机按照“价格优先，时间优先”的原则自动撮合成交，交易配对能力可达每秒1800笔。电脑交易系统不仅揭示买卖盘，还能即时反映成交情况，开展T+O回转交易，在进行证券交易同时，还利用电脑交易系统进行增资配股缴款及代理红利发放。

(二)中央清算。证券成交后的清算交割统一由上海证券中央登记结算公司办理。清算交割实行净额交收，资金和证券的交收全部通过帐户划转完成，A、B股的清算交割时间分别为T+1和T+3。上海证券中央登记结算公司现有54家异地会员，并在全国各地建立了57个国债代管库。

(三)股票自动过户。改变传统的股票过户方式，在电脑撮合成交同时，同步完成股票过户。

(四)股票交易无纸化。股票交易实行无纸化，股票持有人拥有股权以电子计算机数据体现，已无须再印制股票实物。交易时间：交易市场每周一至周五开市，每日分前、后两市，上午9：30至11：30为前市，下午1：30至4：30为后市，其中3：00至4：30为国债交易专场。国定假日不开市。交易委托：委托买卖分市价委托和限价委托。股票整数交易以一定面额(现均为100元)为一个交易单位；债券、基金整数交易以每1000元面额为一个交易单位，即“一手”。

(五)信息传播。证券行情通过通讯光缆和“亚洲一号”卫星及时传送至营业柜台，并建有电话查询股票行情和广播即时播出股票行情系统。闭市后，交易行情将通过电台、电视台、报纸等新闻媒介予以告示，并与路透社、美联社联网向全球播发。《上海证券报》定期公布证券信息和上市公司业绩。有关市场的重大消息，交易所还迅速及时地通过卫星传输系统发送至各会员公司营业部。

上海证券交易所现有交易大厅6个，交易席位2500多个，电子计算机系统以HP9000—890为主机，所有席位上配有电子计算机终端和热线电话，场内还设有广播、监视等系统。

为探索建立中国统一证券市场的新途径，上海证交所还先后与沈阳证券交易中心、福州证券交易中心、广州南方证券交易中心、四川证券交易中心、海南证券交易中心、青岛证券交易中心、湖南证券交易中心实现跨地区交易系统联网。证券交易中心的进场会员，可以直接买卖在上海证交所挂牌的证券；上海证交所的进场会员，也可直接买卖在证券交易中心挂牌的基金证券。

上海证券交易所已在上海浦东筹建上海证券大厦。届时，上海证券交易所将有4000平方米交易大厅，内设3000个交易席位及其他附属设施，可望成为具有现代化水平的亚洲最大的证券交易所之一。

(上海证券交易所　供稿)

上海证券中央登记结算公司

上海证券中央登记结算公司(以下简称公司)是不以盈利为目的市场公共服务机构。公司业务职能包括:股票及其他上市证券的登记、存管、股权转移、因市场交易引起的资金清算、证券帐户开立和市场代理人服务等。与此相应公司设有登记部、存管部、清算部、国际清算部、综合部和工程技术部等职能部门。

公司成立于1993年3月,为了建立一个符合国际规范的、适应和促进市场发展的、公正和稳定的证券中央登记清算体系,上海证券交易所注册一亿元人民币(含750万美元),在原有登记清算业务的基础上,设立了拥有集中、高效中央登记结算运作体系的独立法人机构——上海证券中央登记结算公司。

在业务运作上,公司按国际标准设计并运作了B种股票登记、结算、交收、存管及风险管理运作系统,自1993年4月投入运营以来,该运作系统表现出公正、安全的有效性,得到海内外的普遍关注及国际同行的高度称赞,并很快使一些发达国家的证券管理当局准予机构购买上海B股。B种股票实行钱货两讫的T+3交收制度,并采用了维护结算秩序和公众利益的风险规避体系。这种建立在非实物交易、实行结算会员制并利用国际性商业银行、外汇清算系统之上的结算交收制度,不仅适用于B种股票的交易清算,而且普遍适用于存托凭证及其他外币证券交易清算。

此外公司根据国际通行惯例建立了比较完整的市场代理人服务体系,包括代理发放股息红利、投票代理人服务、查询服务、资讯传递服务等。

A种股票的登记结算体系伴随上海证券交易所建立而形成。公司成立以后,设计推出了一整套中央登记清算制度,依靠工商银行和异地证券登记机构建立登记托管业务服务体系,运用先进的计算机通讯手段,为投资者提供即时开户、查询、挂失和派息等服务。

目前公司已吸收51家异地登记公司、交易中心为登记结算会员,并以此为基础,在异地发展磁卡帐户和磁卡清算,建立磁卡清算、二级清算和三级清算相结合的中央结算体系。磁卡清算利用工商银行为磁卡帐户持有者在计算机内设立资金帐户,通过银行计算机中心对每日成交数据进行处理后,在各资金帐户之间进行自动转帐,清算、二级清算则由公司与证券商通过结算银行办理净额交割。

三级清算是公司为了减少异地公司的资金汇兑往来,增强资金结算系统安全性,利用中央银行的电子联网系统,通过异地登记结算会员建立的资金集中清算中心办理公司与异地证券商之间的净额清算(一级和二级清算)。

磁卡清算和三级清算是一项有效维护"钱货两讫"、即时清算制度的措施。

为适应国债市场的发展,公司建立了国债无纸化发行二级帐户制度和国债期货专用帐户,并在全国各地设立了实物债券代保管库,以便于国债及其他上市债券的保存管理,就近入库和调运,杜绝"卖空"等违规行为,国债及其他上市债券交易、资金清算均纳入股票中央清算体系。

(上海证券中央登记结算公司　供稿)

深圳证券交易所

1990年12月1日,新中国第一家证券交易所在深圳诞生。激越的开市钟声敲响了中国企业产权关系变革和金融体制改革的前奏。深圳证券交易所的建立和发展,为进一步推动中国经济体制和企业经营机制的改革进行了有益的探索和尝试。

至今,深圳证券交易所已在风风雨雨中走过了三个春秋。三年来,深交所实现了由分散经营走向集中经营,由现金交易走向非现金交易,由实物股票交收走向存折化托管与交收,由手工操作走向电脑自动撮合,由场内申报走向远程自动报盘的飞跃发展。深圳证券交易所已由一个区域化的股票交易场所发展成为依托华南，辐射海内外的全国性证券交易中心。

一、深圳证劵交易所组织架构

深圳证券交易所是实行自律性管理的会员制事业法人。会员大会作为最高权力机构，设立理事会作为决策机构，成立上市委员会和监察委员会，分别负责证券申请上市的审查批准和行政监察事务，并实行理事会领导下的总经理负责制。深圳证券交易所的宗旨是提供现代化的、高效率的交易条件，形成公开、公平、公正的市场环境，保护投资者利益，发展和完善中国的金融市场体系。

深圳证券交易所组织架构示意图如下：

深圳证劵交易所组织架构示意图

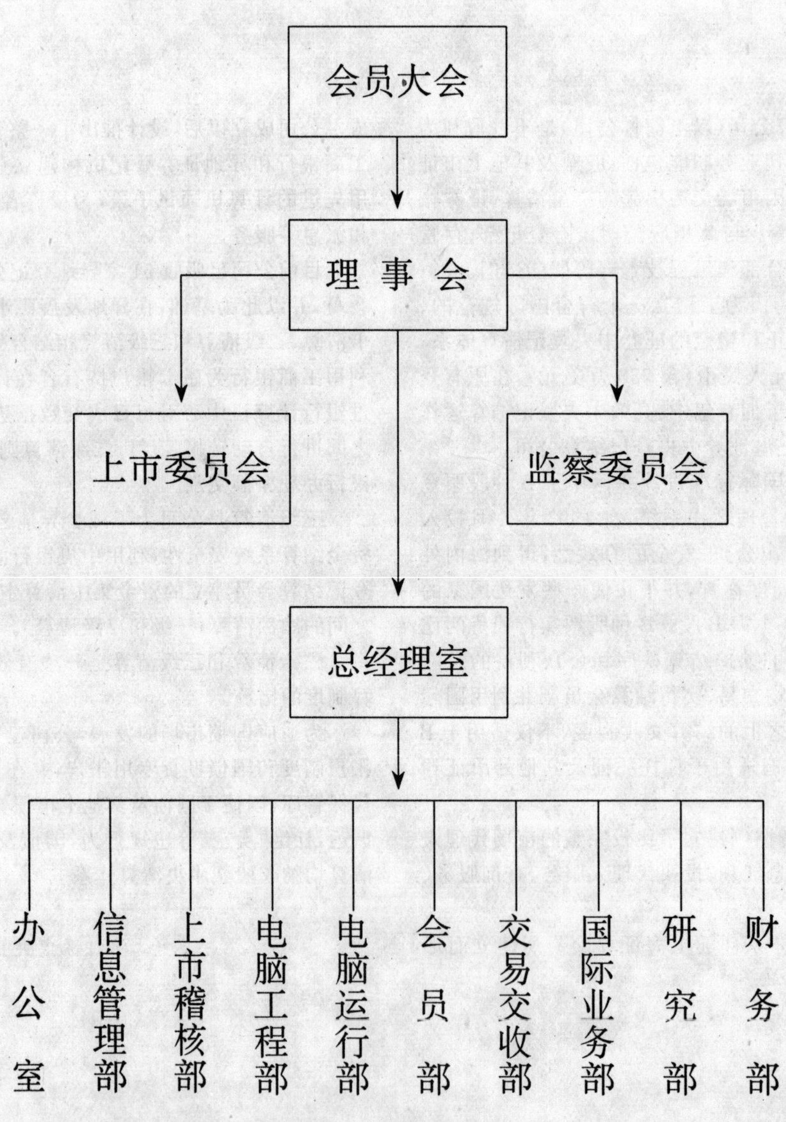

二、深圳证券市场的运行机制

深圳证券交易所的主要职能是提供有价证券集中交易的场所和设施，负责证券上市审查和会员资格审查，对会员及上市公司进行日常监管，提供证券市场行情服务以及主持对证券从业人员资格的考核等。深圳证券市场自创立始，就借鉴国际成熟的运作模式，高起点地构造市场运作系统。

交易所、证券登记公司、投资者、证券商及上市公司是市场主要参与者。从投资者参与的层次看，有一级市场投资和二级市场投资。市场主体通过交易所发生有机的联系，形成符合规范的市场运作体系。

深圳证券市场运行图

（虚线反映一级市场，实线反映二级市场）

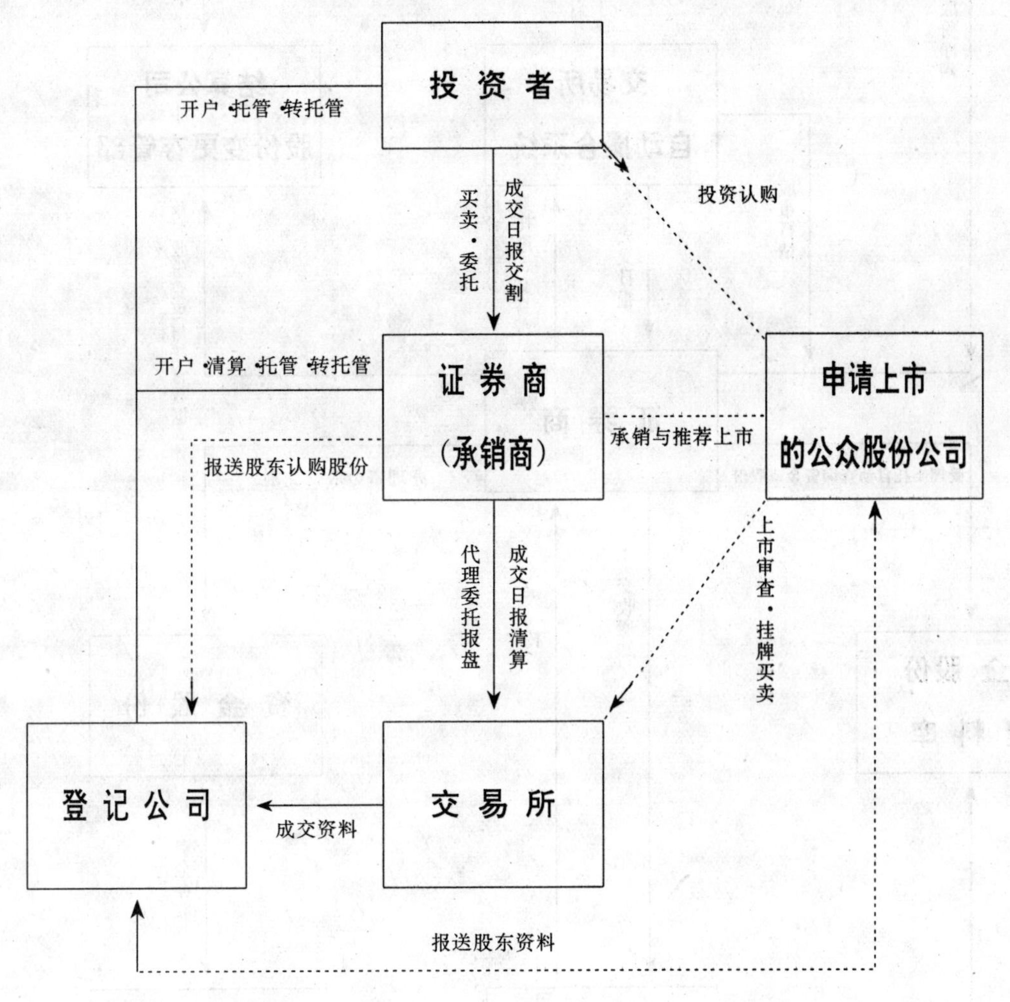

三、深圳证券市场委托买卖流程

深圳证券市场早于 1992 年 2 月，率先采用先进的无纸化运作模式，委托买卖及清算遵循国际惯例，采用证券商代理和二级清算制。投资者在托管证券商处开立二级帐户后，委托证券商代理买卖。证券商在登记公司开立一级股票帐户和资金帐户，登记公司直接管理证券商证券帐和资金帐户，证券商通过一级帐户为其客户共同持有证券，所有成交买卖结算均经登记公司净额结算后通过证券商一级帐户完成股票交割和资金划拨过程。证券商在其自身系统中为客户设置二级管理帐户，记载客户持有证券和资金变更情况，并负责进行证券过户处理，“集中交易、分散登记”系统是深圳证券市场操作的基础。

深圳证券市场买卖及清算模式的主要特点是：证券商作为连结客户与交易所和登记公司的桥梁，能够提供对客户的投资咨询、证券管理等方面的优质服务，有利于市场开展融资、融券等信用业务；同时深圳市场由于有了证券商这一层风险屏蔽，非系统风险大大降低，对股市的健康成熟发展更有利。

深圳证券委托买卖流程图

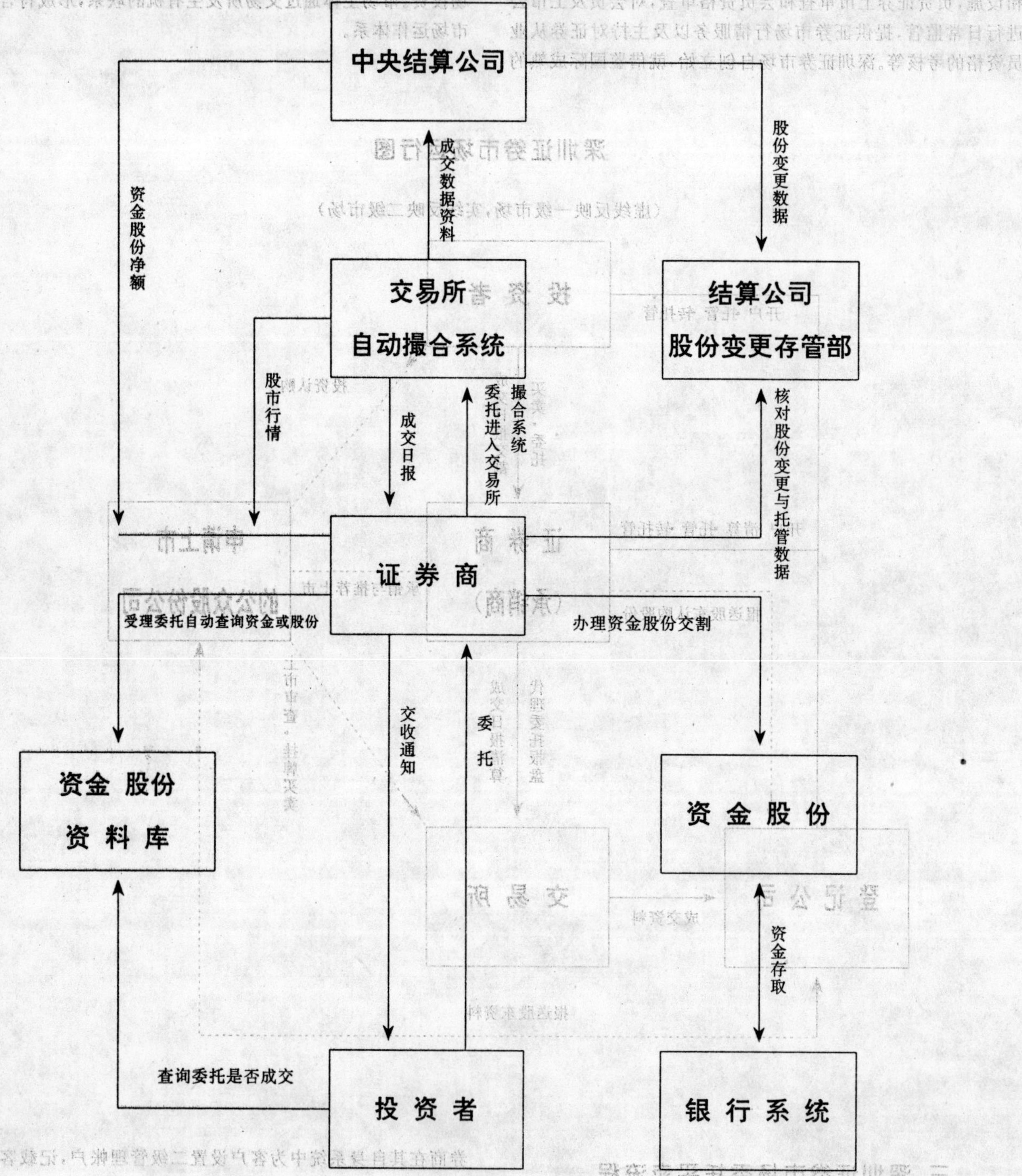

异地证券委托买卖流程图

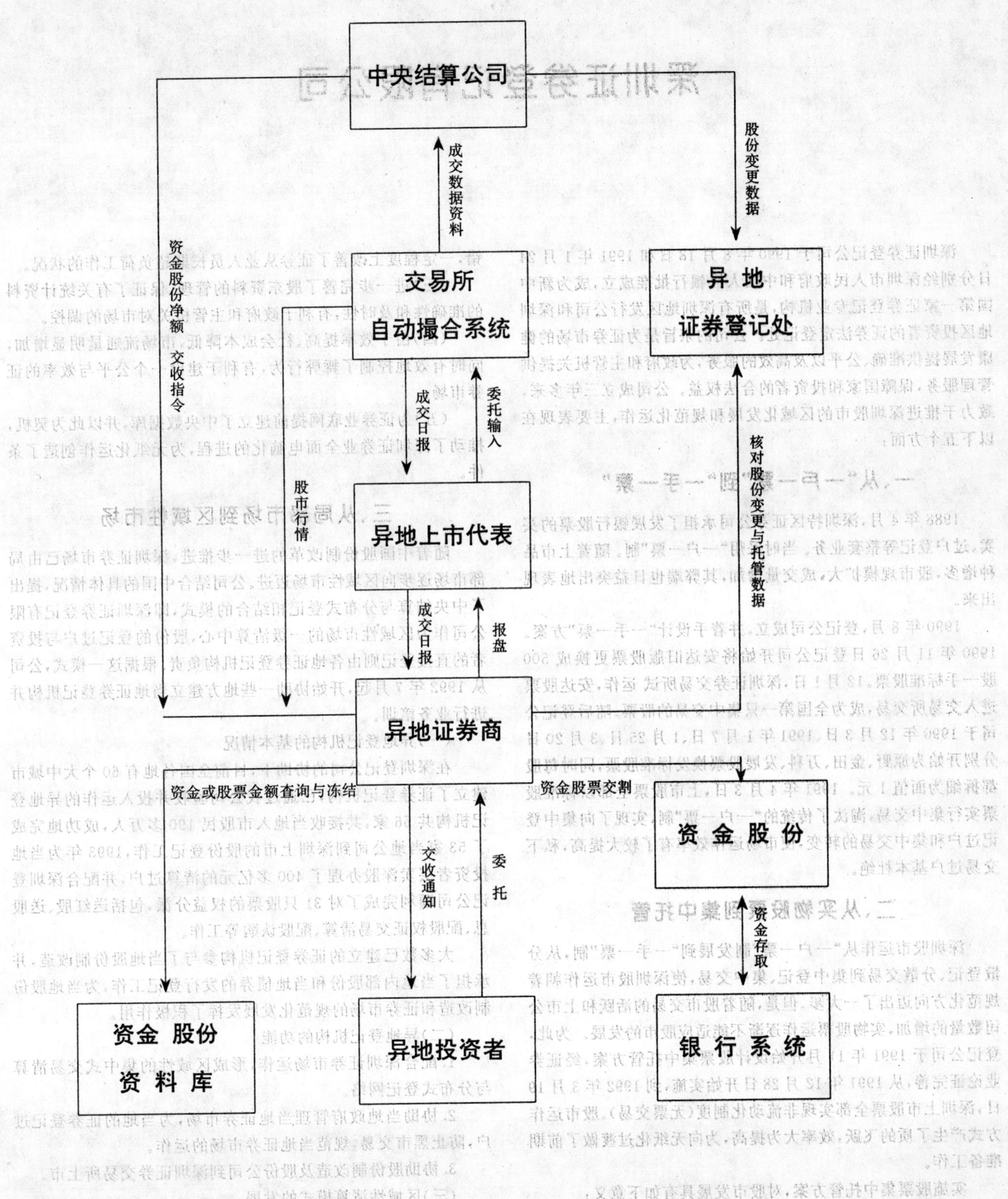

深圳证券登记有限公司

深圳证券登记公司于1990年8月18日和1991年1月24日分别经深圳市人民政府和中国人民银行批准成立，成为新中国第一家证券登记专业机构，是所有深圳地区发行公司和深圳地区投资者的证券法定登记处。公司的宗旨是为证券市场的健康发展提供准确、公平以及高效的服务，为政府和主管机关提供管理服务，保障国家和投资者的合法权益。公司成立三年多来，致力于推进深圳股市的区域化发展和规范化运作，主要表现在以下五个方面：

一、从"一户一票"到"一手一票"

1988年4月，深圳特区证券公司承担了发展银行股票的买卖、过户登记等整套业务。当时采用"一户一票"制。随着上市品种增多，股市规模扩大，成交量增加，其弊端也日益突出地表现出来。

1990年8月，登记公司成立，并着手设计"一手一票"方案。1990年11月26日登记公司开始将安达旧版股票更换成500股一手标准股票。12月1日，深圳证券交易所试运作，安达股票进入交易所交易，成为全国第一只集中交易的股票。随后登记公司于1990年12月3日、1991年1月7日、1月25日、3月20日分别开始为原野、金田、万科、发展股票换发标准股票，同时每股都拆细为面值1元。1991年4月3日，上市股票全部以标准股票实行集中交易，淘汰了传统的"一户一票"制，实现了向集中登记过户和集中交易的转变，使市场运作效率有了较大提高，私下交易过户基本杜绝。

二、从实物股票到集中托管

深圳股市运作从"一户一票"制发展到"一手一票"制，从分散登记、分散交易到集中登记、集中交易，使深圳股市运作朝着规范化方向迈出了一大步。但是，随着股市交易的活跃和上市公司数量的增加，实物股票运作逐渐不能适应股市的发展。为此，登记公司于1991年11月开始设计股票集中托管方案，经证券业论证完善，从1991年12月28日开始实施，到1992年3月19日，深圳上市股票全部实现非流动化制度(无票交易)。股市运作方式产生了质的飞跃，效率大为提高，为向无纸化过渡做了前期准备工作。

实施股票集中托管方案，对股市发展具有如下意义：

(一)更有效地保障了股东权益，使投资者不再因为延误过户而丧失应有的股东权益，也不必为清点、保管股票而费时费神。

(二)提高了证券业运作效率，减轻了劳动强度，减少了差错，一定程度上改善了证券从业人员长期超负荷工作的状况。

(三)进一步完善了股东资料的管理，保证了有关统计资料的准确性和及时性，有利于政府和主管机关对市场的调控。

(四)由于效率提高、社会成本降低，市场流通量明显增加，同时有效地控制了舞弊行为，有利于建设一个公平与效率的证券市场。

(五)为证券业联网提前建立了中央数据库，并以此为契机，推动了深圳证券业全面电脑化的进程，为无纸化运作创造了条件。

三、从局部市场到区域性市场

随着中国股份制改革的进一步推进，深圳证券市场已由局部市场逐步向区域性市场迈进。公司结合中国的具体情况，提出了中央结算与分布式登记相结合的模式，即深圳证券登记有限公司作为区域性市场的一级清算中心，股份的登记过户与投资者的直接登记则由各地证券登记机构负责。根据这一模式，公司从1992年7月起，开始协助一些地方建立当地证券登记机构并进行业务培训。

(一)异地登记机构的基本情况

在深圳登记公司的协助下，目前全国各地有60个大中城市建立了证券登记机构，已通过我公司验收并投入运作的异地登记机构共56家，共接收当地入市股民190多万人，成功地完成了53家当地公司到深圳上市的股份登记工作，1993年为当地投资者买卖深股办理了400多亿元的清算过户，并配合深圳登记公司顺利完成了对31只股票的权益分派，包括送红股、送股息、配股权证交易清算、配股认购等工作。

大多数已建立的证券登记机构参与了当地股份制改造，并承担了当地内部股份和当地债券的发行登记工作，为当地股份制改造和证券市场的规范化发展发挥了积极作用。

(二)异地登记机构的功能

1.配合深圳证券市场运作，形成区域性的集中式交易清算与分布式登记网络。

2.协助当地政府管理当地证券市场，为当地的证券登记过户，防止黑市交易，规范当地证券市场的运作。

3.协助股份制改造及股份公司到深圳证券交易所上市。

(三)区域性清算模式的发展

1.成立中央结算公司，实现货银对付，提高深圳清算登记系统的效率和安全性。

2.推广"中央结算与分布式登记"的区域性清算模式，进一步提高证券登记机构在中国证券市场中的作用。目前，大多数登记机构已成为上海、NET、STAQ 等交易市场的结算会员。

3.简化清算登记层次,促进地方证券市场的发展。深圳中央结算公司通过与有条件的地方交易中心联网,简化清算层次和清算程序,成为当地买卖深股的一级清算中心,同时培育当地证券市场的清算登记能力。

四、无纸化运作与中央结算公司

国际证券市场清算交收的发展趋势,是证券交易以电子化帐面交收的方式处理。采用这种电脑化帐户的形式,其作用在于使证券非流动化或非实物化,即无纸化。对证券业来说,采用证券非流动化和非实物化都会明显地给市场带来巨大的好处,即使暂时不能采用非实物化制度,也应力求先使股票非流动化,然后再逐步地实现最终的非实物化制度。一旦整个市场实现了非实物化制度,证券业就可以向技术、效率方向迈开大步。目前,一些先进的市场已经通过建立一个独立于交易系统以外的中央结算系统来集中处理证券交易后的清算与交收,并逐步实现无纸化运作。

深圳证券市场随着交易规模的扩大,建立一种高效、安全的中央结算系统已势在必行。经过充分论证,1994 年 4 月,深圳登记公司被批准组建中央结算公司。一年以来,深圳登记公司先后完成中央结算公司的申请报告、可行性报告、公司章程、业务规则等起草工作,同时引进 IBM AS/400 超小型机更新原有设备,成立系统开发小组完成了中央结算系统电脑运作程序的编写和调试,为中央结算公司的正式运作做好了充分的准备。

五、B 股市场的登记与清算

自 1992 年深圳 B 股市场诞生以来,深圳登记公司不断追求 B 股市场的国际化和规范化发展。

(一)极力主张 B 股完全“无纸化”的运作,并设计了 B 股登记、清算无纸化方案,使深圳 B 股一开始就实现了完全无纸化运作。

(二)公司制定了《深圳市人民币特种股票投资者开户暂行规则》,对 B 股投资者实行集中开户,从 1992 年 12 月 1 日开始执行,极大地方便了境外投资者买卖深圳 B 股。至去年年底,B 股开户人数已达到 5000 多户,其中 80%为机构投资者。

(三)筹备 B 股中央结算。目前深圳 B 股委托三家外资银行(汇丰银行深圳分行、渣打银行深圳分行、万国宝通银行深圳分行)代理清算登记。B 股投资者买卖不同种类的 B 股,需在不同的清算银行清算,而不同清算银行的运作程序和手续往往不尽相同 X,这给投资者带来了许多不便,给结算系统的安全性和效率造成了障碍。对此,深圳登记公司已策划了 B 股集中清算方案,并争取在 1994 年内由中央结算公司取代三家银行的代理,集中结算 B 股买卖。

(四)努力促进 B 股市场的活跃和国际化。1993 年,登记公司与深交所共同推出 B 股回转交易。另外,根据国际运作惯例,提出了深圳 B 股海外第二上市的清算登记方案,也为深圳 B 股的国际化提出了一些有益的建议。

(深圳证券登记有限公司　供稿)

附表一:

深圳证劵市场投资者地区分布表

(截止日期 1993 年 12 月 31 日)

地　区	开户数	持股人数	地区	开户数	持股人数
深　圳	1,550,000	648000	山　东	26,600	22497
广　东	701,500	280000	浙　江	138,000	36700
河　南	27,800	19000	内蒙古	70	6
江　西	14,100	—	湖　北	182,000	179784
江　苏	49,600	46048	新　疆	5,000	—
辽　宁	25,500	14852	陕　西	67,000	69860
北　京	8,000	—	湖　南	186,000	—
云　南	9,200	3552	海　南	255,800	
安　徽	16,000	—	贵　州	15,700	—
上　海	150,000	—	福　建	166,000	—
吉　林	10,000	—	广　西	12,700	12636
四　川	160,000	—	天　津	13,200	—
甘　肃	12,000	—	山　西	11,000	—
黑龙江	101,000	—	河　北	6,000	—
宁　夏	2,000	234	青　海	600	—

附表二：

深圳上市公司概况一览表

		股数(亿)	比重%	家					
地域	本地	58.41	48.67	30	股份结构	A股	111.52	0.91	76
	异地	62.65	51.32	47		B股	10.54	0.09	19
产业结构	工业	79.88	71.56	51					
	金融	2.69	2.41	1		可流通	42.27	34	—
	地产	27.08	24.28	13		不可流通	78.79	66	—
	商业	4.85	4.35	4					
	运输	5.71	5.12	3	平均市盈率			28	
	其它	3.21	2.39	2	周转率%			111.52	

注：周转率的计算公式为$\frac{总成交金额}{年底总市值}\times100\%$。

附表三：

1993年地区交易情况统计

排名	地区	交易金额	所占份额(%)	排名	地区	交易金额	所占份额(%)
1	深圳	198139863864.90	73.466	28	中山	381436266.50	0.141
2	广州	15071110094.00	5.588	29	厦门	380091271.25	0.141
3	海南	10025801630.50	3.717	30	南海	358590830.10	0.133
4	珠海	7114296493.30	2.638	31	茂名	335208027.60	0.124
5	湖北	4310154649.45	1.598	32	福建	326644883.50	0.121
6	佛山	4055950438.35	1.504	33	安徽	324937190.75	0.120
7	湖南	2850827590.30	1.057	34	天津	294784112.00	0.109
8	四川	2610618968.40	0.968	35	青岛	277187248.20	0.108
9	上海	1999707495.30	0.741	36	长春	251613930.25	0.093
10	广西	1979322109.70	0.734	37	梅州	289487175.50	0.089
11	江门	1827982994.15	0.678	38	宁波	285966447.20	0.087
12	肇庆	1612699127.80	0.598	39	云南	184987187.00	0.069
13	浙江	1598086143.80	0.593	40	大连	173245493.50	0.064
14	江苏	1265557358.25	0.469	41	宜昌	149564308.00	0.055
15	西安	1212296861.25	0.449	42	兰州	144218116.25	0.053
16	潮洲	1079861861.60	0.400	43	山东	19243420.75	0.044
17	重庆	1057634131.50	0.392	44	苏州	78239626.50	0.029
18	惠州	1002441867.60	0.372	45	无锡	47277758.00	0.018
19	河南	990886895.75	0.367	46	山西	21333813.00	0.008
20	东莞	879007744.50	0.326	47	黑龙江	18173430.00	0.007
21	汕头	846173342.25	0.314	48	新疆	14465741.00	0.005
22	北京	830791044.25	0.308	49	贵州	9677840.00	0.004
23	湛江	783664354.55	0.291	50	宁夏	5131530.00	0.002
24	沈阳	641776082.45	0.238	51	青海	3773005.00	0.001
25	顺德	632214760.25	0.234	52	常州	2157465.00	0.001
26	韶关	471104507.00	0.175	53	内蒙古	289015.00	0.000
27	江西	437234706.00	0.162				

天津证券交易中心

1993年是天津证券交易中心从创业到成长的关键一年。天津证券交易中心以党的十四大精神为指针，按照天津市委、市政府提出的大开放、大开发、大发展，把天津建成我国北方的金融商贸中心的总体思路，抓住机遇，解放思想，大胆探索，坚持改革，勇于开拓，在市委、市政府的关怀下，在市人民银行和各有关部门的大力支持下，在全体同志的共同努力下，圆满完成了全年的各项任务。全年累计成交102亿元，上市证券品种21种，会员总数为181家，中心已有交易大厅3个，交易席位335个；中心的交易条件和交易设施进一步改善，各项管理法规和管理手段也日益完善。

一、1993年的回顾

1993年天津证券交易中心坚持高起步、规范化，努力奋进，重点抓了十项主要工作：

（一）为了活跃证券二级市场，中心积极开发新的证券品种，有计划、有目的地选择一些经济效益好、管理运作规范的基金到中心挂牌上市。1993年一年，中心新上市了6种基金，其中，本市发行的1种，外地发行的5种。至年末，天津证券交易中心的上市基金为6种，总量规模为3.94亿元。

为保护投资者的利益，中心对基金上市采取既积极又慎重的态度。在每种基金上市前，上市稽核部都采取措施，对发行公司及基金的管理投向、效益等进行严格的审核，对外地基金到天津上市，还派人到当地进行实地考查，以保证上市基金的质量。

（二）为使天津证券交易中心更好地为证券市场的发展服务，天津证券交易中心以立足北方、面向全国为宗旨，广泛吸收会员。到年底，中心会员总数为181家，比上年增加了81家，会员遍及全国26个省、市、自治区。

（三）为活跃证券交易，中心采取了多种措施。首先，针对基金证券和国库券交易的不同特点，对基金证券采取计算机自动配对、自动撮合、自动过户的交易方式，全部交易过程实现了无纸化，促进了基金交易市场的发展；对国库券采取口头唱报竞价的交易方式，并于11月底在实物券交易基础上，增加了国库券回购业务，使国库券的交易量有了大幅度增加。其次，开通了异地委托买卖专线，吸引外地投资者入市。到年底，中心陆续开通了沈阳北方证券、沈阳工信、沈阳风险、辽宁信托、辽宁风险、锦州金星、浙江证券、汕头工信、江西中信、江西农信、徐州建信等11家外地证券商的委托买卖专线。第三，中心实行了中央清算制度，中心与证券商实行一级清算，证券商与客户进行二级清算。第四，中心降低了证券自营商买卖基金的申报起点，由原来的500手降低为1手，大大活跃了基金交易。

（四）1993年，中心狠抓了计算机软件和硬件的开发，进一步提高了证券交易的电脑化程度。在微机联网的基础上，经过多次论证，中心从美国引进了IBM公司的AS400－F45计算机2台。到年底，已将交易软件开发完毕，将于1994年初投入使用，届时，新交易系统的用户容量、撮合速度、运行可靠性将大幅度提高。

（五）为进一步规范中心的交易活动，实现证券交易的公开、公平、公正，中心在原有的证券交易规章制度的基础上，根据1993年国家发布的《证券交易所管理暂行办法》、《股票发行与交易管理暂行条例》、《公开发行股票公司信息披露实施细则》等法规，重新对中心的各项管理制度进行了修订补充，形成了一套完整的证券交易管理办法。

（六）为适应天津证券市场迅速发展和各地证券商入会的需要，1993年，中心在现有条件下，千方百计地抓好交易场地的扩建工作，新开辟了第二和第三证券交易大厅，使中心交易场地的总面积增至1200平方米，交易席位由原来的77个增加到335个。

（七）为提高管理水平，中心本着引进与培养相结合的原则，一方面从社会上广泛招聘熟悉证券管理的高级人才，陆续从外单位调入一批具有一定社会影响和工作经验的大学教师、各类硕士，充实了中心的力量；另一方面对现有人员加强业务培训考核，通过脱产、半脱产学习和国内外交流，提高中心人员的业务素质，以适应中心证券业务发展的需要。

（八）1993年8月，中心设立了全资附属的证券登记公司。天津证券登记公司是办理证券登记、开户、过户、托管、分红派息、清算交割及代理异地证券登记公司业务的法定机构。登记公司不仅办理本中心上市证券的登记工作，而且还作为上海、深圳登记公司的结算会员，代理登记业务。至年末，已开立各种股东帐户11.3万，完成了股票的托管和上市基金的分红派息工作。证券登记公司的设立为天津证券市场管理的规范化提供了必要条件。

（九）为维护投资者的利益，保证证券市场信息披露的公开、公平、公正，1993年，中心制定了市场信息管理办法并实行了不定期的信息发布会制度。凡属证券交易中心规章制度、运作方式及人事等的重大调整、上市证券交易的情况、基金的上市公告书、上市基金的中期和年度财务报告、分红方案及章程等都要及时向投资者发布，以增加市场的透明度。

（十）1993年，中心狠抓了内部管理，制定了交易中心工作人员手册，提出树立公正、廉洁、无私奉献、拚搏进取精神的口号，使这一精神在天津证券交易中心蔚然成风。

天津证券交易中心的发展得到国内外各方面的关注，到天津证券交易中心参观考查的有美国、日本、俄罗斯、南朝鲜、台湾、香港等国家和地区及国内各界的朋友近千人次，进一步扩大了证券交易中心的对外影响。

二、1994年的展望

1994年将是中国证券市场大发展的一年，也是天津证券交易中心发展的关键时期。中心的目标是高起点、规范化，把天津证券交易中心建设成为现代化程度较高的、在全国有影响的交易中心。为此，从1994年开始，天津证券交易中心将重点做好以下工作：

(一)1994年初，中心将正式启用新的F45计算机处理系统，用以支持新的交易规则。这样，天津证券交易中心计算机处理系统完成了一次升级换代，交易手段和交易条件跨上了一个新的台阶。在此基础上，中心还要在年内进行第二次升级换代，用F95大型机替代F45小型机，使天津证券交易中心的硬件系统达到一个更先进的水平。

同时，中心正抓紧双向卫星地面站和X.25地下光纤数据网的工程建设，以形成天上、地下全方位的现代化通讯网络。

(二)经管理部门批准在适当的时候，开展远期国债交割业务以及国债的期货、期权交易。为此，中心将开设专门的国债交易厅，进行现券、远期、回购、自动对盘报价、标购等国债交易厅。

(三)积极发展会员，增加上市品种，形成具有更大规模和更大辐射力的市场。为此，要进一步完善服务，即对会员入会、席位申请、通讯联网、电脑安装及建立证券部等方面提供积极的服务。中心还要进一步抓紧天津证券交易大厦的筹建工作，为证券商会员提供良好的交易环境和工作、生活条件。工程分两期，一期工程是建成7500平米的交易大厅，二期工程是建成集办公、生活、娱乐为一体的40层综合性大厦。

(四)进一步完善管理制度，强化中心的各项管理工作。一是要加强对会员的管理。中心是会员制的自律性机构，对会员的管理一方面要从自津原则出发，充分依靠会员自身搞好管理，另一方面中心要成立专门的监查部门，定时检查各会员公司的财务状况，确保会员公司财务状况的稳定，规范证券商柜台及中心交易市场的交易行为；二是要加强对上市基金的监管，督促上市基金管理人在法定时间内向社会公众公告财务及经营业绩报告，加强对上市基金重大、重要信息的披露，保障披露信息的充分性和真实性；三是加强证券市场监管，建立接受投资者投诉制度，明确受理投诉的范围、时限、内容，安排专人负责接待处理投资者的投诉，对各件投诉要认真负责处理，使证券交易活动制度化、公开化和规范化。

(五)加强调查研究和宣传工作。一要发挥证券同业协会的作用，就证券市场的发展进行较高层次的理论研究；二要注意掌握国内外证券市场的最新动态，总结经验教训，提出防范措施；三要通过信息发布会制度规范证券市场信息，建立中心自己的新闻刊物，做为主导性的传播媒介；四要加强统计分析工作，给投资者以正确的引导。

(天津证券交易中心　供稿)

武汉证券交易中心

武汉证券交易中心由湖北省和武汉市人民银行联合组建，于1992年4月17日正式开市。中心实行会员制，是独立核算的事业法人，不以盈利为目的。其组织机构设会员大会，为最高权力机构；设理事会，作为会员大会闭会期间的常设权力机构；设监事会，对中心的业务、财务及其它事项进行监察。中心实行理事会领导下的总经理负责制，总经理为中心的法人代表。中心根据业务需要，现设有总经理室、交易管理部、证券管理部、财务部、清算部、主机部、电脑部、上市部、办公室等七部三室，现有职工46人。目前，中心现有会员255家，中心会员东起上海，西到青海，南到海南，北抵哈尔滨，已经形成一个覆盖全国25个省市的会员网络。

一、1993年重要工作成绩回顾

武汉证券交易中心在1993年国库券面临"股票热"的强劲冲击，国债形象不振、发行困难、交投极度萎缩的低迷状况中，历尽艰辛，奋勇拚搏，为重振国债雄风，为中国国债市场的繁荣与发展，作出了不懈的努力和应有的贡献。

(一)大力发展会员，增大市场的规模，形成全国性的证券交易网络系统。中心在掌握会员的入会条件，办理审批手续方面采取一系列优惠措施，吸引了一大批有志于从事国债交易的证券商。使中心集聚了一大批经营国债实力很强的证券商，为中心的国债交易发挥了骨干作用。据年终报表反映，在中心一个席位上年累计成交金额在10－30亿元的券商已达13家，同时也产生了很好的经济效应。目前中心255家会员当中，外地会员所占的比例达2/3以上，除新疆和西藏外，会员单位已遍布国内25个省市、自治区。

(二)勇于开拓创新，大胆探索交易新路。中心按照"价格优先、时间优先"撮合成交的原则，在原来"电脑输入、双向竞价、适时配对、瞬时显示"的书面竞价交易与"拍卖竞买、电脑抢叫、高声唱报、一锤定音"的口头竞价交易的基础上，又适时推出较为灵活的交易方式，实物券交易、现货交易、回购交易、反回购交易、远期现货交易等等，构成了中心证券交易活跃的氛围，其中仅国债的回购交易（允许券商在约定时间内再以某一约定价格补回该笔债券的交易），就占到总交易金额的20－30%。这种符合国际金融发展潮流的新交易方式，已逐渐被其它证券集中交易市场所采用，从而完善了交易的手段，极大地提高了国库券的投资价格，刺激了国库券交易额的大幅度增加。

（三）扩大交易规模，增加上市品种，适时推出基金交易。中心在大力发展国债交易的同时，为完善证券交易的管理模式，于1993年6月份陆续批准8支基金在中心上市。迄今为止，已有来自汕头的金信基金、江西的昌久基金及中盛基金、湖北的长江基金、武汉基金、新疆、君安的西北基金、江苏的盐信基金和珠海的珠信物业基金在中心挂牌交易。

（四）完善证劵实物交割，促进国债交易。为加强规范化管理，探索证券交割由分散走向集中的新路子，中心经过充分的酝酿，于1993年4月份专门成立了证券管理部，为证券商开设会员国债帐户、建立中心库房、发放托管凭证单、实行转帐交割为主，提券交割为辅的办法。负责场内证券交易的集中清算交割。中心证券集中清算交割托管暂行办法的实行，初步改变了少数券商买券长期不能及时提券，或是需要到全国各地提券的被动局面，由证券部负责统一调剂安排就近提券，降低了交易成本，为会员证券交易提供了一个宽松的外部环境，对促进交易量起到了积极作用。截止1993年底，中心集中办理清算交割托管的证券累计达75.7亿元，占全年单方交易量的33.5%；同时中心还不定期地组织提券，满足了券商对于实物券的需求。

（五）实现资金清算快速、安全的目标。中心场内证券交易的资金采取收付轧差、按差额结算的集中清算办法，在清算时间上保证做到“T+1”。在实际操作上，中心采取“先付后收”的做法，即在成交第二天上午，在买方基金尚未到达中心帐户的情况下，先垫付划出资金，待下午再收回买方资金。这　方式的采用，使中心的资金清算交割树立了良好的信誉，券商的利益得到了充分的保证。为了保证中心资金调度的安全，中心对会员单位实行资金划付授权委托的办法，每笔资金的划付必须有接受本公司授权委托的交易员签字方为有效。同时中心对资金的流向采取严格的控制，保证资金在对手成交单位、同业往来单位和公司本部间流动。禁止资金流向企、事业单位或各非金融性的公司。中心自成立以来资金清算金额已逾千亿元，尚未发生任何差错，保证了资金清算交割的快速和安全。

（六）更新电脑网络，主机运行系统跃居国内先进水平。中心吸取深、沪证交所的计算机网络系统不断更新换代，耗费大量人力物力的教训，对主机系统的配备决定采取高起点、高标准，实行一步到位的做法，主机选定世界各主要证券交易所选用的美国XA/R300型容错双备份大型计算机，该系统能支持卫星通讯行情、发布实时行情和成交回报，可通过256色彩色图文大屏幕瞬时显示报价和成交信息；可支持中央登记、二级托管、实现交易委托的实时检查，不允许超卖、实时交割等。中央主机的软件系统经中美双方工程技术人员共同开发，在运行模式上参考深、沪证交所的做法，扬长避短，做到既能活跃交易，又能保证交易安全，杜绝违规行为的发生，使中心主机系统撮合成交笔数可达每秒1000笔，联网1000个以上，安全系数达99.99%。

（七）利用卫星通讯网络，本地、异地劵商一视同仁，公平竞争。中心在通讯网络选择定型过程中，曾反复比较过几种方案，当时一是倾向采用X.25分组数据交换网络，二是采用DDN网络初步形成中心的光纤通讯网，三是选用卫星通讯系统。为了比较几种通讯手段的优劣，中心曾组织专人分别与电信局的局领导及有关处室、长途局、光缆局等单位多次研究磋商，分析利弊，在民主决策的基础上，最后选定采用卫星通讯网络，行情和成交回报借助于卫星通讯，待条件成熟时再适时开通卫星的双向通讯，实现本地、异地券商一视同仁，公平竞争。

（八）改善交易环境，启用第二交易大厅。中心在原有500平米交易厅可容纳120个席位的基础上，为缓解证券商入会席位紧张的矛盾，在1993年11月22日正式启用了第二交易大厅，该厅拥有席位253个。新厅的启用，对扩大会员，促进交易发挥了积极的作用。

（九）规范管理，提高综合管理能力。为使中心办成一个规范化的集中交易场所，中心先后制定了近30项管理规定和办法，内容涉及交易的各个环节。同时严格管理，采取配套措施，使交易过程和厅内秩序得到明显好转。针对交易中出现的一些问题，中心能够严格要求，大胆管理，引导证券交易向规范化的方向发展。

（十）引进管理人才，扩大对外宣传。为了积极引进高层次的专业人才，中心在分行原有干部队伍的基础上，迈开了对外公开招聘干部的步伐。目前在中心44名工作人员当中，有聘用人员25人，占中心总人数的56.8%；其中具有高级职称3人，中级职称11人，助师8人；博士1人，硕士13人，大专以上学历25人。干部素质的提高，为保证中心的各项工作稳步开拓起到了决定性的作用。同时在对外宣传方面，中心与《中华工商时报》、《金融时报》、《中国证券报》、《证券投资周刊》等宣传单位，都保持了良好的关系，为中心的行情发布，重大工作事项的报道，提供建设性的意见等等方面，都发挥了很好的作用，提高了中心的知名度。

二、1994年工作规划

1994年是贯彻落实党的十四届三中全会《决定》精神，实现经济体制改革整体推进，重点突破的关键一年，国家将有许多政策出台，将会加快建立金融宏观调控体系，积极发展统一、开放、竞争、有序的证券市场。中心应抓住这个有利的契机，重点做好几个方面的工作。

（一）继续完善中心的交易、交割系统。1994年中心的各项工作要再上一个台阶，确定管理寓于服务之中的创业原则，规范证券交易行为，在中心内部建立和完善七大系统的工作：即交易管理系统、研究咨询系统、资金交割系统、证券交割系统、上市稽核系统、主机网络系统、卫星通讯系统。

（二）继续保持国债交易的强劲势头。1994年国库券发行办法实行了重大改革，国债发行量1000亿元。为此，中心在国债交易方面将竭尽全力，克服面临的不利因素：充分利用武汉国债交易的地缘优势，进一步扩大和完善覆盖全国的国债交易网络，保持国内债券市场的中心地位，拓宽国库券实物券、国家重点建设债券、保值公债、金融债券的交易，加快中心与会员单位营业网点的联网工作，进一步完善和创新国债交易方式，经管理部门批准，适时推出国债期货交易，完善中心国债交易规则，为会员提供快捷高效的服务，保持主机撮合系统和卫星通讯网络畅通无阻，力争年国债交易量达到800亿元。

（三）发展基金交易，适时推出新的交易品种。扩大基金的宣传工作，在《中国证券报》、《金融时报》、《证券投资周刊》、《武汉晚报》上刊登基金行情，利用湖北电视台、武汉电视台播放基金行情，吸引入市股民参与基金交易，使基金交易价格和成交金额有较大的发展。

（四）完善内部管理，建成安全、稳健、高效、活跃的交易系统。围绕这一目标，中心交易过程要实现“四个双”的管理运行模式：即实现防止卖空，实行券商、中心双把关；加强管理，股民资料由券商、中心双托管；预防事故，交易系统全过程硬件双备份；保障交易，实行关键岗位工作人员双岗制。

（五）筹建全国最大的国家债券实物券保管调运中心。国家债券实物券的清算交割，历来是交易过程中难于很好解决的一大难题。中心在进行实物券清算交割、设立托管库等方面已模索了一定的经验，在此基础上，将进一步拓展这项工作，拟将建立中心下属的实物券保管调运中心，抽调专人，建立总库与分库，负责押运、托管，财务上单独核算，办成一个服务于全国证券业的实体，为国库券的实物券交易探索一条新路。

（六）进一步扩大市场规模，大力发展会员，年内发展会员数量达到500家。在会员的选择上，尽量考虑到国债业务量大的券商优先入会，同时在各项配套服务上为券商提供方便，考虑到中心业务的扩容问题，筹建第三交易大厅。要求新厅面积达到1200平米，可设置席位350个，以适应中心扩大规模的需要。

（七）搞好宣传、报道、提供优质服务。充分利用报刊、电台、电视台等宣传媒介，宣传武汉证券交易的情况，介绍证券交易常识，扩大中心的影响，活跃武汉证券交易市场。同时做好会员的服务工作，时刻牢记中心的发展与会员的努力是分不开的，中心与会员的利益是一致的，会员在中心的业务做得好不好，这是中心待以发展的根本所在。一定要防止官商、衙门作风，树立优质服务的良好风气，做到使券商关心中心、支持中心、与中心的发展休戚与共。

（八）加强人才培训，提高管理水平，建立稳定的干部队伍。在证券业高速发展的过程中，新事物的不断涌现，人才培养已成为一个突出的问题。中心将采取组织培训，委托代培，岗位练兵等培训办法，提高干部的业务操作技能，组织管理能力，以适应证券业发展的需要。

（武汉证券交易中心　供稿）

91 券

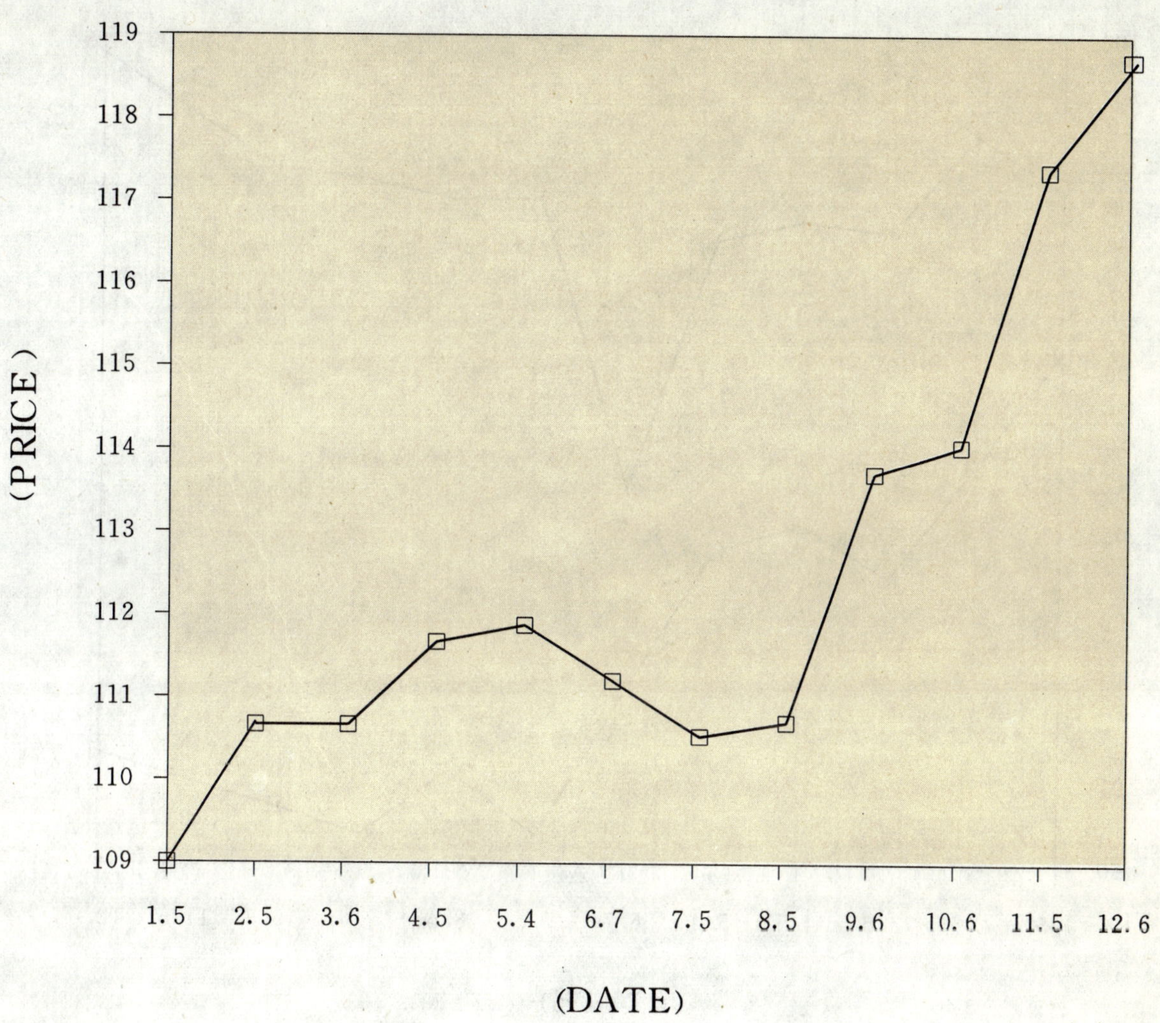

119
118
117
116
115
114
113
112
111
110
109
（PRICE）
1.5
2.5
3.6
4.5
5.4
6.7
7.5
8.5
9.6
10.6
11.5
12.6
(DATE)

92(3)、92(5)券

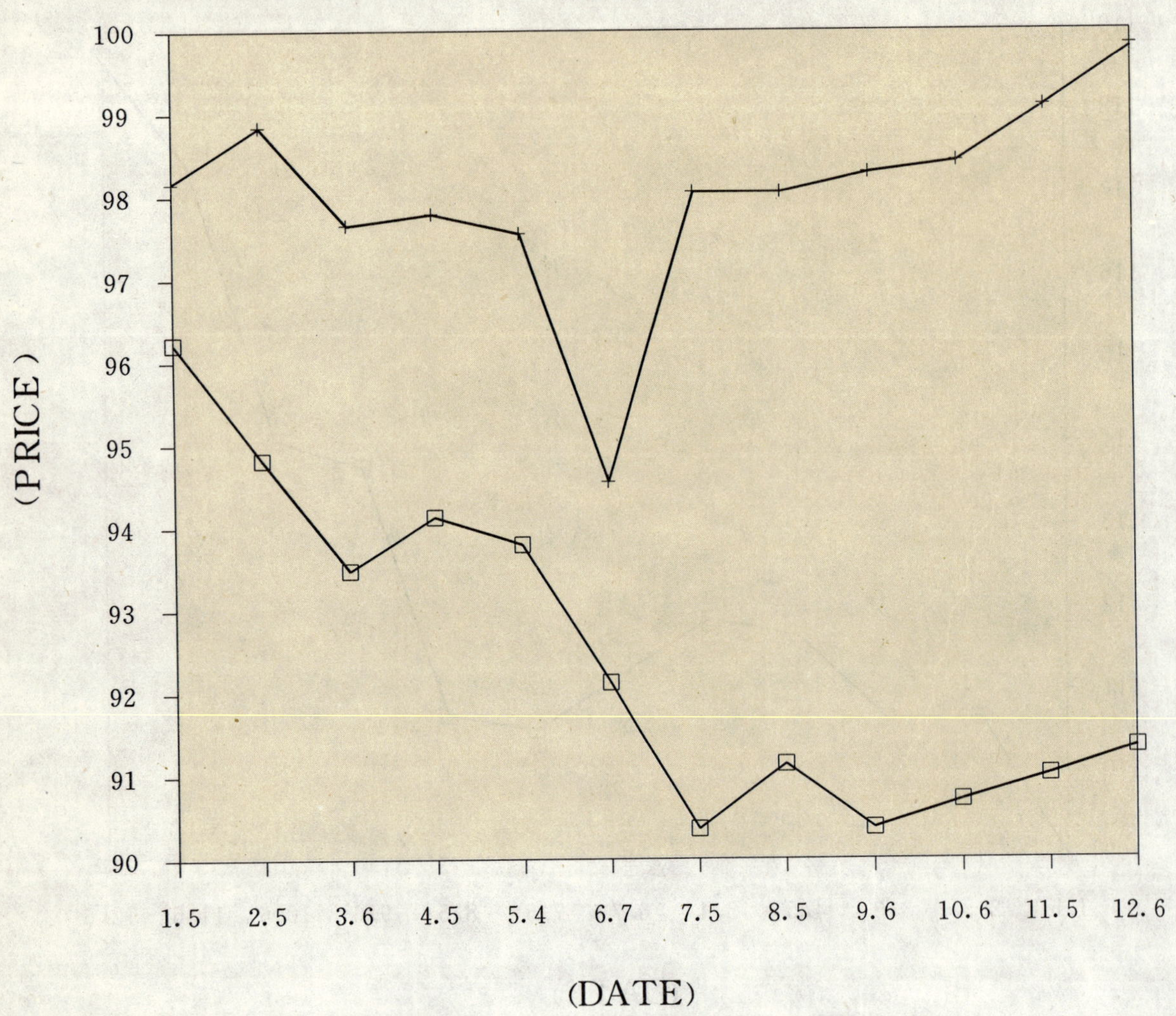

100
99
98
97
96
95
94
93
92
91
90
(PRICE)
1.5
2.5
3.6
4.5
5.4
6.7
7.5
8.5
9.6
10.6
11.5
12.6
(DATE)

93(3)、93(5)券

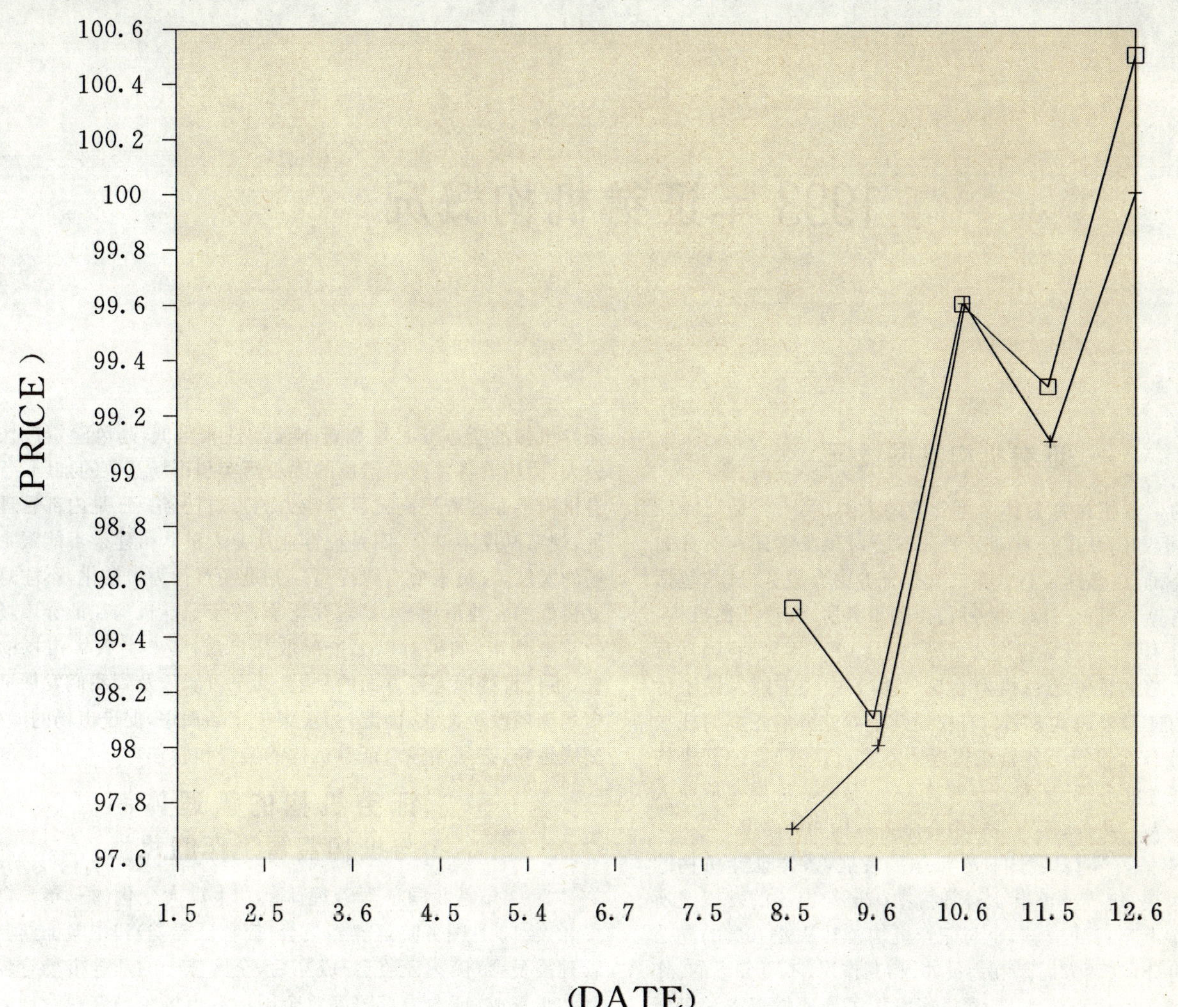

(PRICE)
100.6
100.4
100.2
100
99.8
99.6
99.4
99.2
99
98.8
98.6
99.4
98.2
98
97.8
97.6
1.5
2.5
3.6
4.5
5.4
6.7
7.5
8.5
9.6
10.6
11.5
12.6
(DATE)

四、证券经营机构

1993年证券机构概况

一、证券机构发展概况

我国的证券机构从总体上可分为两大类:第一类是证券经营机构,包括专门从事证券业务的证券公司和兼营证券业务的信托投资公司、综合性银行。第二类是证券中介服务机构,包括证券登记清算公司、会计师事务所、律师事务所、资产评估机构、资信评级机构、证券投资咨询公司等。截至1993年底,我国具有独立法人资格的证券经营机构近500家,其中经中国人民银行批准设立的证券公司共87家,有权经营证券业务的各类信托投资公司和综合性银行等兼营机构近400家,这些证券经营机构共下设的证券业务部、证券营业部等1400余家。证券业从业人数共3万余人。此外,还有证券中介服务机构500多家。

1993年里,伴随着我国证券市场的发展,各类证券机构的业务发展很快,规模不断壮大;同时,中国证券市场的发展之所以能取得举世瞩目的成就,也与证券机构及其从业人员的勤奋工作密不可分,这两方面是互为条件、相互作用、不可分离的。作为证券市场上的中介组织,证券机构发挥了沟通投资人和筹资人的作用,扮演了把市场组织、运作起来的中心角色,多数机构在发行市场上能够认真贯彻有关的发行政策,为企业转换经营机制提供咨询,积极推动我国股票发行制度不断完善;在交易市场上能够热心为投资者服务,启动社会公众的投资意识,探索多种金融工具,展开与境外证券机构的广泛联系等等,为我国经济体制改革和市场经济向纵深发展做出了贡献。在此过程中,证券机构自身的素质也得到提高,为进一步发展我国证券市场,乃至今后在证券市场国际化进程中扮演一定的角色奠定了基础。

在看到以上成就和贡献的同时,我国证券机构在发展中存在的问题也不容忽视。一方面证券机构在各地分布极不平衡,影响了证券市场发展的总体水平;另一方面不同的机构在业务上也有很大差距,真正高质量的机构还不太多。在经营过程中也有部分证券机构只从自身利益出发,唯利是图,市场上出现了一系列不规范现象,归纳起来主要有几个方面:一是违法违规经营,如有的机构背后策划或出面参与一些地方违规发行股票或增资扩股的活动,有的帮助发行企业编造假材料,欺骗主管部门和投资者,还有的搞内幕交易,散布谣言、操纵市场、歧视中小投资者等等,严重损害客户利益。二是机构资产质量问题较大,相当多证券机构的资本充足性和资本流动性相当低,高风险资产比重较大,而随着各项改革措施的逐步落实和市场竞争的加剧,各证券机构都面临着提高抗风险能力的紧迫任务。三是内部管理混乱,规章制度不健全。四是证券业从业人员队伍建设不能跟上市场的发展,人员素质有待提高。五是经营行为短期化,不注意树立良好的企业形象。六是恶性竞争。鉴于证券机构在证券市场中的重要作用,如果对以上情况放任自流,势必会败坏市场的信誉,不仅直接损害各方面的利益,甚至可能危及到我们发展证券市场这项改革大业。因此,为了维护市场秩序,促进市场的顺畅、健康运作,必须加强对证券机构的监督和管理。

二、证券机构的管理体制与机构监管工作的起步

1993年是我国证券管理体制发生重大变化的一年。自从1992年10月国务院证券委员会(简称证券委)和中国证券监督管理委员会(简称证监会)成立后,全国统一的证券市场管理体制初步形成,证券委是国家对全国证券市场统一宏观管理的主管机构,证监会作为证券委的监管执行机构,对证券市场行使具体的监督管理职能,国务院有关部门和地方政府各有职责分工。证券管理机构代表政府从立法、规划和监管的角度对证券市场进行统一管理,以保障市场的规范发展,为此必须要有法规制度作保障。依法治市是证监会的根本指导思想。1993年,在证券委的领导下,根据国务院关于加强证券及有关法规建设的要求和监管证券机构工作中缺乏法规依据的状况,通过对国外证券市场发展历史与经验的比较研究和对国内证券市场现状的调查分析,证监会拟定和参与拟定了十几项对证券机构监督管理的规章,其中已经下发的主要有《禁止证券欺诈行为暂行办法》、《关于在股票发行工作中加强证券承销机构和专业性中介机构作用的通知》和证券经营机构报送业务资料规定等,这些法规、规章初步确立了管理制度,为证券机构的监管工作提供了依据。《证券经营机构管理暂行规定》正由证监会会同人民银行拟定,《证券业从业人员行为规范》、《证券业从业人员资格确认暂行规定》、《证券经营机构股票自营业务管理暂行规定》等规章也已拟出草案。证监会还会同财政部制订了《中华人民共和国国债一级自营商资格标准及确认办法(试行)》和《中华人民共和国国债一

级自营商资格标准及确认实施细则(试行)》。这两项规章及其确认工作有力地支持了1993年的国债发行工作,并为国债发行改革、走市场化道路提供了重要的配套措施。

在对专业性中介机构的监管方面,证监会会同财政部联合发布了《关于从事证券业务的会计师事务所、注册会计师资格确认的规定》,与国家国有资产管理局联合颁发了《关于从事证券业务的资产评估机构资格确认的规定》,与国家司法部联合颁发了《关于从事证券业务的律师事务所资格确认的规定》等。

在加紧立法的同时,证监会还注重严格执法,按现有法规规范市场行为。1993年中,证监会对证券承销机构及其他从事股票相关业务的中介服务机构进行了资格审查确认工作:首先,特别加强了证券商在股票承销工作中的管理,因目前多数证券机构是在股票大量发行前成立的,对承销没有经验,因此,证监会依据《关于在股票发行工作中加强证券承销机构和专业性中介机构作用的通知》,对98家申请担任主承销商的证券经营机构进行了承销股票资格审查,严把质量关,在9月底还召开了"证券机构承销工作座谈会",对证券商的承销业务进行了总结,提出了更加具体明确的要求,其次,公布了一批获得从事证券业务资格的中介机构及其工作人员的名单,到1993年底,获得从事证券业务资格的会计师事务所65家,律师事务所172家,资产评估机构82家,执业人数17078人。资格审查从根本上讲,是为了防止素质低劣或不合法身份中介机构的进入,来避免不应有的风险,从1993年的股票公开发行情况看,这项工作基本保证了证券机构的质量,有力地配合了我国第一次大规模的股票发行。

随着证券发行、交易规模的扩大,证券违法违纪事件开始增加,证监会在积极制定法规的同时,认真查处各机构违法案件,如"宝延收购"中的内幕交易等,严明了法纪,维护了"三公"原则,保护了投资者的利益。对于证券市场发行与交易过程中证券经营机构的违法违规问题,证监会将继续调查研究。

三、今后一段时期内监管工作的重点

应在尽快建立健全证券机构管理法规的基础上加强管理,严格依法办事,惩治违法行为,同时帮助证券机构加强自身建设,加强自我约束,加快培养人才,提高自身素质,尽快形成一支规范化、高素质的证券机构队伍,以适应证券市场高速发展的需要,这已成为社会各界的共识。为了适应证券市场发展的需要,在1994年乃至今后相当长一段时间,首先要进一步建立健全对证券机构的监管规章,对机构的经营行为形成基本的规范,同时探索风险监管制度,加强对证券机构财务状况中风险因素的监控,提高机构的抗风险能力;其次要完善机构的资格审查制度,建立对证券业从业人员进行资格确认的制度;再次,要继续查处违法违规行为,重点查处严重危害市场秩序的市场操纵和内幕交易等欺诈行为。

(中国证监会证券机构部　供稿)

部分证券经营机构介绍

中国华夏证券有限公司

中国华夏证券有限公司(以下简称公司)成立于1992年10月,是由中国工商银行牵头,由国家专业银行、投资公司、国有大中型企业等40多家单位共同投资组建的全国性证券公司,注册资本10亿元人民币,总部设在北京。

公司自成立以来,各项业务拓展迅速,其业绩为社会各界所瞩目。到目前为止,公司已拥有总资产28亿元,净资产12亿元,实现利润2亿元;开业第一年股本报酬率即达12%,并在全国设立了33家分支机构、200多家业务代办点,雇员总数达900余人。

作为主承销商,公司在几百家机构的竞争中,获得了占全国总规模1/6的社会公众股主承销权,成功地发行了青岛海尔、大连冷冻、河南神马、贵州凯涤、宁夏广夏、北京北人、北京百货大楼、江苏春兰等著名企业的社会公众股股票,并在推荐上市工作中获得巨大成功。另外,公司还主承销了长白集团、三九胃泰等13家企业的法人股、华能集团等7家国家重点建设企业债券;作为中华人民共和国国债一级自营商,在1993年包销国库券1.8亿元,居国内各大券商之首。同时,公司率先进行了代理企业发行境内美元债券的业务,首发中冶4000万境内美元债券取得圆满成功。

1993年,公司实现交易量(自营加代理)100多亿元,先进的设备和优质周到的服务使公司赢得了众多的客户。

公司设有由专家组成的公司投资决策委员会,负责对各项投资进行严密、科学的论证和审核。并由有关部门负责具体的实施和管理工作。

公司拥有一流的信息收集和传输系统,由公司调研部负责与公司业务有关的战略和技术研究、信息收集等项工作,为客户提供各项咨询服务。即将成立的华夏投资顾问公司将在股份制改造、企业并购与重组、企业管理与各类投资、二级市场操作、国际国内金融等方面为客户提供广泛而优质的服务。

公司拥有一批优秀的专业人才,80%的业务人员具有硕士以上学位。来自国内外著名金融机构,以及国家部委、著名学府

的金融和理财专家汇聚在一起，共同为公司的发展贡献才智，施展才华。

公司总部地址：北京三里河路1号西苑饭店23层
电话：(01)8313388 12323、12322
传真：(01)8314647、8314650
董事长：黄玉俊
总裁：邵　淳

（中国华夏证券有限公司　供稿）

中国国泰证券有限公司

中国国泰证券有限公司是由财政部、中国人民建设银行、中国工商银行、中国农业银行、中国银行、交通银行和中国人民保险公司联合发起并入股兴办的，是经营有价证券业务的全国性大型股份制金融企业。经中国人民银行批准，1992年10月5日在上海成立。公司注册在上海浦东新区，总部设在上海市延平路135号。注册资本10亿元人民币(含外汇资本金)。原人民银行金管司司长金建栋出任公司董事长，原人民银行上海市分行行长出任公司监事长，原建设银行上海市分行副行长胡泰利出任公司总经理。

公司成立以来，在社会各界尤其是各级建设银行和广大股东的大力支持下，以提高经济效益为中心，抓住机遇，奋力开拓，各项工作迈出了可喜的一步。

一、公司组织体系基本建立、网络框架初步形成

目前，公司总部在总经理室下设置了综合管理部、计划财务部、发行一部(上海)、发行二部(北京)、证券交易部、国际业务部、基金部、计算机部、研究发展部、北京办事处等10个职能部门。

作为跨部门、跨系统、跨行业、跨地区的证券经营机构，中国国泰证券有限公司实行总公司、分公司、支公司三级体制。一年来，公司采取独资、合资、股份制等多种形式，在全国有条件的大中城市共筹建分支机构32家。其中26家已开业，先后开通上海证券交易所和深圳证交所业务。

二、抓住机遇，大力拓展业务

公司严格按照国家有关规定，以证券业为主，重点开拓了证券发行、交易与国际业务三大块。

(一)发行业务方面。公司以帮助国有大中型企业股份制改制和股票承销为重点，自1992年顺利完成上海申能电力股份有限公司和上海良华股份有限公司的股票发行工作后，1993年又成功地为马鞍山钢铁股份有限公司、华北制药股份有限公司、广东电力股份有限公司完成了股份制改制和股票发行、上市工作。其中马鞍山钢铁股份有限公司是国务院确定的全国首批9家股份制规范化试点工作的企业中最大的一家，是1993年全国最大的上市公司。此外，公司还承担了上海石化股份公司A股发行的副主承销、上海上菱电器股份有限公司A股股票分销工作，为宝X石电子、山东渤海集团等办理了股票托管业务，为桂林百货大楼等企业代理发行了法人股。股票承销总额达32亿元。

一年来，公司还顺利发行了中国石化债券、上海石化债券、高桥石化债券、浦东建设债券和各类融资券共17亿多元。积极承销了1993年国库券8000万元，被财政部、中国证监会确认为中华人民共和国第一批国债一级自营商。

(二)交易业务方面。公司已先后成为上海证券交易所、深圳证券交易所、全国证券交易自动报价系统(STAQ)和中国证券交易系统有限公司(NET)的正式会员，积极为广大投资者做好全方位的中介服务。目前，公司已在上海证交所占有51个交易席位，1993年公司交易总额超70亿元，其中股票交易额60多亿元。

(三)国际业务方面。公司已与世界各地逾百家证券公司、银行、会计师事务所、律师事务所进行了广泛的接触和业务交流，并与新加坡华侨证券公司、日本山一证券公司、瑞士银行国际有限公司、荷兰证券有限公司、华侨银行私人证券公司、韩国产业证券有限公司、韩国东洋证券有限公司等7家境外证券公司建立了B股代理关系，与香港高诚证券公司建立港股代理关系，通过韩国产业证券有限公司取得韩国股票市场的境外投资者注册资格，与美国的美林证券公司等签定了合作协议。

自公司开出B股交易业务以来，共接受190个机构和个人开户，交易总额2200万美元。1993年10月开办H股交易业务。

中国国泰证券有限公司把握证券市场迅速发展的大好时机，利用全国金融、证券中心——上海的地理优势，依托建设银行、上海人才集中的优势，广大员工艰苦创业，如今，全公司实有资产已达16.51亿元，全公司总股本达12.523亿元，总公司1993年实现利润7565万元。

（国泰综合管理部　邱从年）

上海申银证券公司

上海申银证券公司原是中国工商银行上海市分行附属全资子公司。1992年上半年，公司在充分进行可行性研究的基础上，向市工商银行提出了设立股份有限公司的申请。中国工商银行上海市分行和上海市财政局共同发起，向市政府、市人民银行提出了改制请示，并提交了相关文件。上海市人民银行及时地向中国人民银行总行反映了公司的改制申请。12月初，中国人民银行证管办以(1992)第101号文批示，同意上海申银证券公司改建为股份制公司。

1992年12月上旬，申银公司股份制改建工作正式进入实质性启动阶段。公司成立了股份制改制领导小组及办公室，对资产评估、招股、募股及资金到位、验资、公司章程修改等工作作了紧张细致的安排。12月14日，公司召开招股新闻发布会，本市的电台、电视台、各大报纸都作了详实的报道，社会各界反响强烈。近100家本市和外省市的著名企业踊跃认购参股。根据有关规定，经反复研究、权衡，本市和外省市的50家著名企业，成为公司首批社会法人股东。

改制后的上海申银证券公司实行董事会领导下的总经理负责制，市工商银行为董事长单位。公司注册资本由原来的1.35亿元人民币扩至6亿元人民币。通过机制转换，公司按照股权关系规范产权及各种利益关系，增强了企业的活力和凝聚力。金融机构和大型企业参股申银证券公司，将不仅有利于形成紧密型的利益共同体，而且有利于金融与工业资本的融合，形成新型经

济实体，为发展上海经济探索新的体制。改制后，在税收、留利使用等方面更有利于企业发展，同时，上交给地方财政税金有大幅度增长，有效地支持上海的经济建设。

改制后的申银证券公司，按股份制规范进行劳动人事分配制度的改革。公司实行干部聘任制和全员劳动合同制；实施新的“六等无数级”的工资分配制度，改变单纯按行政级别、技术职称的工资分配制度，把工资分配与贡献大小密切挂钩；设立“贡献基金”，建立“公司贡献基金管理委员会”，改革按困难程度无偿分配的住房分配制度，把住房分配与贡献大小密切挂钩完善奖励机制。

改制后的申银证券公司，将充分利用股份制的有利体制，在境内外进一步开拓经营，建成以承销、代理买卖、自营为主体业务，以发展国际业务为经营特色，并配套发展投资咨询、基金管理、期货交易等新业务，形成与国际市场接轨的第一流证券公司。

一、1993年工作概览

自1992年年底改制为股份制公司以来，在股份制运行机制的不断完善中，我公司加强管理促进业务开拓，一年来，以业务总量610.9908亿元的业绩在全国同行业中保持了领先地位。

在建立健全股份制运行机制的过程中，我公司各项业务保持了良好的发展势头，公司规模不断扩大，整体管理水平不断提高。

公司现有员工近千人，资本金达6亿元人民币。公司本部设有14个部、室、所，下设有浦东分公司和香港分支机构，在全国共有40个营业部。

1993年年初，完成经营机制的转换，建立股份制运行机制，实行董事会领导下的总经理负责制，并进行了劳动人事分配制度的改革。3月，我公司率先与9大企业中的“青啤”、“广船”签订股票发行的主承销协议。4月，我公司改变资金清算办法，公司集中统一清算。5月，全国证券经营机构中第一个分公司——我公司浦东分公司开业。6月，我公司主承销的“外高桥”B股赴港公募，为大陆企业首次在港公开发售股票。6月，“申银证券(香港)有限公司”在港设立，标志着我公司在境外机构的开拓中取得了突破性进展。上半年，《申银简报》、《申银B股周报》、《申银股市日报》、《1992年股票年报》相继问世。7月，我公司担任“大众”B股增资配股的主承销商，为我国第一次以同际惯例增配B股。10月，座落于新客站地区不夜城内的“申银大厦”参建协议正式签约。11月，“中纺机”可转换债券发行成功，为我国企业首次在境外发行可转换债券。我公司担任副主承销商及境内转换总代理人。12月，公司本部迁至南京东路99号新址，进入外滩金融区。

二、业务总量

单位：亿元

	1993年度完成数	与1992年同期相比	完成年计划	占上海市场比例
发行总量	103.899	114.11%	—	30.95%
交易总量	507.0918	356.86%	101.42%	10.53%
利润总额	2.5096	308.07%	104.57%	—

三、发行业务

单位：亿元

			1993年度完成数	与1992年同期相比
股票	A股	公开发行	37.7512(18家)	190.03%
		定向募集	4.2183(8家)	
		送配股	26.7264(18家)	
	B股	公开发行	29.6049(8家)	90.12%
		送配股	1.708(1家)	
		可转换债	2.0300(1家)	
债券			0.8137	9.50%
融资券			1.0465	1.12%

发行业务特点：

(一)在债券市场相对冷落，股票市场发行溢价较往年偏低的情况下，发行总额与1992年相比仍占114.11%。(发行总额中不包括派发红利和兑换债券)

(二)股票发行量大，A股和B股发行分别占上海市场的37.93%和66.67%。

(三)特大企业股票的发行和发行业务的开拓，如可转换债券、定向募集、送配股与推荐上市，为1993年度发行业务量的增长开创了新局面。

四、交易业务

单位：亿元

			1993年度完成数	与1992年同期相比
股票	上海证券交易所	A股	360.4827	491.53%
		B股	56.8058	305.41%
	深圳证券交易所		0.3950	—
	法人股		1.9969	—
债券			33.0319	174.27%
柜台交易			54.3795	
席位数	上交所		68	575%
	深交所		1	
“红马夹”人数			75人	258.62%

交易业务特点：

(一)1993年度交易业务继续保持强劲势头，在上交所486个会员公司中交易量占上海交易市场总量的10.528%。

(二)交易品种增加，如法人股、国债期货、深交所交易。

(三)我公司席位数已达87个，经“红马夹”培训人数已达113人。

(上海申银证券公司　供稿)

上海申银证券公司简况

公司名称	上海申银证券公司 (Shanghai ShenYin Seourities Company)
地　　址	上海市南京东路 99 号
邮　　编	200002
电　　话	(021)3295888(总机)
传　　真	(021)3298303
法人代表	阚治东
开业日期	1990 年 9 月 1 日
经济性质	股份制
从业人数	980 人
注册资本	人民币 60000 万元(含美元 1000 万元)
营业网点	分公司 1 家,本市营业部 29 家,异地营业部 10 家,本市代理点 20 家
业务范围	代理证券发行业务;自营和代理证券买卖业务;代理证券的还本付息和红利的支付业务;办理证券的代保管和证券的鉴证业务;接受委托代收证券本息和红利业务;证券投资咨询业务;中国人民银行批准的其他业务。

海南省证券公司

海南省证券公司创建于 1988 年 10 月,是海南最早的专业证券商。公司成立之初是中国人民银行海南省分行的附属公司,1990 年改制为股份制企业,股东多为国内实力较强的非银行金融机构。公司注册资本为人民币 3000 万元人民币。公司实行董事会领导下的总经理负责制,现总经理兼法人代表为文哲先生。海南省证券公司在海南证券市场的建立和发展过程中创造了多个第一。1991 年 6 月,公司率先推出了海南第一批企业债券;同年 9 月首创全国第一个房地产投资券——怡和房产投资券,在短短的 8 个月时间内实现的收益率达 40.28%,取得圆满成功。1992 年 4 月,创设了海南第一个信托投资基金——海南富岛投资基金,并于同年 8 月在海南证券交易中心挂牌交易。富岛基金作为国内最早设立的基金之一,无论在规范化管理还是经营业绩上都在国内独占鳌头。为积极推动海南股份制试点工作的开展,公司自 1991 年下半年开始,积极帮助企业进行股份制改造,承担了海南新能源、珠江、港澳、民源、化纤等 5 家海南最早的规范化股份公司的股票发行工作,经海南省证券公司推荐部分公司的个人股已于 1992 年下半年即在深交所上市交易。1992 年 7 月,公司成为上交所和深交所的异地会员,同年又加入 STAQ 系统。

1993 年,海南省证券公司各方面业务又有新的拓展,取得了令人满意的成就。在发行业务方面,先后为亚龙湾开发、海南金海、海南珠江建设、海南国科园、三亚置业、海南海洋产业、海南金轮、海南临海、海南天启、海南海斯、海口水电、海南南中国航运等 12 家公司进行股份制改组策划和股份制咨询工作,并代理承销上述公司的股权证共计 7.4 亿元,协助海南华侨投资、珠海恒通置业、海南新能源 3 家股份公司进行增资扩股工作,并承销上述公司共计 6600 万股的配股额。在新大洲、海德、海药、南洋船务 4 家公司经省证监委及国家证监委批准获准公开发行股票后,公司作为主承销商包销前 3 家公司股票共计 6000 万股,另作为分销商分销南洋船务公司股票计 150 万股。在上述 4 家公司上市股票认购证发售期间,累计发售认购证共计 2000 多万张。此外,公司还代理发行企业债券共计 2000 万元。

1993 年,公司还根据证券交易市场形势发展的需要,组织力量积极帮助部分股份公司进行上市策划和推荐工作,先后共 11 家,经公司策划及推荐,海南民源个人股在深交所、华凯实业法人股于年初在 STAQ 系统、中兴实业法人股在 NET 系统分别上市交易,另有国科园、金海、国邦、海盛船务、椰岛计 5 家公司法人股在海南证券报价交易中心上市交易。

二级市场方面,公司在扩展服务项目、充实信息咨询、改善服务态度、提高工作效率等环节进行了不懈的、卓有成效的努力,公司除在以前开通了深交所、海南证券交易中心上市证券交易外,1993 年公司又先后成为 NET 系统、天津证券交易中心、武汉证券交易中心的会员单位,并于上半年新开通了代理上交所上市股票、STAQ 和 NET 系统的法人股买卖的业务。1993 年代理各类股票、有价证券交易量累计 97 亿元人民币,在海南各证券商中居于首位,1993 年公司实现税后利润为 1300 万元,资产规模已突破 6 亿元。在 1993 年全国证券商信用评级中,海南省证券公司被评为 AA+级。还被评为 1993 年 NET 系统十佳证券商之一。

由海南省证券公司担任法定经理人的富岛基金经营状况良好,从成立之初到 1993 年 3 月,基金的资产净值由 1 元增至 1.45元,盈利率达 26.5%,年利润为 32%,因此,公司不失时机地提前进行了分红配股,红股按每 10 个单位送 2,计配股为 10 配 10,每股发行价 0.92 元,基金总规模从 6000 万增至 13200 万单位,并修订了基金章程,使基金期限由 5 年延长至 20 年。1993 年 11 月,为便于富岛基金在深交所上市交易,基金又以每股 1.3 元的价格增配 2800 万股,使基金规模又扩至 16000 万单位。基金规模成倍增大,使基金的投资领域扩大,由原来只作短期投入扩展到房地产、股权投资等中长期的投资项目上,基金的投资结构也发生了较大变化,投资的范围也由原来只限于海南而扩展到长江三角洲、东北等地,基金业务急骤扩展。年底前,基金在深交所挂牌上市的各项前期准备工作也已顺利完成。

截止 1993 年底,海南省证券公司在海口设有三个证券交易营业部:金山营业部,地址:海口市海秀大道 42 号金山大厦一楼,电话:6777613;龙珠营业部,地址:海口市龙昆北路 2 号龙珠大厦一楼,电话:6752968;龙珠专户室,地址:海口市龙昆北路 2 号龙珠大厦 11 楼,电话:6781195。此外,还设有上海业务部,地址:上海市番禺路 752 号,电话 021-2524366;深圳业务部,地址:深圳市宝安南路 75 号,电话:0755-5583049。

(海南省证券公司　供稿)

广东广发证券公司

广东广发证券公司是经中国人民银行总行“银复(1993)432号”文正式批准成立的具有独立法人资格的专业性证券经营机构。其前身是成立于1991年9月8日的广东发展银行证券业务部。公司注册资本为人民币1亿5千万元，总部位于广州市先烈南路73号华泰宾馆16楼，法定代表人为陈云贤总经理。

广发证券公司(不包括各分行证券机构)共有员工256人。其中：博士6名，硕士28名，学士56名，大专以上学历员工占员工总数的50%，均是从事证券业务所需要的并经过严格训练的各类专业人才，包括证券投资、经济管理、西方财务会计、法律、电脑、外语、外贸、应用数学等各个方面。

广东广发证券公司在机构布点方面已形成了立足广东，幅射全国，面向海外的战略格局。在广州设立了三个营业部，其中营业二部专营债券业务，营业一部、营业三部专营股票业务。广发证券公司还在上海、深圳、海南、北京等地设立了4个业务部，其中广发证券上海业务部，作为首批进军上海的广东证券机构于1993年3月成立，广发证券深圳业务部和海南业务部同时于1993年10月开业，作为异地首家进京的北京广发证券业务部已经主管机关批准成立，将于1994年首季开业。广发证券公司还统一管理并协调广东发展银行所辖21个分行的证券营业部，共有证券营业网点50多个，证券从业人员1千多人。

广发证券公司于1992年5月和10月分别取得深交所和上交所会员资格，并在深交所拥有3个席位，在上交所拥有10个席位；1993年4月和10月，分别取得NET系统和STAQ系统会员资格，在以上两系统各拥有3个和1个席位；1993年6月和1992年3月，分别进入广东南方证券交易中心和海南证券报价中心，并在以上两中心各有1个和2个席位；同时，广发证券还拥有香港联交所2个席位，拥有华南商品期货交易所2个席位。公司1992年证券交易业务量9.05亿元，1993年证券交易业务量已达到111.68亿元，居同行业同地区领先水平。

1993年广发证券公司代理发行(主承销和分销)“广州白云山”、“广东万家乐”、“广东省电力”等企业社会公众股票8520万股，代理发行“广梅汕铁路”等12种企业债券共计30066万元，代销企业债券4350万元，代理兑付债券18022万元，承销国库券3000万元。此外，广发证券公司还积极参与企业的股份制改造工作，1993年成功地策划了广东万家乐股份有限公司、广东威达医疗器械集团公司、广东省电力发展股份有限公司、广东省天贸(集团)股份有限公司等大型企业的股份制改组。

在推荐上市方面，广发证券公司已向NET系统推荐广东南海发展股份有限公司4500万法人股上市交易，向深圳证交所推荐广东美雅股份有限公司2280万股，广东万家乐股份有限公司4120万股，广州白云山制药股份有限公司3600万股等公众股上市交易。

1993年底，广发证券资产总额已达到5.4亿元人民币，1993年业务收入4254.4万元人民币，比上年增长9.92倍，实现纯利润1349.18万元，比上年增长16.43倍。经过严格考核，广发证券被中国长城资信评估有限公司评定信用等级为AA+级证券机构。

广发证券公司在市场开拓方面具有超前的意识和全方位策略。1992年12月，作为经理人设立广发投资基金，在广东省首家开办基金业务，1994年1月成立广发基金资产管理公司，有效地管理着两期共1.03亿个基金单位的运作；1993年5月与华南商品期货交易所、广东华侨信托投资公司合资成立并控股管理广东省广发期货清算公司，为华南商品期货交易所提供完善的期货交易清算服务；1993年8月，成立期货业务部，代理商品和金融期货买卖；1993年12月，控股管理广东华银国际商品期货经纪公司；1994年1月，以向企业股份制改造和证券市场健康发展提供全面、高效、优质服务为宗旨的广东广发证券咨询公司正式成立。广发证券已经形成了以广东广发证券公司为主体，以全资附属或控股管理的广东广发基金资产管理公司、广东广发证券咨询公司、广东省广发期货清算公司、广东华银国际商品期货经纪公司为羽翼，囊括证券业务、基金业务、期货业务的广发证券集团架构。

目前，广发证券在巩固阵地、开发内地、拓展海外方针指导下，正在努力开发新的业务品种和金融工具，在B股、H股、ADR、GDR业务以及在产权交易、企业收购与兼并方面有新的突破。

广东广发证券公司在不断开拓新业务的同时，十分注意管理体制的不断健全和激励机制的逐步完善，公司各项规章制度健全，经营管理水平较高，公司规章制度共有10类，包括了下属各个部门，均能得到严格实施。因此，广发证券公司组织纪律严明，工作作风严谨，员工队伍团结，企业精神奋发，其良好的形象和优质服务得到社会各界的好评和信赖。

(广东广发证券公司　供稿)

江苏省证券公司

江苏省证券公司总部位于素有“虎踞龙盘”之称的十朝古都南京，业务经营机构遍及省内各大中城市及上海、深圳、北京等。江苏省证券公司是经中国人民银行批准于1990年12月成立的专营有价证券的股份制非银行金融机构，由9家国有金融机构共同投资组建。1991年4月开始筹建工作，5月正式开业。与先走一步的沪、深等地相比，江苏省证券公司虽然起步较晚，但成功地运用了智慧，掌握了时机，从成立时仅有7个人、1千万资本金、1个90平方米经营债券的营业部，一跃成为拥有近500名员工、5亿元资本总额、累计证券承销及交易额已超过80亿元，在省内外设有20个业务机构的大型证券商。仅仅两年，江苏证券公司各项业务获得了飞速发展，以后来者居上的姿态一路高歌猛进。

1993年，是江苏省证券公司突飞猛进的一年。虽然外部环境面临许多不利因素，但公司在董事会的正确领导及社会各界的关心、支持和帮助下，秉承“高效、诚信、创新、奋进”的企业宗旨，各项工作连创佳绩：全年证券业务总量达9159516万元，较之1992年猛增；证券经营机构由1992年的3个，发展到18个，由南京一地扩展到全省及上海、深圳等中心城市；成功地发行了江苏省首家公开上市股票，全年共发行4只社会募集股票，占全省已发行数的67%；公司已取得上海、深圳两证交所及天津、武汉证券中心交易席位33个，约占全省各证券机构拥有席位总数的24%；至1993年底，公司在编员工总数已达589人。公司资产总额达4.6亿元。随着各项业务的全面发展，公司在社会上的知名度与日俱增，已经深得广大投资者的信赖，并受到越来越多的社会各界的广泛关注。

一、开拓发行业务，创新发行方式，证券承销成绩斐然

(一)开创江苏省股票公开发行上市的先河。证券市场的发展需要有良好的发行市场为基础，尤其是股票发行，是衡量一个地区证券市场发展水平的重要指标。1993年以前，江苏没有一只自己的上市股票。按照年初制定的发展计划，股票发行被列为公司1993年的重大战略任务。1993年初，公司就按照省政府的要求，帮助昆山三山纺织集团公司、无锡合纤总厂等江苏省首批股份制改造企业进行改制工作，直接起草或指导完成了改制企业可行性研究报告，公司章程、改制申请书、招股说明书等数十份重要文件，经过详细研究和论证，制定了股票发行方案。在此基础上，1993年4月24日至28日，公司作为主承销商，成功地发行了江苏省首批向社会公开发行的股份公司——无锡太极实业股份有限公司和昆山三山实业股份有限公司的股票，并于1993年7月24日和9月8日分别在上证所和深证所上市。在成功地发行了江苏省首批上市公司股票之后，面对京、沪、深几大证券公司的激烈竞争，又取得了盐城悦达股份有限公司和苏州物资集团股份有限公司的主承销资格，并于1993年11月24日至30日，成功地发行了上述两家公司的股票。综观1993年上市公司股票发行工作，有三个重要特点：一是发行方式上，在全国首次采用"无限额"认购证方式，在公正、高效方面将我国的股票发行方案设计工作进程向前推进了一大步。二是发行组织工作周密，发行期间社会稳定、秩序井然、反映良好。三是在异地证券商中，第一个完全依靠自身力量，独立完成股票承销工作，发行上市申报材料制作规范、描述准确、内容全面，受到国家有关主管部门的高度评价，充分显示了公司在股票承销方面的实力和竞争力。1993年，公司主承销社会募集股票数占全省已发行股票数的67%，在异地证券商中名列前茅。

(二)积极开拓法人股发行市场。在做好上市公司股票承销工作的同时，1993年，公司还十分重视定向募集公司股票的承销工作。

虽然受到国家宏观政策的影响，法人股发行市场困难重重。公司仍积极努力，排除各种不利因素，先后承销了常州百货大楼、沪宁高速公路、江苏轻工、江苏外贸、盐城商业大厦等数家定向募集法人股或内部职工股公司的股票，并为数家公司在法人股系统的上市做好了准备。

(三)广开门路发行、兑付债券。1993年，由于受到宏观调控和通货膨胀等因素的影响，债券市场十分不景气，债券发行销售形势非常严峻。但为充分满足企业通过债券市场筹资的需要，公司采取各种手段改善发行工作。一是建立健全了发债审批程序及发债标准，择优限劣，选择效益好的发债企业，合理引导社会资金流向；二是积极扩大业务网络，在省内外建立了广泛的以金融机构为主体的分销网点，确保债券销售；三是广开门路，采取"有奖销售"、开展代保管业务等办法促销。此外，在债券到期兑付时，千方百计调度资金，确保兑付，维护发债信誉。经过多方努力，全年仍累计发行国债、企业短期融资券等债券25000万元，兑付债券16000万元。

二、扩充业务机构，引入先进技术，股票交易量连创新高

1992年下半年，公司在省内率先开通沪、深股市专线，启动了江苏的二级市场。1993年，从加快江苏省二级市场的发育程度，扩大市场规模，建设全国性大公司的战略高度出发，通过增设业务机构、引入先进技术等一系列举措，在股票交易方面创下了突出的业绩。

(一)扩充业务机构，扩大市场覆盖面。1992年，对公司来说，是股票交易业务的起步阶段，经营机构少，业务范围主要在南京。为了改变江苏省股票交易发展初期营业网点局限于南京这一不平衡状况。1993年，公司加快发展速度，分别在全省12个县市及上海、深圳增设了15个业务机构，开展股票交易业务。在机构建设上，充分体现了高效宗旨，大多数业务部从筹建到开业仅三—四个月。深圳业务部创造了异地证券商在深设立业务部的最短时间记录。无锡、苏州、常熟、江阴、南通等业务部都已成为当地证券市场的骨干力量，一流券商。深圳、上海业务部也已成为当地的佼佼者，在两大市场站稳了脚跟。深圳业务部试营业仅短短4个月，业务量就从券商排行138位跃至第7位、异地券商在深业务部第1位。

(二)引入先进技术，提高股票运作效率。交易设施是否先进完善，是吸引投资者，提高交易量的重要因素。本着"人无我有、人有我好"、"争一流水平、至于不败之地"的原则，1993年，公司充分运用现代化科学技术、装备、更新先进的交易设施，不断提高股票交易运作效率、增强在证券市场上的竞争能力。1993年，公司在全国首批开通了上证所、深证所和"STAQ"卫星行情传输系统，成为全省第一家可同时提供三大股市运作的券商；在17个业务部安装了沪深卫星接收小站；引进开发了具有我公司特色、全省独有的、自动化程度较高的股票交易系统，装备了10多个业务部；通过引进、改造，开发出在交易所异地会员公司中处于领先地位，一个资金户可同时兼做沪、深两市的异地电话自动委托股票交易系统，已先后在银都、苏州、无锡、南通等业务部开通。此外，还为各营业部安装了彩色分屏行情揭示屏、电脑分析系统软件等先进设施。通过上述举措，大大方便、吸引了众多投资者，提高了股票交易运作效率，产生了显著的经济效益，增强了公司的竞争实力。

众多的交易网点，先进的交易设施和优质的服务手段促进了公司股票交易量的不断提高。一年来，公司交易活跃、交投量巨增，在上证所的全年累计交易笔数达84.6万笔，累计交易量62.38亿元，在相当长的时间，特别是1993年下半年以来交易量已稳稳排在所有证券商的前8名以内，异地会员前一、二名；在深证所的全年累计交易笔数达25.3万笔，累计交易量18.7亿元，排名从100名开外跃升至所有证券商前5、6名，异地会员第一名。

(江苏省证券公司　供稿)

福建闽发证券公司

福建闽发证券公司成立于1988年5月，是福建省首家专业性证券公司。为中国人民银行福建省分行全资企业，注册资本

1000万元。

1991年5月,公司改制为由福建省人民银行、福建省兴业银行等9家金融机构联合出资的有限责任公司,注册资本增至1530万元。

1992年12月,经上级部门批准,拟增资扩股至7100万元,使公司有更雄厚的实力向前发展。

公司成立5年来,本着"开拓金融市场,筹集融通资金,服务投资大众,支持经济建设"的经营宗旨,发扬"团结、勤奋、求实、开拓"的闽发精神,努力地开拓进取,得到了不断的发展壮大。

1993年,总共完成业务量52.3亿元。作为1993年龙头业务的股票委托买卖,是各项业务中发展最快的一项。全年成交金额达48.9亿元。债券交易量达3.36亿元,比年度计划增长1倍多。在代理发行业务方面,1993年,共代理发行200万元国债及1100万元企业债券,并参加福建5家股票发行团,分销福发股票,在5家股票认购证发售工作中,共发售认购证2千万张,居全省第二位。同年,对福联、福耀两家股票进行整理登记,使之更符合规范的上市公司条件,分别于1993年5月、6月在上海证交所挂牌交易,成为福建省首批上市公司。

闽发证券公司1993年月成交量统计表

单位:万元

名称 月	合计数			累计数		
	国债	企债	股票	国债	企债	股票
一月份	721.13	196.36	15143.00			
二月份	1754.94	276.77	25514.00	2476.07	473.13	40657.00
三月份	2501.14	216.00	47545.60	4977.21	689.13	88202.60
四月份	671.12	648.70	56020.00	5648.33	1337.8	145122.00
五月份	279.37	177.44	26984.00	5927.70	1515.3	172106.60
六月份	891.01	223.18	51647.48	6818..71	1738.5	223754.08
七月份	5235.94	215.30	23494.56	12054.65	1953.8	247248.64
八月份	801.27	151.54	33011.22	12855.92	2105.3	280259.86
九月份	1195.36	185.35	10462.70	14051.28	2290.6	290722.56
十月份	240.34	431.00	25785.07	14291.62	2721.6	316507.63
十一月	2236.06	400.81	57273.67	10517.07	3122.5	373781.30
十二月	13767.91	216.05	69064.67	30285.58	3338.5	442845.97
合计	30285.58	3338.5	442846			

另:三明、泉州、漳州子公司1993年业务量统计如下:

三明:20994.28

泉州:21587.83

漳州:3689.78

为了在竞争中站稳脚跟,多方面地服务投资大众,1993年,公司采取了三个方面的措施:

(一)扩大营业规模。一方面改造老点。1993年,原广达路营业部及高桥营业部先后开办了股票委托买卖业务;另一方面增设新点。先后设立了深圳、杨桥、西营里等营业部,由公司控股的三明、泉州、漳州三个子公司也于年初相继开业。至1993年年底,公司共拥有10个分支机构,形成点多面广的特色。

(二)扩大业务范围。1993年,公司不仅大力抓好上海上市股票的委托买卖业务,同时还增加了深圳上市股票、法人股、债券等的交易业务,不断拓宽跑道,使原有的2个席位增至25个,其中包括上证所17个,深交所2个,福建省证券交易中心9个。STAQ系统和武汉证券交易中心各1个。

(三)改善投资服务。1993年,实现了营业点日常业务从手工到电脑化的转变,达到了"准确、快速"的要求,同时,大力改善投资服务设施,开拓了卫星行情接收、行情联网、点对点双向通信等电脑应用新领域,率先于福建省内开通了电话委托业务,并代印代发行《上海证券报》,提供诸如中文BP机、无线电广播、图文电视等股市信息服务,在很大程度上为投资者的投资活动创造了良好的条件。

作为福建省内最大的证券商,闽发让券公司将以公正、高效、优质的工作作风,再接再励,不断开拓,以更新的姿态,更好地为投资大众服务,为发展社会主义证券市场,支持地方经济建设作出新贡献。

(福建闽发证券公司　供稿)

武汉证券股份有限公司

一、公司概况

武汉证券股份有限公司是经中国人民银行总行批准,由武汉地区各金融企业共同参股的股份制金融企业,是全国最早成立的股份制证券公司,于1988年3月5日正式开业,当时注册资本金为人民币5000万元。公司的主要业务项目有:承销发行企业股票;代理买卖上市公司股票;代理和承购包销企业债券;代理和自营证券买卖;代理证券的还本付息和红利派发;受理证券鉴证和代保管;开发证券投资及其它证券业务。公司现有资产5.6亿元,净资产6600万元,职工400多人。公司法人代表为总经理李永宽,现年35岁,经济师,硕士在读,从事金融工作十余年,现任深圳交易所理事。

武汉证券股份有限公司本部设总经理办公室、机构管理部、调研开发部、人事部、财会部、资金部、电脑工程部、行政基建部、稽核部、保卫部、保管部、发行部、投资部、交易部、基金部等15个部室,下设9个营业部,即:上海营业部、深圳营业部、江汉路营业部、沿江大道营业部、中南路营业部、乔口营业部、武钢营业部、黄石营业部、沙市营业部;5个营业处,即江汉路、花桥、汉阳、青山、东湖营业处;6个联营处,20多个代理处。目前,公司已初步形成了"立足武汉,辐射全省,走向全国"的格局。

公司地址:武汉市江汉路21号
电　　话:2830050、2847608
传　　真:2814462、2835559
邮政编码:430014。

二、管理与技术水平

公司充分应用股份制组织形成,实行董事会领导下的总经理负责制，狠抓内部管理，向管理要效益，不仅大大增强了公司的凝聚力，而且也取得了良好的经济效益。

首先，公司调整组织结构，加强领导班子的建设，将原来3个部划分为15个部室。部门划细以后，各自的职责更加分明，便于管理和监督。公司设副总经理4名，协助总经理处理各项事务，按划线分块方式管理，每人都有明确的分工和责任，大大提高了办事效率。

其次，公司实行全员聘用制，引入竞争机制，先后4次从社会上招聘各类专业人才200名，公司现有员工中，具有大专以上文化程度的占82%，其中中高级职称占27%，全体员工平均年龄为25岁，初步形成了年富力强的领导班子和一支年纪轻、文化素质高、业务熟练的员工队伍。公司在启用人才方面，早已打破了铁交椅，消除了论资排辈现象，实行择优上岗，能上能下，能进能出。几年来，一大批精力充沛、德才兼备的年轻人被提拔到领导岗位，成为公司业务发展的中坚力量。在业务拓展方面，实行项目经理负责制，给人才以一定的空间，充分施展其才能，有效发挥了每个员工的潜能和创造力。

在分配制度方面，公司以工作实绩作为主要考核指标，实行工效挂钩，多劳多得，奖惩分明，拉开收入差距，"上不封顶，下不保底"。有人说证券公司是"金饭碗"，但它也是"泥饭碗"，因为任何员工如果碌碌无为，都有可能拿不到分文工资和奖金，甚至被炒鱿鱼。

公司提出"武汉证券，竭力超前，奉献永远"的企业精神，公司的徽标为标有"W.S"的牛头，这不仅象征牛市，而且喻指老黄牛"俯首甘为孺子牛"的默默奉献的精神，体现了公司全体员工的凝聚力。

武汉证券股份有限公司下属的营业部均本着"优质、高效、准确、安全"的服务宗旨为广大股民提供完善的服务，各营业部设备都十分先进，如：大屏幕行情显示；先进、科学的技术分析系统；在湖北地区首家采用电脑自动输单，办理一笔委托仅需几秒钟。并在湖北首家采用电话自动委托和股民"自助餐"(即无人证券商系统)。各交易厅宽敞明亮，环境宜人，并且服务周到，股民所需的委托、查询及撤单功能俱全，并可自动交割，资金可及时到位。

三、经营业绩和财务状况

公司成立6年来，坚持"开拓进取，求实创新"的经营思想，把发展一级市场和二级市场，发展本地市场和开拓外地市场，发展股票市场和国债及其他债券市场结合起来，各项业务均得到长足的发展。

根据中国证券业协会和中国诚信证券评估有限公司联合发布的《1993年中国大陆证券商排序》表明，武汉证券股份有限公司1992年业务量为58亿元，居全国同行业第5名，利润为908万元，居第6名；资产4.48亿元，居第9名；净资产为5.9亿元，居第11名；公司1993年业务总量136亿元，为1992年的2.43倍，居华中地区各证券经营机构之首。

在证券承销方面，武汉证券股份有限公司先后代理省内140多家企业发行债券，累计金额达11亿多元。为支持地方重点企业的发展，公司代理武汉石油化工厂、葛化、武钢、二汽发行企业债券，公司还以积极灵活的方式参与国债的承销工作，是财政部和中国证监会批准的13家国债一级自营商之一。

在股票发行承销方面，武汉证券公司坚持"优质、高效、低费"的原则，积极参与和推进省内企业的股份制改造。到1993年底，公司已代理省内65家企业发行股票28亿元，公司还先后获得上海、深圳证券交易所、NET系统、STAQ系统和武汉证券交易中心上市推荐资格。1992年11月成功推荐"武商"在深交所挂牌，1993年作为武汉"长印"、"凤凰"股票公开发行的主承销商，成功推荐其分别在沪、深交易所挂牌。

在证券交易方面，公司利用自身优势，将国债、地方企业债券、股票和其他40多个有价证券品种的交易推向新水平，6年累计实现证券交易量235亿元，1992年公司在湖北地区首先开通了沪、深股市的异地买卖，最高的成交量达8000万元，已成为两家交易所重要会员，并担任深交所的理事。

在积极开发证券业务新品种方面，公司成立以来，一直致力于证券新品种的开发，并创下几个全国第一。1988年率先突破行政框框，代理发行全国第一家异地企业债券；1990年在全国率先推出国库券寄存单业务，并发行累进利率债券；1991年率先开办了共同投资基金，已于1993年8月在武汉证券交易中心挂牌上市；1992年成功推荐"武商"在深交所挂牌，成为全国大型商场第一家上市公司，1993年在"长印"、"凤凰"的公开发行中，率先采用逐日公布申请表认购数量的方法，并获成功。

(武汉证券公司调研部　马利)

上海海通证券公司

1988年9月22日经中国人民银行和交通银行批准，上海海通证券公司正式成立。作为全民所有制专业证券公司的"海通"实行自主经营、独立核算、自负盈亏、依法纳税。随着我国股份制企业的改革深化，海通证券公司在激烈竞争的证券市场中，努力拚搏，积极开拓，已在众多的同行业中占有重要的地位。同时，在不断的探索和实践中，海通证券公司从起步到现在已初具规模，日益为众多的企业、同行和投资者所关注。

海通证券公司在5年多时间里，业务总量达487.37亿元，其中发行量58.71亿元，交易量428.66亿元，创利逾亿元。

海通证券公司在辛苦耕耘的5年多时间里，创下了人们记忆犹新的上海乃至全国之最。

1989年4月牵头组织了上海第一个股票发行团，联合申银、万国证券同业首次采用包销方式成功地发行了上海解放以来对个人发行量最大的上海真空电子器件股份有限公司第三期股票。

1990年10月与浙江省证券公司携手发行了上无四厂短期融资券，首创证券跨地区发行。

1991、1992年二次成为全国专业证券公司唯一荣任国库券承购包销团的副主干事，承购销7.2亿国库券。

1992年6月在浙江省杭州市开设了异地营业部，成为上海第一家在外省市开设经营机构的证券公司。

1992年12月有奖销售上海久事第二期企业债券，开创上海债券有奖销售的先列。

1993年5月公司职工王少燕被中国人民银行、中国金融工会全国委员会授予全国金融劳动模范称号，她是上海证券机构中唯一获此殊荣的证券从业人员。

1993年6月在深圳经济特区开设营业部，这是上海证券机构第一家进入深圳的证券机构。

1993年7月成为第一批中华人民共和国国债一级自营商。

海通证券公司5年来建有市内营业部11个,代理处21个;异地营业部10个,代理处5个;另外还有15个境外代理商,初步形成了海通格局。

海通证券公司坚持“一流的工作效率,一流的服务质量,一流的公司信誉”的宗旨,努力塑造“海通”形象。在1993年中,公司发行总额为256748.83万元,交易额为2884544万元,创利5500万元,都达到了历年的最高点。一年中开设了市内5个营业部,5个代理处,异地9个营业网点,同时新建立了6个境外代理商。

公司现为上海证券交易所会员、深圳证券交易所会员、天津证券交易中心会员、武汉证券交易中心会员、全国证券交易自动报价系统(STAQ系统)会员、全国电子交易系统(NET系统)预备券商。

目前公司总经理室下设办公室、发行部、市场部、财会部、调研部、国际业务部、电脑部、人保部、监察室和业务推进部等机构。

(上海海通证券公司　供稿)

广东证券公司

一、公司概况

广东证券公司是由广东省内14家省、市金融、财政机构及企业参股组建的股份制金融企业,1989年6月经中国人民银行批准成立,公司实收资本金为人民币7550万元。公司是独立核算、自主经营、自负盈亏的独立经济法人,实行董事会领导下的总经理负责制,总经理、法人代表:钟伟华。

公司内设综合发展部、计划财务部、行政管理(人保)部、投资部、基金部、发行上市部、债券业务部、期货业务部、交易清算部、电脑工程部、榕园营业部、东风东营业部、天河营业部、深圳营业部和上海业务部。公司还在广东省内设立了15个营业处,形成了以珠江三角洲为中心,向省内其它地区幅射的广东证券公司证券机构网络。

公司经营业务范围:代理证券发行业务,自营和代理证券买卖业务,代理证券的还本付息和红利的支付,办理证券的代保管和证券的鉴证业务,接受委托代收证券本息和红利,证券贴现和证券抵押贷款,接受委托办理证券的登记和过户,证券投资咨询,国债期货,人民银行批准的其它业务。

公司自成立以来,以实践金融体制改革,推动证券市场发展为己任,为企业转换经营机制,向市场筹集建设资金,提供竭诚的服务。为三茂铁路、茂名腈纶、高速公路等一批涉及能源、交通、基础工业的大、中型企业和国家重点建设项目代理发行了13.5亿企业债券,为省内一大批崛起的企业集团筹集生产发展资金,支持了新生企业的起步与腾飞。公司1990年加入了全国证券自动报价交易系统(STAQ);1991年加入了中国证券业协会;1992年申请加入了深圳证券交易所;1993年加入了中国证券交易系统中心(NET)。

二、公司业务发展情况

1993年,我公司积极抓住证券市场发展的大好时机,加快了各项业务发展,使这一年成为公司自成立以来发展最快、经营效益最高的一年。公司在1992年10月28日首家在广州市代理深圳A股买卖业务的基础上,又先后开通了代理NET法人股、上海A股、深圳B股和南方证券交易中心证券买卖业务。同时为了适应证券交易业务发展的需要,公司进一步更新、装配先进的电脑、交易设施和卫星通讯系统,1993年下半年,公司全面实现了代理深股买卖电脑自动报盘,委托讯号可直接进入深交所电脑主机撮合系统,买卖深、沪股均实现了T+0的回转交易;开通了380多对自动电话委托中继线,委托、查询方便、快捷。因此,尽管1993年证券市场竞争日益激烈,股市疲软,但我公司代理股票买卖业务仍取得了较好的成绩,全年股票成交额达302030万元。在企业债券市场偏淡的情况下,公司采取了多种形式,帮助广东省高速公路建设公司、茂名腈纶工业公司等交通运输和大中型企业发行企业债券35600万元,帮助其他证券同行分销企业债券23386万元。同时,积极开展国债、企业债券交易业务,国债交易总额3680万元,办理客户委托买卖债券319万元。

随着我省股份制企业改造的进一步深化,公司积极帮助企业进行股份制改造,做了8家企业股票上市推荐和1家企业股票主承销业务。1993年11月将“广东电力”、“佛山照明”公众股推荐到深圳证券交易所上市;又推荐了中山华都实业股份有限公司法人股到南方证券交易中心上市。现正在做“东莞宏远”、“中山金沙”、“南海实业投资有限公司”、“韶关力士通”、“韶关明珠”、“清远北江”等公众股和法人股上市推荐工作。对梅州市梅雁集团公司,承担了主承销任务,承销该集团1600万公众股。为了筹集更多的生产发展资金,1993年12月我公司还成功地完成了“广证投资基金”募集工作,到位资金11700万个基金单位。同时完成了广证基金的募集和股份托管及上市前的各项准备工作。

三、公司分支机构情况

为了方便省内营业处开办代理证券买卖业务,我公司与省内各营业处在互利的基础上,经过长时间筹备,建立了以我公司为中心的广东证券公司证券交易网络系统(小广东网)。自1993年7月7日起,我们正式开通了与中山营业处的电脑联网,以后又相继开通了与汕尾、肇庆、新会、河源、清远、南海营业处和南海发展银行等7市8个点的电脑联网,使各个营业处通过我公司可代理深圳A股买卖业务,其中有3个营业处(部)还开通了代理中国证券交易系统中心(NET)法人股的买卖业务。下半年,通过“小广东网”成交的公众股和法人股成交额达5.1亿元,使我省证券市场得到进一步发展。

公司自开业以来,累计业务成交量达100多亿元,实现利润3500万元,其中1993年实现利润1578万元,取得了良好的社会效益和经济效益。

现在,公司正在邓小平同志建设有中国特色社会主义理论和党的十四届三中全会精神的指引下,立足证券行业,进一步开拓新业务,以优质、高效、创新的服务赢得顾客。我们有信心在加快改革开放的大好形势下,与全国的证券同行一起,为股份制企业改造服务,为活跃证券市场,促进我国证券市场发展作贡献。

(广东证券公司　供稿)

北京证券有限公司

北京证券有限公司(以下简称公司)是经中国人民银行批准,在北京市工商行政管理局登记注册,以经营有价证券业务为主的股份制金融企业。其成立时间是1993年4月28日,注册资金1.2亿元。公司宗旨是遵照国家经济政策和法规,运用市场机制引导资金流向,促进经济体制改革和证券市场的发展,为境内、外的筹资者和投资者服务。其业务范围主要包括:代理人民币和外币证券业务;自营和代理证券买卖;代理证券的本息偿付和红利支付;办理证券贴现和证券抵押贷款;办理证券的托管和鉴证;接受委托代收证券本息和红利;接受委托办理证券的登记和过户;证券及其他各类投资业务;担保、鉴证、征信调查和咨询;以及中国人民银行批准的其他业务。

公司现为中国证券业协会的常务理事成员,上海证券交易所、深圳证券交易所、中国证券交易系统有限公司(NET)和全国证券交易自动报价系统(STAQ)的会员,以及天津证券交易中心、武汉证券交易中心的首批会员。公司在沪、深两地证券交易所场内均拥有席位,并在北京、上海、深圳设立了业务部、营业部。第一营业部位于北京市西城区新街口外大街8号,营业大厅面积达1000多平方米,并配备有5块先进的行情显示大屏和全套建功分析系统。该营业部集委托代理买卖股票与其它证券交易于一地,极便于投资者进行全面的投资选择。第二营业部位于北京市崇文区永定门内中街东里13号,它填补了北京市南城证券营业网点不足的布局,具有极大的发展前景。第三营业部位于北京市西城区德胜门外大街小市口1号,该营业部以电话委托、磁卡交易为特点,可为入市者提供迅捷方便的服务。上海营业部位于上海市云南南路261号,营业面积600多平方米,大厅内装有先进的行情显示大屏及分析系统,贵宾室配有墙式多功能综合显示屏系统,各种服务设施完善,设备舒适齐全。深圳业务部位于深圳市福田区上步区锦龙新居15号楼503室。各营业部均以保障股民权益为最高准则,强调优质服务,简化各种手续,为股民开户、下单、买卖成交、清算交割等程序提供一条龙服务。

1993年,公司本着“一业为主,多种经营,保重点,全方位发展”的战略方针,克服了初创阶段的各种困难,以证券交易为龙头,不断拓宽经营领域,取得了较好的经济效益和社会效益,不但开通了4个股票系统的委托买卖业务,而且还成功地推荐了天桥百货股份有限公司与天龙股份有限公司两只股票在上海证券交易所挂牌交易,这是北京地区企业所发股票首次在证券交易所上市,在北京地区引起较大反响,为推动北京地区企业股份制改造和激发居民的投资意识奠定了良好的基础。另外,公司在证券代理、自营,证券回购、投资以及金融企业资金往来等方面也取得了明显成就。其代理证券业务总计148304万元,其中,代理发行国库券1300万元,企业债券4000万元,法人股募集181万元,代兑付国库券8770万元,企业债券7347万元,上海证券交易所、深圳证券交易所、NET、SATQ4个交易系统股票代理买卖成交总额126670万元。自营证券买卖成交总额9184万元。证券回购业务总计26660万元,其中买入返售证券13650万元,卖出回购证券13010万元,金融企业资金往来总计54105万元。

截止1993年12月31日,公司资产总额总计380106348.86元,营业收入30043074.80元,利润总额16641353.58元。并被NET系统评为1993年全国最佳券商。

公司在今后运行过程中,将恪守公开、公平、公正原则,以良好的信誉,优秀的管理和先进的设备为各界服务。

总经理:张克俭

副总经理:王丽群　王亚泰　邱平

总会计师:韩胜

公司地址:北京市新街口外大街8号

邮　　编:100088

电　　话:(01)2049402 2049375

传　　真:2049375

(北京证券有限公司　供稿)

天津市证券公司

一、公司发展基本情况

1.1991年年初参加了全国首次国库券承销团。

2.1991年独家代理天津市第一家股份制企业——天津立达国际商场股份有限公司的内部股票发行。

3.1992年4月做为股票发行顾问和主干事组成了天津市第一个股票承销团,代理天津劝业场股份有限公司的内部股票发行。

4.1992年4月成为上海证券交易所第一家天津地区的会员,并于同年11月在天津首家开办了异地代理买卖上海股票的业务。

5.1992年5月成为深圳证券交易所第一家天津地区的会员;经深圳证券交易所批准,获得深交所异地上市企业推荐人的资格,并于1993年3月在天津首家开办了天津异地买卖深圳股票的业务。

6.1993年2月8日,天津市在上海首家开办的证券业务部——天津市证券公司上海证券业务部正式开业。

7.1993年8月,在天津市建成目前面积最大的交易场所——天津市证券公司广东路证券交易营业部,同时代理天津、上海和深圳三地的证券交易。

8.1993年天津市首次公开发行股票,公司承担天津立达国际商场股份有限公司股票的主承销任务和天津环球磁卡股份有限公司股票的承销工作。

9.为了扩展国际业务,公司先后与香港及新加坡等地区建立了合作关系。

二、所属证券业务部门

1.天津市证券公司解放北路证券营业部

地　　址:天津市和平区解放北路157号

邮政编码:300040

电　　话:(022)3301446　(022)3312603　(022)3301721　(022)3301595

图文传真:(022)3301578

负 责 人:王三强

2.天津市证券公司南开二马路证券营业部

地　　址:天津市南开区二马路41—43号

邮政编码:300100

图文传真:7354767

电　　话：(022)7356246

负 责 人：张敬领

3. 天津市证券公司广东路证券交易营业部

地　　址：天津市河西区广东路408号

邮政编码：300201

图文传真：8311173

电　　话：(022)8311174　(022)8310427　(022)8311178　(022)8311240　(022)8311241

负 责 人：赵实尤

4. 天津市证券公司深圳证券业务部

地　　址：深圳市八卦岭上林苑酒店一层

邮政编码：518029

图文传真：(0755)2400255

电　　话：(0755)2400243　2400421

负 责 人：张建生

5. 天津市证券公司上海证券业务部

地　　址：上海市长宁区新华路527号

邮政编码：200052

图文传真：(021)2520186

电　　话：(021)2520344

负 责 人：齐助昌

证券机构经营业绩情况表

单位：万元

<table>
<tr><td>机构全称</td><td>天津市证券公司</td><td>开业日期</td><td>1988年6月</td><td>营业部数量</td><td>5个</td></tr>
<tr><td>董事长</td><td>葛子平</td><td>总经理</td><td>李振洲</td><td>机构性质</td><td>股份制企业</td></tr>
<tr><td>从业人数</td><td>136人</td><td>实有资产</td><td>16830.4万元</td><td>1993年净盈利</td><td>1368.1万元</td></tr>
<tr><td>经营范围</td><td colspan="5">1.代理证券发行业务；2.自营和代理证券买卖业务；3.代理证券的还本付息和红利的支付；4.办理证券的代保管和证券的鉴证业务；5.接受委托代收证券本息和红利；6.证券贴现和证券抵押贷款；7.接受委托办理证券的登记和过户；8.证券投资咨询；9.人民银行批准的其它业务</td></tr>
<tr><td>1993年公司主要经营业绩</td><td colspan="5">债券自营交易额：
债券代理交易额：(14.4亿元)144000万元
股票A股交易额：(33.5亿元)335000万元
承销发行情况：(0.23亿元)2300万元</td></tr>
<tr><td rowspan="2">通讯联系</td><td>地址</td><td colspan="2">天津市南开区南开二马路41—43号</td><td>邮编</td><td>300100</td></tr>
<tr><td>电话</td><td colspan="2">(022)7347643</td><td>传真</td><td>(022)7354767</td></tr>
</table>

黑龙江省证券公司

黑龙江省证券公司(以下简称公司)于1988年8月1日经中国人民银行批准成立，公司注册资本1500万元，是全省唯一一家省级专营证券业务的非银行金融机构，具有独立的法人地位。公司是中国证券业协会理事、上海证券交易所会员、深圳证券交易所会员、天津证券交易中心会员、北京STAQ法人股系统会员。

公司总部设在哈尔滨，共5部1室，同时在省内各地市88家金融机构设立了代办处。为拓宽公司的经营渠道和业务联系，1993年2月11日，上海证券业务部开业，这是龙江在沪的第一个营业部，也是龙江证券界在上海的第一个窗口，1993年12月28日在深圳，龙江的又一个营业部也首家正式开业，为促进南北交流，资金融通起到了带头作用；在哈尔滨，为满足广大股民的需要，1993年10月18日公司在南岗又设立了一处集深、沪两地异地交易，STAQ法人股交易于一体的多功能交易大厅，为股民提供了全方位的服务，其规模之大影响之深在省内绝无仅有。

公司成立6年来，业务不断发展开拓，闯出了一条成功之路。在龙江证券界真正起到了领头羊的作用。1990年正式营业以来，共代理发行56家企业债券，累计3.45亿元，为地方经济的发展、为企业多渠道融通资金起到了应有的作用，在国债发行与交易中，6年累计发行量5.2亿元，交易量10.65亿元，并于1991、1992年两年参加了全国国库券承购包销团，在实践中为国债发行从行政摊派到承购包销的过渡做出了努力。为完善龙江证券市场，拓宽投资渠道，公司于1992年12月21日在本省率先开通了上海异地股票交易业务；于1993年8月1日率先在龙江开办了STAQ法人股交易业务，填补了龙江证券市场法人股交易的空白，又于1993年1月18日率先开通了深圳异地股票交易业务，预计在1994年3月份再次首家推出股权证柜台交易业务，适应定向募集股份公司发展的需要，也做出了很多工作。自1993年4月起，先后参与了北亚、龙华、北钢、东方、天鹅等多家股份制公司股票的发行承销工作，并与深圳招商银行一起成为"北亚"股票发行的联合主承销商，北满特殊钢股份有限公司股票发行的副主承销商、"东方"、"天鹅"股票公开发行的分销商，同时独立成功地为"哈尔滨黎明透平股份有限公司"定向募集改造作了大量工作，为公司的发行业务打下了坚实基础。

1993年是公司飞速发展的一年，经营成果实现了四个突破：全年交易额突破30亿元，收入总额突破2000万元，上缴税金突破45万元，利润总额突破350万元。为进一步推动发展，公司将转换营业机制，经批准于1994年3月改组为黑龙江省证券有限公司，由原来独资转变成股份制，注册资本金将达到1亿元，为公司的未来发展补充了后劲。"30亿只是起点，50亿才是奋斗目标"。公司将以崭新的面貌出现在龙江证券界，塑造"龙江证券"新的形象，一如既往致力于为社会各界热诚服务，共创未来。

(黑龙江省证券公司　供稿)

陕西证券有限公司

陕西证券有限公司是西北地区实力最强，影响最大的证券公司之一，属于非银行金融机构，公司于1988年7月开业，1992年10月由陕西省8家金融机构参股而改制为有限公司至今。

董事长：李嘉尤

总经理(法人代表)：吴全昌

陕西证券有限公司本部设有总经理办公室、综合信息部、财务部、发行部、基金管理部、交易部。公司下设西安解放路营业部、西安西五路营业部、西安建银营业部、咸阳营业部、上海营业部和深圳代表处。另外，公司在商洛、咸阳、渭南、铜川、延安、榆林、汉中和安康设有代理处，在省中行、汉中市人行、汉中城市信用社及商州市人行设有代办处。

陕西证券有限公司系中国证券业协会第一届理事会理事和常务理事，先后取得了深交所、上交所和中证交的会员资格，并首批加入了西安证券交易中心。

1993年公司证券交易量：债券自营交易额人民币：2541万元；债券代理发行、兑付额：16614万元；股票(A股)代理交易额人民币：49.1亿元；股票(A股)代理发行额人民币：1.5亿元。1993年公司净盈利：人民币1726.6万元；实有资产：人民币12960.8万元；从业人数：105人。

邮编：710004

地址：西安市解放路233号

电话：(029)7215339 7216931－348、358、357

传真：(029)7215339

一、陕西证券有限公司业务创新情况

1993年陕西证券有限公司在上年的基础上有了较大的发展，新增了两个营业部，首家在西北开通了中证交系统，并首批加入了西安证券交易中心，扩大了员工数量，提高了员工素质，在确保证券交易额稳步增长的同时，公司积极开拓证券一级市场业务，充实了公司发行部，先后参与了陕西省5家股份制企业的组建与改制工作，承担了西安海粤(集团)股份有限公司定向募集的主承销，并作为长岭(集团)股份有限公司公开发行A股的承销团成员之一，成功地完成了长岭股票的公开发行工作。另外，为了对公司发行的基金实施规范化管理，成立了基金管理部。同时，公司还在内部管理上健全了岗位责任制，为公司今后的更大发展创造了条件。

二、陕西证券有限公司主要业务网点情况

西安解放路营业部：

负责人：冯军　经理

邮　编：710004

地　址：西安市解放路233号

电　话：7287432

西安西五路营业部：

负责人：武铸　经理

邮　编：710004

地　址：西安市西五路

电　话：7234979

西安建银营业部：

负责人：王秋芳　经理

邮　编：710003

地　址：西安市莲湖路68号

电　话：7213089

咸阳营业部：

负责人：李保成　经理

邮　编：712000

地　址：咸阳市乐育南路4号

电　话：214624

上海营业部：

负责人：王仲秋　副总经理

邮　编：200080

地　址：上海市黄浦路80号

电　话：324575

深圳办事处：

负责人：王新良　副总经理

邮　编：518046

地　址：深圳市红岭南路红岭大厦三座沈阳宾馆1203室

电　话：0755－2242968

(陕西证券有限公司　供稿)

江西省证券公司

一、公司性质及概况

江西省证券公司于1990年11月经中国人民银行批准成立，1991年3月20日正式开业。公司实行独立核算、自主经营、自负盈亏，具有独立的经济法人地位。公司注册资本金2650万元。

江西省证券公司是目前江西唯一的专业性证券公司，中国证券协会的理事会员和上海证券交易所的发起会员之一，并且是深圳交易所的首批外地会员。公司率先在上海、深圳成立了证券营业部。目前，公司在上海证交所拥有5个席位，在深圳证交所拥有2个席位，在江西首家开通了南昌至上海、深圳的股票委托买卖业务，并且以一流的交易环境、工作效率和服务质量赢得了客户，扩大了业务量。另外，公司分别在海南和江西昌九经济开发区设立了海南昌盛租赁公司和华泰环球租赁公司，并已积极开拓业务，取得较好的经济效益。公司在全省8个城市设立了总代理处，而且已有4个城市与公司联网开通了上海、深圳股票委托买卖业务。国内二十多个省市证券金融机构与公司建立了业务联系。公司以信誉高、信息灵、效益好等优势，在江西省证券业中起到了龙头作用，带动了江西证券业的发展。

二、机构设置及内部设施

公司实行董事会领导下的总经理负责制。现有职工160多人。公司本部设有办公室、财务部、计划资金部、发行交易部、基金管理部和营业部。有5个营业网点，分布于市中心和城四周，营业面积共计1000余平方米。营业设施全面实现了电脑化，安装了大电子屏幕、卫星行情接收系统，股票交易全部采用了NOVELL网络系统，并实现了市内营业网点的股票交易委托买卖、清算交割、资金存取一体化。

三、主要业绩及前景展望

江西省证券公司成立三年来，一直本着“开拓证券业务、扩展融资渠道，发展金融市场，支持经济建设”的宗旨，勇于开拓业务，在江西省同行业中争得了几个第一名：第一个在外省设立营业部，第一个开通上海股票委托买卖业务，第一个发行无期限的“久盛”投资基金券，并且“久盛”第一个在异地上市，又第一个走上上海证交所电子屏幕。“久盛”基金运作情况良好，取得了较佳的经济效益，年利回报率为21％，也是居江西同类券种收益率的首位。

公司一直努力扩展一级市场,三年来包销国库券近3亿元,累计代理39家企业发行各种企业债券近5亿元,不仅为国分忧解难,而且为帮助企业摆脱困境,搞活经营,加速企业技术改造步伐作出了一定的贡献。

1993年,公司作为江西第一股"江铃"的股票的分销商之一,作为认购申请表发行团的骨干成员,成功地完成了发行江铃股票的部分承销工作,并为发行股票积累了许多宝贵的经验。

在积极开拓一级市场的同时,公司还注重努力扩大二级市场业务。一方面利用上海营业部的窗口,把江西企业债券推向全国出售,不仅引进了外省资金,一定程度上缓解了江西省资金的供求矛盾。同时,也扩大了本省企业及产品在全国的知名度。另一方面公司利用各种机会扩大交易量和公司本身的知名度。在1992年,公司利用全国"庐山杯"龙舟赛的机会,邀请了二十多家兄弟单位,组织召开了"龙舟赛证券交易会",成交各种证券近2亿元。

随着公司投资环境的不断改善,业务范围的逐步扩大,大大活跃了江西证券市场,取得了较好的经济效益和社会效益。1993年全年累计股票交易额58亿元。三年来,公司营业收入共计4732.1万元,实现利润1531.9万元。

成绩只能说明昨天,为了迎接明天更大的挑战,公司拟定今后的经营方针和目标是:规范公司股份制改造,健全公司内部机构,强化业务职能部门,加强调研分析和内部管理,扩大营业网点,优化投资组合,以高效益为目标,以证券业为主体,努力拓展全新的业务,在激烈的竞争当中,力争树立第一流的公司形象。

(江西省证券公司　供稿)

云南省证券公司

一、崛起的云南省证券公司

云南省证券公司是经中国人民银行总行批准,于1988年9月成立的,由云南省人民银行独资兴办的全民所有制非银行金融企业,实行独立核算、自主经营、自负盈亏、具有独立的法人地位。

公司主要业务:代理证券发行业务,自营、代理证券买卖业务,代理证券还本付息和红利的支付业务,证券的代理保管、鉴证、贴现和抵押贷款业务,证券投资及相关业务。

云南省证券公司是我省最大的、唯一的专营证券公司。公司下设办公室、昆明营业部、发行交易部、资金部、投资部、财务部、上海营业部、深圳营业部等机构,有经济、金融、工程技术各类业务人员68人,拥有传真机、复印机、电子计算机、汽车、卫星接收信息、大屏幕行情显示、热线电话报价等现代化的管理手段和服务工具,率先在人民银行系统实行了办公自动化和柜台电脑化。

云南省证券公司参加了全国联网的人民银行报价系统,并在该省17个地州设立了代办处,110个县设立了代办点。先后成为上海、深圳两地证券交易所会员,在上海证交所拥有4个交易席位,在深圳证交所拥有2个交易席位,在云南省首家同时开通上海、深圳两地股票异地交易业务。上海营业部和深圳营业部也随后相继开业。

其它证券业务近年来也有了长足的进步,至1993年底,公司自营和代理买卖各种证券4.4亿元;代理发行各种企业债券和国库券2.4亿元;证券回购14亿元。另外还推出了抵押贷款、证券代保管及出租保险箱等业务。并做为云南省首家主承销商成功地完成了云南第一批上市公司——云南白药实业股份有限公司和昆明百货大楼(集团)股份有限公司的股票发行和上市工作。共承销股票面额达5000万元。

1992年12月,云南省体改委以(92)64号文件批准云南省证券公司改组为股份制企业,现已办好工商企业营业执照和税务的变更登记。改制后的云南省证券公司更名为云南证券有限公司,是由省人行控股,省财政厅等多家参股的股份制地方金融企业,股本金总额6000万元,于1993年7月1日正式按股份制规范要求运作。

二、方兴未艾的云南省证券交易市场

当中国股市刚刚兴起的时候,地处边陲的云南人就已经开始关注这一新生事物,云南省证券公司责无旁贷地开始为云南尽早开通异地股票交易而奔忙,1993年初公司就派人到上海和深圳设立了办事机构,昆明青年路营业部首家在昆明同时开通上海、深圳两地异地股票交易业务,为云南股民入市运作提供了快捷、便利的服务,也为日后的"云白药"、"昆百大"在深圳挂牌上市交易创造了条件。昆明营业部开业以来,在借鉴了同行先进管理经验的同时,还摸索出了一套有自身特色的服务手段,使业务量与日俱增,至年末,日业务量从原有的150笔提高到3500笔;日均交易额从10万元增至150万元,甚至达到最高日成交金额2500万元,股票帐户已开立6500余户,股票交易金额累计达42015万元,公司在抓好当地营业部的同时,还积极筹备上海和深圳两地营业部。8月18日上海共和新路营业部开业,借助上海的地理优势,该营业部开业仅3个多月,累计成交额就已达30000多万元,营业收入110万元左右。1994年2月公司深圳营业部也隆重开业。

到目前为止,公司已拥有上证所4个交易席位,深交所两个交易席位;拥有昆明营业部、上海营业部和深圳营业部三个交易场所,交易品种包括股票、企业债券和国库券,累计交易额达4.4亿元,拥有股民上万人次,为云南证券交易市场的发展壮大注入了勃勃生机,特别是"云白药"、"昆百大"的发行和上市更把云南证券交易热潮推向深入,呈现出方兴未艾的好势头。

三、不断拓展的云南证券发行市场

深化改革的关键是转换企业的经营机制,转换经营机制的目的是将企业推向市场,企业公开发行股票债券,既能为企业的发展注入资金,又能得到市场的推动和监督,是企业发展壮大的有力举措。帮助企业发行股票是一项难度很大的工作,就云南省来说从未搞过,就公司而言也是一个全新的业务,但云南省证券公司敢为人先,做为主承销商担负起了云南白药实业股份有限公司和昆明百货大楼(集团)股份有限公司股票的发行和上市工作,并获得了圆满成功。

"云白药"和"昆百大"的整个承销工作严格按照国家和证监会有关政策法规的要求,在云南省股票公开发行指挥部的直接领导下及各有关部门支持配合下进行。两次共发行股票5000万股,每股面值为1元人民币,其中"云白药"社会公众股为1800万股,内部职工股为200万股,每股发行价3.38元人民币。"昆百大"社会公众股为3000万股,每股发行价3.96元人民币。两次发行均根据《股票发行与交易管理暂行条例》,采用在规定时间内无限量发售认购证与公开摇号抽签相结合的方式,在昆明市四区(五华、盘龙、官渡、西山区)一县(安宁县)众多个发售网点公开发行。公司对发售网点的选择和配置进行了认真的调查和分析,对网点统一配置了所需设备,对网点的工作人员进行了严格的培训,尽量使准备工作做到万无一失。在发行期间还派专人到各网点监督、检查工作,处理问题。并在各网点分设统计人员,及时向公司汇总每日的发售量,使公司能准确、及时、全面地掌握整个发售情况。发行工作分三个阶段进行:第一阶段为预约缴款与领取认购证;第二阶段为摇号公证阶段;第三阶段为股权登记认股缴款阶段。两次发行工作都体现出了下面几个方面的特点:一是实行集中配号的办法;二是认购证设计科学、印制数量适中;三是认购证发售办法科学避免了认购证流通转让或非法买卖,保证了一级市场健康发展;四是资金统一,灵活调度;五是发售网点布局合理;六是时间安排合理,分阶段进行;七是采取均衡随机摇号办法。

这两次发行工作成功的经验主要表现在:

领导重视;精心组织;协调配合;准备充分;坚持发行工作原则;抓好"四点"即抓好起点、险点、难点、终点。

需要探索的问题有:采用无限量发售认购证的办法投入人力多,费用大,投资成本高,社会资源浪费大;无限量发行办法要求高,操作难度大;无限量发售认购证办法环节多,周期长,发行网点太多,主承销商难予控制。

回顾云南省证券公司1993年的工作,可谓硕果累累,一年来,公司共代理发行国库券700万元;代理发行企业、公司金融各类债券21000万元;代理发行股票5000万股;证券回购业务量达140000万元;总资产营运规模达110000万元;实现利润2566万元;人均创利38.3万元,利润率54%;资本收益率42%,超额完成了全年工作任务,为公司下一步的发展奠定了基础,为云南经济的腾飞作出了贡献。

(云南省证券公司 供稿)

证券机构经营业绩情况表

公司全称	云南省证券公司	开业日期	1988年9月	营业部数量	3
董事长	程远业	总经理	陆海莺	机构性质	非银行金融机构
从业人数	68人	实有资产	58056万元	1993年净盈利	2565万元
经营范围	代理证券发行业务,自营、代理证券买卖业务,代理证券还本付息和红利的支付业务,证券的代理保管、鉴证、贴现和抵押贷款业务,证券投资及相关业务。				
1993年公司主要经营业绩	债券自营交易额:4276万元 股票A股交易额:24959万元 承销发行情况:代理发行债券1亿元 承销发行股票(A股)面额达5000万元				

续表:

公司全称	云南省证券公司	开业日期	1988年9月	营业部数量	3	
分支机构及营业网点分布情况	昆明营业部:负责人:罗光宇地址:昆明市青年路13号邮编:650021 上海营业部:负责人:顾锐地址:上海市共和新路3015号邮编:200072 深圳营业部:负责人:吕伟地址:深圳市翠竹路15号邮编:518020 深圳代表处:负责人:李炬地址:深圳市宝安南路天地大厦2111号邮编:518008					
通讯联系	地址	云南省昆明市青年路13号			邮编	650021
	电话	31492333 149229	电传		传真	(0871) 3165456 3149233

招银证券公司

一、概况

招银证券公司(以下称招银证券)是一家伴随我国证券市场发展而成长起来的颇具特色的证券商,其前身为招商银行证券业务部。1994年4月,中国人民银行批准招商银行证券业务部转为"招银证券公司"。依托我国第一家完全由法人持股的新型商业银行——招商银行的雄厚实力背景,招银证券自创建之日起,坚持"诚信、稳健、创新"之宗旨,追求卓越,开拓进取,迅速在强手如林的深圳证券同业中脱颖而出,并在诸多领域领先同业一步,创下数个"深圳第一"的纪录。

招银证券是深圳证券交易所第一批会员之一,第一批上市推荐人之一,第一批B股特许承销经纪商之一,第一家B股发行境内主承销商,第一家证券自营商,深圳地区第一家STAQ系统会员,第一批NET系统会员之一,深圳第一家通过路透社全球行情揭示系统向境外投资者提供股市分析的证券商……

二、业务发展情况

经过三年艰苦卓绝的努力,招银证券已由证券业务部发展成为专业证券公司,是拥有全面业务资格的深圳少数几家最具综合实力的证券商之一,业务网络正向全国拓展,经营范围几乎涉足国内券商现阶段所能开展的各项业务。1993年,是招银证券突飞猛进的一年,在这一年中,招银证券凭其丰富的经验和雄厚的实力,无论是在证券发行承销、经纪、自营还是投资咨询、机构人员发展等方面都取得了可喜的业绩。

1. 在一级市场,招银证券极为重视发行承销业务的开拓创新。自创立之始,就组建了一支精干的发行队伍,他们本着服务于客户的宗旨,业务上开拓创新,精益求精,在同行中赢得了良好的声誉。其制作的招股说明书和配股说明书曾被主管机关作为范本向深圳地区其他券商推荐。在B股承销方面,招银证券极具实力,作为首家B股境内主承销商,招银证券于1992年成功包销了深圳中浩(原名中厨)股份有限公司新增发行的2000万股B股,1993年又成功包销了蛇口招港、赤湾港航的B股,由于安排周详,组织得力,两家公司B股的认购率均达40倍以上,远远高于同期发行的其他B股的认购水平。面对1993年证券市场的激烈竞争，招银证券从深化服务意识，提高发行工作质量入手，加快发行人员的业务培训和独立作业能力的培养，使得发行项目成倍增加，发行区域遍及全国，全年共完成项目16个。发行区域从深圳本地扩展到全国，南及海南的南洋船务，北到沈阳的东北输变电，东达南京天龙，西至昆明百货、长岭集团。伴随着每一个项目的圆满成功，招银证券受到当地主管部门的重视和好评，影响不断扩大。

2.在二级市场，招银证券致力于为投资者提供各种投资渠道，竭诚为投资者服务。招银证券在深圳、上海证券交易所及STAQ、NET系统拥有多个席位，可接受客户委托指令，进行上述交易场所上市的任何有价证券的买卖。招银证券拥有目前全国最宽敞的交易大厅和多个大户室，配备有中继线电话委托、触摸屏委托、小键盘自动委托系统及柜台委托等一流的交易设备和交易手段，并可通过卫星通讯系统，及时传输异地证券市场的实时行情和成交回报。招银证券还配备最先进的建功和钱龙技术分析系统为客户提供全面的技术分析。此外，招银证券还为客户提供股市沙龙、资料检索、定期周刊及信息揭示等服务，保证客户能及时准确地获得最新信息。在1993年股市低迷的大环境下，招银证券在竞争中求生存，除新增网点外，逐步推出一系列新措施改善交易委托系统，简化交割手续，由保证金、存折双轨制改变为单一的保证金帐户交割办法等，大大提高了交易速度，方便了投资者。

3.在投资咨询方面，招银证券视研究咨询为提高服务水平、增强竞争能力的一个重要内容。研究咨询部定期编制招银证券周刊及招银证券快讯，跟踪证券市场最新信息，分析国内外市场股价走势，研究国家有关的政策法规，并有计划出版各类高质量的研究报告，为客户提供全面而周详的咨询服务，深受客户及各方面人士的好评。目前，招银证券已与海外的日本、香港、韩国、新加坡等券商建立了广泛的联系，并被特聘为香港新鸿基中国基金投资顾问。

三、分支机构及营业网点情况

在组织架构方面，招银证券1993年也有了长足的发展。为提高招银证券的知名度，拓展各项业务，公司总部已顺利从南油迁至券商云集的振华路，并相应设立了发行部、调研部、综合业务部、计财部、管理部等职能部门，健全了决策实施系统和信息反馈系统。目前，招银证券除福田、南油、宝安三个交易部外，异地的上海、武汉营业部和北京代表处已经开业，广州、沈阳、海口营业部即将开业。1993年，招银证券员工队伍也迅速壮大，发展至百余人，其中大学以上文化程度的占80%。

（招银证券公司　供稿）

中国经济开发信托投资公司

一、公司简况

中国经济开发信托投资公司是经中华人民共和国财政部、中国人民银行批准成立的，从事信托投资业务的全民所有制金融企业。公司的前身是中国农业开发信托投资公司，成立于1988年4月。随着财政体制改革的深入和国民经济的发展，公司经营业务不断扩大，不仅支持农业，也扶持工业、科技，还在证券和外汇业务方面取得长足进展。为了适应形势发展的需要，经国家主管部门批准，1991年10月更名为中国经济开发信托投资公司（以下简称公司）。公司注册资本为人民币5亿元、外汇3000万元。公司共设10部1室，即：办公室、人事部、计划统计部、财会部、投资部、外汇部、农业信贷部、工商信贷部、科技信贷部、证券部、世行转贷部，共有职员120人。

二、证券总部、分支机构及营业网点情况

（一）总部。证券部总部是专门从事有价证券买卖、发行、转让、兑付的全功能证券经营机构，现有从业人员近200人（含下面业务部、营业网点），其中正式干部20人，其余均为从社会公开招聘的人员。平均年龄30岁，是一支年轻的生力军。证券部总经理梅家谟，副总经理姚峰。截止1993年底，证券部下辖三个业务部：北京证券营业部、上海证券业务部、深圳证券业务部；5个直属证券业务点：STAQ系统电脑交易部、NET系统电脑交易部、武汉证券业务点、海南证券业务点、天津证券业务点；开办了6个代理处：南昌证券营业部、杭州证券营业部、湖北证券营业部、苏州证券代理处、南京证券代理处、长春证券代理处。

（二）证券分支机构情况

1.中国经济开发信托投资公司上海证券业务部。中国经济开发信托投资公司上海证券业务部是上海证券交易所首批会员单位。是我国最早涉足股票市场的业务部。在二级市场上运作得比较好，在上海证券交易所众多会员中一直是异地会员做得比较好的一家，在整个交易所会员中，其成交额一直排在前六名。该业务部还不断扩大业务范围，已开展B股交易和国债期货交易业务。该部现有人员60人，基本上是专科以上学历。经理、法人代表戴学民。该部注册资本5000万元，营业面积1600平方米，地处上海市翔殷路815号，电话：(021)5493168，传真：5495495，邮政编码：200433。

2.中国经济开发信托投资公司北京证券营业部。该部成立于1990年8月，注册资本为人民币1300万元，营业面积700平方米，现共有职员50人，经理李志德。主要从事证券业务。已开通上海、深圳股票代理业务及法人股承销业务。上海有2个席位，深圳有1个席位。另外，还开展债券代发行、买卖、保管和兑付业务。该部地处北京市东城区南河沿华龙街南二段天安大厦一层。联系电话：(01)5132010，传真：5132013，邮编：100006。

3.中国经济开发信托投资公司深圳证券业务部。该部于1993年6月18日正式开业，是北京地区在深圳的首批证券业务部。注册资本为人民币5000万元，法人代表、经理：敬宏。现有从业人员40人，营业面积700平方米，位于深圳市深南中路红岭大厦一栋首层。电话：(0755)2270625，传真：2272077，邮编：518946。

三、证券业务量统计

截止1993年底，累计完成业务量172.18亿元（其中证券交易量153.04亿元），其中1993年完成业务量121.86亿元，占历年累计的71%（其中交易量为119.89亿元，占历年累计的78%）。也就是说，1993年一年的业务量和交易量都比前三年之和还多。其具体情况为：上海证券业务部1993年业务量为：788464万元。（其中股票交易量为749864万元，债券交易量为38600万元）；深圳证券业务部1993年业务量为123200万元

(其中股票交易量为 110000 万元,债券交易量为 8600 万元,股票发行量为 5200 万元);北京证券营业部 1993 年证券业务量为 253607 万元(其中股票交易量为 74836 万元,债券交易量为 169787 万元,发行量股票为 4730 万元,债券为 682 万元,代保管 3223 万元,代兑付 349 万元)。

四、证券业务新发展

1993 年在拓展证券业务方面主要表现在以下几个方面:

一是开拓了法人股一级市场,我公司崭露头角,获得了较好的影响和声誉。继 1993 年 4 月份成功地担任北京比特实业股份有限公司定向募集法人股副主承销商之后,先后担任了杭州外滩建设股份有限公司、成都蛇口泰山(集团)股份有限公司、北京亚都科技股份有限公司、山东国泰(集团)股份有限公司、浙江金发股份有限公司的主承销商,获得了较大成功。

二是在国债业务方面得到了稳步发展和提高。我公司积极参加国债一级市场,代理发行国债业务,获得了中华人民共和国国债一级自营商资格,包销国债 5000 万元任务圆满完成。在国债二级市场疲软情况下,我公司仍积极开展交易业务。

三是开通了 B 股交易和国债期货交易业务。目前上海证券业务部正式开展此业务。

1994 年将新开展的业务主要有三:一是成立中经证券公司,以便全面开展证券业务;二是发起并设立中国产权交易中心;三是发起设立中国政府债券投资基金,更好地开展国债业务,促进国债发行及二级市场流通。

(中国经济开发信托投资公司 供稿)

北京国际信托投资公司

一、公司简况

北京国际信托投资公司是隶属于北京市政府的非银行国际金融机构。公司于 1984 年 10 月成立,下设 11 个部室和 8 个海外机构。总经理(法人代表)高学增,注册资本 2 亿元人民币。公司自成立以来,积极为首都的经济建设筹措资金,支持了北京电子、化工、建材、旅游等行业的发展,促进了北京经济建设和改革开放事业。公司于 1990 年 8 月成立证券部,其业务包括:代理发行、买卖、兑付、保管有价证券及证券咨询等业务。

二、分支机构及营业网点情况

证券部下设 10 个部室,工作人员 80 余人。设有 4 个营业部:北京工人体育馆营业部、团结湖营业部、洋桥营业部、上海昆明路营业部。公司已成为上海证交所、深圳证交所、STAQS、NETS、天津证交中心、重庆证交中心会员,拥有各类交易席位 14 个。

三、代理业务

北京国际信托投资公司证券部于 1992 年 8 月在北京首家开办代理异地股票买卖业务。目前开办的股票代理买卖业务有上海证交所、深圳证交所上市 A 股股票,STAQS 法人股。1993 年股票交易额 34 亿多元,居北京各证券商之首。

四、业务创新情况

北京国际信托投资公司全体人员同心同德,励精图治,积极进取,不断开拓新业务。1993 年新增 2 个证券营业部——上海昆明路营业部、北京洋桥营业部分别于 10 月、11 月开业。洋桥营业部是北京南城证券第一家。电话自动委托业务、条码卡的应用、期货交易、基金管理等项业务正在积极筹备中。

五、证券业务量统计

债券代理交易额:18370 万元;股票 A 股交易额:342434 万元;法人股交易额:42700 万元;承销发行法人股:1500 万股。

地址:北京工人体育馆东大厅证券部

邮政编码:100027

电话:5060333

传真:5067620

中国农村发展信托投资公司

一、公司简况

中国农村发展信托投资公司(简称中农信公司)是经国务院批准成立的全国性非银行金融机构,注册资本金 2 亿元人民币。法定地址在北京。公司是世界银行对中国农村部门调整贷款的唯一执行机构。

公司的宗旨是:探索中国农村投资与金融改革的途径,广泛吸收国内外资金增加对农村产业的投入,发育农村市场与中间金融组织,完善农村金融社会化服务体系,带动农村产业结构调整,促进农村改革与经济发展。

(一)经营范围。办理人民币信托存贷款、信托投资、委托存贷款、委托投资、证券买卖、发行及代理发行、融资租赁、代理财产保管与处理、代理收付、经济担保和信用见证业务。

办理境内外外汇信托存款、放款、投资,外汇借款,自有外汇投资,外币有价证券发行及代理发行,外币及外币有价证券买卖及代理买卖,国际融资租赁,外汇担保和见证,境内外汇放款以及接受本公司外汇投资、放款、租赁、担保项下的外汇存款。

城乡房地产开发;本公司投资、融资企业产品的批发和与主营业务相关的专业咨询。

(二)外部关系。公司信贷计划、外汇经营计划、房地产开发计划、出口创汇计划分别在中国人民银行、国家外汇管理局、建设部和经贸部单列;基本建设、技术改造计划由国家计委下达;干部计划和劳动工资计划分别在人事部、劳动部单列并执行大型联合企业工资标准;财政部直接实施对公司的财务管理。

1993 年 12 月底,公司的资产总规模为 98 亿元人民币。

二、证券代理业务

1991 年以来,中农信公司先后成功地办理了各类证券的发行业务:

公司是 1991 年以来历次全国国库券承销团的成员,并于 1993 年被财政部授予"国债一级自营商"资格。

1992 年,经国家计委批准,公司作为 1992 年第一期国家投资公司债券承销团的主干事,顺利完成了19.5亿元的承销工作;其后又承销第二和第三期国家投资公司债券及第二期电力企业债券共20.5亿元;此外公司还代理发行了其它国家重点工程债券、企业债券多种。

1992年公司参与了深圳科健股份有限公司股票发行与上市的策划工作,作为发行顾问参与了天津大邱庄万全股份有限公司股票定向募集的发行工作;1993年公司承销了杭州大自然股份有限公司股票并担任法人股市场的做市商,参与了唐山豪门啤酒集团股份有限公司股票发行工作并担任上市推荐人,参与了镇江大鹏股份有限公司股票发行工作,参与了杭州万向节股份有限公司公开上市股票的发行工作。

1991年中农信公司开办有价证券代理买卖业务以来,代理交易量逐年上升,1993年达到了101.4亿元,其中代理发行股票11300万元,代理发行债券92050万元,代理股票买卖647640万元,代理债券买卖263550万元。

三、证券业务创新情况

中农信公司在努力开拓证券业务的同时,还积极参与中国证券市场的建设工作。公司参加发起了1991年国库券承购包销的试点工作;公司是中国证券业协会的理事单位;公司还以发起人的身份参加了上海证券交易所并被选为理事单位;公司是中国证券市场研究设计中心(联办)发起单位和理事单位,并参加了该办的自动报价交易系统(STAQ);公司是首批进入深圳证券交易所的异地正式会员并在1993年召开的第二届会员大会上当选会员理事;公司是中国证券交易系统有限公司主办的NET系统的兼营证券商;公司还应邀参加了天津、海南、武汉、沈阳等地的证券交易中心成为它们的正式会员,并当选为天津证券交易中心会员理事和理事长、武汉证券交易中心会员理事。

1992年公司作为主发起人发行了国内第一个由中国人民银行总行批准的、第一个投资于乡镇企业的基金——淄博基金,该基金总规模为3亿元,第一期发行1亿元,并于1993年在上海证券交易所上市,成为国内第一家在交易所上市的基金。为支持跨世纪三峡工程建设,公司目前正发起设立三峡投资基金。经过几年的努力,公司已成为目前国内证券发行品种最多的公司之一。

四、证券业务量统计

随着国家金融领域改革形势的发展,公司积极拓展证券业务。公司证券交易额1990年为9100万元,1991年迅速增长到30亿元,1992年为98亿元,1993年达到143.61亿元。目前,证券业务已经成为公司金融业务的重要组成部分。

五、证券经营分支机构及营业网点情况

中国农村发展信托投资公司证券事业部统一管理公司的证券业务并直接开展经营业务。1992年以来,公司经中国人民银行总行及所在地分行的批准,先后在各地开办了多家证券业务部和证券交易营业部,各经营机构为:

中国农村发展信托投资公司证券事业部
总经理:袁　江
地　址:北京市德胜门外大街5号

中国农村发展信托投资公司证券交易营业部
负责人:张亚林
地　址:北京市西四北大街199号

中国农村发展信托投资公司上海证券业务部
总经理:郑维平
地　址:上海太原路294号2号楼

中国农村发展信托投资公司上海证券业务部建国西路营业部
负责人:姜　鸣
地　址:上海建国西路109号

中国农村发展信托投资公司深圳基金证券业务部
负责人:傅　宏
地　址:深圳市东门中路36号东方大厦

中农信公司天津证券交易业务部解放北路证券交易营业部
负责人:红　炜
地　址:天津市和平区解放北路95号

中农信公司大连证券交易营业部
负责人:安清潞
地　址:大连市中山区解放路268号

中农信郑州证券营业部
负责人:王桂芝
地　址:郑州市陇海路76号

中农信公司浙江证券交易营业部
负责人:崔克育
地　址:杭州市文二街34号

中农信公司宁波证券营业代办处
负责人:孙　浩
地　址:宁波市大梁街2－2号

中农信公司江苏代表处证券交易营业部
负责人:仇　克
地　址:南京市石鼓路73号

中农信公司石家庄证券交易营业部
负责人:刘　武
地　址:石家庄市解放路116号

中农信公司厦门证券业务部
负责人:张晓东
地　址:厦门湖滨中路82号

(中国农村发展信托投资公司　供稿)

深圳经济特区证券公司

一、公司发展概况

1985年9月中国人民银行下文批准深圳试办一家证券公司,1987年9月深圳经济特区证券公司(以下简称公司)正式成立。公司董事长赖璞光,董事总经理廖熙文。数年后的事实表明,全国首家证券公司的成立是建立证券市场的一项重要部署,是证券市场迅速活跃和发展的先决条件之一。

公司成立时,面临既无证券市场,又无证券业务的严峻环境。公司要生存和发展,就必须自己创造证券、创造证券市场。公司员工发挥深圳人的开荒牛精神,大胆开拓,辛勤耕耘,在一年内就打开了局面,开创了公司赖以生存的业务基础。开业后不久,公司开展了国库券柜台转让业务。1988年公司国库券买卖

成交总量达6000多万元，在当时全国各大城市中名列前茅。1988年3月，公司为发展银行进行股份登记、换发股票、派息、扩股工作，并在没有红头文件批准的情况下冒着风险开办了发展股票交易业务，由此产生了深圳股票市场。此后公司继续拓展一级市场和二级市场业务，推出万科和金田股票上市。在1989年夏形成了多家股票交易，有行有市的股票市场，并继续发展到今日的规模。

公司由10家国营银行和国营金融机构投资入股，成立时实收资本为人民币550万元，员工仅6人。到1993年末公司已拥有实收资本14062万元，净资产4亿多元，员工480余人。

回首过去的六年，是深圳股市从无到有，蓬勃兴起的六年。也是公司从小到大，茁壮成长的六年。公司全体员工甘当股市开荒牛，在创业和改革过程中饱尝无数风险与艰辛，创造了不可磨灭的业绩。

二、交易业务

深圳经济特区证券公司作为全国第一家证券公司，一贯以勇于创新、大胆开拓著称，在股票交易市场上占据领先地位。

公司成立以来股票代理买卖成交额迅速增长，1988年仅为100万元，1989年为2800万元，1990年为6.4亿元，1991年为4.2亿元，1992年为58.34亿元，1993年达101亿元。B股成交额为2.5亿港元。(本文所列成交量数据均按国际通用口径计算，如按买卖双边相加的口径计算则应乘以2)

目前公司在深圳证券交易所有8个席位，在上海证券交易所有10个席位，并且是STAQ系统和NET系统会员。公司还是中国证券业协会和深圳证交所的常务理事单位。

为适应不断发展的交易业务需要，公司从1989年就着手开发证券电脑系统，实现了国内首创的证券电脑通存通兑系统，先后投资数千万元，公司的微机远距离网络已开发成功，可连结多个本地和外地工作站，并具有不断改进和扩展巨大潜能。公司的电脑工程师具有丰富实践经验和开发能力。

公司在深圳市共有9个营业网点，分布于市内各地，为投资者就近提供服务。各营业部开设保证金帐户，自动交割，瞬间到位，客户可以随时撤单；电话委托系统更能使客户超越空间和赢得时间；触摸屏使客户能随心所欲地自已发出买卖指令，实时技术分析显示，随时揭示买盘、卖盘、报价、成交的变化，并即时绘出股价指数及股价变化曲线，各营业部还设有多间设施先进、环境舒适的交易室。

公司拥有几百名训练有素的年轻营业员，朝气蓬勃，通晓业务，操作熟练，待客热情有礼，讲究诚实信用的职业道德，维护客户利益。营业员听从公司的教导，把所有客户都当做上帝，既重视机构投资者和大户，也重视散户。使每一个客户都能够在公司获得称心的服务。

公司拥有专业分析人员，每日收市后可向投资者提供当日各种技术指标和图形，并及时提供各种信息，包括深圳、上海、香港股市及STAQ系统和NET系统的各种信息。

为了形成跨地区的交易网络，公司还在全国各大、中城市大力发展营业机构：

上海设业务部：成立于1992年，是深圳证券业中最早在外地设立的分支机构。该业务部营业面积目前为全国之冠，达3200平米。1993年累计成交金额24.8亿元。该业务部因其规模宏大、服务热忱而获得“股票城”的美名，并得到有关领导、证券界同业、股民和新闻界的多次赞扬和报道。

珠海营业部：是目前珠海特区唯一的一家外地证券机构，于1993年7月开业，是联结深圳与珠海两个一衣带水的兄弟特区的证券市场的纽带。

四川业务部：于1993年10月开业。

武汉营业部：于1993年12月开业。

三、承销业务

公司自成立以来，一直不遗余力地从事承销业务，曾推出多家上市股票和其它证券。从1988年3月独家代理发展银行扩股和公开交易起，至目前为止公司共办理股票、债券承销业务60余项。公司是深圳最大的证券承销机构和B股承销境内特许商之一，具有深圳证券交易所和上海证券交易所的上市推荐人资格。1993年，公司担任了深特房、桂柳工等13家上市公司推荐人，在深交所中名列前茅。公司拥有一支经验丰富、高素质的专业队伍，现有承销人员约30人，其专业分布在经济、金融、会计、法律、企业管理、计算机、情报学等多个领域，其中有硕士学历或中级职称者达70%。

(一)承销业务内容

1.承销各种有价证券；

2.为公司进行股份制改造；

3.为公司策划发行、上市；

4.为上市公司及内部公司策划配售股票；

5.推荐股份公司在深圳证券交易所、上海证券交易所上市；

6.推荐股份公司在STAQ、NET系统上市。

(二)承销业务摘要

1988年3月，独家代理深圳发展银行1987年度分红派息、扩股、股份登记业务并提供咨询、策划服务。

1988年4月，开办发展银行股票公开交易业务，开辟深圳股市的先河。

1988年12月—1989年1月，包销万科首期上市股，并开始办理股份登记、过户和交易业务。

1989年2月，独家包销金田首期上市股票，并办理股份登记、过户和交易业务。

1989年3月，承担发展银行1989年度分红派息、扩股、咨询业务。

1989年8月、9月、10月，为达声、振业、锦兴三家公司发行内部股票提供咨询，并代理股票印制业务。

1989年10月，独家包销南山热电厂所发行的债券，并为债券发行提供服务和筹划、咨询。

1989年、1990年，为物业发展总公司(现物业集团公司)和国际企业有限公司股份制改组提供咨询服务。

1991年9月，包销面值总额1亿元盐田港债券，并为债券发行提供筹划、咨询服务。盐田港债券成为第一家在深圳证券交易所上市债券。

1992年担任深康佳、深深宝的股份制改组，策划及股票发行主承销商。

1993年担任广州白云、天津轮船公司、天津灯塔油漆公司和厦门九州集团、宝安万丰股份制改造、咨询策划。

1993年4月，担任深圳特区内“南国影联”、大信、深大通信、财贸实业、华能(百门前)、建业、蛇口船业等公司内部股份制改组、咨询策划和内部股份证的发行代理。

1993年担任山东环宇、长城房地产、康达尔、华宝牧工商、大通实业、天马微电子、新疆宏源物质总公司、杭州梅雁、贵州茅台酒厂、长城计算机、珠海鑫光的股份制改组策划和股票发行准备工作。

1993年5月,担任珠海"富华"公司、四川峨嵋山盐化集团、锦兴实业公司1993年度增资配股的承销工作。

1993年成功担任深天地、飞亚达、深能源、深特房、深益力、桂柳工、鄂猴王、吉制药、深新都的股份制改组、发行主承销商和上市推荐人,以及川盐化、粤富华、武凤凰、万向潮的上市推荐人,推荐上市公司总数在深交所排名中列第二。

(三)承销部门联系地址、电话

发展部　地址:深圳市园岭趣园楼二层
邮编:518028
电话:2265400
传真:2241922

国际业务部　地址:深圳市国贸大厦三十三层(20号信箱)
邮编:518001
电话:2202027
传真:2232916

承销部　地址:深圳市国贸大厦三十三层(20号信箱)
邮编:518001
电话:2203364
传真:2232916

上海承销分部　地址:上海普陀区曹杨路540号中联大厦
邮编::200063
电话:2442481、2440001－5404
传真:2442462

四川承销分部　地址:成都望平街44号
电话:4446969,4432525
传真:4435858

武汉承销分部　地址:武汉市江汉区航空路16号
电话:5846278
传真:5846286

四、发展前景

公司将在近年内进行增资扩股,把总资本增加到10亿元以上。为了适应中国证券市场进一步发展的形势和扩大公司的服务层面,公司将在深圳市和其它地区继续增设机构和扩大员工队伍,组成涵盖上海、深圳、北京股市的跨地区交易网络和承销网络,形成跨地区的大型证券公司的架构。

公司通过B股的承销和交易早已深深介入国际业务,今后将谋求建立国外机构,提高国际化的层次。

公司不但拥有一大批全资下属的分支机构,还参股国证经济开发股份有限公司并出任董事长。公司将参股更多有良好前景的企业和项目,与公司本部及全资机构一起组成一个实力雄厚的多元化经营的企业集团。

公司独家兴建的证券大厦,位于深圳市福田区黄金地带,占地面积4000多平方米,建设面积3600平方米,预计在两年后竣工,将为公司的长远发展奠定坚实的基础和注入新动力。

(深圳经济特区证券公司　供稿)

深圳国际信托投资公司

一、公司简况

深圳国际信托投资公司是直属深圳市政府领导的地方金融机构。在深圳市人民政府、中国人民银行深圳特区分行、国家外汇管理局深圳分局的领导和管理下,我公司扬长避短、积极开拓、锐意进取、严格管理,经过几年的奋斗,在证券业务、对外筹资、金融信贷、融资租赁、项目投资、房地产业等方面,打开了局面,形成了规模,产生了影响。至1993年底公司全年实现利润折合人民币2.12亿元,比1992年翻了一番,其中证券业务实现利润人民币1.17亿,占55%。与此同时,公司总资产25.4亿(美元按5.8折),其中净资产帐面值折合人民币为5.54亿(含外汇4009万美元),比1992年增加了18019万元,增幅为48%。公司人均利润水平比上一年亦有较大幅度提高,达125万元人民币,在深圳金融企业中继续名列前茅。公司业务发展的多元化带来了公司利润来源的多元化,低风险业务种类收益占整个收益的比重逐年大幅度上升,表明公司已达到相当的业务规模和较高的发展速度,具有一定的经济实力和较强的抗御风险能力。

二、分支机构及营业网点情况

1989年,为推动和促进深圳特区证券市场的发展,为中国的经济体制改革和金融体制改革探索方向、积累经验、开辟向社会直接融资的广阔渠道,我公司在深圳金融企业中较早成立证券业务部,积极拓展证券业务。四年多来,公司证券业务得到了飞速的发展,现已投入运作的有国投证券业务部、国投证券二部、广州证券部和上海证券部四个分支机构,它们都以先进的交易方式和操作技术手段、优质的服务赢得了股民的信赖。另外,成都证券部已获当地人民银行批准成立,北京证券部也在加紧筹办中。

国投证券部:在深圳国际信托投资大厦一楼,有工作人员46名,其中硕士5人,大学本科生18人,大专生10人,20人已获得经济师、助理经济师、助理会计师、助理工程师和律师资格,所学专业有金融、电脑、财会、法律等。该部营业面积1800平方米,共有3个交易大厅、8个专户交易室和1个B股交易室。其中,专户室共设有74台20寸彩色建功电视墙,可即时显示深沪股市行情及各种股市技术分析图形、数据,另外配有先进的触摸式交易委托屏50台,投资者可亲自进行每笔交易的委托、撤单、成交查询等操作;柜台交易共有20个窗口,交易大厅设有两个LED彩色数码管显示屏幕及23台21寸彩色电视显示器,可即时显示股市行情。场内设自动委托电话50台,查询电话10台,磁卡查询机14台,中继线电话170对,其中120对为委托买卖电话,50对为查询电话。此外有独立的双向卫星传输系统和专线、热线电话,可传送上海交易所和深圳交易所的行情及报送交易数据。

国投证券二部:位于深圳福田区振华路9号大院,该部营业面积1222平方米,共有3个交易大厅,4个专户交易室。其中柜台交易大厅设有13个交易窗口,3个交易大厅及4个专户室共设有三个LED行情显示屏，75台20寸彩色电视行情显示屏，可即时显示股市行情及各种股市技术分析图形、数据。该部共有场外中继线电话60对，其中45对为委托电话，15对为查询电话，场内电话70对，触摸式交易委托屏49台，磁卡查询机7台。此外，有独立的卫星传输系统和专线、热线电话，可传送深圳交易所和上海交易所的行情及报送交易数据。该部有工作人员26人，其中研究生1人，本科生7人，大专生11人，中专生2人，高中生5人。有8人获得工程师、助理工程师、助理会计师、经济员、会计员职称。

广州证券部：位于广州市东风中路335号，有工作人员32名，其中硕士7名，本科学历6名，业务人员均具有大专以上学历，所学专业有金融、电脑、财会、法律等。该部拥有一、二楼交易场地共1110平方米，一楼为散户柜台交易大厅，二楼分电话委托交易厅、两个触摸屏工作站交易厅和特户室共4个交易厅。其中柜台业务共有17个窗口，200对中继线用于电话委托买卖、查询和撤单，场内有80门电话供电话委托交易，60个触摸屏工作站供专户自己操作使用。此外，该部设有独立的双向卫星传输系统和专线、热线电话，可传送上海交易所和深圳交易所的行情及报送交易数据，且已获准使用深圳国际信托投资公司在深交所的037席位，可通过深圳国际信托投资公司报盘及传输行情。

(一)代理业务。有价证券的承销；有价证券的代理买卖及自营买卖；有价证券的登记过户、代理还本付息；证券咨询业务。

(二)业务拓展。1989年9月深圳国际信托投资公司证券业务部开业，并于1991年成为深圳特区首批获准办理人民币特种股票(B股)承销及代理转让业务的境内特许证券经营机构。

1992年国投证券部成为深圳证券交易所首批具有公司上市推荐人资格的会员。

1992年6月国投证券二部正式对外营业。

1993年4月深圳国际信托投资公司证券部获准成为上海证交所异地会员，现取得该所6个交易席位。同年5月我公司在上海设立了证券业务部，开通了深圳——上海的证券业务。

1993年5月国投证券部获准为STAQ的预备会员。9月，获准为NET的预备会员。

1993年9月国投证券部获准成为深圳市首批5家自营证券商。

1993年11月深圳国际信托投资公司广州证券营业部开业。

(三)交易手段

1991年率先推出股票交易电脑辅助系统。

1992年领先大规模实施电话自动委托业务。

1992年最先使用触摸屏股票交易自动委托系统。

1993年推出双向通讯卫星系统。

1993年最先使用磁质代码卡查询器。

(四)证券业务量统计

深圳国投证券部股票交易额4年来一直稳居榜首：

1990年股票成交总额为2.2亿人民币，占深圳市股票总成交额的13%。

1991年股票成交总额为4.4亿人民币，占深圳市股票总成交额的13.1%。

1992年股票成交总额为62.1亿人民币，占深圳市股票总成交额的14.1%。

1993年股票成交总额为128亿人民币，占深圳股票总成交额的9.52%。

三、股票承销业务开展情况与经验总结

(一)基本情况。1989年9月，经中国人民银行深圳经济特区分行批准，深圳国际信托投资公司在深圳设立证券业务部。成为深圳市首批设立的三家证券经营机构之一。

深圳国际信托投资公司成立证券部后积极开展股票承销业务，1989年和1990年分别参与分销了深圳市2家上市公司公开发行的股票。1991年，深圳国投证券部不仅主要参与了深圳万科股份有限公司和深圳发展银行股票的配售和包销，而且在深圳市1991年11家公司公开发行股票过程中，积极参与了有关新股公开发行方案的研究、设计和发行组织工作，承担了11家公司300万份新股认购申请表的制表和委托印刷工作，并获准委托成为深圳物业(集团)股份有限公司，深圳中厨股份有限公司及深圳鸿华实业股份有限公司等3家企业首次公开发行人民币股票的主承销商。1991年12月，经中国人民银行深圳经济特区分行批准，深圳国投证券部成为深圳市首批人民币特种股境内承销商之一，随后即参与了深圳中华自行车(集团)股份有限公司首次配售人民币特种股的承销。1992年，深圳国投证券部代理发行了数家深圳市内部股份有限公司的内部股份证。1992年5月，深圳国投证券部经深圳证券交易所确认成为首批公司上市推荐人之一。1993年，深圳国投证券部主承销了深圳特力机电股份有限公司等4家深圳公众股份有限公司，以及广州恒运热电股份有限公司首次公开发行的A股，并参与分销了广州东方宾馆股份有限公司首次公开发行的A股，以及主承销了深圳发展银行等2家上市公司股份配售。深圳国投还作为四川泸州老窖股份有限公司首次公开发行A股的副主承销商，现正参与在四川泸州等地的公开发行工作。在B股承销方面，深圳国投证券部在1993年参与了3家深圳公众股份有限公司首次发行B股的承销，其中主承销了深圳莱英达(集团)股份有限公司B股。

截至1993年12月31日，深圳国际信托投资公司共参与承销了22家公司的股票，承销金额达22亿元。

深圳国际信托投资公司于1993年6月设立证券发行部，主要从事证券一级市场业务，包括有价证券承销、上市推荐、投资咨询等有关的各项业务，证券发行部现有16名从业人员，其中7名硕士研究生、5名本科生。从业人员中具有中级专业技术职称的4人，专业结构中包括了经济学、会计、法律、国际金融、英语、日语等专业。证券发行部业务人员均已从事过证券承销和上市推荐等业务，部分业务人员具有2年以上从事证券承销业务的工作经历。

(二)1993年主承销股票的简要过程和基本做法

1.人民币股票(A股)的主承销。1993年，在深圳发行的社会公众股均采用凭1992年8月在深圳市公开发售的新股认购抽签表，由持发行公司中签表者认购的方式发行。1992年8月，深圳市各金融、证券机构以每张认购表100元的价格向持国内居民身份证的社会个人共发售了1000万张认购抽签表，按10%的中签率抽签后产生了100万张中签表，每张中签表可认购新股1000股，共计发行额度为10亿股，平均每张中签表的购表成本为1000元，每股新股的购表成本为1元。在确定中签者方式上，由深圳市证管办根据已批准公开发行股票公司的发行额度，抽签确定各发行公司中签表的号码区间和中签号码。主承

销商在组织新股公开认购时，均采用委托代收款银行设立代收款营业点的方式，向持有发行公司中签表者收款并办理认购手续。

1993年，深圳国投证券部采用以上方式主承销了5家在深圳市公开发行公司的股票，这5家公司是深圳特力机电股份有限公司、深圳莱英达(集团)股份有限公司、深圳宝恒(集团)股份有限公司、深圳惠中化纤实业股份有限公司和广州恒运热电股份有限公司，此外，深圳国投作为上海石油化工股份有限公司公开发行人民币股票的副主承销商及主协调人，成功地组织和协调了上海石化在深圳市公开发行2亿股A股的工作。

主承销上述各企业股票的简要过程和基本做法如下：

(1)参与策划企业的股份制改组和公开发行股票的各项准备工作，主持起草、审查并修订招股说明书、上市公告书、承销商调查报告和上市推荐报告等文件，指导企业完成全部公开发行所需的申报材料，并对上报材料予以整理规范，同时主承销商在工作中应负责协调有关中介机构的工作日程安排。

(2)在公开发行前参考市场情况及有关新股定价因素与发行企业共同商定发行价格、并报主管机关核准。

(3)正式与发行企业签署承销协议，明确新股承销中的有关事项及承销双方的权利、责任和义务。

(4)在承销开始前，主承销商就承销过程中的有关认购收款、股份登记、余额分销等事项分别与代收款银行、登记公司和分销商等方面签订代收款协议、股份登记协议及分销协议。

(5)在获得主管机关对公开发行股票申请的批准和取得证券交易所对拟公开发行股票上市时间安排的初步承诺后，协助和指导发行企业在指定报刊上刊登招股说明书或其概要，同时刊登有关新股收款认购事项的通知。

(6)向代收款银行提供发行企业新股中签表的电脑数据磁盘、认购收据和交接清单等资料，并安排代收款银行的营业点按照认购办法的要求在认购期内接受认购者办理交款认购手续。

(7)认购结束后，代收款银行向主承销商汇报认购结果，并将认购资料移交证券登记公司进行确认和股份登记。

(8)代收款银行汇集各收款点认购款项并划入主承销商及发行公司专设的股款存放帐户，对未由认购者认购所产生的剩余股份，由主承销商组织承销团共负包销责任。主承销商应按承销协议规定期限将全部包销股款划入指定银行帐户。

2. 人民币特种股的主承销。1993年，深圳国投主承销了深圳市莱英达(集团)股份有限公司首次发行的B股。该B股以专业性配售方式发行，深圳国投承担全部3000万股B股中40%的配售及包销责任，余额由分销商配售及包销。

本次B股配售的有关招股文件由主承销和国际证券商协调人共同制订，并由发行公司委托香港会计师行按国际会计标准对公司已审计的财务报表进行审查调整。在配售期内，由各承销商向其选择的境外投资者派发招股说明书及认购申请表，而接受配售的投资者应将由香港某一银行开出的银行本票或支票、身份证明文件随附认购申请表交回指定的代收款银行，代收款银行对确认有效的配售资料交证券登记公司进行股份登记，所有配售投资者认购的股款及承销商包销之余股股款均在B股上市后的一周内在扣除发行费用后返回发行公司。

(三)股票主承销过程中存在的问题和矛盾

1. 在承销工作前期的有关组织股份制改组、申报股票公开发行及申报材料制作中存在的问题。

目前，一些企业在申报股票公开发行以及在此之前的股份制改造过程中，存在着一些不规范运作的情况，主要包括：第一，资产重组时有关产权的界定不够明确，资产的产权缺乏足够的法律保障，或者股份制改组后部分资产的实际运作状况与对外披露情况的不一致。第二，企业的股权设置缺乏科学、合理的依据，部分企业在内部发行时过度扩张股本，大量集资，以图"用尽，用足"政策，而不顾及企业的效益水平、股东的投资回报以及今后的发展能力，因此对后期的公开发行工作造成了困难。第三，有的在原有企业改组时，存量资产的评估、计价和折股标准缺少比较科学和统一的标准，许多国有资产该评未评，计价偏低，但在净资产折股时又常常存在折股比例与新股发行价格相差较大的情况，不利于体现同股同权的原则。诸如此类问题和矛盾，给主承销商在承销过程中的工作带来了困难。

2. 在选择股票公开发行方式上存在的问题。

1993年，深圳采用的新股公开发行方式要求认购者凭1992年发售的认购抽签表交款认购新股，在认购过程中出现了因身份证大范围流动以及售表、抽签和交款认购时间相距过长等因素导致认购者在开户、交款及交易上的种种不便困难，而为保证发行公司按原计划安排上市，由承销商承担了有关的延期认购和处理遗留问题的工作和风险。

从1993年深圳及国内各地采用以无限量或大量发售认购申请表发行方式的效果看，该种方法虽力图较好地体现社会公平以及照顾中小投资者投资机会的原则，但实际上造成了大量社会财富的劳动的浪费，而且要动员和组织大量的人员和有关的政府部门参加，实际发售认购表和选择、确定中签认购者的工作是由政府部门在牵头组织的，主承销商对此并未承担与其职责和权益相应的责任和义务。此外，在采用数家公司共同发售同一种认购申请表方式下，投资者在选择发行企业上也难以有所判断。

(四)主承销工作中的经验和教训

1. 在承销工作中应本着"对企业负责、对投资者负责、对承销商自身形象负责"的态度，严格执行有关证券发行的法律、法规和主管部门的各项规定，强化承销和业务管理，要充分认识到在中国证券市场的发展中，承销商的行为远不止为一种纯商业性的行为，承销商更要对市场的发展和社会公众负责。

2. 争取及早介入企业的股份制改组和发行准备工作过程，制订总体的计划及工作日程安排，要协助发行企业建立有关工作机构，指导发行企业规范其行为，为整个承销及上市推荐工作创造有利条件。在操作过程中，承销商应根据工作性质划分阶段，并安排专职人员承担有关工作任务。

3. 主动建立与各有关中介机构的协调工作关系，不断提高策划、组织协调企业公开发行工作的能力和水平。

4. 与证券商、代收款银行建立紧密、和谐的工作关系，确保主承销商具备一个广泛、有效的分销网络。

5. 在开展承销工作前要规范及明确有关承销各方的权利、义务及责任，并在有关的承销协议、代收款协议、登记协议和分销协议中予以充分体现和保证。承销商既要合理保护自己，维护投资者和社会的公共利益，同时也要严格履行对发行企业的责任。

(五)改进股票承销工作的意见、建议和设想

1. 加强对发行市场的调研和分析，按照证券市场发展和主管部门宏观政策的导向来规划和开展证券承销工作。

2. 建立和培养一支高水平的人才队伍，制订和实施更为科学、合理的业务管理和操作程序。

3. 进一步增强证券商在策划企业改组和组织公开发行工作中的作用，并建议主管部门应明确要求企业在公开发行及上市申请前，应获得证券商等专业顾问的早期参与和谨慎、周详的建议和审核。

4. 建立发行公司上市后的跟踪服务和辅导制度，并和企业建立和保持长期、稳定的合作关系。

（深圳国际信托投资公司　供稿）

海南港澳国际信托投资有限公司

一、简　介

海南港澳国际信托投资有限公司(以下简称公司)是经中国人民银行批准于1990年11月8日成立的全民所有制非银行金融机构。公司初期名为海南国际金融有限公司，1990年9月10日经中国人民银行批准、更名为海南港澳国际信托投资有限公司。

公司注册资本为：1亿元人民币

公司注册地址：海口市滨海新村588号

公司法定代表人：李耀祺

公司经营范围：信托存贷款、投资业务；委托存贷款、投资业务；有价证券业务；金融租赁业务；代理财产保管与处理业务；代理收付业务；经济担保和信用证业务；经济咨询业务；中国人民银行和国家外汇管理局批准经营的其它金融业务。

秉承"服务与发展"的宗旨，公司积极参与海南省的建设和发展，不断创意求新。经过5年多与海南大特区的同步成长，公司现已成为拥有证券部、资金信贷部、发展规划部、国际业务部、电脑部、财务部、人力(才)资源开发中心、经理室及多个子公司、关联公司和分公司，资产规模超过14亿元人民币的初具集团规模的全国知名金融机构。

二、业务回顾

1991年2月，顺应我国经济体制改革的深化和股份制试点的推行，公司正式设立证券部。1991年6月29日，中国人民银行正式发给我公司从事证券业务许可证书，其业务范围为(1)代理发行各种有价证券；(2)自营和代理证券买卖；(3)代理支付和代收证券的本息红利；(4)证券鉴证、登记过户；(5)证券代保管；(6)证券的投资咨询；(7)其他证券业务。

以国债买卖为起点；以策划海南港澳实业股份有限公司的股份制改组和异地上市推荐为突破口；以1993年4月在中诚信证券评估公司主持的全国首批证券商信用评级中荣获AA级信用等级为标志，公司已成为在海南领先、在全国名列前茅的知名证券商。公司在机构林立，竞争激烈的中国证券业中终于树起了又一面鲜明的旗帜。

回顾公司成长和发展的经历，有以下几个显著的特点：

(一)抓住机遇，创意求新，各种业务步步领先。1991年1月26日，中国人民银行海南分行批准公司从事证券业务时，海南还没有一家非专业证券公司从事此项业务。许多金融界同行对我公司能否搞好证券业务持怀疑态度，我们自己也是摸着石头过河，以国债买卖为起点，一切从头开始。公司的证券创业人员上山下乡，走街串巷收购国库券，尽管获利不大，但收益匪浅。通过这次国债买卖，不仅锻炼和培养了一批证券业务骨干，而且创出了公司这块曾经鲜为人知的牌子。

1992年10月9日起，公司策划海南国际房地产公司的股份制改组工作，代理其发行股票并通过控股使其成为公司的子公司，并将其更名为海南港澳实业股份有限公司，实现了金融资本和产业资本的结合。

1992年1月，在公司的积极参与下，海南首家证券集中交易服务机构——海南证券报价交易中心在公司二楼开业，极大地提高了公司在海南投资者心中的地位和声誉。

作为一家非专业性的证券商，公司在加入上海、深圳证券交易所，实现异地代理深、沪股票买卖方面都在海南先人一步。1993年，利用我国法人股流通试点的机遇，及时将公司承销的海国投实业股份有限公司推荐到STAQ系统上市流通，将东方实业股份有限公司推荐到NET系统挂牌，走在全国证券界的前列，再一次显示公司的独到眼光和雄厚实力。

1993年11月，公司作为主承销商代理浙江港澳新型建材股份有限公司的股权证发行工作。在全国首创通过NET系统无券定向定价募集的发行方式，在全国证券商和股份公司中引起强烈反响，目前这种发行方式已被众多券商和企业所仿效。

(二)尊重人才，重视科技和信息，竞争能力不断增强。公司的另一成功秘诀在于重视人才的发掘、培养和利用。重视现代先进科学技术的应用和经济信息的巨大作用，极大地提高了公司的竞争能力。

公司自始至终引以为豪的是有一套培养和重用人才的机制以及因此而吸引的一支年轻有为的证券从业人员队伍。在用人方面一贯遵循既重视素质，又重视潜力挖掘的优良传统。公司现有证券从业人员100余人，其中80%以上有大专以上文化程度，平均年龄不足25岁。其中证券管理人员80%以上有硕士学位，平均年龄不足27岁。几乎每人进公司之前都没有从事证券业务的经历，但通过公司的培养，实际工作的锻炼和员工自我修养，都成为海南乃至全国一流的证券从业人员。公司已成为海南证券业的样板。1993年，公司先后为海南机设信托投资公司、中国工商银行海南省信托投资公司、中国农业银行海南省信托投资公司和南华金融公司代培证券从业人员51人，受到这些企业的一致好评。

在尊重知识和人才的同时，公司还努力适应证券市场的发展离不开高新技术这一规律，开发和利用先进的业务设施和业务手段，时刻注重有关最新技术成果，并将其应用到证券业务中。港澳证券率先在海南使用X·25通讯、超大屏幕行情显示、触摸屏、电话委托系统、卫星行情接收、数据报盘、即时成交回报等高科技产品和先进交易手段，使自身在海南保持技术上的绝对领先地位，为公司创誉、创利，极大地增强了竞争实力。

此外，公司还注重信息的搜集和处理分析，建有一套自己的资料数据库，除及时为领导决策、客户投资抉择提供依据之外，还定期为《海南日报》、《海南特区报》、《特区证券报》、《证券信息周刊》和海南有线电视台等新闻媒体提供股市行情、市场分析、技术讲座等信息服务，既服务了海南广大投资者，又为公司争得了声誉，保持了自己在海南证券信息方面的领先地位。

(三)走出海南，合理布局、全国性证券商雏形初具。尽管公司在海南已处于领先的不败之地，但我们始终清醒认识到，这种领先只是暂时的，这种不败也是相对的。随着我国经济建设步伐的加快和证券市场的不断发展、完善和成熟，小证券商和非专业证券商目前所具有的灵活优势将难以长存。日后证券商之间的竞争将是证券商人才实力、资金实力、业务能力、获取信息的敏捷度和分析利用信息的能力以及由此而综合形成的企业的声誉竞争。

因此，公司从创立之日起就没有忘记向全国发展、向世界发展的目标，而且一直在积极为实现这一目标而脚踏实地地进行探索和拓展。公司在继成为上交所、深交所及海南证券报价交易中心会员后，又先后加入天津证券交易中心、武汉证券交易中心、沈阳证券交易中心、重庆证券交易中心及北京 NET 和 STAQ 系统。以此为基础，公司还先后在上海、深圳、三亚、成都、沈阳、杭州设立了证券营业部，在北京设立了代表处。此外，北京、武汉、天津等地的证券营业部也在积极筹建之中。通过异地机构的设置，将公司先进的管理思想、经验和优秀人才带到全国各地，并发掘当地的资金和市场潜力，将公司的业务地域和影响范围扩大到全国各地，为发展成为全国性的专业证券公司打下了坚实的基础。

(四)强化管理，信誉至上，创利获益能力不断增强。公司取得成功的另一条重要的经验在于遵循信誉至上的宗旨。不断强化内部管理，从而增强了公司自身的素质和竞争力，各种业务频创优异。

“诚者，物之始终”。真诚的信誉是公司创业中一直奉行的原则，也是港澳信托得以迅速发展壮大的保证。公司在对外业务中一直将“至诚至信”做为一条准则严格规范自身行为和员工行为，受到了广大客户一致好评，从而使公司真正起到了点石成金的作用。

公司从业三年来，顺应形势，把握机遇，在广大员工的精诚团结和一致努力下取得令人瞩目的成就。截止至 1992 年底，先后代理发行企业债券、房产投资券共 3700 万元，代理发行海南港澳实业股份有限公司、海国投实业股份有限公司、海南大东海旅游股份有限公司、三亚东方实业股份有限公司、北京万通实业股份有限公司、海南金川(香水湾)股份有限公司、西藏圣地矿泉水股份有限公司、北海银河实业股份有限公司、海南第一投资招商股份有限公司、镇江大鹏实业股份有限公司、浙江港澳新型建材股份有限公司、杭州外滩建设股份有限公司等企业股票(股权证)近 5 亿元人民币。

1994 年初，公司作为副代理商参与了海南新大洲摩托车股份有限公司、海南南洋船务股份有限公司、海南海药实业股份有限公司和海南海德纺织实业股份有限公司的社会公众股发行工作，取得圆满成功。

在证券代理买卖方面，截止至 1993 年 12 月 31 日，公司共代理买卖地产投资券、基金投资券共近 2 亿元；投票近 70 亿元(相当于海南全省每人在公司买卖股票 1000 元人民币以上)，业务量在海南众多证券商中一直名列前茅。

经过三年的风风雨雨，公司已成为一个业务齐全、管理严谨、运作高效、服务上乘、不断创新，在海南乃至全国证券市场上十分活跃的证券经营机构。

三、发展规划与前景展望

逝者如斯，成绩只能说明历史。为了迎接新的形势的挑战，公司决心进一步发挥自己的人才、资金、信息、服务水平和管理机制的优势，不断拓展各种业务，扩大全国经营网络，力争成为一个在全国乃至全世界举足轻重的证券商。

过去所取得的成绩，不仅仅是公司全体员工辛勤创业的成果，而且是社会各界的厚爱的关怀所致。公司的发展和壮大离不开他们的支持，公司愿同社会各界一道尽心尽力，为建设中国证券市场，发展中国经济作出自己应有的贡献。

(海南港澳国际信托投资有限公司副总经理　饶浩雁)

中国信息信托投资公司证券部

中国信息信托投资公司证券部成立于 1989 年 10 月 20 日，是中央级信托投资公司在京设立证券业务门市的第一家，也是上海证券交易所、深圳证券交易所的首批外地会员单位，天津证券交易中心的第一期会员，NET、STAQ 系统会员单位，中国证券协会理事单位，中国证券市场研究设计中心发起和理事单位，北京证券登记有限公司的发起单位，北京证券业协会的发起单位和常务理事单位。

4 年多来，证券部业务发展迅猛，经济效益逐年增加，经营规模也迅速扩大，证券部现设有 4 大业务部，即北京证券交易营业部、上海证券业务部、深圳证券业务部、天津证券营业部，其所辖北京证券交易厅、上海证券交易厅、深圳证券交易厅已相继对外营业。其中位于北京复兴路 15 号的北京证券交易营业厅营业面积达 1000 多平方米，使用了最先进的卫星传输系统，可同时接受上海、深圳、NET. STAQ4 个交易系统的交易委托，是北京乃至全国技术手段最先进，服务达到全方位的证券经营网点之一。

证券部还积极参加了国债的承销兑付和流通转让，同时积极帮助企业筹集资金，发行债券，进行股份制改造及募股和推荐上市。1993 年成功的完成了山东潍坊华光电子(集团)股份有限公司和山东德州医药集团股份有限公司的定向募股和推荐上市，还曾先后代理北京市住宅建设总公司、中国电子工业总公司红光电子管厂、长城计算机集团等单位发行企业债券达 8000 多万元，参与国家重点投资债券、金融债券等发行工作，成绩显著。

中国信息信托投资公司副总经理兼证券部总经理、高级经济师杨德祖先生表示：今后证券部仍将继续开拓新的业务领域，并以更先进的技术手段和更优质的服务满足广大投资者和企业的需要，为中国证券市场的蓬勃发展作出更大的贡献。

地址：北京市海淀区复兴路 15 号

邮编：100038

电话：8538363 8538362 8538361 8538360

传真：8538363 8538360

(中国信息信托投资公司证券部　供稿)

五、上市公司

上市公司：建立中国现代企业制度的先锋

——1993年上市公司状况

一、1993年上市公司的发展进程

1993年是我国步入社会主义市场经济体制的一年，是大力推进企业转换经营机制，建立现代企业制度的一年，也是企业股份制改造试点在深度和广度上蓬勃发展的一年。在这一背景下，1993年上市公司以前所未有的速度迅速发展。

（一）上市公司数量增加。1993年又有130家股份有限公司的股票陆续在上海、深圳证券交易所挂牌上市，使我国上市公司的总数到1993年底达到183家，是1992年年底上市53家公司数量的245%。其中，上海证券交易所1993年新上市公司77家，年底达到106家，是1992年29家上市公司的266%；深圳证券交易所1993年新上市公司为53家，年底达到77家，是1992年24家上市公司的221%。在两个证券交易所上市的股票按种类划分，到1993年底A股182只，B股41只。1993年也是中国上市公司开始进入国际资本市场的一年，在这一年里，有青岛啤酒、上海石化、马鞍山钢铁、北京人机、广州造船、昆明机床等6家企业的H股赴香港发行上市，它们在香港股市上的良好表现说明上市公司在国际资本市场筹集资金的尝试是成功的。

（二）上市公司股票交易扩大。截止到1993年12月31日，上市公司在两个证券交易所上市股票的总面值为316.04亿元，上市股票的总市值为3459.12亿元，分别比上年末增加71.46亿元和1040.17亿元。其中上海证券交易所上市总面值为206.62亿元，总市值为2195.69亿元；深圳证券交易所上市总面值为109.42亿元，总市值为1263.43亿元。

（三）上市公司分布多种行业。从上市公司的行业分布来看，已基本上遍及国民经济各个行业，其中，工业类公司114家，占上市公司总数的62.3%；商业类20家，占10.9%；公司事业类14家，占7.7%；房地产类11家，占6.0%；金融类1家，占0.5%；综合类19家，占10.4%；其它行业4家，占2.2%。

（四）上市公司地区分布广泛化。从上市公司的地区分布来看，1992年在上海和深圳这两个证券交易所上市股票的公司均是交易所所在地的公司，这时的股票市场基本上是区域性市场。1993年这种单一的区域性结构发生了根本性的变化，沪、深两地以外的上市公司已经发展到81家，分布于18个省、自治区、直辖市和14个计划单列市，占上市公司总数的44.26%。上市公司地区分布的广泛化趋势，标志着全国性股票市场架构的初步形成，建立现代企业制度的试点在更广阔的范围展开。

二、上市公司在建立现代企业制度方面取得成效

《中共中央关于建立社会主义市场经济体制若干问题的决定》明确指出："建立现代企业制度，是发展社会化大生产和市场经济的必然要求，是我国国有企业改革的方向。建立现代企业制度是一项艰巨复杂的任务，必须积累经验，创造条件，逐步推进。"1993年成为上市公司的企业，大多数是由国有企业转制而成的，它们在国家有关证券、公司法规不健全，外部环境不完善的条件下，努力转换企业内部经营机制，不断深化公司内部的改革，公司的领导体制、经营思想、经营决策和经营管理都发生了很大变化，它们积极探索着具有中国特色的现代企业之路，已经走在建立现代企业制度的前列。它们的改革实践已初步取得了成效。主要体现在：

（一）产权关系明晰，真正做到了"两权分离"，实现了自主经营。我国上市公司的前身多为国营企业或集体企业，产权单一，企业难以作到自主经营，经营活动被政府限定在一定范围内。企业成为股份制公司后，产权关系明晰，产权多元化，产权的所有者具体化。上市公司可以依法按照股份制企业规范化的要求，改革传统的内部运行机制。（1）摆脱传统行政隶属关系，股东大会成为公司的权力机构，股东大会选举出董事，组成董事会。公司不再受政府的干预，重大的事项均由股东大会或董事会表决通过；（2）改变了过去与政府的利益关系，从只向政府负责，转变为向国家交税、给资产所有者分利，真正实现了税利分流，企业的所有权与经营权通过公司章程的形式法定化的分离开来；（3）企业管理人员的任用不再由上级主管部门委派，而是由董事会聘任总经理，由总经理组成经营班子，全权负责日常的经营活动；（4）改变了过去企业的投资需要政府层层审批的程序，现在企业项目发展完全由企业自主决定，即重大投资决策由董事会提出投资方案经股东大会决定；一般性投资董事会讨论决定，政府有关部门只协助办理相关手续。

(二)妥善处理了股份制企业领导体制与党政工之间的关系,建立起新型的管理体制。建立现代企业制度必将面临如何理顺股份制企业股东会、董事会、监事会与党、政、工之间的关系,即"新三会"和"老三会"的权力如何转换,许多上市公司在这方面作了积极探索,较好地解决了这个难题。公司把股东大会、董事会、监事会作为公司的决策、监督层,形成"上三会"。上市公司党委书记、工会主席等领导成员通过股东大会选举进入董事会和监事会,参与决策和监督。一些地区的上市公司领导大多数是党委、行政一肩挑,使党政融为一体;也有一些地区的上市公司组成"内三会",即总经理办公会、党委会、职代会。总经理办公会主要讨论公司重大的经营事项;党委会起政治保证作用,企业党组织的政治核心作用,主要通过各级党的干部和广大党员在公司经济工作中发挥先锋模范作用加以体现;职代会参与公司民主管理,广大员工通过合理化建议参与企业管理,发挥主人翁作用。新型管理体制的建立,使企业的决策层运转高效、有序,避免了"内耗"。

(三)基本形成了岗位能上能下、职工能进能出、收入能升能降的劳动用工和收入分配新机制。上市公司管理层的聘任制度发生了根本变化。除有关部门任命的少数管理人员继续保持原有干部身份和级别外,绝大多数管理人员已不再有级别和干部身份。上至董事长、总经理,下至部门经理,已无铁交椅可坐。在部分上市公司中,副总经理以下管理人员面向社会公开招聘,定期或不定期聘用,使竞争机制在人事管理、干部制度上得到了充分体现。

上市公司劳动用工普遍实行全员劳动合同制,大部分公司做到了员工能进能出。对于能力差或工作不努力的员工,公司在合同到期后可录用也可不再录用。员工也可以辞职不干,形成了双向选择的机制。企业职员工资不再套用国家规定的工资等级制度,职工收入与企业经济效益挂钩浮动,自主分配。

(四)企业内部财务管理、财务预算约束软化的情况从根本上得到改善。财务预算约束软化的问题在单一产权的国营和集体企业中始终未能得到解决,而在产权关系明晰,产权多元化的上市公司这一问题得以解决。不少上市公司实行了财务部长下管一级的制度,即总公司二级机构的财务主管由总公司委派,其工资在总公司领取。总公司及其全资、控股公司一律废除了财务"一支笔"制度,费用支出任何一个人都不能独自审批,要根据费用的多少,逐级办理审批,并附各种资料、凭证。有些公司还实行了合同监察员制度,总公司对其全资、控股公司派驻合同监察员,二级机构的合同章由总公司派驻的合同监察管理。合同监察员依据《合同法》对其各类经济合同进行监督。还有一些公司内部实行了更为严格的指令性目标责任制,其全资、控股公司的经营者必须与总公司签订任期目标责任书,经营者仅保证不亏损不行,必须完成责任目标,否则就地免职,两年内不能调离,以协助新的经营者完成任期目标。

(五)证券市场和投资公众给上市公司构造了一个无形的约束和激励机制。股东和股市对上市公司有着较强的约束和激励作用。公司中期和年度财务报告要向社会公布,接受社会监督,尤其是股东的监督,这给公司以较强的约束力和压力,迫使企业在市场竞争中奋力拚搏,保证公司财产保值增殖,维护股东权益。最大限度地提高企业经济效益已经成为上市公司领导层的经营指导思想。上市公司的大多数公司管理人都能自觉地认识到身上重担的压力,不再有一些国有企业领导"干不好就调,反正都有乌纱帽"的思想。一般上市公司最高层领导,经常考虑的是:面对市场经济如何去适应,选准项目,调整公司的产业结构,加速企业发展,加强管理,降低成本,提高质量,多销多产,实现公司年度经营目标。因此,上市公司的领导层总的来说,经营思想比较端正。工作作风比企业改制前更为深入、细致、扎实。不少公司领导还根据各自分管的工作,与公司签定了经济责任合同,把领导责任变成了经济责任,约束自我兢兢业业为公司工作。

(六)"一业为主,综合经营",形成了新的发展模式。企业成为上市公司后,企业资金来源由过去单纯依赖贷款变为以直接融资为主,贷款为辅的双重渠道,可获资金量大且集中,为企业形成集团化经营创造了有利条件,为企业开展"一业为主,多种经营"形成新的经济增长点,打下了良好的基础。不少上市公司利用股份公司的新机制,通过出资收购、投资参股、联营合资等方式,在坚持以原有行业为主体前提下,积极开展多元化经营,形成了一个由核心层(公司本部)、紧密层(全资或控股子公司)、半紧密层(参股公司)的集团化网络。

总之,企业的改革、企业新的机制给上市公司带来了巨大的活力,生产力获得迅速发展,经济效益猛 增,企业显示了极强的自我发展能力。

三、上市公司仍有待于进一步规范化

上市公司在建立现代企业制度,转换经营机制取得明显成效的同时,公司内部体制和企业行为依然存在着一些缺陷和不规范的地方。

(一)一些上市公司还未完全树立起公众公司的意识,在信息披露方面存在一些问题。目前上市公司通常只在半年期和年末两次向社会公众披露公司财务经营情况。《股票发行与交易管理暂行条例》中关于公司重大事项必须及时披露的要求,上市公司一般的都未做到。一些重大的投资项目或重大的经营方针的转变,有可能会给企业的股价带来较大影响,本应让股东知道,但公司未及时作出披露,这不仅违背了有关规定,而且容易产生利用内幕消息投机的现象。

(二)忽视股东意愿,随意改变投资方向。一些上市公司募集资金的投向与招股说明中已披露的不一致,有的公司将相当一部分资金投到公司主业以外的其它行业,出现这一情况的客观原因是由于上市公司在社会股东要求高回报的压力下,把资金转投到了高盈利、风险大的行业中,据调查统计,上市公司至少有 30%的资金与募集时的计划投向不符,个别的甚至高达70%,且带有一定的盲目性,加大了潜在的经营风险。这种公司随意变更筹集资金用途的做法,也反映了上市公司领导人对投资公众尊重不够,法制观念不强。

(三)上市公司国有股权的管理十分薄弱,缺乏统一性和规范性。许多上市公司由国家控股本意是便于加强管理,体现国家意志,可实际上国家对国有股权的管理却很薄弱。有的上市公司董事会或股东大会决议包含了明显的侵害国有股东权益的内容,如"国家股无偿将配股权转让给其他股东,公司只对个人股股东送股等,国家股的股权代表实际上处于"缺位"状态,国家股仍是无人负责。

(四)上市公司增资扩股失控,募集的资金投向追求短期效益。不少地区的上市公司配股缺乏自我约束和长远发展眼光,配股数量过大,许多公司股本膨胀过快,配股所筹资金大大超过当年经营发展的需要。一些企业募集的资金过多,无生产项目可投，有的去炒股票、炒房地产，有的进行短期拆借。这种作法虽然能在短期内给股民带来较高回报，但使企业发展失去潜力，实际上是利用资金优势，掩盖经营上的不善。

四、1994年：机遇与挑战共存

1994年是我国明确建立社会主义市场经济的第一年，也是我国经济体制重大改革措施出台最多的一年。在这一年里，一系列改革措施将进一步改善企业的外部环境，将为上市公司的发展提供更广阔的空间，但在另一方面由于市场机制作用不断地加强，法规的逐步健全，上市公司又面临着优胜劣汰，适者生存的挑战。

首先，规范上市公司的有关法律、法规如《证券法》等将陆续颁布，《公司法》做为上市公司的根本大法将于1994年7月生效，此外，证券主管部门将针对上市公司的送配股，信息披露、收购和兼并的行为制定具体的规定和细则，使上市公司更加有法可依，有章可循，这在一方面会进一步明确企业的权利和义务，为企业的正常运作提供法律保障，另一方面，也为广大投资人、社会公众和主管部门对上市公司进行监督、监管提供了法律依据，上市公司如出现违法行为将受到严厉的处罚。

其次，随着证券市场的发展，上市公司数量不断增加，市场规模迅速扩容，股票的供求矛盾有所缓解，股票价格向相对正常的水平调整，这为上市公司提出一个严峻的问题：筹集者已不再是股市上的宠儿，资本市场上的竞争将变得激烈，如果公司不能为股东提供丰厚而稳定的回报，企业将无法从证券市场上筹到足够资金，甚至其生存也将受到威胁，这就促使上市公司的管理者们进一步规范行为，真正转换内部经营机制，不断开拓市场，以达到股东投资收益最大化的目标。

上市公司是目前全国现有的上万家股份制企业中的佼佼者，也是建立现代企业制度的先锋，尽管它们在发展中会不可避免地遇到来自于旧体制的摩擦和来自于自身缺陷的困扰。但是，应有理由相信，上市公司会进一步规范化，为中国微观经济的改革，为中国证券市场的发展和完善做出应有的贡献。

（中国证监会上市部　供稿）

六、证券市场国际化

中国证券市场国际化

中国证券市场在发展的初期就开始进行国际化的探索。为了扩大企业利用外资的渠道，特别是通过股权方式吸引外资，1991年底开始向境外投资人发行人民币特种股B股。B股的发行打开了中国证券市场国际化的大门，自此，国外证券经营机构、律师、会计师等逐步进入中国的证券业务，国际通行的法律法规和市场运作方式也对中国的证券市场和上市公司的发展和运行起到一定的积极影响。随着中国对国际证券市场的了解和国际投资者对投资中国的兴趣日益增加，中国的企业开始直接进入国际资本市场。1993年国内6家企业向国际投资人公开发行了H股，股票在香港、纽约及其他证券交易所上市。市场发展的同时，中国证券界与国际证券业的交流与合作也进一步加强，为中国证券市场未来的发展和进步打下基础。

回顾1993年，B股市场继续发展，B股的一级ADR试点获得了一定经验；第一批H股企业在境外发行上市，为中国企业进入国际资本市场打开了新的途径，与香港、美国等证券监管部门的合作取得阶段性的成果。所有这一切说明1993年的中国证券市场在国际方面的发展非常具有开拓性，也取得了成功。

一、B种股票市场试点

自我国实行经济改革和对外开放的政策以来，如何吸引外资，解决建设资金不足，促进国内经济建设，一直是我们对外开放的一项重要方针。过去，我们利用外资的形式主要是吸引外商直接投资建立中外合资企业；借用外国贷款，包括政府贷款与国际商业银行贷款和在境外直接发行债券。这些利用外资的方式虽然对促进经济的发展起了一定推动作用，但在客观上存在利用外资的方式不灵活，需要还本，融资成本高和承担外汇汇率风险等问题。

我国的证券市场国际化步伐首先是从B种股票发行试点开始的。所谓B股，是指以人民币标示面值，仅供境外投资人以外汇买卖的特种股票。由于B股需要向境外投资者发售，本着积极稳妥试点的精神，1991年经国务院股票办公会议同意，允许上海、深圳先行试验发行B股，其中上海选择1家企业，发行1亿股；深圳选择12家企业，发行2.8亿股。

自1991年11月30日我国第一只B股——上海电真空股份有限公司B股发行以来，据统计，到1993年底，全国共有42家企业发行B股30.11亿股。其中上海市22家，企业发行B股17.255亿股，筹集资金10.5亿美元。42家企业行业分类见下表：

	上　海	深　圳	全国总计
工业企业	17	13	30
地产企业	2	1	3
公用企业	1		1
商业企业	2		2
交通运输		1	1
基础产业		1	1
综合企业		4	4
总　计	22	20	42

从试点情况看，上海、深圳两地B股市场发展的时间虽只有短短两年，但在其迅速发展的过程中，B股市场的作用日益为人们所认识：

（一）开辟了一条引进外资的新渠道。通过发行B股，企业筹资成本低、效率高，而且为境外投资人提供了快捷、方便的投资形式。相对债务集资而言，发行B股有利于将吸收外资的利率与汇率风险由境外投资人承担，是一条低成本、不举外债的融资途径。

（二）促进了中国证券市场的国际化进程。通过发行B股，提高了国内证券商、证券管理部门、证券交易所、证券中介机构的业务水平，培养了一批既通晓中国证券市场运作又熟悉国际惯例的国内证券从业人员。

（三）加速了企业经营机制的转换，促进了上市公司按照国际规范进行运作。通过发行B股，境外证券商、会计师事务所、律师事务所必须对企业按国际惯例要求进行重组，并以国际规范进行严格的审查和签证。股票发行上市后，境外股东对公司的资金运用，经营管理进行严格的监督，要求公司在股东大会召开、年度报告审计、信息披露诸多方面符合国际惯例要求，加大股东对上市公司的约束，促使B股企业实行规范的股份有限公司试点。

B股市场试点是在我国股市刚刚发育之初起步的，由于B股市场管理缺乏全国性的法规，也没有全国性的《公司法》和《证券法》，境外投资者对B股市场的发展及其法律保障存在一些担心；另一方面由于B股的发行与机制处于摸索阶段，客观上存在交易程序比较复杂，股票流动性差和上市公司信息披露及其监管不能满足境外投资者要求的现象。上述原因也使B股市场一度出现冷清。

随着中国经济呈现高速增长的势头，境外投资人普遍看好中国，投资于中国B股市场的兴趣将会逐步增加。继续发展B股市场仍将是中国证券市场国际化的一项重要内容。

二、B股的一级ADR试点

1993年，由于B股市场出现的问题导致B股交易清淡，外国投资人希望改进B股的交易方式和交易范围，外国投资银行等中介机构建议中国发行B股的几家企业做B股一级有保荐的ADR试验。ADR是American Depositary Receipt的缩写，是一种能在美国流通的可转让凭证，表明对某个非美国境内公司的有价证券的所有权，可代表股票，也可代表债券，为此有人称之美国存股证。

ADR以发行公司在国内保管银行保管的普通股为基础，由发行公司委托美国的某银行(如美国纽约银行)作为存券银行，负责ADR在美国的发行、过户代理、注册、支付股息、信息披露等服务事项。

一级有保荐的ADR通过发行公司和存券银行签订一份“存托契约”，来确定双方义务和权利，使发行公司能够对在国外交易的ADR进行有效的控制。通常一级ADR在美国的场外交易市场交易。

B股进行一级ADR目的在于扩大交易的市场和投资者范围，改善B股交易清淡的情况。在进行了大量研究的基础上，1993年12月起，经国务院批准，上海二纺机、上海轮胎橡胶、上海氯碱化工三家发行B股的公司先后在美国市场进行了一级有保荐存股证(ADR)的试点。三家公司均以不超过各自B股总量的50%作为上限来建立一级ADR，每一ADR等于10股B股，交易方式为柜台交易(OTC)。

以下是三只ADR交易情况的简单统计。

1. 上海二纺机

(交易开始时间：1993年12月27日)

时间	价格(￥)	发行在外ADR数量	发行在外ADR总值	ADR占B股总数的(%)
1993年12月31日	7.70	17100	131670	0.10
1994年1月28日	6.38	84460	538855	0.48
1994年2月25日	6.50	251260	1633190	1.44
1994年3月25日	3.60	346435	1247166	1.98
1994年4月22日	3.04	365840	1112154	2.09

2. 上海氯碱化工

(交易开始时间：1994年3月21日)

时间	价格(￥)	发行在外ADR数量	发行在外ADR总值	ADR占B股总数的(%)
1994年4月8日	2.28	115,000	262,200	0.34
1994年4月15日	2.20	231,000	508,200	0.69
1994年4月22日	2.22	237,250	526,695	0.71

3. 上海轮胎橡胶

(交易开始时间：1993年12月28日)

时间	价格(￥)	发行在外ADR数量	发行在外ADR总值	ADR占B股总数的(%)
1994年2月18日	8.76	100000	876000	0.45
1994年2月25日	8.50	*	*	*
1994年3月4日	8.10	*	*	*
1994年3月11日	7.76	*	*	*
1994年3月18日	7.50	200800	1506000	0.91
1994年3月25日	5.70	200800	1144560	0.91
1994年4月1日	5.70	200800	1144560	0.91
1994年4月8日	5.50	200800	1104400	0.91
1994年4月15日	5.30	200800	1064240	0.91
1994年4月22日	5.06	200800	1016048	0.91
1994年4月29日	5.60	200800	1124480	0.91
1994年5月6日	6.02	*	*	0.91

注：*无数据。

根据一般经验，一家外国公司ADR所占其股本总额的比例在ADR建立后6—9个月内才达到2%；达到5%—10%大致需要3年时间；只有大约15%的公司能使这一比例最终达到20%—40%。由上述交易记录可知，上海二纺机在四个月内达到2%；上海橡胶轮胎在三个月内达到0.91%；氯碱化工交易时间较短，但按其增长势头在少于6个月的时间内也将达到2%。可见，如果用B股转化成ADR的数量及比例来衡量，三家公司进行ADR试点的结果是成功的，达到了扩大股东基础、提高公司海外知名度、扩大B股市场流通性的目的。

值得注意的是，三只ADR在转换数量不断增长的同时，交易价格却呈下跌趋势。特别是较早建立的上海二纺机、上海轮胎橡胶，前者价格下跌61%，后者价格下跌31.3%，价格的下跌反映出市场对这三只ADR的兴趣在减弱。价格的迅速回落既有技术上的原因，即当初建立ADR时B股价格接近最高点，致使ADR价位偏高，随后B股价格的调整必将带动ADR价格下跌；也有B股市场本身的原因。此三家企业B股规模分别为上海二纺机1.75亿股、上海氯碱化工3.36亿股、上海轮胎橡胶2.21

亿股，这样的盘子在中国B股中属大盘，但对于美国ADR市场来说，盘子偏小，且多为机构投资者持有，影响了B股市场的流动性，从而制约了ADR的交易和投资者的兴趣。另外，相当长时间内B股市场持续低迷，其它股市如香港回报率激增引起持有B股机会成本增大，这些无疑直接影响以B股为基础的ADR在市场上的受欢迎程度。

通过以上三只一级ADR的建立和一段时间运作，我们对中国B股以ADR的形式进入美国证券市场有了一定程度的了解和认识。这一试点在以下三个方面取得了良好的效果。第一，对国内企业而言，通过建立一级ADR扩大了公司在海外的影响，并开始与海外投资机构建立广泛的联系，为企业进入国际资本市场提供了一个可供选择的工具。第二，对国内证券市场而言，这一试点培育了国内证券市场与ADR配套的运作体系，连接了B股市场和ADR市场，有助于国内券商和企业对这一金融工具的了解和运用。第三，由于ADR以B股为基础，它的建立和交易反过来促进了B股市场的流动性，并进一步反映出B股市场缺乏统一法规管理、盘子偏小、上市公司运作欠规范等问题，对B股市场的发展将起到促进作用。

三、H股试点的基本情况

为了研究更灵活、便捷、有利的吸引外资方式，充分运用海内外股票市场的筹集资金功能，我国提出把国内大中型企业直接拿到香港发行股票，并上市的设想。进行国有大中型企业到香港上市的试点，希望达到四个目的：一是为国民经济的发展探索一条吸引外资的新途径；二是通过规范的股份制试点，深化企业经营管理机制改革，尤其是搞好国有大中型企业；三是逐步推动中国证券市场国际化过程，通过学习和借鉴国际资本市场的运作与管理经验，完善国内的股票市场试验，促进中国证券市场的健康发展；四是巩固和扩大香港国际金融中心地位，促进香港经济的繁荣与稳定。

由于中国的国有大中型企业长期在计划经济的管理体制下运行，提出到香港上市的设想后，首先遇到的问题是内地没有公司法规，会计核算制度也不一样，为了解决国内企业到港上市必须解决的法律、会计、上市方式和监管合作等方面的问题，1992年7月成立了由国家体改委，中国人民银行，港澳办，香港证监会和香港联交所有关专家组成的证券事务内地香港联合工作小组，同时成立法律、会计、上市及监管合作四个下属的专家小组，通过比较内地与香港在公司法律、会计制度、上市规则和监管合作等方面的差距，寻求国有企业上市的解决办法。

(一)关于法律问题。在没有颁布《公司法》前，我国企业的股份制改造主要遵循国家体改委等部门已经公布的《股份有限公司规范意见》。由于《股份有限公司规范意见》与香港的《公司条例》之间存在一些法律规定上的差异。内地公司到香港上市，需要弥补这些差距。双方确定，通过制定三个文件来弥补这种差距：(1)以国家体改委名义发一份《股份有限公司规范意见》(以下简称《规范意见》)的补充文件，对规范意见中只适合于内地上市而不适合于香港上市的某些条款加以豁免；同时，对在国内上市不会发生而到香港上市将会发生的情况作出补充规定。例如，过去外资股仅指B股，补充规定明确外资股包括两种：在国内发行的B股和在香港发行的H股。(H系取香港的英文名称的第一个字母)。(2)以国家体改委名义给香港联合交易所发一封函件，对国内法规中一些不易为香港和其他境外投资人理解的概念和条款加以说明，以避免可能发生的误解。例如，我国的《规范意见》中把股份分成国家股、法人股、个人股和外资股等，境外投资者对这种划分是不理解的。因此，在致函中说明这种划分只是按投资主体不同而作的一种划分，并不影响同股同权的原则。(3)明确到香港上市公司章程必须载明的事项。由于香港公司条例中的有些内容在我们的《规范意见》中未作法律规定，或虽有规定但不明确具体。为了解决这个问题，双方共同起草了一个文件，规定公司章程必须载明的事项和条款。这个文件在香港作为附件列入香港联合交易所的上市规则中；要求到香港上市的国有企业必须遵守；在境内则以国家体改委名义向九家要求在香港上市的企业发一个通知。

为了保护境外投资人作为小股东的权益不受侵害，法律小组在研究公司章程必备条款时，提出了不同类别股东的概念，根据惯例，具有不同权力和义务的股东才应视为不同类别股东，如普通股东与优先股东，公司章程必备条款规定，到香港上市公司的人民币股股东和H股股东，亦应被视为不同类别股东，因为他们在两个不同市场交易，而具有不同的价格；H股要用外币购买，并用外币支付股利等等。章程必备条款中规定涉及不同类别股东权益调整的事项，除股东大会同意外，还必须经不同类别股东分别召开会议同意才能实行。这就是说，使不同类别股东在涉及本身权益调整问题上有否决权。从形式上看，人民币股东和H股股东均有此否决权，但因人民币股东是大股东，实际上这项权力对H股股东才有意义。这些权力包括：由于增资扩股、赎回、购回本企业股票而改变两类股份的比例时，增加新的股份类别而涉及到类别股东权益变化时等等。双方同意应有保护不同类别股东权益的条款，但仅限于不同类别股东权益调整的具体问题，应尽量具体化，并限定其范围。

以上三个文件，都是以《规范意见》作为基础。目前，我国已经颁布了《公司法》，并于1994年7月1日实施。国务院证券委和中国证监会正同国务院有关部门一起按《公司法》的要求，重新修改与香港方面达成一致的有关文件，形成国务院的特别规定，作为法律文件公布执行国内企业到香港上市后，可能会出现一些法律纠纷。有关法律纠纷的仲裁，双方达成的意见是：香港股东与内地股东之间，香港股东与公司之间的法律纠纷，通过仲裁方式解决。双方同意，内地的仲裁机构选定中国国际经济贸易仲裁委员会，香港选定香港仲裁中心，根据对等原则，内地、香港方面将互相选派对等数量的仲裁员参与仲裁。

(二)关于会计制度问题。内地企业到香港上市，根据国际惯例要求，需要采用国际会计准则或香港会计准则。为了满足这一要求，财政部在股份制试点企业会计核算制度的基础上，采纳国际会计准则的一些基本要求，制定了《关于股份制试点企业股票香港上市有关会计处理问题的补充规定》。后经我国财政部、中国注册会计师协会、香港会计师公会和香港联合交易所会计专家们确认有了“补充规定”后，基本上达到国际会计准则的要求。

双方商定：(1)凡到香港公开发行上市交易股票的内地公司，会计核算必须统一遵循中国的会计准则。所提供的财务报表，在国内发A股时，可用国内的会计准则，在香港发H股时必须符合国际会计准则或香港会计准则。两者如有差异，应在提供的会计报告中以附注(或附表)方式加以说明。(2)内地公司在股东大会上出具的会计决算报告，应反映按照我国会计制度与国际会计标准计算的数据之间的差异，如果这种核算差异会导致影响企业的净利润数，那么，在进行股利分派时，根据会计上的稳健原则，用利润较小数进行分配。(3)内地公司于香港公开发行上市时，必须遵守上市协议的要求，按香港《公司法》中关于审计和财务资料披露的规定，披露信息。

(三)关于上市方式问题。内地企业到香港上市，将会采用“无纸化”和中央结算系统的交易交收方式。这种方式将与现行的香港实物股票交易交收方式有所不同，投资认购股票后，并不需要拿到实物股票，而是以香港中央结算公司代理人名义发出巨额股票，并由香港过户处存入中央结算系统内。概括讲，采用这种方式，股票的认购和交易基本上通过帐户进行。经双方确定，投资者认购股票和分红派息所采用的汇率采用深圳外汇调剂市场人民币对港元的汇率。

内地企业在香港发行上市的股票称为H种股票，它将以人民币标明股票面值，以外币(港元)认购和进行交易。H种股票除主要在香港市场发售外，也考虑全球配售。

(四)关于监管合作问题。为了加强对内地公司到香港上市后的监管，便于双方交流监管信息与资料，香港方面提出，由中国证券监督管理委员会、上海证券交易所、深圳证券交易所、香港证券及期货事务监察委员会和香港联合交易所共同签署监管合作的谅解备忘录。备忘录的主要内容是交流信息，具体内容包括：相互协助和交流信息的基本原则；双方应遵守的法律、条例及规定；提供协助或索取信息的要求；保密及信息的使用；磋商及定期联络的方式和人员。这些内容规定出内地和香港监管机构之间合作的机制，通过交流信息，以保护投资者和维持市场稳健操作。监管合作备忘录于1993年6月19日在北京人民大会堂签字。

经国务院批准，1993年共选择了九家国有大型企业进行到香港上市的试点。从1993年6月份开始，这九家企业已先后完成了到香港上市的工作，九家企业共发行H股55.5亿股，筹集外汇资金113.9亿港元。

选择国有大中型企业到香港发行上市股票从招股情况看，国际证券界、投资界对国有企业在海外上市的市场反响强烈，投资涌跃，说明这项试点工作是成功的，九家企业的海外募股均获得了超额认购，如青岛啤酒超额认购110倍；马钢68.7倍；广船76倍；昆明机床628.4倍等，它使海外投资者进一步了解了中国的状况，增强了投资信心；同时，加速了国有大型企业经营机制的转换，拓宽了企业发展的融资渠道，提高了企业国际知名度，增强了企业在国际上的竞争能力，势必将带动国内经济的发展，并对抑制通货膨胀起到促进作用。通过中国企业到香港发行H股并上市的试点，我们已经看到利用股权方式吸收外资 是一种较好的方式，它有利于充分、灵活、便捷地吸引国际资本流入我国，有利于外国投资者在分享中国经济增长潜力好处的同时进行长期投资，有利于推动国内股票市场的迅速发展并逐步与国际市场接轨；也有利于促进香港国际资本市场的发展与繁荣；从发展趋势看，让外国投资者直接投资于中国企业的股票，采用股权方式利用外资，将是一条越走越宽的渠道。同时，选一批效益好并有发展潜力的大型基础产业和工业企业到香港上市，也有利于改变香港股票市场的上市公司结构，繁荣香港金融市场，促进香港经济的发展。

四、中美证券主管机构签署监管合作谅解备忘录的情况

为进入美国这一世界最大的国际资本市场，为中国企业筹集外资、加强中美证券市场的合作，中国证券监督管理委员会于1992年底开始与美国证券与交易管理委员会接触，就中国企业直接到美国上市等问题进行探讨。1993年1月，美国证管会提出就证券市场的合作、磋商及技术援助等方面与中国签署谅解备忘录。经过多次交换意见，双方认为中美之间可以先签署原则性的谅解备忘录，主要针对信息交流等合作项目达成一致条款，对中国企业到美国上市等具体问题进行讨论。

1994年1月美国证管会主席阿瑟·莱维特先生和中国证监会主席刘鸿儒先生第一次见面后，中美双方的接触更加频繁。同时中美证券市场方面的业务也日益增多，如中国企业直接到美国上市试点的确认、美国证券经营机构承销中国企业外资股的发行等等。在这种情况下，中美证券主管机构加紧备忘录的谈判。经过一年多的磋商，中国证券监督管理委员会和美国证券与交易管理委员会于1994年4月28日在北京人民大会堂签署了《中国证券监督管理委员会与美国证券与交易管理委员会关于合作、磋商及技术援助的谅解备忘录》。

谅解备忘录基于以下四点，正如备忘录中所指出的：中美证券主管机构对建立和维护公开、公平、高效、健康的证券市场的目标有着一致的看法；认识到发展有效的国内法律和监管制度对于维护市场的公正性和保护投资者至关重要；确信国际合作能够促进证券市场的发展和有效运作；在愿意奠定双方均能接受的合作与磋商的基础上达成此谅解备忘录。谅解备忘录是中美双方证券主管机构合作的意向，不构成有约束力的国际法律义务。

备忘录包括四个部分，即：一般原则、法律实施的合作磋商、技术援助、生效日期及后续谅解。主要内容是双方对交换信息、协助调查等监管合作事项的共识和安排。备忘录还专门提出美国证管会为中国证监会提供专业技术援助的意向。备忘录规定签字双方将对备忘录的执行情况进行持续的评议以改进备忘录的执行。此外双方考虑到可能发生的法律法规的变化，同意在中国的监管体制一旦调整时，将对本谅解备忘录进行补充或者替代。

备忘录为双方合作建立了两个重要框架：一个是为帮助执行法律法规进行调查交换有关信息；另一个是提供与发展证券市场和健全法律法规相关的技术援助。

中美证券主管机构谅解备忘录的签订为中国企业到美国发行股票和上市以及中美证券市场之间广阔领域内的合作奠定了基础。

1993年是中国证券市场迅速发展的一年，也是国际化迈出重要步骤的一年。正如中国证券市场整体上需要进一步发展、完善一样，国际化也还有许多工作要做。随着我国社会主义市场经济的建立和发展，中国经济与世界经济的连接会逐步加强，证券市场与国际资本市场的联系也会以各种方式进行，因此中国证券市场的国际化还有许多内容，尚需探索和试验。目前许多新的课题已经放在我们面前，如发行外资的可转换债券、B股的公募及二级、三级ADR、外国企业到中国上市的可能性，以及中国证券市场A股的开放、合资基金的建立、外国证券经营机构在国内开展证券业务和中国证券经营机构在海外发展的探索等都是国际化中具有挑战性和开拓性的目标。相信1994年和未来的市场发展中，国际化仍将是中国证券业的一个重要主题。

(中国证监会国际部　供稿)

证券法规篇

证券法规篇

目　录

三、法规解释及其它规范性文件

中华人民共和国公司法

（1993年12月29日第八届全国人民代表大会常务委员会第五次会议通过1993年12月29日中华人民共和国主席令第16号发布）

目　录

第一章　总　则

第一条　为了适应建立现代企业制度的需要，规范公司的组织和行为，保护公司、股东和债权人的合法权益，维护社会经济秩序，促进社会主义市场经济的发展，根据宪法，制定本法。

第二条　本法所称公司是指依照本法在中国境内设立的有限责任公司和股份有限公司。

第三条　有限责任公司和股份有限公司是企业法人。

有限责任公司，股东以其出资额为限对公司承担责任，公司以其全部资产对公司的债务承担责任。

股份有限公司，其全部资本分为等额股份，股东以其所持股份为限对公司承担责任，公司以其全部资产对公司的债务承担责任。

第四条　公司股东作为出资者按投入公司的资本额享有所有者的资产受益、重大决策和选择管理者等权利。

公司享有由股东投资形成的全部法人财产权，依法享有民事权利，承担民事责任。

公司中的国有资产所有权属于国家。

第五条　公司以其全部法人财产，依法自主经营，自负盈亏。

公司在国家宏观调控下，按照市场需求自主组织生产经营，以提高经济效益、劳动生产率和实现资产保值增值为目的。

第六条　公司实行权责分明、管理科学、激励和约束相结合的内部管理体制。

第七条　国有企业改建为公司，必须依照法律、行政法规规定的条件和要求，转换经营机制，有步骤地清产核资、界定产权，清理债权债务，评估资产，建立规范的内部管理机构。

第八条　设立有限责任公司、股份有限公司，必须符合本法规定的条件。符合本法规定的条件的，登记为有限责任公司或者股份有限公司；不符合本法规定的条件的，不得登记为有限责任公司或者股份有限公司。

法律、行政法规对设立公司规定必须报经审批的，在公司登记前依法办理审批手续。

第九条　依照本法设立的有限责任公司，必须在公司名称中标明有限责任公司字样。

依照本法设立的股份有限公司，必须在公司名称中标明股份有限公司字样。

第十条　公司以其主要办事机构所在地为住所。

第十一条　设立公司必须依照本法制定公司章程。公司章程对公司、股东、董事、监事、经理具有约束力。

公司的经营范围由公司章程规定，并依法登记。公司的经营范围中属于法律、行政法规限制的项目，应当依法经过批准。

公司应当在登记的经营范围内从事经营活动。公司依照法定程序修改公司章程并经公司登记机关变更登记，可以变更其经营范围。

第十二条 公司可以向其他有限责任公司、股份有限公司投资，并以该出资额为限对所投资公司承担责任。

公司向其他有限责任公司、股份有限公司投资的，除国务院规定的投资公司和控股公司外，所累计投资额不得超过本公司净资产的百分之五十，在投资后，接受被投资公司以利润转增的资本，其增加额不包括在内。

第十三条 公司可以设立分公司，分公司不具有企业法人资格，其民事责任由公司承担。

公司可以设立子公司，子公司具有企业法人资格，依法独立承担民事责任。

第十四条 公司从事经营活动，必须遵守法律，遵守职业道德，加强社会主义精神文明建设，接受政府和社会公众的监督。

公司的合法权益受法律保护，不受侵犯。

第十五条 公司必须保护职工的合法权益，加强劳动保护，实现安全生产。

公司采用多种形式，加强公司职工的职业教育和岗位培训，提高职工素质。

第十六条 公司职工依法组织工会，开展工会活动，维护职工的合法权益。公司应当为本公司工会提供必要的活动条件。

国有独资公司和两个以上的国有企业或者其他两个以上的国有投资主体投资设立的有限责任公司，依照宪法和有关法律的规定，通过职工代表大会和其他形式，实行民主管理。

第十七条 公司中中国共产党基层组织的活动，依照中国共产党章程办理。

第十八条 外商投资的有限责任公司适用本法，有关中外合资经营企业、中外合作经营企业、外资企业的法律另有规定的，适用其规定。

第二章 有限责任公司的设立和组织机构

第一节 设 立

第十九条 设立有限责任公司，应当具备下列条件：

(一)股东符合法定人数；

(二)股东出资达到法定资本最低限额；

(三)股东共同制定公司章程；

(四)有公司名称，建立符合有限责任公司要求的组织机构；

(五)有固定的生产经营场所和必要的生产经营条件。

第二十条 有限责任公司由二个以上五十个以下股东共同出资设立。

国家授权投资的机构或者国家授权的部门可以单独投资设立国有独资的有限责任公司。

第二十一条 本法施行前已设立的国有企业，符合本法规定设立有限责任公司条件的，单一投资主体的，可以依照本法改建为国有独资的有限责任公司；多个投资主体的，可以改建为前条第一款规定的有限责任公司。

国有企业改建为公司的实施步骤和具体办法，由国务院另行规定。

第二十二条 有限责任公司章程应当载明下列事项：

(一)公司名称和住所；

(二)公司经营范围；

(三)公司注册资本；

(四)股东的姓名或者名称；

(五)股东的权利和义务；

(六)股东的出资方式和出资额；

(七)股东转让出资的条件；

(八)公司的机构及其产生办法、职权、议事规则；

(九)公司的法定代表人；

(十)公司的解散事由与清算办法；

(十一)股东认为需要规定的其他事项。

股东应当在公司章程上签名、盖章。

第二十三条 有限责任公司的注册资本为在公司登记机关登记的全体股东实缴的出资额。

有限责任公司的注册资本不得少于下列最低限额：

(一)以生产经营为主的公司人民币五十万元；

(二)以商品批发为主的公司人民币五十万元；

(三)以商业零售为主的公司人民币三十万元；

(四)科技开发、咨询、服务性公司人民币十万元。

特定行业的有限责任公司注册资本最低限额需高于前款所定限额的，由法律、行政法规另行规定。

第二十四条 股东可以用货币出资，也可以用实物、工业产权、非专利技术、土地使用权作价出资。对作为出资的实物、工业产权、非专利技术或者土地使用权，必须进行评估作价，核实财产，不得高估或者低估作价。土地使用权的评估作价，依照法律、行政法规的规定办理。

以工业产权、非专利技术作价出资的金额不得超过有限责任公司注册资本的百分之二十，国家对采用高新技术成果有特别规定的除外。

第二十五条 股东应当足额缴纳公司章程中规定的各自所认缴的出资额。股东以货币出资的，应当将货币出资足额存入准备设立的有限责任公司在银行开设的临时帐户；以实物、工业产权、非专利技术或者土地使用权出资的，应当依法办理其财产权的转移手续。

股东不按照前款规定缴纳所认缴的出资，应当向已足额缴纳出资的股东承担违约责任。

第二十六条 股东全部缴纳出资后，必须经法定的验资机构验资并出具证明。

第二十七条 股东的全部出资经法定的验资机构验资后，由全体股东指定的代表或者共同委托的代理人向公司登记机关申请设立登记，提交公司登记申请书，公司章程、验资证明等文件。

法律、行政法规规定需要经有关部门审批的，应当在申请设立登记时提交批准文件。

公司登记机关对符合本法规定条件的，予以登记，发给公司营业执照；对不符合本法规定条件的，不予登记。

公司营业执照签发日期，为有限责任公司成立日期。

第二十八条 有限责任公司成立后，发现作为出资的实物、工业产权、非专利技术、土地使用权的实际价额显著低于公司章程所定价额的，应当由交付该出资的股东补交其差额，公司设立时的其他股东对其承担连带责任。

第二十九条 设立有限责任公司的同时设立分公司的，应当就所设分公司向公司登记机关申请登记，领取营业执照。

有限责任公司成立后设立分公司，应当由公司法定代表人向公司登记机关申请登记，领取营业执照。

第三十条　有限责任公司成立后，应当向股东签发出资证明书。

出资证明书应当载明下列事项：

(一)公司名称；

(二)公司登记日期；

(三)公司注册资本；

(四)股东的姓名或者名称、缴纳的出资额和出资日期；

(五)出资证明书的编号和核发日期。

出资证明书由公司盖章。

第三十一条　有限责任公司应当置备股东名册，记载下列事项：

(一)股东的姓名或者名称及住所；

(二)股东的出资额；

(三)出资证明书编号。

第三十二条　股东有权查阅股东会会议记录和公司财务会计报告。

第三十三条　股东按照出资比例分取红利。公司新增资本时，股东可以优先认缴出资。

第三十四条　股东在公司登记后，不得抽回出资。

第三十五条　股东之间可以相互转让其全部出资或者部分出资。

股东向股东以外的人转让其出资时，必须经全体股东过半数同意；不同意转让的股东应当购买该转让的出资，如果不购买该转让的出资，视为同意转让。

经股东同意转让的出资，在同等条件下，其他股东对该出资有优先购买权。

第三十六条　股东依法转让其出资后，由公司将受让人的姓名或者名称、住所以及受让的出资额记载于股东名册。

第二节　组织机构

第三十七条　有限责任公司股东会由全体股东组成，股东会是公司的权力机构，依照本法行使职权。

第三十八条　股东会行使下列职权：

(一)决定公司的经营方针和投资计划；

(二)选举和更换董事，决定有关董事的报酬事项；

(三)选举和更换由股东代表出任的监事，决定有关监事的报酬事项；

(四)审议批准董事会的报告；

(五)审议批准监事会或者监事的报告；

(六)审议批准公司的年度财务预算方案、决算方案；

(七)审议批准公司的利润分配方案和弥补亏损方案；

(八)对公司增加或者减少注册资本作出决议；

(九)对发行公司债券作出决议；

(十)对股东向股东以外的人转让出资作出决议；

(十一)对公司合并、分立、变更公司形式、解散和清算等事项作出决议；

(十二)修改公司章程。

第三十九条　股东会的议事方式和表决程序，除本法有规定的以外，由公司章程规定。

股东会对公司增加或者减少注册资本、分立、合并、解散或者变更公司形式作出决议，必须经代表三分之二以上表决权的股东通过。

第四十条　公司可以修改章程。修改公司章程的决议，必须经代表三分之二以上表决权的股东通过。

第四十一条　股东会会议由股东按照出资比例行使表决权。

第四十二条　股东会的首次会议由出资最多的股东召集和主持，依照本法规定行使职权。

第四十三条　股东会会议分为定期会议和临时会议。

定期会议应当按照公司章程的规定按时召开。代表四分之一以上表决权的股东，三分之一以上董事，或者监事，可以提议召开临时会议。

有限责任公司设立董事会的，股东会会议由董事会召集，董事长主持，董事长因特殊原因不能履行职务时，由董事长指定的副董事长或者其他董事主持。

第四十四条　召开股东会会议，应当于会议召开十五日以前通知全体股东。

股东会应当对所议事项的决定作成会议记录，出席会议的股东应当在会议记录上签名。

第四十五条　有限责任公司设董事会，其成员为三人至十三人。

两个以上的国有企业或者其他两个以上的国有投资主体投资设立的有限责任公司，其董事会成员中应当有公司职工代表。董事会中的职工代表由公司职工民主选举产生。

董事会设董事长一人，可以设副董事长一至二人。董事长、副董事长的产生办法由公司章程规定。

董事长为公司的法定代表人。

第四十六条　董事会对股东会负责，行使下列职权：

(一)负责召集股东会，并向股东会报告工作；

(二)执行股东会的决议；

(三)决定公司的经营计划和投资方案；

(四)制订公司的年度财务预算方案、决算方案；

(五)制订公司的利润分配方案和弥补亏损方案；

(六)制订公司增加或者减少注册资本的方案；

(七)拟订公司合并、分立、变更公司形式、解散的方案；

(八)决定公司内部管理机构的设置；

(九)聘任或者解聘公司经理(总经理)(以下简称经理)，根据经理的提名，聘任或者解聘公司副经理、财务负责人，决定其报酬事项；

(十)制定公司的基本管理制度。

第四十七条　董事任期由公司章程规定，但每届任期不得超过三年。董事任期届满，连选可以连任。

董事在任期届满前，股东会不得无故解除其职务。

第四十八条　董事会会议由董事长召集和主持；董事长因特殊原因不能履行职务时，由董事长指定副董事长或者其他董事召集和主持。三分之一以上董事可以提议召开董事会会议。

第四十九条　董事会的议事方式和表决程序，除本法有规定的以外，由公司章程规定。

召开董事会会议，应当于会议召开十日以前通知全体董事。

董事会应当对所议事项的决定作成会议记录，出席会议的董事应当在会议记录上签名。

第五十条　有限责任公司设经理，由董事会聘任或者解聘。经理对董事会负责，行使下列职权：

(一)主持公司的生产经营管理工作，组织实施董事会决议；

(二)组织实施公司年度经营计划和投资方案；

(三)拟订公司内部管理机构设置方案；

(四)拟订公司的基本管理制度；

(五)制定公司的具体规章；

(六)提请聘任或者解聘公司副经理、财务负责人；

(七)聘任或者解聘除应由董事会聘任或者解聘以外的负责管理人员；

(八)公司章程和董事会授予的其他职权。

经理列席董事会会议。

第五十一条 有限责任公司，股东人数较少和规模较小的，可以设一名执行董事，不设立董事会。执行董事可以兼任公司经理。

执行董事的职权，应当参照本法第四十六条规定，由公司章程规定。

有限责任公司不设董事会的，执行董事为公司的法定代表人。

第五十二条 有限责任公司，经营规模较大的，设立监事会，其成员不得少于三人。监事会应在其组成人员中推选一名召集人。

监事会由股东代表和适当比例的公司职工代表组成，具体比例由公司章程规定。监事会中的职工代表由公司职工民主选举产生。

有限责任公司，股东人数较少和规模较小的，可以设一至二名监事。

董事、经理及财务负责人不得兼任监事。

第五十三条 监事的任期每届为三年。监事任期届满，连选可以连任。

第五十四条 监事会或者监事行使下列职权：

(一)检查公司财务；

(二)对董事、经理执行公司职务时违反法律、法规或者公司章程的行为进行监督；

(三)当董事和经理的行为损害公司的利益时，要求董事和经理予以纠正；

(四)提议召开临时股东会；

(五)公司章程规定的其他职权。

监事列席董事会会议。

第五十五条 公司研究决定有关职工工资、福利、安全生产以及劳动保护、劳动保险等涉及职工切身利益的问题，应当事先听取公司工会和职工的意见，并邀请工会或者职工代表列席有关会议。

第五十六条 公司研究决定生产经营的重大问题、制定重要的规章制度时，应当听取公司工会和职工的意见和建议。

第五十七条 有下列情形之一的，不得担任公司的董事、监事、经理：

(一)无民事行为能力或者限制民事行为能力；

(二)因犯有贪污、贿赂、侵占财产、挪用财产罪或者破坏社会经济秩序罪，被判处刑罚，执行期满未逾五年，或者因犯罪被剥夺政治权利，执行期满未逾五年；

(三)担任因经营不善破产清算的公司、企业的董事或者厂长、经理，并对该公司、企业的破产负有个人责任的，自该公司、企业破产清算完结之日起未逾三年；

(四)担任因违法被吊销营业执照的公司、企业的法定代表人，并负有个人责任的，自该公司、企业被吊销营业执照之日起未逾三年；

(五)个人所负数额较大的债务到期未清偿。

公司违反前款规定选举、委派董事、监事或者聘任经理的，该选举、委派或者聘任无效。

第五十八条 国家公务员不得兼任公司的董事、监事、经理。

第五十九条 董事、监事、经理应当遵守公司章程，忠实履行职务，维护公司利益，不得利用在公司的地位和职权为自己谋取私利。

董事、监事、经理不得利用职权收受贿赂或者其他非法收入，不得侵占公司的财产。

第六十条 董事、经理不得挪用公司资金或者将公司资金借贷给他人。

董事、经理不得将公司资产以其个人名义或者以其他个人名义开立帐户存储。

董事、经理不得以公司资产为本公司的股东或者其他个人债务提供担保。

第六十一条 董事、经理不得自营或者为他人经营与其所任职公司同类的营业或者从事损害本公司利益的活动。从事上述营业或者活动的，所得收入应当归公司所有。

董事、经理除公司章程规定或者股东会同意外，不得同本公司订立合同或者进行交易。

第六十二条 董事、监事、经理除依照法律规定或者经股东会同意外，不得泄露公司秘密。

第六十三条 董事、监事、经理执行公司职务时违反法律、行政法规或者公司章程的规定，给公司造成损害的，应当承担赔偿责任。

第三节 国有独资公司

第六十四条 本法所称国有独资公司是指国家授权投资的机构或者国家授权的部门单独投资设立的有限责任公司。

国务院确定的生产特殊产品的公司或者属于特定行业的公司，应当采取国有独资公司形式。

第六十五条 国有独资公司的公司章程由国家授权投资的机构或者国家授权的部门依照本法制定，或者由董事会制订，报国家授权投资的机构或者国家授权的部门批准。

第六十六条 国有独资公司不设股东会，由国家授权投资的机构或者国家授权的部门，授权公司董事会行使股东会的部分职权，决定公司的重大事项，但公司的合并、分立、解散、增减资本和发行公司债券，必须由国家授权投资的机构或者国家授权的部门决定。

第六十七条 国家授权投资的机构或者国家授权的部门依照法律、行政法规的规定，对国有独资公司的国有资产实施监督管理。

第六十八条 国有独资公司设立董事会，依照本法第四十六条，第六十六条规定行使职权。董事会每届任期为三年。

公司董事会成员为三人至九人，由国家授权投资的机构或者国家授权的部门按照董事会的任期委派或者更换。董事会成员中应当有公司职工代表。董事会中的职工代表由公司职工民主选举产生。

董事会设董事长一人，可以视需要设副董事长。董事长、副董事长，由国家授权投资的机构或者国家授权的部门从董事会成员中指定。

董事长为公司法定代表人。

第六十九条　国有独资公司设经理，由董事会聘任或者解聘。经理依照本法第五十条规定行使职权。

经国家授权投资的机构或者国家授权的部门同意，董事会成员可以兼任经理。

第七十条　国有独资公司的董事长、副董事长、董事、经理，未经国家授权投资的机构或者国家授权的部门同意，不得兼任其他有限责任公司、股份有限公司或者其他经营组织的负责人。

第七十一条　国有独资公司的资产转让，依照法律、行政法规的规定，由国家授权投资的机构或者国家授权的部门办理审批和财产权转移手续。

第七十二条　经营管理制度健全、经营状况较好的大型国有独资公司，可以由国务院授权行使资产所有者的权利。

第三章　股份有限公司的设立和组织机构

第一节　设　立

第七十三条　设立股份有限公司，应当具备下列条件：

(一)发起人符合法定人数；

(二)发起人认缴和社会公开募集的股本达到法定资本最低限额；

(三)股份发行、筹办事项符合法律规定；

(四)发起人制订公司章程，并经创立大会通过；

(五)有公司名称，建立符合股份有限公司要求的组织机构；

(六)有固定的生产经营场所和必要的生产经营条件。

第七十四条　股份有限公司的设立，可以采取发起设立或者募集设立的方式。

发起设立，是指由发起人认购公司应发行的全部股份而设立公司。

募集设立，是指由发起人认购公司应发行股份的一部分，其余部分向社会公开募集而设立公司。

第七十五条　设立股份有限公司，应当有五人以上为发起人，其中须有过半数的发起人在中国境内有住所。

国有企业改建为股份有限公司的发起人可以少于五人，但应当采取募集设立方式。

第七十六条　股份有限公司发起人，必须按照本法规定认购其应认购的股份，并承担公司筹办事务。

第七十七条　股份有限公司的设立，必须经过国务院授权的部门或者省级人民政府批准。

第七十八条　股份有限公司的注册资本为在公司登记机关登记的实收股本总额。

股份有限公司注册资本的最低限额为人民币一千万元。股份有限公司注册资本最低限额需高于上述所定限额的，由法律、行政法规另行规定。

第七十九条　股份有限公司章程应当载明下列事项：

(一)公司名称和住所；

(二)公司经营范围；

(三)公司设立方式；

(四)公司股份总数、每股金额和注册资本；

(五)发起人的姓名或者名称、认购的股份数；

(六)股东的权利和义务；

(七)董事会的组成、职权、任期和议事规则；

(八)公司法定代表人；

(九)监事会的组成、职权、任期和议事规则；

(十)公司利润分配办法；

(十一)公司的解散事由与清算办法；

(十二)公司的通知和公告办法；

(十三)股东大会认为需要规定的其他事项。

第八十条　发起人可以用货币出资，也可以用实物、工业产权、非专利技术、土地使用权作价出资。对作为出资的实物、工业产权、非专利技术或者土地使用权，必须进行评估作价，核实财产，并折合为股份。不得高估或者低估作价。土地使用权的评估作价，依照法律、行政法规的规定办理。

发起人以工业产权、非专利技术作价出资的金额不得超过股份有限公司注册资本的百分之二十。

第八十一条　国有企业改建为股份有限公司时，严禁将国有资产低价折股、低价出售或者无偿分给个人。

第八十二条　以发起设立方式设立股份有限公司的，发起人以书面认足公司章程规定发行的股份后，应即缴纳全部股款；以实物、工业产权、非专利技术或者土地使用权抵作股款的，应当依法办理其财产权的转移手续。

发起人交付全部出资后，应当选举董事会和监事会，由董事会向公司登记机关报送设立公司的批准文件、公司章程、验资证明等文件，申请设立登记。

第八十三条　以募集设立方式设立股份有限公司的，发起人认购的股份不得少于公司股份总数的百分之三十五，其余股份应当向社会公开募集。

第八十四条　发起人向社会公开募集股份时，必须向国务院证券管理部门递交募股申请，并报送下列主要文件：

(一)批准设立公司的文件；

(二)公司章程；

(三)经营估算书；

(四)发起人姓名或者名称，发起人认购的股份数、出资种类及验资证明；

(五)招股说明书；

(六)代收股款银行的名称及地址；

(七)承销机构名称及有关的协议。

未经国务院证券管理部门批准，发起人不得向社会公开募集股份。

第八十五条　经国务院证券管理部门批准，股份有限公司可以向境外公开募集股份，具体办法由国务院作出特别规定。

第八十六条　国务院证券管理部门对符合本法规定条件的募股申请，予以批准；对不符合本法规定的募股申请，不予批准。

对已作出的批准如发现不符合本法规定的，应予撤销。尚未募集股份的，停止募集；已经募集的，认股人可以按照所缴股款并加算银行同期存款利息，要求发起人返还。

第八十七条　招股说明书应当附有发起人制订的公司章程，并载明下列事项：

(一)发起人认购的股份数；

(二)每股的票面金额和发行价格；

(三)无记名股票的发行总数；

(四)认股人的权利、义务;

(五)本次募股的起止期限及逾期未募足时认股人可撤回所认股份的说明。

第八十八条 发起人向社会公开募集股份,必须公告招股说明书,并制作认股书。认股书应当载明前条所列事项,由认股人填写所认股数、金额、住所,并签名、盖章。认股人按照所认股数缴纳股款。

第八十九条 发起人向社会公开募集股份,应当由依法设立的证券经营机构承销,签订承销协议。

第九十条 发起人向社会公开募集股份,应当同银行签订代收股款协议。

代收股款的银行应当按照协议代收和保存股款,向缴纳股款的认股人出具收款单据,并负有向有关部门出具收款证明的义务。

第九十一条 发行股份的股款缴足后,必须经法定的验资机构验资并出具证明。发起人应当在三十日内主持召开公司创立大会。创立大会由认股人组成。

发行的股份超过招股说明书规定的截止期限尚未募足的,或者发行股份的股款缴足后,发起人在三十日内未召开创立大会的,认股人可以按照所缴股款并加算银行同期存款利息,要求发起人返还。

第九十二条 发起人应当在创立大会召开十五日前将会议日期通知各认股人或者予以公告。创立大会应有代表股份总数二分之一以上的认股人出席,方可举行。

创立大会行使下列职权:

(一)审议发起人关于公司筹办情况的报告;

(二)通过公司章程;

(三)选举董事会成员;

(四)选举监事会成员;

(五)对公司的设立费用进行审核;

(六)对发起人用于抵作股款的财产的作价进行审核;

(七)发生不可抗力或者经营条件发生重大变化直接影响公司设立的,可以作出不设立公司的决议。

创立大会对前款所列事项作出决议,必须经出席会议的认股人所持表决权的半数以上通过。

第九十三条 发起人、认股人缴纳股款或者交付抵作股款的出资后,除未按期募足股份、发起人未按期召开创立大会或者创立大会决议不设立公司的情形外,不得抽回其股本。

第九十四条 董事会应于创立大会结束后三十日内,向公司登记机关报送下列文件,申请设立登记:

(一)有关主管部门的批准文件;

(二)创立大会的会议记录;

(三)公司章程;

(四)筹办公司的财务审计报告;

(五)验资证明;

(六)董事会、监事会成员姓名及住所;

(七)法定代表人的姓名、住所。

第九十五条 公司登记机关自接到股份有限公司设立登记申请之日起三十日内作出是否予以登记的决定。对符合本法规定条件的,予以登记,发给公司营业执照;对不符合本法规定条件的,不予登记。

公司营业执照签发日期,为公司成立日期。公司成立后,应当进行公告。

股份有限公司经登记成立后,采取募集设立方式的,应当将募集股份情况报国务院证券管理部门备案。

第九十六条 设立股份有限公司的同时设立分公司的,应当就所设分公司向公司登记机关申请登记,领取营业执照。

股份有限公司成立后设立分公司,应当由公司法定代表人向公司登记机关申请登记,领取营业执照。

第九十七条 股份有限公司的发起人应当承担下列责任:

(一)公司不能成立时,对设立行为所产生的债务和费用负连带责任;

(二)公司不能成立时,对认股人已缴纳的股款,负返还股款并加算银行同期存款利息的连带责任;

(三)在公司设立过程中,由于发起人的过失致使公司利益受到损害的,应当对公司承担赔偿责任。

第九十八条 有限责任公司变更为股份有限公司,应当符合本法规定的股份有限公司的条件,并依照本法有关设立股份有限公司的程序办理。

第九十九条 有限责任公司依法经批准变更为股份有限公司时,折合的股份总额应当相等于公司净资产额。有限责任公司依法经批准变更为股份有限公司,为增加资本向社会公开募集股份时,应当依照本法有关向社会公开募集股份的规定办理。

第一百条 有限责任公司依法变更为股份有限公司的,原有限责任公司的债权、债务由变更后的股份有限公司承继。

第一百零一条 股份有限公司应当将公司章程、股东名册、股东大会会议记录、财务会计报告置备于本公司。

第二节 股东大会

第一百零二条 股份有限公司由股东组成股东大会。股东大会是公司的权力机构,依照本法行使职权。

第一百零三条 股东大会行使下列职权:

(一)决定公司的经营方针和投资计划;

(二)选举和更换董事,决定有关董事的报酬事项;

(三)选举和更换由股东代表出任的监事,决定有关监事的报酬事项;

(四)审议批准董事会的报告;

(五)审议批准监事会的报告;

(六)审议批准公司的年度财务预算方案、决算方案;

(七)审议批准公司的利润分配方案和弥补亏损方案;

(八)对公司增加或者减少注册资本作出决议;

(九)对发行公司债券作出决议;

(十)对公司合并、分立、解散和清算等事项作出决议;

(十一)修改公司章程。

第一百零四条 股东大会应当每年召开一次年会。有下列情形之一的,应当在二个月内召开临时股东大会:

(一)董事人数不足本法规定的人数或者公司章程所定人数的三分之二时;

(二)公司未弥补的亏损达股本总额三分之一时;

(三)持有公司股份百分之十以上的股东请求时;

(四)董事会认为必要时;

(五)监事会提议召开时。

第一百零五条 股东大会会议由董事会依照本法规定负责召集,由董事长主持。董事长因特殊原因不能履行职务时,由董事长指定的副董事长或者其他董事主持。召开股东大会，应当将会议审议的事项于会议召开三十日以前通知各股东。临时股东大会不得对通知中未列明的事项作出决议。

发行无记名股票的，应当于会议召开四十五日以前就前款事项作出公告。

无记名股票持有人出席股东大会的，应当于会议召开五日以前至股东大会闭会时止将股票交存于公司。

第一百零六条　股东出席股东大会，所持每一股份有一表决权。

股东大会作出决议，必须经出席会议的股东所持表决权的半数以上通过。股东大会对公司合并、分立或者解散公司作出决议，必须经出席会议的股东所持表决权的三分之二以上通过。

第一百零七条　修改公司章程必须经出席股东大会的股东所持表决权的三分之二以上通过。

第一百零八条　股东可以委托代理人出席股东大会，代理人应当向公司提交股东授权委托书，并在授权范围内行使表决权。

第一百零九条　股东大会应当对所议事项的决定作成会议记录，由出席会议的董事签名。会议记录应当与出席股东的签名册及代理出席的委托书一并保存。

第一百一十条　股东有权查阅公司章程、股东大会会议记录和财务会计报告，对公司的经营提出建议或者质询。

第一百一十一条　股东大会、董事会的决议违反法律、行政法规，侵犯股东合法权益的，股东有权向人民法院提起要求停止该违法行为和侵害行为的诉讼。

第三节　董事会、经理

第一百一十二条　股份有限公司设董事会，其成员为五人至十九人。

董事会对股东大会负责，行使下列职权：

(一)负责召集股东大会，并向股东大会报告工作；

(二)执行股东大会的决议；

(三)决定公司的经营计划和投资方案；

(四)制订公司的年度财务预算方案、决算方案；

(五)制订公司的利润分配方案和弥补亏损方案；

(六)制订公司增加或者减少注册资本的方案以及发行公司债券的方案；

(七)拟订公司合并、分立、解散的方案；

(八)决定公司内部管理机构的设置；

(九)聘任或者解聘公司经理，根据经理的提名，聘任或者解聘公司副经理、财务负责人，决定其报酬事项；

(十)制定公司的基本管理制度。

第一百一十三条　董事会设董事长一人，可以设副董事长一至二人。董事长和副董事长由董事会以全体董事的过半数选举产生。

董事长为公司的法定代表人。

第一百一十四条　董事长行使下列职权：

(一)主持股东大会和召集、主持董事会会议；

(二)检查董事会决议的实施情况；

(三)签署公司股票、公司债券。

副董事长协助董事长工作，董事长不能履行职权时，由董事长指定的副董事长代行其职权。

第一百一十五条　董事任期由公司章程规定，但每届任期不得超过三年。董事任期届满，连选可以连任。

董事在任期届满前，股东大会不得无故解除其职务。

第一百一十六条　董事会每年度至少召开二次会议，每次会议应当于会议召开十日以前通知全体董事。

董事会召开临时会议，可以另定召集董事会的通知方式和通知时限。

第一百一十七条　董事会会议应由二分之一以上的董事出席方可举行。董事会作出决议，必须经全体董事的过半数通过。

第一百一十八条　董事会会议，应由董事本人出席。董事因故不能出席，可以书面委托其他董事代为出席董事会，委托书中应载明授权范围。

董事会应当对会议所议事项的决定作成会议记录，出席会议的董事和记录员在会议记录上签名。

董事应当对董事会的决议承担责任。董事会的决议违反法律、行政法规或者公司章程，致使公司遭受严重损失的，参与决议的董事对公司负赔偿责任。但经证明在表决时曾表明异议并记载于会议记录的，该董事可以免除责任。

第一百一十九条　股份有限公司设经理，由董事会聘任或者解聘。经理对董事会负责，行使下列职权：

(一)主持公司的生产经营管理工作，组织实施董事会决议；

(二)组织实施公司年度经营计划和投资方案；

(三)拟订公司内部管理机构设置方案；

(四)拟订公司的基本管理制度；

(五)制定公司的具体规章；

(六)提请聘任或者解聘公司副经理、财务负责人；

(七)聘任或者解聘除应由董事会聘任或者解聘以外的负责管理人员；

(八)公司章程和董事会授予的其他职权。

经理列席董事会会议。

第一百二十条　公司根据需要，可以由董事会授权董事长在董事会闭会期间，行使董事会的部分职权。

公司董事会可以决定，由董事会成员兼任经理。

第一百二十一条　公司研究决定有关职工工资、福利、安全生产以及劳动保护、劳动保险等涉及职工切身利益的问题，应当事先听取公司工会和职工的意见，并邀请工会或者职工代表列席有关会议。

第一百二十二条　公司研究决定生产经营的重大问题、制定重要的规章制度时，应当听取公司工会和职工的意见和建议。

第一百二十三条　董事、经理应当遵守公司章程，忠实履行职务，维护公司利益，不得利用在公司的地位和职权为自己谋取私利。

本法第五十七条至第六十三条有关不得担任董事、经理的规定以及董事、经理义务、责任的规定，适用于股份有限公司的董事、经理。

第四节　监事会

第一百二十四条　股份有限公司设监事会，其成员不得少于三人。监事会在其组成人员中推选一名召集人。

监事会由股东代表和适当比例的公司职工代表组成，具体比例由公司章程规定。监事会中的职工代表由公司职工民主选举产生。

董事、经理及财务负责人不得兼任监事。

第一百二十五条 监事的任期每届为三年。监事任期届满，连选可以连任。

第一百二十六条 监事会行使下列职权：

(一)检查公司的财务；

(二)对董事、经理执行公司职务时违反法律、法规或者公司章程的行为进行监督；

(三)当董事和经理的行为损害公司的利益时，要求董事和经理予以纠正；

(四)提议召开临时股东大会；

(五)公司章程规定的其他职权。

监事列席董事会会议。

第一百二十七条 监事会的议事方式和表决程序由公司章程规定。

第一百二十八条 监事应当依照法律、行政法规、公司章程，忠实履行监督职责。

本法第五十七条至第五十九条、第六十二条至第六十三条有关不得担任监事的规定以及监事义务、责任的规定，适用于股份有限公司的监事。

第四章 股份有限公司的股份发行和转让

第一节 股份发行

第一百二十九条 股份有限公司的资本划分为股份，每一股的金额相等。

公司的股份采取股票的形式。股票是公司签发的证明股东所持股份的凭证。

第一百三十条 股份的发行，实行公开、公平、公正的原则，必须同股同权，同股同利。

同次发行的股票，每股的发行条件和价格应当相同。任何单位或者个人所认购的股份，每股应当支付相同价额。

第一百三十一条 股票发行价格可以按票面金额，也可以超过票面金额，但不得低于票面金额。

以超过票面金额为股票发行价格的，须经国务院证券管理部门批准。

以超过票面金额发行股票所得溢价款列入公司资本公积金。

股票溢价发行的具体管理办法由国务院另行规定。

第一百三十二条 股票采用纸面形式或者国务院证券管理部门规定的其他形式。

股票应当载明下列主要事项：

(一)公司名称；

(二)公司登记成立的日期；

(三)股票种类、票面金额及代表的股份数；

(四)股票的编号。

股票由董事长签名，公司盖章。

发起人的股票，应当标明发起人股票字样。

第一百三十三条 公司向发起人、国家授权投资的机构、法人发行的股票，应当为记名股票，并应当记载该发起人、机构或者法人的名称，不得另立户名或者以代表人姓名记名。

对社会公众发行的股票，可以为记名股票，也可以为无记名股票。

第一百三十四条 公司发行记名股票的，应当置备股东名册，记载下列事项：

(一)股东的姓名或者名称及住所；

(二)各股东所持股份数；

(三)各股东所持股票的编号；

(四)各股东取得其股份的日期。

发行无记名股票的，公司应当记载其股票数量、编号及发行日期。

第一百三十五条 国务院可以对公司发行本法规定的股票以外的其他种类的股票，另行作出规定。

第一百三十六条 股份有限公司登记成立后，即向股东正式交付股票。公司登记成立前不得向股东交付股票。

第一百三十七条 公司发行新股，必须具备下列条件：

(一)前一次发行的股份已募足，并间隔一年以上；

(二)公司在最近三年内连续盈利，并可向股东支付股利；

(三)公司在最近三年内财务会计文件无虚假记载；

(四)公司预期利润率可达同期银行存款利率。

公司以当年利润分派新股，不受前款第(二)项限制。

第一百三十八条 公司发行新股，股东大会应当对下列事项作出决议：

(一)新股种类及数额；

(二)新股发行价格；

(三)新股发行的起止日期；

(四)向原有股东发行新股的种类及数额。

第一百三十九条 股东大会作出发行新股的决议后，董事会必须向国务院授权的部门或者省级人民政府申请批准。属于向社会公开募集的，须经国务院证券管理部门批准。

第一百四十条 公司经批准向社会公开发行新股时，必须公告新股招股说明书和财务会计报表及附属明细表，并制作认股书。

公司向社会公开发行新股，应当由依法设立的证券经营机构承销，签订承销协议。

第一百四十一条 公司发行新股，可根据公司连续盈利情况和财产增值情况，确定其作价方案。

第一百四十二条 公司发行新股募足股款后，必须向公司登记机关办理变更登记，并公告。

第二节 股份转让

第一百四十三条 股东持有的股份可以依法转让。

第一百四十四条 股东转让其股份，必须在依法设立的证券交易场所进行。

第一百四十五条 记名股票，由股东以背书方式或者法律、行政法规规定的其他方式转让。

记名股票的转让，由公司将受让人的姓名或者名称及住所记载于股东名册。

股东大会召开前三十日内或者公司决定分配股利的基准日前五日内，不得进行前款规定的股东名册的变更登记。

第一百四十六条 无记名股票的转让，由股东在依法设立的证券交易场所将该股票交付给受让人后即发生转让的效力。

第一百四十七条 发起人持有的本公司股份，自公司成立之日起三年内不得转让。

公司董事、监事、经理应当向公司申报所持有的本公司的股份，并在任职期间内不得转让。

第一百四十八条　国家授权投资的机构可以依法转让其持有的股份，也可以购买其他股东持有的股份。转让或者购买股份的审批权限、管理办法，由法律、行政法规另行规定。

第一百四十九条　公司不得收购本公司的股票，但为减少公司资本而注销股份或者与持有本公司股票的其他公司合并时除外。

公司依照前款规定收购本公司的股票后，必须在十日内注销该部分股份，依照法律、行政法规办理变更登记，并公告。

公司不得接受本公司的股票作为抵押权的标的。

第一百五十条　记名股票被盗、遗失或者灭失，股东可以依照民事诉讼法规定的公示催告程序，请求人民法院宣告该股票失效。

依照公示催告程序，人民法院宣告该股票失效后，股东可以向公司申请补发股票。

第三节　上市公司

第一百五十一条　本法所称上市公司是指所发行的股票经国务院或者国务院授权证券管理部门批准在证券交易所上市交易的股份有限公司。

第一百五十二条　股份有限公司申请其股票上市必须符合下列条件：

(一)股票经国务院证券管理部门批准已向社会公开发行；

(二)公司股本总额不少于人民币五千万元；

(三)开业时间在三年以上，最近三年连续盈利；原国有企业依法改建而设立的，或者本法实施后新组建成立，其主要发起人为国有大中型企业的，可连续计算；

(四)持有股票面值达人民币一千元以上的股东人数不少于一千人，向社会公开发行的股份达公司股份总数的百分之二十五以上；公司股本总额超过人民币四亿元的，其向社会公开发行股份的比例为百分之十五以上；

(五)公司在最近三年内无重大违法行为，财务会计报告无虚假记载；

(六)国务院规定的其他条件。

第一百五十三条　股份有限公司申请其股票上市交易，应当报经国务院或者国务院授权证券管理部门批准，依照有关法律、行政法规的规定报送有关文件。

国务院或者国务院授权证券管理部门对符合本法规定条件的股票上市交易申请，予以批准；对不符合本法规定条件的，不予批准。

股票上市交易申请经批准后，被批准的上市公司必须公告其股票上市报告，并将其申请文件存放在指定的地点供公众查阅。

第一百五十四条　经批准的上市公司的股份，依照有关法律、行政法规上市交易。

第一百五十五条　经国务院证券管理部门批准，公司股票可以到境外上市，具体办法由国务院作出特别规定。

第一百五十六条　上市公司必须按照法律、行政法规的规定，定期公开其财务状况和经营情况，在每会计年度内半年公布一次财务会计报告。

第一百五十七条　上市公司有下列情形之一的，由国务院证券管理部门决定暂停其股票上市：

(一)公司股本总额、股权分布等发生变化不再具备上市条件；

(二)公司不按规定公开其财务状况，或者对财务会计报告作虚假记载；

(三)公司有重大违法行为；

(四)公司最近三年连续亏损。

第一百五十八条　上市公司有前条第(二)项、第(三)项所列情形之一经查实后果严重的，或者有前条第(一)项、第(四)项所列情形之一，在限期内未能消除，不具备上市条件的，由国务院证券管理部门决定终止其股票上市。

公司决议解散、被行政主管部门依法责令关闭或者被宣告破产的，由国务院证券管理部门决定终止其股票上市。

第五章　公司债券

第一百五十九条　股份有限公司、国有独资公司和两个以上的国有企业或者其他两个以上的国有投资主体投资设立的有限责任公司，为筹集生产经营资金，可以依照本法发行公司债券。

第一百六十条　本法所称公司债券是指公司依照法定程序发行的、约定在一定期限还本付息的有价证券。

第一百六十一条　发行公司债券，必须符合下列条件：

(一)股份有限公司的净资产额不低于人民币三千万元，有限责任公司的净资产额不低于人民币六千万元；

(二)累计债券总额不超过公司净资产额的百分之四十；

(三)最近三年平均可分配利润足以支付公司债券一年的利息；

(四)筹集的资金投向符合国家产业政策；

(五)债券的利率不得超过国务院限定的利率水平；

(六)国务院规定的其他条件。

发行公司债券筹集的资金，必须用于审批机关批准的用途，不得用于弥补亏损和非生产性支出。

第一百六十二条　凡有下列情形之一的，不得再次发行公司债券：

(一)前一次发行的公司债券尚未募足的；

(二)对已发行的公司债券或者其债务有违约或者延迟支付本息的事实，且仍处于继续状态的。

第一百六十三条　股份有限公司、有限责任公司发行公司债券，由董事会制订方案，股东会作出决议。

国有独资公司发行公司债券，应由国家授权投资的机构或者国家授权的部门作出决定。

依照前二款规定作出决议或者决定后，公司应当向国务院证券管理部门报请批准。

第一百六十四条　公司债券的发行规模由国务院确定。国务院证券管理部门审批公司债券的发行，不得超过国务院确定的规模。

国务院证券管理部门对符合本法规定的发行公司债券的申请，予以批准；对不符合本法规定的申请，不予批准。

对已作出的批准如发现不符合本法规定的，应予撤销。尚未发行公司债券的，停止发行；已经发行公司债券的，发行的公司应当向认购人退还所缴款项并加算银行同期存款利息。

第一百六十五条 公司向国务院证券管理部门申请批准发行公司债券,应当提交下列文件:

(一)公司登记证明;

(二)公司章程;

(三)公司债券募集办法;

(四)资产评估报告和验资报告。

第一百六十六条 发行公司债券的申请经批准后,应当公告公司债券募集办法。

公司债券募集办法中应当载明下列主要事项:

(一)公司名称;

(二)债券总额和债券的票面金额;

(三)债券的利率;

(四)还本付息的期限和方式;

(五)债券发行的起止日期;

(六)公司净资产额;

(七)已发行的尚未到期的公司债券总额;

(八)公司债券的承销机构。

第一百六十七条 公司发行公司债券,必须在债券上载明公司名称、债券票面金额、利率、偿还期限等事项,并由董事长签名,公司盖章。

第一百六十八条 公司债券可分为记名债券和无记名债券。

第一百六十九条 公司发行公司债券应当置备公司债券存根簿。

发行记名公司债券的,应当在公司债券存根簿上载明下列事项:

(一)债券持有人的姓名或者名称及住所;

(二)债券持有人取得债券的日期及债券的编号;

(三)债券总额,债券的票面金额,债券的利率,债券的还本付息的期限和方式;

(四)债券的发行日期。

发行无记名公司债券,应当在公司债券存根簿上载明债券总额、利率、偿还期限和方式、发行日期及债券的编号。

第一百七十条 公司债券可以转让。转让公司债券应当在依法设立的证券交易场所进行。

公司债券的转让价格由转让人与受让人约定。

第一百七十一条 记名债券,由债券持有人以背书方式或者法律、行政法规规定的其他方式转让。

记名债券的转让,由公司将受让人的姓名或者名称及住所记载于公司债券存根簿。

无记名债券,由债券持有人在依法设立的证券交易场所将该债券交付给受让人后即发生转让的效力。

第一百七十二条 上市公司经股东大会决议可以发行可转换为股票的公司债券,并在公司债券募集办法中规定具体的转换办法。

发行可转换为股票的公司债券,应当报请国务院证券管理部门批准。公司债券可转换为股票的,除具备发行公司债券的条件外,还应当符合股票发行的条件。

发行可转换为股票的公司债券,应当在债券上标明可转换公司债券字样,并在公司债券存根簿上载明可转换公司债券的数额。

第一百七十三条 发行可转换为股票的公司债券的,公司应当按照其转换办法向债券持有人换发股票,但债券持有人对转换股票或者不转换股票有选择权。

第六章 公司财务、会计

第一百七十四条 公司应当依照法律、行政法规和国务院财政主管部门的规定建立本公司的财务、会计制度。

第一百七十五条 公司应当在每一会计年度终了时制作财务会计报告,并依法经审查验证。

财务会计报告应当包括下列财务会计报表及附属明细表:

(一)资产负债表;

(二)损益表;

(三)财务状况变动表;

(四)财务情况说明书;

(五)利润分配表。

第一百七十六条 有限责任公司应当按公司章程规定的期限将财务会计报告送交各股东。

股份有限公司的财务会计报告应当在召开股东大会年会的二十日以前置备于本公司,供股东查阅。

以募集设立方式成立的股份有限公司必须公告其财务会计报告。

第一百七十七条 公司分配当年税后利润时,应当提取利润的百分之十列入公司法定公积金,并提取利润的百分之五至百分之十列入公司法定公益金。公司法定公积金累计额为公司注册资本的百分之五十以上的,可不再提取。

公司的法定公积金不足以弥补上一年度公司亏损的,在依照前款规定提取法定公积金和法定公益金之前,应当先用当年利润弥补亏损。

公司在从税后利润中提取法定公积金后,经股东会决议,可以提取任意公积金。

公司弥补亏损和提取公积金、法定公益金后所余利润,有限责任公司按照股东的出资比例分配,股份有限公司按照股东持有的股份比例分配。

股东会或者董事会违反前款规定,在公司弥补亏损和提取法定公积金、法定公益金之前向股东分配利润的,必须将违反规定分配的利润退还公司。

第一百七十八条 股份有限公司依照本法规定,以超过股票票面金额的发行价格发行股份所得的溢价款以及国务院财政主管部门规定列入资本公积金的其他收入,应当列为公司资本公积金。

第一百七十九条 公司的公积金用于弥补公司的亏损,扩大公司生产经营或者转为增加公司资本。

股份有限公司经股东大会决议将公积金转为资本时,按股东原有股份比例派送新股或者增加每股面值。但法定公积金转为资本时,所留存的该项公积金不得少于注册资本的百分之二十五。

第一百八十条 公司提取的法定公益金用于本公司职工的集体福利。

第一百八十一条 公司除法定的会计帐册外,不得另立会计帐册。

对公司资产,不得以任何个人名义开立帐户存储。

第七章　公司合并、分立

第一百八十二条　公司合并或者分立，应当由公司的股东会作出决议。

第一百八十三条　股份有限公司合并或者分立，必须经国务院授权的部门或者省级人民政府批准。

第一百八十四条　公司合并可以采取吸收合并和新设合并两种形式。

一个公司吸收其他公司为吸收合并，被吸收的公司解散。二个以上公司合并设立一个新的公司为新设合并，合并各方解散。

公司合并，应当由合并各方签订合并协议，并编制资产负债表及财产清单。公司应当自作出合并决议之日起十日内通知债权人，并于三十日内在报纸上至少公告三次。债权人自接到通知书之日起三十日内，未接到通知书的自第一次公告之日起九十日内，有权要求公司清偿债务或者提供相应的担保。不清偿债务或者不提供相应的担保的，公司不得合并。

公司合并时，合并各方的债权、债务，应当由合并后存续的公司或者新设的公司承继。

第一百八十五条　公司分立，其财产作相应的分割。

公司分立时，应当编制资产负债表及财产清单。公司应当自作出分立决议之日起十日内通知债权人，并于三十日内在报纸上至少公告三次。债权人自接到通知书之日起三十日内，未接到通知书的自第一次公告之日起九十日内，有权要求公司清偿债务或者提供相应的担保。不清偿债务或者不提供相应的担保的，公司不得分立。

公司分立前的债务按所达成的协议由分立后的公司承担。

第一百八十六条　公司需要减少注册资本时，必须编制资产负债表及财产清单。

公司应当自作出减少注册资本决议之日起十日内通知债权人，并于三十日内在报纸上至少公告三次。债权人自接到通知书之日起三十日内，未接到通知书的自第一次公告之日起九十日内，有权要求公司清偿债务或者提供相应的担保。

公司减少资本后的注册资本不得低于法定的最低限额。

第一百八十七条　有限责任公司增加注册资本时，股东认缴新增资本的出资，按照本法设立有限责任公司缴纳出资的有关规定执行。

股份有限公司为增加注册资本发行新股时，股东认购新股应当按照本法设立股份有限公司缴纳股款的有关规定执行。

第一百八十八条　公司合并或者分立，登记事项发生变更的，应当依法向公司登记机关办理变更登记；公司解散的，应当依法办理公司注销登记；设立新公司的，应当依法办理公司设立登记。

公司增加或者减少注册资本，应当依法向公司登记机关办理变更登记。

第八章　公司破产、解散和清算

第一百八十九条　公司因不能清偿到期债务，被依法宣告破产的，由人民法院依照有关法律的规定，组织股东、有关机关及有关专业人员成立清算组，对公司进行破产清算。

第一百九十条　公司有下列情形之一的，可以解散：

(一)公司章程规定的营业期限届满或者公司章程规定的其他解散事由出现时；

(二)股东会决议解散；

(三)因公司合并或者分立需要解散的。

第一百九十一条　公司依照前条第(一)项、第(二)项规定解散的，应当在十五日内成立清算组，有限责任公司的清算组由股东组成，股份有限公司的清算组由股东大会确定其人选；逾期不成立清算组进行清算的，债权人可以申请人民法院指定有关人员组成清算组，进行清算。人民法院应当受理该申请，并及时指定清算组成员，进行清算。

第一百九十二条　公司违反法律、行政法规被依法责令关闭的，应当解散，由有关主管机关组织股东、有关机关及有关专业人员成立清算组，进行清算。

第一百九十三条　清算组在清算期间行使下列职权：

(一)清理公司财产，分别编制资产负债表和财产清单；

(二)通知或者公告债权人；

(三)处理与清算有关的公司未了结的业务；

(四)清缴所欠税款；

(五)清理债权、债务；

(六)处理公司清偿债务后的剩余财产；

(七)代表公司参与民事诉讼活动。

第一百九十四条　清算组应当自成立之日起十日内通知债权人，并于六十日内在报纸上至少公告三次。债权人应当自接到通知书之日起三十日内，未接到通知书的自第一次公告之日起九十日内，向清算组申报其债权。

债权人申报其债权，应当说明债权的有关事项，并提供证明材料。清算组应当对债权进行登记。

第一百九十五条　清算组在清理公司财产、编制资产负债表和财产清单后，应当制定清算方案，并报股东会或者有关主管机关确认。

公司财产能够清偿公司债务的，分别支付清算费用、职工工资和劳动保险费用，缴纳所欠税款，清偿公司债务。

公司财产按前款规定清偿后的剩余财产，有限责任公司按照股东的出资比例分配，股份有限公司按照股东持有的股份比例分配。

清算期间，公司不得开展新的经营活动。公司财产在未按第二款的规定清偿前，不得分配给股东。

第一百九十六条　因公司解散而清算，清算组在清理公司财产、编制资产负债表和财产清单后，发现公司财产不足清偿债务的，应当立即向人民法院申请宣告破产。

公司经人民法院裁定宣告破产后，清算组应当将清算事务移交给人民法院。

第一百九十七条　公司清算结束后，清算组应当制作清算报告，报股东会或者有关主管机关确认，并报送公司登记机关，申请注销公司登记，公告公司终止。不申请注销公司登记的，由公司登记机关吊销其公司营业执照，并予以公告。

第一百九十八条　清算组成员应当忠于职守，依法履行清算义务。

清算组成员不得利用职权收受贿赂或者其他非法收入，不得侵占公司财产。

清算组成员因故意或者重大过失给公司或者债权人造成损失的，应当承担赔偿责任。

第九章 外国公司的分支机构

第一百九十九条 外国公司依照本法规定可以在中国境内设立分支机构,从事生产经营活动。

本法所称外国公司是指依照外国法律在中国境外登记成立的公司。

第二百条 外国公司在中国境内设立分支机构,必须向中国主管机关提出申请,并提交其公司章程、所属国的公司登记证书等有关文件,经批准后,向公司登记机关依法办理登记,领取营业执照。

外国公司分支机构的审批办法由国务院另行规定。

第二百零一条 外国公司在中国境内设立分支机构,必须在中国境内指定负责该分支机构的代表人或者代理人,并向该分支机构拨付与其所从事的经营活动相适应的资金。

对外国公司分支机构的经营资金需要规定最低限额的,由国务院另行规定。

第二百零二条 外国公司的分支机构应当在其名称中标明该外国公司的国籍及责任形式。

外国公司的分支机构应当在本机构中置备该外国公司章程。

第二百零三条 外国公司属于外国法人,其在中国境内设立的分支机构不具有中国法人资格。

外国公司对其分支机构在中国境内进行经营活动承担民事责任。

第二百零四条 经批准设立的外国公司分支机构,在中国境内从事业务活动,必须遵守中国的法律,不得损害中国的社会公共利益,其合法权益受中国法律保护。

第二百零五条 外国公司撤销其在中国境内的分支机构时,必须依法清偿债务,按照本法有关公司清算程序的规定进行清算。未清偿债务之前,不得将其分支机构的财产移至中国境外。

第十章 法律责任

第二百零六条 违反本法规定,办理公司登记时虚报注册资本、提交虚假证明文件或者采取其他欺诈手段隐瞒重要事实取得公司登记的,责令改正,对虚报注册资本的公司,处以虚报注册资本金额百分之五以上百分之十以下的罚款;对提交虚假证明文件或者采取其他欺诈手段隐瞒重要事实的公司,处以一万元以上十万元以下的罚款;情节严重的,撤销公司登记。构成犯罪的,依法追究刑事责任。

第二百零七条 制作虚假的招股说明书、认股书、公司债券募集办法发行股票或者公司债券的,责令停止发行,退还所募资金及其利息,处以非法募集资金金额百分之一以上百分之五以下的罚款。构成犯罪的,依法追究刑事责任。

第二百零八条 公司的发起人、股东未交付货币、实物或者未转移财产权,虚假出资,欺骗债权人和社会公众的,责令改正,处以虚假出资金额百分之五以上百分之十以下的罚款。构成犯罪的,依法追究刑事责任。

第二百零九条 公司的发起人、股东在公司成立后,抽逃其出资的,责令改正,处以所抽逃出资金额百分之五以上百分之十以下的罚款。构成犯罪的,依法追究刑事责任。

第二百一十条 未经本法规定的有关主管部门的批准,擅自发行股票或者公司债券的,责令停止发行,退还所募资金及其利息,处以非法所募资金金额百分之一以上百分之五以下的罚款。构成犯罪的,依法追究刑事责任。

第二百一十一条 公司违反本法规定,在法定的会计帐册以外另立会计帐册的,责令改正,处以一万元以上十万元以下的罚款。构成犯罪的,依法追究刑事责任。

将公司资产以任何个人名义开立帐户存储的,没收违法所得,并处以违法所得一倍以上五倍以下的罚款。构成犯罪的,依法追究刑事责任。

第二百一十二条 公司向股东和社会公众提供虚假的或者隐瞒重要事实的财务会计报告的,对直接负责的主管人员和其他直接责任人员处以一万元以上十万元以下的罚款。构成犯罪的,依法追究刑事责任。

第二百一十三条 违反本法规定,将国有资产低价折股、低价出售或者无偿分给个人的,对直接负责的主管人员和其他直接责任人员依法给予行政处分。构成犯罪的,依法追究刑事责任。

第二百一十四条 董事、监事、经理利用职权收受贿赂、其他非法收入或者侵占公司财产的,没收违法所得,责令退还公司财产,由公司给予处分。构成犯罪的,依法追究刑事责任。

董事、经理挪用公司资金或者将公司资金借贷给他人的,责令退还公司的资金,由公司给予处分,将其所得收入归公司所有。构成犯罪的,依法追究刑事责任。

董事、经理违反本法规定,以公司资产为本公司的股东或者其他个人债务提供担保的,责令取消担保,并依法承担赔偿责任,将违法提供担保取得的收入归公司所有。情节严重的,由公司给予处分。

第二百一十五条 董事、经理违反本法规定自营或者为他人经营与其所任职公司同类的营业的,除将其所得收入归公司所有外,并可由公司给予处分。

第二百一十六条 公司不按照本法规定提取法定公积金、法定公益金的,责令如数补足应当提取的金额,并可对公司处以一万元以上十万元以下的罚款。

第二百一十七条 公司在合并、分立、减少注册资本或者进行清算时,不按照本法规定通知或者公告债权人的,责令改正,对公司处以一万元以上十万元以下的罚款。

公司在进行清算时,隐匿财产,对资产负债表或者财产清单作虚伪记载或者未清偿债务前分配公司财产的,责令改正,对公司处以隐匿财产或者未清偿债务前分配公司财产金额百分之一以上百分之五以下的罚款。对直接负责的主管人员和其他直接责任人员处以一万元以上十万元以下的罚款。构成犯罪的,依法追究刑事责任。

第二百一十八条 清算组不按照本法规定向公司登记机关报送清算报告,或者报送清算报告隐瞒重要事实或者有重大遗漏的,责令改正。

清算组成员利用职权徇私舞弊、谋取非法收入或者侵占公司财产的,责令退还公司财产,没收违法所得,并可处以违法所得一倍以上五倍以下的罚款。构成犯罪的,依法追究刑事责任。

第二百一十九条 承担资产评估、验资或者验证的机构提供虚假证明文件的,没收违法所得,处以违法所得一倍以上五倍以下的罚款,并可由有关主管部门依法责令该机构停业,吊销直接责任人员的资格证书。构成犯罪的,依法追究刑事责任。

承担资产评估、验资或者验证的机构因过失提供有重大遗漏的报告的,责令改正,情节较重的,处以所得收入一倍以上三倍以下的罚款,并可由有关主管部门依法责令该机构停业,吊销直接责任人员的资格证书。

第二百二十条　国务院授权的有关主管部门,对不符合本法规定条件的设立公司的申请予以批准,或者对不符合本法规定条件的股份发行的申请予以批准,情节严重的,对直接负责的主管人员和其他直接责任人员,依法给予行政处分。构成犯罪的,依法追究刑事责任。

第二百二十一条　国务院证券管理部门对不符合本法规定条件的募集股份、股票上市和债券发行的申请予以批准,情节严重的,对直接负责的主管人员和其他直接责任人员,依法给予行政处分。构成犯罪的,依法追究刑事责任。

第二百二十二条　公司登记机关对不符合本法规定条件的登记申请予以登记,情节严重的,对直接负责的主管人员和其他直接责任人员,依法给予行政处分。构成犯罪的,依法追究刑事责任。

第二百二十三条　公司登记机关的上级部门强令公司登记机关对不符合本法规定条件的登记申请予以登记的,或者对违法登记进行包庇的,对直接负责的主管人员和其他直接责任人员依法给予行政处分。构成犯罪的,依法追究刑事责任。

第二百二十四条　未依法登记为有限责任公司或者股份有限公司,而冒用有限责任公司或者股份有限公司名义的,责令改正或者予以取缔,并可处以一万元以上十万元以下的罚款。构成犯罪的,依法追究刑事责任。

第二百二十五条　公司成立后无正当理由超过六个月未开业的,或者开业后自行停业连续六个月以上的,由公司登记机关吊销其公司营业执照。

公司登记事项发生变更时,未按照本法规定办理有关变更登记的,责令限期登记,逾期不登记的,处以一万元以上十万元以下的罚款。

第二百二十六条　外国公司违反本法规定,擅自在中国境内设立分支机构的,责令改正或者关闭,并可处以一万元以上十万元以下的罚款。

第二百二十七条　依照本法履行审批职责的有关主管部门,对符合法定条件的申请,不予批准的,或者公司登记机关对符合法定条件的申请,不予登记的,当事人可以依法申请复议或者提起行政诉讼。

第二百二十八条　公司违反本法规定,应当承担民事赔偿责任和缴纳罚款、罚金的,其财产不足以支付时,先承担民事赔偿责任。

第十一章　附　　则

第二百二十九条　本法施行前依照法律、行政法规、地方性法规和国务院有关主管部门制定的《有限责任公司规范意见》、《股份有限公司规范意见》登记成立的公司,继续保留,其中不完全具备本法规定的条件的,应当在规定的限期内达到本法规定的条件。具体实施办法,由国务院另行规定。

第二百三十条　本法自1994年7月1日起施行。

一、行政法规

股票发行与交易管理暂行条例

(1993年4月22日 国务院第112号令发布)

第一章 总 则

第一条 为了适应发展社会主义市场经济的需要,建立和发展全国统一、高效的股票市场,保护投资者的合法权益和社会公共利益,促进国民经济的发展,制定本条例。

第二条 在中华人民共和国境内从事股票发行、交易及其相关活动,必须遵守本条例。

本条例关于股票的规定适用于具有股票性质、功能的证券。

第三条 股票的发行与交易,应当遵循公开、公平和诚实信用的原则。

第四条 股票的发行与交易,应当维护社会主义公有制的主体地位,保障国有资产不受侵害。

第五条 国务院证券委员会(以下简称"证券委")是全国证券市场的主管机构,依照法律、法规的规定对全国证券市场进行统一管理。中国证券监督管理委员会(以下简称"证监会")是证券委的监督管理执行机构,依照法律、法规的规定对证券发行与交易的具体活动进行管理和监督。

第六条 人民币特种股票发行与交易的具体办法另行制定。

境内企业直接或者间接到境外发行股票、将其股票在境外交易,必须经证券委审批,具体办法另行制定。

第二章 股票的发行

第七条 股票发行人必须是具有股票发行资格的股份有限公司。

前款所称股份有限公司,包括已经成立的股份有限公司和经批准拟成立的股份有限公司。

第八条 设立股份有限公司申请公开发行股票,应当符合下列条件:

(一)其生产经营符合国家产业政策;

(二)其发行的普通股限于一种,同股同权;

(三)发起人认购的股本数额不少于公司拟发行的股本总额的百分之三十五;

(四)在公司拟发行的股本总额中,发起人认购的部分不少于人民币三千万元,但是国家另有规定的除外;

(五)向社会公众发行的部分不少于公司拟发行的股本总额的百分之二十五,其中公司职工认购的股本数额不得超过拟向社会公众发行的股本总额的百分之十;公司拟发行的股本总额超过人民币四亿元的,证监会按照规定可以酌情降低向社会公众发行的部分的比例,但是最低不少于公司拟发行的股本总额的百分之十;

(六)发起人在近三年内没有重大违法行为;

(七)证券委规定的其他条件。

第九条 原有企业改组设立股份有限公司申请公开发行股票,除应当符合本条例第八条所列条件外,还应当符合下列条件:

(一)发行前一年末,净资产在总资产中所占比例不低于百分之三十,无形资产在净资产中所占比例不高于百分之二十,但是证券委另有规定的除外;

(二)近三年连续盈利。

国有企业改组设立股份有限公司公开发行股票的,国家拥有的股份在公司拟发行的股本总额中所占的比例由国务院或者国务院授权的部门规定。

第十条 股份有限公司增资申请公开发行股票,除应当符合本条例第八条和第九条所列条件外,还应当符合下列条件:

(一)前一次公开发行股票所得资金的使用与其招股说明书所述的用途相符,并且资金使用效益良好;

(二)距前一次公开发行股票的时间不少于十二个月;

(三)从前一次公开发行股票到本次申请期间没有重大违法行为;

(四)证券委规定的其他条件。

第十一条 定向募集公司申请公开发行股票,除应当符合本条例第八条和第九条所列条件外,还应当符合下列条件:

(一)定向募集所得资金的使用与其招股说明书所述的用途相符,并且资金使用效益良好;

(二)距最近一次定向募集股份的时间不少于十二个月;

(三)从最近一次定向募集到本次公开发行期间没有重大违法行为；

(四)内部职工股权证按照规定范围发放，并且已交国家指定的证券机构集中托管；

(五)证券委规定的其他条件。

第十二条　申请公开发行股票，按照下列程序办理：

(一)申请人聘请会计师事务所、资产评估机构、律师事务所等专业性机构，对其资信、资产、财务状况进行审定、评估和就有关事项出具法律意见书后，按照隶属关系，分别向省、自治区、直辖市、计划单列市人民政府(以下简称“地方政府”)或者中央企业主管部门提出公开发行股票的申请；

(二)在国家下达的发行规模内，地方政府对地方企业的发行申请进行审批，中央企业主管部门在与申请人所在地地方政府协商后对中央企业的发行申请进行审批；地方政府、中央企业主管部门应当自收到发行申请之日起三十个工作日内作出审批决定，并抄报证券委；

(三)被批准的发行申请，送证监会复审；证监会应当自收到复审申请之日起二十个工作日内出具复审意见书，并将复审意见书抄报证券委；经证监会复审同意的，申请人应当向证券交易所上市委员会提出申请，经上市委员会同意接受上市，方可发行股票。

第十三条　申请公开发行股票，应当向地方政府或者中央企业主管部门报送下列文件：

(一)申请报告；

(二)发起人会议或者股东大会同意公开发行股票的决议；

(三)批准设立股份有限公司的文件；

(四)工商行政管理部门颁发的股份有限公司营业执照或者股份有限公司筹建登记证明；

(五)公司章程或者公司章程草案；

(六)招股说明书；

(七)资金运用的可行性报告；需要国家提供资金或者其他条件的固定资产投资项目，还应当提供国家有关部门同意固定资产投资立项的批准文件；

(八)经会计师事务所审计的公司近三年或者成立以来的财务报告和由二名以上注册会计师及其所在事务所签字、盖章的审计报告；

(九)经二名以上律师及其所在事务所就有关事项签字、盖章的法律意见书；

(十)经二名以上专业评估人员及其所在机构签字、盖章的资产评估报告，经二名以上注册会计师及其所在事务所签字、盖章的验资报告；涉及国有资产的，还应当提供国有资产管理部门出具的确认文件；

(十一)股票发行承销方案和承销协议；

(十二)地方政府或者中央企业主管部门要求报送的其他文件。

第十四条　被批准的发行申请送证监会复审时，除应当报送本条例第十三条所列文件外，还应当报送下列文件：

(一)地方政府或者中央企业主管部门批准发行申请的文件；

(二)证监会要求报送的其他文件。

第十五条　本条例第十三条所称招股说明书应当按照证监会规定的格式制作，并载明下列事项：

(一)公司的名称、住所；

(二)发起人、发行人简况；

(三)筹资的目的；

(四)公司现有股本总额，本次发行的股票种类、总额，每股的面值、售价、发行前的每股净资产值和发行结束后每股预期净资产值，发行费用和佣金；

(五)初次发行的发起人认购股本的情况、股权结构及验资证明；

(六)承销机构的名称、承销方式与承销数量；

(七)发行的对象、时间、地点及股票认购和股款缴纳的方式；

(八)所筹资金的运用计划及收益、风险预测；

(九)公司近期发展规划和经注册会计师审核并出具审核意见的公司下一年的盈利预测文件；

(十)重要的合同；

(十一)涉及公司的重大诉讼事项；

(十二)公司董事、监事名单及其简历；

(十三)近三年或者成立以来的生产经营状况和有关业务发展的基本情况；

(十四)经会计师事务所审计的公司近三年或者成立以来的财务报告和由二名以上注册会计师及其所在事务所签字、盖章的审计报告；

(十五)增资发行的公司前次公开发行股票所筹资金的运用情况；

(十六)证监会要求载明的其他事项。

第十六条　招股说明书的封面应当载明：“发行人保证招股说明书的内容真实、准确、完整。政府及国家证券管理部门对本次发行所作出的任何决定，均不表明其对发行人所发行的股票的价值或者投资人的收益作出实质性判断或者保证。”

第十七条　全体发起人或者董事以及主承销商应当在招股说明书上签字，保证招股说明书没有虚假、严重误导性陈述或者重大遗漏，并保证对其承担连带责任。

第十八条　为发行人出具文件的注册会计师及其所在事务所、专业评估人员及其所在机构、律师及其所在事务所，在履行职责时，应当按照本行业公认的业务标准和道德规范，对其出具文件内容的真实性、准确性、完整性进行核查和验证。

第十九条　在获准公开发行股票前，任何人不得以任何形式泄露招股说明书的内容。在获准公开发行股票后，发行人应当在承销期开始前二个至五个工作日期间公布招股说明书。

发行人应当向认购人提供招股说明书。证券承销机构应当将招股说明书备置于营业场所，并有义务提醒认购人阅读招股说明书。

招股说明书的有效期为六个月，自招股说明书签署完毕之日起计算。招股说明书失效后，股票发行必须立即停止。

第二十条　公开发行的股票应当由证券经营机构承销。承销包括包销和代销两种方式。

发行人应当与证券经营机构签署承销协议。承销协议应当载明下列事项：

(一)当事人的名称、住所及法定代表人的姓名；

(二)承销方式；

(三)承销股票的种类、数量、金额及发行价格；

(四)承销期及起止日期；

(五)承销付款的日期及方式;

(六)承销费用的计算、支付方式和日期;

(七)违约责任;

(八)其他需要约定的事项。

证券经营机构收取承销费用的原则,由证监会确定。

第二十一条 证券经营机构承销股票,应当对招股说明书和其他有关宣传材料的真实性、准确性、完整性进行核查;发现含有虚假、严重误导性陈述或者重大遗漏的,不得发出要约邀请或者要约;已经发出的,应当立即停止销售活动,并采取相应的补救措施。

第二十二条 拟公开发行股票的面值总额超过人民币三千万元或者预期销售总金额超过人民币五千万元的,应当由承销团承销。

承销团由二个以上承销机构组成。主承销商由发行人按照公平竞争的原则,通过竞标或者协商的方式确定。主承销商应当与其他承销商签署承销团协议。

第二十三条 拟公开发行股票的面值总额超过人民币一亿元或者预期销售总金额超过人民币一亿五千万元的,承销团中的外地承销机构的数目以及总承销量中在外地销售的数量,应当占合理的比例。

前款所称外地是指发行人所在的省、自治区、直辖市以外的地区。

第二十四条 承销期不得少于十日,不得超过九十日。

在承销期内,承销机构应当尽力向认购人出售其所承销的股票,不得为本机构保留所承销的股票。

承销期满后,尚未售出的股票按照承销协议约定的包销或者代销方式分别处理。

第二十五条 承销机构或者其委托机构向社会发放股票认购申请表,不得收取高于认购申请表印制和发放成本的费用,并不得限制认购申请表发放数量。

认购数量超过拟公开发行的总量时,承销机构应当按照公平原则,采用按比例配售、按比例累退配售或者抽签等方式销售股票。采用抽签方式时,承销机构应当在规定的日期,在公证机关监督下,按照规定的程序,对所有股票认购申请表进行公开抽签,并对中签者销售股票。

除承销机构或者其委托机构外,任何单位和个人不得发放、转售股票认购申请表。

第二十六条 承销机构应当在承销期满后的十五个工作日内向证监会提交承销情况的书面报告。

第二十七条 证券经营机构在承销期结束后,将其持有的发行人的股票向发行人以外的社会公众作出要约邀请、要约或者销售,应当经证监会批准,按照规定的程序办理。

第二十八条 发行人用新股票换回其已经发行在外的股票,并且这种交换无直接或者间接的费用发生的,不适用本章规定。

第三章 股票的交易

第二十九条 股票交易必须在经证券委批准可以进行股票交易的证券交易场所进行。

第三十条 股份有限公司申请其股票在证券交易所交易,应当符合下列条件:

(一)其股票已经公开发行;

(二)发行后的股本总额不少于人民币五千万元;

(三)持有面值人民币一千元以上的个人股东人数不少于一千人,个人持有的股票面值总额不少于人民币一千万元;

(四)公司有最近三年连续盈利的记录;原有企业改组设立股份有限公司的,原企业有最近三年连续盈利的记录,但是新设立的股份有限公司除外;

(五)证券委规定的其他条件。

第三十一条 公开发行股票符合前条规定条件的股份有限公司,申请其股票在证券交易所交易,应当向证券交易所的上市委员会提出申请;上市委员会应当自收到申请之日起二十个工作日内作出审批,确定具体上市时间。审批文件报证监会备案,并抄报证券委。

第三十二条 股份有限公司申请其股票在证券交易所交易,应当向证券交易所的上市委员会送交下列文件:

(一)申请书;

(二)公司登记注册文件;

(三)股票公开发行的批准文件;

(四)经会计师事务所审计的公司近三年或者成立以来的财务报告和由二名以上的注册会计师及其所在事务所签字、盖章的审计报告;

(五)证券交易所会员的推荐书;

(六)最近一次的招股说明书;

(七)证券交易所要求的其他文件。

第三十三条 股票获准在证券交易所交易后,上市公司应当公布上市公告并将本条例第三十二条所列文件予以公开。

第三十四条 上市公告的内容,除应当包括本条例第十五条规定的招股说明书的主要内容外,还应当包括下列事项:

(一)股票获准在证券交易所交易的日期和批准文号;

(二)股票发行情况、股权结构和最大的十名股东的名单及持股数额;

(三)公司创立大会或者股东大会同意公司股票在证券交易所交易的决议;

(四)董事、监事和高级管理人员简历及其持有本公司证券的情况;

(五)公司近三年或者成立以来的经营业绩和财务状况以及下一年的盈利预测文件;

(六)证券交易所要求载明的其他事项。

第三十五条 为上市公司出具文件的注册会计师及其所在事务所、专业评估人员及其所在机构、律师及其所在事务所,在履行职责时,应当按照本行业公认的业务标准和道德规范,对其出具文件内容的真实性、准确性、完整性进行核查和验证。

第三十六条 国家拥有的股份的转让必须经国家有关部门批准,具体办法另行规定。

国家拥有的股份的转让,不得损害国家拥有的股份的权益。

第三十七条 证券交易场所、证券保管、清算、过户、登记机构和证券经营机构,应当保证外地委托人与本地委托人享有同等待遇,不得歧视或者限制外地委托人。

第三十八条 股份有限公司的董事、监事、高级管理人员和持有公司百分之五以上有表决权股份的法人股东,将其所持有的公司股票在买入后六个月内卖出或者在卖出后六个月内买入,由此获得的利润归公司所有。

前款规定适用于持有公司百分之五以上有表决权股份的法人股东的董事、监事和高级管理人员。

第三十九条　证券业从业人员、证券业管理人员和国家规定禁止买卖股票的其他人员，不得直接或者间接持有、买卖股票，但是买卖经批准发行的投资基金证券除外。

第四十条　为股票发行出具审计报告、资产评估报告、法律意见书等文件的有关专业人员，在该股票承销期内和期满后六个月内，不得购买或者持有该股票。

为上市公司出具审计报告、资产评估报告、法律意见书等文件的有关专业人员，在其审计报告、资产评估报告、法律意见书等文件成为公开信息前，不得购买或者持有该公司的股票；成为公开信息后的五个工作日内，也不得购买该公司的股票。

第四十一条　未依照国家有关规定经过批准，股份有限公司不得购回其发行在外的股票。

第四十二条　未经证券委批准，任何人不得对股票及其指数的期权、期货进行交易。

第四十三条　任何金融机构不得为股票交易提供贷款。

第四十四条　证券经营机构不得将客户的股票借与他人或者作为担保物。

第四十五条　经批准从事证券自营、代理和投资基金管理业务中二项以上业务的证券经营机构，应当将不同业务的经营人员、资金、帐目分开。

第四章　上市公司的收购

第四十六条　任何个人不得持有一个上市公司千分之五以上的发行在外的普通股；超过的部分，由公司在征得证监会同意后，按照原买入价格和市场价格中较低的一种价格收购。但是，因公司发行在外的普通股总量减少，致使个人持有该公司千分之五以上发行在外的普通股的，超过的部分在合理期限内不予收购。

外国和香港、澳门、台湾地区的个人持有的公司发行的人民币特种股票和在境外发行的股票，不受前款规定的千分之五的限制。

第四十七条　任何法人直接或者间接持有一个上市公司发行在外的普通股达到百分之五时，应当自该事实发生之日起三个工作日内，向该公司、证券交易场所和证监会作出书面报告并公告。但是，因公司发行在外的普通股总量减少，致使法人持有该公司百分之五以上发行在外的普通股的，在合理期限内不受上述限制。

任何法人持有一个上市公司百分之五以上的发行在外的普通股后，其持有该种股票的增减变化每达到该种股票发行在外总额的百分之二时，应当自该事实发生之日起三个工作日内，向该公司、证券交易场所和证监会作出书面报告并公告。

法人在依照前两款规定作出报告并公告之日起二个工作日内和作出报告前，不得再行直接或者间接买入或者卖出该种股票。

第四十八条　发起人以外的任何法人直接或者间接持有一个上市公司发行在外的普通股达到百分之三十时，应当自该事实发生之日起四十五个工作日内，向该公司所有股票持有人发出收购要约，按照下列价格中较高的一种价格，以货币付款方式购买股票：

(一)在收购要约发出前十二个月内收购要约人购买该种股票所支付的最高价格；

(二)在收购要约发出前三十个工作日内该种股票的平均市场价格。

前款持有人发出收购要约前，不得再行购买该种股票。

第四十九条　收购要约人在发出收购要约前应当向证监会作出有关收购的书面报告；在发出收购要约的同时应当向受要约人、证券交易场所提供本身情况的说明和与该要约有关的全部信息，并保证材料真实、准确、完整，不产生误导。

收购要约的有效期不得少于三十个工作日，自收购要约发出之日起计算。自收购要约发出之日起三十个工作日内，收购要约人不得撤回其收购要约。

第五十条　收购要约的全部条件适用于同种股票的所有持有人。

第五十一条　收购要约期满，收购要约人持有的普通股未达到该公司发行在外的普通股总数的百分之五十的，为收购失败；收购要约人除发出新的收购要约外，其以后每年购买的该公司发行在外的普通股，不得超过该公司发行在外的普通股总数的百分之五。

收购要约期满，收购要约人持有的普通股达到该公司发行在外的普通股总数的百分之七十五以上的，该公司应当在证券交易所终止交易。

收购要约人要约购买股票的总数低于预受要约的总数时，收购要约人应当按照比例从所有预受收购要约的受要约人中购买该股票。

收购要约期满，收购要约人持有的股票达到该公司股票总数的百分之九十时，其余股东有权以同等条件向收购要约人强制出售其股票。

第五十二条　收购要约发出后，主要要约条件改变的，收购要约人应当立即通知所有受要约人。通知可以采用新闻发布会、登报或者其他传播形式。

收购要约人在要约期内及要约期满后三十个工作日内，不得以要约规定以外的任何条件购买该种股票。

预受收购要约的受要约人有权在收购要约失效前撤回对该要约的预受。

第五章　保管、清算和过户

第五十三条　股票发行采取记名式。发行人可以发行簿记券式股票，也可以发行实物券式股票。簿记券式股票名册应当由证监会指定的机构保管。实物券式股票集中保管的，也应当由证监会指定的机构保管。

第五十四条　未经股票持有人的书面同意，股票保管机构不得将该持有人的股票借与他人或者作为担保物。

第五十五条　证券清算机构应当根据方便、安全、公平的原则，制定股票清算、交割的业务规则和内部管理规则。

证券清算机构应当按照公平的原则接纳会员。

第五十六条　证券保管、清算、过户、登记机构应当接受证监会监管。

第六章　上市公司的信息披露

第五十七条　上市公司应当向证监会、证券交易场所提供下列文件：

(一)在每个会计年度的前六个月结束后六十日内提交中期报告；

(二)在每个会计年度结束后一百二十日内提交经注册会计师审计的年度报告。

中期报告和年度报告应当符合国家的会计制度和证监会的有关规定，由上市公司授权的董事或者经理签字，并由上市公司盖章。

第五十八条 本条例第五十七条所列中期报告应当包括下列内容：

(一)公司财务报告；

(二)公司管理部门对公司财务状况和经营成果的分析；

(三)涉及公司的重大诉讼事项；

(四)公司发行在外股票的变动情况；

(五)公司提交给有表决权的股东审议的重要事项；

(六)证监会要求载明的其他内容。

第五十九条 本条例第五十七条所列年度报告应当包括下列内容：

(一)公司简况；

(二)公司的主要产品或者主要服务项目简况；

(三)公司所在行业简况；

(四)公司所拥有的重要的工厂、矿山、房地产等财产简况；

(五)公司发行在外股票的情况，包括持有公司百分之五以上发行在外普通股的股东的名单及前十名最大的股东的名单；

(六)公司股东数量；

(七)公司董事、监事和高级管理人员简况、持股情况和报酬；

(八)公司及其关联人一览表和简况；

(九)公司近三年或者成立以来的财务信息摘要；

(十)公司管理部门对公司财务状况和经营成果的分析；

(十一)公司发行在外债券的变动情况；

(十二)涉及公司的重大诉讼事项；

(十三)经注册会计师审计的公司最近二个年度的比较财务报告及其附表、注释；该上市公司为控股公司的，还应当包括最近二个年度的比较合并财务报告；

(十四)证监会要求载明的其他内容。

第六十条 发生可能对上市公司股票的市场价格产生较大影响、而投资人尚未得知的重大事件时，上市公司应当立即将有关该重大事件的报告提交证券交易场所和证监会，并向社会公布，说明事件的实质。但是，上市公司有充分理由认为向社会公布该重大事件会损害上市公司的利益，且不公布也不会导致股票市场价格重大变动的，经证券交易场所同意，可以不予公布。

前款所称重大事件包括下列情况：

(一)公司订立重要合同，该合同可能对公司的资产、负债、权益和经营成果中的一项或者多项产生显著影响；

(二)公司的经营政策或者经营项目发生重大变化；

(三)公司发生重大的投资行为或者购置金额较大的长期资产的行为；

(四)公司发生重大债务；

(五)公司未能归还到期重大债务的违约情况；

(六)公司发生重大经营性或者非经营性亏损；

(七)公司资产遭受重大损失；

(八)公司生产经营环境发生重要变化；

(九)新颁布的法律、法规、政策、规章等，可能对公司的经营有显著影响；

(十)董事长、百分之三十以上的董事或者总经理发生变动；

(十一)持有公司百分之五以上的发行在外的普通股的股东，其持有该种股票的增减变化每达到该种股票发行在外总额的百分之二以上的事实；

(十二)涉及公司的重大诉讼事项；

(十三)公司进入清算、破产状态。

第六十一条 在任何公共传播媒介中出现的消息可能对上市公司股票的市场价格产生误导性影响时，该公司知悉后应当立即对该消息作出公开澄清。

第六十二条 上市公司的董事、监事和高级管理人员持有该公司普通股的，应当向证监会、证券交易场所和该公司报告其持股情况；持股情况发生变化的，应当自该变化发生之日起十个工作日内向证监会、证券交易场所和该公司作出报告。

前款所列人员在辞职或者离职后六个月内负有依照本条规定作出报告的义务。

第六十三条 上市公司应当将要求公布的信息刊登在证监会指定的全国性报刊上。

上市公司在依照前款规定公布信息的同时，可以在证券交易场所指定的地方报刊上公布有关信息。

第六十四条 证监会应当将上市公司及其董事、监事、高级管理人员和持有公司百分之五以上的发行在外的普通股的股东所提交的报告、公告及其他文件及时向社会公开，供投资人查阅。

证监会要求披露的全部信息均为公开信息，但是下列信息除外：

(一)法律、法规予以保护并允许不予披露的商业秘密；

(二)证监会在调查违法行为过程中获得的非公开信息和文件；

(三)根据有关法律、法规规定可以不予披露的其他信息和文件。

第六十五条 股票持有人可以授权他人代理行使其同意权或者投票权。但是，任何人在征集二十五人以上的同意权或者投票权时，应当遵守证监会有关信息披露和作出报告的规定。

第六十六条 上市公司除应当向证监会、证券交易场所提交本章规定的报告、公告、信息及文件外，还应当按照证券交易场所的规定提交有关报告、公告、信息及文件，并向所有股东公开。

第六十七条 本条例第五十七条至第六十五条的规定，适用于已经公开发行股票，其股票并未在证券交易场所交易的股份有限公司。

第七章 调查和处罚

第六十八条 对违反本条例规定的单位和个人，证监会有权进行调查或者会同国家有关部门进行调查；重大的案件，由证券委组织调查。

第六十九条 证监会可以对证券经营机构的业务活动进行检查。

第七十条 股份有限公司违反本条例规定，有下列行为之一的，根据不同情况，单处或者并处警告、责令退还非法所筹股款、没收非法所得、罚款；情节严重的，停止其发行股票资格：

（一）未经批准发行或者变相发行股票的；

（二）以欺骗或者其他不正当手段获准发行股票或者获准其股票在证券交易场所交易的；

（三）未按照规定方式、范围发行股票，或者在招股说明书失效后销售股票的；

（四）未经批准购回其发行在外的股票的。

对前款所列行为负有直接责任的股份有限公司的董事、监事和高级管理人员，给予警告或者处以三万元以上三十万元以下的罚款。

第七十一条　证券经营机构违反本条例规定，有下列行为之一的，根据不同情况，单处或者并处警告、没收非法获取的股票和其他非法所得、罚款；情节严重的，限制、暂停其证券经营业务或者撤销其证券经营业务许可：

（一）未按照规定的时间、程序、方式承销股票的；

（二）未按照规定发放股票认购申请表的；

（三）将客户的股票借与他人或者作为担保物的；

（四）收取不合理的佣金和其他费用的；

（五）以客户的名义为本机构买卖股票的；

（六）挪用客户保证金的；

（七）在代理客户买卖股票活动中，与客户分享股票交易的利润或者分担股票交易的损失，或者向客户提供避免损失的保证的；

（八）为股票交易提供融资的。

对前款所列行为负有责任的证券经营机构的主管人员和直接责任人员，给予警告或者处以三万元以上三十万元以下的罚款。

第七十二条　内幕人员和以不正当手段获取内幕信息的其他人员违反本条例规定，泄露内幕信息、根据内幕信息买卖股票或者向他人提出买卖股票的建议的，根据不同情况，没收非法获取的股票和其他非法所得，并处以五万元以上五十万元以下的罚款。

证券业从业人员、证券业管理人员和国家规定禁止买卖股票的其他人员违反本条例规定，直接或者间接持有、买卖股票的，除责令限期出售其持有的股票外，根据不同情况，单处或者并处警告、没收非法所得、五千元以上五万元以下的罚款。

第七十三条　会计师事务所、资产评估机构和律师事务所违反本条例规定，出具的文件有虚假、严重误导性内容或者有重大遗漏的，根据不同情况，单处或者并处警告、没收非法所得、罚款；情节严重的，暂停其从事证券业务或者撤销其从事证券业务许可。

对前款所列行为负有直接责任的注册会计师、专业评估人员和律师，给予警告或者处以三万元以上三十万元以下的罚款；情节严重的，撤销其从事证券业务的资格。

第七十四条　任何单位和个人违反本条例规定，有下列行为之一的，根据不同情况，单处或者并处警告、没收非法获取的股票和其他非法所得、罚款：

（一）在证券委批准可以进行股票交易的证券交易场所之外进行股票交易的；

（二）在股票发行、交易过程中，作出虚假、严重误导性陈述或者遗漏重大信息的；

（三）通过合谋或者集中资金操纵股票市场价格，或者以散布谣言等手段影响股票发行、交易的；

（四）为制造股票的虚假价格与他人串通，不转移股票的所有权或者实际控制，虚买虚卖的；

（五）出售或者要约出售其并不持有的股票，扰乱股票市场秩序的；

（六）利用职权或者其他不正当手段，索取或者强行买卖股票，或者协助他人买卖股票的；

（七）未经批准对股票及其指数的期权、期货进行交易的；

（八）未按照规定履行有关文件和信息的报告、公开、公布义务的；

（九）伪造、篡改或者销毁与股票发行、交易有关的业务记录、财务帐簿等文件的；

（十）其他非法从事股票发行、交易及其相关活动的。

股份有限公司有前款所列行为，情节严重的，可以停止其发行股票的资格；证券经营机构有前款所列行为，情节严重的，可以限制、暂停其证券经营业务或者撤销其证券经营业务许可。

第七十五条　本条例第七十条、第七十一条、第七十二条、第七十四条规定的处罚，由证券委指定的机构决定；重大的案件的处罚，报证券委决定。本条例第七十三条规定的处罚，由有关部门在各自的职权范围内决定。

第七十六条　上市公司和证券交易所或者其他证券业自律性管理组织的会员及其工作人员违反本条例规定，除依照本条例规定给予行政处罚外，由证券交易所或者其他证券业自律性管理组织根据章程或者自律准则给予制裁。

第七十七条　违反本条例规定，给他人造成损失的，应当依法承担民事赔偿责任。

第七十八条　违反本条例规定，构成犯罪的，依法追究刑事责任。

第八章　争议的仲裁

第七十九条　与股票的发行或者交易有关的争议，当事人可以按照协议的约定向仲裁机构申请调解、仲裁。

第八十条　证券经营机构之间以及证券经营机构与证券交易场所之间因股票的发行或者交易引起的争议，应当由证券委批准设立或者指定的仲裁机构调解、仲裁。

第九章　附　　则

第八十一条　本条例下列用语的含义：

（一）“股票”是指股份有限公司发行的、表示其股东按其持有的股份享受权益和承担义务的可转让的书面凭证。

“簿记券式股票”是指发行人按照证监会规定的统一格式制作的、记载股东权益的书面名册。

“实物券式股票”是指发行人在证监会指定的印制机构统一印制的书面股票。

（二）“发行在外的普通股”是指公司库存以外的普通股。

（三）“公开发行”是指发行人通过证券经营机构向发行人以外的社会公众就发行人的股票作出的要约邀请、要约或者销售行为。

（四）“承销”是指证券经营机构依照协议包销或者代销发行

人所发行股票的行为。

（五）"承销机构"是指以包销或者代销方式为发行人销售股票的证券经营机构。

（六）"包销"是指承销机构在发行期结束后将未售出的股票全部买下的承销方式。

（七）"代销"是指承销机构代理发售股票，在发行期结束后，将未售出的股票全部退还给发行人或者包销人的承销方式。

（八）"公布"是指将本条例规定应当予以披露的文件刊载在证监会指定的报刊上的行为。

（九）"公开"是指将本条例规定应当予以披露的文件备置于发行人及其证券承销机构的营业地和证监会，供投资人查阅的行为。

（十）"要约"是指向特定人或者非特定人发出购买或者销售某种股票的口头的或者书面的意思表示。

（十一）"要约邀请"是指建议他人向自己发出要约的意思表示。

（十二）"预受"是指受要约人同意接受要约的初步意思表示，在要约期满前不构成承诺。

（十三）"上市公司"是指其股票获准在证券交易场所交易的股份有限公司。

（十四）"内幕人员"是指任何由于持有发行人的股票，或者在发行人或者与发行人有密切联系的企业中担任董事、监事、高级管理人员，或者由于其会员地位、管理地位、监督地位和职业地位，或者作为雇员、专业顾问履行职务，能够接触或者获取内幕信息的人员。

（十五）"内幕信息"是指有关发行人、证券经营机构、有收购意图的法人、证券监督管理机构、证券业自律性管理组织以及与其有密切联系的人员所知悉的尚未公开的可能影响股票市场价格的重大信息。

（十六）"证券交易场所"是指经批准设立的、进行证券交易的证券交易所和证券交易报价系统。

（十七）"证券业管理人员"是指证券管理部门和证券业自律性管理组织的工作人员。

（十八）"证券业从业人员"是指从事证券发行、交易及其他相关业务的机构的工作人员。

第八十二条 证券经营机构和证券交易所的管理规定，另行制定。

公司内部职工持股不适用本条例。

第八十三条 本条例由证券委负责解释。

第八十四条 本条例自发布之日起施行。

企业债券管理条例

（1993年8月2日　国务院第121号令发布）

第一章　总　　则

第一条　为了加强对企业债券的管理，引导资金的合理流向，有效利用社会闲散资金，保护投资者的合法权益，制定本条例。

第二条　本条例适用于中华人民共和国境内具有法人资格的企业（以下简称企业）在境内发行的债券。但是，金融债券和外币债券除外。

除前款规定的企业外，任何单位和个人不得发行企业债券。

第三条　企业进行有偿筹集资金活动，必须通过公开发行企业债券的形式进行。但是，法律和国务院另有规定的除外。

第四条　发行和购买企业债券应当遵循自愿、互利、有偿的原则。

第二章　企业债券

第五条　本条例所称企业债券，是指企业依照法定程序发行、约定在一定期限内还本付息的有价证券。

第六条　企业债券的票面应当载明下列内容：

（一）企业的名称、住所；

（二）企业债券的面额；

（三）企业债券的利率；

（四）还本期限和方式；

（五）利息的支付方式；

（六）企业债券发行日期和编号；

（七）企业的印记和企业法定代表人的签章；

（八）审批机关批准发行的文号、日期。

第七条　企业债券持有人有权按照约定期限取得利息、收回本金，但是无权参与企业的经营管理。

第八条　企业债券持有人对企业的经营状况不承担责任。

第九条　企业债券可以转让、抵押和继承。

第三章　企业债券的管理

第十条　国家计划委员会会同中国人民银行、财政部、国务院证券委员会拟订全国企业债券发行的年度规模和规模内的各项指标，报国务院批准后，下达各省、自治区、直辖市、计划单列市人民政府和国务院有关部门执行。

未经国务院同意，任何地方、部门不得擅自突破企业债券发行的年度规模，并不得擅自调整年度规模内的各项指标。

第十一条　企业发行企业债券必须按照本条例的规定进行审批；未经批准的，不得擅自发行和变相发行企业债券。

中央企业发行企业债券，由中国人民银行会同国家计划委员会审批；地方企业发行企业债券，由中国人民银行省、自治区、直辖市、计划单列市分行会同同级计划主管部门审批。

第十二条　企业发行企业债券必须符合下列条件：

（一）企业规模达到国家规定的要求；

（二）企业财务会计制度符合国家规定；

（三）具有偿债能力；

（四）企业经济效益良好，发行企业债券前连续三年盈利；

（五）所筹资金用途符合国家产业政策。

第十三条　企业发行企业债券应当制订发行章程。

发行章程应当包括下列内容：

（一）企业的名称、住所、经营范围、法定代表人；

（二）企业近三年的生产经营状况和有关业务发展的基本情况；

（三）财务报告；

（四）企业自有资产净值；

（五）筹集资金的用途；

（六）效益预测；

（七）发行对象、时间、期限、方式；

（八）债券的种类及期限；

（九）债券的利率；

（十）债券总面额；

（十一）还本付息方式；

（十二）审批机关要求载明的其他事项。

第十四条　企业申请发行企业债券，应当向审批机关报送下列文件：

（一）发行企业债券的申请书；

（二）营业执照；

（三）发行章程；

（四）经会计师事务所审计的企业近三年的财务报告；

（五）审批机关要求提供的其他材料。

企业发行企业债券用于固定资产投资，按照国家有关规定需要经有关部门审批的，还应当报送有关部门的审批文件。

第十五条　企业发行企业债券应当公布经审批机关批准的发行章程。

企业发行企业债券,可以向经认可的债券评信机构申请信用评级。

第十六条 企业发行企业债券的总面额不得大于该企业的自有资产净值。

第十七条 企业发行企业债券用于固定资产投资的,依照国家有关固定资产投资的规定办理。

第十八条 企业债券的利率不得高于银行相同期限居民储蓄定期存款利率的百分之四十。

第十九条 任何单位不得以下列资金购买企业债券:

(一)财政预算拨款;

(二)银行贷款;

(三)国家规定不得用于购买企业债券的其他资金。

办理储蓄业务的机构不得将所吸收的储蓄存款用于购买企业债券。

第二十条 企业发行企业债券所筹资金应当按照审批机关批准的用途,用于本企业的生产经营。

企业发行企业债券所筹资金不得用于房地产买卖、股票买卖和期货交易等与本企业生产经营无关的风险性投资。

第二十一条 企业发行企业债券,应当由证券经营机构承销。

证券经营机构承销企业债券,应当对发行债券的企业的发行章程和其他有关文件的真实性、准确性、完整性进行核查。

第二十二条 企业债券的转让,应当在经批准的可以进行债券交易的场所进行。

第二十三条 非证券经营机构和个人不得经营企业债券的承销和转让业务。

第二十四条 单位和个人所得的企业债券利息收入,按照国家规定纳税。

第二十五条 中国人民银行及其分支机构和国家证券监督管理机构,依照规定的职责,负责对企业债券的发行和交易活动,进行监督检查。

第四章 法律责任

第二十六条 未经批准发行或者变相发行企业债券的,以及未通过证券经营机构发行企业债券的,责令停止发行活动,冻结并责令退还非法所筹资金,处以相当于非法所筹资金金额百分之五以下的罚款。

第二十七条 超过批准数额发行企业债券的,冻结并责令退还超额发行部分或者核减相当于超额发行金额的贷款额度,处以相当于超额发行部分百分之五以下的罚款。

第二十八条 超过本条例第十八条规定的最高利率发行企业债券的,责令改正,处以相当于所筹资金金额百分之五以下的罚款。

第二十九条 用财政预算拨款、银行贷款或者国家规定不得用于购买企业债券的其他资金购买企业债券的,以及办理储蓄业务的机构用所吸收的储蓄存款购买企业债券的,责令收回该资金,处以相当于所购买企业债券金额百分之五以下的罚款。

第三十条 未按批准用途使用发行企业债券所筹资金的,责令改正,没收其违反批准用途使用资金所获收益,并处以相当于违法使用资金金额百分之五以下的罚款。

第三十一条 非证券经营机构和个人经营企业债券的承销或者转让业务的,责令停止非法经营,没收非法所得,并处以承销或者转让企业债券金额百分之五以下的罚款。

第三十二条 本条例第二十六条、第二十七条、第二十八条、第二十九条、第三十条、第三十一条规定的处罚,由中国人民银行及其分支机构决定。

第三十三条 对有本条例第二十六条、第二十七条、第二十八条、第二十九条、第三十条、第三十一条所列违法行为的单位的法定代表人和直接责任人员,由中国人民银行及其分支机构给予警告或者处以一万元以上十万元以下的罚款;构成犯罪的,依法追究刑事责任。

第三十四条 地方审批机关违反本条例规定,批准发行企业债券的,责令改正,给予通报批评,根据情况相应核减该地方企业债券的发行规模。

第三十五条 企业债券监督管理机关的工作人员玩忽职守、徇私舞弊的,给予行政处分;构成犯罪的,依法追究刑事责任。

第三十六条 发行企业债券的企业违反本条例规定,给他人造成损失的,应当依法承担民事赔偿责任。

第五章 附 则

第三十七条 企业发行短期融资券,按照中国人民银行有关规定执行。

第三十八条 本条例由中国人民银行会同国家计划委员会解释。

第三十九条 本条例自发布之日起施行。一九八七年三月二十七日国务院发布的《企业债券管理暂行条例》同时废止。

二、部门规章

股份制企业试点办法

（1992年5月15日　国家经济体制改革委员会、国家计划委员会、财政部、中国人民银行、国务院生产办公室发布）

根据1992年《国务院批转国家体改委、国务院生产办关于股份制企业试点工作座谈会情况报告的通知》的要求，经国务院有关部门共同商定，现就股份制企业的试点工作，制定以下办法。

一、股份制企业试点的目的

（一）转换企业经营机制，促进政企职责分开，实现企业的自主经营、自负盈亏、自我发展和自我约束。

（二）开辟新的融资渠道，筹集建设资金，引导消费基金转化为生产建设资金，提高资金使用效益。

（三）促进生产要素的合理流动，实现社会资源优化配置。

（四）提高国有资产的运营效率，实现国有资产的保值增殖。

二、股份制企业试点的原则

（一）坚持以公有制为主体，切实维护公有资产不受侵害。

（二）贯彻国家产业政策，促进产业结构、企业组织结构和产品结构的调整。

（三）坚持股权平等，同股同利，利益共享，风险共担。

（四）不准把国有资产以股份形式分给集体、个人；不准把属于集体的资产以股份形式分给个人。

（五）坚持"加强领导、大胆试验、稳步推进、严格规范"的精神，从实际情况出发，区别对待，分类指导。

（六）严格按股份制企业《规范意见》进行规范。对已经试点的股份制企业，要按规范的要求全部进行清理，并重新报批审定。符合《规范意见》但不够完善的，要进行规范；不符合《规范意见》的，要按本《办法》的规定予以调整完善。今后凡进行股份制企业试点，统一按本《办法》执行。

三、股份制企业的组织形式

股份制企业是全部注册资本由全体股东共同出资，并以股份形式构成的企业。股东依在股份制企业中所拥有的股份参加管理、享受权益、承担风险，股份可在规定条件下或范围内转让，但不得退股。我国的股份制企业主要有股份有限公司和有限责任公司两种组织形式。

股份有限公司是指全部注册资本由等额股份构成并通过发行股票（或股权证）筹集资本的企业法人。其基本特征是：公司的资本总额平分为金额相等的股份；股东以其所认购股份对公司承担有限责任，公司以其全部资产对公司债务承担责任；经批准，公司可以向社会公开发行股票，股票可以交易或转让；股东数不得少于规定的数目，但没有上限；每一股有一表决权，股东以其持有的股份，享受权利，承担义务；公司应将经注册会计师审查验证过的会计报告公开。

有限责任公司是指由两个以上股东共同出资，每个股东以其所认缴的出资额对公司承担有限责任，公司以其全部资产对其债务承担责任的企业法人。其基本特征是：公司的全部资产不分为等额股份；公司向股东签发出资证明书，不发行股票；公司股份的转让有严格限制；限制股东人数，并不得超过一定限额；股东以其出资比例，享受权利，承担义务。

股份有限公司、有限责任公司的组建必须依据国家体改委颁发的《股份有限公司规范意见》和《有限责任公司规范意见》执行。

四、股份制企业的股权设置

根据投资主体的不同，股权设置有四种形式：国家股、法人股、个人股、外资股。

国家股为有权代表国家投资的部门或机构以国有资产，向公司投资形成的股份（含现有资产折成的国有股份）。

法人股为企业法人以其依法可支配的资产向公司投资形成的股份，或具有法人资格的事业单位和社会团体以国家允许用于经营的资产向公司投资形成的股份。

个人股为以个人合法财产向公司投资形成的股份。

经批准，由外国和我国香港、澳门、台湾地区投资者向公司投资形成的股份，称为外资股。

根据资产的性质，国有资产投资形成的股份和集体所有投资形成的股份可统称为公有资产股。其余的股份为非公有资产股。

五、股份制企业内部职工持股

（一）不向社会公开发行股票的股份制企业内部职工持有的股份，采用记名股权证形式，不印制股票。

（二）不向社会公开发行股票的股份制企业内部职工持有的股权证，要严格限定在本股份制企业内部。

（三）不向社会公开发行股票的股份有限公司在转为向社会公开发行股票时，其内部职工持有的股权证，应换发成股票，并按规定进行转让和交易。

（四）转化为有限责任公司的，内部职工所持股份可以转为“职工合股基金，”以“职工合股基金”组成的法人成为本有限责任公司的股东。该基金组织不得向社会办理金融业务。

六、股份制企业试点的范围

（一）涉及国家安全、国防尖端技术的企业，具有战略意义的稀有金属的开采项目，以及必须由国家专卖的企业和行业，不进行股份制试点。

（二）国家产业政策重点发展的能源、交通、通信等垄断性较强的行业可以进行股份制试点，但公有资产股在这些企业中必须达到控股程度。

（三）符合国家产业政策的竞争性较强的行业，尤其是资金技术密集型和规模经济要求高的行业，鼓励进行股份制企业试点。

七、股份制企业的组建

股份制企业可以新设，也可以由现有企业改组。

公有制企业可以通过下列方式新建或改组成有限责任公司或股份有限公司。

（一）企业新建、扩建时，可将多方投资的份额转换成股份，进行股份制企业试点。

（二）在企业兼并中，被兼并企业的资产所有者可将资产作为股份入股到兼并方企业中，将兼并方企业改组为股份制企业；兼并方企业也可通过对其他企业控股，实现兼并，将被兼并方企业改组为股份制企业。

（三）需要新增投资的企业，可通过发行股票筹集资金，并将原有资产评估核股，改组为股份制企业。

（四）企业集团的核心企业可通过参股、控股，壮大紧密层或发展其余成员企业。

（五）完全靠贷款建设、负债率比较高的企业，可以通过发行股票改变不合理的资本结构。

国营大型企业改组为股份制企业的，经审批机关特别批准，该公司可作为单独发起人。

企业无论改组为哪种股份制企业，都必须进行下述工作：

1.经企业原资产所有者或其授权机构的批准；

2.对企业资产进行认真清查，清理债权债务，进行产权界定；

3.由有资格的资产评估机构进行资产评估。凡涉及国有资产的必须由同级国有资产管理部门进行核资、确认；

4.由会计师事务所或审计事务所对公司进行财务盈亏审计，并对资产评估结果给予验证。

八、股份制试点企业的审批程序

股份制试点企业的组建，由国家体改委或省、自治区、直辖市体改部门牵头，会同有关部门审批。国务院《关于设立全民所有制公司审批权限的通知》中授权审批的公司（包括有限责任公司）仍由国务院生产办公室负责。股份制企业向社会公开发行股票必须经中国人民银行批准。

国家以股份形式进行投资建设的重点新建、扩建项目实行股份制企业的具体办法，由国家计委、国家体改委另行制定。

经国务院批准，进行向社会公开发行股票的股份制试点的省、自治区、直辖市，其股票发行办法和规模必须经中国人民银行和国家体改委批准，并经国家计委平衡后，纳入国家证券发行计划。

未经国务院批准，一律不得设立进行股票交易的证券交易所和变相的集中交易机构。除上海、深圳两市外，其他地区具备上市交易条件的股份制企业经国务院股票上市办公会议批准，可到上海、深圳的证券交易所上市交易；待异地上市交易管理办法颁布后，按该办法执行。

九、政府对股份制企业的管理

政府行政管理部门按照“规划、协调、服务、监督”的原则和职责分工，对试点企业进行管理。

在审批试点时，根据试点企业的经营范围的主营内容，确定一个行业管理部门，该部门应为企业创造自主经营的条件，提供服务，实行监督，并按规定负责发放文件、组织参加会议、进行鉴证盖章等。

股份制企业的宏观管理、股票发行和交易，以及财务、会计、国有资产管理、工商、税务、物资、审计、统计、劳动工资和人事等管理办法，按本《办法》的配套文件执行。

股份有限公司规范意见

（1992年5月15日　国家经济体制改革委员会发布）

第一章　总　　则

第一条　股份有限公司（以下简称公司）是指注册资本由等额股份构成并通过发行股票（或股权证）筹集资本，股东以其所认购股份对公司承担有限责任，公司以其全部资产对公司债务承担责任的企业法人。

第二条　公司必须遵守国家法律、法规及本规范意见（以下简称规范），维护国家利益和社会公共利益，接受政府有关部门的依法监督。

公司应遵守《股份制企业试点办法》及其配套政策。

第三条　公司的合法权益和经营活动依法受到保护，任何机关、团体和个人不得侵犯或者非法干涉。

第四条　公司不得成为其他营利性组织的无限责任股东。

公司作为其他营利性组织的有限责任股东时，对其他组织的投资总额，不得超过本公司净资产的百分之五十。但投资公司和政府授权部门批准的控股公司可不受此限。

第五条　公司名称中应标明“股份有限公司”字样，并应符合企业法人名称登记管理的规定。

第六条　公司以其主要办事机构所在地为住所。

第二章　设　　立

第七条　公司可以采取发起方式或募集方式设立。

采取发起方式设立，公司股份由发起人认购，不向发起人之外的任何人募集股份。国家大型建设项目方可采用发起方式设立公司。

募集方式包括定向募集和社会募集两种。采取定向募集方式设立，公司发行的股份除由发起人认购外，其余股份不向社会公众公开发行，但可以向其他法人发行部分股份，经批准也可以向本公司内部职工发行部分股份。采取社会募集方式设立，公司发行的股份除由发起人认购外，其余股份应向社会公众公开发行。

采取发起方式设立和定向募集方式设立的公司，称为定向募集公司；采取社会募集方式设立的公司，称为社会募集公司。定向募集公司在公司成立一年以后增资扩股时，经批准可转为社会募集公司。

第八条　以募集方式设立公司的发起人认购的股份，不得少于公司应发行的股份总数的百分之三十五。

第九条　设立公司应有三个以上（含三个）发起人。

国营大型企业改组为公司的，经特别批准，发起人可为该大型企业一人，但应采用募集方式设立公司。

第十条　公司发起人，是指按照本规范订立发起人协议，提出设立公司申请，认购公司股份，并对公司设立承担责任者。

公司发起人应是在中华人民共和国境内设立的法人（不含私营企业、外商独资企业）。但中外合资经营企业作发起人时不能超过发起人数的三分之一。自然人不得充当发起人。

第十一条　原有企业改组为公司，须将原有企业全部资产投入公司。原有企业可作为设立公司的发起人。不以原有企业作发起人时，原有企业的资产所有者应作为设立公司的发起人。

原有企业改组为公司时，应对原有企业的债权、债务进行清理，委托具有资格的资产评估机构进行资产评估和注册会计师进行验资，界定原有企业净资产产权。原有企业的债权、债务由改组后的公司承担。原有企业在公司设立后即自行终止。

原有企业改组为公司，如以原有企业为发起人，应经原有企业资产所有者批准并委派股东代表。

第十二条　公司注册资本应为在工商行政管理机关登记的实收股本总额。

股本总额为公司股票面值与股份总数的乘积。

公司注册资本的最低限额为人民币一千万元。有外商投资的公司的注册资本不应少于人民币三千万元。

第十三条　发起人达成设立公司协议后，可共同委托一个发起人办理设立公司的申请手续。

（一）以公司主营范围确定其行业主管部门，由行业主管部门负责审核公司设立的意见；

（二）国家规定需要报批的基本建设项目、技术改造项目、涉及外商投资项目和其他需要经政府有关部门批准的事项，应办理相应的批准手续；

（三）由原外商投资企业改组为公司的，对原合同、章程的修改应报原审批机关审查同意后，报中华人民共和国对外经济贸易部审查同意；

（四）发起人向政府授权审批公司设立的部门（由国家或省、自治区、直辖市的体改委牵头，以下简称政府授权部门）提交设立公司的协议书、申请书、可行性研究报告、公司章程、资产评估报告、验资报告、招股说明书和行业主管部门审查意见等文件，由政府授权部门审查、批准；

（五）外商投资股份达百分之二十五以上的公司，批准后由中华人民共和国对外经济贸易部核发批准证书；

(六)经政府授权部门批准后,发起人应自批准之日起三十日内到同级工商行政管理机关办理筹建登记手续。

第十四条 发起人提交的各项文件必须用中文书写。在发起人各方认为需要时,可商定再用一种外文书写,但以审批生效的中文文本为准。

第十五条 设立公司的申请书,应概要说明:

(一)发起人的名称、住所、法定代表人;

(二)公司的名称、目的及宗旨;

(三)公司的资金投向、经营范围;

(四)公司设立方式,总投资、股本总额、发起人认购比例、股份募集范围及募集途径;

(五)公司的股份总数、各类别股份总数、每股面值及股权结构;

(六)发起人基本情况、资信证明(原有企业改组为公司的,应说明改组理由);

(七)其他需要说明的事项;

(八)提出申请的时间,发起人的法定代表人签名并加盖发起人单位公章。

第十六条 设立公司可行性研究报告应包括下列内容:

(一)公司的名称、住所;

(二)发起人的生产经营情况、资信状况和投资能力(原有企业改组为公司的,还应包括近三年生产经营、资产与负债、利润等情况);

(三)公司总投资、股本总额、股份溢价发行测算、所需借贷资金、净资产占总资产比例;

(四)资金投向、规模、建设周期与费用估算;

(五)公司产品或经营范围、发展方向及市场需求状况;

(六)经济效益预测;

(七)其他需要说明的事项。

第十七条 公司章程必须载明:

(一)公司名称、住所;

(二)公司的宗旨、经营范围;

(三)公司的设立方式及其股份发行范围;

(四)公司注册资本、股份总数、各类别股份总数及其权益、每股金额;

(五)股份转让办法;

(六)股东的权利、义务;

(七)股东会的职权和议事规则;

(八)公司法定代表人(董事长或经理)及其职权;

(九)董事会的组成、职权和议事规则;

(十)经营管理机构的组成、职权和议事规则;

(十一)监事会的组成、职权和议事规则;

(十二)公司利润分配办法;

(十三)公司财务、会计、审计制度的原则;

(十四)劳动管理、工资福利、社会保险等规定;

(十五)章程修改的程序;

(十六)公司的终止与清算办法及程序;

(十七)通知和公告办法。

在不违反本规范的规定下,公司章程可对上款以外的其他事项作出规定。

第十八条 公司向社会公众公开发行股票,应按中国人民银行的有关规定,向中国人民银行或其授权的分行(以下简称人民银行)提出申请,经批准后方可发行。

第十九条 公司股份缴足后,发起人须于四十日内召集创立会议。会议应通知全体认股人参加,并在代表三分之二以上股份的认股人(或其委托的代理人)参加时会议即可召开。创立会议达不到代表三分之二以上的股份的认股人(或其委托的代理人)出席时,应按第四十八条的规定办理。

创立会议的职责是:

(一)听取、审查发起人关于设立公司的报告;

(二)通过发起人拟定的公司章程;

(三)选举公司的董事;

(四)选举公司的监事。

以上各项,须由创立会议决议通过,其中(一)、(三)、(四)项须符合第四十六条第(一)项的规定,第(二)项须符合第四十六条第(二)项的规定。

第二十条 创立会议后三十日内,董事会应向工商行政管理机关申请办理企业法人登记,并报送下列文件:

(一)登记申请书;

(二)政府授权部门批准设立文件;

(三)社会募集公司应提交人民银行批准募股的文件;

(四)公司章程;

(五)董事会成员及法定代表人名单(社会募集公司应附有简历);

(六)创立会议记录;

(七)注册会计师出具的验资证明;

(八)其他要求的文件。

经工商行政管理机关核准登记注册后,公司即告成立,取得法人资格。

第二十一条 公司发起人应承担下列责任:

(一)公司发行的股份未能缴足时,应负连带认缴责任;

(二)公司不能成立时,对设立行为所产生的债务和费用负连带责任;

(三)社会募集公司不能成立时,对认股人已缴纳的股款,负返还股款及约定利息的连带责任;

(四)在设立过程中,由于发起人的过失致使公司受到损害时,负连带赔偿责任。

第三章　股　份

第二十二条 股东可以用货币投资,也可以用建筑物、厂房、机器设备等有形资产,或工业产权、非专利技术、土地使用权等无形资产折价入股。

以无形资产(不含土地使用权)作价所折股份,其金额一般不得超过公司注册资本的百分之二十。

用货币以外的其他资产折价入股的,须按国家有关规定对该资产进行评估和确认。

以国有资产折价入股的,须按国务院及国家国有资产管理局的有关规定办理资产评估、确认、验证手续。国有资产折价入股后形成的股份,符合第二十四条第(一)项的,构成国家股;符合第(二)项的,构成法人股。

第二十三条 公司设置普通股,并可设置优先股。

普通股的股利在支付优先股股利之后分配。普通股的股利不固定,由公司按照本规范确定的程序决定。

公司对优先股的股利须按约定的股利率支付。优先股不享有公司公积金权益。当年可供分配股利的利润不足以按约定的股利率支付优先股股利的，由以后年度的可供分配股利的利润补足。公司章程中可对优先股的其他权益作出具体规定。

公司终止清算时，优先股股东先于普通股股东取得公司剩余财产。

第二十四条　公司的股份按投资主体分为国家股、法人股、个人股和外资股。

(一)国家股为有权代表国家投资的政府部门或机构以国有资产投入公司形成的股份。

国家股一般应为普通股。

国家股由国务院授权的部门或机构，或根据国务院决定，由地方人民政府授权的部门或机构持有(以下简称持有国家股的部门、机构)，并委派股权代表。

(二)法人股为企业法人以其依法可支配的资产投入公司形成的股份，或具有法人资格的事业单位和社会团体以国家允许用于经营的资产向公司投资形成的股份。

一个公司拥有另一个企业百分之十以上的股份，则后者不能购买前者的股份。

(三)个人股为社会个人或本公司内部职工以个人合法财产投入公司形成的股份。

一个自然人所持股份(不含外国和我国香港、澳门、台湾地区投资者所持外资股)不得超过公司股份总额的千分之五。

定向募集公司内部职工认购的股份，不得超过公司股份总额的百分之二十。

社会募集公司的本公司内部职工认购的股份，不得超过公司向社会公众发行部分的百分之十。由定向募集公司转为社会募集公司者，超过此限时不得再向内部职工配售股份。

社会募集公司向社会公众发行的股份，不少于公司股份总数的百分之二十五。国家另有规定的除外。

(四)外资股为外国和我国香港、澳门、台湾地区投资者以购买人民币特种股票形式向公司投资形成的股份。

根据资产的性质，国有资产投资形成的股份和集体所有资产投资形成的股份统称为公有股份。

第二十五条　公司的股份采取股票形式。但定向募集公司应以股权证替代股票(下同)。

定向募集公司不得发行股票，社会募集公司不得发行股权证。

第二十六条　公司股票应为记名股票。

股票一律用股东姓名或单位名称记名。

部门、机构持有的股票和法人持有的股票，应记载部门、机构或法人名称，不得另立户名或以代表人姓名记名。

自然人在股票上记载的姓名应与居民身份证或护照相一致。

第二十七条　公司不得发行无面值股票。

股票的发行价格不得低于股票的面值。

公司同次发行的同种类别股票，发行价格须一致。

第二十八条　股票是公司签发的证明股东按其所持股份享有权利和承担义务的书面凭证。

股票应载明下列事项：

(一)发行股票的公司的名称、住所；

(二)公司设立登记或新股发行之变更登记的文号及日期；

(三)公司注册资本、股份类别、每股金额、股票面值；

(四)本次发行的股份数；

(五)股东姓名或名称；

(六)股票号码；

(七)发行日期；

(八)其他需要载明的事项。

股权证除载明上款事项外，还应载明认购与转让范围。

股票由董事长签名，公司盖章后生效。

股票应加具人民银行批准募股的文号及日期；股权证应加具政府授权部门批准募股的文号及日期。

第二十九条　准许有外商投资的公司，经中国人民银行批准后可发行人民币特种股票(简称B种股票)。

B种股票是指以人民币标明股票面值，以外币认购和进行交易，专供外国和我国香港、澳门、台湾地区的投资者买卖的股票。

外国和我国香港、澳门、台湾地区的投资者不得买卖人民币股票(简称A种股票)，非外国和我国香港、澳门、台湾地区的投资者不得买卖B种股票。

第三十条　股东可以按照国家有关规定和公司章程的规定转让股份，并可以赠与(公有股份不可赠与)、继承和抵押，但不得违反以下规定：

(一)采取发起方式设立的公司，公司股权证的转让须在法人之间进行；定向募集方式设立的公司，其股权证按其原持有人身份，可在法人之间以及公司内部职工之间转让，本公司内部职工持有的股权证要严格限定在本公司内部，不得向公司以外的任何个人发行和转让。以上两种方式设立的定向募集公司在公司成立一年以后，增资扩股时如需转为社会募集公司，扩大股份的认购和转让范围，应按照国家规定的审批权限并按第三十四条的规定，经批准后方可进行，同时应换发股票；

(二)各种法人均不得将持有的公有股份、认股权证和优先认股权转让给本法人单位的职工，不得将以集体福利基金、奖励基金、公益金购买的股份派送给职工；

(三)国家股、外资股的转让需按国家有关规定进行；

(四)发起人认购的股份自公司成立之日起一年内不得转让；

(五)公司内部职工的股份(除去职和死亡者的股份外)，在公司配售后三年内不得转让；

(六)公司董事和经理在任职的三年内不得转让本人所持有的公司股份。三年后在任职内转让的股份不得超过其持有公司股份额的百分之五十，并须经董事会同意。社会募集公司的董事或经理转让股份还应报国家或省、自治区、直辖市的体改委(以下简称体改部门)和人民银行备案；

(七)公司股份自公司清算之日起不得转让。

第三十一条　发起人以外的单个股东，欲获得社会募集公司股份总额的百分之十以上的股份时，必须通知公司，并经人民银行和体改部门批准。

第三十二条　公司非因减少资本等特殊情况，不得收购本公司股票，亦不得库存本公司已发行股票。特殊情况需收购、库存本公司已发行股票者，须报请体改部门、人民银行专门批准后方可进行。

第三十三条　股东遗失股票应公告声明所失股票失效，如九十日内公司未收到任何异议，遗失股票股东可以向公司申请补发股票。

第三十四条 公司增加资本发行股份,应由董事会制订方案,经股东大会通过增加资本和修改章程决议,并按规定办理相应手续。有外商投资的公司应报中华人民共和国对外经济贸易部,社会募集公司还应向人民银行申请发行股票,经批准后方可进行。

股份募足后,向原登记的工商行政管理机关申请增资变更登记。

第三十五条 公司增加股份,如用于投资项目, 应符合国家产业政策和行业、地区发展规划。

第三十六条 公司增加股份的间隔时间不得少于十二个月。

第三十七条 公司增加股份时按发行价格计算的新股不得超过原有公司净资产。国家另有规定的除外。

第三十八条 公司连续两年盈利不足以支付优先股股利或支付优先股股利后两年内未支付普通股股利的,不得增加股份。

第四章 股东和股东会

第三十九条 公司的股份持有人为公司股东。股东按其持有股份的类别和份额享有权利、承担义务。

普通股股东有出席或委托代理人出席股东会并行使表决权的权利,每一股都拥有同等表决权。

优先股股东无表决权。但公司连续三年不支付优先股股利时,优先股股东即享有第四十一条规定的权利。

第四十条 法人作为公司股东时,应由法定代表人或法定代表人的代理人代表其行使权利。

第四十一条 股东有以下权利:

(一)出席或委托代理人出席股东会并行使表决权;

(二)依本规范及公司章程的规定转让股份;

(三)查阅公司章程、股东会会议纪要、会议记录和会计报告,监督公司的经营,提出建议或质询;

(四)按其股份取得股利;

(五)公司终止后依法取得公司的剩余财产;

(六)公司章程规定的其他权利。

第四十二条 股东有以下义务:

(一)遵守公司章程;

(二)依其所认购股份和入股方式缴纳股金;

(三)依其所持股份为限,对公司的债务承担责任;

(四)在公司办理工商登记手续后,股东不得退股;

(五)公司章程规定的其他义务。

另外,公司股份的认购人逾期不能缴纳股金,视为自动放弃所认股份。对公司造成损害的,应负赔偿责任。

第四十三条 股东会是公司的最高权力机构,对下列事项作出决议,行使职权:

(一)审议、批准董事会和监事会的报告;

(二)批准公司的利润分配及亏损弥补;

(三)批准公司年度预、决算报告,资产负债表、利润表以及其他会计报表;

(四)决定公司增、减股本,决定扩大股份认购范围或由定向募集公司转为社会募集公司,以及批准公司股票交易方式的方案;

(五)决定公司发行债券;

(六)选举或罢免董事会成员和监事会成员,决定其报酬和支付方法;

(七)决定公司的分立、合并、终止和清算;

(八)修改公司章程;

(九)审议代表百分之五以上(含百分之五)股份股东的提案;

(十)公司章程规定需由股东会作出决议的其他事项。

股东会的决议内容不得违反法律、法规、本规范以及公司章程。

第四十四条 股东会分为股东年会和股东临时会。

(一)股东年会每年召开一次,并应于每会计年度终结后六个月内召开;

(二)有下列情形之一,董事会应召开股东临时会:

1.董事缺额达三分之一时;

2.公司累计未弥补亏损达实收股本总额三分之一时;

3.代表公司股份百分之十以上(含百分之十)的两名以上(含两名)股东请求时;

4.董事会或监事会认为必要时。

第四十五条 股东会应由董事会召集,并于开会日的三十日以前但不得超过六十日通告股东。通告应载明召集事由。

股东临时会不得决定通告未载明事项。

第四十六条 股东会决议分普通决议和特别决议两种。

(一)普通决议应由代表股份总数二分之一以上的股东出席,并由出席股东的二分之一以上的表决权通过;

(二)特别决议应由代表股份总数三分之二以上的股东出席,并由出席股东的三分之二以上的表决权通过。

第四十七条 股东会作出下列决议时,应由特别决议通过:

(一)公司增、减股本,扩大公司股份认购范围或由定向募集公司转为社会募集公司,股票交易方式;

(二)发行公司债;

(三)公司合并、分立、终止和清算;

(四)修改公司章程;

(五)公司章程规定的需由特别决议通过的其他事项。

股东会作出的其他决议,由普通决议通过。

第四十八条 出席股东会的股东所代表的股份达不到第四十六条规定数额时,会议应延期二十日举行,并向未出席的股东再次通知。

延期后召开的股东会,出席股东所代表的股份仍达不到第四十六条规定的数额时,应视为已达法定数额,按实际出席股东所代表的股份数额计算表决权的比例达到第四十六条规定的比例时,大会作出的决议即为有效。

第四十九条 股东会决议时每一股有一票表决权。

第五十条 股东会议应作记录,会议的决议事项应形成会议纪要,会议记录及纪要应与出席股东的签名簿及代理出席的委托书一并保存。

第五十一条 第四十一条第(一)项、第四十三条至第四十九条不适用于优先股股东。

第五章 董事会和经理

第五十二条 董事会是公司的常设权力机构,向股东会负责。

董事会由不得少于五人(含五人)的奇数成员组成。

第五十三条　董事由股东会选举产生。董事可以由股东或非股东担任。

董事任期三年,可连选连任。

第五十四条　董事会应遵照国家法律、法规、本规范、公司章程及股东会决议履行职责。

第五十五条　董事会行使下列职权:

(一)决定召开股东会并向股东会报告工作;

(二)执行股东会决议;

(三)审定公司发展规划、年度生产经营计划;

(四)审议公司的年度财务预、决算,利润分配方案及弥补亏损方案;

(五)制订公司增、减股本,扩大股份认购范围或由定向募集公司转为社会募集公司,以及公司股票交易方式的方案;

(六)制订发行公司债券的方案和公司债务政策;

(七)决定公司重要资产的抵押、出租、发包和转让;

(八)制订公司分立、合并、终止的方案;

(九)任免包括公司经理、会计主管人员在内的高级管理人员,决定其报酬和支付方法;

(十)制订公司章程修改方案;

(十一)提出公司的破产申请;

(十二)公司章程规定的其他职权。

董事会作出前款决议事项,除第(五)、(六)、(七)、(八)、(十)项须由三分之二以上的董事表决同意外,其余可由半数以上的董事表决同意。董事长在争议双方票数相等时有两票表决权。

除本规范或公司章程规定由股东会决议事项外,董事会对公司重大业务和行政事项应有权作出决定。

第五十六条　董事会议每半年至少召开一次。董事会议由董事长召集,通知各董事时应书面载明事由。

经三分之一以上董事或公司经理提议,应召开特别董事会议。

召集董事会议的通知方式应在公司章程(或公司组织细则)中加以规定。

第五十七条　董事会开会时,董事应亲自出席。董事因故不能出席,可以书面委托其他董事代为出席董事会,委托书中应载明授权范围。

董事会议应作出记录,并由出席董事(包括未出席董事委托的代表)和记录员签字。董事有要求在记录上作出某些记载的权力。董事应依照董事会议记录承担决策责任。董事会的决议,违反第五十四条规定,致使公司受到严重损失时,参与决议的董事对公司负赔偿责任。曾表示异议的董事,可免除责任。但不出席会议、又不委托代表的董事应视作未表示异议,不免除责任。

第五十八条　董事长由董事担任,由全部董事的三分之二以上选举和罢免。

第五十九条　董事长为公司法定代表人。董事长不能出任法定代表人时,由公司章程作出规定。

董事长行使下列职权:

(一)主持股东会和董事会;

(二)检查董事会决议的实施情况,并向董事会报告;

(三)签署公司股票;

(四)在发生战争、特大自然灾害等紧急情况下,对公司事务行使特别裁决权和处置权,但这种裁决和处置必须符合公司的利益,并在事后向董事会和股东会报告;

(五)公司章程规定或董事会决议授予的其他职权。

第六十条　除公司章程另有规定外,公司经理行使下列职权:

(一)组织实施股东会和董事会的决议,并将实施情况向董事会提出报告;

(二)全面负责公司的日常行政和业务活动;

(三)拟定公司的发展规划、年度生产经营计划和年度财务预、决算方案,以及利润分配方案和弥补亏损方案;

(四)任免和调配包括公司管理部门负责人(不含第五十五条第(九)项规定的人员)在内的管理人员和工作人员;

(五)决定对本公司职工的奖惩、升降级、加减薪,聘任、招用、解聘、辞退;

(六)代表公司对外处理业务;

(七)董事会授予的其他职权。

公司经理行使职权时,不得变更股东会和董事会的决议或超越授权范围。

第六十一条　凡有下列情况之一者,不能担任公司的董事或经理:

(一)无民事行为能力者和限制民事行为能力者;

(二)因经营管理不善被依法撤销或宣告破产企业的负有主要责任的董事、经理或厂长,自核准注销之日起未满三年者;

(三)因违法经营被吊销营业执照的企业原法定代表人,自决定吊销营业执照之日起未满三年者;

(四)刑满释放、假释或缓刑考验期满和解除劳教人员,自刑满释放、考验期满或解除劳教之日起未满三年者;

(五)因触犯刑法被司法机关立案调查,尚未结案者;

(六)国家法律、法规和政策规定不能担任企业领导职务者。

第六十二条　董事和经理对公司负有诚信和勤勉的义务,不得从事与本公司有竞争或损害本公司利益的活动。

第六章　监事会

第六十三条　公司可设立监事会,对董事会及其成员和经理等管理人员行使监督职能。

第六十四条　监事会成员不得少于三人(含三人)。监事任期三年,可连选连任。

监事会成员的三分之一以上(含三分之一),但不超过二分之一由职工代表担任,由公司职工推举和罢免。

监事会成员的三分之二以下(含三分之二),但不低于二分之一由股东大会选举和罢免。监事会主席由全部监事的三分之二以上选举和罢免。

监事不得兼任董事、经理及其他高级管理职务。

第六十五条　监事会行使下列职权:

(一)监事会主席或监事代表列席董事会议;

(二)监督董事、经理等管理人员有无违反法律、法规、本规范、公司章程及股东会决议的行为;

(三)检查公司业务、财务状况,查阅帐簿和其他会计资料,并有权要求执行公司业务的董事和经理报告公司的业务情况;

(四)核对董事会拟提交股东会的会计报告、营业报告和利润分配方案等财务资料，发现疑问可以公司名义委托注册会计师、执业审计师帮助复审；

（五）建议召开临时股东会；

（六）代表公司与董事交涉或对董事起拆。

监事会向股东会负责并报告工作。

第六十六条　监事会决议应由三分之二以上（含三分之二）监事表决同意。

第六十七条　监事会行使职权时聘请律师、注册会计师、执业审计师等专业人员的费用，由公司承担。

第七章　财务会计与审计

第六十八条　公司应按照国家（试点期间可分别按财政部和审计署）有关法律、法规和政策制订公司的财务会计制度和内部审计制度。

第六十九条　公司应按财政部、国家统计局的规定，向有关政府部门报送报表，试点期间还应抄报体改部门。编制的年度资产负债表、利润表、财务状况变动表和其它有关附表等，应在股东会召开二十日前备置于公司住所，供股东查阅。年度会计报告须经注册会计师验证。

社会募集公司应按照有关规定公告有关文件。

第七十条　公司缴纳所得税后的利润，应按下列顺序分配：

（一）弥补亏损；

（二）提取法定盈余公积金；

（三）提取公益金；

（四）支付优先股股利；

（五）提取任意盈余公积金；

（六）支付普通股股利。

优先股股利和普通股股利均不得在成本、费用中列支。

第七十一条　公积金分为盈余公积金和资本公积金两类：

（一）盈余公积金。盈余公积金分为法定盈余公积金和任意盈余公积金两种：

1.法定盈余公积金按照税后利润的百分之十提取，当盈余公积金已达注册资本百分之五十时可不再提取；

2.任意盈余公积金按照公司章程规定或股东会决议提取和使用。

（二）资本公积金。下列款项应列入资本公积金：

1.超过股票面额发行所得的溢价额；

2.接受赠与；

3.按照国家有关规定应列入的其他款项。

第七十二条　法定盈余公积金和资本公积金的用途限于下列各项：

（一）弥补亏损。公司可使用盈余公积金弥补亏损。

（二）转增股本。公司可经股东会决议，将公积金转为股本，按股东原有股份比例发给新股或增加每股面值。但法定盈余公积金转增股本时，以转增后留存的该项公积金不少于注册资本的百分之二十五为限。

（三）国家另有规定的其他用途。

第七十三条　公司弥补亏损、提取法定盈余公积金和公益金前，不得分配股利。

公司违反前款规定时，债权人有权要求赔偿所受的损失。

第七十四条　公益金用于本公司职工的集体福利。

第七十五条　公司当年无利润时，不得分配股利。但公司已用盈余公积金弥补亏损后，公司为维护其股票信誉，经股东会特别决议，可按不超过股票面值百分之六的比率用盈余公积金分配股利，但分配股利后公司法定盈余公积金不得低于注册资本的百分之二十五。

公司可供分配的利润不足以按不超过股票面值百分之六的比率支付股利时，亦可按上款办理。

第七十六条　公司分配股利可采取下列形式：

（一）现金；

（二）股票。

第七十七条　公司普通股股利，应按各股东持有股份比例进行分配。

第七十八条　国家股的股利按国家规定组织收取。

第七十九条　公司应当按税务机关规定代扣并代缴个人股东股利收入的应纳税金。

第八十条　公司实行内部审计制度，设立内部审计机构或配备内部审计人员，依公司章程规定在监事会或董事会领导下对公司的财务收支和经济活动，进行内部审计监督。

第八章　章程修改

第八十一条　公司根据需要可修改公司章程，修改后的章程不得与法律、法规及本规范相抵触。

第八十二条　修改公司章程，应按下列程序：

（一）由董事会依第五十五条规定提出修改章程的提议；

（二）把上项内容通知股东，并召集股东会，依第四十七条规定由股东会通过修改章程的决议；

（三）依股东会通过的修改章程决议，拟定公司章程的修改案。

第八十三条　对公司章程作如下修改，公司应报体改部门审查同意后，向工商行政管理机关申请变更登记：

（一）更改公司名称；

（二）更改、扩大或缩小公司的经营范围；

（三）增加或减少公司发行的任何类别股份的总数；

（四）更改公司全部或部分股份类别，以及更改全部或部分的优先权；

（五）增设新的股份类别；

（六）扩大股份认购范围或由定向募集公司转为社会募集公司，改变公司股票交易方式；

（七）增设或取消可转换证券；

（八）改变每股股票面额；

（九）章程确定需经股东会特别决议通过的其他条款的变更。

除此以外的其他章程变动，公司应直接向工商行政管理机关申请变更登记。

公司应将变更登记后的修改条款通告股东。

未经工商行政管理机关核准变更登记，任何对公司章程的修改不得生效。

第八十四条　公司变更章程，涉及变更名称、住所、经营范围、注册资本等登记注册事项，以及要求公告的其他事项，应予公告。

第九章　合并与分立

第八十五条　公司合并可以采取吸收合并和新设合并两种形式。

吸收合并指公司接纳一个或一个以上的企业加入本公司，加入方解散，取消法人资格，接纳方存续。

新设合并指公司与一个或一个以上的企业合并成立一个新公司。原合并各方解散，取消法人资格。

第八十六条　公司合并应由合并各方签订合并协议。合并协议应包括下列主要内容：

(一)合并各方的名称、住所；

(二)合并后存续公司或新设公司的名称、住所；

(三)合并各方的资产状况及其处理办法；

(四)合并各方的债权债务处理办法；

(五)存续公司或新设公司因合并而增资所发行的股份总数、种类和数量；

(六)合并各方认为需要载明的事项。

第八十七条　公司决议合并时，应即向各债权人分别通知并公告，并在九十日内确认债务。

第八十八条　存续公司或新设公司继续承担因合并而解散的公司的经确认的债权债务。

因合并而解散的企业不得隐匿债权债务。

第八十九条　合并各方应于合并协议缔结后向原行业主管部门提出合并申请，参照第十三条的规定进行审查后报政府授权部门批准。经批准后三十日内持下列文件向工商行政管理机关分别申请变更登记、设立登记或注销登记，并在三十日内向税务机关申报办理变更登记、重新登记或注销登记：

(一)合并申请书；

(二)政府授权部门批准文件；

(三)合并各方股东会(或其所有者)同意合并的决议；

(四)合并合同；

(五)存续公司或新设公司的章程；

(六)经注册会计师验证的合并前各方的资产负债表、利润表以及注册会计师的查帐报告等；

(七)应当提交的其他文件。

公司在办理完上款手续后须进行公告。

第九十条　政府授权部门如认为公司合并违反国家有关禁止垄断和不正当竞争的法规、政策，应不予批准。

第九十一条　公司分立，以下列方式进行：

(一)公司以其部分财产和业务另设一个新的公司，原公司存续；

(二)公司全部财产分别归入两个以上的新设公司，原公司解散。

第九十二条　公司应于分立的九十日前通知和公告各债权人，债权人提出异议的，公司可选择立即清偿债务或规定分立后的新设公司之一或全体提供偿债担保。

第九十三条　公司分立时，应由分立各方签订分立协议。分立协议中应明确划分分立各方的财产、营业范围、债权债务等。

第九十四条　公司分立，应由公司向行业主管部门提出申请，参照第十三条规定进行审查后报政府授权部门批准。经批准后三十日内持下列文件向工商行政管理机关分别申请变更登记、设立登记或注销登记，并在三十日内向税务机关申报办理变更登记、重新登记或注销登记：

(一)分立申请书；

(二)政府授权部门批准文件；

(三)分立协议；

(四)股东大会同意分立的决议；

(五)分立各方的公司章程；

(六)经注册会计师验证的分立前公司的资产负债表、利润表以及注册会计师的查帐报告等；

(七)应当提交的其他文件。

公司在办理完上款手续后须进行公告。

第十章　终止与清算

第九十五条　公司有以下情形之一的，应予终止并进行清算：

(一)公司营业期限届满；

(二)公司章程规定的解散事由出现；

(三)公司设立的宗旨业已实现，或根本无法实现；

(四)股东会决定解散；

(五)违反国家法律、法规及本规范，危害社会公共利益被依法撤销；

(六)公司宣告破产。

公司依第(六)项终止的，比照适用《中华人民共和国企业破产法(试行)》的有关规定。

第九十六条　公司依第九十五条第(一)、(二)、(三)、(四)项终止的，董事会应将公司终止事宜通知各股东，召开股东会，确定清算组人选，发布终止公告。

公司应在终止公告发布之后十五日内成立清算组。

第九十七条　公司清算组成立后，应在十日内通知债权人，并于两个月内至少公告三次。债权人应自通知书送达之日起三十日内，未接通知书的自公告之日起九十日内向清算组申报其债权。

债权人未在前款规定的期限内申报债权的不列入清算之列，但债权人为公司明知而未通知者，不在此限。

第九十八条　清算组的职权如下：

(一)制定清算方案，清理公司财产，编制资产负债表和财产清单；

(二)处理公司未了结的业务；

(三)收取公司债权；

(四)偿还公司债务，解散公司从业人员；

(五)处分公司剩余财产；

(六)代表公司进行诉讼活动。

第九十九条　清算组在发现公司财产不足清偿债务时，应立即停止清算，并向人民法院申请宣告破产。

公司经人民法院裁定宣告破产后，由人民法院处理破产，清算组应将清算事务向其移交。

第一百条　公司决定清算后，任何人未经清算组批准，不得处分公司财产。

公司财产优先拨付清算费用后，清算组应按下列顺序清偿：

(一)自清算之日起前三年所欠公司职工工资和社会保险费用；

(二)所欠税款和按国务院行政法规应缴纳的税款附加、基金等；

(三)银行贷款、公司债券及其他债务。

第一百零一条 清算组未依前条顺序清偿,不得将公司财产分配给各股东。

违反前款规定所作的财产分配无效,债权人有权要求退还,并可请求赔偿所受的损失。

第一百零二条 公司清偿后,清算组应将剩余财产分配给各股东。分配顺序是:

(一)按优先股股份面值对优先股股东分配;如不能足额偿还优先股股金时,按各优先股股东所持比例分配;

(二)按各普通股股东的股份比例进行分配。

第一百零三条 清算结束后,清算组应提出清算报告并造具清算期内收支报表和各种财务帐册,必须经注册会计师验证,报政府授权部门批准后,向工商行政管理机关和税务机关办理注销登记,并公告公司终止。

第十一章 罚 则

第一百零四条 有下列行为之一者,由工商行政管理机关对公司给予处罚,必要时追究当事者责任。

(一)未按本规范规定事项或期限办理公司各类设立手续的;

(二)未经核准登记注册擅自以公司名义进行活动的;

(三)公司登记时弄虚作假的;

(四)超越公司登记范围经营业务或从事非法经营活动的;

(五)公司作为其他营利组织的有限责任股东,其投资总额超过本公司净资产的百分之五十的;

(六)公司增加资本时违反第三十四条规定,未经工商行政管理机关变更登记的;

(七)公司终止清算时违反第九十七条第一款规定的;

(八)公司利用合并、分立、终止和清算之机,抽逃资金、隐匿财产、隐匿或捏造债权和债务、逃避债务的;

(九)清算组违反第一百条规定的。

第一百零五条 公司有下列行为之一的,由财政机关或税务机关给予处罚:

(一)公司董事、经理报酬的确定和报告违反第四十三条第(六)项、第五十五条第(九)项规定的;

(二)公司不按规定将公司章程、股东名册、股东会议记录及纪要、资产负债表、利润表、财务状况变动表等文件备置于公司,或对上述文件作虚假记载的;

(三)公司不按规定向政府有关部门报送会计报表、隐匿部分会计报表不报或对会计帐表作虚假记载的;

(四)公司违反第七十条规定分配股利的;

(五)公司未按第七十一条规定提取法定盈余公积金和将所列款项列入资本公积金的;

(六)公司未按第七十二条、第七十五条规定使用公积金的;

(七)公司未履行第七十九条规定的代扣义务的;

(八)公司设立帐外资金的;

(九)社会募集公司不按规定的格式和内容进行财务公告,或在财务公告中有虚假说明、误导性陈述、重大遗漏的。

第一百零六条 有下列行为之一的,由体改部门责令其改正,拒不执行的,送由工商行政管理机关给予处罚:

(一)发起人为设立公司提交的协议书、申请书、公司章程及其他文件,有虚假说明、误导性陈述或重大遗漏;

(二)公司未按公司章程运作;

(三)公司未按规定程序修改章程;

(四)公司股东会间隔时间违反第四十四条第(一)项规定;

(五)公司董事会间隔时间违反第五十六条第一款规定;

(六)公司股东会未按规定作出会议记录和会议纪要;

(七)公司董事会未按规定作出会议记录。

第一百零七条 公司有下列行为之一的,由人民银行(或体改部门)责令其改正,拒不执行的,送由工商行政管理机关给予处罚:

(一)公司发起人和本公司内部职工所占公司股份比例违反第八条,一个自然人持有公司股份比例违反第二十四条第(三)项规定;

(二)公司未经批准即募集股份,或在募股申请文件和募股说明书中有虚假说明、误导性陈述或重大遗漏者;

(三)定向募集公司向本公司内部职工之外的社会个人发行股权证或给其办理股东登记过户手续;

(四)公司股票发行价格违反第二十七条规定;

(五)公司违反第三十七条规定发行新股;

(六)一企业获得了一社会募集公司股份总额的百分之十以上的股份时,不按规定通知后者或未得到人民银行、体改部门批准。

第一百零八条 转让股份违反第三十条规定,应对行为人或直接责任人处以罚款。

第一百零九条 公司经核准登记后无正当理由超过六个月不开始营业,或开始营业后自行停业六个月以上的,由工商行政管理机关收缴并注销其营业执照。

第一百一十条 公司董事或经理违反第六十二条规定对公司造成严重经济损失的,应向公司赔偿经济损失;构成犯罪的,由司法机关追究刑事责任。

第一百一十一条 公司依本罚则上述有关条款受处罚时,处罚机关应令其限期纠正违法行为,并应视具体情节对违法行为的直接责任人给予处罚;情节严重构成犯罪的,提交司法机关依法追究刑事责任。

前款直接责任人给公司造成损害的,应承担赔偿责任。

第一百一十二条 注册会计师、执业审计师、律师等专业人员或机构违反本规范和国家有关法规,提供虚假、误导或有重大遗漏报告的,由主管机关给予处罚,并依法追究法律责任。

第一百一十三条 政府工作人员执行公务中违反本规范,徇私舞弊,滥用职权者,由监察机关给予处罚。

第一百一十四条 具体处罚办法按照现行有关规定执行;没有规定的,分由工商行政管理机关、财政机关、税务机关、监察机关等制订。

第十二章 附 则

第一百一十五条 经中华人民共和国对外经济贸易部核发批准证书的公司,除按本规范执行外,比照执行外商投资企业的有关法律、法规。

第一百一十六条 人民币特种股票的发行和转让中的有关外汇事宜须按外汇管理机关的规定办理。

第一百一十七条 人民币特种股票的股利和转让所得在依法纳税后,可以按中国人民银行和外汇管理机关规定的手续汇出境外。

第一百一十八条 深圳市可继续执行其人民政府颁布的《深圳市股份有限公司暂行规定》。

第一百一十九条 本规范由国家体改委负责解释。在试行过程中遇到问题,由公司住所所在省、自治区、直辖市的体改委协调,并指导和监督公司按本规范进行运作。

有限责任公司规范意见

（1992年5月15日　国家经济体制改革委员会发布）

第一章　总　　则

第一条　有限责任公司（以下简称公司）是指由两个以上股东共同出资，每个股东以其所认缴的出资额对公司承担有限责任，公司以其全部资产对其债务承担责任的企业法人。

第二条　公司必须遵守国家法律、法规及本规范意见（以下简称本规范），接受人民政府有关部门依法进行的管理和监督，维护国家利益和社会公共利益。

第三条　公司的合法权益和正当经营活动受法律保护，任何机关、社会组织和个人不得侵犯或者非法干涉。

第四条　公司应当按照本规范制定公司章程。公司章程对公司和股东具有约束力。

第五条　公司应当在核准登记的经营范围内开展经营活动。

第六条　公司不得成为其他经济组织的无限责任股东。

公司成为其他经济组织的有限责任股东时，对其他组织的投资总额，不得超过本公司净资产的百分之五十，但投资公司和政府授权部门批准的控股公司可不受此限。

第七条　公司的名称应当符合国家有关企业法人名称登记管理法规的规定，并标明“有限责任公司”或者“有限公司”的字样。

不按本规范设立的公司，不得称为“有限责任公司”或“有限公司”。

第八条　公司以其主要办事机构所在地为住所。

第二章　设立条件和程序

第九条　公司必须有二个以上三十个以下的股东方可设立。因特殊需要，公司股东超过三十个的，须经政府授权部门批准，但最多不得超过五十个。

第十条　公司注册资本为股东缴纳的股本总额。

公司注册资本应当符合最低限额的规定，并同其经营范围相适应。公司注册资本的最低限额为：

（一）生产经营性公司五十万元人民币；

（二）商业、物资批发性公司五十万元人民币；

（三）商业零售性公司三十万元人民币；

（四）科技开发、咨询、服务性公司十万元人民币。

国家对特定行业有较高规定的，从其规定。

民族区域自治地区和国务院确定的贫困地区，经国家工商行政管理机关批准，其公司注册资本最低限额可按本条规定的金额降低百分之五十。

第十一条　公司股本总额为全体股东认缴股本的总和。公司股本总额应当由股东一次认足。

第十二条　股东可以用货币出资，也可以用实物、工业产权、非专利技术、土地使用权作价出资。

全体股东用货币出资的最低限额为公司法定注册资本最低限额的百分之五十。

股东出资的实物，应当为公司生产经营所需的建筑物、设备或其他物资，并应当委托具有资格的资产评估机构进行资产评估，数额不大的，可由股东各方按照国家有关规定确定实物的作价。其中用国有资产出资的，国有资产评估结果应由国有资产管理部门核资、确认。

股东用工业产权、非专利技术作价出资的金额不得超过公司注册资本总额的百分之二十。特殊情况下必须超过百分之二十的，应当经公司审批部门批准，但最高不得超过百分之三十。

股东用土地使用权作价出资的，应当按照国家有关规定办理。

第十三条　股东的出资必须经国家核准登记的注册会计师验证和出具证明。其中涉及国有资产的，应由国有资产管理部门确认产权归属。

股东办理公司登记应当将现金出资一次足额存入公司临时帐户，并办理实物出资的移转手续。现金以外其他形式的出资，由有关验资机构验证。如有估价不当的，政府授权部门可以责令验资机构重新验证。

第十四条　公司章程应当由全体股东一致同意制订。

公司章程应当载明下列事项：

（一）公司名称和住所；

（二）经营范围；

（三）公司注册资本；

（四）股东名称或姓名、住所；

（五）股东的权利、义务；

（六）各股东的出资方式、出资额和出资缴纳期限；

（七）股东转让出资的条件；

（八）利润分配和亏损分担的办法；

（九）董事名额及产生办法；

（十）公司的法定代表人；

(十一)公司组织机构及其职权和议事规则;

(十二)公司的终止事由;

(十三)公司章程的修订程序;

(十四)公司章程订立日期;

(十五)全体股东认为应当订明的其他事项。

第十五条 设立公司应当由公司所在的省、自治区、直辖市的政府授权部门审批。全体股东应当确定一名股东按照规定的程序办理报批手续。

设立公司必须向政府授权部门递交申请书,并附送下列文件:

(一)可行性研究报告或营业计划;

(二)公司章程;

(三)资信证明;

(四)政府授权部门要求的其他文件。

政府授权部门审批公司时按公司的主营范围内容,应确定公司的行业管理部门。

第十六条 政府授权部门批准后,受委托的股东应当依照《中华人民共和国企业法人登记管理条例》和国家工商行政管理局关于股份制企业的登记管理暂行规定,向公司所在地的工商行政管理机关申请登记注册。公司经核准登记、领取《企业法人营业执照》后,方告成立,并取得法人资格。

第十七条 公司可以设立分公司。公司设立分公司须经公司原政府授权部门批准,并经工商行政管理机关核准登记,核发营业执照。分公司不具法人资格,可以依法独立从事生产经营活动,其民事责任由设立该分公司的公司承担。

第十八条 公司应当在登记注册后签发证明股东已缴纳出资额的出资证明书。

出资证明书应当载明下列事项:

(一)公司名称;

(二)公司登记日期;

(三)公司注册资本总额;

(四)股东名称或姓名及其认缴的出资额;

(五)有关机构的验资情况;

(六)该股东已缴纳的出资额和出资日期;

(七)出资证明书的核发日期;

(八)公司的签章。

第三章 股东和股东会

第十九条 股东是公司的出资人。除国家有禁止或限制的特别规定外,有权代表国家投资的政府部门或机构、企业法人、具有法人资格的事业单位和社会团体、自然人均可以依照本规范成为公司股东。

自然人、私营企业法人出资组成的私营公司,还应遵守国家关于私营企业的规定。

自然人、私营企业法人向非私营公司投资,其投资范围、出资比例按国家有关规定执行。

第二十条 股东享有下列权利:

(一)参加或推选代表参加股东会并根据其出资份额享有表决权;

(二)了解公司经营状况和财务状况;

(三)选举和被选举为董事会成员、监事会成员;

(四)依照法律、法规、本规范及公司章程的规定获取股利、转让出资;

(五)优先购买其他股东转让的出资;

(六)优先认购公司新增的注册资本;

(七)公司终止后,依法分得公司的剩余财产;

(八)公司章程规定的其他权利。

第二十一条 股东负有下列义务:

(一)缴纳所认缴的出资;

(二)依其所认缴的出资额承担公司债务;

(三)公司办理工商登记手续后,不得抽回出资;

(四)公司章程规定的其他义务。

第二十二条 公司可设立股东会,也可不设立股东会。公司设立股东会的,股东会由全体股东组成,为公司的最高权力机构。

股东会拥有下列权力:

(一)选举和罢免董事;

(二)选举和罢免监事会成员中的股东代表;

(三)审查通过公司年度财务预、决算方案和利润分配方案;

(四)对公司增加或减少注册资本、股东转让出资作出决议;

(五)对公司的分立、合并、终止和清算等重大事项作出决议;

(六)修改公司章程;

(七)公司章程规定的其他权力。

公司不设立股东会的,上款规定的事项由全体股东决定。

第二十三条 首次股东会由出资最多的股东召集。会上应通过公司章程、确定公司领导机构及有关事项。

股东会应当按公司章程规定定期召开。经三分之一以上董事或三分之一以上股东或监事会提议,可以召开临时股东会。

股东会由董事长主持。董事长因特殊原因不能履行该项职责时,可委托其他董事主持。

第二十四条 股东会的决议必须经持有公司资本三分之二以上和超过股东人数三分之二以上的股东同意方可作出,但修改公司章程应按第十四条第一款的规定办理。

第二十五条 股东、股东会行使权利不得违反法律、法规、本规范和公司章程的规定。

第四章 董事会和经理

第二十六条 公司设立股东会的,董事会为股东会的执行机构。公司不设立股东会的,董事会为公司的最高权力机构。

第二十七条 公司设立股东会的,董事由股东会选举和罢免。公司不设立股东会的,董事由股东委派。

董事会成员不得少于三人(含三人)。

第二十八条 董事会行使下列职权:

(一)审定公司的发展规划、年度生产经营计划;

(二)确定公司的经营方针和管理机构的设置;

(三)批准公司的规章制度;

(四)听取并审查经理的工作报告;

(五)审查公司年度财务预、决算方案和利润分配方案;

(六)对公司增加和减少注册资本、分立、合并、终止和清算等重大事项提出方案;

(七)聘任和解聘公司经理、副经理和其他高级管理人员;

（八）决定对公司经理、副经理和其他高级管理人员的奖惩；

（九）公司章程规定的其他职权。

第二十九条　董事会议应当每半年至少召开一次。由公司经理或三分之一以上董事提议，可以召开临时董事会议。

董事会议由董事长主持。董事长因特殊原因不能履行该项职责时，可委托其他董事主持。

第三十条　董事会的决议须经二分之一以上董事同意方可作出，但作出属于本规范第二十八条第（五）、（六）、（七）项的决议，须经三分之二以上董事同意。

第三十一条　董事会行使职权不得违反法律、法规、本规范和公司章程的规定。

第三十二条　董事长由董事会选举和罢免。

董事长行使下列职权：

（一）召集和主持股东会、董事会议；

（二）检查股东会、董事会决议的实施情况；

（三）公司章程规定的其他职权。

第三十三条　董事会聘任的公司经理负责公司的日常经营管理工作，行使下列职权：

（一）组织实施股东会、董事会决议；

（二）制订公司的发展规划、生产经营计划草案；

（三）提出公司经营方针和管理机构设置的方案；

（四）提出公司规章制度草案；

（五）提出公司年度财务预、决算方案和利润分配方案；

（六）决定公司副经理以下（不含副经理、其他高级管理人员）职工的奖励和处分；

（七）列席董事会议并可对董事会决议要求复议一次；

（八）公司章程规定的其他职权。

第三十四条　公司的法定代表人由董事长担任。在董事长不能出任公司法定代表人时，由公司章程作出规定。

第三十五条　凡有下列情况之一者，不能担任公司的董事或经理：

（一）无民事行为能力者和限制民事行为能力者；

（二）触犯刑法或因经营管理不善被依法撤销或宣告破产企业的负有主要责任的董事、经理或厂长，自核准注销之日起未满三年者；

（三）因违法经营被吊销营业执照的企业原法定代表人，自决定吊销营业执照之日起未满三年者；

（四）刑满释放、假释或缓刑考验期满和解除劳教人员，自刑满释放、考验期满或解除劳教之日起未满三年者；

（五）因触犯刑法被司法机关立案调查，尚未结案者；

（六）国家法律、法规和政策规定不能担任企业领导职务者。

第三十六条　董事、公司经理应当遵守公司章程，认真执行公司业务，维护公司利益。

董事、公司经理不得在公司外从事与本公司竞争或损害本公司利益的活动。

第三十七条　公司的董事或者经理有下列行为之一给公司造成损害的，公司有权罢免其职务，并要求其赔偿经济损失：

（一）在公司外从事与公司有竞争的业务；

（二）故意侵害公司利益。

第五章　监事会

第三十八条　公司可以设立监事会。监事会为公司经营活动的监督机构。监事会的工作方式由公司章程规定。

第三十九条　监事会成员不得少于三人（含三人），其任期由公司章程规定，可连选连任。

监事会中二分之一的监事由职工代表（其中应有工会组织的代表）出任，由公司职工民主选举和罢免。监事会其他成员由股东会选举和罢免，公司不设立股东会的，由股东委派和罢免。

第四十条　公司的董事、经理、副经理及其他高级管理人员不得兼任监事会成员。

第四十一条　监事会行使下列职权：

（一）派代表列席董事会议；

（二）对董事会决议和董事长、公司经理的决定提出质询并要求答复；

（三）检查公司经营和财务状况；

（四）维护股东、职工的合法权益；制止董事、公司经理违反法律、法规、本规范和公司章程的行为，制止无效时，向人民政府有关机关报告；

（五）必要时，提议召开临时股东会议；

（六）公司章程规定的其他职权。

监事会应当按期向股东会或全体股东和全体职工报告工作。

第四十二条　监事会的决议必须经三分之二以上监事同意方可作出。

第四十三条　监事会行使职权时可以委托律师、注册会计师、执业审计师等专业人员协助，聘任费用由公司承担。

第四十四条　公司监事不履行监督义务，致使公司遭受重大经济损失的，选举他们的机构有权罢免其职务。

第六章　财务、会计、审计和劳动工资制度

第四十五条　公司应当按照国家（试点期间按财政部）的规定制订财务、会计制度。

第四十六条　公司应当按照财政部、国家统计局的规定，向有关政府部门报送报表，试点期间还应抄报体改部门。

会计报表需经注册会计师验证。

第四十七条　公司可按照国家规定制定审计制度，并根据实际需要，设立内部审计机构。

第四十八条　公司应当按照国家有关法律、法规办理税务登记，缴纳税款和其他费用。

第四十九条　公司分配利润时，应当提取税后利润的百分之十作为法定公积金，并提取税后利润的百分之五作为法定公益金。但法定公积金已达公司注册资本百分之五十时可不再提取。

经董事会决议后，公司可以另外提取任意公积金。

第五十条　公司弥补亏损和提取法定公积金、法定公益金前，不得分配利润。

公司可供分配的利润应当按照股东出资比例分配。

第五十一条　法定公积金只得用于下列各项用途：

（一）弥补亏损；

（二）增加股本；

（三）国家另有规定的其他用途。

法定公益金用于本公司职工的集体福利。

第七章 转让出资和变更注册资本

第五十二条 股东已缴纳的出资可以转让。股东转让出资，公司设立股东会的，由股东会讨论通过；公司不设立股东会的，由董事会讨论通过。股东会不同意转让的或全体股东未一致同意转让的，应当由其他股东购买该出资；股东会或全体股东同意转让的，其他股东在同等条件下对转让出资有优先购买权。

第五十三条 公司增加注册资本应当由股东会作出决议；公司不设立股东会的，由董事会作出决议，股东对新增注册资本额有优先认购权。

公司因特殊情况必须减少注册资本时，需经通知和公告的九十日以后未有债权人提出异议的，方可允许其减资。由股东会作出决议，公司未设立股东会的，由董事会作出决议，并经政府授权部门批准。公司减资后的注册资本不得低于法定注册资本最低限额，并应同其经营范围相适应。

第五十四条 股东转让出资、公司增加或减少注册资本均须修订公司章程，向原登记机关办理变更登记并予以公告。

第八章 合并与分立

第五十五条 公司合并、分立应当由股东会作出决议；不设股东会的，由董事会作出决议。

第五十六条 公司合并分为吸收合并和新设合并两种形式。

吸收合并指公司接纳一个或一个以上的企业加入本公司，加入方解散，取消法人资格，接纳方存续。

新设合并指公司与一个或一个以上的企业合并成立一个新公司。原合并各方解散，取消法人资格。

公司合并应当由合并各方签订协议，合并各方未清偿的债务由合并后的公司承担。

第五十七条 公司分立时应事先对公司债务的承担作出决定，并以书面形式通知各债权人，签订清偿债务的协议。经协商双方达不成协议的，公司不得分立。

第五十八条 公司合并、分立，应报政府授权部门批准，并经工商行政管理机关核准登记注册。

第九章 期限、终止和清算

第五十九条 公司可以在公司章程中订明营业期限。除特殊情况经工商行政管理机关批准外，公司的营业期限不得少于五年。

公司的营业期限从《企业法人营业执照》签发之日起计算。

第六十条 订有营业期限的公司，其营业期限需要延长时，应当由股东会或董事会在营业期限届满前六个月作出决议报原审批部门批准，向原登记机关申请变更登记、办理注册手续。

第六十一条 公司有下列情形之一的，应予终止：

(一)公司章程规定的营业期限届满或规定的终止事由出现；

(二)股东会或全体股东决定终止；

(三)违反国家法律、法规，危害社会公共利益被依法撤销；

(四)破产。

第六十二条 公司依本规范第六十一条第(一)、(二)项规定终止的，应当按照本规范和国家有关规定成立清算组织，进行清算。

第六十三条 清算组织成立后，应当在十日内通知债权人并发布公告。债权人应当自通知书送达之日起三十日内，未接到通知书的应自公告之日起六十日内，向清算组织申报其债权。

第六十四条 清算组织在清算期间行使下列职权：

(一)清理公司财产，分别编造资产负债表和财产清单；

(二)处理公司未了结的业务；

(三)收取公司债权；

(四)向股东收取已认缴而未缴纳的出资；

(五)清结纳税事宜；

(六)偿还公司债务，解散公司从业人员；

(七)处分公司的剩余财产；

(八)发现公司不能清偿债务时，向人民法院申请宣告破产；

(九)代表公司进行民事诉讼活动。

第六十五条 公司决定清算后，不得从事与清算无关的经营活动。任何人未经清算组织同意，不得处分公司财产。

清算组织应当在支付清算费用、职工工资和劳动保险费用、缴纳所欠税款、清偿公司债务后，按股东出资比例分配剩余财产。

第六十六条 清算结束后，清算组织应当提出清算报告并造具清算期内收支报表和各种财务帐册，经注册会计师或执业审计师验证，报原审批部门批准。经批准后向原工商登记机关申请注销登记，经原工商登记机关核准后，公告公司终止。

第六十七条 公司依本规范第六十一条第(三)项规定终止的，应当依照国家有关法律、法规的规定进行清算，不适用本规范的清算规定。

公司依本规范第六十一条第(四)项规定终止的，比照适用《中华人民共和国企业破产法(试行)》的有关规定。

第十章 罚 则

第六十八条 公司有下列行为之一的，由工商行政管理机关根据有关规定给予行政处罚：

(一)未经登记擅自以公司名义进行活动；

(二)登记时弄虚作假或不按规定申请变更登记；

(三)违反核准的登记事项或超越核准登记的经营范围，从事违法的营业活动；

(四)利用分立、合并、终止和清算等行为抽逃资金，隐匿财产，逃避债务；

(五)其他违法行为。

第六十九条 公司有下列行为之一的，由工商行政管理机关责令其纠正并按有关规定对公司及其有关责任人员予以处罚：

(一)成为其他经济组织的无限责任股东；

(二)成为其他经济组织的有限责任股东时，对其他组织的投资总额超过本公司注册资本的百分之五十。

第七十条 股东未按本规范的规定缴纳出资的，公司有权向股东追缴。经公司追缴股东仍不履行缴纳义务的，公司可以依诉讼程序，请求人民法院追究股东的违约责任。

第七十一条 公司未按本规范的规定向政府有关部门报送

报表的，由有关部门给予警告并参照有关规定对公司及其有关责任人员予以处罚。

第七十二条　公司未按国家有关规定办理税务登记、缴纳税款的，由税务机关依法处理。

第七十三条　公司未按本规范的规定提取法定公积金、法定公益金的，由政府有关部门责令其如数补足应当提取的基金，并参照有关规定对公司及其有关责任者予以处罚。

公司在弥补亏损、提取法定公积金、法定公益金前分配利润的，由财政机关或税务机关责成公司追回相应款额，并参照有关规定对公司及其有关责任者予以处罚。

第七十四条　公司违反本规范的规定使用法定公积金、法定公益金的，由财政机关或税务机关参照有关规定对公司及其有关责任者予以处罚。

第七十五条　公司及其有关责任者对处罚(不含对有关责任者的行政处分)决定不服的，可以在接到处罚决定后三十日内向处罚机关的上一级机关申请复议，接到复议申请的机关应当在三十日内作出复议决定。公司及其有关责任者对复议决定仍不服的，可以在接到复议决定后十五日内向人民法院起诉。未在法定期限内起诉又不履行罚款决定的，作出处罚决定的机关可以申请人民法院强制执行。

第七十六条　违反本规范的规定并构成犯罪的，由司法机关依法追究刑事责任。

第十一章　附　　则

第七十七条　一个公司对另一个公司(企业)的投资额达到控股时，该公司即成为母公司，被控股公司(企业)即成为该公司的子公司(企业)。该子公司(企业)具有独立法人资格。

第七十八条　外商投资企业按《中华人民共和国中外合资经营企业法》、《中华人民共和国外资企业法》、《中华人民共和国中外合作经营企业法》执行，不执行本规范。

第七十九条　本规范由国家体改委负责解释。在试行过程中遇到问题，由公司住所所在省、自治区、直辖市的体改委协调，并指导和监督公司按本规范进行运作。

股份制试点企业国有资产管理暂行规定

（1992年7月27日 国家国有资产管理局、国家体改委发布）

第一章 总 则

第一条 为规范股份制试点企业中的国有资产股权管理，维护其合法权益，现制定本规定。

第二条 股份制试点企业国有资产管理原则：

（一）贯彻发展以公有制为主体的股份制企业的方针，对应由国家控股的股份制试点企业必须保证国有资产股份在企业中的主导地位；

（二）国有资产股权的行使、转让必须符合国家对国有资产保值、增值的要求；

（三）在股份制企业试点中，不允许以任何方式瓜分国有资产，侵蚀国家利益；

（四）对股份制试点企业的管理，坚持政企职责分开、所有权与经营权适当分离、政府社会行政管理职能和国家所有权管理职能分开；

（五）建立严格的国有资产股权代表责任制。

第三条 组建股份制试点企业，用国有资产入股形成的股份（包括将全民所有制企业改组为股份制试点企业），视股权管理不同情况，可以分别构成国家股和国有法人股。

国家股为有权代表国家投资的政府部门或机构以国有资产向股份制试点企业投资形成的股份（含现有已投入企业的国家资产折成的股份）。

国有法人股是全民所有制企业用国家授予其自主经营的国有资产向独立于自己的股份制试点企业投资形成的股份。

国家股和国有法人股，其性质均属国家所有，统称为国有资产股（简称国有股）。

第四条 国有资产管理部门是国有股权的政府专职管理机构，依法履行对国有股权的管理职能。

国有股持有单位接受国有资产管理部门的指导、监督和考核。

国有资产管理部门对国有法人股的管理要通过法定程序，保障和维护其持有单位依法享有的经济权益和经营自主权。

第五条 组建股份制企业或将全民所有制企业改组为股份制试点企业，其试点范围和股权结构设置要符合《股份制企业试点办法》及其它有关规定。

第二章 股份制企业设立时国有股的管理

第六条 国有股的设置需由国有资产管理部门或其授权机构确认。对用国有资产入股组建或以全民所有制企业改组设立股份制试点企业，国家或各省、自治区、直辖市国有资产管理部门要参与审批工作。

第七条 用国有资产投资组建或改组设立股份制试点企业，对投入的国有资产，必须进行资产评估和所有权界定，并向国有资产管理部门办理资产价值评估结果、所有权界定的确认手续。

进行资产评估。应按照《国有资产评估管理办法》发布的规定申报立项，委托有资产评估资格的评估机构评估。

国有资产的所有权界定，应按国家国有资产管理局、财政部、国家工商行政管理局发布的《企业国有资产所有权界定暂行规定》执行。

第八条 在资产评估和所有权界定确认后，企业占用的国有资产价值总额，依照财政部和国家体改委印发的《股份制试点企业会计制度》调整原企业的帐面价值和国家资金，转为国有股股东权益。

用国有资产折价入股、折股出售、认缴出资，应按照《国家资产产权登记管理试行办法》及其实施细则的规定办理有关国有资产产权登记事宜。国有资产产权登记表作为国有股的资信证明，是办理工商登记的要件。

第九条 全民所有制企业改组为股份制试点企业，不得用国有资产设置股份制企业自己的“企业股”或“职工集体股”；不得将国有资产无偿转为股份制试点企业各股东所共有的公积金、公益金；不得将国有资产效益转好的一部分（分店、分厂、车间等）单独划出来吸收职工入股，不得将企业的名牌、畅销、高利产品无偿或低价转给其职工入股的股份制试点企业经营；不得将企业股票无偿送给或低于公开发行价格售给企业职工或其他人；不得采取其它损害国有资产权益的行为。

第十条 全民所有制企业改组为股份制试点企业并采取溢价发行股票的方式招股增资时，国有资产折股的票面价值总额可以略低于经资产评估确认的国有资产价值总额，其差额和股票发行的溢价收入一并作为资本公积金，但不得使国有资产所有者的权益受到损害。

第十一条 全民所有制企业改组为股份制试点企业时，企业的非经营性单位，包括职工宿舍、幼儿园、医院等占用的资产如不折价入股，则仍属国家所有，也要清产核资。经同级财政部门和国有资产管理部门批准，可以办成独立于股份制企业之外的经营单位；也可以委托改组后的股份制试点企业进行专项管理、有偿使用。

第三章　国有股股权和股权代表的管理

第十二条　股份制试点企业的国有股权实行谁投资、谁管理的原则，并接受国有资产管理部门的指导和监督。

国有股股权有偿转让给非国有经济成份时，须由国有资产管理部门审批或由国有资产管理部门报请政府批准。

折股出售国营大中型骨干企业的国有资产时，须报请上级国有资产管理部门审批或上级政府审批。

第十三条　国有资产管理部门可以委托控股公司、投资公司、企业集团的母公司、经济实体性总公司及某些特定部门行使国家股权和依法定程序委派股权代表。经国务院或省、自治区、直辖市人民政府批准，国有资产管理部门也可按法定程序向有国家股的企业委派股权代表。国家股权代表的委派办法由国有资产管理部门和人事部门另行制定。国有法人股代表由投资入股的法人单位委派。

第十四条　国有股权代表必须维护国有股的合法权益，对国有资产保值、增值承担明确责任。股权代表人须具备较高的政治思想素质和政策法规水平，具有切实履行职责的经营决策和管理能力，确保企业中国有股与其他股的股权平等，做到同股同利，利益共享，风险共担。

第十五条　建立国有股权代表的报告制度。国有股权代表除定期向委派单位报告工作情况外，在涉及到企业下列重大经营决策时，要事前书面请示报告：

(一)选聘公司董事会成员及董事会主要负责人；

(二)有关重大投资、经营方向、方式的决策；

(三)增资或发行公司债；

(四)收益分配决策；

(五)资产抵押超过企业净资产三分之一；

(六)其他涉及国有股重大权益的事项；

国有股权代表的委派单位对国有股权代表的请示要及时作出负责的答复，不得因延误造成经营损失。

第十六条　要建立国有股权代表的考核、奖惩和监督制度。

第四章　国有股权的收入、转让和清算

第十七条　国家股的股利收入由国有资产管理部门组织收取，解缴国库，依法纳入国家建设性预算，根据国家计划统筹安排使用，任何单位和个人不得截留和拒交。国有法人股的股利收入由直接投资入股的法人单位收取。

第十八条　依照国家法律和法规的规定，经国有资产管理部门或其授权机构批准，全民所有制企业转为股份制试点企业时，如将存量国有资产折股出售，其收入由国有资产管理部门组织收取，解缴国库，依法纳入国家建设性预算，根据国家计划统筹安排使用，支持企业发展生产建设。

第十九条　改变国有股权在应由国家控股的股份制试点企业中的比例，国有股权代表应报经国有资产管理部门或其授权机构会同有关部门按国家规定审核批准，经批准后方可执行。改变国有股权在其它股份制试点企业中的比例应报经国有股权代表委派单位审批。将国有资产折股出售给外商，其办法由国家另行规定。

第二十条　股份制试点企业破产或终止清算后的剩余资产，由国有资产管理部门或其授权机构及投资入股单位按国家规定处理。

第五章　监督和制裁

第二十一条　国有股持股单位，必须妥善保管股票或其他股权凭证。国有资产管理部门有权对国有股权的管理、经营情况进行检查，被检查单位不得弄虚作假或以任何方式拒绝和逃避。

第二十二条　对违反本规定，导致国有资产受到侵害的单位和人员，国有资产管理部门有权提请或会同有关部门作出经济、行政的处分，对触犯刑律的责任人，要依法追究刑事责任。

第二十三条　国有资产管理部门及其授权机构的工作人员，以及国有股权代表，利用职权营私舞弊或者玩忽职守，造成国有资产权益受到不应有的损失的，国有资产管理部门或其授权机构要给予经济、行政的处分；触犯州律的，要依法追究刑事责任。

第六章　附　　则

第二十四条　本规定适用于有限责任公司和股份有限公司的国有股管理。

第二十五条　本规定由国家国有资产管理局负责解释。

第二十六条　本规定自发布之日起施行。

中华人民共和国司法部 中国证券监督管理委员会 关于印发《司法部、中国证券监督管理委员会关于从事证券法律业务律师及律师事务所资格确认的暂行规定》的通知

(1993年1月12日 司发通[1993]008号)

各省、自治区、直辖市、计划单列市人民政府,各省、自治区、直辖市、计划单列市司法厅(局):

现将《司法部、中国证券监督管理委员会关于从事证券法律业务律师及律师事务所资格确认的暂行规定》印发你们,请遵照执行。

附件:

司法部、中国证券监督管理委员会关于从事证券法律业务律师及律师事务所资格确认的暂行规定

第一条 为保证国家法规的切实施行,保护投资人的合法权益和社会公众的基本利益,特制定本规定。

第二条 凡从事证券法律业务的律师事务所和律师,除必须符合《中华人民共和国律师暂行条例》和国家有关律师事务所、律师资格的规定外,还必须符合本规定。

第三条 本规定所指的从事证券法律业务是指为发行和交易证券的企业、机构和场所所作的各种证券及相关业务出具有关法律意见书,审查、修改、制作各种有关法律文件等活动。

第四条 凡欲从事证券法律业务的律师,应由本人提出申请,省、自治区、直辖市司法厅(局)审核报司法部,经司法部会同中国证券监督管理委员会(以下简称证监会)批准并发给从事证券法律业务的资格证书。

申请从事证券法律业务的律师应符合以下条件:

1. 有三年以上从事经济、民事法律业务的经验,熟悉证券法律业务;或有两年以上从事证券法律业务、研究、教学工作经验;

2. 有良好的职业道德,在以往三年内没有受过纪律处分;

3. 经过司法部、证监会或司法部、证监会指定或委托的培训机构举办的专门业务培训并考核合格(培训和考核规定另行制定)。

第五条 从事证券法律业务的律师事务所,必须有三名以上(含本数,下同)取得从事证券法律业务资格证书的专职律师。由律师事务所申请,省、自治区、直辖市司法厅(局)审核报司法部,经司法部会同证监会审核批准并发给从事证券法律业务许可证。

申请报告一式三份,应当包括以下内容:

1. 申请单位的名称、地址、主管部门;

2.法定代表人姓名、职务；

3.登记注册文件复印件；

4.专业人员人数及结构；

5.主要业务范围；

6.专业人员持有股票的详细情况；

7.三名以上取得从事证券法律业务资格证书律师的简历及资格证书复印件；

8.司法部和证监会认为需要提供的其他文件。

第六条　具有从事证券法律业务许可证的律师事务所，必须根椐规定提取职业责任风险准备金或者购买职业责任保险，职业责任风险准备金的年度提取比例不低于从事证券法律业务净收入的10%。有关购买保险的规定另行制定。

第七条　向证监会及公众提供有虚假、误导性内容或重大遗漏的法律文件(包括法律意见书)且拒不纠正的律师，由证监会会同司法部吊销该律师从事证券法律业务资格证书或停止其一年至三年从事该业务的资格。

当律师事务所在具有从事证券法律业务资格证书的专职律师因调离、吊销资格证书或停止从业资格等原因不满三名时，应及时向司法部和证监会报告。司法部与证监会有权要求该律师事务所在具有从事证券法律业务资格证书的专职律师增至三名以上之前停止从事证券法律业务。

第八条　司法部、证监会应当对从事证券法律业务的律师事务所及律师的活动进行监督。

第九条　凡协助中国企业到境外发行股票和股票上市交易的外国律师事务所必须向司法部、证监会备案，提交该律师事务所的主要情况。司法部、证监会审核认可后予以公布。已获得认可的外国律师事务所每年须重新申报一次。

第十条　本规定由司法部会同证监会负责解释。

第十一条　本规定自发布之日起施行。

财 政 部
中国证券监督管理委员会
关于印发《关于从事证券业务的会计师事务所、注册会计师资格确认的规定》的通知

（1993年2月23日 （93）财办字第5号）

各省、自治区、直辖市人民政府，深圳市人民政府，国务院各部委、各直属机构：

根据国务院《关于进一步加强证券市场宏观管理的通知》的有关规定，促进统一、高效、公平、公开的证券市场的建立，对证券市场进行集中统一的规范化管理，保护投资者的合法权益，保护社会公众的基本利益，我们制定了《关于从事证券业务的会计师事务所、注册会计师资格确认的规定》，现印发给你们，请遵照执行。

附件：《关于从事证券业务的会计师事务所、注册会计师资格确认的规定》

附件：

关于从事证券业务的会计师事务所注册会计师资格确认的规定

第一条 根据国务院《关于进一步加强证券市场宏观管理的通知》的规定，财政部和中国证券监督管理委员会（以下简称“证监会”）对从事证券业务的会计师事务所和注册会计师的执业资格进行审核确认，并对取得资格的会计师事务所和注册会计师在执行上述业务时进行监督。

本规定所述证券业务，是指对公开发行和交易股票的企业、机构和场所进行财务审计、咨询及其他相关的专业服务。

第二条 从事证券业务的会计师事务所必须符合下列条件：

1.从事财务审计、咨询及其他相关的专业服务的会计师事务所，应依法批准成立已达三年，经登记取得法人资格，内部机构及管理制度比较健全。

对由于合资、合作、合并、改组、重建、另建等原因成立时间不足三年的会计师事务所，经财政部和证监会确认，符合本条其他各项要求的，可作为例外情况处理。

2.专职从业人员不少于30人，至少有8名具有3年以上财务审计工作经验的专职注册会计师，其中专职注册会计师职龄人员（男60岁以下，女55岁以下）应至少在50%以上。目前达不到这个比例的，应在1994年3月31日前达到。同时还应具有相应的专业水平的业务助理人员。

3.从事证券业务的注册会计师必须具备必要的证券、金融、法律等有关知识。其中、执行国内发行B股和境外股票上市业务的注册会计师和助理人员，必须具有一定的外语水平。

4.具有良好的职业道德记录和声誉。在以往3年内没有发生过严重工作失误和违反职业道德的行为。

5.必须根据规定向有关机构购买职业责任保险或事业发展基金不少于50万元、风险准备基金不少于10万元，并自取得从事证券业务资格之年起，每年从业务收入中计提4%以上的风险准备金。

第三条 凡申请许可证的会计师事务所和注册会计师，须

向财政部和证监会提交下列资料：

1.《会计师事务所从事证券业务许可证申请表》；

2.《注册会计师从事证券业务许可证申请表》；

3.《会计师事务所从事证券业务助理人员情况呈报表》；

4.《会计师事务所从事证券业务其他专家和技术人员情况呈报表》；

5.《执行证券业务专业人员持有股票情况呈报表》；

6.职业责任保险或事业发展基金及风险准备基金情况；

7.会计师事务所的审计工作程序样本、工作底稿及编制说明材料；

8.会计师事务所从事证券业务职业道德和工作纪律的保证书；

9.会计师事务所认为应当申报或财政部与证监会认为需要了解的其他情况。

第四条　所有会计师事务所均可根据上述规定，向所在的省、自治区、直辖市的财政主管机关提出从事证券业务的书面申请，并提交本规定第三条所列资料一式两份。经财政主管机关审查属实并签章后，连同会计师事务所呈报的资料分别报财政部和证监会，由财政部会同证监会共同审定其执业资格。

第五条　财政部和证监会在收到申请材料后，应对会计师事务所的工作程序、工作底稿、客户资料、专业人员从业资格、财务状况、职业责任保险或事业发展基金及风险准备基金等进行审核。符合条件者，财政部会同证监会联合颁发从事证券业务许可证，并予以公布。审核工作按照公正、公开的原则进行。

经审核不符合标准，不予批准者，财政部或证监会应当向申请人说明原因。

财政部和证监会在收到申请材料60天之内未提出意见者，视为不予批准。申请人可向国务院证券委员会提出申诉。

第六条　未经批准，没有取得许可证的会计师事务所和注册会计师以及其他机构和人员不得从事证券业务。公开发行与交易股票的企业、机构和场所聘请没有取得许可证的会计师事务所所进行的财务审计和编报的财会资料，一律无效。

第七条　根据《注册会计师执行股份制试点企业有关业务的暂行规定》，经财政部批准，已取得执行股份制试点企业社会募集公司业务许可证的会计师事务所和注册会计师，应向财政部和证监会补充提交本规定第三条第5、6、7款所要求的资料，并由财政部会同证监会进行复核。

第八条　取得从事证券业务许可证的会计师事务所，应于每个会计年度结束后90日之内，向财政部和证监会报送上一年度从事证券业务情况、专业人员培训情况等资料以及自上一次报送资料后发生变化的有关会计师事务所和注册会计师的最新资料，供财政部和证监会对其资格重新进行确认。

第九条　来我国协助境内企业到境外发行股票和股票上市交易的境外注册会计师，必须属于在中国境内设有常驻代表机构的国际会计公司在境外的会计师事务所。

执行本条第一款业务的境外注册会计师由财政部归口管理，并向财政部和证监会备案及提交该事务所主要情况的有关资料。经财政部和证监会审核认可予以公布。已获得认可的外国会计师事务所每年需向财政部和证监会重新申报一次。

第十条　会计师事务所在对发行与交易证券的企业、机构和场所进行财务审计时，必须严格执行财政部和注册会计师协会制定发布的有关规定、规则和程序。这些规定、规则和程序目前是指：

1.《注册会计师检查验证会计报表规则》；

2.《注册会计师查帐验证工作底稿规则》；

3.《注册会计师查帐验证报告规则》；

4.《注册会计师查帐验证计划规则》；

5.《注册会计师验资规则》；

6.《注册会计师管理建议书规则》；

7.《中国注册会计师职业道德守则》。

会计师事务所出具的专业报告、意见书的格式与内容，必须符合财政部和证监会的规定与要求。

第十一条　取得许可证的会计师事务所和注册会计师，必须严格执行有关证券和证券市场、会计、财务审计、注册会计师的有关法律、法规及专业准则。在该会计师事务所执业的专业人员每年必须按照《注册会计师教育要求和培训制度》的规定继续接受有关的专业培训。

第十二条　公开发行与交易证券的企业、机构和场所，有权自行选择取得许可证的会计师事务所和注册会计师提供服务，任何政府机关、部门不得干预。

第十三条　已取得许可证的会计师事务所在出现达不到本规定第二条各项要求的情况时，在不严格执行本规定第十条的专业规定、规则和程序时，在发生违背职业道德的行为时，在不按时报送本规定第八条所要求提供的资料时，或根据会计师事务所自身的请求，财政部可会同证监会吊销其从事证券业务的许可证。

第十四条　取得许可证的会计师事务所和注册会计师在从事证券业务时，接受财政部和证监会的监督。会计师事务所及其专业人员在执行上述业务时出现重大疏漏、严重误导、欺诈舞弊以及其他违反证券和证券市场有关法规的行为时，证监会可建议财政部予以处罚，亦可吊销其从事证券业务许可证，并予以公布。

第十五条　本规定由财政部会同证监会负责解释。

第十六条　本规定自发布之日起生效。其他有关规定凡与本规定不符的，依本规定执行。

国家国有资产管理局
中国证券监督管理委员会
关于印发《关于从事证券业务的资产评估机构资格确认的规定》的通知

(1993年3月20日 国资办发[1993]12号)

各省、自治区、直辖市人民政府,深圳市人民政府,国务院各部委、各直属机构:

根据国务院91号令《国有资产评估管理办法》及国务院《关于进一步加强证券市场宏观管理的通知》(国发[1992]68号)的规定,促进统一、高效、公平、公开的证券市场的建立,对证券市场进行集中统一的规范化管理,保护投资者的合法权益,保护社会公众的基本利益,我们制定了《关于从事证券业务的资产评估机构资格确认的规定》,现印发给你们,请遵照执行。

附件:关于从事证券业务的资产评估机构资格确认的规定

附件:

关于从事证券业务的资产评估机构资格确认的规定

第一条 为了适应证券市场发展的需要,加强对从事证券业务的资产评估机构的管理,根据国务院第91号令《国有资产评估管理办法》及国务院《关于进一步加强证券市场宏观管理的通知》(国发[1992]68号)的规定,特制定本办法。

第二条 本办法所说的证券业务,是指对股票公开发行、上市交易的企业资产进行评估和开展与证券业务有关的资产评估业务。

第三条 申请从事证券业务资产评估的机构必须具备以下基本条件:

1.必须是已取得省级以上国有资产管理部门(或受托的计划单列市国有资产管理部门)授予正式资产评估资格的评估机构。兼营评估业务的机构必须设有独立的资产评估业务部门。

2.在具有正式资格的资产评估机构中,必须是业务水平高、职业道德好、社会信誉高并拥有丰富评估经验的机构,以往没有发生过明显工作失误或违反职业道德的行为。

3.评估机构中的专职人员不得少于10人,其中职龄人员(非离退休人员)不得少于5人。专职人员超过17人的评估机构,其中职龄人员所占比例不少于三分之一。

4.评估机构中的专职人员必须具有较高的资产评估水平、经验和技能,并具有较丰富的证券业务及相关金融、法律、经济方面的知识,其中骨干人员参加过股份制改造的资产评估工作。

5.评估机构的实有资本金不得少于30万元人民币,风险准备金不得少于5万元人民币,自取得从事证券业务资格之年起,每年从业务收入中计提不少于4%的风险准备金。

第四条　申请从事证券业务的资产评估机构，需呈报以下资料：

1.资产评估机构从事证券业务许可证申请表；

2.资产评估机构从事证券业务专业人员持有股票情况呈报表；

3.能够代表该机构水平的资产评估报告书二份；

4.实有资本金和风险准备金情况证明文件；

5.资产评估机构从事证券业务遵守职业道德和工作纪律的保证书；

6.国家国有资产管理局与中国证券监督管理委员会认为需要了解的其他有关材料。

第五条　申请从事证券业务的资产评估机构持本办法第四条所列资料一式二份；首先向所在省、自治区、直辖市（或受托的计划单列市）的国有资产管理部门提出申请，经审查同意并签章后，上报国家国有资产管理局进行审核。中央所属欲从事证券业务资产评估的机构直接向国家国有资产管理局申请，并由国家国有资产管理局进行审核。审核工作按照公平、公开的原则进行。

国家国有资产管理局审核同意后会同证监会对申请机构的证券评估资格进行联合确认，并由国家国有资产管理局和证监会联合颁发证券业务资产评估许可证，同时向社会公告。

第六条　境外及外国的资产评估机构，欲在中国境内从事证券业务资产评估或为协助境内企业到境外发行、交易证券而对境内企业进行资产评估的，需先向国家国有资产管理局提出申请，提交该评估机构主要情况的资料，由国家国有资产管理局进行审核，同意后会同证监会确认。经确认后，方可接受委托，从事证券业项目的资产评估。

第七条　获得证券业务资产评估许可证的国内资产评估机构（包括中外合资评估机构），每个会计年度结束后 90 日内，需向国家国有资产管理局和证监会报送其上个年度从事证券业务情况、专业人员培训情况、国有资产管理部门年检结论以及资产评估机构变化的其它有关资料，由国家国有资产管理局会同证监会重新确认其证券业评估资格。

第八条　股票公开发行与上市交易的企业，有权自行选择已取得证券业务资产评估许可证的机构进行评估，任何部门不得进行干预。

没有取得证券业务资产评估许可证的专业资产评估机构和兼营资产评估业务的其它机构，不得从事证券业资产评估业务。

对同一股票公开发行、上市交易的企业，其财务审计与资产评估工作不得由同一机构承担，以利于股票发行的公正性。

第九条　取得证券业务资产评估许可证的评估机构，必须严格执行有关证券和证券市场、资产评估方面的法律、法规、业务准则。在该机构执业的专业人员每年必须接受不少于一周的专业培训。

第十条　资产评估机构在从事证券业务时，必须接受国家国有资产管理局和证监会的监督。资产评估机构及其人员在执行上述业务时出现重大疏漏、严重误导、弄虚作假及其它违反职业道德、工作纪律和证券市场有关法规的行为时，证监会可建议国家国有资产管理局予以处罚，情节严重的可由审定方吊销其资产评估资格许可证，直至追究经济和法律责任。

第十一条　本办法由国家国有资产管理局和证监会负责解释。

第十二条　本规定自发布之日起执行。

审计署、中国证券监督管理委员会关于从事证券业务的审计事务所资格确认有关问题的通知

(1993年3月23日 审指发(1993)81号)

各省、自治区、直辖市审计局:

根据国务院《关于进一步加强证券市场宏观管理的通知》,现将审计事务所从事证券业务有关问题通知如下:

一、从事证券业务的审计事务所资格由审计署和中国证券监督管理委员会(以下简称证监会)审核确认,并对其进行监督。

二、申请从事证券业务的审计事务所向所在省、自治区、直辖市主管审计机关提出书面申请,提交有关资料一式两份,经主管审计机关审查属实签章,报审计署和证监会审查批准。符合条件者,审计署会同证监会联合颁发从事证券业务许可证,并予以公布。审核工作按照公正、公开的原则进行。

三、从事证券业务的审计事务所及其注册审计师的资格条件、申报资料、工作内容和权利、义务,均比照《关于从事证券业务的会计师事务所、注册会计师资格确认的规定》(以下简称《资格确认的规定》)执行。申报所用的具体表格由审计署、证监会制发。

四、审计事务所在对发行与交易证券的企业、机构和场所进行财务审计时,应按照《资格确认的规定》和有关社会审计工作的法规、规章的要求办理。

五、从事证券业务时,注册审计师称注册会计师,审计事务所称会计师事务所。有关事宜由审计署与财政部协商确定。

六、对本通知执行过程中遇到的问题,审计事务所和各省、自治区、直辖市审计机关可向审计署、证监会反映。

国务院证券委员会关于批转证监会《关于境内企业到境外公开发行股票和上市存在的问题的报告》的通知

（1993年4月9日　证委发第18号）

各省、自治区、直辖市人民政府，国务院各部委、各直属机构：

国务院证券委员会同意中国证券监督管理委员会《关于境内企业到境外公开发行股票和上市存在的问题的报告》。现将证监会报告转发给你们，请认真贯彻执行。

附件：证监会《关于境内企业到境外公开发行股票和上市存在的问题的报告》

附件：

关于境内企业到境外公开发行股票和上市存在的问题的报告

国务院证券委：

最近一段时间，特别是国务院《关于进一步加强证券市场宏观管理的通知》（国发[1992]68号文）公布以来，一些境内企业未经批准自行联系到境外发行股票和上市，一些单位和个人还组织研讨会，鼓动和引导企业通过在境外成立控股公司等途径，在境外发行股票和上市。我们认为，这些作法是违反国家规定的，应加以制止。

境内企业直接或者间接到境外发行股票和上市主要包括以下几种方式：

1. 境内企业直接到境外发行股票和上市（包括到境外公开发行B股的形式）；

2. 境内企业利用境外设立的公司的名义在境外发行股票和上市；

3. 境内上市的公司到境外的交易所上市交易；

4. 境内上市的公司在境外发行存券证（DR）或者股票的其它派生形式。

境内企业到境外发行股票和上市，是一项政策性很强的工作。为了防止境内企业一哄而上到境外发行股票和上市，避免国有资产产权受到侵害，保护国家和投资者的利益，对境内企业到境外发行股票和上市，必须加强统一管理，按照国务院国发[1992]68号文关于"选择若干家企业到海外公开发行股票和上市，必须在证券委统一安排下，并经证券委审批，各地各部门不得自行其是"的规定严格审批。

为此，建议再次重申：今后凡是企业采取上述方式到境外公开发行股票和上市，均应事先报证券委审批。证监会对获得批准到境外发行股票和上市的企业及其业务活动进行监管。

以上报告，如无不妥，请批转各地执行。

国家体改委
印发《关于到香港上市的公司执行〈股份有限公司规范意见〉的补充规定》的通知

（1993年5月24日　体改生[1993]91号）

各省、自治区、直辖市及计划单列市人民政府，国务院各部委、各直属机构：

为适应在境内设立的股份有限公司直接到香港发行股票和上市交易的需要，国家体改委制定了《关于到香港上市的公司执行〈股份有限公司规范意见〉的补充规定》，现印发给你们。请依照《股份有限公司规范意见》和本补充规定，认真细致、积极稳妥地做好经国务院有关授权部门批准，直接到香港发行股票和上市交易的股份有限公司的试点工作。

关于到香港上市的公司执行《股份有限公司规范意见》的补充规定

第一条　为适应在境内设立的股份有限公司直接到香港发行股票和上市交易的需要，特对《股份有限公司规范意见》作补充规定。

第二条　直接到香港发行股票和上市交易的股份有限公司（以下简称公司）必须执行《股份有限公司规范意见》（以下简称《规范意见》）和本补充规定，按照《规范意见》、本补充规定及《到香港上市公司章程必备条款》制定或修订公司章程。

公司章程是公司行为的准则，是规范公司与股东、股东与股东之间权利义务的具有法律约束力的文件。

除公司法及有关行政法规另有规定外，公司章程中依《到香港上市公司章程必备条款》所载明的内容，不得修改或废除。

第三条　公司章程须载明公司的营业期限。永久存续亦视为一种营业期限。

第四条　公司可发行人民币股票（A种股票）和人民币特种股票。

人民币特种股票除《规范意见》第二十九条所指的在境内证券交易所上市交易的B种股票外，还包括以人民币标明面值，以外币认购和进行交易，获香港联合交易所批准上市的股票（简称H种股票）。

公司发行H种股票应当按照《股票发行与交易管理暂行条例》的有关规定，经国务院证券委审批。

除公司按其章程规定的办法赎回或购回H种股票外，其他非外国和非我国香港、澳门、台湾地区的投资者不得买卖H种股票。

第五条　公司章程中规定的股份总数，可在公司成立后十五个月内分次发行，但首次发行的股份不得少于公司股份总数的百分之四十。公司在股份总数内分次发行股份，应按国家证券主管机构规定的程序办理核准手续，并遵守以下规定：

(一)公司股份总数内拟发行的H种股份应全部一次发行,但包销协议要求在该次发行计划中预留一部分股份作进一步发行的,对预留股份的发行可被视为该次发行的一部分;

(二)公司在股份总数内分次发行股份,须在各次发行股份的招股说明书(包括发行H种股份的招股说明书)内作出详尽披露。在该披露的计划范围内,公司发行股份应由董事会作出决定,毋须另行取得股东会或类别股东会的批准;但如在任何招股说明书披露的计划以外发行股份,须按《规范意见》及《到香港上市公司章程必备条款》有关增加股份的规定办理。

公司股份分次发行时,公司注册资本应为已发行股份的实收股本。

第六条　国有大型企业改组为公司的,经特别批准,可以发起方式设立且发起人可为该大型企业一人。该公司发起设立后,即可增资扩股,转为社会募集公司。

第七条　公司对其他营利性组织的投资总额可超过公司净资产的百分之五十,不受《规范意见》第四条第二款关于公司对其他组织投资比例的限制。

第八条　公司增加股份的间隔时间可少于十二个月,不受《规范意见》第三十六条关于股票发行间隔时间的限制。

第九条　公司增加新股份,由公司按其章程规定的程序确定,可不受《规范意见》第三十七条关于增加股份时对新股的限制。

第十条　公司股东为同意成为股东,并持有公司股份,其姓名(或名称)登记在股东名册上的人。

第十一条　公司可将香港的H股股东的名册存放于香港并委托代理机构管理,并由受委托的代理机构制作H股股东的名册的复印件,备置于公司住所。

公司H种股票的受益权拥有人可让其股份依照H股股东的名册的存放地法律登记在他人名义下。在此情况下,《规范意见》第二十六条第二、三、四款关于股票记名办法的规定可不适用于公司H种股票。

公司H种股票的转让,按其上市地的法律办理。

公司H股股东的名册的更正需作裁定时,由其存放地有管辖权的法院按存放地的法律裁定。

第十二条　公司H股股东欲获得公司百分之十以上(含百分之十)H种股份时,可不按《规范意见》第三十一条的规定报经人民银行和国家体改委批准,但必须按《股票发行与交易管理暂行条例》和香港的有关规定加以披露,并通知公司。

第十三条　《规范意见》第八十三条(三)至(八)项及第九章规定范围以外的公司改组,只要公司并非无力清偿其债务,仍应向《规范意见》第八十三条规定的政府授权部门申请批准。

第十四条　有关政府授权部门依照《规范意见》第八十三条(三)至(八)项、第九章及本补充规定第十三条进行审查时,应依下列原则办理:

(一)有关政府授权部门的批准原则应与《规范意见》的基本精神一致,需考虑股东是否已得到所应获得的有关资料和信息;有关的决议是否已获得足够的票数;控股股东是否公平地和恰当地行使了其所拥有的权力;公司的有关提议和方案是否公平合理等;

(二)有关政府授权部门可酌情要求公司根据政府授权部门委任的独立评估机构所评定的价格购买反对改组方案的股东的股票等,作为批准的前提;

(三)有关政府授权部门应将其决定通知公司,并以书面形式列明决定的理由;

(四)对决定持不同意见者,可依《行政复议条例》或《中华人民共和国行政诉讼法》申请复议或提起行政诉讼。

第十五条　《规范意见》第四十六条(一)项关于"普通决议应由代表股份总数二分之一以上的股东出席,并由出席股东的二分之一以上的表决权通过"的规定,以及(二)项关于"特别决议应由代表股份总数三分之二以上的股东出席,并由出席股东的三分之二以上的表决权通过"的规定,与香港的现行法例规定不同,公司应在招股说明书中予以披露。

第十六条　公司须在各次股东年会上聘请一家或一家以上会计师事务所,负责验证公司的年度会计报告,以及复核公司其他会计报告。该会计师事务所的聘期自该股东年会结束时起至下次股东年会结束时止。公司聘请会计师事务所的报酬,以及公司解聘或改聘会计师事务所,由股东会以普通决议方式决定。

公司股东会聘请、解聘或改聘会计师事务所的决议,以及会计师事务所主动辞聘时给公司的书面通知,应报有关主管部门备案。

第十七条　公司聘请的会计师事务所必须是独立的,并具备一定的资格。如股东会拟将会计师事务所解聘或不再续聘,应事先通知拟被解聘或拟不再续聘的会计师事务所,该会计师事务所有权向股东会申诉自己的意见。如果会计师事务所主动提出辞聘,则该会计师事务所有义务向股东会说明公司有无不当情况。

第十八条　公司聘请的会计师事务所有权取得公司及其附属企业与验证公司年度会计报告、复核其他会计报告有关的充分资料,并有权要求公司董事及高级管理人员提供资料和回答问题。

第十九条　公司的法定盈余公积金和资本公积金应按照《规范意见》第七十二条(一)、(二)项的规定,用于弥补亏损和转增股本,但不适用《规范意见》第七十二条(三项)关于"国家另有规定的其他用途"。

第二十条　公司向H股股东支付股利以及其他一切款项,应按人民币计价,以外币支付。以外币支付的折算公式为:

$$\text{股利或其他款项折算价}=\frac{\text{股利或其他款项人民币额}}{\text{股利或其他款项宣布前一周深圳外汇调剂中心每一外币单位调剂平均收盘价}}$$

公司H种股票的转让,在香港清算、交割。所涉及的转让中的有关事宜,不按《规范意见》第一百一十六条、一百一十七条规定办理。

第二十一条　公司因违反国家法律、法规及《规范意见》,并危害社会公共利益被依法撤销时,可按《规范意见》第十章的规定进行,但必须遵守如下规定:

(一)公司清算组的人选、职能须报决定撤销公司的机关批准;决定撤销公司的机关认为必要时可指定清算组组成人员;

(二)清算组制定的清算方案,不得违反法律的有关规定,并须报决定撤销公司的机关备案;

(三)决定撤销公司的机关根据该次撤销理由所依法确定的罚款、赔偿或其他相关费用,应在《规范意见》第一百条所列的清偿顺序中于(二)项之后、(三)项之前作出清偿。

第二十二条　本补充规定适用于经国务院有关授权部门批准,并获准在香港联合交易所上市或在境内证券交易所和香港联合交易所同时上市的公司。地方政府颁发的法规、规章及有关文件与《规范意见》及本补充规定相抵触时,以《规范意见》和本补充规定为准。

第二十三条　本补充规定由国家体改委负责解释。

第二十四条　补充规定自发布之日起施行。

国家体改委印发《到香港上市公司章程必备条款》的通知

(1993年6月10日 体改生(1993)92号)

各省、自治区、直辖市及计划单列市人民政府,国务院各部委、各直属机构:

为适应在境内设立的股份有限公司直接到香港发行股票和上市交易的需要,国务院领导同志批准成立的"证券事务内地香港联合工作小组"提出了《到香港上市公司章程必备条款》,现印发给你们。国家体改委制定的《关于到香港上市的公司执行〈股份有限公司规范意见〉的补充规定》中规定,直接到香港发行股票和上市交易的股份有限公司须按照《股份有限公司规范意见》、《关于到香港上市的公司执行〈股份有限公司规范意见〉的补充规定》及《到香港上市公司章程必备条款》制定或修订公司章程。请你们认真细致、积极稳妥地做好经国务院有关授权部门批准,直接到香港发行股票和上市交易的股份有限公司的试点工作。

到香港上市公司章程必备条款

1.公司章程的约束力

1.1 法律效力

章程须包括具有下列内容的条款:

自公司在工商行政管理机关登记注册取得法人资格之日起,本章程即成为规范公司与股东之间、股东与股东之间关系的法律文件。根据公司章程而产生的有关公司事宜的权利和义务,股东可依据章程起诉公司,公司可依据章程起诉股东,某股东也可依据章程起诉另一股东。本款所指起诉包括在法院提出诉讼或在仲裁机构进行仲裁。

1.2 营业期限

章程须载明公司的营业期限。

2.股份和股票

2.1 赎回和购回股份

章程须对公司赎回和购回其股份作出规定,包括具有下列内容的条款:

(1)公司在任何时候必须设有普通股。

(2)公司经有关机构批准可以设立可赎回的股份,赎回时须按[本款(8)、(9)、(10)]项的规定及发行时载明的条件办理。

(3)公司经有关机构批准可购回股份,但购回时须按[本款第(4)、(5)、(6)、(7)、(8)、(9)、(10)项]的规定办理。

(4)公司只可以下列方法之一购回股份:

(a)全面购回;

(b)在中国境内一家证券交易所或香港联合交易所购回;

(c)以在证券交易所以外订立的合同购回。

(5)公司提出全面购回其股份或在[本款(4)项(b)目]指的证券交易所购回股票,须经股东会按本章程的规定批准。

(6)公司以在证券交易所外订立合同的方式购回股份时,须事先经股东会按本章程的规定批准。但股东会以同一方式事前批准,公司可以解除或改变经上述方式已订立的合同,或放弃其合同中的任何权利。购回股份的合同,包括(但不限于)同意承担购回的义务和取得购回股份权利的合同。

(7)公司购回自身股份合同的权利不可转让。

(8)除非公司已开始清算,公司赎回或购回股份时应遵守以下规定:

(a)公司以面值价格赎回股份时,其款项可从可分配的利润或从为赎回该等股份而发行的新股所得中支出。

(b)公司以高于面值价格赎回股份时,其面值部分从可分配的利润和从为赎回该等股份发行的新股所得中支出。高出面值的部分,按下述办法办理:(Ⅰ)如果赎回的股份是以面值价格发行的,须从可分配利润中支出;(Ⅱ)如果赎回的股份是以溢价发行的,须从可分配利润和从为赎回而发行的新股所得中支出;但从新股所得中支出的金额,不得超过赎回的股份发行时获得的溢价总额,也不得超过赎回时公司溢价帐户上的金额(包括其发行新股的溢价金额)。公司须按上述支出的数额相应减少溢价帐户上的金额。

(c)公司购回股份的款项须从可分配的利润或从为购回该等股份而发行新股所得中支出。

(d)公司为以下用途所支付的款项须从可分配的利润中支出:

(Ⅰ)取得购回自身股份的购回权;(Ⅱ)变更购回股份的合同;(Ⅲ)解除其在购回合同中的义务。

(9)由公司购回或赎回的股份须予以注销,注销股份的票面总值须从公司的注册股本中核减。

(10)从可分配的利润中支出的用于购回或赎回股份的金额,在根据上述第(9)项从公司注册股本中核减后,须计入资本公积金。

2.2 购买股份的财务资助

章程须对公司资助购买自己的股份作出规定,包括具有下列内容的条款:

(1)除[本款(3)项]规定的情形外,对于购买或拟购买公司股份者,公司或其子公司均不得在购买前或购买时直接或间接地提供任何财务资助。

(2)除[本款(3)项]规定的情形外,对于因购买公司的股份而承担义务者(由购买者本人承担或由其他人承担),公司或其子公司均不得直接或间接地提供任何财务资助以减少或解除该项义务。

(3)不禁止以下的交易:

(a)公司所提供的财务资助是诚实地为了公司利益,并且该项财务资助的主要目的并不是为购买本公司股份,或该项财务资助是公司某项总计划中附带的一部分;

(b)公司合法的以其财产作为股利进行分配;

(c)以股份的形式分配的股利;

(d)依照公司章程减少股本、赎回或购回股份、重组股本或其他改组;

(e)公司在其经营范围内正常业务活动中所做的贷款,只要公司的净资产未因此而减少,或即使构成了减少,但该项财务资助是从可分配的利润中支出的;

(f)公司为职工持股计划而提供的款项,只要公司的净资产未因此而减少,或即使构成了减少,但该项财务资助是从可分配的利润中支出的。

(4)本款中有关概念的含义:

(a)"财务资助"包括:

(Ⅰ)以馈赠的方式提供财务资助。

(Ⅱ)以担保(包括由保证人承担责任或提供财产以保证义务人履行义务)、补偿(不包括因公司本身的疏忽或过失所提供的补偿)、解除或放弃权利的方式提供财务资助。

(Ⅲ)以下述的方式提供财务资助:提供贷款、订立由公司先于他方履行义务的合同;该贷款或合同中任何一方的变更、该贷款或合同中权利的转让。

(Ⅳ)公司在无力偿还债务、没有净资产、其净资产会大幅度减少的情形下,以任何其他方式提供的财务资助。

(b)"承担义务"包括因订立合同或作出安排(不论该合同或安排是否可强制执行,也不论是其个人或与任何其他人共同承担),或以任何其他方式改变了其财务状况而承担的义务。

2.3 股票遗失的处理

章程须就股票遗失后的补发办法作出规定,包括具有下列内容的条款:

任何在股东名册登记的股东或任何要求将其姓名(名称)登记在股东名册上的人,如果其股票(即"原股票")遗失,可向公司申请就该股份(即"有关股份")补发新股票,新股票的补发须遵循下列程序:

(a)申请人须用公司指定的标准格式提出申请并附上公证书或法定声明文件,公证书或法定声明文件的内容应包括(Ⅰ)申请人申请的理由,股票遗失的情形,以及根据实际情况可用以证明申请理由的其他细节,和(Ⅱ)无其他任何人可就有关股份要求登记为股东的声明。

(b)如公司准备补发新股票,须在董事会为此指定的报刊上90日内每30日至少刊登一次准备补发新股票公告。

(c)为使[本项(b)目]所规定的公告有效,公司必须在刊登公告之前:

(Ⅰ)向其挂牌上市的证券交易所呈交一份拟根据本项[本项(b)目]刊登的公告的副本,并收到了该证券交易所的回复,确认该拟刊登的公告已在证券交易所展示,直至自收到上述公告90日的期限届满;(Ⅱ)如补发股票的申请未得到有关股份有登记股东的同意,公司须将拟刊登的公司的复印件邮寄给该股东。

(d)如果[本项(b)目]所规定的90日期限届满,公司未收到任何人对补发股票的异议,即可向申请人或根据申请人的指令补发新股票。

(e)公司根据本款补发新股票时,须立即注销原股票,并将此注销和补发登记在股东的名册上。

(f)公司根据本款补发新股票后,

(Ⅰ)获得上述新股票的善意购买者或其后登记为有关股份的所有者(如属善意购买者),其姓名(名称)均不得从股东名册中删除;

(Ⅱ)公司对任何由于注销原股票或补发新股票而受到损害的人均无赔偿义务,除非该当事人能证明公司有欺诈行为。

(g)公司为注销原股票和补发新股票的全部费用,均由申请人负担。在申请人未提供合理的担保之前,公司有权拒绝采取任何行动。

2.4 H种股票

章程须包括具有下列内容的条款:

(1)公司发行的H种股票须由董事长亲自或印刷签署,经加盖上公司证券专用章后生效。

(2)H种股票指获香港联合交易所批准上市的人民币特种股票,即以人民币标明股票面值,以港币认购和进行交易的股票。由外国和香港、澳门、台湾地区投资者以购买人民币特种股票形式向公司投资形成的股份称为外资股。

3.股东

3.1 股东的界定

章程须界定何为股东，包括具有下列内容的条款：

(1)股东为同意成为公司股份持有人且其姓名(或名称)登记在股东名册上的人；

(2)除非有相反的证据，否则股东名册即为证明公司股权所有的充分证据；

(3)任何对股东名册持异议而要求将其姓名(名称)登记在股东名册上或将其姓名(名称)从股东名册中删除者，均可向有管辖权的法院申请更正股东名册。法院可就申请人的股份所有权作出决定，且可命令更正股东名册(在[2.3款]提及的情况除外)。

3.2 股东名册

章程须 包括具有下列内容的条款：

(1)公司必须设股东名册，登记以下的事项：

(a)股东的姓名(名称)、地址(住所)、职业或性质、所持的股份类别及其数量，就所持股份已付或应付的款项；

(b)登记为股东的日期；及

(c)不为股东的日期。

(2)公司须有完整的股东名册，由以下部分组成：

(a)存放于公司住所的部分，为应按[本项(b)、(c)两目]规定登记的股东之外的其他全部股东的名册；

(b)存放于香港的部分，为在香港联合交易所所挂牌上市股份之股东的名册；及

(c)董事会为公司股份上市的需要，而决定设于其他地方的部分。

公司可委托代理机构管理股东名册。根据[本项(b)、(c)目]而设立的股东名册部分须制作复印件，备置于公司住所。

(3)股东名册的各部分应互不重叠。在股东名册某一部分注册的股份的转让，在该股份注册存续期间不得注册到股东名册的其他部分。

(4)股东名册各部分的更改或更正，须根据股东名册各部分存放地的法律进行。

3.3 股东获取信息的权利

章程中须载有股东获取信息的条款，至少应包括以下内容：

(1)在缴付象征性的费用后有得到公司章程的权利；

(2)在缴付了合理的费用后有权查阅和复印：

(a)所有各部分股东的名册；

(b)公司董事、监事和高级管理人员的个人资料：

Ⅰ)现在及以前的姓名、别名；

Ⅱ)主要的地址(住所)；

Ⅲ)国籍；

Ⅳ)职业、职务及其他全部兼职；及

Ⅴ)身份证明文件及其号码。

(c)公司股本状况；

(d)自上一财务年度以来公司购回自己每一类别股份的票面总值、数量以及最高和最低价，和公司为此支付的全部费用的报告；及

(e)股东会议的会议记录。

3.4 不可附加义务

章程中必须包括具有下列内容的条款，即股东除了股份的认购人在认购时所同意的条件之外，不承担其后追加任何股本的责任。

3.5 董事、监事及高级管理人员对股东的义务

章程须包括具有下列内容的条款：

除法律或公司股份上市的证券交易所的上市规则要求的义务外，董事、监事及高级管理人员在行使公司赋予他们的权力时，还须对每个股东负有下列的义务：

(a)不得使公司超越其营业执照规定的营业范围；

(b)须真诚地以公司最大利益为出发点行事；

(c)不得以任何形式剥夺公司财产，包括(但不限于)对公司有利的机会；及

(d)不得剥夺股东的个人权益，包括(但不限于)分配权、表决权，但不包括根据章程提交股东会通过的公司改组。

3.6 控股股东对其他股东的义务

章程须包括具有下列内容的条款：

(1)除法律或公司股份上市的证券交易所的上市规则要求的义务外，控股股东在行使其股东的权力时，不得在下列问题上有损于全体或部分股东的利益行使其表决权：

(a)免除董事、监事须真诚以公司最大利益为出发点行事的责任；

(b)批准董事、监事(为其或他人利益)以任何形式剥夺公司财产，包括(但不限于)任何对公司有利的机会；或

(c)批准董事、监事(为其或他人利益)剥夺其他股东的个人权益，包括(但不限于)任何分配权、表决权，但不包括根据章程提交股东会通过的公司改组。

(2)本款所指控股股东是具备以下条件之一的人：

(a)此人单独或与其他人一致行动时，可选出半数以上的董事；

(b)此人单独或与其他人一致行动时，可行使公司30%以上(含)的表决权或可控制公司的表决权的30%以上(含)的行使；

(c)此人单独或与其他人一致行动时，持有公司发行在外30%以上(含)的股份；或

(d)此人单独或与其他人一致行动时，以其他方式在事实上控制公司。

3.7 收款代理人

章程须包括具有下列内容的条款：

(1)公司须代持有H种股份的股东委任收款代理人。收款代理人须代该等股东收取公司就H种股份分配的股利及其他应付的款项。

(2)公司委任的收款代理人须为按香港《受托人条例》注册的信托公司。

4.公司董事、监事和高级管理人员

4.1 董事、监事和高级管理人员资格的限定

章程须包括具有下列内容的条款：

(1)非自然人没有资格成为公司董事、监事。

(2)被裁定违反股票发行与交易管理的规定，或其它法律，

且涉及有欺诈或不诚实的行为者，自该裁定之日起五年内没有资格成为公司的董事、监事和高级管理人员。

4.2　董事、高级管理人员的行为对善意第三人的有效性

章程须包括具有下列内容的条款：

董事、高级管理人员代表公司的行为对善意第三人的有效性，不因其在任职、选举或资格上有任何不合规定而受影响。

4.3　公司董事会秘书

章程必须包括具有下列内容的条款：

(1)公司应设公司董事会秘书，由董事会委任。

(2)公司董事会秘书是公司的高级管理人员，其主要责任是保证公司有完整的组织文件和记录，准备和递交工商行政管理机关以及其他机构所要求的文件和表格，保证公司的股东名册妥善设立，保证有权得到公司有关记录和文件的人及时得到有关记录和文件。

(3)董事会应任命他们认为具有必备知识和经验的自然人担任公司董事会秘书。

(4)公司董事或其他高级管理人员[公司的会计师事务所(注册会计师)(核数师)除外]均可兼任公司董事会秘书。当董事会秘书由董事兼任时，如某一行为应由董事及董事会秘书分别作出，则该兼任董事及董事会秘书的人不得以双重身份作出。

4.4　董事和高级管理人员的义务

章程须包括具有下列内容的条款：

(1)每位董事、高级管理人员都有责任在行使其权利或履行其义务时，以一个合理的谨慎的人在相似情形下所应表现的谨慎、勤勉和技能为其所应为的行为。

(2)每位董事和高级管理人员在行使公司赋予他们的权力时须遵守诚信义务，不可置自己于自身的利益和承担的义务可能发生冲突的处境。此原则包括(但不限于)执行下列的义务：

(a)须真诚地以公司最大利益为出发点行事；

(b)须按赋予权力时所规定的目的行使权力；

(c)须亲自行使所赋予他的酌量处理的权力，不得为他人所操纵；非法律允许或得到股东会在知情的情况下的同意不得将其酌量权转给他人行使；

(d)对同类别的股东应平等，对不同类别股东应公平；

(e)除本章程有关规定或由股东会在知情的情况下，另有批准外，不得与公司订定合同、交易或安排；

(f)未经股东会在知情的情况下同意，不得用任何形式以公司财产为自己谋私利；

(g)不得以任何形式剥夺公司财产，包括(但不限于)对公司有利的机会；

(h)未经股东会在知情的情况下同意，不得利用其在公司的地位为自己谋私利；

(i)未经股东会在知情的情况下同意，不得接受与公司交易有关的佣金；

(j)未经股东会在知情的情况下同意，不得与公司竞争；及

(k)除非由股东会在知情的情况下另有批准，须为在其任职期间所获得的机密信息保密；如不是为公司利益计，不得利用该信息；但如(Ⅰ)法律有规定，(Ⅱ)公众利益有要求，(Ⅲ)该董事或高级管理人员本身的利益有要求，则可向法院或其他政府主管机关披露该信息。

(3)按诚信义务的要求，董事或高级管理人员不得指使与其相关的人作出董事或高级管理人员不能作的事。与董事或高级管理人员相关的人指：

(a)该董事、高级管理人员的配偶或未成年子女；

(b)该董事、高级管理人员或[本项(a)目]所列人士的信托人；

(c)该董事、高级管理人员或[本项(a)、(b)目]所列人士的合伙人；

(d)由该董事或高级管理人员单独在事实上所控制的公司，或与[本项(a)、(b)、(c)目]所提及的人士或公司其他董事、监事或高级管理人员在事实上共同控制的公司；或

(e)[本项(d)目]所指公司的董事、监事或高级管理人员。

(4)在[本款(2)项]中所列的董事和高级管理人员的诚信义务不一定在他们的任期结束时终止。对公司商业秘密保密的义务在其任期结束后仍有效。其他的义务的持续期应根据公平的原则决定，取决于事件发生时与离任之间时间的长短，以及与公司的关系在何种情形和条件下结束。

(5)董事或高级管理人员因违反某项具体的义务所负的责任，可由股东会在知情的情况下解除，但[3.6款]所规定的情况除外。

4.5　董事、高级管理人员与公司订约

章程须包括具有下列内容的条款：

(1)如某董事或高级管理人员，直接或间接地在与公司已订立的或计划中的合同、交易或安排上有重要利害关系(董事或高级管理人员的聘任合同除外)，该董事、高级管理人员必须尽快向董事会披露其利害关系的性质和程度，不论上述事项在正常情况下是否需要董事会批准同意。除非该董事或高级管理人员已按本款的要求向董事会做了披露，并且董事会在其不计入法定人数，亦未参加表决的会议上批准了该事项，公司可撤销该合同、交易或安排，但对方是对该董事、高级管理人员违反其义务的行为不知情的善意当事人的除外。如果某董事或高级管理人员的相关人士(定义与在[4.4款(3)项]相同)在某合同、交易或安排上有利害关系，该董事或高级管理人员也应被视为有利害关系。

(2)如董事给董事会一项书面通知，声明由于通知所列的内容，他与公司日后达成的合同、交易或安排有利害关系，在通知阐明的范围内，该董事被视为做了本款规定的披露，但该通知须在公司首次考虑订定有关合同、交易或安排前已送达董事会。

4.6　应予禁止的利益

章程须对禁止公司向董事或监事提供某些利益作出规定，包括具有下列内容的条款：

(1)公司不得以任何方式为董事、监事交纳税款。

(2)公司不得直接或间接地向其董事、监事或母公司的董事、监事提供贷款；不得为该等董事或监事提供贷款担保；不得向与该等董事或监事相关的人提供贷款或为该等人士提供贷款担保；

(3)以下的交易不受[本款(2)目]的限制：

(a)公司向其子公司提供贷款或为子公司提供贷款担保；

(b)公司根据经股东会批准的董事、监事聘任合同向董事、监事提供贷款或贷款担保，或提供款项，使之支付为了公司目的或为了履行其公司职责所发生的费用；及

(c)如公司的正常业务范围包括提供贷款或贷款担保，公司可向董事、监事或与董事、监事相关的人士提供贷款或贷款担保，但贷款或提供贷款担保的条件必须属正常商务条件。

(4)公司违反[本款(2)项]而提供贷款，收到款项的人必须立即偿还，不论其贷款条件如何。

(5)公司违反[本款(2)项]所提供的贷款担保不得强制公司执行。但下述情况除外：

(a)向与公司或其母公司董事、监事相关的人提供贷款时，提供贷款人不知情，则公司提供的贷款担保可强制执行；或

(b)公司提供的担保物已由提供贷款人合法地售予善意购买者，则公司不得索回该担保物。

(6)本款中有关概念的含义：

(a)担保包括由保证人承担责任或提供财产以保证义务人履行义务；

(b)与监事或董事相关的人的定义：适用[4.4款(3)项]相关人的定义。

4.7 董事会权力的限制

章程须包括有下列内容的条款：

(1)如拟处置固定资产会预期到的价值，与此项处置建议前四个月内已处置了的固定资产所得到的价值的总和，超过股东会最近审议的资产负债表所显示的固定资产价值的33%，则董事会在未经股东会批准前不得处置或同意处置公司的固定资产。

(2)公司处置固定资产进行的交易的有效性，不因违反[本款(1)项]而受影响。

(3)本款所指的对固定资产处置，包括转让某些资产权益的行为，但不包括以固定资产提供担保的行为。

4.8 公司的补救措施

章程须包括具有下列内容的条款：

除法律规定的各种权利、补救措施之外，在某董事、监事或高级管理人员违反了对公司所负的义务时，公司有权采取以下措施：

(a)向该董事、监事或高级管理人员索取其失职所造成的损失的赔偿；

(b)撤销任何由公司与该董事、监事或高级管理人员订立的合同或交易，亦有权撤销由公司与第三人(当第三人明知或理应知道代表公司的董事、监事或高级管理人员违反了向公司应负的义务)订立的合同或交易；

(c)要求该董事、监事或高级管理人员交出因违反义务而获得的收益；

(d)追回该董事、监事或高级管理人员本应为公司所收取的款项，包括佣金；

(e)要求该董事、监事或高级管理人员退还本应交予公司的款项所赚取的利息或可能赚取的利息；

(f)采取法律程序裁定该董事、监事或高级管理人员因其违反义务所获得的财产归公司所有。

4.9 监事或董事的报酬

章程须包括具有下列内容的条款：

公司应与董事、监事订立事前经股东会批准的书面合同，规定其报酬，包括：

(a)作为公司的董事、监事或高级管理人员的报酬；

(b)作为公司的子公司的董事、监事或高级管理人员的报酬；

(c)为公司及其子公司的管理提供其他服务的报酬；及

(d)该董事或监事因失去职位或退休所获补偿的款项。

除按上述合同外，董事、监事不得因上述事项为其应获取的利益向公司提出诉讼。

4.10 公司被收购时，董事、监事因失去职位所获的补偿的处理程序

章程须包括具有下列内容的条款：

(1)董事、监事在公司将被收购的情况下，因失去职位或退休而获得 的补偿或其他款项，该董事、监事有义务事前取得股东会在知情情况下的同意。本项所指的公司被收购是指下列情况之一：

(a)任何人向全体股东提出收购要约；或

(b)任何人提出收购要约，旨在使要约人成为控股股东，控股股东的定义与在[3.6款(2)项]规定相同。

(2)如果有关董事或监事没有遵守[本款(1)项]的规定，则其收到的任何款项，归那些由于该要约而将其股份出售的人所有，该董事、监事须承担因按比例分发该等款项所产生的费用，该费用不得从该等款项中扣除。

4.11 须由股东会控制的管理合同

章程须包括具有下列内容的条款：

非经股东会事前批准，公司不得与董事或高级管理人员以外的人订立将公司全部或重要业务的管理交予该人负责的合同。

4.12 监事会的设立

章程须对设立监事会或不设立监事会作出明确规定。

4.13 监事的业务

章程须包括具有下列内容的条款：

除法律或公司股份上市的证券交易所要求的义务外，每位监事都有责任在行使公司赋予他的权力时，

(a)善意、真诚地以公司最大利益为出发点行事；

(b)以一个合理的谨慎的人在相似情形下所应表现的谨慎、勤勉和技能为其所应为的行为。

5.财务披露

5.1 公司财务状况

章程须包括具有下列内容的条款：

(1)董事会须在每次股东年会上向股东呈交有关法律、法规、地方政府及主管部门颁布的规范性文件所规定由公司准备的财务状况报表。该等报表须按[本款(2)至(4)项]的规定编制，亦须经验证。

(2)向股东会呈交的财务状况报表须按中国会计标准及法规编制。

(3)如果公司有任何证券获批准在香港联合交易所上市，在其证券在该交易所上市期间，向股东会呈交的财务状况报表，除按[本款(2)项]规定编制外，还须按国际或香港会计标准编制。如该等财务状况报表与按[本款(2)项]规定编制的财务状况报表有重要区别的，该等财务状况报表须注明该等区别。

(4)如果按[本款(3)项]编制的财务状况报表与按[本款(2)项]编制的财务状况报表有不同的，为了批准公司的利润分配，公司在有关会计年度的纳税后的利润被视为下列两个数额中较少的：(a)按中国会计标准及法规得出的数额，(b)按国际或香港会计标准得出的数额。

(5)每个股东(不论在股东会上是否有表决权)有权得到[本

款(1)项]所提及的财务状况报表。公司至少须将该等报表以邮资已付的邮件寄给每个H股股东,受件人地址以股东的名册登记的地址为准。

(6)公司公布或披露的中期业绩或财务资料亦须按中国会计标准及法规编制及呈交。如果公司有任何证券在香港联合交易所上市,该等业绩或资料亦须同时按国际或香港会计标准编制及呈交。

5.2　会计师事务所(注册会计师,下同)(核数师)的聘任和解聘

章程须规定会计师事务所(核数师)的聘任和解聘,包括具有下列内容的条款:

(1)会计师事务所(核数师)的聘任

(a)股东应在各次股东年会上聘任一个或一个以上的会计师事务所(核数师)(即负责验证公司的年度会计报告以及复核公司其他会计报告的注册会计师),该会计师事务所(核数师)的任期自本届股东年会结束时起至下届股东年会结束时止。

(b)如果在股东年会上,没有聘任或续聘任何会计师事务所(核数师),主管部门经任何股东要求可委任会计师事务所(核数师)填补空缺。

(c)公司的首任会计师事务所(核数师)可由董事会在首次股东年会前聘任,该会计师事务所(核数师)的任期在首次股东年会结束时终止。

(d)如果董事会不行使其根据[本项(c)目]规定的权力,该权力由股东会行使。

(e)如果会计师事务所(核数师)职位出现空缺,董事会或股东会可委任会计师事务所(核数师)填补该空缺。但在空缺持续期间,公司如有其他在任的会计师事务所(核数师),该等会计师事务所(核数师)仍可行事。

(f)股东会可在任何会计师事务所(核数师)任期满前以普通决议通过将该会计师事务所(核数师)解聘,不论该会计师事务所(核数师)与公司的合同条款如何。该会计师事务所(核数师)如有因被解聘而向公司索偿的权利,该权利不因此而受影响。

(g)由董事会或主管部门聘任的会计师事务所(核数师)的报酬由董事会或主管部门确定。在其他情况下,会计师事务所(核数师)的报酬或确定报酬的方式由股东会决定。

(2)会计师事务所(核数师)的更换和解聘

股东会在通过聘任一名非现任的会计师事务所(核数师),填补会计师事务所(核数师)职位的任何空缺,续聘一名由董事会聘任填补空缺的会计师事务所(核数师)或在某会计师事务所(核数师)的任斯未满前将他解聘等的决议时,须按以下规定办理:

(a)提案在召集股东会议通知发出之前,须送给拟聘任的或拟去职的或在有关会计年度已去职的会计师事务所(核数师)[包括解聘、辞聘、退任的会计师事务所(核数师)]。

(b)如果即将去职的会计师事务所(核数师)作出书面陈述,并要求公司将该陈述告知股东,除非书面陈述收到过晚,公司须采取以下措施:

(Ⅰ)在为作出决议而发出的通知上说明将去职的会计师事务所(核数师)作出了陈述。

(Ⅱ)将该陈述副本送出给每位有权得到股东会议通知的股东。

(c)如果有关会计师事务所(核数师)的陈述未按[本项(b)目]的规定送出,该会计师事务所(核数师)可要求该陈述在股东会议上宣读,并可以进一步作出申诉。

(d)去职的会计师事务所(核数师)有权出席以下的会议:

(Ⅰ)其任期应到期的股东会议;

(Ⅱ)拟填补因其被解聘而出现空缺的股东会议;

(Ⅲ)因其主动辞聘而召集的股东会议。

去职的会计师事务所(核数师)有权收到上述会议的所有通知或其他通信,并在该等会议上就涉及其作为公司前会计师事务所(核数师)的事宜发言。

(3)会计师事务所(核数师)的辞职

(a)会计师事务所(核数师)可用置于公司注册办事处一份书面通知的方式辞去其职务,该通知须作出下列之一的陈述:

(Ⅰ)认为其辞聘并不涉及任何应该向公司股东或债权人交代情况的声明;

(Ⅱ)任何该等应交代情况的陈述。

该等通知在其置于公司住所之日或通知内注明的较迟的日期生效。

(b)公司收到[本项(a)目]所指的书面通知的14日内,须将该通知复印件送出给主管部门。如果通知载有[本项(a)目(Ⅱ)]提及的陈述,还须送给每位有权得到公司财务状况报告的股东。

(c)如果会计师事务所(核数师)的辞聘通知载有[本项(a)目(Ⅱ)]所提及的陈述,他可要求董事会召集临时股东会,听取他就辞聘有关情况作出的解释。

5.3会计师事务所(核数师)的权利

章程须规定会计师事务所(核数师)享有为履行其职务所需的充分权利,包括具有下列内容的条款:

(1)每位会计师事务所(核数师)有权在任何时候查阅公司的帐簿、记录或凭证,有权要求公司 的董事或高级管理人员提供他认为为了履行会计师事务所(核数师)的职务所需的资料和说明。

(2)如果会计师事务所(核数师)提出要求,公司须采取一切合理的措施从其子公司取得该会计师事务所(核数师)为履行职务而必需的资料和说明。

(3)会计师事务所(核数师)有权出席公司股东会,收到任何股东有权收到的会议通知或与会议有关的其他通讯,在任何股东会上就涉及其作为公司的会计师事务所(核数师)的事宜发言。

6.不同类别股东权利的变更

6.1　章程须保护不同类别股东的权利,包括具有下列内容的条款:

(1)如拟变更或废除持有某类别股份的股东的权利,必须经股东会以特别决议通过和经受影响的类别股东在按[本款(2)、(3)、(4)、(5)、(6)项]分别召集的股东会议上通过 方可进行。以下的情形应被视为变更或废除某类别股东的权利:

(a)增加或减少该类别股份的数目,或增加或减少与该类别股份享有同等或更多的表决权、分配权、其他特权的类别股份的数目;

(b)把该类别股份的全部或部分换作其他类别,或把另一类别的股份的全部或部分换作该类别股份或授予该等转换权;

(c)取消或减少该类别股份具有的取得已产生的股利或累积股利的权利;

(d)增加、取消或减少公司赎回该类别股份的权利;

(e)减少或取消该类别股份所具有的优先取得股利或在公司清算中优先取得财产分配的权利;

(f)增加、取消或减少该类别股份所具有的转换股份权、选择权、表决权、转让权、优先配售权、取得公司证券的权利;

(g)取消或减少该类别股份所具有的以特定货币收取公司应付款项的权利;

(h)设立与该类别股份享有同等或更多表决权、分配权或其他特权的新类别;

(i)对该类别股份的转让或所有权加以限制或增加该等限制;

(j)发行该类别或另一类别的股份认购权或转换股份的权利;

(k)增加其他类别股份的权利或特权;

(l)公司改组方案会构成不同类别股东在改组中不按比例地承担责任;及

(m)修改或废除[第6.1款]。

(2)受影响的类别股东,无论原来在股东会上有否表决权,在涉及[本款(b)、(c)、(d)、(e)、(f)、(g)、(h)、(i)、(l)、(m)]的事项时,在类别股东会上具有表决权,但有利害关系的股东在类别股东会议上没有表决权。

(3)类别股东会的决议,须经根据(2)项由出席类别股东会议的有表决权的三分之二以上的股权表决通过,方可作出。

(4)类别股东会议的法定人数为代表该类的发行在外的股份总数三分之二的股东(亲自出席或经股东代理人出席)。

(5)类别股东会的会议通知只须送给有权在该会议上表决的股东。

(6)类别股东会议应以与股东会尽可能相同的程序举行,章程中有关股东会议的条款适用于类别股东会议。

(7)本款有关概念的含义:

(a)除普通股和优先股等股份类别外,人民币股和外资股也被视为不同类别股份,但本目不适用于公司每12个月内经股东会以特别决议批准后,同时或单独发行人民币股及外资股各不超过百分之二十(各自以在该决议通过之日已发行在外的数量计)的情形;

(b)有利害关系股东是指:

(Ⅰ)在公司按本章程中[2.1款(5)项]的规定提出全面购回或在交易所上购回自己的股份的情况下,有利害关系股东指控股股东,控股股东的定义与[3.6款(2)项]规定的相同;

(Ⅱ)在公司按本章程中[2.1款(6)项]的规定用在证券交易所外达成合同的方式购回股份的情况下,有利害关系股东指与该合同有关的股东;

(Ⅲ)公司改组方案中,以低于本类别其他股东的比例承担责任的股东或有与该类别中的其他股东不同利害关系的股东。

7. 股东会议

7.1 股东自行召集股东临时会议或类别股东会议

章程须包括具有下列内容的条款:

股东自行召集股东临时会议时或类别股东会议时,须按下列程序办理:两个或两个以上的股东持有公司股份合计不少于在该拟举行的会议上有表决权的股份的10%以上(含10%)(持股数按提出书面要求日计),该股东应签署一份或数份同样格式内容的书面要求,提请董事会召集股东临时会或类别股东会议,并阐明会议的议题。董事会在收到该要求后应尽快 召集股东临时会或类别股东会议。如董事会在收到该要求后三十日内没有发出召集会议的通告,提出该要求的股东可以自行召集会议,召集的程序应尽可能与董事会召集股东会议的程序相同,但提出要求的股东不得在董事会收到该要求四个月后才自行召集会议。要求召集会议 的该股东,如因董事会没有按要求召集会议而自行召集及举行会议,所产生的费用公司须予合理补偿,并从公司欠失职董事的款项中扣除。

7.2 会议通知

章程须对会议的通知作详尽的规定,包括具有下列内容的条款:

(1)股东会议须在开会日的30日前(但不超过60日)通知股东,不包括发出通知之日。

(2)股东会议的通知必须:

(a)以书面形式作出;

(b)指定会议的地点、日期和时间;

(c)阐明会议将讨论的事项;

(d)向股东提供为使股东对将讨论的事项能够作出明智决定所需要的资料及解释。此原则包括(但不限于)在公司提出合并、购回股份、股本重组或其他改组时,须提供拟议中的交易的具体条件和合同(如有的话),并对其起因和后果作出认真的解释;

(e)如任何董事、监事或高级管理人员在将讨论的事项上有重要利害关系,应披露其利害关系的性质和程度。如将讨论的事项对该董事、监事或高级管理人员作为股东的影响有别于对其他同类别股东的影响,则应说明其区别;

(f)载有任何拟在会议上提议通过 的特别决议的全文;

(g)以明显的文字说明有权出席和表决的股东,有权委任一位或一位以上股东代理人代他出席和表决,而该股东代理人不必为股东;

(3)股东会通知须向所有股东(不论在股东会上是否有表决权)以专人送出或邮资已付的邮件送出,受件人地址以股东的名册登记的地址为准。

(4)因意外忽略向某有权得到通知的人送出会议通知或该等人没有收到会议通知,会议及作出的决议并不因此无效。

7.3 表决

章程须就表决事项做出具体规定,包括具有下列内容的条款:

(1)在股东会通过决议由股东举手表决,除非下述人士在举手表决前或后要求以投票方式表决:

(a)会议主席;

(b)至少两名有表决权的股东或有表决权的股东的代理人;

(c)一个或若干合计持有不少于在该会议有表决权的股份10%的股东或其股东代理人。

除非有人提出以投票方式表决,会议主席根据举手表决的结果宣布提议通过的决议已获一致通过或以多数通过或没有通过,并将此记载在会议记录中,作为最终的依据,无须证明该会议通过的决议支持或反对的票数或其比例。以投票方式表决的要求可由提出者撤回。

(2)如要求以投票方式表决的事项是选举主席或中止会议，则应立即进行投票表决。其他要求以投票方式表决的事项，由主席决定何时举行投票，会议可继续进行，讨论其他事项，投票结果仍被视为在该会议上所通过的决议。

(3)在投票表决时，有两票或两票以上的表决权的股东，不必把所有投票权全部投赞成票或反对票。

(4)当反对和赞成票相等时，无论是举手或投票表决，会议主席享有两票表决权。

7.4　代表和股东代理人

章程须有关于由代表或股东代理人出席会议的具体规定，包括具有下列内容的条款：

(1)如股东是法人，其法定代表人或董事会、其他决策机构决议授权的人作为代表出席公司的股东会。

(2)任何有权出席股东会并有权表决的股东有权委任一个或多个人(不论该人是否股东)作为其股东代理人，代他出席及投票，该股东代理人

(a)享有该股东所有的发言权；

(b)可自行或与他人共同要求以投票方式表决；及

(c)可以举手或以投票方式行使表决权，但委任超过一名股东代理人的股东，其股东代理人只能以投票方式行使表决权。

(3)股东须以书面形式委托代理人，由委托人签署或由其以书面形式委托的代理人签署。如委托人是法人，则加盖法人印章或由其董事或正式委任的代理人签署。

(4)投票代理委托书至少应当在该委托书委托投票的有关会议前24小时，或者指定投票时间前24小时，备置于公司住所或召集会议的通知中指定的其他地方。如果该委托书由委托人授权他人签署，则授权其签署的授权书或其他授权文件须经过公证。经公证的授权书或其他授权文件应和投票代理委托书同时备置于公司住所或召集会议的通知中指定的其他地方。

(5)任何由公司董事会发给股东用于任命股东代理人的委托书的格式，必须让股东自由选择指示股东代理人投赞成或反对票，并就会议每项议题所要作出表决的事分别作出指示。该委托书应包括注明如股东不作指示，股东代理人可按自己的意思表决。

(6)如果表决前委托人已经去世、丧失行为能力、委任撤回、签署委任的授权撤回、有关股份已被转让，只要公司在有关会议开始前没有收到该等事项的书面通知，由股东代理人按委托书作出的表决仍然有效。

7.5　会议记录

章程须包括具有下列内容的条款：

(1)如任何会议记录经该会议主席或下次会议的主席签署，即为该会议有效的记录。

(2)股东可在公司办公时间免费查阅会议记录复印件。任何股东向公司索取有关会议记录的复印件，公司应在收到合理费用后七日内把复印件送出。

7.6　特殊情况下的股东会议

章程须包括具有下列内容的条款：

如在特殊情况下股东会不能召集或不能按本章程规定的形式召集，法院可自行或根据任何董事或在拟召集的会议上有表决权的股东的要求，下令以该法院认为合适的方式召集及举行会议，并可附有任何为使会议顺利召集及举行的指示，包括只有一名股东或其股东代理人出席会议亦被视为合法举行该会议的指示。

8. 清算

8.1　股东会的控制权

章程须包括具有下列内容的条款：

(1)如董事会决定公司进行清算(因公司宣告破产而清算者除外)，则必须在为此召集的股东会的通知中作出声明：董事会对公司的状况已经做了全面的调查之后，认为公司可在清算开始后十二个月内全部清偿公司债务。

(2)清算组应由股东会议普通决议任免(因公司宣告破产除外)。

(3)进行清算的特别决议通过后，公司董事的权力立即终止。

(4)清算组须：

(a)每年最少一次向股东会报告清算组的收入和支出，公司的业务和清算的进展；

(b)在清算结束时向股东会作最后报告；及

(c)遵循股东会的指示。

9. 纠纷的解决

9.1　仲裁

章程必须包括具有下列内容的条款：

(1)当[本款(2)项]提及的人士基于本章程或《规范意见》及日后颁布的取代《规范意见》的法律或法规所规定的权利或义务发生与公司事务有关的争议或权利主张时，该等人士须把争议或权利主张提交下述仲裁机构之一进行仲裁。国家体改委发布的《到香港上市公司章程必备条款》[第3.1款]与[第3.2款]中另有规定除外。申请仲裁者可选择中国国际经济贸易仲裁委员会按其仲裁规则进行仲裁，亦可选择香港国际仲裁中心按其证券仲裁规则进行仲裁。申请仲裁者把争议或权利主张提交仲裁后，对方必须在申请者选择的仲裁机构进行仲裁。上述仲裁机构的裁决是终局的，对各方均有约束力。

(2)本款适用于下列人士之间的争议或权利主张：

(a)H股股东与公司；

(b)H股股东与公司董事、监事或高级管理人员；

(c)H股股东与人民币股股东。

[本款(1)项]所提的争议或权利主张，涉及上述任何一目所列出的人士时，必须将全部权利主张或争议整体诉诸仲裁；所有由于同一事由有诉因的人或该争议或权利主张的解决需要其参与的人，如果系公司或公司股东、监事、董事或高级管理人员，须按本条的规定服从仲裁。

(3)因章程而产生的任何争议或权利主张适用中华人民共和国的法律，国家体改委发布的《到香港上市公司章程必备条款》中另有规定除外。

(4)本款所指的《规范意见》是指国家体改委于一九九二年五月十五日发布的《股份有限公司规范意见》及其后颁布的任何补充或说明。

定向募集股份有限公司内部职工持股管理规定

（1993年7月1日 国家体改委发布）

第一章 总 则

第一条 为搞好定向募集股份有限公司内部职工持股的管理，促进股份制试点企业健康发展，根据国务院关于加强股份制企业和证券市场管理的有关规定以及《股份有限公司规范意见》，制定本规定。

第二条 定向募集股份有限公司是指不向社会公开发行股票，只对法人和公司内部职工募集股份的股份有限公司（本规定以下简称公司）。

设立公司应按《股份有限公司规范意见》的规定办理。

第三条 内部职工持股是指本规定限定范围内的人员作为投资者持有公司发行的股份。

本规定将限定范围内的人员统称为内部职工。

第四条 公司向内部职工募集股份的，应当依照本规定执行。

第二章 内部职工持股的范围

第五条 公司向内部职工募集的股份，只限于以下人员购买和持有：

（一）公司募集股份时，在公司工作并在劳动工资花名册上列名的正式职工；

（二）公司派往子公司、联营企业工作，劳动人事关系仍在本公司的外派人员；

（三）公司的董事、监事；

（四）公司全资附属企业的在册职工；

（五）公司及其全资附属企业在册管理的离退休职工。

第六条 下列人员不得购买和持有公司向内部职工募集的股份：

（一）公司法人股东单位（包括发起单位）的职工；

（二）公司非全资附属企业及联营单位的职工；

（三）公司关系单位的职工；

（四）公司外的党政机关干部；

（五）公司外的社会公众人士；

（六）根据国家法律、法规，禁止购买和持有公司股份的其他人员。

第三章 内部职工持股的股权证及持有卡

第七条 公司向内部职工募集股份，应当印制股权证，不得印制股票。

第八条 股权证是公司发行的，表示其股东按其持有的股份享受权益和承担义务的书面凭证。

第九条 股权证采取簿记形式。

第十条 公司印制簿记式股权证，可以自行选择印刷厂，以经过公司审批部门认可的样式印制。

第十一条 股权证应当载明下列事项：

（一）公司的名称、住所；

（二）公司设立登记或新股发行之变更登记的文号及日期；

（三）公司注册资本、股份类别、每股金额；

（四）股东姓名；

（五）股权证号码、身份证号码、工作证号码（或职工离退休证号码）、股权证持有卡号码；

（六）发行日期；

（七）购买或转让日期；

（八）职工签章；

（九）经手人签章。

除上款事项外，股权证还应载明职工持股数量及其增减情况。

第十二条 股权证由董事长签名，加盖公司股权证专用章后生效。

第十三条 股权证不得交内部职工个人持有，由公司委托省级、计划单列市人民银行认可的证券经营机构集中托管。

第十四条 公司应当依据股权证向持股职工签发股权证持有卡作为持股身份的证明。股权证持有卡应加盖股权证托管机构的登记专用章。

第十五条 股权证持有卡应当载明下列事项：

（一）公司名称；

（二）股东名称；

（三）股权证号码；

（四）股权证持有卡号码；

（五）发卡日期；

（六）其他注意事项。

第十六条 股权证持有卡不得载明持股职工持有的股数、金额。

第十七条 内部职工可凭本人的股权证持有卡和身份证及工作证(职工离退休证)到公司委托的证券经营机构核对自已拥有的股份,办理股权证转让、过户、分红手续。

第四章 内部职工持股的审批

第十八条 公司实行内部职工持股,应当按照《股份有限公司规范意见》及国家有关规定,中央企业、地方企业分别向国家体改委或省、自治区、直辖市以及计划单列市政府的体改部门报送有关文件,经批准后方可实施。

第十九条 公司报送的有关文件,除满足《股份有限公司规范意见》的要求外,还须对涉及内部职工持股的事项作出说明或规定,包括:

(一)在设立公司申请书或已设立公司向内部职工募股的申请书中,应对股份发行方案、股权结构、内部职工持股范围、每股面值及预计发行价格、发行方式等作出说明;

(二)在公司章程或公司章程草案中,应对内部职工持股范围和股权证、股权证持有卡管理方式作出规定;

(三)在招股说明书中,应对股份发行及转让的有关事项,以及对负责股权证登记、保管和转让工作的公司委托的证券经营机构作出说明;

(四)附送股权证样式、股权证持有卡样式;

(五)经两名以上律师及其所在事务所就公司内部职工持股有关事项签字、盖章的法律意见书。

第二十条 公司增加内部职工持股额,应当按照《股份有限公司规范意见》和国家有关扩股增资的规定报批。

第二十一条 公司应当坚持国家股、法人股、内部职工股同股同利以及同次募集的股份价格一致的原则。

第五章 内部职工持股的转让

第二十二条 内部职工持有的股份在公司配售三年内不得转让,三年后也只能在内部职工之间转让,不得在社会上转让交易。

第二十三条 内部职工持有的股份,在持有人脱离公司、死亡或其他特殊情况下,可以不受转让期限限制,转让给本公司其他内部职工,也可以由公司收购。

第二十四条 内部职工转让股份,须经公司委托的证券经营机构办理过户手续,并开具转让收据。

第二十五条 内部职工股的转让价格或公司收购价格,应以公司每股净资产额为基础,由转让、收售双方协商确定。公司委托的证券经营机构可通过提供参考价格给予指导。

第六章 内部职工持股的管理

第二十六条 公司的审批部门和证券托管机构的管理部门应当对本规定的执行情况进行监督。

第二十七条 公司委托的证券经营机构须对内部职工持有的股份在本规定限定范围内的转让负责。

第二十八条 定向募集公司内部职工认购的股份总额,不得超过公司股份总额的百分之二点五。

第二十九条 内部职工持股的定向募集公司转为社会募集公司时,应按《股票发行与交易管理暂行条例》规定的审批程序办理。内部职工持有的股份从配售之日起,满三年后才能上市转让。

第七章 附 则

第三十条 对违反本规定的行为,依照《股票发行与交易管理暂行条例》、《股份有限公司规范意见》的规定处理。凡公司的股权证出现炒卖现象的,该公司一律不得转为社会募集公司和申请上市。

第三十一条 《股份制企业试点办法》和《股份有限公司规范意见》中,有关内部职工持股的条款与本规定不一致的,按本规定执行。

第三十二条 新建和在建项目组建定向募集股份有限公司,其内部职工持股的范围,另行规定。

第三十三条 本规定由国家体改委负责解释。

第三十四条 本规定自颁布之日起施行。

证券交易所管理暂行办法

（1993年7月7日 国务院证券委员会发布）

第一章 总 则

第一条 为加强对证券交易所的管理，规范证券交易行为，维护证券市场秩序，制定本办法。

第二条 本办法适用于在中华人民共和国境内设立的证券交易所。

第三条 本办法所称证券交易所是不以盈利为目的，为证券的集中和有组织的交易提供场所、设施，并履行相关职责，实行自律性管理的会员制事业法人。

第四条 证券交易所由所在地的市人民政府（以下简称"所在地人民政府"）管理，中国证券监督管理委员会（以下简称"证监会"）监管。

第五条 证券交易所的名称，应当标明"证券交易所"字样。其他任何单位和个人不得使用"证券交易所"或者其他相似的名称。

第二章 证券交易所的设立和解散

第六条 设立证券交易所，由国务院证券委员会（以下简称"证券委"）审核，报国务院批准。

第七条 申请设立证券交易所，应当向证券委提交下列文件：

（一）申请书；

（二）章程和主要业务规则草案；

（三）拟加入会员名单；

（四）理事会候选人名单及简历；

（五）场地、设备及资金情况说明；

（六）拟任用管理人员的情况说明；

（七）证券委要求提交的其他文件。

第八条 证券交易所章程应当包括下列事项：

（一）设立目的；

（二）名称；

（三）主要办公及交易场所和设施所在地；

（四）职能范围；

（五）会员资格和加入、退出程序；

（六）会员的权利和义务；

（七）对会员的纪律处分；

（八）组织机构及其职权；

（九）高级管理人员的产生、任免及其职责；

（十）资本和财务事项；

（十一）解散的条件和程序；

（十二）其他需要在章程中规定的事项。

第九条 证券交易所出现章程规定的解散事由，由会员大会决议解散的，经证券委审核同意后，报国务院批准解散。

证券交易所有严重违法行为，由证券委作出解散决定，报国务院批准后实施。

第三章 证券交易所的职能

第十条 证券交易所应当创造公开、公平的市场环境，提供便利条件，以保证证券交易的正常运行。

证券交易所对股票上市、交易活动的监督管理，应当符合《股票发行与交易管理暂行条例》（以下简称"《条例》"）的有关规定。

第十一条 证券交易所的职能包括：

（一）提供证券交易的场所和设施；

（二）制定证券交易所的业务规则；

（三）审核批准证券的上市申请；

（四）组织、监督证券交易活动；

（五）根据《条例》以及证券交易所业务规则的有关规定对上市公司进行监管；

（六）依照证券交易所章程、业务规则的规定对会员的证券交易活动进行监管；

（七）提供和管理证券交易所的证券市场信息；

（八）证券委许可的其他职能。

第十二条 证券交易所应当在其职能范围内制定业务规则。除本办法另有规定外，证券交易所的业务规则由证券交易所理事会通过，报证监会会同证券交易所所在地人民政府批准生效，并报证券委备案。

证券交易所的业务规则应当包括上市规则、交易规则及其他与证券交易活动有关的规则。

证券交易所的业务规则应当包括下列事项：

（一）证券上市的条件、申请程序以及上市协议的内容及格式；

(二)上市公告书的内容及格式；

(三)交易证券的种类和期限；

(四)证券交易方式和操作程序；

(五)交易纠纷的解决；

(六)交易保证金的交存；

(七)上市证券的暂停、恢复与取消交易；

(八)证券交易所的休市及关闭；

(九)上市费用、交易手续费的收取；

(十)本证券交易所证券市场信息的提供和管理；

(十一)对违反证券交易所业务规则行为的处理；

(十二)其他需要在证券交易所业务规则中规定的事项。

第四章　证券交易所的组织

第十三条　证券交易所设会员大会、理事会和专门委员会。

第十四条　会员大会为证券交易所的最高权力机构。会员大会有以下职权：

(一)制定证券交易所章程；

(二)选举和罢免理事；

(三)审议、通过理事会、总经理的工作报告；

(四)审议、通过证券交易所的财务预算、决算报告；

(五)决定证券交易所的其他重大事项。章程经会员大会通过后，由证券交易所所在地人民政府会同证监会审核后，报证券委批准。

第十五条　会员大会每年至少召开一次。

会员大会须有三分之二以上会员出席，其决议须经出席会议的过半数以上会员表决通过后方为有效。

第十六条　理事会是证券交易所的决策机构。理事会对会员大会负责。理事会每届任期三年。理事会的职责是：

(一)执行会员大会的决议；

(二)拟定、修改证券交易所的业务规则；

(三)聘任总经理和根据总经理的提名聘任副总经理；

(四)审定总经理提出的工作计划；

(五)审定总经理提出的财务预算、决算方案；

(六)审定对会员的接纳；

(七)审定对会员的处分；

(八)根据需要决定专门委员会的设置；

(九)会员大会授予的其他职责。

第十七条　证券交易所接纳会员由证券交易所理事会批准，报证券交易所所在地人民政府和证监会备案。

证券交易所会员应当是具有经营证券业务资格的证券经营机构。

第十八条　证券交易所理事会成员应当不少于十人，其中非会员理事人数应当不少于理事会成员总数的三分之一。

会员理事由会员大会选举产生。非会员理事由证券交易所所在地人民政府会同证监会提名，会员大会选举产生。

前款所称会员理事是指在会员公司任职，经会员大会选举确定担任理事职务的个人；非会员理事是指不在会员公司任职，经会员大会选举确定担任理事职务的个人。理事连续任职不得超过两届。

理事会会议须有三分之二以上理事出席，其决议须经出席会议的三分之二以上理事表决通过方为有效。

第十九条　理事会设理事长一人，副理事长一至二人，或者常务理事若干人。

理事长、副理事长或者常务理事由证券交易所所在地人民政府会同证监会提名，理事会选举产生，报证券委备案。

理事长负责召集和主持理事会会议。理事长因故临时不能履行职责时，由副理事长代其履行职责，或者由理事长指定的常务理事代其履行职责。

理事长担任会员大会期间的会议主席。

第二十条　证券交易所设总经理一人，副总经理一至三人。总经理、副总经理任期三年。

总经理由证券交易所所在地人民政府会同证监会提名，理事会聘任，报证券委备案。副总经理由总经理提名，理事会聘任，报证券交易所所在地人民政府和证监会备案。

第二十一条　总经理在理事会领导下负责证券交易所的日常管理工作，为证券交易所的法定代表人。总经理因故临时不能履行职责时，由副总经理代其履行职责。

第二十二条　理事会下设上市委员会，其职责是：

(一)审批证券的上市；

(二)拟订上市规则和提出修改上市规则的建议。

证券交易所的上市审核部门为上市委员会的工作机构。

第二十三条　上市委员会由十三名委员组成，其人员构成是：

(一)律师、注册会计师、证券交易所所在地会员和外地会员代表各二人，由证券交易所理事会聘任，报证券交易所所在地人民政府和证监会备案；

(二)证监会和证券交易所所在地人民政府授权机构各委派一人；

(三)证券交易所理事长、总经理；

(四)证券交易所其他理事一人。

上市委员会设主席一人、副主席一人，由上市委员会第一次会议在委员中推选。

第二十四条　上市委员会会议由主席召集和主持。会议法定人数至少七人，其决议须经出席会议的三分之二以上委员以不记名投票方式表决通过后方为有效。主席因故临时不能履行职责时，由副主席代其履行职责。

第二十五条　上市委员会除由理事长、总经理担任的委员外，其他委员每年更换三分之一。

第二十六条　理事会下设监察委员会，每届任期三年，其职责是：

(一)监察理事、总经理等高级管理人员执行会员大会、理事会决议的情况；

(二)监察理事、总经理及其他工作人员遵守法律、法规和证券交易所章程、业务规则的情况；

(三)监察证券交易所的财务情况。

证券交易所应当制定监察委员会规则，报证券交易所所在地人民政府会同证监会批准生效，报证券委备案。

第二十七条　监察委员会由九名委员组成，其人员构成是：

(一)证券交易所所在地会员二人，外地会员四人，由证券交易所会员大会选举产生；

(二)律师、注册会计师各一名，由证券交易所理事会提名，会员大会通过；

(三)理事会选举理事一名担任监察委员会主席。

第二十八条 监察委员会会议根据工作需要召开,其决议须经出席会议的三分之二以上委员以不记名投票方式表决通过后方为有效。监察委员会主席负责召集和主持会议。主席因故临时不能履行职责时,由主席指定一名委员代其履行职责。

第二十九条 监察委员会有权对其职责范围内的有关监察事项进行调查,并依照法律、法规和证券交易所章程、业务规则的规定,做出处理决定或者提出处理意见。

监察委员会的经费纳入证券交易所的预算。

第三十条 证券交易所的理事、总经理、副总经理、专门委员会委员是证券交易所的高级管理人员。

证券交易所总经理、副总经理应当具备大学专科以上学历,并曾经担任证券经营机构或者其他金融机构的业务部门的负责人达三年以上。

因违法行为被解职的证券交易所或者证券经营机构的管理人员,自解职之日起未满五年的,不得担任证券交易所的高级管理人员职务。

第五章 证券交易所对证券交易活动的监管

第三十一条 证券交易所应当公布即时行情,并按日制作证券行情表,记载下列事项,以适当方式公布:

(一)上市证券的名称;

(二)开市、最高、最低及收市价格;

(三)与前一交易日收市价比较后的涨跌情况;

(四)成交量、值的分计及合计;

(五)股价指数及其涨跌情况;

(六)证监会要求公开的其他事项。

第三十二条 证券交易所应当就其市场内的成交情况编制日报表、周报表、月报表和年报表,并及时向社会公布。

第三十三条 证券交易所应当与上市公司订立上市协议,以确定相互间的权利义务关系。

第三十四条 证券交易所应当监督上市公司按照规定披露信息。

第三十五条 证券交易所应当建立上市推荐人制度,以保证上市公司符合上市要求。

第三十六条 证券交易所应当依照证券法规和证券交易所的上市规则、上市协议的规定,或者根据证监会的要求,对上市证券作出暂停、恢复或者取消其交易的决定。

第三十七条 证券交易所应当设立上市公司的档案资料,并对上市公司董事、监事、高级管理人员持有上市证券的情况进行统计,并监督其变动情况。

第三十八条 证券交易所会员应当遵守证券交易所的章程、业务规则,依照章程、业务规则的有关规定向证券交易所缴纳席位费、手续费等费用,并缴存交易保证金。

第三十九条 证券交易所会员应当向证券交易所和证监会提供季度、中期及 年度报告,并主动报告有关问题。证券交易所有权要求会员提供有关报表、帐册、交易记录及其他文件。

第六章 对证券交易所的管理与监督

第四十条 证券交易所不得以任何方式转让其依照本办法取得的设立及业务许可。

第四十一条 证券交易所的非会员理事及其他工作人员不得以任何形式在证券交易所会员公司兼职。

证券交易所的理事、总经理、副总经理及其他工作人员不得以任何方式泄漏或者利用内幕信息,不得以任何方式从证券交易所的会员、上市公司获取利益。

第四十二条 证券交易所的高级管理人员及其他工作人员在履行职责时,凡有与其本人有亲属关系或者其他利害关系情形的,应当回避。具体回避事项由证券交易所章程、业务规则规定。

第四十三条 证券交易所应当建立符合证券监督管理和实时监控要求的系统,并根据证券交易所所在地人民政府和证监会的要求,向其提供证券市场信息。

第四十四条 证券交易所所在地人民政府授权机构和证监会有权要求证券交易所提供会员和上市公司的有关资料。

第四十五条 证券交易所应当于每一财政年度终了后三个月内,编制经具有证券从业资格的会计师事务所审计的财务报告,报证券交易所所在地人民政府授权机构和证监会备案,同时抄报证券委。

第四十六条 证券交易所因不可预料的偶发事件导致停市,或者为维护证券交易的正常秩序采取技术性停市措施,必须立即向证券交易所所在地人民政府和证监会报告,并抄报证券委。

第四十七条 证券交易所所在地人民政府授权机构和证监会有权要求证券交易所提供有关业务、财务等方面的报告和材料,并有权派员检查证券交易所的业务、财务状况以及会计帐簿和其他有关资料。

第四十八条 证券交易所应当按照国家有关规定将其会员缴存的交易保证金存入银行专门帐户,不得擅自使用。

第四十九条 证券交易所、证券交易所会员涉及诉讼,以及这些单位的高级管理人员因履行职责涉及诉讼或者依照证券法规应当受到解除职务的处分时,证券交易所应当及时向证券交易所所在地人民政府授权机构和证监会报告。

第七章 法律责任及争议的解决

第五十条 证券交易所所在地人民政府、证监会发现证券交易所的高级管理人员的产生、聘任有不正当情况,或者前述人员在任期内有违反证券法规、证券交易所章程、业务规则的行为,不适宜继续担任其所担任的职务时,有权责令该证券交易所按照其章程、业务规则规定的程序,解除有关人员的职务。

第五十一条 证券交易所会员、上市公司违反证券交易所章程、业务规则,证券交易所可以依据章程、业务规则的规定予以纪律处分。

证券交易所会员、上市公司违反国家证券法规的规定,法规授权由证券交易所制裁的,证券交易所可以在授权范围内依法予以制裁。

第五十二条 证券交易所会员违反国家证券法规或者证券交易所章程、业务规则的规定被取消会员资格的,证券交易所应当向有关主管机关通报。有关主管机关可以根据其职权,依法予以行政处罚。

第五十三条 证券交易所违反国家有关规定,擅自使用会员缴存的交易保证金，由证券交易所所在地人民政府授权机构责令改正；有非法所得的，没收其非法所得，并对证券交易所总经理和直接责任人员处以三万元以上三十万元以下的罚款。

第五十四条　证券交易所、证券交易所会员、上市公司及其有关人员有违反本办法的行为，除本办法已明确处罚办法的以外，按照《条例》的有关规定处罚。

第五十五条　上市公司对证券交易所根据证券交易所业务规则作出的处理决定不服，本地公司可以自接到处理决定通知之日起十五日内，向证券交易所所在地人民政府授权机构申请裁定；外地公司可以自接到处理决定通知之日起十五日内，向证券委指定的机构申请裁定。

第五十六条　证券交易所会员对证券交易所根据证券交易所章程、业务规则作出的处理决定不服，本地会员可以自接到处理决定通知之日起十五日内，向证券交易所所在地人民政府授权机构申请裁定；外地会员可以自接到处理决定通知之日起十五日内，向证券委指定的机构申请裁定。

第八章　附　　则

第五十七条　本办法下列用语的含义：

（一）"上市"是指证券发行人经批准后将其证券在证券交易所挂牌交易。

（二）"上市公司"是指其证券获准在证券交易所上市的股份有限公司。

（三）"上市公告书"是指上市公司按照证券法规和证券交易所业务规则的要求，于其证券上市前，就其公司及证券上市的有关事宜，通过指定的报刊向社会公众公布的宣传和说明材料。

（四）"上市费用"是指上市证券的发行人按照证券交易所的业务规则，就其证券上市向证券交易所交纳的费用。

（五）"上市推荐人"是指由证券交易所认可的、协助证券发行人申请其证券上市的证券交易所正式会员。

（六）"席位费"是指证券交易所会员按照证券交易所章程、业务规则向证券交易所交纳的交易席位使用费。

（七）"交易保证金"是指证券交易所会员按照证券交易所章程、业务规则的规定，为保证证券交易的正常进行，向证券交易所交存的保证金。

本办法未作定义的用语的含义，依照《条例》中的定义确定。

第五十八条　本办法由证券委负责解释。

第五十九条　本办法自发布之日起施行。

禁止证券欺诈行为暂行办法

（1993年8月15日 国务院证券委员会发布）

第一条 为禁止证券欺诈行为，维护证券市场秩序，保护投资者的合法权益和社会公共利益，制定本办法。

第二条 本办法所称证券欺诈行为包括证券发行、交易及相关活动中的内幕交易、操纵市场、欺诈客户、虚假陈述等行为。

第三条 禁止任何单位或者个人以获取利益或者减少损失为目的，利用内幕信息进行证券发行、交易活动。

第四条 本办法所称内幕交易包括下列行为：

（一）内幕人员利用内幕信息买卖证券或者根据内幕信息建议他人买卖证券；

（二）内幕人员向他人泄露内幕信息，使他人利用该信息进行内幕交易；

（三）非内幕人员通过不正当的手段或者其他途径获得内幕信息，并根据该信息买卖证券或者建议他人买卖证券；

（四）其他内幕交易行为。

第五条 本办法所称内幕信息是指为内幕人员所知悉的、尚未公开的和可能影响证券市场价格的重大信息。

前款所称重大信息包括：

（一）证券发行人（以下简称"发行人"）订立重要合同，该合同可能对公司的资产、负债、权益和经营成果中的一项或者多项产生显著影响；

（二）发行人的经营政策或者经营范围发生重大变化；

（三）发行人发生重大的投资行为或者购置金额较大的长期资产的行为；

（四）发行人发生重大债务；

（五）发行人未能归还到期重大债务的违约情况；

（六）发行人发生重大经营性或者非经营性亏损；

（七）发行人资产遭受重大损失；

（八）发行人的生产经营环境发生重大变化；

（九）可能对证券市场价格有显著影响的国家政策变化；

（十）发行人的董事长、三分之一以上的董事或者总经理发生变动；

（十一）持有发行人百分之五以上的发行在外的普通股的股东，其持有该种股票的增减变化每达到该种股票发行在外总额的百分之二以上的事实；

（十二）发行人的分红派息、增资扩股计划；

（十三）涉及发行人的重大诉讼事项；

（十四）发行人进入破产、清算状态；

（十五）发行人章程、注册资本和注册地址的变更；

（十六）因发行人无支付能力而发生相当于被退票人流动资金的5%以上的大额银行退票；

（十七）发行人更换为其审计的会计师事务所；

（十八）发行人债务担保的重大变更；

（十九）股票的二次发行；

（二十）发行人营业用主要资产的抵押、出售或者报废一次超过该资产的30%；

（二十一）发行人的董事、监事或者高级管理人员的行为可能依法负有重大损害赔偿责任；

（二十二）发行人的股东大会、董事会或者监事会的决定被依法撤销；

（二十三）证券监管部门作出禁止发行人有控股权的大股东转让其股份的决定；

（二十四）发行人的收购或者兼并；

（二十五）发行人的合并或者分立；

（二十六）其他重大信息。

内幕信息不包括运用公开的信息和资料，对证券市场作出的预测和分析。

第六条 本办法所称内幕人员是指由于持有发行人的证券，或者在发行人或者与发行人有密切联系的公司中担任董事、监事、高级管理人员，或者由于其会员地位、管理地位、监督地位和职业地位，或者作为雇员、专业顾问履行职务，能够接触或者获得内幕信息的人员，包括：

（一）发行人的董事、监事、高级管理人员、秘书、打字员，以及其他可以通过履行职务接触或者获得内幕信息的职员；

（二）发行人聘请的律师、会计师、资产评估人员、投资顾问等专业人员，证券经营机构的管理人员、业务人员，以及其他因其业务可能接触或者获得内幕信息的人员；

（三）根据法律、法规的规定对发行人可以行使一定管理权或者监督权的人员，包括证券监管部门和证券交易场所的工作人员，发行人的主管部门和审批机关的工作人员，以及工商、税务等有关经济管理机关的工作人员等；

（四）由于本人的职业地位、与发行人的合同关系或者工作联系，有可能接触或者获得内幕信息的人员，包括新闻记者、报刊编辑、电台主持人以及编排印刷人员等；

（五）其他可能通过合法途径接触到内幕信息的人员。

第七条　禁止任何单位或者个人以获取利益或者减少损失为目的，利用其资金、信息等优势或者滥用职权操纵市场，影响证券市场价格，制造证券市场假象，诱导或者致使投资者在不了解事实真相的情况下作出证券投资决定，扰乱证券市场秩序。

第八条　前条所称操纵市场行为包括：

(一)通过合谋或者 集中资金操纵证券市场价格；

(二)以散布谣言等手段影响证券发行、交易；

(三)为制造证券的虚假价格，与他人串通，进行不转移证券所有权的虚买虚卖；

(四)出售或者要约出售其并不持有的证券，扰乱证券市场秩序；

(五)以抬高或者压低证券交易价格为目的，连续交易某种证券；

(六)利用职务便利，人为地压低或者抬高证券价格；

(七)其他操纵市场的行为。

第九条　禁止任何单位或者个人在证券发行、交易及其相关活动中欺诈客户。

第十条　前条所称欺诈客户行为包括：

(一)证券经营机构将自营业务和代理业务混合操作；

(二)证券经营机构违背被代理人的指令为其买卖证券；

(三)证券经营机构不按国家有关法规和证券交易场所业务规则的规定处理证券买卖委托；

(四)证券经营机构不在规定时间内向被代理人提供证券买卖书面确认文件；

(五)证券登记、清算机构不按国家有关法规和本机构业务规则的规定办理清算、交割、过户、登记手续；

(六)证券登记、清算机构擅自将顾客委托保管的证券用作抵押；

(七)证券经营机构以多获取佣金为目的，诱导顾客进行不必要的证券买卖，或者在客户的帐户上翻炒证券；

(八)发行人或者发行代理人将证券出售给投资者时未向其提供招募说明书；

(九)证券经营机构保证客户的交易收益或者允诺赔偿客户的投资损失；

(十)其他违背客户真实意志，损害客户利益的行为。

第十一条　禁止任何单位或者个人对证券发行、交易及其相关活动的事实、性质、前景、法律等事项作出不实、严重误导或者含有重大遗漏的、任何形式的虚假陈述或者诱导、致使投资者在不了解事实真相的情况下作出证券投资决定。

第十二条　前条所称虚假陈述行为包括：

(一)发行人、证券经营机构在招募说明书、上市公告书、公司报告及其他文件中作出虚假陈述；

(二)律师事务所、会计师事务所、资产评估机构等专业性证券服务机构在其出具的法律意见书、审计报告、资产评估报告及参与制作的其他文件中作出虚假陈述；

(三)证券交易场所、证券业协会或者其他证券业自律性组织作出对证券市场产生影响的虚假陈述；

(四)发行人、证券经营机构、专业性证券服务机构、证券业自律性组织在向证券监管部门提交的各种文件、报告和说明中作出虚假陈述；

(五)在证券发行、交易及其相关活动中的其他虚假陈述。

第十三条　内幕人员和以不正当手段或者其他途径获得内幕信息的其他人员违反本办法，泄露内幕信息、根据内幕信息买卖证券或者建议他人买卖证券的，根据不同情况，没收非法获取的款项和其他非法所得，并处五万元以上五十万元以下的罚款。

内幕人员泄露内幕信息，除按前款的规定予以处罚外，还应当依据国家其他有关规定追究其责任。

第十四条　发行人在发行证券中有内幕交易行为的，根据不同情况，单处或者并处警告、责令退还非法所筹款项、没收非法所得、罚款、停止或者取消其发行证券资格。

第十五条　证券经营机构、证券交易场所以及其他从事证券业的机构有操纵市场行为的，根据不同情况，单处或者并处警告、没收非法所得、罚款、限制或者暂停其(指证券经营机构，下同)证券经营业务、其(指证券交易场所及其他从事证券业的机构，下同)从事证券业务或者撤销其证券经营业务许可、其从事证券业务许可。

第十六条　前条所列以外的机构操纵市场的，根据不同情况，单处或者并处警告、没收非法所得、罚款；已上市的发行人有操纵市场行为，情节严重的，并可以暂停或者取消其上市资格。

第十七条　个人有操纵市场行为的，根据不同情况，没收其非法获取的款项和其他非法所得，并处以五万元以上五十万元以下的罚款。

第十八条　证券经营机构、证券登记或者清算机构以及其他各类从事证券业的机构有本办法第十条所列行为的，根据不同情况，单处或者并处警告、没收非法所得、罚款、限制或者暂停其经营证券业务、其从事证券业务或者撤销其证券经营业务许可，其从事证券业务的许可。

第十九条　证券经营机构、证券登记或者清算机构以及其他各类从事证券业机构有欺诈客户行为的直接责任人，根据不同情况，单处或者并处警告、三万元以上三十万元以下的罚款、撤销其证券经营业务许可、其从事证券业务许可。

第二十条　证券经营机构、专业性证券服务机构有本办法第十二条所列行为的，根据不同情况，单处或者并处警告、没收非法所得、罚款、暂停其证券经营业务、其从事证券业务或者撤销其证券经营业务许可、其从事证券业务许可。

证券交易场所、证券业协会和其他证券业自律性组织有虚假陈述行为的，按照有关规定处罚。

第二十一条　发行人有本办法第十二条所列虚假陈述行为的，根据不同情况，单处或者并处警告、责令退还非法所筹资金、没收非法所得、罚款、暂停或者取消其发行、上市资格。

第二十二条　对与虚假陈述有关的直接责任人员，根据不同情况，单处或者并处警告、没收非法所得、三万元以上三十万元以下的罚款、撤销其从事证券业务的许可或者资格。

第二十三条　实施欺诈客户行为，给投资者造成损失的，应当依法承担赔偿责任。

第二十四条　对违反本办法的单位和个人，中国证券监督管理委员会(以下简称“证监会”)有权进行调查或者会同国家有关部门进行调查；重大案件由国务院证券委员会(以下简称“证券委”)组织调查。

第二十五条　对经调查证明确有违反本办法行为的单位和个人，证监会有权单独实施处罚或者会同国家有关部门实施处罚。证券委指定其他机构处罚的，受指定的机构也可以在职权范围内实施处罚。

多个机构对违反本办法的同一种行为享有处罚权的，实施处罚时应当相互协商，不得以同一事实和理由重复实施处罚。

第二十六条　对违反本办法的证券管理、监督人员，除依照本办法予以处罚外，证监会有权要求或者建议有关部门依法追究其行政、刑事责任。

第二十七条　社会公众举报证券欺诈行为以及其他证券违法行为，经查证属实的，对举报人给予奖励。

第二十八条　本办法由证券委负责解释。

第二十九条　本办法自公布之日起施行。

国务院证券委员会关于印发《关于一九九三年股票发售与认购办法的意见》的通知

(1993年8月18日　证券委发第41号)

各省、自治区、直辖市、计划单列市人民政府，国务院各部委、各直属机构，中国证券监督管理委员会：

为了切实做好一九九三年股票发行工作，国务院证券委员会制定了《关于一九九三年股票发售与认购办法的意见》，经国务院同意，现印发给你们，请认真贯彻执行。现就有关问题通知如下：

一、各地可在坚持公开、公平、公正原则，防止徇私舞弊，保证社会安定的前提下，选择《意见》中确定的认购办法；若选择其他发售认购方式，应与中国证券监督管理委员会商定。

二、国库券缴库任务未完成的地区，不得发售申请表，更不得发售股票。

三、跨地区发行股票，必须报国务院证券委员会批准。

四、各地不得在经批准发售申请表城市以外的地区发售申请表(但不限制外地区居民到发售城市认购)。

五、承销机构必须对发售申请表的工本费进行单独核算，售表收入结余上缴中央财政，用于社会公益事业。

附件：《关于一九九三年股票发售与认购办法的意见》

附件：

关于1993年股票发售与认购办法的意见

为切实做好今年股票发行工作，根据国务院《关于进一步加强证券市场宏观管理的通知》和《股票发行与交易管理暂行条例》的有关规定，对今年的股票发行办法提出以下意见：

一、股票发售与认购的基本原则

1.股票发售工作必须提高透明度，应坚持公开、公平、公正的原则，防止徇私舞弊，保证社会安定。

2.跨地区发行股票时，须报国务院证券委员会(以下简称证券委)批准。

3.认购股票申请表(以下简称申请表)，可采用无限量发售后抽签的方式进行，亦可采用与银行储蓄存款挂钩方式进行。各地如有更为稳妥方式，应与证监会商定。

4.发行股票必须选择有良好通讯、电脑网络和交通条件，有一定数量的金融分支机构(含证券经营机构)，有上海、深圳证券交易所异地会员机构的金融业相对发达的城市。

5.各省、自治区、直辖市和计划单列市人民政府(以下简称各级政府)应依照本意见，制定具体实施方案并负责组织实施。

6.国库券缴库任务未完成的地区，不得发售申请表，更不得发行股票。

二、无限量发售申请表方式

1. 在一定期限内，无限量发售申请表后，根据申请表认购数量与拟发行股票数量，进行公开摇号抽签，中签者按规定要求再办理缴纳股款手续。

2. 为减少过多人员长时间排队和纸张的浪费，可采取单位预售登记和柜台零售相结合的办法。申请表由单位组织预售登记工作，同时在经各级政府指定的证券代销柜台公开发售，以满足不同阶层的需要。

3. 每张申请表原则上只对应一家企业发行的股票，最多只能对应当年本地发行的几家企业发行的股票，原则上申请表必须印有股票发行企业的名称。

4. 发售申请表时收取工本费。工本费指申请表印制费用和委托代销手续费等。承销机构须对发售申请表的工本费用进行单独核算，售表收入结余必须上缴中央财政，用于社会公益事业。

5. 每份申请表可申请认购股票数额为100股的整数倍，且不低于500股，不高于1000股。任何单位和个人不得加价转让、出售申请表。

三、与银行储蓄存款挂钩发行方式

1. 各级政府同当地人民银行商定，可按居民在银行定期储蓄存款余额的一定比例配售申请表，然后对认购的申请表进行公开摇号抽签，中签后按规定要求办理缴纳股款手续；或者开办专项定期定额储蓄存单业务，按专项储蓄存单上的号码进行公开摇号抽签；也可采取其他办法。

2. 采用发行股票与银行储蓄存款挂钩方式，应采取有效措施，防止地区间资金大量转移。

四、承销机构的有关职责

1. 申请表发售期开始前，承销机构应根据《股票发行与交易管理暂行条例》负责在报刊上公告招股说明书概要和申请表发售起止日期、地点及有关事项。

2. 在发售期内，承销机构应在所有发售网点张贴或以其他形式公告招股说明书。

3. 承销机构不得在规定的发售起始日前发售申请表；在发售中或发售期满后，不得以任何方式为本机构留购申请表。

不得在经批准发售申请表城市以外的地区发售申请表(不限制外地居民到发售城市认购)。

不得委托无权办理或代办证券业务的机构或单位代售申请表。

4. 承销机构在承销过程中如违反上述规定和有关法规，依情节轻重给以处罚直至取消今后股票承销资格。

5. 承销机构对申请表进行抽签时，须按规定的日期和程序，在公证机关的监督下，对所有经认购的申请表进行公开抽签。

发行期结束后，未出售的申请表由承销机构负责回收、销毁。承销期满，未售出的股票按承销协议约定的条件处理。

国家国有资产管理局
关于印发《〈股份制试点企业国有资产管理暂行规定〉的几点说明》的通知

国资法规发[1992]51 号

各省、自治区、直辖市和计划单列市国有资产管理局(办公室、处)、体改委(办)、财政厅(局),国务院各部委、各直属机构:

《股份制试点企业国有资产管理暂行规定》(国资法规发(1992)39 号,以下简称《规定》)下发后,一些地区,部门和企业要求对其中的一些条文作出进一步的解释,以便于操作。为此,我们制定了该《规定》的几点说明。现印发给你们,请结合具体情况,参照执行。

附件:《股份制试点企业国有资产管理暂行规定》的几点说明。

附件:

《股份制试点企业国有资产管理暂行规定》的几点说明

一、关于国家股与国有法人股的划分问题

《规定》第三条中所称国家股是指:1.现有全民所有制企业整体改组为股份制试点企业时,其净资产折成的股份;2.现阶段有权代表国家投资的政府部门向新设股份制试点企业投资形成的股份;3.经授权代表国家投资的投资公司、资产经营公司、经济实体性总公司等机构向新设股份制试点企业投资形成的股份。

随着产权关系逐步理顺,今后国家股主要是由国有资产管理部门通过其授权机构将国有资产投入股份制试点企业而形成的股份。

国有法人股是指全民所有制企业(不含经授权代表国家投资的企业性质的机构)用其可自主支配的资产向独立于自己的股份制试点企业投资形成的股份。

二、全民所有制企业改组为股份制试点企业的国有资产投股问题

全民所制企业改组为股份制试点企业时,应切实保障国有资产所有者的合法权益,一般须以经国有资产管理部门确认的资产评估后的净资产额折为国家股股本。但考虑到溢价发行时未完全折股的净资产可以通过适当的溢价方式得以补偿等因素,因而,《规定》第十条确定在采取溢价发行方式招股增资时,在一定的市场条件下,也允许对企业净资产不完全折股,即国有资产折股的票面价值总额可以略低于经资产评估并确认的净资产总额。这里,“略低于”的比例须由国有资产管理部门根据市场行情掌握。

三、非经营性国有资产折股和管理问题

全民所有制企业改组为股份制试点企业时，对于原企业的非经营性单位占用的国有资产，首先应考虑同经营性资产一样折价入股。如果考虑到资产总额太大，影响企业的资本金利润率，不利于吸引股东等因素，经国有资产管理部门批准，可以不折价入股，其国有资产性质不变。对于其资产不折价入股的幼儿园、医院等非经营性单位，应按照《规定》第十一条的规定，使其成为独立于股份制企业之外的经营单位，也可由国有资产管理部门委托改组后的股份制试点企业进行专项管理、有偿使用，其费用可以从股份制企业公益金中提取；情况特殊的，也可委托其他单位代管。对于职工宿舍，则可相应进行房改，采取提高房租或出让产权等多种办法处理，其收入由国有资产管理部门或其委托单位收取，按有关部门管理。

四、国有股股权有偿转让的审批问题

对于《规定》第十二条第二款，涉及国家股股权有偿转让给非国有经济成分的，仍须由国有资产管理部门审批或由国有资产管理部门报请政府审批；如果是国有法人股有偿转让给非国有经济成分，则由投资入股的法人单位决定。但是，当该股份制试点企业属于国家必须控股且一旦转让国有法人股会影响国有股在该企业的控股地位时，则必须报国有资产管理部门审批直至请政府批准。

五、国家控股比例问题

《规定》第十九条所称"国家控股地位"，是指国有股股权在该股份制试点企业中占总股本的比例在51%以上。

六、有关国家股股权代表管理，除遵循《规定》第十三、十四、十五、十六条的规定外，其具体管理办法由国家国有资产管理局会同有关部门另行制定。

七、有关股份制试点企业中国家股股利收入收取和解缴工作，遵照《规定》第十七、十八条办理。其具体收缴办法由国家国有资产管理局会同财政部另行制定。

八、有关国有土地使用权的评估，除按《规定》第七条办理外，具体操作问题，待与有关部门协商后另行通知。

国家国有资产管理局关于公开发行上市股票股份制试点企业资产评估立项、确认问题的通知

(1993年8月24日 国资办发[1993]41号)

国务院各部委、各直属机构,各省、自治区、直辖市和计划单列市国有资产管理局(办公室、处):

为贯彻国务院《关于进一步加强证券市场宏观管理的通知》(国发[1992]68号)和国家国有资产管理局、中国证券监督管理委员会《关于从事证券业务的资产评估机构资格确认的规定》(国资办发[1993]12号)文件的精神,加强对证券业资产评估的规范管理,保证资产评估质量,按照《国有资产评估管理办法》和《国有资产评估管理办法施行细则》的有关规定,现对公开发行上市股票的股份制试点企业资产 评估立项、确认等有关问题通知如下:

一、凡经批准进行股份制试点公开发行上市股票的企业,资产评估立项工作,中央企业须经主管部门签署意见后报国家国有资产管理局办理;地方企业须经省、自治区、直辖市和计划单列市国有资产管理部门审查后报国家国有资产管理局办理。

上述地方企业在本通知发布前已经在地方国有资产管理部门办理评估立项的,可不再补办,但须抄报国家国有资产管理局备案。

二、上述企业资产评估报告的审核、确认工作,中央企业经主管部门签署意见后报国家国有资产管理局办理;地方企业由省、自治区、直辖市和计划单列市国有资产管理部门初审后,报国家国有资产管理局审定。

上述地方企业在通知发布前,资产评估报告已经由地方国有资产管理部门审核、确认,但股份制企业尚未正式成立的,资产评估报告仍须报我局审定。

三、法规解释及其它规范性文件

公开发行股票公司信息披露的内容与格式准则

第一号

招股说明书的内容与格式
（试行）

（1993年6月3日　证监发字[1993]39号）

说　　明

（一）根据《股票发行与交易管理暂行条例》（以下简称《条例》）和《股份有限公司规范意见》（以下简称《规范意见》）制定本准则。

（二）凡在中华人民共和国境内公开发行股票和将其股票在经国务院证券委员会（以下简称"证券委"）批准可以进行股票交易的证券交易场所交易的发行人，在申请公开发行股票时，应当按照本准则编制招股说明书。

本招股说明书作为发行人向中国证券监督管理委员会（以下简称"证监会"）申请公开发行申报材料的必备部分。

（三）本准则规定的内容与格式包括：

1.招股说明书封面；

2.招股说明书目录；

3.招股说明书正文；

(1)主要资料

(2)释义

(3)绪言

(4)发售新股的有关当事人

(5)风险因素与对策

(6)募集资金的运用

(7)股利分配政策

(8)验资证明

(9)承销

(10)发行人情况

(11)发行人公司章程摘录

(12)董事、监事、高级管理人员及重要职员

(13)经营业绩

(14)股本

(15)债项

(16)主要固定资产

(17)资产评估

(18)财务会计资料

(19)盈利预测

(20)重要合同及重大诉讼事项

(21)公司发展规划

4.招股说明书附录；

5.招股说明书备查文件。

（四）发行人对本准则列举的各项内容应当进行披露。但是本准则某些具体要求对发行人确实不适用的，发行人可根据实际情况做出适当修改，同时予以说明。发行人还可根据其自身的实际情况，增加其他内容。

发行人及其应编制合并报表的子公司（由发行人持股50%以上（含）的公司，下同）成立均不足三年的，应提供其自成立之日起，至进行股票公开发行准备工作之时止的经营业绩及其他资料。

如果发行人及其应编制合并报表的子公司由原有企业经改制而设立，且改制不足三年，则发行人在根据本准则的要求对其历史情况进行披露时，应包括原有企业情况。

人民币特种股票（B股）的发行人，应当增加关于中国经济、政治、法律等有助于外国投资人了解中国一般情况的资料，以及有助于对发行人增加了解的其他资料。有必要时，B股发行人还应编制招股说明书的外文文本。发行人应当保证两种文本内容的一致性。在对两种文本的理解上发生歧义时，以中文文本为准。

发行人尚未成立董事会、监事会，而由筹备机构代行其权力的，本招股说明书中凡要求董事会、监事会在股票发行过程中以及对本招股说明书所应承担的责任与义务，由筹备机构承担，对董事、监事有关情况的披露改为对筹备机构成员有关情况的

披露。

(五)招股说明书的有效日期为六个月,自招股说明书签署之日起计算。发行人不得使用过期的招股说明书发行股票。发行人在招股说明书有效期内未能发行股票,必须修订招股说明书,补充最新的财会资料和其它信息,报证监会审核后,方可发行。

(六)招股说明书不得刊登任何个人、机构或企业的题字或任何有祝贺性、恭维性或推荐性的词句。

(七)招股说明书中的数字应当采用阿拉伯数字。招股说明书中有关货币金额的资料除特别说明之外,一般应指人民币金额。

(八)有关地方法规中凡与本准则相抵触的部分,应以本准则为准。

(九)本准则自公布之日起实施。

一、招股说明书封面

招股说明书的封面应载明下列事项:

1.发行人的正式名称及注册成立地;

2."招股说明书"字样,未正式定稿前,必须标有"未定稿"显著字样;

3.说明发行股票的类型,例如普通股、优先股或者人民币特种股等;如果同时发行认股证,还须列明认股证与股票的比例;

4.重要提示,必须按照本准则附件一规定的文字列示;

5.发行量、每股面值、每股发行价、发行费用、募集股本;

如果在编写招股说明书时,尚无法确定发行价格,有关发行价格的数据可以空缺,或填写一个价格范围。但在正式向公众披露前必须填入确切的发行价。

6.预计何时在何证券交易场所开始交易;

7.主承销商;

8.推荐人;

9.招股说明书签署日期。

招股说明书必须用幅面为209×295毫米规格的纸张(等于A4纸规格),封面必须为浅色,除可以印有发行人的标志之外,不应当有其他图案。具体格式见附件一。

二、招股说明书目录

目录在招股说明书的封二上排印,包括每一节的标题及相应的页数。

三、招股说明书正文

(一)主要资料

本节是以2—3页的较少篇幅,把招股说明书中关键内容摘要刊印在招股说明书之首,以使投资人尽快了解该说明书提供的主要信息。但是"主要资料"不得误导投资人,同时应当采用下述文字提醒投资人阅读全文,以正确了解招股说明书的完整内容:"以下资料节录自本招股说明书。欲购买本次发行股票的投资者,在做出投资决策前,应该认真阅读招股说明书全文。"

本节包括以下内容:

1.发行人简介:发行人的一般情况、主营业务、经营业绩、股权结构(以图表示意)等。

2.本次发行:

(1)本次发行的一般情况:

股票种类、每股发行价、每股面值;

发行数量(股)其中:普通股、优先股等;在以持股人的不同类型区分股份的情况下,还应当分别按法人股、社会公众股(A股)、B股、可转换股等加以列示,

发行总市值,

税后盈利预测,

每股盈利,

预计市盈率,

发行后每股净资产;

(2)本次发行前已发行的股票及本次发行后的股权结构变化;

(3)募股资金的运用:简单说明募股资金的用途;

(4)股利政策:是否分配股利,分配间隔时间,预期首次分配是何时间等;

(5)风险因素:涉及到哪几方面的风险;

(6)发行地区、发行对象、承销期的起止日期;

(7)挂牌交易:本股票预计将于何时在何证券交易场所开始挂牌交易。

3.主要会计数据(采用列表式):

(1)资产负债表数据:营运资金、总资产、长期负债、股东权益;

(2)利润表数据:销售收入、营业利润、税后利润。

发行人在招股说明书中应提供其最近连续三个年度的会计数据。最近一期会计数据的有效期为六个月。因此在必要时,发行人还应提供自最后一个会计年度终止后,到编制招股说明书之前最近可行的季度终了的会计数据。会计期间的排列应当自左至右,最左侧为最近一期数据,每个期间均应注明。上述会计数据应选自经有资格从事证券业务的会计师事务所审计过的财务报表。

4.预计时间表:

(1)申请表发售期;

(2)交回申请表截止日期;

(3)交款期;

(4)股票及认股权证寄存日期;

(5)预计挂牌交易日期。

发行人和其承销商还可以根据需要加入发行上市过程中的其他重要日期,例如抽签日期、公布抽签结果日期,等等。

(二)释义

对招股说明书中具有特定含意的词汇做出明确的定义、解释和说明。

(三)绪言

在绪言中必须声明:

本说明书的编写所依据的法规,所经由批准的部门(例如地方主管部门、交易所等),发行人董事会成员(或股份有限公司筹备组成员)已批准该招股说明书,确信其中不存在任何重大遗漏或者误导,并对其真实性、准确性、完整性负个别的和连带的责任。

下列文字必须载入绪言:

"新发行的股票是根据本说明书所载明的资料申请发行的。除本发行人和主承销商外,没有委托或授权任何其他人提供未

在本说明书中列载的信息和对本说明书作任何解释或者说明。”

本招股说明书应当提醒投资人自行负担买卖该发行人股票所应支付的税款，发行人、推荐人和承销商对此不承担责任。

（四）发售新股的有关当事人

本节列出下列有关当事人的机构名称、所在地、电话、传真以及这些当事人中负责与本次发行销售有关事项的联系人姓名：

1.发行人及其法定代表人；

2.财务顾问（如果聘用了财务顾问）；

3.主承销商（如果由若干家证券商联合牵头，应将其全部列示）及其律师事务所；

4.推荐人；

5.发行人的律师事务所和经办律师；

6.会计师事务所和经办注册会计师；

7.资产评估机构和经办评估人员；

8.资产评估确认机构；

9.收款银行；

10.股票登记机构；

11.其他与发售新股有密切联系的机构和个人。

（五）风险因素与对策

本节介绍投资风险和股市风险。

投资风险介绍可能对发行人发展前景、产品销售、市场份额、财务状况、经营效益等方面产生不利影响的重要因素。

本节开始时，应采用下列提示：

“投资者在评价本发行人此次发售的股票时，除本招股说明书提供的其它资料外，应特别认真地考虑下述各项风险因素。”

风险因素包括（但不限于）下列各项：

1.经营风险。指发行人在生产经营过程中可能存在的风险因素，例如：

（1）对重要原材料或者供货渠道的依赖，进口材料的限制；

（2）对主要客户的依赖；

（3）能源或者交通运输方面存在的制约；

（4）产品价格方面的限制；

（5）产品外销的限制；

（6）产品的生产与销售是否有任何补贴；

（7）产业结构过度集中或分散的风险；

（8）主要产品或者主要业务所采用技术的先进程度以及同类的最新产品、最新技术和替代产品的简况；

（9）融资能力的局限性；

（10）外汇风险（包括汇率风险），主要适用于收入或支出中相当部分需以外汇结算的发行人；

（11）自然条件的限制，等等。

2.行业风险。指发行人所在行业的行业特点、发展趋势中可能存在的不利因素以及行业竞争情况，例如：

（1）国家的产业政策；

（2）行业发展存在的限制因素，如属于限制发展的行业、污染环境、有害健康（例如烟草行业），等等；

（3）严重依赖其他行业；

（4）严重依赖有限的自然资源；

（5）行业内部竞争的情况，等等。

3.市场风险。指发行人是否会受到商业周期的影响，市场的发育情况，以及与发行人密切相关的行业的情况，例如：

（1）发行人是否存在某种商业周期或受商业周期的影响；

（2）市场不够发达或存在市场分割的情况；

（3）主要市场所在的国家和地区属于经济、政治不稳定的地区；

（4）密切相关的行业存在各种制约因素；

（5）市场容量方面的限制，等等。

4.政策性风险。指国家政策、法律（包括税务法规、进出口政策等）是否对发行人不利或存在某种限制，国家政策、法律是否在可见的将来有可能发生变化，并因其变化而对发行人产生不利影响。

5.其它风险。指对发行人存在除上述各方面风险之外的风险，例如：

（1）对海外市场的依赖；

（2）现有股东的控制；

（3）发行人设立或发行股票，存在哪些法律上的欠缺，等等。

在陈述每项风险之后，还可说明发行人采取或准备采取哪些措施减少上述风险的影响。

股市风险介绍影响股票市场价格变化的基本原因，说明股市风险与投资风险的联系，提醒投资人对股价波动应有充分了解。

（六）募集资金的运用

本节说明对所募集资金的运用计划，包括（但不限于）以下几方面：

1.通过发行股票所募集资金的计划用途；

2.如果所募集的资金准备用于投资项目，应对项目的情况作简单介绍，包括其投资预算；

3.投资项目使用资金的计划时间表；

4.如果投资项目不止一项，还应说明这些项目的轻重缓急；

5.在采用代销方式发行股票的情况下，如果不能募集到预计的全部资金，对可能取得资金的使用计划加以说明；

6.如果发行人尚未确定募集资金的用途，必须予以说明，并详细陈述发行的理由；

7.如果所筹资金尚不能满足规划中的项目的资金需求应说明其缺口部分的来源及落实情况；

8.增资发行的发行人必须说明前次公开发行股票所筹资金的运用情况。

（七）股利分配政策

本节叙述发行人关于股利分配的各项政策：

1.发行人在发行股票后第一个盈利年度是否准备派发股利，如果准备发放，发放几次，约在何时发放；

2.发行人股利分配的一般政策；

3.不同类别股票在股利分配方面的权益；

4.用于发放股利的净利润是如何确定的，即税后利润是否需要扣减各种公积金和基金，是否需要弥补以前年度的亏损，各种公积金和基金的计提比例和以前年度结转亏损的金额；

5.预计派发的股利占净利润的百分比；

6.如果暂时不准备派发股利，简要说明原因；

7.其他应说明的股利分配政策。

如果发行人的决策机构为股份有限公司筹备组，无法确定股利分配政策，需等发行之后由首届股东会选举出的董事会予以确定，则本节须将此情况如实披露。

（八）验资证明

本节是注册会计师对发起人根据《条例》第八条第(三)、第(四)款的规定投入股份有限公司筹备机构的认购股份的股本进行验证后出具的验资证明。

(九)承销

本节说明与本次承销和发行有关的事项,包括(但不限于)下列项目:

1. 承销方式(包销或代销);

2. 如果为代销,应该达到的最低发行量;

3. 承销期的起止日期;

4. 发行地区;

5. 发行对象;

6. 发行股票的种类(普通股、优先股、可转换股等)、面值、数量;

7. 如果本次发行区别不同持股人类别发行不同类型股票的话,列示按持股人类别划分的股票种类(例如法人持股、内部职工持股、社会公众持股、人民币特种股持股等)、面值、数量;

8. 发行价格及其确定价格的方法;

9. 本次发行预计实收金额;

10. 全部承销机构的名称及其承销量(一般应当按承销量的大小为序排列,主承销商排列在最前面,并予以注明);

11. 发行费用,包括承销费用、注册会计师费用(包括审计、验资、盈利预测等费用)、评估费用、律师费用、公关及广告费用、印刷费用、其他费用等。

(十)发行人情况

本节简要介绍发行人的全面情况,包括(但不限于)下列内容:

1. 发行人的名称;

2. 发行人成立的日期;

3. 发行人的注册地及总部的地址;

4. 发行人的历史情况简介,包括隶属关系的演变;

5. 发行人的组织结构和内部管理结构,如果发行人属于某一集团,还应当介绍该集团的情况及发行人在该集团中的地位;

6. 发行人的职工人数,职工的专业构成如生产人员、销售人员、技术人员、财务人员、行政人员等,职工的教育程度和年龄情况以及有关职工的其他情况,例如福利、劳保、待业保险、养老退休金等;

7. 发行人的经营业务范围;

8. 发行人的主要业务;

9. 发行人的主要产品品种、生产能力、主要市场及其市场占有情况和销售额、销售方式等(包括海外市场);

10. 发行人业务收入的主要构成,如果发行人有二种以上(含)主要业务或主要产品,说明每种主要业务或产品在收入中所占的份额;

11. 主要原材料的供应、自然资源的耗用情况,如果涉及外汇平衡问题,还应予以说明;

12. 对发行人业务有重要意义的工业产权和其它类似无形资产的有关情况;

13. 新产品、新项目研究开发的有关情况;

14. 正在进行或计划进行的投资项目、技术改造、产品更新的一般情况,包括对机器设备、土地、厂房及研究开发项目的投资;

15. 国家的政策、法规、制度等对发行人改制前的生产经营条件(如原料与能源的供应和价格、产品或服务的销售和价格、税收、员工的聘用及工资水平、产品或业务的专营与垄断等方面)是否有任何限制或优惠,这些限制或优惠在公开发行股票之后是否仍然存在;

16. 发行人在过去三年内如果发生过重大改组、变更、收购、兼并、清理整顿行为以及重大投资行为,需给予详细说明。

本节内容中的某些部分如果属于发行人的重要商业秘密,可适当简化。

(十一)发行人公司章程或公司章程草案的摘录

本节摘录发行人公司章程或章程草案中的部分主要内容,包括(但不限于)下列各项:

1. 股东的权利、义务;

2. 股东会的职权和议事规则;

3. 公司法定代表人及其职权;

4. 董事会的组成、职权和议事规则;

5. 经营管理机构的组成、职权和议事规则;

6. 监事会的组成、职权和议事规则。

(十二)董事、监事、高级管理人员及重要职员

本节介绍发行人的董事、监事、高级管理人员及重要职员的简单情况,包括(但不限于)下列各项:

1. 姓名、性别、年龄、学历、职称;

2. 正在担任和曾经担任的重要职务及任期;

3. 主要业务简历;

4 其他。

高级管理人员是指发行人日常管理的最高负责人及其主要助手,例如总经理、副总经理、总会计师等或者与这些职务相当的主要负责人。重要职员是指除高级管理人员之外的对发行人具有一定程度控制权或者对发行人生产经营活动至关重要的人员。

(十三)经营业绩

本节介绍发行人在过去至少三年中的经营业绩,包括(但不限于)下列内容:

1. 生产经营的一般情况;

2. 每年销售总额和利润总额的情况;

3. 完成的主要工作,包括完成的重大项目和科研成果等;

4. 产品或者服务的市场情况;

5. 产品性能、质量方面的情况;

6. 筹资与投资方面的情况;

7. 生产经营设备、主要固定资产增加、改进的情况;

8. 经营管理的改进与提高;

9. 职工数量与业务水平方面的变化,等等。

(十四)股本

本节介绍发行人股本的下列有关情况:

1. 注册股份;

2. 已发行的股份;

3. 超过面值缴入的资本及其用途;

4. 如果发行人已进行过股份制改组、定向募集或本次发行不是首次公开发行,本次发行前股份的结构,包括国家持股、法人持股、个人持股(其中内部职工持股)、外资持股等各占的份额;

5. 如果已发行过内部职工股,内部职工股是否严格地限制在本企业职工范围之内,是否已全部按照要求集中托管,根据

《规范意见》第三十条第五款的规定，内部职工股不得上市交易的截止日；

6. 发起人认购股份的情况；

7. 本次发行后公司股份的结构；

8. 本次发行后净资产总额；

9. 本次发行前每股净资产；

10. 本次发行后每股净资产；

11. 本次发行前持有发行人5%以上(含)股权的股东名单及其简要情况，如果股东总数超过10名，但持股5%以上的股东不足10名时，则应提供按持股比例排列的前10名股东的名单及简要情况；

12. 董事、监事、高级管理人员及重要职员持有股份情况，包括持有本发行人及其他关联企业股份的情况；

13. 股票回购程序。

根据《规范意见》第三十二条的规定，发行人一般不得收购其发行在外的股票。当发生例如《条例》第四十六条的情况，发行人需要购回已发出的部分股票时，说明所应执行的程序，例如报告需回购的情况，向有关部门和董事会提出申请、审批、收购、披露等。

(十五)债项

本节陈述发行人在特定日期(不得早于本招股说明书所载最新一期财务报表截止日)的主要借款情况，包括银行贷款、公司债、内部人员和关联人贷款等以及或有负债、主要合同承诺等。下列资料的日期必须载明。

	金额		利率	债券期间	抵押或担保的情况	其他限制性条件
	短期	长期				
银行贷款						
公司债						
内部人员*和关联人贷款						
合计						

或有负债

主要合同承诺**

所有债项均应区分有担保、无担保、有抵押、无抵押、不同期间不同利率分别列示。如果因为发行人的股票公开发行和上市而导致对其担保的改变，应予说明。

发行人如果有逾期未偿还的债务，应当对其金额、利率、贷款人、资金用途、未按期偿还的原因、预计还款期等做详细说明。

*内部人员是指发行人的董事、股东(法人或个人)和雇员。

**合同承诺指发行人与其它机构或个人订立合同，在未来期间购买合同对方的劳务或者产品，同时按规定的价格进行支付。

(十六)主要固定资产

本节介绍发行人及其子公司拥有或者占有的主要固定资产的一般性质、原值、用途、折旧情况和所在地等。

主要固定资产包括：

1. 各种房地产(包括土地使用权)、建筑物、厂房等；

2. 各种矿产等自然资源；

3. 主要生产、经营、运输、办公设备等；

4. 由原企业改制设立的发起人，原则上不应将原企业固定资产中的非生产性、福利与服务性项目，例如食堂、医院、学校、影剧场、职工宿舍等转移到股份制企业中。如果因某些原因而无法将非生产性、福利与服务性资产完全剥离，应对这部分资产的有关情况充分披露。

(十七)资产评估

本节介绍原有企业改制为股份制企业时进行资产评估的有关情况，包括(但不限于)下列各项：

1. 公司各类资产(指资产负债表大类划分)评估前帐面价值及固定资产净值；

2. 公司各类资产评估后净值；

3. 各类资产增(减)值幅度；

4. 各类资产增(减)值的主要原因。

本节还应该简单介绍资产评估时采用的主要评估方法。

(十八)财务会计资料

本节列示发行人主要财务会计资料，包括(但不限于)以下各项：

资产负债表主要数据：流动资产、固定资产、无形资产和其他资产、总资产、流动负债、长期负债、股东权益。

利润表主要数据：净销售收入或者营业收入、销售成本与销售税金、期间费用(包括销售、管理、财务费用等)，营业外收支、非常项目损益、税后利润，对于发行人原已是股份公司的，还应当提供每股盈利，派发股利等资料。

上述主要财务会计资料的有关要求与本招股说明书正文第一项第三款"主要会计数据"的要求相同。

申请公开发行股票的发行人设有子公司的，应当提供合并报表数据及其发行人单独的报表数据。

上述数据应以人民币元或者千元为单位。以元为单位的，原报表中的分、角通过四舍五入略去。

本节还应当对所列示的资料做出必要说明，说明的内容应包括(但不限于)以下方面：

1. 对发行人财务状况和经营成果的一般性介绍；

2. 主要会计政策及对合并报表所采用的会计处理方法；

3. 资产、负债、销售(营业)收入、销售成本的主要内容或者对之有重大影响的项目；

4. 如果在几年比较数据中的主要项目出现较大波动和变化，说明造成变化的原因；

5. 如果有正在进行或者计划进行的重大资本支出项目，说明资本支出项目对企业财务状况和经营成果的影响及其资金来源；

6. 发行人在最近三年中资产流动性的情况及变化的趋势，包括营运资金和流动性比率的增减变动及其原因，等等。

本节还应提示，如果投资人欲对发行人的财务状况、经营成果及其会计政策进行更详细的了解，应当认真阅读在附录中所载的发行人财务报表和注释。

(十九)盈利预测

如果发行人或其财务顾问或其承销商认为提供盈利预测数据将有助于投资人对发行人及其所发行的股票做出正确判断，且发行人确信有能力对最近的未来期间的盈利情况作出比较切合实际的预测，则发行人可在招股说明书中提供盈利预测数据。预测的数据包括会计年度税后利润总额、每股盈利及市盈率。

预测应是在对一般经济条件、营业环境、市场情况、发行人生产经营条件和财务状况等进行合理假设的基础上，按照发行人正常的发展速度做出的。如果预测中包括尚未投入使用的项目的收益，则应当有确实的证据，证明该项目在预测期间内能够投入使用并且产生预期的收益。

预测期间的确定：

1.如果预测是在发行人会计年度的前六个月做出，则为自预测时起至该会计年度结束时止的期间。

2.如果预测是在发行人会计年度的后六个月做出，则为自预测时起至不超过下一个会计年度结束时止的期间，但最短不得少于12个月。

盈利预测所采用的各项假设必须加以说明。注册会计师必须对盈利预测所采用的会计政策和计算方法进行审查并做出报告。盈利预测所采用的会计政策必须与招股说明书所载财务报表所采用的会计政策一致。

(二十)重要合同及重大诉讼事项

本节简要介绍发行人已签订的重要合同和作为一方当事人的尚未做出判决的重大诉讼事项。

重要合同是指对发行人生产经营活动、未来发展或者财务状况具有重要影响的合同。

重大诉讼事项是指其对发行人的财务状况、经营成果、声誉、业务活动、未来前景等可能产生较大影响的诉讼或者发行人的董事、监事、高级管理人员受到刑事起诉。

凡发行人及其母公司、子公司、并行子公司、控股公司、联营公司，发行人的董事、监事、高级管理人员，持有发行人5%以上(含)股份的主要股东作为重大诉讼一方当事人的，都应予以披露。

披露的内容包括：

1.受理该诉讼的法庭的名称；

2.提起诉讼的日期；

3.诉讼的主要当事人和代理人；

4.提起诉讼的原因和争议双方各自的理由；

5.请求何种赔偿，可能赔偿的数额或者受到的处罚；

6.证监会要求予以披露的其他事项。

(二十一)公司发展规划

本节介绍发行人已经制定的、比较切实可行的发展计划与安排，包括(但不限于)以下内容：

1.发行人的生产经营发展战略；

2.发行人的发展目标和规模；

3.发行人的市场发展计划；

4.发行人的销售计划；

5.发行人的生产经营计划；

6.发行人的固定资产投资计划；

7.发行人的人员扩充计划；

8.发行人的资金筹措和运用计划，等等。

四、附　录

附录至少应包括以下各项：

1.财务报表及其注释和审计报告(不少于三年的利润表，不少于两年的资产负债表，不少于一年的财务状况变动表或现金流量表)；

2.财务报表差异调节表；如果发行人既发行A股，又发行B股或者既在境内发行，又在境外发行，由于会计准则的不同导致不同类型的股票同期财务报表数据不完全相同的，应当对其差异编制调节表，说明差异的原因；

3.资产评估报告；

4.盈利预测报告和注册会计师的意见；

5.法律意见书；

6.发行人的公司章程和细则；

7.发行人的营业执照。

五、备查文件

备查文件至少应当包括以下各项：

1.发行人成立的注册登记文件；

2.主管部门和证券交易所批准发行上市的文件；

3.承销协议；

4.国有资产管理部门关于资产评估的确认报告；

5.发行人改组的其他有关资料；

6.重要合同；

7.证监会要求的其他文件。

同时还应当说明备查文件的查阅期间(不应短于发行期间)和查阅地点。这些地点应当是投资公众较易达到的地点，例如发行人、承销商、证券交易所和证监会所在地等。

附件一

北京龙人股份有限公司

(在北京登记注册)

招股说明书

(普通股)

20,000,000股

重要提示

发行人保证本招股说明书的内容真实、准确、完整。政府及国家证券管理部门对本次发行所作出的任何决定，均不表明其对发行人所发行的股票的价值或者投资人的收益作出实质性判断或者保证。任何与此相反的声明均属虚假不实陈述。

(单位:人民币元)	面　值	发行价	发行费用	募集资金
每　股	1.00	2.50	0.05	2.45
合　计	20,000,000	50,000,000	1,000,000	49,000,000

本公司股票的发行期为1993年4月1日至1993年4月15日。

本公司已申请将本次发行的股票于1993年4月16日在深圳证券交易所挂牌交易。

主承销机构:北京天地证券有限公司

推　荐　人:中国神州信托投资公司

招股说明书签署日期1993年1月25日

证监会关于发布《公开发行股票公司信息披露实施细则(试行)》的通知

(1993年6月12日　证监上字[1993]43号)

各省、自治区、直辖市、计划单列市政府证券主管部门,国家有关部委,上海、深圳证券交易所,各上市公司:

为了维护我国证券市场的良好秩序,促进证券业务的健康发展,保护投资者的合法权益和社会公众的基本利益,中国证监会根据国务院《股票发行与交易管理暂行条例》的有关规定,制定了《公开发行股票公司信息披露实施细则(试行)》。现发给你们,请在从事与证券业务有关的工作时,认真执行本细则的规定,并把在执行过程中所遇到的问题转告证监会。

附件:《公开发行股票公司信息披露实施细则(试行)》

附件:

公开发行股票公司信息披露实施细则(试行)

第一章　总　　则

第一条　根据《股票发行与交易管理暂行条例》(以下简称《条例》)和《股份有限公司规范意见》关于上市公司信息披露的规定,制定本细则。

第二条　中国证券监督管理委员会(以下简称证监会)依照法律、法规的规定,监督公开发行股票的公司按照法律、法规的要求披露信息。

第三条　所有在中华人民共和国境内公开发行股票的公司的招股说明书均须在证监会登记注册。凡在证监会登记注册公开发行股票的公司均必须按照本细则的要求披露信息。

除前款外,本细则还适用于持有一个公司5%以上发行在外普通股的法人和收购上市公司的法人。

第四条　股份有限公司公开发行股票、将其股票在证券交易场所交易,必须公开披露的信息包括(但不限于):

(一)招股说明书;

(二)上市公告书;

(三)定期报告,包括:年度报告和中期报告;

(四)临时报告,包括:重大事件公告和收购与合并公告。

公开披露的信息应当用中文表述;发行B股的公司公开披露信息,如有必要,还应当用英文表述。英译文本的字义和词义与中文本有差异时,以中文本为准。

第五条　公司的全体发起人或者董事必须保证公开披露文件内容没有虚假、严重误导性陈述或重大遗漏,并就其保证承担连带责任。

公开披露文件涉及财务会计、法律、资产评估等事项的,应当由具有从事证券业务资格的会计师事务所、律师事务所和资产评估机构等专业性中介机构审查验证,并出具意见。专业性中介机构及人员必须保证其审查验证的文件的内容没有虚假、严重误导性陈述或者重大遗漏,并且对此承担相应的法律责任。

承销股票的证券经营机构必须对招股说明书内容的真实性、准确性、完整性进行认真查核,保证经其查核的文件内容没有虚假、严重误导性陈述或者重大遗漏,并且对此承担相应的法律责任。

第二章 招股说明书与上市公告书

第六条 股份有限公司发行股票,应当根据《条例》第十五条编制招股说明书,向社会公开披露有关信息。其股票获准在证券交易场所交易时,上市公司应当编制上市公告书,向社会公开披露有关信息。

招股说明书的具体内容与格式见《公开发行股票公司信息披露的内容与格式准则》(以下简称准则)第一号。

第七条 公开发行股票的公司编制完成招股说明书后,应当将经签署的招股说明书和招股说明书概要(具体编制内容见准则第一号)随其他发行申请文件一并报送当地省或计划单列市一级政府或中央企业主管部门。经上述部门批准后,将上述文件一式十二份报送证监会复审。获准公开发行股票后,发行人及其承销商应当在承销期开始前二至五个工作日内将招股说明书概要(一万字左右,对开报纸一整版)刊登在至少一种由证监会指定的全国性报刊上,并将招股说明书放置在发行人公司所在地、拟挂牌交易的证券交易场所、各承销机构及发售网点,供公众查阅,并且在发售网点全文张贴,同时报送证监会十份,以供备案和投资公众查阅。

第八条 在公开发行股票的申请获批准后,且招股说明书失效之前,如果发生不修改招股说明书就会产生误导的事件,发行人与其承销商有责任对招股说明书作出相应的修改。发行人对经证监会复审后的招股说明书(包括招股说明书概要)作出的任何改动,必须在招股说明书(包括招股说明书概要)公布之前报证监会审核。

第九条 公司编制的上市公告书的内容应当符合《条例》第三十四条所列事项以及批准其挂牌交易的证券交易场所上市规则中的有关要求。

上市公告书中载有财务会计资料的,其资产负债表报表日和利润表及其他规定的报表的报告期间终止日距挂牌交易首日不得超过一百八十日,其盈利预测期间自挂牌交易首日起到盈利预测期间终止日,不得少于九十日。

第十条 自发行结束日至挂牌交易首日不超过九十日,或招股说明书尚未失效的,发行人可以编制简要上市公告书。简要上市公告书应当包括《条例》第三十四条(一)、(二)和(三)的内容,并且应当指明该公司发行该种股票的招股说明书曾于何时刊登在何种报刊的何版上。但如果因编制简要上市公告书而省略的事项在该期间发生重大变化,发行人及其上市推荐人有义务作出说明。

自发行结束日到挂牌交易首日超过九十日、并且招股说明书已失效的,发行人编制上市公告书应当包括《条例》第三十四条的全部内容。

发行人在其股票挂牌交易首日前三个工作日内,应当将简要上市公告书全文或不超过一万字的上市公告书概要刊登在至少一种证监会指定的全国性报刊上,并将上市公告书备置于发行人所在地、拟挂牌交易的证券交易场所、有关证券经营机构及其网点,供公众查阅,同时报送证监会一式十份,以供投资公众查阅。

第十一条 在股票公开发行期间,与发行有关的、应当公开的信息,例如股票认购表抽签结果、交款的地点与时间等,也应在至少一种证监会指定的全国性报刊上及时公告。

第十二条 公开发行股票的公司,如果进行股票配售,其信息披露按照《条例》中新发行股票的有关规定办理。

第三章 定期报告

第十三条 公司应当在每个会计年度中不少于两次向公众提供公司的定期报告。定期报告包括中期报告和年度报告。定期报告的格式和表式执行定期报告的内容与格式准则的规定。在定期报告的内容与格式准则公布前,中期报告的内容应当包括《条例》第五十八条所列事项,年度报告的内容应当包括《条例》第五十九条所列事项。

第十四条 公司应当于每个会计年度的前六个月结束后六十日内编制完成中期报告。报告完成后应立即向证监会报送十份备案,并将不超过四千字的报告摘要刊登在至少一种证监会指定的全国性报刊上。同时,将中期报告备置于公司所在地、挂牌交易的证券交易场所、有关证券经营机构及其网点,以供投资公众查阅。除特殊情况外,中期报告毋须经会计师事务所审计。

第十五条 公司应当在每个会计年度结束后一百二十日内编制完成年度报告。报告完成后应当立即报送证监会十份备案,并在年度股东会召开之前至少二十个工作日,将不超过五千字的报告摘要刊登在至少一种证监会指定的全国性报刊上,同时将年度报告备置于公司所在地、挂牌交易的证券交易场所、有关证券经营机构及其网点,以供投资公众查阅。

第十六条 凡既发行了社会公众股,又发行了人民币特种股,或在国内国外交易场所均挂牌交易的公司,其中期报告和年度报告应同时向国内和国外投资者公布。

第四章 临时报告——重大事件公告

第十七条 公司发生重大事件,应当编制重大事件公告书向社会披露。重大事件是指可能对公司的股票价格产生重大影响的事件,包括(但不限于)以下情况:

(一)《条例》第六十条所列事项;

(二)公司章程的变更、注册资金和注册地址的变更;

(三)发生大额银行退票(相当于被退票人流动资金的5%以上);

(四)公司更换为其审计的会计师事务所;

(五)公司公开发行的债务担保或抵押物的变更或者增减;

(六)股票的二次发行或者公司债到期或购回,可转换公司债依规定转为股份;

(七)公司营业用主要资产的抵押、出售或者报废一次超过该资产的30%;

(八)发起人或者董事的行为可能依法负有重大损害赔偿责任;

(九)股东大会或者公司监事会议的决定被法院依法撤销;

(十)法院作出裁定禁止对公司有控股权的大股东转让其股份;

(十一)公司的合并或者分立。

前款未作规定但确属可能对公司股票价格产生重大影响的事件也应当视为重大事件。

第十八条 公司在发生无法事先预测的重大事件后一个工

作日内，应当向证监会作出报告；同时应当按其挂牌的证券交易场所的规定及时报告该交易场所。公司在重大事件通告书编制完成后，应当立即报送证监会十份供备案，并备置于公司所在地、挂牌交易的证券交易场所、有关证券经营机构及其网点，供公众查阅。

第十九条　公司认为有必要通过新闻媒介披露某一重大事件时，应当在公开该重大事件前向证监会报告其披露方式和内容。如果证监会认为有必要时可对披露时机、方式与内容提出要求，公司应当按照证监会的要求进行披露。

第五章　临时报告——公司收购公告

第二十条　法人发生《条例》第四十七条所列的持股情况时，应当按照证监会制定的准则规定的内容和格式将有关情况刊登在至少一种证监会指定的全国性报刊上。

第二十一条　法人发生《条例》第四十八条所列的持股情况时，除按照该条规定作出报告外，还应当自该条所列事实发生之日起四十五日内向该公司所有股东发出收购公告书，将不超过五千字的收购公告书概要刊登在至少一种证监会指定的全国性报刊上，同时向证监会报送十份供备案，并备置于公司所在地、挂牌交易的证券交易场所、有关证券经营机构及其网点，以供公众查阅。

第二十二条　收购公告书应当包括(但不限于)以下事项：

(一)收购人名称、所在地、所有制性质及收购代理人；

(二)收购人的董事、监事、高级管理人员名单及简要情况；收购人为非股份有限公司者，其主管机构、主要经营管理人员及主要从属和所属机构的情况；

(三)收购人的董事、监事、高级管理人员及其关联公司持有收购人和被收购人股份数量；

(四)持有收购人5%以上股份的股东和最大的十名股东名单及简要情况；

(五)收购价格、支付方式、日程安排(不得少于二十个工作日)及说明；

(六)收购人欲收购股票数量(欲收购量加已持有量不得低于被收购人发行在外普通股的50%)；

(七)收购人和被收购人的股东的权利和义务；

(八)收购人前三年的资产负债、盈亏概况及股权结构；

(九)收购人在过去十二个月中的其他收购情况；

(十)收购人对被收购人继续经营的计划；

(十一)收购人对被收购人资产的重整计划；

(十二)收购人对被收购人员工的安排计划；

(十三)被收购人资产重估及说明；

(十四)收购后，收购人或收购人与被收购人组成的新公司的章程及有关内部规则；

(十五)收购后，收购人或收购人与被收购人组成的新公司对其关联公司的贷款、抵押及债务担保等负债情况；

(十六)收购人、被收购人各自现有的重大合同及说明；

(十七)收购后，收购人或收购人与被收购人组成的新公司的发展规划和未来一个会计年度的盈利预测；

(十八)证监会要求载明的其他事项。

第六章　其他信息披露

第二十三条　在发生《条例》第六十一条所述情况时，上市公司应当立即在至少相同范围内作出澄清，并将事情的全部情况立即通知证监会和其股票挂牌交易的证券交易场所。

第七章　信息事务管理

第二十四条　公司应当指定专人负责信息披露事务，包括与证监会、证券交易场所、有关证券经营机构、新闻机构等的联系，并回答社会公众提出的问题。公司负责信息披露事务的人员应当将本人姓名、联系地址和邮政编码、办公室电话号码、图文传真号码等信息，以书面形式报告证监会。

第二十五条　公司除应当遵照本细则的各项规定公开披露信息外，还应遵守其股票挂牌交易的证券交易场所关于信息披露的规定。

第二十六条　公司应按照《条例》第六十三条的规定，在证监会指定的全国性报刊中自行选择至少一家披露信息。任何机构与个人不得干预。

公司除在证监会指定的全国性报刊上披露信息外，还可以根据需要在其他报刊上披露信息，但必须保证：

(一)指定报刊不晚于非指定报刊披露信息；

(二)在不同报刊上披露同一信息的文字一致。

第二十七条　公司公开披露信息的各种文件译成英文的，英译文应该刊登在至少一种证监会指定的英文报刊上。

第八章　附　　则

第二十八条　凡违反本规定的个人与机构，按照《条例》第七章有关条款处理。

第二十九条　本细则由证监会负责解释。

第三十条　有关地方法规中凡与本细则相抵触的规定，均以本细则为准。

第三十一条　本细则自公布之日起施行。

公开发行股票公司信息披露的内容与格式准则

第二号

年度报告的内容与格式
（试行）

（1994年1月10日 证监发字[1994]7号）

说 明

（一）根据《股票发行与交易管理暂行条例》（以下简称《股票条例》）和《公开发行股票公司信息披露实施细则》（以下简称《信息细则》）制订本准则。

（二）凡根据《股票条例》在中华人民共和国境内公开发行股票的股份有限公司应当按照本准则的规定编制年度报告。

（三）本准则规定的年度报告的内容与格式包括：

1. 封面及目录；

2. 年度报告正文

（1）公司简介，

（2）会计数据和业务数据摘要，

（3）董事长或总经理的业务报告，

（4）董事会报告，

（5）财务报告，

（6）公司在报告年度内发生的重大事件及其披露情况要览，

（7）关联企业，

（8）有关本公司的参考信息；

3. 备查文件。

（四）公司对本准则列举的各项内容应当进行披露。但是本准则某些具体要求对公司确实不适用的，公司可根据实际情况做出适当修改，同时予以说明。公司还可根据其自身的实际情况，增加其他内容。

已发行人民币特种股票（包括B股和H股）以及其他类型的海外股票及其派生证券的公司，同时应编制年度报告外文译本。公司应努力保证两种文本内容的一致性。并在外文本上注明："本报告分别以中、英（或日、法文等）文两种语言编制，在对两种文本的理解上发生歧义时，以中文文本为准。"

已在境内和境外两个以上证券市场（含两个，下同）发行了股票和挂牌上市的公司，在编制境内和境外的年度报告时，应尽量做到内容一致。如果境外证券市场所要求的年度报告的内容与本准则不同，应遵守报告内容从多不从少，报告编制时间从短不从长，报告要求从严不从宽的原则办理。如境内外年度报告内容有较大差异的，应将另一文本的年度报告列为备查文件。

（五）公司全体董事必须保证年度报告所提供的信息的真实、准确、完整和公正，并就其保证承担连带责任。向股东提供的年度报告可以刊载宣传本公司业绩的照片、图表等，但内容应与年度报告正文相一致，不得有误导和欺诈行为。

（六）公司应当在每个会计年度结束后一百二十日内编制完成年度报告。报告完成后，公司应立即将年度报告十份报送中国证券监督管理委员会（以下简称"证监会"）和其股票挂牌交易的证券交易所。在召开年度股东会之前至少二十个工作日，公司应将不超过五千字的报告摘要刊登在至少一种由证监会指定的全国性报刊上，同时将年度报告备置于公司所在地、挂牌交易的证券交易所、有关证券经营机构及其网点，以供股东和投资公众查阅。

已在境内和境外两个以上证券市场发行了股票和挂牌上市的公司，应在同一时间对境内、外市场公布年度报告。如果国内外市场对编制年度报告的期限要求不同，应以较短的期限为准。

（七）如果公司确有困难，无法在会计年度结束后的一百二十日内编制完成年度报告，应该在报送年度报告最后期限到期前至少十五个工作日，向其股票挂牌交易的证券交易所提出延期申请，延期最长不得超过六十日。同时报告证监会。在申请中应说明延期的原因及预计的最后期限。一旦证券交易所予以批准，公司应在指定报刊上公布延期提供年度报告的消息。

（八）公司按以上第（六）条要求在证监会指定的报刊上披露年度报告摘要时，其内容应当至少包括年度报告正文第（二）节的数据部分，第（三）节第1、2、3、4条的主要内容，第（四）节第1、2、3、4、5条的主要内容，第（五）节、第（七）节和第（八）节。

经交易所同意，公司可以在股东大会召开之前公布财务报表，其后公布年度报告。

（九）年度报告所用的纸张应有良好的质量，幅面应为209×295毫米（相当于标准的A4纸规格）。

（十）本准则由证监会负责解释，自公布之日起实施。凡地方有关规定与本准则规定相抵触的，按本准则执行。

一、封面及目录

年度报告的封面应载明公司的正式名称、“年度报告”字样和报告期年份，并可以载有本公司的外文名称以及公司徽章或其它标记的图案。

目录应在封面内首页上排印。

二、年度报告正文

(一)公司简介

本节简要介绍公司的历史与发展、各项主营业务、突出的特点及规模等，以400字以内为宜，可以刊载于封二或正文中。

(二)会计数据和业务数据摘要

本节采用数据列表方式(还可以附有图形表)，提供至报告年度末为止的公司前三年(或自公司成立以来)的主要会计数据和财务指标，包括(但不限于)以下各项：净营业收入、税后利润、总资产、股东权益、每股收益、每股净资产、每股红利、净资产收益率等。

每股收益＝税后利润/普通股份总数(按全面摊薄计算)

每股净资产＝股东权益/普通股份总数

每股红利＝当年可分配利润/普通股份总数

净资产收益率＝税后利润/股东权益×100％

已发行普通股以外的其他种类的股票(如优先股等)的公司，应按国际惯例计算以上指标，并说明计算方法和参照依据。

除会计数据和财务指标外，公司也可以采用数据列表方式或图形表方式，提供与上述会计数据相同期间的业务数据和指标，例如，产品销售量、市场份额、以实物量计算的人均劳动生产率、公司各项主要业务占总收入的百分比，公司各地区收入占总收入的百分比等等。

数据的排列应该从左到右，左边是报告年度(最近一期)的数据。报告年度的数据也可采用与其他年度数据不同颜色或黑体字印刷。

(三)董事长或总经理的业务报告

公司的董事长或总经理应向股东和其他年度报告的使用人报告公司的经营情况及本节规定的其他内容。

1. 公司经营情况的回顾

报告人应首先简要回顾公司在报告年度内总的经营情况。然后对公司所处的行业做简要介绍，例如行业的总体情况、相关产业政策、本行业的主要统计数据等。

报告还应介绍公司在本行业中的地位，如按销售额排列的名次 、是否为国家主管部门专业定点生产经营单位等。

凡引用的有关本行业的数据，应注明数据来源。

在介绍了行业的情况之后，报告人应较详细地介绍公司在报告年度的经营情况，包括(但不限于)以下内容：

(1)公司在报告年度取得的成绩与进展以及对经营计划目标的完成情况。应分别介绍每类产品的生产、销售数量和市场占有率，或建设项目的进展情况、服务项目的收支情况，以及产品改进措施的落实、科研成果的应用效果，技术的改进与提高，人员的增加和专业素质的提高等。

(2)在经营中出现的问题与困难及解决方案。

(3)有关公司的其他情况。公司可根据其具体情况补充陈述(但不限于)下列内容：

①受国家限额控制的资源消耗情况；

②境外市场的发展情况；

③公司外汇平衡情况；

④对公司业务有影响的工业产权及版权的有关情况。

如果公司实行多元化经营，其业务涉及不同行业，则应对占公司主营业务收入10％以上(含)的经营活动及其所在行业分别作出介绍。如果公司在不同地区或国家开展业务，还应该按照不同地区或国家来反映公司主营业务收入的构成。

2. 对实际经营结果与盈利预测的重大差异的说明

如果公司在报告年度之前或之中公布过报告年度全年或六个月以上(含)的盈利预测，而报告年度实际经营结果与盈利预测存在重大差异的，应对差异产生的原因进行较为详细的分析与说明，包括产生差异的主要项目和造成差异的主要原因。

本条所说重大差异，是指公司在报告年度内的主营业务利润实际数低于预测数的20％或高于预测数的50％。

3. 对前次募集资金的运用情况的说明

如果公司在报告年度内募集过资金(包括增资配股)，或者虽然报告年度内没有新募集资金，但报告年度之前募集的资金所投入的项目的建设延续到报告年度之内，则应就以下几方面(但不限于此)对资金的运用情况和结果加以说明：

(1)资金的投入情况，是否按计划进度进行，是否控制在原预算金额之内，其他配套资金(如果有的话)是否按计划到位，如有改变，应就其原因及依据进行披露；

(2)项目的建设进展是否符合计划进度；

(3)项目的收益是否与预测相符。

4. 新年度的业务发展规划

本条介绍公司在新的年度中的业务发展规划，包括(但不限于)下列各项：

(1)公司在这一年中生产经营的总目标；

(2)为实现这一目标所需采取的措施；

(3)固定资产更新、改造和扩充；

(4)新技术、新工艺、新材料的研究、开发与实施；

(5)正在建设、开发中的项目的预期进度；

(6)人员数量的增加和素质的提高；

(7)配套资金的筹措等等。

5. 其他需要披露的业务情况与事项

本条列示报告人或者公司股票挂牌的证券交易场所认为有必要披露的、与公司业务有关的其他信息。

(四)董事会报告

1. 董事会工作报告摘要

本条摘要登载董事会向股东会提交的工作报告的要点。

2. 股票与股东

本条介绍公司在报告年度末股票与股东的有关情况及其在报告年度内的变动情况，包括(但不限于)下列各项：

(1)股票与股本变动情况

①股票发行与上市情况

本项介绍到报告年度末为止的前三年(或自公司成立以来)历次股票发行情况，包括每一次的股票和派生证券的种类(A种股票、B种股票、H种股票、其他种类的海外股票、优先股、认股权证等)、发行日期、发行价格、发行数量、上市日期、获准上市交易数量、交易终止日期等；

②对报告期内因发行新股票(包括送、配股)、拆细或合股等原因引起本公司股票面值和股份总数的变动,对认股权证的购股情况,可转换优先股转为普通股和可转换债转股的情况等应分别说明。

③公司本年内各类发行在外的股票的最高价、最低价、年初交易首日的开盘价和年终最后交易日的收盘价以及全年交易量。

④介绍到报告年度末为止的前三年(或自股份公司成立以来)普通股每股净资产的变化情况。

⑤介绍报告年度内公司回购和注销已发行在外的本公司股票的情况。

⑥内部职工股情况,指专门向内部职工发行的股票、股权证及派生证券。应介绍现存的内部职工股历次发行日期、数量、发行价格、托管起止日期、本年获准公开转让的数量等。

(2)股东情况介绍

①股权结构情况,介绍报告期末的股权结构——即以数量和比例表示的国家、法人、个人等各类股东持有的股份和外国投资人持有的股份。

②股东数量,介绍报告期末的股东总人数、法人股东、个人股东和内部职工股东人数等。

③主要股东持股情况,要求将持有本公司5%以上股份的股东的名称、年末持股数量、年度内股份增减变动的情况如实报告。若持股5%以上的股东少于10人,则应列出至少10名最大股东的持股情况。

以上列出的股东情况中对代表国家持有股份的股东、非境内公民或外籍股东应予以注明。证监会批准豁免的情况除外。

④内部职工股东(指通过专门向内部职工发行而获得股票的内部职工)数量,年末持股总人数、年度内增加(或减少)的人数。

3.董事、监事与高级管理人员

本条包括(但不限于)下列各项:

(1)现任公司董事、监事、高级管理人员的姓名、性别、年龄、职务、任期和专业简历,并陈述报告期内前述人员的变动情况;

(2)公司董事、监事及高级管理人员年末持股数量、年度内股份增减变动的情况。

(3)公司董事、监事及高级管理人员年度报酬情况(以公司支付为限),包括采用货币形式、实物形式和其他形式的工资、奖金、福利、特殊待遇及有价证券等。

年度报告中,应列有以上人员的身份证号码。

4.重大诉讼事项报告

本条要求披露重大诉讼事项(如果有的话)的有关情况,内容要求如下:

(1)对发生在编制本年度中期报告之后、且尚未编入重大事件报告的重大诉讼事项,应陈述该事项中的诉讼提出日期、参与诉讼各方当事人、代理人及其所在单位的姓名或名称、受理法院的名称和所在地、诉讼的原因和依据、对赔偿和处罚的要求、开庭审理日期、判决日期、判决结果、诉讼各方当事人对该结果的意见等;

(2)对已编入本年度中期报告或重大事件报告、但当时尚未结案的重大诉讼事项,应陈述其进展情况或审理结果。

(3)公司董事、监事和高级管理人员个人被司法机关处以拘役以上的刑事处罚或受到刑事起诉后,亦应在本节陈述。

(4)如报告期内无以上情况发生,应明确陈述"本年度公司无重大诉讼事项。"

本条所指的重大诉讼事项是:公司以法人的名义、公司董事、监事和高级管理人员因其在本公司任职而以个人名义作为当事人所参与的、对公司的财务状况、经营成果、声誉、业务活动和未来前景等可能产生较大影响的法律诉讼事务。

如果公司确知存在与公司有关的重大诉讼的可能,也应对此加以说明。

5.年度股东会

本条应公布年度股东会的召开时间和地点,并简要介绍准备提交股东会审议批准的事项,包括下列各项:

(1)董事会和监事会向股东会提交的工作报告;

(2)年度决算和预算报告;

(3)利润分配或亏损弥补方案(包括股利分配方案);

(4)新年度发行股票(包括配股)、公司债券和其他股本变动的方案;

(5)董事会成员和监事会成员的变动,董事、监事的报酬、福利的变动;

(6)董事会提交股东会审议批准的其他事项。

6.其他报告事项

本条提供董事会认为有必要报告,而又未包括在上述各项之中的事项,例如:

(1)注册会计师的变更;

(2)法律顾问的变更;

(3)选定用于信息披露的报刊的名称,以及选定报刊的变更;等等。

(五)财务报告

本节提供公司的财务报告和注册会计师对该财务报告发表的审计报告。

1.审计报告

审计报告必须由具有从事证券业务资格的注册会计师出具。注册会计师只有遵照中国注册会计师协会颁布的《注册会计师检查验证会计报表规则》、《注册会计师查帐验证工作底稿规则》、《注册会计师查帐验证计划规则》的规定,对公司的财务会计记录及其他有关资料进行了审计之后,方可出具审计报告。注册会计师所出具的审计报告必须符合《注册会计师查帐验证报告规则》。

2.财务报表

财务报表包括公司报告年度末及其前一个年度末的比较式资产负债表,该两年度的比较式利润及利润分配表、财务状况变动表(或现金流量表)。

财务报表的编制应符合《中华人民共和国企业会计准则》、《股份制试点企业会计制度》、《关于在证券交易所和交易系统已挂牌和申请挂牌的公司如何执行会计制度的函》及财政部、中国证券监督管理委员会颁布的有关准则、制度和规定。

若公司持有其他企业50%以上权益的,公司与其控股企业应编制合并报表。

3.财务报表注释

财务报表注释是财务报告中不可缺少的一个组成部份,它应对比较式报表的两个期间的数据均作出说明。

财务报表注释应说明的主要事项有公司的主要会计政策、报表内项目的分解与详细说明,报表上的非常规项目及非正常情况，表内无法反映的重要事项等。

财务报表注释也应符合本节第二条所列的各项准则、制度和规定。

公司在年度报告的其他章节所披露的同期财务会计资料以及在其他公开披露中包含的同期财务会计资料，应与本节经过审计的财务报告一致。

本准则不要求公司编制新年度的盈利预测。但是凡公司在年度报告中提供新一年度盈利预测的，该盈利预测必须经过具有从事证券业务资格的注册会计师审阅并发表意见。

(六)公司在报告年度内发生的重大事件及其披露情况简介

凡公司在报告年度内发生过《股票条例》第六十条和《信息细则》第十七条所列举的重大事件，以及公司董事会判断为重大事件的事件，应对这些事件及其披露情况，做一简单说明。如果上述事件取得进展，或产生结果的，公司应对此作出说明。

(七)关联企业

本节列示(也可采用图示或附以图示)关联企业的有关资料，包括(但不限于)关联企业的名称、所在地、主营业务范围以及本公司持有该关联企业所有者权益的份额。

公司在列示关联企业的有关资料时，可以只列示由公司以长期投资的形式直接或间接地持有其所有者权益的20%以上的其他法人或经营单位。

(八)有关本公司的参考信息

本节提供有关公司的一般参考信息，包括(但不限于)下列各项：

1.公司正式和外文名称；

2.公司总部所在地、通讯地址、邮政编码及各种通讯工具的号码；

3.公司首次注册登记日期、地点；

4.报告期内变更注册日期、地点；

5.工商登记号码；

6.税务登记号码；

7.股票上市交易场所名称；

8.公司在上市交易场所的编号；

9.公司股票主承销机构名称(如果在报告期内有证券发行行为)；

10.公司未上市股票的托管机构名称；

11.会计师事务所名称、办公地；

12.法律顾问名称、办公地；

13.公司负责信息披露事务人员的姓名、联系地址、电话等。

三、备查文件

备查文件为公司在披露年度报告后在公司办公地点必备的有关文件，在证监会、交易所要求提供时和股东依据法规或公司章程要求查阅时，公司应及时提供。在年度报告中应明确说明备查文件是否齐备、完整，备查文件包括下列文件：

(一)载有董事长、总经理亲笔签名的年度报告原本；

(二)载有会计师事务所盖章、注册会计师亲笔签字的审计报告正文及财务报表；

(三)年度内发行新股时的《招股说明书》(或“送配股说明书”)、上市公告书；

(四)在其它证券市场公布的年度报告文本；

(五)公司各类统计报表和原始记录(对个别公司，经股东大会批准，并经政府有关部门认可后，有关内容可免于向社会公众公开提供。)

证监会关于在股票发行工作中强化证券承销机构和专业性中介机构作用的通知

（1993年6月24日 证监机字[1993]45号）

各省、自治区、直辖市、计划单列市人民政府证券管理部门：

我会在复审企业股票发行和上市的申报材料中发现，相当部分的证券承销机构和专业性中介机构为企业出具的材料，存在一些问题，影响了复审工作的顺利进行。为了减轻企业的负担，加强证券承销机构和专业性中介机构的责任，提高其业务水准，经研究，现通知如下：

一、企业申报材料一律由企业选定的证券主承销机构组织有资格的注册会计师事务所、律师事务所、资产评估机构按《股票发行与交易管理暂行条例》、《公开发行股票公司信息披露的内容与格式准则》等有关规定的要求制作。申报材料经地方政府审核批准后，由地方政府直接或委托证券承销机构送给我会发行部。证监会发行部在复审预审过程中对申报材料提出的修改和补充要求，将向地方政府证券管理部门和证券中介机构提出。企业及其承销机构应在地方政府的领导、协调下，进行修改和补充。证监会不接待企业的直接询问及报送材料，也不同企业直接接触。

二、证券主承销机构、注册会计师事务所、律师事务所、资产评估机构在准备材料时，必须严格执行《条例》和《准则》及有关规定，以本行业公认的业务标准和职业道德对企业提供的材料进行核查和验证后，制作合乎要求的申报材料。除申请人须按照《条例》的规定为其出具法律意见书外，主承销机构也应当聘请律师事务所，对企业申报材料的规范性、完整性把关。对专业性中介机构违反规定出具虚假、严重误导或重大遗漏文件的行为，将根据《条例》的规定给予处罚。同时，追究证券主承销机构的连带责任，一并处罚。

三、企业向专业性中介机构提供材料时，必须保证其真实性、准确性、完整性。对企业伪造、篡改材料等行为，我会将视情节轻重，根据《条例》给予处罚。对于中介机构不作实地考察，不尽勤勉义务而导致其未能发现上述虚假、误导、遗漏等缺陷者，证监会亦将视情节轻重给予处罚。

四、鉴于前期审核工作中暴露出的问题，今后需要对证券主承销机构的承销资格进行审查。这次的审查标准是：

1.具有法定最低限额以上的实收货币资本；

2.主要负责人中三分之二以上的人员有三年以上的证券管理工作经历，或者有五年以上的金融管理工和经历；

3.有足够数量的证券专业操作人员，其中70%以上的人员在证券专业岗位工作过二年以上；

4.全部从业人员在以往三年内的承销过程中，没有因内幕交易、侵害客户利益，工作严重失误受到起诉或行政处分；

5.没有违反过国家有关证券市场管理法规和政策，认真执行我会下发的有关文件；凡因违反有关法规政策并受到通报批评以上处罚的证券承销机构，在这次发行审核中，一律不予确认承销资格；

6.承销机构及其主要负责人在前三年的承销过程中，无其它严重劣迹，特别是与欺诈、提供虚假信息有关的行为；

7.承销机构不得持有被承销企业7%以上的股份，或不是被承销企业大股东中前五名以内的股东。二者居其一，则不具备主承销资格；

8.一个证券主承销机构同时承销的企业，最多不得超过五家。“同时”是指与不同企业签定的承销合同规定的承销时间相互重合或交叉。

五、为进行资格审查，要求做主承销的证券机构如实向我会证券机构部报送以下文件资料：

1.人民银行批准设立机构的文件和《经营金融业务许可证》副本；

2.人民银行核准的机构章程；

3.工商局颁发的《营业执照》副本；

4.1992年底的经会计(审计)师事务所审核的营业报告书、资产负债表、损益表；

5.最近月份的资产负债表和业务汇总表；

6.主要负责人简历及证券业务操作人员情况说明材料；

7.对各类企业的投资参股说明材料；

8.过去三年中参加过的所有证券发行承销业绩一览表；

9.我会要求的其它材料。

为确保复审工作的顺利进行，请各地方人民政府证券管理部门将此《通知》转发给当地各证券承销机构和专业性中介机构，配合我会加强对证券承销机构和各种专业性中介机构的监督和管理，进一步做好企业申报材料的审核工作，促进证券监管工作走上规范化轨道。

证监会关于一九九三年申请公开发行股票企业产业政策问题的通知

（1993年7月31日　证监发字[1993]65号）

各省、自治区、直辖市及计划单列市人民政府：

根据《股票发行与交易管理暂行条例》第八条关于国家产业政策的规定，今年各地上报我会复审的公开发行股票的企业应按照以下产业政策原则掌握：

一、鼓励能源、交通、通讯等基础产业企业；

二、暂不受理金融企业；

三、控制房地产业的企业；

四、各省、自治区、直辖市及计划单列市最多只可以报送一家商业企业。

证监会关于上市公司送配股的暂行规定

（1993年12月17日 证监上字[1993]128号）

各上市公司：

为加强证券市场管理，使上市公司的运作规范化，现根据《股票发行与交易管理暂行条例》（以下简称"条例"）及有关法规，对有关上市公司向股东以股票的形式分配股利（即送股）和配售发行股票（即配股）做如下规定：

一、上市公司向股东配股应符合以下条件：

1.距前一次发行股票的时间间隔不少于12个月；前次发行包括配股等其他发行方式，间隔计算以前次的招股说明书或其他招募文件公布日期到本次配股说明书公布日期的间隔为准；

2.前一次发行股票所募集的资金用途与当时该公司的《招股说明书》、《配股说明书》或股东大会有关决议相符；

3.公司连续两年盈利；

4.近三年无重大违法行为；

5.本次配股募集资金的用途符合国家产业政策规定；

6.配售的股票限于普通股，配售的对象为根据股东大会决议而规定的日期持有该公司股票的全体普通股股东；

7.本次配售的股份总数不超过公司原有总股本的30%；发行B股和H股的上市公司，还应遵守有关该类别股份的其他法规的规定；

8.配售发行价格不低于本次配股前最新公布的该公司财务报告中每股净资产值。

二、上市公司向股东送股应符合以下条件：

1.已按规定弥补亏损（如果有的话）、提取法定盈余公积金和公益金；

2.动用公积金送股后留存的法定盈余公积金和资本公积金不少于股本的50%；

3.发送的股票限于普通股，发送的对象为根据股东大会决议而规定的日期持有该公司股票的全体普通股股东；

4.因送股增加的股本额与同一财务年度内配股增加的股本额两者之和不超过上一个财务年度截止日期时的股本额。

三、上市公司向股东送、配股按以下程序和要求披露有关信息：

1.董事会制定方案，表决通过之日后两个工作日内通知该公司股票挂牌上市的交易所；七个工作日内在中国证券监督管理委员会（以下简称"证监会"）指定的报刊和交易所指定的报刊上公布该次董事会决议，并必须载明"该项决定尚须经股东大会表决"字样。向股东发出的召开股东大会通知的公告日期距股东大会召开之日的间隔不应少于三十天，不多于六十天。

2.召开股东大会审议并表决发行方案，修改公司章程；发行方案可以根据持股超过50%以上（或公司章程规定的比例）的股东的意见修改，但必须符合本规定的要求；持该公司5%以上普通股的主要股东应就接受或放弃配股权利做出声明，并在有关文件中公布；该公司股东大会期间其股票停牌及复牌事宜，应按其股票上市所在的交易所有关规定办理。

3.上市公司在与交易所协商关于本次送配股的业务安排时，应出具省、自治区、直辖市或计划单列市人民政府根据本规定和国家有关法规做出的复核意见；并在其后三个工作日内在与本规定本条款第1项规定的相同报刊上公布《送配股说明书》（或《配股说明书》、《送股说明书》）。该说明书应包括送配股方案、承销机构与承销方式、送股办法与配股缴款办法、到期未配售的剩余股票的处理办法、股份增加后的资金用途等内容。

4.上市公司于配股缴款结束之日（只有送股的公司在除权除息日）后十五日内在与本规定本条款第1项规定的相同报刊上刊登《股本变动公告书》，载明实际配售和（或）股份划拨结果，包括新增股份总数、配股筹集资金总额、发行费用以及前十名股东名单、董事与高级管理人员持股变动情况等。

四、上市公司应在缴款结束之日（只有送股的公司在除权除息日）后三十个工作日内向地方人民政府、其股票上市的证券交易所、证监会呈报或补足以下材料备案：

1.修改后的公司章程正本；

2.董事会决议和股东大会决议；

3.经有从事证券业资格的会计师事务所审计后的年度财务报表，若申请日期距最近的财务年度截止日期超过六个月，还应附经审计的中期财务报表；已呈报过的材料免报；

4.《送、配股说明书》（或《配股说明书》、《送股说明书》）；

5.前次发行股票后募集资金使用说明；

6.《股本变动公告书》；

7.地方人民政府、其股票上市的证券交易所、证监会要求的其他材料。

五、在境内发行人民币特种股票（即B股）并上市的公司在决定向股东送配股时，应参照《到香港上市公司章程必备条款》中的相关规定。

六、交易所根据本通知的要求对上市公司的送、配股方案进行复核，凡不符合本规定的，有权拒绝办理有关的业务活动。

各上市公司及有关单位应认真按以上要求履行自己的义务。对违反本规定的任何单位或个人，证监会将根据《条例》第七章第六十八条至第七十八条的规定进行调查和处罚。

上市公司
年 报

上市公司年报

目 录

重要提示

以下资料摘自上市公司刊登在报刊上的年度报告,本《年鉴》对以下年报的真实性,准确性不负责任。

一、在上海证券交易所上市的公司

二、在深圳证券交易所上市的公司

一、在上海证券交易所上市的公司

1.青岛啤酒股份有限公司

一、1993年度经营业绩和财务指标

青岛啤酒股份有限公司于1993年6月在香港发行H种股票并于7月上市，为首家在香港联交所上市的中国大陆企业；同年8月，该公司在国内发行A种股票并在上海证券交易所上市。在1993年，该公司生产啤酒28.3万吨，占全国产量的2.3%，主营业收入实现104892万元，增长29.59%；税后利润22563万元，增长115.68%，超过盈利预测中的各项指标。该公司1993年度的财务指标如下：

指标项目	1993年
主营业收入	1048920794元
税后利润：	225631152元
总资产：	2608336319元
股东权益：	1867407486元
每股收益：	0.2507元
每股权益：	2.075元
每股红利：	0.166元
速运比率：	1.862
股东权益比率	71.59%
净资产收益率：	12.08%

二、前次募集资金的运用情况

该公司创立后于1993年6月、8月分别在香港和境内发行股票共募集资金港币88900万元和人民币63800万元，资金运用于上市报告书所述：1.归还贷款人民币21300万元和美元1400万元；2.用于啤酒一厂、二厂、三厂、四厂的基本建设和技改项目投资12630万元；3.委托银行贷款人民币24000万元和美元6500万元。

三、1994年经营展望

1994年该公司的目标是以青岛为基地，以啤酒业为主，坚持投资少、见效快、老厂改造与国内外建厂、收购厂并举的方针，拟投资34100万元人民币进行固定资产更新改造并在国内收购部分基础较好的中小啤酒企业，使啤酒生产尽快形成经济规模，提高产品在国内外市场的占有率和竞争力。1994年计划生产啤酒31万吨，比1993年增加一成。

四、股本结构和股东持股情况

1.1993年末股本结构：

股权	数量(万股)	比例(%)
国家股	39982	44.42
法人股	5333	5.93
公众股	9000	10
职工内部股	1000	1.11
外资股	34685	38.54
总股本	90000	100

2.1993年末主要股东持股情况：

股东名称	持股种类	持股数(万股)
青岛国有资产管理局	A	39982
香港中央结算(证券登记)有限公司	II	30652.9
中国银行山东省信托投资公司	A	2925
中国人民建设银行青岛市建行	A	1908
澳门南通信托投资有限公司	H	731.25
中南银行(代理人)有限公司	H	731.25
香港宝生银行	H	731.25
盐业银行(代理人)有限公司	H	731.25
青岛华青实业有限公司	A	500
香港上海汇丰银行有限公司	H	127.2

五、1993年度资产负债表和利润及利润分配表

资产负债表(合并)

1993年12月31日

青岛啤酒股份有限公司 单位:人民币元

资　产	行次	期初数	期末数	负债及股东权益	行次	期初数	期末数
流动资产:				流动负债:			
货币资金	1	127283841	721310202	短期借款	41	272971276	274962438
短期投资	2	—	174645624	应付票据	42		
应收票据	3	—	97558	应付帐款	43	69731141	44542786
应收帐款	4	78943656	160850376	预收货款	44	43872134	51941666
减:备抵坏帐	5	4921674	5116209	应付福利费	45	6941712	4081677
应收帐款净额	6	74021982	155734167	未付股利	46	16750000	150202758
预付货款	7	58061357	98153187	未交税金	47	3410015	32799039
其它应收款	8		76459162	其它未交款	48		
内部应收款	8—1			其他应付款	49	—	41945,371
待摊费用	9			预提费用	50		
存货	10	174329880	210667813	一年内到期的长期负债	52	—	5500000
减:存货变现损失准备	10—1	2000000	1867823	流动负债合计	55	413676278	605975735
存货净额	10—2	172329880	208799990	长期负债:			
其他流动资产				长期借款	56	438116445	134953098
流动资产合计	18	431697060	1435199890	长期负债合计	62	438116445	134953098
长期投资:				股东权益			
长期投资	19	5557600	6107600	股本	66	262790952	900000000
固定资产				资本公积金	67	—	891979092
固定资产原价	21	545327739	719086848	盈余公积金	68	—	37550690
减:累计折旧	22	88342635	15717608	其中:公益金	69		16775345
固定资产净值	23	456985104	703369240	未分配利润	70	1094657	37877704
在建工程	24	199290819	252024404	股东权益合计	75	263885609	1867407486
固定资产合计	26	656275923	955393644				
无形及递延资产:							
无形资产	30		98750000				
递延资产	31	22147749	112855185				
无形及其他资产合计	34	22147749	211635185				
资产总计	40	1115678332	2608336319	负债及股东权益合计	80	1115678332	2608336319

利润及利润分配表(合并)

1993年度

青岛啤酒股份有限公司 单位:人民币元

项目	行次	金额	项目	行次	金额
一、主营业务收入	1	1048920794	减:少数股权(合并报表填列)		
减:营业成本	2	696402142	加:年初未分配利润(未弥补亏损以"—"号表示)	15	
销售费用	3	27921608	上年利润调整(减上年利润以"—"号表示)	16	
管理费用	4	34903273	盈余公积转入	17	
财务费用	5	—64571495	五、可分配利润	18	261727361
进货费用	6		减:应交所得税	19	36096209
营业税金及附加	7	119493427	提取法定盈余公积	20	18775345
二、主营业务利润(亏损以"—"号表示)	8	234771839	提取公益金	21	18775345
加:其他业务利润(亏损以"—"号表示)	9	4107718	六、可供股东分配的利润	22	188080462
三、营业利润(亏损以"—"号表示)	10	238879557	减:已分配优先股的利润	23	
加:投资收益(亏损以"—"号表示)	11	90000	提取任意公积	24	
营业外收入	12	27515676	已分配普通股股利	25	150202758
减:营业外支出	13	4757872	七、未分配利润(未弥补亏损以"—"号表示)	26	37877704
四、利润总额(亏损以"—"号表示)	14	261727361	八、补充资料:营业成本中存货变现损失准备提取数		

2.上海延中实业股份有限公司

一、1993年经营业绩和近三年主要财务指标

上海延中实业股份有限公司是一家主营文化办公用品的上市公司，该公司股票于1986年最早在上海证券交易所挂牌。在1993年，该公司通过资源的合理配置，理顺投资方向，多元化、全方位、综合性发展，改变了过去单纯搞小工业的格局，使公司的经济效益有了很大的提高，该公司全年销售收入2623.52万元，实现税后利润1106万元，完成年度计划的151.72%，其近三年的财务指标如下：

项目指标	1993年完成数	1993年增长比率%	1992年完成数	1992年增长比率%	1991年
主营业务收入	2623.53	89	1387.76	85.5	747.94
税后利润	1106.02	257.6	309.29	563.43	46.62
资产总值	14655.16	34.2	10916.59	473.53	1903.39
股东权益	8985.87	14.02	7880.64	382.05	1634.81
每股收益	0.369	146	0.15	219.15	0.047
每股权益	3.00	－24	3.94	141.72	1.63
每股红利	送股1：0.5		0.1024		0.125
速动比率	1.39		1.26		2.71
股东权益比率	0.61		0.72		0.86
净资产收益率	0.12		0.04		0.029

二、1994年经营展望

该公司在1994年将进一步发挥股份制企业的优势，更进一步向全方位、多元化、综合性发展，利用经营机制优势，资金优势，力争更大成绩。争取实现主营业务收入5440万元，实现税后利润2700万元。

三、股本结构和股东持股情况

1.1993年末股本结构：

股权	数量(万股)	比例(%)
法人股	663.6	22.12
个人股	2336.4	77.88
总股本：	3000	100

2.前10名股东持股情况：

股东名称	持股数(股)	占总股本比例(%)
宝安上海	5613800	18.71
海通证券	445150	1.48
龙岗宝灵	169700	0.56
华阳保健	158200	0.53
安信公司	148900	0.50
浙江上证	100300	0.33
何峙峰	120000	0.44
钱国强	109000	0.36
刘红卫	100000	0.33
张铁成	100000	0.33

四、1993年资产负债表和利润及利润分配表

资产负债表(合并)

1993年12月31日

上海延中实业股份有限公司　　单位:人民币元

资　产	行次	期初数	期末数	负债及股东权益	行次	期初数	期末数
流动资产				流动负债:			
货币资金	1	2157168.78	1862000.18	短期借款	41	13440640.00	26868695.90
短期投资	2		31900284.00	应付票据	42		
应收票据	3			应付帐款	43	2540883.51	1772462.25
应收帐款	4	5230312.43	8690991.12	预收货款	44	1276719.45	1108806.49
减:备抵坏帐	5			应付福利费	45	-40393.09	6361.84
应收帐款净额	6	5230312.43	8690991.12	未付股利	46	272514.85	208220.33
预付货款	7	2553561.73	2160157.66	未交税金	47	351659.68	865785.59
其他应收款	8	30434107.84	23987750.66	其它未交款	48		717.62
内部应收款	8-1			其他应付款	49	18959890.69	24925988.71
待摊费用	9	317989.74	372703.70	内部应付款	49-1		
存货	10	5725595.62	7009287.52	预提费用	50	22526.00	14000.00
减:存货变现损失准备	10-1			待扣税金	51		
存货净额	10-2	5725595.62	7009287.52	一年内到期的长期负债	52		
其他流动资产	10-3			流动负债合计	55	36824441.09	55771038.73
流动资产合计	15	46418736.14	75983174.84	长期负债:			
长期投资:				长期借款	56		
长期投资	16	58273238.24	56313108.35	应付债券	57		
固定资产:				长期应付款	58		
固定资产原价	18	12974832.59	14011925.62	其他长期负债	58-1		
减:累计折旧	19	1517294.56	2544123.64	其中:住房周转金	58-2		
固定资产净值	20	11457538.03	11467801.98	长期负债合计	65		
在建工程	21	261824.71	1901675.85	股东权益:			
固定资产清理	22			股本	66	20000000.00	30000000.00
固定资产合计	25	11719362.74	13369477.83	资本公积	67	55282420.00	46792420.00
无形及递延资产:				盈余公积	68	425131.69	2006048.73
无形资产	26			其中:公益金	69	218459.93	373105.78
递延资产	30	288319.84	406117.04	未分配利润	70	3092917.04	11060226.17
无形及递延资产合计	35	288319.84	406117.04	股东权益合计	75	78800468.73	89858697.90
待处理财产损失:							
待处理流动资产损失(减收益)	36		479723.92	少数股权(合并报表填列)	75-1	1074747.14	921868.35
待处理固定资产损失(减收益)	37						
待处理财产损失合计	38		479723.92				
资产总计	40	116699656.96	146551601.98	负债及股东权益总计	80	116699656.96	146551601.98

利润及利润分配表(合并)

1993年度

上海延中实业股份有限公司 单位:人民币元

项目	行次	金额	项目	行次	金额
一、主营业收入	1	26235274.38	减:少数股权(合并报表填列)	14－1	278746.70
减:营业成本	2	22198141.58	加:年初未分配利润(未弥补亏损以"－"号表示)	15	3092917.04
销售费用	3	974190.89	上半年利润调整(减上年利润以"－"号表示)	16	
管理费用	4	3912111.18	盈余公积转入	17	
财务费用	5	－2831342.46	五、可分配利润	18	15148769.14
进货费用	6		减:应交所得税	19	945577.70
营业税金及附加	7	553847.31	提取法定盈余公积	20	1580917.04
二、主营业务利润(亏损以"－"号表示)	8	1428325.88	提取公益金	21	50048.23
加:其他业务利润(亏损以"－"号表示)	9	87078.92	六、可供股东分配的利润	22	12572226.17
三、营业利润(亏损以"－"号表示)	10	1515404.80	减:已分配优先股的利润	23	
加:投资收益(亏损以"－"号表示)	11	11012462.14	提取任意公积	24	
营业外收入	12	32687.19	已分配普通股股利	25	1512000.00
减:营业外支出	13	225955.33	七、未分配利润(未弥补亏损以"－"号表示)	26	11060226.17
四、利润总额(亏损以"－"号表示)	14	12334598.80	八、补充资料:营业成本中存货变现损失准备提取数	27	

3. 上海真空电子器件股份有限公司

一、1993 年经营业绩和近两年财务指标

上海真空电子器件股份有限公司是一家主营电子产品的上市公司，其股票在上海证券交易所挂牌。在 1993 年，该公司主要产品黑白显像管、黑白电子枪、黑白玻壳、汽车灯、钟钨杆等分别比 1992 年度增长 11.08%、14.48%、12.74%、3.39%、18.32%；主营业务收入达 158353 万元，比年度计划增长 43.96%；利润总额完成 11899 万元，税后利润 7673 万元，完成了年度计划的 85.25%。该公司近两年的财务指标如下：

指标项目	1993 年	1992 年	增长率
主营业务收入	158353.04 万元	102403.85 万元	54.64%
税后利润	7673.04 万元	7291.36 万元	5.23%
资产总计	307338.73 万元	251900.89 万元	22.01%
股东权益	91395.47 万元	70912.45 万元	28.88%
每股收益	0.223 元	0.243 元	−8.23%
每股权益	2.50 元	2.36 元	5.93%
每股红利	0.10 元	0.20 元	−50.00%
速动比率	57.9%	85.6%	−32.36%
股东权益比率	31.9%	30.3%	5.28%
净资产收益率	9.25%	10.280%	−10.02%

注：每股收益中的股本为加权数。

二、1994 年经营展望

在 1994 年，该公司将继续加强营销工作，保持各大类产品的满产满销，努力拓展显示管、显示器等产品的国内外二个市场，使显示管、显示器成为主要的后继产品。同时，继续抓好内部机制转换和各项管理工作及重大项目的建设，争取实现主营业务收入 210000 万元，实现税后利润 9000 万元。

三、股本结构和股东持股情况

1. 1993 年末股本结构：

股权	数量(万股)	比例(%)
国家股	16380.1	44.78
法人股个人股	9196.2	25.14
外资股	11000	30.08
总股本	36576.3	100.00

2. 主要股东持股情况：

股东名称	持股数(万股)	占股本比例(%)
国家股	16380.1	44.78
维克维京有限公司	581.4	1.6
泰布尔顿中国基金	560.0	1.53
上海国际信托投资公司	528.6	1.45
上海申银证券公司	385.3	1.05
瑞士银行证券公司	370.2	1.01
切罗尔有限公司	350.8	0.96

四、1993 年度资产负债表和利润及利润分配表

资产负债表(合并)

1993年12月31日

上海真空电子器件股份有限公司 单位:人民币元

流动资金来源和运用	行次	金额	流动资金各项目的变动	行次	金额
一、流动资金来源			一、流动资金本年增加数		
1.本年利润	1	118993916.24	1.货币资金	27	−133288104.17
加:不减少流动资金的费用和损失			2.短期投资	28	−311000.00
(1)固定资产折旧	2	85129430.66	3.应收票据	29	−17521185.98
(2)无形资产、递延资产摊销	3	21549494.08	4.应收帐款净额	30	−48890425.22
(3)固定资产盘亏(减盘盈)	4	−43644.99	5.预付货款	31	37951102.90
(4)清理固定资产损失(减收益)	5	1194017.06	6.其他应收款	32	13795833.73
小计	6	226823213.05	7.内部应收款	32−1	
2.其他来源			8.待摊费用	33	−994947.09
(1)固定资产清理收入(减清理费用)	7	1732464.43	9.存货净额	34	−17508173.46
(2)增加长期负债	8	299034538.51	10.待处理流动资产损失(减收益)	35	
(3)收回长期投资	9		流动资产增加净额	36	−166766899.29
(4)对外投资转出固定资产	10	−7767143.99			
(5)对外投资转出无形资产	11				
(6)资本净增加额	12	143448534.72			
小计	13	436448393.67	二、流动负债本年增加数		
流动资金来源合计	14	663271606.72	1.短期借款	37	38637574.74
二、流动资金运用			2.应付票据	38	−9385929.28
1.利润分配			3.应付帐款	39	11463250.13
(1)应交所得税	15	8467736.66	4.预收货款	40	27977851.14
(2)提取盈余公积	16	7672717.36	5.应付福利费	41	−742011.36
(3)提取公益金	17	7672717.36	6.未付股利	42	−30218000.00
(4)已分配股利	18		7.未交税金	43	4479779.86
小计	19	23813171.38	8.其他未交款	44	
2.其他运用			9.其他应付款	45	28698119.54
(1)固定资产和在建工程净增加额	20	531045355.00	10.内部应付款	45−1	
(2)增加无形资产、递延资产	21	22571385.69	11.预提费用	46	16803223.51
(3)偿还长期负债	22	74383110.57	12.待扣税金	47	56765.62
(4)增加长期投资	23	265996107.27			
小计	24	893995958.53			
流动资金运用合计	25	917809129.91	流动负债增加净额	48	87770623.90
流动资金增加净额	26	−254537523.19	流动资金增加净额	49	−254537523.19

利润及利润分配表(合并)

1993年度

上海真空电子器件股份有限公司　　单位:人民币元

项　目	行次	金　额	项　目	行次	金　额
一、主营业务收入	1	1583530380.92	减:少数股权(合并报表填列)	14—1	26028594.73
减:营业成本	2	1304701025.05	加:年初未分配利润(未弥补亏损以"—"号表示)	15	1976562.89
销售费用	3	6126159.95	上半年利润调整(减上年利润以"—"号表示)	16	—3267.21
管理费用	4	45481926.74	减:被投资单位提取职工奖福基金	17	7767143.99
财务费用	5	121140117.58	五、可分配利润	18	87171473.20
进货费用	6		减:应交所得税	19	8467736.66
营业税金及附加	7	78997769.36	提取法定盈余公积	20	7672717.36
二、主营业务利润(亏损以"—"号表示)	8	27083382.24	提取公益金	21	7672717.36
加:其他业务利润(亏损以"—"号表示)	9	99033022.62	六、可供股东分配的利润	22	63358301.82
三、营业利润(亏损以"—"号表示)	10	126116404.86	减:已分配优先股的利润	23	
加:投资收益(亏损以"—"号表示)	11	11872737.84	提取任意公积	24	
营业外收入	12	12808029.38	已分配普通股股利	25	
减:营业外支出	13	31803255.84	七、未分配利润(未弥补亏损以"—"号表示)	26	63358301.82
四、利润总额(亏损以"—"号表示)	14	118993916.24	八、补充资料:营业成本中存货变现损失准备提取数	27	

4. 上海兴业房地产股份有限公司

一、1993年经营业绩和财务指标

上海兴业房地产股份有限公司是全国第一家房地产股份制企业和房地产上市公司，其股票在上海证券交易所挂牌。1993年，该公司在建和新开发主要项目15个，总建筑面积达25万平方米，投入资金1.69亿元，实现主营业务收入5395万元，完成计划的179.83%；实现利润1602万元，完成了计划的116%。该公司近两年的财务指标如下(单位：万元)：

项目指标	1993年	增长率%	1992年
主营业务收入	5394.88	355.43	1184.57
税后利润	1361.92	70.41	799.18
资产总计	23370.10	47.76	15815.90
股东权益	16480.43	103.41	8102.17
每股收益(元)	0.4086	2.25	0.3996
每股权益(元)	4.1201	1.70%	4.0511
每股红利			
速动比率	0.7633		0.4669
股东权益比率	0.7052		0.5123
净资产收益率	0.0826	—16.23	0.0986

二、前次募集资金的运用情况

该公司1993年4月配股到位资金6616.75万元，按原计划投入下列在建工程，兴国大厦1851万元，南浦大厦210万元，兴业大厦707万元，普陀路166号地块680万元，杭州敬业大楼96万元，旭龙国际大厦450万元，曲阳兴业花苑2577万元，普陀路基地99万元。总计6650万元。

三、1994年经营展望

在1994年，该公司将坚持“一业为主、多种经营”的方针，牢牢抓住房地产开发主业，并慎重扩大多种经营。计划成立建筑装潢工程公司，物业管理公司，贸易公司，为开发、经营、管理配套服务。争取全年实现主营业务收入6331万元，税后利润1800万元。

四、股本结构和股东持股情况

1.1993年末股本结构：

股权	数量(股)
发起人法人股	11152260
社会法人股	1247740
个人持股	27600000
总股本	40000000

2.主要股东持股情况：

股东名称	持股数(股)
交通银行上海分行	2224620
上海徐汇区城市建设开发总公司	2193380
上海纺织住宅开发总公司	2120000
中华企业股份有限公司	1979260
久事公司	1615000
上海市房产经营公司	1020000
二纺机股份有限公司	378100

五、1993年度资产负债表和利润及利润分配表

资产负债表

1993年12月31日

上海兴业房产股份有限公司　　单位:人民币元

资　　产	行次	期初数	期末数	负债及股东权益	行次	期初数	期末数
流动资产:				流动负债:			
货币资金	1	7500631.03	18151688.40	短期借款	41	54000000.00	35000000.00
短期投资	2	21700000.00	2988921.46	应付票据	42		
应收票据	3			应付帐款	43		
应收帐款	4	246211.72	2705705.22	预收货款	44	14907671.98	9184682.52
减:备抵坏帐	5			应付福利费	45	283953.33	238392.92
应收帐款净额	6	246211.72	2705705.22	未付股利	46	3995889.12	
预付货款	7		50000.00	未交税金	47	1581580.07	2385032.22
其他应收款	8	5307773.25	12298528.59	其它未交款	48	−16527.84	38527.06
内部应收款	8−1	1264637.06		其他应付款	49	520792.95	11050096.90
待摊费用	9		5926.20	内部应付款	49−1	635353.90	
存货	10	114871834.80	164498820.09	预提费用	50	1228598.39	
减:存货变现损失准备	10−1			待扣税金	51		
存货净额	10−2	114871834.80	164498820.09	一年内到期的长期负债	52		
其他流动资产	10−3		9700000.00	流动负债合计	55	77137311.90	57896731.62
流动资产合计	15	150891087.86	210399589.96	长期负债:			
长期投资:				长期借款	56		
长期投资	16	6479000.00	22396582.85	应付债券	57		11000000.00
固定资产:				长期应付款	58		
固定资产原价	18	578717.39	989379.46	其他长期负债	58−1		
减:累计折旧	19	107004.40	149113.54	其中:住房周转金	58−2		
固定资产净值	20	471712.99	840265.92	长期负债合计	65		11000000.00
在建工程	21	317168.07	64567.90	股东权益:			
固定资产清理	22			股本	66	20000000.00	400000000.00
固定资产合计	25	788881.06	904833.82	资本公积	67	53737598.91	104233488.03
无形及递延资产:				盈余公积	68	7284058.11	6951558.11
无形资产	26			其中:公益金	69	1997944.56	1997944.56
递延资产	30			未分配利润	70		13619228.87
无形及其他资产合计	35			股东权益合计	75	81021657.02	164804275.01
待处理财产损失:							
待处理流动资产损失(减收益)	36			少数股权(合并报表填列)	75−1		
待处理固定资产损失(减收益)	37						
待处理财产损失合计	38						
资产总计	40	158158968.92	233701006.63	负债及股东权益总计	80	158158968.92	233701006.63

利润及利润分配表

1993年度

上海兴业房产股份有限公司 单位:人民币元

项 目	行次	金 额	项 目	行次	金 额
一、主营业务收入	1	53948785.28	减:少数股权(合并报表填列)	14—1	
减:营业成本	2	39691682.34	加:年初未分配利润(未弥补亏损以"—"号表示)	15	
销售费用	3	237754.08	上半年利润调整(减上年利润以"—"号表示)	16	
管理费用	4	1222594.44	盈余公积转入	17	
财务费用	5	—3918883.48	五、可分配利润	18	16022622.20
进货费用	6		减:应交所得税	19	2403393.33
营业税金及附加	7	1525510.19	提取法定盈余公积	20	
二、主营业务利润(亏损以"—"号表示)	8	15190127.71	提取公益金	21	
加:其他业务利润(亏损以"—"号表示)	9	822284.49	六、可供股东分配的利润	22	
三、营业利润(亏损以"—"号表示)	10	16012412.20	减:已分配优先股的利润	23	
加:投资收益(亏损以"—"号表示)	11	3637.60	提取任意公积	24	
营业外收入	12	14320.00	已分配普通股股利	25	
减:营业外支出	13	7747.60	七、未分配利润(未弥补亏损以"—"号表示)	26	13619228.87
四、利润总额(亏损以"—"号表示)	14	16022622.20	八、补充资料:营业成本中存货变现损失准备提取数	27	

5. 上海二纺机股份有限公司

一、1993年经营业绩和近两年财务指标

上海二纺机股份有限公司是一家主营纺织机械和相关产品的上市公司，其股票在上海证券交易所挂牌。1993年，该公司创主营业务收入95313万元，完成计划的108.31%；实现税后利润15896万元，完成年度计划的107.92%；其近两年的财务指标如下(单位：万元)：

项目指标	1993年	增长率(%)	1992年
主营业务收入	95313.19	44.19	66101.20
税后利润	15896.76	50.91	10533.84
资产总计	159801.01	14.90	139075.97
股东权益	104902.49	16.88	89749.38
每股收益(元)	0.37	5.71	0.35
每股权益(元)	2.46	−16.61	2.95
每股红利(元)	0.10		0.10
速动比率	0.88		1.94
股东权益比率	65.65%		64.53%
净资产收益率	15.15%		11.74%

二、前次募集资金的运用情况

1.用于计算机集成制造系统(CIMS)6197万元，其中外汇支出797万美元。

2.用于自动络筒机项目支出18634万元，其中用汇1584万美元。

3.投资组建子公司8050万元。

4.部分用于补充流动资金。

三、1994年经营展望

在1994年，该公司将抓紧CIMS系统和其它高科技、高附加值产品的开发和经营，发展第三产业，争取全年实现主营业务收入96222万元，税后利润15500万元。

四、股本结构和股东持股情况

1.1993年末股本结构：

股权	数量(万股)	比例(%)
国家股	19710.17	46.31
法人股及个人股	5348.00	12.57
外资股	17500.00	41.12
总股本	42558.17	100

2.前10名股东持股情况：

股东名称	持股数(股)	占总股本比例(%)
国家股	197101660	46.31
交通银行上海市分行	2030000	0.47
上海爱建股份有限公司	1400000	0.33
浙江证券公司上海业务部	1091946	0.26
国家机电轻纺投资公司	980000	0.23
上海市投资信托公司	700000	0.16
上海万国证券公司	646370	0.15
上海申银证券公司	173600	0.04
华厦证券公司	133910	0.03
海通证券公司	122000	0.03

五、1993年度资产负债表和利润及利润分配表

资产负债表(合并)

1993年12月31日

上海二纺机股份有限公司　　单位:人民币元

资　产	行次	期初数	期末数	负债及股东权益	行次	期初数	期末数
流动资产				流动负债:			
货币资金	1	450277102.84	107527490.91	短期借款	41	68000000.00	149990000.00
短期投资	2	88856114.10	4807762.04	应付票据	42	2000000.00	30221579.80
应收票据	3	9279476.71	62045572.37	应付帐款	43	47396161.41	112986554.63
应收帐款	4	108223594.04	152259321.37	预收货款	44	318056026.42	133774979.27
减:备抵坏帐	5	542226.43	751181.98	应付福利费	45		66650.31
应收帐款净额	6	107681367.61	151508139.39	未付股利	46	30398690.00	112000.00
预付货款	7	52785523.09	10721588.76	未交税金	47	—23696574.82	—11558378.35
其他应收款	8	199453106.98	80191693.03	其它未交款	48	—167648.66	—391416.36
内部应收款	8—1			其他应付款	49	24382715.99	59495186.82
待摊费用	9		1240281.78	内部应付款	49—1		
存货	10	234586494.91	371733633.85	预提费用	50	3358448.90	389839.00
减:存货变现损失准备	10—1	2532616.17	2693254.73	待扣税金	51		
存货净额	10—2	232053878.74	369040379.12	一年内到期的长期负债	52		
其他流动资产	10—3		14100000.00	流动负债合计	55	469727819.24	475086995.12
流动资产合计	15	1140386570.07	801182907.40	长期负债:			
长期投资:				长期借款	56	17617575.30	66791468.85
长期投资	16	86898602.35	194391067.83	应付债券	57		
固定资产:				长期应付款	58	7067902.14	4056500.00
固定资产原价	18	177555001.35	294322863.40	其他长期负债	58—1		423521.91
减:累计折旧	19	71469678.57	85818474.99	其中:住房周转金	58—2		423521.91
固定资产净值	20	106085322.78	208504388.41	长期负债合计	65	24685477.44	71271490.76
在建工程	21	32390431.56	363904599.58	股东权益:			
固定资产清理	22	—1000.00	—39754.04	股本	66	303986900.00	425581660.00
临时设施	22—1			资本公积金	67	518567223.34	389535949.39
固定资产合计	25	138474754.34	572369233.95	盈余公积金	68	52669185.43	52669185.43
无形及递延资产:				其中:公益金	69	21067674.17	21067674.17
无形资产	26	25639801.72	26421977.58	未分配利润	70	22270495.43	181238076.28
递延资产	30	651122.40	3675939.79	股东权益合计	75	897493804.20	1049024871.10
无形及其他资产合计	35	26290924.12	30097917.37				
待处理财产损失:							
待处理流动资产损失(减收益)	36		—31019.57	少数股权(合并报表填列)	75—1	143750.00	2626750.00
待处理固定资产损失(减收益)	37						
待处理财产损失合计	38		—31019.57				
资产总计	40	1392050850.88	1598010106.98	负债及股东权益总计	80	1392050850.88	1598010106.98

利润及利润分配表（合并）

1993年度

上海二纺机股份有限公司　　单位：人民币元

项　目	行次	金　额	项　目	行次	金　额
一、主营业务收入	1	953131862.20	三、营业利润（亏损以"－"号表示）	10	178109498.97
减：营业成本	2	626440577.86	加：投资收益（亏损以"－"号表示）	11	23863118.06
销售费用	3	4604127.86	营业外收入	12	2554570.60
管理费用	4	100255607.29	减：营业外支出	13	18147350.67
财务费用	5	－63193795.74	四、利润总额（亏损以"－"号表示）	14	186379836.96
进货费用	6		减：少数股权（合并报表填列）	15	430000.00
营业税金及附加	7	110112647.58	加：年初未分配利润（未弥补亏损以"－"号表示）	16	22270495.43
二、主营业务利润（亏损以"－"号表示）	8	174912697.35	五、可分配利润	17	208220332.39
加：其他业务利润（亏损以"－"号表示）	9	3196801.62	减：应交所得税	18	26982256.11
			六、可供股东分配的利润	19	181238076.28

6. 上海轻工机械股份有限公司

一、1993年经营业绩和近两年的财务指标

上海轻工机械股份有限公司是一家主营食品机械、饮料机械等轻工机械产品的上市公司，其股票在上海证券交易所挂牌。在1993年，该公司紧紧围绕"转变观念、完善机制、抓紧重点、调整结构、增长效益"的工作方针，超前筹划，快产快销，针对薄弱环节制定对策，落实措施，全年完成主营业务收入41208.65万元，实现税后利润2568.8万元。该公司近两年的财务指标如下(单位:元)：

项目指标	1993年	1992年	1993年增长%
主营业务收入	41208.65	34491.72	19.47
利润总额	3036	2574	17.7
税后利润	2568.8	2159.69	18.94
资产总计	52521.55	45414.09	15.65
股东权益	25758.77	20214.25	27.43
每股收益(元)	0.15	0.13	15.38
每股权益(元)	1.47	1.22	20.49
速动比率	0.42	0.57	
股东权益比率%	49.04	44.51	10.18
净资产收益率%	9.97	10.68	—6.65

二、1994年经营展望

在1994年，该公司将围绕市场这个中心，抓住产品结构和经营机制两个关键；提高企业效益、股东权益、职工收益三方利益；实现销售收入、工业增加值、出口创汇和利润四个膨化；搞好资本资产管理、技术开发、基础管理、项目投入产出、队伍建设五项工作；确保经济工作目标六个增长。使全年销售收入达到50000万元，利润总额3340万元。

三、股本结构和股东持股情况

1.1993年末股本结构：

股权	数量(万股)	比例%
国家股	15516	88.58
个人股	2000	11.42

2.股东数量

该公司1993年末股东数量为31848户。

四、1993年度资产负债表和利润及利润分配表

资产负债表

1993年12月31日

上海轻工机械股份有限公司　单位：人民币元

资　产	行次	期初数	期末数	负债及股东权益	行次	期初数	期末数
流动资产：				流动负债：			
货币资金	1	37910877.78	16805515.84	短期借款	41	98226600.00	85520600.00
短期投资	2		151596.00	应付票据	42	1040000.00	8340475.60
应收票据	3	752000.00	2077318.30	应付帐款	43	29420407.35	69822549.60
应收帐款	4	35600774.35	42623707.21	预收货款	44	76951248.94	55936179.05
减：备抵坏帐	5	178003.87	213118.54	应付福利费	45	61558.37	440562.68
应收帐款净额	6	35422770.48	42410588.67	未付股利	46		
预付货款	7	9638099.15	13438362.01	未交税金	47	－1000445.88	－1022704.69
其他应收款	8	43353861.75	38068721.32	其它未交款	48	58798.49	37787.83
内部应收款	8－1			其他应付款	49	18520677.67	17683950.44
待摊费用	9	708873.53	2420218.14	内部应付款	49－1		
存货	10	178495263.05	241946407.16	预提费用	50	245837.37	882685.06
减：存货变现损失准备	10－1			待扣税金	51		
存货净额	10－2	178495263.05	241946407.16	一年内到期的长期负债	52		
其他流动资产	10－3			流动负债合计	55	223524682.31	237642085.57
流动资产合计	15	306281745.74	357318727.44	长期负债：			
长期投资：				长期借款	56	28406171.28	29919127.60
长期投资	16	25962668.76	50892116.31	应付债券	57		
固定资产：				长期应付款	58	67525.26	
固定资产原价	18	114877588.11	107504319.30	其他长期负债	58－1		
减：累计折旧	19	38940228.42	44259554.55	其中：住房周转金	58－2		66510.40
固定资产净值	20	75937359.69	63244764.75	长期负债合计	65	28473696.54	29985638.00
在建工程	21	42798684.71	46671952.64	股东权益：			
固定资产清理	22			股本	66	165160000.00	175160000.00
临时设施	22－1			资本公积金	67	15385589.39	35169918.79
固定资产合计	25	118736044.40	109916717.39	盈余公积金	68	6479075.02	29276238.75
无形及递延资产：				其中：公益金	69	4319383.35	9456977.07
无形资产	26		6776189.63	未分配利润	70	15117841.71	17981578.01
递延资产	30			股东权益合计	75	202142506.12	257587735.55
无形及递延资产合计	35		6776189.63				
待处理财产损失：							
待处理流动资产损失(减收益)	36	3050134.96	311708.35	少数股权(合并报表填列)	75－1		
待处理固定资产损失(减收益)	37	110291.11					
待处理财产损失合计	38	3160426.07	311708.35				
资产总计	40	454140884.97	525215459.12	负债及股东权益总计	80	454140884.97	525215459.12

利润及利润分配表

1993年度

上海联合实业股份有限公司　　单位:人民币元

项目	行次	金额	项目	行次	金额
一、主营业务收入	1	412086452.44	减:少数股权(合并报表填列)	14-1	
减:营业成本	2	282075825.17	加:年初未分配利润(未弥补亏损以"-"号表示)	15	15117841.71
销售费用	3	3113391.87	上半年利润调整(减上年利润以"-"号表示)	16	
管理费用	4	22253215.60	补交上年所得税	17	-27068.56
财务费用	5	8262362.26	五、可分配利润	18	45451084.23
进货费用	6		减:应交所得税	19	4672342.49
营业税金及附加	7	56663036.42	提取法定盈余公积	20	2568796.86
二、主营业务利润(亏损以"-"号表示)	8	39718621.12	提取公益金	21	5137593.72
加:其他业务利润(亏损以"-"号表示)	9	5188447.21	六、可供股东分配的利润	22	33072351.16
三、营业利润(亏损以"-"号表示)	10	44907068.33	减:已分配优先股股利	23	
加:投资收益(亏损以"-"号表示)	11	2755302.61	提取任意公积	24	15090773.15
营业外收入	12	1997797.39	已分配普通股股利	25	
减:营业外支出	13	19299857.25	七、未分配利润(未弥补亏损以"-"号表示)	26	17981578.01
四、利润总额(亏损以"-"号表示)	14	30360311.08	八、补充资料:营业成本中存货变现损失准备提取数	27	

7. 上海嘉丰股份有限公司

一、1993 年经营业绩和近两年财务指标

上海嘉丰股份有限公司是一家主营纺织生产的上市公司，该公司股票在上海证券交易所挂牌。在 1993 年，该公司克服了原料短缺、能源调价、市场疲软等重重困难，在纺织业普遍不景气的情况下，通过减少人员、增加产量，使纺织业的效益保持了行业领先的地位，但该公司只完成年初预定利润指标的 50%，其近两年的财务指标如下：

项目指标	单位	1993 年	1993 年计划数	计划完成比率%	1992 年
主营收入	万元	21459.88	15000	143.07	13810.54
利润总额	万元	857.2186	1800	47.62	1344.52
税后利润	万元	768.372	1530	50.22	1128.56
总资产	万元	43627.96	36304.57		
股东权益	万元	14414.46	11530.72		
每股收益(加权)	元/股	0.1028	0.1743		
每股权益	元/股	1.8281	1.63		
速动比率		0.4758	0.34		
股东权益比率	%	33.04	31.76		
净资产收益率	%	5.33	9.79		

二、前次募集资金的运用情况

该公司于 1993 年 6 月以 10 股配 7 股的比例定向配股，所筹集的资金投向如下：

1. 投资 2000 万元，进行老厂第一、第二期改造。
2. 投资 1500 万元，引进二万锭瑞士"立达"前纺设备和自动络筒机(二手)。
3. 投资 1000 万元，参股中国华源实业总公司。
4. 投资 1200 万元，参股上海万国证券公司。
5. 其余资金补充流动资金。

三、1994 年经营展望

在 1994 年，该公司将以提高经济效益为中心，"开源节流，抓好纺织生产；积极开拓，发展多种经营；优化配置，提高整体效益"。在纺织主业方面，通过提高劳动生产率和产品质量、降低成本和减少消耗，争取实现利润 1000 万元；在多种经营方面，该公司将把房地产作为第二产业支柱加以扶持，争取实现利润 500 万元。

四、股本结构和股东持股情况

1. 1993 年末股本结构：

股权	数量(万股)	比例(%)
国有资产持股	5889.272	74.69
法人股	1995.6436	25.31
个人股	1803.9656	22.88
总股本	7884.9156	100.00

2. 前 5 名大股东持股情况：

股东名称	持股数(万股)	占总股本比例(%)
国有资产管理局	5889.27	74.69%
中国纺织品进出口公司	83.5	1.06%
华展实业	60.39	0.77%
上海投资信托	17	0.21%
天泰精化	8.5	0.11%

五、1993 年度资产负债表和利润及利润分配表

资产负债表

1993年12月31日

上海嘉丰股份有限公司　　单位:人民币元

资　　产	行次	期初数	期末数	负债及股东权益	行次	期初数	期末数
流动资产				流动负债			
货币资金	1	3333182.18	8207647.87	短期借款	41	96418000.00	89878000.00
短期投资	2		4980000.00	应付票据	42	12485873.08	18414868.96
应收票据	3	1814684.00	145340.88	应付帐款	43	5322817.14	26889832.64
应收帐款	4	41467969.45	50326816.87	预收货款	44	629661.38	20068918.31
减:备抵坏帐	5	121143.81	310512.85	应付福利费	45	－110954.16	228046.56
应收帐款净额	6	41346825.64	50016304.02	未付股利	46		
预付货款	7	3279743.32	19593571.37	未交税金	47	702462.75	－464155.13
其他应收款	8	16452995.19	30160697.36	其它未交款	48	71942.55	218632.66
内部应收款	8－1			其他应付款	49	44754961.70	39358971.91
待摊费用	9	416576.83	6157629.74	内部应付款	49－1		
存货	10	75314098.09	74826572.56	预提费用	50	858783.98	1928868.34
减:存货变现损失准备	10－1			待扣税金	51		
存货净额	10－2	75314098.09	74826572.56	一年内到期的长期负债	52	25200000.00	
其他流动资产	10－3			流动负债合计	55	186333548.42	196521984.25
流动资产合计	15	141958105.25	194087763.80	长期负债:			
长期投资:				长期借款	56	25021935.99	47055560.00
长期投资	16	115380578.00	118183574.34	应付债券	57		
固定资产:				长期应付款	58	38901575.62	27135174.67
固定资产原价	18	72555469.33	89173476.68	其他长期负债	58－1		9289602.97
减:累计折旧	19	17025429.55	18992764.47	其中:住房周转金	58－2		9289602.97
固定资产净值	20	55530039.78	70180712.21	长期负债合计	65	63923511.61	83480337.64
在建工程	21	53967618.42	52913744.63	股东权益:			
固定资产清理	22	－36700.00		股本	66	70631800.00	78849156.00
临时设施	22－1			资本公积	67	33389813.37	46304376.87
固定资产合计	25	109460958.20	123094456.84	盈余公积	68	5642794.61	5642794.61
无形及递延资产:				其中:公益金	69	3385676.77	3385676.77
无形资产	26		418215.31	未分配利润	70	5642794.61	13348266.58
递延资产	30	18153.14	495543.08	股东权益合计	75	115307202.59	144144594.06
无形及其他资产合计	35	18153.14	913758.39				
待处理财产损失:							
待处理流动资产损失(减收益)	36	19967.39		少数股权(合并报表填列)	75－1	1273499.36	12132637.42
待处理固定资产损失(减收益)	37						
待处理财产损失合计		19967.39	38				
资产总计	40	366837761.98	436279553.37	负债及股东权益总计	80	366837761.98	436279553.37

利润及利润度分配表

1993 年度

上海嘉丰股份有限公司　　单位:人民币元

项　目	行次	金　额	项　目	行次	金　额
一、主营业务收入	1	214598781.76	减:少数股权(合并报表填列)	14—1	384248.60
减:营业成本	2	176732022.77	加:年初未分配利润(未弥补亏损以"—"号表示)	15	5642794.61
销售费用	3	5241528.42	上半年利润调整(减上年利润以"—"号表示)	16	21751.35
管理费用	4	13422949.26	盈余公积转入	17	
财务费用	5	—8415439.36	五、可分配利润	18	14236732.44
进货费用	6		减:应交所得税	19	888465.86
营业税金及附加	7	20757509.94	提取法定盈余公积	20	
二、主营业务利润(亏损以"—"号表示)	8	6860210.73	提取公益金	21	
加:其他业务利润(亏损以"—"号表示)	9	1617773.08	六、可供股东分配的利润	22	13348266.58
三、营业利润(亏损以"—"号表示)	10	8477983.81	减:已分配优先股的利润	23	
加:投资收益(亏损以"—"号表示)	11	7378114.95	提取任意公积	24	
营业外收入	12	813032.91	已分配普通股股利	25	
减:营业外支出	13	7712696.59	七、未分配利润(未弥补亏损以"—"号表示)	26	13348266.58
四、利润总额(亏损以"—"号表示)	14	8956435.08	八、补充资料:营业成本中存货变现损失准备提取数	27	

8.上海联合实业股份有限公司

一、1993年经营业绩和财务指标

上海联合实业股份有限公司是一家经营纺织业的上市公司,其股票在上海证券交易所挂牌。在1993年整个纺织业都不景气的情况下,该公司仍能抓住机遇,创高、精、优名牌产品,充分利用国内高档原料资源羊绒系列制品的开发,拓宽外销渠道,获得高额创汇收入,使企业的整体效益得到稳步提高,实现主营业务收入31955.78万元,税后利润2993.07万元,是计划指标的105.02%。该公司1993年的财务指标如下:

项目指标	1993年完成数
主营业务收入	31955.78万元
税后利润	2993.07万元
资产总计	49772.82万元
股东权益	14188.70万元
每股收益	0.37元
每股权益	1.77元
每股红利	0.30元
速动比率	0.86
股东权益比率	0.30
股东权益比率	0.21

二、前次募集资金的运用情况

该公司1992年3月向社会公开发行1100万股人民币普通股票,募集资金4690万元(扣除发行费),根据招股说明书和1992年年报的说明,募集到的资金主要用于浦东开发,投资商业和为老企业的设备配套扩大生产增加效益,实际使用和项目进展情况如下:

募集资金原计划主要用于浦东开发,利用陆家咀金融贸易区内联合毛纺厂原址进行改建为联合商业大厦和为已投资企业进行工艺配套,设备填平补缺,扩大生产能力,因陆家咀开发规划推迟,项目有所调整。

项　　目	单位(万元)	计划投入	实际投入
国联工业储运公司	美元	290	178.8
香港百乐染整厂	人民币	1000	1000
联合羊绒针织品有限公司	人民币	210	210
常熟联虞毛衫织造有限公司	人民币	232	232
联合服饰公司(黄金世界商场)	人民币	750	750
南通联河针织时装有限公司	人民币	91	91
证券投资及购买法人股	人民币	450	453

三、1994年经营展望

1994年,在纺织行业继续滑坡的形势下,该公司面临的竞争将日益激烈,该公司决心加强对现有投资企业效益目标管理,拼创名牌产品,拓宽国内外市场,争取创主营业务收入35000万元,实现税后利润4000万元。

四、股本结构和股东持股情况

1.1993年末股本结构:

股权	数量(万股)	比例(%)
发起人持股	6599.2	82.19
个人持股	1430.42	17.81
总股本	8029.62	100.00

2.主要股东持股情况:

股东名称	持股数(万股)	占总股本比例(%)
上海纺织经营开发公司	3561.5	44.36
上海爱建股份有限公司	395.88	4.93
香港联沪毛纺织有限公司	2641.82	32.9

五、1993年度资产负债表和利润及利润分配表

资产负债表(合并)

1993年12月31日

上海联合实业股份有限公司　　单位:人民币元

资　产	行次	期初数	期末数	负债及股东权益	行次	期初数	期末数
流动资产:				流动负债:			
货币资金	1	123360571.87	165928997.59	短期借款	41	221519910.00	210909150.00
短期投资	2		500000.00	应付票据	42	653670.20	300000.00
应收票据	3	2125540.00	70000.00	应付帐款	43	37381889.06	31775720.79
应收帐款	4	55311315.99	58579675.28	预收货款	44	4352855.37	849503.20
减:备抵坏帐	5			应付福利费	45	3173657.49	8246459.93
应收帐款净额	6	55311315.99	58579675.28	未付股利	46	14576843.50	
预付货款	7	11516281.47	6855672.57	未交税金	47	1353547.43	2149864.55
其他应收款	8	25883857.44	58541048.33	其它未交款	48		
内部应收款	8—1			其他应付款	49	37047171.13	75774375.06
待摊费用	9	2535447.76	312269.19	内部应付款	49—1		
存货	10	143346372.09	103798238.79	预提费用	50	2092821.41	1690390.82
减:存货变现损失准备	10—1	6381094.19	7175732.60	待扣税金	51		
存货净额	10—2	136965277.90	96622506.19	一年内到期的长期负债	52		
其他流动资产	10—3			流动负债合计	55	322152365.59	331695464.35
流动资产合计	15	357698292.43	387410169.15	长期负债:			
长期投资:				长期借款	56	1000000.00	
长期投资	16	47793785.56	73455174.38	应付债券	57		
固定资产:				长期应付款	58	510003.34	458574.45
固定资产原价	18	54286167.66	58688945.25	其他长期负债	58—1		160000.00
减:累计折旧	19	22966626.11	25575264.39	其中:住房周转金	58—2		
固定资产净值	20	31319541.55	33113680.86	长期负债合计	65	1510003.34	618574.46
在建工程	21	1008354.34	2439725.46	股东权益:			
固定资产清理	22	1950.00		股本	66	61766286.02	80296200.00
临时设施	22—1			资本公积金	67	37797822.97	29065636.09
固定资产合计	25	32329845.89	35553406.32	盈余公积金	68	2575686.97	5568758.79
无形及递延资产:				其中:公益金	69	343424.93	343424.93
无形资产	26			未分配利润	70	18716.01	26956362.41
递延资产	30	1324996.28	1297278.33	股东权益合计	75	102158511.97	141886957.29
无形及其他资产合计	35	1324996.28	1297278.33				
"联毛"公司拨付所属资金		12194.84	12194.84				
待处理财产损失:							
待处理流动资产损失(减收益)	36			少数股权(合并报表填列)	75—1	13338234.10	23527226.92
待处理固定资产损失(减收益)	37						
待处理财产损失合计	38						
资产总计	40	439159115.00	497728223.02	负债及股东权益总计	80	439159115.00	497728223.02

9. 上海异型钢管股份有限公司

一、1993年经营业绩和近两年财务指标

上海异型钢管股份有限公司的前身为国家二级企业上海异型钢管厂，创建于1953年，是国内从事无缝异型钢管、金属型材、金属波纹管生产的骨干企业，其股票在上海证券交易所挂牌。在1993年，该公司坚持“转换机制，面向市场，双增双节，提高效益”的方针，依靠公司全体员工的努力，出色地实现了全年目标，其中：创主营业务收入11249.5万元，实现税后利润1139.1万元。分别超过计划的22.14%和9.53%。该公司近两年的财务指标如下(单位：万元)：

项目指标	1993年	增长率	1992年
主营业务收入	11249.5	44.54	7783
税后利润	1139.1	63.66	696
资产总计	14313.4	67.84	8528.2
股东权益	10298.4	74.38	5905.6
每股收益(元)	0.2225	15.4	0.1928
每股红利(元)			0.1
每股权益(元)	2.01	22.6	1.64
速动比率	1.58		2.28
股东权益比率%	71.95	3.9	69.24
净资产收益率%	11.06	－6.2	11.79

二、前次募集资金的运用情况

该公司1993年实施配股募集的资金主要投向如下：

1. 追加投资浦东新区冷拔钢管分厂工程款2000万元；
2. 投资兴办异钢房地产开发公司资金1000万元；
3. 投资开发其他三产项目240万元。

三、1994年经营展望

在1994年，该公司拟加快在建项目的进度，逐步向外向型发展，争取实现主营业务收入11119万元，实现税后利润1156万元。

四、股本结构和股东持股情况

1. 1993年末股本结构：

股权	数量(万股)
国家股	2568.83
法人股及个人股	2550.60
总股本	5119.43

2. 股东持股情况

股东名称	持股数(万股)	占总股本比例(%)
国有资产	2568.83	50.178

五、1993年度资产负债表和利润及利润分配表

资产负债表(合并)

1993年12月31日

上海异型钢管股份有限公司 单位:人民币元

资　　产	行次	期初数	期末数	负债及股东权益	行次	期初数	期末数
流动资产:				流动负债:			
货币资金	1	4456075.71	6562076.78	短期借款	41		3550000.00
短期投资	2		1000000.00	应付票据	42	3772835.40	3172835.40
应收票据	3	293529.55	2000.00	应付帐款	43	3896467.67	8014326.72
应收帐款	4	12615710.44	27418372.92	预收货款	44	7684188.58	9134453.47
减:备抵坏帐	5	63078.55	136991.31	应付福利费	45	24050.74	241636.36
应收帐款净额	6	12552631.89	27281381.61	未付股利	46	3610600.00	
预付货款	7	1602644.00	6558773.67	未交税金	47	−2416561.67	−673642.65
其他应收款	8	17335425.02	10373040.19	其它未交款	48	118714.31	−76258.91
内部应收款	8−1			其他应付款	49	2760958.64	3751512.43
待摊费用	9	94870.53	73040.00	内部应付款	49−1		
存货	10	15957540.45	27127109.71	预提费用	50	254600.00	1464823.81
减:存货变现损失准备	10−1			待扣税金	51		
存货净额	10−2	15957540.45	27127109.71	一年内到期的长期负债	52		
其他流动资产	10−3			流动负债合计	55	19705853.67	28579686.63
流动资产合计	15	52292717.15	78977421.96	长期负债:			
长期投资:				长期借款	56	10279000.00	11570000.00
长期投资	16	7063854.40	11100833.23	应付债券	57		
固定资产:				长期应付款	58		
固定资产原价	18	23873225.12	26575160.48	其他长期负债	58−1		
减:累计折旧	19	7820077.39	8082086.59	其中:住房周转金	58−2		
固定资产净值	20	16053147.73	18493073.89	长期负债合计	65	10279000.00	11570000.00
在建工程	21	7161362.42	34405465.26	股东权益:			
固定资产清理	22	12418.52		股本	66	36106000.00	51194300.00
固定资产合计	25	23226928.67	52898539.15	资本公积	67	17190049.24	38241279.43
无形及递延资产:				盈余公积	68	2019393.84	2024810.62
无形资产	26	2850000.00	2887000.00	其中:公益金	69	863954.65	863954.65
递延资产	30		125827.85	未分配利润	70	133203.47	11523807.34
无形及其他资产合计	35	2850000.00	3012827.85	股东权益合计	75	55448646.55	102984197.39
待处理财产损失:							
待处理流动资产损失(减收益)	36			少数股权(合并报表填列)	75−1		2855738.17
待处理固定资产损失(减收益)	37						
待处理财产损失合计	38						
资产总计	40	85433500.22	145989622.19	负债及股东权益总计	80	85433500.22	145989622.19

利润及利润分配表

1993 年度

上海异型钢管股份有限公司　　单位：人民币元

项　目	行次	金　额	项　目	行次	金　额
一、主营业务收入	1	112494980.97	减:少数股权(合并报表填列)	14—1	355738.17
减:营业成本	2	85531331.63	加:年初未分配利润(未弥补亏损以“—”号表示)	15	133203.47
销售费用	3	992381.69	上半年利润调整(减上年利润以“—”号表示)	16	
管理费用	4	6724920.99	盈余公积转入	17	
财务费用	5	769281.18	五、可分配利润	18	13730909.70
进货费用	6		减:应交所得税	19	2207102.36
营业税金及附加	7	5314574.23	提取法定盈余公积	20	
二、主营业务利润(亏损以“—”号表示)	8	13162491.25	提取公益金	21	
加:其他业务利润(亏损以“—”号表示)	9	1227479.48	六、可供股东分配的利润	22	11523807.34
三、营业利润(亏损以“—”号表示)	10	14389970.73	减:已分配优先股的利润	23	
加:投资收益(亏损以“—”号表示)	11	1676350.63	提取任意公积	24	
营业外收入	12	527374.27	已分配普通股股利	25	
减:营业外支出	13	2640251.23	七、未分配利润(未弥补亏损以“—”号表示)	26	
四、利润总额(亏损以“—”号表示)	14	13953444.40	八、补充资料:营业成本中存货变现损失准备提取数	27	

10.金杯汽车股份有限公司

一、1993年经营业绩和近三年财务指标

金杯汽车股份有限公司是一家主营汽车生产和销售的上市公司，其股票在上海证券交易所挂牌。1993年，该公司实现销售收入313594.8万元，完成利润总额26398.2万元，税后利润15150.7万元。其近三年的财务指标如下：

项目指标	单位	1993年	增长率%	1992年	增长率%	1991年
业务收入	万元	313594.8	－6.97	337087.5	95.03	172838.1
利润总额	万元	26398.2	61.74	16320.7	80.58	9.038
税后利润	万元	15150.7	77.46	8537.5	12,35	7598.9
总资产	万元	560759.8	9.00	514373.5	65.04	311672.2
股东权益	万元	161269.1	33.89	120441.0	－7.63	130384.4
每股收益	元	0.1827	25.30	0.1458	20.70	0.1208
每股净资产	元/股	1.95	－5.34	2.06	－39.77	3.42
速动比率		0.84	－20.00	1.05	32.91	0.79
股东权益比率	%	28.75	22.75	23.42	－44.01	41.83
净资产收益率	%	9.39	32.44	7.09	21.82	5.82

二、前次募集资金的运用情况

1993年该公司增资配股实收资金24500万元，减发行费用122.5万元后，资金的投向如下：

1.用于企业技术改造共投入资金8100万元。

2.用于房地产开发等共投入资金5404万元。

3.补充流动资金10873.5万元。

三、1994年经营展望

该公司1994年经营目标为：生产汽车40000辆，比上年增长38.2%；完成销售收入350000万元，比上年增长11.16%。实现税后利润15460万元，比上年增长2%。

四、股本结构和股东持股情况

1.1993年末股本结构：

股权	数量(万股)	比例(%)
国家股	51762.19	62.45
法人股	11129.75	13.42
个人股	20000	24.13
总股本	82891.94	100

2.前10名股东持股情况：

股东名称	持股数(股)	占总股本比例(%)
国家股	517621924	62.45
华晨实业	25070000	3.02
沈阳汽车联营企业	21358399	2.58
沈阳汽车车轮厂	12377690	1.49
沈阳汽车制造厂	11513509	1.39
沈阳汽车转向器厂	11413090	1.38
沈阳汽车传动轴厂	10264280	1.24
沈阳汽车附件厂	9726080	1.17
沈阳汽车座椅厂	8938800	1.08
沈阳汽车修理公司	8432260	1.05

五、1993年度资产负债表和利润及利润分配表

资产负债表

1993年12月31日

金杯汽车股份有限公司　　　　单位：人民币元

资　产	行次	年初数	期末数	负债及股东权益	行次	年初数	期末数
流动资产：				流动负债：			
货币资金	1	344805031	406312202	短期借款	41	1073991436	1168515528
短期投资	2	1378351	1507180	应付票据	42	1781319	2000000
应收票据	3	448858433	117041892	应付帐款	43	314072373	585455783
应收帐款	4	250269369	688738826	预收货款	44	1006985	3152185
减：备抵坏帐	5	979708	3769598	应付福利费	45	－63318525	3654130
应收帐款净额	6	249289661	684969228	未付利润	46		24827800
预付货款	7	93327436	53422212	未交税金	47	－1.646490	8684461
其他应收款	8	1411643405	885193800	其他未交款	48	35038068	33446279
待摊费用	9	43594501	43956252	其他应付款	49	994777843	466730675
存货	10	778192438	1312986501	预提费用	50	43325620	198662357
减：存货变现损失准备	11	1170994	2670994	待扣税金	51		184524
存货净额	12	777021444	1310315507	一年内到期的长期负债	52		
	14			其他流动负债	54		
	15			流动负债合计	55	2399028629	2495313722
	16			长期负债			
其他流动资产	17		1462339	长期借款	56	853766495	747826625
流动资产合计	18	3369918262	3504180612	应付债券	57	180109220	149170891
长期投资：				长期应付款	58	293834724	4341995
长期投资	19	82956082	230108510		59		
拨付所属资金	20			其他长期负债	61		
固定资产：				长期负债合计	62	1327710439	901339511
固定资产原价	21	1292814521	1331903282		64		
减：累计折旧	22	247182810	252919040		65		
固定资产净值	23	1045631711	1078984242	股东权益：			
在建工程	24	495885128	613083071	股本	66	557672719	828919393
固定资产清理	25		645733	资本公积金	67		260172188
固定资产合计	26	1541516839	1692713046	盈余公积金	68	601485821	440907796
	27			其中：公益金	69	25123048	51084914
	28			未分配利润	70		82691705
无形及递延资产：					72		
无形资产	30		4059295		73		
递延资产	31	25846897	175737269		74		
	32				75		
	33			股东权益合计	76	1159158540	1612691082
无形及递延资产合计	34	25846897	179796564		77		
待处理财产损失：					78		
待处理流动资产损失（减收益）	35		799395		79		
待处理固定资产损失（减收益）	36						
	37			少数股权	79—1	134340472	598253812
待处理财产损失合计	38		799395				
资产总计	40	5020238080	5607598127	负债及股东权益总计	80	5020238080	5607598127

利润及利润分配表

1993 年度

金杯汽车股份有限公司 单位:人民币元

项 目	行次	本年实际数	项 目	行次	本年实际数
一、主营业务收入	1	3135947685	加:年初未分配利润(未弥补亏损以"—"号表示)	15	
减:营业成本	2	2361552282	上年利润调整(减少上年利润以"—"号表示)	16	
销售费用	3	65055456	五、可分配利润	18	263982332
管理费用	4	307726529	减:应交所得税	19	15204256
财务费用	5	116594772	提取职工奖励及福利基金	19—1	3144706
进货费用	6	2136708	应属少数股权利润	19—2	92776472
营业税金及附加	7	102005464	分给其他投资单位收益	19—3	1349680
二、主营业务利润(亏损以"—"号表示)	8	180876474	转增资本公积	19—4	28086764
加:其他业务利润(损失以"—"号表示)	9	16717781	提取法定盈余公积	20	12342045
三、营业利润(亏损以"—"号表示)	10	197594255	提取公益金	21	28386704
加:投资收益(亏损以"—"号表示)	11	24370006	六、股东可分配利润	22	82601705
营业外收入	12	78316077	减:已分配优先股的股利	23	
减:营业外支出	13	36298006	提取任意公积	24	
四、利润总额(亏损以"—"号表示)	14	263982332	已分配普通股股利	25	
			七、未分配利润(未弥补亏损以"—"号表示)	26	82691705

11. 中国纺织机械股份有限公司

一、1993年经营业绩和近两年财务指标

中国纺织机械股份有限公司是一家在上海证券交易所挂牌的上市公司。在1993年，该公司克服了纺织行业不景气、国家银根紧缩和原材料涨价所带来的重重困难，主要经济指标有了新的增长，销售收入达到3.03亿元，利润总额实现8030.44万元，其近两年的财务指标如下(单位:万元)：

项目指标	1993年	增长率%	1992年
主营业务收入	30382.64	2.20	30322.59
利润总额	8030.44	59.56	5032.93
税后利润	6997.52	61.11	4343.40
资产总计	106107.41	50.19	70648.96
股东权益	56619	9.85	51542.14
每股收益(元)	0.28	33.03	0.206
每股权益(元)	2.27	－8.47	2.48
速动比率	1.52		1.89
股东权益比率%	53.36	－26.86	72.96
净资产收益率%	12.29	45.79	8.43

二、1994年经营展望

该公司1994年的经营方针是：抓住历史机遇，自下而上改革，加速机制转换，开创中纺机新纪元。其经营目标为：销售收入达到3.8亿元，实现利润总额9000万元。

三、股本结构和股东持股情况

1.1993年末股本结构：

股权	数量(万股)	比率%
国家股	13211	52.91
法人股	1560	6.25
个人股	1800	7.21
含职工股	360	
外资股	8400	33.63
总股本	24971	100.00

2.前10名股东持股情况：

股东名称	数量(万股)	占总股本比例(%)
SWISS BANK CORPORATION (NOMINESS)LTD.	516.27	2.07
HKSBCSB A/C THE CHASE MANHATTAN BANK NA. S/A TAMPLETON CHINA FUND INC.	458.70	1.84
申银证券公司	430.93	1.73
SCBHK A/C BROWN BROTHERS HARRIMAN AND CO SUB A. C THE GREATER CHINA FUND INC	384	1.54
EQUITY FUND OF CHINA	373.2	1.49
HKSHBCLTD SHANGHAI BRANCH A/C MSTC S/A MAS POOLED TRUST FUND INT'L EQUITY PORTFO	373.02	1.49
郭甲	326.83	1.31
SBCI HK. (NOMINESS)LTD	241.82	0.97
龙头股份有限公司	240	0.96
双鹿股份有限公司	240	0.96

四、1993年度资产负债表和利润及利润分配表

资产负债表

1993年12月31日

中国纺织机械股份有限公司　　单位:人民币元

资　产	行次	年初数	期末数	负债及股东权益	行次	年初数	期末数
流动资产:				流动负债:			
货币资金	1	169161645.68	178376039.63	短期借款	41	110717500.00	152717500.00
短期投资	2	26125075.66	45856718.23	应付票据	42		87877693.61
应收票据	3	6658611.53	3185220.00	应付帐款	43	18230038.72	57936102.42
应收帐款	4	82356360.61	176518767.25	预收货款	44	27836837.17	73988654.71
减:备抵坏帐	5	190344.10	503095.30	应付福利费	45	5628915.12	4088768.22
应收帐款净额	6	82166016.51	176015671.95	未付股利	46	6242859.00	
预付货款	7	5320005.61	6355806.27	未交税金	47	−3381174.89	1353555.95
其他应收款	8	20822221.33	57842058.04	其它未交款	48	−1051871.39	60729.46
内部应收款	8−1			其他应付款	49	12786107.46	9,969799.10
待摊费用	9	4447682.71	994010.13	内部应付款	49−1		
存货	10	94210270.21	184689484.03	预提费用	50		445658.87
减:存货变现损失准备	10−1			待扣税金	51		−5745746.81
存货净额	10−2	94210270.21	184689484.03	一年内到期的长期负债	52		
其他流动资产	10−3	24640253.20		流动负债合计	55	177009211.19	303602715.53
流动资产合计	15	433551782.44	653315008.28	长期负债:			
长期投资				长期借款:	56	14059000.00	54100000.00
长期投资:	16	111077168.09	132679391.31	应付债券	57		137139187.50
固定资产:				长期应付款	58		
固定资产原价	18	152007501.51	158124469.78	其他长期负债	58−1		34740.18
减:累计折旧	19	52284796.76	57334957.35	其中:住房周转金	58−2		
固定资产净值	20	99722704.75	100789512.43	长期负债合计	65	14059000.00	191273927.68
在建工程	21	59090719.05	151216224.31	股东权益:			
固定资产清理	22			股本	66	208095300.00	249714360.00
固定资产合计	25	158813423.80	252005736.74	资本公积金	67	275314903.30	218478622.38
无形及递延资产:				盈余公积金	68	23060435.21	30057957.50
无形资产	26	3044093.74	12199974.96	其中:公益金	69	7686811.74	6395543.55
递延资产	30		10863815.30	未分配利润	70	9130764.47	67946559.10
国外冻结资产	35	3146.10	3146.10	股东权益合计	75	515421402.98	566197498.98
无形及其他资产合计		3047239.84	23066936.36				
待处理财产损失:	36						
待处理流动资产损失(减收益)	37		7069.50				
待处理固定资产损失(减收益)	38						
待处理财产损失合计			7069.50				
资产总计	40	706489614.17	1061074142.19	负债及股东权益总计	80	706489614.17	1061074142.19

利润及利润分配表

1993年度

中国纺织机械股份有限公司 单位:人民币元

项目	行次	金额	项目	行次	金额
一、主营业务收入	1	303823637.80	减:少数股权(合并报表填列)	14-1	
减:营业成本	2	216967025.93	加:年初未分配利润(未弥补亏损以"-"号表示)	15	9130764.47
销售费用	3	2955587.72	上半年利润调整(减上年利润以"-"号表示)	16	407450.89
管理费用	4	30187308.25	盈余公积转入	17	
财务费用	5	-56460359.19	五、可分配利润	18	89842638.83
进货费用	6	25749.01	减:应交所得税	19	10736651.44
营业税金	7	34570980.66	提取法定盈余公积	20	6997522.29
二、主营业务利润(亏损以"-"表示)	8	75577345.42	提取公益金	21	
加:其他业务利润(亏损以"-"号表示)	9	276834.05	六、可供股东分配的利润	22	72108465.10
三、营业利润(亏损以"-"号表示)	10	75854179.47	减:已分配优先股的利润	23	
加:投资收益(亏损以"-"号表示)	11	13171262.72	提取任意公积	24	
营业外收入	12	5548496.22	已分配普通股股利	25	4161906.00
减:营业外支出	13	14269514.94	七、未分配利润(未弥补亏损以"-"号表示)	26	67946559.10
四、利润总额(亏损以"-"号表示)	14	80304423.47	八、补充资料:营业成本中存货变现损失准备提取数	27	

12. 上海大众出租汽车股份有限公司

一、1993年经营业绩和近两年财务指标

上海大众出租汽车股份有限公司是一家在上海证券交易所挂牌的上市公司。在1993年,该公司主要生产工具营运车辆由年初的1100辆增加至1400辆,增长了27.2%,主营业务收入达到15488.7万元,完成计划的172.1%,实现税后利润6667.82万元,完成年度计划的133.36%。该公司近两年的财务指标如下(单位:万元):

项目指标	1993年	1992年
主营业务收入	15,488.70	7,558.54
税后利润	6,667.82	2,308.50
资产总计	49,031.98	27,355.88
股东权益	35,399.66	21,946.10
每股收益	0.67元	0.377元
每股权益	2.81元	2.55元
每股红利	0.20元	0.10元
速动比率	1.25	3.03
股东权益比率	72.20%	80.22%
净资产收益率	18.83%	10.52%

二、前次募集资金的运用情况

该公司1993年实施配股共募集资金10834.2万元,其中:A股3735万元,B股816.3万美元。该笔资金的投向如下:

1.新增和更新营业车辆607辆,支出人民币12761.20万元;

2.发起组建"大众"连锁企业投资600万元;

3.投资浦东大众出租汽车股份有限公司500万股法人股配股款2375万元;

4.追加全资子公司投资2064.3万元;

5.投资联营企业243.1万元;

6.新建全资子公司2181.8万元;

7.投资上海申银证券公司法人股375万元;

8.电话调度设备及无线电通讯设备395.2万元;

9.归还1992年固定资产投资贷款777.9万元;

10.其他设备投资22.5万元。

以上投资总额21796.1万元,其中包括1993年新增贷款3300万元和其他当年新增现金流入额。

三、1994年经营展望

该公司1994年的经营目标为:创营业收入24753万元,完成利润总额8714.7万元,实现税后利润7688万元。

四、股本结构和股东持股情况

1.1993年末股本结构:

股权	数量(万股)	比例(%)
国家股	5599	44.44
法人股	1000	7.94
个人股	1000	7.94
外资股	5000	39.68
总股本	12599	100

2.前10名股东持股情况:

股东名称	持股数(万股)	占总股本比例(%)
国家股	5599	44.44
上海浦东大众出租汽车股份有限公司	94	0.75
上海公交广告公司	64.53	0.51
上海豫园旅游商城股份有限公司	44	0.35
上海市煤气公司	40	0.32
上海棱光实业股份有限公司	40	0.32
上海东方明珠股份有限公司	40	0.32
上海良华实业股份有限公司	25	0.20
上海华联商厦股份有限公司	36	0.29
上海自来水公司	22	0.17

五、1993年度资产负债表和利润及利润分配表

资产负债表

1993年12月31日

上海大众出租汽车股份有限公司　单位：人民币元

资　产	行次	期初数	期末数	负债及股东权益	行次	期初数	期末数
流动资产：				流动负债：			
货币资金	1	36770860.58	80727578.26	短期借款	41	15647000.00	15400000.00
短期投资	2		17933961.55	应付票据	42		
应收票据	3			应付帐款	43	2896322.70	15225769.71
应收帐款	4	2278107.80	8884263.89	预收货款	44	151445.99	8911878.20
减：备抵坏帐	5		26757.80	应付福利费	45	955155.78	2351784.71
应收帐款净额	6	2278107.80	8857506.09	未付股利	46	8590190.00	
预付货款	7	10896205.36	16026920.55	未交税金	47	3457994.37	5678370.36
其它应收款	8	86233857.95	23663024.12	其他未交款	48	18663.70	43844.68
内部应收款	8—1			其他应付款	49	10118628.51	31425490.38
待摊费用	9	614294.19	976089.59	内部应付款	49—1		
存货	10	3964973.25	12609521.47	预提费用	50	271884.01	918712.08
减：存货变现损失	11			待扣税金	51		
存货净额	12	3964973.25	12609521.47	一年内到期的长期负债	52		
其他流动资产	13			流动负债合计	55	42107285.06	79955850.12
流动资产合计	15	140758299.13	160794601.63	长期负债：			
长期投资：				长期借款	56	12299993.69	30988557.20
长期投资	16	37149709.94	77856016.18	应付债券	57		
固定资产：				长期应付款	58	2579426.24	180735.64
固定资产原价	18	139998698.20	274959913.45	其他长期负债	58—1		
减：累计折旧	19	44976566.70	61809808.55	其中：住房周转金	58—2		
固定资产净值	20	95022131.50	213150104.90	长期负债合计	65	14879419.93	31169292.84
在建工程	21	2999732.03	32984434.09	股东权益：			
固定资产清理	22			股本	66	85901900.00	125992090.00
临时设施	22—1			资产公积金	67	123255365.65	176070580.01
固定资产合计	25	98021863.53	246134538.99	盈余公积金	68	10410126.05	10410126.05
无形及递延资产：				其中：公益金	69	5668182.73	5668182.73
无形资产	26		1172366.03	未分配利润	70	64267.80	66721892.39
递延资产	30	688491.89	4356788.18	股东权益合计	75	219631659.50	379194688.45
无形及递延资产合计	35	688491.89	5529154.21				
待处理财产损失：							
待处理流动资产损失(减收益)	36		5520.40	少数股权(合并报表填列)	75—1		
待处理固定资产损失(减收益)	37						
待处理财产损失合计	38		5520.40				
资产总计	40	276618364.49	490319831.41	负债及股东权益总计	80	276618364.49	490319831.41

利润及利润分配表

1993年度

上海大众出租汽车股份有限公司　　单位:人民币元

项　目	行次	金　额	项　目	行次	金　额
一、主营业务收入	1	154887019.60	四、利润总额(亏损以"－"号表示)	14	77805395.73
减:营业成本	2	87280937.58	减:少数股权(合并报表填列)	14－1	20585.73
销售费用	3	1470170.53	加:年初未分配利润(未弥补亏损以"－"号表示)	15	204791.09
管理费用	4	13985231.33	上年利润调整(减上年利润以"－"号表示)	16	－140523.29
财务费用	5	－16587257.51	盈余公积转入	17	
进货费用	6	3881.84	五、可分配利润	18	77849077.80
营业税金及附加	7	3919418.43	减:应交所得税	19	11127185.41
二、主营业务利润(亏损以"－"号表示)	8	64814637.40	提取法定盈余公积	20	
加:其他业务利润(亏损以"－"号表示)	9	4483910.35	提取公益金	21	
三、营业利润(亏损以"－"号表示)	10	69298547.75	六、可供股东分配的利润	22	66721892.39
加:投资收益(损失以"－"号表示)	11	4333863.32	减:已分配优先股股利	23	
营业外收入	12	6097360.07	提取任意公积	24	
减:营业外支出	13	1924375.41	已分配普通股股利	25	
			七、未分配利润(未弥补亏损以"－"号表示)	26	66721892.39

13. 中国第一铅笔股份有限公司

一、1993年经营业绩和近二年财务指标

中国第一铅笔股份有限公司由原国家一级企业中国铅笔一厂改制而成，是在上海证券交易所挂牌的上市公司。在1993年，该公司克服上半年木材紧缺和价格暴涨带来的严重困难，以追求效益最大化为宗旨，加大发展力度，生产、销售以及盈利水平快速增长，产品供不应求，尤其是市场适销的高档次、高附加值产品比重达到52.15%，产品出口又迈上新的台阶，全年木制铅笔和化妆笔出口量分别比1992年上升16.1%和79.1%。主要经济指标出现三个重大突破，即出口额突破5000万元，销售收入突破1亿元，利润突破3000万元，继续名列全国铅笔行业之首。1993年该公司实现税后利润2846.1万元，超额计划的8%完成任务，其近两年的财务指标如下(单位:万元)：

项目指标	1993年 实际指标	增长率(%) 比上年度	 比计划	1993年 计划指标	1992年 实际指标
主营业务收入	11820.6	31.27	5.47	11208	9004.5
税后利润	2846.1	113.64	8.01	2635	1332.2
资产总计	27029.2	27.62	—	—	21179.0
股东权益	18540.9	14.41	—	—	16205.8
每股收益	0.445	83.13	8.01	0.412	0.243
每股权益	2.897	14.51	—	—	2.53
每股红利	0.20	150	—	—	0.08
速动比率	1.92	—44.67	—	—	3.47
股东权益比率	68.6	—10.35	—	—	76.52
净资产收益率	15.35	140.22	—	—	6.39

二、前次募集资金的运用情况

1992年该公司公开发行A、B种股票3507.9万股，共募集资金12294万元。1993年按照《招股说明书》确认的项目，注重发展自己优势的工业项目，用66%的资金投资于铅笔主导产业，即浦东金桥出口产品生产基地，成品车间改扩建项目，长城笔业公司一期扩产工程三个项目，共投资8062万元。另外该公司又积极推进其他产业的兴起，共投资4085万元兴建上海贝贝保健用品有限公司和综合商办大楼。上述五大发展项目总投资额为12147万元，占募集资金总额的98.5%。

三、1994年经营展望

1994年该公司将依托股份制企业的经营活力，崇尚创新，注重人才、产品以及市场的综合开发，实现生产、销售、出口、效益新的突破。力争主导产品木制铅笔年产量增长40%，达到8亿支；销售额增长27%，达到1.5亿元；出口额增长29%，达到7000万元；利润增长22%，达到4000万元。

四、股本结构和股东持股情况

1.1993年末股本结构：

股权	数量(万股)	比例(%)
国家股	2892.1	45.2
法人股	507.9	7.9
个人股	500	7.8
B股	2500	39.1
总股本	6400	100

2.前10名股东持股情况：

股东名称	持股数 (万股)	占总股本 比例(%)
国有资产管理部门	2892.1	45.2
交通银行上海分行	264.8	4.1
上海富利贸易公司	98	1.5
上海第一百货商店股份有限公司	64	1.0
上海华联商厦股份有限公司	20	0.3
上海第一食品商店股份有限公司	14	0.2
上海轻工劳动服务公司	7	0.1
上海制笔零件一厂	6.4	0.1
上海轻工业对外经济技术合作公司	6.4	0.1
上海制笔集团	3	0.05

五、1993年度资产负债表和利润及利润分配表

资产负债表(合并)

1993年12月31日

中国第一铅笔股份有限公司 单位:人民币元

资 产	行次	期初数	期末数	负债及股东权益	行次	期初数	期末数
流动资产:				流动负债:			
货币资金	1	82426673.78	68332331.34	短期借款	41	23996000.00	40213000.00
短期投资	2	32000000.00	22892182.46	应付票据	42	5759296.50	6076715.05
应收票据	3		2963924.09	应付帐款	43	7331166.04	14088742.89
应收帐款	4	35616288.18	32651831.38	预收货款	44		1349509.28
减:备抵坏帐	5	180000.00	334924.05	应付福利费	45	−1742282.61	−1126268.76
应收帐款净额	6	35436288.18	32316907.33	未付股利	46		5120000.00
预付货款	7			未交税金	47	1105453.85	663058.54
其他应收款	8	2099843.46	10245456.37	其他未交款	48	−4033.32	
内部应收款	8−1			其他应付款	49	2097726.35	15410235.35
待摊费用	9	10907.40	151988.44	内部应付款	49−1		
存货	10	11374032.88	24415480.05	预提费用	50		8067.38
减: 存货变现损失	11			待扣税金	51		
存货净额	12	11374032.88	24415480.05	一年内到期的长期负债	52	5290000.00	2100000.00
其他流动资产	13			流动负债合计	55	43833326.81	83903059.73
流动资产合计	15	163347745.70	161318270.08	长期负债:			
长期投资:				长期借款	56	5900000.00	61000.00
长期投资	16	12406660.67	15110760.67	应付债券	57		
固定资产:				长期应付款	58		
固定资产原价	18	26503853.31	32607009.35	其他长期负债:	58−1		
减:累计折旧	19	5412902.93	6746149.15				
固定资产净值	20	21090950.38	25860860.20	长期负债合计	65	5900000.00	61000.00
在建工程	21	14945531.06	68002933.46	股东权益:			
固定资产清理	22			股本	66	64000000.00	64000000.00
临时设施	22−1			资本公积金	67	87697028.75	87697028.75
固定资产合计	25	36036481.44	93863793.66	盈余公积金	68		3118159.69
无形及递延资产				其中:公益金	69		1036053.23
无形资产	26			未分配利润	70	10360532.25	30593576.24
递延资产	30			股东权益合计	75	162057561.00	185408764.68
无形及其他资产合计	35						
待处理财产损失:							
待处理流动资产损失(减收益)	36			少数股权(合并报表填列)	75−1		920000.00
待处理固定资产损失(减收益)	37						
待处理财产损失合计	38						
资产总计	40	211790887.81	270292824.41	负债及股东权益总计	80	211790887.81	270292824.41

利润及利润分配表(合并)

1993年度

中国第一铅笔股份有限公司　　单位:人民币元

项　目	行次	金　额	项　目	行次	金　额
一、主营业务收入	1	118206096.17	减:少数股权(合并报表填列)	14—1	
减:营业成本	2	71324878.58	加:年初未分配利润(未弥补亏损以"—"号表示)	15	10360532.25
销售费用	3	1239898.45	上半年利润调整(减上年利润以"—"号表示)	16	
管理费用	4	16646044.15	盈余公积转入	17	
财务费用	5	—6011982.02	五、可分配利润	18	43081619.45
进货费用	6		减:应交所得税	19	4259883.52
营业税金及附加	7	10899920.26	提取法定盈余公积	20	2072106.46
二、主营业务利润(亏损以"—"号表示)	8	24107336.75	提取公益金	21	1036053.23
加:其他业务利润(亏损以"—"号表示)	9		六、可供股东分配的利润	22	35713576.24
三、营业利润(亏损以"—"号表示)	10	24107336.75	减:已分配优先股的股利	23	
加:投资收益(亏损以"—"号表示)	11	9948522.38	提取任意公积	24	
营业外收入	12	1480087.18	已分配普通股股利	25	5120000.00
减:营业外支出	13	2814859.11	七、未分配利润(未弥补亏损以"—"号表示)	26	30593576.24
四、利润总额(亏损以"—"号表示)	14	32721087.20	八、补充资料:营业成本中存货变现损失准备提取数	27	

14. 上海永生制笔股份有限公司

一、1993 年经营业绩和财务指标

上海永生制笔股份有限公司是由我国最大的制笔专业工厂之一的永生金笔厂改制而成，现已成为以笔为主、产品多方位、产业多元化的集团上市公司，其股票在上海证券交易所挂牌。在1993 年，该公司主要经济指标均有显著增长，其中：销售收入达17864.9 万元，同比增长 14.84％；出口交货值 3574.8 万元，同比增长 114.3％；实现利润 4080.2 万元，同比增长 16％。该公司1993 年的主要财务指标如下：

项目指标	单位	1993 年实际完成	完成计划
主营业务收入	万元	17864.9	99.25％
税后利润	万元	3528.1	106.3％
资金总计	万元	42063.3	
股东权益	万元	31197.4	
每股收益	元	0.363	
每股权益	元/股	3.21	
每股红利	元/股	0.15	
速动比率	％	2.53	
股东权益比率	％	74	
净资产收益率	％	11.3	

二、前次募集资金的运用情况

该公司按招股说明书所确定的项目，经过科学的认证，专家的咨询，在做好可行性分析的前提下，确定项目的投入。其中已规划投入在开发、生产、销售文具及办公用品等主导产品上的资金占总股本金的 79.93％，建立了生产笔类产品的表面装饰和模具中心；建立了永生浦东书写工具基地；引进了高精度注塑机群，有效地提高了塑料零件的质量水准，扩大了生产规模；筹建了中外合资直液式和特种笔新型书写工具公司，其生产的产品为国内首创并将有 60％出口；建立了上海永生文教用品有限公司，扩大了产品门类，使该公司全面进入文教用品领域；建立了永生肖泾电镀分厂，为该公司配套加工电镀产品，并可扩大加工其他业务；建立了中日合资东洋金笔火机有限公司，主要生产国内外最新款式的与笔配对的礼品系列产品；建立了永生联销公司和礼品公司，拓展了销售渠道，确保永生产品在国内市场的占有率稳定在 30％以上；建立了永前铜型材厂，为公司开辟了稳定的原材料基地。该公司还努力开发多元化产业，建立了永生房产经营公司、中外合资永生办公自动化公司、昆山玉峰塑胶制品厂。

三、1994 年经营展望

在 1994 年，该公司将健全市场营销体系，加快新产品的开发速度，并加速发展新的效益增长点，争取完成销售收入 20000万元，确保利润 4500 万元，出口金额达 1000 万美元。

四、股本结构和股东持股情况

1. 1993 年末股本结构：

股权	数量(万股)	比例(％)
国家股	5284.96	54.34
法人股	840	8.64
个人股	600	6.17
B 股	3000	30.85
总股本	9724.96	100.00

2. 前 10 名股东持股情况：

股东名称	持股数(万股)	占总股本比例(％)
国家股	5284.96	54.34
浙江省张溪文教基金会：	204	2.09

其余 8 名最大股东为 B 股股东，经审核，其持有股数及比例均未违反有关持股规定。

五、1993 年度资产负债表和利润及利润分配表

资产负债表(合并)

1993年12月31日

上海永生制笔股份有限公司　　单位:人民币元

资　　产	行次	期初数	期末数	负债及股东权益	行次	期初数	期末数
流动资产:				流动负债:			
货币资金	1	105093095	69408848.36	短期借款	41	28145000	34976000
短期投资	2		12927942.88	应付票据	42		930000
应收票据	3	5500000	1700000	应付帐款	43	33505097	40830380.64
应收帐款	4	87639844.31	144702960.78	预收货款	44		
减:备抵坏帐	5	260246.84	492342.54	应付福利费	45	543761.65	194167.79
应收帐款净额	6	87379597.47	144210618.24	未付股利	46	58395.44	3594.13
预付货款	7			未交税金	47	—301742.47	2813221.17
其他应收款	8	20899110.39	4590790.95	其他未交款	48	4833993.18	63349.80
内部应收款	8—1			其他应付款	49	10172987.37	11350867.23
待摊费用	9	91931.37	178128.42	内部应付款	49—1		
存货	10	35660927.15	46974022.74	预提费用	50	629378.10	896529.02
减:存货变现损失准备	10—1			待扣税金	51		
存货净额	10—2	35660927.15	46974022.74	一年内到期的长期负债	52		
其他流动资产	10—3			流动负债合计	55	77586870.27	92058109.78
流动资产合计	15	254624661.38	279990351.59	长期负债:			
长期投资:				长期借款	56	7667507.42	12260000
长期投资	16	66620285.56	59989727.23	应付债券	57		
固定资产:				长期应付款	58		
固定资产原价	18	32716486.37	60289475.88	其他长期负债	58—1		
减:累计折旧	19	6991718.14	9282538.71	其中:住房周转金	58—2		
固定资产净值	20	25724768.23	51006937.17	长期负债合计	65	7667507.42	12260000.00
在建工程	21	21096431.15	29567910.41	股东权益:			
固定资产清理	22			股本	66	81041400	97249680
临时设施	22—1			资本公积金	67	178723298.45	158793739.60
固定资产合计	25	46821199.38	80574847.58	盈余公积金	68		10523139.75
无形及递延资产:				其中:公益金	69		4209255.90
无形资产	26			未分配利润	70	21046279.51	45407119.59
递延资产	30		52233.25	股东权益合计	75	280810977.96	311973678.94
无形及其他资产合计	35		52233.25				
待处理财产损失:							
待处理流动资产损失(减收益)	36	25454.66	25454.66	少数股权(合并报表填列)	75—1	2026245.33	4340825.59
待处理固定资产损失(减收益)	37						
待处理财产损失合计	38	25454.66	25454.66				
资产总计	40	368091600.98	420632614.31	负债及股东权益总计	80	368091600.98	420632614.31

利润及利润分配表(合并)

1993年度

上海永生制笔股份有限公司　　　　单位:人民币元

项　目	行次	金　额	项　目	行次	金　额
一、主营业务收入	1	178649758.12	四、利润总额(亏损以"-"号表示)	14	41474542.15
减:营业成本	2	125656974.13	减:少数股权(合并报表填列)	14-1	672244.53
销售费用	3	3681791.61	加:年初未分配利润(未弥补亏损以"-"号表示)	15	21046279.51
管理费用	4	8525209.78	上半年利润调整(减上年利润以"-"号表示)	16	280346.32
财务费用	5	-11766980.66	盈余公积转入	17	
进货费用	6		五、可分配利润	18	61568230.81
营业税金及附加	7	12452269.79	减:应交所得税	19	5520720.06
二、主营业务利润(亏损以"-"号表示)	8	40100493.47	提取法定盈余公积	20	2104627.95
加:其他业务利润(亏损以"-"号表示)	9	75272.50	提取公益金	21	4326507.31
三、营业利润(亏损以"-"号表示)	10	40175765.97	六、可供股东分配的利润	22	49616375.49
加:投资收益(亏损以"-"号表示)	11	5762735.70	减:已分配优先股的利润	23	
营业外收入	12	146877.15	提取任意公积	24	4209255.90
减:营业外支出	13	4610836.67	已分配普通股股利	25	
			七、未分配利润(未弥补亏损以"-"号表示)	26	45407119.59

15. 上海胶带股份有限公司

一、1993年经营业绩和财务指标

上海胶带股份有限公司是一家主营输送带等橡胶制品的上市公司，其股票在上海证券交易所挂牌。1993年，因基建及设备搬迁问题给生产销售带来一定难度，该公司主营业务收入只完成15804.32万元，仅为年度计划的79%；在这一年里，该公司大力发展第三产业，积极开展多元化经营，开拓国内外市场，开发新产品，调整产品结构，取得了较好的业绩，实现税后利润1684.57万元，比1992年度增长26%，完成年度计划的102%。该公司1993年的财务指标如下(单位：万元)：

项目指标	1993年实际完成指标	增长率(%)比计划	1993年计划指标
主营业务收入	15804.32	−12.2	18000
税后利润	1684.57	2.1	1650
资产总计	28240.70		
股东权益	18271.20		
每股收益	0.204	2	0.200
每股权益	2.21		
每股红利	0.143		
速动比率	0.90		
股东权益比率	65%		
净资产收益率	9.2%		

二、前次募集资金的运用情况

根据招股说明书的资金投向计划，该公司发行股票募集的资金大部分用于公司重点项目KK马陆新输送带厂项目上。在1993年初，该公司就着手基建工程及设备的逐步搬迁。目前，一期工程已竣工正式投入生产，二期工程已着手进行，预计1994年年底可进入全面生产阶段，年生产各类输送带达600万平方米。

三、1994年经营展望

在1994年，该公司将在日益激烈的市场竞争中，围绕上海经济发展的“三个中心”，以一业为主，多种经营，广开财源，扩大公司的经营规模，向集团化、多元化方向发展。同时加快在建项目建设，早出效益，多出效益。争取实现销售收入24000万元，比1993年增加51%；利润2405万元，税后利润2044万元，分别比上年增加21%。

四、股本结构和股东持股情况：

1.1993年末股本结构：

股权	数量(万股)
国家股	4074.048
法人股	600
个人股 (包括120万元内部职工股)	600
外资持股	3000
总股本	8274

2.公司前10名股东持股情况：

股东名称	持股数(万股)	占总股本比例(%)
国有资产管理局(国家股)	4074.048	49.2
上海宝山钢铁总厂	120	1.45
川沙顾路工贸公司	62.4	0.75
民鑫实业公司	36.5616	0.44
上投证券投资信托部	36	0.435
联诚实业公司	24	0.29
延中实业股份有限公司	22.8	0.28
联合贸易公司	21.6	0.26
上海众信财经咨询服务部	18.6384	0.23
上海铁遂实业公司	18	0.22
金山新农电子元件厂	18	0.22

五、1993年度资产负债表和利润及利润分配表

资产负债表

1993年12月31日

上海胶带股份有限公司 单位:人民币元

资　　产	行次	年初数	年末数	负债及股东权益	行次	年初数	年末数
流动资产:				流动负债:			
货币资金	1	67043613.56	4217707.56	短期借款	41	31480000	40080000
短期投资	2			应付票据	42	2054222.92	10763006.62
应收票据	3			应付帐款	43	14354558.07	15768103.86
应收帐款	4	55859335.48	62181565.49	预收货款	44		
减:备抵坏帐	5	234663	310796.50	应付福利费	45	47862.07	−881363.03
应收帐款净额	6	55624672.48	61870768.99	未付股利	46		
预付货款	7			未交税金	47	11610777.81	11957294.88
其他应收款	8	11872987.97	14314111.22	其他未交款	48	93557.42	
内部应收款	8−1			其他应付款	49	6145540.69	5850197.91
待摊费用	9	145660.09	20773.39	内部应付款	49−1		
存货	10	22552495.22	24767057.82	预提费用	50	336388.08	
减:存货变现损失准备	10−1			待扣税金	51		
存货净额	10−2	22552495.22	24767057.82	一年内到期的长期负债	52	2180000	6560000
其他流动资产	10−3			流动负债合计	55	68303907.00	90097240.22
流动资产合计	15	357239429.32	105690418.98	长期负债:			
长期投资:				长期借款	56	20175789.26	22166200
长期投资	16	18727634.88	93337202.88	应付债券	57		
固定资产:				长期应付款	58	−12568312.90	−12568312.90
固定资产原价	18	55478997.21	60332579.36	其他长期负债	58−1		
减:累计折旧	19	16959455.81	20534792.34	其中:住房周转金	58−2		
固定资产净值	20	38519542.20	39697787.42	长期负债合计	65	7607476.36	9597887.10
在建工程	21	23333054.33	42896634.52	股东权益:			
固定资产清理	22			股本	66	68950400	82740480
固定资产合计	25	61852596.53	82594421.92	资本公积	67	83154990.42	81405043.71
无形及递延资产:				盈余公积	68		1680824.52
无形资产	26			其中:公益金	69		560274.94
递延资产	30	402611.93	806120.11	未分配利润	70	11205498.82	16345676.05
无形及递延资产合计	35	402611.93	806120.11	股东权益合计	75	163310889.24	182712034.66
待处理财产损失:							
待处理流动资产损失(减收益)	36		−21011.91	少数股权(合并报表填列)	75−1		
待处理固定资产损失(减收益)	37						
待处理财产损失合计	38		−21011.91				
资产总计	40	239222272.66	282407152	负债及股东权益总计	80	2398222272.66	282407152

利润及利润分配表

1993 年度

上海胶带股份有限公司　　单位:人民币元

项　目	行次	上年数 1992 年 7 月 1 日—12 月 31 日	1993 年实际数
一、主营业务收入	1	110128320.06	158043226.09
减:营业成本	2	84269385.55	114387289.01
销售费用	3	1022885.65	2459394.73
管理费用	4	9052750.05	16300215.85
财务费用	5	—9520079	3884503.71
进货费用	6		
营业税金及附加	7	10683453.12	15134615.57
二、主营业务利润(亏损以"—"号表示)	8	14619924.69	5877207.22
加:其他业务利润(亏损以"—"号表示)	9	360443	465112.19
三、营业利润(亏损以"—"号表示)	10	14980367.69	6342319.41
加:投资收益(损失以"—"号表示)	11	72230.81	12280037.26
营业外收入	12	415239.57	5883748.83
减:营业外支出	13	2284898.28	4687663.08
四、利润总额(亏损以"—"号表示)	14	13182939.29	19818442.42
减:少数股权(合并报表填列)	14—1		
加:年初未分配利润(未弥补亏损以"—"号表示)	15		11205499.82
上年利润调整(减少上年利润以"—"号表示)	16		
盈余公积转入	17		4365406
五、可分配利润	18	13182939.79	35289347.24
减:应交所得税	19	1977440.97	2972766.37
提取法定盈余公积	20		1520549.98
提取公益金	21		560274.94
六、可供股东分配的利润	22	11205498.82	30635756.08
减:已分配优先股股利	23		
提取任意公积	24		
已分配普通股股利	25		137900.80
七、未分配利润(未弥补亏损以"—"号表示)	26	11205498.82	16845676.05
八、补充资料:营业成本中存货变现损失准备提取数	27		

16. 上海丰华圆珠笔股份有限公司

一、1993年经营情况和近两年财务指标

在上海证券交易所挂牌的上海丰华圆珠笔股份有限公司是我国圆珠笔行业创建最早、规模最大的制笔骨干企业，其圆珠笔产量占国内总产量的60%，出口量占80%以上。在1993年，该公司完成主营业务收入14074万元，实现税后利润2360.3万元，完成了年度计划。其近两年的财务指标如下(单位:万元)：

项目指标	1993年	增长率%	1992年
主营业务收入	14074.3	23.87	11362.02
税后利润	2360.3	59.33	1481.41
资产总计	32768.9	43.39	22852.96
股东权益	20899.9	37.01	15253.99
每股收益	0.335	38.43	0.242
每股权益	2.97	10.41	2.69
速动比率	1.28		1.1
股东权益比率	0.6378	—4.55	0.6675
净资产收益率	0.1129	25.58	8.99

二、前次募集资金的运用情况

该公司1993年实施配股募集资金3341.9万元，其资金的投向如下：

1. 投资出口产品生产基地2500万元；
2. 投资珠海恒通船务公司240万元；
3. 投资中外合资华滕包装装潢公司100万元；
4. 投资华扬酒店300万元；
5. 投资丰华装备分公司300万元；
6. 投资华海工贸公司100万元；
7. 投资丰华礼品分公司30万元；
8. 投资华顺商行10万元。

三、1994年经营展望

在1994年，该公司将以加速发展为主题，以深化改革为主旋律，以拓展市场为突破口，以严格管理为基本点。争取主营业务收入达到17000万元，税后利润实现2775万元，分别比去年增长20.8%和17.6%。

四、股本结构和股东持股情况

1. 1993年末股本结构：

股权	数量(股)	比例(%)
国家股	42598347	60.55
法人股	16957010	24.1
个人股	10800000	15.35
总股本	70355357	100.00

2. 前10名股东持股情况：

股东名单	持股数(万股)	占总股本比例(%)
国家股	4259.8	60.55
上海龙头股份有限公司	220	3.13
上海万国证券公司	135.2	1.92
上海投资信托公司	108	1.53
中国纺织机械股份有限公司	88	1.25
上海东方明珠股份有限公司	72	1.02
上海第一百货股份有限公司	66	0.93
上海豫园商城股份有限公司	55	0.78
上海商业网点股份有限公司	55	0.78
浦东农业银行信托部	54	0.76

五、1993年度资产负债表和利润及利润分配表

资产负债表

1993年12月31日

上海丰华圆珠笔股份有限公司 单位:人民币元

资 产	行次	期初数	期末数	负债及股东权益	行次	期初数	期末数
流动资产:				流动负债:			
货币资金	1	3451205.17	7882366.82	短期借款	41	48526000.00	51809000.00
短期投资	2			应付票据	42	1000000.00	500000.00
应收票据	3	5000000.00	19900000.00	应付帐款	43	13180330.90	19433840.88
应收帐款	4	56464478.07	56132614.16	预收货款	44		
减:备抵坏帐	5		161824.58	应付福利费	45	−3549912.64	
应收帐款净额	6	56464478.07	55970789.58	未付股利	46		
预付货款	7			未交税金	47	635477.87	3252704.99
其他应收款	8	6914020.92	26247811.75	其它未交款	48	389878.51	674075.57
内部应收款	8−1			其他应付款	49	5267958.98	12474109.66
待摊费用	9	897823.82	583141.50	内部应付款	49−1		
存货	10	30109239.91	45906860.15	预提费用	50		
减:存货变现损失准备	10−1			待扣税金	51		
存货净额	10−2	30109239.91	45906860.15	一年内到期的长期负债	52		
其他流动资产	10−3			流动负债合计	55	65449733.62	88143731.10
流动资产合计	15	102836768.19	156490969.80	长期负债:			
长期投资:				长期借款	56	10540000.00	32140000.00
长期投资	16	69127257.40	77170722.48	应付债券	57		
固定资产:				长期应付款	58		
固定资产原价	18	19029752.57	20970250.96	其他长期负债	58−1		
减:累计折旧	19	7725081.21	8725729.10	其中:住房周转金	58−2		
固定资产净值	20	11304671.36	12244521.86	长期负债合计	65	10540000.00	32140000.00
在建工程	21	45260922.69	79260229.24	股东权益:			
固定资产清理	22		−10802.88	股本	66	56725770.00	70355357.00
临时设施	22−1			资本公积金	67	88961149.45	112299687.17
固定资产合计	25	56565594.05	91493948.22	盈余公积金	68		2741186.64
无形及递延资产:				其中:公益金	69		1027944.99
无形资产	26			未分配利润	70	6852966.57	23602589.78
递延资产	30		4126911.19	股东权益合计	75	152539886.02	208998820.59
无形及其他资产合计	35		4126911.19				
待处理财产损失:							
待处理流动资产损失(减收益)	36			少数股权(合并报表填列)	75−1		
待处理固定资产损失(减收益)	37						
待处理财产损失合计	38						
资产总计	40	228529619.64	329282551.69	负债及股东权益总计	80	228529619.64	329282551.69

利润及利润分配表

1993年度

上海丰华圆珠笔股份有限公司 单位:人民币元

项目	行次	金额	项目	行次	金额
一、主营业务收入	1	140742776.66	减:少数股权(合并报表填列)	14—1	
减:营业成本	2	103002944.13	加:年初未分配利润(未弥补亏损以"—"号表示)	15	6852966.57
销售费用	3	3133615.04	上半年利润调整(减上年利润以"—"号表示)	16	
管理费用	4	7127117.61	盈余公积转入	17	1560797.07
财务费用	5	3430375.75	五、可分配利润	18	33581706.76
进货费用	6		减:应交所得税	19	1565353.34
营业税金及附加	7	11340892.66	提取法定盈余公积	20	1713241.65
二、主营业务利润(亏损以"—"号表示)	8	12707831.47	提取公益金	21	1027994.99
加:其他业务利润(亏损以"—"号表示)	9	8336767.62	六、可供股东分配的利润	22	29275166.78
三、营业利润(亏损以"—"号表示)	10	21044599.09	减:已分配优先股的利润	23	
加:投资收益(亏损以"—"号表示)	11	8164000.00	提取任意公积	24	
营业外收入	12	260922.19	已分配普通股股利	25	5672577.00
减:营业外支出	13	4301578.16	七、未分配利润(未弥补亏损以"—"号表示)	26	23602589.78
四、利润总额(亏损以"—"号表示)	14	25167943.12	八、补充资料:营业成本中存货变现损失准备提取数	27	

17. 上海市第一食品商店股份有限公司

一、1993年经营业绩和财务指标

上海市第一食品商店股份有限公司是一家主营食品、副食品、粮油等业务的上市公司，其股票在上海证券交易所挂牌。

1993年，该公司累计创主营业务收入26199.02万元，完成年度计划的124.76%。实现利润总额1433.30万元，完成年度计划的101.58%；税后利润1072.01万元，完成年度计划的105.10%。该公司的财务指标如下：

项目指标	单位	1993年实绩	比计划增减(%)	1993年计划
主营业务收入	万元	26199.02	24.75	21000
税后利润	万元	1072.01	5.1	1020
资产总计	万元	17703.82		
股东权益	万元	13485.36		
每股收益	元/股	0.34	−5	0.36
每股权益	元/股	3.72	4.20	3.57
每股红利	元	0.36	100	0.18
速动比率		1.04		
股东权益比率		0.76		
净资产收益率		0.08		

二、募集资金的运用情况

该公司先后共募集到位资金11306.69万元，截止1993年末，资金主要投向为：该公司及配货中心一期改扩建工程共用款7737.03万元，二期改建工程用款436.01万元，开设分店投资及装修费用556.07万元，进行证券投资1279.74万元，动迁用房784.32万元，尚余资金513.52万元将用于配货中心二期工程和开设分店。

三、1994年经营展望

该公司1994年经营目标为：实现营业收入35000万元(含税)，利润1700万元，税后利润1445万元。

四、股本结构和股东持股情况

1.1993年末股本结构：

股权	数量(万股)	比例(%)
国家持股	968.65	27.74
发起人法人持股	655	18.08
社会法人持股	830.94	22.94
社会个人持股	1168	32.24
总股本	3622.59	100.00

2.前10名股东持股情况：

股东名称	持股数(万股)	占总股本比例(%)
国家持股	968.65	27.74
上海市糖业烟酒(集团)公司	655	18.08
上海市商业投资公司	91	2.51
上海华联商厦股份有限公司	48	1.33
上投信托公司证券投资信托部	48	1.33
久事公司	32	0.88
上海投资信托公司	32	0.88
上海豫园商城股份有限公司	23	0.63
上海大场肉类联合加工厂	20.8	0.57
上海氯碱化工股份有限公司	20	0.55

五、1993年度资产负债表和利润及利润分配表

资产负债表(合并)

1993年12月31日

上海市第一食品商店股份有限公司 单元:人民币元

资　　产	行次	年初数	年末数	负债及股东权益	行次	年初数	年末数
流动资产:				流动负债:			
货币资金	1	8551234.00	11250908.08	短期借款	41	12600000.00	10600000.00
短期投资	2	20001160.00	15000000.00	应付票据	42	700000.00	
应收票据	3	426720.00	153553.00	应付帐款	43	11385268.88	24320948.57
应收帐款	4	9006120.20	11307627.10	预收货款	44	8931093.11	1776551.58
减:备抵坏帐	5		58460.97	应付福利费	45	96508.94	35950.46
应收帐款净额	6	9006120.20	11249166.13	未付股利	46		32000.00
预付货款	7	3265908.15	198415.69	未交税金	47	171303.38	996278.40
其他应收款	8	8604854.60	6062564.87	其他未交款	48	8638.75	29806.90
内部应收款	8—1			其他应付款	49	1858701.11	4624957.01
待摊费用	9	2358945.90	921519.52	预提费用	50		114100.00
存货	10	15657376.45	22488516.10	待扣税金	51		
减:存货变现损失准备	10—1			内部应付款	49—1		
存货净额	10—2	15657376.45	22488516.10	一年内到期的长期负债	52		500000.00
其他流动资产	10—3		1000000.00	流动负债合计	55	35751514.17	43030592.92
流动资产合计	15	67872319.30	68324643.39	长期负债			
长期投资:				长期借款	56	1000000.00	
长期投资	16	12828310.00	18169100.00	应付债券	57		
固定资产:				长期应付款	58	3537978.83	
固定资产原价	18	2479013.91	20201657.98	其他长期负债	58—1		24000.00
减:累计折旧	19	849819.46	1156968.25	其中:住房周转金	58—2		24000.00
固定资产净值	20	1629194.45	19044689.73	长期负债合计	65	4537978.83	24000.00
在建工程	21	47943776.72	53042675.51	股东权益:			
固定资产清理	22	76436.24	10200.90	股本	66	28386500.00	36225900.00
固定资产合计	25	49649407.41	72097566.14	资本公积	67	65037644.18	87907630.09
无形及递延资产:				盈余公积	68		
无形资产	26			其中:公益金	69		
递延资产	30	1269721.09	19311680.10	未分配利润	70	—2111082.53	10720104.48
无形及递延资产合计	35	1269721.09	19311680.10	股东权益合计	75	91313061.65	134853634.57
待处理财产损失:							
待处理流动资产损失(减收益)	36	—17203.15	35237.86	少数股权(合并报表填列)	75—1		30000.00
待处理固定资产损失(减收益)	37						
待处理财产损失合计	38	—17203.15	35237.86				
资产总计	40	131602554.65	177938227.49	负债及股东权益总计	80	131602554.65	177938227.49

利润及利润分配表(合并)

1993年度

上海市第一食品商店股份有限公司　　单位:人民币元

项　目	行次	金　额	项　目	行次	金　额
一、主营业务收入	1	261990192.52	加:投资收益(损失以"－"号表示)	11	2247154.60
减:营业成本	2	214019182.69	营业外收入	12	1723691.96
销售费用	3	15045601.23	减:营业外支出	13	4604903.13
管理费用	4	8033941.39	四、利润总额(亏损以"－"号表示)	14	14333025.80
财务费用	5	1159904.39	减:少数股权(合并报表填列)	14－1	32000.00
进货费用	6	319951.15	加:年初未分配利润(未弥补亏损以"－"号表示)	15	－2111082.53
营业税金及附加	7	8444529.56	五、可分配利润	16	12189943.27
二、主营业务利润(亏损以"－"号表示)	8	14967082.37	减:应交所得税	17	1469838.79
加:其他业务利润(亏损以"－"号表示)	9		六、可供股东分配的利润	18	10720104.48
三、营业利润(亏损以"－"号表示)	10	14967082.37	七、未分配利润	19	10720104.48

18. 上海联华合纤股份有限公司

一、1993年经营业绩和财务指标

上海联华合纤股份有限公司是一家主营化纤类产品的上市公司，其股票在上海证券交易所挂牌。1993年，该公司共产牵伸丝和低弹丝9511吨，聚酯切片10500吨，销售总额达到1.57亿元，税后利润实现4905.5万元，被国家统计局评为1992年～1993年100家中国最大化纤企业之一；该公司的财务指标如下：

项目指标	1993年
主营业务收入(万元)	15665.81
税后利润(万元)	4905.53
资产总计(万元)	28955.13
股东权益(万元)	27667.75
每股收益(元)	0.35
每股权益(元)	1.99
每股红利(元)	0.30
速动比率(%)	680
股东权益比率(%)	95.5
净资产收益率(%)	17.73

二、前次募集资金的运用情况

该公司1993年9月发行B股3000万股，实收资金1068.7万美元。所筹集的资金主要用于投资1000吨涤纶超细旦丝、2000吨涤纶仿真丝织物工程项目。该工程初步设计批准概算基建总投资为人民币18198.66万元(含1894.4万美元)，至1993年12月底为止，已使用美元770.08万元，人民币3791.96万元。

三、1994年经营展望

在1994年，该公司将大力开发新品种、提高质量、降低成本，向产品深度加工方向发展，拓展产品范围，挖掘新的潜力，争取完成利润5700万元。

四、股本结构和股东持股情况

1.1993年末股本结构：

股权	数量(万股)	比例(%)
发起人股	5553.03	39.85
法人股	2250	16.15
个人股	600	4.31
职工内部股	150	1.08
B股	3000	21.53
外资股	2379.87	17.08
总股本	13932.9	100

2.前10名股东持股情况：

股东名称	持股数(股)	占总股本比例(%)
香港佳运集团	23798700	17.08
上海化学纤维公司	15865800	11.39
中信兴业公司	11899350	8.54
上投实业公司	7932900	5.69
中银上海信托咨询公司	7932900	5.69
上海纺织工业经营开发公司	7932900	5.69
上海爱建金融信托投资公司	3966450	2.85
GIL NOMINEES LTD	3250000	2.33
CITIBANK N. A. H. K. A/C CITICORP TRUSTEE CO. LTD GARTMOREPACIFIC STRATEGY FUND	3250000	2.33
江苏常熟信虞纺织实业公司	2550000	1.83

五、1993年度资产负债表和利润及利润分配表

资产负债表

1993年12月31日

上海联华合纤股份有限公司　　单位:人民币元

资　产	行次	期初数	期末数	负债及股东权益	行次	期初数	期末数
流动资产:				流动负债:			
货币资金	1	39955385.25	6886962.75	短期借款	41		1900000.00
短期投资	2	17350000.00	4480000.00	应付票据	42		
应收票据	3	1428160.48	516050.57	应付帐款	43	93439.81	20876.54
应收帐款	4	1880233.25	1646569.99	预收货款	44	619138.80	1115507.25
减:备抵坏帐	5			应付福利费	45		
应收帐款净额	6	1880233.25	1646569.99	未付股利	46	18198983.59	1078748.59
预付货款	7	11002056.00	12517163.38	未交税金	47	2076091.05	2088238.65
其他应收款	8	22226668.30	2770147.81	其它未交款	48		
内部应收款	8—1			其他应付款	49	6614623.21	5296330.64
待摊费用	9	1238588.02		内部应付款	49—1		
存货	10	21905899.30	32572571.32	预提费用	50		
减:存货变现损失准备	10—1			待扣税金	51		
存货净额	10—2	21905899.30	32572571.32	一年内到期的长期负债	52		
其他流动资产	10—3			流动负债合计	55	27602276.46	11499701.67
流动资产合计	15	116986990.60	123389465.82	长期负债:			
长期投资:				长期借款	56		
长期投资	16			应付债券	57		
固定资产:				长期应付款	58	3073811.36	1374194.00
固定资产原价	18	98105978.15	102735213.26	其他长期负债	58—1		
减:累计折旧	19	26770488.57	34681717.78	其中:住房周转金	58—2		
固定资产净值	20	71335489.58	68053495.48	长期负债合计	65	3073811.36	1374194.00
在建工程	21	7417581.57	96387278.49	股东权益:			
固定资产清理	22		83327.31	股本	66	72886000.00	139329000.00
临时设施	22—1			资本公积金	67	91015594.00	85972536.33
固定资产合计	25	78753071.15	164524101.28	盈余公积金	68	2133510.00	7039038.62
无形及递延资产				其中:公益金	69	149800.00	149800.00
无形资产	26			未分配利润	70	210936.80	44336877.29
递延资产	30	1182066.87	1637780.81	股东权益合计	75	166246040.80	276677452.24
无形及其他资产合计	35	1182066.87	1637780.81				
待处理财产损失:							
待处理流动资产损失(减收益)	36			少数股权(合并报表填列)	75—1		
待处理固定资产损失(减收益)	37						
待处理财产损失合计	38						
资产总计	40	196922128.62	289551347.91	负债及股东权益总计	80	196922128.62	289551347

利润及利润分配表

1993 年度

上海联华合纤股份有限公司　　单位：人民币元

项　目	行次	金　额	项　目	行次	金　额
一、主营业务收入	1	156658141.16	四、利润总额(亏损以"－"号表示)	14	55745068.24
减:营业成本	2	94289755.87	减:少数股权(合并报表填列)	14－1	
销售费用	3	113280.00	加:年初未分配利润(未弥补亏损以"－"号表示)	15	210936.80
管理费用	4	2963594.50	上半年利润调整(减上年利润以"－"号表示)	16	－23817.14
财务费用	5	－1631920.79	盈余公积转入	17	
进货费用	6		五、可分配利润	18	55932187.90
营业税金及附加	7	7774771.13	减:应交所得税	19	6689781.99
二、主营业务利润(亏损以"－"号表示)	8	53148660.45	提取法定盈余公积	20	4905528.62
加:其他业务利润(亏损以"－"号表示)	9	1417163.24	提取公益金	21	
三、营业利润(亏损以"－"号表示)	10	54565823.69	六、可供股东分配的利润	22	
加:投资收益(亏损以"－"号表示)	11	1156738.03	减:已分配优先股的利润	23	
营业外收入	12	110813.59	提取任意公积	24	
减:营业外支出	13	88307.07	已分配普通股股利	25	
			七、未分配利润(未弥补亏损以"－"号表示)	26	44336877.29

19. 上海氯碱化工股份有限公司

一、1993年经营业绩和近两年财务指标

上海氯碱化工股份有限公司是一家主营化工产品的上市公司，该公司股票在上海证券交易所挂牌。1993年，该公司主要产品烧碱在国内市场的占有率达6%，全年销售24.89万吨，增长5.9%；聚氯乙烯在国内市场占有率上升到14.4%，全年销售13.67万吨，增长24.8%。新增氯化石蜡、氟致冷剂出口，拓展聚四氟乙烯国际市场，出口品种扩大到8只，出口量达8万吨，创汇2744万美元。该公司近两年的财务指标如下(单位:万元)：

项目指标	1993年实际	完成1993年计划	1992年下半年实际
主营业务收入	139655.20	103.80%	64016.38
税后利润	19204.36	106.7%	13059.55
资产总计	445198.97		403094.83
股东权益	241141.10		228561.26
每股收益(元)	0.23		0.16
每股权益(元)	2.90		2.75
每股红利(元)	0.15		0.10
速动比率	136.78%		145.42%
股东权益比率	56.46%		56.70%
净资产收益率	7.96%		5.71%

二、1994年经营展望

该公司1994年的经营目标为：工业总产值达到15.2亿元，增长12.8%；销售收入18.5亿元，增长32.5%；出口创汇2950万美元，增长7.5%；税后利润2亿元。主要产品烧碱26.5万吨，增长6.5%；聚氯乙烯17万吨，增长17.2%；聚四氟乙烯、四氯化碳、四氯乙烯、过氯乙烯等产品也将有较高的产销量。

三、股本结构及股东持股情况

1.1993年末股本结构：

股权	数量(万股)	比例(%)
国有股	50538.07	60.76
法人股	7000	8.41
个人股	1643	1.98
外资股	24000	28.85
总股本	83181.07	

2.前10名股东持股情况：

股东名称	持股数(万股)
国有资产管理部门	50538.07
宁波生产资料交易市场	600
上海申银证券公司	420
湖洲市物资协作公司	335.26
吴建房产公司	252
上海市公积金管理中心	252
无锡县杨市化工厂	242.55
上海水仙电器实业股份有限公司	210
上海久事公司	150
上海市投资信托公司	140

四、1993年度资产负债表和利润及利润分配表

资产负债表

1993年12月31日

上海氯碱化工股份有限公司 单位:人民币元

资产	行次	年初数	期末数	负债与股东权益	行次	年初数	期末数
流动资产:				流动负债:			
货币资金	1	534953236.10	369475111.77	短期借款	41	377000000.00	349500000.00
短期投资	2	1500000.00	18900000.00	应付票据	42	1000000.00	10000000.00
应收票据	3	49757788.04	16338328.60	应付帐款	43		8515596.56
应收帐款	4	103729868.77	153844957.87	预付货款	44		
减:备抵坏帐	5	289531.04	557996.62	应付福利费	45	125731.51	1619275.33
应收帐款净值	6	103440337.73	153286961.25	未付股利	46	16636214.00	83181070.00
预付货款	7	31028738.10		未交税金	47	3280461.91	-987037.31
其他应收款	8	337368560.82	372887637.61	其他未交款	48	1513504.36	85463.62
内部应收款	8-1			其他应付款	49	157605225.25	150665675.21
待摊费用	9	12266975.41		内部应付款	49-1		
存货	10	166625728.40	300968657.34	预提费用	50		1008975.00
减:存货变现损失准备	10-1			待扣税金	51		
存货净额	10-2			一年内到期的长期负债	52	149100000.00	77000000.00
其他流动资产	10-3			流动负债合计	55	706261137.03	680589018.41
流动资产合计	15	1236941364.60	1231856696.57	长期负债:			
长期投资:				长期借款:	56	931620651.14	1140920546.16
长期投资	16	352107335.00	432289959.00	应付债券	57	137000000.00	60000000.00
固定资产:				长期应付款	58	-29546153.61	-25015802.25
固定资产原价	18	1061117760.83	2161230605.66	其他长期负债	58-1		3083330.64
减:累计折旧	19	130491376.17	254137638.72	其中:住房周转金	58-2		3083330.64
固定资产净值	20	930626384.66	1907092966.94	长期负债合计	65	1039074497.53	1178988074.55
在建工程	21	1510826709.32	580616168.65	股东权益:			
固定资产清理	22	446481.61		股本	66	831810700.00	831810700.00
固定资产合计	25	2441899575.59	2487709135.59	资本公积	67	1339842691.40	1339842691.40
无形及其他资产:				盈余公积	68	58767958.44	47714012.73
无形资产	26		45015487.00	其中:公益金	69	19589319.48	19589319.48
递延资产	30		74116816.18	未分配利润	70	55191290.79	192043597.25
无形及递延资产合计	35		119132303.18	股东权益合计	75	2285612640.63	2411411001.38
待处理财产损失:							
待处理流动资产损失	36			少数股权(合并报表填列)	75-1		
待处理固定资产损失	37						
待处理财产损失合计	38						
资产合计	40	4030948275.19	4270988094.34	负债及股东权益合计	80	4030948275.19	4270988094.34

利润及利润分配表

1993年度

上海氯碱化工股份有限公司　　单位:人民币元

项　　目	行次	上年数	本年实际数
一、主营业务收入	1	640163765.63	1396552015.91
减:营业成本	2	464428115.08	1034379215.86
销售费用	3	4875888.26	17158959.42
管理费用	4	40716151.90	124406359.35
财务费用	5	(—)55904248.21	(—)56898607.30
进货费用	6		
营业税金及附加	7	51223471.01	88063881.29
二、主营业务利润(亏损以"—"号表示)	8	134824387.59	189442207.29
加:其他业务利润(亏损以"—"号表示)	9	(—)190237.46	4701055.02
三、营业利润(亏损以"—"号表示)	10	134634150.13	194143262.31
加:投资收益(损失以"—"号表示)	11	2515504.61	15588984.95
营业外收入	12	816.78	2943.11
减:营业外支出	13	3819991.33	15327320.56
四、利润总额(亏损以"—"号表示)	14	133330480.19	194407869.81
减:少数股权(合并报表填列)	14—1		
加:年初未分配利润(未弥补亏损以"—"号表示)	15		55191290.79
上年利润调整(减少上年利润以"—"号表示)	16		299619.50
盈余公积转入	17		11353565.21
五、可分配利润	18	133330480.19	261252345.31
减:应交所得税	19	2735016.96	2364272.56
提取资本公积			26725339.31
提取法定盈余公积	20	13059546.32	
提取公益金	21	19589319.48	
六、可供股东分配的利润	22	97946597.43	
减:已分配优先股股利	23		
提取任意公积	24	26119092.64	
已分配普通股股利	25	16636214.00	66544856.00
七、未分配利润(未弥补亏损以"—"号表示)	26	55191290.79	165617877.44
八、补充资料:营业成本中存货变现损失准备提取数	27		

20. 上海冰箱压缩机股份有限公司

一、1993 年经营业绩和财务指标

上海冰箱压缩机股份有限公司是国内最大的冰箱压缩机、空调压缩机制造企业，其股票在上海证券交易所挂牌。在 1993 年，该公司产销冰箱压缩机 50 多万台，比 1992 年增长 6%以上，创主营业务收入 20013.84 万元，实现税后利润 5722 万元，超额 6%完成了当年溢利计划。该公司 1993 年的财务指标如下：

项目指标	单位	1993 年实际	1993 年计划	完成计划
主营业收入	万元	20013.84	22800	87.8%
税后利润	万元	5722.95	5400	106%
资产总计	万元	94364.64		
股东权益	万元	48400.21		
每股收益	元/股	0.337		
每股红利	元/股	0.26		
速动比率	%	155		
股东权益比率	%	51.3		
净资产收益率	%	12		

二、1994 年经营展望

在 1994 年，该公司将努力推出新品种，以促进冰箱压缩机销售有较大幅度的增长；抓好在建项目的投产达产，提高产品在国内市场的覆盖率，争取使 1994 年销售收入达到 24230 万元(含增值税)，利润总额 8000 万元，税后利润 6800 万元，比 1993 年增长 18.8%。

三、股本结构和股东持股情况

1.1993 年末股本结构：

股权	数量(万股)
国家持股	7991.26
社会法人股	3000
社会个人股	1000
人民币特种股票	5000
总股本	16991.26

2.持股前 10 名股东名单：

股东名称	持股数(万股)	占总股本比例(%)
国家股	7991.26	47.03
中国工商银行上海信托投资公司	400	2.35
MORGAN STANLEY TRUST CO.	361.2	2.13
上海久事公司	350	2.05
MORGAN STANLEY BANK LUXEMBOURG	241	1.42
HOMS(NOMS) LTO S/A HK SPECIAL	217.5	1.28
上海市投资信托公司证券投资信托部	200	1.18
贵州国际信托投资公司	200	1.18
THE CHASE MANHATTAN BANK NA. S/A TEMPLETON CHIANWORLD FUDN INC	187.63	1.10
BARCLAYS BANK PLC S/A BARCLAY — TRUST INT RNATIONAL LTD	150.7	0.89

四、1993 年度资产负债表和利润及利润分配表

资产负债表(合并)

1993年12月31日

上海冰箱压缩机股份有限公司　　　　单位:人民币元

资　产	行次	期初数	期末数	负债及股东权益	行次	期初数	期末数
流动资产:				流动负债:			
货币资金	1	8019568.02	105248576.58	短期借款	41	48883953.61	58250000.00
短期投资	2	21725440.00	6876667.10	应付票据	42		4000000.00
应收票据	3			应付帐款	43	2722725.56	29287146.91
应收帐款	4	25537880.10	60527918.07	预收货款	44		1381798.48
减:备抵坏帐	5	76613.64	147804.09	应付福利费	45	7295018.93	6151476.19
应收帐款净额	6	25461266.46	60380113.98	未付股利	46	8393882.00	5593882.00
预付货款	7	7521344.20	129633274.99	未交税金	47	711081.96	3997999.95
其他应收款	8	4386449.09	27461681.58	其它未交款	48	42984.80	
内部应收款	8—1			其他应付款	49	2936552.66	15423372.75
待摊费用	9	2657936.06		内部应付款	49—1		
存货	10	63918602.95	77472628.56	预提费用	50		4759678.29
减:存货变现损失准备	10—1			待扣税金	51		
存货净额	10—2	63918602.95	77472628.56	一年内到期的长期负债	52		
其他流动资产	10—3			流动负债合计	55	70986199.52	128845354.57
流动资产合计	15	133690606.78	407072942.79	长期负债:			
长期投资:				长期借款	56	4383731.75	286621691.75
长期投资	16	38935860.00	40463721.25	应付债券	57		
固定资产:				长期应付款	58	14032891.03	
固定资产原价	18	158725753.83	193183919.60	其他长期负债	58—1		
减:累计折旧	19	24624906.73	35088009.40	其中:住房周转金	58—2		
固定资产净值	20	134100847.10	158095910.20	长期负债合计	65	18416622.78	286621691.75
在建工程	21	74691117.14	306453423.62	股东权益:			
固定资产清理	22			股本	66	119912600.00	169912600.00
临时设施	22—1			资本公积金	67	173813050.69	298888323.18
固定资产合计	25	208791964.24	464549333.82	盈余公积金	68	2108572.94	7831523.26
无形及递延资产:				其中:公益金	69	1054286.47	1054286.47
无形资产	26		93768573.20	未分配利润	70	40409.75	51546962.68
递延资产	30	3859024.66	10945560.50	股东权益合计	75	295874633.38	528179409.12
无形及其他资产合计	35	3859024.66	104714133.70				
待处理财产损失:							
待处理流动资产损失(减收益)	36			少数股权(合并报表填列)	75—1		73153676.12
待处理固定资产损失(减收益)	37						
待处理财产损失合计	38						
资产总计	40	385277455.68	1016800131.56	负债及股东权益总计	80	385277455.68	1016800131.56

利润及利润分配表(合并)

1993 年度

上海冰箱压缩机股份有限公司　　单位:人民币元

项　　目	行次	金　　额	项　　目	行次	金　　额
一、主营业务收入	1	200138374.41	减:少数股权(合并报表填列)	14—1	
减:营业成本	2	122034312.90	加:年初未分配利润(未弥补亏损以“—”号表示)	15	40409.75
销售费用	3	1315224.91	上半年利润调整(减上年利润以“—”号表示)	16	
管理费用	4	24204049.96	盈余公积转入	17	
财务费用	5	—15992192.02	五、可分配利润	18	67369237.11
进货费用	6		减:应交所得税	19	10099324.11
营业税金及附加	7	9529354.58	提取法定盈余公积	20	5722950.32
二、主营业务利润(亏损以“—”号表示)	8	59047624.08	提取公益金	21	
加:其他业务利润(亏损以“—”号表示)	9	1994810.21	六、可供股东分配的利润	22	51546962.68
三、营业利润(亏损以“—”号表示)	10	61042434.29	减:已分配优先股的股利	23	
加:投资收益(亏损以“—”号表示)	11	1206759.16	提取任意公积	24	
营业外收入	12	12703166.09	已分配普通股股利	25	
减:营业外支出	13	7623532.18	七、未分配利润(未弥补亏损以“—”号表示)	26	51546962.68
四、利润总额(亏损以“—”号表示)	14	67328827.36	八、补充资料:营业成本中存货变现损失准备提取数	27	

21. 上海市联农股份有限公司

一、1993年经营业绩和财务指标

上海市联农股份有限公司是由上海市农委下属的11家企业联合组建并改组为股份制企业的，现主营交通运输、房地产开发等业务，其股票在上海证券交易所挂牌。在1993年，该公司的业务迅速发展，其中销售收入达1.94亿元，比1992年增长1.26倍，实现税后利润1784.8万元，比上年增长1.95倍，超额19.7%完成了当年计划指标。该公司1993年的财务指标如下(单位:万元)：

项目指标	1993年
营业收入	19413
税后利润	1785
资产总计	28369
股东权益	16928
每股收益(加权)	0.66元
每股红利	0.20元
速动比率	0.881
净资产收益率	0.1054

二、前次募集资金的运用情况

该公司1993年增资配股共到位资金约5580万元，主要投向以下项目：

1.房产公司追加投资900万元，用于浦东南路云台路工地前期费用和桂林小区等工地费用。

2.海南兄弟海运有限公司第一期投资2120万元，购置总运力2.1万吨的货轮两艘。

3.联农储运公司第一期投资300万元，已购置10吨重型自卸车11辆，并开始营业。

4.联农机动车驾驶员培训中心第一期投资1750万元，用于工地建设、动迁和购置部分教练车等费用。

三、1994年经营展望

在1994年，该公司力争主营业务收入达到2.2亿元，实现利润总额2424万元，税后利润2142万元。

四、股本结构和股东持股情况

1.1993年末股本结构：

股权	数量(万股)	比例(%)
发起人股	1339.894	28.27
法人股	2200	46.41
个人股	1200	25.32
总股本	4739.894	100.00

2.前10名股东持股情况：

股东名称	数量(万股)	占总股本比例(%)
上海联农房产公司	260	5.49
上海展览中心友谊实业公司	244.51	5.16
上海联农储运公司	160	3.38
上海农口房产总公司	152	3.21
上海市牛奶公司	151.2	3.19
上海农业展览馆	150.514	3.18
上海氯碱化工股份有限公司	140	2.95
上海华联商厦股份有限公司	140	2.95
上海双鹿电器股份有限公司	112	2.36
海南兄弟海运有限公司	100.32	2.12

五、1993年度资产负债表和利润及利润分配表

资产负债表(合并)

1993年12月31日

上海市联农股份有限公司　　　　单位：人民币元

资　产	行次	期初数	期末数	负债及股东权益	行次	期初数	期末数
流动资产：				流动负债：			
货币资金	1	12710823.90	11069075.55	短期借款	41	47050000.00	64950000.00
短期投资	2	5000000.00	2693875.00	应付票据	42	3000000.00	
应收票据	3			应付帐款	43	9502371.62	19614685.42
应收帐款	4	4197995.02	15355911.76	预收货款	44	12961818.94	11776610.23
减：备抵坏帐	5	11767.61	31066.05	应付福利费	45	80460.72	166957.91
应收帐款净额	6	4186227.41	15324845.71	未付股利	46	2500000.00	
预付货款	7	18799397.80	16298754.87	未交税金	47	713828.04	1921632.61
其他应收款	8	48194003.51	65713235.79	其它未交款	48	499103.45	59810.70
内部应收款	8—1	7680866.69		其他应付款	49	5666257.05	9550273.06
待摊费用	9	516554.59	3391290.28	内部应付款	49—1	35396.62	
存货	10	25188959.36	28003930.01	预提费用	50	294021.40	276147.59
减：存货变现损失准备	10—1			待扣税金	51		
存货净额	10—2	25188959.36	28003930.01	一年内到期的长期负债	52		
其他流动资产	10—3			流动负债合计	55	82303257.84	108316117.52
流动资产合计	15	122276833.26	142495007.21	长期负债：			
长期投资：				长期借款	56	6500000.00	6100000.00
长期投资	16	39812757.59	94420973.75	应付债券	57	1200000.00	
固定资产：				长期应付款	58	30000.00	
固定资产原价	18	5954008.78	16406729.82	其他长期负债	58—1		
减：累计折旧	19	340500.76	1172182.39	其中：住房周转金	58—2		
固定资产净值	20	5613508.02	15234547.43	长期负债合计	65	7730000.00	6100000.00
在建工程	21	13348167.61	20379575.26	股东权益：			
固定资产清理	22			股本	66	25000000.00	47398940.00
临时设施	22—1			资本公积金	67	67359175.05	102859230.65
固定资产合计	25	18961675.63	35614122.69	盈余公积金	68	1500433.96	1170198.96
无形及递延资产：				其中：公益金	69	562162.22	231927.22
无形资产	26			未分配利润	70		17848070.04
递延资产	30	2841600.37	11129160.45	股东权益合计	75	93859609.01	169276439.65
无形及递延资产合计	35	2841600.37	11129160.45				
待处理财产损失：							
待处理流动资产损失(减收益)	36		33293.07	少数股权(合并报表填列)	75—1		
待处理固定资产损失(减收益)	37						
待处理财产损失合计	38		33293.07				
资产总计	40	183892866.85	283692557.17	负债及股东权益总计	80	183892866.85	283692557.17

利润及利润分配表(合并)

1993年度

上海市联农股份有限公司　　单位:人民币元

项　目	行次	金　额	项　目	行次	金　额
一、主营业务收入	1	194126947.09	减:少数股权(合并报表填列)	14—1	
减:营业成本	2	171494669.21	加:年初末分配利润(未弥补亏损以“—”号表示)	15	
销售费用	3	10950618.31	上年利润调整(减上年利润以“—”号表示)	16	
管理费用	4	1252081.89	盈余公积转入	17	
财务费用	5	—1176675.25	五、可分配利润	18	
进货费用	6		减:应交所得税	19	2348280.77
营业税金及附加	7	2599796.24	提取法定盈余公积	20	
二、主营业务利润(亏损以“—”号表示)	8	9006456.69	提取公益金	21	
加:其他业务利润(亏损以“—”号表示)	9	970890.75	六、可供股东分配的利润	22	
三、营业利润(亏损以“—”号表示)	10	9977347.44	减:已分配优先股的股利	23	
加:投资收益(亏损以“—”号表示)	11	9731179.05	提取任意公积	24	
营业外收入	12	524783.39	已分配普通股股利	25	
减:营业外支出	13	36959.07	七、未分配利润(未弥补亏损以“—”号表示)	26	17848070.04
四、利润总额(亏损以“—”号表示)	14	20196350.81	八、补充资料:营业成本中存货变现损失准备提取数	27	

22. 上海金陵股份有限公司

一、1993年经营业绩和财务指标

上海金陵股份有限公司的前身是全国电子工业的大中型骨干企业上海金陵无线电厂，1992年改制而成为股份制企业并在上海证券交易所挂牌。在1993年，该公司的结构调整取得成效，外向型经济取得长足进步，公司的产品结构从“命系一器(调谐器产品)”变为以稳定发展调谐器为主、产品多元化、“新增长点”齐头并进。家用空调器电控制总成、接收机变换器、有线电视设备等年销售收入占主营业务收入的1/4以上；房地产等产业的拓展也大见成效，1993年实现的利润占利润总额的一半以上。该公司各项主要经济指标完成良好，经济效益明显提高。共创主营业务收入15465.13万元，完成计划的132.16%；实现利润2022.67万元，完成年度计划的108.61%；税后利润为1724.93万元，完成年度计划的108.49%。该公司1993年的财务指标如下：

项目指标	1993年实际完成	完成1993年计划
主营业务收入	15465.13万元	132.16%
税后利润	1724.93万元	108.49%
资产总计	28376.46万元	
股东权益	14773.85万元	
每股收益	0.30元	
每股权益	2.59元	
速动比率	0.83	
每股红利	0.31元	
股东权益比率	0.52	
净资产收益率	0.12	

二、前次募集资金的运用情况

该公司1993年实施配股所募集的资金按增资配股公告所列投向已用于：

1. 为上菱、夏普空调器配套的空调电气控制总成技改项目660万元。

2. 用于杨高路新厂区严桥二期工程土建项目1427.4万元。

三、股本结构和股东持股情况

1. 1993年末股本结构：

股权	数量(万股)	比例(%)
发起人法人股	3499.3	61.44
社会法人股	1176.5	20.66
社会个人股	1020	17.90
总股本	5695.7	100

2. 前10名股东持股情况：

股东名称	持股数(万股)	占总股本比例(%)
上海金陵无线电厂	3281.9	57.6
上海严桥工业公司	217.4	3.8
上海龙头股份有限公司	200	3.5
上海双鹿股份有限公司	200	3.5
上海冰箱压缩机股份有限公司	150	2.6
上海华联商厦股份有限公司	136	2.4
上海氯碱化工股份有限公司	90	1.6
上海丰华圆珠笔股份有限公司	51	0.9
中国纺织机械股份有限公司	50	0.9
上海申银证券公司	20	0.4
上海大众出租汽车股份有限公司	20	0.4

四、1993年度资产负债表和利润及利润分配表

资产负债表(合并)

1993年12月31日

上海金陵股份有限公司　　单位:人民币元

资　　产	行次	期初数	期末数	负债及股东权益	行次	期初数	期末数
流动资产:				流动负债:			
货币资金	1	19891956.14	23587623.65	短期借款	41	44485880.39	45437458.14
短期投资	2	200000.00		应付票据	42	6812000.56	13066942.92
应收票据	3	14967602.00	17618295.20	应付帐款	43	39827620.10	51467743.78
应收帐款	4	50048967.41	54824796.95	预收货款	44	2073645.28	2711603.57
减:备抵坏帐	5	176813.87	164815.89	应付福利费	45	1776882.85	1722150.56
应收帐款净额	6	49872159.54	54659981.06	未付股利	46		
预付货款	7	4616383.16	6080583.40	未交税金	47	－203689.92	2080633.93
其他应收款	8	9721549.90	12250145.79	其它未交款	48	－129202.34	48247.32
内部应收款	8－1			其他应付款	49	11086111.87	14052787.24
待摊费用	9	234780.45	454474.83	内部应付款	49－1		
存货	10	33238654.61	42472958.47	预提费用	50		241537.79
减:存货变现损失	11			待扣税金	51		
存货净额	12	33238654.61	42472958.47	一年内到期的长期负债	52		
其他流动资产	13			流动负债合计	55	105729248.79	130829105.25
流动资产合计	15	132743079.80	157124062.40	长期负债:			
长期投资:				长期借款	56	5521000.00	3797000.00
长期投资	16	53049174.76	54181458.70	应付债券	57		
固定资产:				长期应付款	58		
固定资产原价	18	38607013.93	49046044.30	其他长期负债	58－1		1400000.00
减:累计折旧	19	19010599.17	22910358.93				
固定资产净值	20	19596414.76	26135685.37	长期负债合计	65	5521000.00	51970000.00
在建工程	21	15581094.32	46306898.69	股东权益:			
固定资产清理	22			股本	66	50993000.00	56957000.00
临时设施	22－1			资本公积金	67	50899500.19	65705130.00
固定资产合计	25	35177509.08	72442584.06	盈余公积金	68	1565402.94	5015270.59
无形及递延资产:				其中:公益金	69	782701.47	2507635.25
无形资产	26			未分配利润	70	6261611.72	20061081.92
递延资产	30		16482.70	股东权益合计	75	109719514.85	147738482.61
无形及其他资产合计	35		16482.70				
待处理财产损失:							
待处理流动资产损失(减收益)	36			少数股权(合并报表填列)	75－1		
待处理固定资产损失(减收益)	37						
待处理财产损失合计	38						
资产总计	40	220969763.64	283764587.86	负债及股东权益总计	80	220969763.64	283764587.86

利润及利润分配表

1993年度

上海金陵股份有限公司　　单位：人民币元

项　　目	行次	金　额	项　　目	行次	金　额
一、主营业务收入	1	154651286.76	减：少数股权（合并报表填列）	14—1	
减：营业成本	2	127806807.22	加：年初未分配利润（未弥补亏损以“—”号表示）	15	6261611.72
销售费用	3	1415448.63	上半年利润调整（减上年利润以“—”号表示）	16	
管理费用	4	11089394.12	盈余公积转入	17	
财务费用	5	3509907.35	五、可分配利润	18	26488317.56
进货费用	6		减：应交所得税	19	2977368.08
营业税金及附加	7	2396451.99	提取法定盈余公积	20	1724933.70
二、主营业务利润（亏损以“—”号表示）	8	8433277.45	提取公益金	21	1724933.78
加：其他业务利润（亏损以“—”号表示）	9	2569891.45	六、可供股东分配的利润	22	20061081.92
三、营业利润（亏损以“—”号表示）	10	11003168.90	减：已分配优先股的利润	23	
加：投资收益（亏损以“—”号表示）	11	1382207.35	提取任意公积	24	
营业外收入	12	10528685.52	已分配普通股股利	25	
减：营业外支出	13	2687355.93	七、未分配利润（未弥补亏损以“—”号表示）	26	20061081.92
四、利润总额（亏损以“—”号表示）	14	20226705.84	八、补充资料：营业成本中存货变现损失准备提取数	27	

23.上海嘉宝实业股份有限公司

一、1993年经营业绩和近二年财务指标

上海嘉宝实业股份有限公司是一个生产经营照明电器的上市公司，该公司于1992年向社会公开发行股票并在上海证券交易所挂牌。在1993年，该公司主营业务收入完成41106.91万元，出口创汇1463.9万美元，税后利润完成4508.72万元，其生产的灯头和灯泡总量均为全国第一。该公司近两年的主要财务指标如下(单位：万元)：

项目指标	1993年	年增长率%	1992年
主营业务收入	41160.91	33.51	30830.51
税后利润	4508.72	45.89	3090.49
资产总计	63676.39	36.97	46488.71
股东权益	34577.76	62.63	21262.10
每股收益(元)	0.35	112.12	0.165
每股权益(元)	2.70	35.00	2.00
速动比率	1.49	63.74	0.91
股东权益比率	0.543	18.81	0.457
净资产收益率	0.13	—10.34	0.145

二、前次募集资金的使用情况

1993年该公司实施配股净收资金8919.60万元，资金投向情况如下：

1.在外高桥保税区成立上海嘉嘉国际贸易公司，计划投入2000万元，已投资846万元；

2.在嘉定城中建造嘉宝大酒店分期投资3000万元，业已动工，已投资119.56万元。

3.在南翔建造嘉宝商住中心，计划分期投资12000万元，已投资686万元。

4.建造保税仓库，计划投资1000万元，现已竣工，共投资1100万元。

5.开发房地产，分期投资3000万元，已投资1306万元。

上述几项投资总额4057.56万元，其余4862.04万元转作其他投资。

三、1994年经营展望

该公司在1994年将力争生产灯泡5亿只，比上年增长8.7%；灯头13.5亿只，增长9.4%；利润突破5800万元，增长9.4%。

四、股本结构和股东持股情况

1.1993年末股本结构：

股权	数量(万股)	比例(%)
发起人法人股	8126.150	63.42
社会法人股	2686.444	20.97
社会个人股	2000.000	15.61
其中：内部职工股	400.000	3.12
社会个人股	1600.000	12.49
总股本	12812.594	100.00

2.公司前10名股东持股情况：

股东名称	持股数(万股)	占总股本比例(%)
南翔镇农工商联合社	2408.45	18.80
戬浜镇农工商联合社	1792.69	13.99
徐行镇农工商联合社	1136.78	8.87
嘉西镇农工商联合社	1083.05	8.45
曹土镇农工商联合社	852.59	6.65
华亭镇农工商联合社	852.59	6.65
农行上海市信托投资公司	316.00	2.47
上海万国证券公司	197.60	1.54
中纺机股份有限公司	100.00	0.78
上海嘉银服务社	92.00	0.72

五、1993年度资产负债表和利润及利润分配表

资产负债表

1993年12月31日

上海嘉宝实业股份有限公司　　单位:人民币元

资　　产	行次	期初数	期末数	负债及股东权益	行次	期初数	期末数
流动资产:				流动负债:			
货币资金	1	3788981.81	6392562.70	短期借款	41		
短期投资	2			应付票据	42		1000000.00
应收票据	3		1000000.00	应付帐款	43	3174977.40	5943629.08
应收帐款	4	2141232.32	6871981.15	预收货款	44	1357272.68	591222.67
减:备抵坏帐	5	10706.16	42875.96	应付福利费	45	208206.50	188528.72
应收帐款净额	6	2130526.16	6829105.19	未付股利	46	2000000.00	3000000.00
预付货款	7	2550511.36	830301.42	未交税金	47	128595.40	6903861.86
其他应收款	8	4563815.72	3874065.00	其它未交款	48	9301008.40	
内部应收款	8—1			其他应付款	49	119000.58	—14702.91
待摊费用	9	5946.51	359147.90	内部应付款	49—1		
存货	10	11625466.08	15491421.60	预提费用	50		720.00
减:存货变现损失准备	10—1	53494.85	17751.27	待扣税金	51		
存货净额	10—2	11571971.23	15473670.33	一年内到期的长期负债	52		
其他流动资产	10—3			流动负债合计	55	6988052.56	11052204.87
流动资产合计	15	24611752.79	34758852.82	长期负债			
长期投资:				长期借款	56		
长期投资:	16	4947230.00	17159130.00	应付债券	57		
固定资产:				长期应付款	58		
固定资产原价	18	891193.23	1378738.88	其他长期负债	58—1		
减:累计折旧	19	161946.64	257377.44	其中:住房周转金	58—2		
固定资产净值	20	729246.59	1121361.44	长期负债合计	65		
在建工程	21	369495.93		股东权益:			
固定资产清理	22			股本	66	5000000.00	10000000.00
固定资产合计	25	1098742.52	1121361.44	资本公积	67	17546697.29	30073805.82
无形及递延资产:				盈余公积	68	1401609.75	2141967.89
无形资产	26			其中:公益金	69	273217.70	639540.03
递延资产	30	449999.96	399999.99	未分配利润	70	171365.67	171365.67
无形及递延资产合计	35	449999.96	399999.99	股东权益合计	75	24119672.71	42387139.38
待处理财产损失:							
待处理流动资产损失(减收益)	36			少数股权(合并报表填列)	75—1		
待处理固定资产损失(减收益)	37						
待处理财产损失合计	38						
资产总计	40	31107725.27	53439344.25	负债及股东权益总计	80	31107725.27	53439344.25

利润及利润分配表

1993 年度

上海市嘉宝实业股份有限公司　　单位：人民币元

项　目	行次	金　额	项　目	行次	金　额
一、主营业务收入	1	411609074.42	减:少数股权(合并报表填列)	14—1	
减:营业成本	2	289340025.98	加:年初未分配利润(未弥补亏损以"—"号表示)	15	162915.60
销售费用	3	5343822.76	上半年利润调整(减上年利润以"—"号表示)	16	
管理费用	4	46082943.41	盈余公积转入	17	
财务费用	5	14686259.81	五、可分配利润	18	54736715.37
进货费用	6		减:应交所得税	19	7956569.96
营业税金及附加	7	13530615.74	提取法定盈余公积	20	4508722.98
二、主营业务利润(亏损以"—"号表示)	8	42625406.74	提取公益金	21	4508722.98
加:其他业务利润(亏损以"—"号表示)	9	3645376.85	六、可供股东分配的利润	22	37762699.45
三、营业利润(亏损以"—"号表示)	10	46270783.57	减:已分配优先股的股利	23	
加:投资收益(亏损以"—"号表示)	11	5195313.85	提取任意公积	24	
营业外收入	12	4274208.33	已分配普通股股利	25	
减:营业外支出	13	2696505.98	七、未分配利润(未弥补亏损以"—"号表示)	26	37762699.45
四、利润总额(亏损以"—"号表示)	14	53043799.77	八、补充资料:营业成本中存货变现损失准备提取数	27	

24. 上海轮胎橡胶(集团)股份有限公司

一、1993年经营业绩和主要财务指标

上海轮胎橡胶(集团)股份有限公司成立于1992年7月,前身是由上海大中华橡胶三厂、正泰橡胶厂联合成立的上海轮胎橡胶(集团)公司,其股票在上海证券交易所挂牌。在1993年,该公司生产轮胎425万套,实现销售收入19.3亿元,所完成的主要技术经济指标在全国同行业中均列前茅,其中产量占10.74%;销售收入占13.04%;出口产值占13.70%;利税总额占14.91%;实现利润占32.13%。该公司的财务指标如下:

项目指标	1993年实际完成	1993年度计划	比计划增长率%
主营业务收入	226882.1万元	185000万元	22.64
税后利润	25732.5万元	25500万元	0.91
资产总计	358982.0万元		
股东权益	216870.6万元		
每股收益	0.318元		
每股权益	2.68元		
每股红利	0.10元		
速动比率	78.04%		
股东权益比率	60.40%		
净资产收益率	11.87%		

二、1994年经营展望

该公司1994年的生产经营规划为:

1.轮胎产量520万套,比上年增长22.2%;

2.销售收入22亿元,比1993年增长14%;

3.出口创汇3千万美元,增长20%;

4.税后利润3亿元,增长16.6%。

三、股本结构和股东持股情况

1.1993年末股本结构:

股权	数量(万股)	比例(%)
国家股	56160.702	69.5
法人股	520	0.6
个人股	2080	2.6
外资股	22100	27.3
总股本	80860.702	100

2.A股前10名股东持股情况:

股东名称	持股数(股)
上海联合贸易公司	260000
上海市化工职工技协	260000
上海市投资信托公司	171275
浙江上证	170000
上海市信托公司证券业务部	208000
柳菊英	150710
华申会计师事务所	195000
景玉娣	145570
财政证券公司	105476
陶秀芹	100820

四、1993年度资产负债表和利润及利润分配表

资产负债表(合并)

1993年12月31日

上海轮胎橡胶(集团)股份有限公司　　单位:人民币元

资　　产	行次	1993年12月1日	1993年12月31日	负债及股东权益	行次	1993年12月1日	1993年12月31日
流动资产:				流动负债:			
货币资金	1	59926639.52	93006278.44	短期借款	41	280823000.00	313599000.00
短期投资	2	1426770.00	1722927.66	应付票据	42	33409136.36	34833568.31
应收票据	3	411983.00	18306040.50	应付帐款	43	109057373.28	170334335.29
应收帐款	4	86833057.84	121841021.42	预收货款	44	25978731.09	42681120.98
减:备抵坏帐	5	305761.84	321140.65	应付福利费	45	4367666.42	2229578.73
应收帐款净额	6	86527296.00	121519880.77	未付股利	46		
预付货款	7	63200743.78	65293484.16	未交税金	47	1925986.00	2894776.17
其他应收款	8	145501382.55	129406538.03	其它未交款	48	4815477.58	4936509.97
内部应收款	8—1			其他应付款	49	43074816.32	32714251.54
待摊费用	9	17997579.14	23444669.82	内部应付款	49—1		
存货	10	152620532.70	158874053.51	预提费用	50	7697976.69	4943316.00
减:存货变现损失准备	10—1	516619.90	330204.92	待扣税金	51		124.22
存货净额	10—2	152103912.80	158543848.59	一年内到期的长期负债	52	4000000.00	
其他流动资产	10—3			流动负债合计	55	515150163.74	609166581.21
流动资产合计	15	527096306.79	611243667.97	长期负债:			
长期投资:				长期借款	56	56197091.49	61188834.47
长期投资	16	52358939.66	53112653.39	应付债券	57		6500.00
固定资产:				长期应付款	58	39257002.75	4422453.51
固定资产原价	18	57366082.70	65831263.16	其他长期负债	58—1		
减:累计折旧	19	10477985.47	10746107.19	其中:住房周转金	58—2		
固定资产净值	20	46888097.23	55085155.97	长期负债合计	65	95454094.24	65617787.98
在建工程	21	7887307.52	14821757.69	股东权益:			
固定资产清理	22			股本	66	37588400.00	50188400.00
固定资产合计	25	54775404.75	69906913.66	资本公积金	67	13841640.67	62606032.16
无形及递延资产:				盈余公积金	68	6595126.94	6655470.77
无形资产	26	22027751.60	25174797.87	其中:公益金	69		
递延资产	30	11764590.69	34843820.48	未分配利润	70		696219.25
无形及其他资产合计	35	33792342.29	60018618.35	股东权益合计	75	58025167.61	120146122.18
待处理财产损失:							
待处理流动资产损失(减收益)	36	606080.54	648638.00	少数股权(合并报表填列)	75—1		
待处理固定资产损失(减收益)	37	35156					
待处理财产损失合计	38	606432.10	648638.00				
资产总计	40	668629425.59	794930491.37	负债及股东权益总计	80	668629425.59	794930491.37

利润及利润分配表

1993年度

上海轮胎橡胶(集团)股份有限公司　　单位:人民币元

项目	行次	金额	项目	行次	金额
一、主营业务收入	1	2268821348.75	减:少数股权(合并报表填列)	14—1	8261725.88
减:营业成本	2	1633369245.19	加:年初未分配利润(未弥补亏损以"—"号表示)	15	123576383.17
销售费用	3	37681028.26	上半年利润调整(减上年利润以"—"号表示)	16	—18363.29
管理费用	4	79306567.49	盈余公积转入	17	
财务费用	5	—2486902.92	五、可分配利润	18	423983292.54
进货费用	6		减:应交所得税	19	43100468.47
营业税金及附加	7	200365321.40	提取法定盈余公积	20	38982501.70
二、主营业务利润(亏损以"—"号表示)	8	320586089.33	提取公益金	21	6460382.09
加:其他业务利润(亏损以"—"号表示)	9	6656589.88	六、可供股东分配的利润	22	335439940.28
三、营业利润(亏损以"—"号表示)	10	327242679.21	减:已分配优先股的利润	23	
加:投资收益(亏损以"—"号表示)	11	17143848.60	提取任意公积	24	6460382.09
营业外收入	12	2964827.90	已分配普通股股利	25	62200540.00
减:营业外支出	13	38664857.17	七、未分配利润(未弥补亏损以"—"号表示)	26	266779018.19
四、利润总额(亏损以"—"号表示)	14	308686998.54	八、补充资料:营业成本中存货变现损失准备提取数	27	

25. 上海复华实业股份有限公司

一、1993年经营业绩和财务指标

上海复华实业股份有限公司是由复旦大学科技开发总公司改制而成的股份制企业，成立于1992年7月，是中国高校第一家股份制企业，也是中国高科技产业中第一家在上海挂牌的上市公司。在1993年，该公司在加速科技的产品化、拓展市场、实现多元化跨国经营等方面均取得了较大的进展，实现主营业务收入12488.31万元，税后利润2079.23万元，分别超过计划指标的18.94%和13.25%。该公司1993年的财务指标如下（单位：万元）：

项目指标	1993年
主营业务收入	12488.31
利润总额	2188.51
税后利润	2079.23
资产总计	23682.67
股东权益	17653.81
每股收益(元)	0.35
速动比率	3.01
股东权益比率%	74.54
净资产收益率%	11.78

二、前次募集资金的运用情况

该公司募集资金的主要投向为研究开发高新技术、第三产业和市场开拓等，其具体投向如下：

1.投资2500万元，启动漕河泾地区复华科技工业园区第一期工程和引进部分设备。

2.投资500万元于ASIC（专用集成电路）项目和DNA生物工程项目。

3.投入1000万元于上海市国权路、政肃路口的复华科技大楼的基建和装修。

4.投资500万元用于建立国内大中城市的经营部以扩大市场。

5.投资上海复华房地产经营公司1500万元。

6.投资500万元参与广西南宁市广联投资股份有限公司的组建。

7.投资1000万元在美国创办企业，以推动跨国企业的经营。

三、1994年经营展望

在1994年，该公司将抓紧投资建设，争取在建项目提前产出效益，早日实现高回报，争取完成主营业务收入15000万元，实现税后利润2456.5万元。

四、股本结构和股东持股情况

1.1993年末股本结构：

股权	数量(万股)
国家股	474.76
发起人股	2701.239
社会个人股	2699.685
总股本	5875.684

2.主要股东持股情况：

股东名称	数量(万股)	占总股本比例(%)
复旦大学	2701.239	45.97
国家持股	474.76	8.08

五、1993年度资产负债表和利润及利润分配表

资产负债表(合并)

1993年12月31日

上海复华实业股份有限公司 单位:人民币元

资 产	行次	期初数	期末数	负债及股东权益	行次	期初数	期末数
流动资产:				流动负债:			
货币资金	1	30695906.17	25538987.58	短期借款	41	8200000.00	16200000.00
短期投资	2	55200000.00	31000000.00	应付票据	42		
应收票据	3			应付帐款	43	1776942.68	3969735.44
应收帐款	4	9531081.08	15024021.35	预收货款	44	676838.94	573344.76
减:备抵坏帐	5	11504.09	347421.39	应付福利费	45	2094792.59	1139178.29
应收帐款净额	6	9519576.99	14676599.96	未付股利	46	4339090.00	
预付货款	7	4543922.23	7552513.79	未交税金	47	845310.11	1929250.98
其他应收款	8	5973663.93	15051212.87	其它未交款	48		13035.27
内部应收款	8—1		16003403.30	其他应付款	49	10708580.21	10931755.18
待摊费用	9	1096575.04	855536.38	内部应付款	49—1		
存货	10	13563498.72	26254233.20	预提费用	50	1079536.69	829892.70
减:存货变现损失准备	10—1			待扣税金	51		
存货净额	10—2	13563498.72	26254233.20	一年内到期的长期负债	52		
其他流动资产	10—3		40240000.00	流动负债合计	55	29721091.22	35586192.62
流动资产合计	15	120593143.08	177172487.08	长期负债			
长期投资:				长期借款	56	10600000.00	17100000.00
长期投资:	16	20361014.51	26592608.99	应付债券	57		
固定资产:				长期应付款	58	2190619.67	5.96
固定资产原价	18	13873216.70	17096790.50	其他长期负债	58—1		
减:累计折旧	19	1823697.65	2653587.27	其中:住房周转金	58—2		
固定资产净值	20	12049519.05	14443203.23	长期负债合计	65	12790619.67	17100005.96
在建工程	21	739653.10	1582764.53	股东权益:			
固定资产清理	22			股本	66	43390900.00	58756840.00
临时设施	22—1			资本公积金	67	62837503.50	95540498.44
固定资产合计	25	12789172.15	16025967.76	盈余公积金	68	1521907.66	1221907.66
无形及递延资产:				其中:公益金	69	913144.59	613144.59
无形资产	26	1012229.02	10655114.89	未分配利润	70	226633.00	21018903.17
递延资产	30	7039.96	6368839.75	股东权益合计	75	107976944.16	176538149.27
无形及其它资产合计	35	1019268.98	17023954.64				
待处理财产损失:							
待处理流动资产损失(减收益)	36	11650.60	11650.60	少数股权(合并报表填列)	75—1	4285594.27	7602321.22
待处理固定资产损失(减收益)	37						
待处理财产损失合计	38	11650.60	11650.69				
资产总计	40	154774249.32	236826669.07	负债及股东权益总计	80	154774249.32	236826669.07

利润及利润分配表

1993年度

上海复华实业股份有限公司　　单位：人民币元

项目	行次	金额	项目	行次	金额
一、主营业务收入	1	124883135.03	减：少数股权（合并报表填列）	14－1	3077744.33
减：营业成本	2	92162190.12	加：年初未分配利润（未弥补亏损以“－”号表示）	15	226633.00
销售费用	3	3560362.48	上半年利润调整（减上年利润以“－”号表示）	16	
管理费用	4	9784999.72	盈余公积转入	17	
财务费用	5	－2295794.73	五、可分配利润	18	22111746.27
进货费用	6		减：应交所得税	19	1092843.10
营业税金及附加	7	2981606.97	提取法定盈余公积	20	
二、主营业务利润（亏损以“－”号表示）	8	18689770.47	提取公益金	21	
加：其他业务利润（亏损以“－”号表示）	9	6436243.52	六、可供股东分配的利润	22	21018903.17
三、营业利润（亏损以“－”号表示）	10	25126013.99	减：已分配优先股的利润	23	
加：投资收益（亏损以“－”号表示）	11		提取任意公积	24	
营业外收入	12	21994.00	已分配普通股股利	25	
减：营业外支出	13	185150.39	七、未分配利润（未弥补亏损以“－”号表示）	26	21018903.17
四、利润总额（亏损以“－”号表示）	14	24962857.60	八、补充资料：营业成本中存货变现损失准备提取数	27	

26. 上海水仙电器实业股份有限公司

一、1993年经营业绩和财务指标

上海水仙电器实业股份有限公司之前身是上海洗衣机总厂，是我国家电行业中最早生产家用洗衣机并被国家定点的骨干企业之一，其股票在上海证券交易所挂牌。在过去的一年里，由于产品适销对路，新技术、新产品开发和应用步伐加快，生产领域拓宽，该公司的经济效益呈稳步提高的良好态势。其中所实现主营业务收入和税后利润分别比去年增长 89.93%和 45.59%。该公司 1993 年的财务指标如下：

项目指标	1993年完成	完成计划%
主营业务收入	75274.6万元	155.53
税后利润	3159.3万元	123.89
资产总计	57585.90万元	
股东权益	25742.62万元	
每股收益	0.275元	
每股权益	2.24元	
每股红利	0.20元	
速动比率	1.06	
股东权益比率	44.70%	
净资产收益率	12.27%	

二、前次募集资金的运用情况

该公司于 1992 年 5 月首次向社会公开发行 2500 万股普通股票，募集资金 1.15 亿元，1993 年 5 月向老股东送配股募集资金 4191.74 万元，二次募集资金共 1.57 亿元。根据《招股说明书》和《送配股公告》的说明，募集到的资金主要用于公司技术改造项目和浦东"水仙电器城"建设，实际使用及项目进展情况如下（单位：万元）：

项　目	计划投入	实际使用	项目进度
浦东新厂土地批租	2640	2484.9	已完成
浦东新厂项目建设	6000	6000	主体厂房提前半年封顶
全自动热水器一期	898.5	804.3	已竣工投产
向其他公司参股	2700	2723.6	
投资子公司	3000	2807	已相继开业
合计	15238.5	14819.8	

三、1994年经营展望

在 1994 年，该公司将抓紧老产品的翻新和技术改造工作，发展第三产业，争取实现主营业务收入 78385 万元，实现税后利润 3740 万元。

四、股本结构和股东持股情况

1. 1993 年末股本结构：

股权	数量(万股)	比例(%)
发起人单位持股	7293.36	63.47
社会法人持股	2602.24	22.64
社会个人持股(含职工股)	1595.4	13.88
总股本	11491	100

2. 前 10 名股东持股情况：

股东名称	持股数(万股)	占总股本比例(%)
原上海洗衣机总厂	4407.36	38.35
上海二轻实业总公司	2886	25.12
上海国际信托投资公司	240	2.09
上海氯碱化工股份有限公司	240	2.09
上海民兴电器商行	234.452	2.04
中国纺织机械股份有限公司	200	1.74
建设银行广州市信托投资公司	160	1.39
工商银行上海信托投资公司	120	1.04
交通银行上海分行投资公司	100	0.87
吉林市经协总公司上海分公司	100	0.87
上海虹民包装用品厂	100	0.87

五、1993年度资产负债表和利润及利润分配表

资产负债表(合并)

1993年12月31日

上海水仙电器实业股份有限公司　　单位:人民币元

资　产	行次	期初数	期末数	负债及所有者权益	行次	期初数	期末数
流动资产:				流动负债:			
货币资金	1	40999063.51	95980202.42	短期借款	41	89570000.00	80040000.00
短期投资	2		4560000.00	应付票据	42	20061721.01	21013545.04
应收票据	3	19429697.00	8679790.00	应付帐款	43	55509085.81	98743272.44
应收帐款	4	112034483.54	80994459.97	预收货款	44	87441.39	86940.39
减:备抵坏帐	5	333806.01	240446.58	应付福利费	45	3692645.66	4876747.12
应收帐款净额	6	111700677.53	80754013.39	未付股利	46		
预付货款	7	7079056.90	493064.22	未交税金	47	4519942.36	421228.33
其他应收款	8	73815833.35	38691355.03	其它未交款	48	368792.08	27461.01
内部应收款	8－1			其他应付款	49	51024304.91	10166835.35
待摊费用	9	371900.10	2905834.77	内部应付款	49－1		
存货	10	86198609.29	106531689.93	预提费用	50	1380.00	
减:存货变现损失准备	10－1			待扣税金	51		
存货净额	10－2	86198609.29	106531689.93	一年内到期的长期负债	52		
其他流动资产	10－3			流动负债合计	55	224835313.22	215376029.68
流动资产合计	15	339594837.68	338595949.76	长期负债:			
长期投资:				长期借款	56	48775017.53	103028668.76
长期投资	16	38615147.67	45971037.34	应付债券	57		
固定资产:				长期应付款	58		
固定资产原价	18	66830563.76	70780310.91	其他长期负债	58－1	-	28064.20
减:累计折旧	19	32424408.76	36474115.03	其中:住房周转金	58－2		28064.20
固定资产净值	20	34406155.00	34306195.88	长期负债合计	65	48775017.53	103056732.96
在建工程	21	48822885.52	144597940.96	股东权益:			
固定资产清理	22	28224.10	27060.94	股本	66	85778000.00	114910000.00
				资本公积	67	93644712.56	101967533.64
固定资产合计	25	83257264.62	178931197.78	盈余公积	68	4469316.77	11730597.56
无形及递延资产:				其中:公益金	69	1627546.60	6076947.80
无形资产	26	1108941.72	10866361.21	未分配利润	70	5967670.96	28818117.25
递延资产	30		1166955.00	股东权益合计	75	189859700.29	257426248.45
无形及其他资产合计	35	1108941.72	12033316.21				
待处理财产损失:							
待处理流动资产损失(减收益)	36	893839.35	269700.00	少数股权(合并报表填列)	75－1		
待处理固定资产损失(减收益)	37		57810.00				
待处理财产损失合计	38	893839.35	327510.00				
资产总计	40	463470031.04	575859011.09	负债及股东权益总计	80	463470031.04	575859011.09

利润及利润分配表(合并)

1993年度

上海水仙电器实业股份有限公司 单位:人民币元

项目	行次	金额	项目	行次	金额
一、主营业务收入	1	752746384.59	减:少数股权(合并报表填列)	14-1	
减:营业成本	2	622155298.80	加:年初未分配利润(未弥补亏损以“-”号表示)	15	5967670.96
销售费用	3	18297822.76	上年利润调整(减少上年利润以“-”号表示)	16	-81711.40
管理费用	4	44358879.22	盈余公积转入	17	
财务费用	5	7541491.45	五、可分配利润	18	42624680.19
进货费用	6	61574.18	减:应交所得税	19	5145357.31
营业费用及附加	7	19517960.06	提取法定盈余公积	20	2966267.47
二、主营业务利润(亏损以“-”号表示)	8	40813358.12	提取公益金	21	5694938.16
加:其它业务利润(亏损以“-”号表示)	9	3600600.91	六、可供股东分配的利润	22	28818117.25
三、营业利润(亏损以“-”号表示)	10	44413959.03	减:已分配优先股股利	23	
加:投资收益(损失以“-”号表示)	11	2265112.55	提取任意公积	24	
营业外收入	12	676593.90	已分配普通股股利	25	
减:营业外支出	13	10616944.85	七、未分配利润(未弥补亏损以“-”号表示)	26	28818117.25
四、利润总额(亏损以“-”号表示)	14	36738720.63	八、补充资料:营业成本中存货变现损失准备提取数	27	

27.上海申达股份有限公司

一、1993年经营业绩和财务指标

上海申达股份有限公司的前身为1985年创立的上海申达纺织服装(集团)公司,其股票在上海证券交易所挂牌。在1993年,该公司各类棉纱总产量达8040吨,占上海总产量的2.7%,各类棉布总产量达4525.6万米,占上海总产量的5.05%,其中80%以上的高支纱布占全市的80%,被誉为"高支王国"。纺织品出口6500万美元,占全系统的30%。创主营业务收入85290万元,实现利润3795.31万元,比上年增长35.92%,比《上市报告书》中的目标提高了21.61%,该公司1993年的财务指标如下(单位:万元):

项目指标	1993年实际	1993年计划	比计划增长
主要业务收入	85290.18	80000.00	6.61%
税后利润	3243.88	3060.00	6.01%
资产总计	77048.54	76500.00	0.72%
股东权益	29378.51	29000.00	1.31%
每股收益(元)	0.2126	0.20	6.3%
每股权益(元)	1.9256	1.90	1.35%
速动比率	1.2736	1.0	27.36%
股东权益比率	0.3813%	0.3791	0.58%
净资产收益率	11%	10.6%	3.78%

二、前次募集资金的运用情况

该公司通过1992年度的发行股票、1993年的增资配股共筹集到1.45亿元资金,其中5416万元用于房地产开发项目,2058万元用于投资组建联营或中外合资企业,4148万元用于纺织企业的技术改造项目,2878万元用于购买法人股股票,资金的使用基本按招股说明书和增资配股公告中的资金使用计划在实施。

三、1994年经营展望

该公司1994年的经营方针是"地域经营跨国化,投资发展多元化,工贸商技一体化",经营规划是以实业为基础,以外贸为龙头,以金融为背景,以资产为纽带,逐步发展成为国际化、多元化、工贸商技一体化的跨行业、跨地区、跨国大集团。1994年的经营目标是:出口创汇8000万美元,实现利润4600万元,分别比1993年增长14.16%及21.20%。

四、股本结构和股东持股情况

1.1993年末股本结构:

股权	数量(万股)	比例(%)
国家股	10155	66.56
法人股	3181.28	20.85
个人股	1920	12.59
总股本	15256.28	100

2.前10名股东持股情况:

股东名称	持股数(万股)	占总股本比例(%)
国家股	10155	66.56
中国华诚财务公司	256	1.68
珠海恒通置业股份有限公司	240	1.57
上海投资信托公司证券投资信托部	240	1.57
上海龙头股份有限公司	200	1.31
上海纺织原料公司	160	1.05
中国纺织品进出口公司	160	1.05
上海第一百货股份有限公司	157.6	1.03
上海万国证券公司	107.2	0.70
中国纺织机械股份有限公司	100	0.66

五、1993年度资产负债表和利润及利润分配表

资产负债表(合并)

1993年12月31日

上海申达股份有限公司 单位:人民币元

资产	行次	期初数	期末数	负债及股东权益	行次	期初数	期末数
流动资产:				流动负债:			
货币资金	1	37162604.40	66797984.36	短期借款	41	102282000.00	182054289.88
短期投资	2			应付票据	42	20712113.00	19394041.06
应收票据	3	43430997.42	12044725.56	应付帐款	43	51490943.18	34108124.33
应收帐款	4	97397029.19	168677478.82	预收货款	44	3667828.86	16142548.87
减:备抵坏帐	5	486985.15	816764.71	应付福利费	45	1148156.02	1381613.42
应收帐款净额	6	96910044.04	167860714.11	未付股利	46		
预付货款	7	1684187.96	1658032.84	未交税金	47	−4496772.97	−1971113.35
其他应收款	8	99956202.48	109322281.26	其它未交款	48	53813.19	36013.93
内部应收款	8−1			其他应付款	49	40464818.65	28048550.72
待摊费用	9	1209353.00	2110310.14	内部应付款	49−1		
存货	10	106947014.02	125660127.31	预提费用	50	160410.00	345000.00
减:存货变现损失准备	10−1			待扣税金	51		
存货净额	10−2	106947014.02	125660127.31	一年内到期的长期负债	52		
其他流动资产	10−3			流动负债合计	55	215483309.93	279539068.80
流动资产合计	15	387300403.32	485454175.58	长期负债:			
长期投资:				长期借款	56	177872631.40	188460132.81
长期投资	16	92165900.68	106278002.55	应付债券	57		
固定资产:				长期应付款	58	12197153.95	6019691.19
固定资产原价	18	188161069.88	190287938.94	其他长期负债	58−1		268222.22
减:累计折旧	19	69297144.72	71185832.61	其中:住房周转金	58−2		268222.22
固定资产净值	20	118863925.16	119102106.33	长期负债合计	65	190069785.35	194748046.22
在建工程	21	27944462.52	49836834.33	股东权益:			
固定资产清理	22			股本	66	136550000.00	152562800.00
固定资产合计	25	146808387.68	168938940.66	资本公积	67	71492521.08	93858313.97
无形及递延资产:				盈余公积	68	4477563.23	5976660.54
无形资产	26		5284293.61	其中:公益金	69	2985042.15	
递延资产	30	753614.35	4529976.42	未分配利润	70	8955126.44	41387315.90
无形及其他资产合计	35	753614.35	9814270.03	股东权益合计	75	221475210.75	293785090.41
待处理财产损失:				少数股权			2413183.33
资产总计	40	627028306.03	770485388.82	负债及股东权益总计	80	627028306.03	770485388.82

利润及利润分配表(合并)

1993年度

上海市申达股份有限公司　　单位:人民币元

项　目	行次	金　额	项　目	行次	金　额
一、主营业务收入	1	852901836.06	减:少数股权(合并报表填列)	14—1	136709.73
减:营业成本	2	789143629.67	加:年初未分配利润(未弥补亏损以"—"号表示)	15	8955052.25
销售费用	3	7725411.63	上半年利润调整(减上年利润以"—"号表示)	16	
管理费用	4	29010715.98	盈余公积转入	17	
财务费用	5	—54349576.68	五、可分配利润	18	46908166.70
进货费用	6		减:应交所得税	19	5514274.57
营业税金及附加	7	44802756.31	提取法定盈余公积	20	6576.23
二、主营业务利润(亏损以"—"号表示)	8	36568899.15	提取公益金	21	
加:其他业务利润(亏损以"—"号表示)	9	1684110.46	六、可供股东分配的利润	22	41387315.90
三、营业利润(亏损以"—"号表示)	10	38253009.61	减:已分配优先股的利润	23	
加:投资收益(亏损以"—"号表示)	11	13629699.98	提取任意公积	24	
营业外收入	12	1665917.90	已分配普通股股利	25	
减:营业外支出	13	15458803.31	七、未分配利润(未弥补亏损以"—"号表示)	26	41387315.90
四、利润总额(亏损以"—"号表示)	14	38089824.18	八、补充资料:营业成本中存货变现损失准备提取数	27	

28. 上海电器股份有限公司

一、1993年经营业绩和财务指标

上海电器股份有限公司是一家主营电器、电子及相关的机电产品的上市公司，其股票在上海证券交易所挂牌。1993年，该公司抓住机遇，深化改革，动员全体员工努力拼搏，使公司转换机制取得了新成效，规模经济跃上了新台阶，拓展市场形成了新观念，出口、合资工作有了新突破，经济发展取得了新成绩，产、销、利、出口创汇均同步比上年增长二成以上。全年完成主营业务收入138424万元，为去年的130%；出口创汇2009万美元，为去年的131%；利润总额10288万元，为去年的121%，各项经济指标都超额完成了年度计划。该公司1993年的财务指标如下：

项目指标	单位	实际完成指标	完成计划%	计划指标
主营业务收入	万元	138424	104.2	132800
税后利润	万元	8842.81	104.03	8500
资产总计	万元	192833		
股东权益	万元	77157.83		
每股收益	元/股	0.22		
每股权益	元/股	40		
速动比率		0.75		
股东权益比率	%	40		
净资产收益率	%	11		

二、前次募集资金的运用情况

该公司于1993年对老股东实施配股，共募集资金6534.29万元，主要投资的电工触头技改项目已动工；传动中心项目，已部分投入。

三、1994年经营展望

1994年该公司的经营目标是：主营业务收入达到143600万元，实现税后利润9775万元。为实现该目标，该公司将采取如下措施：

1. 积极吸引外资，发展高新技术，扩大出口创汇。

2. 强化销售工作，全力抢占市场，提高产品的市场覆盖率并保持产品在电器行业的领先地位。

3. 扩大经济规模，培育新的效益增长点。

四、股本结构和股东持股情况

1. 1993年末股本结构：

股权	数量(万股)	比例(%)
国家股	36150.8	83.75
法人股	2763.19	6.40
个人股	4250	9.85
总股本	43163.79	100.00

2. 前8名股东的持股情况：

股东名称	持股数(万股)	占总股本比例(%)
国家股	36150.6	83.75
上海申银证券公司	244.4	0.57
上海投资信托公司证券投资信托部	136	0.315
中国工商银行上海信托投资公司	135.2	0.313
北京通利达广告有限公司	96	0.22
上海电器(集团)公司综合经营部	80.4	0.19
上海人民电器厂职工技术协会	76.738	0.18
珠海申光电子股份有限公司上海经销部	68	0.16

五、1993年度资产负债表和利润表

资产负债表(合并)

1993年12月31日

上海电器股份有限公司　　单位:人民币元

资　　产	行次	期初数	期末数	负债及股东权益	行次	期初数	期末数
流动资产:				流动负债:			
货币资金	1	78795434.22	77732505.03	短期借款	41	327985469.08	389351314.75
短期投资	2	127508400.00	110706800.00	应付票据	42	44970740.63	45782369.14
应收票据	3	6169270.02	7547544.91	应付帐款	43	202348636.31	300336855.91
应收帐款	4	219115935.04	398928302.06	预收货款	44	140183946.22	110967483.39
减:备抵坏帐	5	1095579.68	1994641.51	应付福利费	45		4536218.02
应收帐款净额	6	218020355.36	396933660.55	未付股利	46		
预付货款	7	125345343.04	63191798.56	未交税金	47	2922711.22	−6895219.29
其他应收款	8	73396157.65	157424141.53	其它未交款	48	−4704057.08	109841.48
内部应收款	8−1	12482700.51	14720463.46	其他应付款	49	68896729.89	149704187.64
待摊费用	9	1253891.45	1286111.20	内部应付款	49−1		
存货	10	531835028.51	577749425.32	预提费用	50	5238466.85	2693448.81
减:存货变现损失准备	10−1			待扣税金	51		
存货净额	10−2	531835028.51	577749425.32	一年内到期的长期负债	52	5905160.98	21423198.72
其他流动资产	10−3			流动负债合计	55	793747804.10	1018009698.57
流动资产合计	15	1174806580.76	1407292450.56	长期负债:			
长期投资:				长期借款	56	213104424.73	161399313.98
长期投资	16	46835765.13	139151438.78	应付债券	57		
固定资产:				长期应付款	58	−21840308.41	−23115006.42
固定资产原价	18	389872526.08	392860686.41	其他长期负债	58−1		458539.39
减:累计折旧	19	121595971.82	123356907.78	其中:住房周转金	58−2		458539.39
固定资产净值	20	268276554.26	269503778.63	长期负债合计	65	191264116.32	138742846.95
在建工程	21	79088725.15	81295605.65	股东权益:			
固定资产清理	22	−18841.56	447752.63	股本	66	406506000.00	431637874.00
				资本公积金	67	153589522.71	216486637.66
固定资产合计	25	347346437.85	351247136.91	盈余公积金	68	15513902.79	15513902.79
无形及递延资产:				其中:公益金	69	5171300.93	5171300.93
无形资产	26	10303652.24	15044300.00	未分配利润	70	18961436.74	107939893.74
递延资产	30	119829.50	7669642.59	股东权益合计	75	594570862.24	771578308.19
无形及递延资产合计	35	10423481.74	22713942.59				
待处理财产损失:							
待处理流动资产损失(减收益)	36	27800.00	7925884.87	少数股权(合并报表填列)	75−1		
待处理固定资产损失(减收益)	37	142717.18					
待处理财产损失合计	38	170517.18	7925884.87				
资产总计	40	1579582782.66	1928330853.71	负债及股东权益总计	80	1579582782.66	1928330853.71

利 润 表

1992年7月—12月31日

上海电器股份有限公司 单位:人民币元

项　目	行次	金　额
一、主营业务收入	1	614587503.67
减：营业成本	2	425401805.72
销售费用	3	25611604.81
管理费用	4	65944766.58
财务费用	5	17251305.60
进货费用	6	
营业税金	7	29517951.69
二、主营业务利润（亏损以“—”号表示）	8	50360069.27
加：其他业务利润（亏损以“—”号表示）	9	—288486.66
三、营业利润（亏损以“—”号表示）	10	50571582.61
加：投资收益（损失“—”号表示）	11	7790687.62
营业收入	12	1608721.61
减：营业外支出	13	19760363.78
四、利润总额（亏损以“—”号表示）	14	40210628.06

29. 上海新世界股份有限公司

一、1993年经营业绩和近两年财务指标

上海新世界股份有限公司是一家主营百货业的上市公司，该公司股票于1993年在上海证券交易所挂牌。在这一年，在公司本部被夷为平地进行大规模扩建的情况下，该公司抓住机遇发展自己，全方位开拓。多元化经营，做到了扩建、创利、转利三不误。全年实现销售收入22385. 05万元，完成年度计划的139.91%；创税后利润875.79万元，完成年度计划的121.22%。该公司近两年的财务指标如下（单位：万元）：

项目指标	1993年	1992年
营业收入	22385. 05	15300. 08
税后利润	875. 79	726. 12
资产总计	38132. 94	8256. 74
股东权益	15476. 91	6810. 50
每股收益	0. 44元	0. 44元
每股权益	5. 16元	4. 54元
速动比率	49%	326%
股东权益比率	41%	82%
净资产收益率	6%	8%

二、1994年经营展望

该公司1994年的主要目标是：销售总额超过2. 5亿元；利润比上年增长16. 44%，争取突破1200万元。

三、股本结构和股东持股情况

1. 1993年末股本结构：

股权	数量（万股）	比例（%）
国家股	1480	49. 37
法人股	558	18. 61
个人股	960	32. 02
总股本	2998	100.00

2. 前10名股东持股情况：

股东名称	持股数（万股）	占总股本比例（%）
国家股	1480	49. 37
上海万国证券公司	34	1. 13
新世界干览羊毛衫厂	34	1. 13
上海黄浦区贸易投资开发总公司	28	0. 93
上海第一百货商店股份有限公司	20	0. 67
上海华联商厦股份有限公司	20	0. 67
上海万象（集团）股份有限公司	20	0. 67
上海黄浦区经济发展总公司	20	0. 67
上海黄浦区工业公司	16	0. 53
蔡同德堂药号	16	0. 53

四、1993年度资产负债表和利润及利润分配表

资产负债表（合并）

1993年12月31日

上海新世界股份有限公司　　　　单位：人民币元

资　　产	行次	期初数	期末数	负债及股东权益	行次	期初数	期末数
流动资产：				流动负债：			
货币资金	1	7563170. 20	57400893. 76	短期借款	41	7200000. 00	8789000. 00
短期投资	2	686900. 00	29660000. 00	应付票据	42		
应收票据	3			应付帐款	43	2711190. 29	7079664. 37
应收帐款	4	1667133. 55	6606542. 98	预收货款	44	754945. 08	270492. 37
减：备抵坏帐	5	0. 00	10356. 47	应付福利费	45	0. 00	－212216. 24
应收帐款净额	6	1667133. 55	6596186. 51	未付股利	46	0. 00	78145. 20
预付货款	7	122933. 59	175900. 80	未交税金	47	19022. 00	196467. 90
其他应收款	8	8333296. 49	19229460. 19	其它未交款	48	44837. 81	42431. 52
内部应收款	8－1			其他应付款	49	14797935. 69	9307376. 54
待摊费用	9	29133. 93	417810. 61	内部应付款	49－1		
存货	10	13085347. 34	17231367. 75	预提费用	50	5181. 29	1089610. 36
减：存货变现损失准备	10－1			待扣税金	51	0. 00	69737. 25
存货净额	10－2	13085347. 34	17231367. 75	一年内到期的长期负债	52	1677457. 00	0. 00
其他流动资产	10－3			流动负债合计	55	27210569. 16	26710709. 27
流动资产合计	15	31487915. 10	130711619. 62	长期负债：			
长期投资：				长期借款	56	3440000. 00	3523940. 51
长期投资	16	893000. 00	1555673. 50	应付债券	57	3976000. 00	4000000. 00
固定资产：				长期应付款	58		
固定资产原价	18	24112272. 50	38418359. 93	其他长期负债	58－1		
减：累计折旧	19	6772312. 79	6068747. 38	其中：住房周转金	58－2		
固定资产净值	20	17339959. 71	32349612. 55	长期负债合计	65	7416000	7523940. 51
在建工程	21	8967951. 42	6957255. 33	股东权益：			
固定资产清理	22			股本	66	37198905	57200000. 0010
临时设施	22－1			资本公积金	67	0. 00	86809053. 47
固定资产合计	25	26307911. 13	39306867. 88	盈余公积金	68	0. 00	37287. 21
无形及递延资产：				其中：公益金	69		
无形资产	26	12610000. 00	13497000. 00	未分配利润	70	0. 00	9248132. 27
递延资产	30		2444872. 41	股东权益合计	75	37198905. 10	153294472. 95
无形及其他资产合计	35	12610000. 00	15941872. 41				
待处理财产损失：							
待处理流动资产损失（减收益）	36	526648. 03	13089. 32	少数股权（合并报表填列）	75－1		
待处理固定资产损失（减收益）	37						
待处理财产损失合计	38	526648. 03	13089. 32				
资产总计	40	71825474. 26	187529122. 73	负债及股东权益总计	80	71825474. 26	187529122. 73

利润及利润分配表（合并）

1993年度

上海新世界股份有限公司　　单位：人民币元

项　　目	行次	本年实际数	项　　目	行次	本年实际数
一、主营业务收入	1	223850476.90	减：少数股权（合并报表填列）	14—1	
减：营业成本	2	187852201.82	加：年初未分配利润（未弥补亏损以"—"号表示）	15	2796649.82
销售费用	3	17793181.60	上年利润调整（减上年利润以"—"号表示）	16	
管理费用	4	226940.39	盈余公积转入	17	
财务费用	5	—397279.71	五、可分配利润	18	13102074.88
进货费用	6		减：应交所得税	19	1547483.86
营业税金及附加	7	8535463.80	提取法定盈余公积	20	875794.12
二、主营业务利润（亏损以"—"号表示）	8	9839969.00	提取公益金	21	437897.06
加：其他业务利润（亏损以"—"号表示）	9	296593.88	六、可供股东分配的利润	22	10240899.84
三、营业利润（亏损以"—"号表示）	10	10136562.88	减：已分配优先股的利润	23	
加：投资收益（亏损以"—"号表示）	11	2838287.25	提取任意公积	24	
营业外收入	12	1510902.07	已分配普通股股利	25	1500000.00
减：营业外支出	13	4180327.14	七、未分配利润（未弥补亏损以"—"号表示）	26	8740899.84
四、利润总额（亏损以"—"号表示）	14	10305425.06	八、补充资料：营业成本中存货变现损失准备提取数	27	468.17

30. 上海棱光实业股份有限公司

一、1993年经营业绩和财务指标

上海棱光实业股份有限公司的前身是上海石英玻璃厂，始建于1958年，是全国最大的半导体用硅多晶和石英玻璃制品的产销企业，其股票在上海证券交易所挂牌。1993年，该公司按照“一业为主，多种经营”的发展方针，稳步发展硅多晶、石英玻璃制品的生产，确立了该公司产品在国内市场的主要地位，同时，积极拓展经营业务范围，棱光出租汽车公司已初具规模并投入运行，棱光汽配公司、房地产公司等第三产业现已形成体系，并取得了较好的收益，逐步使公司从企业型向实业型集团转化，为公司增添了新的活力。在这一年，该公司实现主营业务收入1941．28万元，税后利润687．64万元，超额79．78％完成了年度计划，其财务指标如下（单位：万元）：

项目指标	1993年
主营业务收入	1941．28
税后利润	687．64
资产总计	11910．27
股东权益	5881．99
每股收益（元）	0．203
每股权益（元）	1．74
每股红利（元）	0．14
速动比率	4．13
股东权益比率	0．49
净资产收益率	0．12

二、1994年经营展望

在1994年，该公司将积极开发新产品，并抓紧硅多晶产品引进项目的全面投产，提高产品质量，降低成本，进一步完善已有的生产管理体系，向管理要效益，向规模型生产要效益，争取全年实现利润总额994．09万元，税后利润844．98万元，比上年增长20％。

三、股本结构和股东持股情况

1．该公司1993年末股本结构：

股权	数量（万元）	比例（％）
国家股	1879．9	55．62
法人股	400．0	11．83
个人股	1100．0	32．55
总股本	3379．9	100

2．股东持股情况：

股东名称	持股数（万股）	占总股本比例（％）
上海龙头股份有限公司	45	1．33
中国纺织机械股份有限公司	40	1．18
上海万国证券公司	35	1．04
上海氯碱股份有限公司	30	0．89
上海商业网点股份有限公司	20	0．59
上海嘉宝股份有限公司	20	0．59
上海大众出租汽车股份有限公司	20	0．59
上海申达实业股份有限公司	20	0．59
上海新亚快餐股份有限公司	15	0．44
上海丰华圆珠笔股份有限公司	10	0．30
上海豫园商城股份有限公司	10	0．30
上海金浦服装厂	10	0．30

四、1993年度资产负债表和利润及利润分配表

资产负债表（合并）

1993年12月31日

上海棱光实业股份有限公司　　单位：人民币元

资　产	行次	年初数	年末数	负债及股东权益	行次	期初数	期末数
流动资产：				流动负债：			
货币资金	1	9638635.56	5120573.82	短期借款	41	4280000.00	4880000.00
短期投资	2	5650000.00	1000000.00	应付票据	42		
应收票据	3		705400.00	应付帐款	43	217601.68	354501.78
应收帐款	4	8674016.79	8203969.97	预收货款	44		
减：备抵坏帐	5	26025.70	24611.91	应付福利费	45	－772902.90	－1023036.22
应收帐款净额	6	8647991.09	8179358.06	未付股利	46		
预付货款	7			未交税金	47	49510.37	342478.24
其他应收款	8	10004637.73	16736741.60	其它未交款	48	9258.85	21493.51
内部应收款	8－1			其他应付款	49	1496503.77	3098107.46
待摊费用	9	139223.50	61186.78	内部应付款	49－1		
存货	10	8164421.97	8354254.64	预提费用	50	5895.22	14884.00
减：存货变现损失	10－1			待扣税金	51		
存货净额	10－2	8164421.97	8354254.64	一年内到期的长期负债	52		
其他流动资产	10－3			流动负债合计	55	5285866.99	7688428.77
流动资产合计	15	42244909.85	40157514.90	长期负债：			
长期投资：				长期借款	56	39617671.34	52594367.62
长期投资：	16	9680000.00	14121000.00	应付债券	57		
固定资产：				长期应付款	58		
固定资产原价	18	19935776.54	29821472.54	其他长期负债	58－1		
减：累计折旧	19	9337085.02	10846461.53	其中：住房周转金	58－2		
固定资产净值	20	10598691.52	18974966.01	长期负债合计	65	39617671.34	52594367.62
在建工程	21	33996608.99	45582378.36	股东权益：			
固定资产清理	22			股本	66	33799000.00	33799000.00
固定资产合计	25	44595300.51	64557344.37	资本公积金	67	17284180.80	17284180.80
无形及递延资产：				盈余公积金	68	172075.72	2234992.99
无形资产	26			其中：公益金	69	86037.86	773676.95
递延资产	30	326887.34	266887.34	未分配利润	70	688302.85	5501776.43
无形及递延资产合计	35	326887.34	266887.34	股东权益合计	75	51943559.37	58819950.22
待处理财产损失：							
待处理流动资产损失（减收益）	36			少数股权（合并报表填列）	75－1		
待处理固定资产损失（减收益）	37						
待处理财产损失合计	38						
资产总计	40	96847097.70	119102746.61	负债及股东权益总计	80	96847097.70	119102746.61

利润及利润分配表

1993 年度

上海棱光实业股份有限公司　　单位：人民币元

项　目	行次	金　额	项　目	行次	金　额
一、主营业务收入	1	19412751.67	减：少数股权（合并报表填列）	14－1	
减：营业成本	2	12907331.56	加：年初未分配利润（未弥补亏损以“－”号表示）	15	688302.85
销售费用	3	66592.12	上半年利润调整（减上年利润以“－”号表示）	16	
管理费用	4	1980796.27	盈余公积转入	17	
财务费用	5	673604.94	五、可分配利润	18	8778174.44
进货费用	6		减：应交所得税	19	1213480.74
营业税金及附加	7	2707073.20	提取法定盈余公积	20	687639.09
二、主营业务利润（亏损以“－”号表示）	8	1077353.58	提取公益金	21	687639.09
加：其他业务利润（亏损以“－”号表示）	9	6615292.06	六、可供股东分配的利润	22	6189415.52
三、营业利润（亏损以“－”号表示）	10	7692645.64	减：已分配优先股的利润	23	
加：投资收益（亏损以“－”号表示）	11	1392208.23	提取任意公积	24	687639.09
营业外收入	12	441269.05	已分配普通股股利	25	
减：营业外支出	13	1436251.33	七、未分配利润（未弥补亏损以“－”号表示）	26	5501776.43
四、利润总额（亏损以“－”号表示）	14	8089871.59	八、补充资料：营业成本中存货变现损失准备提取数	27	

31. 上海龙头（十七棉）股份有限公司

一、1993年经营业绩和近两年财务指标

上海龙头(十七棉)股份有限公司是一家主营纺织系列产品的上市公司，其股票在上海证券交易所挂牌。在1993年，该公司通过开拓经营渠道、翻改新品种、提高产品质量、降低成本消耗等措施，累计完成主营业务收入44488万元，实现税后利润1262万元，完成年度计划的40.19%。该公司近两年的财务指标如下（单位：万元）：

项目指标	1993年实际	完成计划（%）	1993年计划
主营业务收入	44488	117.64	37817
税后利润	1262	40.19	3140
资产总计	43399	108.82	39881
股东权益	35704	113.06	31580
每股收益（元）	0.07	39.69	0.18
每股权益（元）	1.90	105.09	1.81
每股红利			
速动比率	1.72		
股东权益比率	0.82		
净资产收益率	0.04		

二、1994年经营展望

在1994年中，该公司将在“一业为主，多角经营”的发展战略指引下，遵循“优化班子，强化管理，调整结构，开拓经营”的工作方针，争取实现利润1650万元，税后利润1400万元，比1993年实际水平增长10%。

三、股本结构和股东持股情况

1. 1993年末股本结构：

股权	数量（万股）	比例（%）
国家股	12947.32	68.97
法人股	3573.95	19.04
个人股	2250	11.99
总股本	18771.27	100

2. 股东持股情况：

除国家股外，持股超过5%的股东为上海国际信托投资公司，持有股份1263万股，占总股本的6.73%。

四、1993年度资产负债表和利润及利润分配表

资产负债表（合并）

1993年12月31日

上海龙头（十七棉）股份有限公司　　　　单位：人民币元

资　　产	行次	期初数	期末数	负债及股东权益	行次	期初数	期末数
流动资产				流动负债：			
货币资金	1	9675689. 30	26222174. 94	短期借款	41	54085000. 00	57725000. 00
短期投资	2		8300000. 00	应付票据	42	11879315. 67	4500000. 00
应收票据	3	52347947. 06	20503159. 66	应付帐款	43	7743125. 57	1796679. 61
应收帐款	4	19844640. 06	41422402. 63	预收货款	44	2404919. 28	200508. 22
减：备抵坏帐	5	5430. 00	91439. 00	应付福利费	45	244540. 70	9322. 77
应收帐款净额	6	19789910. 06	41330963. 63	未付股利	46		
预付货款	7	42254171. 00	6415779. 55	未交税金	47	－8511301. 88	544532. 74
其他应收款	8	22081596. 25	30013889. 35	其它未交款	48	－358835. 88	80377. 75
内部应收款	8－1			其他应付款	49	5678107. 30	8726409. 91
待摊费用	9	1178244. 70	1213127. 52	内部应付款	49－1		
存货	10	70785616. 43	56708271. 31	预提费用	50		1244. 00
减：存货变现损失准备	10－1			待扣税金	51		
存货净额	10－2	70785616. 43	56708271. 31	一年内到期的长期负债	52		
其他流动资产	10－3			流动负债合计	55	73164870. 76	73584075. 00
流动资产合计	15	218113174. 80	190707365. 96	长期负债：			
长期投资				长期借款	56	756000. 00	1764000. 00
长期投资	16	87099300. 02	101238637. 57	应付债券	57		
固定资产：				长期应付款	58	9082196. 67	1597300. 00
固定资产原价	18	130869381. 78	151291106. 70	其他长期负债	58－1		
减：累计折旧	19	59099577. 97	59726490. 74	其中：住房周转金	58－2		
固定资产净值	20	71769803. 81	91564615. 96	长期负债合计	65	9838196. 67	3361300. 00
在建工程	21	21824002. 15	50444523. 68	股东权益			
固定资产清理	22			股本	66	174473200. 00	187712700. 00
临时设施	22－1			资本公积金	67	124767253. 27	140146573. 38
固定资产合计	25	93593805. 96	142009139. 64	盈余公积金	68	5520920. 03	5517035. 49
无形及递延资产：				其中：公益金	69	3680613. 35	3680613. 35
无形资产	26			未分配利润	70	11041840. 05	23664979. 30
递延资产	30		31520. 00	股东权益合计	75	315803213. 35	357041288. 17
无形及其他资产合计	35		31520. 00				
待处理财产损失：							
待处理流动资产损失（减收益）	36			少数股权（合并报表填列）	75－1	0. 00	0. 00
待处理固定资产损失（减收益）	37						
待处理财产损失合计	38						
资产总计	40	398806280. 78	433986663. 17	负债及股东权益总计	80	398806280. 78	433986663. 17

利润及利润分配表

1993年度

上海龙头（十七棉）股份有限公司　　单位：人民币元

项　目	行次	本年实际数	项　目	行次	本年实际数
一．主营业务收入	1	444884261.29	减：少数股权（合并报表填列）	14—1	0.00
减：营业成本	2	330494097.58	加：年初未分配利润（未弥补亏损以“—”号表示）	15	11041840.05
销售费用	3	16762848.80	上半年利润调整（减上年利润以“—”号表示）	16	
管理费用	4	11166247.29	盈余公积转入	17	
财务费用	5	2492053.20	五．可分配利润	18	25668119.37
进货费用	6		减：应交所得税	19	2003140.07
营业税金及附加	7	59078757.07	提取法定盈余公积	20	
二．主营业务利润（亏损以“—”号表示）	8	24890257.35	提取公益金	21	
加：其他业务利润（亏损以“—”号表示）	9	2244660.06	六．可供股东分配的利润	22	23664979.30
三．营业利润（亏损以“—”号表示）	10	27134917.41	减：已分配优先股的利润	23	
加：投资收益（亏损以“—”号表示）	11	4533937.84	提取任意公积	24	
营业外收入	12	2149053.11	已分配普通股股利	25	
减：营业外支出	13	19191629.04	七．未分配利润（未弥补亏损以“—”号表示）	26	23664979.30
四．利润总额（亏损以“—”号表示）	14	14626279.32	八．补充资料：营业成本中存货变现损失准备提取数	27	

32. 上海市第一百货商店股份有限公司

一、1993年经营业绩和财务指标

上海市第一百货商店股份有限公司是一家以百货零售经营为主业的上市公司，该公司股票于1993年在上海证券交易所挂牌。在过去的一年里，该公司不断优化经营战略，积极对外开拓，壮大了经营实力和规模。目前，公司已有核心层、紧密层、半紧密层及松散层的企业和在建项目40个，一个“一业为主，多种经营”的以资产为纽带的大型企业集团已初具规模。1993年，该公司实现销售19.52亿元，同比增长43.53%；利润总额9040.55万元，同比增长20.90%；税后利润7703.77万元，同比增长40.83%；创汇130万美元，同比增长257%。各项主要经济指标均超出了计划指标，并在全国同行中第九次蝉联冠军。该公司1993年财务指标如下：

项目指标	1993年实际	1993年计划	完成计划情况%
营业收入（万元）	195223.73	160000	122.01
利润总额（万元）	9040.55	9000	100.45
税后利润（万元）	7703.77	7650	100.70
总资产额（万元）	114700.23		
股东权益（元/股）	0.51		
每股收益（元/股）	5.51		
净资产收益率（%）	9.17		
股东权益比率（%）	73.24		
流动比率	1.70		
速动比率	1.23		
每股红利（元/股）	0.59		

二、前次募集资金的运用情况

该公司1992年对外公开招股募集资金47170万元，1993年6月配股筹资18843万元，扣除发行费用，实际共筹得资金66000万元。这笔资金的运用情况如下：

1. 投资3891.64万元的淮海店于1993年6月投产营业。

2. 投资2602.02万元的沪太店已于1993年11月投产营业。

3. 投资2922.32万元的南京店已于1993年12月竣工营业。

4. 投资1400万元的深圳贸易公司已于1993年7月开业。

5. 另外三大工程投资情况：上海第一八佰伴新世纪商厦投资13707.54万元/2250万美元，注册资金已全部到位，市百一店东楼投资累计10218.97万元，沪西商厦投资累计6859.18万元。

三、1994年经营展望

该公司1994年经营工作的基本思路是居安思危，深化改革，加速发展，苦练内功，上新台阶。主要经济指标计划为：销售收入25亿元（含税），利润1亿元，创汇200万美元。

四、股本结构和股东持股情况

1. 1993年末该公司股本结构：

股权	数量（万股）	比例（%）
国家股	6808.64	44.65
法人股	4760.5132	31.22
个人股	3680.00	24.13
其中：内部职工股	736.00	4.83
总股本	15249.1532	100.00

2. 前10名股东持股情况：

股东名称	持股数（股）	占总股本比例（%）
国家股	68086400	44.65
深圳沪宝实业公司	2720000	1.78
万国证券公司	2080000	1.36
东莞利登时装有限公司	2000000	1.31
申银证券公司	1200000	0.79
普陀区城建开发公司	800000	0.52
交通银行上海市分行	800000	0.52
海通证券公司	800000	0.52
深圳中雅发展公司	800000	0.52
深圳隆华精工有限公司	800000	0.52

五、1993年度资产负债表和利润及利润分配表

资产负债表（合并）

1993年12月31日

上海市第一百货商店股份有限公司　　单位：人民币元

资　产	行次	期初数	期末数	负债及股东权益	行次	期初数	期末数
流动资产				流动负债			
货币资金	1	52454203.40	105548198.38	短期借款	41	1500000.00	64530000.00
短期投资	2	363702500.00		应付票据	42		
应收票据	3	380073.69	5783720.33	应付帐款	43	70918771.98	122790067.80
应收帐款	4	5307382.21	17509087.11	预收货款	44	23070.00	2078966.98
减：备抵坏帐	5	26451.83	12870.83	应付福利费	45	10368089.63	4269560.37
应收帐款净额	6	5280930.38	17496216.28	未付股利	46		
预付货款	7	1620976.83	4331468.24	未交税金	47	2676454.78	7362396.15
其他应收款	8	46805622.09	66495766.62	其它未交款	48	312770.10	930096.31
内部应收款	8－1			其他应付款	49	179679116.24	72111725.91
待摊费用	9	46150.95	142683.68	内部应付款	49－1	990.00	
存货	10	86163746.24	133778039.07	预提费用	50	6135747.20	20339259.12
减：存货变现损失准备	10－1	4368227.67		待扣税金	51		
存货净额	10－2	81795518.57	133778039.07	一年内到期的长期负债	52		
其他流动资产	10－3		166004800.00	流动负债合计	55	271615009.93	294412072.64
流动资产合计	15	555506639.91	499580892.60	长期负债：			
长期投资：				长期借款	56		
长期投资	16	69907598.57	246274805.05	应付债券	57		
固定资产				长期应付款	58	7200284.46	815318.99
固定资产原价	18	57963931.07	106907119.99	其他长期负债	58－1		1109500.00
减：累计折旧	19	8037206.26	9563549.57	其中：住房周转金	58－2		1109500.00
固定资产净值	20	49926724.81	97343570.42	长期负债合计	65	7200284.46	1924818.99
在建工程	21	172764354.91	281200052.34	股东权益：			
固定资产清理	22			股本	66	121086400.00	152491532.00
临时设施	22－1			资本公积金	67	418454906.00	581249752.31
固定资产合计	25	222691079.72	378543622.76	盈余公积金	68		16628683.86
无形及递延资产：				其中：公益金	69		－271293.94
无形资产	26			未分配利润	70	29749717.81	90157391.64
递延资产	30		22602701.70	股东权益合计	75	569291023.81	840527359.81
无形及其他资产合计	35		22602701.70				
待处理财产损失：							
待处理流动资产损失（减收益）	36	1000.00	297.17	少数股权（合并报表填列）	75－1		10138037.84
待处理固定资产损失（减收益）	37						
待处理财产损失合计	38	1000.00	297.17				
资产总计	40	848106318.20	1147002319.28	负债及股东权益总计	80	848106318.20	1147002319.28

利润及利润分配表（合并）

1993年度

上海市第一百货商店股份有限公司　　单位：人民币元

项　目	行次	金　额	项　目	行次	金　额
一、主营业务收入	1	1952237302.47	减：少数股权（合并报表填列）	14—1	—165543.60
减：营业成本	2	1673696142.51	加：年初未分配利润（未弥补亏损以"—"号表示）	15	29749717.81
销售费用	3	153102534.29	上半年利润调整（减上年利润以"—"号表示）	16	—1327.50
管理费用	4		盈余公积转入	17	
财务费用	5		五、可分配利润	18	120153864.79
进货费用	6		减：应交所得税	19	13367789.29
营业税金及附加	7	65917059.29	提取法定盈余公积	20	10678740.30
二、主营业务利润（亏损以"—"号表示）	8	59521566.38	提取公益金	21	5949943.56
加：其他业务利润（亏损以"—"号表示）	9	19134964.86	六、可供股东分配的利润	22	90157391.64
三、营业利润（亏损以"—"号表示）	10	78656531.24	减：已分配优先股的利润	23	
加：投资收益（亏损以"—"号表示）	11	22557909.80	提取任意公积	24	
营业外收入	12	5042607.43	已分配普通股股利	25	
减：营业外支出	13	16017117.59	七、未分配利润（未弥补亏损以"—"号表示）	26	90157391.64
四、利润总额（亏损以"—"号表示）	14	90239930.88	八、补充资料：营业成本中存货变现损失准备提取数	27	

33. 上海华联商厦股份有限公司

一、1993年经营业绩和财务指标

上海华联商厦股份有限公司于1993年由具有74年经营历史的大型零售百货商店华联商厦改制而成。在1993年，该公司不断扩大经营规模，努力提高经营效益，在全体员工努力下，主营业务收入完成13.60亿元，完成计划目标的113.34%，税后利润实现5907.30万元，完成计划目标的102.20%。该公司1993年的财务指标如下（单位：万元）

项目指标	1993年实际完成指标	增长率%比计划	1993年计划指标
主营业务收入	136006.92	+13.34	120000
税后利润	5907.30	+2.03	5780
资产总计	96517.07		
股东权益	73574.13		
每股收益（元）	0.50		
每股权益（元）	6.25		
速动比率	1.74		
股东权益比率	76.23%		
净资产收益率	8.03%		

二、1993年的资金使用情况

1993年，该公司按照改制时制定的资金投向，致力于发展该公司商业零售主业，其资金的投向如下：

1. 创办上海华联超市公司投入6000万元，开设11家网点，分布于市内八个区。

2. 出资1328.18万元有偿兼并了“淮海路上的商业明珠”上海市妇女用品商店。

3. 参与浦东开发，投资中外合资企业上海润华有限公司15660万元人民币。

4. 在淮海路瑞金路二侧新建新华联大厦，投入10000万元人民币。

5. 1993年12月经有关部门批准在外高桥保税区投资388万元设立了上海华联商厦国际贸易有限公司。

6. 上海华联本部的扩改建工程，增加营业面积5000平方米，已投入7233.70万元。

三、1994年经营展望

该公司1994年的经营目标：争取主营业务收入达到75000万元，完成利润总额4200万元，实现税后利润3900万元。

四、股本结构和股东持股情况

1. 1993年末股本结构：

股权	数量（万股）	比例（%）
国家股	4247	36.08
法人股	4594.685	39.03
个人股	2930	24.89
总股本	11771.685	100.00

2. 前10名股东持股情况：

股东名称	持股数（万股）	占总股本比例（%）
国家股	4247	36.08
上海妇女用品商店	174.165	1.48
中国糖业酒类集团公司	160	1.36
上投公司证券投资信托部	119	1.01
上海申银证券公司	85	0.72
上海妇联生活服务部	85	0.72
交通银行上海分行	85	0.72
上海第一百货商店股份有限公司	68	0.58
上海商业网点发展公司	68	0.58
上海豫园旅游商城股份有限公司	68	0.58

五、1993年度资产负债表和利润及利润分配表

资产负债表

1993年12月31日

上海华联商厦股份有限公司 单位：人民币元

资　产	行次	期初数	期末数	负债及股东权益	行次	期初数	期末数
流动资产：				流动负债			
货币资金	1	86606320.19	66965036.67	短期借款	41		7000000.00
短期投资	2	247327606.65	208287336.40	应付票据	42		
应收票据	3	6290265.75	566199.56	应付帐款	43	52131661.12	70216379.23
应收帐款	4	6428308.53	13426570.38	预收货款	44	40712630.00	589457.24
减：备抵坏帐	5			应付福利费	45		93204.44
应收帐款净额	6	6428308.53	13426570.38	未付股利	46		
预付货款	7	16644262.00	4740465.88	未交税金	47	1818108.98	1497198.14
其他应收款	8	97203250.02	86690875.64	其它未交款	48	626940.33	457014.49
内部应收款	8—1			其他应付款	49	33129765.90	134692432.87
待摊费用	9	2069271.77	7080902.01	内部应付款	49—1		
存货	10	72325705.92	92779843.33	预提费用	50		1599924.00
减：存货变现损失准备	10—1			待扣税金	51		
存货净额	10—2	72325705.92	92779843.33	一年内到期的长期负债	52		
其他流动资产	10—3			流动负债合计	55	128419106.33	216145610.41
流动资产合计	15	534894990.83	480537229.87	长期负债：			
长期投资：				长期借款	56		
长期投资：	16	77863150.20	346892608.05	应付债券	57		
固定资产：				长期应付款	58	25899050.47	13542865.18
固定资产原价	18	25672790.14	52662058.06	其他长期负债	58—1		—259041.10
减：累计折旧	19	5164905.50	8948409.89	其中：住房周转金	58—2		—259041.10
固定资产净值	20	20507884.64	43713648.17	长期负债合计	65	25899050.47	13283824.08
在建工程	21	19568517.31	85645779.87	股东权益：			
固定资产清理	22			股本	66	81526100.00	117716850.00
临时设施	22—1			资本公积金	67	386104875.75	527258836.76
固定资产合计	25	40076401.95	129359428.04	盈余公积金	68		
无形及递延资产：				其中：公益金	69		
无形资产	26		7495917.51	未分配利润	70	31692654.64	90765616.59
递延资产	30	841252.29	757583.94	股东权益合计	75	499323630.39	735741303.35
无形及其他资产合计	35	841252.29	8253501.45				
待处理财产损失：							
待处理流动资产损失（减收益）	36	—34008.08	127970.43	少数股权（合并报表填列）	75—1		
待处理固定资产损失（减收益）	37						
待处理财产损失合计	38	—34008.08	127970.43				
资产总计	40	653641787.19	965170737.84	负债及股东权益总计	80	653641787.19	965170737.84

利润及利润分配表

1993 年度

上海华联商厦股份有限公司　　　　单位：人民币元

项　目	行次	金　额	项　目	行次	金　额
一、主营业务收入	1	1360069181.61	减：少数股权（合并报表填列）	14－1	
减：营业成本	2	1187506277.65	加：年初未分配利润（未弥补亏损以“—”号表示）	15	31692654.64
销售费用	3	59279180.04	上半年利润调整（减上年利润以“—”号表示）	16	
管理费用	4		盈余公积转入	17	
财务费用	5		五、可分配利润	18	100803524.48
进货费用	6		减：应交所得税	19	10037907.89
营业税金及附加	7	40827887.54	提取法定盈余公积	20	
二、主营业务利润（亏损以“—”号表示）	8	72455836.38	提取公益金	21	
加：其他业务利润（亏损以“—”号表示）	9	2935817.56	六、可供股东分配的利润	22	90765616.59
三、营业利润（亏损以“—”号表示）	10	75391653.94	减：已分配优先股的利润	23	
加：投资收益（亏损以“—”号表示）	11	3092209.75	提取任意公积	24	
营业外收入	12	1398221.05	已分配普通股股利	25	
减：营业外支出	13	10771214.90	七、未分配利润（未弥补亏损以“—”号表示）	26	90765616.59
四、利润总额（亏损以“—”号表示）	14	69110869.84	八、补充资料：营业成本中存货变现损失准备提取数	27	

34. 上海双鹿电器股份有限公司

一、1993年经营业绩和财务指标

上海双鹿电器股份有限公司之前身为上海电冰箱厂，创建于1979年，是国家定点，也是国内最早生产家用电冰箱的重点骨干企业之一，1992年5月改制，其股票在上海证券交易所挂牌。

在1993年，该公司本着“一业为主、多种经营”的发展方针，主业双鹿电器产品已形成家用电冰箱、冷柜、商用冷冻、冷藏陈列柜、房间空调器和生啤机等多种产品系列，全年实现主营业务收入50593万元，实现税后利润3964万元，均超额20%以上完成了计划。该公司1993年的财务指标如下：

项目指标	单位	1993年实际	1993年计划	完成计划
主营业务收入	(万元)	50593	41540	121. 8%
税后利润	(万元)	3964	3230	122. 7%
资产总计	(万元)	63216		
股东权益	(万元)	36172		
每股收益	(元/股)	0. 344		
每股权益	(元)	3. 14		
速动比率	(%)	134. 99		
股东权益比率	(%)	57. 2		
净资产收益率	(%)	10. 9		

二、前次募集资金的运用情况

该公司于1992年6月首次向社会公开发行3500万股人民币普通股票，募集资金19810万元；1993年6月又以“十送一配九”的比例向股东送配股，实际募集资金5105. 6万元，两次募集资金合计24915. 6万元。根据《上市报告书》和《送配股公告》的说明，募集的资金主要用于该公司的技术改造项目和发展多种经营并参与浦东的开发建设。

三、1994年经营展望

1994年度该公司将以“提高中求发展”为指导思想，突出深化改革和提高质量两个工作重点，努力抓好生产经营、技术改造、产品开发、队伍建设、文明建设五项基本工作，在持续较大幅度提高经济效益的同时，进一步实现建设综合性企业集团的目标，争取实现主营业务收入（含税）60250万元，利润总额：4820万元，税后利润4097万元的目标。

四、股本结构和股东持股情况

1. 1993年末股本结构：

股权	数量（万股）	比例（%）
发起人单位持股	6289. 1	54. 60
社会法人持股	4229. 9	36. 72
社会个人持股	1000	8. 68
总股本	11519	100

2. 前10名股东持股情况：

股东名称	持股数（万股）	占总股东比例（%）
原上海电冰箱厂	5123. 66	44. 48
上海二轻实业总公司	1165. 45	10. 12
中国纺织机械股份有限公司	220	1. 91
上海金陵电器股份有限公司	220	1. 91
上海市投资信托公司证券投资信托部	192. 5	1. 67
上海龙头股份有限公司	165	1. 43
上海良华实业股份有限公司	111. 445	0. 97
上海氯碱化工股份有限公司	110	0. 95
苏州常宝织造有限公司	100	0. 87
上海联农实业股份有限公司	88	0. 76

五、1993年度资产负债表和利润及利润分配表

资产负债表（合并）

1993年12月31日

上海双鹿电器股份有限公司　　单位：人民币元

资　产	行次	期初数	期末数	负债及股东权益	行次	期初数	期末数
流动资产：				流动负债：			
货币资金	1	80341406.98	121169212.70	短期借款	41	75600000.00	88600000.00
短期投资	2	16200000.00	10144725.85	应付票据	42		
应收票据	3			应付帐款	43	27124592.99	57957211.30
应收帐款	4	39479712.45	46408447.64	预收货款	44	6000000.00	5583812.92
减：备抵坏帐	5	174984.20	226257.74	应付福利费	45		2702698.68
应收帐款净额	6	39304728.25	46182189.90	未付股利	46		
预付货款	7		3746534.89	未交税金	47	2353335.77	601877.89
其他应收款	8	37550774.54	60612205.21	其他未交款	48	−488564.07	57508.47
内部应收款	8−1			其他应付款	49	20048307.55	20739004.21
待摊费用	9	2704917.81	14146079.16	内部应付款	49−1		
存货	10	92138334.75	103416335.82	预提费用	50		144361.00
减：存货变现损失准备	10−1			待扣税金	51		
存货净额	10−2	92138334.75	103416335.82	一年内到期的长期负债	52		
其他流动资产	10−3			流动负债合计	55	130637672.24	176386474.47
流动资产合计	15	268240162.23	259417283.53	长期负债：			
长期投资：				长期借款	56	29901474.00	94057310.58
长期投资：	16	70891328.27	87837773.39	应付债券	57		
固定资产：				长期应付款	58		
固定资产原价	18	65986706.62	89564338.95	其他长期负债	58−1		
减：累计折旧	19	20908999.73	26886911.79	其中：住房周转金	58−2		
固定资产净值	20	45077706.89	62677427.16	长期负债合计	65	29901474.00	94057310.58
在建工程	21	45090323.08	121179560.99	股东权益：			
固定资产清理	22	450244.69		股本	66	92170000.00	115190000.00
固定资产合计	25	90618274.66	183856988.15	资本公积金	67	165875930.78	203799554.08
无形及递延资产：				盈余公积金	68	3176261.44	14612453.39
无形资产	26			其中：公益金	69	1850350.36	7466142.70
递延资产	30	1263325.01	1047460.96	未分配利润	70	9251751.81	28113713.51
无形及递延资产合计	35	1263325.01	1047460.96	股东权益合计	75	270473944.03	361715720.98
待处理财产损失：							
待处理流动资产损失(减收益)	36			少数股权(合并报表填列)	75−1		
待处理固定资产损失(减收益)	37						
待处理财产损失合计	38						
资产总计	40	431013090.27	632159506.03	负债及股东权益总计	80	431013090.27	632159506.03

利润及利润分配表（合并）

1993年度

上海双鹿电器股份有限公司 单位：人民币元

项 目	行次	金 额	项 目	行次	金 额
一、主营业务收入	1	505930632. 75	减：少数股权（合并报表填列）	14—1	
减：营业成本	2	379269330. 17	加：年初未分配利润（未弥补亏损以“—”号表示）	15	9251751. 81
销售费用	3	13575003. 07	上年利润调整（减少上年利润以“—”号表示）	16	
管理费用	4	52679702. 06	盈余公积转入	17	
财务费用	5	3790108. 88	五、可分配利润	18	52677032. 24
进货费用	6		减：应交所得税	19	3789387. 14
营业税金及附加	7	19929680. 89	应交以工补农	20	157500.00
二、主营业务利润（亏损以“—”号表示）	8	36686807. 68	提取法定盈余公积金	22	5716236. 20
加：其他业务利润（亏损以“—”号表示）	9	874998. 60	提取公益金	23	5615792. 34
三、营业利润（亏损以“—”号表示）	10	37561806. 28	六、可供股东分配的利润	24	37330713. 51
加：投资收益（亏损以“—”号表示）	11	13935299. 93	减：已分配优先股的股利	25	
营业外收入	12	161252. 10	提取任意公积金	26	
减：营业外支出	13	8233077. 88	已分配普通股股利	27	9217000. 00
四、利润总额（亏损以“—”号表示）	14	43425280. 43	七、未分配利润（未弥补亏损以“—”号表示）	28	28113713. 51
			八、补充资料：营业成本中存货变现损失准备提取数	29	

35. 上海海鸟电子股份有限公司

一、1993年经营业绩和财务指标

上海海鸟电子股份有限公司是一家经营电子产品和相关元器件的上市公司，该公司股票在上海证券交易所挂牌。在1993年，该公司有计划有目标地抓好新产品的开发，紧紧抓住发展激光音响产品这个主业，在较短的时间里把该公司开发的CDG激光卡拉OK音响推向了市场、打开了销路，这不仅使该公司保持了国内激光音响的领先地位，也使该公司的经营状况呈现历史最好水平。1993年度该公司主营业务收入达到9086.36万元，其中出口额为1480万美元，激光产品销售量达到80.5万套，实现利润630万元，比上年增长97.49%，税后利润达557.73万元，完成了年度计划指标。该公司1993年的财务指标如下（单位：万元）：

项目指标	1993年实际指标	增长率（%）比计划	1993年计划指标
主营业务收入	9086.36	－9.14	10000
税后利润	557.73	1.89	547.36
资产总计	8507.39	8.72	7825
股东权益	6485.81	0.84	6432
每股收益	0.32元	10.73	0.29元
每股权益	2.90元	0.69	2.88元
每股红利			
速动比率	2.13	4.39	2.05
股东权益比率	0.76	4.11	0.73
净资产收益率	0.09	5.88	0.085

二、前次募集资金的运用情况

该公司1993年8月份增资配股资金到位2590万元，主要投向在建工程——建造浦东新厂房1200万元。

其余的资金投向为：

1. 投资法人股　160万元
2. 投资浦东海成实业发展公司　60万元
3. 投资海鸟工贸公司　30万元
4. 投资固定资产　160万元
5. 流动资金　980万元

三、1994年经营展望

该公司1994年经营总目标是：实现销售额1.3亿元，争取达到1.5亿元（其中出口额1200万美元），实现利润总额1000万元，争取达到1200万元。

四、股本结构和股东持股情况

1. 1993年末股本结构：

股权	数量（股）	比例（%）
中方发起人	6，436，293.50	28.81
外方发起人	5，707，656.50	25.54
个人股	10，200，000.00	45.65
总股本	22343950	100

2. 主要股东的持股情况：

股东名称	持股数(股)	占总股东比例（%）
上海华成无线电厂	6436293.5	28.81
香港新科创力有限公司	4857580	21.7
美泰国际有限公司	850076.5	3.8

五、1993年资产负债表和利润及利润分配表

资产负债表（合并）

1993年12月31日

上海海鸟电子股份有限公司　　单位：人民币元

资　　产	行次	期初数	期末数	负债及股东权益	行次	期初数	期末数
流动资产				流动负债：			
货币资金	1	9416284.46	18129664.18	短期借款	41	4000000.00	15600000.00
短期投资	2	4242000.00	4327000.00	应付票据	42		
应收票据	3			应付帐款	43	446109.25	2864255.49
应收帐款	4	12544167.71	17627184.79	预收货款	44		11600.00
减：备抵坏帐	5			应付福利费	45		
应收帐款净额	6	12544167.71	17627184.79	未付股利	46	920490.00	
预付货款	7		106960.00	未交税金	47	99016.32	201568.71
其他应收款	8	417349.60	3076610.52	其它未交款	48		
内部应收款	8—1			其他应付款	49	1560788.92	1493404.52
待摊费用	9	5211.28	20157.06	内部应付款	49—1		
存货	10	5841924.44	5579818.67	预提费用	50	1323977.68	45000.00
减：存货变现损失准备	10—1			待扣税金	51		
存货净额	10—2	5841924.44	5579818.67	一年内到期的长期负债	52		
其他流动资产	10—3			流动负债合计	55	8350382.17	20215828.72
流动资产合计	15	32466937.49	48867395.22	长期负债：			
长期投资：				长期借款	56		
长期投资：	16	1435000.00	2934000.00	应付债券	57		
固定资产：				长期应付款	58		
固定资产原价	18	4072967.76	5668701.16	其他长期负债	58—1		
减：累计折旧	19	1026740.25	1484584.24	其中：住房周转金	58—2		
固定资产净值	20	3046227.51	4184116.92	长期负债合计	65		
在建工程	21	4785400.10	29088408.43	股东权益：			
固定资产清理	22			股本	66	15341500.00	22343950.00
固定资产合计	25	7831627.61	33272525.35	资本公积	67	17777700.45	36601635.45
无形及递延资产：				盈余公积	68	335176.63	892909.61
无形资产	26			其中：公益金	69	125566.66	125566.66
递延资产	30	71194.15		未分配利润	70		5019596.79
无形及其他资产合计	35	71194.15		股东权益合计	75	33454377.08	64858091.85
待处理财产损失：							
待处理流动资产损失（减收益）	36			少数股权（合并报表填列）	75—1		
待处理固定资产损失（减收益）	37						
待处理财产损失合计	38						
资产总计	40	41804759.25	85073920.57	负债及股东权益总计	80	41804759.25	85073920.57

利润及利润分配表

1993年度

上海海鸟电子股份有限公司　　单位：人民币元

项　目	行次	金　额	项　目	行次	金　额
一、主营业务收入	1	90863557.54	减：少数股权（合并报表填列）	14—1	
减：营业成本	2	83874810.43	加：年初未分配利润（未弥补亏损以“—”号表示）	15	
销售费用	3	421067.65	上年利润调整（减上年利润以“—”号表示）	16	
管理费用	4	1448582.87	盈余公积转入	17	
财务费用	5	−924541.61	五、可分配利润	18	6303560.53
进货费用	6		减：应交所得税	19	726230.76
营业税金及附加	7	171545.93	提取法定盈余公积	20	557732.98
二、主营业务利润（亏损以“—”号表示）	8	5872092.27	提取公益金	21	
加：其他业务利润（亏损以“—”号表示）	9	141400.71	六、可供股东分配的利润	22	
三、营业利润（亏损以“—”号表示）	10	6013492.98	减：已分配优先股股利	23	
加：投资收益（亏损以“—”号表示）	11	305622.55	提取任意公积	24	
营业外收入	12	1430.00	已分配普通股股利	25	
减：营业外支出	13	16985.00	七、未分配利润（未弥补亏损以“—”号表示）	26	5019596.79
四、利润总额（亏损以“—”号表示）	14	6303560.53	八、补充资料：营业成本中存货变现损失准备取数	27	

36. 上海浦东大众出租汽车股份有限公司

一、1993年经营业绩和近两年财务指标

上海浦东大众出租汽车股份有限公司是一家在上海证券交易所挂牌的上市公司。1993年，是该公司取得较大发展的一年，其投入出租服务的营运车辆由190辆增加到320辆，其全资子公司汽车配件公司和快餐公司先后筹建开业。公司全年累计实现主营业务收入3452.75万元，完成年度计划的196%，实现税后利润1139.11万元，完成年度计划的135.41%。该公司近两年的财务指标如下（单位：万元）：

项目指标	1993年	增长率%	1992年
主营业务收入	3452.75	301.39	860.2
税后利润	1139.11	213.36	363.52
资产总计	10465.47	210.48	
股东权益	9490.22	216.27	3000.68
每股收益（元）	0.5025	93.37	0.2596
每股权益（元）	3.51	64.02	2.14
每股红利（元）	0.2953	50.66	0.196
速动比率	1.47		0.23
股东权益比率	0.9068	1.86	0.8902
净资产收益率	0.12	−0.91	0.1211

二、前次募集资金的运用情况

该公司1993年4月实施配股到位资金6175万元，这笔资金的投向如下：

1. 投资4000万元购置220辆桑塔纳汽车。

2. 投资200万元在威海路筹建全资子公司汽车配件公司。

3. 投资200万元筹建全资快餐子公司。

4. 投资300万元建成6000平方米规范化的水电煤设施齐全的停车场，建成1050平方米办公楼。

5. 投资200万元筹建一家具备保养、修理800辆小汽车能力的修理厂。

6. 其他资金用来补充流动资金。

三、1994年经营展望

在1994年，该公司拟再新增营运汽车100辆以上，扩大汽车配件和快餐两个子公司的投资，使之形成经营规模，提高创利能力；再投资2000万元，新建旅游汽车公司，扩大服务范围，争取1994年实现主营业务收入3000万元，完成税后利润1676.5万元。

四、股本结构和股东持股情况

1. 1993年末股本结构：

股权	数量（万股）
法人股	1500
个人股	1200
总股本	2700

2. 前10名股东持股情况：

股东名称	持股数（万股）	占总股本比例（%）
上海大众出租汽车股份有限公司	1000	37.04
上海市煤气公司	200	7.41
交通银行浦东分行	100	3.70
上海申华实业股份有限公司	200	7.41
上海申银证券公司	11	0.41
上海海通证券公司	7.79	0.29
上海延中实业股份有限公司	6.22	0.23
农业银行信托投资公司	6.04	0.22
上海爱建股份有限公司	1	0.04
上海申达实业股份有限公司	1	0.04

五、1993年度资产负债表和利润及利润分配表

资产负债表(合并)

1993年12月31日

上海浦东大众出租汽车股份有限公司　　单位：人民币元

资　　产	行次	期初数	期末数	负债及股东权益	行次	期初数	期末数
流动资产：				流动负债：			
货币资金	1	748533.08	5493616.01	短期借款	41		
短期投资	2		6632800.00	应付票据	42		
应收票据	3			应付帐款	43		724499.21
应收帐款	4	85768.34	2022041.25	预收货款	44		
减：备抵坏帐	5		5284.82	职工福利基金	45	29801.55	111387.83
应收帐款净额	6	85768.34	2016756.43	未付股利	46	2742512.11	173712.11
预付货款	7			未交税金	47	722842.70	150739.14
其他应收款	8	33501.70	207926.24	其它未交款	48	90970.86	363955.18
内部应收款	8—1			其他应付款	49	114766.97	81289.00
待摊费用	9	111575.45	629531.40	内部应付款	49—1		
存货	10	342515.28	2480102.93	预提费用	50		173178.00
减：存货变现损失	11			待扣税金	51		
存货净额	12	342515.28	2480102.93	一年内到期的长期负债	52		
其他流动资产	13			流动负债合计	55	3700894.19	1778760.47
流动资产合计	15	1321893.85	17460733.01	长期负债：			
长期投资：				长期借款	56		
长期投资	16	4352000.00	16722661.39	应付债券	57		
固定资产：				长期应付款	58		
固定资产原价	18	22069504.06	48284887.97	其他长期负债	58—1		
减：累计折旧	19	1977137.97	5378136.93	其中：住房周转金	58—2		
固定资产净值	20	20092366.09	42906751.04	长期负债合计	65		
在建工程	21	7865134.99	26956667.31	股东权益：			
固定资产清理	22			股本	66	14000000	27000000
固定资产合计	25	27957501.08	69863418.35	资本公积	67	15223187.44	63309467.00
无形及其它资产：				盈余公积	68	783574.89	1175362.33
无形资产	26		201056.00	其中：公益金	69	783574.89	574018.89
递延资产	30	76261.59	406860.05	未分配利润	70		11391139.00
无形及其他资产合计	35	76261.59	607916.05	股东权益合计	75	30006762.33	102875968.33
待处理财产损失：							
待处理流动资产损失(减收益)	36			少数股权(合并报表填列)	75—1		
待处理固定资产损失(减收益)	37						
待处理财产损失合计	38						
资产总计	40	33707656.52	104654728.80	负债及股东权益总计	80	33707656.52	104654728.80

利润及利润分配表

1993年度

上海浦东大众出租汽车股份有限公司　　单位：人民币元

项　目	行次	本年实际数	项　目	行次	本年实际数
一、利润总额（亏损以“—”号表示）	14	13364597.82	提取法定盈余公积	20	1139113.90
减：少数股权（合并报表填列）	14—1		提取公益金	21	2278227.80
加：年初未分配利润（未弥补亏损以“—”号表示）	15		三、可供股东分配的利润	22	7973797.30
上半年利润调整（减上年利润以“—”号表示）	16		减：已分配优先股的利润	23	
盈余公积转入	17		提取任意公积	24	
二、可分配利润	18	13364597.82	已分配普通股股利	25	7973797.30
减：应交所得税	19	1973458.82	四、未分配利润（未弥补亏损以“—”号表示）	26	

37. 上海三爱富新材料股份有限公司

一、1993年经营业绩和近二年财务指标

上海三爱富新材料股份有限公司是一家经营有机氟材料及其制品和化工产品等业务的上市公司，其股票在上海证券交易所挂牌。1993年，该公司超计划完成各项技术经济指标：通过了六项科技成果的签定，获得一项国家级科技进步一等奖，有三项新产品投入生产，其中氟涂料达数十吨规模，主营业务收入达6579．99万元，比上年增长35．65％，税后利润实现1138．78万元，比计划增长33．90％。该公司近两年的财务指标如下(单位：万元)：

项目指标	1993年实际	增长率(％)	1993年计划
主营业务收入	6579．99	38．5	4750
税后利润	1138．78	33．9	850
资产总计	19054．07		
股东权益	14294．45		
每股收益（元）	0．215	26．5	0．17
每股权益（元）	2．30		
速动比率	2．04		
股东权益比率	75．02％		
净资产收益率	7．97％		

二、前次募集资金的运用情况

在1993年度，该公司按计划实施一批建设项目，共投入资金7000余万元：

1．100吨/年聚全氟乙内烯和300吨/年聚四氟乙烯项目已建成单体部分，试车成功，整个项目将于1994年上半年完成，已投入资金2063万元。

2．40吨/年聚偏氟乙烯项目已完工，正在办理验收，投资额130万元。

3．在浦东顾路筹建特种氟橡胶加工厂，一期投资已达600万元，边建设边生产。

4．投资1600万元收购常熟致冷剂厂80％的产权，并投资590万元（1993年已投入220万元）扩建该厂的F——22和HF生产装置。

5．200吨/年氟橡胶和2000吨/年HFC二个项目进入筹备设计阶段，支付前期设计费等约200万元。

6．投资400万元，成立出租车队，已于11月开始营运。

7．投资100万元，兴办三产“广角创业公司”。

8．为筹办“三爱富实业发展公司”和设置营销点、办公点，共购厂房、楼房4700平方米，投资1760万元。

三、1994年经营展望

在1994年，该公司将通过新装置的投产来扩大生产能力，提高产品的市场占有率；同时加强新产品的研制开发，积极打开出口渠道，争取全年营业收入达到13000万元，税后利润实现1500万元，比1993年增长30％以上。

四、股本结构和股东持股情况

1．1993年末股本结构：

股权	数量（万股）	比例（％）
发起人持股	3000	48．39
社会法人持股	800	12．9
个人持股	2400	38．71
（含内部职工持股480万股）		
股本额	6200	100．00

2．前10名股东持股情况：

股东名称	持股数（万股）	占总股本比例（％）
上海市有机氟材料研究所	3000	48．38
川沙蔡路乡直属一村	80	1．29
顾路工贸公司	56	0．9
上海投资信托公司	48	0．77
海口联诚工贸公司	24	0．38
申银证券公司	24	0．38
川沙建新铁制品厂	16	0．25
氯碱化工股份有限公司	16	0．25
新锦江大酒店股份有限公司	16	0．25
焦化厂职工技协	16	0．25

五、1993年度资产负债表和利润及利润分配表

资产负债表(合并)

1993年12月31日

上海三爱富新材料股份有限公司 单位：人民币元

资　产	行次	期初数	期末数	负债及股东权益	行次	期初数	期末数
流动资产：				流动负债：			
货币资金	1	4830855.13	6005528.31	短期借款	41	3170000.00	11416886.40
短期投资	2	39500000.00	25359867.70	应付票据	42		
应收票据	3			应付帐款	43	47548.20	5617712.77
应收帐款	4	1729535.45	17467018.20	预收货款	44		
减：备抵坏帐	5		20913.74	职工福利基金	45		940200.65
应收帐款净额	6	1729535.45	17446104.46	未付股利	46	2000000.00	
预付货款	7	10369780.00		未交税金	47	246396.38	405925.94
其他应收款	8	12251135.62	13265961.70	其它未交款	48	72709.99	1320266.22
内部应收款	8－1			其他应付款	49	683534.60	7999257.12
待摊费用	9	263666.36	1182246.28	内部应付款	49－1	231519.49	
存货	10	11154841.48	38956784.99	预提费用	50	49295.58	2768604.22
减：存货变现损失	11			待扣税金	51		
存货净额	12	11154841.48	38956784.99	一年内到期的长期负债	52		
其他流动资产	13			流动负债合计	55	6501004.24	30468853.32
流动资产合计	15	80099814.04	102216493.44	长期负债：			
长期投资：				长期借款	56	11180000.00	9380000.00
长期投资：	16	4218540.79	8653290.00	应付债券	57		
固定资产：				长期应付款	58	1688748.93	18949.32
固定资产原价	18	27996146.50	49157284.94	其他长期负债	58－1		
减：累计折旧	19	11660948.10	17023574.56				
固定资产净值	20	16335198.40	32133710.38	长期负债合计	65	12868748.93	9398949.32
在建工程	21	12357345.91	39625080.98	股东权益：			
固定资产清理	22			股本	66	50000000.00	62000000.00
临时设施	22－1			资本公积金	67	48649849.94	67182780.90
固定资产合计	25	28692544.31	71758791.36	盈余公积金	68	515512.66	2327867.67
无形及递延资产：				其中：公益金	69	257756.33	115843.22
无形资产	26	5161667.00	4899671.00	未分配利润	70	62050.60	11433928.33
递延资产	30	424600.23	3012490.39	股东权益合计	75	99227413.20	142944576.90
无形及其他资产合计	35	5586267.23	7912161.39				
待处理财产损失：							
待处理流动资产损失(减收益)	36			少数股权(合并报表填列)	75－1		7728356.65
待处理固定资产损失(减收益)	37						
待处理财产损失合计	38						
资产总计	40	118597166.37	190540736.19	负债及股东权益总计	80	118597166.37	190540736.19

利润及利润分配表(合并)

1993年度

上海三爱富新材料股份有限公司　单位：人民币元

项　目	行次	金　额	项　目	行次	金　额
一、主营业务收入	1	65799864.14	三、营业利润（亏损以"—"号表示）	10	10999778.60
减：营业成本	2	40847972.83	加：投资收益（亏损以"—"号表示）	11	3789607.17
销售费用	3	892266.33	营业外收入	12	199885.48
管理费用	4	6902398.76	减：营业外支出	13	1674794.72
财务费用	5	294831.45	四、利润总额（亏损以"—"号表示）	14	13314476.53
进货费用	6		减：少数股权（合并报表填列）	14—1	429603.13
营业税金及附加	7	5862616.17	加：年初未分配利润（未弥补亏损以"—"号表示）	15	62050.60
二、主营业务利润（亏损以"—"号表示）	8	10999778.60	上半年利润调整（减上年利润以"—"号表示）	16	
加：其他业务利润（亏损以"—"号表示）	9		盈余公积转入	17	
			五、可分配利润	18	12946924.00

38. 上海广电股份有限公司

一、1993年经营业绩和近两年财务指标

上海广电股份有限公司是一家在上海证券交易所挂牌的上市公司。在1993年，该公司共生产彩色电视机94万台、黑白电视机213万台、录像机8.03万台、空调器6.70万台、微波炉4万台、导航雷达262台；创主营业务收入364453万元，实现利润10176万元，比计划指标高14.2%，该公司近两年的财务指标如下（单位：万元）：

项目指标	1993年	增长率(%)	1992年
主营业务收入	364453	8.72	335219
税后利润	8718	86.61	4672
资产总计	366415	3.085	
股东权益	99245	26.58	
每股收益（元）	0.1849	128.27	0.081
每股权益（元）	1.952	14.35	1.707
每股红利（元）	0.137	34.31	0.102
速动比率	76.15	7.12	71.09
股东权益比率	27.08	22.76	22.06
净资产收益率	8.785	85.42	4.738

二、前次募集资金的运用情况

该公司1993年实施配股共筹集资金12072.4万元，根据该公司第三次股东(临时)大会所确定的投资思路和资金用途，这笔资金的投向如下：

投资上海索广电子有限公司1333万元，上海JVC系统开发工程公司66.75万元，

投资南非电器有限公司415万元，广电电脑事业部210万元，

投资美联大厦1250万元，上海理光传真机公司125万元，

自动化仪表公司、永久自行车公司等法人股投资642万元。

对尚未投资项目的资金，公司委托银行进行委托贷款。

三、1994年度经营展望

在1994年，该公司将以大集团战略拓展国内市场，积极打开出口新局面，切实抓好重点项目，形成发展规模经济的产业格局；突破若干带动公司发展的大合资项目，形成售后服务、产品开发、财务管理体系；稳步推进跨国经营和多元经营；争取主营业务收入达到512523万元，比1993年增长40.60%；实现利润总额11388万元，比1993年增长12.00%；实现税后利润9933万元，以1993年增长13.94%。

四、股本结构和股东持股情况

1. 1993年末股本结构：

股权	数量（万股）	比例（%）
国家股	39384.43	77.45
社会法人股	6897.112	13.56
社会个人股	4568.4	8.99
总股本	50849.942	100

2. 前10名最大股东持股情况：

股东名称	持股数（万股）
国家持股	39384.43
上海万国证券公司	657.3
上海市宋庆龄基金会	216
上海市爱建股份有限公司	180
上海市养老保险事业管理中心	145.8
浦东顾路实业公司	135
中华企业公司	117
上海望春花实业股份有限公司	108
上海假肢厂	108
上海上菱电冰箱总厂	72

五、1993年度资产负债表和利润表

资产负债表（合并）

1993年12月31日

上海广电股份有限公司　　单位：人民币元

资　　产	行次	期初数	期末数	负债及股东权益	行次	期初数	期末数
流动资产：				流动负债：			
货币资金	1	80339455.37	252935315.00	短期借款	41	1141615100.00	1216310705.30
短期投资	2	14215000.00	5510000.00	应付票据	42	563870892.96	398264488.25
应收票据	3	462066150.28	139776628.60	应付帐款	43	666298011.30	496169097.83
应收帐款	4	1051768967.71	1087975499.05	预收货款	44	39362441.74	88858722.15
减：坏帐准备	5	4847141.38	4709748.51	应付福利费	45	364963.85	779187.22
应收帐款净额	6	1046921826.33	1083265750.54	未付股利	46		
预付货款	7	93352521.01	142950966.46	未交税金	47	9539052.02	25143723.03
其他应收款	8	306736400.09	421398323.49	其它未交款	48	1118244.47	2474183.21
内部应收款	8－1			其他应付款	49	264762038.65	247928372.60
待摊费用	9	15979148.73	21843878.08	内部应付款	49－1		
存货	10	984896848.96	856723841.22	预提费用	50		592704.00
减：存货变现损失准备	10－1	160000.00	24156.18	待扣税金	51		
存货净额	10－2	984736848.96	856699705.04	一年内到期的长期负债	52		22373800.0
其他流动资产	10－3			流动负债合计	55	2686930745.00	2498894983.59
流动资产合计	15	3004347350.77	2924380567.21	长期负债：			
长期投资：				长期借款	56	76982948.16	163311242.00
长期投资：	16	176996067.03	337465688.58	应付债券	57		
固定资产：				长期应付款	58	6527317.22	7904422.97
固定资产原价	18	364758583.08	389811055.31	其他长期负债	58－1		1591716.66
减：累计折旧	19	133869286.21	152732574.64	其中：住房周转金	58－2		1591716.66
固定资产净值	20	230889296.87	237078480.67	长期负债合计	65	83510265.38	172807381.63
在建工程	21	83700369.38	108631569.31	股东权益：			
固定资产清理	22	245949.14	281416.98	股本	66	459224300.00	508499420.00
固定资产合计	25	314835615.39	345991466.96	资本公积	67	292991127.64	364946418.72
无形及递延资产：				盈余公积	68	6363216.88	6363216.88
无形资产	26		7408229.20	其中：公益金	69	3181608.44	3181608.44
递延资产	30	7781872.72	269846.44	未分配利润	70	25452867.52	112644456.60
无形及递延资产合计	35	7781872.72	7678075.64	股东权益合计	75	784031512.04	992453512.20
待处理财产损失：							
待处理流动资产损失（减收益）	36	50511616.51	48610079.03	少数股权（合并报表填列）	75－1		
待处理固定资产损失（减收益）	37						
待处理财产损失合计	38	50511616.51	48640079.03				
资产总计	40	3554472522.42	3664155877.42	负债及股东权益总计	80	3554472522.42	3664155877.42

利 润 表（合 并）

1993 年度

上海广电股份有限公司　　　　单位：人民币元

项　目	行次	金　额	项　目	行次	金　额
一、主营业务收入	1	3644528814.04	二、主营业务利润（亏损以“—”号表示）	8	89972199.93
减：营业成本	2	3037648610.99	加：其他业务利润（亏损以“—”号表示）	9	31304390.22
销售费用	3	81955263.01	三、营业利润（亏损以“—”号表示）	10	121276590.15
管理费用	4	166612870.79	加：投资收益（亏损以“—”号表示）	11	4126130.56
财务费用	5	130654834.66	营业外收入	12	5417490.96
进货费用	6		减：营业外支出	13	29062558.77
营业税金及附加	7	137685034.66	四、利润总额（亏损以“—”号表示）	14	101757652.90

39. 上海黄浦房地产股份有限公司

一、1993年经营业绩和财务指标

上海黄浦房地产股份有限公司是一家在上海证券交易所挂牌的上市公司。在1993年，该公司充分发挥资源优势、地段优势、规模优势和人才优势，大力开展危旧房改造，积极参与浦东开发，充分利用发行股票募集的资金，进行房地产规模性开发，在高速高效的营运中，求得了高发展，高效益，先后获得的浦东乔家宅、凌家弄、陈家宅、浦电路、浦东大道和浦西的北京路、南京路、四川路、新闸路等12块危旧房改造基地，以创纪录的速度全面完成房产开发的前期工作，全部按计划启动，开工面积达48万平方米，总投资5.2亿多元，已投入资金20257.3万元，当年竣工量达到48278平方米，实现主营业务收入2.53亿元，完成计划的116.2%，税后利润达到5460万元，完成计划的196.4%。该公司1993年的财务指标如下：

项目指标	单位	1993年
主营业收入	万元	25331.97
利润总额	万元	6423.99
税后利润	万元	5460.39
资产总计	万元	64095.30
股东权益	万元	4362.60
每股收益	元	0.48
速动比率	%	1.68
股东权益比率	%	68.00
净资产收益率	%	12.50

二、1994年经营展望

在1994年，该公司将乘强劲发展的势头，坚持发展目标，坚持宏观战略和投资决策，按照市场规律，实施已确定的经营战略，组织好企业经营、资金投向和发展规模，以求得最大的效益，争取全年完成主营业务收入35800万元，实现税后利润7000万元。

三、股本结构和股东持股情况

1. 1993年末股本结构：

股权	数量（万股）	比例（%）
国家持股	4475.876	39.42
发起人持股	1167.936	10.29
社会法人持股	4124.093	36.32
个人持股（含内部职工股）	1586.125	13.97
总股本	11354.021	100.00

2. 前10名股东持股情况：

股东名称	持股数（万股）
国家股	4475.867
黄浦区建筑材料公司	782.94
上海东亚建筑装饰实业总公司	220
广州美盈鞋业有限公司	220
上海万国证券公司	200
上海市城市投资开发总公司	165
上海联谊旅馆	143.7
皇冠餐厅	60.9
上海南洋国际实业股份有限公司	60
上海华晨实业公司	60

四、1993年度资产负债表和利润及利润分配表

资产负债表

1993年12月31日

上海黄浦房地产股份有限公司 单位：人民币元

资 产	行次	期初数	期末数	负债及股东权益	行次	期初数	期末数
流动资产：				流动负债：			
货币资金	1	22244345.04	48346980.02	短期借款	41	28800000.00	16100000.00
短期投资	2	10000000.00	10920400.00	应付票据	42		
应收票据	3			应付帐款	43	64283567.48	11876106.99
应收帐款	4	51795288.10	63441659.56	预收货款	44	2092.52	56339318.60
减：备抵坏帐	5		24093.32	应付福利费	45	562572.97	854897.75
应收帐款净额	6		63417566.24	未付股利	46	9029778.75	9029778.75
预付货款	7	1035.67		未交税金	47	3675172.31	5029723.12
其他应收款	8	118080774.85	215121859.79	其它未交款	48	－3604.25	
内部应收款	8－1			其他应付款	49	95138841.17	105463603.88
待摊费用	9	395591.50	1022635.37	内部应付款	49－1		
存货	10	203555516.94	258041728.32	预提费用	50		
减：存货变现损失准备	10－1			待扣税金	51		
存货净额	10－2			一年内到期的长期负债	52		
其他流动资产	10－3			流动负债合计	55	201488420.95	204693428.59
流动资产合计	15	406072552.10	596871169.74	长期负债：			
长期投资：				长期借款	56		
长期投资：	16	24917253.58	33630805.76	应付债券	57		
固定资产：				长期应付款	58		
固定资产原价	18	3394741.69	4996070.84	其他长期负债	58－1		
减：累计折旧	19	350662.59	596815.54	其中：住房周转金	58－2		
固定资产净值	20	3044079.10	4399255.30	长期负债合计	65		
在建工程	21	3100899.11	3230899.11	股东权益：			
固定资产清理	22			股本	66	80237925.00	113540210.00
临时设施	22－1			资本公积金	67	146964875.00	258800797.22
固定资产合计	25	6144978.21	7630154.41	盈余公积金	68	9397878.91	9397878.91
无形及递延资产：				其中：公益金	69	4514889.37	4514889.37
无形资产	26			未分配利润	70		54520744.10
递延资产	30	968288.23	2820928.91	股东权益合计	75	236600678.91	436259630.23
无形及其他资产合计	35	968288.23	2820928.91				
待处理财产损失：							
待处理流动资产损失(减收益)	36	－13972.26		少数股权(合并报表填列)	75－1		
待处理固定资产损失(减收益)	37						
待处理财产损失合计	38	18972.26					
资产总计	40	438089099.86	640953058.82	负债及股东权益总计	80	438089099.86	640953058.82

利润及利润分配表

1993 年度

上海黄浦房地产股份有限公司　　单位：人民币元

项　　目	行次	金　　额	项　　目	行次	金　　额
一、主营业务收入	1	253319734.75	减：少数股权（合并报表填列）	14－1	
减：营业成本	2	170422862.38	加：年初未分配利润（未弥补亏损以"—"号表示）	15	
销售费用	3	3823602.56	上半年利润调整（减上年利润以"—"号表示）	16	－83200.00
管理费用	4	9564314.11	盈余公积转入	17	
财务费用	5	646473.83	五、可分配利润	18	
进货费用	6		减：应交所得税	19	9635990.14
营业税金及附加	7	6584169.57	提取法定盈余公积	20	
二、主营业务利润（亏损以"—"号表示）	8	62278312.30	提取公益金	21	
加：其他业务利润（亏损以"—"号表示）	9	139822.68	六、可供股东分配的利润	22	
三、营业利润（亏损以"—"号表示）	10		减：已分配优先股的利润	23	
加：投资收益（亏损以"—"号表示）	11	1520000.00	提取任意公积	24	
营业外收入	12	452788.21	已分配普通股股利	25	
减：营业外支出	13	150988.95	七、未分配利润（未弥补亏损以"—"号表示）	26	54520744.10
四、利润总额（亏损以"—"号表示）	14	64239934.24	八、补充资料：营业成本中存货变现损失准备提取数	27	

40. 上海金桥出口加工区开发股份有限公司

一、1993年经营业绩和近两年财务指标

上海浦东金桥出口加工区开发股份有限公司是一个经营房地产及相关行业的上市公司，该公司股票在上海证券交易所挂牌。1993年，该公司提前一年完成四平方公里土地八通一平开发任务，累计吸引进区项目201个，总投资达26.6亿美元。当年有32个项目、396000平方米土地实现有偿转让，收入达76017万元。实现税后利润25707.14万元，比计划增长2.77倍。该公司近两年的财务指标如下（单位：万元）：

项目指标	1993年	1992年	1993年增长%
主营业务收入	76017.82	44001.60	72.76
税后利润	25707.14	4615.14	457.02
资产总计	284733.44	126289.86	125.46
股东权益	82219.31	41550.38	97.88
每股收益（元）	0.627		
每股权益（元）	2.01	1.39	44.60
每股红利（元）	0.51	0.14	264.29
速动比率	0.62	1.90	−67.37
股东权益比率%	28.88	32.90	−12.22
净资产收益率%	31.27	11.11	181.46

二、前次募集资金的运用情况

1993年5月，该公司发行B股共募集资金8596.89万美元，按照B股招股书载明的资金投向，85%用于购置土地使用权和土地开发，15%用于其它方面投资，均已按计划进行实施。

1. 购置上海市金桥出口加工区开发公司0.82平方公里土地使用权。

2. 购置江苏省太仓市时思乡0.93平方公里土地使用权。

3. 向其它方面投资的项目有：

上海海通证券公司投资1500万元；上海高博咨询公司投资12万元；浙江金嘉长城建筑装潢工程公司48.6万元。

三、1994年经营展望

1994年该公司的发展规划是坚持以土地开发为主，走集团化、多角化经营道路，加强向本市其它地区以及外省市辐射，加强包括高品位商贸大楼建设在内的第三产业发展。争取全年实现税后利润20016万元。

四、股本结构和股东持股情况

1. 1993年末股本结构：

股权	持股数（万股）	比例（%）
国家股	24000	58.54
法人股	3000	7.32
社会个人股	3000	7.32
B股	11000	26.82
总股本	41000	100

2. 前10位股东持股情况：

股东名称	持股数(万股)
国家持股	24000
上海国际信托投资公司	3000
MORGAN STANLEY TRUST CO. -GENERAL ACCOUNT	645.67
CHASE MANHATTAN BANK, LONDON S/A SCHRODER PACIEIC EMERGING MKTS EIIND	552.00
BANK OF SCOTLAND LONDON S/A NEWTON INVESTMENT MANAGEMENT LTD.	448.10
BERMUDA TRUST (FAR EAST) LTD S/A GT SHENZHEN AND CHINA FUND	417.41
HKRK INTERNATIONAL TRUSTEE S/A JF PACIFIC SMALLER COMPANIES TRUST	317.50
THE CHASE MANHATTAN BANK NA. S/A TEMPLETON CHINA WORLD FUND INC.	221.70
BERMUDA TRUST (FAR EAST) LTD S/A BOBL—CHINA INVESTMENT TRUST PLC	190.00
STATD STREET BANK AND TRUST S/A THE CHINA FUND	186.80

五、1993年资产负债表和利润及利润分配表

资产负债表（合并）

1993年12月31日

上海金桥出口加工区开发股份有限公司　　单位：人民币元

资　　产	行次	期初数	期末数	负债及股东权益	行次	期初数	期末数
流动资产：				流动负债：			
货币资金	1	386965700.22	346135680.62	短期借款	41	145000000.00	217000000.00
短期投资	2		28745000.00	应付票据	42		
应收票据	3			应付帐款	43	1018277.03	206964471.90
应收帐款	4	188529760.72	269026484.66	预收货款	44	146372237.18	394549349.10
减：备抵坏帐	5			应付福利费	45	9233449.59	50393203.33
应收帐款净额	6	188529760.72	269026484.66	未付股利	46		
预付货款	7	3946031.17	352097657.73	未交税金	47	22219662.67	32347984.26
其他应收款	8	311022595.92	166717484.37	其它未交款	48	136190.85	9175936.93
内部应收款	8－1			其他应付款	49	141937965.66	243617128.14
待摊费用	9	787078.80		内部应付款	49－1		
存货	10	226913694.26	1414947088.14	预提费用	50		172043132.46
减：存货变现损失	11			待扣税金	51		
存货净额	12	226913694.26	1414947088.14	一年内到期的长期负债	52		
其他流动资产	13		16200000.00	流动负债合计	55	465917782.98	1326091206.12
流动资产合计	15	1118164861.09	2593869395.52	长期负债：			
长期投资：				长期借款	56		
长期投资	16	46403075.00	135209481.20	应付债券	57		
固定资产：				长期应付款	58		
固定资产原价	18	2396178.11	11791527.16	其他长期负债	58－1		
减：累计折旧	19	136417.99	1351202.85				
固定资产净值	20	2259760.12	10440324.31	长期负债合计	65		
在建工程	21		10155026.20	股东权益：			
固定资产清理	22			股本	66	300000000.00	410000000.00
临时设施	22－1			资本公积	67	44770429.00	141094142.61
固定资产合计	25	2259760.12	20595350.51	盈余公积	68	22160039.63	73305289.01
无形及递延资产：				其中：公益金	69	2484725.22	15654947.88
无形资产	26	96000000.00	97604010.00	未分配利润	70	48573371.70	197793668.87
递延资产	30	70905.67	56235.55	股东权益合计	75	415503840.33	822193100.49
无形及其他资产合计	35	96070905.67	97660245.55				
待处理财产损失：							
待处理流动资产损失（减收益）	36			少数股权（合并报表填列）	75－1	381476978.57	699050166.17
待处理固定资产损失（减收益）	37						
待处理财产损失合计	38						
资产总计	40	1262898601.88	2847334472.78	负债及股东权益总计	80	1262898601.88	2847334472.78

利润及利润分配表（合并）

1993年度

上海金桥出口加工区开发股份有限公司 单位：人民币元

项目	行次	金额	项目	行次	金额
一、主营业务收入	1	760178220.59	减：少数股权（合并报表填列）	14—1	340851846.68
减：营业成本	2	198609617.69	加：年初未分配利润（未弥补亏损以“—”号表示）	15	42240328.83
销售费用	3	5015042.45	上年利润调整（减上年利润以“—”号表示）	16	6333042.87
管理费用	4	14353266.81	五、可分配利润	17	337612584.45
财务费用	5	—110493601.36	减：应交所得税	19	4947573.58
进货费用	6		应交能交预调基金	18	7199732.96
营业税金及附加	7	38377278.30	提取法定盈余公积	20	26340445.34
二、主营业务利润（亏损以“—”号表示）	8	614316616.70	提取公益金	21	13170222.66
加：其他业务利润（亏损以“—”号表示）	9	4430628.93	提取职工奖福基金	22	19820495.70
三、营业利润（亏损以“—”号表示）	10	618747245.63	六、可供股东分配的利润	23	266134114.21
加：投资收益（亏损以“—”号表示）	11	700000.00	提取任意公积	24	26340445.34
营业外收入	12	10492108.00	已分配普通股股利（92年度）	25	42000000.00
减：营业外支出	13	48294.20	七、未分配利润（未弥补亏损以“—”号表示）	26	197793668.87
四、利润总额（亏损以“—”号表示）	14	629891059.43	八、补充资料：营业成本中存货变现损失准备提取数	27	

41. 上海国脉实业股份有限公司

一、1993年经营业绩和财务指标

上海国脉实业股份有限公司是一家主营无线通讯、图象和数字传输系统开发、设计及相关业务的上市公司。该公司股票在上海证券交易所挂牌。在1993年，该公司实现无线寻呼放号16.56万户，比计划增长10.4%；无线寻呼系统容量达到50.25万户，比计划增长11.6%，800兆集群电话发展新用户1150户，比计划增长15%；主营业务收入达到4.55亿元，完成利润1.2亿元，该公司1993年的财务指标如下（单位：万元）

项目指标	1993年完成	比计划增长%	1993年计划
主营业务收入	45475.85	51.16	30085.40
税后利润	10070.77	31.94	7632.70
资产总计	65191.42		
股东权益	51000.15		
每股收益（元）	1.37	25.69	1.09
每股权益（元）	4.68	11.69	4.19
每股红利			
速动比率	3.44		
股东权益比率	0.78		
净资产收益率	1.96		

二、前次募集资金的运用情况

由于大投入的需要，该公司于1993年9月通过配股再次筹资计19000万元，目前该公司正在运用该项资金进一步加快无线通信建设和寻呼业务发展，继续投资“126”、“127”、“128”特种 服务和BB机国内联网、国际联网，投资CT2、寻呼大楼、外高桥通信智能大厦等项目。

1994该公司的投资项目如下：

1. 投资2100万元新建128特服中文寻呼台。
2. 投资800万元于126寻呼台扩容（三期）。
3. 投资3000万元于127寻呼扩容至40万门。
4. 投资1000万元进行无线寻呼三省一市联网。
5. 投资70000万元开发CT2业务。
6. 投资800万元新建浦东800兆基站。
7. 投资4000万元于国脉大厦建设。
8. 投资600万元进行郊县发信网点建设。
9. 投资500万元于无线寻呼传输系统。
10. 投资510万元于450兆集群电话系统。

三、股本结构和股东持股情况：

1. 1993年末股本结构：

股权	数量（万股）
发起人法人股	6421.051
社会法人股	3208.949
个人持股（含内部职工持股）	1275.000
总股本	10905

2. 前10名股本持股情况：

股东名称	持股数（万股）	占总股本比例（%）
上海市邮电管理局	6421.051	58.88
上海市邮政局邮购服务公司	291.42	2.67
中国邮电工会上海市委员会	286.229	2.62
上海市市内电话局	268.00	2.46
上海市长途电信综合开发公司	194.242	1.78
上海市邮电工业公司浦东经营部	136.552	1.25
上海万国证券公司	97.00	0.89
上海浦东新区邮电局	64.498	0.59
上海财政证券公司	51.00	0.47
崇明县邮电综合经营部	37.06	0.34

四、1994年经营展望

1994年，该公司计划实现主营业务收入5.51亿元、利润总额1.38亿元、税后利润1.16亿元。

五、1993年度资产负债表和利润表

资产负债表

1993年12月31日

上海国脉实业股份有限公司 单位：人民币元

资 产	行次	年初数	年末数	负债与股东权益	行次	年初数	年末数
流动资产：				流动负债：			
货币资金	1	110401665. 86	291679353. 25	短期借款	41		34180000. 00
短期投资	2	20010000. 00	16495620. 54	应付票据	42		
应收票据	3			应付帐款	43	20299. 23	4724218. 58
应收帐款	4	153884. 66	11420480. 58	预收货款	44	33200978. 00	44567154. 43
减：备抵坏帐	5		26485. 96	应付福利费	45	8313749. 98	10021399. 28
应收帐款净额	6	153884. 66	11393994. 62	未付股利	46		606795. 60
预付货款	7	39019072. 04	7859244. 94	未交税金	47	3839609. 41	3639819. 93
其他应收款	8	62615349. 98	72178136. 92	其它未交款	48	89816. 89	54881. 49
内部应收款	8—1			其他应付款	49	45048642. 18	18920941. 48
待摊费用	9	545991. 00	3332838. 45	内部应付款	49—1		
存货	10	16904192. 75	115969662. 04	预提费用	50		186923. 00
减：存货变现损失准备	10—1			待扣税金	51		
存货净额	10—2	16904192. 75	11596962. 04	一年内到期的长期负债	52		
其他流动资产	10—3		10000000. 00				
流动资产合计	15	249650156. 29	528908850. 76	流动负债合计	55	90513095. 69	116902133. 79
长期投资：				长期负债：			
长期投资	16	5531700. 00	9984645. 60	长期借款	56		
				应付债券	57		
固定资产：				长期应付款	58	509046. 65	17400000. 00
固定资产原价	18	23565654. 15	83611587. 38	其他长期应付款	58—1		26460. 00
减：累计折旧	19	2453725. 34	5592211. 96	其中：住房周转金	58—2		26460. 00
固定资产净值	20	21111928. 81	78019375. 42	长期负债合计	65	509046. 65	17426460. 00
〗在建工程	21	10368349. 88	21657062. 74	股东权益：			
固定资产清理	22			股本	66	67449970. 27	109050000. 00
固定资产合计	25	31480278. 69	99676438. 16	资本公积	67	123881688. 60	288200139. 27
无形及递延资产：				盈余公积	68	3613107. 39	3613107. 39
无形资产	26		4183709. 24	其中：公益金	69	1204369. 13	—1320077. 84
递延资产	30	7735350. 00	9160571. 02	未分配利润	70	8430576. 38	109138236. 71
无形及递延资产合计	35	7735350. 00	13344280. 26	股东权益合计	75	203375342. 64	510001483. 37
待处理财产损失：							
待处理流动资产损失（减收益）	36			少数股权（合并报表填列）	75—1		7584137. 62
待处理固定资产损失（减收益）	37						
待处理财产损失合计	38						
资产总计	40	294397484. 98	651914214. 78	负债及股东权益总计	80	294397484. 98	651914214. 78

利　润　表

1993年度

上海国脉实业股份有限公司　　单位：人民币元

项　　目	行 次	金 额
一、主营业务收入	1	454758474.18
减：营业成本	2	299907131.82
销售费用	3	13163187.67
管理费用	4	15656512.21
财务费用	5	－5280418.15
进货费用	6	
营业税金	7	17775305.01
二、主营业务利润（亏损以“－”号表示）	8	113536755.62
加：其他业务利润（亏损以“－”号表示）	9	5950015.90
三、营业利润	10	119486771.52
加：投资收益（损失以“－”号表示）	11	2123136.55
营业外收入	12	352178.99
减：营业外支出	13	1157357.92
四、利润总额（亏损以“－”号表示）	14	120804729.14

42. 上海众城实业股份有限公司

一、1993年经营业绩和财务指标

上海众城实业股份有限公司是一个主营房地产的上市公司，该公司股票在上海证券交易所挂牌。在1993年，该公司紧紧抓住主营的房产开发业务，不断增强开发能力，发展房产业务，参与市场竞争，批租土地达五块，总建筑面积为9万平方米，比1992年增长了150%，总投资规模已达5亿元人民币，比1992年增长了150%，房产专业指标全部完成，此外，该公司还利用众城大厦7000平方米的裙房，投资餐饮和娱乐业，使公司的投资方向逐步趋于优化组合和多元化。该公司1993年共实现利润6448．8万元，完成计划109%，其1993年的财务指标如下（单位：万元）：

项目指标	1993	完成计划的%
主营业务收入	7242．12	61．87
税后利润	5487．25	109．53
资产总计	24657．38	
股东权益	16601．02	
每股收益	0．74	
每股权益	2．24	109．27
每股红利	0．12	
速动比率	170．79%	
股东权益比率	67．33%	
净资产收益率	33．05%	

二、前次募集资金的运用情况

1993年4月该公司通过配股筹资计3460．8万元。目前，该公司正在运用该项资金及房产预售收入，进一步加快众城大厦等项目的建设速度，众城大厦总投资2亿元人民币，建筑面积36000平方米，将于1994年9月完工。众城公寓是该公司投资的第二个大型房产项目，座落在浦东陆家嘴金融贸易区中心繁华的东方路，总投资9600万元人民币，建筑面积12850平方米。除了以上二个房产项目外，该公司还投资了众城商厦及外高桥两个项目的房产开发，到1994年2月底为止，该公司已累计完成投资额1．67亿元人民币，投入资金2．2亿元人民币。

三、1994年经营展望

在1994年，该公司决心抓好在建项目的同时，搞好现有房产的预售工作，并努力使公司向多种经营方向发展，确保公司实现主营业务收入16495万元，税后利润6038万元。

四、股本结构和股东持股情况

1．1993年末的股本结构：

	数量(万股)	比例（%）
发起人法人股	6216	83．82
社会个人股(包括内部职工股)	1200	16．18
总股本	7416	100

2．主要股东持股情况：

股东名称	持股数（股）	占总股本比例（%）
1.上海市陆家嘴金融贸易区开发公司	19536000	26．34
2.上海国际信托投资公司	14208000	19．16
3.建行上海市信托投资公司	14208000	19．16
4.中房上海房地产开发总公司	14208000	19．16

五、1993年度资产负债表和利润表

资产负债表

1993年12月31日

上海众城实业股份有限公司 单位：人民币元

资产	行次	年初数	年末数	负债与股东权益	行次	年初数	年末数
流动资产：				流动负债：			
货币资金	1	3222409.33	72966310.05	短期借款	41		
短期投资	2	21573250.00	4204550.00	应付票据	42		
应收票据	3			应付帐款	43		
应收帐款	4			预收货款	44		63436685.11
减：备抵坏帐	5			应付福利费	45	2517.40	61008.40
应收帐款净额	6			未付股利	46		
预付货款	7	456000.00	33065773.07	未交税金	47	46182.12	2786474.25
其他应收款	8	18504861.90	8403878.01	其它未交款	48	421.16	15998.33
内部应收款	8—1			其他应付款	49	2917.42	14263487.90
待摊费用	9	30082.34	18954536.68	内部应付款	49—1		
存货	10	30943013.24	78389132.33	预提费用	50		
减：存货变现损失准备	10—1			待扣税金	51		
存货净额	10—2	30943013.24	78389132.33	一年内到期的长期负债	52		
其他流动资产	10—3			流动负债合计	55	52038.10	80563653.99
流动资产合计	15	74729616.81	215984180.14	长期负债			
长期投资：				长期借款	56		
长期投资	16	783184.00	28676088.00	应付券款	57		
固定资产：				长期应付款	58		
固定资产原价	18	716444.25	1953807.25	其他长期负债	58—1		
减：累计折旧	19	69953.27	363435.09	其中：住房周转金	58—2		
固定资产净值	20	646490.98	1590372.16	长期负债合计	65		
在建工程	21			股东权益：			
固定资产清理	22			股本	66	61800000.00	74160000.00
固定资产合计	25	646490.98	1590372.16	资本公积	67	12187656.00	34435656.00
无形及递延资产：				盈余公积	68	508406.64	27944650.88
无形资产	26			其中：公益金	69	254203.32	5741452.17
递延资产	30	422435.48	323191.34	未分配利润	70	2033626.53	29469870.77
无形及递延资产合计	35	422435.48	323191.34	股东权益合计	75	76529689.17	166010177.65
待处理财产损失：							
待处理流动资产损失（减收益）	36			少数股权（合报表填列）	75—1		
待处理固定资产损失（减收益）	37						
待处理财产损失合计	38						
资产总计	40	76581727.27	246573831.64	负债及股东权益总计	80	76581727.27	246573831.64

利润表

上海众城实业股份有限公司　　单位：人民币元

项　目	行次	上年数	本年实际数	项　目	行次	上年数	本年实际数
一、主营业务收入	1		72421209.14	二、主营业务利润（亏损以“－”号表示）	8	688821.55	62378567.80
减：营业收入	2		38155392.22	加：其他业务利润（亏损以“－”号表示）	9		1014509.59
销售费用	3		187109.01	三、营业利润（亏损以“－”号表示）	10	688821.55	63393077.39
管理费用	4	186148.57	319384.07	加：投资收益（亏损以“－”号表示）	11	1635512.75	532625.99
财务费用	5	－874970.12	－32602910.15	营业外收入	12		601500.00
进货费用	6			减：营业外支出	13		39250.00
营业税金及附加	7		3983166.49	四、利润总额（亏损以“－”号表示）	14	2324334.30	64487953.38

43. 申能股份有限公司

一、1993年经营业绩和财务指标

申能股份有限公司是上海一家从事电力生产和能源建设的上市公司，其股票于1993年在上海证券交易所挂牌。1993年，该公司创经营收入达54793万元，实现税后利润44238万元，比预测增加5. 20%。该公司的其它财务指标如下（单位：万元）

项目指标	1993年预测	1993年实绩	比预测增加%
经营收入	53167	54793	+3. 06
税后利润	42050	44238	+5. 20
资产总计		592423	
股东权益	347558	357347	+2. 82
每股收益	0. 175元/股	0. 184元/股	+5. 20
每股权益	1. 45元/股	1. 49元/股	+2. 82
每股红利		0. 15元/股	
速动比率		2. 33	
股东权益比率		0. 60	
净资产收益率	0. 121	0. 124	

二、前次募集资金的运用情况

该公司前次募集的资金主要投向如下：

1. 电力能源项目资金投放情况：

外高桥发电厂一期工程69500万元；吴泾热电厂六期工程10325万元；

天荒坪抽水蓄能电站6000万元；崇明电力公司五期工程3500万元；

上海申能星火热电厂工程750万元；上海申能联合发展公司9600万元。

2. 其他长期投资项目资金投资情况：

上海物产有限公司追加投资211万元；上海申能金华实业公司投资625万元；

上海阳光期货经纪公司（筹）500万元；外高桥保税区商业发展有限公司216万元；

上海申能建设租赁发展公司350万元；上海申能房地产公司5000万元。

三、1994年经营展望

该公司1994年将在“一业为主，多元经营”方针的指导下，逐步朝着集体投资、参股、控股、经营管理为一体的跨行业、跨地区、跨国的大型企业集团的战略目标推进，在加快在建项目建设的同时，努力提高现有企业的经营效益，争取1994年实现税后利润48108万元。

四、股本结构和股东持股情况

1. 1993年末股本结构：

股权	数量（万股）	比例（%）
国家股	206309. 67	85. 86
法人股	25000	10. 41
个人股	8964	3. 73
总股本	240273. 67	100. 00

2. 法人股前10名股东持股情况：

股东名称	持股数（万股）	占总股本比例（%）
中国国泰证券股份有限责任公司	1495. 26	0. 62
上海国际信托投资公司	760. 95	0. 32
上海久事公司	754. 15	0. 31
安徽国际信托上证业务部	600	0. 25
建行上海信托投资公司	500	0. 21
交行上海分行	500	0. 21
上海市电力公司	400	0. 17
上海华东电力实业开发总公司	400	0. 17
上海上菱电冰箱总厂	400	0. 17
华能发电公司	300	0. 12

五、1993年度资产负债表和利润及利润分配表

资产负债表（合并）

1993年12月31日

申能股份有限公司　　单位：人民币元

资　产	行次	1993年2月1日	1993年12月31日	负债与股东权益	行次	1993年2月1日	1993年12月31日
流动资产：				流动负债：			
货币资金	1	154747179.41	338792658.52	短期借款	41	59680000.00	254598425.84
短期投资	2		34887350.00	应付票据	42		
应收票据	3	45000000.00		应付帐款	43		
应收帐款	4			预收货款	44		
减：备抵坏帐	5			应付福利费	45	207420.19	271264.06
应收帐款净额	6			未付股利	46		
预付货款	7			未交税金	47	2567510.33	8205886.97
其他应收款	8	201461111.14	224870394.14	其它未交款	48	407767.39	439056.21
内部应收款	8—1			其他应付款	49	4262987.58	143492016.64
待摊费用	9		3603390.20	内部应付款	49—1		
存货	10			预提费用	50		7610000.00
减：存货变现损失准备	10—1			待扣税金	51		
存货净额	10—2			一年内到期的长期负债	52		
其他流动资产	10—3	283528350.00	365610000.00	流动负债合计	55	67125685.49	414616649.72
流动资产合计	15	684736640.55	967763792.86	长期负债：			
长期投资：				长期借款	56	179000000.00	384615403.98
长期投资	16	366683691.44	4955022426.53	应付债券	57	96598398.50	74232352.50
固定资产：				长期应付款	58	950363379.33	1403893486.63
固定资产原价	18	1980082.50	2313582.50	其他长期负款	58—1		
减：累计折旧	19	322755.69	423602.05	其中：住房周转金	58—2		
固定资产净值	20	1657326.81	1889980.45	长期负债合计	65	1225961777.83	1872741243.11
在建工程	21			股东权益：			
固定资产清理	22			股本	66	2402736700.00	2402736700.00
临时设施	22—1			资本公积金	67	658424387.48	728350127.48
固定资产合计	25	1657326.81	1889980.45	盈余公积金	68		44238661.65
无形及递延资产：				其中：公益金	69		
无形资产	26			未分配利润	70		398147954.90
递延资产	30	970892.00	156782.40	股东权益合计	75	3061161087.48	3573473444.03
无形及其他资产合计	35	970892.00	156782.40				
待处理财产损失：							
待处理流动资产损失（减收益）	36			少数股权（合并报表填列）	75—1		64001645.38
待处理固定资产损失（减收益）	37						
待处理财产损失合计	38						
资产总计	40	4354248550.80	5924832982.24	负债及股东权益总计	80	4354248550.80	5924832982.24

利润及利润分配表（合并）

1993年2月—12月

中能股份有限公司　　　　单位：人民币元

项　目	行次	金　额	项　目	行次	金　额
一、主营业务收入	1	33996957.87	减：少数股权（合并报表填列）	14—1	2581.00
减：营业收入	2		加：年初未分配利润（未弥补亏损以“—”号表示）	15	
销售费用	3		上半年利润调整（减上年利润以“—”号表示）	16	
管理费用	4	3534576.50	盈余公积转入	17	
财务费用	5	21821713.81	五、可分配利润	18	520455810.87
进货费用	6		减：应交所得税	19	78068371.62
营业税金及附加	7	2065530.35	应交财政特种基金	20	822.70
二、主营业务利润（亏损以“—”号表示）	8	6575137.21	提取法定盈余公积	21	44238661.65
加：其他业务利润（亏损以“—”号表示）	9	184755.41	提取公益金	22	
三、营业利润（亏损以“—”号表示）	10	6759892.62	六、可供股东分配的利润	23	398147954.90
加：投资收益（亏损以“—”号表示）	11	513937647.80	减：已分配优先股的利润	24	
营业外收入	12	160851.45	提取任意公积	25	
减：营业外支出	13	400000.00	已分配普通股股利	26	
四、利润总额（亏损以“—”号表示）	14	520458391.87	七、未分配利润（未弥补亏损以“—”号表示）	27	398147954.90
			八、补充资料：营业成本中存货变现损失准备提取数	28	

44. 上海爱建股份有限公司

一、1993年经营业绩和财务指标

上海爱建股份有限公司是一家主营房地产、贸易和金融信托等业务的上市公司。1993年，是该公司在上海证券交易所挂牌的第一年，也是遵循股份制试点规范，向现代企业制度开拓前进的一年。该公司在建立股份制企业领导体制，加强经营管理，提高经济效益等方面都有显著进展，共实现税后利润7555.56万元，完成年度计划数的126.73%。该公司1993年的财务指标如下（单位：万元）：

项目指标	1993年实际完成指标	比计划增长（%）	1993年计划指标
主营业务收入	4992.63	－16.82	6002.00
税后利润	7555.56	26.73	5961.85
资产总计	60864.56		
股东权益	53875.05		
每股收益	0.50（元）	25	0.40
每股权益	3.59（元）	2.87	3.49
每股红利	0.30（元）		
速动比率	2.734		
股东权益比率	88.52%		
净资产收益率	14.02%		

二、1994年经营展望

在1994年，该公司将进一步解放思想、抓住机遇，坚持以提高经济效益为一切工作的中心，在建立现代企业制度的进程中，以抓科学管理、抓人才开发、抓资金投向为重点，从正确决策、严格管理、开拓创新中提高经济效益。争取实现税后利润9000万元，比1993年实际完成数提高近20%。

三、股本结构和股东持股情况

1. 1993年末股本结构：

股权	数量（万股）	比例（%）
法人持股	6700	44.67
个人持股	8300	55.33
总股本	15000	100.00

2. 前10名股东持股情况：

股东名称	持股数(万股)	占总股本比例（%）
上海工商界爱国建设特种基金	4500.00	30.00
上海国际信托投资公司	350.00	2.33
上海市工商业联合会	200.00	1.33
久事公司	150.00	1.00
交通银行上海分行	100.00	0.67
上海二纺机股份有限公司	100.00	0.67
上海申银证券公司	100.00	0.67
上海广电（集团）股份有限公司	100.00	0.67
上海新锦江大酒店股份有限公司	90.00	0.60
工商银行上海分行	50.00	0.33

四、1993年度资产负债表和利润及利润分配表

资产负债表

1993年12月31日

上海爱建股份有限公司　　单位：人民币元

资　　产	行次	期初数	期末数	负债与股东权益		期初数	期末数
流动资产：				流动负债：			
货币资金	1	205824260. 74	57684428. 57	短期借款	41		9000000. 00
短期投资	2	56131090. 31	31610828. 01	应付票据	42		1000000. 00
应收票据	3	2511960. 00		应付帐款	43	10708201. 31	10356896. 21
应收帐款	4	38584983. 24	10682377. 47	预收货款	44	96837348. 20	21385634. 06
减：备抵坏帐	5	122497. 80	53411.89	应付福利费	45		
应收帐款净额	6	38462485. 44	10628965. 58	未付股利	46	10068750. 00	
预付货款	7	16365188. 06	2994239. 72	未交税金	47	1022660. 64	1956044. 08
其他应收款	8	18674415. 82	90554727. 28	其它未交款	48	187. 60	47713. 47
内部应收款	8—1	34572426. 84		其他应付款	49	45202425. 95	25536528. 66
待摊费用	9	33581. 00	3316. 60	内部应付款	49-1		
存货	10	61984217. 75	111171670. 51	预提费用	50	806909. 99	612309. 20
减：存货变现损失准备	10—1			待扣税金	51		
存货净额	10—2	61984217. 75	111171670. 51	一年内到期的长期负债	52		
其他流动资产	10—3		600000. 00	流动负债合计	55	164646483. 69	69895125. 68
流动资产合计	15	434559625. 96	305218176. 27	长期负债：			
长期投资：				长期借款	56		
长期投资	16	188121634，32	296361128. 28	应付债券	57		
固定资产：				长期应付款	58		
固定资产原价	18	6021419. 47	8201692. 74	其他长期负债	58-1		
减：累计折旧	19	903242. 26	1219416. 55	其中，住房周转金	58-2		
固定资产净值	20	5118177. 21	6982276. 19	长期负债合计	65		
在建工程	21			股东权益：			
固定资产清理	22			股本	66	150000000. 00	150000000. 00
临时设施	22—1			资本公积金	67	295198476. 37	295240376. 37
固定资产合计	25	5118177. 21	6982276. 19	盈余公积金	68	16017511. 53	16017511. 53
无形及递延资产：				其中：公益金	69	4802286. 36	4802286. 36
无形资产	26			未分配利润	70	1936965. 90	77492567. 16
递延资产	30		54000. 00	股东权益合计	75	463152953. 80	538750455. 06
无形及其它资产合计	35		54000. 00				
待处理财产损失：							
待处理流动资产损失（减收益）	36			少数股权（合并报表填列）	75-1		
待处理固定资产损失（减收益）	37						
待处理财产损失合计	38						
资产总计	40	627799437. 49	608645580. 74	负债及股东权益总计	80	627799437. 49	608645580. 74

利润及利润分配表

1993年度

上海爱建股份有限公司 单位：人民币元

项 目	金 额	项 目	金 额
一、主营业务收入	49926344. 42	减：少数股权（合并报表填列）	
减：营业收入	38730782. 54	加：年初未分配利润（未弥补亏损以“－”号表示）	1936965. 90
销售费用	3022403. 57	上半年利润调整（减上年利润以“－”号表示）	
管理费用	6489227. 43	盈余公积转入	
财务费用	－16695353. 24	五、可分配利润	80638000. 54
进货费用		减：应交所得税	3145433. 38
营业税金及附加	678729. 69	提取法定盈余公积	
二、主营业务利润（亏损以“－”号表示）	17700554. 43	提取公益金	
加：其他业务利润（亏损以“－”号表示）	573118. 97	六、可供股东分配的利润	77492567. 16
三、营业利润（亏损以“－”号表示）	18273673. 40	减：已分配优先股的利润	
加：投资收益（亏损以“－”号表示）	60529967. 43	提取任意公积	
营业外收入	280389. 62	已分配普通股股利	
减：营业外支出	382995. 81	七、未分配利润（未弥补亏损以“－”号表示）	
四、利润总额（亏损以“－”号表示）	78701034. 64	八、补充资料：营业成本中存货变现损失准备提取数	

45. 乐山电力股份有限公司

一、1993年经营业绩和近两年财务指标

乐山电力股份有限公司是四川省乐山地区一家主营电力开发等业务的上市公司，其股票在上海证券交易所挂牌。1993年，该公司克服了气象异常对电力生产造成的巨大困难，加大发展力度，强化电力生产管理，在不断扩展公司规模的同时，取得了历史上最好的经营业绩，其中，销售电量24156万度，实现主营业务收入2683.90万元，税后利润2063.97万元，分别是计划的91.07%和126.09%。该公司近两年的财务指标如下(单位：万元)

项目指标	1993年	增长率%	1992年
主营业务收入	2683.90	13.87	2357.05
税后利润	2063.97	106.06	1001.63
资产总计	20283.06	61.34	12571.79
股东权益	14803.12	90.19	7783.43
每股收益(元)	0.32	68.42	0.19
每股权益(元)	2.29	51.66	1.51
每股红利(元)	0.20		
速动比率%	4.56		1.85
股东权益比率%	72.98		61.91
净资产收益率%	13.94		12.87

二、前次募集资金的运用情况

该公司于1993年实施配股共筹集资金4900万元，这笔资金按投资计划均已投入下列项目：

1. 乐山大沫水电站前期施工费270万元。
2. 乐山电力调度中心工程土地及前期费用投入175万元。
3. 投资“四川槽渔滩水电股份有限公司”电源建设项目330万元。
4. 投资于该公司电力网系统扩张延伸工程988.9万元。
5. 投资“成都动力配件股份有限公司”400万元，占有股份1.97%。

三、1994年经营展望

该公司1994年的经营目标是：销售电量28000万度以上，完成主营业务收入3433万元，实现年利润总额2400万元，分别比去年增长16%、28%和16.28%。

四、股本结构及股东持股情况

1. 1993年末股本结构：

股权	数量(万股)	比例%
国家股	1952.84	30.26
法人股	1901.16	29.46
个人股	2600	40.28
总股本	6454	100

2. 前10名股东持股情况：

股东名称	持股数(万股)
乐山市国有资产管理局	1952.84
峨眉铁合金(集团)股份有限公司	1548.16
峨眉山盐化工业(集团)股份有限公司	160
成都华冠实业股份有限公司	100
金顶(集团)股份有限公司	50
乐山碱厂	20
龚嘴水力发电总厂	10
乐山市高频焊管厂	5
川南林业局	5
高桥磷肥厂	3

五、1993年度资产负债表和利润表

资产负债表

1993 年 12 月 31 日

乐山电力股份有限公司　　　　单位:人民币元

资　产	行次	年初数	年末数	负债及股东权益	行次	年初数	年末数
流动资产:				流动负债:			
货币资金	1	1294748.58	37403127.09	短期借款	41	3460000.00	6910000.00
短期投资	2			应付票据	42		
应收票据	3			应付帐款	43	1925529.35	1081580.93
应收帐款	4	10824558.28	17538801.94	预收货款	44		
减:备抵坏帐	5	225590.02	52616.40	应付福利费	45		－78246.11
应收帐款净额	6	10801968.26	17486185.54	未付股利	46		
预付货款	7		6745.00	未交税金	47	－138812/94	－216001.75
其他应收款	8	13904535.66	22039014.25	其它未交款	48	16146.96	－1077809.86
待摊费用	9	169726.67		其它应付款	49	6852584.89	8610850.89
存货	10	2626998.51	2640261.77	预提费用	50	1936160.09	1643696.38
				待扣税金	51		
				一年内到期的长期负债	52		
流动资产合计	18	28797972.68	79575333.65	流动负债合计	55	14051608.35	16883078.47
长期投资:				长期负债:			
长期投资	19	40550945.50	56230421.75	长期借债	56	28656840.00	30887236.60
固定资产:				应付债券	57	3000000.00	3000000.00
固定资产原价	21	64586870.57	74715007.40	长期应付款	58	2175149.55	4029055.21
减:累计折旧	22	24393531.63	26462176.33	长期负债合计	62	33831989.55	37916291.81
固定资产净值	23	40193338.94	48252831.07				
在建工程	24	16100528.78	13552043.80	股东权益:			
固定资产清理	25			股本	65	51540000.00	64540000.00
固定资产合计	26	56293867.72	61804874.87	资本公积金	67	13601000.89	50118981.09
				盈余公积	68	3496674.23	3496674.23
				其中:公益金	69	1001633.44	1001633.44
无形及递延资产:				未分配利润	70	9235923.22	29875583.04
无形资产	30		4889653.16				
递延资产	31	89618.86	369618.86				
无形及其他资产合计	34	89618.83	5259272.02	股东权益合计	75	77884291.34	148031238.35
待处理财产损失:							
待处理流动资产损失(减收益)	35	－14515.52	－39293.65				
待处理固定资产损失(减收益)	36						
待处理财产损失合计	38	－14515.52	－39293.65				
资产总计	40	125717889.84	208830608.64	负债及股东权益总计	80	125717889.24	202830608.64

利　润　表

1993 年度

乐山电力股份有限公司　　单位:人民币元

项　目	行次	金　额	项　目	行次	金　额
一、主营业务收入	1	26839002.34	二、主营业务利润(亏损以"－"号表示)	8	8818309.01
减:营业成本	2	12604576.58	加:其他业务利润(亏损以"－"号表示)	9	4995.18
销售费用	3	131954.57	三、营业利润(亏损以"－"号表示)	10	8823304.19
管理费用	4	2758325.80	加:投资收益(亏损以"－"号表示)	11	11784658.03
财务费用	5	－603253.36	营业外收入	12	364693.47
进货费用	6		减:营业外支出	13	332995.87
营业税金及附加	7	3129089.74	四、利润总额(亏损以"－"号表示)	14	20639659.82

46. 上海望春花实业股份有限公司

一、1993年经营业绩和财务指标

上海望春花实业股份有限公司系由上海县新泾乡经济联合社原下属的三个企业——上海宇宙平绒厂、上海新泾平绒印染厂和上海县绥宁平绒制品材料厂合并而成，是一个经营纺织业的上市公司，该公司股票于1993年在上海证券交易所挂牌。1993年度，该公司以落实年度规划为目标，以转换经营机制为中心，推动了各项工作的开展，经济效益大幅度提高，实现主营业务收入12200万元，实现税后利润2014.63万元，其主要财务指标如下(单位:万元)：

项目指标	1993年实际	比计划增长	1993年计划
主营业收入	12208.6	35.65%	9000
税后利润	2014.63	66.36%	1211
资产总计	18212.92		
股东权益	13728.4	50.69%	9110.14
每股收益(元)	0.572	42.75%	0.4007
每股权益(元)	3.0356		
每股红利(元)	0.3787		
速动比率	1.9018		
股东权益比率	75.38%		
净资产收益率	14.675%		

二、1994年经营展望

在1994年度，该公司将抓紧新建控股公司的投入，同时积极寻找新的国内外合作伙伴，提高各经营子公司的产出效益，争取使整个公司的经济指标在1993年的基础上翻一番，总产值达3亿元，利润达4000万元；出口创汇1260万美元。

三、股本结构和股东持股情况

1.1993年末股本结构：

股权	数量(万股)	比例(%)
发起人法人持股	2186.48	48.35
社会法人持股	1335.97	29.54
社会个人持股	1000	22.11
其中职工持股	200	4.42
总股本	4522.45	100

2.前10名股东持股情况：

股东名称	持股数(万股)	占总股本比例(%)
上海鑫达实业公司	2186.5	48.35
上海农行信托投资公司	120	2.65
长宁区长宁五金经营部	93.6	2.07
上海电视一厂	100	2.21
上海前进农场	73.6	1.63
上海爱建股份公司	40	0.88
江苏江阴、青阳绒布厂	28	0.62
上海华盛实业公司	25	0.55
上海浦东华夏实业公司	20	0.44
农行金达综合服务部	20	0.44

四、1993负债表和利润及利润分配表

资产负债表

1993年12月31日

上海望春花实业股份有限公司　　单位:人民币元

资　　产	年初数	年末数	负债与股东权益	年初数	年末数
流动资产:			流动负债:		
货币资金	9711424.57	11672781.59	短期借款	11900000.00	28205018.00
短期投资			应付票据		
应收票据			应付帐款	7020248.50	2664527.13
应收帐款	6629025.48	19158136.22	预收货款		
减:备抵坏帐		34674.29	应付福利费	−243937.62	507214.78
应收帐款净额	6629025.48	19123461.93	未付股利		
预付货款			未交税金	684252.47	585009.64
其他应收款	38765621.53	51284645.92	其它未交款	611850.94	611850.94
内部应收款			其他应付款	5255616.23	10501641.55
待摊费用	−126673.47	132132.19	内部应付款		
存货	18775594.29	18328765.20	预提费用	47152.00	84457.40
减:存货变现损失准备			待扣税金		
存货净额	18775594.29	18328765.20	一年内到期的长期负债		
其他流动资产			流动负债合计	25275182.52	43159719.44
流动资产合计	74008339.34	100541786.83	长期负债:		
长期投资:			长期借款	9680.00	650000.00
长期投资	23869358.71	37182465.35	应付债券		
固定资产:			长期应付款	1195949.46	1035459.58
固定资产原价	15073095.20	17860740.08	其他长期负债		
减:累计折旧	5399185.72	6886567.17	其中:住房周转金		
固定资产净值	9673909.48	10974172.91	长期负债合计	10875949.46	1685459.58
在建工程	11555790.64	33306871.10	股东权益:		
固定资产清理		−100.00	股本	30220721.15	45224505.38
固定资产合计	21229700.12	44280944.01	资本公积	47760000.00	70902523.69
无形及递延资产:			盈余公积	1010645.21	4032596.64
无形资产			其中:公益金	262505.25	1269822.39
递延资产	274560.00	124000.00	未分配利润	4239459.83	17124391.46
无形及递延资产合计	274560.00	124000.00	股东权益合计	83230826.19	137284017.17
待处理财产损失:					
待处理流动资产损失(减收益)			少数股权(合并报表填列)		
待处理固定资产损失(减收益)					
待处理财产损失合计					
资产总计	119381958.17	182129196.19	负债及股东权益总计	119381958.17	182129196.19

利润及利润分配表

1993年度

上海望春花实业股份有限公司 单位:人民币元

项 目	上年7～12月份累计数	本年实际数	项 目	上年7～12月份累计数	本年实际数
一、主营业务收入	37587360.37	122086045.14	减:少数股权(合并报表填列)		
减:营业成本	32172633.86	98180589.03	加:年初未分配利润		
销售费用	429828.83	651204.83	上年利润调整		
管理费用	694848.52	5520224.95	盈余公积转入		
财务费用	539749.96	91391.56	五、可分配利润	5735417.70	21729718.13
进货费用			减:应交所得税	485312.66	1583375.24
营业税金及附加	810455.93	3356758.63	提取法定盈余公积	748139.96	2014634.29
二、主营业务利润	2939843.27	14285876.14	提取公益金	262505.25	1007317.14
加:其他业务利润	119349.35	46398.46	六、可供股东分配的利润	4239.459.83	17124391.46
三、营业利润	3059192.62	14332274.60	减:已分配优先股股利		
加:投资收益	2765000.00	7784124.45	提取任意公积		
营业外收入	15328.35	184289.51	已分配普通股股利	4239459.83	17124391.46
减:营业外支出	104103.27	570970.43	七、未分配利润		
四、利润总额	5735417.70	21729718.13	八、补充资料:营业成本中存货变现损失准备提取数		

47. 上海国嘉实业股份有限公司

一、1993年经营业绩和财务指标

上海国嘉实业股份有限公司是一家在上海证券交易所挂牌的上市公司。在1993年，该公司努力扩大现有工业的生产规模，积极参加浦东开发，发展第三产业，共创主营业务收入966.80万元，实现税后利润782.54万元，分别完成年度计划的32.23%和130.42%。该公司1993年的财务指标如下(单位:万元):

项目指标	1993年计划	1993年实际完成	计划完成率
主营业务收入	3000	966.80	32.23%
利润总额	660	801.86	121.49%
税后利润	600	782.54	130.42%
每股权益		2.31	
每股收益		0.196	
速动比率		2.02	
股东权益比率		70%	
净资产收益率		8.45%	

二、前次募集资金的运用情况

浦东金桥置地20000平方米，所需购地费1500万元已基本付清。与嘉定城建开发公司联建的东海花园别墅已支付投资款1800万元。

三、1994年经营展望

在1994年，该公司将立足高科技企业，涉足房地产业、证券业及其他行业，抓住市场机遇，进一步转换经营机制和建立现代企业制度，并实现公司管理上的规范化、经营多元化、组织集团化，争取实现利润总额1784万元，比上年增长122%。

四、股本结构和股东持股情况

1.1993年末股本结构:

股本	股数(万股)	比例(%)
发起人法人股	2000	50
社会法人股	1000	25
个人持股	1000	25
(含内部职工股	200万股	
总股本	4000	100

2.主要股东持股情况:

股东名称	持股数(万股)	占总股本比例(%)
中信集团公司	1069.24	26.73
香港大成公司	846.14	21.15
嘉定农工商总公司	84.61	2.12
西安喜来登大酒店	100.00	2.5
深圳三龙公司	100.00	2.5
上海广电股份有限公司	20.00	0.5
新锦江大酒店股份有限公司	20.00	0.5
嘉定区戬浜镇工业公司	20.00	0.5
浙江机械投资丌发公司	19.00	0.425
上海东湖联营公司	20.00	0.5

五、1993年度资产负债表和利润及利润分配表

资产负债表

1993年12月31日

国嘉实业股份有限公司　　单位:人民币元

资　　产	期初数	期末数	负债及投资人权益	期初数	期末数
流动资产:			流动负债:		
货币资金	6833753.28	5947977.50	短期借款	2200000.00	13506920.00
短期投资	2000.00	23750.00	应付票据		
应收票据	2303553.78		应付帐款	379193.78	432769.72
应收帐款	3173041.73	3554778.20	预收货款		128273.11
减:坏帐准备			应付福利费	297001.35	871181.93
应收帐款净额			未付股利	1805809.64	
预付货款	1584896.26	11355888.67	未交税金	270114.67	95882.60
其他应收款	8108580.02	38163140.90	其它未交款		
内部应收款			其他应付款	1212210.35	10011241.11
待摊费用	347843.88	22500.00	内部应付款		
存货	4136524.19	5044342.42	预提费用		
流动资产合计	26490193.14	64112377.69	流动负债合计	6164329.79	25046268.47
长期投资:			长期负债:		
长期投资	20667671.67	37026410.35	长期负债		
固定资产:			长期借款	1600000.00	1000000.00
固定资产原值	21593580.48	21784637.21	其他长期负债		
减:累计折旧	4404143.25	5588127.39			
固定资产净值	17189437.23	16196509.82	负债合计	7764329.79	26046268.47
在建工程		558133.24			
固定资产清理			股东权益:		
固定资产合计	17189437.23	16754643.06	股本	30000000.00	40000000.00
			资本公积	26064774.69	45847310.42
无形及递延资产:			盈余公积		
无形资产			未分配利润	518197.56	6703300.97
递延资产		703448.76			
无形递延资产合计		703448.76	股东权益合计	56582972.25	92550611.39
待处理财产损失					
资产总计	64347302.04	118596879.86	负债及股东权益总计	64347302.04	118596879.86

利润及利润分配表

1993年度

国嘉实业股份有限公司　　单位：人民币元

项　目	上年数	本年实际数	项　目	上年数	本年实际数
一、主营业务收入	10160855.03	9566685.70	减：少数股权		
减：营业成本	4649289.55	3876788.92	加：年初未分配利润	1299788.77	518197.56
销售费用	981798,28	965860.85	上年利润调整	(10212.27)	(75182.42)
管理费用	2337398.33	3097216.97	转增加资本	(3458939.64)	
财务费用	(1221807.86)	(225144.43)	可分配利润	1211542.11	8461608.33
营业税金及附加	403132.41	349554.86	减：应交所得税	322764.82	193235.90
二、主营业务利润	3011044.32	1502408.53	提取法定盈余公积	64774.69	782535.73
加：其他业务利润	88715.01	115831.56	提取公益金	305805.04	782535.73
三、营业利润	3097759.33	1618240.09	可供股东分配的利润	518197.56	6703300.97
加：投资收益		6344966.71	减：已分优先股股利		
营业外收入	301067.85	64363.14	提取任意公积		
减：营业外支出	17921.93	8976.75	已分普通股股利		
四、利润总额	3380905.25	8018593.19	年末未分配利润	518197.56	6703300.97

括号（　）内为负数

48. 上海新亚快餐食品股份有限公司

一、1993年经营业绩和财务指标

1993年,是上海新亚快餐食品股份有限公司在上海证券交易所挂牌的第一年。在这一年,该公司充分利用改革后的机遇,继续探索"规模生产、连锁经营、标准化管理"的道路,以市场为导向,加速发展,取得了良好的社会效益和经营效益,共实现主营业务收入2064.76万元,利润总额366.34万元,完成了全年的计划指标。该公司1993年的财务指标如下(单位:万元):

项目指标	1993年
主营业务收入	2064.76
税后利润	303.52
资产总计	5590.53
股东权益	3639.29
每股收益(元)	0.1275
每股权益(元)	1.53
每股红利	
速动比率	0.98
股东权益比率%	65.1
净资产收益率%	8.34

二、1993年资金的运用情况

1. 投资组建第六、第七连锁店共303.34万元;
2. 投资组建嘉丽商务大厦50万元;
3. 追加投资苏州新亚快餐食品有限公司78万元;
4. 追加投资上海新压金桥实业公司50万元;
5. 投资浙江新亚快餐有限公司350万元;
6. 投资浙江桐乡金属材料公司1180万元;
7. 投资通用机电研究所200万元。

三、1994年经营展望

1994年,该公司拟完成主营业务收入5430万元,实现税后利润463.59万元。

四、股本结构和股东持股情况

1. 1993年末股本结构:

股权	数量(万股)	比率%
发起人法人股	1400	58.82
社会法人股	420	17.65
社会个人股	560	23.53
总股本	2380	100

2. 前10名股东持股情况:

股东名称	持股数(万股)
上海新亚(集团)股份有限公司	714
上海二纺机股份有限公司	686
上海万国证券公司	42
上海永生制笔股份有限公司	42
上海嘉宝实业股份有限公司	42
上海申达实业股份有限公司	42
上海市出租汽车公司	42
上海珠江纺织企业公司	23.8
上海棱光实业股份有限公司	21
上海丰华圆珠笔实业股份有限公司	21

五、1993年度资产负债表和利润及利润分配表

资产负债表(合并)

1993年12月31日

上海新亚快餐股份有限公司　　单位:人民币元

资　　产	行次	期初数	期末数	负债及股东权益	行次	期初数	期末数
流动资产:				流动负债:			
货币资金	1	13964822.57	4028093.31	短期借款	41		4735000.00
短期投资	2	500000.00		应付票据	42		
应收票据	3			应付帐款	43	225176.49	645172.89
应收帐款	4	8493.30	1066838.42	预收货款	44	10756.00	8415.21
减:备抵坏帐	5		1588.34	应付福利费	45	−8145.78	133451.37
应收帐款净额	6	8493.30	1065250.08	未付股利	46		
预付货款	7			未交税金	47	72352.65	242541.70
其他应收款	8	3108783.04	13837666.11	其它未交款	48	62.06	3069.69
内部应收款	8−1			其他应付款	49	655724.00	13325028.69
待摊费用	9	243461.87	170586.15	内部应付款	49−1		
存货	10	425510.19	1213435.41	预提费用	50		169625.66
减:存货变现损失准备	10−1			待扣税金	51		
存货净额	10−2	425510.19	1213435.41	一年内到期的长期负债	52		
其他流动资产	10−3			流动负债合计	55	955925.42	19262415.21
流动资产合计	15	22751070.97	20315031.06	长期负债:			
长期投资:				长期借款	56		
长期投资	16	10233500.00	28373500.00	应付债券	57		
固定资产:				长期应付款	58	36835.27	
固定资产原价	18	1171803.40	2867627.52	其他长期负债	58−1		
减:累计折旧	19	169420.02	423974.83	其中:住房周转金	58−2		
固定资产净值	20	1002383.38	2443652.69	长期负债合计	65	36835.27	
在建工程	21	110000.00	1034121.27	股东权益:			
固定资产清理	22			股本	66	17000000.00	23800000.00
临时设施	22−1			资本公积金	67	15960000.00	9160000.00
固定资产合计	25	1112383.38	3477773.96	盈余公积金	68	57647.93	57647.93
无形及递延资产:				其中:公益金	69	19882.64	19882.64
无形资产	26			未分配利润	70	338004.93	3373243.06
递延资产	30	253459.20	3739001.18	股东权益合计	75	33357652.86	36392890.99
无形及其他资产合计	35	253459.20	3739001.18	待处理财产损失:			
待处理财产损失:							
待处理流动资产损失(减收益)	36			少数股权(合并报表填列)	75−1		250000.00
待处理固定资产损失(减收益)	37						
待处理财产损失合计	38						
资产总计	40	34350413.55	55905306.20	负债及股东权益总计	80	34350413.55	55905306.20

利润及利润分配表(合并)

1993年度

上海新亚快餐食品股份有限公司 单位:人民币元

项目	行次	本年实际数	项目	行次	本年实际数
一、主营业务收入	1	20647617.35	减:少数股权(合并报表填列)	14—1	97800.65
减:营业成本	2	15154741.33	加:年初未分配利润(未弥补亏损以"—"号表示)	15	338004.93
销售费用	3	2755674.19	上半年利润调整(减上年利润以"—"号表示)	16	
管理费用	4	1332995.07	盈余公积转入	17	
财务费用	5	—72087.35	五、可分配利润	18	3903579.20
进货费用	6		减:应交所得税	19	530336.14
营业税金及附加	7	534851.77	提取法定盈余公积	20	
二、主营业务利润(亏损以"—"号表示)	8	941442.34	提取公益金	21	
加:其他业务利润(亏损以"—"号表示)	9	133.95	六、可供股东分配的利润	22	3373243.00
三、营业利润(亏损以"—"号表示)	10	941576.29	减:已分配优先股的利润	23	
加:投资收益(亏损以"—"号表示)	11	2728439.13	提取任意公积	24	
营业外收入	12		已分配普通股股利	25	
减:营业外支出	13	6640.50	七、未分配利润(未弥补亏损以"—"号表示)	26	3373243.00
四、利润总额(亏损以"—"号表示)	14	3663374.92	八、补充资料:营业成本中存货变现损失准备提取数	27	

49. 上海市外高桥保税区开发股份有限公司

一、1993年经营业绩和近两年财务指标

上海市外高桥保税区开发股份有限公司是一家主营房地产、工程承包等业务的上市公司，其股票在上海证券交易所挂牌。1993年，在国家进行宏观调控、资金紧张、房地产业萎缩、招商引资难度增加的困难条件下，该公司以建设我国第一个最大的保税区为已任，调整计划，抓住机遇，使外高桥保税区的开发建设上了一个新台阶。其中主营业务收入突破7亿元，实现税后利润2.26亿元，超额335%完成了全年计划。该公司1993年的财务指标如下：

项目指标	1993年实际数	1993年计划数	完成计划比率
主营业务收入（万元）	74028		
利润总额（万元）	30410	5288	575.08%
税后利润（万元）	22686	5213	435.18%
资产总计（万元）	247806		
股东权益（万元）	72559		
每股收益（元）	0.62	0.17	
每股权益（元）	1.99	1.10	
净资产收益率（%）	31.27		
股东权益比率（%）	29.28		

二、前次募集资金的运用情况

该公司1993年度所筹资金均根据招股说明书中所确立的项目进行投入：

1. 投资于保税区的开发建设中；2. 上海外高桥保税区联合发展有限公司余下两期的注册资本；3. 投资于区内的企业以减少银行贷款。

三、1994年经营展望

在1994年，该公司将紧紧抓住发展机遇，充分运用保税区特殊优惠政策，发挥公司的综合优势，以大型化、多元化的跨国企业集团为企业发展目标，在抓好贸易、金融等主干业务的同时，进一步拓展业务范围，力争全年创主营业务收入14.8亿元，实现税后利润1.74亿元。

四、股本结构和股东持股情况

1. 1993年末股本结构：

股权	数量（万股）	比例（%）
国家股	24000	65.8
法人股	3000	8.2
个人股	1000	2.7
外资股	8500	23.3
总股本	36500	100

2. 前10名股东持股情况：

股东名称	持股数（万股）	占总股本比例（%）
国家持股	24000	65.8
中国银行上海信托咨询公司	3000	8.2
HKSBCSB A/C BANK OF SCOTLAND LONDON S/ANEWTON INVESTMENT MANAGERMENT LTD	1028.5	2.8
HKSBCSB A/C BANK OF SCOTLAND S/A NEWTONEXEMPT FOND	618.2	1.7
CITIBANK N. A. HONDKONG S/A GOLDMAN SACH	329.75	0.9
DBS SECURITIES NOMINEES PTE LTD	310	0.8
SHANGHAI XINHONG INDUSTRY INUESTMENT CO.	300	0.8
HKSBCSB A/C BERMUDA TRUST （FAREAST）LTD S/A GTSHENZHEN AND CHINA FUND	251.2	0.7
WARDLEY JAMES CAPEL FAR EAST LTD	207.9	0.6
（并列）HKSBCSB S/A CHEMICAL BANK LONDON SOB S/C	200	0.5
高诚证券有限公司	200	0.5
SCBHK A/C BROWN BROTHERS HARRIMAN & CO. SOB A/C THE GREAT CHINA FUND. IND.	200	0.5

五、1993年度资产负债表和利润及利润分配表

资产负债表(合并)

1993年12月31日

上海市外高桥保税区开发股份有限公司　　单位:人民币元

资　　产	行次	期初数	期末数	负债及股东权益	行次	期初数	期末数
流动资产:				流动负债:			
货币资金	1	305577639.51	756612579.49	短期借款	41	325681000.00	384313999.98
短期投资	2	40045605.70	36659356.00	应付票据	42		
应收票据	3			应付帐款	43	15562.07	1447048.15
应收帐款	4	53355.94	758238.41	预收货款	44	194713824.35	567792302.27
减:备抵坏帐	5			应付福利费	45	4321844.21	30273733.86
应收帐款净额	6	53355.94	758238.41	未付股利	46		
预付货款	7	6064877.09	109028892.02	未交税金	47	680917.29	37635699.36
其他应收款	8	292282702.14	686628047.57	其它未交款	48		
内部应收款	8-1			其他应付款	49	97072573.87	189554038.31
待摊费用	9	76479.27	122260.23	内部应付款	49-1		
存货	10	165085951.57	561471790.96	预提费用	50		
减:存货变现损失准备	10-1			待扣税金	51		
存货净额	10-2	165085951.57	561471790.96	一年内到期的长期负债	52		
其他流动资产	10-3		3000000.00	流动负债合计	55	622485721.79	1211016821.93
流动资产合计	15	809186611.22	2154281164.68				
长期投资:				长期负债:			
长期投资	16	57144990.86	133525121.95	长期借款	56	52700000.00	150561500.00
固定资产:				长期应付款	58		
固定资产原价	18	5813166.80	137246994.48	其他长期负债	58-1		
减:累计折旧	19	175848.69	17213339.59	其中:住房周转金	58-2		
固定资产净值	20	9637318.11	120033654.89	长期负债合计	65	52700000.00	150561500.00
在建工程	21		69899699.40	股东权益:			
固定资产清理	22			股本	66	280000000.00	365000000.00
临时设施	22-1			资本公积金	67	17714500.00	107555508.95
固定资产合计	25	9637318.11	189933354.29	盈余公积金		6843845.32	37992848.40
无形及递延资产:				其中:公益金	69	1320871.98	12664282.80
无形资产	26	229366200.00		未分配利润	70	40822661.37	215041901.15
递延资产	30	82117.47	323174.26	股东权益合计	75	345381006.69	725590258.50
无形及其他资产合计	35	229448317.47	323174.26				
待处理财产损失:							
待处理流动资产损失(减收益)	36			少数股权(合并报表填列)	75-1	87829600.00	342737871.55
待处理固定资产损失(减收益)	37						
待处理财产损失合计	38			货币换算差额		-2979090.82	48156363.20
资产总计	40	1105417237.66	2478062815.18	负债及股东权益总计	80	1105417237.66	2478062815.18

利润及利润分配表

1993 年度

上海市外交桥保税区开发股份有限公司　　单位:人民币元

项目	金额	项目	金额
主营业收入	740282464.75	减:少数股权	75395618.53
减:营业成本	523501959.07	加:年初未分配利润	22454823.66
销售费用	1976610.87	上年利润调整	(250906.42)
管理费用	900267878	盈余公积转入	
财务费用	(124582179.66)	可分配利润	250916860.86
进货费用		减:应交所得税	1844727.25
营业税金及附加	41048187.73	提取法定盈余公积	22686821.64
主营业务利润	289335207.96	提取公益金	11343410.82
加:其他业务利润	12952386.69	可供股东分配的利润	215041901.15
营业利润	302287594.65	减:已分配优先股股利	
加:投资收益	759793.20	提取任意公积	
营业外收入	1063.182.56	已分配普通股股利	
减:营业外支出	2008.26	未分配利润	215041901.15
利润总额	304108562.15	补充资料:营业中存货发现损失准备提取数	

50. 上海市原水股份有限公司

一、1993年经营业绩和财务指标

上海市原水股份有限公司是一家主营原水供应和自来水开发等业务的上市公司，其股票在上海证券交易所挂牌。1993年，该公司共供应原水7亿立方米，最大日供水量达277.34万立方米，均超历史最高水平。该公司创主营业务收入26617.40万元，完成年度计划的108.82%；实现税后利润16541.03万元，完成年度计划的123.32%；该公司1993年的财务指标如下(单位：万元)：

项目指标	1993年
主营业收入	26617.40
税后利润	16541.03
资产总计	172944.72
股东权益	165604.26
每股收益	0.25
每股权益	1.95
每股红利	0.185
速动比率	14.94
股东权益比率	95.76%
净资产收益率	10%

二、前次募集资金的运用情况

1.投入资金对长江引水一期工程进行全面维护与保养；长江引水二期工程建设已与承包单位签订协议，已投入资金2000万元。

2.黄蒲江上游引水一期工程更新改造添置设备投资90余万元，完成大修项目48项，投入资金194万元。黄蒲江上游引水二期工程的建设已投入资金10161万元。

3.多种经营：该公司充分利用工程用款时间差，努力开拓多种经营，共组建了二个全资子公司；上海原水房地产开发经营公司和上海原水工贸公司，共投入资金4000万元。

4.投资上海巴士股份有限公司300万元；投资莱福(集团)股份有限公司224万元；投资上海长源出租汽车公司进行联营500万元。

5.该公司1993年11月实施配股募集资金近1.85亿元，于12月29日到位，故该笔资金1993年尚未使用。

三、1994年经营展望

该公司1994年的经营目标是完成主营业务收入34000万元，实现税后利润17987万元。

四、股本结构和股东持股情况

1.1993年末股本结构：

股权	数量(万股)	比例(%)
国家持股	48993.01	57.82
法人持股	26247.03	30.97
个人持股	9498.72	11.21
其中内部职工股	1800	
总股本	84738.76	100.00

2.前10名股东持股情况：

股东名称	持股数(万股)
申银证券公司	3648
中国人民建设银行上海信托投资公司	800
上海万国证券公司	700
华夏证券公司	610
中国国际海运集装箱股份有限公司	300
南通市新海通有限公司	279.9
苏州电视机配件厂	255.5
上海市城市建设投资开发公司	235
上海市明城房地产开发总公司	216
交通银行上海分行	200
深圳市特力机电股份有限公司	200
上海公路房地产联合开发经营公司	200

五、1993年度资产负债表和利润及利润分配表

资产负债表（合并）

1993年12月31日

上海市原水股份有限公司　　单位：人民币元

资产	行次	期初数	期末数	负债及股东权益	行次	期初数	期末数
流动资产：				流动负债：			
货币资金	1	49124980.14	599979607.77	短期借款	41		
短期投资	2	371233990.00	257043332.00	应付票据	42		
应收票据	3			应付帐款	43	423194.17	4233594.09
应收帐款	4	38250000.00	154110972.77	预收货款	44		3355000.00
减：备抵坏帐	5			应付福利费	45	49208.08	
应收帐款净额	6	38250000.00	154110972.77	未付股利	46	16560750.00	16560750.00
预付货款	7		64679659.38	未交税金	47	1227825.00	4461534.95
其他应收款	8	98573410.34	40480404.68	其它未交款	48	34425.00	2666.39
内部应收款	8－1			其他应付款	49	15091843.37	29262218.93
待摊费用	9	50150.01	577289.50	内部应付款	49－1		
存货	10	881828.24	19344401.55	预提费用	50	5208640.82	15231864.75
减：存货变现损失准备	10－1			待扣税金	51		
存货净额	10－2	881828.24	19344401.55	一年内到期的长期负债	52		
其他流动资产	10－3		40800000.00	流动负债合计	55	38595884.24	73107629.11
流动资产合计	15	558114358.73	1177015847.63	长期负债			
长期投资：				长期借款	56		
长期投资	16	8000000.00	10240000.00	应付债券	57		
固定资产：				长期应付款	58		291457.66
固定资产原价	18	414268148.08	538076263.68	其他长期负债	58－1		5523.00
减：累计折旧	19	18366187.60	34379469.31	其中：住房周转金	58－2		5523.00
固定资产净值	20	395901960.48	503696794.37	长期负债合计	65		296980.66
在建工程	21	91030135.90	38494729.48	股东权益：			
固定资产清理	22			股本	66	662430000.00	847387600.00
临时设施	22－1			资本公积	67	342827855.73	636332748.23
固定资产合计	25	486932096.38	542191523.85	盈余公积	68	6438366.28	22979398.24
无形及递延资产：				其中：公益金	69	3863019.77	3863019.77
无形资产	26			未分配利润	70	2754348.86	149342815.24
递延资产	30			股东权益合计	75	1014450570.87	1656042561.71
无形及递延资产合计	35						
待处理财产损失：							
待处理流动资产损失（减收益）	36			少数股权（合并报表填列）	75－1		
待处理固定资产损失（减收益）	37						
待处理财产损失合计	38						
资产总计	40	1053046455.11	1729447171.48	负债及股东权益总计	80	1053046455.11	1729447171.48

利润及利润分配表

1993年度

上海市原水股份有限公司 单位:人民币元

项目	行次	金额	项目	行次	金额
一、主营业务收入	1	266174042.94	减:少数股权(合并报表填列)	14-1	
减:营业成本	2	9603070.76	加:年初未分配利润(未弥补亏损以"-"号表示)	15	2754348.86
销售费用	3	323310.00	上半年利润调整(减上年利润以"-"号表示)	16	-2280821.27
管理费用	4	9704184.41	盈余公积转入	17	
财务费用	5	-3568554.69	五、可分配利润	18	194460619.48
进货费用	6	28739.48	减:应交所得税	19	28576772.28
营业税金及附加	7	789733.58	提取法定盈余公积	20	16541031.96
二、主营业务利润(亏损以"-"号表示)	8	162866259.40	提取公益金	21	
加:其他业务利润(亏损以"-"号表示)	9	3374399.42	六、可供股东分配的利润	22	149342815.24
三、营业利润(亏损以"-"号表示)	10	166240658.82	减:已分配优先股的利润	23	
加:投资收益(亏损以"-"号表示)	11	22326812.68	提取任意公积	24	
营业外收入	12	5533838.44	已分配普通股股利	25	
减:营业外支出	13	114218.05	七、未分配利润(未弥补亏损以"-"号表示)	26	149342815.24
四、利润总额(亏损以"-"号表示)	14	193987091.89	八、补充资料:营业成本中存货变现损失准备提取数	27	

51. 上海新锦江大酒店股份有限公司

一、1993年经营业绩和财务指标

上海新锦江大酒店股份有限公司是在原上海新锦江大酒店的基础上改制而成的，其股票在上海证券交易所挂牌。1993年，该公司把完善高档商务型酒店的形象作为一个重要目标，努力提高服务质量，调整营销策略，积极开拓商务散客市场，提高旅游团队档次，压缩旅游团队的比例，并适时调整房价，使全年房金收入比去年翻了一番多，从而保证酒店在全年合理出租率的情况下，营业收入有较大幅度的增加，多项经济指标均在上海五星级酒店中名列前茅。该公司1993年度营业收入创历史最高纪录，达到19684.5万元，比上年增长52.6%，实现税后利润3681.8万元，比上年增长26.7%，该年度的财务指标如下：

指标	1993年实标	1993计划	比计划增减
主营业务收入	19684.5万元	16128万元	+22%
税后利润	3681.8万元	3423万元	+7.6%
资产总计	140918.1万元		
股东权益	134819.4万元		
每股收益	0.178元	0.16元	+11.3%
每股权益	4.871元	4.80元	+1.5%
每股红利	0.146元		
速动比率	142%		
股东权益比率	85.95%		
净资产收益率	2.73%		

二、前次募集资金的运用情况

该公司于1993年10月发行B股募集资金3242.2万美元，根据《B股招股说明书》有关资金用途计划，该公司对B股资金作了如下安排：

1. 公司以其中的1785.5万美元用于归还美元借款及利息。

2. 参资267万美元，建造位于浦东新区的五星级酒店——东锦江大酒店，占股份10%。

3. 参股交通银行上海浦东分行140万美元。

4. 参资98.55万美元，建造上海浦东国安大厦，占10%股份。

5. 投资310万元人民币开发120米长的新锦江商业街，用于商场、商用办公楼出租等。

6. 投资800万元人民币购买产权和室内装修建筑面积1600平方米的新锦江松江酒店、松江商苑及快餐娱乐厅。

7. 其余款项计划归还以后年度中国银行上海分行的美元债务。

三、1994年经营展望

在1994年，该公司决心加强管理以实现总体水准的提高，力争在海内外公众前树立起优秀上市公司形象，成为上海居领先地位的酒店之一。其经营目标为：营业收入完成2.5亿元，比上年增长27%；实现利润6400万元，比上年增长47.8%。

四、股本结构和股东持股情况

1. 1993年末股本结构：

股权	数量(万股)	比例(%)
公司发起人股(A股)	10679.22	38.58
法人股(A股)	6000.0	21.68
个人股(A股)	2000.0	7.22
人民币特种股(B股)	9000.0	32.52
总股本	27679.22	100

2. 前10名股东持股情况：

股东名称	持股数(万股)	占总股本比例(%)
上海市锦江(集团)公司	10679.22	38.58
上海国际投资信托公司	240.0	0.87
上海友谊汽车服务公司	169.0	0.61
上海锦江饭店	166.7	0.60
工商银行上海信托投资公司	150.0	0.54
上海振华汽车服务公司	144.0	0.52
上海和平饭店	88.0	0.32
久事公司	80.0	0.29
大通空运	80.0	0.29
上海国际饭店	69.0	0.25

五、1993年度资产负债表和利润及利润分配表

资产负债表

1993年12月31日

上海新锦江大酒店股份有限公司　　单位:人民币元

资产	行次	年初数	年末数	负债及股东权益	行次	年初数	年末数
流动资产:				流动负债:			
货币资金	1	68382682.54	207420615.89	短期借款	41		7520296.00
短期投资	2	5715000.00	6520000.00	应付票据	42		
应收票据	3	31922.48	594312.12	应付帐款	43	4029864.53	4347202.94
应收帐款	4	10949509.27	11717081.65	预收货款	44	317408.88	1471317.38
减:备抵坏帐	5			应付福利费	45		
应收帐款净额	6			未付股利	46		
预付货款	7	1248179.88	1667939.81	未交税金	47	2619406.87	7911928.25
其它应收款	8	7379989.54	9170707.38	其它未交款	48		
内部应收款	8—1			其他应付款	49	1685503.52	7025656.51
待摊费用	9	853239.24	356910.00	内部应付款	49—1		
存货	10	14973763.01	16729795.39	预提费用	50	5989869.74	8499348.21
减:存货变现损失准备	10—1			待扣税金	51		
存货净额	10—2			一年内到期的长期负债	52	92436027.44	128815680.00
其他流动资产	10—3			流动负债合计	55	107078080.78	165591429.29
流动资产合计	15	109534285.96	254177362.24	长期负债:			
长期投资:				长期借款	56	179985160.21	54867322.86
长期投资	16	11859200.00	47770399.21	应付债券	57		
固定资产:				长期应付款	58		
固定资产原价	18	1244883011.44	1250695445.62	其他长期负债	58—1		
减:累计折旧	19	13172123.90	40592876.07	其中:住房周转金	58—2		
固定资产净值	20	1231710887.54	1210102569.55	长期负债合计	65	179985160.21	54867322.86
在建工程	21	4957538.51	8247698.29	股东权益:			
固定资产清理	22	99401.38	270411.37	股本	66	186792200.00	276792200.00
固定资产合计	25	1236767827.43	1218620679.21	资本公积	67	923679021.18	1022937251.76
无形及递延资产:				盈余公积	68	1164729.80	4846515.27
无形资产	26	49880998.00	47596987.00	其中:公益金	69		
递延资产	30	1139448.83	487928.64	未分配利润	70	10482568.25	43618637.12
无形及其他资产合计	35	51020446.83	48084915.64	股东权益合计	75	1122118519.23	1348194604.15
待处理财产损失:							
待处理流动资产损失(减收益)	36			少数股权(合并报表填列)	75—1		
待处理固定资产损失(减收益)	37						
待处理财产损失合计	38						
资产总计	40	1409181760.22	1568653356.30	负债及股东权益总计	80	1409181760.22	1568653356.30

利润及利润分配表

1993年度

上海新锦江大酒店股份有限公司　　单位:人民币元

项　目	行次	金　额	项　目	行次	金　额
一、主营业务收入	1	196845130.83	减:少数股权(合并报表填列)	14-1	
减:营业成本	2	29991380.91	加:年初未分配利润(未弥补亏损以"—"号表示)	15	10482568.25
销售费用	3	40520555.41	上半年利润调整(减上年利润以"—"号表示)	16	
管理费用	4	76703806.62	盈余公积转入	17	
财务费用	5	-2586721.57	五、可分配利润	18	53797690.71
进货费用	6		减:应交所得税	19	6497268.12
营业税金及附加	7	9696372.86	提取法定盈余公积	20	3681785.47
二、主营业务利润(亏损以"—"号表示)	8	42519736.60	提取公益金	21	
加:其它业务利润(亏损以"—"号表示)	9		六、可供股东分配的利润	22	43618637.12
三、营业利润(亏损以"—"号表示)	10	42519736.60	减:已分配优先股的利润	23	
加:投资收益(亏损以"—"号表示)	11		提取任意公积	24	
营业外收入	12	1272504.75	已分配普通股股利	25	
减:营业外支出	13	477118.89	七、未分配利润(未弥补亏损以"—"号表示)	26	43618637.12
四、利润总额(亏损以"—"号表示)	14	43315122.46	八、补充资料:营业成本中存货变现损失准备提取数	27	

52. 上海飞乐音响股份有限公司

一、1993年度经营业绩和近三年财务指标

上海飞乐音响股份有限公司是一家在上海证券交易所挂牌的上市公司。1993年，该公司在经营音响器材设备和乐器方面通过增设与扩大经营网点，参与举办全国大型展销会和主动上门服务等多种促销手段，营业收入又比上年增长了69.45%，达4464.46万元的历史新高点，比年初预测目标高17.49%。该公司近三年的财务指标如下(单位:元)

项目指标	1993年	增长率	1992年	1991年
主营业务收入	44644600.88	+69.45%	26346680.90	15654408.55
税后利润	3740358.14	+36.9%	2732177.03	805860.82
资产总计	53439344.25	+71.8%	31107725.27	25260439.11
股东权益	42387139.38	+75.6%	24134048.67	22249278.20
每股收益(元)	0.374	−31.5%	0.546	0.163
每股权益(元)	4.24	−12.2%	4.83	4.5
每股红利(元)	0.30	−25%	0.40	0.125
速动比率(%)	174		150.3	467.9
股东权益比率(%)	79.3		77.58	88.09
净资产收益率(%)	8.82		11.32	3.62

二、前次募集资金的运用情况

1993年该公司通过送、配股，实收配股款1500万元，该笔资金主要投向于二个合资企业和二个新设网点。

1. 与香港通利琴行有限公司在外高桥保税区合资创设上海通乐实业有限公司，总投资400万美元，该公司占48%股权。

2. 与美国太德国际公司合资创设上海太德技术工程有限公司，总投资52万美元，该公司占股权50%。主要经营中央空调系统，冷库，冷冻机，中央热水器，汽车空调，厅堂音质、音响工程的设计、安装、维修服务。

3. 新设上海飞乐音响公司第二经营部和南京通乐音响乐器行二个经营网点，实际经营占用资金300万元。

三、1994年经营展望

该公司1994年经营方针是发挥经营音响、乐器和工程服务的优势，调整投资结构，视市场需要向其他行业拓展业务，将公司发展成多元化、多层次参与大商业、大流通的现代化企业，争取实现税后利润1230万元。

四、股本结构和股东持股情况

1. 1993年末股本结构：

股权	数量(万股)	比例(%)
法人持股	373.8496	37.38
个人持股	626.1504	62.62
总股本	1000	100.00

2. 公司前10名股东持股情况：

股东名称	持股数(股)	占总股本比例(%)
上海飞乐股份有限公司	1600100	16.0015
上海天极盛宅置业公司	394194	3.94194
深圳天极光电技术实业股份有限公司	328670	3.2867
上海飞乐电声经营公司	199900	1.999
龙蕃实业	134.660	1.3466
国茂投资	134200	1.342
浙江上证	80500	0.805
上海广福仪表有限公司	59600	0.596
深圳泰绅实业	55000	0.55
建总证券	53100	0.531

五、1993年度资产负债表和利润及利润分配表

资产负债表(合并)

1993年12月31日

上海飞乐音响股份有限公司　　单位:人民币元

流动资金来源和运用	行次	金　额	流动资金各项目的变动	行次	金　额
一、流动资金来源			一、流动资产本年增加数		
1.本年利润	1	28575948.95	1.货币资金	27	12254583.83
加:不减少流动资金的费用和损失			2.短期投资	28	29062634.70
(1)固定资产折旧	2	1677339.71	3.应收票据	29	759627.70
(2)无形资产、递延资产摊销	3		4.应收帐款净额	30	15329409.83
(3)固定资产盘亏(减盘盈)	4		5.预付货款	31	21613794.77
(4)清理固定资产损失(减收益)	5	23691.51	6.其他应收款	32	22126428.72
小计	6	30276980.17	7.内部应收款	32—1	
2.其他来源			8.待摊费用	33	1727299.96
(1)固定资产清理收入(减清理费用)	7	5216	9.存货净额	34	49589075.56
(2)增加长期负债	8	1050000	10.待处理流动资产损失(减收益)	35	
(3)收回长期投资	9		流动资产增加净额	36	152462855.07
(4)对外投资转出固定资产	10				
(5)对外投资转出无形资产	11				
(6)资本净增加额	12	51323232.95			
小计	13	52378448.95	二、流动负债本年增加数		
流动资金来源合计	14	82655429.12	1.短期借款	37	26329320
二、流动资金运用			2.应付票据	38	946743.36
1.利润分配			3.应付帐款	39	33007562.99
(1)应交所得税	15	3995980.42	4.预收货款	40	5317629.40
(2)提取盈余公积	16	2283869.10	5.应付福利费	41	668902.79
(3)提取公益金	17		6.未付股利	42	
(4)已分配股利	18	4866000	7.未交税金	43	1014439.37
小计	19	11145849.52	8.其他未交款	44	45572.47
2.其他运用			9.其他应付款	45	38779091.24
(1)固定资产和在建工程净增加额	20	12106819.31	10.内部应付款	45—1	
(2)增加无形资产、递延资产	21	551059.40	11.预提费用	46	100000
(3)偿还长期负债	22		12.待扣税金	47	
(4)增加长期投资	23	12598107.90			
小计	24	25255986.61			
流动资金运用合计	25	36401836.13	流动负债增加净额	48	106209262.08
流动资金增加净额	26	46253592.99	流动资金增加净额	49	46253592.99

利润及利润分配表

1993年度

上海飞乐音响股份有限公司 单位:人民币元

项目	行次	上年数	本年实际数	项目	行次	上年数	本年实际数
一、主营业务收入	1	26346680.90	44644600.88	减:少数股权(合并报表填列)	14-1		230000.00
减:营业成本	2	20745304.94	36137041.75	加:年初未分配利润(未弥补亏损以"-号"表示)	15		185741.63
销售费用	3	346528.90	760915.71	上年利润调整(减少上年利润以"-"号表示)	16		-14375.96
管理费用	4	1494329.11	2096028.16	盈余公积转入	17		
财务费用	5	-349166.13	-229787.99	五、可分配利润	18	3214325.92	4641769.38
进货费用	6	298006.00	281918.25	减:应交所得税	19	482148.89	703045.57
营业税金及附加	7	596438.23	1035977.16	提取法定盈余公积	20	273217.70	374035.81
二、主营业务利润(亏损以"-"号表示)	8	3215239.85	4562507.84	提取公益金	21	273217.70	366322.33
加:其他业务利润(亏损以"-"号表示)	9		202294.52	六、可供股东分配的利润	22	2185741.63	3171365.67
三、营业利润(亏损以"-"号表示)	10	3215239.85	4764802.36	减:已分配优先股股利	23		
加:投资收益(亏损以"-"号表示)	11	4426.37	-9407.30	提取任意公积	24		
营业外收入	12	75248.99	43361.06	已分配普通股股利	25	2000000.00	3000000.00
减:营业外支出	13	80589.29	125352.41	七、未分配利润(未弥补亏损以"-"号表示)	26	185741.63	171365.67
四、利润总额(亏损以"-"号表示)	14	3214325.92	4673403.71	八、补充资料:营业成本中存货变现损失准备提取数	27	53494.85	17751.27

53. 上海爱使股份有限公司

一、1993年经营业绩和近三年财务指标

上海爱使股份有限公司是一家主营机电设备、五金交电等多种经营业务的上市公司，是上海首批股份制试点企业。在1993年，该公司销售收入达到1788.8万元，超过年度计划的19.2%；税后利润实际完成428.05万元，超过年度计划的14.4%；该公司近三年的财务指标如下(万元)：

项目指标	1993年	增长率(%)	1992年	1991年
主营业务收入	1788.8	390.62	364.6	296.2
税后利润	428.05	234.15	128.1	8.9
资产总计	6147.57	190.60	2115.5	1164.49
股东权益	5269.9	187.95	1830.16	1323.42
每股收益(元)	0.53	43.24	0.37	0.15
每股权益(元)	4.88	－28.02	6.78	4.90
每股红利(元)	0.30	15.38	0.26	0.13
速动比率	1.70	－49.85	3.39	6.65
股东权益比率	85.72%	－0.91	86.51%	113.65%
净资产收益率	8.12%	16	7%	0.67%

二、前次募集资金的运用情况

该公司1993年通过向股东送配股共募集资金2970万元，根据第六次股东大会通过的1993年发展规划规定的思路和公司送配股公告确定的资金投向，该公司将增资扩股所得的资金主要投资于扩大各子公司规模和范围及组建中外合资爱使救生设备公司、建造爱使大厦开设新的经营网点和投资房地产业等，共计14个项目。

三、1994年经营展望

在1994年，该公司将扩大对浦东开发的投入，围绕上海经济发展的"三个中心"，巩固二产、发展三产，扩展延伸现有企业的经营规模和范围，加快在建项目建设，以国家产业结构调整和上海支柱产业为指导，远、近期相结合，以确保股东利益为大前提，开发新的投资项目。其经营目标为：销售收入2000万元，比1993年年增长11.8%，实现税后利润552万元。

四、股本结构和股东持股情况

1.1993年末股本结构：

总股本1080万股皆为流通股。

2.前10名股东持股情况：

股东名称	持股数(股)	占总股本比例(%)
胡兴平	257780	2.38
农襄上证	190000	1.75
钱国强	163100	1.51
张伟	119360	1.10
申银公司	114300	1.05
徐晓林	105700	0.97
申翰科技	98100	0.90
苏文奇	93940	0.86
万军	83000	0.76
中孚实行	70000	0.65

五、1993年度资产负债表和利润及利润分配表

资产负债表(合并)

1993年12月31日

上海爱使股份有限公司 单位:人民币元

资产	行次	期初数	期末数	负债及股东权益	行次	期初数	期末数
流动资产:				流动负债:			
货币资金	1	2169626.76	4295943.64	短期借款	41		
短期投资	2	1250000.00	2716000.00	应付票据	42		
应收票据	3			应付帐款	43	616553.71	2296837.50
应收帐款	4	1321394.66	1753846.88	预收货款	44	302186.53	287394.54
减:备抵坏帐	5	4341.48	5461.48	应付福利费	45	358689.78	571771.44
应收帐款净额	6	1317053.18	1748385.40	未付股利	46	701690.00	1690.00
预付货款	7	4449000.00	1677957.88	未交税金	47	3991.65	370602.14
其他应收款	8	453893.32	1144978.21	其它未交款	48	21762.40	294711.06
内部应收款	8—1	24706.70		其他应付款	49	779014.09	1968222.27
待摊费用	9	123054.46	79328.49	内部应付款	49—1	67974.80	
存货	10	1931590.67	4364430.94	预提费用	50	1600.00	23083.70
减:存货变现损失准备	10—1			待扣税金	51		
存货净额	10—2	1931590.67	4364430.94	一年内到期的长期负债	52		
其他流动资产	10—3			流动负债合计	55	2853463.96	5814312.65
流动资产合计	15	11718925.09	16027024.56	长期负债:			
长期投资:				长期借款	56		
长期投资	16	5719200.00	15595330.00	应付债券	57		
固定资产:				长期应付款	58		250000.00
固定资产原价	18	3718020.80	8749187.70	其他长期负债	58—1		
减:累计折旧	19	28197.17	1050932.24	其中:住房周转金	58—2		
固定资产净值	20	3689823.63	7698255.46	长期负债合计	65		250000.00
在建工程	21		21940413.52	股东权益:			
固定资产清理	22			股本	66	2700000.00	10800000.00
临时设施	22—1			资本公积金	67	15104879.86	37191379.86
固定资产合计	25	3689823.63	29638668.98	盈余公积金	68	427352.00	427352.00
无形及递延资产:				其中:公益金	69	307855.09	307855.09
无形资产	26			未分配利润	70	69374.87	4280513.20
递延资产	30	27120.77	214673.65	股东权益合计	75	18301606.73	52699245.06
无形及其他资产合计	35	27120.97	214673.65				
待处理财产损失:							
待处理流动资产损失(减收益)	36			少数股权(合并报表填列)	75—1		2712139.48
待处理固定资产损失(减收益)	37						
待处理财产损失合计	38						
资产总计	40	21155069.69	61475697.19	负债及股东权益总计	80	21155069.69	61475697.19

利润及利润分配表(合并)

1993年度

上海爱使股份有限公司　　　　单位:人民币元

项　目	行次	金　额	项　目	行次	金　额
一、主营业务收入	1	17888699.37	减:少数股权(合并报表填列)	14－1	620325.35
减:营业成本	2	14421144.56	加:年初未分配利润(未弥补亏损以"－"号表示)	15	69374.87
销售费用	3	222948.26	上半年利润调整(减上年利润以"－"号表示)	16	
管理费用	4	1578475.22	盈余公积转入	17	
财务费用	5	－303885.24	五、可分配利润	18	4804772.23
进货费用	6	7901.06	减:应交所得税	19	524259.03
营业税金及附加	7	446794.29	提取法定盈余公积	20	
二、主营业务利润(亏损以"－"号表示)	8	1515321.22	提取公益金	21	
加:其他业务利润(亏损以"－"号表示)	9	300091.76	六、可供股东分配的利润	22	
三、营业利润(亏损以"－"号表示)	10	1815412.98	减:已分配优先股的利润	23	
加:投资收益(亏损以"－"号表示)	11	3731967.72	提取任意公积	24	
营业外收入	12	74.40	已分配普通股股利	25	
减:营业外支出	13	191732.39	七、未分配利润(未弥补亏损以"－"号表示)	26	4280513.20
四、利润总额(亏损以"－"号表示)	14	5355722.71	八、补充资料:营业成本中存货变现损失准备提取数	27	

54. 上海申华实业股份有限公司

一、1993年经营业绩和近三年财务指标

上海申华实业股份有限公司是一家主营汽车客运、房地产等业务的上市公司，其股票在上海证券交易所挂牌。在1993年，该公司抓住机遇，调整优化产业结构与经营布局，积极拓展资本经营业务，强化科学管理，完善经营机制，共创主营业务收入12135万元，实现利润1880万元，分别超过计划指标的8.2%和23.7%。该公司近三年的财务指标如下(单位：万元)：

项目指标	1993年	增长率%	1992年	1991年
营业收入	12134.73	278.31	3207.61	1503.44
税后利润	1616.04	115.19	751.00	167.66
资产总计	23685.17	88.89	12538.88	1907.08
股东权益	16076.24	170.24	5948.84	1158.00
每股收益(元)	0.6	−15.79	0.75	0.34
每股权益(元)	5.95	0	5.95	2.31
每股红利(元)	0.329	−29.09	0.464	0.184
净资产收益率%	9.5		12.6	15.8
股东权益比率%	67.88		47.44	55.37
速动比率	0.60		0.64	0.26

二、前次募集资金的运用情况

该公司1992年实施配股后共募集资金8700万元，该笔资金已按配股公告书中所列投向使用：

1. 投资2000万元购置新车132辆；
2. 房产及物业投资3900万元；
3. 参股或投资新的小型企业800万元；
4. 投资于大酒店二期工程1500万元；
5. 补充商贸业流动资金500万元。

三、1994年经营展望

在1994年，该公司将进一步扩大客运网络与营运能力，完善配套设施，在房地产方面更加注重开发具有地段优势的项目，为公司长远发展打下良好的基础，争取全年实现主营业务收入17525万元，实现利润2807万元。

四、股本结构和股东持股情况

1. 1993年末股本结构：

股权	数量(股)	比例(%)
法人股	5023129	18.6
个人股	21976871	81.4
总股本	27000000	100.00

2. 前6名股东持股情况：

股东名称	数量(股)	占总股本比例(%)
上海申华工贸发展总公司	1008759	3.74
上海浦东新区建设安装总公司	621000	2.30
深圳万科企业股份有限公司	588200	2.18
深圳万科财务顾问有限公司	432500	1.60
上海市建国社会公益基金会	406683	1.51
上海万科房地产有限公司	199300	0.74

五、1993年度资产负债表和利润及利润分配表

资 产 负 债 表

1993年12月31日

上海申华实业股份有限公司　　单位:人民币元

资　产	行次	期初数	期末数	负债及股东权益	行次	期初数	期末数
流动资产:				流动负债:			
货币资金	1	17872670.91	18224642.77	短期借款	41	15000000.00	18300000.00
短期投资	2			应付票据	42		
应收票据	3			应付帐款	43	10244343.72	7031926.33
应收帐款	4	311085.84	1158631.39	预收货款	44		9889580.93
减:备抵坏帐	5			职工福利基金	45	140586.19	534634.42
应收帐款净额	6	311085.84	1158631.39	未付股利	46	7000000.00	
预付货款	7		1210753.14	未交税金	47	1406349.47	1476278.73
其他应收款	8	23911872.49	26470695.84	其它未交款	48	211607.51	1504969.88
内部应收款	8-1			其他应付款	49	31713601.57	28380013.61
待摊费用	9	381102.03	954948.60	内部应付款	49-1	40961.03	
存货	10	3257586.85	49256062.94	预提费用	50	60000.00	699.30
减:存货变现损失	11			待扣税金	51		
存货净额	12	3257586.85	49256062.94	一年内到期的长期负债	52		
其他流动资产	13			流动负债合计	55	65817449.49	67118103.20
流动资产合计	15	45734318.12	97275734.68	长期负债:			
长期投资:				长期借款	56		
长期投资:	16	30092200.00	50323852.45	应付债券	57		
固定资产:				长期应付款	58	82983.81	52983.81
固定资产原价	18	22577807.35	60617433.51	其他长期负债	58-1		
减:累计折旧	19	1600226.56	4328541.22	其中:住房周转金	58-2		
固定资产净值	20	20977580.79	56288892.29	长期负债合计	65	82983.81	52983.81
在建工程	21	28584715.94	32061731.84	股东权益:			
固定资产清理	22			股本	66	10000000.00	27000000.00
固定资产合计	25	49562296.73	88350624.13	资本公积	67	45634532.08	122716217.78
无形及递延资产:				盈余公积	68	3853849.47	3774028.71
无形资产	26			其中:公益金	69	1502057.85	1502057.85
递延资产	30		940771.40	未分配利润	70		16160342.71
无形及其他资产合计	35		940771.40	股东利润合计	75	59488381.55	169650589.20
待处理财产损失:							
待处理流动资产损失(减收益)	36		-39306.45	少数股权(合并报表填列)	75-1		30000.00
待处理固定资产损失(减收益)	37						
待处理财产损失合计	38		-39306.45				
资产总计	40	125388814.85	236851676.21	负债及股东权益总计	80	125388814.85	236851676.21

利润及利润分配表

1993年1—12月

上海申华实业股份有限公司 单位:人民币元

项 目	行次	上年数	本年实际数
一、主营业务收入	1	32076103.45	121347287.56
减:营业成本	2	23319332.38	94618092.82
销售费用	3	1919285.16	3495531.57
管理费用	4	104878.97	5775746.33
财务费用	5	73415.28	156159.49
进货费用	6	35942.91	90159.75
营业税金及附加	7	1194397.56	2679700.12
二、主营业务利润(亏损以"-"号表示)	8	5428851.19	14531897.48
加:其他业务利润(亏损以"-"号表示)	9		
三、营业利润(亏损以"-"号表示)	10	5428851.19	14531897.48
加:投资收益(亏损以"-"号表示)	11	2892289.78	4318500.49
营业外收入	12	118868.51	88721.56
减:营业外支出	13	328.25	60969.54
四、利润总额(亏损以"-"号表示)	14	8439681.23	18878149.99

55. 上海飞乐股份有限公司

一、1993年经营业绩和近三年财务指标

上海飞乐股份有限公司是一家在上海证券交易所挂牌的上市公司。在1993年，该公司共产电声元器件659.21万只，通讯类产品1.42万只，其它产品3.30万只，实现产品销售收入9111.04万元，出口创汇510万美元，主营业务收入达到15389万元，实现税后利润2333万元，超额60.07%完成了当年溢利计划。该公司近三年的财务指标如下：

项目指标	单位	1993年	增长率%	1992年	1991年
主营业务收入	万元	15389	145.24	6275	5426
利润总额	万元	2858	171.42	1053	187
税后利润	万元	2333	160.07	895	176
总资产	万元	45478	64.30	27680	14868
股东权益	万元	24871	37.25	18121	2428
每股收益	元/股	0.3499	90.26	0.1899	0.0838
每股净资产	元/股	3.73	0.27	3.72	1.16
每股红利	元/股	0.3439	139.32	0.1437	0.0449
速动比率		1.21		1.86	0.45
股东权益比率	%	55.08		65.47	16.33
净资产收益率	%	9.38		4.94	7.00

二、前次募集资金的运用情况

该公司于1993年5月实施配股共募集资金4283万元，这笔资金的投向为：

1. 房地产开发经营公司注册资金1000万元。
2. 汽车出租公司注册资金300万元。
3. 兴办工贸实业公司、商贸发展公司、电声经营公司、生活服务公司、飞天电子信息设备公司、易发彩印包装有限公司等全资子公司和合资企业共投资1224万元。
4. 进行产品开发研制、技术更新改造、增加经营销售网点、添置设备等固定资产投资800万元。
5. 用于法人股配股、参股等证券金融投资330万元。

三、1994年经营展望

为建立现代企业制度，实现收入上百亿，创利上十亿的飞乐集团发展远景，该公司将向大企业、大市场、大流通等方面积极发展，一方面通过产权交易，吸收合并等措施扩大生产规模和场地，开发高新技术产品，大力发展通信产品。另一方面，向其它行业拓展业务，实现多元化发展，多层次经营，多方面投资，不断提高获利能力，减少市场风险。争取1994年全年实现主营业务收入36440万元；税后利润3230万元，比1993年实际完成数分别增长136.79%和38.45%。

四、股本结构和股东持股情况

1. 1993年末股本结构：

股权	数量(万股)	比例(%)
国家股	1730.85	25.95
法人股	875.51	13.13
个人股	4063.24	60.92
总股本	6669.6	100.00

2. 前10名股东持股情况：

股东名称	持股数(股)	占总股本比例(%)
国有资产	17308500	25.95
飞乐股份	3905010	5.86
飞乐电声	1500000	2.25
飞乐通信	1000000	1.50
飞乐经销	600000	0.89
利闻公司	500000	0.75
顾自珍	497701	0.75
余祥	476160	0.71
余燕	420000	0.63
程小鹏	330000	0.49

五、1993年度资产负债表和利润及利润分配表

资产负债表(合并)

1993年12月31日

上海飞乐股份有限公司　　单位:人民币元

资　产	行次	期初数	期末数	负债及股东权益	行次	期初数	期末数
流动资产:				流动负债:			
货币资金	1	11991255.63	33425662.43	短期借款	41	62480000.00	77080000.00
短期投资	2		29931118.48	应付票据	42		1700000.00
应收票据	3			应付帐款	43	8112558.08	22654234.16
应收帐款	4	74366657.64	113090557.97	预收货款	44		11394221.16
减:备抵坏帐	5	223100.00	338969.77	应付福利费	45	98701.21	348179.91
应收帐款净额	6	74143557.64	112751588.20	未付股利	46	10626150.00	1902137.34
预付货款	7		7438076.28	未交税金	47	2469147.31	6903861.86
其他应收款	8	15703702.50	40059933.42	其它未交款	48	9301008.40	3557824.75
内部应收款	8—1			其他应付款	49	8357811.46	6066698.53
待摊费用	9	292467.12	1168654.21	内部应付款	49—1		
存货	10	72569622.69	94865895.98	预提费用	50	9986849.68	13614904.90
减:存货变现损失准备	10—1			待扣税金	51		
存货净额	10—2	72569621.69	94865895.98	一年内到期的长期负债	52		
其他流动资产	10—3			流动负债合计	55	111432226.14	145222062.61
流动资产合计	15	174700604.48	319640929.00	长期负债:			
长期投资:				长期借款	56	125833895.93	126013965.63
长期投资:	16	44426740.00	47538774.76	应付债券	57	15000000.00	19750249.40
固定资产:				长期应付款	58		
固定资产原价	18	158724709.99	277841022.55	其他长期负债	58—1		
减:累计折旧	19	47398482.89	66559904.59	其中:住房周转金	58—2		
固定资产净值	20	111326227.10	211281117.96	长期负债合计	65	140833895.93	145764215.03
在建工程	21	132680468.80	56077364.15	股东权益:			
固定资产清理	22			股本	66	106261500.00	128125940.00
临时设施	22—1			资本公积金	67	99387000.00	166591910.31
固定资产合计	25	244006695.90	267358482.11	盈余公积金	68	5279599.53	13297045.49
无形及递延资产:				其中:公益金	69	1759866.51	5268589.49
无形资产	26			未分配利润	70	1692915.60	37762699.45
递延资产	30	1753096.82	2225687.02	股东权益合计	75	212621015.13	345777595.25
无形及递延资产合计	35	1753096.82	2225687.02				
待处理财产损失:							
待处理流动资产损失(减收益)	36			少数股权(合并报表填列)	75—1		
待处理固定资产损失(减收益)	37						
待处理财产损失合计	38						
资产总计	40	464887137.20	636763872.89	负债及股东权益总计	80	464887137.20	636763872.89

利润及利润分配表(合并)

1993年度

上海飞乐股份有限公司　　单位:人民币元

项　目	行次	本年实际数	项　目	行次	本年实际数
一、主营业务收入	1	153886483.74	减:少数股权(合并报表填列)	14—1	1249812.72
减:营业成本	2	119580776.73	加:年初未分配利润(未弥补亏损以"—"号表示)	15	6774560.74
销售费用	3	8327081.94	上年利润调整(减少上年利润以"—号"表示)	16	—12312.06
管理费用	4	11621414.72	盈余公积转入	17	
财务费用	5	—4977564.89	五、可分配利润	18	34088384.91
进货费用	6		减:应交所得税	19	3995980.42
营业税金及附加	7	1217115.66	提取法定盈余公积	20	2283869.10
二、主营业务利润(亏损以"—"号表示)	8	17917659.58	提取公益金	21	
加:其他业务利润(亏损以"—"号表示)	9	567937.83	六、可供股东分配的利润	22	27808535.39
三.营业利润(亏损以"—"号表示)	10	18485597.41	减:已分配优先股股利	23	
加:投资收益(亏损以"—"号表示)	11	15054406.99	提取任意公积	24	
营业外收入	12	202297.61	已分配普通股股利	25	4866000
减:营业外支出	13	5166353.06	七、未分配利润(未弥补亏损以"—"号表示)	26	22942535.39
四、利润总额(亏损以"—"号表示)	14	28575948.95	八、补充资料:营业成本中存货变现损失准备提取数	27	

56. 上海豫园旅游商城股份有限公司

一、1993年经营业绩和财务指标

上海豫园旅游商城股份有限公司是一家主营百货业的上市公司，其股票在上海证券交易所挂牌。在1993年，该公司围绕市场建设，发展第三产业，把握机遇，克服困难，加快开拓经营和改扩建工程进度，保持了经济快速增长势头，超额完成了年度计划指标。其1993年财务指标如下(单位：元)：

项目指标	1993年实际指标	比计划增长
主营业务收入	940946803.44	12.96%
税后利润	60552615.98	2.02%
资产总值	1189287040.45	
股东权益	744869350.07	
每股收益	0.478	
每股权益	4.82	
速动比率	1.08	
股东权益比率	0.63	
净资产收益率	8.13	

二、1994年经营展望

1994年，该公司计划实现主营业务收入10.6亿元，利润8200万元，税后利润7030万元，分别比去年同期增长12.76%、17%和16%。为保证上述目标的实现，该公司拟采取以下措施：

1. 按专业化、特色化的要求，调整好商城黄金地段的网点结构、经营结构和商品结构，发挥黄金地段的黄金效益。

2. 向外开拓，实施东进、南下、出海的发展战略。利用名城、名店、名牌优势，开设分店、连锁店。

3. 加快在建项目的建设，争取提前完工，早见效益。

三、股本结构和股东持股情况

1. 1993年末股本结构：

股权	数量(万股)	比例%
发起人法人股	6278.8528	40.63
法人股	6326.8931	40.94
社会个人股	2848.284	18.43
总股本	15454.0299	100.00

2. 前10名股东持股情况：

股东名称	持股数(万股)	占总股本比例(%)
豫园旅游服务公司	2486.0065	16.09
豫园商场	1609.7708	10.42
市商业建设总公司	550.00	3.56
南市区第一饮食公司	533.1128	3.45
市旅游公司	330.00	2.13
南市区烟糖公司	231.00	1.49
南市区药材医药公司	198.00	1.28
南市区果品公司	165.00	1.07
上海市南洋服装工业公司	132.00	0.854
南市区第二饮食公司	126.8872	0.82

四、1993年度资产负债表和利润表

资　产　负　债　表

1993年12月31日

上海豫园旅游商城股份有限公司　　单位:人民币元

资　　产	行次	1993年11月1日	1993年12月31日	负债及股东权益	行次	1993年11月1日	1993年13月31日
流动资产:				流动负债:			
货币资金	1	73095776.59	60848368.42	短期借款	41	13720000.00	24950000.00
短期投资	2	30000000.00	19000000.00	应付票据	42		
应收票据	3	5500000.00	4500000.00	应付帐款	43	132119861.27	42670887.38
应收帐款	4	56902145.07	38051726.02	预收货款	44	132936314.71	42569283.40
减:备抵坏帐	5		188952.96	应付福利费	45	151252.95	
应收帐款净额	6	56902145.07	37862773.06	未付股利	46		
预付货款	7	83808643.97	44163169.35	未交税金	47	244046.06	2776628.63
其他应收款	8	97523482.63	51502315.16	其它未交款	48	4106864.78	4326644.17
内部应收款	8—1			其他应付款	49	85353829.44	83444794.74
待摊费用	9	790130.93	453331.10	内部应付款	49—1		
存货	10	115794899.85	69711444.83	预提费用	50	12548616.95	9246732.92
减:存货变现损失	11			待扣税金	51		
存货净额	12	115794899.85	69711444.83	一年内到期的长期负债	52		15000.00
其他流动资产	13	1350000.00		流动负债合计	55	381180786.16	209999971.24
流动资产合计	15	464765079.04	288041401.92	长期负债:			
长期投资:				长期借款	56	5025000.00	10000.00
长期投资:	16	13491050.37	12579466.97	应付债券	57		
固定资产:				长期应付款	58	169297.20	82711.93
固定资产原价	18	142092124.61	150124020.67	其他长期负债	58—1		
减:累计折旧	19	68457178.86	69922280.17				
固定资产净值	20	73634945.75	80201740.50	长期负债合计	65	5194297.20	92711.93
在建工程	21	9365975.48	8303296.42	股东权益:			
固定资产清理	22			股本	66	84326700.00	84326700.00
临时设施	22—1			资本公积金	67	87800989.85	87800989.85
固定资产合计	25	83000921.23	88505036.92	盈余公积金	68	7690811.88	7974919.46
无形及递延资产:				其中:公益金	69	—2124926.18	2879627.82
无形资产	26	5200000.00	5200000.00	未分配利润	70	361510.07	4342208.01
递延资产	30	98044.52	211594.68	股东权益合计	75	180180011.80	184444817.32
无形及其他资产合计	35	5298044.52	5411594.68				
待处理财产损失:							
待处理流动资产损失(减收益)	36			少数股权(合并报表填列)	75—1		
待处理固定资产损失(减收益)	37						
待处理财产损失合计	38						
资产总计	40	566555095.16	394537500.49	负债及股东权益总计	80	566555095.16	394537500.49

利　润　表

1993年度

上海豫园旅游商城股份有限公司　　单位:人民币元

项　　目	行次	金　额	项　　目	行次	金　额
一、主营业务收入	1	940946803.44	二、主营业务利润(亏损以"—"号表示)	8	47210101.28
减:营业成本	2	790068288.91	加:其他业务利润(亏损以"—"号表示)	9	5031252.76
销售费用	3	40040686.81	三、营业利润(亏损以"—"号表示)	10	52241354.04
管理费用	4	37123560.25	加:投资收益(亏损以"—"号表示)	11	24131644.21
财务费用	5	－6395729.46	营业外收入	12	2033036.64
进货费用	6		减:营业外支出	13	8385004.50
营业税金及附加	7	32899895.65	四、利润总额(亏损以"—"号表示)	14	70021030.39

57. 浙江省凤凰化工股份有限公司

一、1993年经营业绩和近三年财务指标

浙江省凤凰化工股份有限公司是一家主营化装品、合成洗涤剂等产品的上市公司，其股票在上海证券交易所挂牌。在1993年，由于受国家宏观调控、银根紧缩、原辅材料、能源、运价等价格上涨等不利因素的影响，该公司虽然超额9.86%完成了年度销售收入，但仅实现利润262.3万元，为年度计划的27.62%。该公司近三年的财务指标如下(单位:万元)：

项目指标	1993年	增长率%	1992年	1991年
主营业务收入	16795.00	45.18	11568.60	10519.25
税后利润	201.30	－69.71	664.70	425.75
资产总计	20599.92	33.05	15482.81	12892.23
股东权益	9582.93	143.49	3935.66	3889.01
每股收益(元)	0.038	－85.90	0.2695	0.1726
每股权益(元)	1.84	15.00	1.60	1.58
每股红利			0.20	0.08
速动比率	0.523		0.678	0.58
股东权益比率	0.465	83.00	0.2541	0.302
净资产收益率	0.021	－87.57	0.169	0.109

二、前次募集资金的运用情况

该公司1993年实施送配股所募集资金的主要投向如下：

1. 用于脂肪醇项目还贷及配套流动资金2300万元；
2. 投资海南裕祥实业公司180万元；
3. 用于房地产投资(中轻凤凰城)770万元；
4. 股权投资650万元；
5. 归还当地银行贷款本息1000万元；
6. 部分用于补充流动资金。

三、1994年经营展望

在1994年，该公司将本着“发展综合经营，创立名牌产品，推行一厂多制，规范股份公司”的经营方针，按照建立现代企业制度的要求，重组优势，向集团化进军，争取全年实现销售收入2.1亿元，完成利润总额908万元。

四、股本结构和股东持股情况

1. 1993年末股本结构：

股权	数量(万股)	比例(%)
国家股	2934.615	56.28
个人股	2279.8845	43.72
总股本	5214.4995	100

2. 主要股东持股情况：

股东名称	持股数(万股)	占总股本比例(%)
国家持股	2934.615	56.28
浙江上证	60	1.15
海通宁波	50	0.96
浙江计测	5	0.1

五、1993年度资产负债表和利润及利润分配表

资产负债表（合并）

1993年12月31日

浙江省凤凰化工股份有限公司　　　　单位：人民币元

资　　产	行次	期初数	期末数	负债及股东权益	行次	期初数	期末数
流动资产：				流动负债：			
货币资金	1	5202719.04	6379567.15	短期借款	41	15630000.00	15460000.09
短期投资	2	754.40		应付票据	42		
应收票据	3			应付帐款	43	8146124.08	29180729.15
应收帐款	4	22851085.89	28180133.53	预收货款	44	5807257.25	1989589.48
减：备抵坏帐	5	112304.54	140900.67	应付福利费	45	442444.46	139902.74
应收帐款净额	6	22738781.35	28039232.86	未付股利	46	6148306.90	
预付货款	7	5731506.92	14445071.76	未交税金	47	236441.68	22503.81
其他应收款	8	10700233.97	5365052.26	其它未交款	48	29922.82	16.78
内部应收款	8—1			其他应付款	49	7508755.88	5807501.13
待摊费用	9	810686.15	817247.97	内部应付款	49—1		
存货	10	49082516.17	70256460.39	预提费用	50	3446602.14	2040308.22
减：存货变现损失准备	10—1			待扣税金	51		
存货净额	10—2			一年内到期的长期负债	52	9600000.00	21481250.00
其他流动资产	10—3			流动负债合计	55	56995855.21	76121801.31
流动资产合计	15	94267198.00	125302632.39	长期负债：			
长期投资：				长期借款	56	52619465.46	33000000.00
长期投资：	16	2695237.82	10645534.55	应付债券	57	5656250.00	
固定资产：				长期应付款	58	200000.00	1048055.93
固定资产原价	18	55737231.47	72880500.48	其他长期负债	58—1		
减：累计折旧	19	10575107.76	14121504.30	其中：住房周转金	58—2		
固定资产净值	20	45162123.71	58758996.18	长期负债合计	65	58475715.46	34048055.93
在建工程	21	12789114.43	15325787.55	股东权益：			
固定资产清理	22			股本	66	24665200.00	52144995.00
临时设施	22—1			资本公积金	67		34588619.78
固定资产合计	25	57951238.14	74084783.73	盈余公积金	68	14691361.89	7082690.66
无形及递延资产：				其中：公益金	69	997055.89	997055.89
无形资产	26			未分配利润	70		2013019.94
递延资产	30		503242.69	股东权益合计	75	39356561.89	95829325.38
无形及其他资产合计	35		503242.69				
待处理财产损失：							
待处理流动资产损失（减收益）	36	−85541.40	−4537010.74	少数股权（合并报表填列）	75—1		
待处理固定资产损失（减收益）	37						
待处理财产损失合计	38	−85541.40	−4537010.74				
资产总计	40	154828132.56	205999182.62	负债及股东权益总计	80	154828132.56	205999182.62

利润及利润分配表(合并)

1993年度

浙江省凤凰化工股份有限公司　　单位:人民币元

项　目	行次	金　额	项　目	行次	金　额
一、主营业务收入	1	167950033.41	减:少数股权(合并报表填列)	14—1	
减:营业成本	2	133518104.34	加:年初未分配利润(未弥补亏损以"—"号表示)	15	
销售费用	3	6965535.88	上半年利润调整(减上年利润以"—"号表示)	16	—216506.8116
管理费用	4	8800875.81	盈余公积转入	17	
财务费用	5	6410824.64	五、可分配利润	18	2406466.15
进货费用	6		减:应交所得税	19	
营业税金及附加	7	9900270.70	提取法定盈余公积	20	393446.21
二、主营业务利润(亏损以"—"号表示)	8	2354422.04	提取公益金	21	
加:其他业务利润(亏损以"—"号表示)	9	356298.27	六、可供股东分配的利润	22	2013019.94
三、营业利润(亏损以"—"号表示)	10	2710720.31	减:已分配优先股的利润	23	
加:投资收益(亏损以"—"号表示)	11	563480.65	提取任意公积	24	
营业外收入	12	445627.21	已分配普通股股利	25	
减:营业外支出	13	1096855.21			
四、利润总额(亏损以"—"号表示)	14	2622972.96	七、未分配利润(未弥补亏损以"—"号表示)	26	2013019.94

58. 北京市天桥百货股份有限公司

一、1993 年经营业绩和近两年财务指标

北京市天桥百货股份有限公司是由两家零售商店——北京市天桥百货商场和前门百货商场于 1984 年共同发起设立的全国最早的股份制企业。1993 年，该公司股票在上海证券交易所挂牌后，各项经济指标增长显著，均超额完成了计划，其中主营业务收入完成计划的 105.9%，利润总额完成计划的 121.52%，税后利润完成计划的 121.03%。该公司近两年的财务指标如下(单位：万元)：

项目指标	1993 年	增长率%	1992 年
主营业务收入	28427	54.62	18385
税后利润	863	40.98	612
资产总计	21440	20.9	17734
股东权益	12804	161.25	4900
每股收益(元)	0.18	50	0.12
每股权益(元)	2.70	162.13	
每股红利(元)	0.20		
速动比率%	26.45		71.62
股东权益比率%	59.72		27.63
净资产收益率%	6.47		12.49

二、前次募集资金的运用情况

1993 年该公司所筹资金除补充主营业务流动资金外，重点投向项目开发：

1. 独资项目：北京市天桥精密钢管公司 400 万元

北京市天桥百货股份有限公司白沟分公司 630 万元

2. 合资联营：福建省石狮市新桥大酒店 1550 万元

北京天德尔儿童服装有限公司 60 万元

天桥博文快餐店 90 万元

3. 参股项目：华通国际招商股份有限公司 480 万元

北京怀柔百货大楼股份有限公司 250 万元

北京亿隆股份有限公司 250 万元

三、1994 年经营展望

该公司 1994 年经营目标是实现主营业务收入 28500 万元，比上年递增 17.34%，利润总额 2280 万元，比去年递增 76.23%，税后利润 1528 万元，比去年递增 76.97%。

四、股本结构和股东持股情况

1. 1993 年末股本结构：

股权	数量(万股)	比例(%)
国家股：	640.8333	8.40
法人股：	3084.367	40.41
社会个人股：	3906.693	51.19
总股本：	7631.8933	100.00

2. 前 10 名股东持股情况：

股东名称	持股数(股)	占总股本比例(%)
国家股	6408333	8.40
北京市住宅建设总公司	6400000	8.39
工行北京信托投资公司崇文代办处	2306232	3.02
深圳宝安集团	2000000	2.62
北京电影公司	1920000	2.52
总政治部玉泉干休所管理处	1920000	2.52
深圳莱英达集团公司	1200000	1.57
北京万通商贸公司	1200000	1.57
北京京融商贸公司	1200000	1.57
深圳中农信	1200000	1.57
崇文区商业网点开发公司	1152000	1.51

五、1993 年度资产负债表和利润及利润分配表

资　产　负　债　表

1993年12月31日

北京市天桥百货股份有限公司　　单位:人民币元

资　产	行次	年初数	年末数	负债及股东权益	行次	年初数	年末数
流动资产:				流动负债:			
货币资金	1	11996036.24	12357796.43	短期借款	41	14256000.00	26170000.00
短期投资	2		1118500.00	应付票据	42		
应收票据	3			应付帐款	43	37287386.52	40886897.37
应收帐款	4	2602022.88	1637929.10	预收货款	44		
减:备抵坏帐	5		7391.50	应付福利费	45	−1182585.97	−1892732.10
应收帐款净额	6	2602022.88	1630537.60	未付股利	46		
预付货款	7			未交税金	47	311715.02	1706637.54
其他应收款	8	35831703.09	3503940.65	其它未交款	48	25768.49	21898.65
内部应收款	8−1			其他应付款	49	19326316.20	3367567.82
待摊费用	9	90792.95	363224.20	内部应付款	49−1		
存货	10	32767045.24	60112646.74	预提费用	50	396328.80	99646.45
减:存货变现损失准备	10−1			待扣税金	51		
存货净额	10−2			一年内到期的长期负债	52		
其他流动资产	10−3			流动负债合计	55	70420929.06	70359915.73
流动资产合计	15	83287680.40	79086645.62	长期负债:			
长期投资:				长期借款	56	53250000.00	16000000.00
长期投资:	16	1455581.14	29992500.00	应付债券	57		
固定资产:				长期应付款	58	4663998.45	
固定资产原价	18	87196160.75	80874457.93	其他长期负债	58−1		
减:累计折旧	19		3304662.16	其中:住房周转金	58−2		
固定资产净值	20	87196160.75	77569795.77	长期负债合计	65	57913998.45	16000000.00
在建工程	21	2317088.07	18870907.96	股东权益:			
固定资产清理	22			股本	66	47435467.78	47435467.78
临时设施	22−1			资本公积金	67		70346720.94
固定资产合计	25	89513248.82	96440703.73	盈余公积金	68	616486.30	1501293.86
无形及递延资产:				其中:公益金	69		
无形资产	26	2040000.00	8883133.35	未分配利润	70	954765.35	8759584.39
递延资产	30			股东权益合计	75	49006719.43	128043066.97
无形及其他资产合计	35	2040000.00	8883133.35				
待处理财产损失:							
待处理流动资产损失(减收益)	36	1045136.58		少数股权(合并报表填列)	75−1		
待处理固定资产损失(减收益)	37						
待处理财产损失合计	38	1045136.58					
资产总计	40	177341646.94	214402982.70	负债及股东权益总计	80	177341646.94	214402982.70

利润及利润分配表

1993年度

北京市天桥百货股份有限公司 单位:人民币元

项目	行次	金额	项目	行次	金额
一、主营业务收入	1	284265228.00	减:少数股权(合并报表填列)	14-1	
减:营业成本	2	239117074.79	加:年初未分配利润(未弥补亏损以"—"号表示)	15	954765.35
销售费用	3	8540752.60	上半年利润调整(减上年利润以"—"号表示)	16	34187.01
管理费用	4	9551584.26	盈余公积转入	17	
财务费用	5	2683252.44	五、可分配利润	18	13926873.51
进货费用	6	847349.98	减:应交所得税	19	4303945.56
营业税金及附加	7	9184200.04	提取法定盈余公积	20	863403.56
二、主营业务利润(亏损以"—"号表示)	8	14341013.89	提取公益金	21	
加:其他业务利润(亏损以"—"号表示)	9	—23338.56	六、可供股东分配的利润	22	8759584.39
三、营业利润(亏损以"—"号表示)	10	14317675.33	减:已分配优先股的利润	23	
加:投资收益(亏损以"—"号表示)	11		提取任意公积	24	
营业外收入	12	419499.92	已分配普通股股利	25	
减:营业外支出	13	1799194.10	七、未分配利润(未弥补亏损以"—"号表示)	26	8759584.39
四、利润总额(亏损以"—"号表示)	14	12937981.15	八、补充资料:营业成本中存货变现损失准备提取数	27	

59. 北京市天龙股份有限公司

一、1993年经营业绩和近三年财务指标

北京市天龙股份有限公司是1987年由北京市崇文区物资回收公司、北京市供销合作总社以及崇文区网点开发公司共同投资入股组建的，主要经营金属等生产资料的销售，其股票在上海证券交易所挂牌。在1993年，该公司完成主营业务收入31576万元，实现税后利润1764.9万元，超额15.5%完成了计划指标。该公司近三年的财务指标如下(单位：万元)：

项　目指标	1993年	增长%	1992年	1991年
主营业务收入	31576	+24	25460	19420.7
税后利润总额	1764.9	+78.2	990.5	791.8
资产总值	34426	+54	22346	12594
股东权益	12990	+16.6	11104	5372
每股收益(元)	0.31	-47.5	0.59	0.61
每股红利(元)	0.1866	+43	0.13	0.13
每股权益(元)	2.29	+8	2.12	4.17
速动比率	0.54	-20	0.67	0.34
股东权益比率(%)	37.7	-31	53.95	42.65
净资产收益率(%)	13.58	+52.2	8.92	14.24

二、前次募集资金的运用情况

该公司于1993年实施配股共募集资金8078万元，其资金投向为：

1. 投资天津印刷材料生产基地4600万元，其中含购买土地使用权33333平方米1320万元。

2. 投资天津水上公园天龙公寓开发项目1500万元。

3. 投资北京天龙物资大厦前期准备资金1978万元。

上述投资项目除天津两个项目正在实施外，北京天龙物资大厦的前期准备资金，由于配股资金1994年才到位，因此，所有资金将按计划分别落实。

三、1994年经营展望

在1994年，该公司将以建立现代化企业为目标，深化以股份制规范化为核心的各项改革措施，全面推行以资本增值为主要内容的投入产出责任制，积极开发新产业，挖掘现有企业潜力，提高资金的利润率，争取主营业务收入完成31270万元；实现利润3650万元，税后利润2445.5万元。

四、股本结构和股东持股情况

1. 1993年末股本结构：

股权	数量(万股)	比例(%)
国家股	272	4.8
法人股	3087.6	54.4
社会个人股	2316	40.8
总股本	5675.6	100.00

2. 主要股东持股情况：

股东名称	持股数(万股)	占总股本比例(%)
崇文区商业网点开发公司	272	4.8
北京供销合作总社	1270.9	22.4
农业银行北京市分行信托投资公司	539.2	9.5
北京崇文天龙公司	1277.5	22.5

五、1993年度资产负债表和利润及利润分配表

资产负债表

1993年12月31日

北京市天龙股份有限公司 单位:人民币元

资产	行次	期初数	期末数	负债及股东权益	行次	期初数	期末数
流动资产:				流动负债:			
货币资金	1	22754212.98	20123047.72	短期借款	41	49900000.00	99001754.00
短期投资	2	452000.00	4386600.00	应付票据	42		
应收票据	3			应付帐款	43	15479606.89	26132618.72
应收帐款	4	1401082.02	17734106.32	预收货款	44	3256081.57	11274031.90
减:备抵坏帐	5	401.85	26190.59	应付福利费	45	-2593009.87	-3110963.55
应收帐款净额	6	1400680.17	17707915.73	未付股利	46		
预付货款	7	9219743.44	8315177.32	未交税金	47	1221051.69	2749976.19
其他应收款	8	14202742.43	65189948.27	其它未交款	48		57204.10
内部应收款	8-1			其他应付款	49	4020805.83	60731056.26
待摊费用	9	1025454.10	2933938.33	内部应付款	49-1		
存货	10	96730945.11	100825673.62	预提费用	50	858411.15	320368.79
减:存货变现损失准备	10-1			待扣税金	51		231341.56
存货净额	10-2			一年内到期的长期负债	52		
其他流动资产	10-3			流动负债合计	55	72142947.26	197387387.97
流动资产合计	15	145785778.23	219482300.99	长期负债:			
长期投资:				长期借款	56	32100000.00	9900000.00
长期投资	16	17857690.67	26955679.12	应付债券	57		
固定资产:				长期应付款	58		
固定资产原价	18	60948433.95	70523857.01	其他长期负债	58-1		
减:累计折旧	19	8266140.12	14047734.24	其中:住房周转金	58-2		
固定资产净值	20	52682293.83	56476122.77	长期负债合计	65	32100000.00	9900000.00
在建工程	21	10408490.61	24452900.65	股东权益:			
固定资产清理	22			股本	66	56756000.00	56756000.00
临时设施	22-1			资本公积金	67	21594588.09	11594588.09
固定资产合计	25	63090784.44	80929023.42	盈余公积金	68	39061257.80	47825506.14
无形及递延资产:				其中:公益金	69	3282344.85	6224307.51
无形资产	26	245000.00	14014999.16	未分配利润	70	3139264.46	13728866.85
递延资产	30	215771.16	1211502.44	股东权益合计	75	120551110.35	129904961.08
无形及其他资产合计	35	460771.16	15226501.60				
待处理财产损失:							
待处理流动资产损失(减收益)	36	758910.95	1674036.45	少数股权(合并报表填列)	75-1	3159877.84	7075192.53
待处理固定资产损失(减收益)	37						
待处理财产损失合计	38	758910.95	1674036.45				
资产总计	40	227953935.45	344267541.58	负债及股东权益总计	80	227953935.45	344267541.58

利润及利润分配表（合并）

1993 年度

北京天龙股份有限公司　　单位：人民币元

项　目	行次	金　额	项　目	行次	金　额
一、主营业务收入	1	315768386.03	四、利润总额（亏损以"—"号表示）	15	25633240.23
减：营业成本	2	250001394.83	加：年初未分配利润（未弥补亏损以"—"号表示）	16	3139264.46
销售费用	3	9925102.70	上半年利润调整（减上年利润以"—"号表示）	17	
管理费用	4	17423370.83	盈余公积转入	18	
财务费用	5	7945342.62	五、可分配利润	19	28772504.69
进货费用	6	1044574.31	减：应交所得税	20	7983902.92
营业税金及附加	7	5715276.39	提取法定盈余公积	21	1764933.73
二、主营业务利润（亏损以"—"号表示）	8	23713324.35	提取公益金	22	3529867.46
加：其他业务利润（亏损以"—"号表示）	9	959089.94	六、可供股东分配的利润	23	15493800.58
三、营业利润（亏损以"—"号表示）	10	24672414.29	减：已分配优先股的利润	24	
加：投资收益（亏损以"—"号表示）	11	5232632.20	提取任意公积	25	1764933.73
营业外收入	12	929494.66	已分配普通股股利	26	
减：营业外支出	13	4197657.76	七、未分配利润（未弥补亏损以"—"号表示）	27	13728866.85
少数股权投资收益	14	1003643.16			

60. 福建省福联股份有限公司

一、1993年经营业绩和近两年财务指标

福建福联股份有限公司是一家主营商业贸易的上市公司，该公司股票在上海证券交易所挂牌。在1993年，该公司以内外贸为主体，坚持以市场为导向，及时调整经营手段和策略，积极开拓销售渠道，全年完成销售收入4.71亿元，完成年度计划的104.74%。实现税后利润1211万元，完成了年度计划指标的101.76%。该公司近两年的财务指标如下：

项目指标	单位	1993年	年增长%	1992年
主营业务收入	万元	47135	11.15	42406
税后利润	万元	1211	36.22	889
资产总计	万元	33261	60.19	20764
股东权益	万元	16242	68.21	9656
每股收益	元/股	0.1290	0.1392	
每股权益	元/股	1.72		1.51
每股红利	元/股	0.1459		0.1114
速动比率		0.73		0.79
股东权益比率%		48.83		46.5
净资产收益率%		7.46		9.2

二、前次募集资金的运用情况

该公司于1993年对老股东实施配股共筹集资金5422.2385万元，其主要投向如下：

1.进一步投资上海外高桥保税区上海国泰实业有限公司1000万元。

2.投资1000万元综合改造厦门第二针织厂，兴建福联广场。

3.投资1308万元，在泉州市征地50亩，建设福联轻纺商业城。

4.余下部分用于零星投资及补充经营流动资金。

三、1994年经营展望

该公司1994年的发展方针是：加强内外贸易及投资管理，结合房地产开发，搞好市场建设。争取全年实现销售收入5亿元，比上年增长6%，实现税后利润1880万元，比上年增长55%。

四、股本结构和股东持股情况

1.1993年末股本结构：

股权	数量(万股)	比例(%)
法人股	6972.495	74.3
个人股	2411.8	25.7
总股本	9384.295	

2.前10名股东持股情况：

股东名称	持股数(万股)	占总股本比例(%)
福建省纺织工业公司	1200	12.79
福建华兴信托投资公司	1153	12.29
中国纺织物资总公司	813.01	8.66
厦门化纤厂	484	5.16
省工行信托投资公司福州办事处	401.3	4.28
省建行信托投资公司	388.8	4.14
中国化纤公司	260.5	2.78
福建化纤化工厂	226.765	2.42
建设银行厦门信托投资公司	224.62	2.39
中国丝绸工业总公司	183.205	1.95

五、1993年度资产负债表和利润表

资产负债表

1993年12月31日

福建省福联股份有限公司　　单位:人民币元

资　产	行次	期初数	期末数	负债及股东权益	行次	期初数	期末数
流动资产:				流动负债:			
货币资金	1	31423817.13	27041007.30	短期借款	41	81392325.00	70350000.00
短期投资	2	390000.00	172600.00	应付票据	42		
应收票据	3			应付帐款	43	2690120.94	95800643.15
应收帐款	4	24716292.70	32825724.00	预收货款	44	11151854.07	24300.00
减:备抵坏帐	5	174238.08	164120.62	应付福利费	45	330751.26	641289.20
应收帐款净额	6	24542054.62	32661595.38	未付股利	46	236043.62	155861.90
预付货款	7	9884795.17		未交税金	47	583325.17	1583911.88
其他应收款	8	30990828.80	62851762.80	其它未交款	48	91167.76	50541.90
内部应收款	8—1			其他应付款	49	14382070.50	1219679.33
待摊费用	9	130956.03	417403.30	内部应付款	49—1		
存货	10	18486076.95	103054583.13	预提费用	50	63054.11	289728.05
减:存货变现损失准备	10—1			待扣税金	51		
存货净额	10—2	18486076.95	103054583.13	一年内到期的长期负债	52		
其他流动资产	10—3			流动负债合计	55	110920712.43	170115955.41
流动资产合计	15	115849180.81	226198951.91	长期负债:			
长期投资:				长期借款	56	165440.00	75200.00
长期投资;	16	23021074.40	34187578.24	应付债券	57		
固定资产:				长期应付款	58		
固定资产原价	18	69161555.07	69809162.98	其他长期负债	58—1		
减:累计折旧	19	4707339.92	7061285.50	其中;住房周转金	58—2		
固定资产净值	20	64454215.15	62747877.48	长期负债合计	65	165440.00	75200.00
在建工程	21	3979980.52	6018116.61	股东权益:			
固定资产清理	22		2277.41	股本	66	63880000.00	93842950.00
临时设施	22—1			资本公积金	67	22358000.00	54251373.08
固定资产合计	25	68434195.67	68768271.50	盈余公积金	68	2656451.49	2211451.49
无形及递延资产:				其中:公益金	69		
无形资产	26		154383.37	未分配利润	70	7665600.00	12111670.44
递延资产	30	341753.04	3299415.40	股东权益合计	75	96560051.49	162417445.01
无形及其他资产合计	35	341753.04	3453798.77				
待处理财产损失:							
待处理流动资产损失(减收益)	36			少数股权(合并报表填列)	75—1		
待处理固定资产损失(减收益)	37						
待处理财产损失合计	38						
资产总计	40	207646203.92	332608600.42	负债及股东权益总计	80	207646203.92	332608600.42

利 润 表

1993 年度

福建省福联股份有限公司 单位:人民币元

项 目	行次	金 额	项 目	行次	金 额
一、主营业务收入	1	471318221.19	二、主营业务利润(亏损以"－"号表示)	8	－2375368.85
减:营业成本	2	463718975.07	加:其它业务利润(亏损以"－"号表示)	9	6046504.39
销售费用	3	1262547.84	三、营业利润(亏损以"－"号表示)	10	3671135.54
管理费用	4	6771594.27	加:投资收益(亏损以"－"号表示)	11	7448002.10
财务费用	5	－3061969.32	营业外收入	12	2617293.03
进货费用	6	2945944.95	减:营业外支出	13	237411.18
营业税金及附加	7	2056497.23	四、利润总额(亏损以"－"号表示)	14	13499019.49

61. 福建省耀华玻璃工业股份有限公司

一、1993年经营情况和近三年财务指标

福建省耀华玻璃工业股份有限公司是一家生产各种汽车用安全玻璃及建筑装饰玻璃等产品的上市公司，其股票在上海证券交易所挂牌。在1993年，该公司各项经济技术指标及企业规模、质量、产品出口均位居全国同行业第一名，其中销售汽车配套玻璃30万套，市场占有率为27%；在行业产品出口收入中，该公司创汇额达557万美元，占61.11%，同期全国进口汽车维修替补用玻璃1亿元左右，该公司出售4100万元，约占总量的40%。该公司1993年完成主营业务收入16884万元，实现税后利润6352万元，超额年度计划的近50%。该公司近三年的财务指标如下(单位：万元)：

项目指标	1993年	1993年增长%	1992年	1991年
主营业务收入	16884.05	68.00%	10050.43	542.10
税后利润	6352.47	184.65%	2231.64	1164.15
资产总计	37393.88	73.03%	21611.31	14746.65
股东权益	22304.53	98.51%	11236.07	9905.40
每股收益(元)	0.87	123.10%	0.39	0.29
每股权益(元)	2.36	20.40%	1.96	1.73
每股红利(元)	0.61	91.30%	0.38	0.13
速动比率	42%	4.50%	40.21%	40.00%
股东权益比率	60%	16.73%	51.40%－	67.17%
净资产收益率	28.48%	40.00%	20.34%	11.75%

二、前次募集资金的运用情况

在1993年度，该公司实施送配股共募集资金8077.88万元，其资金的投向为：

1. 投资于"福耀工业村"开发建设项目2500万元。
2. 引进设备480万美元折合人民币4277万元。
3. 用于国内配套厂房、水电1300万元。

三、1994年经营展望

在1994年，该公司计划实现销售收入2.2亿元，出口创汇1000万美元，实现经营利润9000万元，比1993年增长31.7%。其中主营业务利润6000万元，对外投资收益3000万元，实现税后利润为8400万元。

四、股本结构和股东持股情况

1. 1993年末股本结构：

股　权	数量(万股)	比例(%)
法人股	3914.62	41.43
外资股	2924.37	30.95
个人股	2609.19	27.71
总股本	9448.23	100.00

2. 前10名股东持股情况：

股东名称	持股数(万股)	占总股本比例(%)
香港贵信有限公司(外资股)	1190.30	12.05
福清市高山抽纱厂	832.50	8.80
香港得利康有限公司(外资股)	600.00	6.30
美国田纳西州塑胶工程公司(外资股)	545.45	5.70
印尼华侨方进忠(外资股)	545.45	5.70
中国华联汽车发展公司	545.45	5.70
福建省闽辉大厦	545.45	5.70
福清市侨乡投资公司	450.00	4.70
福清市宏路地产建材厂	450.00	4.70
福建省外贸汽车修理厂	383.45	4.00

五、1993年度资产负债表和利润表

资产负债表

1993年12月31日

福建省耀华玻璃工业股份有限公司 单位:人民币元

资 产	行次	年初数	期末数	负债及股东权益	行次	年初数	期末数
流动资产:				流动负债:			
货币资金	1	6653225.28	6713032.74	短期借款	41	40185760.00	97911200.00
短期投资	2	91160.00	143160.00	应付票据	42		
应收票据	3			应付帐款	43	4735544.65	9676527.37
应收帐款	4	13746670.21	39811119.27	预收货款	44	468542.07	34621.83
减:备抵坏帐	5	100000.00	120000.00	应付福利费	45		534220.00
应收帐款净额	6	13646670.21	39691119.27	未付股利	46		
预付货款	7	1430572.74	1129059.11	未交税金	47	582186.70	640809.02
其他应收款	8	5740710.40	5478028.53	其它未交款	48		
其中:预交所得税		650000.00	3068662.00				
待摊费用	9	1301180.05	284816.33	其他应付款	49	4815531.68	2710210.15
存货	10	51348004.69	86246316.77	预提费用	50	7676599.31	1122019.07
流动资产合计	11	80211523.37	139685532.75	待扣税金	51		
长期投资:	15			一年内到期长期负债			
长期投资	16	16125000.00	39081460.90	流动负债合计	56	58434164.41	112629607.44
固定资产:				长期负债:			
固定资产原价	17	112490530.08	155279615.78	长期负债		45288265.91	36522486.11
减:累计折旧	19	8558890.07	18353814.17	应付债券			
固定资产净值	20	103931640.01	136925801.61	长期应付款			
在建工程	21x	5405193.76	47648304.46	长期负债合计		45288265.91	36522486.11
固定资产清理	22			股东权益:			
固定资产合计	25	109336833.77	184574106.07	股本	66	57190000.00	94482300.00
无形及其它资产:				其中:法人股	66-2	26097780.00	39146700.00
无形资产	26	10439765.66	14181907.60	外资股	66-3	19495800.00	29243700.00
开办费	30			个人股	66-4	11596400.00	26091900.00
长期待摊费用	31			资本公积金	67	28608066.39	62791774.60
无形及其他资产合计	35	10439765.66	14181907.60	盈余公积金		171833.91	3158521.44
待处理财产损失:							
待处理流动资产损失(减收益)	36		437292.67				
				未分配利润		26390792.18	68375610.40
				股东权益总计		112360692.48	228808206.44
资产总计	40	216113122.80	377960299.99	负债及股东权益总计	80	216113122.80	377960299.99

利　润　表

1993 年度

福建省耀华玻璃工业股份有限公司　　单位：人民币元

项　　目	金　　额	项　　目	金　　额
一、主营业务收入	168840491.02	二、主营业务利润(亏损以"－"号表示)	46366927.77
其中：出口主营业务收入	32685788.38	加：其他业务利润(亏损以"－"号表示)	10794.10
减：营业成本	88259144.22	三、营业利润(亏损以"－"号表示)	46377721.87
其中：出口营业成本	26086371.14	加：投资收益(亏损以"－"号表示)	20234854.50
销售费用	17252081.71	营业外收入	2158297.92
管理费用	5951647.18	减：营业外支出	436185.29
财务费用	3794490.90	四、利润总额(亏损以"－"号表示)	68334689.00
进货费用		附：出口营业收入 USD	5569477.52
营业税金	7216199.24	折合人民币金额	32685788.38

62. 上海南洋国际实业股份有限公司

一、1993年经营业绩和财务指标

上海南洋国际实业股份有限公司是一家主营高新技术产品生产和销售等业务的上市公司，其股票在上海证券交易所挂牌。在1993年，该公司基本形成了以高新科技产业为主导，以附属工厂和南洋——闵行科技工业园区为基地，以房地产、贸易、期货、证券、销售、广告等第三产业为侧翼，集技工贸、产供销于一体的多元化产业经营格局。全年创主营业务收入18387.6万元，实现税后利润1735.11万元，完成年度计划的73.23%。该公司1993年的财务指标如下：

项目指标	单位	1993年实际	完成计划%
主营业务收入	万元	18387.59	111.12%
税后利润	万元	1735.11	73.24%
资产总计	万元	37303.67	
股东权益	万元	25289.57	
每股收益	元/股	0.22	61.11%
每股权益	元/股	3.25	102.85%
速动比率		2.98	
股东比率	%	67.79%	
净资产收益	%	6.86%	

二、前次募集资金的运用情况：

1. 特种材料厂投资900万元；
2. 复合材料电碳项目投资750万元；
3. 筹建光纤、光电实业投资450万元；
4. POS系统项目投资250万元；
5. 开办期货经纪公司投入资金1200万元；
6. 开展房地产业务投入资金3000万元；
7. 老企业技术改造和设备更新投资700万元。

三、1994年经营展望

该公司1994年的发展规划为：在企业管理上，加强内部管理，逐步建立现代企业管理制度，以适应商品经济的发展要求；完善产业结构的布局，确立以利润为中心，多元化经营的良性循环体系；扩大投资规划，提高现有产品的市场占有率；争取利润总额达到2500万元，税后利润2132万元，比1993年增长23%。

四、股本结构和股东持股情况

1. 1993年末股本结构：

股权	数量(万股)	比例(%)
国家股	541	6.9
发起人股	3484.99	44.7
社会法人股	2491.55	32.0
社会个人股(含内部职工股)	1275	16.4
总股本	7792.54	100

2. 前10名股东持股情况：

股东名称	持有股数(万股)	占总股本比例(%)
上海交通大学	3484.99	44.7
上海市国资办	541	6.9
上海万国证券公司	495.38	6.4
上海交通大学工会	142.89	1.83
黄浦房产股份有限公司	75	0.96
沪昌特种钢厂	50	0.64
上海英达电子仪器厂	40	0.51
上海公交总公司	36	0.46
上海电视一厂	34	0.44
广电股份有限公司	30	0.38

五、1993年度资产负债表和利润及利润分配表

资产负债表

1993年12月31日

上海南洋国际实业股份有限公司　　单位:人民币元

资　　产	行次	期初数	期末数	负债及股东权益	行次	期初数	期末数
流动资产:				流动负债:			
货币资金	1	53475655.40	58742498.81	长期借款	41	443795.00	7943000.00
短期投资	2	31973146.47	13836810.00	应付票据	42		
应收票据	3	20728.30	49500.00	应付帐款	43	9388547.04	17400752.98
应收帐款	4	7374239.26	32083681.04	预收货款	44	4286471.64	15282579.02
减:备抵坏帐	5		86484.97	应付福利费	45	652812.91	1213346.52
应收帐款净额	6	7374239.26	31997196.07	未付股利	46	1462165.11	1043545.10
预付货款	7	932067.57	16424357.22	未交税金	47	422057.00	1875411.61
其他应收款	8	38040420.80	107564065.18	其它未交款	48	594703.55	92240.71
内部应收款	8—1	2638798.93		其他应付款	49	14812694.50	24536722.38
待摊费用	9	205693.40	573734.25	内部应付款	49—1		
存货	10	21701537.59	29374118.78	预提费用	50	173592.73	1132797.69
减:存货变现损失准备	10—1		6089.19	待扣税金	51	10650.52	
存货净额	10—2	21701537.59	29368029.59	一年内到期的长期负债	52		2170977.70
其他流动资产	10—3		4100000.00	流动负债合计	55	32247490.00	72691373.71
流动资产合计	15	156362287.72	262656191.12	长期负债:			
长期投资:				长期借款	56	45407579.20	7550000.00
长期投资	16	84471207.50	73776891.09	应付债券	57		
固定资产:				长期应付款	58	2919703.78	38892751.66
固定资产原价	18	24820603.49	32565124.80	其他长期负债	58—1		
减:累计折旧	19	4129502.90	5545215.17	其中:住房周转金	58—2		
固定资产净值	20	20691100.59	27019909.63	长期负债合计	65	48327282.98	46442751.66
在建工程	21	3494160.17	2707430.79	股东权益:			
固定资产清理	22			股本	66	66000000.00	77925425.00
				资本公积	67	117479998.75	155392724.82
固定资产合计	25	24185260.76	29727340.42	盈余公积	68	529169.75	529169.75
无形及递延资产:				其中:公益金	69		
无形资产	26	197234.30	228090.23	未分配利润	70	1697249.05	19048385.51
递延资产	30	1338997.54	6494824.07	股东权益合计	75	185706417.55	252895705.08
无形及其他资产合计	35	1536231.84	6722914.30				
待处理财产损失:							
待处理流动资产损失(减收益)	36	572570.63	153395.66	少数股权(合并报表填列)	75—1	846367.92	1006902.14
待处理固定资产损失(减收益)	37						
待处理财产损失合计	38	572570.63	—153395.66				
资产总计	40	267127558.45	373036732.59	负债及股东权益总计	80	267127558.45	373036732.59

利润及利润分配表

1993年度

上海南洋国际实业股份有限公司 单位:人民币元

项目	行次	金额	项目	行次	金额
一、主营业务收入	1	183875935.00	减:少数股权(合并报表填列)	14—1	160534.22
减:营业成本	2	156016025.07	加:年初未分配利润(未弥补亏损以"—"号表示)	15	1697249.05
销售费用	3	2534644.49	上年利润调整(减少上年利润以"—"号表示)	16	
管理费用	4	15779224.66	盈余公积转入	17	
财务费用	5	—2891033.44	五、可分配利润	18	21887187.72
进货费用	6	56980.87	减:应交所得税	19	2838802.21
营业税金及附加	7	4080078.26	提取法定盈余公积	20	
二、主营业务利润(亏损以"—"号表示)	8	8300015.09	提取公益金	21	
加:其他业务利润(亏损以"—"号表示)	9	6344658.56	六、可供股东分配的利润	22	19048385.51
三、营业利润(亏损以"—"号表示)	10	14644673.65	减:已分配优先股股利	23	
加:投资收益(亏损以"—"号表示)	11	4778175.71	提取任意公积	24	
营业外收入	12	1069916.93	已分配普通股股利	25	
减:营业外支出	13	142293.40	七、未分配利润(未弥补亏损以"—"号表示)	26	19048385.51
四、利润总额(亏损以"—"号表示)	14	20350472.89	八、补充资料:营业成本中存货变现损失准备提取数	27	6089.19

63. 上海浦东强生出租汽车股份有限公司

一、1993年经营业绩和近两年财务指标

上海浦东强生出租汽车股份有限公司是一家主营汽车出租服务的上市公司，其股票在上海证券交易所挂牌。1993年，该公司确定了完善管理、加快发展、增强竞争力的发展目标，为改善上海、特别是浦东新区的投资环境，缓和出租汽车供求矛盾作出了巨大的贡献，完成或超额完成了其年初确定的各项经营指标，实现税后利润1189.83万元，是年初溢利计划的108%。该公司近两年的主要财务指标如下：

项目指标	单位	1993年	完成1993年计划	1992年	增长率
主营收入	万元	2624.18	87.19%	1036.15	153.26%
利润总额	万元	1398.20	116.52%	501.00	179.04%
税后利润	万元	1189.83	108.00%	428.66	177.58%
总资产	万元	14102.3		3569.37	295.09%
股东权益	万元	12802.41		3541.65	261.48%
每股收益(加权法)	元/股	0.567		0.26	118.08%
每股净资产	元/股	3.56		1.97	80.71%
每股红利	元/股	0.15		0.10	50.00%
净资产收益率	%	9.29		12.10	−2.81

二、前次募集资金的运用情况

1993年该公司实施配股募集的资金投向为：

1.投资4200万元，整建制购买上海市出租汽车公司第五汽车场。

2.投资2000万元，购买110辆桑塔纳小客车。

3.投资100万元，组建浦东强生进口汽车修理厂，至1993年底已承接该公司全部桑塔纳小客车的维修、保养，同时正式为社会提供修车服务。

4.投资房产开发业务500万元。

5.其余资金补充流动资金。

三、1994年经营展望

在1994年，该公司将紧紧围绕提高经济效益这个中心，发挥集约经营的优势，进一步扩大经营规模，加强企业内部管理，提高企业整体素质，争取在短期内办成上海市最大的出租汽车经营企业。全年计划实现营业收入7110万元，比上年增长170%，实现税后利润2295万元，比1993年增长93%。

四、股本结构和股东持股情况

1.1993年末股本结构：

股权	数量(万股)
发起人法人持股	2160
社会个人持股(含内部职工股)	1440
总股本	3600

2.前几大股东持股情况：

股东名称	持股数(万股)	占总股本比例(%)
上海市出租汽车公司	1171.50	32.54
上海市上投实业公司	300.00	8.33
陆家嘴金融贸易区开发公司	270.00	7.50
建设银行上海信托投资公司	270.00	7.50
文汇报社	148.50	4.13

五、1993年度资产负债表和利润及利润分配表

资产负债表

1993年12月31日

上海浦东强生租汽车股份有限公司　　单位:人民币元

资　产	行次	期初数	期末数	负债及股东权益	行次	期初数	期末数
流动资产:				流动负债:			
货币资金	1	424262.89	13816966.49	短期借款	41		5000000.00
短期投资	2	1000000.00	2710000.00	应付票据	42		
应收票据	3			应付帐款	43		
应收帐款	4	63714.30	267286.32	预收货款	44		
减:备抵坏帐	5	191.14	445.33	应付福利费	45	47846.27	204371.26
应收帐款净额	6	63523.16	266840.99	未付股利	46	3600000.00	
预付货款	7		7247000.00	未交税金	47	28619.99	740853.42
其他应收款	8	2660637.73	10655960.40	其它未交款	48	185368.08	351860.81
内部应收款	8—1			其他应付款	49	15346.92	6571157.95
待摊费用	9	42342.79	139406.65	内部应付款	49—1		
存货	10	110992.20	583507.35	预提费用	50		130679.04
减:存货变现损失准备	10—1			待扣税金	51		
存货净额	10—2			一年内到期的长期负债	52		
其他流动资产	10—3		20500000.00	流动负债合计	55	3877181.26	12998922.48
流动资产合计	15	4301758.77	55919681.88	长期负债:			
长期投资:				长期借款	56		
长期投资	16	788000.00	660000.00	应付债券	57		
固定资产:				长期应付款	58		
固定资产原价	18	30558239.54	92473161.66	其他长期负债	58—1		
减:累计折旧	19	1971031.35	15918359.70	其中:住房周转金	58—2		
固定资产净值	20	28587208.19	76554801.96	长期负债合计	65		
在建工程	21	1640376.34	639458.66	股东权益:			
固定资产清理	22			股本	66	18000000.00	36000000.00
临时设施	22—1			资本公积金	67	13159767.00	77669087.00
固定资产合计	25	30227584.53	77194260.62	盈余公积金	68	656709.30	7093286.82
无形及递延资产:				其中:公益金	69	228058.37	2850367.73
无形资产	26			未分配利润	70		7261760.46
递延资产	30	376314.26	7249114.26	股东权益合计	75	31816476.30	128024134.28
无形及其他资产合计	35	376314.26	7249114.26				
待处理财产损失:							
待处理流动资产损失(减收益)	36			少数股权(合并报表填列)	75—1		
待处理固定资产损失(减收益)	37						
待处理财产损失合计	38						
资产总计	40	35693657.56	141023056.76	负债及股东权益总计	80	35693657.56	141023056.76

利润及利润分配表

1993年度

上海浦东强生出租汽车股份有限公司　　单位:人民币元

项　　目	行次	金　　额	项　　目	行次	金　　额
一、主营业务收入	1	26241802.96	减:少数股权(合并报表填列)	14-1	
减:营业成本	2	12590478.44	加:年初未分配利润(由年初未付股利转来)	15	1800000.00
销售费用	3	44642.73	上半年利润调整(减上年利润以"-"号表示)	16	
管理费用	4	1911124.33	盈余公积转入	17	
财务费用	5	-163059.46	五、可分配利润	18	15782040.56
进货费用	6		减:应交所得税	19	2083702.58
营业税金及附加	7	847646.39	提取法定盈余公积	20	3814268.16
二、主营业务利润(亏损以"-"号表示)	8	11010970.53	提取公益金	21	2622309.36
加:其他业务利润(亏损以"-"号表示)	9	1847260.03	六、可供股东分配的利润(年初未付股利)	22	7261760.46
三、营业利润(亏损以"-"号表示)	10	12858230.56	减:已分配优先股的利润	23	
加:投资收益(亏损以"-"号表示)	11	1123810.00	提取任意公积	24	
营业外收入	12		已分配普通股股利	25	
减:营业外支出	13		七、未分配利润(未弥补亏损以"-"号表示)	26	7261760.46
四、利润总额(亏损以"-"号表示)	14	13982040.56	八、补充资料,营业成本中存货变现损失准备提取数	27	

64. 上海市陆家嘴金融贸易区开发股份有限公司

一、1993年经营业绩和财务指标

上海市陆家嘴金融贸易区开发股份有限公司是一家主营房地产开发等业务的上市公司，其股票在上海证券交易所挂牌。在1993年，该公司共引进项目28个，吸引投资17900万美元和593200万元人民币，取得了明显的综合经济效益，实现利润总额16172.9万元，超额106.14%完成了年度计划。

项目指标	1993年实际完成	单位	1993年增长率
主营业收入	60438.75	万元	206.14%
税后利润	16142.88	万元	
资产总计	325515.30	万元	
股东权益	98798.25	万元	
每股收益	0.23	元	209.09%
每股权益	1.38	元	
速动比例	41.35	%	
股东权益比率	30.35	%	
净资产收益率	16.34	%	

二、前次募集资金的运用情况

该公司于1993年12月以10配4的比例增资配股。国家股和法人股放弃配股权。个人股的配股款6300万元人民币已于1994年初到位。该笔资金将用于龙阳小区45公顷左右的土地开发。

三、1994年经营展望

在1994年，该公司拟完成土地开发54公顷，新开工动迁房51.1万平方米，竣工43.8万平方米。继续建设竹园商贸区、龙阳综合区市政基础设施；陆家嘴股份公司将新开工35kV电站1座，转让土地4幅；陆家嘴联合发展有限公司将新开工35kV电站3座，转让土地8幅；富都世界一期15公顷全部拆平，年内完成主要地块转让，并有2～3个项目开工，富都投资项目“海富花园”投入预售；在加强现有投资企业管理的同时，有选择的在商业、旅游行业寻求有实力的合作伙伴，对有良好回报的项目合作投资。1994年全年计划实现利润31558万元，税后利润28976万元，比上年增长80%左右。

四、股本结构和股东持股情况

1.1993年末股本结构：

股权	数量(万股)	比例(%)
国家股	64000	87.31
法人股	3000	4.09
社会个人股	6300	8.6
含内部职工持股	1260	
总股本	73300	100%

2.主要股东持股情况：

股东名称	持股数(股)	占总股本比例(%)
上海市陆家嘴金融贸易区开发公司(国家股)	64000000	87.31
上海国际信托投资公司	30000000	4.09
上海大众出租汽车股份有限公司	326200	0.045

五、1993年度资产负债表和利润及利润分配表

资产负债表（合并）

1993 年 12 月 31 日

上海市陆家嘴金融贸易区开发股份有限公司　　单元：人民币元

资　　产	行次	1993 年 11 月 30 日	1993 年 12 月 31 日	负债及股东权益	行次	1993 年 11 月 30 日	1993 年 12 月 31 日
流动资产：				流动负债：			
货币资金	1	62002112.94	59134605.88	短期借款	41	28660000.00	40460000.00
短期投资	2			应付票据	42		
应收票据	3	2339746.02	329323.87	应付帐款	43	31271091.59	39983951.65
应收帐款	4	5310348.45	7562483.91	预收货款	44	948613.99	146002.93
减：备抵坏帐	5			应付福利费	45	344334.75	238421.20
应收帐款净额	6	5310348.45	7562483.91	未付股利	46		
预付货款	7	86569.80		未交税金	47	－519055.47	395608.45
其他应收款	8	21984653.27	67010841.21	其它未交款	48	122298.62	202828.47
内部应收款	8－1			其他应付款	49	41495279.66	24924442.22
待摊费用	9		1700132.00	内部应付款	49－1		
存货	10	11294719.86	12340298.04	预提费用	50	2075511.23	134026.80
减：存货变现损失准备	10－1	52496.46		待扣税金	51		
存货净额	10－2	11242223.40	12340298.04	一年内到期的长期负债	52		4500000.00
其他流动资产	10－3			流动负债合计	55	104398074.37	110985281.72
流动资产合计	15	102965653.88	148077684.91	长期负债：			
长期投资：				长期借款	56	9000000.00	600000.00
长期投资：	16	13600693.55	13900693.55	应付债券	57		
固定资产：				长期应付款	58		430638.46
固定资产原价	18	28853262.13	28867062.13	其他长期负债	58－1		
减：累计折旧	19	4060837.16	4215785.42	其中：住房周转金	58－2		430638.46
固定资产净值	20	24792424.97	24651276.71	长期负债合计	65	9000000.00	1030638.46
在建工程	21	53177059.92	55760228.71	股东权益：			
固定资产清理	22		－2500.00	股本	66	41250000.00	50000000.00
临时设施	22－1			资本公积金	67	51214187.38	89396316.84
固定资产合计	25	77969484.89	80409005.42	盈余公积金	68		780616.09
无形及递延资产：				其中：公益金	69		468369.65
无形资产	26	3280000.00	3266000.00	未分配利润	70		2341848.27
递延资产	30	8046429.43	8881317.50	股东权益合计	75	92464187.38	142518781.20
无形及其他资产合计	35	11326429.43	12147317.50				
待处理财产损失：							
待处理流动资产损失（减收益）	36			少数股权（合并报表填列）	75－1		
待处理固定资产损失（减收益）	37						
待处理财产损失合计	38						
资产总计	40	205862261.75	254534701.38	负债及股东权益总计	80	205862261.75	254534701.38

利润及利润分配表(合并)

1993年度

上海市陆家嘴金融贸易区开发股份有限公司 单位:人民币元

项　　目	行次	本年实际数	项　　目	行次	本年实际数
一、主营业务收入	1	604387554.86	减:少数股权(合并报表填列)(93年)/调整92年少数股权	14—1	98520160.00/—2315545.74
减:营业成本	2	376594683.15	加:年初未分配利润(未弥补亏损以"—"号表示)	15	38505877.12
销售费用	3	1427571.24	上半年利润调整(减上年利润以"—"号表示)	16	
管理费用	4	17167426.25	盈余公积转入	17	
财务费用	5	—105331431.05	五、可分配利润	18	231237040.54
进货费用	6		减:应交所得税	19	300242.88
营业税金及附加	7	30521571.53	提取法定盈余公积	20	12987358.43
二、主营业务利润(亏损以"—"号表示)	8	284007733.74	提取公益金/子公司提取奖福基金(1993年)/子公司补提1992年奖福基金	21	12987358.43/28686566.89/5145657.19
加:其他业务利润(亏损以"—"号表示)	9	4000801.89	六、可供股东分配的利润	22	171129856.72
三、营业利润(亏损以"—"号表示)	10	288008535.63	减:已分配优先股的利润	23	
加:投资收益(亏损以"—"号表示)	11	959930.57	提取任意公积(1993年)/子公司补提1992年生产发展基金储备基金	24	44542582.03/5660222.91
营业外收入	12		已分配普通股股利	25	
减:营业外支出	13	32688.52	七、未分配利润(未弥补亏损以"—"号表示)	26	120927051.78
四、利润总额(亏损以"—"号表示)	14	288935777.68	八、补充资料:营业成本中存货变现损失准备提取数	27	120927051.78

65.哈尔滨医药股份有限公司

一、1993年经营业绩和近三年财务指标

哈尔滨医药股份有限公司是一家主要生产抗生素、中药粉针剂等医药产品的上市公司，其股票在上海证券交易所挂牌。1993年，该公司狠抓主导优势产品的增产增销，扩大市场占有率，并根据国内医药市场变化的新形势，及时调整经营战略，确保主导产品的资金投入，合理安排生产及原料供应，确立了在市场竞争中的有利地位。在这一年里，该公司完成了代表当今制药工业先进水平的抗生素"三大母核"引进技术的消化吸收，开发新产品18个，累计完成主营业务收入234604万元，实现税后利润13743万元，超额9.3%完成了当年的计划。该公司近三年的财务指标如下(单位：万元)

项目指标	1993年	增长率%	1992年	1991年
主营业务收入	234,604	48.6	157,919.4	134,852.9
税后利润	13,743.8	49.2	9,211.5	1,399.2
资产总计	223,749.7	52.5	146,712.7	92,558.2
股东权益	59,209.7	31.2	45,120	25,261.9
每股收益	0.54元/股	50	0.36元/股	0.055元/股
每股权益	2.34元/股	30.7	1.79元/股	1元/股
每股红利	—	—	0.14元/股	0.16元/股
速动比率	61%	-37.8	98%	123%
股东权益比率	26.5%	-14	30.8%	27.3%
净资产收益率	0.23	15	0.20	0.055

二、前次募集资金的运用情况

该公司于1990年募集社会个人股6500万元(按面值发售)，其筹集资金已在上两个年度完成投入，1993年度未进行增资扩股。

三、1994年经营展望

该公司1994年工作的指导思想是：以追赶国际先进水平为目标，以加大改革力度为手段，紧紧抓住"改革、改造、筹资"这三个关键环节，向机制转换要效益，向技术进步要效益，向拓展经济领域要效益，争取主营业务收入达222025.9万元，实现税后利润14988.9万元。

四、股本结构和股东持股情况

1.1993年末股本结构：

股权	数量(万股)	比例(%)
国家股	13564	53.7
个人股	11700	46.3
总股本	25264	100

2.股东持股情况：

1993年末，该公司的股东总人数为144918人，其中最大股东为哈尔滨医药集团公司，持有该公司股票13564万股，占股本总数53.7%，其他股东持股尚未达到需要披露的要求。

五、1993年度资产负债表和利润及利润分配表

资产负债表(合并)

1993年12月31日

哈尔滨医药股份有限公司 单位:人民币元

资产	行次	期初数	期末数	负债及股东权益	行次	期初数	期末数
流动资产:				流动负债:			
货币资金	1	57611036.04	51228934.26	短期借款	41	324237000.00	655840900.00
短期投资	2	8913000.00	6302690.03	应付票据	42	150027.10	888358.32
应收票据	3		680000.00	应付帐款	43	156235072.25	389071913.67
应收帐款	4	382037093.10	520106987.35	预收货款	44	30910103.70	3695597.95
减:备抵坏帐	5		1984137.50	应付福利费	45	1926066.44	—11675005.51
应收帐款净额	6	382037093.10	518122849.85	未付股利	46	244107.39	
预付货款	7	12590120.45	31841570.24	未交税金	47	4223104.12	17186196.53
其他应收款	8	186026231.60	183575363.06	其它未交款	48	701036.40	831296.92
内部应收款	8—1			其他应付款	49	125474055.30	185994711.59
待摊费用	9	3514119.30	6616310.82	内部应付款	49—1		
存货	10	332401009.45	720492040.97	预提费用	50	851031.76	8888786.78
减:存货变现损失准备	10—1			待扣税金	51		
存货净额	10—2			一年内到期的长期负债	52		
其他流动资产	10—3			流动负债合计	55	644951604.46	1250722756.25
流动资产合计	15	983092609.94	1518859759.23	长期负债:			
长期投资:				长期借款	56	369691031.45	369527496.27
长期投资:	16	11568000.00	12975845.02	应付债券	57		18488700.00
固定资产:				长期应付款	58		
固定资产原价	18	475427017.20	658717972.67	其他长期负债	58—1		2621039.29
减:累计折旧	19	90915125.36	116080946.73	其中:住房周转金	58—2		2621039.29
固定资产净值	20	384511891.84	542637025.94	长期负债合计	62	369691031.45	390637235.56
在建工程	21	72191001.27	139584489.28	股东权益:			
固定资产清理	22			股本	66	252640000.00	252640000.0
临时设施	22—1			资本公积金	67	106515076.83	110335845.67
固定资产合计	25	456702893.11	682221515.22	盈余公积金	68	92048009.24	126351414.91
无形及递延资产:				其中:公益金	69	4605120.71	25179135.59
无形资产	26	15440000.00	14938467.87	未分配利润	70	—3000.00	102769538.24
递延资产	30	324076.30	7789128.27	股东权益合计	75	451200086.07	592096798.82
无形及其他资产合计	35	15764076.30	22727596.14				
待处理财产损失:							
待处理流动资产损失(减收益)	36		712506.23	少数股权(合并报表填列)	75—1	1284857.37	4040431.21
待处理固定资产损失(减收益)	37						
待处理财产损失合计	38		712506.23				
资产总计	40	1467127579.35	2237497221.84	负债及股东权益总计	80	1467127579.35	2237497221.84

利润及利润分配表(合并)

1993年度

哈尔滨医药股份有限公司　　单位:人民币元

项目	行次	金额	项目	行次	金额
一、主营业务收入	1	2346040039.19	四、利润总额(亏损以"—"号表示)	14	161101130.09
减:营业成本	2	1711713835.75	加:年初未分配利润(未弥补亏损以"—"号表示)	15	—126474.32
销售费用	3	83517752.99	减:少数股权	16	194345.76
管理费用	4	209980996.91	盈余公积转入	17	
财务费用	5	86127359.92	五、可分配利润	18	160780310.01
进货费用	6	1055351.28	减:应交所得税	19	23662850.12
营业税金及附加	7	96592236.57	提取法定盈余公积	20	13773786.06
二、主营业务利润(亏损以"—"号表示)	8	157052505.77	提取公益金	21	20574135.59
加:其他业务利润(亏损以"—"号表示)	9	3798039.40	六、可供股东分配的利润	22	102769538.24
三、营业利润(亏损以"—"号表示)	10	160850545.17	减:已分配优先股的股利	23	
加:投资收益(亏损以"—"号表示)	11	351088.01	提取任意公积金	24	
营业外收入	12	2436023.46	已分配普通股股利	25	
减:营业外支出	13	2536526.55	七、未分配利润(未弥补亏损以"—"号表示)	26	102769538.24

66. 上海沪昌特殊钢股份有限公司

一、1993年经营业绩和财务指标

上海沪昌特殊钢股份有限公司是一家主营钢材及延伸制品和相关行业的上市公司，其股票在上海证券交易所挂牌。在1993年，该公司完成钢材产量20万吨，所实现的销售收入和税后利润均超额5%以上完成计划指标。该公司的人均税率、劳动生产率、人均利润率等主要经济指标在上海工业股份制企业中均名列前茅，人均创利水平在全国同行业中处于领先地位，是全国第一家人均创利税超过10万元的冶金企业。该公司1993年的财务指标如下：

项目指标	1993年
主营业务收入	34,875.20万元
税后利润	4453.17万元
资产总计	67,944.06万元
股东权益	62,606.19万元
每股收益	0.11元
每股权益	1.57元
速动比率	4.13%
股东权益比率	92.14%
净资产收益率	7.11%

二　前次募集资金的运用情况

该公司1992年7月向社会公开发行股票，共募集到资金2.8亿元。资金运用情况如下：

1.用于完善项目追加投资7850万元。

2.补充流动资金1.2亿元。

3.用于对外投资2625万元，其中：投资125万元组建富昌实业公司；投资150万元经营长途货运业务；投资100万元兴建东海仙岛度假村；投资200万元组建沪昌出租车队；投资1000万元在浦东张江高科技开发区独资开设上海兴昌特殊钢经济发展公司；投资250万元组建沪昌导卫有限公司；投资800万元组建沪昌佘山度假村。

4.若干投资项目在实质性洽谈之中，尚需投资8000万元左右。

三、1994年经营展望

在1994年，该公司拟在大力发展多元化经营的同时，搞好主业生产，使钢材产量达到25万吨，合格率达97%，成材率达93%，争取全年实现利润总额8995.65万元，税后利润7646万元。

四、股本结构和股东持股情况

1.1993年末股本结构：

股　权	数量(万股)	比例(%)
国家股	19528	48.82
法人股	16972	42.43
个人股(含内部职工股)	3500	8.75
总股本	40000	100.00

2.前10名股东持股情况：

股东名称	持股数(万股)	占总股本比例(%)
国有资产管理办公室	19.528	48.82
上海第五钢铁厂	10.472	26.18
上海万国证券公司	800	2.00
上海爱建股份有限公司	120	0.30
上海南洋国际技术公司	100	0.25
上海矽钢片厂	100	0.25
上海柴油机厂	100	0.25
上海金鑫实业开发公司	100	0.25
上海第三钢铁厂	50	0.125
上海投资信托公司	50	0.125
中信金属开发公司	50	0.125
中创物资	50	0.125

五、1993年资产负债表和利润及利润分配表

资产负债表(合并)

1993年12月31日

上海沪昌特殊钢股份有限公司　　单位:人民币元

资　产	行次	期初数	期末数	负债及股东权益	行次	期初数	期末数
流动资产:				流动负债:			
货币资金	1	20184462.51	11987042.55	短期借款	41		
短期投资	2	11000000.00	1700000.00	应付票据	42		
应收票据	3			应付帐款	43	4719386.01	19347638.98
应收帐款	4	28999828.93	68255210.60	预收货款	44		8630902.27
减:备抵坏帐	5		204765.63	应付福利费	45	8298.90	1026785.11
应收帐款净额	6	28999828.93	68050444.97	未付股利	46	2495070.15	2495070.15
预付货款	7		21086621.30	未交税金	47	5102172.50	4591210.05
其他应收款	8	255997.00	31147786.41	其它未交款	48	199095.61	1218567.99
内部应收款	8—1			其他应付款	49	14704527.08	15818575.23
待摊费用	9		26340.20	内部应付款	49—1		
存货	10	45540070.36	49077492.77	预提费用	50	2329619.78	
减:存货变现损失准备	10—1			待扣税金	51		
存货净额	10—2	45540070.36	49077492.77	一年内到期的长期负债	52		
其他流动资产	10—3	175000000.00	106300000.00	流动负债合计	55	29558170.03	53128749.78
流动资产合计	15	280980358.80	289375728.20	长期负债:			
长期投资:				长期借款	56		
长期投资	16	1200000.00	17820000.00	应付债券	57		
固定资产:				长期应付款	58		
固定资产原价	18	610502.82	368540970.82	其他长期负债	58—1		
减:累计折旧	19	81149.00	12370338.72	其中:住房周转金	58—2		
固定资产净值	20	529353.82	356170632.12	长期负债合计	65		
在建工程	21	318326681.32	6789143.65	股东权益:			
固定资产清理	22			股本	66	400000000.00	400000000.00
临时设施	22—1			资本公积金	67	179488704.00	179488704.00
固定资产合计	25	318856035.14	362959775.77	盈余公积金	68	2041421.02	2041421.02
无形及递延资产:				其中:公益金	69	907298.23	907298.23
无形资产	26			未分配利润	70		44531739.45
递延资产	30	10051901.11	9285110.28	股东权益合计	75	581530125.02	626061864.47
无形及其他资产合计	35	10051901.11	9285110.28				
待处理财产损失:							
待处理流动资产损失(减收益)	36			少数股权(合并报表填列)	75—1		250000.00
待处理固定资产损失(减收益)	37						
待处理财产损失合计	38						
资产总计	40	611088295.05	679440614.25	负债及股东权益总计	80	611088295.05	679440614.25

利润及利润分配表(合并)

1993 年度

上海沪昌特殊钢股份有限公司 单位:人民币元

项目	行次	金额	项目	行次	金额
一、主营业务收入	1	348752012.02	减:少数股权(合并报表填列)	14-1	
减:营业成本	2	262458496.91	加:年初未分配利润(未弥补亏损以"-"号表示)	15	
销售费用	3	248330.13	上半年利润调整(减上年利润以"-"号表示)	16	
管理费用	4	12882219.41	盈余公积转入	17	
财务费用	5	-653867.70	五、可分配利润	18	52399582.12
进货费用	6		减:应交所得税	19	7867842.67
营业税金及附加	7	38873627.52	提取法定盈余公积	20	
二、主营业务利润(亏损以"-"号表示)	8	34943205.75	提取公益金	21	
加:其他业务利润(亏损以"-"号表示)	9	719984.80	六、可供股东分配的利润	22	
三、营业利润(亏损以"-"号表示)	10	35663190.55	减:已分配优先股的利润	23	
加:投资收益(亏损以"-"号表示)	11	12750595.18	提取任意公积	24	
营业外收入	12	4039280.22	已分配普通股股利	25	
减:营业外支出	13	53483.83	七、未分配利润(未弥补亏损以"-"号表示)	26	44531739.45
四、利润总额(亏损以"-"号表示)	14	52399582.12	八、补充资料:营业成本中存货变现损失准备提取数	27	

67. 西南药业股份有限公司

一、1993 年经营业绩和近三年的财务指标

西南药业股份有限公司于 1992 年由建厂 40 余年的国营西南制药三厂改制而成，现为国家大型二类企业，全国麻醉药品定点生产骨干企业。其股票于 1993 年在上海证券交易所上市挂牌。在 1993 年，该公司加快企业改革步伐，切实转换经营机制，在全体员工共同努力下，全年完成工业总产值 1.84 亿元，营业收入 1.99 亿元，税后利润 2122.98 万元。比计划超额 8.79%。该公司近两年的财务指标如下：

项目指标	单位	1993 年	年增长率%	1992 年
主营收入	万元	19872.55	58.54	12,534.67
税后利润	万元	2122,64	81.19	1,171.47
资产总计	万元	24,202.93	36.72	17,703.17
股东权益	万元	12,147.17	84.32	6,590.40
每股收益(加权平均)	元/股	0.31	74.94	0.18
每股权益	元/股	1.60	60.00	1.00
每股红利	元/股			
速动比率		1.00	76.57	0.36
股东权益比率	%	50.19	34.92	37.20
净资产收益率	%	17.48	—2.89	0.18

二、前次募集资金的运用情况

1993 年 9 月该公司向老股东配股共募集资金 3400 万元，其配股资金运用如下：

1.1993 年 10 月上旬，100 万元投资于国泰证券公司重庆营业部，同年 10 月下旬 330 万元投资于重庆两百股份有限公司。

2.1600 万元补充流动资金，用于公司购买紧缺制药原辅材料。

3.1270 万元用于归还先锋 5 号小瓶冻干车间技改贷款。

三、1994 年经营展望

该公司 1994 年业务发展目标为：年度计划主营业务收入 2 亿元，利润总额 3000 万元，税后利润 2550 万元，比 1993 年实际完成数分别增长 0.63%、18.33%、20.11%。其经营方针是："面向市场，调整结构，一业为主，多元发展，深化改革，搞活机制，加强管理，高效前进。

四、股本结构和股东持股情况

1.1993 年末股本结构：

股权	数量(万股)	比例(%)
国家股	4741	62.44
法人股	100	1.32
个人股	2752	36.24
总股本	7593	100.00

2.前 10 名股东持股情况：

股东名称	持股数(万股)	占总股比例(%)
重庆国有资产管理局	4741	62.44
汕头南北制药厂	100	1.32
马雪冰	60.455	0.8
冯秀荣	49.447	0.65
王有青	48.77	0.64
孙建立	47.78	0.63
A122518672	30.098	0.45
于政敏	29.2613	0.39
胡跃进	16.448	0.23
金京林	16	0.21

五、1993 年度资产负债表和利润及利润分配表

资产负债表(合并)

1993年12月31日

西南药业股份有限公司　　单位:人民币元

资　　产	行次	期初数	期末数	负债及股东权益	行次	期初数	期末数
流动资产:				流动负债:			
货币资金	1	803965.17	2244022.41	短期借款	41	47700000	52385057.94
短期投资	2		1750000	应付票据	42		
应收票据	3			应付帐款	43	23634445.63	26690131.93
应收帐款	4	12588845.36	56252087.97	预收货款	44		844039.53
减:备抵坏帐	5	37766.54	169282.84	应付福利费	45	−521646.57	2756.69
应收帐款净额	6	12551078.82	56082805.13	未付股利	46		
预付货款	7	5056045.29	5769787.88	未交税金	47	606638.5	3970380.93
其他应收款	8	24434424.61	30641176.49	其它未交款	48	236387.71	822435.29
内部应收款	8−1			其他应付款	49	6763852.25	11900228.06
待摊费用	9	1459302.76	435295.73	内部应付款	49−1		
存货	10	59448355.45	60607720.69	预提费用	50		2602.4
减:存货变现损失准备	10−1			待扣税金	51		
存货净额	10−2			一年内到期的长期负债	52		
其他流动资产	10−3			流动负债合计	55	78419677.52	96617632.77
流动资产合计	15	103753172.1	157530808.33	长期负债:			
长期投资:				长期借款	56	26925131.13	23285131.13
长期投资	16	15019850.87	18844412.68	应付债券	57		
固定资产:				长期应付款	58	5782829.85	20000
固定资产原价	18	46845419.11	52688194.96	其他长期负债	58−1		
减:累计折旧	19	16338330.76	18983345.5	其中:住房周转金	58−2		
固定资产净值	20	30507088.35	33704349.46	长期负债合计	65	32707960.98	23485131.13
在建工程	21	21864438.03	26006114.31	股东权益:			
固定资产清理	22			股本	66	65613836.87	75933836.87
临时设施	22−1			资本公积金	67		24017908.96
固定资产合计	25	52371526.38	59710463.77	盈余公积金	68	43527.35	3235662.1
无形及递延资产:				其中:公益金	69	14509.12	1064044.92
无形资产	26			未分配利润	70	246654.95	18284307.78
递延资产	30	5891314.79	5943620.89	股东权益合计	75	65904019.17	121471715.71
无形及其他资产合计	35	5891314.79	5943620.89				
待处理财产损失:							
待处理流动资产损失(减收益)	36	−4206.47		少数股权(合并报表填列)	75−1		454826.06
待处理固定资产损失(减收益)	37				25−4		
待处理财产损失合计	38	−4206.47					
资产总计	40	177031657.67	242029305.67	负债及股东权益总计	80	177031657.67	242029305.67

利润及利润分配(合并)

1993 年度

西南药业股份有限公司　　单位:人民币元

项　　目	行次	金　　额	项　　目	行次	金　　额
一、主营业务收入	1	198725472.54	减:少数股权(合并报表填列)	14—1	—25173.94
减:营业成本	2	141479658.65	加:年初未分配利润(未弥补亏损以"—"号表示)	15	246654.95
销售费用	3	5350160.04	上年利润调整(减少上年利润以"—"号表示)	16	
管理费用	4	14135543.64	盈余公积转入	17	
财务费用	5	6770043.48	五、可分配利润	18	25623805.97
进货费用	6		减:应交所得税	19	4147363.44
营业税金及附加	7	4727144.59	提取法定盈余公积	20	2128089.88
二、主营业务利润(亏损以"—"号表示)	8	26262922.14	提取公益金	21	1064044.92
加:其他业务利润(亏损以"—"号表示)	9	355719.68	六、可供股东分配的利润	22	18284307.78
三、营业利润(亏损以"—"号表示)	10	26618641.82	减:已分配优先股股利	23	
加:投资收益(亏损以"—"号表示)	11	398792.73	提取任意公积	24	
营业外收入	12	122171.1	已分配普通股股利	25	
减:营业外支出	13	1787628.57	七、未分配利润(未弥补亏损以"—"号表示)	26	18284307.78
四、利润总额(亏损以"—"号表示)	14	25351977.08	八、补充资料:营业成本中存货变现损失准备提取数	27	

68. 无锡市太极实业股份有限公司

一、1993年经营业绩和近三年的财务指标

无锡市太极实业股份有限公司的前身是无锡市合成纤维总厂，由原无锡市第一、第二合成纤维厂合并而成，是一家以烟用聚丙烯丝束(香烟过滤咀)为主导产品的专业生产化纤产品的国有大中型企业。该公司于1993年向社会公开发行股票并在上海证券交易所挂牌。在1993年，尽管市场竞争日益激烈，产品销售价格下降，但该公司积极挖掘潜力，降低成本，并努力开拓第三产业，寻求新的效益增长点，使本年利润总额比上年翻了一番，税后利润则增长了近三倍，完成了全年计划的108.08%。该公司近三年的财务指标如下：

项目指标	1993年 实际	1993年 比上年增长(%)	1992年 实际	1992年 比上年增长(%)	1991年 实际
主营业务收入(万元)	21826	2.66	21261	-11.05	23902
税后利润(万元)	4862	292.73	1238	5.18	1177
资产总计(万元)	68662	110.96	32547	30.68	24905
股东权益(万元)	50412	192.02	17263	44.74	11927
每股收益(元/股)	0.251	134.58	0.107	4.9	0.102
每股权益(元)	2.61	38.32	1.49	44.67	1.03
每股红利(元/股)	0.20	292.16	0.051	4.08	0.049
速动比率	3.93	195.49	1.33	34.34	0.99
股东权益比率	0.73	37.73	0.53	12.78	0.47
净资产收益率	0.096	33.33	0.072	27.27	0.099

二、前次募集资金的运用情况

该公司于1993年上半年向社会公开发行股票，共募集资金2.88亿元，募股的资金主要投资于以下项目：

1. 涤纶浸胶帘帆布工程，投入资金5760万元。

2. 柔性纺丝项目，投入资金5241.24万元。

3. 超细纤维项目，该项目已于1993年12月27日投料试生产，共投入2987万元，其中1240.42万元为本次发行股票募集的资金。

4. 发展房地产、贸易、医疗为主的第三产业，共投入资金4429.81万元。

5. 开展金融业务，参与证券、期货、外汇等经营活动，共投入资金3220万元。

6. 在建项目准备资金7125万元，委托银行进行短期货款。

7. 新产品研制、其他项目投资及补充流动资金1783.53万元。

三、1994年经营展望

1994年该公司确立了"科技求进步，发展上规模，市场创新路，水平争一流"的工作方针，制定了1994年经营目标：销售收入2.75亿元，比上年增长26%；实现利润6331万元，比上年增长14.6%，税后利润5746万元，比上年增长18.2%。

四、股本结构和股东持股情况

1. 1993年末股本结构：

股权	数量(万股)	比例(%)
国家股	4588.07	23.72
法人股	7751.97	40.08
个人股	7000.00	36.20
总股本	19340.04	100

2. 公司前10名股东持股情况：

股东名称	持股数(万股)	占总股本比例(%)
无锡市国有资产管理办公室	4588.07	23.72
中国新技术创业投资公司	3316.46	17.15
无锡市国有资产投资开发总公司	3111.1	16.09
中国烟草物资公司	324.4	1.68
江苏省证券公司	519	2.69
深圳投资基金管理公司	180	0.93
苏州三鑫发展公司	100	0.52
珠海富华股份有限公司	100	0.52
纺织工业部设计院	34	0.18
无锡广厦房屋建设开发公司	25	0.13

五、1993年度资产负债表和利润分配表

资产负债表

1993年12月31日

无锡市太极实业股份有限公司　　单位:人民币元

资　　产	行次	1993年7月1日	1993年12月31日	负债及股东权益	行次	1993年7月1日	1993年12月31日
流动资产:				流动负债:			
货币资金	1	37968277.44	19707167.17	短期借款	41	49516782.67	22316600
短期投资	2		71750000	应付票据	42	3000000	
应收票据	3	1350000	300000	应付帐款	43	21720584.03	14740536.14
应收帐款	4	74345787.13	84029735.14	预收货款	44	2031159.66	543289.13
减:备抵坏帐	5	369932.87	242012.37	应付福利费	45		
应收帐款净额	6	73975854.26	83787722.77	未付股利	46		
预付货款	7	7186287.26	12464189.19	未交税金	47	949521.62	－824685.36
其他应收款	8	26871542.31	39791102.43	其它未交款	48	1483133.57	101567.57
内部应收款	8－1			其他应付款	49	26237529.42	12726505.86
待摊费用	9	249794	1240894.79	内部应付款	49－1		
存货	10	21393680.42	34511820.78	预提费用	50		
减:存货变现损失	10－1			待扣税金	51		687637.28
存货净额	10－2			一年内到期的长期负债	52		4491830
其他流动资产	10－3			流动负债合计	55	104938710.97	54783280.62
流动资产合计	15	168995435.69	263553197.13	长期负债:			
长期投资:				长期借款	56	40321920	108308560.42
长期投资	16	1171903	75768253.26	应付债券	57	7587742.53	
固定资产:				长期应付款	58		19403623.94
固定资产原价	18	138215526.32	188609723.87	其他长期负债	58－1		
减:累计折旧	19	14557285.18	21496248.55	其中:住房周转金	58－2		
固定资产净值	20	123658241.14	167113475.32	长期负债合计	65	47909662.53	127712184.36
在建工程	21	3244668.25	148748871.10	股东权益:			
固定资产清理	22		941423.78	股本	66	115924900	193400400
固定资产合计	25	126902909.39	316803770.20	资本公积金	67	56700228.47	263462189.68
无形及递延资产:				盈余公积金	68		5942490.25
无形资产	26	28403253.89	27597470.74	其中:公益金	69		1055532.99
递延资产	30		2896154.91	未分配利润	70		41318301.33
无形及其他资产合计	35	28403253.89	30493625.65	股东权益合计	75	172625128.47	504123381.26
待处理财产损失:							
待处理流动资产损失(减收益)	36			少数股权(合并报表填列)	75－1		
待处理固定资产损失(减收益)	37						
待处理财产损失合计	38						
资产总计	40	325473501.97	686618846.24	负债及股东权益总计	80	325473501.97	686618846.24

利润及利润分配表

1993年度

无锡市太极实业股份有限公司　　单位:人民币元

项　目	行次	金　额	项　目	行次	金　额
一、主营业务收入	1	218261464.82	减:少数股权(合并报表填列)	14—1	
减:营业成本	2	149178925.24	加:年初未分配利润(未弥补亏损以"—"号表示)	15	
销售费用	3	6043091.56	上半年利润调整(减上年利润以"—"号表示)	16	
管理费用	4	17924886.16	盈余公积转入	17	
财务费用	5	6256120.18	五、可分配利润	18	55263000.69
进货费用	6		减:应交所得税	19	6640043.59
营业税金及附加	7	10014993.45	提取法定盈余公积	20	4874299.17
二、主营业务利润(亏损以"—"号表示)	8	28843448.23	提取公益金	21	24318301.33
加:其他业务利润(亏损以"—"号表示)	9	596130.94	六、可供股东分配的利润	22	41318301.33
三、营业利润(亏损以"—"号表示)	10	29439579.17	减:已分配优先股的利润	23	
加:投资收益(亏损以"—"号表示)	11	28027585.91	提取任意公积	24	
营业外收入	12	253812.15	已分配普通股股利	25	
减:营业外支出	13	2457976.54	七、未分配利润(未弥补亏损以"—"号表示)	26	41318301.33
四、利润总额(亏损以"—"号表示)	14	55263000.69	八、补充资料:营业成本中存货变现损失准备提取数	27	

69. 浙江尖峰集团股份有限公司

一、1993年经营业绩和近两年财务指标

浙江尖峰集团股份有限公司是一家主营水泥制造和相关产品的上市公司，其股票于1993年在上海证券交易所挂牌。在这一年里，该公司完成工业总产值11721.57万元，为计划数的109.27%，生产普通硅酸盐水泥46.06万吨，为计划数的115.15%，生产水泥压力管293.26公里，完成计划数的127.5%；完成营业收入18052.43万元，为计划数的141.75%，完成税后利润3178.99万元，为计划数的124.67%，该公司近两年的财务指标如下(单位:万元)：

项目指标	1993年完成数	1993年计划数	计划完成比率%	1992年实绩
主营业务收入	18052.43	12735	141.75	10292.64
税后利润	3178.99	2550	124.67	718.61
资产总计	21430.45	16410.27	130.59	13860.27
股东权益	16713.26	12503.61	133.67	9953.61
每股收益(元)	0.37			
每股权益(元)	1.95	1.77	110.17	1.41
每股红利(元)	0.3006			0.1212
速动比例	0.79			0.69
净资产收益率	19.02%			7.22%

二、前次募集资金的运用情况

该公司在1993年向社会公开募集法人股，实募资金3476.70万元。其资金运用情况如下：

1. 投资金国水泥有限公司1248万元。
2. 投资尖峰通信电缆公司1629万元。
3. 投资上海通宇房地产公司500万元。
4. 投资上海浦东浙浦建材贸易中心99万元。

三、1994年经营展望

该公司1994年的工作指导思想是：以确定完善现代企业制度为动力，以谋求全体股东最大利益为目标，提高生产经营管理水平，加快多角化发展步伐，使公司成为具备强大竞争实力的综合型现代企业，争取全年实现利润4206万元。

四、股本结构和股东持股情况

1. 1993年末股本结构：

股权	数量(万股)	比例(%)
国家股	4309.80	50.31
法人股	2806.29	32.76
个人股	1450	16.93
总股本	8566.09	100.00

2. 前10名股东持股情况：

股东名称	持股数(万股)	占总股本比例(%)
金华市财政局(国家股)	4309.81	50.31
深圳天骥投资基金	1000	11.67
金华县赤松乡工业公司	575.28	6.71
金华市婺城区工业公司	452.25	5.28
金华市利民化工厂	95.66	1.12
金华市玲珑岩矿	77.99	0.91
申银公司	52.69	0.61
浙江星星电力贸易公司	50	0.58
浙江丽水市经济协作公司	40	0.47
温州市第一建筑公司	26	0.3

五、1993年度资产负债表和利润及利润分配表

资产负债表(合并)

1993年12月31日

浙江尖峰集团股份有限公司 单位:人民币元

资产	行次	期初数	期末数	负债及股东权益	行次	期初数	期末数
流动资产:				流动负债:			
货币资金	1	23238940.68	51919647.23	短期借款	41	77033446.12	117852291.58
短期投资	2	43871.00	386279.00	应付票据	42		
应收票据	3			应付帐款	43	4993214.11	28501368.76
应收帐款	4	15411667.79	43382628.14	预收货款	44	6811290.24	6636683.05
减:备抵坏帐	5		216913.14	应付福利费	45	900911.34	821747.07
应收帐款净额	6	15411667.79	43165715.00	未付股利	46		
预付货款	7	20540250.72	18631792.95	未交税金	47	571283.92	—196620.47
其他应收款	8	10827155.97	33374471.06	其它未交款	48	183941.93	129007.53
内部应收款	8—1			其他应付款	49	1772120.33	20937146.53
待摊费用	9	128134.57	801264.58	内部应付款	49—1		
存货	10	73480564.28	88515586.88	预提费用	50	1673012.63	6568555.34
减:存货变现损失准备	10—1			待扣税金	51		
存货净额	10—2	73480564.28	88515586.88	一年内到期的长期负债	52		26150000.00
其他流动资产	10—3			流动负债合计	55	93939220.62	207400179.39
流动资产合计	15	143670585.01	236794756.70	长期负债:			
长期投资:				长期借款	56	76503000.00	62452000.00
长期投资	16	37402000.00	44752039.66	应付债券	57	5000000.00	
固定资产:				长期应付款	58		
固定资产原价	18	7626312.29	32784416.92	其他长期负债	58—1		1050920.43
减:累计折旧	19	630291.46	2013598.08	其中:住房周转金	58—2		
固定资产净值	20	6996020.83	30770818.84	长期负债合计	65	81503000.00	63502920.43
在建工程	21	30243201.42	45099159.14	股东权益:			
固定资产清理	22			股本	66	32088700.00	58506440.00
临时设施	22—1			资本公积金	67	12679841.70	34905554.38
固定资产合计	25	37239222.25	75869977.98	盈余公积金	68		
无形及递延资产:				其中:公益金	69		
无形资产	26	6428485.44	25933818.56	未分配利润	70	1182198.79	6949067.54
递延资产	30	4652668.41	3667089.68	股东权益合计	75	45950740.49	100361061.92
无形及其他资产合计	35	11081153.85	29600908.24				
待处理财产损失:							
待处理流动资产损失	36		60200.00	少数股权(合并报表填列)	75—1	8000000.00	15813720.84
待处理固定资产损失(减收益)	37						
待处理财产损失合计	38		60200.00				
资产总计	40	229392961.11	387077882.58	负债及股东权益总计	80	229392961.11	387077882.58

利润及利润分配表(合并)

1993年度

浙江尖峰集团股份有限公司　　单位:人民币元

项　　目	行次	金　额	项　　目	行次	金　额
一、主营业务收入	1	180524283.36	四、利润总额(亏损以"—"号表示)	14	37531748.37
减:营业成本	2	104506075.09	减:少数股权(合并报表填列)	14—1	5906.36
销售费用	3	1886601.64	加:年初未分配利润(未弥补亏损以"—"号表示)	15	
管理费用	4	23140976.70	上年利润调整(减少上年利润以"—"号表示)	16	12300.00
财务费用	5	1425325.93	盈余公积转入	17	
进货费用	6	360.00	五、可分配利润	18	37538142.01
营业税金及附加	7	12734369.50	减:应交所得税	19	5748230.85
二、主营业务利润(亏损以"—"号表示)	8	36830574.50	提取法定盈余公积	20	
加:其他业务利润(亏损以"—"号表示)	9	337272.64	提取公益金	21	
三、营业利润(亏损以"—"号表示)	10	37167847.14	六、可供股东分配的利润	22	31789911.16
加:投资收益(亏损以"—"号表示)	11	26250.23	减:已分配优先股的利润	23	
营业外收入	12	1129337.68	提取任意公积	24	
减:营业外支出	13	791686.68	已分配普通股股利	25	
			七、未分配利润(未弥补亏损以"—"号表示)	26	31789911.16

70. 鞍山合成(集团)股份有限公司

一、1993年经营业绩和近两年财务指标

鞍山合成(集团)股份有限公司是一家主营纺织品生产的上市公司,其股票在上海证券交易所挂牌。在1993年,由于原料涨价和政策性减利因素的困扰,该公司实现工业总产值10067万元,销售收入8017万元,利润812万元,只完成了该年度溢利计划的近40%。该公司产品实物质量为东北地区同类企业榜首,吨丝消耗为全国同行业一流水平,经济效益在全省同行业中居前列。该公司近两年的财务指标如下(单位:万元):

项目指标	1993年实际完成指标	比计划半减%	1993年计划指标	1992年11～12月实际
主营业务收入	8017	-4.22%	8370	2160
税后利润	690	-62.63%	1846.20	203
资产总计	18797		18797	14871
股东权益	8312		9749.62	7903
每股收益	0.09元		0.24元	0.16元
每股权益	1.07元		1.25元	1.02元
每股红利	0.075元			0.022元
速动比率	81.99%		81.99%	173.5%
股东权益比率	44.2%		51.87%	53.1%
净资产收益率	8.3%		18.94%	15.3%

二、1994年经营展望

在1994年,为使公司发展获得长足后劲,该公司董事会研究决定推出三项举措:第一是再上项目,跳跃发展达到规模效益;第二是调整战略,改善服务,提高经济效益;第三是深化改革,完善机制,实现管理效益。该公司1994年生产经营目标是:工业总产值:10102万元,产品产量:4598吨,销售收入:8486万元;利润:1200万元。

三、股本结构

1993年末该公司股本结构:

股权	股数(万股)	比例(%)
国家股	3933	50.5
社会个人股	3850	49.5
总股本	7783	100

四、1993年度资产负债表和利润及利润分配表

资产负债表

1993年12月31日

鞍山合成(集团)股份有限公司　　单位:人民币元

资产	行次	年初数	年末数	负债与股东权益	行次	年初数	年末数
流动资产:				流动负债:			
货币资金	1	8933487.18	5148564.89	短期借款	41	13070000.00	36940000.00
短期投资	2			应付票据	42		
应收票据	3			应付帐款	43	2419018.02	18532257.62
应收帐款	4	14080380.35	19879507.63	预收货款	44	3146022.18	1920518.99
减:备抵坏帐	5		99397.54	应付福利费	45	3100.17	(—)316696.03
应收帐款净额	6	14080380.35	19780110.09	未付股利	46	1727454.36	7501389.45
预付货款	7	1793233.74	12140349.03	未交税金	47	2699328.64	(—)263110.59
其他应收款	8	28610437.92	27243231.97	其他未交款	48	4450576.63	5006154.75
待摊费用	9	627241.35	1286324.39	其他应付款	49	9531456.85	9117251.18
存货	10	12066257.13	17462412.85	预提费用	50		
流动资产合计	18	66111037.67	83060993.22	待扣税金	51		
长期投资:				一年内到期的长期负债	52		
长期投资:	19	14483189.28	33351093.28	流动负债合计	55	37046956.85	78437765.37
固定资产:				长期负债:			
固定资产原价	21	90189274.69	72370860.47	长期借款	56	20109083.32	17299228.24
减:累计折旧	22	24333765.28	12391971.37	应付债券	57		
固定资产净值	23	65855509.41	59978889.10	长期应付款	58	12517028.67	9108571.07
在建工程	24x	2252879.39	6028872.87	长期负债合计	62	32626111.99	26407799.31
固定资产清理	25			股东权益:			
固定资产合计	26	68108388.80	66007761.97	股本	66	77831466.40	77831466.00
无形及其他资产:				资本公积	67	1186606.89	4606405.57
无形资产	30		4546093.90	盈余公积	68	16174.93	683585.29
递延资产	31		1001079.17	其中:公益金	69		
				未分配利润	70		
无形及其他资产合计	34		5547173.07	股东权益合计	75	79034248.22	83121456.86
待处理财产损失:							
待处理流动资产损失(减收益)	35	4701.31					
待处理固定资产损失(减收益)	36						
待处理财产损失合计	38	4701.31					
资产总计	40	14870731706	187967021.54	负债及股东权益总计	80	148707317.06	187,967021.54

利润及利润分配表

1993年度

鞍山合成(集团)股份有限公司 单位:人民币元

项目	行次	金额	项目	行次	金额
一、主营业务收入	1	73876458.42	减:少数股权(合并报表填列)	14-1	
减:营业成本	2	55259911.78	加:年初未分配利润(未弥补亏损以"-"号表示)	15	
销售费用	3	676032.62	上半年利润调整(减上年利润以"-"号表示)	16	
管理费用	4	8392276.56	盈余公积转入	17	
财务费用	5	3830199.74	五.可分配利润	18	8120728.68
进货费用	6		减:应交所得税	19	1218109.30
营业税金及附加	7	6925885.77	提取法定盈余公积	20	690261.94
二、主营业务利润(亏损以"-"号表示)	8	5087170.07	提取公益金	21	345130.97
加:其他业务利润(亏损以"-"号表示)	9	-63331.56	六、可供股东分配的利润	22	5867226.47
三、营业利润(亏损以"-"号表示)	10	5023838.51	减:已分配优先股的利润	23	
加:投资收益(亏损以"-"号表示)	11	1337148.00	提取任意公积	24	
营业外收入	12	3086569.31	已分配普通股股利	25	5867226.47
减:营业外支出	13	1326827.14	七、未分配利润(未弥补亏损以"-"号表示)	26	
四、利润总额(亏损以"-"号表示)	14	8120728.68	八、补充资料:营业成本中存货变现损失准备提取数	27	

71. 东北华联集团股份有限公司

一、1993 年经营业绩和近三年财务指标

东北华联集团股份有限公司是一家主营百货业的上市公司，其股票在上海证券交易所挂牌。1993 年，该公司在坚持商贸为主的前提下，开展房地产开发、对外贸易、实业开发等业务，取得了显著的经济效益，全年实现主营业务收入 36146 万元，实现税后利润 2378 万元，在长春商界中名列榜首。该公司近三年的财务指标如下：

项目指标	1993 年	年增长率%	1992 年	1991 年
主营业务收入(元)	361462013.21	217.0	114030810.61	32128082.29
税后利润(元)	23781658.76	258.3	6637590.5	1001388.91
资产总额(元)	428106945.01	125.5	189866330.95	52979948.92
股东权益(元)	306824789.41	156.4	119673921.59	47186177.29
每股收益(元/股)	0.210	121.1	0.095	
每股权益(元)	2.71	58.5	1.71	1.01
每股红利(元)	0.15	32.2	0.1135	0.0171
速动比率	2.12		0.79	3.70
股东权益比率	0.72		0.63	0.89
净资产收益率	0.077		0.055	0.021

二、前次募集资金的运用情况

1. 上海浦东开发区联合建立综合性商厦总投资 5000 万元，大厦主体正在建设中，预计可按计划完工。

2. 长春第二华联商厦已建成营业，该商厦总建筑面积 15000 平方米，投入资金 4000 万元。

3. 联华通讯工程公司投入资金已全部到位，购置设备正在调试过程中，年内可进入正常营运。

4. 兼并四平金龙集团公司，投入资金 400 万元。

5. 组建华联实业总公司，已投资 600 万元。

6. 华联房地产开发公司投入资金 850 万元，已竣工商住楼 21000 平方米。

7. 组建华联外贸总公司，先后投资 110 万美元，折合人民币 968 万元，用于美国弘大公司、波兰利兰公司、泰国华智公司等国外企业。

三、1994 年经营展望

在 1994 年，该公司将坚持“巩固提高、稳步发展”的经营方针，按照“以经济效益为中心，以商贸为基础，以实业、房地产和对外贸易为发展重点，扩大规模、突出管理、理顺关系、完善制度、全面开拓、加快发展，努力使东北华联集团迈上新台阶”的基本思路，争取实现营业额 4.5 亿元，实现利润 3600 万元。

四、股本结构和股东持股情况

1. 1993 年末股本结构：

股权	数量(万股)	比例(%)
国家股：	1624.7	14.37
法人股：	2283.3	20.19
个人股：	7400	65.44
总股本：	11308	100.00

2. 前 10 名股东持股情况：

股东名称	持股数(万股)	占总股本比例(%)
吉林省国有资产管理局	1430	12.65%
深圳天骥投资基金专用户	400	3.54%
湛江市经济开发公司	231	2.04%
太原兆和投资发展有限公司	220	1.95%
广州市经贸实业投资公司	220	1.95%
湛江市国有资产管理局	194.7	1.72%
广州艺林建筑工程装饰公司	154	1.36%
第一汽车制造厂财务公司	110	0.97%
吉林国际经济技术合作公司	110	0.97%
深圳通海实业股份有限公司	110	0.97%

五、1993 年资产负债表和利润及利润分配表

资产负债表

1993年12月31日

东北华联集团股份有限公司　　单位:人民币元

流动资金来源和运用	行次	金额	流动资金各项目的变动	行次	金额
一、流动资金来源			一、流动资金本年增加数		
1.本年利润	1	28112270.24	1.货币资金	27	46411597.94
加:不减少流动资金的费用和损失			2.短期投资	28	57500000.00
(1)固定资产折旧	2	3983763.73	3.应收票据	29	
(2)无形资产、递延资产摊销	3	70476.04	4.应收帐款净额	30	7147040.94
(3)固定资产盘亏(减盘盈)	4		5.预付货款	31	4006928.47
(4)清理固定资产损失(减收益)	5		6.其他应收款	32	24650784.79
小计	6	32166510.01	7.内部应收款	32—1	
2.其他来源			8.待摊费用	33	
(1)固定资产清理收入(减清理费用)	7	9736.00	9.存货净额	34	31815697.02
(2)增加长期负债	8	23500000.00	10.待处理流动资产损失(减收益)	35	690843.92
(3)收回长期投资	9		流动资产增加净额	36	172222893.08
(4)对外投资转出固定资产	10	350724.00			
(5)对外投资转出无形资产	11				
(6)资本净增加额	12	167957315.63			
(7)少数股权增加数		1905786.91			
小计	13	193723562.54	二、流动负债本年增加数		
流动资金来源合计	14	225890072.55	1.短期借款	37	4765000.00
二、流动资金运用			2.应付票据	38	
1.利润分配			3.应付帐款	39	15562532.64
(1)应交所得税	15	4330611.48	4.预收货款	40	1975836.75
(2)提取盈余公积	16		5.应付福利费	41	—33528.60
(3)提取公益金	17		6.未付股利	42	335087.69
(4)已分配股利	18	4588106.57	7.未交税金	43	2184055.83
小计	19	8918718.05	8.其他未交款	44	—127053.79
2.其他运用			9.其他应付款	45	24334680.21
(1)固定资产和在建工程净增加额	20	44487382.63	10.内部应付款	45—1	
(2)增加无形资产、递延资产	21	1188138.77	11.预提费用	46	—1312651.40
(3)偿还长期负债	22	35000000.00	12.待扣税金	47	23
(4)增加长期投资	23	11756899.35			
小计	24	92432420.75			
流动奖金运用合计	25	101351138.80	流动负债增加净额	48	47683959.33
流动资金增加净额	26	124538933.75	流动资金增加净额	49	124538933.75

利润及利润分配表

1993 年度

东北华联集团股份有限公司　　单位:人民币元

项　　目	行次	金　　额	项　　目	行次	金　　额
一、主营业务收入	1	361462013.21	少数股权投资收益		−64694.46
减:营业成本	2	300460441.75	四、利润总额(亏损以"—"号表示)	14	28112270.24
销售费用	3	13884139.48	加:年初未分配利润(未弥补亏损以"—"号表示)	15	4588106.57
管理费用	4	19593929.78	公积金转入数	17	
财务费用	5	2787814.20	五、可分配利润	18	32700376.81
进货费用	6	4283303.81	减:应交所得税	19	4330611.48
营业税金及附加	7	9929378.14	提取法定盈余公积	20	
二、主营业务利润(亏损以"—"号表示)	8	10523006.05	提取公益金	21	
加:其他业务利润(亏损以"—"号表示)	9	4437429.21	六、可供股东分配的利润	22	28369765.33
三、营业利润(亏损以"—"号表示)	10	14960435.26	减:已分配优先股的利润	23	
加:投资收益(亏损以"—"号表示)	11	13175859.94	提取任意公积	24	
营业外收入	12	443787.63	已分配普通股股利	25	4588106.57
减:营业外支出	13	532507.05	七、未分配利润(未弥补亏损以"—"号表示)	26	23781658.76

72. 杭州天目山药业股份有限公司

一、1993年经营业绩和近三年财务指标

杭州天目山药业股份有限公司的前身是创建于1959年的杭州天目山药厂，是一家以生产中成药为主业的上市公司，其股票在上海证券交易所挂牌。在1993年，该公司实现主营业务收入4296.3万元，完成年计划的94.95%；实现利润1171.4万元，完成计划的106.49%，其最近三年的财务指标如下（单位：万元）：

项目指标	1993年	增长率(%)	1992年	1991年
主营业务收入	4296.31	85.75	2312.95	2110.11
税后利润	995.92	158.43	385.38	314.48
资产总计	11349.87	339.37	2583.19	1565.66
股东权益	8647.66	406.13	1708.59	945.56
普通股每股收益(元)	0.32	—12.81	0.367	0.48
普通股每股权益(元)	2.37	45.40	1.63	1.46
每股红利(元)				0.20
速动比率	255.81	208.61	47.20	49.93
股东权益	76.19	10.05	66.14	60.65
净产收益率	11.52	—11.04	22.56	33.12

二、募集资金的使用情况

1.资金主要投向参股的项目：临安锦城综合商场参股50%，投资金额600万元；交通银行临安办事处参股10%，投资金额50万元；宁波敦煌集团股份公司参股投资金额160万元。

2投资项目：浙江证券交易大楼联建项目195.84万元；杭州下沙工程项目100万元；片剂生产线技术改造项目100万元。

三、1994年经营展望

在1994年，该公司将进一步深化企业改革，加快技术改造和新产品开发步伐，把好销售龙头关，拓展思路，走多元化经营之路。争取实现：工业总产值6383万元；实现主营业务收入4215万元；实现利润1700万元。

四、股本结构和股东持股情况

1.1993年末股本结构：

股权	数量(万股)
法人股	3780
(内有普通股1890万股，优先股1890万股)	
个人股	1260
总股本	5040

2.前10名股东持股情况：

股东名称	持股数(万股)	占总股本比例(%)
杭州天目山药厂	2170.695	43.07
临安县内燃机配件厂	1300	25.79
上海海通证券公司	298.343	5.92
中国农村发展信托投资公司	100	1.98
深圳中农信贸易发展公司	100	1.98
浙江省城乡建设开发总公司	22.5	0.45
浙江省城乡建设材料设备公司	15	0.30
浙江省中医学院实验药厂	6.45	0.13
浙江省医药实业公司	6.03	0.12
临安县外贸物资公司	4.98	0.10

五、1993年度资产负债表和利润及利润分配表

资产负债表（合并）

1993年12月31日

杭州天目山药业股份有限公司　　　　单位：人民币元

资　　产	行次	期初数	期末数	负债及股东权益	行次	期初数	期末数
流动资产：				流动负债：			
货币资金	1	2049676.91	7104214.44	短期借款	41	2400000.00	14250000.00
短期投资	2		16055520.00	应付票据	42		
应收票据	3			应付帐款	43	935175.61	2125740.74
应收帐款	4	847945.66	13130518.00	预收货款	44	95077.28	280448.03
减：备抵坏帐	5	4239.72	65652.59	应付福利费	45	685793.01	1032575.77
应收帐款净额	6	843705.94	13064865.41	未付股利	46	65280.43	154048.24
预付货款	7		188700.90	未交税金	47	—210464.62	1317134.95
其他应收款	8	267219.91	21793394.64	其它未交款	48	8458.92	4262.14
内部应收款	8—1			其他应付款	49	2576670.11	2239005.73
待摊费用	9	13332.76	16959.85	内部应付款	49—1		
存货	10	8727754.45	10659394.24	预提费用	50	140031.87	276779.66
减：存货变现损失准备	10—1			待扣税金	51		
存货净额	10—2	8727754.45	10659394.24	一年内到期的长期负债	52		1000000.00
其他流动资产	10—3			流动负债合计	55	6696022.61	22679995.26
流动资产合计	15	11901689.97	68883049.49	长期负债：			
长期投资：				长期借款	56	2050000.00	
长期投资	16	185500.00	8697419.00	应付债券	57		4342077.89
固定资产：				长期应付款	58		
固定资产原价	18	8233285.27	24898370.74	其他长期负债：	58—1		
减：累计折旧	19	1448260.97	4742462.91	其中：住房周转金	58—2		
固定资产净值	20	6785024.30	20155907.83	长期负债合计	65	2050000.00	4342077.89
在建工程	21	3151688.96	9883656.33	股东权益：			
固定资产清理	22			股本	66	10500000.00	50400000.00
临时设施	22—1			资本公积金	67		23731536.48
固定资产合计	25	9936713.26	30039564.16	盈余公积金	68	3117475.64	3381797.00
无形及递延资产：				其中：公益金	69		385378.33
无形资产	26	3808000.00	4573115.27	未分配利润	70	3468404.98	8963247.46
递延资产	30		1305506.17	股东权益合计	75	17085880.62	86476580.94
无形及其他资产合计	35	3808000.00	5878621.44				
待处理财产损失：							
待处理流动资产损失（减收益）	36			少数股权（合并报表填列）	75—1		
待处理固定资产损失（减收益）	37						
待处理财产损失合计	38						
资产总计	40	25831903.23	113498654.09	负债及股东权益合计	80	25831903.23	113498654.09

利润及利润分配表

1993 年度

杭州天目山药业股份有限公司　　单位：人民币元

项　　目	行次	金　　额	项　　目	行次	金　　额
一、主营业务收入	1	42963088.85	减：少数股权（合并报表填列）	14－1	
减：营业成本	2	24886941.36	加：年初未分配利润（未弥补亏损以“－”号表示）	15	3468404.98
销售费用	3	2378861.36	上半年利润调整（减上年利润以“－”号表示）	16	
管理费用	4	4549803.32	盈余公积转入	17	
财务费用	5	－577440.00	五、可分配利润	18	15182439.61
进货费用	6		减：应交所得税	19	1754870.79
营业税金及附加	7	3238429.72	提取法定盈余公积	20	995916.38
二、主营业务利润（亏损以“－”号表示）	8	8486493.06	提取公益金	21	385378.33
加：其他业务利润（亏损以“－”号表示）	9	10510.16	六、可供股东分配的利润	22	12046274.11
三、营业利润（亏损以“－”号表示）	10	8497003.22	减：已分配优先股的利润	23	
加：投资收益（亏损以“－”号表示）	11	3209920.80	提取任意公积	24	3083026.65
营业外收入	12	60628.41	已分配普通股股利	25	
减：营业外支出	13	53517.80	七、未分配利润（未弥补亏损以“－”号表示）	26	8963247.46
四、利润总额（亏损以“－”号表示）	14	11714034.63	八、补充资料：营业成本中存货变现损失准备提取数	27	

73. 四川广华化纤股份有限公司

一、1993年经营业绩及近三年的财务指标

四川广华化纤股份有限公司是以生产涤纶长丝为主体的化纤企业，其股票在上海证券交易所挂牌。1993年，全国化纤市场疲软，纺织行业突出的矛盾是资金困难，原料上涨，长丝滞销。但在该公司全体员工的努力下，该公司仍然取得了良好的经济效益，全年实现工业总产值20879.24万元，销售收入15399.70万元，创利润3010万元，成为中国500家最佳经济企业和四川省100家利税大户之一。该公司近三年的财务指标如下(单位：万元)：

项目指标	1993年	增长率%	1992年	1991年
主营业务收入	15399.69	－7.27	16607.10	16994.87
税后利润	2558.85	7.01	2391.14	1750.68
资产总计	2973556	21.85	24402.91	17316.61
股东权益	16438.58	26.43	13002.10	10440.92
每股收益	0.24元	0.09	0.22元	0.17元
每股权益	1.53元	26.43	1.21元	1.01元
每股红利			0.18元	0.16元
速动比率	64.30%	62.37	39.60%	57.90%
股东权益比率	55.28%	3.75	53.28%	62.29%
净资产收益率	15.57	－15.33	18.39%	16.77%

二、1994年经营展望

该公司1994年经营的总目标是：实现产值21000万元；利润总额达到3535万元；税后利润总额3000万元以上。

三、股本结构

1.1993年末股本结构：

股权	数量(万股)	比例(%)
国家股	5780.53	41.95
个人股	8000	58.05
总股本	13780.53	100.00

四、1993年度资产负债表和利润及利润分配表

资产负债表(合并)

1993年12月31日

四川广华化纤股份有限公司 单位:人民币元

资产	行次	期初数	期末数	负债及股东权益	行次	期初数	期末数
流动资产				流动负债:			
货币资金	1	13810932.70	8865836.10	短期借款	41	36400000.00	41430000.00
短期投资	2			应付票据	42		
应收票据	3			应付帐款	43	475630.94	16561598.27
应收帐款	4	3185691.45	3430443.06	预收货款	44	5578462.17	8568403.54
减:备抵坏帐	5		15928.46	应付福利费	45	12104.96	117579.04
应收帐款净额	6	3185691.45	3414514.60	未付股利	46		
预付货款	7	25310480.06	6068174.73	未交税金	47	4088352.00	1760597.78
其他应收款	8	9787515.60	41338285.31	其它未交款	48	84226.86	60811.13
内部应收款	8—1			其他应付款	49	20977121.26	14873896.34
待摊费用	9	366597.41	450820.57	内部应付款	49—1		
存货	10	17220915.03	36442747.83	预提费用	50		9887.25
减:存货变现损失准备	10—1			待扣税金	51		
存货净额	10—2			一年内到期的长期负债	52		
其他流动资产	10—3			流动负债合计	55	67615898.19	83382773.35
流动资产合计	15	69682132.25	96580379.14	长期负债:			
长期投资:				长期借款	56	31395667.58	34590475.58
长期投资	16	5421040.00	9203580.38	应付债券	57		
固定资产:				长期应付款	58	1000000.00	1000000.00
固定资产原价	18	141328894.52	163606482.11	其他长期负债	58—1		
减:累计折旧	19	33469825.08	49615956.61	其中:住房周转金	58—2		
固定资产净值	20	107859069.44	113990525.50	长期负债合计	65	32395667.58	35590475.58
在建工程	21	52964831.55	69188377.90	股东权益:			
固定资产清理	22			股本	66	107805300.00	
临时设施	22—1			资本公积金	67	16260901.62	25037140.79
固定资产合计	25	16082900.99	183178903.40	盈余公积金	68	4341537.32	4341537.32
无形及递延资产:				其中:公益金	69	1287855.71	1287855.71
无形资产	26	7919810.42	8070534.00	未分配利润	70	1613285.00	27201852.37
递延资产	30	182301.05	314296.47	股东权益合计	75	130021023.94	164385830.48
无形及其他资产合计	35	8102111.47	8384830.47				
待处理财产损失:							
待处理流动资产损失(减收益)	36		7981.02	少数股权(合并报表填列)	75—1	13996595.00	13996595.00
待处理固定资产损失(减收益)	37						
待处理财产损失合计	38	7981.02	7981.02				
资产总计	40	244029184.71	297355674.41	负债及股东权益总计	80	244029184.71	297355674.41

利润及利润分配表

1993年度

四川广华化纤股份有限公司　单位:人民币元

项　目	行次	金　额	项　目	行次	金　额
一、主营业务收入	1	153996981.64	减:少数股权(合并报表填列)	14—1	
减:营业成本	2	109568305.40	加:年初未分配利润(未弥补亏损以"—"号表示)	15	1613285.00
销售费用	3	3537158.84	上半年利润调整(减上年利润以"—"号表示)	16	
管理费用	4	7186617.98	盈余公积转入	17	
财务费用	5	2642624.04	五、可分配利润	18	31717481.91
进货费用	6		减:应交所得税	19	4515629.54
营业税金及附加	7	1384785.00	提取法定盈余公积	20	
二、主营业务利润(亏损以"—"号表示)	8	29677490.38	提取公益金	21	
加:其他业务利润(亏损以"—"号表示)	9	92343.00	六、可供股东分配的利润	22	
三、营业利润(亏损以"—"号表示)	10	29769833.38	减:已分配优先股的利润	23	
加:投资收益(亏损以"—"号表示)	11	680000.00	提取任意公积	24	
营业外收入	12	52205.00	已分配普通股股利	25	
减:营业外支出	13	397841.47	七、未分配利润(未弥补亏损以"—"号表示)	26	27201852.37
四、利润总额(亏损以"—"号表示)	14	30104196.91	八、补充资料:营业成本中存货变现损失准备提取数	27	

74. 成都量具刃具股份有限公司

一、1993年经营业绩和近两年财务指标

成都量具刃具股份有限公司是一家主营量具、刃具和量仪等产品的上市公司，其股票在上海证券交易所挂牌。1993年，该公司的生产经营等诸方面均取得较好成绩，一是技术改造加速了产品结构的调整，实现新产品样试17种；二是出口创汇名列行业前茅，全年出口创汇560万美元，比上年增长15.7%；三是产品质量稳定，被评为全国123家质量优秀企业之一；四是经营效益有了较大幅度增长，主营业务收入实际完成17539.13万元，税后利润完成2592.03万元，是计划指标的101.29%。该公司近三年的财务指标如下：

项目指标	单位	1993年	年增长%	1992年
主营业务收入	万元	17539.13	15.72	15156.33
税后利润	万元	2592.03	107.91	1246.68
资产总计	万元	35851.61	43.56	24973.26
股东权益	万元	14839.59	129.82	6457.04
每股收益	元/股	0.3604	63.89	0.2199
每股权益	元/股	2.06	87.70	1.14
每股红利	元/股			0.18
速动比率	%	54.11	30.16	
股东权益比率	%	41.39	25.86	
净资产收益率	%	17.47	19.31	

二、前次募集资金的运用情况

1. 投资800万元(已投入600万元)用于与美国川星公司、成都长城公司合资组建的中外合资企业“成都长城铝业公司”。

2. 投资2000万元(1993年到位1000万元)与成都几家大型企业联合组建“明日集团”。

3. 投资1114万元组建“成量出租汽车公司”，现已正式营运。

4. 投资310万元(1993年到位120万元)与成都祥云计算机高技术公司、重庆渝康公司等合资兴办“亚冠”视频电子技术公司，在重庆繁华地段修建目前亚洲最大的电视广告屏。

三、1994年经营展望

该公司在1994年将加强主业方面的技术改造，同时发展多种经营项目，争取实现销售收入1.75亿元、出口创汇600万美元；实现利润3660万元。

四、股本结构和股东持股情况

1. 1993年末股本结构：

股权	数量(万股)	比例(%)
国家股	3892.93	54.12
法人股	1500	20.85
个人股	1800	25.03
总股东	7192.93	100.00

2. 前10名股东持股情况：

股东名称	持股数(万股)	占总股本比例(%)
成都市国有资产管理局	3892.93	54.12
重庆特殊钢集团公司	85	1.18
上海机电设备总公司	80	1.11
重庆市机电设备总公司	80	1.11
四川国际经济技术合作股份有限公司	80	1.11
深圳广顺实业股份有限公司	40	0.56
四川第一棉纺织股份有限公司	30	0.42
四川电器股份有限公司	30	0.42
康泰实业公司	25	0.35
北海长安房地产开发公司	22	0.31

五、1993年度资产负债表和利润及利润分配表

资产负债表(合并)

1993年12月31日

成都量具刃具股份有限公司　　单位:人民币元

资　产	行次	1993年	负债及股东权益	行次	1993年
流动资产:			流动负债:		
货币资金	1	13725615.91	短期借款	41	89500000.00
短期投资	2		应付票据	42	
应收票据	3		应付帐款	43	27042550.67
应收帐款	4	13510809.01	预收货款	44	
减:备抵坏帐	5		应付福利费	45	113931307
应收帐款净额	6	13510809.01	未付股利	46	
预付货款	7		未交税金	47	11356469.07
其它应收款	8	67488284.91	其他未交款	48	4907317.24
待摊费用	9	1130486.11	其他应付款	49	41121342.62
存货	10	161025325.14	预提费用	50	
			待扣税金	51	
流动资产合计	15	256880521.08	一年内到期的长期负债	52	
长期投资					
长期投资	16	43700531.87	流动负债合计	55	175066992.67
固定资产:			长期负债		
固定资产原价	18	111390803.61	长期借款	56	34906393.68
减:累计折旧	19	80641676.32	应付债券	57	
固定资产净值	20	30749127.29	长期应付款	58	146845.62
在建工程	21	18675876.31	长期负债合计	65	35053239.30
固定资产清理	22				
固定资产合计	25	49425003.60			
无形及其他资产:			股东权益:		
无形资产	26	8510108.66	股本	66	71929251.17
递延资产	30		资本公积金	67	50546362.16
	31		盈余公积金	68	3888047.99
无形及其他资产合计	35		其中:公益金	69	1296016.00
待处理财产损失:			未分配利润	70	22032271.92
待处理流动资产损失(减收益)	36		股东权益合计	75	148395933.24
待处理固定资产损失(减收益)	37				
资产总计	40	358516165.21	负债及股东权益合计	80	358516165.21

利润及利润分配表

1993年度

成都量具刃具股份有限公司 单位:人民币元

项目	行次	1993年	项目	行次	1993年
一、主管业务收入	1	175391342.54	营业外收入	12	646048.88
减、营业成本	2	106390313.39	减:营业外支出	13	3754869.38
销售费用	3	1259876.71	四、利润总额(亏损以"—"号表示)	14	30592746.26
管理费用	4	21953983.44			
财务费用	5	6563119.77			
进货费用	6		可分配利润	5	30592746.26
营业税金及附加	7	10601090.24	应交所得税	6	4672426.35
二、主管业务利润(亏损以"—"号表示)	8	28622958.99	五、分配净利润		
加:其他业务利润(亏损以"—"号表示)	9	1983024.34	提取法定盈余公积金	7	3888047.99
三、营业利润(亏损以"—"号表示)	10	30605983.33	其中公益金	8	1296016.00
加:投资收益(损失以"—"号表示)	11	3095583.43	可供股东分配利润	9	22032271.92

75. 峨嵋铁合金(集团)股份有限公司

一、1993年经营业绩和近两年财务指标

峨嵋铁合金(集团)股份有限公司是一家经营铁合金产品、有色金属和相关业务的上市公司,该公司股票在上海证券交易所挂牌。在1993年,该公司实现主营业务收入40840万元,税后利润5233万元,均完成了计划指标,其中的税后利润指标为全国铁合金行业之首。该公司近两年的财务指标如下(单位:万元):

项目指标	1993年	增长率(%)	1992年
主营业务收入	40840	20.02	34029
税后利润	5233	150.00	2434
资产总计	78767	31.02	60119
股东权益	23395	36.75	17108
每股权益(元)	0.338	111.25	0.16
每股收益(元)	1.51	37.27	1.10
每股红利(元)	0.15	15.38	0.13
速动比率(%)	0.58	141.67	0.24
股东权益比率%	0.30	7.14	0.28
净资产收益率%	0.224	60.00	0.14

二、募集资金的运用情况

该公司自1988年开始公开发行股票,截止1992年8月20日共募集资金4980万元,其中个人股3880万元,法人股1100万元。该笔资金的投向为:

1. 投资369.16万元于两台16500KVA电炉扩建工程。

2. 1992年第一期投资431万元改造一台12500KVA电炉,第二期投资3069万元进行另一台25000KVA电炉改造。

3. 投资336.84万元进行回转窑和熔化炉扩建。

4. 投资774万元于中外合资的铜铝加工公司第一期工程光纤电缆生产线。

1993年增资配股募集的资金,1994年2月才到位,故1993年未投入使用。

三、1994年经营展望

1994年该公司的方针目标是:"多元开发求发展,开拓市场争效益,狠抓科技严管理,齐心奋斗九五一"。即生产铁合金9万吨,比上年增长53.96%;营业收入达5亿元,创利税1亿元;税后利润完成6585万元,比上年增长25.84%。

四、股本结构和股东持股情况

1. 1993年末股本结构:

股权	数量(万股)	比例(%)
国家股	10507.75	67.85
法人股	1100	7.10
个人股	3880	25.05
总股本	15487.75	100

2. 公司主要股东持股情况:

股东名称	持股数(万股)	占总股本比例(%)
四川省乐山市国有资产管理局	10507.75	67.85
峨嵋铁合金综合服务开发公司	550.00	3.55
中国工商银行四川省分行信托公司	500.00	3.23
西昌铁路分局	50.00	0.32
上海申银证券公司	33.11	0.21

五、1993年度资产负债表和利润表

资产负债表(合并)

1993年12月31日

峨嵋铁合金(集团)股份有限公司　　单位:人民币元

资　　产	行次	期初数	期末数	负债及股东权益	行次	期初数	期末数
流动资产:				流动负债:			
货币资金	1	4211918.66	3753685.37	短期借款	41	114883105.68	185270000.00
短期投资	2	616004.00		应付票据	42		
应收票据	3			应付帐款	43	134055709.48	165946637.87
应收帐款	4	52526035.87	221327964.44	预收货款	44	12620322.02	9199396.65
减:备抵坏帐	5	157578.11	663983.89	应付福利费	45	537636.78	703080.10
应收帐款净额	6	52368457.76	220663980.55	未付股利	46		
预付货款	7	35334931.31	26888951.31	未交税金	47	203170.37	1360115.13
其他应收款	8	28785103.31	48957379.80	其它未交款	48	5140862.33	5102521.87
内部应收款	8—1			其他应付款	49	75287210.68	102092753.21
待摊费用	9		40982421.62	内部应付款	49—1		
存货	10	279808961.82	201870566.69	预提费用	50	2083854.75	
减:存货变现损失准备	10—1			待扣税金	51		
存货净额	10—2	279808961.82	201870566.69	一年内到期的长期负债	52		
其他流动资产	10—3			流动负债合计	55	344811872.09	469674504.83
流动资产合计	15	401125376.86	543116985.34	长期负债:			
长期投资:				长期借款	56	60964359.18	66785786.28
长期投资	16	23076747.72	36500783.72	应付债券	57	8891600.00	
固定资产:				长期应付款	58	15445994.63	9766518.94
固定资产原价	18	233478174.45	222037937.13	其他长期负债	58—1		
减:累计折旧	19	68858715.90	81731518.08	其中:住房周转金	58—2		
固定资产净值	20	164619458.55	140306419.05	长期负债合计	65	85301953.81	76552305.22
在建工程	21	12376324.35	30467812.68	股东权益:			
固定资产清理	22			股本	66	154877517.00	154877517.00
固定资产合计	25	176995782.90	170774231.73	其中:国家股	66—1	105077517.00	105077517.00
无形及递延资产:				法人股	66—2	11000000.00	11000000.00
无形资产	26		36897035.32	个人股	66—3	38800000.00	38800000.00
递延资产	30		384881.51	资本公积	67	8291678.08	
无形及递延资产合计	35		37281916.83	盈余公积	68	16206564.58	18444544.33
待处理财产损失:				其中:公益金	69	1217010.26	1217010.26
待处理流动资产损失(减收益)	36			未分配利润	70	52333368.16	
待处理固定资产损失(减收益)	37			股东权益合计	75	171084081.58	233947107.57
待处理财产损失合计	38			少数股权(合并报表填列)	75—1		7500000.00
资产总计	40	601197907.48	787673917.62	负债及股东权益总计	80	601197907.48	787673917.62

利润表（合并）

1993年度

峨嵋铁合金(集团)股份有限公司　　单位：人民币元

项　目	行次	金　额	项　目	行次	金　额
一、主营业务收入	1	408396218.18	二、主营业务利润(亏损以"－"号表示)	8	48389669.60
减：营业成本	2	288573386.51	加：其他业务利润(亏损以"－"号表示)	9	9465725.06
销售费用	3	2051638.66	三、营业利润(亏损以"－"号表示)	10	57855394.66
管理费用	4	24353441.87	加：投资收益(亏损以"－"号表示)	11	5200251.17
财务费用	5	16044148.40	营业外收入	12	398829.61
进货费用	6		减：营业外支出	13	2803498.40
营业税金及附加	7	28983933.14	四、利润总额(亏损以"－"号表示)	14	60650977.04

76. 中华企业股份有限公司

一、1993年经营业绩和财务指标

中华企业股份有限公司的前身是创建于1954年的上海第一家从事房地产开发经营的国有企业，1993年经改制而成为股份制企业并在上海证券交易所挂牌。在1993年，该公司主营业务收入达4123.6万元，利润总额5891.1万元，提前两个月超额完成了上市报表中所列举的各项经济指标，全年经济效益创历史最好水平。该公司自改制后的财务指标如下：

项目指标	1993年9月－12月
主营业务收入：	3119.39万元
税后利润及上年度利润调整：	1845.43万元
资产总计：	52697.20万元
股东权益：	23663.05万元
每股收益：	0.235元
每股权益：	3.01元
速动比率：	0.692
股东权益比率：	44.90%
净资产收益率：	7.80%

二、前次募集资金的运用情况

1993年该公司改制后向社会公开发行股票募集到资金1.3亿元。按照上市报告列举的投资项目，公司将这笔资金主要用于去年新开工项目和即将启动项目，并于一个月内将资金全部投放到位。

1.投资新开工项目主要有：

(1)地处黄金地段的静安寺旧区改建综合商住楼项目——静华大厦，总建筑面积3万平方米，28层，总投资近2亿元。

(2)"古北18街坊"项目位于虹桥开发区内，是继"宝石"、"金鹿公寓"后该公司在该地区开发的第三期高级公寓，面积5万平方米，总投资约3亿元。

(3)"虹光小区"共分两期，第二期已于去年10月开工，总面积6.2万平方米，属6层普通商品房，总投资6000多万元。

2.投资于准备启动的主要项目有：

(1)"钱家塘地块"，位于淮海中路、襄阳路、南昌路和陕西路之间，是该公司与上投、久事、徐汇等四家公司联手开发建造的旧区改造项目，拟建设新上海国际商城，总开发面积27.7万平方米，该公司占25%的股本，目前已投入资金2500万元。

(2)"提蓝桥238号地块"，也是旧区改建大项目，一期开发面积5.6万平方米，该公司占50%的股本，已出资1500万元。

(3)将出资约134万美元收购上海国泰房产发展有限公司40%的股本，并将筹集2000万美元，承担原国泰公司主建黄浦区101地块旧区改建项目。

三、1994年度经营展望

在1994年，该公司将坚持一业为主、多种经营的方针。在国内，坚持房地产业向其它行业的渗透，加强房地产业与金融、证券、旅游和商贸之间的联系；在国外，积极探索投资合作新途径，进一步加强与澳大利亚、新加坡等海外企业的洽谈与合作，兴办外贸、印刷等实业。争取实现主营业务收入18115万元，投资收益2750万元，实现税后利润6009.5万元。

四、股本结构和股东持股情况

1.1993年末股本结构：

股权	数量(万股)	比例(%)
国家股	5863.19	74.57
法人股	493.4	6.27
个人股	1506.6	19.16
其中：内部职工股	190	2.42
总股本	7863.19	100.00

2.前10名股东持股情况：

股东名称	持股数(万股)
国家股	5863
上海古北新区联合发展公司	50
上海国际信托投资公司	43.45
上海爱建股份有限公司	40
中房上海公司	30
深圳蓝天基金	30
上海市房产经营公司	20
上海金星实业公司	15
中企房屋装修公司	15
上海海通证券公司	11.915

五、1993年度资产负债表和利润及利润分配表

资产负债表(合并)

1993年12月31日

中华企业股份有限公司　　单位:人民币元

资　产	行次	期初数	期末数	负债及股东权益	行次	期初数	期末数
流动资产:				流动负债:			
货币资金	1	18350831.00	50738905.60	短期借款	41	67500000.00	47800000.00
短期投资	2	11149103.40	21455623.40	应付票据	42		
应收票据	3			应付帐款	43	827434.07	856345.52
应收帐款	4	3214146.72	3013631.91	预收货款	44		39413396.48
减:备抵坏帐	5		24091.44	应付福利费	45	1779529.06	2050599.07
应收帐款净额	6	3214146.72	2089540.47	未付股利	46		
预付货款	7	500000.00	500000.00	未交税金	47	11480921.14	－1427672.69
其他应收款	8	6977510.58	9260636.73	其它未交款	48	4711917.43	6448.40
内部应收款	8－1			其他应付款	49	32643617.10	25822514.19
待摊费用	9	409420.00	1420.00	内部应付款	49－1		
存货	10	255617954.40	347893526.93	预提费用	50	10016418.29	8219778.41
减:存货变现损失	11			待扣税金	51		
存货净额	12			一年内到期的长期负债	52		
流动资产合计	15	296218966.10	432839653.13	流动负债合计	55	128959837.09	122741409.38
长期投资:				长期负债:			
长期投资	16	71711412.59	86723178.59	长期借款	56		
				应付债券	57		
固定资产:				长期应付款	58	163004171.04	162940553.81
固定资产原价	18	4489191.01	4681093.79	其中:国家股增股准备金	58－1		
减:累计折旧	19	800476.15	1661630.68	长期负债合计	65	163004171.04	162940553.81
固定资产净值	20	3688714.86	3019463.11	少数股东权益			4659518.12
在建工程	21			股东权益:			
固定资产清理	22			股本	66	58631900.00	78631900.00
临时设施	22－1			其中:国家股	66－1	58631900.00	58631900.00
固定资产合计	25	3688714.86	3019463.11	法人股	66－2		4934000.00
无形及其它资产:				个人股	66－3		15066000.00
无形资产	26		3622700.00	外资股	66－4		
其中:商誉	26－1			法定公积金	66－5		
递延资产	30	637500.00	766991.61	其中:资本公积金	67		137308657.02
长期待摊费用	31			盈余公积金		3028631.95	2235618.35
无形及其他资产合计	35	637500.00	4389691.61	集体福利基金	69		
待处理财产损失:				未分配利润	70	18632053.47	18454329.76
待处理流动资产损失(减收益)	36						
待处理固定资产损失(减收益)	37						
待处理财产损失合计	38			股东权益合计	75	80292585.42	236630505.13
资产总计	40	372256593.55	526971986.44	负债及股东权益总计	80	372256593.55	526971986.44

利润及利润分配表(合并)

1993年9—12月

中华企业股份有限公司 单位:人民币元

项目	行次	金额	项目	行次	金额
一、主营业务收入	1	31193885.15	加:投资收益(亏损以"—"号表示)	11	—270212.78
减:营业成本	2	20633601.64	营业外收入	12	10268412.17
销售费用	3	1569695.78	减:营业外支出	13	122894.06
管理费用	4	11168298.87	四、利润总额(亏损以"—"号表示)	14	12473521.91
财务费用	5	—6293087.55	减:所得税	15	2778676.41
进货费用	6		五、税后利润	16	9694845.50
营业税金及附加	7	1708878.35	加:上年利润调整(增加"+",减少"—")	17	8770770.38
二、主营业务利润(亏损以"—"号表示)	8	2406498.06	减:少数股东利润	18	11286.12
加:其他业务利润(亏损以"—"号表示)	9	191718.52	六、未分配利润	19	18454329.76
三、营业利润(亏损以"—"号表示)	10	2598216.58			

77. 上海钢铁汽车运输股份有限公司

一、1993年经营业绩和财务指标

上海钢铁汽车运输股份有限公司是一家主营汽车货物运输和装卸等业务的上市公司，其股票在上海证券交易所挂牌。1993年，该公司创营业收入13045.9万元，实现利润1466.2万元，其人均创利和全员劳动生产率继续在上海市汽车货物运输行业中名列前茅。该公司自成立后的(1993年9月—12月)财务指标如下：

项目指标	1993年9月—12月
主营业务收入	4840.3万元
税后利润	496.4万元
资产总计	16812.73万元
股东权益	11472.53万元
每股收益	0.098元
每股权益	2.25元
速动比率	7.25
股东权益比率	68.24%
净资产收益率	4.32%

二、前次募集资金的运用情况

该公司1993年通过发行股票所筹资金主要投向以下四个方面：

1. 购置大型车机85辆(台)投入2200万元；

2. 张华浜停车场迁建扩建工程征地动迁等前期费用投入628万元；

3. 参股交通银行投入200万元；

4. 补充流动资金640万元；

总计已使用3668万元，其余资金将按计划逐步投入。

三、1994年经营展望

在1994年，该公司将不断精化主业，抓好延伸，发展多种经营，形成新的利润生长点。争取全年实现主营业务收入15000万元，完成税后利润1742万元。

四、股本结构和股东持股情况

1. 1993年末股本结构：

股权	数量(万股)	比例(%)
国家股	3583.84	70.49
法人股	500	9.84
社会个人股	1000	19.6
(其中内部职工股200万股)		
总股本	5083.84	100.00

2. 前10名股东持股情况：

股东名称	持股数(万股)	占总股本比例(%)
国家股	3583.84	70.49
上海第一钢铁厂	10	0.20
上海第二钢铁厂	10	0.20
上海第五钢铁厂	10	0.20
武汉威科集团公司上海仪表分公司	10	0.20
上海市安达汽车运输服务公司	5	0.10
上海市吴淞汽车运输服务公司	5	0.10
上海联合实业股份有限公司	5	0.10
上海市长逸实业公司	3	0.06
上海市盛新物资经贸公司	2.5	0.05

五、1993年度资产负债表和利润表

资产负债表

1993年12月31日

上海钢铁运输股份有限公司 单位:人民币元

资　　产	行次	年初数	年末数	负债及股东权益	行次	年初数	年末数
流动资产:				流动负债:			
货币资金:	1	4186465.93	9009088.64	短期借款	41	19833059.15	36890000.00
短期投资	2			应付票据	42		
应收票据	3			应付帐款	43	7110569.01	26053636.67
应收帐款	4	3753301.94	1593072.88	预收货款	44	3218703.44	5731965.66
减:备抵坏帐	5		7965.36	职工福利基金	45	220839.14	635092.03
应收帐款净额	6	3753301.94	1585107.52	未付股利	46	3210305.06	2143688.52
预付货款	7	3667553.90	2203716.81	未交税金	47	353932.72	5550922.18
其他应收款	8	19786938.99	54112996.56	其它未交款	48	—600944.05	—144889.55
内部应收款	8—1			其他应付款	49	10551953.23	17514122.76
待摊费用	9	1299141.66	1837112.91	内部应付款	49—1		
存货	10	27996693.31	55659893.79	预提费用	50	950098.57	3068927.46
减:存货变现损失	11			待扣税金	51		
存货净额	12	27996693.31	55659893.79	一年内到期的长期负债	52		
其他流动资产	13			流动负债合计	55	44848516.27	97443465.73
流动资产合计	15	60620095.73	124407916.23	长期负债:			
长期投资				长期借款	56	2700000.00	3700000.00
长期投资:	16	698695.51	1783695.51	应付债券	57	61100000.00	
固定资产:				长期应付款	58	5300000.00	2900000.00
固定资产原价	18	104932396.38	177489771.00	其他长期负债	58—1		
减:累计折旧	19	12467461.03	20782330.64				
固定资产净值	20	92464935.35	156707440.36	长期负债合计	65	69100000.00	6600000.00
在建工程	21	27998907.10	30839539.83	股东权益:			
固定资产清理	22			股本	66	31680000.00	81180000.00
临时设施	22—1			资本公积金	67	33459285.48	94249677.58
固定资产合计	25	120463842.45	187546980.19	盈余公积金	68	3745814.07	22998735.51
无形及递延资产:				其中:公益金	69	1631410.84	5153732.49
无形资产	26		11078194.40	未分配利润	70		22928098.17
递延资产	30	1070781.15	583190.66	股东权益合计	75	68885099.55	221356511.26
无形及其他资产合计	35	1070781.15	11661385.06				
待处理财产损失:							
待处理流动资产损失(减收益)	36	—19799.02		少数股权(合并报表填列)	75—1		
待处理固定资产损失(减收益)	37						
待处理财产损失合计	38	—19799.02					
资产总计	40	182833615.82	325399976.99	负债及股东权益总计	80	182833015.82	325399976.99

利润表

1993年9月1日至12月31日

上海钢铁运输股份有限公司　　单位:人民币元

项　目	行次	金　额	项　目	行次	金　额
一、主营业务收入	1	270378270.59	二、主营业务利润(亏损以"—"号表示)	8	37068973.41
减:营业成本	2	214946078.92	加:其他业务利润(亏损以"—"号表示)	9	329292.39
销售费用	3	1857595.34	三、营业利润(亏损以"—"号表示)	10	37398265.80
管理费用	4	6449567.53	加:投资收益(亏损以"—"号表示)	11	510834.20
财务费用	5	1931439.38	营业外收入	12	816690.12
进货费用	6		减:营业外支出	13	281318.56
营业税金及附加	7	8124616.01	四、利润总额(亏损以"—"号表示)	14	38444471.56

78. 浙江中汇（集团）股份有限公司

一、1993年度经营业绩和近两年财务指标

浙江中汇(集团)股份有限公司是一家经营轻纺产品和原辅材料等多种业务的上市公司，其股票在上海证券交易所挂牌。1993年，该公司主营业务收入达11.1亿元，完成年度计划的158%；利润总额2152.21万元，完成年度计划的103.6%；税后利润1868.02万元，完成年度计划的103.15%。该公司近两年的财务指标如下(单位:万元)：

项目指标	1992年	1993年	1993年增长
主营业务收入	67712.67	111005.42	63.9%
税后利润	471.61	1868.02	296%
资产总计	43360.72	56773.94	30.9%
股东权益	9784.50	19008.92	94.3%
每股收益(元)	0.058	0.231	298%
每股权益(元)	1.21	1.78	47.1%
速动比率	0.53	0.69	—
股东权益比率	0.23	0.33	—
净资产收益率	0.05	0.10	—

二、前次募集资金的使用情况

1992年10月该公司新增股份2434万股，筹集资金3651万元；1993年向股东配股，实筹资金7204.6万元。上述筹集资金使用情况如下：

1.追加产业投资2800万元，用于浙江中汇非织布厂"高档喷胶纺丝棉"、"浙江中汇纺织装饰实业公司"、"行进经纱转移印花生产线"、"中外合资杭州大班夜总会有限公司等项目。

2.追加房地产投资3000万元，用于独资成立浙江中汇房地产开发公司、中外合资温州华鑫房地产开发公司、受让舟山朱家尖岛沙滩地块等项目。

3.追加公司外贸业务流动资金和子公司拨款资金3000万元。

4.其余资金用于1994年度项目投入。

三、1994年经营展望

1994年，该公司将围绕改革和发展两个重点，按照上市公司的规范要求，继续转换企业经营机制，优化经营和投资格局，全面提高企业素质，为中汇集团持续快速发展奠定坚实的基础，争取实现销售收入10.5亿元，利润总额3237万元，比1993年增长50.4%。

四、股本结构和股东持股情况：

1.1993年末股本结构：

股权	数量(万股)	比例(%)
国家股	4064	38.01
法人股	2549.9	23.85
个人股	4078.577	38.14
总股本	10692.477	100

2 主要股东持股情况：

股东名称	持股数(万股)	占总股本比例(%)
国家股	4064	38.01
中国华诚财务公司	344	3.22
中国纺织物资总公司	284	2.66
浙江财政证券公司	143.96	1.35
杭州兴达物资贸易公司	110	1.02
中国人民建设银行浙江省信托投资公司	100	0.94
浙江东方股份有限公司	75	0.70
浙江省国际信托投资公司	72	0.67

五、1993年度资产负债表和利润及利润分配表

资产负债表(合并)

1993年12月31日

浙江中汇(集团)股份有限公司 单位:人民币元

资　产	行次	期初数	期末数	负债及股东权益	行次	期初数	期末数
流动资产:				流动负债:			
货币资金	1	21400476.62	39002406.30	短期借款	41	143570000.00	12263000.00
短期投资	2		1601930.76	应付票据	42	8000000.00	
应收票据	3	12366470.00	4781000.00	应付帐款	43	118550064.73	128205822.84
应收帐款	4	80472127.18	101641975.22	预收货款	44	62962235.40	45381036.10
减:备抵坏帐	5		406366.38	应付福利费	45	290412.89	820343.54
应收帐款净额	6	80472127.18	101235608.84	未付股利	46	1332595.00	593663.03
预付货款	7	96217029.74	32345124.09	未交税金	47	467939.97	2850305.31
其他应收款	8	74822610.35	91500129.67	其它未交款	48	266822.0	264165.68
内部应收款	8—1			其他应付款	49	18040161.58	40867851.42
待摊费用	9	698085.20	275725.14	内部应付款	49—1		
存货	10	100156858.89	191544573.56	预提费用	50	1021077.77	2352206.76
减:存货变现损失准备	10—1			待扣税金	51		
存货净额	10—2			一年内到期的长期负债	52		
其他流动资产	10—3			流动负债合计	55	354501309.34	343968394.68
流动资产合计	15	386133657.98	462286497.36	长期负债:			
长期投资:				长期借款	56	17738001.04	19653923.99
长期投资	16	28897144.39	22854394.93	应付债券	57		
固定资产:				长期应付款	58	4002183.15	2565396.68
固定资产原价	18	65784949.93	81507939.87	其他长期负债	58—1		
减:累计折旧	19	6103000.46	9125778.82	其中:住房周转金	58—2		
固定资产净值	20	59681949.47	72382161.05	长期负债合计	65	21740184.19	22219320.67
在建工程	21	7976117.10	5230908.60	股东权益:			
固定资产清理	22			股本	66	79023000.53	106924769.00
临时设施	22—1			资本公积	67	16123267.00	58433550.76
固定资产合计	25	67658066.57	77613069.65	盈余公积	68	2903483.00	5863376.44
无形及递延资产:				其中:公益金	69		186778.48
无形资产	26		2325548.85	未分配利润	70	1532896.54	18867473.13
递延资产	30	1000613.15	1828092.61	股东权益合计	75	99582547.07	190089169.33
无形及其他资产合计	35	1000613.15	4153641.46				
待处理财产损失:							
待处理流动资产损失(减收益)	36		831844.87	少数股权(合并报表填列)	75—1	7849497.00	11462563.59
待处理固定资产损失(减收益)	37	—15844.49					
待处理财产损失合计	38	—15844.49	831844.87				
资产总计	40	483673637.60	567739448.27	负债及股东权益合计	80	483673637.60	567739448.27

利润及利润分配表(合并)

1993年度

浙江中汇(集团)股份有限公司 单位:人民币元

项目	行次	金额	项目	行次	金额
一、主营业务收入	1	1110054217.02	四、利润总额(亏损以"一"号表示)	14	23136122.75
减:营业成本	2	1058027333.03	减:少数股权(合并报表填列)	14—1	1614004.00
销售费用	3	5291575.73	加:年初未分配利润(未弥补亏损以"一"号表示)	15	1532896.54
管理费用	4	23920624.75	上半年利润调整(减上年利润以"一"号表示)	16	895937.01
财务费用	5	3829721.65	盈余公积转入	17	
进货费用	6	3836928.89	五、可分配利润	18	23950952.30
营业税金及附加	7	8283160.60	减:应交所得税	19	2841901.77
二、主营业务利润(亏损以"一"号表示)	8	6864872.37	提取法定盈余公积	20	2054798.92
加:其他业务利润(亏损以"一"号表示)	9	9422450.79	提取公益金	21	186778.48
三、营业利润(亏损以"一"号表示)	10	16287323.16	六、可供股东分配的利润	22	18867473.13
加:投资收益(亏损以"一"号表示)	11	6013905.11	减:已分配优先股的利润	23	
营业外收入	12	2661563.34	提取任意公积	24	
减:营业外支出	13	1826668.86	已分配普通股股利	25	
			七、未分配利润(未弥补亏损以"一"号表示)	26	18867473.13

79. 四川金顶(集团)股份有限公司

一、1993年经营业绩和近三年财务指标

四川金顶(集团)股份有限公司是一家主营水泥生产等业务的上市公司,其股票在上海证券交易所挂牌。在1993年,该公司生产水泥113.25万吨,占四川省总产量的三分之一强;利润总额1.8亿元,占全川建材行业利润总额的24.13%。在这一年里,该公司创主营业务收入41568.81万元,完成年度计划的98.48%;实现利润总额(扣少数股权)18088.89万元,完成年度计划的89.48%;实现税后利润15611.65万元,完成年度计划的89.04%。该公司近三年的财务指标如下(单位:万元):

项目指标		1993年	增长率%	1992年	1991年
主营业务收入		41568.81	96.15	21192.87	14723.31
税后利润		15611.65	164.95	5892.26	1504.06
资产总计		58042.98	66.24	34914.66	22908.07
股东权益		37540.77	78.58	21022.19	11793.00
每股收益(元)		1.01	165.79	0.38	0.13
每股权益(元)		2.43	78.68	1.36	1.04
每股红利	红利(元/股)	0.30	0.24	0.15	
	红股1:0.2				
速动比率		180.77%	4452	125.08%	86.91%
股东权益比率		64.67%	7.41	60.21%	51.48%
净资产收益率		41.59%	48.38	28.03%	12.75%

二、前次募集资金的运用情况

该公司自1988年组建以来,通过发行股票,共募集资金4550万元,其资金的投向如下:

1. 向中外合资峨眉协和水泥有限公司投资1800万元,占有股权50%。

2. 购买乐山市黎明水泥厂产权,投资500万元。

3. 向金顶公司青白江分厂投资125万元,该项目是1991年2月金顶公司与成都青白江区经委联合组建的水泥企业,占有股权57%。

4. 向中外合资金宏水泥有限公司投资2130万元,占有股权50%。

三、1994年经营展望

在1994年,该公司将本着"抓住机遇、深化改革、转换机制、全面发展"的方针,在总结过去一年经验和教训的基础上,努力做好各项工作。其经营目标是:(1)生产水泥130万吨;(2)峨眉雪矿泉饮料3万吨;(3)高级卫生浴具4000套;(4)实现销售收入38597.70万元(峨眉协和水泥有限公司、金宏水泥有限公司产量各占50%股份,按有关规定销售收入并入表中);(5)实现利润20183.78万元。

四、股本结构和股东持股情况

1. 1993年末股本结构:

股本	股数(万股)	比例(%)
国家股	10930	70.61
法人股	550	3.55
个人股	4000	25.84
总股本	15480	100.00

2. 前5名股东持股情况:

股东名称	股数(万股)	占总股本比例(%)
乐山市国有资产管理局(国家股)	10930.00	70.61
成都海发(集团)股份有限公司	200.00	1.29
乐山供电局	150.00	0.96
西昌铁路分局	100.00	0.65
乐山兴盛社会保险实业公司	100.00	0.65

五、1993年度资产负债表和利润及利润分配表

资产负债表(合并)

1993年12月31日

四川金顶(集团)股份有限公司　　单位:人民币元

资　产	行次	年初数	年末数	负债及股东权益	行次	年初数	年末数
流动资产:				流动负债:			
货币资金	1	35067025.60	42817704.69	短期借款	41	12104713.19	21376400.00
短期投资	2	2410000.00	1864000.00	应付票据	42		
应收票据	3			应付帐款	43	17018166.02	23315597.93
应收帐款	4	34196775.18	76801289.27	预收货款	44	16250922.86	15675492.54
减:备抵坏帐	5	1196571.18	260476.29	应付福利费	45	1565321.48	636651.68
应收帐款净额	6	34077118.00	76540812.98	未付股利	46	11176213.46	108320000.00
预付货款	7	11758262.03	17819151.28	未交税金	47	1646842.14	4779104.44
其他应收款	8	44395043.09	105409681.40	其它未交款	48	188159.93	265069.92
待摊费用	9	599768.40	4147986.77	其它应付款	49	30918859.19	47746514.78
存货	10	34456317.84	69898562.46	预提费用	50	1829654.10	486185.87
流动资产合计	18	162763534.96	318497899.58	待扣税金	51		
长期投资:				一年内到期的长期负债	52		170989.20
长期投资	19	7935750.00	39455027.08	流动负债合计	55	92698853.27	222772006.36
固定资产:				长期负债:			
固定资产原价	21	185099078.76	187940021.20	长期借款	56	18787794.37	48336026.76
减:累计折旧	22	54374915.64	69283169.77	应付债券	57		8500000.00
固定资产净值	23	130724153.12	118656851.43	长期应付款	58		65419.70
在建工程	24	33084682.13	73484676.25	长期负债合计	62	18787794.37	56901446.16
固定资产清理	25			股东权益:			
固定资产合计	26	163808845.25	192141527.68	股本	66	154800000.00	154800000.00
无形及其他资产:				资本公积	67	21358237.34	30249233.30
无形资产	30	12588180.00	25505013.28	盈余公积	68	32751976.51	92958450.27
递延资产	31	2049281.16	393711.96	其中:公益金	69	8800241.13	24569230.32
				未分配利润	70	1301689.92	
无形及其他资产合计	34	14637461.16	25898725.24	股东权益合计	75	210221903.77	278007683.57
待处理财产损失:							
待处理流动资产损失	35		4436668.20	少数股权(合并报表填列)	75—1	27438039.96	22748711.39
(减收益)							
待处理固定资产损失	36						
(减收益)							
待处理财产损失合计	38		4436668.20				
资产总计	40	349146591.37	580429847.78	负债及股东权益总计	80	349146591.37	580429847.78

利润及利润分配表

1993年12月

四川金顶(集团)股份有限公司　　单位:人民币元

项　目	行次	上年数	本年实际数	项　目	行次	上年数	本年实际数
一、主营业务收入	1	211928745.99	345741296.39	四、利润总额(亏损以"—"号表示)	14	6958773179	182497064.88
减:营业成本	2	93524391.63	109267832.25	减:少数股权(合并报表填列)	14—1	2014974.14	1608130.45
销售费用	3	28147472.10	25294459.38	加:年初未分配利润	15		1573392.75
管理费用	4	16772442.85	18669244.44	上年利润调整	16		
财务费用	5	2002706.10	—1618433.66	盈余公积转入	17		
进货费用	6			五、可分配利润	18	67572757.65	182462327.18
营业税金及附加	7	18505493.67	32519910.80	减:应交所得税	19	8650104.76	24772435.31
二、主营业务利润(亏损以"—"号表示)	8	52976239.64	161608283.18	提取法定盈余公积	20	5909281.40	15768989.19
加:其他业务利润(亏损以"—"号表示)	9	5226195.60	1910573.73	提以公益金	21	9012355.83	15768989.19
三、营业利润(亏损以"—"号表示)	10	58202435.24	163518856.91	六.可供股东分配的利润	22	44001205.66	126151913.49
加:投资收益(损失以"—"号表示)	11	7786145.50	15739365.71	减:已分配优先股股利	23		
营业外收入	12	4918374.82	7042068.05	提取任意公积	24	18000000.00	28751913.49
减:营业外支出	13	1319223.77	3803225.79	已分配普通股股利	25	24699515.74	97400000.00
				七、未分配利润(未弥补亏损以"—"号表示)	26	1301689.92	

80. 上海凤凰自行车股份有限公司

一、1993年经营业绩和财务指标

上海凤凰自行车股份有限公司是一家在上海证券交易所挂牌的上市公司。在1993年，该公司累计生产自行车整车521.31万辆，助动车9400辆、摩托车226辆。创营业收入151388.2万元，实现税后利润14833.3万元，完成当年的计划指标。该公司1993年财务指标如下(单位:万元):

项目指标	1993年
主营业务收入	151388.2
税后利润	14833.3
总资产	170003.7
股东权益	107658.0
每股权益(元)	3.06
速动比率	1.43
股东权益比率%	63.33

二、前次募集资金的运用情况

该公司于1993年向社会公开发行A、B种股票所募集的资金已陆续投入到招股说明书中所确定的项目:

1.轻型座式摩托车工程项目;

2.浦东合资合作开发工程项目;

3.武川路(厂区)综合项目;

4.佳木斯路(厂区)综合项目;

5.山东鲁南自行车有限公司控股投资项目及其他控股项目;

6.上海凤凰自行车(加纳)有限公司项目。

三、1994年经营展望

在1994年，该公司将贯彻“更新经营观念、理顺转制体系、突破项目重点、实现资本效益”的方针，力争实现销售收入17.4亿元，利润总额1.7亿元。

四、股本结构和股东持股情况

1.1993年末股本结构:

股权	数量(万股)	比例%
国家股	22175.97	63.04
法人股	1000.00	2.84
个人股	2000.00	5.69
含职工股	400	
B股	10000.00	28.43
合计	35175.97	100

2.A股前10名股东持股情况:

股东名称	持股数(万股)	占总股本比例(%)
上海国际信托投资公司	50	0.14
上海国际信托投资公司证券部	50	0.14
上海飞轮橡胶总厂	16	0.05
上海万虹胶制品有限公司	15	0.04
上海轻工供销公司	12	0.03
昆山东方石油化工公司	11	0.03
广东省佛山市兴华商业集团公司	10	0.03
上海自行车前叉厂	10	0.03
宁波华联集团股份有限公司	10	0.03
深圳市招商局蛇口工业区购物中心	10	0.03

五、1993年度资产负债表和利润及利润分配表

资产负债表

1993年12月31日

上海凤凰自行车股份有限公司　　单位:人民币元

资　产	行次	1993年 9月1日	1993年 12月31日	负债及股东权益	行次	1993年 9月1日	1993年 12月31日
流动资产:				流动负债:			
货币资金	1	57058664.43	408650790.62	短期借款	41	242179680.00	222882000.00
短期投资	2	4000000.00	38007734.26	应付票据	42	52140116.31	32507378.78
应收票据	3	1532001.67		应付帐款	43	66117342.86	104530026.57
应收帐款	4	36397716.95	201086126.70	预收货款	44	6256965.53	30174087.30
减:备抵坏帐	5	472644.27	1001647.40	应付福利费	45	27787054.57	20543797.99
应收帐款净额	6	35925072.68	200084479.30	未付股利	46		
预付货款	7		4470192.12	未交税金	47	36695551.33	163500.44
其他应收款	8	137391909.14	129403615.12	其它未交款	48	50956321.97	1085277.03
内部应收款	8—1		2510707.14	其他应付款	49	130393341.15	131286517.71
待摊费用	9	157529.28		内部应付款	49—1		112360.00
存货	10	356946188.54	309594969.48	预提费用	50	5099245.56	3650800.73
减:存货变现损失准备	10—1			待扣税金	51		
存货净额	10—2	356946188.54	309594969.48	一年内到期的长期负债	52		
其他流动资产	10—3			流动负债合计	55	617625619.28	546935746.55
流动资产合计	15	593011365.74	1092722488.04	长期负债:			
长期投资:				长期借款	56	55854458.71	26521147.04
长期投资	16	86467908.38	87677136.83	应付债券	57		
固定资产:				长期应付款	58	49340244.00	49340244.00
固定资产原价	18	548094234.35	573850533.80	其他长期负债	58—1		660026.38
减:累计折旧	19	170712908.09	182727491.15	其中:住房周转金	58—2		660026.38
固定资产净值	20	377381326.26	391123042.65	长期负债合计	65	105194702.71	76521417.42
在建工程	21	100386173.98	106271533.95	股东权益:			
固定资产清理	22	1873237.80	718728.11	股本	66	221759700.00	351759700.00
临时设施	22—1			资本公积金	67	234410385.18	640504186.12
固定资产合计	25	479640738.04	498113304.71	盈余公积金	68		16863203.30
无形及递延资产:				其中:公益金	69		8431601.65
无形资产	26	17336200.00	16950951.11	未分配利润	70		67452813.19
资产	30	2312109.68	4573185.89	股东权益合计	75	456170085.18	1076579902.61
无形及递延资产合计	35	19648309.68	21524137.00				
待处理财产损失:							
待处理流动资产损失(减收益)	36			少数股权(合并报表填列)	75—1		
待处理固定资产损失(减收益)	37	222085.33					
待处理财产损失合计	38	222085.33					
资产总计	40	1178990407.17	1700037066.58	负债及股东权益总计	80	1178990407.17	1700037066.58

利润及利润分配表

1993年9—12月

上海凤凰自行车股份有限公司 单位:人民币元

项目	行次	金额	项目	行次	金额
一、主营业务收入	1	616430564.27	减:少数股权(合并报表填列)	14—1	
减:营业成本	2	508361372.84	加:年初未分配利润(未弥补亏损以"—"号表示)	15	
销售费用	3	7751137.57	上半年利润调整(减上年利润以"—"号表示)	16	
管理费用	4	29433959.91	盈余公积转入	17	
财务费用	5	—88664128.15	五、可分配利润	18	93276114.16
营业税金及附加	6	111991030.46	减:应交所得税	19	8960097.67
加:出口退税收入	7	19872699.38	提取法定盈余公积	20	8431601.65
二、主营业务利润(亏损以"—"号表示)	8	67429891.02	提取公益金	21	8431601.65
加:其他业务利润(亏损以"—"号表示)	9	20011847.99	六、可供股东分配的利润	22	67452813.19
三、营业利润(亏损以"—"号表示)	10	87441739.01	减:已分配优先股股利	23	
加:投资收益(损失以"—"号表示)	11	6148669.59	提取任意公积	24	
营业外收入	12	12056713.18	已分配普通股股利	25	
减:营业外支出	13	12371007.62	七、未分配利润(未弥补亏损以"—"号表示)	26	67452813.19
四、利润总额(亏损以"—"号表示)	14	93276114.16	八、补充资料:营业成本中存货变现损失准备提取数	27	

81. 上海邮电通信设备股份有限公司

一、1993年经营业绩和主要财务指标

上海邮电通讯设备股份有限公司的前身是原邮电部上海通信设备厂，有40余年的发展历史，1993年该公司向社会公开发行股票并在上海证券交易所挂牌上市。在1993年，该公司创主营业务收入32016.87万元(转制后10－12月完成8913.92万元)，完成年度计划的125%；利润总额3607.07(转制后10～12月完成722.44万元)，完成年度计划的106%。该公司改制后的主要财务指标如下：

项目指标	1993年(10～12月)
主营业务收入：	8913.92万元
税后利润：	692.66万元
资产总计：	46763.1万元
股东权益：	19409.0万元
每股权益：	2.91元
速动比率：	0.86
股东权益比率：	0.415

二、前次募集资金的运用情况

1993年该公司通过发行股票所募集的资金，按招股说明书中所列示的投资方向逐步投入，其中"SLC数字环路"项目，计划投入1800万元，实际已投入1740万元；"印制电路板"项目，计划投入1392万元，实际已投入1320万元；"光纤通信"项目，计划投入3430万元，实际已投入1650万元，差异的主要原因是由于该项目中的"光纤多路视频传输设备"分项目正在进行谈判之中；"信函分拣"项目因与外方在技术转让费用及标准进口价格上存在较大分歧尚未正式投入。另外补充公司流动资金1000万元，其余资金将继续按计划逐步投入。

三、1994年经营展望

1994年该公司将进一步打拓新的市场，巩固传统业务，开办多种经营，加快新产品的开发，争取主营业务收入达到39644万元，税后利润达到4564万元。

四、股本结构和股东持股情况

1.1993年末股本结构：

股权	数量(万股)	比例(%)
国家股	4761.44	71.48
社会法人股	900	13.51
个人股	1000	15.01
(含职工股200万股)		
总股本	6661.44	100.00

2.股东持股情况：

股东名称	持股数(万股)	占总股本比例(%)
国家股	4761.44	71.48
深圳万科企业股份有限公司	179	2.69
深圳经济特区证券公司	120	1.80
深圳天骥投资基金	100	1.50
深圳万科财务顾问有限公司	50	0.75
深圳蓝天基金	30	0.45
上海宏华实业总公司	20	0.30
黑龙江省证券公司	20	0.30
上海电信设备配件厂	10	0.15
上海国脉实业股份有限公司	10	0.15

五、1993年资产负债表和利润及利润分配表

资产负债表(合并)

1993年12月31日

上海邮电通信设备股份有限公司 单位:人民币元

资　产	行次	1993年9月30	1993年12月31	负债及股东权益	行次	1993年9月30	1993年12月31
流动资产:				流动负债:			
货币资金	1	121116149.86	43237654.57	短期借款	41	45418440.00	35430000.00
短期投资	2			应付票据	42	100000.00	200000.00
应收票据	3	82600.00	82600.00	应付帐款	43	28947578.76	85047738.81
应收帐款	4	63593035.29	56082283.56	预收货款	44	38537258.02	32070417.50
减:备抵坏帐	5	100928.92	10553.79	应付福利费	45	6303425.84	6107290.75
应收帐款净额	6	63492106.37	56071729.77	未付股利	46		
预付货款	7	18521049.92	13578560.14	未交税金	47	4127461.95	5793396.54
其他应收款	8	25470448.76	38820645.04	其它未交款	48	30061415.43	21419703.00
内部应收款	8—1			其他应付款	49	28458845.17	32057507.76
待摊费用	9	105539.28	207533.02	内部应付款	49—1		
存货	10	57603797.12	132537172.60	预提费用	50	829877.63	748221.99
减:存货变现损失准备	10—1			待扣税金	51		
存货净额	10—2	57603797.12	132537172.60	一年内到期的长期负债	52		
其他流动资产	10—3		50000000.00	流动负债合计	55	182784302.80	218874276.35
流动资产合计	15	286391691.31	334535895.14	长期负债:			
长期投资:				长期借款	56	22951659.43	23581659.43
长期投资	16	46015185.69	50143256.39	应付债券	57		
固定资产:				长期应付款	58		
固定资产原价	18	40462665.94	97924703.34	其他长期负债	58—1		
减:累计折旧	19	22257380.00	35536428.07	其中:住房周转金	58—2		
固定资产净值	20	18205285.94	62388275.27	长期负债合计	65	22951659.43	23581659.43
在建工程	21	9836642.66	9070690.32	股东权益:			
固定资产清理	22			股本	66	66614400.00	66614400.00
临时设施	22—1			资本公积金	67	79802939.95	120549159.55
固定资产合计	25	28041928.60	71458965.59	盈余公积金	68		
无形及递延资产:				其中:公益金	69		
无形资产	26	5811538.70	10789026.52	未分配利润:	70		6926583.62
递延资产	30	6802200.01	704205.81	股东权益合计	75	146417339.95	194090143.17
无形及其他资产合计	35	12613738.71	11493232.33				
待处理财产损失:							
待处理流动资产损失(减收益)	36			少数股权(合并报表填列)	75—1	20909242.13	31085270.49
待处理固定资产损失(减收益)	37						
待处理财产损失合计	38						
资产总计	40	373062544.31	467631349.44	负债及股东权益总计	80	373062544.31	467631349.44

利润及利润分配表(合并)

1993 年度

上海邮电通信设备股份有限公司　　单位:人民币元

项　目	行次	1993 年 10 月～12 月	本年实际	项　目	行次	1993 年 10 月～12 月	本年实际
一、主营业务收入	1	89139157.70	320168691.90	减:少数股权(合并报表填列)	14-1	3744056.99	9576740.89
减:营业成本	2	58727049.31	236630992.21	加:年初未分配利润(未弥补亏损以"-"号表示)	15		
销售费用	3	3247504.24	13981734.82	上半年利润调整(减上年利润以"-"号表示)	16		
管理费用	4	13319749.61	27844515.43	盈余公积转入	17		
财务费用	5	1579234.46	3590656.96	五、可分配利润	18	7224377.17	
进货费用	6			减:应交所得税	19	297793.55	
营业税金及附加	7	4462338.52	16112717.04	提取法定盈余公积	20		
二、主营业务利润(亏损以"-"号表示)	8	7803281.56	22008075.44	提取公益金	21		
加:其他业务利润(亏损以"-"号表示)	9	1165381.10	3021104.70	六、可供股东分配的利润	22	6926583.62	
三、营业利润(亏损以"-"号表示)	10	8968662.66	25029180.14	减.已分配优先股的利润	23		
加:投资收益(亏损以"-"号表示)	11	2628070.69	25535991.19	提取任意公积	24		
营业外收入	12	239280.10	306006.78	已分配普通股股利:	25		
减:营业外支出	13	867579.29	5223762.92	七、未分配利润(未弥补亏损以"-"号表示)	26	6926583.62	
四、利润总额(亏损以"-"号表示)	14	10968434.16	45647415.19	八、补充资料:营业成本中存货变现损失准备提取数	27		

82. 武汉长印(集团)股份有限公司

一、1993年经营业绩和近两年财务指标

武汉长印(集团)股份有限公司主要发起人为原武汉印刷厂,1993年向社会公开发行股票并在上海证券交易所挂牌上市。1993年该公司实现利润2700.6万元,为年度计划的130.4%,全年完成工业总产值9046.9万元,资产总值增长80.8%,该公司近两年的主要财务指标如下(单位:万元):

项目指标	1993年	增长率	1992年
主营业务收入	13051.38	+33.68%	9763.08
税后利润	2304.67	+146.41%	935.30
资产总计	31849.74	+62.35%	19617.68
股东权益	24063.87	+59.55%	15082.24
每股收益	0.33		
每股权益	3.43	+19.51%	2.87
速动比率	2.41	+7.59%	2.24
股东权益比率	0.76	-1.30%	0.77
净资产收益率	9.58%	+54.52%	6.20%

二、前次募集资金的运用情况

该公司于1993年10月募集的股金已按上市公告书所载事项投入使用,具体运行情况如下:

1. 投资2270万元建造E楞包装彩盒生产线。

2. 投资2757万元引进国际一流的电子分色、雕版生产线。

3. 投资200万元创办武汉印刷机械制造厂。

4. 投资270万元与港商合办长利制衣洗染有限公司,占有70%股份。

5. 投资116万元与港商合办长利鲜果榨食品有限公司,占有55%股份。

6. 投资1000万元用于武汉市黄金地段的工业主体——武汉印刷厂的外迁,为公司的物业发展打下基础。

7. 投资535万元用于长印新工业基地——长印工业村的一期占地100亩的基础建设。

三、1994年度经营展望

1994年该公司将积极利用武汉市的良好投资环境,以加速资本积累和跨地域业务的发展为目标,进一步扩大经营规模,使公司朝着现代化、国际化的企业发展,争取全年实现利润总额5012万元。

四、股本结构和股东持股情况

1. 1993年末的股本结构:

股权	数量(万股)	比例(%)
国家股	2533.04	36.07
法人股	1790	25.49
个人股	2700	38.44
总股本	7023.04	100.00

2. 公司前10名股东持股情况:

股东名称	持股数(万股)	占总股本比例(%)
武汉市国有资产管理局	2533.04	36.07
北京京华信托投资公司	300.00	4.27
万科企业股份有限公司	200.00	2.85
中国农业银行武汉市信托投资公司	161.60	2.30
中国工商银行武汉市信托投资公司	160.00	2.28
武汉正银实业有限公司	104.00	1.48
武汉市信托投资公司	104.00	1.48
工商银行武汉市分行桥口支行	104.00	1.48
湖北省保险房地产开发公司	104.00	1.48
深圳万科录像机配件制造有限公司	75.00	1.07

五、1993年度资产负债表和利润表

资产负债表

1993年12月31日

武汉长印(集团)股份有限公司　　单位:人民币元

资　产	行次	1993年1月1日	1993年12月31日	负债及股东权益	行次	1993年1月1日	1993年12月31日
流动资产:				流动负债:			
货币资金	1	19281118.93	46857323.93	短期借款	41	23920000.00	35400000.00
短期投资	2	28000000.00	53074720.00	应付票据	42		
应收票据	3			应付帐款	43	6117762.61	10131456.82
应收帐款	4		12169708.77	预收货款	44		4820075.00
减:备抵坏帐	5			应付福利费	45		386347.77
预付货款	7		22456.00	未交税金	47	—226133.09	228134.12
其他应收款	8	21687462.30	26387452.78	其它未交款	48	311016.61	12367.77
内部应收款	8—1			其他应付款	49	323119.83	6967013.70
待摊费用	9	539512.83	921179.25	内部应付款	49—1		
存货	10	15050153.73	19715879.56	预提费用	50	544171.68	
减:存货变现损失	11			待扣税金	51		
存货净额	12			一年内到期的长期负债	52		
其他流动资产	13			流动负债合计	55	30989937.64	57945395.18
流动资产合计	15	84558247.79	159148720.29	长期负债:			
长期投资:				长期借款	56	12700357.26	11800000.00
长期投资	16	9592983.96	9779938.16	应付债券	57		
固定资产:				长期应付款	58		
固定资产原价	18	57607114.14	74770654.68	其他长期负债	58—1		
减:累计折旧	19	15809319.51	20116992.77				
固定资产净值	20	41797794.63	54653661.91	长期负债合计	65	12700357.26	11800000.00
在建工程	21	15201280.46	52217664.48	股东权益:			
固定资产清理	22			股本	66	52630400.00	70230400.00
临时设施	22—1			资本公积金	67	95393311.07	145052515.39
固定资产合计	25	56999075.09	106871326.39	盈余公积金	68		2309113.86
无形及递延资产:				其中:公益金	69		
无形资产	26	39916980.00	39924155.00	未分配利润	70		23046658.90
递延资产	30	646719.13	2773268.85	股东权益合计	75	148023711.07	240638688.15
无形及其他资产合计	35	40563699.13	42697423.85				
待处理财产损失:							
待处理流动资产损失(减收益)	36			少数股权(合并报表填列)	75—1		8113325.36
待处理固定资产损失(减收益)	37						
待处理财产损失合计	38						
资产总计	40	191714005.97	318497408.69	负债及股东权益总计	80	191714005.97	318497408.69

利润表

1993 年度

武汉长印(集团)股份有限公司 单位:人民币元

项　目	行次	金　额	项　目	行次	金　额
一、主营业务收入	1	130513846.65	二、主营业务利润(亏损以"—"号表示)	8	24863413.68
减:营业成本	2	86571130.79	加:其他业务利润(亏损以"—"号表示)	9	1013939.30
销售费用	3	1271400.00	三、营业利润(亏损以"—"号表示)	10	25877352.98
管理费用	4	10150944.44	加:投资收益(亏损以"—"号表示)	11	3732417.77
财务费用	5	3646351.83	营业外收入	12	51593.08
进货费用	6		减:营业外支出	13	2311647.71
营业税金及附加	7	4010605.91	少数股权	14	343943.36
			四、利润总额(亏损以"—"号表示)	15	27005772.76

83. 南京新街口百货商店股份有限公司

一、1993年经营业绩和近两年财务指标

南京新街口百货商店股份有限公司于1993年向社会公开发行股票并在上海证券交易所挂牌。在这一年里，该公司的主要经济指标均全面超额完成计划指标。其中：年完成销售收入9.62亿元，实现利润4040.18万元，税后利润3439.4万元。分别超过计划的20%、1%和19%。该公司近两年的财务指标如下(单位：万元)：

项目指标	1993年	增长率%	1992年
主营业务收入	96206.38	54.22	62383.94
税后利润	3439.24	101.93	1703.16
资产总计	41317.22	127.71	18145.02
股东权益	26255.76	150.46	10482.99
每股权益(元)	3.30	124.49	1.47
每股红利(元)	0.369	81.77	0.203
速动比率	0.98	3.92	1.02
股东权益比率	0.6355	10.01	0.5777
净资产收益率	0.1314	－19.14	0.1625
每股收益(元)	0.633	164.85	0.239

二、前次募集资金的运用情况

该公司1993年募集的股票款主要投向如下：

1. 该公司一期正洪街工程2.38万平方米营业楼投资9640万元。
2. 芜湖新百大厦6.5万平方米综合大楼投资3050万元。
3. 投资中外合资新永现代办公用品经营中心93万元。
4. 尚余的1300万元拟用于该公司二期工程(新百大厦)。

三、1994年经营展望

该公司1994年的经营目标为：实现销售收入12亿元、利润5800万元、税后利润4930万元。分别比1993年增长25%、44%和43%。

四、股本结构和股东持股情况

1. 1993年末股本结构：

股权	数量(万股)	比例(%)
国家股	3212.84	40.42
法人股	1336.54	16.81
个人股	3400	42.77
(其中：含职工股400万股)		
总股本	7949.38	100.00

2. 前10名股东持股情况：

股东名称	持股数(万股)	占总股本比例(%)
国家股	3212.84	40.42
南京咨询信息公司	200	2.02
南京市商业网点建设办公室	100	1.01
中轻南友进出口公司上海经理部	100	1.01
深圳蓝天基金管理公司	50	0.51
江苏省财税信息中心	40	0.40
南京无线电厂	33.55	0.34
南京资源节约开发利用总公司	30	0.30
南京安泰实业公司	29	0.28
宁银实业劳动服务公司	25	0.25

五、1993年度资产负债表和利润及利润分配表

资产负债表(合并)

1993年12月31日

南京新街口百货商店股份有限公司

单位:人民币元

资　　产	行次	期初数	期末数	负债及股东权益	行次	期初数	期末数
流动资产:				流动负债:			
货币资金	1	53794801.40	100393353.06	短期借款	41	9710000.00	20800000.00
短期投资	2			应付票据	42		
应收票据	3	2000000.00		应付帐款	43	35836849.23	71576656.73
应收帐款	4	7515740.63	8697997.01	预收货款	44		
减:备抵坏帐	5	22547.22	26093.99	应付福利费	45	1840088.31	2770795.35
应收帐款净额	6	7493193.41	8671903.02	未付股利	46	624188.38	1910.00
预付货款	7		20859632.80	未交税金	47	3213087.19	5803971.73
其他应收款	8	294327.84	6876805.63	其它未交款	48	943146.81	602358.17
待摊费用	9			其他应付款	49	6463922.02	37953869.50
存货	10	44380689.90	103841656.46	应付工资	50	3976580.21	
其中:库存材料	11	884929.95	337567.08	预提费用	51		
库存商(产)品	12	42664564.79	102470956.33	待扣税金	52		
流动资产合计	15	107963012.55	240643350.97	一年内到期的长期负债			
长期投资:				流动负债合计	56	62607862.15	139509561.48
长期投资	16	12203981.25	38373117.72	长期负债:	57		
固定资产:				长期借款	58	5600000.00	10000000.00
固定资产原价	18	18135336.42	23641360.18	应付债券	58—1		
减:累计折旧	19	5184812.69	6958417.50	长期应付款	58—2	8412485.52	1104997.08
固定资产净值	20	12950523.73	16682942.68	专项拨款	60		
在建工程	21	47736536.70	116320762.27	长期负债合计	65	14012485.52	11104997.08
固定资产清理	22			股东权益:			
固定资产合计	24	60687060.43	133003704.95	股本	66	71234326.76	79493777.53
无形及递延资产	25			资本公积金	67	31913412.80	141516959.30
无形资产	26			盈余公积金	68	1580624.03	12211868.39
递延费用	27	596160.00	1152000.00	其中:公益金	69	526874.68	2268882.94
其他资产	30			未分配利润	70	101502.97	29335009.86
无形及其他资产合计	35	596160.00	1152000.00	股东权益合计	75	104829866.56	262557615.08
待处理财产损失:							
待处理流动资产损失(减收益)	36			少数股权(合并报表填列)	75—1		
待处理固定资产损失(减收益)	37						
待处理财产损失合计	38						
资产总计	40	181450214.23	413172173.64	负债及股东权益总计	80	181450214.23	413172173.64

利润及利润分配表

1993 年度

南京新街口百货商店股份有限公司　　单位：人民币元

项　目	行次	金　额	项　目	行次	金　额
一、主营业务收入	1	962063832.26	四、利润总额（亏损以"－"号表示）	14	40401800.00
减：营业成本	2	835824673.32	加：年初未分配利润（未弥补亏损以"－"号表示）	15	101502.97
销售费用	3	26892671.04	上半年利润调整（减上年利润以"－"号表示）	16	
管理费用	4	24185396.32	公积金转入	17	
财务费用	5	205267.81	五、可供分配利润	18	40503302.97
进货费用	6	2047068.29	减：应交所得税	19	6009438.96
营业税金及附加	7	33739741.81	提取法定盈余公积	20	3439236.10
二、主营业务利润（亏损以"－"号表示）	8	39167013.67	提取公益金	21	1719618.05
加：其他业务利润（亏损以"－"号表示）	9	159481.48	六、可供股东分配的利润	22	29335009.86
三、营业利润（亏损以"－"号表示）	10	39328495.15	减：已分配优先股的利润	23	
加：投资收益（亏损以"－"号表示）	11	2598550.81	提取任意公积	24	
营业外收入	12	535906.15	已分配普通股股利	25	
减：营业外支出	13	2061152.11	七、未分配利润（未弥补亏损以"－"号表示）	26	29335009.86

84. 宁波华联集团股份有限公司

一、1993年经营业绩和近两年财务指标

宁波华联集团股份有限公司是一家主营五金交电、化工、百货类业务的上市公司，其股票在上海证券交易所挂牌。1993年，该公司超额完成各项经济指标，全年业务收入达88562万元，利润3806.81万元，税后利润3282.3万元，其近两年的财务指标如下(单位:万元)：

指标项目	1993年实际完成指标	增长率(%)比上年度	比计划	1992年实际完成指标	比上年度增长(%)
主营业务收入	88562.16	61.26	0.64	54917.51	36.22
税后利润	3282.33	308.33	2.56	803.84	322.83
资产总计	60055.50	91.30	/	33891.68	115.53
股东权益	42162.02	146.24	0.25	17122.15	598.09
每股收益	0.342元	205.36	2.70	0.112	43.59
每收权益	4.39元	84.45	0.23	2.38元	144.86
速动比率	132.55%	76.52	/	75.09%	301.98
股东权益比率	70.21%	39.33	/	50.52%	209.56
净资产收益率	7.79%	110.54	/	3.70%	15.63

二、前次募集资金的运用情况

根据该公司第三次股东大会通过的1993年工作任务规定的发展规划和《上市公告书》中披露的资金投向，该公司的投资项目执行情况如下：

1.1993年度已实施的投资项目：

①投资总额1200万元，改、扩建公司经营大楼华联大厦；②投资120万元兼并市商业经营公司；③投资765万元购置52辆出租汽车筹建全资旅游汽车出租公司；④投资2000万元筹建全资房地产开发公司；⑤向上海海通证券公司参股1000万元、宁波交通银行参股700万元。

2.正在实施的投资项目：

①"华联2号楼"工程前期投入5630万元，其中土地批租金350万元，拆迁赔偿、安置及地块拆平、拆通等投入4480万元；②为提高间歇资金的使用效益，委托宁波国际信托、发展信托、甬港信托等投资公司短期投资9830万元。

三、1994年经营展望

该公司1994年经营方针是：以经济效益为中心，以创新机制和开拓经营为重点，达到经营上规模、管理上规范、服务上水准、效益上台阶的目的。其经营目标为：销售(营业)收入10亿元，比上年增长13%；实现利润4800万元，比上年增长26%；税后利润4080万元，比上年增长24%。

四、股本结构和股东持股情况

1.1993年末股本结构：

股权	数量(万股)	比例(%)
国家持股	2524	26.29
法人持股	3947.2	41.12
个人持股	3128.8	32.59
其中职工持股	728.8	
总股本	9600	100

2.前10名股东持股情况：

股东名称	持股数(股)	占总股本比例(%)
国家股	25240000	26.29
中国工商银行宁波市信托投资公司	2000000	2.08
交通银行宁波分行	2000000	2.08
中国糖业酒类公司	1.800000	1.88
宁波市工商银行劳动服务公司	1500000	1.56
中国华能浙江公司	1300000	1.35
浙江省物资协作开发公司	1000000	1.04
宁波国际经济技术合作公司	800000	0.83
宁波保税区华能联合开发有限公司	700000	0.73
鄞县地方工业大厦五交化经营部	700000	0.73

五、1993年度资产负债表和利润表

资产负债表(合并)

1993年12月31日

宁波华联集团股份有限公司 单位:人民币元

资产	行次	期初数	期末数	负债及股东权益	行次	期初数	期末数
流动资产:				流动负债:			
货币资金	1	80450713.26	49106275.77	短期借款	41	91780000.00	78640000.00
短期投资	2	202470.00	125215259.00	应付票据	42	985097.00	718023
应收票据	3	200000.00	100000.00	应付帐款	43	41851917.06	47034940
应收帐款	4	13238370.65	41143023.83	预收货款	44	7122918.82	9192063
减:备抵坏帐	5	66191.85	205875.46	应付福利费	45	−331475.95	74354
应收帐款净额	6	13172178.80	40937148.37	未付股利	46		900975
预付货款	7	17834045.63	20686281.03	未交税金	47	2096104.82	3025141
其他应收款	8	29764187.46	16781854.78	其它未交款	48	1496225.03	1529917
内部应收款	8−1			其他应付款	49	19602621.93	28993420
待摊费用	9	130964.57	468241.19	内部应付款	49−1		
存货	10	95498879.65	105906329.32	预提费用	50	262014.50	877835
减:存货变现损失	11		409821.11	待扣税金	51		
存货净额	12	95498879.65	105496508.21	一年内到期的长期负债	52		4150000
流动资产合计	15	237253439.37	358791568.35	流动负债合计	55	164865423.21	175136673
长期投资:				长期负债:			
长期投资	16	16976000.00	29627500.00	长期借款	56	150000.00	70000
				应付债券	57		
固定资产:				长期应付款	58	2679819.69	2185509
固定资产原价	18	68434069.52	163012053.69	其中:国家股增股准备金	58−1		
减:累计折旧	19	9104321.49	23468396.95				
固定资产净值	20	59329748.03	139543656.74	长期负债合计	65	2829819.69	2255509
在建工程	21	25366622.24	60488211.52	股东权益:			
固定资产清理	22			股本	66	72000000.00	96000000
临时设施	22−1			其中:国家股	66−1		
固定资产合计	25	84696370.27	200031868.26	法人股	66−2		
无形及其它资产:				个人股	66−3		
无形资产	26		10090046.64	外资股	66−4		
其中:商誉	26−1			资本公积金	66	93520000.00	291850809
递延资产	30		2019721.27	盈余公积金	67	7570151.04	855226
长期待摊费用	31			其中:公益金	68		285075
无形及其他资产合计	35		12109767.88	集体福利基金	69		
待处理财产损失:				未分配利润	70	5131359.38	32914183
待处理流动资产损失(减收益)	36	−6056.32	−5714.26				
待处理固定资产损失(减收益)	37	−3000.00		股东权益合计	75	111221510.42	42160218
待处理财产损失合计	38	−9056.32	−5714.26	少数股权(合并报表填列)	75−1		1542588
资产总计	40	338916753.32	600554990.23	负债及股东权益总计	80	338916753.32	600554990

利润表(合并)

1993年度

宁波华联集团股份有限公司 单位:人民币元

项目	行次	金额	项目	行次	金额
一、主营业务收入	1	885621588.69	二、主营业务利润(亏损以"-"号表示)	8	28185168.23
减:营业成本	2	795511060.64	加:其他业务利润(亏损以"-"号表示)	9	774483.18
销售费用	3	14742342.71	三、营业利润(亏损以"-"号表示)	10	28959651.41
管理费用	4	24304201.77	加:投资收益(亏损以"-"号表示)	11	7232697.86
财务费用	5	-27211.86	营业外收入	12	3983242.10
进货费用	6	6601047.34	减:营业外支出	13	2107480.71
营业税金及附加	7	16304979.86	四、利润总额(亏损以"-"号表示)	14	38068110.66

85. 广州珠江实业开发股份有限公司

一、1993年经营业绩和财务指标

广州珠江实业开发股份有限公司是一家主营土地开发和相关业务的上市公司，其股票在上海证券交易所挂牌。1993年，该公司房产专业六项指标已全部完成，其中新开发面积31808平方米，新开工面积155990平方米；竣工面积26235平方米，销售面积18523.5平方米，实现税后利润5784.6万元，超过上市公告书所公布的3944万元的计划指标。该公司1993年的财务指标如下：

项目指标	1993年
主营业务收入	157431878.96元
税后利润	57846296.29元
资产总计	621015048.27元
股东权益	384874157.45元
每股收益	0.64元
每股权益	4.27元
每股红利	0.55元
速动比率	1.07
股东权益比率	62%
净资产收益率	15%

二、前次募集资金的运用情况

该公司1993年9月向社会公开发行股票，所募集的股金原计划用于文昌南停车场、地铁JY－8块项目和好世界停车场等三个项目，但由于募集的资金距年终仅二个多月，有些项目按计划是在1994年才投入的，故1993年主要是解决广州市行车难、停车难之一的文昌南多层停车场项目的投入，股金用于还贷及开支后期工程费用、购置引进设备等，约1500多万元。同时根据业务发展的需要，投资了6000多万元参与广州大桥侧“侨西区”的开发经营。好世界停车场与地铁物业则视1994年的发展情况再考虑资金投入。

三、1994年经营展望

该公司1994年的开发经营总目标是：坚持房地产业、实业、物业同步发展，争取全年工作量比去年翻一番；经营总收入达到42730万元，比1993年增长171.4%；利润总额实现13148万元，比1993年增长122.86%。

四、股本结构和股东持股情况

1.1993年末股本结构：

股权	数量(股)	比例(%)
国家股	6157465	6.83
法人股	55417189	61.51
个人股	28500000	31.66
其中：内部职工股	6000000	
总股本	96074654	100.00

2.主要股东持股情况：

股东名称	持股数(万股)	占总股本比例(%)
广州市国有资产管理局(国家股)	615.75	6.83
广州珠江实业总公司(法人股)	5541.72	61.51

五、1993年度资产负债表和利润及利润分配表

资产负债表

1993年12月31日

广州珠江实业开发股份有限公司 单位:人民币元

资　产	行次	期初数	期末数	负债及股东权益	行次	期初数	期末数
流动资产:				流动负债:			
货币资金	1	46231691.28	80011137.46	短期借款	41	23000000.00	
短期投资	2			应付票据	42		
应收票据	3			应付帐款	43		111952.19
应收帐款	4	12447779.12	1647344.11	预收货款	44	67050505.85	104289561.53
减:备抵坏帐	5		4942.03	应付福利费	45	17160997.50	3932087.40
应收款项净额	6	12447779.12	1642402.08	未付股利	46		
预付货款	7	6059230.99	3122569.96	未交税金	47	12240960.30	—1255734.10
其他应付款	8	27633927.34	149856452.44	其他未交款	48	226252.25	5782.83
内部应付款	8—1			其他应付款	49	39888599.68	61125468.32
待摊费用	9			预提费用	50	78460037.22	48455575.55
存货	10	229042482.37	354652239.45	待扣税金	51		
减:存货变现损失	11			一年内到期的长期负债	52		
存货净额	12	229042482.37	354652239.45				
其他流动资产	13						
流动资产合计	15	321415111.10	589284801.39	流动负债合计	55	238027352.80	216664693.72
长期投资:							
长期投资:	16	20569713.33	25263889.00	长期负债	57		
固定资产:				长期借款	58		
固定资产原价	18	4892899.39	6392028.67	应付债券	58—1		
减:累计折旧	19	1004895.49	1455371.76	长期应付款	58—2		
固定资产净值	20	3888003.90	4936656.91	长期负债合计	65		
在建工程	21			负债合计			
固定资产清理	22						
临时设施	22—1			股本	66	67574654.00	90074654.00
固定资产合计	25	3888003.90	4936656.91	资本公积金	67	32308009.66	234783954.85
无形及递延资产				盈余公积金	68		10846196.75
无形资产	26		1220688.88	其中:公益金	69	2892314.81	
递延资产	30	412016.13	309012.09	未分配利润	70		49169351.85
无形及其他资产合计	35	412016.13	1529700.97	股东权益合计	75	99882663.66	384874157.45
待处理财产损失:							
待处理流动资产损失(减收益)	36						
待处理固定资产损失(减收益)	37			少数股东权益	75—1	8374828.00	19476197.10
待处理财产损失合计	38						
资产总计	40	346284844.46	621015048.27	负债及股东权益总计	80	346284844.46	621015048.27

利润及利润分配表

1993年度

广州珠江实业开发股份有限公司　　单位:人民币元

项　目	行次	金　额	项　目	行次	金　额
一、主营业务收入	1	157431878.96	营业外收入	11	341891.19
减:营业成本	2	108887799.94	减:营业外支出	12	2031889.11
销售费用	3	1701855.03	四、利润总额	13	70615628.81
管理费用	4	8559685.38	减:应交所得税	14—1	1149262.00
财务费用	5	—36045145.74	提取福利及奖励基金	15	2460585.65
营业税金及附加	6	4933763.34	少数股东权益	16	6990232.56
二、主营业务利润(亏损以"—"号表示)	7	69393921.01	五、利润分配	17	60015548.60
加:其他业务利润(亏损以"—"号表示)	8	293886.29	减:提取法定盈余公积金	18	7953881.94
三、营业利润(亏损以"—"号表示)	9	69687807.30	提取公益金	19	2892314.81
加:投资收益(亏损以"—"号表示)	10	2617819.43	六、可供股东分配利润	20	49169351.85

86. 广州广船国际股份有限公司

一、1993年度经营业绩和财务指标

广州广船国际股份有限公司是由原广州造船厂作为唯一发起人设立的股份有限公司，该公司于1993年分别在香港、广州发行H股和A股并分别在香港和上海挂牌上市。在1993年，该公司按照“以船为本，多种经营”的方针，抓住中国经济高速增长和世界经贸发展的契机，卓有成效地开展多元化业务活动，圆满地完成了该公司1993年度经营目标，实现税后利润11122.05万元，比上市公告书上的预测高24.14％。该公司的主要财务指标如下：

项目指标	1993年
营业额	77561.77万元
税后利润	11122.05万元
资产总值	199617.42万元
股东权益	120013.63万元
每股盈利	0.2248元
每股权益	2.43元
每股可供分配利润	0.1799
每股派发末期红利	0.075元
速动比率	1.23
股东权益比率	60.12％
净资产收益率	9.27％

二、前次募集资金的运用情况

该公司于1993年度发行股票所募集的资金，主要用于招股书所提及的扩展公司造船、集装箱制造、修船和各类机电产品、钢结构工程制造能力以及拓展拆船、航运等领域的多元化业务。其投向为：

1.按计划用于继续完成“八五”技改项目及正常设备更新投入39200万元。

2.提前实施“九五”发展规划部分项目包括扩展厂区征地4.9万平方米，兴建380米码头、新置120吨吊机二台等将投入13000万元。

3.开展其它联营业务投资4650万元。

4.补交该公司原用地的土地出让金4456万元。

5.收购顺德船厂3650万元。

6.用于该公司营运资金等。

三、1994年经营展望

在新的一年里，该公司将继续坚持“以船为本，多种经营”的经营方针，大力拓展多元化经营业务，争取实现营业额大幅度增加和利润较满意的增长。该公司拟采取的措施为：

(1)进一步扩展造船能力，包括引进国外先进的加工设备和管理软件及扩大生产场地等，使公司造船能力在1995年末提高到年产20万载重吨的水平，并具有适应建造更多船舶品种的能力，以取得更好效益。(2)扩大集装箱生产和提高市场占有率，预计1994年全年产量将达到30000TEU；并进一步推销钢质40英尺高顶箱、开发钢质45英尺加长箱等；尽快完善冷藏箱生产线并于1994年下半年投入批量生产。(3)发挥擅长修理液化气船、工程船等特种船优势，开展航修服务，扩展国内外修船业务。(4)进一步在美国市场拓展该公司的化工压力容器制造业务。(5)大力发展桥梁、钢结构工程和制造业务。(6)进一步发展玻璃钢高速客船、游艇以及各类机电产品的制造、销售业务。(7)拓展和投资房地产、发电、航运等业务。

四、股本结构和股东持股情况

1.1993年末股本结构：

股权	数量(万股)	比例(％)
国家股	21080.01	42.61
境内社会公众股	12647.95	25.57
其中内部职工股	2839.69	
香港H股	15739.8	31.82

2.股东持股情况：

股东名称	股种	数量(万股)	占总股本比例(％)
中国船舶工业总公司	A	21080.01	42.61
HKSCC NOMINESS LIMITED	H	13827.40	27.95

除上述股东外，其他股东持有的该公司股份数均未达到需报告的数量规定。

五、1993年度资产负债表和利润及利润分配表

资产负债表(合并)

1993年12月31日

广州广船国际股份有限公司　单位:人民币元

资　产	行次	期初数	期末数	负债及股东权益	行次	期初数	期末数
流动资产:				流动负债:			
货币资金	1	27560177.88	607833051.45	短期借款	41	301343123.03	344170505.32
短期投资	2			应付票据	42		
应收票据	3			应付帐款	43	63519941.43	83537504.65
应收帐款	4	166711130.84	166055502.18	预收货款	44		154636320.99
减:备抵坏帐	5		805358.46	应付福利费	45		793077.74
应收帐款净额	6	166711130.84	165250143.72	未付股利	46		57100818.50
预付货款	7		46225464.21	未交税金	47	53772090.01	11201966.59
其他应收款	8		64039506.45	其它未交款	48		721459.47
内部应收款	8—1			其他应付款	49		33978344.04
待摊费用	9	284390.01	171501.47	内部应付款	49—1		
存货	10	283287935.33	578029750.99	预提费用	50	20117783.55	11678327.29
减:存货变现损失准备	10—1			待扣税金	51		
存货净额	10—2			一年内到期的长期负债	52		
其他流动资产	10—3			流动负债合计	55	438752938.02	697818324.59
流动资产合计	15	477843634.06	1461549418.29	长期负债:			
长期投资:				长期借款	56	57000000.00	95880000.00
长期投资	16	8539220.00	9230682.99	应付债券	57		
固定资产:				长期应付款	58		
固定资产原价	18	229420734.05	397430568.50	其他长期负债	58—1		
减:累计折旧	19	70442136.12	68287807.99	其中:住房周转金	58—2		
固定资产净值	20	158978597.93	329192760.51	长期负债合计	65	57000000.00	95880000.00
在建工程	21	50169091.72	143564316.90	股东权益			
固定资产清理	22			股本	66	199777605.69	494677580.00
临时设施	22—1			资本公积金	67		651339093.80
固定资产合计	25	209147689.65	472757077.41	盈余公积金	68		22244092.78
无形及递延资产:				其中:公益金	69		11122046.39
无形资产	26		50937333.00	未分配利润	70		31875552.60
递延资产	30		1699725.03	股东权益合计	75	199777605.69	1200136319.18
无形及其他资产合计	35		52637058.03				
待处理财产损失:							
待处理流动资产损失(减收益)	36			少数股权(合并报表填列)	75—1		2339592.95
待处理固定资产损失(减收益)	37						
待处理财产损失合计	38						
资产总计	40	695530543.71	1996174236.72	负债及股东权益总计	80	695530543.71	1996174236.72

利润及利润分配表(合并)

1993年度

广州广船国际股份有限公司　　单位:人民币元

项　目	行次	金　额	项　目	行次	金　额
一、主营业务收入	1	775617747.23	减:少数股权(合并报表填列)	14—1	66363.17
减:营业成本	2	655894972.07	加:年初未分配利润(未弥补亏损以"—"号表示)	15	
销售费用	3	9779749.24	上半年利润调整(减上年利润以"—"号表示)	16	
管理费用	4	56072108.91	盈余公积转入	17	
财务费用	5	—40612026.88	五、可分配利润	18	128221833.89
进货费用	6		减:应交所得税	19	17001370.01
营业税金及附加	7	4982819.13	提取法定盈余公积	20	11122046.39
二、主营业务利润(亏损以"—"号表示)	8	89500124.76	提取公益金	21	11122046.39
加:其他业务利润(亏损以"—"号表示)	9	26285106.38	六、可供股东分配的利润	22	88976371.10
三、营业利润(亏损以"—"号表示)	10	115785231.14	减:已分配优先股的利润	23	
加:投资收益(亏损以"—"号表示)	11	1377457.28	提取任意公积	24	
营业外收入	12	22174957.77	已分配普通股股利	25	57100818.50
减:营业外支出	13	11049449.13	七、未分配利润(未弥补亏损以"—"号表示)	26	31875552.60
四、利润总额(亏损以"—"号表示)	14	128288197.06	八、补充资料:营业成本中存货变现损失准备提取数	27	

87. 厦门汽车股份有限公司

一、1993年经营业绩和主要财务指标

厦门汽车股份有限公司是一家主要从事汽车制造、组装和销售业务的上市公司，其股票在上海证券交易所挂牌。在1993年，该公司基本完成了汽车工业生产力的布局，形成了单班年产旅行车和轻型车1万辆的规模，实现主营业务收入4.2亿元，税后利润1218.46万元，完成了年初预定计划的92%，该公司1993年度的财务指标如下(单位:万元):

项目指标	1993年实际指标	增长率%比计划	1993年计划指标
主营业务收入	42472.83	—12.67	48632.5
税后利润	1218.46	—8.33	1329.1
资产总计	38707.79		
股东权益	10036.11		
每股收益	0.208元		
每股权益	1.715元		
每股红利	0.162元		
速动比率	0.62		
股东权益比率	25.98%		
净资产收益率	12.14%		

二、前次募集资金的运用情况

1993年7月该公司增资扩股2000万股，发行价每股2.2元，其中国家以土地使用权作价优先认购568万股，企业法人认购1432万股，共募集资金3150.4万元。1993年度第二次股东临时会议通过的议案对部分资金作出安排，其投向如下：

厦门金龙旅行车公司400万元，厦门金龙塑料金属工业有限公司460万元(含购置汽车仪表板塑料模具费400万元)，莲坂高层商住大厦800万元，悦馨花园600万元，国内外贸易方面投资及补充贸易流动资金790万元，发行上市费用100.4万元。

三、1994年经营展望

从1994年开始，该公司的经营方针将要实行战略性的转变，从以投入为主的阶段转向以产出为主的阶段，该公司将充分利用已形成的生产力，加快发展速度，争取1994年实现税后利润1660万元，比1993年增长36%。

四、股本结构和股东持股情况

1.1993年末股本结构：

股权	数量(万股)	比例(%)
国家持股	2498.64	42.71
法人持股	1432.0	24.47
个人持股	1920.0	32.82
总股本	5850.64	100

2.前10名股东持股情况：

股东名称	持股量(万股)	占总股本比例(%)
厦门市财政局(国家股)	2498.64	42.71
深圳合丰实业发展有限公司	422	7.21
厦门民兴工业有限公司	200	3.42
福建兴业银行厦门分行	152.2	2.60
厦门环宇经济发展总公司	87	1.49
厦门人洋实业有限公司	55	0.94
深圳天一实业股份有限公司	50	0.85
厦门湖里银发贸易公司	41	0.70
厦门祥业房地产有限公司	25	0.43
厦门福信房地产有限公司	25	0.43

五、1993年度资产负债表和利润及利润分配表

资产负债表(合并)

1993年12月31日

厦门汽车股份有限公司 单位:人民币元

资产	行次	期初数	期末数	负债及股东权益	行次	期初数	期末数
流动资产:				流动负债:			
货币资金	1	1286104.55	4796369.73	短期借款	41	6100000.00	3004000.00
短期投资	2			应付票据	42		
应收票据	3			应付帐款	43	2074168.88	5328459.58
应收帐款	4	3341802.47	2718029.03	预收货款	44	8989483.48	11486186.94
减:备抵坏帐	5	14127.93	13102.66	应付福利费	45	253469.02	266860.72
应收帐款净额	6	3327674.54	2704926.37	未付股利	46	849071.22	14628.19
预付货款	7	83054.18	13005163.66	未交税金	47	2843815.01	6833436.09
其他应收款	8	12670345.57	26331201.18	其它未交款	48	30405.56	65426.36
待摊费用	9	193105.97	327783.58	其他应付款	49	3922694.54	14839510.29
存货	10	13453524.37	22681339.16	预提费用	50	64512.33	860472.93
				待扣税金	51	1760.00	
				一年内到期的长期负债	52		
				流动负债合计	55	25129380.04	42698981.10
流动资产合计	18	31013809.18	69846783.68	长期负债:			
长期投资:				长期借款	56	7362127.49	
长期投资:	19	20732982.00	34814952.00	应付债券	57	6575100.00	4188000.00
固定资产:				长期应付款	58		
固定资产原价	21	99360928.60	105991343.46				
减:累计折旧	22	29450733.49	31556881.37				
固定资产净值	23	69910195.01	74434462.09	长期负债合计	62	13937227.49	4188000.00
在建工程	24	15305675.89	21320122.69	股东权益:			
固定资产清理	25		156180.39	股本	66	70544793.00	85660893.00
				资本公积	67	16525900.00	37216399.24
固定资产合计	26	85215870.90	95910765.17	盈余公积	68	12465361.55	12465361.55
无形及其他资产:				其中:公益金	69	718610.19	718610.19
无形资产	30	890000.00	7621656.61	未分配利润	70		31789911.16
递延资产	31	750000.00	6110294.95	股东权益合计	75	99536054.55	167132564.95
无形及其他资产合计	34	1640000.00	13731951.56				
				少数股权			284906.36
资产总计	40	138602662.08	214304452.41	负债及股东权益总计	80	138602662.08	214304452.41

利润及利润分配表(合并)

1993 年度

厦门汽车股份有限公司　　单位:人民币元

项　　目	行次	金　　额	项　　目	行次	金　　额
一、主营业务收入	1	424728289.08	减:少数股权(合并报表填列)	14—1	10422.56
减:营业成本	2	398159275.43	加:年初未分配利润(未弥补亏损以“—”号表示)	15	1182198.79
销售费用	3	9754502.79	上半年利润调整(减上年利润以“—”号表示)	16	
管理费用	4	10247085.88	盈余公积转入	17	
财务费用	5	—2682146.16	五、可分配利润	18	14473106.89
进货费用	6	559904.90	减:应交所得税	19	1106299.35
营业税金	7	3542678.61	提取法定盈余公积	20	
二、主营业务利润(亏损以“—”号表示)	8	5146987.63	提取公益金	21	
加:其他业务利润(亏损以“—”号表示)	9	3123486.40	六、可供股东分配的利润	22	13366807.54
三、营业利润(亏损以“—”号表示)	10	8270474.03	减:已分配优先股的利润	23	
加:投资收益(亏损以“—”号表示)	11	5229990.68	提取任意公积	24	
营业外收入	12	149421.20	已分配普通股股利	25	6417740.00
减:营业外支出	13	348555.25	七、未分配利润(未弥补亏损以“—”号表示)	26	6949067.54
四、利润总额(亏损以“—”号表示)	14	13301330.66	八、补充资料:营业成本中存货变现损失准备提取数	27	

88. 厦门国贸泰达股份有限公司

一、1993年经营业绩和财务指标

厦门国贸泰达股份有限公司是一家主营仓储、汽车运输和房地产开发等行业的上市公司，该公司股票于1993年在上海证券交易所挂牌。在1993年，该公司以仓储运输业为基础，以房地产业为先导，开拓进出口贸易和内贸业务，主要经济指标均超额完成年度计划，主营业务收入和利润总额分别比1992年增长8.2倍、2.1倍，创造了该公司历史同期的最好水平。该公司1993年的财务指标如下：

项目指标	实际完成	完成计划%
主营业务收入	6253.83	111.67
税后利润	907.95	106.60
资产总计	13062.44	
股东权益	7730.78	
每股收益	0.18	
每股红利	0.156	
速动比率	0.94	
股东权益比率	0.5918	
净资产收益率	0.117	

二、前次募集资金的运用情况

该公司于1993年7月向社会法人募集法人股2100万股，新增股金2080万元。该笔资金1993年使用后收入达6500万元，利润总额达1530万元。

三、1994年经营展望

该公司1994年经营目标是：主营业务收入达6500万元，实现利润总额1530万元，税后利润1300.5万元。

四、股本结构和股东持股情况

1.1993年末股本结构：

股权	数量(万股)	比例(%)
法人股	3553	71
个人股	1450	29
总股本	5003	100

2.前10名股东持股情况：

股东名称	持股数(万股)	占总股本比例(%)
厦门经济特区国际贸易信托集团股份有限公司	2253	45.03
深圳蛇口旭业投资发展有限公司	400	8.00
深圳蛇口利定投资贸易公司	300	6.00
深圳天昆投资发展有限公司	300	6.00
海口亚晨企业公司	200	4.00
中国蔄海实业总公司	25	0.50
厦门市开元区运成实业公司	20	0.40
厦门远东贸易发展公司	18	0.36
厦门市新区建筑设计院	16.2	0.32
厦门欣盛贸易公司	15.3	0.31

五、1993年度资产负债表和利润及利润分配表

资产负债表(合并)

1993年12月31日

厦门国贸泰达股份有限公司　　单位:人民币元

资　产		负债及所有者权益	
流动资产:		流动负债:	
货币资金	13271890.41	短期借款	21847600.00
短期投资	1387085.90	应付帐款	844520.20
应收帐款	2234135.80	应交税金	1450818.90
减:坏帐准备	3723.04	其他应交款	16412.61
应收帐款净额	2230412.76	预收货款	2790298.07
预付帐款	18987577.60	其他应付款	8779400.84
其他应收款	17288799.18	预提费用	557033.00
存货	37282148.39	应付福利费	89753.04
待摊费用	254692.84	合计	36375836.66
合计	90702607.08	所有者权益:	
固定资产:		股本	50030000.00
固定资产原价	35859495.78	资本公积	17984637.61
减:累计折旧	3072995.41	盈余公积	109947.07
固定资产净值	32786500.37	未分配利润	9183219.60
无形资产:	5526062.00	合计	77307804.28
递延资产		少数股权	16940727.77
开办费	83363.18		
其他递延支出	1525836.08		
合计	1609199.26		
资产总计	130624368.71	负债及所有者权益总计	130624368.71

利润及利润分配表(合并)

1993年度

国贸泰达股份有限公司　　单位:人民币元

项　目	比例	金　额	项　目	比例	金　额
一、利润总额		10681712.99	提取公益金	15%	1361918.41
加:年初未分配利润		163125.00	三、可供股东分配的利润		6913355.59
上年利润调整		-59361.44	减:已分配优先股股利		—
二、可分配利润		10785,476.55	提取任意公积金	10%	907945.60
减:应交所得税		1602256.95	已分配普通股股利		5003000.00
提取法定盈余公积金	10%	907945.60	四、未分配利润		1002409.99

89. 上海石油化工股份有限公司

一、1993 年经营业绩和财务指标

上海石油化工有限公司是由原上海石油化工总厂作为唯一发起人设立的股份有限公司。1993 年该公司在境内外发行 A 股和 H 股并分别在香港联合交易所和上海证券交易所挂牌上市。在这一年里，该公司抓住中国经济高速发展和市场对石化产品需求强劲的契机，以极大的热情致力于公司的运作，创造了良好的生产纪录。其中，公司销售收入 82.65 亿元，比 1992 年增长 59.6%，合成纤维、树脂及烹、中间石化产品、石油产品等四大类产品同比增长分别为 20.7%、55.2%、26.2%和 87.1%，原油加工量完成 460 万吨，同比增长 14.4%；乙烯产量 36.7 万吨，同比增长 19.8%。该公司 1993 年的主要财务指标如下：

项目指标 1993 年
销售收入：人民币 826488 万元
税后利润：人民币 87009 万元
资产总值：人民币 1536155 万元
股东权益：人民币 779001 万元
每股盈利：人民币 0.1397 元
每股权益：人民币 1.25 元
每股可供分配利润：人民币 0.1117 元
每股派发末期红利：人民币 0.05 元
速动比率：0.90
股东权益比率：50.71%
净资产收益率：11.17%

二、前次募集资金的运用情况

该公司于 1993 年发行股票所募集的资金，主要用于招股书所提及的资本开支计划，包括用于完善生产配套的三期工程辅助设施项目投入 3.02 亿元，实现资源优化配置的渣油轻质化联合装置投入 2.42 亿元，完成 225 兆瓦燃煤电厂投入 1.29 亿元，用于涤纶短纤维纺丝生产线、乙醛、丙烯腈、腈纶转向纺、五效蒸发等装置的技术改造投入 3.24 亿元。此外还偿还外资债务 2 亿美元，人民币企业债券 11.2 亿元。

三、1994 年经营展望

该公司 1994 年的经营目标是继续狠抓生产经营管理，加快科研开发步伐，大力调整产品结构，坚持走内涵发展道路，保持利润的稳定增长。公司将继续坚持一业为主、多种经营的方针，大力拓展多元化经营和向中下游延伸的业务，不断提高公司的经济效益。

四、股本结构和股东持股情况

1. 1993 年末股本结构：

股权	数量(万股)	比例(%)
国家股	400000	64.2
境内社会法人股	15000	2.4
境内社会个人持股(含职工持股 15000 万股)	40000	6.4
境外 H 股股东持股	168000	27.0
总股本	623000	100

2. 主要股东持股情况：

股东名称	持股数(万股)	占总股本比例(%)
中国石化总公司	持有 A 股 400000	64.2
HKSCC NOMINEESLIMITED	持 H 股 93828.2	15.06
HONGKONG & SHANGHAI BANKING CORPORATION (NOMINEES) LTD	持 H 股 65680.2	10.54

除上述股东外，其他股东的持股数均未达到需报告的数量规定。

五、1993 年度资产负债表和利润及利润分配表

资产负债表

1993年12月31日

上海石油化工股份有限公司　　单位:人民币元

资　产	行次	期初数	期末数	负债及股东权益	行次	期初数	期末数
流动资产:				流动负债:			
货币资金	1	1013128	2582110	短期借款	41	2748461	2809201
短期投资	2		117350	应付票据	42		
应收票据	3	135380	64658	应付帐款	43	291056	281857
应收帐款	4	769522	555471	预收货款	44	119888	110445
减:坏帐准备	5	26310	21856	应付福利费	45		
应收款项净额	6	743212	533615	未付股利	46		
预付货款	7	38211	132437	未交税金	47		
其他应收款	8	313024	604973	其它未交款	48		
				其它应付款	49	1128540	1026143
待摊费用	9						
存货	10	1300842	1719455	预提费用	50	—	2003
减:存货变现损失	10—1						
存货净额	10—2	1300842	1719455	一年内到期的企业债券	52	1058951	273000
流动资产合计	15	3591705	5754598	流动负债合计	55	5946876	4502649
长期投资:				长期负债			
长期投资	16	71152	145124	长期借款	56	3065923	9068893
				应付债券	57	316887	
固定资产				长期应付款:	58		
固定资产原价	18	7908963	10736115				
减:累计折旧	19	2451487	3024477				
固定资产净值	20	5457476	7711899	长期负债合计	65	3382810	3068883
固定资产清理	21			股东权益:			
在建工程	22	1858105	1260185	股本	66	1847973	6230000
固定资产合计	25	7315581	8971823	法人股	66—2		150000
无形及其它资产				个人股	66—3		400000
无形资产	26		490000	外资股	66—4		1680000
其中:商誉	26—1			资本公积金	66		1201419
递延费用	30			盈余公积金	67	—	304532
递延税项	31	599131		其中:公益金	67—1	—	87009
无形及其他资产合计	35	599181	490000	未分配利润	69		54062
待处理财产损失:							
待处理流动资产净损失	36						
待处理固定资产净损失	37						
待处理财产损失合计	38			股东权益合计	75	2847973	7780013
资产总计	40	11577659	15361545	负债及股东权益总计	80	11577659	15361545

利润及利润分配表

1993 年度

上海石油化工股份有限公司　　单位：人民币元

项　目	行次	金　额	项　目	行次	
一、主营业务收入	1	8264878	四、利润总额	14	1027875
减：营业成本	2	5379749	加：年初未分配利润（未弥补亏损以“－”号表示）	15	
销售费用	3	88006	上半年利润调整（减上年利润以“－”号表示）	16	
管理费用	4	600237	盈余公积转入	17	
财务费用	5	442486	五、可分配利润	18	1027875
进货费用	6		减：应交所得税	19	157781
营业税金及附加	7	582305	提取法定盈余公积金	20	87009
二、主营业务利润（亏损以“－”号表示）	8	1072095	职工福利公益金	21	87009
加：其他业务利润（亏损以“－”号表示）	9		六、可供股东分配的利润	22	596076
三、营业利润（亏损以“－”号表示）	10	1072095	减：已分配优先股的利润	23	
加：投资收益	11	16618	提取任意公积	24	130514
加：营业外收入	12	38861	已分配普通股股利	25	511500
减：营业外支出	13	99199	七、未分配利润（未弥补亏损以“－”号表示）	26	54062

90. 上海三毛纺织股份有限公司

一、1993 年经营业绩和财务指标

上海三毛纺织股份有限公司于 1993 年由具有 60 多年历史的上海第三毛纺织厂改组设立,其股票在上海证券交易所挂牌。在 1993 年,该公司完成总产量 338 万米,开发新产品 77 个,经营效益超过了上市公告的预测目标,创公司历史最好水平。其中主营收入达 15661 万元,完成年度计划:104.73%,利润总额:2999 万元,完成年度计划 92.20%;税后利润 2806.63 万元,完成年度计划 101.52%。该公司自成立起(1993 年 9 月)的主要财务指标如下:

项目指标	1993 年
主营业收入	54057856.04 元
税后利润	10458896.60 元
资产总计	384645064.50 元
股东权益	242368052.44 元
每股收益	0.105 元
每股权益	2.434 元
速动比率	1.27
股东权益比率	63.01%
净资产收益率	4.31%

二、前次募集资金的运用情况

1993 年该公司按照改制时确定的资金投向,资金使用主要用于引进毛纺高新技术、国外先进的毛纺设备和浦东的开发,以扩大精纺呢绒的生产能力和出口创汇,资金投向为:

投资筹建申吴毛纺实业公司、浦东三联纺织印染公司、上海三信工贸公司、上海三龙贸易有限公司、广东三合贸易公司、浦东三海大楼等 10 个项目,共投资 3950 万元,其中五项当年投入,当年得益。

三、1994 年经营展望

坚持"一业为主,多元化经营,全方位发展"的方向,坚持产品质量第一,经济效益为中心,加强市场营销,加快技术进步,加速发展高档次产品和深加工产品,进行第二次创业。使主营收入达到 19517 万元,比上年增长 24.62%,利润总额达到 4024 万元,比 1993 年增长 34.18%,税后利润完成 3420 万元,比 1993 年增长 21.84%。

四、股本结构和股东持股情况

1. 1993 年末股本结构:

股权	数量(万股)	比例(%)
发起人法人股	4908.83	49.29
社会法人股	750	7.53
个人股(含内部职工股)	1000	10.04
B 股:(境外发行)	3300	33.14
总股本	9958.83	

2. 股东持股情况:

国家股　持股数 4908.83 万股　占总股本 49.29%

除国家股股东外,前 9 名最大股东均为 B 股股东,经审核,其持有股数及比例均未违反有关持股规定。

五、1993 年资产负债表和利润及利润分配表

资产负债表(合并)

1993年12月31日

上海三毛纺织股份有限公司 单位:人民币元

资　　产	行次	1993年9月1日	1993年12月31日	负债及股东权益	行次	1993年9月1日	1993年12月31日
流动资产:				流动负债:			
货币资金	1	1011802.50	95892271.68	短期借款	41	118685000.00	110620000.00
短期投资	2	6016302.80	300000.00	应付票据	42		
应收票据	3		232690.89	应付帐款	43	947793.20	13271006.80
应收帐款	4	26076126.25	35101310.96	预收货款	44		3944623.82
减:备抵坏帐	5	33685.20	33685.20	应付福利费	45	2348.22	381587.06
应收帐款净额	6	26042441.05	35067525.76	未付股利	46		
预付货款	7	255000.00	7111805.73	未交税金	47	−2327085.52	−2189055.86
其他应收款	8	34583733.50	22652483.27	其它未交款	48	221435.04	115950.73
内部应收款	8−1			其他应付款	49	5277015.35	5618321.23
待摊费用	9	140151.24	92380.98	内部应付款	49−1		
存货	10	62169853.74	77686413.27	预提费用	50	1600000.00	
减:存货变现损失准备	10−1			待扣税金	51		2078939.01
存货净额	10−2	62169853.74	77686413.27	一年内到期的长期负债	52		
其他流动资产	10−3		16300000.00	流动负债合计	55	124406506.29	133841372.79
流动资产合计	15	130219284.83	255335671.58	长期负债:			
长期投资:				长期借款	56	14721327.81	5930000.00
长期投资:	16	5128986.99	47323943.41	应付债券	57		
固定资产:				长期应付款	58	1107300.00	1107300.00
固定资产原价	18	104497700.00	117387341.53	其他长期负债	58−1		14069.27
减:累计折旧	19	45297915.56	47782480.98	其中:住房周转金	58−2		14069.27
固定资产净值	20	59199784.44	69604860.55	长期负债合计	65	15828627.81	7051369.27
在建工程	21	16860284.88	11975260.76	股东权益:			
固定资产清理	22		405328.20	股本	66	49088300.00	99588300.00
临时设施	22−1			资本公积金	67	22084907.04	132320855.84
固定资产合计	25	76060069.32	81985449.51	盈余公积金	68		1101246.21
无形及递延资产:				其中:公益金	69		10251.21
无形资产	26			未分配利润	70		9357650.39
递延资产	30			股东权益合计	75	71173207.04	242368052.44
无形及其他资产合计	35						
待处理财产损失:							
待处理流动资产损失(减收益)	36			少数股权(合并报表填列)	75−1		1384270.00
待处理固定资产损失(减收益)	37						
待处理财产损失合计	38						
资产总计	40	211408341.14	384645064.50	负债及股东权益总计	80	211408341.14	384645064.50

利润及利润分配表（合并）

1993年9月～12月

上海三毛纺织股份有限公司　　单位：人民币元

项　目	行次	1993年9月～12月	全年累计数	项　目	行次	1993年9月～12月	全年累计数
一、主营业务收入	1	54057856.04	156611285.21	减：少数股权（合并报表填列）	14－1	77021.00	
减：营业成本	2	20020685.87	72815911.82	加：年初未分配利润（未弥补亏损以“－”号表示）	15		
销售费用	3	1621897.53	4267329.87	上半年利润调整（减上年利润以“－”号表示）	16		
管理费用	4	7614005.42	14065525.88	盈余公积转入	17		
财务费用	5	4698218.74	10963374.91	五、可分配利润	18	12383036.97	
进货费用	6			减：应交所得税	19	1924140.37	
营业税金及附加	7	8104211.54	22433447.50	提取法定盈余公积	20	1090995.00	
二、主营业务利润（亏损以“－”号表示）	8	11998836.94	32065695.23	提取公益金	21	10251.21	
加：其他业务利润（亏损以“－”号表示）	9	181140.83	544214.09	六、可供股东分配的利润	22	9357650.39	
三、营业利润（亏损以“－”号表示）	10	12179977.77	32609909.32	减：已分配优先股的利润	23		
加：投资收益（亏损以“－”号表示）	11	275993.31	316512.78	提取任意公积	24		
营业外收入	12	25215.40	26118.07	已分配普通股股利	25		
减：营业外支出	13	21128.51	2962155.74	七、未分配利润（未弥补亏损以“－”号表示）	26	9357650.39	
四、利润总额（亏损以“－”号表示）	14	12460057.97	29990384.43	八、补充资料：营业成本中存货变现损失准备提取数	27		

91. 青岛海尔电冰箱股份有限公司

一、1993年经营业绩和近三年财务指标

青岛海尔电冰箱股份有限公司是一家主营电冰箱生产的上市公司，其股票在上海证券交易所挂牌。在1993年，该公司本着“以高质量奉献用户，以高效益回报股东”的原则，努力拚搏，共生产冰箱50.48万台，实现工业总产值7.16亿元，主营业务收入79,539万元，税后利润6,951万元，圆满地完成了预定的各项指标。该公司近三年的财务指标如下(单位：万元)：

项目指标	1993	增长%	1992	增长%	1991
主营业务收入	79539	35	58896	－0.35	59105
税后利润	6951	17.8	5900	7.8	5472
资产总计	74360.8	99.3	37312	45	25740
股东权益	56817.6	358	12418	3.65	11981
每股权益(元)	3.34	185	1.17	－3.3	1.21
每股红利(元)	0.30	50	0.20	5.3	0.19
速动比率	1.41	20.51	1.17	10.4	1.06
股东权益比率	76.4%	131.5	33%	－28.2	46%
净资产收益率	0.122	－74.58	0.48	4.3	0.46
每股收益(元)	0.41	－26.8	0.56	1.8	0.55

二、前次募集资金的运用情况

1993年该公司通过发行股票募集资金36900万元(含发行费用405.9万元)，根据该公司募集资金运用计划及项目实施进度，预计1994年将产生效益2060万元，其资金投向如下(单位：万元)：

项目名称	投资计划	实际完成
1.中意合作生产浯厨具项目	2659	2344
2.风直冷蒸发项目	2969	3767.54
3.多规格定尺料精密冲裁中试基地项目	2728	528
4.海尔工业园冲压件加工项目	1665	900
5.大型精密注塑中试基地项目	2925	1105
6.海尔工业园模具中试基地项目	2063	663
7.中外合资无氟电冰箱项目	9650.41	5261
8.真空管技改项目	11713	4915
合计	36318.41	19483.54

三、1994年经营展望

该公司1994年经营方针是以提高生产率为中心，以优化管理体系为重点，强化全员自主管理意识，加速全方位与国际接轨，以高科技高质量树立具有海尔特色的国际名牌，创建具有海尔特色的国际化先进企业。争取实现主营业务收入85,619万元，利润总额11,138万元，税后利润9,468万元的经营目标。

四、股本结构和股东持股情况

1.1993年末股本结构：

股权	数量(万股)	比例(%)
法人股	11084.275	65.20
个人股	5915.725	34.80
其中：内部职工股	915.725	5.39
总股本	17000	100

2.主要股东持股情况：

股东名称	持股数(万股)	占总股本比例(%)
海尔集团	10498.04	61.75
青岛市二轻联社	586.23	3.45

五、1993年度资产负债表和利润及利润分配表

资产负债表

1993年12月31日

青岛海尔电冰箱股份有限公司　　单位:人民币元

资　　产	1993年12月31日	1992年12月31日	1991年12月31日
流动资产:			
货币资金	89513787.94	48616567	55430545
应收帐款	18099823.38	11113773	13244747
减:备抵坏帐	90420.90		
应收帐款净额	18009402.48	11113773	13244747
预付货款	16446219.44		
其他应收款	123472489.37	37338610	21858906
待摊费用	310000	486637	68045
存货	106982417.12	82453948	90897645
其中:原材料	92906441.90		
产成品	6874363.90		
流动资产合计	354734316.35	180009535	181499887
长期投资:			
长期投资	3378265.33	21634100	767355
固定资产:			
固定资产原值	161444865.23	88029171	86752913
减:累计折旧	31071174.38	34734992	24275767
固定资产净值	130373690.85	53294179	62477145
在建工程	253644946.63	118179306	12658966
固定资产合计	384018637.48	171473485	75136111
无形及递延资产			
递延资产	1476985.94		
无形及其他资产合计	1474985.94		
资产总计	743608205.10	373117120	257403353
负债及股东权益:			
流动负债:			
短期借款	53000000	27170000	23170000
应付帐款	62587165.62	8852696	16911690
预收货款	12016518.56		
应付福利费	—453243.63		
未交税金	66637.97		
职工福利基金		621940	4944822
应付股利		829046	
应交税金		3502162	5620877
其他未交款	191144.08	833282	832537
其他应付款	36220721.74	41140254	33723528
预提费用		161358	7980
流动负债合计	163628914.34	83110736	85211434
长期负债:			
长期借款	2685824.38	165827109	52379651
长期应付款	9117387.99		
长期负债合计	11803212.37	165827109	52379651
股东权益:			
股本	170000000	106067170	98624279
资本公积金	328661515.43	18112105	21187989
未分配利润	69514562.96		
股东权益合计	568176078.39	124179275	119812268
负债及股东权益合计	743608205.10	373117120	257403353

利润及利润分配表

1993年度

青岛海尔电冰箱股份有限公司 单位:人民币元

项　　目	金　　额
利润总额	81781838.78
减:所得税(15%)	12267275.82
税后利润	69514562.96
提取法定盈余公积金(10%)	6951456.30
提取公益金(11%)	7646601.93
提取任意公积金(5%)	3475728.15
分配股利(送股)	51000000.00
未分配利润	440776.58

92. 东新电碳股份有限公司

一、1993年经营业绩和近三年财务指标

东新电碳股份有限公司是四川一家主营电碳制品的上市公司，该公司股票于1993年在上海证券交易所挂牌。在过去的一年，该公司主导产品T641碳片产、销达到400吨，比上年增长185.69%，由于产品质量过硬，国内市场占有率达90%以上，实现主营业务收入11660.52万元，完成年度计划的116.6%，实现利润2250万元，完成年度计划102.27%，该公司近三年的财务指标如下(单位:万元)：

项目指标	1993年	1992年	1991年	1993年增长%
主营业务收入	11660.52	5475.84	4007.63	112.94
税后利润	1912.57	738.65	550.30	158.93
资产总计	21029.79	8553.01	7721.20	145.88
股东权益	11692.70	4229.06	4047.19	176.48
每股权益(元)	2.137	1.018	1.00	109.92
每股收益(元)	0.35	0.178	0.136	96.63
每股红利(元)	0.297	0.151	0.10	96.56
股东权益比率%	55.60	49.45	52.42	12.44
净资产收益率%	16.36	17.47	13.60	－9.36

二、前次募集资金的运用情况

1. 补充流动资金500万元。

2. 大型石墨制品项目，计划投资1300万元，实际投资755万元。

3. T641碳片生产扩能，计划投资3300万元，已投资1919万元。

4. 金刚石及制品生产，计划投资500万元，实际投资409万元。

5. 浸铜碳滑板，计划投资500万元，完成投资74万元。

6. 成都经贸大楼，已投资924万元，主要用作产品转运、销售窗口及商业贸易、餐饮、旅馆、旅游等多种经营。

7. 收购了原都江堰猕猴桃公司在该公司都江堰分厂的股权，该分厂由原来的合资变为该公司独资。

三、1994年经营展望

在1994年，该公司将实施“一业为主、多元经营、全面发展”的战略，加速产品的结构调整，组织好相关产品的开发和生产，争取全年实现主营业务收入1.2亿元，比上年增长20.4%，实现利润3000万元，比上年增长33.35%。

四、股本结构和股东持股情况

1、1993年末股本结构：

股权	数量(万股)	比例(%)
国家股：	1840.19	33.63
法人股：	1831.35	33.47
个人股：	1800	32.9
(其中内部职工持股)	176	9.78
总股本	5471.54	100

2. 前10名股东持股情况：

股东名称	持股数(万股)	占总股本比例(%)
自贡市国有资产管理局	1840.19	33.63
四川省信托投资公司	300	5.48
中国银行四川省分行国际信托投资公司	200	3.66
自贡市银河贸易公司	200	3.66
中国人民保险公司自贡市支公司	100	1.83
东方电器集团财务公司	100	1.83
中国工商银行四川省信托投资公司	100	1.83
自贡市邮电局	50	0.91
烟草公司自贡市分公司	50	0.91
成都华能物资供销公司	50	0.91

五、1993年度资产负债表和利润及利润分配表

资产负债表

1993年12月31日

东新电碳股份有限公司 单位:人民币元

资 产	行次	年初数	年末数	负债及股东权益	行次	年初数	年末数
流动资产				流动负债:			
货币资金	1	11366398.72	7390603.09	短期借资	41	18850000.00	17720000.00
短期投资	2		46330000.00	应付票据	42		
应收票据	3			应付帐款	43	689430.73	1764839.39
应收帐款	4	11057084.76	37023465.31	预收货款	44	1575724.79	9735064.31
减:备抵坏帐	5		173120.81	应付福利费	45		-348517.33
应收帐款净额	6	11057084.76	36850344.50	未付股利	46		
预付货款	7		21208115.66	未交税金	47	64723.26	5524697.76
其他应收款	8	8593218.42	11009882.75	其他未交款	48	1359992.91	1222341.22
内部应收款	8-1			其他应付款	49	5249017.11	45803548.93
待摊费用	9		740144.51	内部应付款	49-1		
存 货	10	24276177.65	22784288.19	预提费用	50	116687.16	302565.02
减:存货变现损失准备	10-1			专项应付款	51	1131390.70	1131390.70
存货净额	10-2	24276177.65	22784288.19	一年内到期的长期负债	52		
其他流动资产	10-3		21281.22	流动负债合计	55	29036966.66	82855930.00
流动资产合计	15	55292879.55	146334659.92	长期负债:			
长期投资:				长期借款	56	14202563.52	10515000.00
长期投资	16	3885780.71	3167885.41	应付债券	57		
固定资产:				长期应付款	58		
固定资产原价	18	40184094.92	59885973.52	其他长期负债	58-1		
减:累计折旧	19	18963005.25	26612277.58	其中:住房周转金	58-2		
固定资产净值	20	21221089.67	33273695.94	长期负债合计	65	14202563.52	10515000.00
在建工程	21	3218820.13	23409725.20	股东权益:			
固定资产清理	22			股本	66	41551916.42	54715416.42
固定资产合计	25	24439909.80	56683421.14	资本公积	67		42347264.18
无形及递延资产:				盈余公积	68	738648.46	3607501.87
无形资产	26	1911525.00	4111982.00	其中:公益金	69		956284.47
递延资产	30			未分配利润	70		16256836.00
无形及递延资产合计	35	1911525.00	4111982.00	股东权益合计	75	42290564.88	116927018.47
待处理财产损失:				少数股权(合并报表填列)	75-1		
待处理流动资产损失(减收益)	36						
待处理固定资产损失(减收益)	37						
待处理财产损失合计	38						
资产总计	40	85530095.06	210297948.47	负债及股东权益总计	80	85530095.06	210297948.47

利润及利润分配表

1993年度

东新电碳股份有限公司　　单位：人民币元

项　目	行次	上年数	本年实际数	项　目	行次	上年数	本年实际数
一、主营业务收入	1	54758410.44	116605184.73	减：少数股权（合并报表填列）	14—1		
减：营业成本	2	30987059.58	69138755.03	加：年初未分配利润（未弥补亏损以“—”号表示）	15		
销售费用	3	3416206.33	1486025.90	上年利润调整（减少年利润以“—”号表示）	16		
管理费用	4	4060087.92	12275519.98	盈余公积转入	17		
财务费用	5	2395452.98	2837383.24	五、可分配利润	18	8689981.87	22500811.07
进货费用	6			减：应交所得税	19	1303497.28	3375121.66
营业税金及附加	7	4950797.22	11174908.10	提取法定盈余公积	20	738648.46	1912568.94
二、主营业务利润（亏损以“—”号表示）	8	8948806.41	19692592.48	提取公益金	21	369324.23	956284.47
加：其他业务利润（亏损以“—”号表示）	9	599560.86	499080.61	六、可供股东分配的利润	22	6278511.90	16256836.00
三、营业利润（亏损以“—”号表示）	10	9548367.27	20191673.09	减：已分配优先股股利	23		
加：投资收益（损失以“—”号表示）	11	282624.72	4468494.98	提取任意公积	24		
营业外收入	12	200250.59	144186.06	已分配普通股股利	25	6278511.90	
减：营业外支出	13	1341260.71	2303543.06	七、未分配利润（未弥补亏损以“—”号表示）	26		16256336.00
四、利润总额（亏损以“—”号表示）	14	8689981.87	22500811.07	八、补充资料：营业成本中存货变现损失准备提取数	27		

93. 上海亚通股份有限公司

一、1993年经营业绩和财务指标

上海亚通股份有限公司是一家主营内河客货运输的上市公司,其股票在上海证券交易所挂牌。1993年,该公司完成客运量173.2万人次,车运量20.73万辆次,分别比去年增长47.03%和41.02%。其主营业收入3063.63万元,完成年度计划102.12%,比1992年增长66.5%实现税后利润940.96万元,完成年度计划的102.28%,比1992年增长93.89%,均创公司历史最高水平。该公司自成立起的财务指标如下(1993年10月至12月):

项目指标	1993年10月—12月
主营业收入:	1004.7万元
税后利润:	349.64万元
资产总计:	10826万元
股东收益:	8611万元
每股收益:	0.07元
每股权益:	1.72元
速动比率:	7.03
股东权益比率:	80%
净资产收益率:	4%

二、前次募集资金的运用情况

该公司自去年10月份改制以后,在强调投资效益,确保股东利益的前提下,对企业改制后募集到的5040万元资金,均按照招股说明书、上市公告书中披露的项目进行了投资:

1.新建1艘车客渡轮和购置1艘车渡轮,投资总额为650万元。

2.建造牛棚港铲坡式码头,投资250万元,当年投入,当年竣工使用。

3.建造第一艘全气垫船及简易码头,投资860万元。

4.预付建造崇明9号车客渡轮工程款440万元。

5.在上海宝山区宝杨路购买土地投资240万元,拟开辟新的项目。

6.购买申银公司代保管国库券1400万元。

三、1994年经营展望

在1994年,该公司将在加快主业发展,实现车、客渡江便捷的同时,发展多种经营,其一是兼并上海福通出租汽车公司,其二是发展物资贸易业务。争取全年实现主营业务收入3800万元,实现税后利润1062万元。

四、股本结构和股东持股情况

1.1993年末股本结构:

股权	数量(万股)	比例(%)
国家股	3215.84	64.11
法人股	800	15.95
个人股	1000	19.94
其中:内部职工股	95.4	1.90
总股本	5015.84	100.00

2.前10名股东持股情况:

股东名称	持股数(万股)
国家股	3215.84
上海吴桥旅游用品公司	100
深圳蓝天基金公司	50
无锡峄湖商行	25
崇明县保险公司	10
崇明瀛洲房地产开发公司	10
上海崇明财政证券公司	10
无锡异型砂轮厂	10
上海市长征农工商总公司	10
上海锦泰制衣有限公司	10

五、1993年度资产负债表和利润表

资产负债表

1993年12月31日

上海亚通股份有限公司 单位:人民币元

资产	行次	1993年9月30日	1993年12月31日	负债及股东权益	行次	1993年9月30日	1993年12月31日
流动资产				流动负债:			
货币资金	1	37431183.02	12347489.60	短期借款	41	240000.00	
短期投资	2		17300000.00	应付票据	42		
应收票据	3		1500000.00	应付帐款	43	917320.73	1294129.02
应收帐款	4	1395418.88	3392229.13	预收货款	44		
减:备抵坏帐	5			应付福利费	45	2462760.01	2292144.06
应收帐款净额	6	1395418.88	3392229.13	未付股利	46		
预付货款	7	9477292.01	1804733.96	未交税金	47	4570.70	199849.85
其他应收款	8	1252702.65	2443211.80	其它未交款	48	2512.44	
内部应收款	8—1			其他应付款	49	4562137.24	1562503.61
待摊费用	9	76951.27		内部应付款	49—1		
存货	10	1130736.78	1129800.27	预提费用	50		
减:存货变现损失	11			待扣税金	51		
存货净额	12	1130736.78	1129800.27	一年内到期的长期负债	52		
其他流动资产	13			流动负债合计	55	8189301.12	5348626.54
流动资产合计	15	50764284.61	39917464.76	长期负债:			
长期投资:				长期借款	56	16800000.00	11720000.00
长期投资:	16	18209430.00	14909430.00	应付债券	57		
固定资产:				长期应付款	58	1464993.79	5073730.97
固定资产原价	18	45854744.22	45819588.22	其他长期负债	58—1		
减:累计折旧	19	9903493.56	10375997.84				
固定资产净值	20	35951250.66	35443590.38	长期负债合计	65	18264993.79	16793730.97
在建工程	21	4147019.64	17476539.84	股东权益:			
固定资产清理	22			股本	66	50158400.00	50158400.00
临时设施	22—1			资本公积金	67	32459290.00	32459290.00
固定资产合计	25	40098270.30	52920130.22	盈余公积金	68		
无形及递延资产:				其中:公益金	69		
无形资产	26			未分配利润	70		3496427.14
递延资产	30		509449.67	股东权益合计	75	82617690.00	86114117.14
无形及其他资产合计	35		509449.67				
待处理财产损失:							
待处理流动资产损失(减收益)	36			少数股权(合并报表填列)	75—1		
待处理固定资产损失(减收益)	37						
待处理财产损失合计	38						
资产总计	40	109071984.91	108256474.65	负债及股东权益总计	80	109071984.91	108256474.65

利 润 表

1993 年度

上海亚通股份有限公司 单位:人民币元

项 目	行次	1993 年(1—9)月	1993 年(10—12)月
一、主营业务收入	1	20589218.73	10047034.69
减:营业成本	2	12426249.95	5240414.11
销售费用	3		
管理费用	4	773308.05	1123664.29
财务费用	5	130612.42	230482.96
进货费用	6		
营业税金及附加	7	707001.82	339164.88
二、主营业务利润(亏损以"—"号表示)	8	6552046.49	3113308.45
加:其他业务利润(亏损以"—"号表示)	9		70446.71
三、营业利润(亏损以"—"号表示)	10	6552046.49	3183755.16
加:投资收益(亏损以"—"号表示)	11		406977.82
营业外收入	12		1220.16
减:营业外支出	13	368832.86	5526.00
四、利润总额(亏损以"—"号表示)	14	6183213.63	3586427.14

94. 福州东街口百货大楼股份有限公司

一、1993年经营业绩和财务指标

福州东街口百货大楼股份有限公司是一家经营百货业的上市公司，该公司于1993年底向社会公开发行股票，随后在上海证券交易所挂牌。在1993年，该公司年销售额达2.76亿元，各项主要经济指标均列福建省大型百货商业零售之首，先后荣获“全国执行物价计量政策法规最佳单位”、“全国文明经营先进单位”，并曾获得省、市第一家无假冒商品经销单位等称号。该公司1993年累计实现税后利润1490.33万元，完成年度计划112.48%，该年度的其他主要财务指标如下：

项目指标	1993年
主营业务收入	27,648.32万元
税后利润	1,490.33万元
资产总计	18,489.40万元
股东权益	12,979.73万元
每股收益	0.23元/股
每股权益	1.96元/股
每股红利	0.16元/股
速动比率	1.75%
股东股益比率	70.20%
净资产收益率	11.48%

二、前次募集资金的运用情况

该公司1993年11月向社会公众公开发行股票，所募资金在强调投资效益，确保股东利益的前提下，主要用于如下工程：

1. 重点工程“百华大厦”一期拆迁和桩基工程2500万元；
2. 投资中外合资福州百华房地产开发有限公司1080万元；
3. 投资福州新榕房地产开发有限公司281万元；
4. 投资福州乔治制衣有限公司42万元；
5. 投资福州伊丽莎制衣有限公司63万元；
6. 用于旧商场装修、安装中央空调、电容扩增等800万元。

三、1994年经营展望

在1994年，该公司将立足百货业，逐步向房地产、进出口贸易、广告信息、旅游娱乐、加工业等多元化集团化发展的经营方针，扩大服务范围，加快在建项目的建设，争取实现销售收入2.82亿元（不含增值税），比1993年增长20%，实现税后利润2210万元，比上年增长48%。

四、股本结构和股东持股情况

1. 1993年末股本结构：

股权	数量(万股)	比例(%)
国家股：	3304	50
法人股：	620	9.38
社会公众股：	2684	40.62
其中：内部职工股	268	4.06
总股本	6608	100.00

2. 前10名股东持股情况按上市公告书陈述情况无变化。

五、1993年度资产负债表和利润及利润分配表

资产负债表

1993 年 12 月 31 日

福州东街口百货大楼股份有限公司　　单位：人民币元

资　　产	行次	期初数	期末数	负债及股东权益	行次	期初数	期末数
流动资产：				流动负债：			
货币资金	1	447779.52	47321656.85	短期借款	41	2300000.00	5300000.00
短期投资	2			应付票据	42		
应收票据	3			应付帐款	43	15090481.73	28735531.03
应收帐款	4	1464813.71	1311823.50	预收货款	44	2267022.93	172629.59
减:备抵坏帐	5	7324.07	6559.12	应付福利费	45	2359880.15	966071.29
应收帐款净额	6	1457489.64	1305264.38	未付股利	46	511568.15	323383.90
预付货款	7	66618.93	566144.45	未交税金	47	897884.01	1314688.84
其他应收款	8	17113466.69	43827693.60	其它未交款	48		99755.07
待摊费用	9		128253.55	其它应付款	49	13317102.42	15728105.86
存货	10	22658134.66	28777548.78	预提费用	50		
				待扣税金	51		
流动资产合计	15	41743489.44	121926561.61	一年内到期的长期负债	52		
长期投资：							
长期投资	16	1741088.98	16368088.98	流动负债合计	55	36743939.39	52640165.58
固定资产：				长期负债			
固定资产原价	18	17891043.80	22898891.24	长期借款	56	9456600.00	2456600.00
减:累计折旧	19	1065923.88	1492104.61	应付债券	57		
固定资产净值	20	16835119.92	21406786.63	长期应付款	58	411100.00	
在建工程	21	4891168.68	9903731.17	长期负债合计	65	9867700.00	2456600.00
固定资产清理	22			股本权益			
固定资产合计	25	21726288.60	31310517.80	股本	66	33040000.00	86080000.00
无形及递延资产：				资本公积金	67	993087.63	48813957.95
无形资产	26	15433860.00	15213376.29	盈余公积金	68		4470993.00
递延资产	30			其中:公益金	69		
其他资产	31		75488.86	未分配利润	70		10432317.01
无形及其他资产合计	35	15433860.00	15288865.15	股东权益合计	75	34033087.63	129797267.96
待处理财产损失：							
待处理流动资产损失(减收益)	36						
待处理固定资产损失(减收益)	37						
待处理财产损失合计	38						
资产总计	40	80644727.02	184894033.54	负债及股东权益总计	80	80644727.02	184894033.54

利润及利润分配表

1993年度

福州东街口百货大楼股份有限公司　　单位:人民币元

项　目	行次	金　额	项　目	行次	金　额
一、主营业务收入	1	276483197.56	减:少数股权(合并报表填列)	14—1	
减:营业成本	2	230774572.29	加:年初未分配利润(未弥补亏损以"—"号表示)	15	
销售费用	3	7766810.70	上半年利润调整(减上年利润以"—"号表示)	16	
管理费用	4	5279841.16	盈余公积转入	17	
财务费用	5	365022.12	五、可分配利润	18	17533305.89
进货费用	6	2588057.99	减:应交所得税	19	2629995.88
营业税金及附加	7	11098873.44	提取法定盈余公积	20	1490331.00
二、主营业务利润(亏损以"—"号表示)	8	18590019.86	提取公益金	21	1490331.00
加:其他业务利润(亏损以"—"号表示)	9		六、可供股东分配的利润	22	11922648.01
三、营业利润(亏损以"—"号表示)	10	18590019.86	减:已分配优先股的利润	23	
加:投资收益(亏损以"—"号表示)	11	253588.45	提取任意公积	24	1490331.00
营业外收入	12	274622.49	已分配普通股股利	25	
减:营业外支出	13	1584924.91	七、未分配利润(未弥补亏损以"—"号表示)	26	10432317.01
四、利润总额(亏损以"—"号表示)	14	17533305.89	八、补充资料:营业成本中存货变现损失准备提取数	27	

95. 大连商场股份有限公司

一、1993年经营业绩和财务指标

大连商场股份有限公司于1993年向社会公开发行股票并在上海证券交易所挂牌。在这一年里，该公司销售商品创营业收入8.16亿元，完成计划的105.7%，比1992年净增加3亿元，同比增长62.1%；实现利润总额3337.5万元，同比增长121.6%。

该公司1993年的财务指标如下：

项目指标	1993年
主营业收入	81555万元
税后利润	2837万元
资产总计	35742万元
股东权益	24161万元
每股收益	0.395元
每股权益	3.37元
每股红利	0.316元
速动比率	0.99
股东权益比率	68%
净资产收益率	12%

二、前次募集资金的运用情况

该公司1993年10月发行股票所募资金主要用于中日合资“大连国际商贸大厦”的注册资金，因该项目计划于1994年正式注册与动工，所以该项资金1993年暂未投入使用。而其中一部分资金用于公司正常商品流转和进出口贸易的拓展。

三、1994年经营展望

该公司1994年工作总目标是：全面研究运用市场经济、股份制与现代企业制度理论，以跨越式地提高经济效益和扩张企业规模双重任务为内容，以国内同行一流标准为起点，以国际大型流通产业集团为目标，继续实施重点关键项目的战略布局，同时开发新行业经营，培养新经济增长点，坚定不移地向着“股份制、集团化、跨国公司”的总目标前进。争取使公司本部销售突破10亿元、利润再翻一番、利润总额达到1亿元，税后利润实现5780万元。

四、股本结构和股东持股情况

1.1993年末股本结构：

股权	数量(万股)	比例(%)
国家股	3175	44.25
法人股	500	6.97
个人股	3500	48.78
其中内部职工股	1500	20.91
总股本	7175	100

2.股东人数：

该公司共有股东33144人，其中国家股股东1名，法人股东346人，个人股东32797人(内部职工股东2801人)。

五、1993年度资产负债表和利润表

资产负债表

1993年12月31日

大连商场股份有限公司　　单位：人民币元

资　产	行次	期初数	期末数	负债及股东权益	行次	期初数	期末数
流动资产：				流动负债：			
货币资金	1	2329415.07	47648555.78	短期借款	41	34000000.00	26600000.00
短期投资	2			应付票据	42		900000.00
应收票据	3			应付帐款	43	18549149.99	5640871.13
应收帐款	4	3637029.46	6489389.59	预收货款	44	843074.76	1230693.12
减：备抵坏帐	5	10912.00	19468.17	应付福利费	45	−812492.45	1316445.55
应收款项净额	6	3626117.46	6469921.42	未付股利	46		
预付货款	7	788259.37	3494435.47	未交税金	47	1521239.42	4179146.53
其他应收款	8	14401834.97	18310009.32	其它未交款	48		352019.33
待摊费用	9	401443.54	2384956.14	其他应付款	49	12057451.95	8953606.74
存货	10	54081676.16	114828349.81	预提费用	50	141084.47	977993.86
流动资产合计	18	75628746.57	193136227.94	待扣税金	51		
长期投资：				一年内到期的长期负债	52		23212000.00
长期投资	19	1205272.21	1139470.00	流动负债合计	55	66299508.14	73362776.26
固定资产：				长期负债：			
固定资产原价	21	80659114.64	129710196.74	长期借款	56	35100000.00	42450000.00
减：累计折旧	22	13265410.79	15028852.86	应付债券	57	21380000.00	
固定资产净值	23	67393703.85	114681343.88	长期应付款	58		
在建工程	24	31446447.54	10613148.90	长期负债合计	62	56480000.00	42450000.00
固定资产清理	25						
固定资产合计	26	98840151.39	125294492.78				
				股东权益：			
				股本	66	46750000.00	71750000.00
				资本公积	67	3771737.47	141486683.87
				盈余公积	68	2358033.12	5673709.40
无形及其他资产：				其中：公益金	69		2836854.70
无形资产	30		6801777.05	未分配利润	70		22694837.61
递延资产	31		31087882.92				
无形及其他资产合计	34		37889659.97	股东权益合计	75	52879770.59	241605230.88
待处理财产损失：							
待处理流动资产损失（减收益）	35	−14891.44	−41843.55				
待处理固定资产损失（减收益）	36						
待处理财产损失合计	38	−14891.44	−41843.55				
资产总计	40	175659278.73	357418007.14	负债及股东权益总计	80	175659278.73	357418007.14

利润表

1993 年度

大连商场股份有限公司　　单位：人民币元

项　　目	行次	金　　额	项　　目	行次	金　　额
一、主营业务收入	1	815548320.81	二、主营业务利润(亏损以"－"号表示)	8	35875746.61
减:营业成本	2	668216789.53	加:其他业务利润(亏损以"－"号表示)	9	1009682.85
销售费用	3	35391779.64	三、营业利润(亏损以"－"号表示)	10	36885429.46
管理费用	4	35424044.77	加:投资收益(亏损以"－"号表示)	11	51770.00
财务费用	5	7436514.26	营业外收入	12	573561.02
进货费用	6		减:营业外支出	13	4135999.29
营业税金	7	33203446.00	四、利润总额(亏损以"－"号表示)	14	33374761.19

96. 上海大江(集团)股份有限公司

一、1993年经营业绩和财务指标

上海大江(集团)股份有限公司是一家主营家畜饲养和相关业务的上市公司,其股票在上海证券交易所挂牌。在1993年,该公司实现销售收入120,226.64万元,完成年度计划的119.82%,出口创汇3823.5万美元;实现税后利润13,397.78万元,完成年度计划的102.65%,该公司1993年的财务指标如下:

项目指标	1993年10—12月	1993年全年	完成年度计划(%)
主营业务收入(合并报表)	36235.41万元	120226.64万元	119.82
税后利润	4356.90万元	13397.78万元	102.65
资产总计(合并报表)	143483.34万元	143483.34万元	
股东权益	88295.56万元	88295.56万元	
每股收益	0.088元	0.27元	103.85
每股权益	1.79元	1.79元	
速动比率	0.53	0.53	
股东权益比率	0.62	0.62	
净资产收益率	0.049	0.15	

二、前次募集资金的运用情况

该公司1993年发行A股股票募集资金9870万元人民币,发行人民币特种股票(B股)募集资金1326万美元,主要投资于以下项目:

1. 新建7个肉禽场、扩建2个肉禽场共投资4618.64万元。
2. 投资300万美元与德国孟庆公司合资成立上海申德机械有限公司,公司占75%股份,主要经营先进的饲料机械设备和真空热处理业务。
3. 投资246.22万元于全资子公司上海大江快餐有限公司。
4. 投资全资子公司上海大江生物制药有限公司569.46万元。
5. 投资设立中外合资企业上海大江水产有限公司250万美元,占有股份50%。

三、1994年经营展望

在1994年,该公司将按照已经确定的发展目标,抓紧完成上述各个项目的投资计划,进一步完善现有生产体系,提高经济效益,同时着手拟订新的投资方案,以增强公司发展后劲,争取全年实现税后利润比上年增长10%以上。

四、股本结构和股东持股情况

1. 1993年末股本结构:

股权	数量(万股)	比例(%)
发起人持股	43435.28	87.86
境内法人股	1000	2.02
境内个人持股(含内部职工持股)	1500	3.04
境外法人和自然人持股(B股)	3500	7.08
总股本	49435.28	100

2. 前10名股东持股情况:

股东名称	持股数(万股)	占总股本比例(%)
泰国正大集团正大上海有限公司	21717.64	43.93
上海市松江县饲料公司	13030.584	26.36
上海市松江县畜禽公司	8687.056	17.57
SCBHK A/C ROBERT FLEMING AND CO. LTD. S/AST PL	345	0.70
HKSBCSB A/C BERMUDA TRUST FAR EAST LTD. S/A DAEHAN ASIAN GROWTH TRUST	300	0.61
上海松林贸易公司	185.7	0.38
SCBHK A/C ROYAL BANK OF SCOTLAND S/A SCOTTISH WIDOWS FUND AND LIFE ASSURANCE SOC	140	0.28
HKSBCSB A/C MIDLAND BANK S/A GUARDIAN ROYAL EXCHANGE UNIT MANAGERS LTD. RE GRE P	130	0.26
HSBCSH A/C BANQUE INT. A LUXEMBOURG S/AMERRILL LYNCH EQUITY/CONVERTIBLE DRAGON	126.04	0.25
HKSBCSB S/A DEB PLC S/A DICAM ASIANGROWTH FUND	125	0.25

五、1993年度资产负债表和利润及利润分配表

资产负债表（合并）

1993年12月31日

上海大江（集团）股份有限公司 单位：人民币元

资产	行次	期初数	期末数	负债及股东权益	行次	期初数	期末数
流动资产：				流动负债：			
货币资金	1	52571029.22	119215678.28	短期借款	41	388330160.00	310150000.00
短期投资	2			应付票据	42		
应收票据	3			应付帐款	43	54395313.48	20788522.30
应收帐款	4	54402446.14	45733439.86	预收货款	44	5520987.33	10194868.93
减：备抵坏帐	5	142802.70	128337.01	应付福利费	45	8281756.73	1065247.01
应收帐款净额	6	54259643.44	45605102.85	末付股利	46		
预付货款	7	17011482.56	14415204.59	未交税金	47	9177237.80	8381926.43
其他应收款	8	73502276.15	93806129.61	其它未交款	48		
内部应收款	8－1			其他应付款	49	110173346.34	120830799.76
待摊费用	9	5066921.12	26732221.79	内部应付款	49－1		1855792.36
存货	10	384920212.22	333821460.12	预提费用	50	33399128.77	3281722.42
减：存货变现损失准备	10－1			待扣税金	51		
存货净额	10－2	384920212.22	333821460.12	一年内到期的长期负债	52	12700000.00	14700000.00
其他流动资产	10－3			流动负债合计	55	621977930.45	491248879.21
流动资产合计	15	587331564.71	633595797.24	长期负债：			
长期投资：				长期借款	56	36885000.00	25385000.00
长期投资	16	239662708.43	241783921.62	应付债券	57		
固定资产：				长期应付款	58	3081996.30	
固定资产原价	18	431303859.69	463237111.82	其他长期负债	58－1		3035445.29
减：累计折旧	19	79343878.22	86830313.35	其中：住房周转金	58－2		
固定资产净值	20	351959962.47	376406798.47	长期负债合计	65	39966996.30	28420445.29
在建工程	21	106187828.85	137470141.79	股东权益：			
固定资产清理	22			股本	66	434352800.00	494352800.00
固定资产合计	25	458147800.32	513876940.26	资本公积	67	190149102.69	345033789.88
				盈余公积	68		6535349.91
无形及递延资产：				其中：公益金	69		2178449.97
无形资产	26	41804458.82	41927504.18	未分配利润	70		37033649.51
递延资产	30	2441980.76	3649227.89	股东权益合计	75	624501902.69	882955589.30
无形及递延资产合计	35	44246439.58	45576732.07				
待处理财产损失：							
待处理流动资产损失（减收益）	36	883.77		少数股权（合并报表填列）	75－1	42942567.37	32208477.39
待处理固定资产损失（减收益）	37						
待处理财产损失合计	38	883.77					
资产总计	40	1329389396.81	1434833391.19	负债及股东权益总计	80	1329389396.81	1434833391.19

利润及利润分配表(合并)

1993 年度

上海大江(集团)股份有限公司　　单位:人民币元

项　目	行次	1993 年 10—12 月	本年实际数	项　目	行次	1993 年 10—12 月	本年实际数
一、主营业务收入	1	362354100.93	1202266375.94	减:少数股权(合并报表填列)	14—1	801712.37	3509951.56
减:营业成本	2	303985780.26	1043383215.60	加:年初未分配利润(未弥补亏损以"—"号表示)	15		
销售费用	3	15334482.49	40796235.05	上年利润调整(减少上年利润以"—"号表示)	16		
管理费用	4	20810384.55	48751157.70	盈余公积转入	17		
财务费用	5	—19274650.88	—72059011.14	五、可分配利润	18	50475906.48	
进货费用	6			减:应交所得税	19	6906907.06	
营业税金及附加	7	4299246.63	12223375.07	提取法定盈余公积	20	4356899.94	
二、主营业务利润(亏损以"—"号表示)	8	37198857.88	129171403.66	提取公益金	21	2178449.97	
加:其他业务利润(亏损以"—"号表示)	9	612064.57	634968.84	六、可供股东分配的利润(未分配利润)	22	37033649.51	
三、营业利润(亏损以"—"号表示)	10	37810922.45	129806372.50	减:已分配优先股股利	23		
加:投资收益(损失以"—"号表示)	11	4811219.89	13740322.08	提取任意公积	24		
营业外收入	12	9484286.87	18797133.13	已分配普通股股利	25		
减:营业外支出	13	828810.36	5432964.08	七、未分配利润(未弥补亏损以"—"号表示)	26		
四、利润总额(亏损以"—"号表示)	14	51277618.85	156910863.63	八、补充资料:营业成本中存货变现损失准备提取数	27		

97.豪盛(福建)股份有限公司

一、1993年经营业绩和近三年财务指标

豪盛(福建)股份有限公司是一家主营墙地砖、马塞克及其原材料和相关的机械设备等业务的上市公司,其股票在上海证券交易所挂牌。1993年,该公司销售收入达11348.97万元,实现税后利润4415.97万元,分别为年度预测数的65.27%和79.29%。该公司近三年的财务指标如下(单位:元):

项目指标	1993年度	增长率%	1992年度	1991年度
主营业务收入	113489655.46	40.03	81049082.43	40424442.87
税后利润	44159723.71	111.13	20916068.18	5541498.07
总资产	384415569.25	266.38	104923229.68	78701449.54
股东权益	321424421.06	339.36	73156640.53	65212762.75
每股收益(加权)	0.404	0.00	0.40	0.11
每股权益	2.32	65.71	1.40	1.25
每股红利(加权)	0.316	105.19	0.154	0.08
速动比率	1.685	140.71	0.70	1.60
股东权益比率%	83.61	19.92	69.72	86.86
净资产收益率%	13.74	−51.94	28.59	8.49

二、前次募集资金的运用情况

该公司1993年10月发行股票,扣除发行费用后募集资金20,517万元。所筹资金都按照募集资金运用计划用于引进八条九十年代先进水平的墙地砖生产线和投资山东威海豪盛(山东)有限公司。为了不使募股后的资金闲置,早在年中该公司就已提前向银行贷款投入募集资金运用计划内的项目,使第二车间国外设备能在1993年底运至该公司;所以募集后的资金主要用于调节外汇,来偿还用于引进八条生产线、投资豪盛(山东)有限公司的贷款及支付第二车间四条生产线的货款。截止1993年底已支付投资项目(包括固定资金扩充增加主设备的进口周边设备和相关设施)16,361.80万元,截止1994年3月底已支付投资项目(包括固定资产扩充增加主设备的进口周边设备和相关设施)共17971.08万元。

原预算投资25920万元,现根据订货的实际合同、土建安装施工合同、增容用电权的实际数和第三车间国内设备估计数,该公司董事会决定,投资额调整为29250.41万元,比原预算多投资3330.41万元,调整后的差额将向银行申请贷款解决。

三、1994年经营展望

该公司1994年生产经营目标:总产值2.66亿元人民币,税后利润达6000余万元。

四、股本结构及股东持股情况

1.1993年末股本结构:

股权	数量(万股)	比例(%)
外资股	6213.6	44.84
法人股	4142.4	29.90
社会公众股	500	25.26
总股本	10856	100.00

2.股东持股情况:

名称	持股数(万股)	占总股本比例(%)
豪盛石琳(香港)有限公司	6213.60	44.84
泉州市经济开发公司	2071.20	14.95
泉州市区经济发展公司	2071.20	14.95

五、1993年度资产负债表和利润表

资产负债表

1993年12月31日

长春市汽车城百货股份有限公司　　单位：人民币元

资　产	行次	1993年11月1日	1993年12月31日	负债及股东权益	行次	1993年11月1日	1993年12月31日
流动资产：				流动负债：			
货币资金	1	1871331.88	45222662.70	短期借款	41	44243640.00	41296000
短期投资	2			应付票据	42		
应收票据	3			应付帐款	43	3878589.05	9513799
应收帐款	4	2090774.97	5193588.51	预收货款	44	2451970.73	1258666
减：备抵坏帐	5	27244.04	27244.04	应付福利费	45	1291883.21	1934013
应收帐款净额	6	2063530.93	5166344.47	未付股利	46	33771522.95	791368
预付货款	7	11318520.49	6963957.81	未交税金	47	1322810.50	2014948
其他应收款	8	5335125.41	48799648.21	其它未交款	48		
内部应收款	8—1			其他应付款	49		
待摊费用	9	1925569.38	5824535.83	内部应付款	49—1	21388529.58	5358747
存货	10	10162551.30	19282211.82	预提费用	50	53811.37	823605
减：存货变现损失	11			待扣税金	51		
存货净额	12			一年内到期的长期负债	52		
其他流动资产	13			流动负债合计	55	108402757.39	62991148
流动资产合计	15			长期负债：			
长期投资：				长期借款	56	9837560.00	
长期投资	16	12435099.17	14171139.17	应付债券	57		
固定资产：				长期应付款	58		
固定资产原价	18	93216726.31	93201260.85	其他长期负债	58—1		
减：累计折旧	19	16586488.13	17947814.57				
固定资产净值	20	76630238.18	75253446.28	长期负债合计	65	9837560.00	
在建工程	21	79333891.06	139862195.19	股东权益：			
固定资产清理	22			股本	66	103560000.00	138560000
临时设施	22—1			资本公积金	67	5178.68	170176220
固定资产合计	25	155964129.24	215115641.47	盈余公积金	68		1558230
无形及递延资产：				其中：公益金	69		519410
无形资产	26	20283467.73	18394706.54	未分配利润	70		11129970
递延资产	30	446170.54	5474721.23	股东权益合计	75	103565178.68	321424421
无形及其他资产合计	35	20729638.27	23869427.77				
待处理财产损失：							
待处理流动资产损失(减收益)	36			少数股权(合并报表填列)	75—1		
待处理固定资产损失(减收益)	37						
待处理财产损失合计	38						
资产总计	40	221805496.07	384415569.25	负债及股东权益总计	80	221805496.07	384415569

利润表

1993 年度

豪盛(福建)股份有限公司　　单位:人民币元

项　目	行次	1993 年 11 月—12 月累计数	本年累计数	项　目	行次	1993 年 11 月—12 月累计数	本年累计数
一、主营业务收入	1	17179856.38	113489655.46	二、主营业务利润(亏损以“—”号表示)	8	10166101.22	43646678.03
减:营业成本	2	3261300.25	47527538.18	加:其他业务利润(亏损以“—”号表示)	9	308314.73	561712.92
销售费用	3	592250.65	2187353.49	三、营业利润(亏损以“—”号表示)	10	10474415.95	44208390.95
管理费用	4	707603.44	3535537.47	加:投资收益(亏损以“—”号表示)	11		
财务费用	5	448654.06	3419412.73	营业外收入	12	114332.32	183347.42
进货费用	6			减:营业外支出	13	200547.51	232014.66
营业税金及附加	7	2003946.76	13173135.56	四、利润总额(亏损以“—”号表示)	14	10388200.76	44159723.71

98. 长春市汽车城百货股份有限公司

一、1993年经营业绩和近两年财务指标

长春市汽车城百货股份有限公司是一家主营百货类业务的上市公司，其股票在上海证券交易所挂牌。1993年，该公司实现主营业务收入10116.6万元、税后利润1259.2万元，完成了当年的计划指标；该公司近两年的财务指标如下(单位：万元)：

项目指标	1993年	增长率%	1992年
主营业务收入	10117	48.5	6812
税后利润	1259.2	366	270
资产总计	18504	129	8087
股东权益	16226	168	6061
每股收益(元)	0.16		0.046
每股权益(元)	2.07	99	1.04
每股红利(元)	0.137	302	0.034
速动比率	5.58	407	1.1
股东权益比率%	88	17	75
净资产收益率%	7.8	73	4.5

二、前次募集资金的运用情况

1992年7月，该公司定向募集股份58,263,353股，其中国家股以资产折股，法人股及职工股共募集资金2793.386万元，这笔资金全部运用于欧亚商都一期工程建设；1993年该公司向社会公众募集的资金7800万元将运用于欧亚商都二期工程的建设。

三、1994年经营展望

在1994年，该公司将积极参与市场竞争，加快在建项目的建设，争取把该公司建成吉林省经营规模最大、功能设施最齐全、基础管理最好、服务质量最优、购物环境最美、经营效益最佳的现代化集团，争取销售收入超过2亿元，利润达到2337万元。

四、股本结构和股东持股情况

1. 1993年末股本结构：

股权	数量(股)	比例(%)
国家股	30324753	38.75
法人股	16308600	20.84
个人股	31630000	40.41
总股本	78263353	100.00

2. 前10名股东持股情况：

股东名称	持股数(万股)	占总股本比例(%)
长春市汽车城商业总公司	3032.48	38.75
深圳万科企业股份有限公司	400.00	5.11
中国第一汽车集团公司财务公司	380.00	4.86
吉林省国际信托投资公司	300.00	3.83
深圳市赛格达声股份有限公司	100.00	1.28
深圳蛇口安达实业股份有限公司	100.00	1.28
深圳银信投资有限公司	100.00	1.28
深圳龙港银鹏(布吉)实业开发公司	80.00	1.02
四平市百货大楼股份有限公司	35.00	0.45
浑江市第一塑料厂	20.00	0.26

五、1993年度资产负债表和利润及利润分配表

资产负债表（合并）

1993年12月31日

豪盛（福建）股份有限公司　　单位：人民币元

资　　产	行次	年初数	年末数	负债及股东权益	行次	年初数	年末数
流动资产：				流动负债：			
货币资金	1	2866265.42	2557134.06	短期借款	41	5160000.00	10080000.00
短期投资	2	243316.30	3780566.35	应付票据	42		
应收票据	3			应付帐款	43	1176326.31	890614.71
应收帐款	4	205435.01	170494.61	预收货款	44		
减：备抵坏帐	5	616.31	511.48	应付福利费	45	205803.38	209713.50
应收帐款净额	6	204818.70	169983.13	未付股利	46		
预付货款	7		984690.99	未交税金	47	78181.02	479661.81
其他应收款	8	8133273.34	64837416.73	其它未交款	48	1229.04	20529.58
内部应收款	8—1			其它应付款	49	3640283.71	1101298.42
待摊费用	9	3503.02	229033.17	内部应付款	49—1		
存货	10	9480960.34	5112444.22	预提费用	50		
减：存货变现损失准备	10—1			待扣税金	51		
存货净额	10—2			一年内到期的长期负债	52		
其他流动资产	10—3			流动负债合计	55	10261823.46	12781818.02
流动资产合计	15	20932137.12	77671268.65	长期负债：			
长期投资：				长期借款	56	10000000.00	10000000.00
长期投资：	16	350000.00	1021000.00	应付债券	57		
固定资产：				长期应付款	58		
固定资产原价	18	10049647.79	24739606.19	其他长期负债	58—1		
减：累计折旧	19	1266433.71	1655532.58	其中：住房周转金	58—2		
固定资产净值	20	8783214.08	23084073.61	长期负债合计	65	10000000.00	10000000.00
在建工程	21	44382268.22	77073508.34	股东权益：			
固定资产清理	22			股本	66	58263353.00	78263353.00
临时设施	22—1			资本公积金	67	0.59	71053059.59
固定资产合计	25	53165482.30	100157581.95	盈余公积金	68	352075.08	352075.08
无形及递延资产：				其中：公益金	69	117358.36	117358.36
无形资产	26	6424600.00	6206200.00	未分配利润	70	1995092.10	12591878.14
递延资产	30			股东权益合计	75	60610520.77	162260365.81
无形及其他资产合计	35	6424600.00	6206200.00				
待处理财产损失：							
待处理流动资产损失（减收益）	36	124.81	—13866.77	少数股权（合并报表填列）	75—1		
待处理固定资产损失（减收益）	37						
待处理财产损失合计	38	124.81	—13866.77				
资产总计	40	80872344.23	185042183.83	负债及股东权益总计	80	80872344.23	185042183.83

利润及利润分配表

1993 年度

长春市汽车城百货股份有限公司　　单位:人民币元

项　目	行次	金　额	项　目	行次	金　额
一、主营业务收入	1	101166405.29	减:少数股权(合并报表填列)	14-1	
减:营业成本	2	83865383.18	加:年初未分配利润(未弥补亏损以"—"号表示)	15	1995092.10
销售费用	3	2034545.39	上半年利润调整(减上年利润以"—"号表示)	16	
管理费用	4	2183476.89	盈余公积转入	17	
财务费用	5	—483906.72	五、可分配利润	18	16809066.38
进货费用	6	934497.75	减:应交所得税	19	2222096.14
营业税金及附加	7	4110675.13	提取法定盈余公积	20	
二、主营业务利润(亏损以"—"号表示)	8	8521733.67	提取公益金	21	
加:其他业务利润(亏损以"—"号表示)	9	5035281.22	六、可供股东分配的利润	22	14586970.24
三、营业利润(亏损以"—"号表示)	10	13557014.89	减:已分配优先股的利润	23	
加:投资收益(亏损以"—"号表示)	11	186500.00	提取任意公积	24	
营业外收入	12	1572867.42	已分配普通股股利	25	1995092.10
减:营业外支出	13	502408.03	七、未分配利润(未弥补亏损以"—"号表示)	26	12591878.14
四、利润总额(亏损以"—"号表示)	14	14813974.28	八、补充资料:营业成本中存货变现损失准备提取数	27	

99. 济南轻骑摩托车股份有限公司

一、1993年经营业绩和财务指标

济南轻骑摩托车股份有限公司是一家主营摩托车制造的上市公司。该公司于1993年底向社会公开发行股票并在上海证券交易所挂牌。该公司1993年产摩托车40.5万辆，完成计划的116%，出口创汇1011万美元，完成计划的101%，实现利润总额1.3亿元，完成计划的105%。该公司1993年主要财务指标如下：

项目指标	单位	1993年	比计划增长%
主营业务收入	万元	194894	13
税后利润	万元	11122	5
资产总计	万元	95034	0.04
股东权益	万元	56650	1.2
每股收益	元	0.63	5
每股权益	元	3.19	1.3
速动比率	%	1.4	0.7
股东权益比率	%	59.61	1.1
净资产收益率	%	19.6	3.7

二、前次募集资金的运用情况

该公司所筹资金于1993年11月底才到位，故资金的运用现还未完全到位，按招股说明书中所列股资项目及金额只投入了部分资金，具体项目为：

1. 发动机厂GS125摩托车箱体、曲柄等零部件技术改造，计划投资2830万元，现已投入240万元。

2. 第一总装厂GS125摩托车生产装配线技改项目计划投资2831万元。

3. 发动机厂、第二总装厂AG50项目二期工程技改项目计划投资2785万元。

4. 发动机厂AG100型摩托车技改项目计划投资2769万元。

5. 第一总装厂K100型摩托车技改项目计划投资1595万元。

6. 第二总装厂TB50型摩托车配套设施技术改造项目，计划投资2225万元。

7. 三个分厂GSX250系列摩托车技术改造项目，引进日本GSX250型摩托车生产技术和主要关键设备，添置部分国产设备，并对现有公用工程缺口填平补齐。计划投资15349万元。

三、1994年经营展望

1994年该公司的指导思想是：全员追求卓越，企业创一流。工厂方针是：逐鹿国际大市场，建设一流大企业。工作重点：1、销售及服务；2、质量及品种；3、企业管理及效益；4、产品开发及技改。力争生产摩托车58万辆，销售收入（含税）21.7亿元，出口创汇1200万美元，税后利润1.7亿元。

四、股本及股东持股情况

1. 1993年末股本结构：

股权	数量（万股）	比例（%）
国家股	11200	63.06
社会法人股	1060	5.97
社会公众股	5500	30.97
（含内部职工股	550万股）	
总股本	17760	100

2. 前10名股东持股情况：

股东名称	持股数（万股）	占总股本比例（%）
国家股	11200	63.06
青岛同泰橡胶厂	20	0.113
北京纸箱厂衡水分厂	15	0.084
广东中南铝合金厂	15	0.084
济阳机动车配件厂	15	0.084
龙口市第三塑料厂	10	0.056
济宁车辆厂	10	0.056
济阳联营纸箱厂	10	0.056
章丘轻骑配件厂	10	0.056
荣城摩托车配件厂	10	0.056

五、1993年度资产负债表和利润及利润分配表

资产负债表

1993年12月31日

济南轻骑摩托车股份有限公司　　单位:人民币元

资　产	行次	年初数	年末数	负债及股东权益	行次	年初数	年末数
流动资产:				流动负债:			
货币资金	1	37300324.00	180852511.00	短期借款	41		
短期投资	2			应付票据	42		
应收票据	3			应付帐款	43	152894183.00	218102663.00
应收帐款	4	2276699.00	239962219.00	预收货款	44		312065.00
减:备抵坏帐	5			应付福利费	45	-669512.00	-706837.00
应收帐款净额	6	2276699.00	239962219.00	未付股利	46		
预收货款	7		9214194.00	未交税金	47	24610309.00	-24618355.00
其他应收款	8	48096016.00	106424336.00	其它未交款	48		1440.00
内部应收款	8-1			其他应付款	49	17866269.00	117493647.00
待摊费用	9	744519.00		内部应付款	49-1		
存货	10	95642619.00	191676679.00	预提费用	50	4519291.00	46608397.00
减:存货变现损失准备	10-1			待扣税金	51		27045998.00
存货净额	10-2			一年内到期的长期负债	52		
其他流动资产	10-3			流动负债合计	55	199220540.00	384239018.00
流动资产合计	15	184060177.00	728129939.00	长期负债:			
长期投资:				长期借款	56	669415.00	
长期投资	16			应付债券	57		
固定资产:				长期应付款	58	74514288.00	
固定资产原价	18	202595470.00	202886552.00	其他长期负债	58-1		
减:累计折旧	19	29684975.00	30317203.00	其中:住房周转金	58-2		
固定资产净值	20	172910495.00	172569349.00	长期负债合计	65	75183703.00	
在建工程	21	9731817.00	19193490.00	股东权益:			
固定资产清理	22	138346.00	114005.00	股本	66	112000000.00	177600000.00
临时设施	22-1			资本公积金	67	11723242.00	375579142.00
固定资产合计	25	182780658.00	191876844.00	盈余公积金	68		2664000.00
无形及递延资产:				其中:公益金	69		1332000.00
无形资产	26	24005550.00	24005550.00	未分配利润	70		10656000.00
递延资产	30	6298201.00	6725827.00	股东权益合计	75	123723242.00	566499142.00
无形及其他资产合计	35	30303751.00	30731377.00				
待处理财产损失:							
待处理流动资产损失(减收益)	36	982899.00		少数股权(合并报表填列)	75-1		
待处理固定资产损失(减收益)	37						
待处理财产损失合计	38	982899.00					
资产总计	40	398127485.00	950738160.00	负债及股东权益总计	80	398127485.00	950738160.00

利润及利润分配表

1993年度

济南轻骑摩托车股份有限公司

单位：人民币元

项　目	行次	1993年12月	本年实际数	项　目	行次	1993年12月	本年实际数
一、主营业务收入	1	396456202	1948943806	减：少数股权（合并报表填列）	14—1		
减：营业成本	2	371131298	1647418446	加：年初未分配利润（未弥补亏损以"—"号表示）	15		
销售费用	3		26305880	上半年利润调整（减上年利润以"—"号表示）	16		
管理费用	4	4774712	55800048	盈余公积转入	17		
财务费用	5	633073	43634959	五、可分配利润	18	15670588	
进货费用	6			减：应交所得税	19	2350588	
营业税金及附加	7	4351460	43422796	提取法定盈余公积	20	1332000	
二、主营业务利润（亏损以"—"号表示）	8	15565659	132361677	提取公益金	21	1332000	
加：其他业务利润（亏损以"—"号表示）	9	135670	1380796	六、可供股东分配的利润	22	10656000	
三、营业利润（亏损以"—"号表示）	10	15701329	133742473	减：已分配优先股的利润	23		
加：投资收益（亏损以"—"号表示）	11			提取任意公积	24		
营业外收入	12	28467	114282	已分配普通股股利	25		
减：营业外支出	13	59208	3006996	七、未分配利润（未弥补亏损以"—"号表示）	26	10656000	
四、利润总额（亏损以"—"号表示）	14	15670588	130849759	八、补充资料：营业成本中存货变现损失准备提取数	27		

100. 辽源得亨股份有限公司

一、1993 年经营业绩和近两年财务指标

辽源得享股份有限公司是一家主营化纤产品的上市公司，其股票在上海证券交易所挂牌。在 1993 年，该公司主要经济技术指标均完成计划，实现工业总产值 10,279 万元(不变价)，产涤纶长丝 4,148 吨，实现销售收入 8,438 万元，实现税后利润 1155万元，超额 1.58%完成了年度计划。该公司近两年财务指标如下(单位:万元)：

项目指标	1993 年	增长率%	1992 年
主营业务收入	8438	－2.38	8644
税后利润	1155	41.72	815
资产总计	28219	51.05	
股东权益	19145	81.25	10563
每股收益(元)	0.13	8.33	0.12
每股权益(元)	2.13	30.07	1.63
每股红利(元)	0.119		
速动比率	1.19		0.66
股东权益比率	0.6784	19.99	0.5654
净资产收益率	0.0603	－21.89	0.0772

二、前次募集资金的运用情况

该公司 1993 年发行股票共筹集资金 7,675 万元，均严格按照上市公告书的陈述使用。

三、1994 年经营展望

在 1994 年，该公司将全方位放开经营，通过投资开发、合资合作等方式来保障公司的利润指标得以完成，争取实现产品产量 4880 吨，完成销售收入 9240 万元，实现利润 2094 万元。

四、股本结构和股东持股情况

1. 1993 年末股本结构：

股权	数量(万股)	比例(%)
国家股	3225	35.83
法人股	1975	21.94
个人股	3800	42.23
总股本	9000	100.00

2. 主要股东持股情况

截至 1993 年 12 月 31 日，主要股东持股按上市公告书陈述情况无变化。

五、1993 年度资产负债表和利润及利润分配表

资产负债表

1993年12月31日

吉林辽源得亨股份有限公司 单位:人民币元

资产	行次	期初数	期末数	负债及股东权益	行次	期初数	期末数
流动资产:				流动负债:			
货币资金	1	3485596.99	34177227.82	短期借款	41	36289000.00	40404000.00
短期投资	2			应付票据	42		
应收票据	3			应付帐款	43	8998655.88	18111510.94
应收帐款	4	21264534.13	22101292.89	预收货款	44	2599237.71	2116232.86
减:备抵坏帐	5	63793.60	66303.88	应付福利费	45	—1201907.64	—234505.23
应收帐款净额	6	21200740.53	22034989.01	未付股利	46		7733983.29
预付货款	7	13535427.65	25130988.46	未交税金	47	—3131.94	—284145.70
其他应收款	8	10057040.74	24813974.37	其它未交款	48	426574.00	426574.00
内部应收款	8—1			其他应付款	49	3893778.66	851878.45
待摊费用	9		1000500.89	内部应付款	49—1		
存货	10	39023154.64	38921517.46	预提费用	50	1412053.55	
减:存货变现损失准备	10—1			待扣税金	51		
存货净额	10—2	39023154.64	38921517.46	一年内到期的长期负债	52		
其他流动资产	10—3			流动负债合计	55	52414260.00	69125528.61
流动资产合计	15	87301960.55	146079198.01	长期负债:			
长期投资:				长期借款	56	27110751.21	19128455.21
长期投资	16	2916885.00	18352566.88	应付债券	57		
固定资产:				长期应付款	58	1663591.10	2492576.29
固定资产原价	18	98604179.85	119816780.35	其他长期负债	58—1		
减:累计折旧	19	14426891.49	10344231.75	其中:住房周转金	58—2		
固定资产净值	20	84177288.36	109472548.60				
在建工程	21	10974824.88	5562673.08	股东权益:			
固定资产清理	22			股本	66	65000000.00	90000000.00
临时设施	22—1			资本公积金	67	37344949.20	94347376.04
固定资产合计	25	95152113.24	115035221.68	盈余公积金	68	771373.19	2375798.78
无形及递延资产:				其中:公益金	69	164121.96	505489.11
无形资产	26	47817.12	1324116.06	未分配利润	70	2511065.93	4724339.81
递延资产	30	1397214.94	1402972.11	股东权益合计	75	105627388.32	191447514.63
无形及其他资产合计	35	1445032.06	2727088.17				
待处理财产损失:							
待处理流动资产损失(减收益)	36			少数股权(合并报表填列)	75—1		
待处理固定资产损失(减收益)	37						
待处理财产损失合计	38						
资产总计	40	186815990.85	282194074.74	负债及股东权益总计	80	186815990.85	282194074.74

利润及利润分配表

1993 年度

吉林辽源得亨股份有限公司　　单位：人民币元

项　目	行次	金　额	项　目	行次	金　额
一、主营业务收入	1	84379920.62	四、利润总额(亏损以"－"号表示)	14	12952032.27
减:营业成本	2	61155393.29	加:年初未分配利润(未弥补亏损以"－"号表示)	15	2511065.93
销售费用	3	1464448.02	上半年利润调整(减上年利润以"－"号表示)	16	
管理费用	4	2732581.00	盈余公积转入	17	
财务费用	5	956338.00	五、可分配利润	18	15463098.20
进货费用	6		减:应交所得税	19	1400349.51
营业税金及附加	7	12053291.87	提取法定盈余公积	20	682734.29
二、主营业务利润(亏损以"－"号表示)	8	6017868.44	提取公益金	21	341367.15
加:其他业务利润(亏损以"－"号表示)	9	3992187.60	六、可供股东分配的利润	22	13038647.25
三、营业利润(亏损以"－"号表示)	10	10010056.04	减:已分配优先股的利润	23	
加:投资收益(亏损以"－"号表示)	11	3616368.88	提取任意公积	24	580324.15
营业外收入	12	114397.89	已分配普通股股利	25	7733983.29
减:营业外支出	13	788790.54	七、未分配利润(未弥补亏损以"－"号表示)	26	4724339.81

101. 天津环球磁卡股份有限公司

一、1993年度经营业绩和财务指标

天津环球磁卡股份有限公司是一家主营信用卡等产品的上市公司，其股票在上海证券交易所挂牌。1993年，该公司贯彻“以科技为动力，走科技兴企业的道路”，完成了防伪新材料的制作工艺及配方并通过技术鉴定；该公司还与中科院有关院所合作，加速研制非接触磁卡和被当今国际称智能卡和集成电路卡，给该公司信用卡生产业务的拓展带来广阔的前景。在这一年里，该公司创主营业务收入9761万元，实现税后利润755万元，分别超额24.93%和5.82%，完成了当年的计划指标。该公司1993年的财务指标如下(单位：万元)：

项目指标	实际完成
主营业务收入	9761
税后利润	755
资产总计	22285
股东权益	17258
每股收益(元)	0.224
每股权益(元)	2.36
每股红利	——
速动比率	3.57
股东权益比率	0.77
净资产收益率	0.18

二、前次募集资金的运用情况

该公司1993年11月27日股票发行结束后，全部募集资金到位至年末只有一个月时间，因而用于公司技术改造项目的大部分投资将于1994年实施。其间，根据该公司董事会的决定，已归还银行贷款1070万元，对外投资参股2730万元，参股对象主要有上海海通证券公司、天津市证券公司、天津清源置业股份有限公司。

三、1994年经营展望

该公司1994年的生产经营目标是：完成主营业收入9876万元，实现利润总额2092万元，比1993年增长45%；税后利润1780万元，比1993年增长135.8%。

四、股本结构和股东持股情况

1. 该公司1993年末股本结构及前10名股东持股情况按上市 公告书陈述情况无变更。

2. 股东数量：

股东总数	36585户
其中：国家持股	1户
法人持股	10户
个人持股	36574户(含内部职工持股1913户)

五、1993年度资产负债表和利润及利润分配表

资产负债表(合并)

1993年度

天津环球磁卡股份有限公司　　单位:人民币元

流动资金来源和运用	行次	金　额	流动资金各项目的变动	行次	金　额
一、流动资金来源			一、流动资金本年增加数		
1.本年利润	1	13314476.53	1.货币资金	27	1174673.18
加:不减少流动资金的费用和损失			2.短期投资	28	－14140132.30
(1)固定资产折旧	2	5362626.46	3.应收票据	29	
(2)无形资产、递延资产摊销	3	2325894.16	4.应收帐款净额	30	15716569.01
(3)固定资产盘亏(减盘盈)	4		5.预付货款	31	－10369780.00
(4)清理固定资产损失(减收益)	5		6.其他应收款	32	1014826.08
小计	6	21002997.15	7.内部应收款	32－1	
2.其他来源			8.待摊费用	33	918579.92
(1)固定资产清理收入(减清理费用)	7	30000.00	9.存货净额	34	27801943.51
(2)增加长期负债	8	8000000.00	10.待处理流动资产损失(减收益)	35	
(3)收回长期投资	9		流动资产增加净额	36	22116679.40
(4)对外投资转出固定资产	10				
(5)对外投资转出无形资产	11				
(6)资本净增加额	12	61547227.65			
小计	13	69577227.65	二、流动负债本年增加数		
流动资金来源合计	14	90580224.80	1.短期借款	37	8246886.40
二、流动资金运用			2.应付票据	38	
1.利润分配			3.应付帐款	39	5570164.57
(1)应交所得税	15	1497154.42	4.预收货款	40	
(2)提取盈余公积	16	1144976.96	5.应付福利费	41	940200.65
(3)提取公益金	17	2289953.92	6.未付股利	42	－2000000.00
(4)已分配股利	18		7.未交税金	43	159529.56
小计	19	4932085.30	8.其他未交款	44	1247556.23
2.其他运用			9.其他应付款	45	7315722.52
(1)固定资产和在建工程净增加额	20	43066247.05	10.内部应付款	45－1	－231519.49
(2)增加无形资产、递延资产	21		11.预提费用	46	2719308.64
(3)偿还长期负债	22	9123462.66	12.待扣税金	47	
(4)增加长期投资	23	35309599.47		48	
小计	24	87499309.18		49	
流动奖金运用合计	25	92431394.48	流动负债增加净额		23967849.08
流动资金增加净额	26	1851169.68	流动资金增加净额		－1851169.68

利润及利润分配表(合并)

1993 年度

天津环球磁卡股份有限公司 单位:人民币元

项目	行次	1993 年 11 月—12 月	全年累计	项目	行次	1993 年 11 月—12 月	全年累计
一、主营业务收入	1	26052045.98	97608895.37	减:少数股权(合并报表填列)	14—1	—59087.57	—59087.57
减:营业成本	2	16877991.22	61782244.83	加:年初未分配利润(未弥补亏损以“—”号表示)	15		
销售费用	3	592824.15	684658.78	上半年利润调整(减上年利润以“—”号表示)	16		—3530786.60
管理费用	4	5179658.57	9773581.11	盈余公积转入	17		
财务费用	5	—1244781.12	1600626.54	五、可分配利润	18	2526575.36	10918458.13
进货费用	6			减:应交所得税	19	601577.33	3370590.49
营业税金及附加	7	1391555.69	6100333.28	提取法定盈余公积	20		5622869.61
二、主营业务利润(亏损以“—”号表示)	8	3254797.47	17667450.83	提取公益金	21		
加:其他业务利润(亏损以“—”号表示)	9	6447.92	176830.39	六、可供股东分配的利润	22		
三、营业利润(亏损以“—”号表示)	10	3261245.39	17844281.22	减:已分配优先股的利润	23		
加:投资收益(亏损以“—”号表示)	11			提取任意公积	24		
营业外收入	12	23375.11	93967.92	已分配普通股股利	25		
减:营业外支出	13	817132.71	3548091.98	七、未分配利润(未弥补亏损以“—”号表示)	26	1924998.03	1924998.03
四、利润总额(亏损以“—”号表示)	14	2467487.79	14390157.16	八、补充资料:营业成本中存货变现损失准备提取数	27		

102. 昆明机床股份有限公司

一、1993年经营业绩和财务指标

昆明机床股份有限公司的前身是成立于1939年的中央机器厂，1953年更名为昆明机床厂，1993年10月昆明机床厂独家发起设立昆明机床股份有限公司，同年在香港和内地向社会公开发行股票并上市挂牌。

1993年，该公司实现销售收入人民币143,703,000元，比1992年增长45.00%；按香港会计准则，扣除特殊项目的除税后溢利为人民币31,704,000元，比1992年增长了93.1%。取得上述经营成果的主要原因：一是1993年国内市场对机床需求加大；二是增加高技术、高利润率产品的销售；三是对成本、费用进行了严格控制。公司1993年年度的主要财务指标如下：

项目指标	按中国会计准则编制		按香港会计准则编制	
	法定财务报表	全年备考	法定财务报表	全年备考
营业收入　千元	47673	143793	47673	143793
税前利润　千元	41795	68260	57676	85233
税项　千元	6269	10373	8616	12720
税后利润　千元	35526	57887	49060	72513
资产总计　千元	649368	649368	708225	708225
股东权益　千元	516794	516794	591359	591359
每股权益　元/每股	2.1	2.1	2.4	2.4
每股盈利　元/每股	0.14	0.24	0.20	0.30
每股派发红利　元/每股	0.10	0.10	0.10	0.10
股东权益比率%	79.6	79.6	83.5	83.5
净资产收益率%	6.9	11.2	8.3	12.3

二、前次募集资金的运用情况

该公司于1993年发售H股和A股所得的款项在扣除费用后，分别为港币118,358,000元及人民币261628000元。由于这笔资金于1993年12月23日才全部到位，故截止1993年12月31日，募集资金尚未投入使用。

该公司募集的资金将主要用于改良生产设施，发展数控机床，增加产品种类，提高计算机辅助管理和辅助设计水平等项目。

三、1994年经营展望

1994年度该公司的生产经营方针是：以质量为中心，以效益为目的，加快新产品开发和技术改造步伐，开拓新的销售渠道，不断增强公司竞争能力和提高盈利水平。

1. 加快新产品的研究开发及生产，1994年，该公司将开始生产TH5445型加工中心等5个新产品，并完成另外两个产品的设计工作。

2. 年度内计划完成技改项目投资人民币43581000元，港币25000000元，美元70000元，其中建设的大部分项目将于下半年建成投产。

四、股本结构和股东持股情况

1. 1993年末该公司的股本结构：

股权	数量(股)	比例(%)
国家股	102397700	41.8
法人股	17609700	7.2
社会公众股(A股)	60000.00	24.5
包括原昆机系统职工股	6600000	2.7
外资股(H股)	65000.000	26.5
总股本	245007.400	100.00

2. 主要股东持股情况：

股东名称	股票种类	持股数(股)	占总股本比例(%)
云南省人民政府	A股	102397000	41.8
香港中央结算(代理人)有限公司	H股	49408000	20.2
昆明精华公司	A股	17609700	7.2
香港上海汇丰银行有限公司	H股	10782000	4.4

五、1993年度资产负债表和利润及利润分配表

资产负债表

1993年12月31日

昆明机床股份有限公司　　　　单位:人民币元

资　产	行次	期初数	期末数	负债及股东权益	行次	期初数	期末数
流动资产:				流动负债:			
货币资金	1	10398006	367889257	短期借款	41	35030000	33800000
短期投资	2			应付票据	42		
应收票据	3			应付帐款	43	2686359	1705992
应收帐款	4	3065791	21086651	预收货款	44	20733730	10080916
减:备抵坏帐	5	572600	108953	应付福利费	45	1789289	2976542
应收帐款净额	6	2493191	20977698	未付股利	46		24500740
预付货款	7	9591444	4963439	未交税金	47	657396	4876000
其他应收款	8	2429498	1875623	其它未交款	48		6202
内部应收款	8—1			其他应付款	49	3065931	13497602
待摊费用	9			内部应付款	49—1		
存货	10	65047742	91511239	预提费用	50		
减:存货变现损失准备	10—1		2482282	待扣税金	51		
存货净额	10—2	65047742	89028957	一年内到期的长期负债	52		9730000
其他流动资产	10—3			流动负债合计	55	63962705	101173994
流动资产合计	15	89959881	484734974	长期负债:			
长期投资:				长期借款	56	26900000	28400000
长期投资	16			应付债券	57	5000000	3000000
固定资产				长期应付款	58		
固定资产原价	18	89464898	110416874	其他长期负债	58—1		
减:累计折旧	19	45517387	2362071	其中:住房周转金	58—2		
固定资产净值	20	43947511	108054803	长期负债合计	65	31900000	31400000
在建工程	21	21494475	31122540	股东权益:			
固定资产清理	22			股本	66	59539162	245007400
临时设施	22—1			资本公积金	67		260761673
固定资产合计	25	65441986	139177343	盈余公积金	68		7105160
无形及递延资产:				其中:公益金	69		3552580
无形资产	26		25455813	未分配利润	70		3919903
递延资产	30			股东权益合计	75	59539162	516794136
无形及其他资产合计	35		25455813				
待处理财产损失:							
待处理流动资产损失(减收益)	36			少数股权(合并报表填列)	75—1		
待处理固定资产损失(减收益)	37						
待处理财产损失合计	38						
资产总计	40	155401867	649368130	负债及股东权益总计	80	155401867	649368130

利润及利润分配表

1993年10月19日至12月31日

昆明机床股份有限公司　　单位:人民币元

项　目	行次	金　额	项　目	行次	金　额
一、主营业务收入	1	47673134	减:少数股权(合并报表填列)	14－1	
减:营业成本	2	18146211	加:年初未分配利润(未弥补亏损以"－"号表示)	15	
销售费用	3	279428	上半年利润调整(减上年利润以"－"号表示)	16	
管理费用	4	17919678	盈余公积转入	17	
财务费用	5	930313	五、可分配利润	18	41795063
进货费用	6		减:应交所得税	19	6269260
营业税金及附加	7	2602145	提取法宝盈余公积	20	3552580
二、主营业务利润(亏损以"－"号表示)	8	7795359	提取公益金	21	3552580
加:其他业务利润(亏损以"－"号表示)	9	467686	六、可供股东分配的利润	22	28420643
三、营业利润(亏损以"－"号表示)	10	8263045	减:已分配优先股的利润	23	
加:投资收益(亏损以"－"号表示)	11	17280	提取任意公积	24	
营业外收入	12	1855282	已分配普通股股利	25	24500740
特殊项目	12－1	32361159	七、未分配利润(未弥补亏损以"－"号表示)	26	3919903
减:营业外支出	13	701703	八、补充资料:营业成本中存货变现损失准备提取数	27	
四、利润总额(亏损以"－"号表示)	14	41795063			

103. 马鞍山钢铁股份有限公司

一、1993年经营业绩和主要财务指标

马鞍山钢铁股份有限公司之前身马鞍山钢铁公司是中国大型钢铁联合企业，该公司1993年在境内外成功地发行了股票并分别在香港联合交易所和上海证券交易所挂牌上市。该公司1993年产量和利润均创历史最好纪录。其中：产生铁239.3万吨，比上年增长2.0%；钢212.5万吨，比上年增长4.4%；钢材198.4万吨，比上年增长12.1%。在中国钢铁企业中以钢材产量计，该公司产量名列第六。该公司产品销售在中国钢铁企业中依销售额排名为第五。该公司1993年全年备考税后利润按香港会计准则为人民币175815.7万元，按中国会计准则为人民币176038.2万元，比公司H股售股章程和A股上市公告书所载利润预测略高。该公司1993年主要财务指标如下：

项目指标	1993年
净营业收入	6521897千元
税后利润	1760382千元
总资产	15129809千元
股东权益	10288715千元
每股收益	27.27分
每股红利	24.86分
每股派发末期红利	1.80分
速动比率	1.74
股东权益比率	68.00%
净资产收益率	17.11%

二、募集资金的运用情况

该公司于1993年度发行股票募集的资金主要用于售股章程及上市公告公布的项目：

1. 投资于该公司规划到1996年形成钢铁400万吨规模之发展所需项目。

2. 偿还有关建设2500立方米高炉及配套设施的所借贷款。

3. 余额作为该公司之额外营运资金需要。

三、1994年度展望

该公司1994年主要产品经营计划分别是：生铁310万吨，比1993年增长29.5%；钢235万吨，比1993年增长10.6%；钢材205万吨，比1993年增长3.35%。

四、股本结构及股东持股情况

1. 股本结构：

该公司1993年末A股的结构如下：

股权	数量(万股)	比例(%)
国家股	403456	62.5
法人股	8781	1.3
个人股	60000	9.3
其中公司职工持股	19000	2.9
境外H股股东持股	173293	26.9
总股本	645530	100.00

2. 主要股东持股情况：

马鞍山马钢公司代表国家持股403456万股，占该公司总股本的62.5%；HKSCC NOMINEES LIMITED持150398万股H股，占总股本的23.3%。除上述股东外，其他股东的持有本公司股份数均未达到须报告数量规定。

五、1993年度资产负债表和利润及利润分配表

资产负债表(合并)

1993年12月31日

马鞍山钢铁股份有限公司　　单位:人民币千元

资　　产	行次	1993年6月1日	年末数	负债及股东权益	行次	1993年6月1日	年末数
流动资产:				流动负债:			
货币资金	1	321933	4264945	银行及其他贷款	41	877233	1414646
短期投资	2			应付债券	42	30000	50632
应收票据	3			应付帐款	43	675750	814337
应收帐款	4	539964	1217005	预收货款	44		234215
减:备抵坏帐	5			应付福利费	45	52782	111980
应收帐款净额	6			未付股利	46		116195
预付货款	7		139005	未交税金	47	160919	236675
其他应收款	8	433827	181137	其他未交款	48		
内部应收款	8—1			其他应付款	49	685591	356660
待摊费用	9			内部应付款	49—1		
存货	10	1224488	1488163	预提费用	50		
减:存货变现损失准备	10—1			待扣税金	51		
存货净额	10—2	1224488	1488163	一年内到期的长期负债	52		
其他流动资产	10—3			流动负债合计	55	2482275	3335340
流动资产合计	15	2520212	7290255	长期负债:			
长期投资:				银行和其他贷款	56	1713945	1234252
长期投资	16	74819	79319	应付债券	57	109563	36189
固定资产				长期应付款	58	134479	
固定资产原价	18	3937905	3130940	其他长期负债	58—1		235813
减:累计折旧	19	970354	206765	其中:住房周转金	58—2		
固定资产净值	20	2967551	2924175	长期负债合计	85	1957987	1505754
在建工程	21	2973277	4074121	股东权益:			
固定资产清理	22			股本	66	4034560	6455300
临时设施	22—1			资本公积金	67	791987	3491345
固定资产合计	25	5940828	6998296	盈余公积金	68		155654
无形及递延资产:				其中:公益金	69		77827
无形资产	26	730950	721483	未分配利润	70		186416
递延资产	30		40456	股东权益合计	75	4826547	10288715
无形及其他资产合计	35	730950	761,939				
待处理财产损失:							
待处理流动资产损失(减收益)	36			少数股权(合并报表填列)	75—1		
待处理固定资产损失(减收益)	37						
待处理财产损失合计	38						
资产总计	40	9266809	15129809	负债及股东权益总计	80	9266809	15129809

利润及利润分配表(合并)

1993年6月1日至12月31日

马鞍山钢铁股份有限公司 单位:人民币千元

项目	行次	金额	项目	行次	金额
一、主营业务收入	1	3 832096	减:少数股权(合并报表填列)	14—1	
减:营业成本	2	2185472	加:年初未分配利润(未弥补亏损以"—"号表示)	15	
销售费用	3	19536	上半年利润调整(减上年利润以"—"号表示)	16	
管理费用	4	576598	盈余公积转入	17	
财务费用	5	—101923	五、可分配利润	18	886404
进货费用	6		减:应交所得税	19	108139
营业税金及附加	7	224026	提取法定盈余公积	20	77827
二、主营业务利润(亏损以"—"号表示)	8	928387	提取公益金	21	77827
加:其他业务利润(亏损以"—"号表示)	9	—20946	六、可供股东分配的利润	22	622611
三、营业利润(亏损以"—"号表示)	10	907441	减:已分配优先股的利润	23	
加:投资收益(亏损以"—"号表示)	11		提取任意公积	24	
营业处收入	12	1890	已分配普通股股利	25	436195
减:营业处支出	13	22927	七、未分配利润(未弥补亏损以"—"号表示)	26	186416
四、利润总额(亏损以"—"号表示)	14	886404	八、补充资料:营业成本中存货变现损失准备提取数	27	

104. 北人印刷机械股份有限公司

一、1993 年度经营业绩和财务指标

北人机械股份有限公司是由北人集团公司独家发起设立的股份有限公司。该公司于 1993 年 7 月和 1994 年 3 月分别在香港发行 H 种股票和境内发行 A 种股票并于 1993 年 8 月在香港联合交易所和 1994 年 5 月在上海证券交易所上市。在 1993 年，该公司加快技术改造，提高产品质量和水平，紧紧抓住市场，走发展高技术产品的路子，圆满地完成了全年度的经营目标并为公司的发展奠定了良好的基础。1993 年度的财务指标如下：

项目指标	1993 年
营业额	39635 万元
税后利润	8967 万元
资产总额	82639 万元
股东权益	57145 万元
每股收益	0.31 元
每股净资产	1.63 元
每股红利	0.26 元
净资产收益率	15.69%
流动比率	186.54%
速动比率	45.20%

二、前次募集资金的运用情况

该公司于 1993 年度发行 H 股股票所筹集的资金主要用于新建厂房，购置先进设备，引进国外先进的管理技术以及进行赢利性投资。其中新建厂房 5000 平方米，提高了生产能力；引进加工中心、蜗杆砂轮磨齿机等数控智能设备 20 多台，提高了产品产量、加工精度和质量，增加了花色品种。

三、1994 年度经营展望

该公司 1994 年经营目标是争取实现营业额、利润有一个较满意的增长，其措施为：

1. 进一步发展胶印机的优势，建立与胶印机制造相配套的五个基地：

①高精度小件机加工基地；

②高质量小件铸造基地；

③板金件加工基地；

④胶辊加工基地；

⑤电镀加工基地。

2. 出资约 500 万元与北京大兴县合资成立太和印刷机铸造厂。

3. 引进密烘铸铁和等离子喷涂新技术、新工艺，预计 1994 年投入试生产，这将提高胶印机零件的表面防锈能力，提高胶印机关主件铸造的质量和强度。

4. 进一步拓宽开发、投资高科技和盈利性业务。

四、股本结构和股东持股情况

1. 1993 年末股本结构：

股权	数量(万股)	比例(%)
国有法人股	25000	71.43
香港公众股	10000	28.57
总股本	35000	100.00

2. 主要股东持股情况：

股东名称	持股种类	持股数(万股)	占总股本比例(%)
北人集团公司	(A)	25000	71.43
HKSCC Nominees Limited	(H)	9731.4	27.80

其他持股人持有该公司的股票均未达到需报告的数量规定。

五、1993 年度资产负债表和利润及利润分配表

资产负债表

北人印刷机械股份有限公司 单位:人民币元

资产	1993年12月31日	1993年7月1日	1992年12月31日	负债及股东权益	1993年12月31日	1993年7月1日	1992年12月31日
流动资产:				流动负债:			
货币资金	36006399.99	—	20923641.96	短期借款	87200000.00	77250000.00	—
应收帐款	2251834.96	—	3860486.92	应付帐款	15192063.70	13464081.41	1313247.60
减:坏帐准备	6114.48	—	11796.86	预收货款	27781352.93	39772102.04	19362591.72
应收帐款净值	2245720.48	—	3848690.06	其他应付款	41006283.43	12433170.35	4007059.03
预付货款	18950449.25	—	688293.12	应付福利费	244694.58	400000.00	—
其他应收款	52436496.25	18793840.11	1752770.53	未付股利	15050000.00	—	—
待摊费用	42097651.06	12322746.08	18507555.60	未交税金	414326.99	—	6395317.64
存货	222518134.19	174697070.63	123368566.17	其他未交款	—64714.46	—	520878.81
流动资产合计	374254851.22	205813656.82	169089517.44	预提费用	2360000.00	3993565.70	—
长期投资:				一年内到期的长期负债	11441485.00		77961000.00
长期投资	78733128.85	4926787.00	3226200.00	流动负债合计	200625492.17	147312919.50	109560094.80
固定资产:				长期负债:			
固定资产原价	403367742.51	361474262.58	107376358.98	长期借款	54320000.00	57800000.00	42500000.00
减:累计折旧	121575241.55	113145451.72	43472713.30	应付债券	—	9924957.00	9180000.00
固定资产净值	281792500.96	248328810.86	63903645.68	长期负债合计	54320000.00	67724957.00	51680000.00
在建工程	31792900.52	26582878.33	13445990.15	股东权益:			
固定资产清理	225993.18	—	—	股本	350000000.00	250000000.00	50902532.78
固定资产合计	313811394.66	274911689.19	77349635.83	资本公积	197790349.79	80812256.51	—
无形资产及其他资产:				盈余公积	6192885.24	—	24560165.91
递延资产	59592000.00	60198000.00	—	其中:公益金	2322331.96	—	—
				未分配利润	17462647.53	—	12962559.78
				股东权益合计	571445882.56	330812256.51	88425258.47
资产总计	826391374.73	545850133.01	249665353.27	负债及股东权益合计	826391374.73	545850133.01	249665353.27

利润及利润分配表

北人印刷机械股份有限公司　　单位：人民币元

项　　目	1993年7—12月	1993年度（备考）	1992年度（备考）	项　　目	1993年7—12月	1993年度（备考）	1992年度（备考）
一、主营业务收入	189776848.39	396350056.97	267501744.80	加：年初未分配利润	—	12962559.78	8511781.72
减：营业成本	88014923.93	174161595.63	137036966.83	上年利润调整	—	－5920477.71	—
销售费用	9235350.14	23360907.39	2796812.73	盈余公积	—	—	—
管理费用	37328567.18	61420089.75	29475165.28	五、可分配利润	48933910.67	118425001.86	68968294.75
财务费用	－93793.01	1501198.56	7044450.09	减：应交所得税	7316790.63	15796070.34	33757818.53
营业税金及附加	5444900.68	24082825.66	20235773.43	提取法定盈余公积金	3870553.28	8675478.45	5812128.76
二、主营业务利润	49846899.47	111823439.98	70912576.44	提取公益金	2322331.96	5205287.06	—
加：其他业务利润	－1118305.74	－645192.55	－602696.96	六、可供股东分配的利润	35424234.80	88748166.01	29398347.46
三、营业利润	48728593.73	111178247.43	70309879.48	减：已分配优先股股利	—		
加：投资收益	156084.00	156084.00	22684.00	提取任意公积	—		
营业外收入	240030.33	655404.80	475041.21	已分配普通股股利	17961587.27		
减：营业外支出	190797.39	606816.44	10351091.66	七、未分配利润	17462647.53		
四、利润总额	48933910.67	111382919.79	60456513.03				

二、在深圳证券交易所上市的公司

1. 深圳发展银行

一、1993年经营业绩和近三年主要财务指标

深圳发展银行，是深圳证券交易所最早上市的股份制企业。1993年，在国家实行金融紧缩的形势下，经过该行全体员工的不懈努力，各项工作均取得较大的进展。其中网点改造取得显著成果，机构设置突破区域性限制，银行电子化水平明显提高，业务多元化又迈进了一步，存贷款余额均有所增长。该行全年实现税前利润32046万元，完成了全年溢利预测计划数的106%。其近三年的主要财务指标如下(单位:万元):

项目指标	1993年	年增长%	1992年	1991年
营业收入	61885	30.14	47551	33469
其中:				
主营业务收入	49988	28.60	38868	28062
利润总额	32046	31.48	24373	15018
税后利润	27331	58.79	17211	11265
资产总额	933787	24.12	752284	435446
股东权益	120458	74.12	69181	57796
每股净资产(元)	4.47	-13.20	5.15	6.44
每股收益	1.01	-27.33	1.39	1.26
每股红利	0.821	5.52	0.778	0.694
股东权益比率	12.90%	39.76%	9.32%	13.2%
净资产收益率	28.82%	6.31%	27.11%	19.49%

二、前次募集资金的运用情况

1993年该行配股实收资本32080万元，已按计划充实信贷资金用于经营周转和基础设施建设。

三、1994年经营展望

1994年，该行将在加强存贷业务的发展、提高贷款质量的同时，努力使机构设置在全国取得重大进展，进一步开拓新业务、促进业务多元化、增加新的盈利中心，提高证券、信托、信用卡、租赁等业务的盈利水平。争取全年实现税后利润32347.7万元。

四、股本结构和股东持股情况

1.1993年末股本结构:

股权	数量(股)	比例(%)
社会公众股	188129836	69.82
总股本	269417899	100.00

2.前10名大股东持股情况:

股东名称	持股数(股)	占总股本比例(%)
深圳市投资管理公司	21010000	7.79
深圳国际信托投资公司	18465500	6.85
深圳社会劳动保险公司	13495025	5.00
中电深圳工贸投资公司	10806705	4.01
深圳发展银行工会	6735000	2.50
深圳城市建设集团	4769856	1.77
农业银行深圳分行	2702655	1.00
海南南华证券公司	2168430	0.80
深圳实验学校	1481100	0.55
深圳国债服务中心	1274422	0.47
合计	82908693	30.77

五、1993年度资产负债表和损益表

资产负债表

1993年12月31日

深圳发展银行　　单位:人民币元

资　　产	年初数	年末数	负债及资本	年初数	年末数
固定资产净值	86694790.25	152726205.83	储蓄存款	1289247302.57	1804769152.96
在建工程	100664729.07	196927791.60	企业机团存款	4746703416.47	5286613568.89
各项投资及租赁	316512546.26	314587979.83	同业往来	614483310.33	845416671.70
各项贷款	4169835783.43	5414771275.24	其他帐项及准备	195893209.32	211941936.21
同业往来	2244814154.77	2377392594.97	普通股股金	134696625.00	269417899.00
库存现金	63204110.61	90814922.40	优先股股金	120246.23	11864.22
有价证券	156364675.27	194893456.94	普通股发行溢价	264390651.54	497723526.87
其他资产	384656583.89	595756964.36	公积金	130857937.31	192203920.26
			未分配利润	146454674.78	229772651.06
资产总计	7522847373.55	9337871191.17	负债及资本总计	7522847373.55	9337871191.17

损　益　表

1993年度

深圳发展银行　　单位:人民币元

项　　目	本年累计	上年同期	项　　目	本年累计	上年同期
一、各项业务收入	499878709.83	388678354.14	五、各项费用	57238500.12	27316839.32
二、非营业收入	118969907.26	86832457.11	支出合计	323699234.56	254612798.28
收入合计	618848617.09	475510811.25	六、营业利润	295149382.53	220898012.97
三、各项业务支出	206351641.93	150583514.47	七、投资单位分利润	7120959.95	4845018.85
四、其他支出	60109092.51	76712444.49	八、利润总额	302270342.48	225743031.82

2. 万科企业股份有限公司

一、1993年经营业绩和近三年主要财务指标

万科企业股份有限公司是一家经营房地产、商业和工业生产的上市公司，其股票在深圳证券交易所挂牌。在过去的一年里，该集团始于1991年的跨区域发展计划逐步进入回报期。4.5亿港元的B股资金使该集团较少受到银根紧缩的影响，各项业务得以顺利进展。同时，该集团根据国内经济的发展态势和国际投资者的较高要求，于期内开始调整业务架构，逐步确立以房地产和股权投资为主导业务，继续推进上海、北京、天津、青岛、沈阳等重点城市的跨区域发展计划，培养长远发展实力。1993年度该集团实现税前利润17160万元，超额6.78％完成年初的溢利预测。该集团近三年的财务指标如下(单位:元)

项目指标	1993年度	1992年度	1991年度
营业收入	1084044524.87	661356211.38	422685944.59
利润总额	171597172.39	79159743.79	28579386.37
税后利润	153405297.20	66511187.70	26286475.74
资产总额	2136158632.31	962522585.86	568494123.96
股东权益	928417358.16	235426866.35	190567002.15
每股净资产	5.06	2.55	2.44
每股税后盈利	0.84	0.72	0.34
股东权益比率	43.46％	24.46％	33.52％
净资产收益率	26.36％	31.23％	21.72％

二、前次募股的资金使用情况

为拓宽融资渠道，该集团于1993年4月发行4500万股B股，募集港币45135万元，折合人民币50551万元。资金运用情况如下：

(1)投资深圳赤尾物业235万元；(2)投资青岛银都花园1800万元；(3)投资上海万科城市花园4800万元；(4)投资天津万科中心大厦731万元；(5)投资上海万科广场2050万元；(6)投资北海万科大厦750万元；(7)收购土地或物业8418万元；(8)收购深圳龙岗区百门前工业区部分物业3775万元；(9)投资深圳平价商场1050万元；(10)股权投资7425万元；(11)深圳彩视电分有限公司扩充设备427万元。

三、1994年经营展望

该集团将根据宏观经济发展态势，在1994年继续以培养长远实力为目标，调整业务架构，提高企业素质，为该集团长期稳定增长奠定基础。房地产业务将重点发展上海、北京、天津、青岛、石家庄的城市居民住宅项目。股权投资业务将向参股及控股经营等领域探索，寻求新的投资机会，以期壮大公司的实业基础，增辟稳定的盈利来源。工业项目将试图在合作加工的基础上加强自有产品的开发。娱乐和广告业务将为未来发展积蓄力量。该集团预计1994年度利润总额21780万元，税后利润为16909万元，分别比1993年度增长26.92％和10.23％。

四、股本结构和股东持股情况

1.1993年末股本结构：

股权	数量(股)	比例(％)
A股	138546916	75.48
B股	45000000	24.52
总股本	183546916	100.00

2.1993年末该公司前10名大股东持股情况：

股东名称	持股数(股)		占总股本比例(％)
深圳新一代实业有限公司	11922012	A股	6.5
深圳市投资管理公司	5967592	A股	3.3
刘元生	5043900	A股	2.7
中国新技术创业投资公司	4350000	A股	2.4
万科企业职工集体股	3722135	A股	2.0
CHEMICAL BANK	3284000	B股	1.8
SMART HILL INVESTMENTLTD	3104000	B股	1.7
CHARM YIELD INVESTMENTLTD	2714000	B股	1.5
BERMUDA TRUST (FAREAST) LTD	2216000	B股	1.2
海南省证券公司	1950000	A股	1.1

五、1993年度资产负债表和利润及利润分配表

资产负债表(合并)

1993年12月31日

万科企业股份有限公司　　单位:人民币元

项　目	附注	1993年12月31日		1992年12月31日	
		集　团	公　司	集　团	公　司
流动资产:					
货币资金		690288269.04	429894153.97	204653478.04	87718326.62
短期投资	4	48855807.14	503400.00	16649792.24	10495728.88
应收帐款		71384446.96	—	58948594.28	21544129.17
预付货款		62784260.12	13407045.00	71261924.88	55261002.70
其他应收款		90456978.91	35108636.01	70432679.51	47470071.01
减:备抵坏帐	3(7)	3817953.33	1332060.80	3836538.36	—
应收内部单位款		—	472620653.32	—	108632889.66
应收联营公司款	5	108672711.98	32616163.50	17020956.07	21102195.54
待摊费用		2877978.77	2524387.24	1098843.82	409027.86
存货	6	570163906.76	178021663.23	219893301.20	98925880.86
一年内到期的长期投资	7	23336000.00	23336000.00	—	—
其他流动资产		—	—	1962889.16	—
流动资产合计		1665002406.35	1186700041.50	658085920.84	451559252.30
长期投资:					
长期投资	8	293685709.59	352187649.32	109392365.04	165422452.60
固定资产:					
固定资产原价	9	182276537.28	69520026.50	105544162.61	46221722.07
减:累计折旧		16883475.51	6468053.63	11397108.71	4321001.34
固定资产净值		165393061.77	63051972.87	94147053.90	41900720.73
在建工程	10	995545.21	—	5213870.24	—
固定资产合计		166388606.98	63051972.87	99360924.14	41900720.73
无形及其他资产:					
无形资产	11	2797303.07	1537474.97	78309636.35	2823725.00
递延资产	12	6269744.99	2027145.91	9448307.52	659290.83
无形及其他资产合计		9067048.06	3564620.88	87757943.87	3483015.83
待处理资产损失:					
待处理流动资产净损失					
(减收益)	13	2014861.33	—	7925431.97	897295.21
资产总计		RMB2136158632.31	RMB1605504284.57	RMB962522585.86	RMB663,262,736.67
流动负债:					
短期借款	14	RMB336555180.00	RMB257650000.00	RMB196887471.80	RMB129797304.15
应付帐款		69044915.07	2067243.70	42994697.79	6959804.29
预收货款		462530453.38	93838107.15	158840799.59	72429685.67
应付福利费	15	14189274.54	11624092.18	17637194.46	5727616.36
未付股利		—	—	30973664.97	363110.28
未交税金	16	36635,901.97	21453298.98	7363257.06	2891110.06
其他未交款	17	404525.88	—	5713435.75	—
其他应付款		152528347.76	109667684.74	180454460.30	158991399.30
应付内部单位款		—	162490273.65	—	—
应付联营公司款	5	48904297.24	32570.80	60281339.61	—
预提费用	18	14791794.07	7652206.97	3689446.43	2441638.45
其他流动负债		—	—	657303.79	255993.76
流动负债合计		1135584689.91	666475,478.17	705493071.55	379857662.32
长期负债:					
长期借款	13	21770657.02	14466271.18	19820784.59	12865591.93
长期应付款	19	48498064.70	—	—	—
长期负债合计		70268721.72	14466271.18	19820784.59	12865591.93
少数股东权益:					
少数股东权益	20	1887862.52	—	1781863.37	—
股东权益:					
股本	21	183546916.40	183546916.40	92364611.40	92364611.40
资本公积	22	562591334.53	563090469.46	98238529.79	98149128.79
盈余公积	23	27123776.04	22769818.17	44823725.16	15951521.04
其中:公益金		—	—	—	—
未分配利润		155155331.19	15515533119	—	64074221.19
股东权益合计		928417358.16	924562535.22	235426866.35	270539482.42
负债及股东权益总计		2136158632.31	1605504284.57	962522585.86	663262736.67

利润及利润分配表(合并)

1993年度

万科企业股份有限公司 单位:人民币元

项 目	附注	1993年 集 团	1992年 集 团	项 目	附注	1993年 集 团	1992年 集 团
主营业务收入	24	1084044524.87	661356211.38	加:年初未分配利润		—	(3348626.83)
减:营业成本	24	932322514.57	582970612.79	年初少数股东权益		(5912468.98)	(2951739.47)
管理费用		84221253.31	35227595.10	年初未分配利润调整数		1750033.99	(1519810.43)
财务费用		23493797.05	9328103.54	可供分配利润		167434737.40	71339567.06
汇兑损益		(2431443.77)	(4210759.96)	减:应交所得税		19794718.30	6183948.06
营业税金及附加		15491104.86	6012853.20	应交特种基金		—	7554744.92
主营业务利润		30947298.85	32027806.71	少数股东权益		(7515312.09)	(5912468.98)
加:其他业务利润		7714334.03	—	提取法定盈余公积		—	22407840.81
营业利润		38661632.88	32027806.71	提取公益金		—	10,722439.35
加:投资损益	25	141116581.88	42108326.87	已分配普通股股利		—	30383062.90
营业外收入	26	6461513.25	8303275.53	未分配利润		155155331.19	—
减:分给外单位利润	27	7557474.49	—	除税及少数股权后每股盈利			
营业外支出	28	7085081.13	3279665.32	按年末总股数计算	29	RMB0.84	RMB0.72
利润总额		171597172.39	79159743.79	按加权平均股数计算		RMB0.91	RMB0.72

3. 深圳市金田实业股份有限公司

一、1993年经营业绩和近三年主要财务指标

深圳市金田实业股份有限公司是一家以经营房地产和纺织品为主业的上市公司，该公司股票在深圳证券交易所挂牌。在过去的一年里，该公司抓住机遇，勇于开拓，圆满完成了年初利润计划。该公司近三年的主要财务指标如下：

项目指标	1993年	增长率(%)	1992年	1991年
营业收入(万元)	105412	+33.8	78776	46865
利润总额(万元)	13042	+75.9	7415	3649
税后利润(万元)	11668	+122.8	5237	2826
资产总额(万元)	192161	+88.7	101833	60782
股东权益(万元)	80130	+297.9	20136	14270
每股税后收益(元)	0.85	-15.3	0.98	0.66
每股净资产(元)	5.81	+54.1	3.77	3.34
净资产收益率(%)	14.5	-44	26.0	19.8
股东权益比率(%)	41.7	+61	25.9	22.4
每股红利(元)			0.49	0.34

二、前次募集资金的运用情况

1993年，该公司发行B股38000000股和内部职工股3800000股，扣除发行费用后，合计实收股款444100586元。按原招股说明书中的股金运用计划，拨付118450000元用于开发深圳的金田、金安、金福、金源大厦，拨付34600000元开发上海国际花园，拨付59300000元开发厦门、汕头、惠州的地产项目，拨付70520000元扩充金田广厦公司磁盘生产设备，拨付3000万元用于证券业投资业务，拨付1000万元用于注册成立财务顾问公司，偿还银行贷款6700万元。

三、1994年经营展望

该公司1994年的经营方针是：以经济效益为中心，以市场需求为导向、优化结构、合理布局、提高素质、规模经营，继续朝着多元化、集团化、现代化的跨国公司目标迈进。全年计划完成税前利润18000万元，税后利润16200万元，预计比上年增长38%。

四、股本结构及股东持股情况

1.1993年末的股本结构：

股权	数量(股)	比例(%)
国家股(A股)：	5535036	4.01
企业集体股	5450601	3.95
法人股	24597467	17.83
个人股	64328637	6.64
境外投资者(B股)：	38000000	27.55
总股本	137911741	100.00

2.前10名大股东持股情况：

股东名称	持股数(股)	占总股本比例(%)
深圳农行信托投资公司	11250000	8.16
深圳市纺织工业公司	5535036	4.01
金田企业集体	5450601	3.95
ORIENT-LALPEROFIT-INVEST-MENTLIMITED	3810000(B)	2.76
金田工会	3800000	2.76
CHARMYIELD-INVEST-MENTLIMITED	2608000(B)	1.899
SMARTHILL IN-VWSTMITED	2608000	1.89
深圳金海实业公司	2002500	1.45
BERMUDATR-UST(FAREAST) LTD-GT SHENZHENA-NDCHINAFUND	1980000(B)	1.44
深圳发展银行	1715961	1.24

五、1993年度资产负债表和利润及利润分配表

资产负债表

1993年12月31日

深圳市金田实业股份公司　　单位：人民币元

资产类	附注	期末数	年初数	负债及股东权益	附注	期末数	年初数
流动资产：				流动负债：			
货币资金		175500391.92	98312754.52	短期借款	19	593561883.61	458366232.00
短期投资		48119590.59	14275435.00	应付票据			76874.14
应收票据		1434106.93	247331.89	应付帐款		108766522.71	61942590.88
应收帐款	4	273876703.97	126540770.96	预收货款		86,946226.92	26155764.94
预付货款		258546598.26	6235613.79	应付福利费		(99786.75)	(1972520.85)
其他应收款	5	116100095.67	57984409.70	未付股利		56682.70	
减：坏帐准备		6318972.93	1075204.97	未交税金	22	53804028.93	24611243.49
应收预付款项净额		643638531.90	189932921.37	其他未交款		128506.38	
应收关连企业款				其他应付款		38474458.41	64183457.99
预交税金				应付关连企业款			
待摊费用	6	3620720.66	4732861.39	应付工资		840.067.10	1113172.02
存货	3	404891303.77	285573143.38	预提费用	13	24950968.73	11469017.95
流动资产合计		1275770538.84	592827115.66	住房周转金		1330444.67	
长期投资				一年内到期长期负债			
长期投资	7	123818751.62	208890208.02	流动负债合计		908760003.41	645945832.56
固定资产：				长期负债：			
固定资产原值		430880304.35	169027030.60	长期借款	14	783000.000	551581.98
减：累计折旧		54750793.69	23884778.58	其他长期借款			25000000.00
固定资产净值	8	376129510.66	145142252.02	其他长期未付款	15	140942928.64	93366510.76
在建工程	9	84490325.69	43746285.89	长期负债合计		141725928.64	118918092.74
固定资产清理		89388.08		少数股东权益：		69825882.96	52112207.44
固定资产合计		460709224.43	188888517.91	股东权益			
无形及其他资产				股本	16	137.911741.00	53395412.00
无形资产	12	7056931.68	7399664.83	普通股		137911741.00	53395412.00
递延资产	10	52756637.90	20327961.56	其中：A股		99911741.00	53395412.00
无形及其他资产合计		59813569.58	27727626.39	B股		38000000.00	
待处理财产损失				优先股			
待处理流动资产损失(减收益)		1422135.40		资本公积金		509944909.11	95609648.83
待处理固定资产损失(减收益)		78179.00		盈余公积金		37273646.14	
待处理资产损失合计	11	1500314.40		其中：公益金		8803979.76	
				未分配利润		116170287.61	52352294.41
				股东权益合计		801300583.86	201357355.24
资产总计		1921612398.87	1018333487.98	负债及股东权益总计		1921612398.87	1018333487.98

利润及利润分配表

1993 年度

深圳市金田实业股份公司 单位:人民币元

项 目	附注	本期累计数	上年同期数	项 目	附注	本期累计数	上年同期数
一、主营业务收入	18	1054117325.46	787755918.82	营业外支出	20	1757634.30	6675890.14
减:营业成本	18	790.177706.62	587400351.23	四、少数股权		(4381600.01)	3512604.36
销售费用		8164443.82	6682244.97	五、利润总额		134524243.76	77358797.89
管理费用		85145222.22	49937008.65	加:年初未分配利润		52365625.95	
财务费用		37468388.72	12629689.77	上年利润调整	21	(4100514.85)	3211837.97
汇兑损益	16	(34920387.82)	(4851977.39)	六、可分配利润		182789354.86	74146959.97
进货费用				减:应交所得税		13741361.25	10927664.42
营业税金及附加	22	29134955.08	15395549.55	提取法定盈余公积		8915598.16	
二、主营业务利润		138946996.82	120563052.04	能源交通和预算调节基金		10853669.55	
加:其他业务利润		7201584.98	1016641.82	七、可供股东分配的利润		160132395.45	52365625.95
三、营业利润		146148581.80	121579693.86	减:已分配优先股股利			
加:投资收益		23850399.27	5167678.01	提取任意公积金		17264401.84	
外单位分来利润		2184810.39	27400816.63	其中:公益金		10472000.00	
营业外收入	20	759739.69	4086290.30	已分配普通股股利		26697706.00	
减:分给外单位利润		41043253.10	70687186.41	八、未分配利润		116170287.61	52365625.95

4. 深圳蛇口安达实业股份有限公司

一、1993年经营业绩和近三年主要财务指标

深圳蛇口安达实业股份有限公司是一家主营运输业的上市公司,该公司股票在深圳证券交易所挂牌。在1993年经济环境发生急剧变化的情况下,该公司在全体员工的努力下,实现税后利润4075.61万元,完成了年初预定的利润计划。该公司近三年的主要财务指标如下(单位:万元):

项目指标	1993年度	增长率(%)	19912年度	1991年度
营业收入	21173.47	123.33	9480.59	4.974.39
利润总额	5355.75	125.95	2370.33	869.42
税后利润	4075.61	67.36	2443.40	794.28
资产总额	77189.36	139.39	32244.12	13407.85
股东权益	23279.86	220.17	7271.18	5089.95
每股净资产(元)	4.57	83.9	2.49	2.09
每股收益(元)	0.80	—4.19	0.84	0.33
股东权益比率	30.15%	33.7	22.55%	37.96%
净资产收益率	26.68%	—32.5	39.53%	15.60%
每股红利(元)			0.38	0.20

二、前次募集资金的运用情况

1993年度该公司扩股后募集资金12870万元,其项目的建设进度基本按原定计划进行:

1.自营新增的集装箱专业运输船,已经投入近洋营运,深圳安达国际储运公司已经成立并投入运作,参股蛇口招商石油化工实业有限公司11.7%股权的事宜已经完成,新增的集装箱公路运力和散货运力及出租车运力已经产生计划效益。

2.鉴于以下三个项目因故推迟,本着为股东获取最大利润的原则,该公司已将资金集中投入到增加公路和水路的客、货运力项目之中。

收购境外运输公司因受到国家暂停在境外投资的政策影响,有关批准文件暂时搁置在国家对外经济贸易部(该项目已获深圳市、广东省有关部门批准),因而有关该项目之资金尚未投入;

扩建安达修理厂项目,因蛇口工业区用地审批、市建设项目立项及土地平整所需时间较长,故推迟至1994年;

燃油供应码头及油库建设项目因深圳市"8·15"大爆炸后,深圳市从严审批有关危险品储运项目,尚未获最后批准,该项目尚未投入资金。

三、1994年度经营展望

该公司拟在1994年广开货源,发挥深港直通运输优势,同时积极配合盐田港的开发,拓展运输市场;在高科技产品开发、生产方面加大投资力度,增资新兴产业;再通过股权投资和收购等方式,优化产业结构。争取1994年度实现税后利润6000万元。

四、股本结构和股东持股情况

1.1993年末股本结构:

股　权	数量(万股)	比例(%)
法人股:	2564.8155	50.4
个人股:	2407.6845	47.3
内部职工股:	117	2.3
总股本:	5089.5	100

2.前10名大股东持股情况:

股东名称	持股数(股)
招商局蛇口工业区有限公司	19311001
招商港务股份有限公司	3769155
深圳投资基金管理公司	1000000
招商局蛇口工业区石油化工公司	538000
中国平安保险公司	500000
深圳华强电子工业总公司	500000
深圳南山建设开发实业公司	30000

五、1993年度资产负债表和利润及利润分配表

资产负债表

1993年12月31日

深圳蛇口安达实业股份有限公司　　单位:人民币元

资　　产	附注	1993年12月31日	1992年12月31日	负债及股东权益	附注	1993年12月31日	1992年12月31日
流动资产:				流动负债			
货币资金		RMB32704484.71	RMB30719042.27	短期借款		RMB310062800.00	RMB83248,401.00
短期投资		41409427.53	8439374.06	应付帐款		19935550.26	7775030.77
应收帐款		40006842.70	14002357.01	预收货款		3417278.95	989503.53
减:备抵款帐		2375894.01	576151.82	应付福利费		1893638.45	(66691.06)
应收预款项净额		37630948.69	13426205.19	未付股利		966319.54	—
预付货款		35088117.43	7941308.80	未交税金	9	2238789.40	1286975.28
其他应收款		165642437.68	40268105.21	其他未交款		3158.53	—
应收关联单位款		1751637.21	7163752.91	其他应付款		37902315.72	34517664.27
待摊费用		2050074.18	3263284.95	应付关联单位款			7297081.95
存货		15933921.87	7578034.56	应付工资		2238402.21	1283042.36
流动资产合计		332211049.30	118799107.95	预提费用		2138602.58	774465.93
长期投资:				一年内到期的长期负债		20891520.00	—
长期投资		70428737.76	14059223.20	流动负债合计		401688375.64	137105474.03
合作项目投资		31990000.00	2500000.00	长期负债:			
长期投资合计		102418737.76	16559223.20	长期借款		33246298.43	36413396.26
固定资产:				长期应付款		30000000.00	30000000.00
固定资产原价		312215277.24	154590536.35	应负债券		22958203.09	33903137.95
减:累计折旧		48425780.78	23852119.10	长期负债合计		86204501.52	100316534.21
固定资产净值		263789496.46	130738417.25	少数股东权益:			
在建工程		29576985.06	17174571.73	少数股东权益		51202053.46	12307325.53
固定资产合计		293366.481.52	147912988.98	股东权益			
无形及其他资产:				股本		50895000.00	29250000.00
无形资产		32947103.98	33744177.00	资本公积		129775301.92	18421958.34
递延资产		10247671.44	4883904.78	盈余公积		9501469.60	605845.35
无形及其他资产合计		43194775.42	38628081.78	货币换算差额		1733313.04	—
待处理财产损失:				未分配利润		40893603.53	24434017.01
待处理流动资产损失(减收益)		431482.78		股东权益合计		232798688.09	72711820.70
待处理固定资产损失(减收益)		271091.93	541752.56				
待处理财产损失合计		702574.71	541752.56				
资产总计		RMB71893618.71	RMB322441154.47	负债及股东权益合计		RMB71893618.71	RMB322441154.47

利润及利润分配表

1993年1月1日至1993年12月31日

深圳蛇口安达实业股份有限公司　　单位:人民币元

项　目	1993年度	1992年度	项　目	1993年度	1992年度
一、主营业务收入	211734742.56	94805963.49	减:营业外支出	857957.94	1931364.79
减:营业成本	140513191.84	64507160.62	四、利润总额	53557551.51	23703358.50
销售费用	1595013.16	622784.09	加:年初未分配利润	24434017.01	8642343.40
管理费用	27878276.65	13435258.24	上年利润调整	(476385.08)	527745.33
财务费用	23972517.66	8,265882.22	五、可分配利润	77515183.44	32873447.23
汇兑损益	937818.28	(25459398)	减:应交所得税	183633109	216989.13
营业税金及附加	2600455.17	2075441.18	提取法定盈余公积	8119569.30	1356740.58
二、主营业务利润	14237469.80	6154031.12	提取公益金	3996725.69	2565573.07
＝加:其他业务利润	17151700.09	5146448.72	加:货币换算差额	(1065261.25)	3731479.68
三、营业利润	31389169.89	11300479.84	六、可供股东分配的利润	62497296.11	32465624.13
加:投资收益	11729700.27	5115577.33	减:少数股权利润	10488692.58	905241.06
合作项目分成利润	8397348.00	5760509.27	已分配普通股股利	11115000.00	7126366.06
经营承包利润	300000.00	—	七、未分配利润	40893603.53	24434017.01
加:营业外收入	2599291.29	3458156.85	每股盈利(税后)	0.80	0.84

5.深圳市振业股份有限公司

一、1993年经营业绩和近三年主要财务指标

深圳振业股份有限公司是一家经营物业管理、房地产和工贸等业务的上市公司，其股票在深圳证券交易所挂牌。在1993年，该公司努力开拓，实现了较好的经济效益，完成税前利润8,035.75万元，比溢利预测增加14,29%。该公司近三年的财务指标如下：

指标项目	1993年	1992年	1991年	1993年增长(%)
营业收入(万元)	15106.38	10216.58	8382.52	39.66
利润总额(万元)	8035.75	5271.68	2948.07	52.43
税后利润(万元)	6939.23	4249.91	1879.39	63.20
资产总额(万元)	55579.77	22860.15	11965.80	142.92
股东权益(万元)	29359.01	9279.14	5470.02	216.41
每股净资产(元/股)	5.18	2.52	2.16	97.71
每股收益(元/股)	1.22	1.20	0.74	1.67
每股红利(元/股)	0.88	0.80	1.00	10.00
股东权益比率(%)	52.32	40.38	45.38	30.98
净资产收益率(%)	35.96%	46.00	34.61	—22.00

二、前次募集资金的运用情况

1993年该公司向老股东配股共募集资金12337.39万元。除个别项目根据市场变化调整外，所募集的配股资金基本按原计划使用。其主要项目及投资情况如下：

项目名称	投资额(万元)
(1)振兴大厦	248.36
(3)建鑫大厦	4139.52
(4)景田商住小区	4741.80
(5)宝丽大厦	587.92
(6)秦皇岛开发区振业发展公司	2300.00
(7)发行费用	206.90
合计	12337.39

三、1994年经营展望

在新的一年里，该公司将不断优化产业结构和投资组合，逐步实现以房地产为龙头，以物业经营为依托，工贸及股权投资适度发展的多元化、多层次、集团化的发展战略。争取实现利润总额10891.07万元，税后利润9,416.14万元。

四、股本结构和股东持股情况

1.1993年股本结构：

股权	数量(股)	比例(%)
法人股	21555272	38.02
个人股	35142084	61.98
总股本	56697356	100.00

2.前10名股东持股情况：

股东名称	持股数(股)	占总股本比例(%)
建设集团	17248000	30.42
长城地产	2258636	3.98
动力公司	1698636	3.00
深安股份	450000	0.79
合丰股份	250000	0.44
平安保险	150120	0.27
汽车商场	140000	0.25
周先芬	130000	0.23
平安上步	104300	0.18
钟雪梅	100000	0.18
合计	22529692	39.74

五、1993年度资产负债表和利润及利润分配表

资产负债表

1993年12月31日

深圳市振业股份有限公司 单位:人民币元

资　产	附注	年末数	年初数	负债及股东权益	附注	年末数	年初数
流动资产:				流动负债:			
货币资金		42032659.73	32912952.99	短期借款	13	32600000.00	40000000.00
短期投资		—	934607.50	应付票据		—	—
应收票据		—	—	应付帐款		51588988.79	71826772.72
应收帐款	5	178717863.37	37783239.46	预收货款	12	139943218.69	716384.80
预付货款	6	64883090.24	19399853.06	应付福利费		7486126.76	8707956.23
其他应收款	7	69973816.35	7769511.60	未付股利		—	—
减:坏帐准备		940724.31	293631.07	未交税金	19	25288181.48	14577912.64
应收预付款项净额		312634045.65	64658973.05	其它未交款			
应收关联企业款		—	—	其他应付款		4642378.15	425786.18
待摊费用	4	458333.33	141788.88	应付关连企业款		—	—
存货	3	100508451.85	96591214.24	应付工资		—	—
流动资产合计		455633490.56	195239536.66	预提费用	14	272690.13	2058313.78
长期投资:				待扣税金		—	—
长期投资	9	60414324.59	18028643.27	一年内到期长期负债		—	—
固定资产:				流动负债合计		261799582.00	136010126.35
固定资产原值	10	13356288.92	7022743.09	少数股东权益:			
减:累计折旧		1409317.56	849023.28	少数股东权益		400000.00	400000.00
固定资产净值		11946971.36	6173719.81	公司股东权益			
在建工程	11	26372980.97	9011725.92	股本	16	56697356.00	35435848.00
固定资产清理		—	—	普通股		56697356.00	35435848.00
固定资产合计		38319952.33	15185445.73	其中:A股(面值1元,			
无形及其他资产				发行56697356万股)		56697356.00	35435848.00
无形资产		—	—	资本公积金		129374517.15	6000591.43
递延资产	8	1429947.71	347851.29	盈余公积金		57714605.81	32147882.39
无形及其他资产合计		1429947.71	347851.29	其中:公益金		3469614.96	—
				未分配利润		49811654.23	18807028.78
				公司股东权益合计		293598133.19	92391350.60
资产总计		555797715.19	228801476.95	负债及股东权益总计		555797715.19	228801476.95

利润及利润分配表

1993年1月1日至12月31日

深圳市振业股份有限公司　　单位:人民币元

项　目	附注	本年累计数	上年同期数	项　目	附注	本年累计数	上年同期数
一、营业务收入	17	151063793.55	108165807.19	四、利润总额		80357536.45	52724773.28
减:营业成本	17	67864,957.83	51240444.71	加:年初未分配利润		18807028.78	8784566.56
销售费用		1041316.75	12.52	上年利润调整	21	(721590.26)	(7983.74)
管理费用		6812386.08	4238737.11	五、可分配利润		98442974.97	61501356.10
财务费用		698818.06	516289.42	减:应交所得税		10243647.10	7658721.94
汇兑损益	15	653846.66	4999.08	能源交通和预算调节基金		—	2558837.46
进货费用		—	—	提取法定盈余公积		6939229.91	14874730.55
营业税金及附加	19	6951770.07	5417897.06	提取公益金		6939229.91	4946377.37
二、主营业务利润		67040901.09	46747447.39	六、可供股东分配的利润		74320868.05	31462688.78
加:其他业务利润		877258.04	4241511.37	减:已分配优先股股利		—	—
三、营业利润		67918167.13	50988958.66	提取任意公积		13878459.82	—
加:投资收益		12480035.76	1526993.27	已分配上年普通股股利		10630754.00	12655660.00
营业外收入	18	524825.97	361258.53	七、未分配利润		49811554.23	18807023.78
减:营业外支出	18	545492.41	152437.18				

6. 深圳市赛格达声股份有限公司

一、1993年经营业绩和近三年财务指标

深圳赛格达声股份有限公司是一家主营音响产品的上市公司,其股票在深圳证券交易所挂牌。在1993年,该公司积极扩大工业生产规模,开发高科技产品,累计生产音响70,200台,生产CD唱机28,642台,电唱机69,881台,音响产品销售收入达1.4亿元,音响产品的产销和工业利润额与上年相比都有较大的增长。另外,该公司继续拓展多元化经营,房地产经营取得较佳效益,去年所实现利润占该公司总利润的29.36%;在长期投资方面该公司也取得丰硕成果,其投资回报占总利润的13.9%。该公司1993年累计获利润总额3815.73万元,完成年度溢利计划的103%。该公司近三年财务指标如下(单位:万元):

项目指标	1993年	年增长率	1992年	1991年
营业收入	17296.48	23.8%	13972.44	7657.93
利润总额	3815.73	57.12%	2428.44	1000.70
税后利润	3146.98	117%	1451.26	760.66
资产总额	31353.94	137%	13225.27	7548.43
股东权益	19612.77	263.80%	5391.02	3244.59
每股净资产(元)	4.53	113.68%	2.12	1.52
每股收益(元)	0.73	28.07%	0.57	0.36
每股红利(元)	0.412	22.62%	0.336	0.34
股东权益比率	62.55%	53.45%	40.76%	42.98%
净资产收益率	25.18%	−23.93%	33.10%	23.43%

二、前次募集资金的运用情况

1993年该公司进行了配股,资金的投向为:

1.扩大生产规模投入6115.66万元。

2.用于支付华强北路土地前期费用2921.94万元。

三、1994年经营展望

1994年该公司将做好以下几个方面的工作,作为企业发展的主要方向,以实现年度综合溢利达4104万元的目标。

1.继续扩大生产规模,发展高科技产品。

2.继续开拓房地产业务,做好"达声投资广场"前期准备工作。

3.引进外资,拓展国际音响产品市场。

4.促进第三产业的发展,逐步建立发展多元经营格局。

四、股本结构和股东持股情况

1.1993年末股本结构:

股权	数量(万股)	比例(%)
国有股	1427.9999	32.97
法人股	503.49	11.62
社会公众股	2400.14	55.41
总股本	4331.63	100.00

2.前10名最大股东的持股情况:

股东名称	持股数(股)	占总股本比例(%)
深圳赛格集团	15109840	34.88
赛格财务公司	1735700	4.01
深圳天骥基金	1500000	3.46
深圳三环电阻公司	1299200	2.999
南方证券深圳分公司	500000	1.15
平保上步公司	274.460	0.63
君安证券公司	99900	0.23
邹怡夫	92.200	0.21
万捷印刷公司	91.500	0.21
徐晓柳	89.200	0.21

五、1993年度资产负债表和利润及利润分配表

资产负债表

1993年12月31日

深圳市赛格达声股份有限公司 单位:人民币元

资产	1993年12月31日	1992年12月31日	负债及股东权益	1993年12月31日	1992年12月31日
流动资产:	RMB	RMB	流动负债:	RMB	RMB
货币资金	64969563.50	6486817.77	短期借款	76100000.00	54000000.00
短期投资	4288791.44	1280750.00	应付帐款	27224802.49	19863560.00
应收票据	21413300.00	—	预收货款	25500.00	257584.67
应收帐款	35926894.37	20373119.84	应付福利费	618517.91	—
预付货款	15000.00	755639.24	未付股利	121150.00	1349729.14
其他应收款	8330586.65	4338689.78	未交税金	3955924.71	(1399731.32)
减:坏帐准备	821848.70	—	其他应付款	4029208.78	1244995.46
应收预付款项净额	43450632.82	25467448.86	应付关连企业款	—	—
应收关连企业款	—	—	应付工资	1304.00	—
待摊费用	738082.74	—	预提费用	338134.71	242277.78
存货	57438952.24	50356327.68	待扣税金	859949.61	—
流动资产合计	192299322.24	83591344.31	流动负债合计	113274492.21	75558415.73
长期投资:			长期负债:		
拨付所属资金	—	—	长期借款	—	—
长期投资	59812455.00	16120000.00	应付债券	—	—
固定资产:			长期应付款	—	—
固定资产原值	32717264.95	34123038.89	长期负债合计	—	—
减:累计折旧	4673812.18	2797209.49	少数股东权益	4137189.96	2784353.80
固定资产净值	28043452.77	31325829.40	股东权益:		
在建工程	31192205.00	209994.96	股本	43316340.00	25480200.00
固定资产合计	59235657.77	31535824.36	普通股	43316340.00	25480200.00
无形及其他资产			其中:A股(面值1元,发行4331.63万股)	43316340.00	25480200.00
无形资产	935056.20	247500.00			—
递延资产	1256871.04	758117.70	资本公积金	100371969.66	23197150,00
无形及其他资产合计	2191927.21	1005617.70	盈余公积金	34591957.32	
待处理财产损失:	—	—	其中:公益金	3469468.48	1784129.27
待处理流动资产损失(减收益)	—	—	未分配利润	17847413.10	5232666.84
待处理固定资产损失(减收益)	—	—	股东权益合计	196127680.08	53910016.84
待处理财产损失合计	—	—			
资产总计	313539362.25	132252786.37	负债及股东权益总计	313539362.25	132252786.37

利润及利润分配表

1993年1月1日至1993年12月31日

深圳市赛格达声股份有限公司 单位:人民币元

项　　目	1993年	1992年	项　　目	1993年	1992年
一、主营业务收入	172964755.31	139724388.18	四、利润总额	38157290.63	24284431.67
减:营业成本	125360793.31	103049651.46	加:年初未分配利润	139036.22	—
销售费用	8591027.89	5257324.02	上年利润调整或盈余公积转入	(15757.17)	—
管理费用	9213378.02	4147141.29	五、可分配利润	38280569.68	24284431.67
财务费用	3861196.44	2951002.44	减:应交所得税	5674702.95	3206998.22
汇兑损益	(246305.15)	(297963.34)	提取法定盈余公积	10691826.55	4253108.52
营业税金及附加	3215163.58	3546095.21	提取公益金	3069607.36	1273531.28
二、主营业务利润	22969501.22	21071137.10	提能源交通预算调节基金	—	3929766.02
加:其他业务利润	11203650.00	(33964.00)	提职务风险金	—	415658.41
三、营业利润	34173151.22	21071137.10	六、可供股东分配的利润	18844432.82	11205,369.21
加:投资收益	5303891.93	3563072.14	减:已分配普通股股利	—	3337679.56
营业外收入	905194.75	23654.71	少数股东应分享利润	997019.72	2635022.81
减:营业外支出	2224947.27	339468.28	七、未分配利润	17847413.10	5282666.84

7. 深圳锦兴实业股份有限公司

一、1993年经营业绩和近三年主要财务指标

深圳锦兴是一家经营仓储、贸易、房地产开发等业务的上市公司，其股票在深圳证券交易所挂牌。在1993年，该公司根据经济形势及时调整经营策略，把握机遇，大胆开拓，各项业务取得较大进展，创造了较好的经济效益，较为顺利地完成了年度溢利预测计划。该公司近三年的主要财务指标如下(单位:万元)：

项目指标	1993年	1992年	1993年增长率(%)	1991年
营业收入	1457.60	1403.78	3.82	6014.27
利润总额	2218	1338.60	65.7	603.90
税后利润	1843.6	996.35	85.03	449.15
每股收益(元)	0.535	0.419	30.5	0.208
每股红利(元)	0.26	0.20	27.68	0.104
总资产	24087.60	10826.72	122.4	7018.52
股东权益	13561.43	4897.78	176.88	3830.72
每股净资产(元)	3.94	2.06	91.26	1.77
净资产收益率(%)	19.97	20.34	—0.37	11.72
股东权益比率(%)	56.30	45.2	24.56	54.6

二、前次募集资金运用情况

1993年6月，该公司向社会公众配售新股712.8万股，实收金额7083万元，这笔资金的投向如下：

项目名称	投资额(单位:万元)
深圳丽景装饰工程公司	290
深圳沙咀养殖有限公司	300
惠州市大亚湾胜景实业有限公司	625
深圳天俊实业股份有限公司	1400
合浦锦兴房地产公司	1273
阳江市锦兴实业股份(海陵)有限公司	557
石料工程公司	120
在建工程	2518
(1)荣兴大厦	1240
(2)兴贸大厦	1090
(3)龙岗大厦	188

三、1994年经营展望

1994年度该公司总的经营方针是"以经济效益为中心，优化内部经营机制，理顺业务架构，完善投资管理，开拓进取，把握各种有利时机，向多元化、集团化的方向发展。争取实现利润总额2741.4万元，税后利润2330.19万元。

四、股本结构和股东持股情况

1.1993年末股本结构：

股权	数量(万股)	比例(%)
国家股	1378.08	40
集体股	416.36	12.09
公众股	1650.76	47.91
总股本	3445.2	100

2.前10名大股东持股情况

股东名称	持股数(股)
深圳天俊实业股份有限公司	13780800
深圳天俊实业股份有限公司职工集体	4163695
特证发展	364025
深圳平安保险上步公司	129325
张红丽	90000
深圳昌利丝绸制品有限公司	70300
深圳威士达大众传播有限公司	63800
叶沛根	54300
深圳市天极光电技术实业股份有限公司	51900
中国中山实业深圳公司	40000

五、1993年度资产负债表和利润及利润分配表

资产负债表

1993年度

深圳锦兴实业股份有限公司　　单位：人民币元

项　目	行次	年初数	年末数	负债及股东权益	行次	年初数	年末数
流动资产：				流动负债：			
货币资金	1	8867663.98	11475141.09	短期借款	41	53000000.00	88500000.00
短期投资	2	914760.00	12934094.33	应付票据	42		
应收票据	3			应付帐款	43		6041717.14
应收帐款	4	7599215.77	10144850.78	预收货款	44	3168741.25	1973462.62
减：备抵坏帐	5		44032.70	应付福利费	45	1891268.62	2697924.59
应收款项净额	6	7599215.77	10100818.08	未付股利	46		
预付货款	7	20799254.00	65936026.75	未交税金	47	1123057.03	3293606.72
其他应收款	8	17940.60	5851950.52	其他未交款	48		
待摊费用	9		2741.67	其他应付款	49	106302.10	2755028.89
存货	10	11307.58	28579.23	预提费用	50		
流动资产合计	18	38210141.93	106329351.67	待扣税金	51		
长期投资：				一年内到期的长期负债	52		
长期投资	19	33300000.00	74355326.68	流动负债合计	55	59289369.00	105261739.96
固定资产：				长期负债：			
固定资产原价	21	38926381.70	39515041.01	长期借款	56		
减：累计折旧	22	2990998.57	4548992.92	应付债券	57		
固定资产净值	23	35935383.13	34966048.09	长期应付款	58		
在建工程	24	821720.00	25185525.50	长期负债合计	62		
固定资产清理	25						
固定资产合计	26	36757103.13	60151573.59	股东权益：			
无形及其他资产：				股本	66	23760000.00	34452000.00
无形资产	30			资本公积	67	10847938.05	74547023.05
递延资产	31		39,763.80	盈余公积	68	4320644.22	7863730.83
无形及其他资产合计	34		39763.80	其中：公益金	69		
待处理财产损失：				未分配利润	70	10049293.79	18751521.90
待处理流动资产损失(减收益)	35						
待处理固定资产损失(减收益)	36			股东权益合计	75	48977876.06	135614275.78
待处理财产损失合计	38						
资产总计	40	108267245.06	240876015.74	负债及股东权益合计	80	108267245.06	240876015.74

利润及利润分配表

1993年度

深圳锦兴实业股份有限公司　　单位:人民币元

项　　目	行次	金　　额	项　　目	行次	金　　额
一、主营业务收入	1	14576017.01	加:年初未分配利润		
减:营业成本	2	10374198.04	(未弥补亏损以"—"号表示)	16	10049293.79
销售费用	3	103974.06	上年利润调整		
管理费用	4	4704447.61	(减少上年利润以"—"号表示)	17	—415331.79
财务费用	5	6939868.06		18	
汇兑损益	6	—967368.63	五、可分配利润	19	31813927.05
进货费用	7		减:应交所得税	20	3328638.68
营业税金及附加	8	243418.12	提取法定盈余公积	21x	3487236.53
二、主营业务利润(亏损以"—"号表示)	9	—6822.520.25	提取公益金	22	1494529.94
加:其他业务利润(亏损以"—"号表示)	10		六、可供股东分配的利润	23	23503521.90
三、营业利润(亏损以"—"号表示)	11	—6822520.25	减:已分配优先股股利	24	
加:投资收益(亏损以"—"号表示)	12	28188832.00	提取任意公积	25	
营业外收入	13	814653.30	已分配普通股股利	26	4752000.00
减:营业外支出	14	1000.00	七、未分配利润		
四、利润总额(亏损以"—"号表示)	15	22179965.05	(未弥补亏损以"—"号表示)	27	18751521.90

8. 中国宝安集团股份有限公司

一、1993年经营业绩和近三年主要财务指标

中国宝安集团是一家集房地产、金融证券、工业和商业贸易于一身的综合股份公司，该集团的股票最早在深圳证券交易所挂牌。在1993年度，该集团抓住机遇，开拓进取，超过预测的1.43%完成了年度利润计划。该集团近三年的主要财务指标如下(单位：元)：

项目指标	1993年度	增长率	1992年度	1991年度
主营业务收入	940397971.98	21.6%	773356114.96	409097541.96
利润总额	483528975.90	86.6%	259162108.59	106996706.06
税后利润	420542678.85	100.5%	209734015.53	80136120.48
资产总额	3270337312.05	111.5%	1546114462.15	664292848.40
股东权益	1544704115.80	136.4%	653373470.85	433689760.28
每股净资产	4.09	65.6%	2.47	1.93
每股收益	1.11	40.5%	0.79	0.36
每股红利			0.39	0.23
股东权益比率	47.2%	11.2%	42.3%	65.3%
净资产收益率	38.3%	－0.8%	38.6%	18.5%

二、前次募集资金的运用情况

该集团1993年投资约14亿元。除发行转券和权证筹资10.28亿元外，其余来自集团自有、银行借款和其他渠道融资，资金的投向如下：

1.全资投入：

深圳生物工程基地2500万元；深圳沙井工业区3200万元；深圳布吉工业区5100万元；补充集团进出口部2100万元进出口业务流动资金；投入深圳洪湖花园一期工程11,000万元；武汉南湖机场改造18,000万元；海口秀英街改造工程16,500万元；上海宝安大厦工程15,000万元，上海外高桥保税工业区1050万元；香港恒丰公司2500万元；陕北油田油井工程1000万元；北京西客站办公楼4200万元；珲春边贸设立公司2000万元；设立美国宝安有限公司1000万元；投资深圳盐田港基础设施17500万元；

2.参股投资：

东北亚港口铁路6048万元；安徽皖能股份公司5050万元；新疆宏源股份公司1800万元；江铃汽车股份公司3600万元；贵阳中天股份2790万元；上海延中股份公司7472万元；甘长风宝安股份2580万元；海南珠江实业股份公司3980万元；长沙中意电器股份公司1440万元；宁波中元钢管股份1635万元。

三、1994年经营展望

该集团1994年将继续遵循“以房地产业为龙头，以工业为基础，以金融证券、商业贸易为支柱，积极发展其他行业”的经营方针，发挥现有产业优势，调整产业结构，确保1994年实现税前利润53015万元，税后利润46251万元。

四、股本结构和股东持股情况

1.1993年末股本结构：

股权	数量(万股)	比例(%)
国有股	9892.45	26.19
法人股	6979.42	18.48
公众股	20899.55	55.33
总股本	37771.42	100.00

2.1993年末前10名大股东名单：

股东名称	持股数(股)	占总股本比例(%)
宝安区投资管理公司	49462270	13.1
龙岗区投资管理公司	49462270	13.1
龙岗区大鹏镇大坑上村	6875010	1.82
龙岗区大鹏镇大坑下村	5860140	1.55
深圳市房地产建设开发公司	5720000	1.51
宝安区新安发展公司	5333900	1.41
龙岗区横岗投资公司	4690400	1.24
宝安区沙井镇经济发展公司	3424200	0.91
龙岗区布吉镇经济发展公司	3146000	0.83
中国银行深圳国际信托投资公司	2860000	0.76

五、1993年度资产负债表和利润及利润分配表

资产负债表

1993年12月31日

中国宝安集团股份有限公司　单位:人民币元

资　产	行次	年初数	年末数	负债及股东权益	行次	年初数	年末数
流动资产:				流动负债:			
货币资金	1	178811389.06	32481111421	短期借款	41	306600000.00	480365000.00
短期投资	2	64521491.03	100574038.01	应付票据	42		10448893.73
应收票据	3	658048.94		应付帐款	43	97958946.69	151288122.23
应收帐款	4	313633372.64	178702482.60	预付货款	44	63547511.21	56052161.96
减:备抵坏帐	5	1978237.81	884276.53	应付福利费	45	3947411.81	2001137.59
应收款项净额	6	311655134.83	177818206.07	未付股利	46	1826899.44	1820227.44
预付货款	7	28088598,54	95284229.21	未交税金	47	60067326.79	72238420.74
其他应收款	8	5250304.11	283642477.11	其他未交款	48		
待摊费用	9	72718.61	970146.72	其他应付款	49	69,498138.83	226169506.57
存货	10	196776928.01	760748921.11	预提费用	50	14211289.07	11421805.18
流动资产合计	18	785834613.13	1743849132.14	待扣税金	51		
长期投资:				一年内到期的长期负债	52		83500000.00
长期投资	19	284343913.19	1040263457.07	流动负债合计	55	617657523.84	1095305275.44
固定资产:				长期负债:			
固定资产原价	21	187017280.95	299994840.69	长期借款	56	150000000.00	117093,413.23
减:累计折旧	22	15463623.89	27851295.66	应付债券	57	124045000.00	512183,544.32
固定资产净值	23	171553657.06	272143545.03	长期应付款	58		
在建工程	24	301993252.25	199058081.71	长期负债合计	62	274045000.00	629276957.55
固定资产清理	25			少数股东权益		1038467.46	1050963.26
固定资产合计	26	473546909.31	471201626.74	股东权益:			
无形及其他资产:				股本	66	264038616.00	377714241.00
无形资产	30		5013500.00	资本公积	67	120000000.00	609433057.77
递延资产	31	2389026.52	10268847.67	盈余公积	68	61877047.45	136834908.09
无形及其他资产合计	34	2389026.52	15282347.67	其中:公益金	69		
待处理财产损失:				未分配利润	70	207457807.40	420721908.94
待处理流动资产损失(减收益)	35		－259251.87	本年利润			
待处理固定资产损失(减收益)	36			股东权益合计	75	653373470.85	1544704115.80
待处理财产损失合计	38		－259251.87				
资产总计	40	1546114462.15	3270337312.05	负债及股东权益总计	80	1546114462.15	3270337312.05

利润及利润分配表

1993 年度

中国宝安集团股份有限公司 单位:人民币元

项目	行次	金额	项目	行次	金额
一、主营业务收入	1	940397971.98	四、利润总额(亏损以"—"号表示)	15	481603929.56
减:营业成本	2	615188437.29	加:年初未分配利润(未弥补亏损以"—"号表示)	16	207457807.40
销售费用	3	19690316.18	上年利润调整(减少上年利润以"—"号表示)	17	4586038.35
管理费用	4	78113559.99	盈余公积转入	18	
财务费用	5	55165607.13	五、可分配利润	19	693647775.31
汇兑损益	6	—4888164.67	减:应交所得税	20	61582501.83
进货费用	7		提取法定盈余公积	21	78434257.67
营业税金及附加	8	21429559.06	提取公益金	22	29707477.43
二、主营业务利润(亏损以"—"号表示)	9	155698657.00	少数股东权益	23	226569.00
加:其他业务利润(亏损以"—"号表示)	10	19752293.56	六、可供股东分配的利润	24	523696969.38
三、营业利润(亏损以"—"号表示)	11	175450950.56	减:已分配优先股股利	25	
加:投资收益(损失以"—"号表示)	12	283505659.77	提取任意公积	26	
营业外收入	13	23546576.12	已分配普通股股利	27	102975060.44
减:营业外支出	14	899256.89	七、未分配利润(未弥补亏损以"—"号表示)	28	420721908.94

9.深圳市物业发展(集团)股份有限公司

一、1993年度经营业绩和近三年主要财务指标

深圳市物业发展(集团)股份有限公司是一家经营房地产、工商贸易、餐饮服务的上市公司,该公司股票在深圳证券交易所挂牌。在1993年,该公司实现利润3.22亿元,超额4.89%完成年度计划。该公司近三年的主要财务指标如下(单位:元):

项目指标	1993年	增长率	1992年	1991年
营业收入	749255242	-1.9	764127314	381421000
利润总额	322918581	28.72	250867045	83123000
税后利润	285638986	55.67	183490908	72219000
资产总额	3347536701	46.24	2289104769	
股东权益	1055103794	44.49	730235794	
每股净资产	3.06	7.75	2.84	
每股收益	0.83	16.90	0.71	
每股红利	0.42	16.67	0.36	
股东权益比率	31.52%	-1.19	31.90%	
净资产收益率	32%	-10.11	35.60%	

二、前次募集资金的运用情况

1993年该集团实施配股募集人民币8088万元,港币29万元,总计折合人民币8117万元。根据1992年度股东大会批准之用款计划,资金的投向如下:

(1)罗湖商业城。该项目投入配股募集资金2872.3万元。

(2)嘉宾二期。该项目投入配股募集资金751.7万元。

(3)龙华丰润花园。该项目投入配股募集资金1400万元。

(4)上海田园都市。该项目投入配募集资金1650万元。

(5)美林合成纤维。该项目投入配股募集资金1123万元。

(6)岭南吉发仓储。该项目投入配股募集资金320万元。

三、1994年经营展望

该集团1994年的发展战略是:坚持以房地产开发经营为主,大力发展商贸业、饮食服务业、商科技工业和证券投资业,完善多元化产业结构;坚持以深圳为发展基地和立足点,积极向外拓展业务,使投资区域分布合理化,争取实现税后利润3.63亿元。

四、股本结构及股东持股情况

1.1993年末股本结构:

股权		数量(股)	比例(%)
国有股	A股	205815457	59.75
定向法人股	A股	41450000	12.04
社会公众股	A股	52900000	15.36
公司内部职工股	A股	5200000	1.51
合计		305365457	88.66
社会公众股	B股	39071400	11.34
总股本		344436857	100.00

2.前10名大股东持股情况:

股东名称	持股数(股)	占总股本比例(%)
深圳市投资管理公司	241815457	70.21
BTFE - GT SHENZHEN & CHINA FUND	3547400	1.03
BARCLAYTRUST INT'L LTD	2476000	0.72
中国平安保险公司	2009650	0.58
AU KIANG INTERNATIONAL CO LTD	1860000	0.54
CHASE/COLLEGE RETIRMENT EQUITIES FUND	1702000	0.49
BERMUDA TRUST (FAR EAST)LTD GT NEWLY IND'L COUNTR	1172600	0.34
TEMPLETON CHINA FUND INC.	1016000	0.30
EQUITY FUND OF CHINA	936000	0.27
EARNGUARD LTD	837200	0.24

五、1993年度资产负债表和利润及利润分配表

资产负债表

深圳市物业发展(集团)股份有限公司 单位:人民币元

项目	年末数	年初数	项目	年末数	年初数
流动资产			流动负债		
货币资金	466821746.52	346925120.56	短期借款	838168000.00	545496946.70
短期投资	36757290.69	19097691.69	应付帐款	107316853.39	164036486.91
应收票据	3,18721547	0.00	预收货款	832588918.14	503754398.02
应收帐款	162000923.94	90500302.77	应付福利费	24251119.19	20906,760.24
预付货款	87586516.26	7689633.59	未付股利	14880951.20	0.00
其他应收款	103543621.32	122614505.88	未交税金	71451136.99	38792025.57
减:备抵坏帐	7904289.72	3103471.03	其他未交款	2944340.95	—3549916.31
应收及预付款项净额	348413987.27	217700971.21	其他应付款	159867118.51	81776163.54
应收内部单位款	0.00	0.00	应付内部单位款	0.00	0.00
待摊费用	1954231.06	4017776.21	预提费用	96006391.07	40454647.42
存货	1,728160042.13	1159549310.53	一年内到期的长期负债	1016744.30	0.00
流动资产合计	2582107297.67	1747290870.20	流动负债合计	2148491573.74	1391667512.09
长期投资			长期负债		
长期投资	429524907.12	295071320.90	长期借款	88466343.60	138500000.00
固定资产			长期应付款	21389337.90	5825629.83
固定资产原价	316064725.11	237885523.81	其他长期负债	2965655.47	0.00
减:累计折旧	47755729.09	30807733.62	长期负债合计	112821336.97	144325629.83
固定资产净值	268308996.02	207077790.19	少数股东权益		
在建工程	8446586.58	2942798.21	少数股东权益	31119996.93	22875833.53
固定资产合计	276755582.60	210020588.40	股东权益		
无形及其他资产			股本	344436857.00	257511890.00
无形资产	48369855.08	34879710.00	资本公积	294899450.82	223243928.93
递延资产	10898450.17	1842280.42	盈余公积	119960762.97	52665046.10
无形及其他资产合计	59268305.25	36721990.42	未分配利润	295806723.46	196814929.44
待处理财产损失			其中:分红基金	7347651.49	13589409.41
待处理流动资产损失	—119390.75	0.00	股东权益合计	1055103794.25	730235794.47
资产总计	3,34753670189	2289104769.92	负债及股东权益总计	3347536701.89	2289104769.92

利润及利润分配表

深圳市物业发展（集团）股份有限公司　　单位：人民币元

项　目	1993 年度	1992 年度	项　目	1993 年度	1992 年度
一、主营业务收入	749255242.00	764127314.57	加：投资收益	184443142.91	17156251.49
其中：1.房地产	345180758.85	439862745.44	营业外收入	3770566.61	3147615.56
2.商品	308599892.63	252640805.82	减：分给外单位利润	24983251.80	25794702.09
3.房屋租赁和管理	47978996.13	36522222.18	营业外支出	8372291.31	15125041.62
4.运输和饮食服务	28306162.24	14043184.05	四、利润总额	322918581.56	250867045.64
5.其他	19189432.15	21058357.08	加：年初未分配利润	196814929.44	38826884.02
减：营业成本	535986537.42	485273757.71	其中：分红基金	13589409.41	0.00
其中：1.房地产	233283869.87	221899681.11	上年利润调整	−1711719.14	23145670.18
2.商品	253682448.83	229436263.34	五、可分配利润	518021791.86	312839599.84
3.房屋租赁和管理	27261391.04	9111663.37	减：应交所得税、能源交通	39,751,355.92	68,262,356.56
4.运输和饮食服务	14553878.00	7434328.17	和预算调节基金		
5.其他	7204949.68	17391821.72	少数股东权益	−4183479.48	22259451.98
销售费用	43048918.42	12217485.50	提取法定盈余公积	64128932.01	16307291.29
管理费用	26678838.72	17269152.75	提取公益金	22227681.48	9195570.57
财务费用	−3428099.58	7055793.96	六、可供股东分配的利润	396097301.93	196814929.44
汇兑损益	−49580788.17	−55810661.92	减：提取任意公积	2436060.23	0.00
营业税金及附加	29400812.66	26638864.27	已分配普通股股利	97854518.24	0.00
二、主营业务利润	167149022.53	271482922.30			
加：其他业务利润	911392.62	0.00	七、未分配利润	295806723.46	196814929.44
三、营业利润	168060415.15	271482922.30	其中：分红基金	7347651.49	13589409.41

10. 中国南玻集团股份有限公司

一、1993年经营业绩和近三年主要财务指标

中国南坡集团股份有限公司是一家主营玻璃生产的上市公司，该公司股票在深圳证券交易所挂牌。在过去的一年里，该公司不断开拓创新，努力拚搏，继续保持了高速、稳定的发展，并逐步发展成为一个以玻璃工业为主，现代陶瓷、液晶显示和第三产业为支柱的多元化、国际化的工业集团。该公司近三年的财务指标如下(单位：万元)：

项目指标	1993年	1993年增长	1992年	1991年
营业收入	46217.50	119.09%	21095.34	11124.97
利润总额	19089.92	133.10%	8189.57	3512.69
税后利润	14164.28	133.36%	6069.80	2549.69
资产总额	109325.55	162.81%	41598.50	39242.92
股东权益	79903.82	187.40%	27802.59	14649.69
每股净资产	4.13元/股	60.08%	2.58元/股	
每股权益	0.73元/股	29.43%	0.564元/股	
每股红利	0.40元/股	41.83%	0.282元/股	
股东权益比率	73.09%	9.42%	66.80%	
净资产收益率	26.3%	－8.04%	28.60%	

二、前次募集资金的运用情况

该公司1992年度在分红时实施配股共募集资金约折合人民币4亿元左右，这部分资金已按配股说明书阐述的使用方向投入使用。

1. 投资深圳伟光导电膜有限公司(ITO项目)1450万元(尚需付2766万元设备费)。

2. 投资深圳南旭电子陶瓷有限公司(电子陶瓷项目)2799万元(尚需付3346万元设备费)。

3. 投资深圳南玻结构陶瓷有限公司(结构陶瓷项目)3000万元。

4. 补充电子陶瓷、结构陶瓷等项目流动资金700万元。

5. 付配股包销费908万元。

6. 尚余16,083万元。

由于配股资金到位比较晚及新厂厂址选择方面的原因，汽车风挡玻璃和超薄浮法玻璃项目较原计划有所拖延，其他项目进展顺利。

三、1994年经营展望

在1994年，该公司在抓好现有企业生产经营的同时，将加快几个在建投资项目的建设，争取使1994年的税后利润达到15,748万元。

四、股本结构和股东持股情况：

1. 1993年末股本结构

	股　　权	持股量(万股)	比例(%)
A股	发起人股	9231.7385	47.69
	社会公众股	3390	17.52
	内部职工股	264	1.36
B股	发起人股	2592.8648	13.40
	社会公众股	3877.2557	20.03
	总股本	19355.857	100.00

2. 前10名大股东持股情况：

股东名称	持股量(股)	占总股本比例(%)
深圳建筑材料工业(集团)公司	29723.867	15.36
北方工业深圳公司	29723867	15.36
香港招商局轮船股份有限公司	25928648	13.39
广东国际信托投资公司	23177483	11.97
CHEMICAL BR GSU LLIENTS A/CS/A CIBC RE HYPERION AS	2424000	1.25
深圳君安证券有限公司	2392165	1.24
CHASS/COLLEGE RETRENT	2362000	1.22
BBH BOSRON－FIDELIRY RETIREMENT GROWTH FUND	2282000	1.18
JARDING FLEMING REGION FUND,INC	2210000	1.14
BERMUDA TRUST (FAR EAST) LTD － GT SHENZHEN & CHINA	2134200	1.10%

五、1993年度资产负债表和利润及利润分配表

资产负债表(合并)

1993年12月31日

中国南玻集团股份有限公司　　单位:人民币元

资　产	年末数	年初数	负债及股东权益	年末数	年初数
货币资金	272490802.85	48464978.50	流动负债		
短期投资	28337546.80	200658.85	短期借款	79324000.00	20475000.00
应收帐款	57965742.40	34708021.80	应付帐款	33176119.58	12010632.64
减:坏帐准备	1768031.63	836992.29	预收货款	17422073.20	25075374.43
应收帐款净额	56197710.77	33871029.51	应付福利费	13341063.56	4060298.51
预付货款	18192053.30	2299089.16	未付股利	411545.78	5796109.08
其他应收款	273382720.89	68707948.82	未交税金	13973167.76	10475983.02
待摊费用	800576.76	371904.99	其他应付款	56969607.47	38592021.36
存货	146859992.26	19273121.79	预提费用	1589707.49	1179725.99
流动资产合计	796261403.63	173188731.62	流动负债合计	216207284.84	117665145.03
长期投资:			长期负债		
长期投资	33618125.19	77140248.90	长期借款	26085000.00	——
长期投资合计	33618125.19	77140248.90	少数股东权益		
固定资产:			少数股东权益	51924964.49	20293947.79
固定资产原值	187209582.48	144045302.76	少数股东权益合计	51924964.49	20293947.79
减:累计折旧	33507174.75	23756449.91	股东权益:		
固定资产净值	153702407.73	120288852.85	股本	193558590.00	107532550.00
在建工程	95329471.53	36412098.73	资本公积	440575174.92	91310740.31
固定资产合计	249031879.26	156700951.58	盈余公积	46844281.16	9483750.00
无形及其他资产:			其中:公益金	11515058.21	——
无形资产	3536400.00	3658344.00	货币换算差额	184229526	172500.00
递延资产	10775185.07	5296701.67	未分配利润	116217906.16	69526344.64
无形及其他资产合计	14311585.07	8955045.67	股东权益合计	799038247.50	278025884.95
待处理财产损失					
待处理流动资产损失	32503.68	——			
待处理财产损失合计	32503.68	——			
资产合计	1093255496.83	RNB415984977.77	负债及股东权益合计	1093255496.83	415984977.77

利润及利润分配表(合并)

1993年1月1日至本年12月31日

中国南玻集团股份有限公司　　单位:人民币元

项　目	1993年	1992年	项　目	1993年	1992年
一、主营业务收入	462175043.45	210953364.98	上年利润调整	520661.64	(249147.27)
减:营业成本	231849072.20	106413398.42	五、可分配利润	260946207.44	96921733.05
销售费用	16826490.73	11811694.10	减:应交所得税	14509237.43	6854578.36
管理费用	32193740.81	21458961.22	提取法定盈余公积	28494036.19	5008500.00
财务费用	(13165349.55)	(3090538.40)	其中:少数股权公积金	1756714.98	——
汇兑损益	(12763997.91)	(13995541.50)	提取公益金	30177082.50	4522213.65
营业税金及附加	17964375.89	6334464.63	其中:少数股权公益金	1783696.50	1017853.24
二、主营业务利润	189270711.28	82020926.51	加:货币换算差额	(125299.09)	4412166.87
加:其他业务利润	1111644.94	9663.36	六、可供股东分配的利润	187640552.23	84948647.91
三、营业利润	190382356.22	82030589.87	减:已分配普通股股利	39787043.51	7581279.18
加:投资收益	355882.71	——	少数股东权益	31635602.56	7841024.09
营业外收入	1093826.59	257294.38	其中:已分配少数股权	——	5796109.08
减:营业外支出	932864.36	392221.13	七、未分配利润	116217906.16	69526344.64
四、利润总额	190899201.16	81895663.12			
加:年初未分配利润	69526344.64	15275257.20	除税及少数股权后每股盈利	0.73	0.56

11. 深圳市石油化工(集团)股份有限公司

一、1993年经营情况和近三年主要财务指标

深圳石油化工(集团)股份有限公司是一家主营石油贸易和家用空调器的上市公司,其股票在深圳证券交易所挂牌。1993年,该集团进一步加强管理,转换经营机制,改善企业素质,克服重重困难,不仅使原有企业总体上保持了30%以上的增长率,而且,以海上油库和深圳空调器厂为重点的新一轮发展计划得到顺利实施。该集团1993年实现税后利润10196万元,比预测数超出4.4%。其近三年的主要财务指标如下(单位:万元):

项目指标	1993年	1992年	1991年	年增长率(%)
营业收入	179,442	81,142	87716	121
利润总额	11,342	7,761	5241	46
税后利润	10,196	5,587	4361	82
资产总额	253,707	116,417	66164	118
股东权益	57,867	30,595	17418	89
每股收益	0.524元	0.402元		30
每股红利	0.288元	0.201元		43
每股净资产	2.98元	2.20元		35
股东权益比率	23%	26%	26%	
股东权益报酬率	23.1%	23.3%	25.0%	

二、前次募集资金的运用情况

1993年该集团向股东配售新股27779760股,实际筹集资金计人民币16843万元,港币1426万元。其具体投向为:

1. 投资深圳蓝波空调器厂6000万元;
2. 投资深圳海上油库及新加坡合资公司4000万元;
3. 投资深圳三鼎油运有限公司1540万元;
4. 投资深圳协孚供油有限公司500万元;
5. 投资深圳石化上海实业公司500万元;
6. 股权投资1520万元;
7. 补充流动资金4350万元。

三、1994年经营展望

在1994年,该公司董事会将进一步调整发展战略,发展主导产业,使该集团的发展方向更加明晰。争取使营业总额将达346.119万元,税后利润将达14.200万元。

四、股本结构和股东持股情况

1. 1993年末股本结构:

股权	数量(股)	比例(%)
国有股(A股)	105478560	54.24
定向法人股(A股)	35079760	18,04
社会公众股(A股)	32900000	16.92
其中:内部职工股	2800000	1.44
B股	21000000	10.80
总股本	194458320	100.00

2. 前10名股东持股情况:

股东名称	持股数(股)	占总股本比例(%)
深圳市投资管理公司	105478560	54.2
中国平安保险公司	15072000	7.75
招商银行(证券业务部)	12806730	6.58
TEMPLETON CHINA FUND INC	2050000	1.05
中国光大银行(深圳)证券部	1684000	0.87
深圳晶业塑胶有限公司	1415880	0.73
CROSBY SECURITIES (HK) LTD	1310000	0.67
深圳安信投资发展公司	1000000	0.51
深圳银地投资股份有限公司	1000000	0.51
BTFE — GT SHENZHEN & CHINA FUND	928,000	0.48
合计	142994770	73.35

五、1993年度资产负债表和利润及利润分配表

资产负债表

1993年12月31日

深圳市石油化工(集团)股份公司　　　　单位:人民币元

项　　目	集　　团		公　　司	
	合并期末数	合并年初数	期 末 数	年 初 数
流动资产:				
货币资金	162104971.16	62141004.79	102618710.69	15667,619.50
短期投资	14481835.12	1045000.00	1128345867	357000.00
应收票据	23819.84	509522.19	——	——
应收帐款	536565436.39	283732694.41	12575600.77	7585138.52
预付货款	58652003.01	98942487.85	8050265.35	4009282.86
其他应收款	293183845.95	169784829.14	167340262.26	31602683.97
减:坏帐准备	19936058.46	606986500	13954565.70	2764425.18
应收预付款项净额	868489046.73	546949668.59	174011562.68	40432680.17
应收关连企业款	——	——	422502900.04	278617250.29
预交税金	——	——	——	——
待摊费用	5772804.45	5281161.52	——	——
存货	829250674.50	302141028.30	40450.00	1252,367.17
流动资产合计	1880099331.96	917557863.20	710457082.08	336326917.13
拨付所属资金	——	——	358526134.29	148944,610.83
长期投资:	203307689.35	116098844.47	165313387.32	87495859.20
固定资产:				
固定资产原值	238183375.60	89777571.29	52377719.12	44003484.81
减:累计折旧	43471661.64	12997431.27	6400410.71	4343495.34
固定资产净值	194711713.96	76780140.02	45977308.41	39659989.47
在建工程	162889396.23	28435627.87	11044379.41	2280976.22
固定资产清理	7813858.21	8214711.69	7813858.21	8214711.69
固定资产合计	365414968.40	113430479.58	64835546.03	50155677.38
无形及其他资产				
无形资产	13640352.53	8829301.26	8370279.21	8829301.26
递延资产	62123810.68	8251365.31	2555255.92	——
其他资产	9358124.00	——	——	——
无形及其他资产合计	85122287.21	17080666.57	10925535.13	8829301.26
待处理财产损失:				
待处理流动资产损失(减收益)	3129553.68	——	——	——
待处理固定资产损失(减收益)	——	——	——	——
待处理财产损失合计	3129553.68	——	——	——
资产总计	2537073830.60	1164167853.82	1310057684.85	631752356.80
负债及股东权益				
流动负债:				
短期借款	903054708.95	328706800.00	405165264.95	114496200.00
应付票据	——	——	——	——
应付帐款	504729565.91	53409435.06	463731.14	4868845.95
预收货款	60842646.69	154395577.68	8121990.20	13434767.07
应付福利费	12850365.95	8448013.33	5232837.94	6191070.65
未付股利	64530.62		64530.62	
未交税金	5619880.60	6334996.02	1548145.49	1688746.55
其他未交款	1082543.53	——	125789431.96	34998505.48
其他应付款	177572633.29	108171836.33	77484124.81	83221553.64
应付关连企业款	——	——	——	——
应付工资	1,533982.18	259869.37	4149407.06	9428456.10
预提费用	4037754865	15194632.67	——	——
待扣税金	5167546.51	——	——	——
一年内到期长期负债	1131000.00			
流动负债合计	1714026952.88	674921160.46	628019464.17	268328,145.42
长期负债:				
长期借款	157917566.86	153482566.79	103158566.86	118244655.79
应付债券	28000000.00	28000000.00	———	——
长期应付款	——	——	——	——
长期负债合计	185917566.86	181482655.79	103158566.88	118244655.79
少数股东权益	58461782.05	1807963.78	——	——
股东权益:				
股本	194458320.00	138898800.00	194548320.00	138898800.00
普通股	194458320.00	138898800.00	194458320.00	138898800.00
其中:				
A股(面值1元,发行173458320股)	173458320.00	123898800.00	173458320.00	123898800.00
B股(面值1元,发行21000000股)	21000000.00	15000000.00	21000000.00	15000000.00
资本公积金	227171052.16	70239730.04	227171052.16	70239730.04
盈余公积金	55161601.01	25294499.32	55161601.01	7402986.92
其中:公益金	——	——	——	——
未分配利润	101876555.64	71523044.43	102088680.65	28638047.63
股东权益合计	578667528.81	305956073.79	578879653.82	245179564.59
负债及股东权益合计	2537073830.60	1164167853.82	1310057684.85	631752365.80

利润及利润分配表

1993年1月1日至12月31日

深圳市石油化工(集团)股份有限公司　　单位:人民币元

项目	集团		公司	
	合并本年数	合并上年数	期末数	年初数
一、主营业务收入	1794423923.65	811415214.17	70411015.24	299316475.93
减:营业成本	1580092803.02	714219843.64	69217594.07	293526599.44
销售费用	26200684.94	8949970.78	344303.72	209672.89
管理费用	69328276.86	32639704.86	14832461.69	8854629.76
财务费用	35096702.22	8770922.88	(8984686.17)	205376.23
汇兑损益	(8420272.73)	(13942999.12)	3209395.20	(9951584.84)
进货费用	——	——	——	——
营业税金及附加	19037423.04	10020581.75	108890.30	569125.43
二、主营业务利润	73,088,306.27	50757189.38	(8316943.57)	5902657.02
加:其他业务利润	19054311.06	3222788.30	10563093.70	——
三、营业利润	92142617.33	53979977.68	2246150.13	5902657.02
加:投资收益	25801714.52	27273746.89	100287124.27	21431729.62
营业外收入	3923420.47	2863585.81	693321.09	517639.78
减:营业外支出	2934333.34	8149378.82	326955.33	7,116689.95
四、利润总额	118933418.98	75967931.56	102899640.16	2073533647
减:少数股东应分利润	551282717	225545.63	0	——
集团利润总额	113420591.81	75742385.93	102899640.16	20735336.47
加:年初未分配利润	71523044.43	15655604.90	28638047.63	7343873.30
上年利润调整或盈余公积转入	(973434.02)	1866415.48	0	313849751
五、可分配利润	183970202.22	93264406.31	131537687.79	31217707.28
减:应交所得税	10482734.06	9112485.09	810959.51	1250744.07
应交能源交通和预算调节基金	——	5798593.50	——	1328915.58
提取法定盈余公积	25033065.55	6798991.93	9349384.19	——
提取公益金	10418623.17	31291.36	4422169.53	——
六、可供股东分配的利润	138035729.44	71523044.43	116955174.56	28638047.63
减:已分配优先股股利	——	——	——	——
提取任意公积	——	——	——	——
已分配上年度普通股股利	36,159,173.80	——	14,866,493.91	——
年初利润转股本	——	——	——	——
七、未分配利润	101,876,555.64	71,523,044.43	102,088,680.65	28,638,047.63

12.深圳华源实业股份有限公司

一、1993年度经营业绩及近三年主要财务指标

深圳华源实业股份有限公司是一家生产高科技产品——电脑软磁盘的上市公司，该公司股票在深圳证券交易所挂牌。在1993年，该集团经营业务迅速拓展，生产规模日益壮大，在向集团化、国际化、多元化的发展方向上取得了长足的进展。在这一年里，该集团内各公司共生产各种电脑软磁盘近2亿片，电脑软磁盘的生产能力已达3亿片，占世界电脑软磁盘生产能力的8%；该集团本部产品外销收入比1992年增长76%，内销收入比1992年增长3.2倍，均创历史同期最好水平。该集团近三年主要财务指标如下：

项目指标	1993年度	增长率%	1992年度	1991年度
营业收入总额(万元)	48133.09	190%	16602.81	9053.28
利润总额(万元)	4648.30	168%	1736.43	589.10
税后利润总额(万元)	4026.72	153%	1588.61	542.22
资产总额(万元)	49983.62	139%	20879.53	6127.67
资产净值(万元)	20442.77	242%	5974.96	1,853.76
股本总额(万股)	4781.16	80%	2656.20	1287.78
每股资产净值(元)	4.28	90%	2.25	1.44
每股收益(元)	0.84	40%	0.60	0.42
每股红利(元)	0.60	58%	0.38	
资产净值收益率	30.48%	−25%	40.58%	34.26%
资产净值比率	40.90%	43%	28.62%	30.25%

二、前次募股资金的运用情况

该集团在1993年度实施配股共募集资金总额人民币11952.90万元，其募集资金的运用安排实际执行情况如下：

1、收购持有深圳华匀磁电有限公司60%股权和上海资源电子有限公司51%股权及香港CSD有限公司。

2、采用合资方式投资组建扬州、鄂州、常州华源公司，扩建万胜公司和销售公司，按该集团认缴出资比例计算缴付出资额折合人民币5,558.90万元。

3、参股投资1592万元建设北京龙苑别墅，由北京龙源房地产开发有限公司开发。

4、补充生产用流动资金人民币227.00万元。

三、1994年经营展望

就该集团整体盈利结构而言，电脑软磁盘、商用磁卡以及北京龙苑别墅房地产项目将是该集团1994年度的主要盈利项目，办公自动化产品和计算机消耗品的零售业务也将为该集团提供较为丰厚的盈利回报，该集团董事会预测，华源集团1994年综合税后溢利将达到人民币5020万元。

四、股本结构和股东持股情况

1.1993年末股本结构：

股权	数量(股)	比例(%)
其中：发起人股	23694080	49.56
社会公众股	23227220	48.58
内部职工股	890300	1.86
总股本	47811600	100.00

2.前10名股东持股情况：

股东名称	持股数(股)	占总股本比例(%)
香港资源电子科技有限公司	14571720	30.48
深圳经济特区发展公司	5396900	11.29
机电工业部三十三研究所	3725460	7.79
杨树雄	144000	0.30
深圳特区证券公司上海营业部	86000	0.18
招商银行证券部	82750	0.17
贵州省证券公司深圳业务部	81500	0.17
深圳经济特区发展财务公司	73300	0.15
梅淑华	66500	0.14
徐晓柳	66500	0.14

五、1993年度资产负债表和利润及利润分配表

资产负债表(合并)

1993年12月31日

深圳华源实业股份有限公司　　单位:人民币元

资　　产	1993年12月3日1	1992年12月31日	负债及股东权益	1993年12月3日	1992年12月31日
流动资产:			流动负债:		
货币资金	46550026.51	21199805.37	短期借款	135217843.33	68902006.27
短期投资	4910495.83	1000.00	应付帐款	16158913.21	4548503.35
应收帐款	62593796.93	28719859.48	预收货款	10245034.48	846208.75
预付货款	16704381.82	15804735.03	应付福利费	1655847.81	(178331.07)
其他应收款	28219152.38	5061014.69	未付股利	1868176.38	2126455.02
减:坏帐准备	90060255	349141.09	未交税金	477509.38	2227938.44
应收款项净额	106616728.58	49236468.11	其他应付款	20675859.87	3245861.30
应收关联公司款	77118366.18	1076472.01	应付关联公司款	10136276.67	29042059.05
待摊费用	439284.07	319576.77	应付票据	15966122.45	23312627.37
存货	89202296.50	51153370.94	应付工资	42200.00	—
待转销汇兑损失	—	4849696.70	预提费用	5421100.84	80000.00
流动资产合计	324837197.67	127836389.90	一年内到期的长期负债	17737537.27	4255900.00
其他长期应收款:			流动负债合计	235602421.69	138409228.48
其他长期应收款	7921200.00	5318085.02	长期负债:		
长期投资:			长期借款	5200000.00	5000000.00
长期投资	48853459.09	29400696.00	长期其他借款	331730.04	295049.09
固定资产:			长期应付款	30961118.75	4341464.87
固定资产原值	113069933.28	51135308.03	长期负债合计	36492848.79	10636513.96
减:累计折旧	20149939.09	7496543.01	少数股东权益:		
固定资产净值	92919994.19	43638765.02	少数股东权益	23313203.97	—
在建工程	14263859.91	681149.56	股东权益:		
固定资产合计	107183854.10	44319914.58	股本	47811600.00	26562000.00
无形及其他资产:			资本公积	125958289.23	14360557.16
无形资产	8265215.25	210460.60	盈余公积	8043532.58	465298.15
递延资产	2402526.45	1709776.25	货币换算差额	(17652916.97)	—
无形及其他资产合计	10667741.70	1920236.85	年末未分配利润	40267176.17	18361724.60
待处理财产损失:			股东权益合计	204427681.01	59749579.91
待处理流动资产损失	372702.90	—			
待处理财产损失合计	372702.90	—			
资产总计	499836155.46	208795322.35	负债及股东权益合计	499836115.46	20879532235

利润及利润分配表(合并)

1993 年度

深圳华源实业股份有限公司　　单位:人民币元

项　目	1993 年	1992 年
一、主营业务收入	RMB481330916.40	RMB166028134.93
减:营业成本	365320427.22	123245760.50
销售费用	25397457.09	8144466.58
管理费用	12332386.02	5891567.82
财务费用	1060757077	3572569.51
汇兑损益	17987319.85	7052162.97
营业税金及附加	2133688.36	784160.37
二、主营业务利润	47552067.09	17337447.18
加:其他业务利润	31839.28	200000.00
三、营业利润	47583906.37	17537447.18
加:投资收益	(1204944.72)	—
营业外收入	443502.00	53498.18
减:营业外支出	339434.54	226671.61
四、利润总额	46483029.11	17364273.75
加:年初未分配利润	18361724.60	2475598.77
上年利润调整	991562.67	(139418.82)
五、可分配利润	65836316.38	19700453.70
减:应交所得税	811868.75	1338729.10
提取法定盈余公积	6426603.61	—
提取公益金	1836172.46	—
六、可供股东分配利润	56761671.56	18361724.60
减:少数股东权益	6395546.86	—
已分配普通股股利	10098948.53	—
七、未分配利润	40267176.17	18361724.60
八、每股盈利	1.01	0.73

13. 深圳中浩(集团)股份有限公司

一、1993年经营业绩和近三年主要财务指标

深圳中浩(集团)股份有限公司是一个在深圳证券交易所挂牌的上市公司。在1993年,该公司虽然创造了有史以来最好的经济效益,但由于所制定的拓展速度过快,加上国家宏观形势紧张,该公司只完成年初溢利预测的60%。该公司近三年的主要财务指标如下:

项目指标	1993年	1992年	1991年	1993年增长率%
主营业务收入(万元)	22168.89	15661.16	9350	41.56
利润总额(万元)	7305.59	3840.03	1720	83.71
税后利润(万元)	6142.06	3711	1478	65.51
资产总额(万元)	115008	77483.48	32330	48.43
股东权益(万元)	35450.50	18080.78	8467	96.07
每股税后收益(元)	0.50	0.43	0.23	18.60
每股红利(元)	0.38	—	—	—
每股净资产(元)	2.93	2.09	1.32	40.19
股东权益比率(%)	30.82	23.24	26.19	32.05
净资产收益率(%)	17.33	20.52	17.46	—3.19

二、前次募集资金的运用情况

该公司1993年度以每10股配2股的方式配股,共实收人民币11152.7万元,港币1272万元。资金的投向如下:

1.投资深圳好世界大酒楼有限公司582万元港币;2.投资深圳黑马实业有限公司黑马系列化妆品796万元人民币;3.投资深圳浩士达食品有限公司纯水果蔬菜饮料1042万元人民币;4.投资深圳八佰伴中浩食品有限公司500万元港币和709万元人民币;5.投资北海房地产2000万元人民币;6.投资北海中鼎股份有限公司1000万元人民币;7.投资中浩工业城3000万元人民币;8.用于集团流动资金周转2800万元人民币。

三、1994年经营展望

在1994年,该公司将以经济效益为中心,加强以建立现代企业制度、强化产权为核心的综合管理,狠抓投资回报率,使之保持合理的发展速度。在充分考虑当前宏观经济变化影响和企业发展后劲的前提下,力争全年实现营业收入41410万元,实现税后利润6290万元。

四、股本结构和股东持股情况

1.1993年末的股本结构:

股　权		数量(万股)	比例(%)
A股:		10413.34	86.11
其中:	法人股	8393.14	69.40
	社会公众股	1828.2	15.12
	职工内部股	192	1.59
B股:		1680	13.89
	总股本	12093.34	100.00

2.前10名大股东持股情况

股东名称	持股数(万股)	占总股东比例(%)
中国食品工业总公司	2357.942	19.50
深圳赛格集团公司	2338.092	19.33
深圳市投资管理公司	1558.708	12.89
三联集团有限公司	1188.626	9.83
中国银行广州信托咨询公司	490	4.05
KWAN FAI TRADING (HONG KONG) LIMITED	115.8	0.95
深圳光大机械有限公司	110.00	0.91
深圳市赛格器材配套公司	89.85	0.74
MAS POOLED TRUST FD INTERNATIONAL EQUITY PORTFOLIO	88.8	0.73
深圳市市政工程公司	84.92	0.70

五、1993年度资产负债表和利润及利润分配表

资产负债表

1993年12月31日

深圳中浩(集团)股份有限公司 单位:人民币元

负债及股东权益	附注	集团公司合并		公司本部	
		期末数	年初数	期未数	年初数
流动资产:					
货币资金		97794057.59	71808165.04	66185723.55	57395999.82
短期投资		44328852.62	20024131.89	20840271.73	4757501.80
应收票据		448000.00	1796229.60	448000.00	—
应收帐款	4	215866788.42	114851403.91	30542076.17	14611987.88
预付货款		15845289.37	9704031.10	—	—
其他应收款	6	213559691.55	98797661.14	149065237.50	3170859.35
减:坏帐准备		4193891.56	2164499.06	1647751.79	—
应收预付款项净额		441525877.78	222984826.69	178407561.88	17782847.23
应收关联企业款		—	—	47836314.75	82339371.21
预交税金		—	2012316	46261674.78	—
待摊费用	5	4665528.95	6730828.56	—	286736.29
存货	3	281435173.78	240171186.65	42007.92	1192558.16
流动资产合计		869749490.72	561739261.99	359573554.61	163755014.51
长期投资:					
拨付所属资金		—	4013602.00	215910616.16	26828014.74
长期投资	8	105457197.74	58027255.71	86775655.83	91389223.97
固定资产:		—	—	—	—
固定资产原值		133221167.32	140246997.21	58119777.48	48450371.38
减:累计折旧		22327100.76	30285038.99	7490807.97	6568594.79
固定资产净值	9	110894066.56	109961958.22	50628969.51	41881776.59
在建工程	10	45987768.24	39703178.07	31582763.97	53685364.24
固定资产清理		—	—	—	—
固定资产合计		156881834.80	149665136.29	82211733.48	95567140.83
无形及其他资产:					
无形资产	12	8049248.70	—	—	—
递延资产	7	9746680.72	1389517.60	—	—
无形及其他资产合计		17795929.42	1389517.60		
待处理财产损失:					
待处理流动资产损失(减收益)	11	194620.75	—	—	—
待处理固定资产损失(减收益)		—	—	—	—
待处理财产损失合计		194620.75	—	—	
资产总计		1150079073.43	774834773.59	744471560.08	377539394.05
流动负债:					
短期借款	13	456286029.27	255026466.39	258588151.40	126418750.00
应付票据		—	—	—	—
应付帐款		124412431.05	133663694.96	35247043.62	19157969.61
预收货款		63169623.07	18633383.74	—	—
应付福利费		6125984.93	826463.99	5885933.92	371749.58
未付股利		1557721.84	10726540.35	11657311.33	8460630.93
未交税金	20	18238698.54	720565.58	923740.73	(351166。47)
其他未交款		5313.01			
其他应付款		65655634.56	31589068.55	43318477.72	9946745.99
应付关联企业款		—	7915.23	—	—
应付工资		5677.00	(34248.81)	1800.00	
预提费用	14	9254337.26	536496.05	1162077.72	360000.00
待扣税金		—	—	—	—
一年内到期的长期负债		—	—	—	—
流动负债合计		744711450.53	456516730.80	364720451.67	164364679.64
长期负债:					
长期借款	15	36246063.04	127260178.62	25246063.04	56446063.04
应付债券		—	—	—	—
长期应付款		—	—	—	—
长期负债合计		36246063.04	127260178.62	25246063.04	25446063.04
少数股东权益:		14616514.49	10250091.66	—	—
公司股东权益:					
股本	17	120933400.00	86351000.0	120933400.00	86351000.00
普通股		120933400.00	86351000.0	120933400.00	86351000.00
其中:A股(面值____元,发行____股)		104133,400.00	74351000.00	104133400.00	74351000.00
B股(面值____元,发行____股)		16800000.00	12000000.00	16800000.00	12000000.00
优先股(面值____元,发行____股)		—	—	—	—
资本公积金		149882968.63	45176381.98	149864736.13	45176381.98
盈余公积金		21853610.19	8824853.60	21832518.20	8911840.49
其中:公益金		—	—	—	—
未分配利润		61835066.55	40455536.93	61874391.04	16289428.90
公司股东权益合计		354505045.37	180807772.51	354505045.37	156728651.37
负债及股东权益总计		1150079073.43	774834773.59	744471560.08	377539394.05

利润及利润分配表

1993年12月31日

深圳中浩(集团)股份有限公司　　单位:人民币元

项　目	附注	集团公司合并		公司本部	
		本期累计数	上年同期数	本期累计数	上年同期数
一、主营业务收入	18	221688850.34	156611622.49	4947614.24	19844270.44
减:营业成本	18	155000855.67	123219956.38	239654.40	9780818.72
销售费用		2051756.87	3436693.52	—	—
管理费用		39658027.74	22407967.85	16643249.13	8670786.75
财务费用		26,746324.92	23248873.00	14510187.07	13132724.28
汇兑损益	16	(7927163.20)	430748.47	(8553671.23)	(1496247.43)
进货费用		—	—	—	—
营业税金及附加		7844125.91	3979666.06	6838.83	361494.47
二、主营业务利润		(1685077.57)	(20112282.79)	(17898643.96)	(10605306.35)
加:其他业务利润		27849503.51	50714841.73	1239285.00	17936575.42
三、营业利润		26164425.94	30602558.94	(16659358.96)	7331269.07
加:投资收益		42937709.47	7580187.49	79970593.67	7580187.49
营业外收入	19	4311616.10	425281.52	2474550.33	100626.58
减:营业外支出	19	357856.44	207698.29	32540.97	4682.08
四、利润总额		73055895.07	38400329.66	65753244.07	15007401.06
加:年初未分配利润		40455536.93	2396685.71	16289428.90	—
上年利润调整或盈余公积转入		(886688.65)	—	(1611.932.92)	1282027.84
减:少数股东利润		3137435.51	341478.44	—	—
五、可分配利润		109487307.84	40455.536.93	80430740.05	16289428.90
减:应交所得税		8497846.44	—	—	—
应"两金"		5000.00	—	—	—
提取法定盈余公积		12989444.31	—	12989444.31	—
提取公益金		5506904.70	—	5506904.70	—
六、可供股东分配的利润		82428112.30	—	61874391.04	16289428.90
减:已分配优先股股利		—	—	—	—
提取任意公积		—	—	—	—
已分配普通股股利		20593045.84	—	—	—
七、未分配利润		61,835066.55	40455536.93	61874391.04	16289428.90

14. 深圳康佳电子(集团)股份有限公司

一、1993年经营业绩和近三年主要财务指标

深圳康佳电子(集团)股份有限公司是一家主营电子产品的上市公司,该公司股票在深圳证券交易所挂牌。在1993年,该集团抓住电子产品产销保持高速增长的机遇,扎实工作,拼博进取,各项经济指标再创历史最高纪录:全年生产总产量达160万台,比上年同期增长19.39%,销售收入220228.25万元,在全国百家电子企业中名列第七位;实现利润23857万元,在全国电子行业创利大户中名列第三位。超额74.19%完成了1993年的溢利预测计划。该公司近三年的主要财务指标如下(单位:万元):

项目指标	1993年	增长率	1992年	1993年
营业收入	220228.25	81.64%	121279.12	108649.07
利润总额	23857.49	136.72%	10078.41	7638.29
税后利润	21164.21	133.62%	9059.41	6874.01
资产总额	112318.18	104.29%	54980.65	42024.11
股东权益	55902.63	80.25%	31014.70	13617.73
每股净资产(元)	2.98	33.63%	2.23	1.06
每股收益(元)	1.13	73.31%	0.652	0.53
每股红利(元)			0.442	
股东权益比率	49.77%	−11.77%	56.41%	32.40%
净资产收益率	48.70%	19.95%	40.60%	50.48%

二、1994年经营展望

在1994年,该集团将按照高技术、高档次、高效率的要求,加快适销新产品、特别是超前于市场新产品的研制、开发和生产,继续稳步建立多元化的经营格局,为长远发展奠定基础。基于宏观外部环境和内部因素的分析,该集团提出的1994年目标为:产品总产量213.10万台,销售收入276720万元,税前利润26800万元,税后利润24120万元。

三、股本结构和股东持股情况

1.1993年末的股本结构:

股权	数量(股)	比例(%)
境内法人股:	67968045	36.26
境外法人股:	65302605	34.83
境内公众股:	40702500	21.71
境外公众股:	13500000	7.20
总股本:	187473150	100.00

2.前10名最大股东持股情况:

股东名称	持股数(股)	占总股本比例(%)
深圳特区华侨城经济发展总公司	67968045	36.26
香港港华电子集团有限公司	65302605	34.83
百慕大(远东)信托有限公司	2088700	1.11
中国股权投资基金	1118800	0.60
柏群实业有限公司	855900	0.46
巴克莱国际信托有限公司	789800	0.42
(RBS A/C ELEC SUPPLY PENSION SCH A/C ESPS NO-MURA)	626000	0.33
深圳市政府安排的基金组织	616000	0.33
深圳市矿泉水厂展销部	488400	0.26
里昂中国发展基金	482500	0.26

四、1993年度资产负债表和利润分配表

资产负债表(合并)

1993年12月31日

深圳康佳电子(集团)股份有限公司　　单位:人民币元

资产类	附注	本公司期末数	集团期末数	集团年初数
		RMB	RMB	RMB
流动资产:				
货币资金		129408544.83	154212794.90	56972827.60
短期投资		3832410.00	3832410.00	—
应收票据		—	—	—
应收帐款		107990727.13	85271389.41	63192096.97
预付货款		—	—	—
其他应收款		29855454.22	10218793.45	23492300.32
减:坏帐准备	2(9)	890279.19	890279.19	1930722.44
应收预付款项净额		136955902.16	94599903.67	84753674.85
应收关连企业款		27154775.44	27154775.44	15307728.91
预交税金		—	—	—
待摊费用		9435999.27	9749,447.25	2116152.34
存货	2(2)	458920664.39	524155317.15	244679033.49
流动资产合计		765708296.09	813704648.41	403829417.19
长期投资:				
长期投资	4	78651660.97	53055663.37	230000.00
固定资产:				
固定资产原值		276253923.13	295912021.17	148642582.80
减:累计折旧		57040223.99	62069868.32	38656821.91
固定资产净值	2(5)	219213699.14	233842152.85	109985760.89
在建工程		18486993.50	18910752.86	34683997.82
固定资产清理		—	—	—
固定资产合计		237700692.64	252752905.71	144669758.71
无形及其他资产:	2(4)			
无形资产		374967.00	1831966.67	749970.00
递延资产		1466403.63	1836637.99	327367.87
无形及其他资产合计		1841370.63	3668604.66	1077337.87
资产总计		1083902022.33	1123181822.15	549806513.77
负债及股东权益				
流动负债:				
短期借款		104620000.00	109620000.00	—
应付票据	—	—	—	
应付帐款		61533813.14	69795229.16	16559819.01
应付货款		—	969953.47	—
应付福利费		14752373.98	16305107.50	13013674.98
未付股利		395773.08	395773.08	61503133.08
未交税金		95436876.70	97332565.13	67075570.70
其他未交款	—	—	—	
其他应付款		22687156.18	24544768.97	11485242.62
应付关连企业款		105609003.28	105609003.28	27676634.68
应付工资		5824124.71	5824124.71	2239318.69
预提费用		115535786.24	115682186.24	40106127.34
待扣税金		—	—	—
一年内到期长期负债		—	—	—
流动负债合计		526394907.31	546078711.54	239659521.10
长期负债:				
长期借款		—	—	—
应付债券		—	—	—
长期应付款		—	—	—
长期负债合计		—	—	—
少数股东权益	5	—	18076798.08	—
股东权益				
股本				
普通股		187473150.00	187473150.00	138869000.00
其中:A股(面值1.00元)		187473150.00	187473150.00	138869000.00
B股(面值1.00元)		108670545.00	108670545.00	80496700.00
资本公积金		78802605.00	78802605.00	58372300.00
盈余公积金		122159486.21	122159486.21	12215948621
其中:公益金		144163432.34	145682631.85	49118506.46
未分配利润		12076090.31	12076090.31	—
股东权益合计		103711044.47	103711044.47	—
		557507113.02	559026312.53	310146992.67
负债及股东权益总计		1083902020.33	1123181822.15	549806513.77

利润分配表

1993年1月1日至12月31日

深圳康佳电子(集团)股份有限公司 单位:人民币元

项　　目	附注	本公司	集　团	上年同期数
一、主营业务收入	2(3)	2064873698.28	2202882540.99	1212791249.86
减:营业成本		1733985392.04	1833424168.35	1094980611.63
销售费用		48731161.15	50135832.75	25201459.75
管理费用		29493321.86	30826637.95	10718821.20
财务费用		35830.36	640921.21	—
汇兑损益	2(7)	9146863.80	11386797.32	(11335958.76)
进货费用		—	—	—
营业税金及附加		49247490.16	56186393.54	19307977.27
二、主营业务利润		194233638.91	220281789.87	73918338.77
加:其他业务利润		9152570.36	3583.34	—
三、营业利润		203386209.27	220285373.21	73918338.77
加:投资收益		8156267.24	560269.64	—
营业外收入		19541968.74	19557892.89	27562409.05
减:营业外支出		1793592.23	1828685.67	696690.93
四、利润总额		229290853.02	238574850.07	100784056.89
加:年初未分配利润		—	—	32202174.59
上年利润调整		380089.04	380089.04	—
或盈余公积转入				
五、可分配利润		229670942.06	238954939.11	132986231.48

15. 深圳中华自行车(集团)股份有限公司

一、1993年经营业绩和近三年主要财务指标

深圳中华自行车(集团)股份有限公司是一家在深圳证券交易所挂牌的上市公司。在1993年,该公司累计生产自行车185万辆,比上年增长13%;出口自行车130万辆,比上年增长50%;该公司是全球自行车出口量最多的单一生产厂家,出口创汇1.8亿美元,较上年度增长18%。该公司近三年的主要财务指标如下(单位:元):

项目指标	1993年	年增长率%	1992年	1991年
营业收入	1744048718.89	49.59	1165922958.89	849791301.81
利润总额	234211476.70	83.76	127458421.41	79195806.90
税后利润	216180552.89	83.33	117716405.04	76726094.15
资产总额	2181803372.69	32.72	1643321378.73	938615103.79
股东权益	730213036.66	32.27	550432156.02	203261483.06
每股净资产	2.74	1.86	2.69	1.42
每股收益	0.81	39.66	0.58	0.54
每股红利	—		0.288	0.093
股东权益比率	33.47%	0.0	33.50%	21.66%
净资产收益率	33.76%	7.89	31.29%	37.75%

二、前次募集资金的运用情况

1993年12月该公司对老股东配股共筹资约4.6亿元人民币,目前已按照配股说明书之股款运用计划逐步投入使用。具体运用如下:

1. 23500万元用以开拓国内的新销售点及分布网络所需资金。
2. 5300万元将逐步用以投资在江西南昌市的丽华商场。
3. 1200万元用以投资在独树村的“中华花园”。
4. 2000万元用以发展复合材料产品。
5. 其余用作该公司的流动资金。

三、1994年经营展望

1994年,该公司将审慎开拓多元化业务,集中精力致力于该公司的主业经营,积极促进产品在美国市场的营销,争取创下销售80万辆的新纪录;同时,该年度将开始生产KOMIX童车。争取使1994年的税后利润达22058万元。

四、股本结构及股东持股情况

1. 1993年末股本结构:

	股　权	数量(股)	比例(%)
A股	发起人股	62003890	23.28
104643890股	社会公众股	38400000	14.42
	内部职工股	4240000	1.59
B股	发起人股	74968903	28.15
161707780股	社会公众股	86738877	32.56
	总股本	266351670	100.00

2. 前10名大股东持股情况:

股东名称	持股数(股)	占总股本比例(%)
深圳莱英达集团公司	62003890	23.28
香港大寰自行车有限公司	62003890	23.28
STEPHEN &PARTNERS LTD	12965013	4.87
INVESTORS BK&TR A/C GREATER CHINA GROWTH PORTFOLIO	5830000	2.19
FORESIGHT DEVELOPMENT LTD.	4680000	1.76
INTERNATIONAL FINANCE CORP.	4550000	1.70
NEWTON INVESTMENT MANAGEMENT LIMITED A/C CLIENT	3855,000	1.45
JARDINE FLEMING CHINA REGION FUND,INC	3801000	1.43
BS/NEWTON EXEMPT FUND	3419000	1.23
MAS POOLED TRUST FD INTERNATIONAL EQUITY PORTFOLIO	3113200	1.17

五、1993年度资产负债表和利润及利润分配表

资产负债表

1993年12月31日

深圳中华自行车(集团)股份有限公司　　单位:人民币元

资　产	行次	年初数	年末数	负债及股东权益	行次	年初数	年末数
流动资产:	1			流动负债:	1		
货币资金	2	28861686.66	65302252.06	银行借款	2	633318951.41	594870000.00
短期投资	3	4114420.00	1482655.69	应付票据	3	173795600.18	323618364.84
应收票据	4	124194455.36	95876012.34	应付帐款	4	79885356.25	214858540.96
应收帐款	5	276139221.89	456854871.45	预收货款	5	6000.00	
减:备抵坏帐	6		627276.39	应付福利费	6	－4864008.74	1953330.85
应收款项净额	7	276139221.89	456227595.06	未付股利	7		
预付货款	8	1305535.07		未交税金	8	40870165.38	80101131.36
其他应收款	9	85177161.73	72330469.77	其他未交款	9		
待摊费用	10	108813.39	3649802.40	其他应付款	10	5856984.01	19252514.79
存货	11	539111283.16	776057078.72	预提费用	11	2567248.01	14456624.24
流动资产合计	12	1059012577.26	1470925866.04	待扣税金	12		
长期投资:	13			一年内到期的长期负债	13		32370000.00
长期投资	14	43931921.07	100401183.43	流动负债合计	14	931436296.50	1281,480507.04
	15			长期负债:	15		
固定资产:	16			长期借款	16	161452919.21	168969120.20
固定资产原价	17	222461387.60	644774347.01	应付债券	17		
减:累计折旧	18	51833062.14	78863840.29	长期应付款	18		
固定资产净值	19	170628325.46	565910506.72	长期负债合计	19	161452919.21	168969120.20
在建工程	20	369622054.36	41276158.34	少数股东权益:	20		1140708.79
固定资产清理	21			股东权益	21		
固定资产合计	22	540250379.82	607186,665.06	股本	22	204885900.00	266351670.00
无形及其他资产:	23			资本公积	23	189470640.21	185250566.77
无形资产	24			盈余公积	24		62430247.00
递延资产	25	126495.58	3289658.16	其中;公益金	25		
无形及其他资产合计	26	12649558	3289658.16	未分配利润	26	156075617.81	216180552.89
待处理财产损失:	27				27		
待处理流动资产损益(减收益)	28				28		
待处理固定资产损失(减收益)	29				29		
	30			股东权益合计	30	550432158.02	730213036.66
待处理财产损失合计	31				31		
资产总计	32	1643321373.73	2181803372.69	负债及股东权益总计	32	1643321373.73	2181803372.69

利润及利润分配表

1993年度

深圳中华自行车(集团)股份有限公司　　单位:人民币元

项　目	行次	金　额	项　目	行次	金　额
一、主营业务收入	1	1744048718.89	四、利润总额(亏损以"—"号表示)	15	234211476.70
减:营业成本	2	1275183561.18	加:年初未分配利润(未弥补亏损以"—"号表示)	16	156075617.81
销售费用	3	107958780.59	上年利润调整(减少上年利润以"—"号表示)	17	—553263.26
管理费用	4	64415410.58	盈余公积转入	18	
财务费用	5	67678142.00	五、可分配利润	19	389733831.25
汇兑损益	6	23448170.04	减:应交所得税	20	17536951.76
进货费用	7		提取法定盈余公积	21	62430247.00
营业税金及附加	8	28873765.74	提取公益金	22	15607561.50
二、主营业务利润(亏损以"—"号表示)	9	176490888.76	减:少数股东权益		—59291.21
加:其他业务利润(亏损"—"号表示)	10	3994720.31	六、可供股东分配的利润	23	294218362.20
三、营业利润(亏损以"—"号表示)	11	180485609.31	减:已分配优先股股利	24	
加:投资收益(损失以"—"号表示)	12	2260670.02	提取任意公积	25	
营业外收入	13	51465197.61	已分配普通股股利	26	78037809.31
减:营业外支出	14		七、未分配利润(未弥补亏损以"—"号表示)	27	216180552.89

16. 深圳中冠纺织印染股份有限公司

一、1993年经营业绩和近三年主要财务指标

深圳中冠纺织印染股份有限公司是一个在深圳证券交易所挂牌的上市公司。在1993年，由于全世界纺织品市场的不景气，国内纺织业的供过于求和激烈竞争，尽管该公司在加强管理、提高产品质量等方面狠下功夫，但全年仍只完成溢利预测的82.1%。该公司近三年的主要财务指标如下(单位：人民币万元)：

项目指标	1993年度	增长率%	1992年度	1991年度
营业收入	42757	－4.40	44724	30891
利润总额	3611	－2.77	3715	1098
税后利润	3223	－1.95	3287	968
资产总额	39833	＋22.17	32604	20344
股东权益	30217	＋22.32	24704	10974
每股净资产(元)	2.16	＋11.34	1.94	—
每股收益(元)	0.23	－11.54	0.26	—
每股红利(元)	0.15	＋15.38	0.13	—
股东权益比率(%)	75.86	＋0.12	75.77	53.94
净资产收益率(%)	11.74	－3.62	18.40	8.80

二、1994年经营展望

由于1993年棉花产量减少，国家收购政策调整造成1994年棉布价格猛涨，坯布供应紧张，国内印染业资金紧缺，无力购买坯布承接订货，生产陷入极为困难的境地。中冠将发扬资金充裕，坯布来源广、储备多，印染质量高和境外设公司的优势，利用美国经济复苏对纺织品需求上升的有利形势，广接订货，努力增产，面向国际，兼顾国内，一业为主，多种经营。梭织印染将在1993年技术改造的基础上继续添置先进设备，生产高附加值产品，同时加强管理，降低成本，提高经济效益。针织印染将在四月份完成设备安装调试，预计二季度投入生产。与此同时，在内地物色生产基础、管理水平、产品质量好的印染和针织企业合资经营，以发挥纺织为主的优势，扩大货源，增进效益。此外，还将投资境外房地产和内地矿业开发，实现一业为主的多元化经营。争取1994年度实现税后利润3763万元。

三、股本结构和股东持股情况

1.1993年末股本结构：

股权		数量(股)	比例(%)
A股：			
	法人股	65693599	47.00
	个人股	16720000	11.96
	含内部职工股	3520000	2.52
B股：			
	发起人股	35373474	25.30
	公众股	22000000	15.74
	总股本	139787073	100.00

2.1993年末前10名股东持股情况：

股东名称	持股数(股)	占总股本比例(%)
华联纺织(集团)有限公司	45480184(A股)	32.54
深圳市纺织工业公司	20213415(A股)	14.46
邹星炳先生	8085366(B股)	5.78
兴茂有限公司	6569360(B股)	4.70
富冠投资有限公司	5053353(B股)	3.61
侨民有限公司	5053353(B股)	3.61
忻英杰先生	5053353(B股)	3.61
忻礼轼先生	3537348(B股)	2.53
天虹投资有限公司	2261000(B股)	1.62
王国泰先生	2021341(B股)	1.45
合计	103328073	73.92

四、1993年度资产负债表和利润及利润分配表

资产负债表(合并)

1993年12月31日

深圳中冠纺织印染股份有限公司　　单位:人民币元

资产	1993年12月31日	1993年1月1日	负债及股东权益	1993年12月31日	1993年1月1日
流动资产:			流动负债:		
货币资金	48829222.83	45887333.36	短期借款	27162589.88	15412064.30
短期投资	6,664338.78	189800.00	应付票据	3634997.93	2098584.50
应收票据	4963499.54	675339.47	应付帐款	15349340.07	21807278.58
应收帐款	41541430.38	47931170.63	预收货款		60357.95
预付货款	12081228.57	1498868.38	应付工资	375556.34	660967.40
其他应收款	26788365.26	10499466.12	应付福利费	3278598.23	3008829.67
待摊费用	515385.06	449511.34	未付股利	6.07	
存货	70801574.78	62486245.60	未交税金	1186290.60	1440417.95
流动资产合计	212185045.20	169617734.90	其他应付款	16639851.44	729953.36
长期投资:			预提费用	3143071.01	4731211.74
长期投资	28066247.87	21867324.44	一年到期的长期负债	2719142.58	
固定资产:			流动负债合计	73489444.15	49949665.45
固定资产原价	202673634.56	155771314.20	长期负债:		
减:累计折旧	58438334.08	40733410.75	长期借款	9392856.34	12622815.36
固定资产净值	144235300.48	115037903.45	长期应付款	1293617.62	1967801.55
在建工程	11321716.17	17935476.89	长期负债合计	10686473.96	14590616.91
固定资产合计	155557016.65	132973380.34	股东权益:		
无形及其他资产:			股本	139787073.00	127079161.00
无形资产	629475.02	231600.82	资本公积	21077103.65	21077103.65
递延资产	1891101.47	1350356.79	盈余公积	36898219.56	14431212.64
无形及其他资产合计	2520576.49	1581957.61	其中:公益金	0.00	0.00
			未分配利润	31434654.75	35005231.98
			货币换算差额	72968545.18	49323353.19
			股东权益合计	302165596.14	246916062.46
			少数股东权益	11987371.96	14584052.47
资产总计	398328886.21	326040397.29	负债及股东权益总计	398328886.21	326040397.29

利润及利润分配表(合并)

1993年度

深圳中冠纺织印染股份有限公司　　单位:人民币元

项　　目	本年累计数	项　　目	本年累计数
一、主营业务收入	427561197.69	加:年初未分配利润	35005231.98
减:营业成本	364333207.51	上年利润调整	98211.47
销售费用	11359936.92	货币换算差额	2174823.62
管理费用	20802961.70	五、可分配利润	73390441.11
财务费用	1125498.27	减:应交所得税	3976596.42
汇兑损益	(4681466.15)	提取法定盈余公积	10089341.21
营业税金及附加	258763.78	提取公益金	4073559.18
二、主营业务利润	34362295.66	六、可供股东分配的利润	55244944.30
加:其他业务利润	252763.64	减:少数股东权益	13383.72
三、营业利润	34615059.30	提取任意公积	3464505.83
加:投资收益	1966738.68	已分配普通股股利	20332400.00
营业外收入	365824.13	七、未分配利润	31434654.75
减:营业外支出	835448.07		
四、利润总额	36112174.04	八、每股税后盈利	0.23

17. 深圳市深宝实业股份有限公司

一、1993年经营业绩和近三年主要财务指标

深圳深宝是一家以经营饮料生产为主业的股份公司，该公司股票在深圳证券交易所挂牌。1993年，该公司积极拓展实业，灵活经营，产品产销量近80000吨，在深圳同行业中居主导地位。同时，该公司还在多种经营方面进行了积极的探索。1993年，该公司累计实现税后利润2536.81万元，基本上完成了年初的溢利预测2550万元的计划。该公司近三年的主要财务指标如下(单位:元)：

项目指标	1993年	增长率%	1992年	1991年
营业收入	363447601.96	28.71	282374887.49	238864087.23
利润总额	33157343.40	55.54	21317761.51	25608900.01
税后利润	25368095.12	31.86	19238120.28	16599641.45
资产总额	424506473.41	29.31	328278638.90	203646939.68
股东权益	215763691.54	11.06	194263862.33	80620251.12
每股净资产	1.83	1.10	1.81	
每股收益	0.22	22.22	0.18	
每股红利	0.11	13.64	0.11	
股东权益比率	50.83%	−14.11	59.18%	
净资产收益率	12.37%	−8.37	13.50%	

二、前次募集资金的运用情况

该公司1992年发行股票扣除发行费用和证券调节基金后实收人民币3837万元、港币5968万元。根据该公司董事会审定的用款计划，全部股金都已投入使用，其中用于新的工业项目投资1224万元；房地产开发1305万元；兴建深宝仓库110万元；购买南京中央商场法人股1140万元。由于B股发行时间延缓，致使B股股金1992年10月才到位，其中用于偿还70万美元贷款，折合560万港元；购置进口利乐包装生产线和进口果汁生产线3770万港元；投资天极光电有限公司1500万元(折合1300万港元)；其余作为流动资金使用。

三、1994年经营展望

1994年该公司将继续发展主产业——食品饮料，使之上规模上档次，并在物业开发方面努力取得成效，积极发展第三产业和贸易，以实现一业为主，多种经营，从而调整产业结构，降低经营风险。争取实现销售收入45325万元，税后利润2841.4万元。

四、股本结构和股东持股情况

1. 1993年末股本结构：

股权	数量(股)	比例(%)
A股：	98244228	83.23
国有股	76904228	65.15
社会公众股	21340000	18.18
其中：内部职工股	3740000	3.17
B股：	19800000	16.77
总股本	118004.228	100

2. 前10名大股东持股情况：

股东名称	持股数(股)	占总股本比例(%)
深圳市投资管理公司	76904228	65.15
CROSBY INVESTMENT SERVICES PTE LTD	2913600	2.47
EQUITY FUND OF CHINA	1920200	1.63
MAS POOLED TRUST FD INTERNATIONAL EQUITYPYORFOLIO	1000.000	0.84
DEUTSCHE BANE CAPITAL MET (ASLA) LTD — THE CHINA FUND	790000	0.67
SELLFITS DEVELOPMENTN LIMTED	660000	0.56
N. T. BUTTERFIELD TRUSTEE (BERMUDA)LTD A/C CEF	596200	0.51
CIRCLE CO.	334400	0.28
RESOURCES DEVELOPMENT CO.	323400	0.27
EMERGING MAREETS STRATEGIC FUND	319000	0.27

五、1993年度资产负债表和利润及利润分配表

资产负债表（合并）

1993年12月31日

深圳市深宝实业股份有限公司　　　　单位：人民币元

资　产	年末数	年初数	负债及资本	年末数	年初数
流动资产：			流动负债：		
货币资金	38256284.48	109522807.26	短期借款	87300000.00	64500000.00
短期投资	9998314.62	359400.00	应付帐款	41026522.08	10577516.56
应收帐款	50031907.05	10183663.16	预收货款	5638199.33	1181496.71
预付货款	4010177.75	3065272.90	应付福利费	8255580.20	7739772.26
其他应收款	56424137.01	14866586.48	未付股利	1284935.10	—
减：备抵坏帐	1285802.09	863101.34	未交税金	2514510.02	1211251.08
待摊费用	888628.43	2916883.41	其他应付款	36081103.24	22476859.60
存货	72356620.56	66209715.40	预提费用	1260432.42	716520.61
流动资产合计	230680267.81	206261227.27	一年内到期的长期		
长期投资：			负债	5800000.00	
长期投资	34560221.88	3668431.32	流动负债合计	189161282.39	108403416.82
固定资产：			长期负债		
固定资产原价	119213721.84	107286841.84	长期借款		2680000.00
减：累计折旧	35765971.85	28276552.54	少数股东权益		
固定资产净值	83447749.99	79010289.30	少数股东权益	19581499.48	22931359.75
在建工程	54124450.25	31058701.25	股东权益：		
固定资产合计	137572200.24	110068990.55	股本	118044228.50	107312935.00
无形及其他资产：			资本公积	51185679.11	51605414.31
无形资产	21518112.06	8061359.26	盈余公积	24227842.95	12099863.10
递延资产	160471.42	218630.50	未分配利润	22325940.98	23245649.92
无形及其他资产合计	21678583.48	8279989.76	股东权益合计	215763691.54	194263862.33
待处理资产损失：					
待处理流动资产净损失（减收益）	15200.00				
资产总计	42450647341	32827863890	负债及股东权益合计	424506473.41	328278638.90

利润及利润分配表(合并)

1993 年度

深圳市深宝实业股份有限公司　　单位:人民币元

项　目	1993 年	1992 年	项　目	1993 年	1992 年
一、主营业务收入	363447601.96	282374887.49	加:年初少数股东权益	3266527.56	5164604.58
减:营业成本	298288037.91	235736533.74	上年利润调整	(103163.35)	3362726.02
销售费用	18650092.07	13919298.97	五、可分配利润	59566357.53	36010623.72
管理费用	21541343.82	14893110.92	减:应交所得税	5311245.29	3264874.77
汇兑损益	(10260255.53)	(9927510.62)	能源交通重点建设基金	—	132430.25
财务费用	4677591.31	2924525.55	减:提取法定盈余公积	8900257.88	3091120.20
营业税金及附加	2384497.24	1749117.05	其中:少数股权公积金	87883.31	2583139.25
二、主营业务利润	28166295.14	23079811.88	减:提取公益金	5423603.54	1000021.02
加:其他业务利润	1252432.85	—	其中:1992 年分配	3423603.54	—
三、营业利润	29418727.99	23079811.88	1993 年分配	2000000.00	—
加:投资收益	3719363.17	125000.00	六、可供股东分配的利润	39931250.82	28522177.48
营业外收入	209566.08	200649.86	减:已分配普通股股利	13866788.43	2010.000.00
减:营业外支出	190313.84	2087700.23	其中:少数股权已分股利	1814962.48	1360.000.00
四、利润总额	33157343.40	21317761.51	减:少数股东权益	3738521.41	3266527.56
加:年初未分配利润	23,245679.92	6165,531.61	七、未分配利润	22325940.98	23245649.92

18. 深圳华发电子股份有限公司

一、1993年经营业绩和近三年主要财务指标

深圳华发电子股份有限公司是一家以主营彩电生产和相关业务的上市公司，其股票在深圳证券交易所挂牌。1993年，该公司进入全国500家、行业50家最大规模工业企业排序和连续8年进入全国百家电子企业排序。该公司该年生产彩电26.7万台，印制电路板13.15万平方米，注塑件1041吨，实现销售收入46285.59万元，创汇2849万美元，实现利润总额5273.87万元，圆满地完成了年度溢利计划。该公司近三年财务指标如下(单位：万元)：

项目指标	1993年	1992年	1991年	1993年增长率
营业收入	46285.59	55262.14	40064.30	－16.24％
利润总额	5273.87	4650.15	4236.01	13.41％
资产总额	48171.63	45653.72	42561.69	5.51％
股东权益	30696.03	26805.50	15766.76	14.51％
税后利润	4671.42	4017.11	3597.81	16.29％
每股净资产	1.45元	1.39元	1.13元	4.32％
每股收益	0.22元	0.208元	——	5,77％
每股红利	0.12元	0.13元	——	－7.69％
股东权益比例	63.72％	58.71％	——	——
净资产收益率	15.22％	15.00％	——	——

二、前次募集资金的运用情况

该公司按照招股说明书中股金运用计划，投资兴建公明镇华发电子工业城，扩大生产规模，形成规模经济。电子工业城总占地面积10万平方米，一期工程占地4万多平方米，截止1993年12月31日已投入资金4000万元，工程进展顺利，主体工程6月底完工。

三、1994年经营展望

在1994年，该公司将抓好在建项目的建设，同时抓好老厂区的规划改造工作，开辟第三产业，提高公司的获利能力。理顺国内销售网点，在拓展国际市场的同时扩大合作领域。在新产品开发方面将重点转移到高档次高附加值和低成本普及型产品，既要满足高层次消费需求，又要大力开辟我国农村广大市场，使公司产品在技术和规模上达到新水平，争取实现税后利润4462万元。

四、股本结构和股东持股情况

1.1993年末股本结构：

股　权	数量(万股)	比例(％)
A股：	13518.6	63.67
发起人法人股	10259.3	48.32
社会公众股	2728	12.85
内部职工股	531.3	2.50
B股：	7714.7	36.33
发起人法人股	5129.7	24.16
境外公众股	2585	12.17
总股本	21233.3	100.00

2.前10名大股东持股情况：

股东名称	持股数(万股)	占总股本比例(％)
中国振华电子工业集团	5129.7	24.16
深圳赛格集团	5129.7	24.16
香港陆氏实业有限公司	5129.7	24.16
TAURUS INVESTMENT CL. LTD	175.6	0.83
TEMPLETON CHINA WORLD FUND INC	126.2	0.59
LI TAI HSIUNG	60.06	0.28
BARCLAYS TURST INTERNATIONAL LTD	55.5	0.26
PACIFIC CAPITAL (ASIA) LTD	51.2	0.24
SHEEN SIRONG INVESIMENTS LTD	47.3	0.22
TSENG E－LI	41.8	0.20

五、1993年度资产负债表和利润及利润分配表

资产负债表

1993年12月31日

深圳华发电子股份有限公司　单位:人民币元

资　　产	1993年12月—31日	1992年12月—31日	负债及股东权益	1993年12月—31日	1992年12月—31日
流动资产			流动负债		
现金	113163	31836	短期银行借款	41000000	41000000
银行存款	103501929	90157149	应付帐款	58,199618	12606096
证券投资	2000000	2000000	预付货款	8490767	5327703
应收帐款	78199065	63558214	其他应付款	25939325	96809347
其他应收及预付款	29260590	45581220	应缴税金	1743914	3583194
减:坏帐准备	(3500000)	(2000000)	应付股利	25479960	25093900
存货	161102521	177571558	预提费用	7338280	0
流动资产合计	370677268	376899977	公益金	6564143	4062022
长期资产			流动负债合计	174756007	188482262
在建工程	40847709	—	股东权益		
长期投资	1832965	1832965	股本	212333000	193030000
固定资产净值	68273521	77691211	公积金	93574624	74185198
无形资产	84815	113086	未分配利润	1052647	839779
长期资产合计	111039010	79637262	股东权益合计	306960271	268054977
资产总计	481716278	456537239	负债及股东权益总计	481716278	456537239

利润及利润分配表

深圳华发电子股份有限公司　单位:人民币元

项　目	1993年度	1992年度	项　目	1993年度	1992年度
利润总额	52738735	46501470	公积金(35%)	16349982	14059896
减:所得税	7910810	6330338	小　计	25692828	22094123
加:以前年度退税	1886308	—	加:期初未分配利润	839779	3839556
税后利润	46714233	40171132	可供股东分配利润	26532607	25933679
减:公益金(10%)	4671423	4017113	减:已分配股利	25479960	25093900
			期末未分配利润	1052647	839779

19. 深圳赤湾港航股份有限公司

一、1993年经营业绩和近三年财务指标

深圳赤湾港航股份有限公司是一家主营港口运输业的上市公司，其股票在深圳证券交易所挂牌。在1993年，该公司的各项生产经营指标均比上年有较大幅度的增长，其中吞吐量达到485万吨；集装箱吞吐箱量达到32943TEU；陆路货运周转量为3,305万吨公里；海路货运周转量达68,003千吨哩；塑料编织袋生产经营2,295万条袋；实现税后利润9068万元，完成年度溢利预测的113.10%。该公司近三年的财务指标如下：

项目指标	1993年	年增长率	1992年	1991年
营业收入(万元)	25182.53	50.73%	16706.87	16489.90
利润总额(万元)	9792.95	53.83%	6366.03	5493.46
税后利润(万元)	9067.64	53.28%	5915.59	5088.02
资产总额(万元)	88941.49	74.01%	51114.29	18096.15
股东权益(万元)	67368.07	77.50%	37954.66	6939.10
每股净资产	2.17元/股	28.40%	1.69元/股	——
每股税后利润	0.292元/股	10.61%	0.264元/股	——
每股红利	0.181元/股	——	0.241元/股	——
股东权益比率	75.74%	——	74.25%	38.35%
净资产收益率	17.22%	——	26.35%	——

二、前次募集资金的运用情况

该公司发行新股所筹资金基本按计划投入，个别项目根据情况变化作了相应调整：

1.45辆集装箱拖车已全部投入运行。

2.新购240TEU集装箱船一艘于11月、拖轮一艘于12月投入沿海及近洋航运业务；订购的另一艘驳船正在建造过程中。

3.7#泊位的建设遇到特殊的地质情况，已相应修改原设计，泊位长度增至300米，预计增加投资2000万元人民币，所需资金将从其它项目中调整。

4.完成收购赤湾港临港工业——南海粮食公司和南天油粕公司股权的工作，南天油粕公司已于7月动工兴建。

5.房地产项目根据目前市场情况进行调整，放缓投资，竣工日期也将推迟。

6.由于速食面市场已经饱和，该公司已中止该项目。另外，考虑到赤湾港港口发展节奏的变化，该公司已将原计划投资4300万元的高层仓库计划改为建造平仓，调整资金将用于7#泊位的建设。

三、1994年经营展望

在1994年，该公司将本着继续发展港口设施的经营方针，大力发展轮船运输，以赤湾地区工业、仓储企业货源为起点，逐步发展沿海和近洋运输船队，同时，继续利用该公司港口及海、陆运优势，发展货运代理业务，争取1994年实现利润总额12950万元，税后利润11100万元。

四、股本结构和股东持股情况

1.1993年末股本结构：

股权	数量(股)	比例(%)
A股：	270470000	87.12
其中：南山开发公司(发起人)	224470000	72.30
内部职工	6000000	1.93
社会公众	40000000	12.88
B股：	40000000	12.88
总股本	310470000	100.00

2.前10名股东持股情况：

股东名称	持股数量(股)	占总股本比例(%)
中国南山开发股份有限公司	224470000	72.30
Deutsche Bank Capital MKT(Asia)Ltd－The China Fund	3856000	1.24
Morgan Stanley Asset-Management (Singapore)Ltd.	3500000	1.13
Equity Fund of China	1980000	0.64
Hillwiok Develop-mentLtd.	1572000	0.51
Bermuda Trust (Far-East) Ltd. GT Shenzhen and China	1558000	0.50
China Pingan Insurance (HK)CO·,Ltd.	1416000	0.46
Ever Joint Properties Ltd.	1052000	0.34
Brilliant Link Intemr-national Ltd	1052000	0.34
Mas Pooled Trust FD International Equity Portfolio	1048000	0.34

五、1993年度资产负债表和利润及利润分配表

资 产 负 债 表

1993年12月31日

深圳赤湾港航股份有限公司 单位:人民币元

资 产	1993年12月31日		1992年12月31日	
	集团	公司	集团	公司
流动资产:				
现金	51585.30	8192.42	17527.17	3531.69
银行存款	190070754.81	188345348.35	2059571.34	443547.64
证券投资	9135000.00	9135000.00—	—	
应收账款	84915621.45	67070314.61	59113379.58	52685,303.85
预付货款	3659089.10	3482076.36	768138.55	482489.51
其他应收款	9580647.36	5760149.67	4519711.81	1447833.63
减:坏账准备	2583107.33	2059908.70	1853927.43	1613992.30
待摊费用	411130.70	—	2215206.98	2010,735.52
存货	11330306.42	4604641.12	11780440.26	3913890.97
物业投资	15856906.00	15856906.00	—	—
流动资产合计	322427933.81	292202719.83	78620048.26	59373340.51
长期投资	53642869.00	201636452.76	—	94440.106.70
固定资产:				
固定资产原价	491569310.36	307496828.63	418106745.12	300374186.67
减:累计折旧	130594826.28	67551571.04	112176037.63	53878041.74
固定资产净值	360974484.08	239945257.59	305930707.49	246496144.93
在建工程	32344370.80	27338390.03	4819619.72	781599.29
无形资产及其他资产:				
场地使用权	117656544.60	85359437.79	120.078291.72	87116407.35
递延支出	2368 733.24	—	1694205.82	—
无形资产及其他资产合计	120025277.84	85359,437.79	121772497.54	87116407.35
资产总计	889414935.53	846482258.00	511142873.01	488207558.78

资 产 负 债 表

1993 年 12 月 31 日

续表

深圳赤湾港航股份有限公司

单位:人民币元

负债及资本	1993 年 12 月 31 日		1992 年 12 月 31 日	
	集团	公司	集团	公司
流动负债				
短期银行借款	25000000.00	25000000.00	7800000.00	—
应付账款	26738315.45	14401696.41	10454986.53	6443913.70
预收账款	7468159.52	7468159.52	11512118.93	11512118.93
其他应付款	32901827.00	28512007.64	15788242.54	20611962.91
母公司往来	2005332.44	2005332.44	33525938.10	27544845.20
应缴税金	1321962.10	1211160.45	5410341.47	4967518.55
应付股利	56195070.00	56195070.00	—	—
预提费用	9035714.00	7397613.00	3523209.00	2808093.00
长期银行借款				
其中:一年内到期部分	2718750.00		—	—
其他借款	31473014.95	31473014.95	20736507.48	16332042.50
流动负债合计	194858145.46	173664054.41	108751344.05	90220494.79
长期负债:				
长期银行借款	19031250.00	—	—	—
其他长期借款	—	—	20736507.47	16332042.50
长期负债合计	19031250.00	—	20736507.47	16332042.50
递延收益	1844849.45	1844849.45	2108399.49	2108399.49
负债合计	215734244.91	175508903.86	131596251.01	108660936.78
股东权益				
普通股	310470000.00	310470000.00	224470000.00	224470000.00
普通股溢价	170807024.86	170807024.86	—	—
公积金	192379338.93	189672002.45	155076622.00	155076622.00
未分配利润	24326.83	24326.83	—	—
股东权益合计	673680690.62	670973354.14	379546622.00	379546622.00
负债及股东权益总计	889414935.53	846482258.00	511142873.01	488207558.78

利润及利润分配表

1993 年度

深圳赤湾港航股份有限公司　　单位：人民币元

项　目	1993 年		1992 年	
	集团	公司	集团	公司
营业收入	251825311.48	159302958.84	167068694.84	104,112803.76
减：营业税金	4110434.41	2749847.93	3651625.37	2748862.81
营业成本	138537241.68	72062629.14	91089637.97	43645605.89
营业毛利	109177635.39	84490481.77	72327431.50	57718335.60
减：管理费用	21660418.75	12841698.63	2465435543	15127655.18
加：财务收益	9333652.20	9642005.40	1571179635	13415375.04
其中：利息收入				
（减：利息支出）	2111331.63	2570156.30	29226741	534916.05
汇兑收益				
（减：汇兑损失）	7222320.57	7071849.10	15419528.94	12800458.99
营业利润	96850868.84	81290788.49	63384872.42	56006054.92
加：其他业务利润	—	—	49572.12	—
经营利润	96850868.84	81290788.49	63434444.54	56006054.92
加：营业外收入	2067553.15	811173.07	836380.85	487109.49
减：营业外支出	988966.39	333907.55	610495.37	517541.77
利润总额	97929455.60	81768054.01	63660330.02	55975622.64
减：企业所得税	7253009.34	6179708.05	4504476.40	4198171.70
税后利润	90676446.26	75588345.96	59155853.62	51777450.94
加：子公司上交利润	—	12372242.24	—	—
减：公积金	34457049.43	31741191.37	5050984.00	3484223.00
已分配股利	—	—	54104869.62	48293227.94
建议股利	56195070.00	56195070.00	—	—
年末未分配利润	24326.83	24326.83	—	—
每股盈利	人民币 0.307 元		人民币 0.264 元	

20. 深圳市天地实业股份有限公司

一、1993年经营业绩和近三年主要财务指标

1993年是该公司股票在深圳证券交易所上市挂牌的第一年。在这一年里，该公司为扩大企业经营规模，争取较高的利润回报，集中力量发展新的投资项目，兴建新的工业基地、开拓新的房地产项目；同时，积极采取措施，挖掘老企业的潜力、以发展规模经营，取得了预期的经济效益。该公司全年营业收入14124.70万元，实现税后利润3332.82万元，完成年度溢利预测的140%。其近三年的主要财务指标如下：

项目指标	1993年	1992年	1993年增长率	1991年
营业收入(万元)	14124.70	10194.07	+38.56%	3716.1
利润总额(万元)	3873.58	2128.45	+81.99%	1203.3
税后利润(万元)	3332.82	1865.05	+78.70%	767.1
资产总额(万元)	29698.89	18795.42	+58.01%	9727.8
股东权益(万元)	19398.32	3860.68	+402.46%	1682.0
每股净资产(元)	2.55			
每股收益(元)	0.4385			
每股红利(元)	0.219			
股东权益比率	65.32%	20.54%	318.01%	17.29%
净资产收益率	28.66%	67.30%	-57.41%	45.61%

二、前次募集资金的运用情况

该公司1993年发行新股共募集资金7628万元，该笔资金已按招股说明书所列之计划使用，具体投向如下：

1. 深圳市良材混凝土公司，1993年全面开展前期工程工作，实际投入1045万元。

2. 深圳市江源散装水泥公司，前期投入90万元。

3. 投资石矿公司480万元。

4. 投资本丽、沙头角两工业区1200万元。

5. 侨光广场首期投入2000万元。

6. 投入1000万元于天地大厦进行装修及房屋收尾工程。

7. 投入天地仓储公司仓库装修费共30万元。

8. 投资385万元与外商合资兴办天地远东混凝土有限公司。

9. 广西桂林天地房地产公司首期投入550万元。

10. 集书画、文物、广告策划于一体的天地艺术公司于1993年9月注册成立，总投资300万元。

11. 股权投资：投资深圳士必达国际投资有限公司320万元，持有权益8%；投资绍兴初轧厂150万元，持有权益5%；投资无锡小天鹅股份有限公司50万元，持有该公司股票20万股。

三、1994年经营展望

该公司1994年度生产经营总目标：紧紧抓住改革与发展两大主题，在抓好在建项目的同时，继续挖掘老企业的潜力，争取实现税后利润4420万元。

四、股本结构和股东持股情况

1. 1993年末股本结构：

股权	数量(万股)	比例(%)
国有股	5070	66.71
个人股	2530	33.29
其中：内部职工股	230	3.03
社会公众股	2300	30.26
总股本	7600	100.00

2. 持股超过1%大股东情况：

股东名称	持股数(股)	占总股本比例(%)
深圳市建设(集团)公司	50700000股	66.71

五、1993年度资产负债表和利润及利润分配表

资　产　负　债　表

（1993年12月31日）

深圳市天地实业股份有限公司　　单位：人民币元

资　　产	附注	集团 1993年12月31日	公司 1993年12月31日	集团 1992年12月31日	公司 1992年12月31日
流动资产：					
货币资金		26712330.71	11929397.64	13998396.20	3800839.09
短期投资		1206500.00	37000.00	301000.00	37000.00
应收票据		—	—	—	—
应收账款	5	22258278.43	12653024.21	19242739.97	7651854.66
预付货款		56607385.74	30133466.50	30920828.10	72000.00
其他应收款	6	11469031.47	4452688.62	2618361.65	932323.29
减：坏账准备		569860.88	379590.73	146298.06	73022.89
应收预付款项净额		89764834.76	46859588.60	52635631.66	8583155.06
应收关连企业款		—	4202592.88	—	(6610784.30)
预交税金		—	—	—	—
待摊费用	4	757834.10	252010.61	387161.20	25153.87
存货	3	19320623.36	194441.60	72402399.58	
流动资产合计		137762122.93	63475031.33	139724588.64	5835363.72
长期投资：					
长期投资		69633390.33	33571103.01	11875720.96	12178786.58
拨付所属资金		—	73445840.60	—	19833034.79
固定资产：					
固定资产原值		84097914.70	12557098.31	19727060.81	2048054.95
减：累计折旧		14500712.94	108065265	7424869.38	660562.08
固定资产净值	9	69597201.76	11496445.66	12302191.43	1387492.87
在建工程	10	16752693.47	8690545.45	23012654.99	4327503.08
固定资产清理		—	—	—	—
长期资产合计		86349895.23	127203934.72	35314846.42	37726817.32
无形及其他资产：					
无形资产		500000.00	—	500000.00	—
递延资产	7	2734567.17	533281.40	539060.75	795685.20
无形及其他资产合计		3234567.17	533281.40	1039060.75	795685.20
待处理财产损失：		—	—	—	—
待处理流动资产损失(减收益)		8,922.81	—	—	—
待处理固定资产损失(减收益)		—	—	—	—
待处理财产损失合计		8922.81	—	—	—
资产总计		296988898.47	191212247.45	187954216.77	44357866.24

资 产 负 债 表

(1993 年 12 月 31 日)

续表

深圳市天地实业股份有限公司 单位:人民币元

资 产	附注	集团 1993 年 12 月 31 日	公司 1993 年 12 月 31 日	集团 1992 年 12 月 31 日	公司 1992 年 12 月 31 日
流动负债:					
短期借款	11	36000000.00	26000000.00	28021670.93	8021670.93
应付票据		—	—	—	—
应付账款		30421272.00	4648750.19	61695307.25	3356040.18
预收货款		2596759.39	1856351.10	25938118.30	192119.00
应付福利费		1528289.58	1876008.45	—	—
未付股利		1286976.95	1269078.50	3389680.07	1269078.50
未交税金	15	2788339.20	322470.37	5872405.92	1518892.52
其他未交款		—	—	—	—
其他应付款		8359430.25	3,774512.41	4,405015.29	1509912.65
应付关连企业款		—	649616.14	—	—
应付工资		—	—	—	—
预提费用		14155232.29	1935.04	14779763.41	641858.00
待扣税金		—	—	—	—
一年内到期长期负债		—	—	—	—
流动负债合计		97136299.66	40398722.20	144101961.17	15509571.78
长期负债:					
长期借款		1230000.00	1080000.00	—	5095500.00
应付债券		—	—	5245500.00	—
长期应付款		3910853.06	3910853.06	—	—
长期负债合计		5140853.06	4990853.06	5245500.00	5095500.00
少数股东权益		728559.93	—	566394.29	—
股东权益:					
股本	13	76000000.00	76000000.00	14144479.66	13087595.28
普通股		76000000.00	76000000.00	—	—
其中:A 股(面值 1 元,发行 7600 万股)		76000000.00	76000000.00	—	13087595.28
B 股(面值一元,发行一股)		—	—	—	—
优先股(面值一元,发行一股)		—	—	—	—
资本公积金		76143261.35	61734481.20	—	—
盈余公积金		8560131.53	406716046	23895881.65	7800796.14
其中:公益金		—	—	—	4596325.99
未分配利润		33279793.54	4021030.53	—	2864403.04
股东权益合计		193983186.42	145822672.19	38606755.60	23752794.40
负债及股东权益总计		296988898.47	191212247.45	187954216.77	44357866.24

利润及利润分配表

1993 年 1 月 1 日至 12 月 31 日

深圳市天地实业股份有限公司　　单位：人民币元

项　目	附注	集团 1993 年度	公司 1993 年度	集团 1992 年度	公司 1992 年度
一、主营业务收入		141246983.63	—	101940747.26	739797.00
减:营业成本		92482007.08	—	73127790.15	515032.39
销售费用		4231573.18	—	1072191.32	—
管理费用		15025486.34	7473726.30	9071592.76	3240172.61
财务费用		1439049.66	811850.53	544527.91	486253.07
汇兑损益	12	(4,572730.89)	(942245.09)	(1192295.44)	(2394839.15)
进货费用		—	—	—	—
		——	——	——	——
营业税金及附加		5353367.24	—	3614234.66	—
二、主营业务利润		27288231.02	(7343331.74)	15702705.90	(1106821.92)
加:其他业务利润		4113522.57	3453479.75	79338.26	—
		——	——	——	——
三、营业利润		31401753.59	(3889851.99)	15782044.16	(1106821.92)
加:投资收益		7566239.35	7785903.42	4917466.80	3446605.07
营业外收入	14	45149.34	5957.80	1534896.33	1224634.22
减:营业外支出	14	277382.58	—	949916.94	700014.33
四、利润总额		38735759.70	3902009.23	21284490.35	2864403.04
加:年初未分配利润		—	—	(390285.16)	—
上年利润调整或盈余公积转入		(48372.19)	119021.30	1301.12	—
		——	——	——	——
五、可分配利润		38687387.51	4021030.53	20895506.31	2864403.04
减:应交所得税		5407593.97	—	2634026.04	—
能源交通及预算调节基金		—	—	2216958.12	—
提取法定盈余公积		—	—	6835610.64	—
提取公益金		—	—	4335129.79	—
风险抵押基金		—	—	815651.72	—
		——	——	——	——
六、可供股东分配的利润		33279793.54	4021030.53	4058130.00	2864403.04
减:已分配利润		—	—	4058130.00	—
提取任意公积		—	—	—	—
已分配普通股股利		—	—	—	—
七、未分配利润		33279793.54	4021030.53	0	2864403.04

21. 蛇口招商港务股份有限公司

一、1993 年经营业绩和近三年主要财务指标

蛇口招商港务股份有限公司是一家主营港航业的上市公司，其股票在深圳证券交易所挂牌。1993 年，是该公司业务发展最为迅速的一年，在充分把握宏观经济和股份化企业自身优势的基础上，该公司依靠社会各界的鼎力支持，开拓创新，努力拼搏，形成了“以港航为龙头、多元化发展”的新格局，全年实现营业收入 24563.05 万元，实现利润总额 7,949.84 万元，超额完成了全年的溢利计划。该公司近三年的财务指标如下（单位：万元）：

项目指标	1993 年	1993 年增长%	1992 年	1991 年
营业收入	2456305	104.0%	12041.85	8,114.10
利润总额	7949.84	93.1%	4116.62	2296.54
税后利润	8056.40	98.9%	4049.00	2282.03
资产总额	99022.25	82.5%	54266.87	38284.14
股东权益	52281.41	204.3%	17183.59	12198.37
每股净资产	2.49 元		—	—
每股收益	0.38 元		—	—
每股红利	0.25 元		—	—
股东权益比率	52.8%		31.7%	31.9%
净资产收益率	23%		27.6%	18.7%

二、前次募集资金运用情况

1993 年该公司新增发行 7700 万股新股，所筹得的资金 8829 万元人民币和 15150 万元港币均已按《招股说明书》中所列用途分别投资于：

1. 在上海、南京等地设立分支机构、仓储基地，共投入 6400 万元。

2. 建设蛇口港 75000 吨级散货码头，已投入 3341.74 万元。

3. 收购深圳招商石油化工有限公司 25%股权，投入 5514 万元。

4. 扩建蛇口港港澳航线客运码头，投入了 243 万元。

5. 由于“海港大厦”设计方案未定，为避免该笔资金积压在银行而造成损失，公司已通过灵活的调度充分发挥效益，归还基建贷款 8711.75 万元。

三、1994 年经营展望

该公司 1994 年的发展战略是：以人才为基础，以效益为目标，以蛇口港的建设为中心，面向两个市场，扬长避短，扩大腹地和经营渠道，多元化发展，建立一个实力强大、管理良好的跨国企业集团，争取实现税后利润 10100 万元。

四、股本结构和股东持股情况

1. 1993 年末股本结构：

股权		数量(股)	比例(%)
A 股	发起人法人股	99750000	47.50
	社会公众股	27000000	12.86
	其中：职工股	7000000	3.33
B 股	发起人法人股	33250000	15.83
	个人股	50000000	23.81
	总股本	210000000	100

2. 前 10 名股东持股情况：

股东名称	持股数(股)	占总股本比例(%)
招商局蛇口工业区有限公司	99750000	47.50
香港招商局仓码运输有限公司	33250000	15.83
MORGAN STANLEY ASSET MANAGEMENT (SINGAPORE)LTD.	6676000	3.18
CHASE/COLLEGE RETIREMENT EQUITLES FUND	4312000	2.05
JARDINE FLEMING CHINAREGION FUND INC.	2378000	1.13
CHASE LONDON A/C SCH PAC EMGMKTS FUND	1900000	0.90
GT ASIAN SMALL COMPANIES FUND	1758000	0.84
HK BANK INT'L TRUSTEE LTD A/C JF CHINA TRUST	1512000	0.72
RBSE/BG PACIFIC UNIT TRUST	1500000	0.71
BEAR,STEARNS SECURITIES CORPORATION	1254000	0.60

五、1993 年度资产负债表和利润及利润分配表

资产负债表(合并)

1993年12月31日

蛇口招商港务股份有限公司　　单位:人民币元

资　产	1993年12月31日	1992年12月31日	负债及资本	1993年12月31日	1992年12月31日
流动资产:			流动负债:		
货币资产	130071147.28	34289911.65	短期借款	99646304.02	133814200.00
短期投资	14555883.43	—	应付账款	49510239.50	10783390.32
应收账款	50137550.98	41943469.39	预收货款	18607705.10	1599031.41
预付货款	48222980.42	7919330.20	应付福利费	10262437.81	5554552.95
其他应收款	22309343.43	42410439.66	未付股利	24793035.14	10119022.38
减:坏账准备	3637811.24	1003987.85	未交税金	1271032.98	2088907.22
应收内部单位款	——	——	其他应付款	24241446.36	13683766.30
应收关联公司款	15453784.83	—	应付内部单位款	—	—
待摊费用	38321.48	89422.82	应付关联公司款	41406506.14	261944.69
存货	9843412.24	9317448.11	预提费用	6964803.89	4,760238.71
流动资产合计	287586112.85	128966533.93	流动负债合计	276703510.94	182665063.98
其他长期应收款			长期负债:		
其他长期应收款	91644635.10	39476577.81	长期借款	177025100.20	153068816.45
长期投资:			长期应付款	500000.00	32244843.76
长期投资	90833764.71	15682056.24	长期负债合计	177525100.20	185313660.21
固定资产:			少数股东权益		
固定资产原价	659433485.62	335341456.24	少数股东权益	13179863.79	2954028.30
减:累计折旧	204475504.65	60944990.89	股东权益:		
固定资产净值	454957890.97	274396465.35	股本	210000000.00	50000000.00
在建工程	48836829.11	84009049.41	资本公积	236559428.84	—
固定资产合计	503594720.08	358405514.76	盈余公积	249288.66	55981511.46
无形及其他资产:			货币换算差额	(3336720.93)	—
无形资产	7623754.33		未分配利润	79842065.22	65854428.72
递延资产	3939549.65		股东权益合计	522814061.79	171835940.18
无形及其他资产	16563303.92	138009.83			
资产总计	990222536.72	542669692.67	负债及股东权益总计	990222536.72	542668692.67

利润及利润分配表(合并)

1993年度

蛇口招商港务股份有限公司 单位:人民币元

项　目	1993年	1992年	项　目	1993年	1992年
一、主营业务收入	RMB 245630484.83	RMB120418535.84	上年利润调整	744308.29	
减:营业成本	138480342.02	58620336.18	五、可分配利润	146097111.28	75689187.38
销售费用	214787.68	—	减:应交所得税	197299.82	467899.30
管理费用	31871577.05	15348531.18	能源交通和预算调节基金	—	38195.95
财务费用	9605766.89	15241580.69	未分配利润折股	22988702.56	—
汇兑损益	(5637060.70)	(8870033.42)	提取法定盈余公积	311212.61	14092543.51
营业税金及附加	5071237.90	2332739.37	提取公益金	7621923.70	6649355.72
二、主营业务利润(亏损)	66023833.99	37745381.84	货币换算差额	12418525.82	(21435463.72)
加:其他业务利润	1578356.96	—	六、可供股东分配利润	102559446.77	75876656.62
三、营业利润(亏损)	67602190.95	37745381.84	减:少数股权已分配利润	(519049.77)	171881.77
加:投资收益	9452925.34	1472507.25	已分配股利	23236431.32	9850346.13
外单位分来利润	2195350.65	—	七、未分配利润	RMB79842065.22	RMB65854428.72
加:营业外收入	552909.03	2122914.26	除税及少数股权后每股盈利		
减:营业外支出	305001.70	174561.13	按年末总股数计算	RMB	0.38
四、利润总额	79498.374.27	41166242.22			
加:年初未分配利润	65854428.72	34522945.16	按加权平均股数计算	RMB	0.42

22. 深圳市特力机电股份有限公司

一、1993 年经营业绩和近三年主要财务指标

深圳市特力机电股份有限公司是一家以机电产品生产为主业的上市公司，该公司股票在深圳证券交易所挂牌。在 1993 年，该公司的工业总产值、工业销售产值、出口额和销售总额在广东机械行业均名列前茅，共实现主营业务收入 45632 万元，税后利润 6251 万元，是年度盈利预测的 110.14%。该公司近三年的财务指标如下(单位：万元)：

项目指标	1993 年	1992 年	1993 年增长(%)	1991 年
主营业务收入	45632	34020	42.5	22447
利润总额	7116	4016	77.2	2660
税后利润	6251	3378	85	2439
资产总额	91509	58544	56.3	25756
股东权益	43427	19231	125.8	8.009
每股净资产	2.60	1.59	63.5	—
每股收益(元)	0.375	0.28	31.1	—
每股红利(元)	0.168	0.086	96.5	—
股东权益比率(%)	47.5	32.8	44.8	31.1
净资产收益率(%)	20	18	11	30.5

二、前次募集资金的运用情况

该公司 1993 年发行新股 4598 万股，净收入股金 18024 万元，已基本按招股说明书所列的投资计划使用：

1. 按进度投入 2398 万元于新工业项目：

(1)投入 240 万元兴办深圳天特机电设备有限公司；(2)投资 1000 万元参股中国浦发机械工业总公司；(3)投入 1,158 万元兴办深圳先导新材料有限公司。

2. 按进度投入 1680 万元用于现有企业的技术改造和扩大生产：

(1)投入 680 万元于深圳市机械工贸公司扩大瓦楞纸板制造机生产线；(2)投入 1000 万元于深圳市汽车测试公司扩大汽车修理和测试设备生产线。

3. 按进度投入 9250 万元用于发展第三产业：

(1)投入 650 万元用于水贝、布心工业区的改造完善；(2)投入 1200 万元用于平湖、石岩两工业区的建设；(3)投资 4500 万元用于本公司在国内湛江、北海、岳阳、上海、北京等地的房地产开发项目；(4)投入 2500 万元用于特力大厦建设；(5)投入 400 万元用于在深圳兴建永通宾馆。

以上共投入资金 13328 万元，股金余额为 4698 万元，暂作企业流动资金使用。

三、1994 年经营展望

在 1994 年，该公司在工业方面将集中资金对骨干企业进行技术更新改造，以扩大其生产规模和提高产品的技术档次；在房地产方面，将抓好在建项目，争取早出效益；在进出口贸易方面将广开新渠。争取实现税后利润 8275 万元。

四、股本结构和股东持股情况

1. 1993 年末股本结构：

股权	数量(万股)	比例(%)
国家股	12090	72.45
境内公众股	2180	13.06
内部职工股	418	2.50
B 股	2000	11.98
总股本	16688	100.00

2. 前 10 名大股东持股情况：

股东名称	股种	持股数(股)	占总股比例(%)
深圳市投资管理公司	A 股	120900000	72.45
中国平保(香港)公司	B 股	2148000	1.29
TEMPLETON CHINA FUND INC	B 股	1458000	0.874
NG TING KWONG	B 股	820000	0.49
HOTIME LIMITED	B 股	600000	0.36
KARKO DEV LIMITED	B 股	600000	0.36
ZHEJIANG INVESTMENT (HK) CO LTD	B 股	560,000	0.336
EARNGUARD LIMITED	B 股	500000	0.30
EUROWAY DEVELOPMENTS CO	B 股	480000	0.288
HO HUA CHEONG	B 股	400000	0.24

五、1993 年度资产负债表和利润及利润分配表

资产负债表(合并)

1993年12月31日

深圳市特力机电股份有限公司 单位:人民币元

资　产	1993年12月31日		1992年12月31日	
	集团	公司	集团	公司
流动资产:				
货币资金	RMB97600110.95	RMB38130241.12	RMB61282872.12	RMB8385651.31
短期投资	8184643.39	5133825.81	1028524.80	10000.00
应收账款	101959699.79	3525260.58	69056238.66	11395103.97
预付货款	16495564.86	4768582.84	10734510.00	4637258.92
其他应收款	34444533.59	4931035.21	19194118.17	13539789.38
减:坏账准备	1524193.03	152515.66	1975673.44	579187.74
应收内部单位款	—	244225004.61	—	108639887.07
应收联营单位款	1376050.71	1736364.88	3362713.99	3662713.99
待摊费用	6296388.59	814978.21	490889.43	—
存货	249455935.98	16841300.45	149062561.94	1854986.73
流动资产合计	514288734.83	319963458.05	312236855.67	152045483.61
长期投资:				
长期投资	90714412.64	85441547.14	52692409.38	49755063.78
拨付所属资金	—	191473531.80	—	104084025.67
长期投资合计	90714412.64	276915078.94	52692409.38	153839089.45
固定资产				
固定资产原价	207716719.17	36854549.57	164183554.04	47196630.92
减:累计折旧	42994856.38	5612963.59	33405023.86	5552767.71
固定资产净值	164721662.79	31241585.98	130778530.18	41643363.21
在建工程	133554489.50	3119393,87	78674985.85	11782112.46
固定资产合计	298276352.29	34350979.85	209453516.03	53425975.67
无形及其他资产:				
无形资产	2435290.30	—	7138062.40	—
递延资产	8647212.89	381677.80	3472883.27	1040102.40
无形及其他资产合计	11082503.19	381577.80	10610945.57	1040107.40
待处理财产损失:				
待处理流动资产损失(减收益)	724172.10	—	448477.36	1042178.07
待处理财产损失合计	724172.10	—	448477.36	104217807
资产总计	RMB915086175.05	RMB531621194.64	RMB585442204.11	RMB361392834.20

资产负债表(合并)

1993年12月31日

续表

深圳市特力机电股份有限公司

单位:人民币元

负债及资本	1993年12月31日		1992年12月31日	
	集团	公司	集团	公司
流动负债				
短期借款	299860000.00	202100000.00	232630000.00	170840000.00
应付账款	65720185.56	937924.80	52102559.91	308590.30
预收货款	28426923.13	363650.00	25165095.14	215720.00
应付福利费	10393506.44	5266523.13	19784163.07	9796381.12
未付股利	58079899	—	41536832	—
未交税金	8207374.85	858923.49	5415023.76	627189.29
其他应付款	34434944.35	9389938.44	34223137.67	12482655.49
应付联营单位款	—	15876312	—	—
预提费用	4289466.85	1500000.00	1937132.75	209361.47
一年内到期的长期负债	5000000.00	—	—	—
流动负债合计	456841201.78	220575722.98	371672480.32	194479897.67
长期负债				
长期借款	10040000.00	4000000.00	16440000.00	5500000.00
长期应付款	7312527.69	3845128.61	—	—
长期负债合计	17352527.69	7645128.61	16440000.00	5500000.00
少数股东权益				
少数股东权益	6618979.20	—	5018979.21	—
股东权益:				
股本	166880000.00	166880000.00	120900000.00	120900000.00
资本公积	176659799.40	148654615.34	42397906.69	14393308.30
盈余公积	13890420.50	10822481.23	14682152.41	11788942.75
未分配利润	76843246.48	76843246.48	14330685.48	14,330685.48
股东权益合计	434273466.38	403200343.05	192310744.58	161412936.53
负债及股东权益合计	915086175.05	631621194.64	585442204.11	361392834.20

利润及利润分配表(合并)

1993 年度

深圳市特力机电股份有限公司 单位:人民币元

项 目	集团	公司	集团	公司
一、主营业务收入	456323866.88	44413548.54	340196719.02	243914548.54
减:营业成本	35035510.75	32739337.19	276963201.48	17488210.66
销售费用	6949903.84	17841.36	4296087.54	1812852.49
管理费用	40838795.32	2682293.26	26865337.83	3013895.92
财务费用	13139097.19	4746947.94	6333123.15	2472847.86
汇兑损益	(10286632.38)	(128655.05)	(12448428.76)	(686593.21)
营业税金及附加	9854.21	202918.33	5755539.90	361950.80
二、主营业务利润(亏损)	48297337.95	4152865.51	32431852.88	(61705.48)
加:其他业务利润	5452051.24	—	—	—
三、营业利润(亏损)	53749389.19	4152865.51	32431852.88	(61705.48)
加:投资收益	10858026.94	58642307.92	8310894.28	27607119.57
外单位分来利润	5910953.68	—	1168538.91	2965000.92
加:营业外收入	3642876.62	1162687.45	2138317.98	74171.21
减:营业外支出	2998258.82	612988.93	3890836.07	285,792.84
四、利润总额	71162987.61	63344871.95	40156767.98	30298795.38
加:年初未分配利润	14330685.48	14330685.48	2591844.71	3330313.33
五、可分配利润	85493673.09	77675557.43	42748512.69	33629108.71
减:应交所得税	8141627.62	832310.95	5,089829.05	463324.44
能源交通和预算调整基金	—	—	870991.58	—
提取法定盈余公积	—	—	15496194.98	14365176.60
提取公益金	—	—	6545543.28	4469922.19
六、可供股东分配利润	77352045.47	76843246.48	14746053.80	14330685.46
减:少数股权已分配利润	50879899	—	415388.32	—
七、未分配利润	76843246.48	76843246.48	14330585.48	14330685.48
除税及少数股权后每股盈利				
按年末总股数计算	0.37		—	
按加权平均股数计算	0.42		—	

23. 深圳飞亚达(集团)股份有限公司

一、1993年经营业绩和近三年财务指标

深圳飞亚达是一家主营手表生产的集团股份公司,该公司股票在深圳证券交易所挂牌。在1993年,该公司始终坚持以高科技为先导,提高产品的市场竞争力,继国内首家采用硬质合金及宝石材料制造的永不磨损系列名表后,又首次推出以精密陶瓷、钛合金、超硬镀质量更高的永不磨损手表,从而大大地提高了产品档次及市场竞争力,使飞亚达高档表呈现供不应求的状态。该集团在1993年累计实现税后利润5083.9万元,比原溢利预测2539万元增长了100.23%。该公司近三年的主要财务指标如下(单位:元):

项目指标	1993年	1993年增长率%	1992年	1991年
营业收入	266971724	116.16	123507377	66174393
利润总额	58024953	253.57	16411226	7025281
税后利润	50839278	363.47	10969208	4782516
资产总额	317504564	89.11	167896425	79441.112
股东权益	195684432	230.10	59281139	18291973
每股净资产	3.21	—	—	—
每股收益	0.83	—	—	—
每股红利	0.41	—	—	—
股东权益比率	61.63%	—	—	—
净资产收益率	39.88%	—	—	—

二、前次募集资金的运用情况

该公司1993年首次发行A、B股股票,共筹集资金折合人民币9322万元,由于国家宏观经济政策的调整和市场的变化,除下列项目外,原招股说明书所计划的项目将推迟到1994年或以后的年度里实施。

1. 对现有技术设备更新、扩充高档表生产线投入658万元。
2. 建立飞亚达精品连锁店投入1406万元。
3. 法人股投资等934万元。

其它未作投入的股金,暂拨作流动资金使用。

三、1994年经营展望

1994年该公司将坚持以飞亚达表为龙头产品,在产品名牌化、系列化,经营连锁化、国际化的原则指导下,实现"工商两翼齐飞"的计划,同时,对一些短期性的具有高回报率的项目适当投资。争取实现税后利润总额6500万元人民币。

四、股本结构及股东持股情况

1. 1993年末的股本结构:

股权	数量(万股)	比例(%)
发起人法人股:	3350	54.92
境内社会公众股:	1000	16.39
内部职工股:	250	4.10
人民币特种股:	1500	24.59
总股本:	6100	100.00

2. 前10名股东持股情况:

股东名称	持股数(股)	占总股本比例(%)
中国航空技术进出口深圳公司	33500000	54.93
TANDER CHIMA INVESTMENT CO. LTD	1076000	1.76
中国平保(香港)公司	1032000	1.69
VASTFORD IMDUSTRIAL LTD	1032000	1.66
DS/NEWTON INVESMENT MANGMENT LTD	1010000	1.33
SHUM KONG INDUSTRY & TRADING(HK) CO. LTD	812000	0.71
LEE MEI KUEN (C/0 PITTWATER INV. CTD)	432000	0.70
SAM SUM INDUSTRIAL CO	430000	0.70
PITTWATER INV LTD	430000	0.70
GOOD NATION INVESTMENT	422000	0.69

五、1993年度资产负债表和利润及利润分配表

资产负债表(合并)

1993年12月31日

深圳飞亚达(集团)股份有限公司 单位:人民币元

资　　产	1993年12月31日	1992年12月31日	负债及股东权益	1993年12月31日	1992年12月31日
流动资产:			流动负债:		
货币资金	RMB71222886.77	RMB21846003.07	短期借款	RMB58983600.00	RMB51993455.61
短期投资	3622619.73	1830.00	应付票据	3553442.73	—
应收账款	45532623.97	25343261.79	应付账款	27660725.60	13007991.46
预付货款	7960971.83	573005.11	预收货款	363484.00	8730188.2
其他应收款	39138096.01	26926987.36	应付福利费	179355431	4830371.37
减:备抵坏账	894621.83	735716.02	未付股利	313194.68	519061.41
应收联营单位款	—	—	未交税金	3574669.51	1846262.14
待摊费用	95465.00	1140809.44	其他应付款	11805000.46	7155229.15
存货	82803056.15	37684517.79	应付联营单位款	—	—
流动资产合计	249481097.68	112780698.54	预提费用	723970.50	391917.87
长期投资:			流动负债合计	108771631.79	88474477.28
长期投资	5720000.00	—	长期负债:		
固定资产:			长期借款	—	9285600.00
固定资产原价	66567882.36	64569771.86	少数股东权益:		
减:累计折旧	18928213.91	15240940.66	少数股东权益	13048499.59	10855208.50
固定资产净值	47639668.45	49328831.20	股东权益:		
在建工程	8894905.00	—	股本	61000000.00	—
固定资产合计	56534573.45	49328831.20	实收资本	—	33500000.00
无形及其他资产:			资本公积	78630645.08	12910230.28
无形资产	623328.00	799332.00	盈余公积	5926028.42	3024517.17
递延资产	5062063.19	4987563.11	未分配利润	50127758.81	9846391.62
无形及其他资产合计	5685391.19	5786895.11	股东权益合计	195684432.31	59281139.07
待处理财产损失:					
待处理流动资产损失(减收益)	83501.37	—			
资产总计	RMB317504563.69	RMB167896424.85	负债及股东权益总计	RMB31750456369	RMB167896424.85

利润及利润分配表(合并)

1993年度

深圳飞亚达(集团)股份有限公司　　单位:人民币元

项　　目	1993年	1992年	项　　目	1993年	1992年
一、主营业务收入	266971723.93	123507376.66	少数股东权益		
减:营业成本	147549353.83	74975236.53	年初未分配利润	3822062.29	182417.88
销售费用	37406454.16	14201613.71	上年利润调整(调减)	(1041314.88)	—
管理费用	16405062.08	10930337.33	五、可供分配利润	70652092.31	17269704.56
财务费用	4147295.39	3482678.75	减:应交所得税	2960848.33	1228009.41
汇兑损益	(1111234.62)	3183856.21	提取法定盈余公积	1428273.61	1709679.97
营业税金及附加	8540504.19	2307490.27	提取公益金	2941047.14	166312.72
二、主营业务利润(亏损)	54034288.90	14426163.86	六、可供股东分配的利润	63321923.23	14165702.46
加:其他业务利润(亏损)	4393617.06	2461936.90	减:少数股权利润	4010809.63	3822062.29
三、营业利润(亏损)	58427905.96	16888100.76	已分配股利	9183354.79	497248.55
加:投资收益(亏损)	(193295.02)	—	七、未分配利润	50127758.81	9846391.62
营业外收入	100939.42	17843.35	除税及少数股权后每股盈利		
减:营业外支出	310597.08	494718.58	(按加权平均股数计算)	0.94	—
四、利润总额(亏损)	58024953.28	16411225.53	(按年末总股数计算)	0.83	—
加:年初未分配利润	9846391.62	676061.15	(所附注释系财务报表的组成部分)		

24. 深圳能源投资股份有限公司

一、1993年经营业绩和近两年主要财务指标

深圳能源投资有限公司是一家主营电力生产的上市公司，其股票在深圳证券交易所挂牌。1993年，在“以电为主，多种经营，确保重点，用活资金，提高效益，加速发展”的经营方针指导下，该公司取得了良好的经济效益，全年实现营业收入65280.00万元，实现利润13287.23万元，实现税后利润7462.70万元，比1993年溢利预测高5.32%。该公司近两年财务指标如下(单位：万元)：

项目指标	1993年	1992年(6月—12月)
主营业务收入	63887.27	26457.18
利润总额	13287.23	3010.06
税后利润	7462.70	1531.36
资产总额	484604.17	309118.30
股东权益	77845.20	32513.20
每股净资产(元)	2.43	1.53
每股收益(元)	0.233	0.0 7
每股红利(元)	0.163	0.07
股东权益比率%	16.00	10.52
净资产收益率%	13.52	4.7

二、前次募集资金的运用情况

该公司前次募集股金扣除发行费用后共约36789万元，按照募集资金计划将分别投资于如下项目，资金的运用情况如下：

1.按期投入妈湾燃煤电厂一期工程12320万元注册资本。该资金分别于1993年8月投入6160万元，11月再投入6160万元。

2.妈湾燃煤电厂二期工程已完成了码头工程北泊位、场地平整、土地征用、燃料供应系统等前期工程。由于该项目投资高达68亿元，招商工作量大，目前引资工作正在进行，合营各方股东尚未最后确定。因此，为维护股东权益，保证合理、有效使用所募集的17000万元资金，需待妈湾二期合营各方股东确定后，再按照合营协议投入该项资金。

3.东部电厂项目正在申请立项及招商，合营股东尚未确定。前次募集1000万元资金需待合营各方确定后，再按照合营协议投入资金。

4.投资与能源行业相关的项目和该公司流动资金约6469万元，分别投资于惠州、海南的房地产项目和以参股方式投资于深圳长安电力有限公司等有关项目中。

三、1994年经营展望

1994年度，该公司将继续坚持“以电为主，多种经营，确保重点，用活奖金，提高效益，加速发展”的经营方针，推行高效、科学的管理机制，使公司在1994年得到更加迅速的发展，争取实现税后利润21122万元。

四、股本结构和股东持股情况

1.1993年末股本结构：

股权	数量(万股)	比例(%)
国家股	21270	66.47
法人股	1600	5.0
公众股	9130	28.53
其中：职工股	830	2.59
总股本	32000	100.00

2.公司主要股东持股情况：

股东名称	持股数(万股)	占总股本比例%
深圳市能源总公司(国家股)	21270	66.47
深圳佳德高新技术开发公司	200	0.63
广东省电力发展股份有限公司	190	0.59
西北电力建设总公司	170	0.53
深圳沙 角火力发电厂B厂有限公司	125	0.39
广东核电投资有限公司	120	0.375
广东省南方工业发展总公司	100	0.31
深圳市投资管理公司	100	0.31
秦皇岛港货运总公司	100	0.31
中国光大银行深圳分行	100	0.31
深圳市鸿基运输实业股份有限公司	100	0.31

五、1993年度资产负债表和利润及利润分配表

资产负债表

1993年12月31日

深圳能源投资股份有限公司　　单位:人民币元

资产	1993年12月31日	1992年12月31日	负债及股东权益	1993年12月31日	1992年12月31日
流动资产			流动负债		
货币资金	576532420.78	212168123.24	短期借款	567674650.00	603895036.90
短期投资	8083750.00	—	应付账款	115691266.17	78348577.57
应收账款	178800315.36	59728259.33	应付福利费	638627.46	1206357.67
减:坏账准备	706282.15	1790302.00	未交税金	18754838.35	44440,702.73
应收账款净额	178094033.21	57937957.33	未付股利	—	13750000.00
预付货款	—	364556204.55	其他应付款	22764948.73	2526749.61
其他应收款	104820147.51	38619518.91	预提费用	35720866.34	26027031.41
待摊费用	743443.70	529880.17	一年内到期的长期负债	262240659.31	—
存货	40801190.39	42562335.02	流动负债合计	1023485856.36	770194,455.89
流动资产合计	909074985.59	716374019.22	长期负债		
长期投资			长期借款	2631856582.65	1718589464.61
长期投资	34546000.00	6244916.71	长期负债合计	2631856582.65	1718589464.61
固定资产			少数股东权益	412247290.03	277267106.21
固定资产原价	2534849412.43	1114643452.79	股东权益		
减:累计折旧	164597260.65	71790625.69	股本	320000000.00	212700000.00
固定资产净值	2370252151.78	1042852827.10	资本公积金	371459410.71	110868384.07
在建工程	1134873295.19	941216258.86	盈余公积金	—	—
固定资产合计	3505125446.97	1984069085.96	其中:公益金		——
无形及其他资产			未分配利润	86992543.77	1563634.63
无形资产	299032102.61	300081580.00	股东权益合计	778451954.48	325132018.70
递延资产	98263148.35	84413443.52			
无形及其他资产合计	397295250.96	384495023.52			
资产总计	4846041683.52	3091183045.41	负债及股东权益总计	4846041683.52	3091183.045.41

利润及利润分配表

1993年12月31日

深圳能源投资股份有限公司 单位:人民币元

项 目	1993年	项 目	1993年
一、主营业务收入	638872710.67	减:营业外支出	784667.04
减:营业成本	419506279.37	四、利润总额	132872331.41
销售费用	10945.78	加:年初未分配利润	1563634.63
管理费用	9796273.66	年初未分配利润调整数	19639761.79
财务费用	42830505.70	五、可分配利润	154075727.83
汇兑损失(减:汇兑收益)	34966287.28	减:应交所得税	11708000.24
营业税金及附加	12545642.39	提取法定盈余公积	—
二、主营业务利润	119216776.49	提取公益金	—
加:其他业务利润	13223971.35	少数股东应分配的利润	55375183.82
三、营业利润	132440747.84	六、可供股东分配的利润	86992543.77
加:投资收益	1050650.60	减:已分配股利	—
营业外收入	165600.01	七、未分配利润	86992543.77

25. 深圳市益力矿泉水股份有限公司

一、1993 年经营业绩和近两年主要财务指标

深圳市益力矿泉水股份有限公司是一家在深圳证券交易所挂牌的上市公司。在 1993 年，该公司共生产矿泉水 44904.83 吨，其中瓶装矿泉水 297.26 万箱，产品在国内市场的占有率达 20%以上，是目前国内最大的瓶装矿泉水生产企业。该公司全年完成销售收入 11807 万元，实现利润总额 3835 万元，其近两年的财务指标如下(单位：万元)：

项目指标	1993 年	1992 年	1993 年增长率
主营业务收入	11807.2	8452.12	+39.70%
利润总额	3834.77	2647.21	+44.86%
税后利润	3266.38	2247.80	+45.31%
资产总额	38407.36	18892.56	+103.29%
股东权益	28718.98	9578.06	+199.84%
每股净资产	2.74 元		
每股收益	0.311 元		
每股红利	0.125 元		
股东权益比率	74.77%	50.70%	+47.48%
净资产收益率	17,06%	23.47%	-27.31%

二、前次募股资金的运用情况

该公司前次募集股金的运用情况如下：

1. 投资 1702.7 万元人民币，用于偿还益力二厂固定资产贷款；投资 320 万元港币用于支付益力二厂之设备款。

2. 投资 100 万元人民币于“深圳益力瓶盖有限公司”。

3. 投资 13.5 万元人民币和 9 万元港币于“深圳市益力新塑料公司”。

4. 投资 735 万元人民币，用于羊台山矿泉水厂前期改造工作。

5. 投资 1300 万元人民币，用于支付石岩土地使用权费用(征地费)。

6. 投资 150 万元港币用于支付益力一厂之设备款；支付 992.9 万元港币用于偿还一厂之贷款。

7. 支付 668.7 万元人民币用于强力塑瓶厂的收购前期工作。

三、1994 年经营展望

在 1994 年，该公司仍将以工业生产为主，除继续抓好主导产品矿泉水的生产和销售、扩大其市场覆盖率和知名度外，同时加紧新项目的筹建工作，力争早日将新产品投放市场，改变公司单一产品的销售局面，争取 1994 年完成税后利润 3580.5 万元。

四、股本结构和股东持股情况

1. 1993 年末股本结构：

股权	数量(万股)	比例(%)
发起人国有股	4550	43.33
发起人法人股	950	9.05
境内社会公众股	1650	15.72
内部职工股	350	3.33
定向法人股	1000	9.52
人民币特种股	2000	19.05
总股本	10500	100

2. 前 10 名股东持股情况：

股东名称	持股数(万股)	占总股本比例(%)
深圳市投资管理公司	4550	43.33
深圳宝安区石岩镇上屋经济发展公司	1000	9.52
深圳宝安区石岩镇经济发展总公司	950	9.05
BS/NEWTON INVESTMENT MANAGEMENT LTD	286.6	2.73
CHEMICAL BANE-CIBC RB: FAREAST-PROSPERITY FUND	224.6	2.14
BTFE — GT SHENZHEN & CHINA FUND	166	1.58
GIL NOMINERS LIMITED A/C GRPIT	150	1.43
STATE STREE BANK & TRUST/FINANCIERE ATLAS	146	1.39
BARCLAYTRUST INT’L LTD	120	1.14
EQUITY FUND OF CHINA	119.2	1.14
合计	7712.4	73.45

五、1993 年度资产负债表和利润及利润分配表

资产负债表

1993年12月31日

深圳市益力矿泉水股份有限公司 单位：人民币元

资产	附注	期末数	年初数	负债及股东权益	附注	期末数	年初数
流动资产：				流动负债：			
货币资金		99190720.52	64006663.20	短期借款		—	13535800.00
短期投资		9797260.00	97260.00	应付票据		—	—
应收票据		—	—	应付账款		14773441.58	1617193.48
应收账款		22277495.56	2229471.87	预收货款		35378.85	1608900.00
预付货款	(5)	2311193.01	—	应付福利费		6033958.93	—
其他应收款	(6)	30872491.75	9763880.75	未付股利	(17)	—	—
减：坏账准备		250641.43	303937.51	未交税金		3259987.58	5120947.80
应收预付款项净额		55210538.89	—	其他未交款		231954.00	109840.00
应收关连企业款		—	—	其他应付款		21577506.49	10363035.93
预交税金		—	—	应付关连企业款		—	—
待摊费用	(4)	12031434	43417.90	应付工资		—	—
存货	(3)	16170214.26	9850655.30	预提费用	(12)	387600.00	29260.00
流动资产合计		180489048.01	85687411.51	待扣税金		—	—
长期投资：				一年内到期长期负债		—	—
长期投资	(8)	1000000.00	—	流动负债合计		46299827.43	32384977.21
固定资产：				长期负债：			
固定资产原值		127840550.37	52764753.11	长期借款	(13)	50584000.00	60760000.00
减：累计折旧		22114593.63	16555202.57	应付债券		—	—
固定资产净值	(9)	105725956.74	36209550.54	长期应付款		—	—
在建工程	(10)	4270166.45	25872717.90	长期负债合计		50584000.00	60760000.00
固定资产清理		—	—	股东权益：			
固定资产合计		109996123.19	62082268.44	实收资本	(15)	105000000.00	31689068.70
无形及其他资产：	(11)			普通股		105000000.00	—
无形资产	(7)	90516472.19	40109608.88	其中：A股(面值1.00元，发行8500股)		85000000.00	—
递延资产		2072002.00	1046302.32	43B股(面值1.00元，发行2000股)		20000000.00	—
无形及其他资产合计		92588474.19	41155911.20	优先股(面值元，发行股)		—	—
待处理财产损失：		—	—	资本公积金		139612586.98	38612050.18
待处理流动资产损失(减收益)		—	—	盈余公积金		11518483.61	27427576.00
待处理固定资产损失(减收益)		—	—	其中：公益金		(54991.52)	2777894.09
待处理财产损失合计		—	—	未分配利润		31058747.37	(1948080.94)
				股东权益合计		287189817.96	95780613.94
资产总计		384073645.39	188925591.15	负债及股东权益总计		384073645.39	188925591.15

利润及利润分配表

1993年12月31日

深圳市益力矿泉水股份有限公司　　单位:人民币元

项　　目	附注	本期累计数	上年同期数
一、主营业务收入	(16)	118072000.17	84521187.05
减:营业成本	(16)	55531026.63	42260011.52
销售费用		3841851.57	3330491.76
管理费用		12646064.64	6629045.76
财务费用		2225080.99	732431.79
汇兑损益		(2260668.55)	(514861.67)
进货费用		—	—
营业税金及附加	(7)	9133513.93	5772434.46
二、主营业务利润		36955130.96	26311633.43
加:其他业务利润		1392542.01	360967.41
三、营业利润		38347672.97	26672600.84
加:投资收益		—	—
营业外收入		—	90450.72
减:营业外支出		—	290941.21
四、利润总额		38347672.97	26472110.35
加:年初未分配利润		(1948080.94)	(1794741.62)
上年利润调整或盈余公积转入		2831128.41	—
五、可分配利润		39230720.44	24677368.73
减:应交所得税		5683837.25	3994117.46
提取法定盈余公积		—	15337251.39
提取公益金		—	5236080.89
能源交通和预算调节基金		2488135.82	1807999.93
上交利润			250000.00
六、可供股东分配的利润		31058747.37	(1948080.94)
减:已分配优先股股利		—	—
提取任意公积		—	—
已分配普通股股利		—	—
七、未分配利润		31058747.37	(1948080.94)

26.深圳经济特区房地产(集团)股份有限公司

一、1993年经营业绩和近三年财务指标

深圳经济特区房地产(集团)股份有限公司是一家在深圳证券交易所挂牌的上市公司。在1993年,尽管面临国内金融秩序调整、房地产降温的新形势,但该公司抓住机遇,勇于开拓,超额64.22%完成了税后利润指标。该公司近三年的财务指标如下(单位:万元):

项目指标	1993年	年增长%	1992年	1991年
主营业务收入	89413.65	204.40	29399.47	29897.48
利润总额	40114.30	25385	15802.40	17577.05
税后利润	34501.71	170.32	12763.74	14273.72
资产总额	419081.97	57.34	264804.16	133552.21
股东权益	197251.44	119.91	88588.36	39084.62
每股净资产	2.54元	—	—	—
每股收益	0.44元	—	—	—
每股红利	0.306元	—	—	—
股东权益比率	47.07%	39.79%	33.45%	29.27%
净资产收益率	24.14%	7.96%	22.36%	39.56%

二、前次募集资金的运用情况

1993年6月该公司发行A股11200万股,其中内部职工股1200万股,扣除发行费用后,实收A股股金41776万元,其运用情况如下:

用于归还银行贷款5000万元　用于深圳市内项目工程款3000万元

用于武汉第一城和新峰广场7010万元　封开联峰水泥厂5000万元

汕头海湾大桥2000万元　广州大德大厦和黄埔新村3000万元

西安商贸大厦1030万元　沈阳新峰广场2700万元

上海田园都市5000万元　国兴大厦4000万元

流动资金2353.5万元

三、1994年经营展望:

该公司1994年经营目标是:完成主营业务收入12.4亿万元,实现税后利润48283万元,比上年增长39%。

四、股本结构及股东持股情况

1.1993年末股本结构:

股权	数量(股)	比例(%)
国家股	563500000	72.66
境内公众股	100000000	12.90
内部职工股	12000000	1.54
B股	100000000	12.90
总股东	775500000	100.00

2.前10名股东持股情况:

股东名称	持股数(万股)	占总股本比例(%)
深圳市投资管理公司	56350	72.66
黄俊康	700	0.90
Skill Eaiten Ltd.	367	0.47
山一国际(香港)有限公司	450	0.58
陈小禹	372	0.48
American Easten Inv. Adv (HK) Ltd.	367	0.47
Mg Inv Mgt(ASI-A)LTD CN Fund	350	0.45
GT Shenzhen and China	350	0.45
鹏利财务有限公司	300	0.39
深业均荣发展有限公司	260	0.34

五、1993年度资产负债表和利润及利润分配表

资产负债表(合并)

1993年12月31日

深圳经济特区房地产(集团)股份有限公司　　单位:人民币元

资　　产	附注	1993年12月31日		1992年12月31日	
		集团	公司	集团	公司
流动资产:					
货币资金		1190545.272.65	1054704403.57	677557557.84	511851278.65
短期投资		29694806.79	9601266.79	4,066765.00	2892200.00
应收账款		144342447.36	92047118.96	50,926003.07	20115129.40
预付货款		44979423.72	19907955.14	11066027.18	—
其他应收款		316915235.44	104141950.51	47735281.53	22065049.09
减:备抵坏账		10304342.13	8945917.34	25193129.61	1265047.46
应收内部单位款	5	—	608223044.52	—	60552611.85
应收联营公司款		444366120.18	115210565.42	287345734.97	108563475.04
待摊费用		2678235.62	—	4752999.90	—
存货	6	901393888.71	683769961.48	767643664.28	723237693.97
流动资产合计		3065111036.34	2678660,348.65	1845574714.16	1448013390.14
长期投资:					
长期投资	7	488278546.97	589034748.56	264129363.61	533581539.85
固定资产:					
固定资产原价	8	583120198.20	82217999.44	501839764.13	83262365.59
减:累计折旧		128389731.40	16248871.88	106504404.76	13885849.20
固定资产净值		454780466.80	65968127.56	396335359.37	69376516.39
在建工程	9	133944879.39	46473.00	114216039.38	23950.00
固定资产合计		588725346.19	66014600.56	509551398.75	69400466.39
无形及其他资产:					
无形资产	10	2727462.00	—	—	—
递延资产	11	11323836.27	23500.00	1,099101.26	944597.71
无形及其他资产合计		14051298.27	23500.00	1,009101.26	944597.71
待处理财产损失:					
待处理流动资产损失(减收益)	12	30204134.01	—	27687000.17	—
待处理固定资产损失(减收益)	13	4449372.90	—	—	—
待处理财产损失合计		34653506.91	—	27687000.17	—
资产总计		4190819734.68	3333733197.77	2648041577.95	2051889894.09

资产负债表(合并)

续表

1993年12月31日

深圳经济特区房地产(集团)股份有限公司 单位:人民币元

资　　产	附注	1993年12月31日		1992年12月31日	
		集团	公司	集团	公司
负债及股东权益					
流动负债:					
短期借款	14	711793761.68	646660781.03	446171812.00	361210895.52
应付账款		36746971.68	22252251.49	202007695.50	69655955.37
预收货款		384903214.68	310776,680.64	551554819.08	527225189.78
应付福利费	15	39180635.55	26970159.84	51483785.11	29204338.17
未交税金	16	137825395.74	123213780.96	90854848.52	83874553.98
其他未交款	17	592050.39	—	3435081.50	—
其他应付款		683323861.37	267350689.40	260543265.97	112102237.51
预提费用	18	15284254.43	13415735.34	17524886.94	4456767.98
流动负债合计:		2006650145.52	1410840078.75	1623567194.62	1187729937.37
长期负债:					
长期借款	14	188112930.00	69681930.00	113790425.02	47779062.50
应付债券	19	20000000.00	20000000.00	20000000.00	20000000.00
长期负债合计		208112930.00	89681930.00	133790425.02	67779062.50
少数股东权益:					
少数股东权益	20	3542287.50	—	4791356.40	—
股东权益:					
股本	21	775500000.00	775500000.00	—	—
资本公积	22	838825951.96	695922594.14	398310491.88	319146322.37
盈余公积	24	39660497.31	16771518.59	510183300.58	477234671.35
货币换算差额	3(5)	(26489153.31)	—	(22610190.55)	—
未分配利润		345017076.29	345017076.29		—
股东权益合计		1932514371.66	1833211,189.02	885883601.91	796430993.72
负债及股东权益总计		4190819734.68	3333733197.77	2848041577.95	2051939994.09

利润及利润分配表

1993 年度

深圳经济特区房地产(集团)股份有限公司　单位:人民币元

	附注	1993		1992	
		集团	公司	集团	公司
一、主营业务收入		894136546.68	624598618.48	293994661.87	94452636.84
减:营业成本	25	520493516.31	339802484.04	170458672.53	32386444.23
销售费用		11248803.14	9137170.08	2387070.73	—
管理费用		85357009.41	21742382.27	57842732.35	29537067.02
财务费用		7134253.50	34325160.23	(19139465.14)	(10212013.87)
汇兑损益	26	(71445339.63)	(66181621.93)	(52920252.67)	(52490661.08)
营业税金及附加	16	38411579.80	31542230.28	8561755.42	3759315.40
二、主营业务利润		302936724.15	254230813.51	126809148.65	91472485.14
加:其他业务利润	27	6237709.34	—	3617287.31	—
三、营业利润		309174433.49	254230813.51	130426439.96	91472485.14
加:投资损益	28	78522894.90	142738512.87	35591467.79	85777900.87
外单位分来利润	29	6721924.05	—	275425.38	—
营业外收入	30	8524088.35	3020532.87	5001406.95	524152.93
减:营业外支出	31	1800561.32	533022.67	1490525.30	22187946
分给外单位利润		—	—	11780020.50	11320000.00
四、利润总额		401142779.47	899456327.58	158024190.28	166232659.48
加:年初未分配利润		—	—	20128990522	201289905.22
年初少数股东权益		1946246.83	—	209790.09	—
上年利润调整	32	(2787897.91)	(2787897.91)	—	—
五、可供分配利润		400301128.39	396668929.67	359523885.59	367522564.70
减:应交所得税	16	60270961.21	51651853.38	22823649.44	13467078.74
能源交通和预算调整基金		4565.86	—	25128219.35	25128219.35
提取法定盈余公积		—	—	301829897.12	301829897.12
提取公益金	3(5)	261291.28	—	17897369.49	17897368.49
加:货币换算差额		377840395	—	19301496.64	—
减:少数股东权益		(1474290.30)	—	1946246.83	—
六、可供股东分配的利润		345017076.29	345017076.29	920000000	900020000
已分配普通股股利		—	—	920000000	900020000
七、未分配利润		345017076.29	345017076.29	—	—

27.深圳市莱英达集团股份有限公司

一、1993年经营业绩和近三年财务指标

深圳市莱英达集团股份有限公司是一家经营工业生产、商业贸易、房地产和旅游等业务的上市公司，其股票在深圳证券交易所挂牌。1993年，该公司始终坚持以先进工业为基础，以第三产业为支柱，以市场为导向，实行多元化经营的发展战略，紧紧抓住企业技术改革、产品更新换代和重点工程项目的建设，平稳地度过了银根紧缩、市场波动和汇率变化的难关，主营业务收入达到38714万元，实现税后利润11574万元，超额3.96%完成了年度溢利预测。该公司近三年的财务指标如下：

项目指标	1993年	1992年	1991年	1993年增长(%)
营业收入(万元)	38714	40868	13924	－5.27
利润总额(万元)	11907	6398	1491	86.1
税后利润(万元)	11574	6224	1448	85.96
资产总额(万元)	135201	83979	58086	60.99
股东权益(万元)	63498	14620	8874	334.32
每股净资产(元)	2.91			
每股红利(元)	0.49			
股东权益比例	46.97%	17.41%	15,02%	169.79
每股收益	0.53			
净资产收益率	29.74%	52.98%	16.80%	－23.24

二、前次募集资金的运用情况

该公司发行股票募集资金实收30051万元，其资金的使用严格按招股说明书所示指定用途使用，投资于工业新建和技改项目。

1.参股投资大口径预应力钢筒混凝土管道项目306万美元(折人民币2667万元)。

2.参股投资二片罐项目360万美元(折人民币3152万元)。

3.全资投入新世纪饮水科技有限公司技改项目717万元人民币，完成年产10万台"安吉尔"牌多功能饮水器扩建工程，同时开发纯水机、冷热双开饮水机、三温饮水器等新产品，1994年1月份，该公司收购了原合营私方20%的股权，使新世纪公司成为该公司直属全资企业。

4.收购银珠公司港方15%的权股支付58万美元(折人民币490万元)。

5.嘉年印刷有限公司增资569万元。

6.海马电器有限公司技改工程投入200万。

三、1994年经营展望

在1994年，该公司拟加快高新技术产业的发展，抓好重点企业的建设，扶持重点项目的开发，开发新产品项目19个，并实行市场多元化战略，大力发展第三产业，争取实现税后利润14471万元。

四、股本结构和股东持股情况

1、1993年末股本结构：

股　权	数量(股)	比例(%)
国有股本	145000000	66.36
定向法人股	13000000	5.95
境内公众股	25000000	11.44
境外公众股	30000000	13.73
内部职工股	5500000	2.52
总股本	218500000	100

2、前10名最大股东持股情况：

股东名称	持股数(万股)	占总股本比例(%)
深圳市投资管理公司	14.500	66.36
CHINA EVERBRICHT HOLOINCO CO.LTD	975.40	4.46
中国有色金属(深圳)财务有限公司	764.40	3.50
深圳国际信托投资公司	400.00	1.83
深圳银信投资有限公司	300.00	1.36
NEW SULZER DIESEL HONC KONC LTD	277.40	1.27
深圳银丰实业发展有限公司	200.00	0.92
WAS POOLED TRUST FD INTERNATIONAL EOUITY PORTFOLIO	187.80	0.86
CHINA PINCAN INSURANCE (HK) CO.LTD	145.60	0.67
CHAREON VIWATWONCCHAI	94.60	0.43

五、1993年度资产负债表和利润表

资　产　负　债　表

1993 年 12 月 31 日

深圳市莱英达股份有限公司　　单位：人民币元

资　产	附注	期末数	期初数	负债及投资人权益	附注	期末数	期初数
流动资产：				流动负债			
货币资金		119286593.28	98981280.18	短期借款	13	475975424.35	588210808.08
短期投资		9580710.73	4165565.73	应付票据		—	2000000.00
应收票据		—	—	应付账款		119803327.06	21179886.63
应收账款	5	187534219.26	67109720.27	应付工资		307264.20	—
预付货款		48811612.22	32477429.06	应付税金		7740228.34	6740228.42
其他应收款	6	26950158.63	104139718.30	预收货款		33409355.04	6600077.15
减：坏账准备		5265919.80	2760011.80	其他应付款		21888153.46	29239264.91
应收预付款项净额		258030070.31	200966855.83	应付内部单位款		—	—
应收内部单位款		—	2981183.37	应付关连企业款		17453691.79	—
应收关连公司款		82985477.97	—	预提费用	14	9647356.19	6896523.32
预付税金		—	36987.50	应付福利费		12920215.58	14049712.60
待摊费用	4	676481.98	7005124.27	一年内到期长期负债		5800000.00	—
存货	3	234588661.04	67362297.35				
减：存货变现损失准备		431589.68	—	流动负债合计		704945016.01	675048823.11
其他流动资产		500.68	—				
流动资产合计		704716906.31	381499294.23	长期负债：		8785127.20	15582654.40
长期投资：				长期借款	15	7973500.00	13990000.00
长期投资	8	501779064.47	294641212.15	长期应付款		81162720	1592654.40
固定资产：							
固定资产原值	9	177046410.20	97300760.97	负债合计		713730143.21	690631477.51
减：累计折旧		44781879.61	25,292,296.70				
固定资产净值		132264530.59	72008464.27	少数股东权益	16	3306361.95	2958518.06
融资租赁固定资产原值		—	2237223.40	所有者权益：	17		
融资固定资产净值		—	2237223.40	实收资本		218500000.00	44255266.86
在建工程	10	6301391.10	86255778.97	资本公积		291225120.05	—
无形资产：				盈余公积		11885683.15	65342902.23
工业产权及专有技术		599999.96	—	未分配利润		113579267.78	47509154.75
其他无形资产	12	3943019.99	1403810.36	待处理财产损失	11	(214421.02)	(10906619.56)
无形资产合计		4543019.95	1403810.36				
其他资产：				投资人权益合计		638282011.91	146200704.28
递延资产	7	2407242.70	803006.89				
其它资产合计		2407242.70	803006.89				
待转销汇兑损失		—	941909.58				
资产总计		1352012155.12	839790699.85	负债及所有者权益总计		1352012155.12	839790699.85

利　润　表

1993 年度

深圳市莱英达股份有限公司　　单位:人民币元

项　目	附注	本年度累计金额	上年同期金额
产品销售收入		387142568.20	408685641.59
其中:出口产品销售收入		54704960.05	—
产品销售净额		387142568.20	408685641.59
减:产品销售税金		5291824.36	7548758.29
产品销售成本		328067927.70	338425929.36
其中:出口产品销售成本		39011019.17	—
产品销售毛利		53782816.14	62710953.94
减:销售费用		8890931.32	12018938.28
管理费用		44326646.68	23286192.33
财务费用		26510273.04	37644585.36
汇兑损失(减汇兑收益)		(6731778.94)	(1123615.77)
产品销售利润		(19213255.96)	(9115146.26)
加:其他业务利润		4964401.36	6389070.11
营业利润		(14248854.60)	(2726076.15)
加:投资收益	18	135785446.38	67462647.02
加:营业外收入	19	803176.82	2229179.58
减:营业外支出	19	3266841.21	2983106.18
利润总额		119072927.39	63982644.27

28. 深圳宝恒(集团)股份有限公司

一、1993年经营业绩和近三年主要财务指标

深圳宝恒(集团)股份有限公司是一家经营房地产、工业、商贸和旅游业的上市公司,其股票在深圳证券交易所挂牌。在1993年,该公司继续拓展经营业务,优化产业结构,提高经济效益,年实现利润9158.16万元,为年初预测指标的109.12%。该公司近三年的财务指标如下(单位:万元):

项目指标	1993年	1992年	1991年	1993年增长率(%)
主营业收入	28152.91	17407.57	11823.31	61.73
利润总额	11779.66	7870.49	4231.59	49.67
税后利润	9158.16	6833.98	3457.38	34.00
资产总额	125044.70	91069.70	29597.20	37.30
股东权益	78753.05	39434.50	7709.50	99.70
每股净资产	3.94			
每股收益(元)	0.46			
每股红利(元)	0.25			
股东权益比率(%)	62.98	43.3	26.0	45.45
净资产收益率(%)	15.50	11.58	44.85	34.08

二、前次募集资金运用情况

该公司1993年增量发行人民币普通股6700万股,实收股本金及股票溢价收入计人民币28830.52万元。该笔资金的投向如下(单位:万元):

投资项目	计划投资金额	实际投资金额
高级釉砖	5600	6449.00
大洋综合开发区(首期工程)	66000	850.00
宝河商住大厦	15000	1000.00
高仿真毛型纤维	2940	2270.00
20区及29区多层商住楼	4000	153.00
归还金融机构借款	5000	5000.00
支付应付土地征用费	9000	6194.00
补充直属企业流动资金	4000	

三、1994年经营展望

在1994年,该公司将充分把握良好的发展机会,遵循"以房地产业为龙头,以工业为依托,集物业管理、商业贸易、金融证券、旅游服务于一体"的经营方针。立足宝安,面向全国,走向世界,争取全年实现税后利润12602万元。

四、股本结构及股东持股情况

1.1993年末股本结构:

股权	数量(万股)	比例(%)
国有股	13300	66.5
社会公众股	5000	25
内部职工股	500	2.5
定向法人股	1200	6
总股本	20000	100.00

2.前10名大股东持股情况:

股东名称	持股数(万股)	占总股本比例%
深圳市宝安区投资管理公司	13300	66.5
深圳市宝安区福永镇桥头经济发展总公司	800	4
深圳市鸿基运输实业股份有限公司	400	2
国托证券	33.84	0.169
曾林华	16	0.08
南方证券深圳公司	15.04	0.075
王京	15	0.075
南方证券番禺公司	11.78	0.059
工商银行深圳信托	11.28	0.056
李东军	10	0.05

五、1993年度资产负债表和利润及利润分配表

资产负债表（合并）

1993年12月31日

深圳宝恒（集团）股份有限公司 单位：人民币元

资　　产	1993年12月31日	负债及股东权益	1993年12月31日
流动资产：		流动负债：	
货币资金	177678497.03	应付账款	172323445.49
短期投资	3151315.34	预收货款	114677062.04
应收账款	30786595.70	应付福利费	1119876.46
减：坏账准备	435699.60	未付股利	3391532.95
应收账款净额	30350896.10	未交税金	21381036.25
预付账款	88590100.20	其他未交款	(534957.91)
其他应收款	42962525.52	其他应付款	68502436.51
应收关联公司往来款	11888747.44	应付关联公司往来款	26095607.97
待摊费用	2033143.20	应付工资	64000.00
存货	2189692.44	预提费用	607373.00
开发产品	226820970.89	流动负债合计	407627412.76
流动资产合计	585665888.16	长期负债：	
长期投资：		长期借款	3674920.00
长期投资	117789533.99	负债合计	411302332.76
固定资产：		少数股东权益	51614157.52
固定资产原价	260600864.06	股东权益	
减：累计折旧	48150017.56	股本	200000000.00
固定资产净值	212450846.50	资本公积金	443937962.17
在建工程	139405628.47	盈余公积金	28216250.11
固定资产合计	351856474.97	其中：公积金	4203017.36
无形资产及其他资产：		未分配利润	115376321.05
场地使用权	183957343.37	股东权益合计	787530533.33
递延资产	11842106.43		
筹建期间汇兑损益	(664323.31)		
无形资产及其他资产合计	195135126.49		
资产总计	1250447.023.61	负债及股东权益总计	1250447023.61

利润及利润分配表(合并)

1993 年度

深圳宝恒(集团)股份有限公司　单位:人民币元

项　　目	1993 年	项　　目	1993 年
主营业务收入	281529142.58	利润总额	117796617.02
减:营业成本	161643909.44	加:年初未分配利润	9771021.02
销售费用	5167563.14	年初未分配利润调整数	14023704.13
管理费用	53313250.79	可供分配利润	141591342.17
财务费用	(16201568.55)	减:应交所得税	12083767.79
营业税金及附加	8216556.28	提取法定盈余公积金	—
主营业务利润	69389431.48	提取公益金	—
加:其他业务利润	3335221.79	少数股东应分配的利润	14131253.33
营业利润	72724653.27	可供股东分配的利润	
加:投资收益	40575555.08	(包括年初未分配利润及其调整数)	115376321.05
营业外收入	5284744.53	减:提取任意盈余公积金	—
减:营业外支出	788335.86	已分配普通股股利	—
		未分配利润	115376321.05

29. 深圳桑达实业股份有限公司

一、1993年经营业绩和近三年主要财务指标

深圳桑达实业股份有限公司是一家从事工业、房地产、商贸等多元化经营的上市公司。1993年该公司完成股票的发行和在深圳证券交易所的挂牌工作。在过去的一年里，该公司集中力量发展新的投资项目，兴建新的工业基地，发展规模经济和壮大工业基础，拓展了广州、东莞、无锡的房地产业务，商贸、证券投资也取得进步，形成了以工业制造为基础，房地产业为支柱，商贸等第三产业协调发展的经营架构，实现税后利润3,564.99万元人民币，完成溢利预测的104.5%。该公司近三年的主要财务指标如下：

项目指标	1993年	1993年增长	1992年	1991年
经营收入(万元)	27569.03	－5.56%	29191.31	11512.29
利润总额(万元)	4377.85	42.39%	3074.44	1773.59
税后利润(万元)	3564.99	25%	2846.20	1373.18
资产总额(万元)	45335.62	43.33%	31625.67	28649.23
股东权益(万元)	23321.40			
或净资产(万元)			7587.90	5573.76
每股净资产(元/股)	2.35			
每股收益(元)	0.36			
每股红利(元)	0.22			
股东权益比率	51.45%		23.99%	19.46%
净资产收益率	23%		37.51%	24.64%

二、前次募股资金的运用情况

该公司1993年9月发行新股共募集资金8700万元，按照招股说明书和该公司第一届股东大会通过的生产经营发展计划使用，其投向如下：

项目名称	投入资金(万元)
办公自动化系列	800
程控交换机	1300
419宿舍	600
科技工业园宿舍、厂房	1000
无锡房地产开发	500
其它投资	1000
合计	5200

三、1994年经营展望

在1994年，该公司将在工业方面力求实现资源的优化配置，调整企业结构和产品结构，在房地产方面将加快项目的建设并组织销售，在商贸方面力求建立更广泛的销售渠道；争取全年实现税后利润4588万元人民币。

四、股本结构和股东持股情况

1．1993年末股本结构：

股权	数量(万股)	比例(%)
国有股	7160	72.25
个人股	2750	27.75
其中：内部职工股	250	2.52
总股本	9910	100.00

2.持股超过1%的股东情况：

股东名称	持股数(股)	占总股本比例(%)
深圳桑达电子总公司	63927778	64.51
深圳龙岗区工业发展总公司	5612907	5.6
无锡市无线电变压器厂	2059305	2.08

五、1993年度资产负债表和利润及利润分配表

资　产　负　债　表

1993年12月31日

深圳桑达实业股份有限　　　　单位：人民币元

资产类	公司合并		公司本部	负债及股东权益	公司合并		公司本部
	期末数	年初数	期末数		期末数	年初数	期末数
流动资产：				流动负债：			
货币资金	62799865.58	38166115.59	30662936.79	短期借款	101351000.00	87696250.00	—
短期投资	12461406.00	2394400.00	12444406.00	应付票据	—	—	—
应收票据	—	—	—	应付账款	32081959.75	31708999.97	—
应收账款	100304275.87	35291286.53	—	预收货款	17694672.71	24057733.56	—
预付货款	27950731.08	32580087.41	—	应付福利费	1722805.07	3643,710.88	3,361.78
其他应收款	46598150.36	77099285.41	12716007.17	未付股利	319106.44	1129232.06	—
减：坏账准备	1804581.99	1884618.81	—	未交税金	5283763.53	6231593.29	350557.51
应收预付款项净额	173048575.32	143086040.54	—	其他未交款	—	—	—
内部往来	—	—	24155000.00	其他应付款	25486306.40	53572791.93	1040370.64
预交税金	—	—	—	应付关连企业款	—	—	—
待摊费用	621464.60	1636424.24	—	应付工资	—	180000.00	
存货	95685629.31	70053156.03	—	预提费用	8221744.04	2269420.50	—
流动资产合计	344616940.81	255336136.40	79978349.96	待扣税金	110651.55	—	—
长期投资：				一年内到期长期负债	213249.85	—	1394289.93
长期投资	24003252.75	6867826.14	96424524.91	流动负债合计	192485259.34	210489732.19	
拨付所属资金	—	—	11093234.81	长期负债：	—	—	—
固定资产：				长期借款	8271430.46	16712484.09	
固定资产原值	99220889.26	61273592.86	11805,315.00	应付债券	—	—	—
减：累计折旧	20226449.30	13257550.68	928924.36	长期应付款	—	—	—
固定资产净值	78994439.96	48016042.18	10876390.64	长期负债合计	8217430.46	16712484.09	—
在建工程	3715432.96	2937954.38	—	少数股东权益：	19439504.00	13213158.54	—
固定资产清理	—	—	—	股东权益			99100000.00
固定资产合计	82709872.92	50953996.56	10876390.64	股本	99100000.00	—	
无形及其他资产				普通股	99100000.00	—	99100000.00
无形资产	—	946301.00	—	其中：A股(面值1.00元，发行9910股)	—	—	99100000.00
递延资产	2026137.03	1874851.43	669550.49	实收资本	—	34907735.57	—
无形及其他资产合计	—	—	—	资本公积金	74779470.35	33435627.67	79641656.56
待处理财产损失：	—	—	—	盈余公积金	17402781.17	—	16998271.46
待处理流动资产损失(减收益)	—	315267.63	—	其中：公益金	—	—	—
待处理固定资产损失(减收益)	—	—	—	未分配利润	41931758.19	7535641.10	1907832.86
待处理财产损失合计	—	315267.63	—	股东权益合计	233214009.71	75879004.34	197,647760.88
资产总计	453356203.51	316294379.16	199042050.81	负债及股东权益总计	453356203.51	316294379.16	199042050.81

利润及利润分配表

1993年1月1日至12月31日

深圳桑达实业股份有限公司 单位:人民币元

项 目	公司合并		公司本部
	本期累计数	上年同期数	期末计数
一、主营业务收入	275690299.02	291913145.57	—
减:营业成本	219161810.38	234950638.67	—
销售费用	6228822.18	5571525.92	—
管理费用	12313517.97	15381515.56	308022.79
财务费用	7936717.59	3791206.36	(853008.16)
汇兑损益	(7257859.67)	(402621.41)	
进货费用	—	—	—
营业税金及附加	2479956.02	5511927.47	—
二、主营业务利润	34827334.55	27162953.00	544985.37
加:其他业务利润	2769505.70	187778.60	1699523.88
三、营业利润	37596840.25	27350731.60	2224509.25
加:投资收益	5772721.34	227116.20	—
营业外收入	536211.62	712439.75	—
减:营业外支出	127259.28	536231.31	—
加:外单位分来利润	—	2990443.29	—
四、利润总额	43778513.93	30744499.53	2244509.25
加:年初未分配利润	7535641.10	3921086.99	—
上年利润调整或盈余公积转入	867181.26	8975976.57	—
五、减:少数股东应占利润	3771807.87	938449.81	—
六、可分配利润	48409528.42	42703113.28	2224509.25
减:应交所得税	5223962.88	4520988.60	336676.39
能源、预调基金	—	5800480.37	—
提取法定盈余公积	200583.32	21539429.30	—
提取公益金	242066.65	3306573.91	—
分给外单位利润	346753.48	—	—
七、可供股东分配的利润	42396162.09	7535641.10	1907832.86
减:已分配优先股股利	—	—	—
提取任意公积	180601.52	—	—
已分配上年普通股股利	283802.38	—	—
八、未分配利润	41931758.19	7535641.10	1,907,832.86

30.武汉商场股份有限公司

一、1993年经营业绩和近三年财务指标

武汉商场股份有限公司是一家主营商品零售业的上市公司,其股票在深圳证券交易所挂牌。1993年,该公司在促销上不断引进现代营销手段,以市场为先导,开展了多种形式的大型营销活动,使公司的零售业规模不断扩大,全年实现销售收入13亿元,实现利润1.28亿元,比年度的盈利预测高6.67%,经济效益居全国同行业首位。该公司近三年的财务指标如下(单位:元):

项目指标	1993年	1992年	1993年增长	1991年
营业收入	1307059001.78	629285821.03	+107.71%	471196245.91
利润总额	128035957.14	29824024.65	+329.30%	23500192.98
税后利润	120724028.55	25319081.29	+376.81%	12513852.76
资产总额	1079189353.76	465372906.65	+131.90%	164756591.71
股东权益	828340407.87	342830690.35	+141.62%	77108822.87
每股净资产	3.94	2.45	+60.82%	
每股收益	0.57	0.18	+216.67%	
股东权益比率	76.76%	73.66%	+4.21%	
净资产收益率	25%	12%	+108.33%	

二、前次募集资金的运用情况

该公司1993年实施配股共募集资金37810.88万元,其资金投向为:

1.购买武汉广场1~8层裙楼6.1万平方米,地下1~2层停车库1.5万平方米,总面积为7.6万平方米,购买总金额为50972.30万元,已支付25625.88万元,其中动用配股资金14948.43万元。

2.由全国20家大型零售企业合资兴办的中贸联合有限公司,注册资金7700万元,其中该公司占股权12.99%,需投资1000万元,目前已投资400万元。

3.与香港隆舜(中国)有限公司合资兴办“武汉东舜置业发展有限公司”,总投资2000万美元,该公司占股权55%,需投入9570万元,已投资880万元。

4.与马来西亚金狮集团合资兴办“武汉百盛实业发展有限公司”,注册资本3000万美元,该公司占股权51%,需投入13311万元,已投资4143万元。

三、1994年经营展望

该公司在1994年将继续坚持“一业为主,多业并举”的经营方针,为创建拥有最大的零售商场,最大的批发中心,最大的房地产公司,最大的连锁店公司等“四个最大”的目标打好基础,巩固核心企业的发展,加快新项目开发的速度,争取早成型,早受益,使全年税后利润达到14650万元。

四、股本结构和股东持股情况

1.1993年末股本结构:

股权	数量(股)	比例(%)
国家股	69191118	32.94
法人股	69449460	33.06
社会公众股	71419872	34.00
其中:内部职工股	4390000	2.09
总股本	210060450	100

2.前10名股东的持股情况:

股东名称	持股数(股)	占总股本比例(%)
武汉市人民政府	69191118	32.94
深圳市宝安企业集团股份有限公司	10000000	4.76
武汉证券公司	9920900	4.72
长江经济联合发展股份武汉分公司	8648880	4.11
武汉华中电力实业公司	5347200	2.55
武汉市工商银行信托投资公司	4824000	2.30
市农行投资公司	4224000	2.01
市建行投资公司	2172000	1.03
武汉市保险公司信托投资公司	1812000	0.86
银汀影像实业有限公司	1320000	0.63

五、1993年度资产负债表和利润及利润分配表

资产负债表

1993年12月31日

武汉商场股份有限公司(集团) 单位:人民币元

资产	1993年12月31日	1993年12月31日	负债及股东权益	1993年12月31日	1993年12月31日
流动资产:			流动负债:		
货币资金	150289661.35	399852669.11	短期借款	23310000.00	24320000.00
短期投资			应付票据		
应收票据			应付帐款	50553408.44	88280999.87
应收帐款	4589471.69	1941721.95	预收货款	1389689.24	1277658.02
减:备抵坏帐		5825.17	应付福利费	−1857536.42	−1142693.75
应收账款净额	4589471.69	1935896.78	未付股利	81385.00	12756.00
预付货款	6844418.28	4464980.03	未交税金	−949816.63	10853741.01
其他应收款	72770716.33	68152755.61	其他未交款	−1729016.87	223645.84
待摊费用	784247.50	15596265.53	其他应付款	8425707.67	11016417.67
存货	68989111.29	128397814.66	预提费用	130000.00	289766.12
流动资产合计	304267626.44	618400381.72	待扣税金		
长期投资:			一年内到期的长期负债		
长期投资	6028250.00	14345575.00	流动负债合计	79353820.43	135132290.78
固定资产:			长期负债:		
固定资产原价	95679321.82	97976007.80	长期借款	24050.000.00	17000000.00
减:累计折旧	10763427.13	14140249.39	应付债券	10000000.00	
固定资产净值	84915894.69	83835758.41	长期应付款		
在建工程	65915891.04	360799635.23	长期负债合计	34050000.00	17000000.00
固定资产清理			股东权益:		
固定资产合计	150831785.73	444635393.64	股本	140040300.00	210060450.00
无形及其他资产:			资本公积金	180159681.97	501651313.52
无形资产			盈余公积金	5663082.44	50891077.55
递延资产	1948642.25	1924.912.38	其中:公益金	2567423.02	6398447.78
无形及其他资产合计	1948642.25	1924.912.38	未分配利润	16967625.94	65737566.80
待处理财产损失:			股东权益合计	342830690.35	828340407.87
待处理流动资产损失(减收益)	2296602.23	−116908.98	少数股权及权益:		
待处理固定资产损失(减收益)			少数股权及权益	9138395.87	98716655.11
待处理财产损失合计	2296602.23	−116908.98			
资产总计	465372906.65	1079189353.76	负债及股东权益总计	465372906.65	1079189353.76

利润及利润分配表

1993 年度

武汉商场股份有限公司(集团)　单位:人民币元

项　　目	1992 年度	1993 年度
一、主营业务收入	629285821.03	1307059001.78
减:营业成本	553364295.67	988896142.93
销售费用	15093578.36	34606350.78
管理费用	10386914.17	22528420.71
财务费用	－2168331.92	－4148324.51
进货费用	4475891.37	4962330.85
营业税金及附加	14475790.67	43923833.93
二、主营业务利润(亏损以"－"号表示)	33657682.71	216290247.09
加:其他业务利润(亏损以"－"号表示)	427310.69	1242016.97
三、营业利润(亏损以"－"号表示)	34084993.40	217532264.06
加:投资收益(损失以"－"号表示)	149419.74	4281295.59
营业外收入	1236001.88	1150317.33
减:营业外支出	5646390.37	4835582.87
少数股权投资收益		90092336.97
四、利润总额(亏损以"－"号表示)	29824024.65	128035957.14
加:年初未分配利润(未弥补亏损以"－"号表示)	－843216.41	16967625.94
上年利润调整(减少上年利润以－"号表示)		
盈余公积转入		
五、可分配利润	28980808.24	145003583.08
减:应交所得税	4504943.36	7311928.59
提取法定盈余公积	3003295.58	12115365.82
提取公益金	4504943.36	9868283.62
六、可供股东分配的利润		115708005.05
减:已分配优先股股利		
提取任意公积		33165602.25
已分配普通股股利		16804836.00
七、未分配利润(未弥补亏损以"－"号表示)	16967625.94	65737566.80

31. 海南新能源股份有限公司

一、1993年经营业绩和近三年主要财务指标

海南新能源公司是一家以房地产和旅游资源开发为主导产业的上市公司，该公司股票在深圳证券交易所挂牌。在1993年，由于国家宏观经济政策的调整，尤其是对房地产行业的紧缩政策，影响了该公司房地产业的盈利能力，且由于该公司出现重大的人事变动，在一定程度上影响了该企业的经营，该公司1993年实现营业收入26514万元，利润总额4158万元，税后利润3555万元，仅完成年度预测的32.32%。该公司近三年的财务指标如下：

项目指标	1993年		1992年		1991年
	指标值	比上年增长%	指标值	比上年增长%	
营业收入(万元)	26514.29	104.59	12959.74	92.10	6746.42
利润总额(万元)	4158.24	－32.58	6167.51	108.75	2196.77
税后利润(万元)	3554.72	－28.91	5000.41	189.51	1727.21
资产总额(万元)	91017.69	90.63	47744.82	236.88	14172.57
股东权益(万元)	30288.57	232.45	9110.69	10.92	8213.96
每股净资产(元)	2.86	93.24	1.48	16.54	1.27
每股收益(元)	0.44	－45.68	0.81	189.29	0.28
每股红利(元)	0.18	－62.50	0.48	220.00	0.15
股东权益比率(%)	33.28	74.42	19.08	－65.84	55.86
净资产收益率(%)	18.04	－68.03	56.42	158.57	21.82

二、前次募集资金的运用情况

1993年，该公司配售普通股18687696股，扣除发行费用后共筹集资金18467.3万元。按配股说明书的股金运用计划，其投向为：拨付8000万元用于石梅湾旅游区的开发建设，拨付5600万元用于建设海南万国商城，拨付3000万元用于建设三亚万国旅游城，其余2460万元用于证券等其它投资业务。

三、1994年经营展望

1994年，该公司将立足现有基础，遵循务实的经营作风，确保现有项目建设及营销工作的顺利进行。在此同时，该公司将加强内部管理，提高工程建设水平，强化营销工作，并针对外部环境的变化，适时调整公司的经营方针，增强抵御风险的能力，争取该年度实现税后利润5392万元。

四、股本结构和股东持股情况

1.1993年末股本结构：

股权	数量(万股)	比例(%)
法人股	6701.3	63.28
社会公众股	3769.8	35.60
内部职工股	118.5	1.12
总股本	10589.6	100

2.前10名大股东持股情况：

股东名称	持股数(股)	占总股本比例(%)
中国农业银行海南省信托投资公司	17312619	16.35
海南新安房地产有限公司	16612122	15.69
海口新宇环境艺术装饰有限公司	10506563	9.92
海南省证券公司	7478080	7.06
海南赛格国际信托投资公司	4592000	4.34
成都川宝新燃实业开发公司	4021040	3.80
兰州化学工业公司原料动力厂	2301846	2.17
海南机场股份有限公司	1687000	1.59
中国残疾人福利基金会	1400000	1.32
万科企业股份有限公司	1060000	1.00

五、1993年度资产负债表和利润及利润分配表

资产负债表

1993年12月31日

海南新能源股份有限公司 单位:人民币元

资　产	1993年12月31日	1992年12月31日	负债及股东权益	1993年12月31日	1992年12月31日
流动资产:			流动负债		
货币资金	86937195.55	56981565.39	短期借款(附注13)	226390000.00	86000000.00
短期投资	23594084.16		应付帐款(附注12)	11957914.58	16640635.69
应收帐款	14808727.83	22215856.79	预收货款	873859.15	583680.00
减:备抵坏帐	145708.56		职工福利基金	3060337.80	3328273.12
应收帐款净额	14663019.27	22215856.79	未付股利	42367295.34	29908830.98
预付货款(附注6)	42316243.05	11168670.94	未交税金(附注7)	6581664.67	14901807.50
其他应收款(附注5)	187103499.46	181455513.14	其他未交款	9726.51	2437824.77
待摊费用	1074000.00	1146453.88	其他应付款(附注9)	94622165.67	15632563.52
存货(附注1)	437563112.08	140525809.26	预提费用(附注10)	30733479.93	4907656.25
其中:土地开发支出(附注4)	318022149.93	46356663.76			
房屋建设支出(附注4)	65632787.59	51656621.29			
流动资产合计	793251153.57	413493869.40	流动负债合计	416596443.65	174341271.83
长期投资			长期负债		
长期投资(附注3)	72440000.00	40200000.00	应付债券	28000000.00	30000000.00
固定资产			长期应付款(附注8)	162694800.00	182000000.00
固定资产原价(附注2)	37920839.29	19482285.67	长期负债合计	190694800.00	212000000.00
减:累计折旧	3577654.07	1054757.93	股东权益		
固定资产净值	34343185.22	18427527.74	股本(附注17)	105896948.00	61392323.00
在建工程	732283.27	659144.55	资本公积金	150788402.98	
固定资产合计	35075468.49	19086672.29	盈余公积金	38072828.16	25141823.81
无形及其他资产:			集体福利基金	8127472.62	4572755.40
开办费	8135455.87	4667632.35			
长期待摊费用(附注11)	1142957.76				
无形及其他资产合计	9278413.63	4667632.35	股东权益合计	302885651.76	91106902.21
待处理财产损失:					
待处理流动资产损益	10052.69				
待处理固定资产损益	121807.03				
待处理财产损失合计	131859.72				
资产合计	910176895.41	47748174.04	负债及股东权益总计	910176895.41	477488174.04

利润及利润分配表

1993 年度

海南新能源股份有限公司 单位：人民币元

项　目	1993 年 12 月 31 日	1992 年 12 月 31 日	项　目	1993 年 12 月 31	1992 年 12 月 31
一、营业收入	265142931.05	129597385.54	加:投资收益	5621794.83	—
减:营业成本	159474306.63	61133615.31	减:调整上年度利润	1650811.80	—
销售费用	3109228.28	—	三、利润总额	41582442.32	61675062.12
管理费用	34246184.28	358993.38	减:应交所得税	6035270.11	—
财务费用	17227215.05	—	四、可供分配利润	35547172.21	—
营业税金	12919134.52	7055749.99	任意公积金	9376287.13	—
二、营业利润	38166862.29	61049026.86	公益金	3554717.22	—
加:其他业务利润	2219742.72	—	法定公积金	3554717.22	—
营业外收入	388891.17	723887.01	应付股利	19061450.64	—
减:营业外支出	3164036.89	97851.75	五、未分配利润	—	—

32. 海南化纤工业股份有限公司

一、1993年经营业绩和近三年主要财务指标

海南化纤工业股份有限公司是一个在深圳证券交易所挂牌的上市公司，在1993年，该公司打破了依靠化纤产品的单一经营思想，初步形成了化纤工业与房地产、金融证券等利润较高行业并举的新局面，较好地完成了经营计划。该公司近三年的主要财务指标如下(单位:元)：

项目指标	1991年	1992年	1993年	1993年增长率
业务收入	112199907.16	93290667.86	74957110.67	－19.65
利润总额	21606006.57	10016661.79	30108486.64	200.06
税后利润	19261628.35	9251465.91	27837555.14	200.90
资产总额	147367720.66	142258481.52	452658413.06	218.19
股东权益	105819343.07	113742262.71	338882495.98	197.94
每股净资产	1.0582	1.1374	2.2592	98.63
每股收益	0.1926	0.0925	0.1856	100.65
每股红利		0.0684	0.2034	197.37
股东权益比率	71.81%	79.95%	74.86%	－6.37
净资产收益率	18.21%	8.43%	12.30%	45.91

二、前次募集资金的运用情况

1993年该公司配股共募资金23218万元。该笔资金按规定全部用于以下项目：

1. 化纤二期工程建设。二期工程系海南省重点工业项目之一，需投资2.5亿元，主要生产差别化纤涤纶细长丝等，1993年已投入4150万元，1994年底可建成投产。该项目将使公司綵纶丝生产能力由年产5000吨增加至10000吨，经济效益将成倍增长。

2. 补充化纤厂流动资金3800万元。

3. 根据市场需求，不失时机地投资“海虹大厦”、“三亚新世纪旅游中心”、“万州大厦”等房地产项目近10000万元。

4. 投资证券一、二级市场共3100万元。

5. 贸易投入699万元。

三、1994年经营展望

1994年，该公司将彻底打破单一经营状况，真正形成以工业为基础，以金融证券、房地产、贸易等产业为龙头，多业并举，全面发展的格局，使公司向集团化经营方向再迈进一步。争取1994年实现税前利润4960万元，税后利润4588万元。

四、股本结构和股东持股情况

1. 1993年末股本结构：

股权	数量(股)
法人股	101189150
个人股	48810850
总股本	150000000

2. 前10名大股东持股情况：

股东名称	持股数(股)	占总股本比例(%)
海南省开发建设总公司	59500456	39.72
中国纺织工业对外经济技术合作公司	12220584	8.15
海南省开发建设总公司工业公司	6744000	4.50
海南飞鸿房地产公司	6000000	4.00
海南省富南国际信托投资公司	3808110	2.54
建行海南省分行信托投资公司	3808000	2.54
海南省国际信托投资公司	2800000	1.87
海口精英技术贸易公司	2800000	1.87
海口宏博实业发展公司	1008000	0.67
天骥基金	1000000	0.67

五、1993年度资产负债表和利润及利润分配表

资产负债表

1993年12月31日

海南化纤工业股份有限公司　　单位：人民币元

资　　产	1993年12月31日	1992年12月31日	负债及股东权益	1993年12月31日	1992年12月31日
一、流动资产：			一、流动负债		
货币资金	38133100.60	11283285.84	短期借款	57000000.00	25000000.00
短期投资	21050970.05		应付帐款	457579.90	247120.58
应收帐款	7719231.41	18776022.53	预收帐款		38479.19
减：坏帐准备	19676.12		应付福利费	(—)8186535.03	(—)5437331.09
应收帐款净额	7699555.29		未付利润	30504379.84	6842457.97
预付货款	22941729.44	440366.21	未交税金	597060.42	727432.00
其他应收款	58077828.57	179199.22	其他应付款	15436447.15	1098060.16
待摊费用	731900.59	454139.99			
存货	18573766.34	16095351.63			
流动资产合计	167208850.88	47228365.42	流动负债合计	95808932.28	28516218.81
长期投资	155565275.00	843075.00	二、长期负债		
长期投资合计	155565275.00	843075.00	长期借款		11300000.00
二、固定资产					
固定资产原值	151607210.19	148146886.44	长期应付款	17966984.80	
减：累计折旧	63298715.88	54595949.95	长期负债合计	17966984.80	11300000.00
固定资产净值	88308494.31	93550936.49	三、股东权益		
在建工程	41453216.19	636104.61	资本	150000000.00	100000000.00
在建工程合计	41453216.19	636104.61	资本公积金	182302880.96	1410106.69
固定资产合计	129761710.50	94187041.10	盈余公积金	4446504.05	290922.81
三、无形及其他资产：			集体福利基金	2133110.97	741233.21
递延资产	122576.68		股东权益合计	338882495.98	102442262.71
无形及其他资产合计	122576.68		负债及股东	452658413.06	142258481.52
资产合计	452658413.06	142258481.52	权益合计		

利润及利润分配表

1993 年度

海南化纤工业股份有限公司　　单位:人民币元

项　　目	1993 年 12 月 31 日	1993 年 12 月 31 日	项　　目	1993 年 12 月 31 日	1993 年 12 月 31 日
销售收入	74957110.87	93290667.86	营业外收入	282217.58	161513.75
减:销售成本	62002824.55	61581144.28	减:营业外支出	385309.75	232805.26
销售费用	288359.19	642804.02	本年利润总额	30065855.37	10016661.79
管理费用	3808113.03	6839308.70	加:上年利润调整	42631.27	
财务费用	-6670083.37	2459071.54	利润总额	30108486.64	10016661.79
销售税金及附加	7333026.84	12714562.99	减:应交所得税	2270931.50	765195.88
销售利润	8194870.63	9053776.33	可供分配的利润	27837555.14	9251465.91
加:其他业务利润	-752556.34	643064.33	计提法定公积	2783755.51	926541.52
营业利润	7442314.29	9696840.66	计提公益金	1391877.76	1482466.42
加:投资收益	22726632.75	391112.64	可供股东分配利润	23661921.87	6842457.97

33. 海南港澳实业股份有限公司

一、1993年经营业绩和近三年财务指标

海南港澳实业股份有限公司是一家在深圳证券交易所挂牌的上市公司，在过去的一年里，该公司在房地产、工业、商业贸易、旅游、股权投资、物业管理、文化艺术等领域取得了重大进展，逐步完善区域性、多元化、集团化经营格局，累计实现经营收入31992万元，完成税后利润12880万元，超额完成年度溢利预测的70%。该公司近三年的财务指标如下：

项目指标	1993年	增长率	1992年	1991年
营业收入(万元)	31992	81%	17663	4170
税后利润(万元)	12880	105%	6296	1269
总资产(万元)	78234	72%	45524	22841
股东权益(万元)	55360	217%	17434	10934
每股净资产(元)	2.84	76%	1.61	1.78
每股收益(元)	0.66	32%	0.50	0.21
每股红利(元)	0.53			
净资产收益率	35%	20%	44%	12%
股东权益比率	70.8%	85%	38.3%	48.9%

二、前次募集资金的运用情况

1993年该公司增资配股共计5406万股，募集人民币27034万元，根据董事会及股东大会批准的用款计划，1993年度已将股款投入运用，其中，(1)投入海景湾工程3550万元；(2)发展大厦工程1726万元；(3)观海楼工程1282万元；(4)三亚海坡度假村工程2310万元；(5)工业厂房1120万元；(6)参股交通银行420万元；(7)参股浙江港澳新型建材股份有限公司360万元；(8)参股金策投资咨询公司15万元；(9)投资上海嘉元酒店工程812万元；(10)投资杭州外滩建设股份有限公司240万元；(11)港澳国际福建大厦工程600万元；(12)购地等款项5320万元。

三、1994年经营展望

1994年该公司决心在激烈的市场竞争中开创新局面，继续走金融资本与产业资本相结合的道路，优化产业结构，开展综合经营，在房地产业、高科技工业、旅游业、商业贸易、证券投资、物业管理、文化艺术等领域全面拓展业务，立足海南，面向全国，走向世界，争取实现税后利润16868万元。

四、股本结构和股东持股情况

1.1993年末股本结构：

股权	数量(股)	比例(%)
法人股	160447595	82.43
个人股	34200000	17.57
总股本	194647595	100.00

2.前10名大股东持股情况：

股东名称	持股数(股)	占总股本比例(%)
海南港澳国际信托投资有限公司	93396842	47.98
海国投工业开发股份有限公司	39100753	20.09
深圳平安保险公司	7200000	3.69
香港晶裕发展有限公司	6300000	3.24
中国光大银行深圳营业部	2800000	1.44
海南兴海房地产开发公司	2600000	1.34
澳门雄昌发展有限公司	1925000	0.989
深圳蛇口骏通发展有限公司	1500000	0.77
海南南玻实业有限公司	1000000	0.51
中国残疾人福利基金会	1000000	0.51

五、1993年度资产负债表和利润分配表

资产负债表

1993年12月31日

海南港澳实业股份有限公司　单位：人民币元

资　　产	1993年12月31日	1992年12月31日	负债及股东权益	1993年12月31日	1992年12月31日
流动资产：			流动负债		
货币资金	128988617	61074923	短期借款	135664743	177297600
短期投资	99246940		应付帐款	38854218	14910953
应收帐款	152268501	76416411	其它应付款	26706804	52181641
减：坏帐准备	(456806)	(229249)	预收货款	88283	208126
应收帐款净额	151811695	76187162	应交税金	26152850	11862559
其他应收款	36578541	84520100	应付股利	—	1199527
预付货款	2125526	2760801	应付福利费	108550	113429
存货	236073	515887	其他应交款	160595	125192
开发产品	4904899	15053789			
开发成本	214950285	152369134			
流动资产合计	638842576	392481796	流动负债合计	227736043	257899027
长期资产：			长期负债：		
长期投资	120529774	48161964	长期借款	—	23000000
长期资产合计	120529774	48161964	联合开发资金	1000000	—
固定资产：			长期负债合计	1000000	23000000
固定资产原值	22881303	13422628	股东权益：		
减：累计折旧	(2052756)	(1144781)	股本	194647595	108137553
固定资产净值	20828547	12277847	资本公积金	211347453	—
无形及递延资产：	2136035	2319238	盈余公积金	27905096	2783846
无形及递延资产合计	2136035	2319238	未分配利润	119700745	63420419
			股东权益合计	553600889	174341818
资产总计	782336932	455240845	负债及股东权益总计	782336932	455240845

利润分配表

1993年度

海南港澳实业股份有限公司　单位：人民币元

项　　目	金　　额	项　　目	金　　额
利润总额	150366192	所得税调整	
减：应交所得税	21571029	可供分配的利润	182798905
税后利润	128795163	减：提取盈余公积	25368168
加：年初未分配利润	63420419	应付利润	37729992
减：上年利润调整	9416677	未分配利润	119700745

34. 海南珠江实业股份有限公司

一、1993年经营业绩和近三年财务指标

海南珠江实业股份有限公司是一家主营房地产业的上市公司,该公司股票在深圳证券交易所挂牌。在1993年,该公司充分发挥在房地产开发方面雄厚的技术力量和丰富的经验,在降低工程成本、提高工程质量上下功夫,大力促进商品房销售,取得了令人满意的成绩。全年共完成投资4亿多元,共实现利润20165万元,超过溢利预测的19.6%。该公司近三年的财务指标如下(单位:元):

项目指标	1993年	增长率	1992年度	1991年度
营业收入	228398853.71	112%	107843367.85	46739240.33
利润总额	201658134,98	218%	63338853.34	15861894.38
税后利润	168066516.72	210%	54064429.75	14672252.30
资产总额	729302923.60	211%	234478484.09	143209563.95
股东权益	531508282.38	336%	121702872.50	60793600.00
每股净资产	3.82	158%	1.48	1.00
每股收益	1.20	81.8%	0.66	0.24
每股红利	0.70	84%	0.38	0.24
股东权益比率	72.8%	42.7%	51%	42.5%
净资产收益率	51.4%	-13%	59.2%	24.1%

二、前次募集资金的运用情况

1993年该公司共配售新股4094万股,募集资金约2亿4千万元,资金到位时间为7~8月份,资金运用情况如下:

(1)投入"上海玫瑰花园"项目7750万元。

(2)投入"大上海城"项目定金1250万元。

(3)投入"珠江广场"项目9400万元。

(4)投入"沿江一路旧城改造"拆迁款1100万元。

(5)投入"珠江管桩厂"2700万元。

(6)投入"三亚珠江花园"酒店680万元。

(7)投入1400万元参股交通银行海南分行。

三、1994年经营展望

1994年,该公司将继续发扬"追求卓越"的珠江精神,进一步强化内部管理,提高工作效率,保证各项工程进度,争取实现税后利润25102万元。

四、股本结构和股东持股情况

1.1993年末股本结构:

股权	数量(万股)	比例(%)
法人股(发起人)	7956.912	57.17
定向法人股	1780	12.7
个人股	4182.688	30.04
总股本	13919.6	100.00

2.前8名大股东持股情况:

股东名称	持股数(万股)	占总股本比例(%)
广州珠江实业总公司	4896.912	35.18
富南国际信托投资公司	1088	7.82
海南省建行信托投资公司	1020	7.33
广州珠江外贸建院海南分院	952	6.84
海口精英技术贸易公司	640	4.60
中国平安保险公司	150	1.08
万科企业股份有限公司	100	0.72
深圳金田实业股份有限公司	100	0.72

五、1993年度资产负债表和利润分配表

资产负债表

1993年12月31日

海南珠江实业股份有限公司　　单位:人民币元

资　产	行次	年　初　数	年　末　数	负债及股东权益	行次	年　初　数	年　末　数
流动资产:				流动负债			
货币资金	1	38904522.45	72937684.09	短期借款	41	57000000.00	80000000.00
短期投资	2			应付票据	42		5000000.00
应收票据	3			应付帐款	43	78284.80	11640.60
应收帐款	4	21157522.80	40902290.74	预收货款	44	32140948.30	55542029.80
减:备抵坏帐	5	63472.57	122706.87	应付福利费	45	3792138.61	536899.08
应收款项净额	6	21094050.23	40779583.87	未付股利	46	1684609.40	1073751.16
预付货款	7	2262497.75	51664304.28	未交税金	47	8615963.36	27024126.82
其他应收款	8	38841949.44	42961247.19	其他未交款	48	54230.68	119915.72
待摊费用	9	7000.00	61700.02	其他应付款	49	9243686.44	22263702.90
存货	10	115124279.14	421690680.58	预提费用	60	165750.00	3279.30
流动资产合计	15	216234299.01	630095200.03	住房周转金	51		1219295.84
长期投资:				一年内到期的长期负债	52		
长期投资	16	12099779.70	60493769.25	流动负债合计	55	112775611.59	192794641.22
固定资产				长期负债:			
固定资产原价	18	5480003.43	39677006.33	长期借款	56		
减:累计折旧	19	1199961.46	2148111.76	长期应付款	57		
固定资产净值	20	4280041.97	37528894.57	长期负债合计	58		
在建工程	21	1864363.41	200000.00	少数股权	65		5000000.00
固定资产清理	22			所有者权益:			
固定资产合计	25	6144405.38	37728894.57	股本	66	81880000.00	139196000.00
无形及其他资产:				资本公积	67		202241862.40
无形资产	26			盈余公积	68	1863195.74	22003903.26
递延资产	30		985059.75	未分配利润	69	37959676.76	168066516.72
无形及其他资产合计	35		985059.75				
待处理财产损失:				所有者权益合计	75	121702872.50	531508282.38
待处理流动资产损失(减收益)	36						
待处理财产损失合计	39						
资产总计	40	234478484.09	729302923.60	负债及股东权益总计	80	234478484.09	729302923.60

利润分配表

1993年度

海南珠江实业股份有限公司 单位:人民币元

项目	1992年	1993年	项目	1992年	1993年
一、主营业务收入	107843367.85	228398853.71	三、营业利润(亏损以"—"号表示)	60908500.14	149647569.22
减:营业成本	43913804.72	49349099.94	加:投资收益(亏以"—"号表示)	1509362.76	4215535.93
销售费用	1016146.67	4959357.69	营业外收入	942871.50	49257271.83
管理费用	1171175.34	11443320.44	减:营业外支出	21881.06	1462.242.00
财务费用	—1648025.29	2619871.32	四、利润总额	63338853.34	201658134.98
进货费用			减:上年利润调整		—3941629.71
营业税金及附加	4552008.16	10379.635.10	减:应交所得税	9274423.59	29649988.55
二、主营业务利润(亏损以"—"号表示)	58838258.25	149647569.22			
加:其他业务利润(亏损以"—"号表示)	2070241.89		五、未分配利润	54064429.75	168066516.72

35. 四川峨嵋山盐化工业(集团)股份有限公司

一、1993年经营业绩和近三年财务指标

四川峨嵋山盐化工业(集团)股份有限公司是一家综合性和多元化经营的上市公司。在1993年,该公司规范股份制经营,强化企业管理,抓紧技术改造项目和在建工程并涉足证券业务,发展房地产业,取得了较好的经营效益:全年主营业务收入23846.78万元,实现利润4162万元,完成年度计划的105.90%,税后利润3645.2万元,完成溢利预测的101.47%,该公司近三年的财务指标如下:

项目指标	单位	1993年	1992年	1991年	1993年增长%
主营业收入	万元	23846.78	13659.59	11898.65	74.58
利润总额	万元	4162.00	2202.99	1639.21	88.93
税后利润	万元	3645.20	1928.04	1562.80	89.06
资产总额	万元	68071.76	49881.46	38052.61	36.47
股东权益	万元	37452.31	22008.08	12608.53	70.18
每股净资产	元	2.12	1.59	1.12	33.33
每股收益	元	0.20	0.14	0.14	42.86
每股红利	元	0.16	0.11	0.14	45.45
股东权益比率	%	55.02	44.12	33.13	24.71
净资产收益率	%	12.26	11.14	12.39	10.00

二、前次募集资金的运用情况

该公司在1993年实施配股到位资金6999.8万元,按照配股说明书确定的项目,该公司积极开展工作,各项目进展情况如下:

1. 与台商合建总投资为750万美元的EVA橡塑工程,年内续投1178万元。

2. 公司内部纯碱厂、水泥厂、彩印厂的技术改造,投入资金170万元,年内已完工。

3. 该公司分别在湛江、海南、珲春、成都进行的房地产开发,总投资1460万元。

4. 该公司在深圳、成都证券业务投入1853.94万元。

5. 参股投入成都华贸公司等企业587.50万元。

6. 归还贷款780万元。

三、1994年经营展望

在1994年,该公司将充分发挥现有盐化工基础优势,特别是纯碱、水泥供不应求的市场优势,增加新品种,提高产品质量,创造好的经济效益;同时,加快五通烧碱厂改扩建工程进度,使其年内生产能力达到1.5万吨水平。争取全年实现销售收入2.51亿元,利润7434万元,税后利润6319万元。

四、股本结构和股东持股情况

1. 1993年末股本结构:

股权	数量(股)	比例(%)
国家股	62024460	35.06
法人股	36410822	20.59
社会公众股	78451800	44.35
总股本	176887082	100.00

2. 前10名大股东持股情况:

股东名称	持股数(股)	占总股本比例(%)
乐山市国有资产管理局	62024460	35.06
深圳宝安企业(集团)股份有限公司	10000000	5.65
深圳先科企业集团	5500000	3.11
四川省盐业公司	2799531	1.58
中国盐业总公司	3359437	1.90
深圳天骥投资基金	1500000	0.85
云南生产资料服务公司	1399765	0.79
中国轻工物资供销总公司	1293890	0.73
中国华轻实业公司	720000	0.41
深圳巨安公司	680000	0.38

五、1993年度资产负债表和利润及利润分配表

资产负债表

1993年12月31日

四川峨嵋山盐化工业(集团)股份有限公司 单位:人民币元

资产	年初数	年末数	负债及资本类	年初数	年末数
流动资产:			流动负债		
货币资金	34550774.48	15051022.74	短期借款	44467700.00	71126932.40
短期投资	2461877.16	5443344.86	应付票据		
应收票据			应付帐款	21853354.20	35972092.16
应收帐款	137414021.59	176956242.02	预收货款	615107.72	65774.05
减:备抵坏帐	599354.56	884781.21	应付福利费	424722.54	661622.36
应收款项净额	136814667.03	176071460.81	未付股利	9594535.36	
预付货款	1066253.05	249606.59	未交税金	2428669.90	6607624.26
其他应收款	6080589.14	20902849.84	其他未交款	16664384.20	4931953.85
待摊费用	5713576.30	3174796.09	其他应付款	15407461.24	22432.643.53
存货	27355123.26	19872484.54	预提费用		
流动资产合计	214042860.42	240765565.47	一年内到期的长期负债		
长期投资			流动负债合计	111455935.16	141798612.61
长期投资	33108768.35	113108414.16	长期负债:		
			长期借款	116677952.50	114174912.61
固定资产:			应付债券	50600000.00	50221000.00
固定资产原价	231260076.31	233107066.16	长期应付款		
减:累计折旧	68316398.84	79350164.47	长期负债合计	167277952.50	164395912.61
固定资产净值	162943677.47	153756901.69			
在建工程	8871933524	102337758.38	股东权益:		
固定资产清理			股本	137997568.00	176887082.00
固定资产合计	251663012.71	256094660.07	资本公积	75788374.09	154888920.21
无形及其他资产:			盈余公积	6294811.73	13370214.85
无形资产		70749000.00	其中:公益金	592153.86	4129855.42
递延资产			未分配利润		29376897.42
无形及其他资产合计		70749000.00			
待处理财产损失:					
待处理流动资产损失(减收益)					
待处理固定资产损失(减收益)			股东权益合计	220080753.82	374523114.48
待处理财产损失合计					
资产总计	498814641.48	680717639.70	负债及股东权益总计	498814641.48	680717639.70

利润及利润分配表

1993 年度

四川峨嵋山盐化工业(集团)股份有限公司　　单位:人民币元

项　目	金　额	项　目	金　额
一、主营业务收入	238467839.66	四、利润总额(亏损以"—"号表示)	41620018.38
减:营业成本	125656178.17	加:年初未分配利润(未弥补亏损以"—"表示)	
销售费用	29774270.46	上年利润调整(减少上年利润以—"号表示)	1075284.92
管理费用	13660298.13	盈余公积转入	
财务费用	25029956.36	五、可分配利润	42695303.30
汇兑损益		减:应交所得税	6243002.76
进货费用		提取法定盈余公积	3537701.56
营业税金及附加	16430842.47	提取公益金	3537701.56
二、主营业务利润(亏损以"—"号表示)	27916294.07	六、可供股东分配的利润	29376897.42
加:其他业务利润(亏损以"—"号表示)	45741.55	减:已分配优先股股利	
三、营业利润(亏损以"—"号表示)	27962035.62	提取任意公积	
加:投资收益(损失以"—"号表示)	14753410.96	已分配普通股股利	
营业外收入	5373804.15		
减:营业外支出	6469232.35	七、未分配利润(未弥补亏损以"—"号表示)	29376897.42

36. 珠海经济特区富华集团股份有限公司

一、1993 年经营业绩和近三年财务指标

珠海经济特区富华集团股份有限公司是一家在深圳证券交易所挂牌的上市公司。在 1993 年，该公司基本上形成了以房地产、金融投资、化纤化工、贸易为主体的综合性集团，根据市场情况灵活多样地调整运作机制和经营政策，实现主营业务收入 27724 万元，税后利润 1.85 亿元，超过年度溢利预测的 98%，在珠海的工业企业中名列第一，同时在经济活动中，该公司因信誉优良而被珠海金融机构评为“AAA”级信用单位，其近三年的财务指标如下：

项目指标	1993 年	1992 年	1991 年	1993 年增长%
主营业收入(万元)	27724.01	12066.93	8844.82	129.75
利润总额(万元)	18192.99	4121.27	2208.36	341.44
税后利润(万元)	18516.65	3503.08	2029.39	428.58
资产总额(万元)	123084.96	47468.68	13404.42	159.30
股东权益(万元)	117570.42	32839.88	8675.88	258.01
每股净资产(元)	4.27	2.06	1.10	107.28
每股收益(元)	0.67	0.22	0.26	
净资产收益率%	24.62%	16.88%	23.06%	39.13
股东权益比率%	95.52%	69.18%	64.72%	36.36

二、前次募集资金的运用情况

1993 年该公司实施配股共募集资金 67041.84 万元，其中包括珠海经济特区房地产开发总公司以土地使用权购买的发起人部分 2414 万股，折价 19312 万元和配售给内部职工股 391.23 万股，全部款项于 1993 年 12 月到位，其资金的投向如下：

1. 富华广场原需 95000 万元，现投入 19312 万元用于购置土地使用权。

2. 富华大厦、大酒店桩基工程需 56000 万元，现已投入 10700 万元。

3. 精细化工项目，原需资金 6000 万元，现已投入 3800 万元。

4. 珠海证券公司已投入 618.75 万元，珠海达盛投资顾问公司投入 160 万元，海南利宝航运公司投入 1000 万元。

5. 富华苑商业街开发投入 2000 万元，重庆太平门商住楼投入 500 万元，化纤设备染整技改、合作研制新品种，项目投入 2500 万元。

6. 余 26400 万元留存富华财务公司及华银信用社备用。

三、1994 年经营展望

该公司 1994 年经营规划为：实现销售收入 53044.4 万元，利润总额 15094.42 万元，税后利润 12830.26 万元。

四、股本结构和股东持股情况

1. 1993 年末股本结构：

股权	数量(股)	比例(%)
发起人股	102476000	37.19
定向法人股	33378000	12.11
社会公众股	135424800	49.15
公司职工股	4259500	1.55
总股本	275538300	100

2. 前 10 名大股东持股情况：

股东名称	持股数(股)	占总股本比例(%)
珠海市纺织工业集团公司	71336000	25.89
珠海经济特区房地产开发总公司	29140000	10.59
珠海科技奖励基金会	7200000	2.61
珠海冠华轻纺公司	5880000	2.13
中国化纤公司	3960000	1.44
珠海特区发展公司	3000000	1.09
北京华诚财务公司	3000000	1.09
广东省纺织工业总公司	3000000	1.09
珠海经济特区珠光公司	3000000	1.09
广东发展银行珠海分行	2000000	0.73

五、1993 年度资产负债表和利润及利润分配表

资产负债表

1993年12月31日

珠海经济特区富华集团股份有限公司　　单位:人民币元

资　　产	年初数	年末数	负债及股东权益	年初数	年末数
流动资产:			流动负债		
货币资金	94767391.14	295567156.76	短期借款	113500000.00	16375000.00
短期投资	—	147986575.11	应付帐款	20735197.31	2755596.07
应收票据	—	—	预收货款	1287119.56	514049.57
应收帐款	61035550.28	92051207.43	应付福利费	384879.02	329305.22
减:备抵坏帐	55760.95	460256.04	未付股利	—	—
应收帐款净额	60979789.33	91590951.39	未交税金	9277244.05	2706285.09
预付货款	—	3384606.29	其他未交款	—	334352.86
其他应收款	4945193.21	77168932.54	其他应付款	—	19554114.27
待摊费用	1380868.21	999041.11	预提费用	53303.20	11426644.91
存货	15965305.52	336313093.97			
流动资产合计	178038547.41	953010357.17	流动负债合计	145237743.14	53995347.99
长期投资			长期负债:		
长期投资	409700.00	32013700.00	长期借款	—	—
固定资产:			股东权益:		
固定资产原价	142669651.08	164743433.04	股本	159780000.00	275538300.00
减:累计折旧	27145634.77	34929542.65	资本公积金	128539987.03	708019505.51
固定资产净值	115524016.31	129813890.39	盈余公积金	6098293.24	4840951.11
在建工程	81010663.69	98574173.84	未分配利润	35030813.97	188455472.74
固定资产合计	196534680.00	228388064.23	股东权益总计	329449094.24	1176854229.36
无形及递延资产:					
无形资产	71853702.90	16195689.50			
递延资产	27850207.07	1227832.55			
无形及递延资产合计	99703909.97	17423522.05			
待处理财产损失:					
待处理流动资产损失(减收益)	—	13933.90			
待处理固定资产损失(减收益)	—	—			
待处理财产损失合计	—	13933.90			
资产总计	474686837.38	1230849577.35	负债及股东权益合计	474686837.38	1230849577.35

利润及利润分配表

1993年度

珠海经济特区富华集团股份有限公司 单位:人民币元

项　　目	上年金额	本年金额	项　　目	上年金额	本年金额
一、主营业务收入	120669291.04	277240109.36	四、利润总额	41212722.31	181929908.19
减:营业成本	93154363.28	147545189.51	加:年初未分配利润	—	35030813.97
销售费用	720863.51	899774.83	上年利润调整	—	3237698.41
管理费用	4505236.85	10372113.98	盈余公积转入	—	—
财务费用	444237.89	—1607180.07	五、可分配利润	41212722.31	220198420.57
进货费用	4512219.97	336697.80	减:应交所得税	6181908.34	1081.54
营业税金	—	217208.47	提取法定盈余公积	—	—
二、主营业务利润	17332364.54	119476304.84	提取公益金	—	1751540.70
加:其他业务利润	23396825.40	8398672.34	六、可供股东分配的利润	35030813.97	218445798.33
三、营业利润	40729189.94	127874977.18	减:已分配优先股股利	—	—
加:投资收益	—	53803939.86	提取任意公积金	—	14012325.59
营业外收入	665117.07	625138.61	已分配普通股股利	—	15978000.00
减 :营业外支出	181584.70	374147.46	七、未分配利润:	35030813.97	188455472.74

37. 海南民源现代农业发展股份有限公司

一、1993年经营业绩和近三年主要财务指标

海南民源现代农业发展股份有限公司是一家经营房地产、旅游、工业、种植业和交通运输等业务的上市公司，其股票在深圳证券交易所挂牌。在1993年，该公司积极调整产业结构和投资方向，把高科技开发同农业综合开发有机结合起来，积极利用外资引进先进技术和设备发展第二产业，把农产品深加工作为开发市场、提高经营效益的重要手段，累计实现利润22768.5万元，超额7.74%完成了年度计划。该公司近两年的财务指标如下(单位：千元)：

项目指标	1993年	1992年	1993年增长%
营业收入(万元)	317258	97418	225.7
利润总额(万元)	227685	75955	199.7
税后利润(万元)	210608	75955	177.3
资产总额(万元)	1138491	322673	252.9
股东权益(万元)	890409	298970	197.9
每股净资产(元)	3.72	2.25	65.6
每股收益(元)	0.881	0.572	54.1
每股红利(元)	0.60	0.39	53.8
股东权益比率%	78.2	92.7	－15.6
净资产收益率%	35.4	37.7	－6.1

二、前次募集资金的使用情况

1993年7月，该公司增资配股募集资金39.855万元，减除相关的税费后，全部按计划投入到各产业项目中。其中农业：3125.8万元，占7.89%；工业：5884.5万元，占14.85%；房地产：6590.9万元，占16.64%；旅游业：12344.4万元，占31.17%；国库券、债券：8130万元，占20.53%；参股：3026万元，占7.64%；其他：498.31万元，占1.26%。

三、1994年经营展望

在1994年，该公司在完善现有各产业项目的同时，将立足海南、面向全国，积极开拓市场，继续向多元化经营发展，以农业、工业为基础，以房地产业和旅游业为龙头，大力发展交通运输业、商业和贸易业。集中大量资金在北京、上海等地拓展新业务领域，积极发展国际合作，引进国外先进技术、设备和管理，深化内部管理体制改革，运用各种激励机制和经济手段调动一切积极因素，保证公司经营发展计划的实现，争取1994年实现税后利润21887万元。

四、股本结构和股东持股情况

1.1993年末股本结构：

股权	数量(万股)	比例(%)
发起人法人股	10890	45.54
定向法人股	6941.7	29.03
个人股	6081.3	25.43
总股本	23913	

2.前10名大股东持股情况：

股东名称	持股数(万股)	占总股本比例(%)
民源海南公司	9224.6	38.58
美亭管委会	925.2	3.87
海南省证券公司	911.3	3.81
海南省国际信托投资公司	686.7	2.87
中国残疾人福利基金会	390.0	1.63
中国科学院	200.2	0.84
中国有色金属(深圳)财务公司	165.4	0.69
蔡文燕	90.0	0.38
海南港澳租赁公司	75.0	0.31
中信上海业务部	70.8	0.30

五、1993年度资产负债表和损益表

资产负债表

1993年12月31日

海南民源现代农业发展股份有限公司 单位:人民币元

资　　产	1993年12月31日	1992年12月31日	负债及股东权益	1993年12月31日	1992年12月31日
流动资产:			流动负债		
货币资金	44207226.41	5822750.27	应付帐款	205984803.86	
短期投资	862000.00	862000.00			
应收帐款	248827194.30	97418000.00	应付福利费	82395.91	38795.42
减:备抵坏帐	349880.00	292254.00			
应收款项净额	248477314.30	97125746.00	未付税金	22888192.88	4361746.94
预付货款	2461475.46	15320977.82			
其他应收款	78028453.15	32353210.76	其他应付款	1261423.18	1442431.26
待摊费用	1456064.81	4355491.35	预提费用	4800.00	
存货	24250461.39	39375695.67			
流动资产合计	399742995.52	196215871.87	流动负债合计	230221615.83	5842973.62
长期投资					
长期投资	496760386.20	52262631.18	长期负债:		
固定资产			长期借款	17860000.00	17860000.00
固定资产原值	34332824.75	18504724.09			
减:累计折旧	3365465.16	1888543.24	负债合计	248081615.83	23702973.62
固定资产净值	30967359.59	16616180.85			
在建工程	37569755.15	36230075.51	股东权益:		
固定资产合计	68537114.74	52846256.36	股本	239130000.00	132850000.00
			资本公积	406325112.66	89327900.00
无形及其他资产:			盈余公积	34346260.93	
无形资产	171910080.00	20487750.00	其中:公益金	7679240.03	
递延资产	1541001.84	860764.50	未分配利润	210608588.88	76792400.29
无形及其他资产合计	173451081.84	21348514.50	股东权益合计	890409962.47	298970300.29
资产总计	1138491578.30	322673273.91	负债及股东权益总计	1138491578.30	322673273.91

损　益　表(合　并)

1993年度和1992年度

海南民源现代农业发展股份有限公司　　单位:人民币元

项　目	1993年	1992年	项　目	1993年	1992年
主营业务收入	317258035.70	97418000.00	加:投资收益	47454827.67	
减:营业成本	116478354.49	24136737.73	营业外收入	526240.44	13434316.50
销售费用		1156949.77	减:营业外支出	1164376.36	320000.00
管理费用	2536572.50	4864217.03	利润总额	227684960.98	75954854.05
财务费用	317011.37	(82104.54)	减:应交所得税	17076372.10	
营业税金及附加	17057828.11	4501662.46	加:以前年度未分配利润		837546.24
营业利润	180868269.23	62840537.55	未分配利润	210608588.88	76792400.29

38. 四川天歌轻工(集团)股份有限公司

一、1993年经营业绩及近三年财务指标

四川天歌轻工(集团)股份有限公司是一家主营服装等业务的上市公司,其股票在深圳证券交易所挂牌。1993年,该公司抓住发展机遇,积极从事自营进出口业务及开展对东欧、独联体等国家的边贸业务。在这一年里,该公司主营产品的产量增加,质量提高,市场占有率扩大,共产销各类服装100多万件,实现销售收入2亿元,获税后利润4559.06万元,超额11.44%完成了年度计划。该公司近三年的财务指标如下(单位:万元):

项目指标	1993年	1992年	1991年	1993年增长%
营业收入	20833.0	10714.1	8248.5	94.5
利润总额	5387	1658.4	427.3	224.8
税后利润	4559.06	1409.6	427.3	223.4
资产总额	39747.4	20764.1	13014.6	91.42
股东权益	27847.39	13167.9	2243	111.48
每股净资产(元)	2.44	1.61	1.00	51.5
每股收益(元)	0.40	0.17	0.19	135.3
每股红利(元)	0.30	0.12	0.09	150
股东权益比率	0.70	0.634	0.1723	0.1041
净资产收益率	0.1637	0.107	0.182	0.533

二、前次募集资金的运用情况

1993年该公司实施配股共募集资金14311.44万元,根据配股公告和股东大会通过的投资议案,其资金的主要运用情况如下:

1. 增加生产经营流动资金4000万元。
2. 投资500万元,兴建天歌商场(南充)。
3. 购置电脑服装辅助设计CAD系统,投资60万元。
4. 投资540万元于天歌科技实业公司,生产电子产品。
5. 投资6300万元用于兴建成都天歌武城大厦。
6. 在成都双流航空港兴建"天歌商城",前期投入1600万元。
7. 投资200万元于天歌波兰公司。
8. 投资400万元于成都天歌外贸公司。
9. 投资400万元于深圳四海公司用于技术改造。

三、1994年经营展望

在1994年,该公司将运用已形成的多元化发展、跨国经营格局,加强进出口贸易,房地产开发,有计划地选择一批市场前景较好的高科技项目,坚持长短线并举的投资策略,争取实现营业收入2.45亿元,利润7453万元,分别比去年增长17.6%和38.35%。

四、股本结构和股东持股情况

1. 1993年末股本结构:

股权	数量(万股)	比例(%)
法人股	8035.5	70.38
社会公众股	3382.5	29.62
总股本	11418	100

2. 前10名股东持股情况:

股东名称	持股数(万股)	占总股本比例(%)
南充羽绒制品厂	3913.44	34.27
南充工商银行	505	4.42
南充农业银行	400	3.50
南充中国银行	330	2.89
蛇口旭业投资发展有限公司	200	2.63
国家机电轻纺投资公司	180.8	2.30
中国宝安集团股份有限公司	100	0.88
深圳发展银行	100	0.88
深圳华厦实业股份有限公司	79	0.69
深圳市鸿基运输实业股份有限公司	50	0.44

五、1993年度资产负债表和利润及利润分配表

资产负债表

1993年12月31日

四川天歌轻工(集团)股份有限公司 单位:人民币元

资产	年初数	年末数	负债及股东权益	年初数	年末数
流动资产:			流动负债:		
货币资金	38313529.68	36823475.57	短期借款	13158,600.00	37588600.00
短期投资		3458033.00	应付票据		
应收票据			应付帐款	20754600.30	8718188.71
应收帐款	45536222.76	57937310.20	预收货款	7881320.61	8015171.52
减:备抵坏帐	48106.93	126918.89	应付福利费	35039.51	116374.04
应收帐款净额	45488115.83	57810391.31	未付股利	11197467.51	35616305.45
预付货款		4346410.33	未交税金	4225660.06	7402375.04
其他应收款	26754581.21	113267015.43	其他未交款	361439.04	2622760.40
待摊费用	243024.72	118292.27	其他应付款	6213819.20	3656384.04
存货	42869864.31	39262455.49	预提费用	651339.45	825210.86
			待扣税金		
			一年内到期的长期负债	5262500.00	25010.00
流动资产合计	153669115.75	255086073.40	流动负债合计	74741786.48	104586388.05
长期投资:			长期负债:		
长期投资	13291308.94	30540088.51	长期借款	900000.00	2300000.00
固定资产:			应付债券		
固定资产原价	32861111.91	95074924.03	长期应付款		209930.05
减:累计折旧	9243366.72	12862367.17	长期负债合计	900000.00	2509930.05
固定资产净值	23617745.19	82212556.86	递延投资收益	320000.00	320000.00
在建工程	1133200.96	12165753.26	股东权益		
固定资产清理			股本	81540000.00	114180000.00
固定资产合计	24750946.15	94378310.11	资本公积	46442512.93	149260226.99
			盈余公积	3697015.04	14638770.94
			其中:公益金	1159648.17	5187713.13
			未分配利润		394893.67
无形及其他资产:					
无形资产	15656760.84	15638793.07			
递延资产	273182.77	1710530.82			
无形及递延资产合计	15929943.61	17349323.89	股东权益合计	131679527.97	278473891.60
待处理财产损失:					
待处理流动资产损失(减收益)		119729.97	少数股东权益		11583316.17
待处理固定资产损失(减收益)					
待处理财产损失合计					
资产总计	207641314.45	397473525.88	负债及股东权益总计	207641314.45	397473525.88

利润及利润分配表

1993 年度

四川天歌轻工(集团)股份有限公司 单位:人民币元

项目	附注	金额	项目	附注	金额
一、主营业务收入	23	208337789.76	四、利润总额(亏损以"－"号表示)		53869951.65
减:营业成本		162440706.55	加:年初未分配利润(未弥补亏损以"－"号表示)		
销售费用	24	6689761.55	上年利润调整(减少上年利润以"－"号表示)		239262.22
管理费用	25	9162557.63	盈余公积转入		
财务费用	26	－11841480.17	五、可分配利润		54109213.87
进货费用			减:应交所得税		7804253.93
营业税金及附加		10016644.36	提取法定盈余公积		4559064.96
二、主营业务利润(亏损以"－"号表示)		31869599.84	提取公益金		4559064.96
加:其他业务利润(亏损以"－"号表示)		2754959.46	六、可供股东分配的利润		37186830.02
三、营业利润(亏损以"－"号表示)		34624559.30	减:少数股东权益		714310.37
加:投资收益(损失以"－"号表示)	27	18859753.08	提取任意公积		1823625.98
营业外收入		698632.67	已分配普通股股利		34254,000.00
减:营业外支出		312993.40	七、未分配利润(未弥补亏损以"－"号表示)		394893.67

39. 四川金路股份有限公司

一、1993年经营业绩和近三年财务指标

四川金路股份有限公司是一家在深圳证券交易所挂牌的上市公司。在1993年，该公司坚持“以实业为主，发展多元化经营，走向世界”的战略方针，经济得到迅速发展。以化工、轻纺为主业的经营效益大幅度增长。同时，房地产、出租汽车业、进出口贸易等多元化经营亦取得了丰硕成果，各项经济指标全面超计划完成，其中：销售收入20555.32万元，完成计划106%；税后利润3,164.15万元，完成计划的113.2%。该公司近三年的主要财务指标如下(单位：元)：

项目指标	1993年	增长率	1992年	1991年
营业收入	205,553,241.02	160.79%	78,818,642.66	59,099,113.42
利润总额	37,405,214.09	360%	8,127,019.41	5,606,373.89
税后利润	31,641,459.13	436%	5,897,632,26	3,616,348.39
资产总额	462,128,501.38	101%	230,284,764.13	137,148,729.95
股东权益	244,626,274.52	129%	106,694,808.15	31,030,550.63
每股收益	0.40	207%	0.13	0.12
每股净资产	3.09	53%	2.02	
每股红利	0.30	50%		
股东权益比率	52.93%	14%	46.33%	22.63%
净资产收益率	18%	111%	8.50%	11.63%

二、前次募集资金的运用情况

该公司于1993年7月向全体股东配售股票共筹集资金9804万元，具体用途为：

1. 技改投入5,399万元。其中烧碱“一改三”项目投入2,307万元；新型节能电石炉779万元；3000KW热电站已投入资金964万元；经纬编厂园筒织布机及电脑绣花投入120万元，食品卫生级PVC粒料208万元；PVC大口径管材271万元；氧化乐果改造投入235万元；成都龙泉驿成片土地合资开发及成都金路大厦投入土地款520万元。

2. 补充流动资金2905万元。

3. 短期投资1500万元。

三、1994年经营展望

1994年是该公司按照新的发展战略实施的第二次创业的第一年，该公司董事会依据对宏观形势判断和企业内部因素的综合分析，制订了1994年经济发展目标，即销售收入达3.1亿元，利润总额5015万元，税后利润4009万元。

四、股本结构和股东持股情况

1. 1993年末股本结构：

股权	数量(万股)	比例(%)
国家股	1500	18.92
法人股	2999.76	37.84
个人股	3427.44	43.24
总股本	7927.2	100

2. 前10名大股东持股情况：

股东	持股量(万股)	占总股本比例(%)
德阳市国有资产管理局	1500	18.9
深圳蛇口利宝贸易公司	340	4.3
深圳众邦发展股份有限公司	190	2.4
深圳天昆投资发展公司	155	2.0
深圳鸿基运输实业公司	120	1.5
深圳兰天基金	120	1.5
海口亚晨企业有限公司	120	1.5
工行四川省信托投资公司	120	1.5
深圳巨安咨询有限公司	100	1.3
深圳西来洋投资公司	100	1.3

五、1993年度资产负债表和利润及利润分配表

资产负债表(合并)

1993年12月31日

四川金路股份有限公司 单位:人民币元

资产	年初数	年末数	负债及股东权益	年初数	年末数
流动资产			流动负债		
货币资金	4586567.83	29444945.74	短期借款	54116795.64	57029258.20
短期投资		25000000.00	应付帐款	29516189.22	40842605.91
应收帐款	37330528.65	21191353.00	预收货款	6248788.68	5384015.95
减:备抵坏帐	130340.81	105956.77	应付福利费	11412455	1144449.69
应收帐款净额	37200187.84	21085396.23	未交税金	2132709.44	3976607.31
预付货款	23405088.83	10551607.66	其他未交款	917399.53	956572.97
其他应收款	21927484.91	46424664.41	其他应付款	5621661.75	28845356.32
待摊费用	38169.71	438713.70	预提费用	221287.17	1871858.42
存货	34054547.22	67006.602.86			
流动资产合计	121212046.34	199951930.60	流动负债合计	98888955.98	140050719.86
长期投资:			长期负债:		
长期投资	6740245.20	23203783.98	长期借款	18044000.00	67364348.58
固定资产:			长期应付款	6657000.00	3853304.60
固定资产原价	90332520.20	190591153.10	长期负债合计	24701000.00	71217653.18
减:累计折旧	21392907.00	42165195.28	股东权益		
固定资产净值	68939613.20	148425957.82	股本	52848000.00	79272000.00
			资本公积	46908417.26	132672056.76
在建工程	32074103.99	87743304.77	盈余公积	1040758.63	1040758.63
固定资产清理		907134	其中:公益金	346919.54	346919.54
固定资产合计	101013717.19	236178.333.93	未分配利润	5897632.26	31641459.13
递延资产		2933951.60			
无形及其他资产合计		2933951.60			
待处理财产损失:					
待处理流动资产损失(减收益)	901193.84	-223238.68			
待处理固定资产损失(减收益)	417561.56	83739.95	股东权益合计	106694808.15	244626274.52
待处理财产损失合计	1318755.40	-139498.73	少数股权(合并报表填列)		6233853.82
资产总计	230284764.13	462128501.38	负债及股东权益总计	230284764.13	462128501,38

利润及利润分配表(合并)

1993年度

四川金路股份有限公司　　单位:人民币元

项　目	行次	本年实际数	项　目	行次	本年实际数
一、主营业务收入	1	205553241.02	四、利润总额	15	37405214.09
减:营业成本	2	147630359.39	加:年初未分配利润	16	
销售费用	3	3907531.31	上年利润调整	17	
管理费用	4	16469689.45	盈余公积转入	18	
财务费用	5	6794087.68	五、可分配利润	19	37405214.09
进货费用	6	507322.16	减:应交所得税	20	5571936.74
营业税金及附加	7	12972798.62	少数股权利润	21	191818.22
二、主营业务利润	8	17271452.41	提取法定盈余公积	22	
加:其他业务利润	9	431977.84	提取公益金	23	
三、营业利润	10	17703430.25	六、可供股东分配的利润	24	
加:投资收益	11	18325025.36	减:提取任意公积	25	
原投资各方弥补公司兼并前亏损	12	459486.39	已分配普通股股利	26	
营业外收入	13	1840880.74			
减:营业外支出	14	923608.65	七、未分配利润	27	31641459.13

40. 沈阳物资开发股份有限公司

一、1993年度经营业绩和近三年财务指标

沈阳物资开发股份有限公司是一家经营工业生产、商贸、旅游等业务的上市公司，该公司股票在深圳证券交易所挂牌。1993年，该公司在全体员工的努力下，开拓经营、规范管理，争创效益，主要经济指标实现了历史的突破，销售额实现80301万元，利润实现3623万元，跃居全国同行业之榜首，1993年该公司被评为全国500家最大服务企业之一，全国上市公司"榜上有名"名列26位，被沈阳市政府授予流通企业改革先进单位。该公司1993年实现利润3623.4万元，超过年初溢利预测的1.8%。其最近三年的财务指标如下(单位:千元)：

项目指标	1993年	1992年	1991年	增长率%(1993年/1992年)
营业收入	803007	644258	481485	24.6
利润总额	36234	19598	10816	84.9
税后利润	33516	16658	5882	101.2
资产总额	654476	336756	319121	94.3
股东权益	297609	121559	93610	144.8
每股净资产(元)	3.58	2.21	1.94	62.0
每股收益(元)	0.40	0.30	0.12	33.3
每股红利(元)	0.30	0.227	0.09	32.2
股东权益比率%	45.5	36.1	29.3	26.0
净资产收益率%	15.99	15.5	6.3	3.2

二、前次募集资金的运用情况

1993年该公司顺利地实施了配股方案，配股资金到位9339万元，其投向为：

1. 投入创建投资公司1000万元，从事各行各业的投资和证券业务。
2. 投资海南利宝航运公司1000万元，开通深圳蛇口至海口航线。
3. 投资中港合资的东泽紧固件有限公司1700万元。
4. 投资中美合资的天使工艺玻璃有限公司500万元。
5. 投资黄金首饰一条龙生产项目2500万元。
6. 投资沈阳房地产开发公司800万元。
7. 投资辽宁华铜矿200万元，对老矿进行技术改造。
8. 投入创办海南华瑞投资发展公司350万元，开发房地产、外贸、旅游等项目。9. 投资外贸公司680万元，开展外贸经营业务。

三、1994年经营展望

1994年该公司将全面实施经营发展战略，大力发挥自己的优势，寻找新增效益生长点。总的经营目标是实现销售额8亿元，利润4000万元，税后利润3700万元。

四、股本结构和股东持股情况

1. 1993年末的股本结构：

股权	数量(万股)	比例(%)
国家股	2035	24.5
法人股	3637	43.8
个人股	2635	31.7
总股本	8307	100

2. 前10名大股东持股情况：

股东名称	持股数(万股)	占总股本比例(%)
沈阳市资产经营公司	2035	24.5
沈阳市供销合作总社	1000	12
沈阳市物质回收总公司	851	10.2
深圳万业兴投资公司	200	2.4
沈阳好猫集团有限公司	154	1.9
沈阳省正安公司	109	1.3
沈阳信托投资股份有限公司	100	1.2
沈阳市精细厂油化工厂	80	0.96
辽宁国发(集团)股份有限公司	70	0.8
沈阳大中实业公司	57	0.7

五、1993年度资产负债表和利润及利润分配表

资产负债表

1993年12月31日

沈阳物资开发股份有限公司　　单位:人民币元

资　产	行次	期初数	期末数	负债及股东权益	行次	期初数	期末数
流动资金				流动负债			
货币资金	1	9688636.00	12592218.15	短期借款	41	146414000.00	250494000.00
短期投资	2			应付票据	42		
应收票据	3			应付帐款	43	23282892.04	49614882.62
应收帐款	4	58623718.49	117426918.15	预收货款	44		12940625.89
减:备抵坏帐	5		352280.75	应付福利费	45		-1244531.05
应收帐款净额	6		117074637.40	未付股利	46		
预付货款	7		13183710.29	未交税金	47	4647249.00	3856652.66
其他应收款	8	10425831.00	21672853.76	其他未交款	48		47651.62
内部应收款	8-1			其他应付款	49	21423113.06	22353895.11
待摊费用	9	1116339.66	2940121.53	内部应付款	49-1		
存货	10	162578209.77	247141181.63	预提费用	50	109275.00	222500.00
减:存货变现货损失准备	10-1		718731.00	待扣税金	51		
存货净额	10-2	246422450.63		一年内到期的长期负债	52		
其他流动资产	10-3			流动负债合计	55	195876529.10	338285676.85
流动资产合计	15	242432734.92	413885991.76	长期负债			
长期投资:				长期借款	56	19320909.22	1300000.00
长期投资	16	8232515.00	51113556.01	应付债券	57		
固定资产:				长期应付款	58		10681443.45
固定资产原价	18	74445613.00	145236657.57	其他长期负债	58-1		
减:累计折旧	19	13823478.00	19384561.39	其中:住房周转金	58-2		
固定资产净值	20	60622135.00	125852096.18	长期负债合计	65	19320909.22	11981443.45
在建工程	21	18763030.00	46912507.87	股东权益			
固定资产清理	22			股本	66	55050303.40	83072940.90
固定资产合计	25	79385165.00	172764604.05	资本公积	67	372438.86	124983892.89
无形及递延资产				盈余公积	68	53642167.78	62930868.44
无形资产	26	6705803.40	16693462.00	其中:公益金	69	20080052.75	23431663.85
递延资产	30			未分配利润	70	12493869.96	26620892.25
无形资产及递延资产合计	35	6705803.40	16693462.00	股东权益合计	75	121558780.00	297608593.98
待处理财产损失:				少数股权(合并报表填列)	75-1		6600000.00
待处理流动资产损失(减收益)	36		18100.46				
待处理固定资产损失(减收益)	37						
待处理财产损失合计	40	336756218.32	654475714.28	负债及股东权益总计	80	336756218.32	654475714.28

利润及利润分配表

1993年度

沈阳物资开发股份有限公司 单位:人民币元

项目	行次	期初数	期末数	项目	行次	期初数	期末数
一、主营业务收入	1	644258067.05	803007457.23	减:少数股权(合并报表填列)	14-1		
减:营业成本	2	548401285.95	698045403.69	加:年初未分配利润(未弥补亏损"一"号表示)	15		1483808.96
销售费用	3	691874.40	2435855.15	上年利润调整(减少上年利润以"一"号表示)	16		
管理费用	4	31279465.03	44947719.54	盈余公积转入	17		
财务费用	5	20002176.54	19200462.95	五、可分配利润	18	19598227.42	37717442.52
进货费用	6	8761109.42	12511931.63	减:应交所得税	19	2939734.14	2717522.52
营业税金及附加	7	10047356.40	9952268.47	提取法定盈余公积	20	1665849.33	3351611.10
二、主营业务利润(亏损"一"号表示)	8	25074799.31	15913815.80	提取公益金	21	2498773.99	3351611.10
加:其中业务利润(亏损"一"号表示)	9	5045899.77	2317212.75	六、可供股东分配的利润	22	12493869.96	28296697.80
三、营业利润(亏损"一"号表示)	10	30120699.08	18231028.55	减:已分配优先股股利	23		
加:投资收益(亏损"一"号表示)	11		17785454.22	提出任意公积	24		1675805.55
营业外收入	12	2264562.11	274151.00	已分配普通股股利	25		
减:营业外支出	13	12787033.77	57000.21	七、未分配利润(未弥补以"一"号表示)	26	12493869.96	26620892.25
四、利润总额(亏损"一"号表示)	14	19598227.42	36233633.56	八、补充资料:营业成本中存货变现损失准备提取数	27		718731.00

41. 珠海经济特区丽珠医药集团股份有限公司

一、1993年经营业绩和近三年财务指标

珠海经济特区丽珠医药集团股份有限公司是一家以医药经营为主业的上市公司，该公司于1993年向社会公开发行股票并在深圳证券交易所挂牌。在1993年，该公司积极参与国内外市场竞争，生产、经营、科研、技术改造、业务拓展等各方面均取得良好成绩，共开发新产品40多项，实现销售额83849万元，税前利润9106.6万元，出口创汇565万美元，在全国同行业中名列前茅。该公司1993年共实现净利润7947.98万元，完成溢利预测的102%。其近三年的财务指标如下(单位：人民币元)：

项目指标	1991年	1992年	1993年	增长率%
营业收入	695919127.58	699718273.91	838490730.25	19.83
利润总额	59395078.37	62244698.35	91066870.64	46.31
净利润	57782485.86	59241171.79	79479788.50	34.17
资产总额	352508053.64	594264676.52	797271604.35	34.16
股东权益	104205254.07	275558990.17	546673377.05	98.39
每股净资产				3.36
每股收益				0.49
股东权益比率	29.56%	46.37%	68.57%	47.88
净资产收益率	55.45%	31.2%	19.33%	—38.04

二、前次募集资金的运用情况

该公司1993年发行B股和A股共募集资金约20000万元人民币，已按原定资金运用计划用于如下项目：

(1)投资3000万元用于丽珠合成药厂基础工程。(2)投资1500万元改建丽珠生物工程制药厂生产车间。(3)投资350万元合资兴办上海丽珠东风生物技术有限公司，开发和生产具有国内先进水平的生物工程多肽类产品。(4)投资300万元与四川大学等单位合资成立丽珠——拜阿蒙生物材料有限公司，生产具有国内外先进水平的生物活性材料——人工骨及牙种植体等产品。(5)投资1656万元用于丽珠科研大楼及标准厂房土建。(6)投资1500万元用于设备更新、生产厂房及公用设施的配套改造。(7)安排5000万元偿还到期银行贷款。(8)增加投资丽宝生物化学制药(厂)有限公司400万元；(9)兴建广州丽珠大厦，投资500万元用于土建；(10)其他剩余资金暂作营运资金使用。

三、1994年经营展望

在稳步发展医药业的同时，该公司拟积极拓展房地产、金融证券、广告等其他业务，使企业逐步形成以医药为主体的多元化经营格局。争取1994年完成产品销售收入81020万元，实现利润11230万元，除税及分给联营方后净利10050万元。

四、股本结构及股东持股情况

1. 1993年末股本结构：

股权	数量(股)	比例(%)
法人股	77824000	47.8
个人股(含内部职工股)	41576000	25.5
人民币特种股(B)股	43480000	26.7
总股本	162880000	100.00

2. 前10名大股东的持股情况

股东名称	持股数(股)	占总股本比例(%)	类别
澳门南奥(集团)有限公司	15200000	9.33	B股
广东省制药工业公司	12182560	7.48	A股
珠海市信用合作联社	12137440	7.45	A股
珠海市医药总公司	9344960	5.74	A股
广州医药保健品进出口公司	8317440	5.11	A股
DEUTCHE BANK CAPITA MKT (TATA) LT THE CHINA RUND	4,230,000	2.60	B股
中国银行珠海信托咨询公司	3617600	2.22	A股
珠海市桂花职工互助会	8040600	1.87	A股
CROBY RCURIT IE (HK)LTD	2684000	1.65	B股
TEMPLETON CHINA WORLD FUND INC	2538000	1.56	B股

五、1993年度资产负债表和利润及利润分配表

资产负债表(合并)

珠海经济特区丽珠医药集团股份有限公司 单位:人民币元

资　　产	1993年 12月31日	1992年 12月31日	负债及股东权益	1993年 12月31日	1992年 12月31日
流动资产:			流动负债:		
货币资金	51434217.83	80112,028.82	短期借款	102341777.81	211563314.00
应收帐款	252243001.84	143319644.10	应付帐款	53707642.55	31669806.27
减:坏帐准备	3732849.11	776152.00	预收货款	1563602.23	10006779.31
应收帐款净额	248510152.73	142543492.10	其他应付款	35687275.13	21601618.83
预付帐款	7358706.58	15969041.55	应付工资	372382.30	——
其他应收款	41508852.96	55201508.16	应付福利费	34128425.09	18056199.96
待摊费用	9904138.89	3275839.83	未交税金	4147896.61	2725191.40
存货	150757609.79	139952282.90	应付股利	1895130.23	31539.29
外汇调剂	8566273.44	4390732.66	预提费用	14254095.17	6678692.29
流动资产合计	518039952.22	441444926.02	应付债券	——	10000000.00
长期投资:			一年内到期的长期负债	——	717175.00
长期投资	41674979.00	18549912.40	流动负债合计	248098227.30	313050316.35
固定资产:			长期负债:		
固定资产原价	158351131.16	120628778.15	长期借款	2500000.00	5655570.00
减:累计折旧	23637061.81	13925388.02	股东权益:		
固定资产净值	134714069.35	106703390.13	股本	162880000.00	113139400.00
在建工程	100403634.83	27566647.97	资本公积	273402138.50	97651626.62
固定资产合计	235117704.18	134270038.10	盈余公积	29403508.09	5526791.76
无形及递延资产:			公益金	1507941.96	——
递延资产	2438968.95	—	未分配利润	79479788.50	59241171.79
			所有者权益合计	546673377.05	275558990.17
资产总计	797271604.35	594264876.52	负债及所有者权益总计	797271604.35	594264876.52

利润及利润分配表(合并)

珠海经济特区丽珠医药集团股份有限公司　　单位:人民币元

项　目	1993年度	1992年度	项　目	1993年度	1992年度
一、主营业务收入	838490730.25	699718273.91	三、营业利润	82834634.14	60151754.43
减:营业成本	655961240.80	571840464.08	加:投资收益	2320000.00	923766.41
销售费用	58897148.64	31854296.44	营业外收入	6181705.79	1855009.89
管理费用	19404982.12	13222309.92	减:营业外支出	269469.29	685832.38
财务费用	19728464.93	15670792.89	四、利润总额	91066870.64	62244698.35
营业税金及附加	2249574.19	7220427.21	减:所得税	7766998.19	3003526.56
二、主营业务利润	82249319.57	59909983.37	五、税后利润	83299872.45	59241171.79
加:其他业务利润	585314.57	241771.06	加:年初未分配利润	59241171.79	60252820.37

42. 深圳开发科技股份有限公司

一、1993年经营业绩和近三年主要财务指标

深圳开发科技股份有限公司是一家主营磁头及电脑部件产品的上市公司，该公司股票在深圳证券交易所挂牌。在1993年，该公司磁头总产量达940万只，收入达6.2亿元，产品全部销往美国、新加坡、马来西亚和日本，占全世界磁头贸易总量10%，列世界第三位。除磁头产品外，该公司还拓展了电脑主板及相关板卡的生产，并引进了6套世界最新型的SMT平面贴装系统进行电脑主板和相关板卡的生产，总量折合主板当量70000块，销售额逾4000万元，90%外销到香港、台湾、美国等地区。该公司1993实现税后利润4580.19万元，比1993年溢利预测6765.5万元低32.3%。该公司近三年的主要财务指标如下：

项目指标	1993年	1992年	1991年	1993年增长%
主营收入(万元)	64333.59	60863.51	29655.00	5.70%
利润总额(万元)	4951.56	6308.98	3084.00	-21.51%
税后利润(万元)	4580.19	5835.81	2850.00	-21.51%
资产总额(万元)	81802.29	51816.70	28354.31	57.87%
股东权益(万元)	39006.86	15731.25	7334.85	147.96%
每股净资产(元)	2.57	—	—	—
每股收益(元)	0.302	—	—	—
净资产收益率(%)	16.73%	50.60%	43.92%	—
股东权益比率(%)	47.68%	30.36%	25.87%	—

二、前次募集资金的运用情况

由于该公司股票发行于1993年12月21日结束，因此，该公司在1993年使用的股金是由“鸿华”公司于1993年9月末转给该公司的2960万元资金。该项资金已全部用于公司扩建工程支出。正式发行后补收的差价收入8978万元将继续用于原定项目。

三、1994年经营展望

1994年该公司将实施调整计划中的主要部分，预计94年薄膜磁头市场将占生产的较大比例，该公司业已同国际著名厂家签订重大订单议项，在电脑主板及各类板卡生产上也正和国外著名厂商合作，并将有重大突破，此外该公司现已申请创办以激光技术为主的子公司，进一步在激光技术、光通讯技术上寻求发展，并沿着高科技的主线在新的领域做突破性的发展，争取1994年实现税后利润5300万元。

四、股本结构和股东持股情况

1.1993年末股本结构：

股权	数量(股)	比例(%)
发起人股	126000000	83.07
社会公众股	25675000	16.93
其中：内部职工股	5000000	3.30
总股本	151675000	100.00

2.公司持股1%以上的股东情况：

股东名称	持股数(股)	占总股本比例(%)
中国电子信息产业集团公司	45360000	24.97
博旭有限公司	42840000	23.58
国营建南机器厂	15120000	8.32
秉宏有限公司	12600000	6.94
中国长城计算机(集团)公司	10080000	5.55

五、1993年度资产负债表和利润及利润分配表

资产负债表

1993年12月31日

深圳开发科技股份有限公司　　　　单位：人民币元

资　产	附注	期末数	年初数	负债及股东权益	附注	期末数	年初数
流动资产：				流动负债：			
货币资金		25986282.44	46378571.35	短期借款	10	255783973.79	207498977.30
短期投资		——	——	应付票据		——	——
应收票据		——	——	应付帐款		17752.87	6953027.44
应收帐款	5	321380.79	205309.19	预收货款		1739535.95	1736344.89
预付货款		1,763007.79	67300.00	应付福利费		9544875.58	10989087.77
其他应收款	6	126184496.31	7647543.89	未付股利		——	5447520.00
减：坏账准备		3.240965.42	——	未交税金	17	4379538.46	5499933.81
应收预付		125027919.47	17920153.08	其他未交款		——	——
款项净额				其他应付款		5678792.86	2759406.14
应收关连		281124134.11	171357.690.30	应付关连企业款		——	——
企业款				应付工资		——	——
预交税金		——	——	预提费用	11	7261784.75	1772134.07
待摊费用		——	541336.95	待扣税金		——	——
存货	4	54422603.40	86410358.35	一年内到期长期负债		——	——
流动资产合计		486560939.42	322608110.03				
长期投资：				流动负债合计		284406254.26	242656431.42
长期投资	7	756000.00	——				
固定资产：				长期负债；			
固定资产原值		129501487.51	88834835.52	长期银行借款	12	132048000.00	118198000.00
减：累计折旧		49441386.19	28916307.94	其他长期借款	12	11500000.00	——
固定资产净值	8	80060101.32	59918527.58	长期应付款		——	——
在建工程	9	250645881.23	135640365.34	长期负债合计		143548000.00	118198000.00
固定资产清理		——	——				
固定资产合计		330705982.55	195558892.92	股东权益：			
无形及其他资产				股本	14	151675000.00	38063641.20
无形资产		——	——	普通股		151675000.00	38063641.20
递延资产		——	——	其中：A股（面值1.00元，发行15167.5万股）		——	——
无形及其他资产合计							
待处理财产损失：		——	——	资本公积金		175746810.96	39719219.24
				盈余公积金		6189672.67	——
待处理流动资产损失（减收益）				其中：公益金		1291471.01	——
待处理固定资产损失（减收益）		——		未分配利润		56457184.08	79529711.09
待处理财产损失合计		——	——	股东权益合计		390068667.71	157312571.53
资产总计		818022921.97	518167002.95	负债及股东权益总计		818022921.97	518167002.95

利润及利润分配表

1993年1月1日至12月31日

深圳开发科技股份有限公司 单位:人民币元

项目	附注	本期累计数	上年同期数	项目	附注	本期累计数	上年同期数
一、主营业务收入	15	643335963.63	608635124.93	四、利润总额		49515614.49	63089834.08
减:营业成本	15	581186892.55	534224262.09	加:年初未分配利润		79529711.09	33302426.05
销售费用		5981.25	189231.62	上年利润调整		(1757331.00)	1174918.86
管理费用		16481746.04	7258098.36	货币兑换差额		1662397.99	19276374.40
财务费用		15460667.26	9250348.01	五、可分配利润		128950392.57	116843553.39
汇总损益	13	(14093837.96)	(5938650.02)	减:应交所得税		3713671.09	5432287.98
进货费用		——	——	提取法定盈余公积		——	10049732.47
营业税金及附加		30867.31	53111.24	提取公益金		——	6699821.85
二、主营业务利润		44263647.18	63598723.63	转作资本金		68779537.40	——
加:其他业务利润		5944741.66	——	六、可供股东分配的利润		56457184.08	94661711.09
三、营业利润		50208388.84	63598723.63	减:已分配优先股股利		——	15132000.00
加:投资收益		——	——	提取任意公积		——	——
营业外收入		——	78409.80	已分配普通股股利		——	——
减:营业外支出	16	692774.35	587299.35	七、未分配利润		56457184.08	79529711.09

43. 重庆渝港钛白粉股份有限公司

一、1993年经营业绩和近两年财务指标

重庆渝港钛白粉股份有限公司是一家主营化工产品的上市公司，其股票在深圳证券交易所挂牌。1993年，该公司创主营业务收入3594.07万元，实现税后利润1179.48万元，仅完成年度计划的66.24%。该公司近两年的财务指标如下：(单位：万元)：

项目指标	1993年	1992年
营业收入	3594.07	3616.26
利润总额	1179.48	224.91
税后利润	1179.48	208.04
资产总额	49431	
股东权益	14901	
每股收益(元)	0.094	
每股权益(元)	1.17	
每股红利(元)	0.079	
速动比率	0.24	
净资产收益率%	0.08	

二、前次募集资金的运用情况

1993年9月，该公司向个人股东实施配股，共募集资金3888万元。这笔资金主要用于钛白粉工程调整概算后的自有资金补充、工期延后所增加的费用；为扩大现有适销对路的化工产品补充流动资金。

三、1994年经营展望

该公司1994年生产经营总目标为：

1. 在10月份实现1.5万吨汰白粉工程的试车投产；
2. 全年实现销售收入5000万元，利润总额1400万元；
3. 完成钛白粉3万吨(二期工程)扩建方案的可行性研究报告的编制。
4. 完成钛白粉工程投资后相应的深加工产品的前期开发工作。

四、股本结构和股东持股情况

1. 1993年末股本结构：

股权	数量(万股)	比例(%)
国家股	3728.26	28.68
外资股	3728.26	28.68
社会个人股	5040	38.77
内部职工股	504	3.87
总股本	13000.52	100

2. 前10名股东持股情况：

股东名称	数量(万股)
重庆市国有资产管理局	3728.26
香港中渝实业有限公司	3728.26
郭浩萍	58.65
王润奎	26.082
郑迪年	18.2
张泉山	10
杨家伟	9.73
杨玉东	6.98
王渠春	6.96
柯以朴	6.44

五、1993年度资产负债表和利润及利润分配表

资产负债表

1993年12月31日

重庆渝港汰白粉股份有限公司　　单位:人民币元

资　　产	1992年12月31日	1993年12月31日	负债及股东权益	1992年12月31日	1993年12月31日
流动资产	67599061.32	30771058.28	流动负债:		
应收帐款	13063755.73	23724481.81	短期借款	127498460.00	195891275.00
减:备抵坏帐	59357.83	76731.43	应付帐款	5501106.44	6140848.76
应收款项净额	13004397.90	23647768.38	预收货款	522990.35	48091.58
预付货款	32625038.78	8989542.26	应付福利费	－338378.70	－421131.54
其它应收款	16218043.50	40406305.49	未付股利	——	9928122.33
待摊费用	2598390.35	2607694.10	未交税金	1153109.18	1456579.26
存货	15336433.66	11360194.62	其它未交款	333767.66	433453.82
流动资产合计	147381365.51	117782563.13	其它应付款	2991977.91	11897722.48
长期投资			预提费用	461290.25	——
长期投资	1950274.90	3175197.40	流动负债合计	138124323.09	225374961.69
固定资产			长期负债:		
固定资产原价	57138621.55	67931343.79	长期借款	46906980.57	73447677.56
减:累计折旧	17014096.03	27257914.11	应付债券	40475000.00	46475000.00
固定资产净值	40124525.52	40673429.68	长期负债合计	89381980.57	119922677.56
在建工程	146085027.51	322348731.86	股东权益		
固定资产合计	186209553.03	363022161.54	股本	111981271.58	128312271.58
无形及其它资产			资本公积	2695718.58	18946659.59
无形资产	295454.48	204545.36	盈余公积	——	1752021.59
递延资产	4877949.18	10124124.57	其中:公益金	——	584007.20
无形及其它资产合计	5173403.66	10328.669.93	未分配利润	－114717.81	——
待处理财产损失			股东权益合计	114562272.35	149010952.75
待处理流动资产损失(减收益)	1245864.06	——			
待处理固定资产损失(减收益)	108114.85	——			
待处理财产损失合计	1353978.91	——			
资产合计	342068576.01	494308592.00	负债及股东权益总计	342066756.01	494308592.00

利润及利润分配表

1993年度

重庆渝港钛白粉股份有限公司　单位:人民币元

项　　目	1992年度	1993年度	项　　目	1992年度	1993年度
一、主营业务收入	36162610.06	35940763.80	四、利润总额	2249075.47	11794861.73
减:营业成本	25806363.05	28437693.81	减:少数股东分配数		−298322.60
销售费用	151448.75	62075.51	加:年初未分配利润		
管理费用	3374474.11	4154091.85	少数股东分配数		−81059.60
财务费用	1090676.55	−11255944.41	五、可分配利润	2249075.47	12012124.73
营业税金及附加	2816532.86	3010655.79	减:应交所得税	168680.66	——
二、主营业务利润	2923114.74	11532191.25	提取法定盈余公积金	——	1201212.47
加:其它业务利润	71929.35	14093.96	提取公益金	——	600606.24
三、营业利润	2995044.09	11546285.21	六、可供股东分配利润	2080394.81	10210306.02
加:投资收益	——	179540.50	减:已分配优先股股利	——	——
营业外收入	98193.53	104731.02	提取任意公积金	——	——
			已分配普通股股利	2080394.81	
减:营业外支出	844162.15	35695.00	七、未分配利润		10210306.02

44. 西安市解放百货股份有限公司

一、1993年经营业绩和近三年财务指标

1993年，西安市解放百货股份有限公司成为西北地区第一家在深圳证券交易所挂牌的上市公司。在这一年里，该公司的总体经济效益取得了较大幅度的提高，全年累计实现利润1291.89万元，超额2.13%完成了年度利润计划，实现税后利润1246.46万元，基本实现了"上市公告书"中对股东的承诺。该公司近三年的财务指标如下：

项目指标	1993年度	年增长率%	1992年度	1991年度
营业收入	16116437.03	—46.07	29882331.36	38740474.13
利润总额	12918936.45	2222.34	556288.90	1496422.64
税后利润	12464623.83	4122.64	295185.75	658159.19
年末股本总额	50652500.00	133.93	21652500.00	2754275.10
资产总额	182376925.51	459.76	32580936.78	9346183.34
股东权益	120033872.68	312.24	29117683.98	6362278.32
每股收益	0.246	1792.31	0.013	0.238
每股净资产	2.37	76.86	1.34	2.31
每股红利	0.209	1800.00	0.011	0.150
股东权益比率%	65.82	—26.35	89.37	68.07
净资产收益率%	16.71	906.63	1.66	10.34

二、前次募集资金的运用情况

该公司与香港陆氏地产发展有限公司、香港汇山实业有限公司合资开发兴建的开元商城项目总投资4.5亿元，注册资本1.5亿元。该公司出资比例为51%，应出资总额为2.3亿元，注册资本出资7650万元。为筹集开元商城建设资金，1992年12月，经主管部门批准，该公司通过增资配股共筹得资金7250万元，配股资金于1993年5月31日全部到位，已全部投入开元商城建设。

三、1994年经营展望

1994年该公司决心继续拓展多种经营业务，加快现有项目的建设，搞好长、短期投资项目，发展房地产业务以开辟利润来源。争取实现利润1135万元，税后利润1097万元。

四、股本结构和股东持股情况

1.1993年末的股本结构：

股权	数量(万股)	比例(%)
国家股	701.50	13.85
法人股	3056.91	60.35
个人股	1306.84	25.80
总股本	5065.25	100.00

2.前10名股东持股情况：

股东名称	持股数(万股)	占总股本比例(%)
西安市国有资产管理局	701.50	13.85
深圳蓝天基金管理公司	550.00	10.86
深圳市安信财务顾问有限公司	200.00	3.95
西安和冲股份经济咨询服务有限公司	200.00	3.95
广州从化和悦实业有限公司	200.00	3.95
四川省农村信托投资公司	200.00	3.95
太原兆和投资发展有限公司	200.00	3.95
深圳天极光电技术实业股份有限公司	200.00	3.95
海南化纤股份有限公司	200.00	3.95
中国航空油料西北公司	100.00	1.97
合计	2751.50	54.32

五、1993年度资产负债表和利润及利润分配表

资产负债表

西安市解放百货股份有限公司　单位:人民币元

资　产	1993年 12月31日	1992年 12月31日	负债及股东权益	1993年 12月31日	1992年 12月31日
流动资产:			流动负债		
货币资金	6389132.64	6760560.39	短期借款	900000.00	2600000.00
短期投资	21382285.80	386397.00	应付票据		
应收票据			应付帐款	5.544048.18	862592.16
应收帐款	402276.26	283396.13	预收货款		
减:备抵坏帐	1206.83		应付福利费	1945.90	−751101.75
应收帐款净额	401069.43	283396.13	未付股利	26529.35	−23185.73
预付货款			未交税金	41846.77	169290.70
其它应收款	3201913.27	3555202.37	其他未交款	343566.15	62107.22
待摊费用		2500.00	其它应付款	2112490.49	513550.20
存货	10082565.31	5329511.29	预提费用		30000.00
其中:库存商品	9731344.09	4781809.20	待扣税金		
流动资产合计	41456966.45	16317567.18	一年内到期的长期负债		
长期投资:			流动负债合计	8970426.84	3463.252.80
长期投资	136749360.20	5289499.40	长期负债:		
			长期借款		
			应负债券		
固定资产原价	3131491.45	5057605.94	长期应付款		
减:累计折旧	507163.37	528620.58			
固定资产净值	2624328.08	4528985.36	长期负债合计		
在建工程			其他负债		
固定资产清理			递延投资收益	53372625.99	
固定资产合计	2624328.08	4528985.36	其他负债合计	53372625.90	
无形及其它资产:					
无形资产	1546270.78	6404518.54	股东权益:		
开办费			股本	50652500.00	21652500.00
长期待摊费用			资本公积金	56610010.00	6526471.11
无形及其它资产合计	1546270.78	6404518.54	盈余公积金	20914.60	652888.62
待处理财产资产损失:			其中:公益金	20914.60	652888.62
待处理流动资产损失	40366.30		未分配利润	12750448.08	285824.25
待处理固定资产损失			股东权益合计	120033872.68	29117683.98
待处理财产损失合计		40366.30			
资产总计	182376.925.51	32580936.78	负债及股东权益合计	182376925.51	32580936.78

利润及利润分配表

西安市解放百货股份有限公司 单位:人民币元

项　目	1993年	项　目	1993年
一、主营业务收入	16116437.03	减:营业外支出	266985.80
减:营业成本	13468049.06	四、利润总额	12918936.45
销售费用	1239135.02	加:年初未分配利润	285824.25
管理费用	1281731.38	上年利润调整	—19238.12
财务费用	—1138378.44	减:应交所得税	1702.53
进货费用	254016.91	应交能源交通基金	241.96
营业税金	527450.15	应交预算调节基金	345.66
二、主营业务利润	484432.95	应交农业基础建设基金	432784.35
加:其它业务利润	10050.00	土地税	
三、营业利润	494482.95	印花税	
加:投资收益	12662588.35	粮油基金	
营业外收入	28850.95	本年可分配利润	12750448.08

45.宁波中元机械钢管股份有限公司

一、1993年经营业绩和近三年主要财务指标

宁波中元机械钢管股份有限公司是一家在深圳证券交易所挂牌的上市公司，在过去的一年里，该公司业务虽受到国家宏观调控的一定影响，但由于及时调整产品结构，改变营销策略，面向新兴的乡镇企业，按不同用户要求，自行设计、制造、开发出一系列新产品，当年投入市场，仍取得了明显的社会和经济效益。该公司1993年度实现税后利润1321.89万元，超过年度溢利预测的47.5%。其近三年的财务指标如下(单位：元)：

项目指标	1993年	年增长率	1992年度	1991年度
营业收入	60839031.49	97.3%	30839205.00	17413443.65
利润总额	15333368.00	276.8%	4069311.00	1914431.49
税后利润	13218887.00	276.0%	3515608.61	1914431.49
资产总额	167756728.00	220.8%	52290730.90	37917275.28
股东权益	138553962.00	450.3%	25180115.93	19712594.12
每股收益	0.25	66.7%	0.15	0.10
每股净资产	2.61	135.1%	1.11	1.07
每股红利	0.20	100.0%	0.10	0.07
股东权益比率	82.6%	71.3%	48.2%	52.0%
净资产收益率	9.5%		14.0%	10.0%

二、前次募集资金的运用情况

该公司曾于1993年进行配股增资，其资金的投向如下：

1.宁波开发区二个工业项目该年度投资1300万元——宁波中元电站特种管公司和中外合资中元复合钢管有限公司。

2.昆山分厂增加投资250万元。

3.宁波机床总厂的技术改造该年度完成投资300万元。

4.该公司同宁波钢铁总厂及甬江镇联合投资，在宁波机床总厂边新创办大口径特种钢管厂，前期投入606万元。

5.1993年度已实施的对外投资参股金额1288.5万元，主要有：宁波中百股份有限公司、宁波风险信托投资公司、浙江富春江旅游股份有限公司、宁波华通运输股份有限公司、浙江奉通股份有限公司、交通银行宁波分行等12家企业。

三、1994年经营展望

该公司1994年生产经营总目标：主营业务收入达13717万元，其中工业营业收入9017万元，其它营业收入4700万元；全年实现利润3501万元，其中工业利润1381万元，其它业务利润2120万元。

四、股本结构和股东持股情况

1.1993年末股本结构：

股权	数量(股)	比例(%)
国家股	11323922	21.36
法人股	28100134	53.02
个人股	13579955	25.62
总股本	53004011	100

2.前10名股东持股情况：

股东名称	持股数(股)	占总股本比例(%)
宁波市财政税务局(国家股)	11323922	21.36
深圳蓝天基金管理公司	5000000	9.43
宁波机械工业开发公司	4460440	8.42
宁波市财政财务开发公司	2300000	4.34
深圳安信财务顾问有限公司	2000000	3.77
宁波市机械设备进出口公司	2000000	3.77
威海经济技术开发区国际合作公司	2000000	3.77
深圳市安信投资发展公司	2000000	3.77
中国人民解放军海军四八一九工厂	1503162	2.84
宁波经济技术开发区联合(集团)总公司	1200000	2.26

五、1993年度资产负债表和利润及利润分配表

资产负债表

1993年12月31日

宁波中元机械钢管股份有限公司　　单位:人民币元

资 产	行次	年初数	年末数	负债及股东权益	行次	年初数	年末数
流动资产:				流动负债:			
货币资金	1	1512779	6541553	短期借款	41	4600000	5100000
短期投资	2	28270800		应付票据	42	950000	
应收票据	3			应付帐款	43	1339193	2936400
应收帐款	4	3906196	7698385	预收贷款	44	10185890	11558934
减:备抵坏帐	5	-68120	23096	应付福利费	45	4864	271477
应收帐款净额	6	3974316	7675289	未付股利	46	2258782	29864
预付货款	7	3736091	2991449	未交税金	47	-81388	1127498
其他应收款	8	667119	4568231	其他未交款	46	34165	17924
待摊费用	9	66048	148403	其他应付款	49	2312910	1197826
存货	10	13632232	28833108	预提费用	50	14970	102826
				待扣税金	51		
流动资产合计	15	23688585	79028833	一年内到期的长期负债	52		
长期投资:							
长期投资	16	587547	15156435	流动负债合计	55	20669386	23292749
固定资产:				长期负债:			
固定资产原价	18	27650921	56506313	长期借款	56	5000000	5000000
减:累计折旧	19	7422486	17506735	应付债券	57		
固定资产净值	20	20228,435	38999578	长期应付款	58	1441229	910017
在建工程	21	7634395	29955550	长期负债合计	65	6441229	5910017
固定资产清理	22						
固定资产合计	25	27862830	68955128	股东权益:			
无形及其他资产:				股本	66	23316300	53004011
无形资产	26	4380414		资本公积金	67	439923	70950574
递延资产	30	251769	235918	盈余公积金	68	1423893	1380490
	31			其中:公益金		442408	438862
无形及其他资产合计	35	251769	4616332	未分配利润	70	13218887	
待处理财产损失:				股东权益合计	75	25180116	138553962
待处理流动资产损失	36						
待处理固定资产损失	37						
待处理财产损失合计	38						
资产总计	40	52290731	167756728	负债及股东权益总计	80	52290731	167756728

利润及利润分配表

1993 年度

宁波中元机械钢管股份有限公司　　单位:人民币元

项　目	行次	本 年 数	上 年 数	项　目	行次	本 年 数	上 年 数
一、主营业务收入	1	60839032	30839205	三、营业利润	10	10271743	4321078
减:营业成本	2	39317869	17422560	加:投资收益	11	6016639	1000
销售费用	3	485537	1906454	营业外收入	12	63339	312923
管理费用	4	4915920	2406450	减:营业外支出	13	1018353	565690
财务费用	5	375364	609450	四、利润总额	14	15333368	4069311
进货费用	6			五、应交所得税	15	2114481	553702
营业税金及附加	7	7590037	4388234	六、提取法定盈余公积金	16	1321889	351561
二、主营业务利润	8	8154305	4106057	七、提取公益金	17	1189700	459483
加:其他业务利润	9	2117438	215021	八、可供股东分配的利润	18	10707298	2704565

46. 江苏三山实业股份有限公司

一、1993年经营业绩和近三年主要财务指标：

江苏三山是一个以经营纺织业为主业的上市公司。该公司股票于1993年在深圳证券交易所挂牌。在1993年，该公司形成了一业为主，多种经营，面向市场，全面发展的新格局，生产、经营、开发取得了新的发展。公司在1992年夺得昆山市实现税利十佳企业第一名的基础上，1993年完成税后利润2042.2万元，超额年度溢利预测的18.7%完成计划。该公司近三年的主要财务指标如下：

项目指标	单位	1993年	年增长率	1992年	1991年
主营业收入	万元	6233.64	－15%	7363	7591
利润总额	万元	2402.56	272%	757	416
税后利润	万元	2042.2	217%	643.4	381.5
资产总额	万元	24429.1	92%	12696.7	11360.1
股东权益	万元	20836.7	208%	6756.6	5159.7
每股净资产	元	2.06	87%	1.10	0.84
每股收益	元	0.202	92%	0.105	0.062
每股红利	元	0.17	\	\	\
股东权益比率	%	85.3	60%	53.2	45.4
净资产收益率	%	14.8	37%	10.8	7.4

二、前次募集资金的运用情况

1.“FDY”特种改性仿真丝纤维生产线工程投入2700万元，年产量1000吨，建设周期一年半，目前该项目已全面投入正常运行。

2.合资建设昆山市达华纺织有限公司，总投资442万元，该公司投资280万元，目前已投入生产。

3.设立上海三山贸储有限公司，投资额1000万元，经营商贸、仓储。

4.投资1000万元于昆山市三峰房产开发公司，经营房产开发。

5.该公司在苏州新加坡工业园区边征地1300亩，总投资4060万元。

6.长期投资法人股800万元。

三、1994年经营展望

该公司提出，在1994年，其综合能力要实现五个提高，即：提高产品竞争力，提高技术开发力，提高市场应变力，提高员工凝聚力，提高资产增殖力。争取完成利润总额4500万元，完成税后利润3825万元，比上年增长87.3%。

四、股本结构和股东持股情况：

1.1993年末股本结构：

股权	数量(万股)	比例(%)
法人股	5132	50.65
个人股	5000	49.35
总股本	10132	100.00

2.公司前10名大股东持股情况：

股东名称	持股数(万股)	占总股本比例(%)
海南泛华实业有限公司	960	9.47
西北开发投资基金	750	7.40
江苏三山纺织集团公司	502	4.95
珠海经济特区富华投资公司	500	4.94
深圳市美芝股份联合公司	500	4.94
上海二纺机股份有限公司	480.6	4.75
深圳华欣纺织有限公司	349.4	3.45
深圳宝安区投资管理公司	300	2.96
深圳市宝安区开源股份公司	250	2.47
深圳蓝天基金投资管理公司	200	1.97

五、1993年度资产负债表和利润及利润分配表

资产负债表

1993 年度

江苏三山实业股份有限公司 单位:人民币元

项目	年初数	年末数	负债及股东权益	年初数	年末数
流动资金:			流动负债:		
货币资金	1721392.50	19637912.30	短期借款	17530000	10430000
短期投资	126771	1400445.90	应付票据		
应收票据		1127000	应付帐款		
应收帐款	1467664.68	4024435.75	预收货款	1348785.08	
减:备抵坏帐	7338	12073.31	应付福利费		13.33
应收款项净额	1460326.68	4012362.44	未付股利	5438617.17	5330267.92
预付货款	10323231.86	2214493.68	未交税金	89634.45	1460080.00
其他应收款	32882824.19	72498601.23	其他未交款	1079.82	54296.41
待摊费用	105945.47	112001.73	其他应付款	1604510.63	4174728.98
存货	6975189.67	28907758.44	预提费用	244464.89	122637.77
流动资产合计	53595701.37	129710575.72	待扣税金		986425.95
长期投资:			一年内到期的长期负债		2831000.00
长期投资	6658228.84	31273246.58	流动负债合计	26257092.04	22469290.36
固定资产:			长期负债:		
固定资产原价	76308977.66	78104145.55	长期借款	19700000.00	13325061.47
减:累计折旧	16836146.67	20366179.13	应付债券	5000000.00	
固定资产净值	59472830.99	57737966.42	长期应付款	8443793.00	130000.00
在建工程	73694.17	18565202.17	长期负债合计	33143793.00	13455061.47
固定资产清理	3957.00		股东权益:		
固定资产合计	59550482.16	76303168.59	股本	61320000.00	101320000.00
无形及其他资产:			资本公积	1287506.49	81634936.36
无形资产	7162347.06	6804229.69	盈余公积	4958367.90	8053428.24
递延资产			其中:公益金	21811.67	1170477.35
无形及其他资产合计	7162347.06	6804229.69	未分配利润	17358504.15	
待处理财产损失:			股东权益合计	67565874.39	208366868.75
待处理流动资产损失(减收益)					
待处理固定资产损失(减收益)					
待处理财产损失合计					
资产总计	126966759.43	244291220.58	负债及股东权益总计	126966759.43	244291220.58

利润及利润分配表

1993 年度

江苏三山实业股份有限公司 单位:人民币元

项目	金额	项目	金额
一、主营业务收入	62336431.44	四、利润总额(亏损以"－"号表示)	24025611.28
减:营业成本	53761730.31	加:年初未分配利润(未弥补亏损以"－"号表示)	
销售费用	440860.13	上年利润调整(减少上年利润以"－"号表示)	
管理费用	4379293.27	盈余公积转入	
财务费用	3095732.41	五、可分配利润	24025611.28
进货费用		减:应交所得税(15%)	3603841.69
营业税金及附加	1566.56	提取法定盈余公积(10%)	2042176.96
二、主营业务利润(亏损以"－"号表示)	6848713.58	提取公益金(4%)	816870.78
加:其他业务利润(亏损以"－"号表示)		六、可供股东分配的利润	17562721.85
三、营业利润(亏损以"－"号表示)	6848713.58	减:已分配优先股股利	
加:投资收益(损失以"－"号表示)	17249348.20	提取任意公积(1%)	204217.70
营业外收入		已分配普通股股利	
减:营业外支出	72450.50	七、未分配利润(未弥补亏损以"－"号表示)	17358504.15

47. 成都动力配件股份有限公司

一、1993年经营业绩和近三年财务指标

成都动力配件股份有限公司是一家在深圳证券交易所挂牌的上市公司。在1993年，该公司完成各型气缸套105.25万只，比上年增长40.25%；在国内的市场占有率达9%；生产铝活塞250.82万只，比上年同期增长34.93%，国内市场占有率为7.9%。该公司全年完成销售收入12359.52万元，实现利润2484.75万元，其近三年的财务指标如下：

项目指标	1993年	1992年	1991年	1993年增长%
营业收入(万元)	12359.52	7032.87	4803.26	75.74
利润总额(万元)	2484.75	1230.40	895.46	101.95
税后利润(万元)	2112.03	1037.68	695.66	103.53
资产总额(万元)	18102.80	11479.61	8575.85	57.69
股东权益(万元)	12644.61	5860.31	4708.30	115.76
每股净资产(元)	2.488	1.755	2.821	41.65
每股收益(元)	0.415	0.31	0.41	
每股红利(元)	0.23	0.203	0.231	
股东权益比率(%)	69.85	51.05	54.90	36.83
净资产收益率(%)	22.83	19.64	13.4	36.77

二、前次募集资金的运用情况

该公司前次配股共募集资金4886.4万元。根据股东大会批准的投资计划，募集资金运用于以下项目：

1. 投资该公司“八五”技改起步项目：LR105系列活塞开发项目1494万元，康明斯缸套加工线技改项目311万元，组建五十铃活塞生产线896万元，组建干式缸套生产线230万元。

2. 为生产进口机型高档配件，引进关键设备：引进德国NAGEL珩磨机320万元，引进意大利FARA浇注机233万元，引进英国DZWSYSTEM超声波探伤仪114万元，引进英国TALY250圆度仪72万元。

3. 投资于生产场地扩建：扩建缸套加工车间712万元，扩建活塞加工车间200万元。

4. 投资四川东力雅木业有限公司200万元。

以上四项投资合计4754万元。

三、1994年经营展望

在1994年，该公司将继续坚持“以技术进步为先导，以规模经济为方向，以创立规模效益型、多元化经营型集团化公司为目标”的经营方向，推动公司各项经营业务持续高速拓展，努力提高主营产品产量，扩大规模经济效益，争取实现税后利润2448万元。

四、股本结构和股东持股情况

1. 1993年末股本结构：

股权	数量(万股)	比例(%)
国家股	2811.4	55.3
法人股	800	15.7
个人股	1475.6	29.0
总股本	5087	100.00

2. 前10名股东持股情况：

股东名称	持股数(万股)	占总股本比例(%)
成都市國有资产管理局	2811.40	55.27
深圳投资基金管理公司	100.00	1.97
深圳能源投资股份有限公司	100.00	1.97
乐山电力股份有限公司	100.00	1.97
四川天歌轻工(集团)股份有限公司	100.00	1.97
吉林省九州开发公司	90.00	1.77
中国农资公司成都公司	50.00	0.98
成都全兴酒厂	50.00	0.98
深圳赤湾航港股份有限公司	50.00	0.98
四川省都江堰华侨商业城有限公司	40.00	0.79
合计	3491.4	68.6

五、1993年度资产负债表和利润表

资产负债表(合并)

1993年12月31日

成都动力配件股份有限公司　　单位:人民币元

资产	行次	年初数	年末数	负债及股东权益	行次	年初数	年末数
流动资产				流动负债:			
货币资金	1	15525271.58	33300,617.92	短期借款	41	21750000.00	19500000.00
短期投资	2			应付票据	42		
应收票据	3			应付帐款	43	2288936.21	16985.73
应收帐款	4	4004598.56	30902548.30	预收货款	44	1632784.30	1135898.97
减:备抵坏帐	5		154512.74	应付福利费	45	−880,609.36	18871.75
应收款项净额	6	4004598.56	30748035.56	未付股利			
预收货款	7		34394.39	未交税金	47	−12042.95	2293820.84
其他应收款	8	24267793.98	24674942.50	其他未交款	48	7516.23	52388.76
待摊费用	9	32123.80	139315.16	其他应付款	49	5904269.52	6921847.67
存货	10	34761660.94	28780342.45	预提费用	50	1349623.66	184445.30
流动资产合计	15	78591448.86	117677647.98	待扣税金	51		
长期投资				一年内到期的长期负债	52		
长期投资	16	442500.00	4065660.00	流动负债合计	55	32040477.61	30124259.02
固定资产:				长期负债:			
固定资产原价	18	37361169.54	49219037.19	长期借款	56	23890000.00	23250000.00
减:累计折旧	19	18437647.63	23263214.58	应付债券	57		
固定资产净值	20	18923521.91	25955822.61	长期应付款	58	262436.63	1207590.69
在建工程	21	14747293.77	24808319.11	长期负债合计	65	24152436.63	24457590.69
固定资产清理	22			股东权益:			
固定资产合计	25	33670815.68	50764141.72	股本	66	33386700.00	50870000.00
无形及其他资产:				资本公积	67	10539768.66	42863937.72
无形资产	26		8520532.79	盈余公积	68	11210800.86	8125927.83
递延资产	30			其中:公益金	69	1258389.00	1258389.00
	31			未分配利润	70	3465929.80	24586267.23
无形及其他资产合计	35		8520532.79	股东权益合计	75	58603199.32	126446132.78
待处理财产损失:							
待处理流动资产损失(减收益)	36						
待处理固定资产损失(减收益)	37	2091349.02					
待处理财产损失合计	38	2091349.02					
资产总计	40	114796113.56	181027982.49	负债及股东权益总计	80	114796113.56	181027982.49

利　润　表

1993年度

成都动力配件股份有限公司　　单位:人民币元

项　目	行次	1993年	1992年	项　目	行次	1993年	1992年
一、主营业务收入	1	123595229.11	70328725.70	二、主营业务利润(亏损以"—"号表示)	8	26483378.01	13737536.40
减:营业成本	2	74935061.97	35040364.58	加:其他业务利润(亏损以"—"号表示)	9	475089.51	280355.53
销售费用	3	2870910.65	3685220.70	三、营业利润(亏损以"—"号表示)	10	26958467.52	14017891.93
管理费用	4	9760483.68	7121950.28	加:投资收益(损失以"—"号表示)	11	142.80	
财务费用	5	1746224.19	1613249.73	营业外收入	12	232364.43	115120.41
进货费用	6			减:营业外支出	13	2343518.95	1828991.01
营业税金	7	7799170.61	9130404.01	四、利润总额(亏损以"—"号表示)	14	24847455.80	12304021.33

48. 武汉凤凰股份有限公司

一、1993年经营业绩和近三年财务指标

武汉凤凰股份有限公司是一家经营化工产品的上市公司，其股票于1993年在深圳证券交易所挂牌。在过去的一年里，该公司在原有聚丙烯、气体分馏两套主要生产装置的基础上，新增投用了气体回收装置，在全体员工的共同努力下，完成了预计的生产经营任务和各项技术改造、工程建设项目。其中聚丙烯完成产量1.6848万吨，销售1.7522万吨，气分装置生产液化气4.9039万吨。气体回收装置自8月投产以来，共回收汽油722吨，回收液化气1357吨。该公司全年实现税后利润7597.69万元，超过盈利预测的41.96%完成了计划。该公司近三年的财务指标如下(单位:元)：

项目指标	1993年	1992年	1991年	1993年增长%
营业收入	161812744.77	167438676.96	115546525.00	－3.26
利润总额	87225649.54	87949014.78	31549710.03	129.85
税后利润	75976931.31	27513035.72	14197369.51	176.15
资产总额	379762643.54	112650493.17	49852299.73	237.12
股东权益	370007812.55	103665176.12	41986083.75	256.93
每股净资产	2.86	1.17	——	144.44
每股收益	0.588	0.28	——	165.36
每股红利		0.22	——	
股东权益比率%	97.43	92.02	84.22	5.88
净资产收益率%	32.08	37.80	33.81	－15.13

二、前次募集资金的运用情况

该公司1993年通过公开发行股票募集资金19,037万元，主要用于兴建一套具有九十年代国际先进水平的60万吨/年重油催化裂化联合装置及其配套装置和设备，以增强公司后劲，扩展实力，保证投资者的长期利益。该项目的可行性研究评估、扩初设计审批、拆迁等前期准备工作已完，共完成投资4009.20万元；已预付工程进度、设备和材料定货款6300万元。

三、1994年经营展望

在1994年，该公司将抓好技术改造和新产品开发，努力开展各种经营，搞好对外的长、短期投资。在主业方面，完成聚丙烯产品20000吨，精丙烯2000吨，液化气48809.76吨，回收气3000吨，汽油2000吨。争取实现税后利润9711.6万元。

四、股本结构和股东持股情况

1.1993年末股本结构：

股权	数量(万股)	比例(%)
国家股	5731.2	44.36
法人股	834.6	6.46
个人股	6353.94	49.18
其中:社会公众股	3240	25.05
总股本	12919.74	100.00

2.主要股东持股情况：

股东名称	持股数(万股)	占总股本比例(%)
中国石化武汉石油化工厂	5731.2	44.36
中国工商银行武汉信托投资公司	196.15	1.52
中国人民建设银行武汉信托投资公司	196.15	1.52
中国人民保险公司武汉市分公司青山区支公司	196.15	1.52
武汉石化实业公司	196.15	1.52

五、1993年度资产负债表和利润及利润分配表

资产负债表

1993 年 12 月 31 日

武汉凤凰股份有限公司　　单位：人民币元

资产	行次	年初数	年末数	负债及股东权益	行次	年初数	年末数
流动资产：				流动负债：			
货币资金	1	11465188.46	61450023.53	短期借款	41		
短期投资	2	20000000.00		应付票据	42		
应收票据	3			应付帐款	43		
应收帐款	4	9287135.24	52061923.16	预收货款	44		
减：备抵坏帐	5			应付福利费	45	47613.59	142686.66
应收帐款净额	6	9287135.24	652081923.16	未付股利	46	5359457.20	
预付货款	7		83000000.00	未交税金	47	3494253.12	9111364.24
其它应收款	8	13134584.37	91648351.24	其它未交款	48	65313.14	6778.44
待摊费用	9			其它应付款	49	18680.00	494001.65
存货	10	5285778.64	3186397.53	预提费用	50		
				待扣税金	51		
				一年内到期的长期负债	52		
					53		
					54		
流动资产合计	18	59172686.71	271346695.48	流动负债合计	55	8985317.05	9754830.99
长期投资：				长期负债			
长期投资	19		201875.00	长期借款	56		
固定资产				应付债券	57		
固定资产原价	21	58163828.66	72937375.96	长期应付款	58		
减：累计折旧	22	2686022.20	6740571.64		59		
固定资产净值	23	53477808.46	66196804.32		60		
在建工程	24		40009200.00		61		
固定资产清理	25		143214.84				
固定资产合计	26	53477806.46	106349219.16	长期负债合计	62		
无形及其他资产：				股东权益：			
无形资产	30			股本	66	96797400.00	129197400.00
递延资产	31		1864853.92	资本公积	67	2071.86	157968871.86
				盈余公积	68	2445032.29	13327069.22
				其中：公益金	69	611258.07	609258.07
				未分配利润	70	4420671.97	89514471.47
					71		
					72		
					73		
					74		
无形及其他资产合计	34		1864853.92	股东权益合计	75	103665176.12	370007812.55
待处理财产损失：							
待处理流动资产损失（减收益）	35						
待处理固定资产损失（减收益）	36						
待处理财产损失合计	38						
资产总计	40	112650493.17	379762643.54	负债及股东权益总计	80	112650493.17	379762643.54

利润及利润分配表

1993年度

武汉凤凰股份有限公司　　单位:人民币元

项　　目	行次	金　　额	项　　目	行次	金　　额
一、主营业务收入	1	161812744.77	四、利润总额(亏损以"—"号表示)	14	87225649.54
减:营业成本	2	89451070.88	加:年初未分配利润(未弥补亏损以"—"号表示)	15	4420671.97
销售费用	3	35760.65	上年利润调整(减少上年利润"—"号表示)	16	905.12
管理费用	4	2488833.16	盈余公积转入	17	
财务费用	5	—1796743.47	五、可分配利润	18	91647226.63
进货费用	6		减:应交所得税	19	11248718.23
营业税金及附加	7	2626603.81	提取法定盈余公积	20	10884036.93
二、主营业务利润(亏损以"—"号表示)	8	69007219.74	提取公益金	21	
加:其他业务利润(亏损以"—"号表示)	9	74.22	六、可供股东分配的利润	22	
三、营业利润(亏损以"—"号表示)	10	69007293.96	减:已分配优先股股利	23	
加:投资收益(亏损以"—"号表示)	11	18336680.83	提取任意公积	24	
营业外收入	12		已分配普通股股利	25	
减:营业外支出	13	118325.25	七、未分配利润(未弥补亏损以"—"号表示)	26	69514471.47

49. 合肥美菱股份有限公司

一、1993年经营业绩和近三年主要财务指标

合肥美菱股份有限公司是一家生产电冰箱、空调器等家电产品的上市公司，其股票在深圳证券交易所挂牌。在1993年，该公司年产值、销售额双双突破10亿元，均比去年翻了一番，实现利润总额10202万元，税后利润8672万元。在1993年第二届中国著名企业评选中，该公司名列全国家电制造行业第1位，电子行业第2位，百家著名企业第30位。美菱电冰箱的市场占有率为12.58%，跃居全国同行业第2位，再次获得"全国最畅销商品"光荣称号，取得了四连冠。该公司近三年的财务指标如下：

项目指标	单位	1993年	1992年	1991年	1993年增长%
主营业收入	万元	100980	48757	38345	107.11
利润总额	万元	10202	5426	3403	88.02
税后利润	万元	8672	4260	2403	103.57
总资产	万元	64595	40787	33957	58.37
股东权益	万元	37587	18647	8341	101.57
每股收益	元	0.72	0.35	——	105.71
每股净资产	元	3.13	1.53	——	104.58
每股红利	元	0.32	0.21	——	52.38
净资产收益率	%	23.07	22.85	——	0.96
股东权益比率	%	58.19	45.72	24.56	27.27

二、前次募集资金的运用情况

该公司1993年8月向社会发行社会公众股3000万股共募集股本金净收入13950万元，全部用于与日本技术合作生产豪华型电冰箱项目。其运用情况如下：

该公司与日本三洋电机株式会社签订了冰箱技术合作合同，合作期限为六年，项目总投资15000万元。共同开发生产大容量高档豪华风冷式电冰箱。其中：提成费预算2520万元。分六年付清，并进入冰箱成本；软件费用630万元，主要是提供全无氟技术、静音、模糊及新的冰箱技术；设备投资额为11850万元。

1993年预付引进设备订金和购买技术软件用支资金3950万元。其余资金结存于公司专用帐户。1994年该项目大规模全面实施，预计使用资金9600万元。

三、1994年经营展望

1994年该公司的经营总目标是：电冰箱(柜)产销达60万台、空调器2万台、燃气热水器6万台、华聚塑料2000吨；销售额达14亿元、创利税1.80亿元、实现税前利润1.28亿元。

四、股本结构和股东持股情况

1. 1993年末股本结构：

股权	数量(万股)	比例(%)
国有股	7550	58.75
定向法人股	1500	12.5
社会公众股	3000	25
内部职工股	450	3.75
总股本	12000	100.00

2. 前10名大股东持股情况：

股东名称	股份性质	持股数(股)	占总股本比例(%)
合肥美菱集团总公司	国有股	70500000	58.75
合肥电冰箱配件厂	发起人股	1000000	0.83
合肥市工商银行	定向法人股	1000000	0.83
省农行信托驻肥办事处	定向法人股	900000	0.75
省工行国际业务部	定向法人股	900000	0.75
省技术进出口公司	定向法人股	900000	0.75
合肥市建设银行	定向法人股	900000	0.75
交通银行合肥分行	定向法人股	900000	0.75
合肥纸箱厂	发起人股	600000	0.50
合肥拉链厂	发起人股	500000	0.42

五、1993年度资产负债表和利润及利润分配表

资产负债表

1993年12月31日

合肥美菱股份有限公司 单位:人民币元

资　　产	行次	1993年12月31日	1992年12月31日	负债及股东权益	行次	1993年12月31日	1992年12月31日
流动资产:				流动负债			
货币资金	1	10303525242	26660941.38	短期借款	41	134400000.00	134800000.00
其中:银行存款	1-1			应付票据	42	21530250.73	2941920.00
短期投资	2	192905.00	1438305.00	应付帐款	43	14129925.45	11968711.54
应收票据	3	41563681.00	15277500.00	预收货款	44		4728829.89
应收帐款	4	106821981.50	88486086.42	应付福利费	45	2837432.06	192774.95
减:备抵坏帐	5	330000.00	265458.26	未付股利	46		12813247.67
应收帐款净额	6	106491981.50	88220628.16	未交税金	47	-460000.00	9393491.89
预付货款	7		11834949.59	其他应交款	48	165048.03	1262359.42
其他应收款	8	3042245.11	15508636.70	其他应付款	49	26546748.14	11655439.00
待摊费用	9	1748920.29	447838.80	预提费用	50		168366.52
存货	10	108953175.81	64945509.08	待扣税金	51		
流动资产合计	15	365028161.13	224334303.71				
长期投资:							
长期投资	16	5916540.00	14998900.00	流动负债合计	55	199149404.41	189925140.88
固定资产:				长期负债:			
固定资产原值	18	216142829.08	142640195.19	长期借款	56	62500000.00	31470000.00
减:累计折旧	19	24902819.95	40205879.01	应付债券	57		
固定资产净值	20	191240009.13	102434316.18	长期应付款	58	8425695.53	
在建工程	21	72832024.82	56183467.19				
固定资产清理	22						
固定资产合计	25	264072033.95	158617783.37	长期负债合计	65	70925695.53	31470000.00
无形及其他资产:				股东权益:			
无形资产	26	9700000.00	9700000.00	股本	66	120000000.00	121770000.00
递延资产	31	1230138.27			66-1		
				资本公积金	67	169154093.58	19500000.00
无形及其他资产合计	35	10930138.27	9700000.00	盈余公积金	68		45203388.87
				未分配利润	70	86717679.83	
待处理财产损失							
待处理流动财产损失	36		217542.67				
待处理固定财产损失	37						
待处理财产损失合计	38		217542.67	股东权益合计	75	375871773.42	186473388.87
资产总计	40	645946873.35	407868529.75	负债及股东权益合计	80	645946873.35	407868529.75

利润及利润分配表

1993 年度

合肥美菱股份有限公司　　单位:人民币元

项　目	行次	1993 年度	1992 年度	项　目	行次	1993 年度	1992 年度
一、主营业务收入	1	1009803539.76	487566224.22	加:年初未分配利润	15		
减:营业成本	2	765384006.13	371918943.41				
销售费用	3	41334094.47	17895462.82	公积金转入数	17		
管理费用	4	43089549.48	16330132.91	五、可分配利润	18	102020799.83	54261955.70
财务费用	5	18319170.22	8595589.53	减:应交所得税	19	15303120.00	11660000.00
进货费用	6			六、税后利润		86717679.83	42601955.70
营业税金及附加	7	39122455.81	17738262.43	七、提取法定盈余公积金	20		
二、主营业务利润	8	102554263.65	55087833.12	八、提取公益金	21		
加:其他业务利润	9	428780.17	371705.61	九、提取任意盈余公积金	24		
三、营业利润	10	102983043.32	55459538.73	十、已分配普通股股利	25		
加:投资收益	11	28000.00		其中:国有股			
加:营业外收入	12	300801.47	18864.71	法人股			
减:营业外支出	13	1291045.46	1216447.74	社会公众股			
				职工股			
四、利润总额	14	102020799.83	54261955.70	十一、未分配利润	26		

50.广州白云山制药股份有限公司

一、1993年经营业绩和近三年财务指标

广州白云山制药股份有限公司是一家在深圳证券交易所挂牌的上市公司。在1993年医药市场竞争激烈的情况下，该公司开发出世福素等20多个新品种。在经营多元化方面，该公司基本上形成了以医药为龙头，金融、房地产为两翼，多种行业齐头并进的经营格局，全年共实现营业收入77287万元，实现利润17103万元，完成年度计划的233%。在全国88个制药企业中，按工业总产值、销售收入、利润额排名该公司均列首位。该公司近三年的财务指标如下(单位：元)：

项目指标	1991年	1992年	1993年	1993年增长%
主营业务收入	654151858	650866539	772867839	+18.74
利润总额	40853203	47460212	171025273	+260.36
税后利润	27371646	31798342	145371482	+357.17
资产总额	800550851	749212266	1313640803	+75.34
股东权益	82937433	231757272	692449597	+171.60
每股收益	——	0.29	1.01	+248.28
每股净资产	——	2.15	4.37	+103.26
每股红利	——	——	0.81	——
股东权益比率	——	31%	48%	+54.84
净资产收益率	——	20%	34%	+70

二、前次募集资金的运用情况

该公司1993年向社会公开发行A股3600万股，扣除发行费用后，净收入人民币23225.7万元，所募资金原定投向：

1.投资1200万元用收购国内一些中小药厂股份。

2.投资7600万元用于研制生产头孢半合抗原料药及系列产品。

3.投资1000万元用于研制开发高新特药品。

4.投资3000万元用于国外投资办厂。

5.投资3000万元用于片剂大楼、科技大楼建设及其他固定资产投资。

6.投资3000万元用于发展房地产。

7.投资200万元用于证券、期货业务。

8.投资4930万元用于增加自有流动资金。

由于资金年底到位，上述投向除片剂大楼、科技大楼等项目需要办理报建手续等原因未能及时按原定计划进行外，其他项目已经或正在按原定目标进行。

三、1994年经营展望

在1994年，该公司将以医药生产经营为主，继续努力向房地产、金融投资、进出口贸易等行业拓展，使该公司逐步成长为一个多元化、国际化的跨国公司。争取1994年完成产品销售收入11.78亿元，实现利润总额2.5亿元，税后利润2.13亿元。

四、股本结构及股东持股情况

1.1993年末股本结构：

股权	数量(股)	比例(%)
国家股	90000000	62.5
社会公众股	36000000	25
内部职工股	18000000	12.5
总股本	144000000	100

2.前10名股东持股情况：

股东名称	持股数(股)	占总股本比例(%)
广州国有资产管理办公室	90000000	62.5
银鹏投资	2312800	1.61
宝安物资	1701800	1.18
李思敦	270000	0.19
吴先春	241000	0.17
张文辉	224000	0.16
李义杰	205000	0.14
杨泽飞	200000	0.14
李迅	120000	0.08
黎国安	98000	0.07

五、1993年度资产负债表和利润及利润分配表

资产负债表

1993年12月31日

广州白云山制药股份有限公司　　单位:人民币元

资　　产	1993年12月31日	1992年12月31日	负债及股东权益	1993年12月31日	1993年12月31日
流动资产			流动负债:		
货币资金	83998563.88	72000816.81	短期借款	286424115.39	233664563.68
货币投资	104264640.00	1010917.00	应付票据		
短期票据			应付帐款	83684712.83	83485372.05
应收帐款	397482937.07	145943862.57	预付货款	2034193.38	6828844.45
减:备抵坏帐	1511428.50	2633259.57	应付福利费	2441073.22	3278659.63
应收款项净额	395971508.57	143310603.00	未付股利		
预付货款	26435066.90	17754406.11	未交税金	23953281.81	6967916.82
其他应收款	190321864.05	46015996.39	其他未交款	571077.09	1023710.93
待摊费用	10576689.49	1377590.90	其他应付款	69395704.55	133666990.66
存货	124734244.65	209164828.31	预提费用	3626477.87	15985951.60
流动资产合计	936302577.54	490635158.52	待扣税金		
长期投资			一年内到期的长期负债		
长期投资	87325565.00	5210600.00	流动负债合计	452130636.12	484862009.82
固定资产			长期负债		
固定资产原价	300591748.46	251328861.84	长期借款	129103333.36	16100000.00
减:累计折旧	72089940.95	42487135.58	应付债券		
固定资产净值	228501807.51	208841726.26	长期应付款	102957236.20	16492984.34
在建工程	37748113.86	44524781.52	长期负债合计	232060569.56	32592984.34
固定资产清理	3559216.88		股东权益		
固定资产合计	269809138.25	253366507.78	股本	144000000.00	108000000.00
无形及其他资产			普通股	144000000.00	108000000.00
无形资产	20159962.19		其中,A股面值1元,已发行股数3600万股	36000000.00	
开办费	43560.15		B股面值　元,已发行股数　股		
长期待摊费用			优先股　面值　元,已发行股数　股		
无形及其他资产合计	20203522.34		资本公积金	340128115.15	123757272.14
待处理财产损失			其中:普通股的资本公积金	340128115.15	123757272.14
待处理流动资产损失			优先股的资本公积金		
(减收益)			盈余公积金	29024296.44	
待处理固定资产损失			未分配利润	116297185.86	
(减收益)					
待处理财产损失合计			股东权益合计	629449597.45	231757272.14
资产总计	1313640803.13	749212266.30	负债及股东权益合计	1313640803.13	749212266.30

利润及利润分配表

1993 年度

广州白云山制药股份有限公司 单位:人民币元

项目	金额		项目	金额	
	1993 年度	1992 年度		1993 年度	1992 年度
一、主营业务收入	772867838.92	650866538.53	四、利润总额(亏损以"—"号表示)	171025273.27	47460211.72
减:营业成本	572276269.74	473816306.73	加:年初未分配利润(未弥补亏损以"—"号表示)		
销售费用	31250609.48	21265835.30	上年利润调整(减少上年利润以"—"号表示)		
管理费用	40682932.92	79894145.95	公积金转入		
财务费用	28535071.09		五、可分配利润	171025273.27	47460211.72
进货费用	156015.72	36987.37	减:应交所得税	25653790.97	
营业税金	19037725.88	39972974.57	提取法定盈余公积金	14537148.22	
二、主营业务利润(亏损以"—"号表示)	80929214.09	35880288.61	提取公益金	14537148.22	
加:其他业务利润(亏损以"—"号表示)	19791930.59	894024.90	六、可供股东分配的利润	116297185.86	
三、营业利润(亏损以"—"号表示)	100721144.68	36774313.51	减:已分配优先股股利		
加:投资收益(损失以"—"号表示)	69025815.61	1612515.78	提取任意公积金		
营业外收入	1692943.17	10187285.22	已分配普通股股利		
减:营业外支出	414630.19	1113902.79	七、未分配利润(未弥补亏损以"—"号表示)	116297185.86	

51. 广州市浪奇实业股份有限公司

一、1993 年度经营业绩和近三年财务指标

广州浪奇实业股份有限公司是一家经营洗涤用品的上市公司，该公司于 1993 年向社会公开发行股票并在深圳交易所挂牌。1993 年该公司以深化改革为动力，努力提高经济效益，在董事会和全体员工的努力下，本着精干高效率的原则调整了公司的组织机构，其主要经济技术指标均有较大幅度增长，全年共实现营业收入 53843 万元，利润总额 4415.4 万元，超过年初预测的 16.31%，该公司近三年的财务指标如下：

项目指标	单位	1991 年	1992 年	1993 年	增长率%
主营业收入	千元	342665	397439	538431	35.40
利润总额	千元	22158	24631	44155	79.26
税后利润	千元	14846	16503	37585	127.75
资产总额	千元	195810	285110	454126	59.28
股东权益	千元	65064	104396	283597	171.66
每股净资产	元		1.71	3.49	104.09
每股收益	元		0.27	0.46	70.37
每股红利	元			0.35	
股东权益比率	%		36.62	62.45	70.54
净资产收益率	%		19.48	19.38	−0.51

二、前次募集资金的运用情况

该公司 1993 年向社会公开发行 A 股 2040 万股，净收入人民币 13126 万元。所募集资金的投向为：

1. 拟投资 1210 万元，用于香皂废液回收甘油精技术改造项目。

2. 拟投资 4532 万元，用于餐具洗涤剂技改项目。

3. 拟投资 8000 万元，用于引进三氧化硫磺化设备及配套设施。

4. 拟投资 6087 万元，用于引进附聚成型浓缩洗衣粉生产线配套设施。

5. 用于该公司其它设备技术改造投入 3174 万元。

暂未投入工程的资金 4667.63 万元，用于短期投资，将按期收回，投入上述工程。

三、1994 年经营展望

该公司 1994 年将以洗涤用品的生产经营为主，努力向商业、进出口贸易、包装材料、金融投资、运输业等方面拓展业务，使该公司逐步成为多元化、集团化的公司。

1. 引进 P&G 和记黄埔有限公司的资金、技术、和管理经验，合资经营生产洗涤洁净用品企业。

2. 与珠江纸厂、广东罐头厂、高富力包装容器厂合作兴建大兴纸箱厂和包装容器公司。

3. 与广东省轻工业品进出口集团共同发起、组建广东轻工业进出口集团股份有限公司。

4. 与湛江油脂化工厂合作、组建湛江浪奇实业股份有限公司。

根据业务的发展情况，该公司预测 1994 年度实现销售收入 34140 万元，利润总额 8141 万元，税后利润 6920 万元。

四、股本结构和股东持股情况

1. 1993 年末股本结构：

股权	数量(股)	比例(%)
国家股	48875335	60.1
社会公众股	20400000	25.1
内部职工股	12000000	14.8
总股本	81275335	100.00

2. 1993 年末持股比例在 5%以上的股东为广州市国有资产管理办公室，持股量为 48875335 股，所占比例为 60.1%。

五、1993 年度资产负债表和利润及利润分配表

资产负债表

1993年12月31日

广州市浪奇实业股份有限公司　　单位：人民币元

资产	年初数	年末数	负债及股东权益	年初数	年末数
流动资产：			流动负债：		
货币资金	36678082.01	35360558.66	短期借款	66126894.77	66464780.36
短期投资		75000000.00	应付票据		
应收票据			应付帐款	14931142.22	18746279.51
应收帐款	44214039.52	29765489.29	预收货款	8549499.94	8799794.57
减：备抵坏帐	221070.20	148827.45	应付工资	6085867.92	9121686.20
应付帐款净额	43992969.32	29616661.84	应付福利费	5688549.71	2174322.25
预付货款	19374487.13	16249370.54	未付股利		
其他应收款	25553072.64	51645365.77	未交税金	5050805.13	－6331968.59
待摊费用	145078.65	10874137.05	其他未交款	1070251.05	158103.80
存货	73481548.41	93643575.07	其他应付款	35208474.54	33508215.55
流动资产合计	199225238.16	312398668.93	预提费用	127137.15	
长期投资：			待扣税金		
长期投资	1796700.00	3784762.00	一年内到期的长期负债		4030000.00
固定资产：			流动负债合计	142838621.43	136671213.65
减：累计折旧	34549115.98	49394765.43	长期负债：		
固定资产原价	109486282.45	136360857.06	长期借款	18722532.63	14704000.00
固定资产净值	74937166.47	86966091.63	应付债券		
在建工程	9150731.06	43266220.38	长期应付款	19153064.85	19153064.85
固定资产清理			长期负债合计	37875597.38	33857064.85
固定资产合计	84087897.53	130232312.01	股东权益：		
无形资产及其他资产：			股本	60875335.00	81275335.00
无形资产		5535108.00	资本公积金	43520281.88	164737397.62
递延资产		2174808.11	盈余公积金		9396161.98
长期待摊费用			其中：公益金		2094893.19
无形资产及其他资产合计		7709916.11	未分配利润		28188485.95
待处理财产损失：			股东权益合计	104395616.88	283597380.55
待处理流动资产损失(减收益)					
待处理固定资产损失(减收益)					
待处理财产损失合计					
资产总计	285109835.69	454125659.05	负债及股东权益总计	285109835.69	454125659.05

利润及利润分配表

1993年度

广州市浪奇实业股份有限公司 单位:人民币元

项目	本年累计数	项 目	本年累计数
一、主营业务收入	538431280.73	减:营业外支出	1446196.61
减:营业成本	421960931.10	四、利润总额	44154824.74
销售费用	23227156.62	减:应交所得税	
管理费用	27087417.32	提取职工福利基金	
财务费用	7009004.96	少数股东权益	
营业税金及附加	15546922.01	五、可供分配利润	44154824.74
二、主营业务利润	43599848.72	减:应交所得税	6570176.81
加:其他业务利润	2837.09	提取法定盈余公积金	3758464.79
三、营业利润	43602685.81	提取公益金	5637697.19
加:投资收益	491826.00*		
营业外收入	1508509.54	六、可供股东分配利润	28.188485.95

52.广州市东方宾馆股份有限公司

一、1993年经营业绩和近三年财务指标

广州东方宾馆股份有限公司是以广州东方宾馆为基础、以广州市东方集团为发起人而设立的股份公司。该公司于1993年10月向社会公开发行股票并在深圳证券交易所挂牌。在1993年，该公司以股份制改造为动力，大力推进转换企业经营、管理机制的改革，以提高服务质量和经济效益为中心，促进主营业务和多元化经营的发展，经营业绩创历史最好水平，其中主营业务收入完成20412万元，利润总额完成5037.6万元，比年初预测高11.92%。在服务质量综合指标方面，为客人服务兑现率98.7%，宾客满意率97.6%。公司行业地位稳定提高，继在1992年营业收入居全国涉外旅游酒店百强企业第六位，1993年居全国旅游酒店百强企业的第六位。该公司近三年的财务指标如下：

项目指标	1993年	增长率	1992年	1991年
营业收入(万元)	20411.56	31%	15584.68	13009.73
利润总额(万元)	5037.62	110%	2396.35	1,985.21
税后利润(万元)	4281.98	133%	1838.18	1,521.96
资产总额(万元)	47959.51	103%	23650.43	4935.94
股东权益(万元)	39431.89	119%	18005.09	2181.20
每股净资产(元)	4.78		3.45	1.57
每股收益(元)	0.52		0.35	1.09
每股红利(元)	0.23			
股东权益比率(%)	82		76	44
净资产收益率(%)	15		18	70

二、前次募集资金的使用情况

该公司前次共募集资金16141万元，按招股说明书确定的项目，资金投向如下：

1.投资9200万元对东方宾馆进行更新改造。

2.投资3300万元与广州市东方游乐中心有限责任公司联合经营广州市金龙酒店。

3.投资1100万元与香港欣达投资有限公司合资经营广州东达饮食美容有限公司。

4.缴纳土地使用权出让金2354万元。

5.投资200万元参股发起设立“广州市商业进出口贸易股份有限公司”。

6.投资广州保税区瑞丰实业有限公司200万元，占该公司权益20%。

三、1994年经营展望

1994年，该公司将在抓好主营业务经营的同时，积极参与异地房地产业务和其它业务，使公司的经营朝着多元化方向发展。根据该公司1994年度的业务发展规划，该年度将实现税后利润5270万元。

四、股本结构和股东持股情况

1.1993年末股本结构：

股权	数量(万股)	比例(%)
国家股	1847	22.39
国有法人股	3375	40.91
社会公众股	2100	25.45
内部职工股	928	11.25
总股本	8249	100

2.持有该公司发行在外普通股股票1%以上的大股东：

股东名称	持股数(股)	占总股本比例(%)
广州市国有资产管理办公室(国家股)	18466605	22.39
广州市东方酒店集团(国有法人股)	33748164	40.91

五、1993年度资产负债表和利润及利润分配表

资产负债表

1993 年 12 月 31 日

广州市东方宾馆股份有限公司　　单位：人民币元

资　　产	年 初 数	年 末 数	负债及股东权益	年 初 数	年 末 数
流动资产：			流动负债：		
货币资金	46255241.40	118500384.79	短期借款		
短期投资		1809200.00	应付票据		
应收票据			应付帐款	169429.92	60093.62
应收帐款		48284.22	预收货款	590156.02	1329211.76
减：备抵坏帐			应付福利费		858005.30
应收帐款净额			未付股利		
预付货款	4296390.17	3201459.72	未交税金	1126016.84	10484541.77
其他应收款	4405439.76	129770369.18	其他未交款	2914225.36	388719.59
待摊费用	220604.62	118764.80	其他应付款	50319360.87	68155803.34
存货	1284533310	6691833.61	预提费用		
			待扣税金		
			一年内到期的长期负债		
流动资产合计	68023009.05	260220296.32			
长期投资：			流动负债合计	55119189.01	81276375.38
长期投资		11500000.00			
固定资产：			长期负债：		
固定资产原价	253395675.18	227489539.67	长期借款		
减：累计折旧	87294285.71	76747714.64	应付债券		
			长期应付款	1334240.45	3999833.77
固定资产净值	166101309.47	150741825.03	长期负债合计	1334240.45	3999833.77
在建工程	1379958.51	2287255.03	股东权益		
固定资产清理			股本	52214769.00	82494769.00
			资本公积金	127836158.57	269004405.02
			盈余公积金		
固定资产合计	167481347.98	153029080.06			
			未分配利润		42819750.81
无形资产及其他资产：					
无形资产		32760000.00			
递延资产	1000000.00	22085757.60			
长期待摊费用					
无形资产及其他资产合计	1000000.00	54845757.60	股东权益合计	180050927.57	394318924.83
待处理财产损失：					
待处理流动资产损失（减收益）					
待处理固定资产损失（减收益）					
待处理财产损失合计					
资产总计	236504357.03	479595133.98	负债及股东权益总计	236504357.03	479595133.98

利润及利润分配表

1993年度

广州市东方宾馆股份有限公司　　单位:人民币元

项　　目	金　　额	项　　目	金　　额
一、主营业务收入	204115562.48	四、利润总额	50376177.42
减:营业成本	28972937.51	加:年初未分配利润	——
销售费用	82225553.92	上年利润调整	——
管理费用	58423346.52	盈余公积转入	——
财务费用	-26386883.72	五、可分配利润	50376177.42
进货费用	——	减:应交所得税	7556426.61
营业税金及附加	10346895.34	提取法定盈余公积金	4281975.08
二、主营业务利润	50533712.91	提取公益金	6422962.62
加:其他业务利润	——	六、可供股东分配的利润	32114813.11
三、营业利润	50533712.91	减:已分配优先股股利	——
加:投资收益	——	提取任意公积金	12845925.24
营业外收入	1892260.09	已分配普通股股利	16498953.80
减:营业外支出	2049795.58	七、未分配利润	2769934.07

53. 南京天龙股份有限公司

一、1993年经营业绩和近三年主要财务指标

南京天龙股份有限公司是一家主营油漆生产的上市公司，该公司于1993年向社会公开发行股票并在深圳证券交易所挂牌。该公司1993年完成油漆产量17143吨，工业总产值17514万元，销售量16464吨，实现利润1168万元，比预测数增加0.34%，实现税后利润1002万元，比预测数增加1.34%。该公司近三年的财务指标如下(单位:元)：

项目指标	1993年	增长率%	1992年	1991年
营业收入	157062728	－1.02	158680769	133658092
利润总额	11680183	8.73	10742763	3443037
税后利润	10022792	19.73	8371228	3443037
资产总额	237536051	107.59	114423821	76697579
股东权益	107993350	223.31	33402453	22764383
每股净资产	1.91	81.13	1.06	—
每股收益	0.18	—	0.27	—
每股红利	0.20	—	0.125	—
股东权益比率%	45.46	—	29.19	—
净资产收益率%	9.28	—	25.06	—

二、前次募集资金的运用情况

1993年该公司发行股票共募集资金6414万元。投入引进奥地利斯托拉克公司的高级汽车漆生产线建设2400万元；投资450万元用于技术改造，投资1400万元用于增补流动资金及利用该公司长期经营化工原料的优势开展物资贸易。原招说明书中所列投资2900万元建设年产3500吨集装箱涂料生产线项目已进行互换资料阶段，资金尚未投入，待进入建设阶段再行投入。

三、1994年业务展望

在1994年，该公司将加快引进汽车漆项目建设和新产品的开发研制工作，争取实现利润1550万元，税后利润1317.5万元。

四、股本结构及股东持股情况

1.1993年末股本结构：

股权	数量(万股)	比例%
国家股	2824.15	49.95
法人股	500	8.84
个人股	2330	41.21
其中:内部职工股	330	5.84
总股本	5654.15	100.00

2.前10名股东的持股情况：

股东名称	持股数(万股)	占总股本比例(%)
南京国有资产管理办公室	2824.15	49.95
中国平安保险公司	110	1.9455
南京信贷咨询公司	85	1.5033
南京市财政信用公司	80	1.4149
广西中大	33.5	0.5925
董文南	31.8	0.5624
深圳深浪企业有限公司	30	0.5306
深圳中大投资管理有限公司	30	0.5306
南京人行劳动服务公司	20	0.3537
梁沛光	19.14	0.3385

五、1993年度资产负债表和利润及利润分配表

资产负债表

1993年12月31日

南京天龙股份有限公司　　单位：人民币元

资　　产	1993年12月31日	1992年12月31日	负债及股东权益	1993年12月31日	1992年12月31日
流动资产			流动负债		
货币资金	22754006	4737378	短期借款	46800000	34800000
短期投资	6989572	0	应付帐款	13093960	6426079
应收票据	50000	100000	预收货款	329367	72013
应收帐款	58297556	13126134	应付福利费	32325	3602426
减：备抵坏帐	(291737)	(144983)	未付股利	11313857	3919014
应收帐款净额	58005819	12981151	未交税金	5177087	5809228
预付货款	13741709	4151914	其它未交款	67953	283124
其他应收款	3808355	2190806	其他应付款	15314134	5894051
待摊费用	693699	565402	预提费用	23144	0
存货	40033672	39103300	一年内到期的长期负债	2000000	0
流动资产合计	146076832	63829951	流动负债合计	94151827	60805935
长期投资：	5960918	3182080	长期负债		
固定资产：			长期借款	6543532	4000000
固定资产净值	24500090	19557934	应付债券	0	12725000
在建工程	43750731	17613737	长期应付款	3930665	3420433
固定资产合计	68250821	37171671	筹建期间汇兑损益	121397	0
无形及其他资产：			长期负债合计	10595594	20145433
无形资产	14082333	10027861	少数股东权益	24795280	70000
递延资产	3165147	212258			
无形及递延资产合计	17247480	10240119			
资产合计	237536051	114423821	股东权益		

利润及利润分配表

1993 年度

南京天龙股份有限公司　　单位:人民币元

项　目	1993 年度	1992 年度	项　目	1993 年度	1992 年度
营业收入	157062728	158680769	利润总额	11680183	10742763
减:营业税金	17074742	16513198	加:年初未分配利润	198555	162009
营业成本	117585284	111178640	资本公积金转入数	4963929	——
营业毛利	22402702	30989931	可分配利润	16842667	10904772
减:营业费用	3215631	2910888	减:应交所得税	1657391	2371535
管理费用	14024723	11632234	提取法定盈余公积金 10%	3258015	481494
财务费用	2738095	3740333	提取公益金 8%	618963	385195
主营业务利润	2424253	12705476	92 年末直接转入股本和资本公积金数	——	3519746
加:其他业务利润	1013205	427065	可供股东分配利润	11308298	4146802
投资收益	9179435	10634	减:已分配股利	——	3948247
经营利润	12616893	13143175	董事会建议分配股利 18	11308298	——
加:营业外收入	403307	483015	年末未分配利润	0	198555
减:营业外支出	1340017	2883427	每股分利	0.20	0.125

54. 厦门市海洋渔业开发股份有限公司

一、1993年经营业绩和近三年财务指标

厦门市海洋渔业开发股份有限公司是一家主营水产品捕捞、收购、加工、出口贸易的上市公司。该公司股票在深圳证券交易所挂牌。1993年该公司集中精力抓好主营业务的经营，以水产品出口贸易为龙头，带动综合经营全面发展。累计实现利润总额993.21万元，完成计划的101.4%。该公司近三年的财务指标如下(单位：元)：

年份	1993	年增长率	1992	1991
营业收入	50555090.64	10.46%	45769269.23	32642645.85
税后利润	9932116.72	350.10%	2206658.01	812431.11
总资产	138949653.05	96.55%	70694569.32	41284753.98
年末总股本	50100000.00	92.69%	26000000.00	
股东权益	104689293.78	168.83%	38942556.02	9993965.27
每股收益	0.20	150.00%	0.08	
每股净资产	2.09	39.33%	1.50	
每股红利	0.16			
净资产收益率	13.84%	53.4%	9.02%	8.13%
股东权益比率	75.3%		55.09%	24.21%

二、前次募股资金的运用情况：

该公司于1993年8月为补足上市股本进行了增资扩股，共募集资金5543万元，均按增资配 股公告书中的原运用计划投资，其运用情况如下：

1. 增加出口创汇流动资金，投入1500万元。
2. 投资发展水产食品冷冻加工和综合利用的基地，由于土地平整及公路施工，影响工厂施工，前期只投入800万元。
3. 增资投建海洋酒店、商场，提高接待档次，提高经济效益，投入1200万元。
4. 其余进行股权和证券投资。

三、1994年经营展望

该公司1994年生产经营总目标：主营业务收入达到1.2亿元，全年实现利润1603.97万元。税后利润1503.77万元。

四、股本结构和股东持股情况

1. 1993年末的股本结构：

股权	数量(万股)	比例(%)
法人股	3710	74.05
社会公众股	1300	25.95
其中：内部职工股	130	2.59
总股本	5010	100.00

2. 公司前10名股东持股情况：

股东名称	持股数(万股)	占总股本比例(%)
厦门市鑫旺经济开发公司	1700	33.93
太原兆和投资发展有限公司	500	9.98
哈尔滨竞有经济贸易发展公司	480	9.58
吉林省九州开发公司	400	7.98
晋江市闽南水产开发有限公司	116.55	2.32
深圳市上步实业股份有限公司	100	2.00
深圳康佳(集团)股份有限公司	100	2.00
四川金路股份有限公司	100	2.00
厦门市思明区海盛贸易公司	76.9	1.53
厦门鼓浪屿渔业公司	27.55	0.55

五、1993年度资产负债表和利润表

资产负债表

厦门市海洋渔业开发股份有限公司　　单位:人民币元

资　　产	1993年12月31日	1992年12月31日	负债及股东权益	1993年12月31日	1992年12月31日
流动资产:			流动负债:		
货币资金	9859095.67	4834946.52	短期借款	10000000.00	15500000.00
短期投资	800000.00		应付帐款	16347752.64	4720990.27
应收帐款	12130995.34	13358071.26	预收货款		
减:备抵坏帐	36892.97	7116.21	应付福利费	1163827.80	1111888.15
应收帐款净额	12094802.37	13350955.05	未交税金	5969.35	2902.94
预付货款	12502540.81		其他应付款	3249052.14	5887027.14
其他应收款	11362512.37	245878957	预提费用	753715.34	679958.70
待摊费用	1357796.16	1102813.85	一年到期的长期负债		
存货	36493628.23	23118612.97	流动负债合计	31510317.27	27902167.30
流动资产合计	94475076.64	44866127.96	长期负债:		
长期投资:			长期借款	2750042.00	3850046.00
长期投资	20253176.94	495836.00	负债合计	34260.395.27	31752213.30
固定资产:			股东权益:		
固定资产原价	15049374.36	11423436.64	股本	50100000.00	26500000.00
减:累计折旧	4860152.73	3564457.27	资本公积	44468177.06	12753356.02
固定资产净值	10189221.63	7858979.37	盈余公积	1986423.34	
在建工程	19309959.86	12549102.14	未分配利润	8134693.38	189000.00
固定资产合计	30099181.48	20408081.51	股权权益合计	104589293.78	38942356.02
无形及其他资产:					
无形资产	3888218.08	4627447.80			
开办费	228999.97	28000000			
无形及其他资产合计	4112217.99	4917447.80			
待处理流动资产损失		7077.05			
资产合计	138949653.05	70894569.32	负债及股东权益	138949653.05	70894560.32

利 润 表

厦门市海洋渔业开发股份有限公司　　单位:人民币元

项　目	行 次	1993年1月1日—12月31日	1992年1月1日—12月31日
一、主营业务收入	01	50555090.64	45769269.23
减:营业成本	02	50488356.68	46623522.65
销售费用	03	3867517.07	1649138.77
管理费用	04	2408956.68	3809873.08
财务费用	05	-12192874.94	-7619420.28
进货费用	06		147941.90
营业税金	07	44938.69	54046.55
二、主营业务利润(亏损以"-"号表示)	08	5938186.46	1105166.56
加:其他业务利润(亏损以"-"号表示)	09	-394763.32	
三、营业利润(亏损以"-"号表示)	10	5543423.13	1105166.56
加:投资收益(损失以"-"号表示)	11	1225251.74	
营业外收入	12	3165636.85	1108627.45
减:营业外支出	13	2195.00	7136.00
四、利润总额(亏损以"-"号表示)	14	9932116.72	2206658.01

55. 广东美的集团股份有限公司

一、1993年业务业绩和近三年财务指标

广东美的集团股份有限公司是一家以经营家电制造为主业的上市公司，该公司于1993年下半年向社会公开发行股票并在深圳证券交易所挂牌。在1993年，该公司坚持以家电制造为主、多元化发展的经营方针，通过募股增资进行产品扩能和技术改造，对内加强经营管理，对外加快技术经济交流，产品产量增加，质量档次提高，推动了公司经营业绩的大幅增长，1993年，该公司主营业务收入为93562万元，比上年增长92.03%，实现利润14879万元，比上年增长41.12%，实现除税及少数股权利润后利润12380万元，比上年增长28.61%。该公司近三年财务指标如下：

项目指标	1993年指标值	增长率(%)	1992年	1991年
营业收入(万元)	93562	92.03	48722	19744
利润总额(万元)	14879	41.12	10539	2701
税后利润(万元)	12380	28.61	9626	2563
资产总额(万元)	155314	121.41	70149	44521
股东权益(万元)	57013	214.57	18124	7349
每股净资产(元/股)	6.26		2.65	
每股收益(元/股)	1.36	−4.26	1.41	
每股红利(元/股)	1.13	4.63	1.08	
股东权益比率(%)	36.71	42.07	25.84	16.51
净资产收益率(%)	32.95		75.58	36.75

二、前次募集资金的运用情况

1993年，该公司向社会公开发行股票2277万股，扣除发行费用后共筹集资金18443.7万元，基本按招股说明书所述使用，其投向如下：

1.12000万元用于空调器扩能及技改，1993年底已形成40万台空调器生产能力。

2.3000万元用于销售分公司的建立，其中上海、江苏分公司已投入营运。

3.3000万元用于增加营运资金。

4.300万元用于内部电脑辅助管理。

三、1994年经营展望

1994年，该公司计划实现主营业务收入16亿元，实现税前利润总额2.48亿元，其中主营业务利润2.38亿元，其它业务利润0.1亿元。1994年度预计实现扣除所得税及少数股东应分配利润后利润19,348万元。

四、股本结构和股东持股情况

1.1993年末股本结构

股权	数量(万股)	比例(%)
法人股	4781.7	52.5
其中：发起人股	4031.7	44.26
社会公众股	2277	25
内部职工股	2049.3	22.5
总股本	9108	100

2.前10名股东持股情况：

股东名称	持股数(万股)	占总股本比例(%)
顺德市北窖经济发展总公司	4031.7	44.26
广东华信经济开发有限公司	100	1.10
顺德市北窖星火科技产业公司	100	1.10
深圳万科企业股份有限公司	100	1.10
广东原粤经济发展公司	100	1.10
广东(鹤山)美雅股份有限公司	70	0.77
深圳能源投资股份有限公司	50	0.55
广东核电投资有限公司	50	0.55
深圳宝安电子研究所	50	0.55
合计	4751.7	52.17

五、1993年度资产负债表和利润及利润分配表

资产负债表(合并)

1993年12月31日

广东美的股份有限公司 单位:人民币元

资产	1993年12月31日	1992年12月31日	负债及股东权益	1993年12月31日	1992年12月31日
流动资产:			流动负债:		
货币资金	41949650.08	11225237.49	短期借款	419879371.66	390249490.05
应收帐款	63761014.542	108584369.89	应付帐款	352958346.20	29480744.53
减:坏帐准备	760489.79	492680.14	预付货款	2583967.94	—
应收帐款净额	63000524.75	108091689.75	应付福利费	1142199.02	1034905.00
预付货款	106353351.26	22613790.79	未付股利	21617720.91	14761309.39
关联公司往来	—	23909439.76	未交税金	29013921.75	13087135.00
其他应收款	87639170.85	35046142.93	关联公司往来	36756199.26	—
待摊费用	5737328.26	10887422.09	其他应付款	41564106.16	398210.73
存货	569953797.24	238652424.56	预提费用	12318811.47	5058209.24
在建开发产品	21101645.32	—	一年内到期的应付债券	—	28423360.00
流动资产合计	895735467.76	450426147.37	一年内到期的长期负债	1000000.00	—
长期投资			流动负债合计	918834644.37	482493363.94
长期投资	6105641.00	200121.00	长期负债:		
长期应收款	3893130.90	12096000.00	长期借款	6300000.00	5751800.00
固定资产:			负债合计	925134644.37	488245163.94
固定资产原价	566655392.35	172638485.22	少数投东权益	57870225.14	32010340.26
减:累计折旧	74495944.34	30337758.20	股东权益;		
固定资产净值	492159448.01	142300727.02	股本	91080000.00	68310000.00
在建工程	73099126.66	61163412.07	资本公积金	318413143.53	63250000.00
固定资产合计	565258574.67	203464139.09	盈余公积金	11261552.00	11261552.00
无形及递延资产:			其中:公益金	4073327.00	4073327.00
无形资产	36539720.39	23496805.33	未分配利润	149380196.04	38416239.12
递延资产	45607226.66	11810082.53	股东权益合计	570134891.57	181237791.12
无形及递延资产合计	82146946.75	35306887.86			
资产总计	1553139761.08	701493295.32	负债及股东权益合计	1553139761.08	701493295.32

利润及利润分配表(合并)

1993年度

广东美的股份有限公司　　单位:人民币元

项　目	1993年	1992年	项　目	1993年	1992年
一、主营业务收入	935623310.80	487218802.23	四、利润总额	148787398.20	105386173.91
减:营业成本	601786509.82	325847058.50	加:年初未分配利润	38416239.12	58564749.94
销售费用	71036450.58	20027093.75	五、可分配利润	187203637.32	163950923.85
管理费用	39926990.81	41205864.91	减:应交所得税	4736863.85	1245751.12
财务费用	38399034.66	11376911.73	应交国家能源交通建设基金及国家预算调节基金		187023.63
营业税金及附加	65823225.63	34377336.45	提取法定盈余公积金	8558756.02	13750286.79
二、主营业务利润	118651099.30	54384536.89	提取公益金	4279378.02	8659079.22
加:其他业务利润	4380370.07	1702955.33	少数股东应分配利润	20248443.39	7881111.39
三、营业利润	123031469.37	56087492.22	六、可供股东分配的利润	149380196.04	132227671.70
加:投资收益	27661306.98	41589507.85	减:提取任意盈余公积金	—	81112234.58
营业外收入	8911990.99	9703710.91	已分配普通股股利	—	12699198.00
减:营业外支出	10817369.14	1994537.07	七、未分配利润	149380196.04	38416239.12

56.广西柳工机械股份有限公司

一、1993年经营业绩和近三年财务指标

广西柳工机械股份有限公司是一家经营装载机生产的上市公司，该公司股票在深圳证券交易所挂牌。在过去的一年里，该公司产销同步增长，经济效益有突破性提高。根据装载机行业国内主要生产厂家(12个企业)1993年交换资料提供的数据，该公司的产销量、营业收入、利润总额均在12个企业中排名第一，该公司产品国内市场占有率约为24%，该公司全年完成产量3500台，比上年增长49%，产品销售达3239台，比上年增长35%。实现税后利润20692万元，比上市公告书中的预测超出1.47%。该公司近三年的财务指标如下(单位：万元)：

项目指标	1993年	1992年	1993年增长%	1991年
营业收入	98803	52022	+90	30647
利润总额	24343	7954	+206	2788
税后利润	20692	7564	+174	2288
资产总额	91012	43219	+111	20467
股东权益	59638	18382	+224	5947
每股净资产 (元)	2.98			
每股收益(元)	1.31			
每股红利(元)	0.517			
股东权益比率	65.53%	42.53%	+54	29.06%
净资产收益率	34.70%	41.15%	-16	38.47%

二、前次募集股金的运用情况

该公司募集股金扣除发行费用后净收入为2.0448亿元，基本上已按招股书中募集股金运用项目分期投入实施。

1."八五"技改项目原计划1993年度投入2000万元，实际完成投资2282万元。

2.引进铆焊大件关键设备项目，1993年度原计划投入3060万元人民币，实际投入574.9万美元，按1∶8.5比价折为4886.5万元人民币。

3.引进关键件和关键设备项目，1993年原计划投入2800万元人民币，实际投入428.1万美元，按1∶8.5比价折为3638.85万元人民币。

三、1994年经营展望

1994年该公司的发展目标是：以机械制造业为主，开拓其他经营领域；以国内市场为主，开拓国际市场，把公司建设成我国技术最先进、产品质量最高、品种最全、效益最好的大型工程机械企业。该公司预计1994年实现利润总额20210万元，所得税按15%计算，税后利润17178.5万元。

四、股本结构和股东持股情况

1.1993年末股本结构：

股权	数量(万股)	比例(%)
国有股	15000	75.00
个人股	5000	25.00
其中：内部职工股	500	2.5
流通股；	4500	22.5
总股本	20000	100.00

2.持有该公司1%以上股东持股情况：

股东名称	持股数(股)	占总股本比例(%)
柳州工程机械企业集团公司	150000000	75

其余股东均为持股不超过5‰的社会公众股股东。

五、1993年度资产负债表和利润及利润分配表

资产负债表

广西柳工机械股份有限公司 单位:人民币元

资 产	1993年12月31日	1992年12月31日	负债及股东权益	1993年12月31日	1992年12月31日
流动资产			流动负债:		
货币资金	24749542	45904653	短期借款	102900000	46630000
短期投资3	51500.000	2895890	应付帐款	104185401	11732807
应收票据	8662752	7862700	预收帐款	55894643	141382627
应收帐款	9783913	28618667	未付股利	−32000000	
减:备抵坏帐	−48920	−1633290	未交税金	6291427	14964849
应收帐款净额	9734993	26985377	其他未交款	2574663	1349584
预付帐款	80580006	47999649	其他应付款	65838127	20288985
其他应收款	189173946	35094409	预提费用	108000	20760
待摊费用	167090		一年内到期的长期负债	4400000	
存货	308113397	86837039			
流动资产合计	672681726	253579717	流动负债合计	310192261	236369612
长期投资:			长期负债:		
长期投资	3797890		长期借款	3200000	12000000
			应付债券		
固定资产:			长期应付款	15	341500
固定资产原价	173308642	125084065	长期负债合计	3541500	12000000
减:累计折旧	−24563529	−12464709			
固定资产净值	148745113	112619356	股东权益:		
在建工程	29459930	10555151	股本	200000000	150000000
固定资产合计	178205043	123174507	资本公积金	189466812	33816812
			盈余公积金	62074886	
无形及其他资产;			公益金	41383257	
无形资产	55432200	55432200	未分配利润	103548143	
递延资产			股东权益合计	596383098	183816812
无形及其他资产合计	55432200	55432200			
资产总计	910116859	432186424	负债及股东权益总计	910116859	432186424

利润及利润分配表

广西柳工机械股份有限公司 单位:人民币元

项目	1993年	1992年	项目	1993年	1992年
一、主营业务收入	988030896	520219112	加:投资收益	602726	—
减:营业成本	600768907	348726053	营业外收入	223862	5740
销售费用	11507536	26885443	减:营业外支出	6465417	4183908
管理费用	54826223	36596783	四、利润总额	243430925	79542243
财务费用	3610867	—	减:所得税	36514639	3900000
营业税金及附加	68717799	25854912	提取盈余公积	62074886	—
二、主营业务利润	248599564	82155921	提取公益金	41383257	—
加:其它业务利润	470190	1564490	国营企业留利等	—	75642243
三、营业利润	249069754	83720411	五、可供分配利润	103458143	—

57. 广东美雅股份有限公司

一、1993年经营业绩和近三年财务指标

广东美雅股份有限公司是一家主营毛毯生产的上市公司，其股票在深圳证券交易所挂牌。1993年，该公司共产各类毛毯392.3万条、晴纶毛条1.06万吨、晴纶羊毛绒线1.3万吨，创销售收入81844万元，实现税后利润11620万元，超过溢利预测的34%，完成了全年的计划。该公司近三年的财务指标如下(单位：万元)：

项目指标	1993年	增长率%	1992年	1991年
营业收入	81844	102	40520	24778
利润总额	13670	237.7	4048	2896
税后利润	11620	292.8	2958	1940
资产总计	134518	86.9	71964	29322
股东权益	76177	88.4	40433	9814
每股净资产(元)	7.66	40	5.47	
每股收益(元)	1.49	55.2	0.96	
每股红利(元)	0.99	450	0.18	
股东权益比率%	15.25	108.9	7.3	19.80

二、前次募集资金的运用情况

该公司于1993年10月向社会公开发行股票共募集资金18360万元，扣除发行费用后，其资金主要投入拉舍尔毛毯技术改造项目，引进拉链生产项目，晴纶毛条扩大规模项目及房地产等项目。

三、1994年经营展望

在1994年，该公司将继续以"企业集团化、产品国际化、经营多元化、产销一体化"为发展战略，在生产、科研、金融、贸易、房地产、服务等领域拓展业务，在深挖原有生产潜力的基础上，抓紧在建项目的建设，使之早出效益。争取1994年实现主营业务收入171941万元，实现利润总额20070万元。

四、股本结构和股东持股情况

1. 1993年末股本结构

股权	数量(万股)	比例(%)
国家股	3070.72	30.9
法人股	3677.62	36.9
个人股	3200	32.2
总股本	9938.34	100.00

2. 前10名股东持股情况

股东名称	数量(股)	比例(%)
鹤山市国有资产管理办公室	30707200	30.90
省华侨信托投资公司鹤山办事处	2500000	2.51
省纺织品公司	2415000	2.43
省民族贸易公司	2165000	2.18
鹤山昌盛制衣有限公司	2000000	2.01
省纺织工业总公司	1300000	1.31
中山市中山西区针纺购销公司	1707000	1.72
鹤山鹤昌实业投资公司	1500000	1.51
鹤山县工贸实业总公司	955450	0.96
鹤山县供销集团公司	815150	0.82
合计	46064800	46.35

五、1993年度资产负债表和利润及利润分配表

资产负债表

1993年12月31日

广东美雅股份有限公司　　单位：人民币元

资产类	年初数	年末数	负债及股东权益	年初数	年末数
流动资产：			流动负债：		
货币资金	190905225.66	169732735.34	短期借款	19412986.97	61420332.29
短期投资	20000000.00	65752000	应付票据		
应收票据			应付帐款	6878242.40	107012184.62
应收帐款	193021054.69	178532937.75	预收货款		
减：备抵坏帐		892664.69	应付福利费	2163518.05	1584699.66
应收款项净额	193021054.69	177640273.06	未付股利	21970222.61	16280940.00
预付货款			未交税金	17865667.76	22461703.41
其他应收款	15502391.53	20545260.69	其他未交款	2729433.26	1364093.95
待摊费用	3195649.53	2596835.37	其他应付款	22998755.61	35900478.31
存货	82658561.70	152928495.17	预提费用	1717783.14	2027755.16
流动资产合计	505282883.11	524101119.63	待扣税金		
长期资产：			一年内到期的长期负债		1700000.00
长期投资	5329850.00	29230437.03	流动负债合计	95736609.80	249752187.40
固定资产：			长期负债：		
固定资产原价	201198351.39	523232968.41	长期借款	178356785.46	214604500.00
减：累计折旧	60324814.15	85884747.16	应付债券	26034159.99	25820259.99
固定资产净值	140873537.24	437348221.25	长期应付款	15053516.04	81744881.30
在建工程	68128988.34	354500100.81	少数股东权益		11484000.00
固定资产清理			长期负债合计	219444461.49	333653641.29
固定资产合计	209002525.58	791848322.06	股东权益：		
无形及其他资产：			股本	73883400.00	99383400.00
无形资产			资本公积金	326427093.19	546012074.44
开办费			盈余公积金	3746567.38	23320695.86
无形及其他资产合计			未分配利润	377126.33	93057879.73
待处理财产损失			股东权益合计	404434187.40	761774050.03
待处理流动资产损失(减收益)					
待处理固定资产损失(减收益)					
待处理财产损失合计					
资产总计	719615258.69	1345179878.72	负债及股东权益总计	719615258.69	1345179878.72

利润及利润分配表

1993 年度

广东美雅股份有限公司　　单位:人民币元

项　　目	金额	
	1992 年度	1993 年度
一、主营业务收入	405198188.66	818439843.57
减:营业成本	274503890.44	492708857.31
销售费用	937393.03	4094696.19
管理费用	20979789.39	38804373.75
财务费用	6798595.91	5287201.40
汇兑损益		−21612291.82
营业税金	62406998.51	165641789.93
二、主营业务利润(亏损以"－"号表示)	39571521.38	133515216.81
加:其他业务利润(亏损以"－"号表示)	1079836.51	3088382.67
三、营业利润(亏损以"－"号表示)	40651357.89	136603599.48
加:投资收益(损失以"－"号表示)		
营业外收入	686243.10	1121636.47
减:营业外支出	858245.25	1023759.63
四、利润总额(亏损以"－"号表示)	40479355.74	136701476.32
加:年初未分配利润(未弥补亏损以"－"号表示)		377126.33
上年利润调整(减少上年利润以"－"号表示)	−1592.95	
税前还贷	2625432.04	
五、可分配利润	37852330.75	137078602.65
减:应交所得税(92 年为上交利润及两金)	11219905.74	20505221.45
提取法定盈余公积金	3182302.84	11619625.48
(92 年含生产发展基金及储备基金共 694586.97)		
提取公益金	1842444.51	5809812.74
(92 年含职工福利基金 593588.60 元)		
六、可供股东分配的利润	21607677.66	99143942.98
减:已分配优先股股利		
提取任意积金		
已分配普通股股利	21230551.33	6086063.25
七、未分配利润(未弥补亏损以"－"号表示)	377126.33	93057879.73

58. 大连冷冻机股份有限公司

一、1993年经营业绩和近三年主要财务指标

大连冷冻机股份有限公司是一家以制冷产品为主业的上市公司，其股票在深圳证券交易所挂牌。在1993年里，该公司以利润为中心，加大改革力度，其主要经济技术指标再创历史最好水平，累计实现利润2389万元，比招股说明书中的预测高6.8%。该公司近三年的主要财务指标如下：

项目指标	单位	1993年	1992年	1991年	1993年增长%
营业收入	千元	289110	185384.45	125750.39	55.95
利润总额	千元	23891	20635.25	14890.54	15.78
税后利润	千元	20307	15060.37	6700.70	34.80
资产总额	千元	607575	291927.49	231800.06	108.13
股东权益	千元	253054	94510.83	49786.38	167.78
每股净资产	元	2.51	—	—	—
每股收益	元	0.20	—	—	—
每股红利	元	0.17	—	—	—
股东权益比率%		41.65	32.37	21.48	27.12
净资产收益率%		11.69	24.31	25.42	—40.86

二、前次募集资金的运用情况

该公司在1993年发行股票时实际募集资金12777.3万元。按招股说明书确定的项目，其资金运营情况如下：

1.已投入大连三洋制冷有限公司合资项目2567.8万元，占总投资的40%。

2.已投入大连本庄化学有限公司合资项目390.9万元，占总投资的30%。

3.投资大冷王运输制冷有限公司合资项目376.1万元，占总投资的25%。

4.投入大连大洋运输冷冻工程有限公司合资项目196.7万元，占总投资的40%。

5.筹建大洋汽车空调工程大连有限公司合资项目预留2000万元投资。

6.大连三洋冷链有限公司合资项目。一期工程已投入资金1200万元，二期工程计划投入3500万元。

7.投入公司技术改造项目(包括还贷)3350万元。

8.余额资金1195.8万元，正在开发第三产业和开展短期投资，以获取更大的经济效益。

三、1994年经营展望

1994年该公司经营方针为：以市场为目标，以盈利为目的，树立形象，扩充实力，建立现代企业制度，发挥制冷产品被列入大连市支柱产业的优势，向绩优公司行列迈进，争取实现税后利润3910万元。

四、股本结构和股东持股情况

1.1993年末股本结构：

股权	数量(万股)	比例(%)
国家股	5100	50.5
法人股	2000	19.8
社会公众股(含10%内部职工股)	3000	29.7
总股本	10100	100.00

2.前10名大股东持股情况：

股东名称	持股数(万股)	占总股本比例(%)
大连冰山集团公司	5100	50.5
吉林省九州开发公司	200	1.98
太原兆和投资发展公司	200	1.98
大连信托投资公司	120	1.19
大连橡胶塑料机械厂	105	1.04
大连船用柴油机厂	103	1.02
大连啤酒股份有限公司	103	1.02
大连第二电机厂	102	1.01
华夏证券有限公司	100	0.99
工商银行投资信托公司	100	0.99

五、1993年度资产负债表和利润及利润分配表

资　产　负　债　表

1993 年度

大连冷冻机股份有限公司　　单位：人民币元

资　　产	行次	年初数	年末数	负债及股东权益	行次	年初数	年末数
流动资产：				流动负债：			
货币资金	1		29866740.33	短期借款	41		67840000.00
短期投资	2			应付票据	42		
应收票据	3			应付帐款	43		9663249.09
应收帐款	4		4268103.71	预收货款	44		198814991.58
减：备抵坏帐	5		60442.77	应付福利费	45		447463.28
应收款项净额	6		4207660.94	未付股利	46		
预付货款	7		1363703.25	未交税金	47		−2,315945.61
其他应收款	8		114349288.31	其他未交款	48		−37831.87
待摊费用	9		12837.84	其他应付款	49		30398922.32
存货	10		276780714.43	预提费用	50		
流动资产合计	18		425580945.10	待扣税金	51		
长期投资：				一年内到期的长期负债	52		5820000.00
长期投资	19		38722156.70	流动负债合计	55		310630848.79
固定资产：				长期负债：			
固定资产原价	21		186715640.38	长期借款	56		43890443.26
减：累计折旧	22		68956683.92	应付债券	57		
固定资产净值	23		117758956.46	长期应付款	58		
在建工程	24		17325105.83	长期负债合计	62		43890443.26
固定资产清理	25			股东权益：			
固定资产合计	26		135084062.29	股本	66		101000000.00
				资本公积	67		129713003.30
				盈余公积	68		2033690.95
无形及其他资产：				其中：公益金	69		
无形资产	30			未分配利润	70		20307410.27
递延资产	31		8188232.48				
无形及其他资产合计	34		8188232.48	股东权益合计	75		253054104.52
待处理财产损失：							
待处理流动资产损失（减收益）	35						
待处理固定资产损失（减收益）	36						
待处理财产损失合计	38						
资产总计	40		607575396.57	负债及股东权益总计	88		607575396.57

利润及利润分配表

1993 年度

大连冷冻机股份有限公司　　单位:人民币元

项目	行次	金额	项目	行次	金额
一、主营业务收入	1	289105332.57	四、利润总额(亏损以“-”号表示)	14	23891070.91
减:营业成本	2	218543265.97	加:年初未分配利润(未弥补亏损以“-”号表示)	15	
销售费用	3	10152155.11	上年利润调整(减少上年利润以“-”号表示)	16	
管理费用	4	12321045.18	盈余公积转入	17	
财务费用	5	12556832.23	五、可分配利润	18	23891070.91
进货费用	6	92527.65	减:应交所得税	19	3583660.64
营业税金及附加	7	7789471.34	提取法定盈余公积金	20	
二、主营业务利润(亏损以“-”号表示)	8	27650035.09	提法公益金	21	
加:其他业务利润(亏损以“-”号表示)	9	-836011.32	六、可供股东分配的利润	22	
三、营业利润(亏损以“-”号表示)	10		减:已分配优先股股利	23	
加:投资收益(亏损以“-”号表示)	11	102830.00	提取任意公积	24	
营业外收入	12	177756.59	已分配普通股股利	25	
减:营业外支出	13	3203539.45	七、未分配利润(未弥补亏损以“-”号表示)	26	

59. 猴王股份有限公司

一、1993年经营业绩和近三年财务指标

猴王股份有限公司是湖北省一家主营焊条的上市公司，该公司股票在深圳证券交易所挂牌。在1993年，该公司主营业务在同行业的地位得到进一步加强，焊材产销量70330吨，比上年增长74.2%，占行业的比重上升4个百分点；开发新产品55项，完成经营收入39499万元，是年初预测值的95%，实现税后利润4891.6万元，是预测数的104.5%，主要综合经济效益指标连续两年位居全国同行业第一位。该公司近三年的财务指标如下：(单位：元)

项目指标	1993年	1992年	1993年增长	1991年
主营业务收入	394991324.49	186262739.80	112.06%	97395450.28
利润总额	57546929.20	9914874.90	480.41%	95057737.67
税后利润	48915929.20	8392100.00	482.88%	3506900.00
资产总额	575885825.62	318798440.35	80.64%	209711324.79
股东权益	328468272.21	171758455.51	91.24%	39171900.94
每股净资产	2.92	2.08	40%	
每股收益	0.43	0.10	43%	
股东权益比率%	57.04	53.88	5.9%	18.68
净资产收益率%	19.56	7.96	146%	8.95

二、前次募集资金的运用情况

该公司1993年公开发行社会个人股3000万股，共募集资金11280万元，均已按照招股说明书所规定的用途划拨使用。

1. 投资2600万元于猴王特种焊丝生产基地"八五"技改项目，部分引进设备已完成安装，并开始实现效益，另一部分引进设备已签订了购置合同。

2. 投资200万元的三峡工程所用的大坝系列焊条的研制已获得突破性进展，其中4个品种的高强度、高韧性超低氢焊条和水轮机叶片耐磨堆焊焊条已通过国家部级鉴定。

3. 投资2400万元，完成了总投资需3000万元的猴王建筑陶瓷技改项目的基础工作已完成。

4. 补充流动资金6080万元，保障生产经营正常运转，其中1550万元将在94年用于以上3个项目的续建工程。

三、1994年经营展望

在1994年，该公司决心紧紧地抓住三峡工程建设所带来的重大时机，充分发挥该公司在实力和地理等多方面的优势，突出主业，开展多元化经营，使该公司的房地产、旅游、出租、运输、服务、物资贸易、建材、造船等多种产业再上一个新的大台阶，使1994年税后利润达到8414万元。

四、股本结构和股东持股情况

1. 1993年末股本结构：

股权	数量(万股)	比例(%)
国家股	4256	37.84
法人股	2915	25.92
个人股	4075	36.24
(其中：内部职工股1075万股)		
总股本	11246	100.00

2. 公司前10名股东持股情况已在上市公告书上详细披露，截止1993年12月31日，并无变动。

五、1993年度资产负债表和利润分配表

资产负债表

1993年12月31日

猴王股份有限公司 单位:人民币元

资产	金额	负债及股东权益	金额
流动资产:		流动负债:	
货币资金	19407253.22	短期借款	98019662.61
短期投资	523283.20	应付票据	1600000.00
应收帐款	142741206.86	应付帐款	65682768.78
减:备抵坏帐	713347.77	预收帐款	2159563.76
应收帐款净额	142027859.11	应付福利费	818871.60
预付帐款	22601315.07	应付工资	406902.27
其他应收款	108932515.41	应交税金	5334116.85
待摊费用	1839941.01	其他应付款	41169362.99
存货	114932795.68	预提费用	9051684.39
其他流动资产	53211.47	一年内到期的长期负债	145500.00
流动资产合计	410318174.17		
		流动负债合计	224388433.25
长期投资:			
长期投资	4242598.44	长期负债:	
		长期借款	15130320.56
固定资产及在建工程		其它长期负债	1975000.00
固定资产原价	144147563.97	长期应付款	
减:累计折旧	43981884.65	长期负债合计	17105320.55
固定资产净值	100165679.32		
在建工程	32465641.28	少数股权	5923799.61
固定资产清理	32095.50		
待处理固定资产损失	1715976.37	股东权益:	
固定资产及在建工程合计	134379392.47	股本	112460000.00
		资本公积金	167093382.00
无形及其他资产:		盈余公积金	5918556.07
无形资产	19722694.21	集体福利基金	
递延资产	7222966.33	未分配利润	42996334.14
无形及递延资产合计	26945660.54	股东权益合计	328468272.24
资产总计	575885825.62	负债及股东权益合计	575885825.62

利润分配表

1993年度

猴王股份有限公司　　单位:人民币元

项　目	金　额
一、利润总额	57546929.20
减:应交所得税	8631000.00
二、税后利润	48915929.20
加:年初未分配利润	5005648.12
三、可供分配的利润	53921577.32
减:提取法定盈余公积金	5392157.73
提取公益金	3774510.41
四、可供股东分配的利润	44754909.18
减:提取任意公积金	1758575.04
五、未分配利润	42996334.14

60. 闽东电机(集团)股份有限公司

一、1993年经营业绩和近三年财务指标

闽东电机(集团)股份有限公司是一家主营电机生产的上市公司,该公司股票在深圳证券交易所挂牌。在1993年,该公司推行"以工业为主,商业为辅,发展第三产业"的经营方针,成立了商贸公司、物资供应公司、房地产公司;同时以"产品结构合理,经营方式多元,管理功能齐全"为经营目标,深化内部改革,加快产品结构调整,积极开拓国内外市场,所实现的税后利润为年度计划的152.96%。该公司近三年的财务指标如下(单位:元):

项目指标	1993年	1992年	1991年	1993年增长率%
营业收入	473768585.38	264891928.20	178113512.74	78.85
利润总额	32121251.01	23839850.57	9244328.65	34.74
税后利润	25558696.32	10727932.76	4159947.89	138.24
资产总额	416513094.25	234382288.31	201226495.89	77.71
股东权益	175210133.42	71777741.84	44746951.73	144.10
每股收益	0.23	0.20		15
每股净资产	1.59	1.37		16
每股红利	0.21			
股东权益比率%	42	30.62		37.16
净资产收益率%	20.60	18.41		12.00

二、前次募集资金的运用情况

1993年该公司通过公开发行股票募集资金9471万元,该部分资金的使用均按照招股说明书中所列计划项目如期正常实施,资金的投向如下:

1. 工业项目原计划投资6061万,93年已完成2412万元。

①开发具有国际先进水平的船舰用发电机并投入批量生产,93年已投入300万元。②工业用缝纫机马达生产上批量的技术改造投入158万元。③高效低噪音发电机组已投资186万元。④建设出口创汇基地已投资200万元。⑤扩大电泵生产能力已投入150万元;⑥高科技火炬项目稀土永磁电机开发已投入346万元;⑦建设公司科研基地和中试检测中心投入330万元;⑧建设涵江标准房已投入资金600万元。⑨与日本合资生产小型汽油机组项目,已投入150万元。

2. 开展商贸业务原计划投资2400万。93年已完成物资供应公司400万元投资和商贸专业公司500万元投资。

3. 归还1993年"八五"技改到期贷款1016万元。

三、1994年经营展望

该公司在1994年将继续贯彻"以工为主,商业为辅,发展第三产业"的发展方针和"股份化、多元化、国际化"大型企业集团的发展目标,调整产品结构,增强竞争能力,挖掘内部潜力,实现多业并举,提高经济效益。力争1994年实现利润比1993年增长40%以上,达到4500万元。

四、股本结构和股东持股情况

1. 1993年末股本结构:

股权	数量(万股)	比例(%)
国家股	4429	40.26
法人股	3217	25.25
含发起人法人股	810	7.36
社会公众股	3354	30.49
总股本	11000	100.00

2. 前10名大股东持股情况:

股东	持股数(万股)	占总股本比例(%)
国家持股	4429	57.93
闽东电机家属厂	340	4.45
中国工商银行福建省信托投资公司	200	2.62
福州市鼓楼区华大五金厂	181	2.37
泉州二轻集体工业联社	173	2.26
厦门源益电力发展有限公司	151	1.96
闽东电机厂劳动服务公司	90.62	1.18
福建建设机器厂	84	1.10
福州变压器厂	69.31	0.91
闽东工贸公司	65.02	0.59

五、1993年度资产负债表和利润及利润分配表

资产负债表

1993年12月31日

闽东电机(集团)股份有限公司　　单位:人民币元

资　产	年初数	期末数	负债及资本	年初数	期末数
一、流动资产			一、流动负债		
货币资金	6399653.43	72954674.40	短期借款	11790600	144620000.00
短期投资		16977185.37	应付票据		
应收票据		193600.00	应付帐款	3080392.93	31536561.07
应收帐款	41778792.39	89269333.37	预收帐款	826192.30	2635530.51
减:备抵坏帐	7310906.92	10353511.74	应付福利费	1661696.03	5865554.32
应收帐款净额	34467885.47	78915821.63	未付股利		
预付帐款		7696445.81	未交税金	2628466.78	5286955.17
其他应收款	23314777.82	8302082.20	其他未交款	971519.14	4501326.33
待摊费用	221980.14	1062975.07	其他应付款	6531107.94	15934307.62
存货	75226050.33	97479724.95	预提费用	481941.19	1167751.67
			待扣税金		
			一年内到期的长期负债		
流动资产合计	139630347.19	283582509.43	流动资产合计	134087316.31	211547986.69
二、长期投资	16064764.00	38098176.20	二、长期负债		
三、固定资产			长期借款	28517230.16	29754974.14
固定资产原价	88750052.97	110085805.07	应付债券		
减:累计折旧	38867299.37	43271467.72	长期应付款		
固定资产净值	49882753.60	66814337.35	长期负债合计	28517230.16	29754974.14
在建工程	8475800.36	7898267.45	三、股东权益		
固定资产清理			股本	52390000.00	110000000.00
固定资产合计	58358553.96	74712604.80	资本公积金	11104.68	39651437.10
四、无形资产及其他资产			盈余公积金		
无形资产	19217797.36	18882577.35	集体福利基金		
其他无形资产	1038113.07	934301.79			
递延资产	72712.73	243416.81	未分配利润	19376637.16	25558696.32
无形及其他资产合计	20328623.16	20060295.95	股东权益合计	71777741.84	175210133.42
五、待处理财产损失					
待处理流动资产损失(减收益)		59507.87			
待处理固定资产损失(减收益)					
待处理财产损失合计		59507.87			
资产合计	234382288.31	416513094.25	负债及股东权益总计	234382288.31	416513094.25

利润及利润分配表

1993年12月

闽东电机(集团)股份有限公司　　单位:人民币元

项　　目	行次	上年同期数	本年累计数
一、主营业务收入	1	264891928.20	473768585.38
减:营业成本	2	198198032.56	365221749.96
销售费用	3	7269590.58	12858918.02
管理费用	4	17519253.03	28347166.58
财务费用	5	8983647.56	14126867.92
进货费用	6		
营业税金及附加	7	11340977.60	20439721.37
二、主营业务利润(亏损以"-"表示)	8	21580426.87	32774161.53
加:其他业务利润(亏损以"-"表示)	9	2156243.54	1863862.87
三、营业利润(亏损以"-"表示)	10	23736670.41	34638024.40
加:投资收益(亏损以"-"表示)	11	198759.66	280431.07
营业外收入	12	3501197.15	1076120.48
减:营业外支出	13	3596776.65	3873324.94
四、利润总额(亏损以"-"表示)	14	23839850.57	32121251.01
减:所得税(税率15%)	15		4818187.65
五、税后利润	16		27303063.36
减:少数股权利润	17		1744367.04
六、可供分配利润	18		25558696.32

61. 天津立达国际商场股份有限公司

一、1993年度经营业绩和近三年财务指标

1993年，天津立达国际商场股份有限公司从一个定向募集公司转为社会募集公司并在深圳交易所挂牌。在这一年里，该公司实现销售收入152143万元，居天津市同行业第一；实现利润总额3288万元，居天津市同行业第二。完成了招股说明书中预定的指标，全年经济效益创历史最好水平，保持了在本市同行业中的领先地位。该公司近三年的主要财务指标如下(单位:元)：

项目指标	1993年	增长率%	1992年	1991年
营业收入	1521433186	100.32	759511795	361074456
利润总额	32881404	36.10	24159334	17123994
税后利润	23687781	46.42	16178373	10380770
股本总额	133400000	33.40	100000000	
资产总额	549792720	70.51	322144207	172407533
股东权益	270605822	135.63	114844615	
每股收益	0.178	11.25	0.16	
每股净资产	2.03	76.52	1.15	
每股红利	0.14	40.0	0.10	
股东权益比率	0.493	38.18	0.3565	
净资产收益率	0.1229		0.1409	

二、前次募集资金的运用情况

1993年该公司经批准增资扩股为社会募集公司，公开发行股票3340万股，募集资金12291万元，其使用情况如下：

1. 扩大商场自身经营规模安排投资5200万元，建设建筑面积约15000平方米的营业楼。
2. 补充该公司流动资金1357.2万元。
3. 投入吉利大厦工程4250万元。
4. 参股天津市证券公司1200万元，天津环球磁卡股份有限公司372万元，天津伊势丹有限公司21万美元。
5. 短期投资2000万元。

三、1994年经营展望

1994年该公司的主要目标：一是经济效益要再上一个大台阶，全年税后利润达到5022万元；二是企业发展要再上一个大台阶，选好项目，加快连锁商店发展和招商引资的步伐；三是建立并完善现代企业制度，在内部管理、基础管理上再上一个大台阶。

四、股本结构和股东持股情况

1. 1993年末股本结构

股权	数量(万股)	比率(%)
法人股	8769.02	65.73
社会个人股	3340.00	25.04
内部职工股	1230.98	9.23

2. 1993年末前10名股东持股情况：

股东名称	持股数(万股)	占总股本比例(%)
天津立达(集团)公司	7033.72	52.72
天津立达房地产公司	195	1.46
北京旅行车股份有限公司	150	1.12
珠海经济特区立达工贸公司	150	1.12
海南立达工贸进出口公司	100	0.75
中信天津工业发展公司	100	0.75
天津津益联合公司	100	0.75
天津经济开发区展销中心	50	0.38
天津经济技术开发区工业投资公司	50	0.38
浙江省证券公司	50	0.38

五、1993年度资产负债表和利润表

资产负债表

1993年12月31日

天津立达国际商场股份有限公司 单位:人民币元

项目	期末数	期初数	项目	期末数	期初数
流动资产			流动负债:		
货币资金	118122667.58	18608289.37	短期借款	178551864.00	131280000.00
短期投资	21049801.80	125000.00	应付帐款	77940422.37	20878390.62
应收帐款	126725810.06	17602200.19	预收货款	2134466.43	5910603.42
减:备抵坏帐	535268.54	52648.65	应付福利费		12500.21
应收款项净额	126190541.52	17549551.54	未付股利	194411.75	10000000.00
预付货款	12760041.14	16713974.25	未交税金	3571600.75	6346746.33
其他应收款	48659765.45	118354409.21	其他未交款	—407267.17	—423383.98
待摊费用	1045000.00	2549543.24	其他应付款	16567539.51	33294735.52
存货	49029841.19	51759111.52	待扣税金	133859.93	
其中:经销库存商品		29513979.82	流动负债合计	278686897.57	207299592.12
流动资产合计	371547658.68	225659879.10	长期负债:		
长期投资:	95246880.00	33695000.00	应付债券		
固定资产:			长期应付款		
固定资产原价	56691511.43	43353503.59	长期负债合计		
减:累计折旧	6378710.57	5051194.87	股东权益:		
固定资产净值	50312800.86	38302308.72	股本	133400000.00	100000000.00
在建工程	6033317.33	1046567.61	资本公积金	107356811.26	8683385.76
固定资产及在建工程合计	56346118.19	39348816.33	盈余公积金	5931160.93	3232245.90
无形资产	23176146.00	23440512.00	公益金	230068.62	2928983.65
递延资产	2975916.95				
无形资产及其他资产合计	261520062.95	23440512.00			
待处理财产损失:			未分配利润	23687781.44	
待处理流动资产损失(减收益)			股东权益合计	270605822.25	114844615.31
资产总计	549292719.82	322144207.43	负债及股东权益合计	549292719.82	322144207.43

利　润　表

1993 年度

天津立达国际股份有限公司　　单位:人民币元

项　目	本年累计数	上年累计数	项　目	本年累计数	上年累计数
一、主营业务收入	1521433186.97	759511795.00	二、主营业务利润(亏损以“—”号表示)	29284527.30	21161419.38
减:营业成本	1424405667.41	687697094.69	加:其他业务利润(亏损以“—”号表示)	582527.84	500000.00
销售费用	16651892.95	16079865.72	三、营业利润(亏损以“—”号表示)	29867055.14	21661419.38
管理费用	15060655.88	7169481.11	加:投资收益(亏损以“—”号表示)	3758407.29	1051300.00
财务费用	20502076.22	17187256.80	营业外收入	1138174.79	2234000.75
			减:营业外支出	1882233.24	787386.18
营业税金	15528367.21	10216677.30	四、利润总额(亏损以“—”号表示)	32881403.98	24159333.95

62. 云南白药实业股份有限公司

一、1993年经营业绩和近三年主要财务指标

云南白药实业股份有限公司是一家经营中成药的上市公司，该公司股票在深圳证券交易所挂牌。在1993年，该公司的主要经济技术指标再创历史最好水平。其中，中成药产量295吨，比上年增长14%；药品销售收入完成5836万元，比上年增长30%；主产品云南白药继续保持全优出厂，产品市场抽检率继续保持100%合格。该公司全年实现利润1606万元，为溢利预测数1666万元的96%，其最近三年的财务指标如下：

项目指标	单位	1993年	1992年	1991年	1993年增长%
营业收入	千元	58364	44851	37261	30
利润总额	千元	16064	9940	7568	62
税后利润	千元	13240	6365	3993	108
资产总额	千元	176268	63193	59416	179
股东权益	千元	164226	35110	32596	368
每股净资产	元	2.05	1.12	1.17	83
每股收益	元	0.17	0.20	0.14	−15
每股红利	元	0.08	—	—	—
股东权益比率	%	93	56	55	66
净资产收益率	%	13.3	18.8	12	−29

二、前次募集资金的运用情况

该公司1993年发行股票实际募集资金9536万元(包括另两家发起人的股金)，按照招股说明书确定的项目，投资情况如下：

1. 关于投资3500万元，用于扩大现有产品的生产能力，1993年已投资374万元进口德国胶囊填充机及美国检测仪器设备。

2. 关于投资622万元于兴建片剂、鸡精综合车间之项目，正处于设计阶段。

3. 关于投资1502万元用于兴建胶囊车间之项目，改为该公司与台方井田制药有限公司合资经营，该公司计划投资150万元(不包括土地房屋等固定资产投资)，目前正在审批过程中。

4. 关于投资3900万元兴建云丰白药大厦，目前正处于设计、实施阶段。

5. 关于投资140万元用于兴建云丰白药大厦地下停车场，此项目并入云丰白药大厦项目一并实施。

三、1994年经营展望

在1994年，该公司将认真抓好药品的生产经营，强化产品广告宣传，加快新产品的开发研究，加强产品的质量管理，加强新技术、新工艺的应用，争取药品销售收入比上年增长13%；同时，利用闲置资金，积极开展投资活动，以提高资金效益。争取全年实现税后利润2377万元。

四、股本结构和股东持股情况：

1. 1993年末股本结构：

股权	数量(万股)	比例(%)
国有股	4000	50.00
法人股	2000	25.00
社会公众股	2000	25.00
其中：内部职工股	200	2.5
总股本	8000	100.00

2. 前10名大股东持股情况：

股东名称	持股数(万股)	占总股本比例(%)
云南省医药总公司	4000	50
云南省国际信托投资公司	800	10
联江国际贸易有限公司	800	10
中国宝安集团股份有限公司	150	1.875
北京小西保健食品有限公司	70	0.875
深圳大鹏证券公司证券业务部	43	0.537
昆明水泥厂	30	0.375
深圳福田区园岭实业公司永城商场	20	0.25
云南省云瑞劳动服务公司	15	0.1875
云南省鲲鹏航空服务有限公司	10	0.125

五、1993年资产负债表和利润分配表

资产负债表

1993 年度

云南白药实业股份有限公司　　单位:人民币元

项　目	行次	年 初 数	年 末 数	负债及股东权益	行次	年 初 数	年 末 数
流动资产:				流动负债:			
货币资金	1	1290452.10	46393329.21	短期借款	41	18500000.00	2000000.00
短期投资	2		23000000.00	应付票据	42		
应收票据	3			应付帐款	43	200.01	1412936.59
应收帐款	4		12316633.33	预收货款	44		
减:备抵坏帐	5		61583.17	应付福利费	45	125471.18	1108725.72
应收款项净额	6		12255050.16	未付股利	46		
预付货款	7		530948.18	未交税金	47	117402.15	1833313.74
其它应收款	8	5835785.70	6052323.56	其它未交款	48	6147.02	34693.04
待摊费用	9			其它应付款	49	3071154.07	2792431.36
存货	10	27138736.23	31438446.18	预提费用	50	2532744.83	
流动 * 资产合计	11	34264974.03	119670097.29	待扣税金	51		
长期投资:				一年内到期的长期负债	52	2300000.00	
长期投资	19	1296400.00	2414685.60	流动负债合计	55	26653119.26	9182100.45
固定资产:				长期负债:			
固定资产原价	21	30892586.60	59925676.52	长期借款	56	1430000.00	2860000.00
减:累计折旧	22	7806567.57	12786231.10	应付债券	57		
固定资产净值	23	23086019.03	47139445.42	长期应付款	58		
在建工程	24	4136636.38	7044215.58	长期负债合计	62	1430000.00	2860000.00
固定资产清理	25						
固定资产合计	26	27222655.41	54183661.00	股东权益			
				股本	66	31470681.24	80000000.00
无形及其它资产:				资本公积	67		72573124.55
无形资产	30			盈余公积	68	3639002.54	2395043.01
递延资产	31			其中:公益金	69		
无形及递延资产合计	34			未分配利润	70		9258175.88
待处理财产损失:				股东权益合计	75	35109683.78	164226343.44
待处理流动资产损失(减收益)	35	399803.71					
待处理固定资产损失(减收益)	36	8969.89					
待处理财产损失合计	38	408773.60					
资产总计	40	63192803.04	176268443.89	负债及股东权益总计	80	63192803.04	176268443.89

利润及利润分配表

1993年度

云南白药实业股份有限公司　　单位：人民币元

项　目	行次	金　额	项　目	行次	金　额
一、主营业务收入	1	58364435.49	四、利润总额("—":亏损)	14	16064061.78
减:营业成本	2	24220786.74	加:年初未分配利润("—":未弥补亏损)	15	
销售费用	3	4203715.43	上年利润调整("—":减少上年利润)	16	
管理费用	4	4824948.21	盈余公积	17	
财务费用	5	1519325.80	五、可分配利润	18	16064061.78
进货费用	6		减:应缴所得税	19	2823795.74
营业税金及附加	7	7722292.95	提取法定盈余公积	20	3982090.16
二、主营业务利润("—":亏损)	8	15873366.36	提取公益金	21	
加:其它业务利润("—":亏损)	9	—13860.56	六、可供股东分配的利润	22	9258175.88
三、营业利润("—":亏损)	10	15859505.80	减:已分配优先股股利	23	
加:投资收益("—":亏损)	11	158210.17	提取任意公积	24	
营业外收入	12	46974.57	已分配普通股股利	25	
减:营业外支出	13	628.76	七、未分配利润("—":未弥补亏损)	26	9258175.88

63. 广东电力发展股份有限公司

一、1993年经营业绩和近三年财务指标

广东电力发展股份有限公司是一家主营电力生产的上市公司，该公司于1993年发行股票并在深圳证券交易所挂牌。在1993年，该公司共实现税后利润36337万元，超过原计划的近40%完成了全年任务。该公司近三年的财务指标如下(单位：元)：

项目指标	1991年	1992年	1993年	1993年增长率%
营业收入	815014329	748714530	1118538092	+49.4
利润总额	302644280	216586967	427496588	+97.4
税后利润	202771668	145113268	363,372100	+150.4
资产总额	805890819	1383648526	2482083494	+79.4
股东权益	125404468	770982899	2454721761	+218.4
每股净资产			6.13	
每股收益			0.908	
每股红利			0.790	
股东权益收率	15.56%	55.72%	98.90%	+77.5
净资产收益率	161.69%	18.82%	14.80%	−21.4

二、前次募集资金的运用情况

根据"办电为主，多元发展"的经营方针及"长短线投资并举"的经营策略，该公司将发行股票募集到的资金11.868亿元主要用于几个电厂的投资与建设，同时从事一些多种经营项目的开发投资。

1.60100万元用于投资沙角A电厂(3*20万千瓦)；

2.32000万元用于投资湛江电厂(2*30万千瓦)；

3.5286万元用于梅县电厂(B厂)(1*12.5万千瓦)；

4.1584万元用于茂名先驱电厂(1*20万千瓦)；

5.300万元用于投资恒运C厂(1*20万千瓦)；

6.15万元用于投资滨沙电厂(1*10万千瓦)；

7.300万元用于江坑电站(4500千瓦)。

三、1994年经营展望

1994年该公司在大力发展电力生产的同时，将在企业联营、房地产、证券等方面进行投资，争取1994年实现税后利润39439.7万元。

四、股本结构和股东持股情况

1.1993年末股本结构：

股权	数量(万股)	比例(%)
国家股	23750	59.34
法人股	10800	26.98
个人股	5475	13.68
含内部职工股	1075	2.69
社会公众股	4400	10.99
总股本	40025	100.00

2.前10名大股东持股情况：

股东名称	持股数(万股)	占总股本比例(%)
广东省电力集团公司	23750	59.34
建设银行广东省信托投资公司	1562.5	3.90
广东省电力开发公司	781.25	1.95
广东国际信托投资公司	781.25	1.95
广东发展银行	781.25	1.95
广东省电力工业局第一工程局	250.00	0.62
广东省电力实业发展总公司	98.43	0.25
中国人民银行广东省分行工会委员会	93.75	0.23
广东省湛江供电局	87.18	0.22
黄埔发电厂工会委员会	70.4	0.18
合计	28256.01	70.59

五、1993年度资产负债表和利润表

资产负债表

1993年12月31日

广东电力发展股份有限公司 单位:人民币元

资　　产	金　　额	负债及股东权益	金　　额
流动资产:		流动负债	
货币资金	62779598	应付帐款	6494869
短期投资	307700000	职工福利基金	431352
应收帐款	179635543	未交税金	7443160
减:坏帐准备	538907	其他未交款	143214
应收帐款净额	179096636	其他应付款	2849139
其他应收款	71468620	预提费用	
待摊费用	1052554	流动负债合计	17361733
存货	82526308	长期负债:	
流动资产合计	704623716	长期借款	10000000
长期投资:	447876377	股东权益:	
固定资产:		股本	400250000
固定资产原价	1447217244	资本公积金	1691099661
减:累计折旧	389172185	未分配利润	363372100
固定资产净值	1058045059	股东权益合计	2454721761
在建工程	761685		
固定资产合计	1058806744		
无形资产及其他资产:			
无形资产	270431153		
开办费	345504		
无形资产及其他资产合计	270776657		
资产总计	2482083494	负债及股东权益合计	2482083494

利润表

1993年1月1日—12月31日

广东电力发展股份有限公司 单位:人民币元

项　　目	1993年度	项　　目	1993年度
一、主营业务收入	1118538092	加:投资收益	23989922
减:营业成本	638563092	营业外收入	9362724
管理费用	49064933	减:营业外支出	542565
财务费用	−3732798	三、利润总额	427496588
营业税金	39956358	减:企业所得税	64124488
二、主营业务利润	394686507	四、税后利润	363372100

64. 佛山电器照明股份有限公司

一、1993年经营业绩和近三年主要财务指标

佛山电器照明股份有限公司是一家主营电光源产品的上市公司，其股票在深圳证券交易所挂牌。1993年，该公司通过企业转换经营体制，深化内部改革，把握国际国内市场，全年主营业务收入达4.23亿元，工业总产值6.76亿元，实现利润1.114亿元，在全国46个电光源企业中按工业总产值、销售收入、纯利润额排名均列首位。该公司近三年的财务指标如下：

项目指标	1993年	1992年	1991年	1993增长%
主营业务收入(元)	422753896.91	235811367.57	169673655.02	79.27
利润总额(元)	111431233.16	62307,949.83	42549034.89	78.83
税后利润总额(元)	94716548.19	48243829.83	34100626.07	96.32
股东权益(元)	536096166.51	236128781.40	84139935.00	127.04
总资产(元)	681029891.43	403831435.38	140145098.66	68.64
每股净资产(元/股)	6.95	4.08		70.3
每股红利(元/股)	1.10	——		——
每股收益(元/股)	1.23	0.83		48.2
股东权益比率(%)	78.7	58.5		34.5
净资产收益率(%)	24.5	20.4		20.1

二、前次募集资金的运用情况

该公司1993年向社会公开发行A股1930万股，扣除发行费用后，净收入人民币19203.5万元。这些资金已投入或正在投向：

1. 投资6000万元与日本东芝硝子株式会社、三井物产株式会社和香港佑昌公司等四方合资生产经营铅玻璃管产品，外方出资55%、中方出资45%。

2. 投资5000万元在务庄办新厂，把普通灯泡车间和池炉车间搬出去，扩大普泡年产量到8000万只。

3. 投资3000万元，用于开发摩托车、汽车石英卤钨灯泡，各形成年产200万只的生产能力。

4. 投资2000万元，用于扩大碘钨灯、溴钨灯和单端卤钨灯生产的设备配套。

5. 投资3000万元，建造一座20000平方米供新产品研制、质量检测用的科技综合大楼。

三、1994年经营展望

在1994年，该公司将以产品国际化、经营多元化、产销一体化为发展战略，坚持以电光源生产经营为主，继续努力向房地产、金融投资、进出口贸易等方向拓展，加快与国际市场接轨的步伐，使该公司逐步迈向多元化、国际化、现代化的新里程；力争主营业务收入达6亿元，全年实现利润1.25亿元。

四、股本结构和股东持股情况

1. 1993年末股本结构：

股权	股数(万股)	比例(%)
国家股	2893	37.5
法人股	1737	22.5
个人股(含内部职工股)	3087	40.0
总股本	7177	100.00

2. 前10名大股东持股情况：

股东名称	股数(万股)	比例(%)
佛山市国有资产管理办公室	2893	37.5
南海市务庄彩釉砖厂	50	0.65
佛山市鄱阳印刷实业公司	50	0.65
南海市务庄陶瓷原料厂	83	1.07
佛山市机关服务站	55	0.71
南海市罗村务庄灯泡厂	52.5	0.68
佛山丰信实业公司	50	0.65
佛山市财务发展公司	45	0.58
佛山金戈大厦	40	0.52
佛山市工业经济发展总公司	37.5	0.48
合计	3356	43.49

五、1993年度资产负债表和利润及利润分配表

资 产 负 债 表

佛山电器照明股份有限公司　　单位:人民币元

资　　产	1993年12月31日	1992年12月31日	负债及股东权益	1993年12月31日	1992年12月31日
流动资产:			流动负债:		
货币资金	61129192.67	181922999.48	短期借款	—	3000000.00
短期投资	171537102.24	—	应付帐款	18864335.15	22899854.96
应收帐款	71546077.49	22764583.56	预收货款	12466607.37	4968226.91
减:备抵坏帐	357730.39	—	职工福利基金	13643418.64	12525300.21
应收帐款净值	71188347.10	22764583.56	未交税金	8128697.18	9050622.45
预付货款	36606201.94	51738382.97	其他未交款	3182930.97	3759040.25
其他应收款	27396388.96	14975671.43	其他应付款	73570042.20	92292558.27
待摊费用	305673.08	729886.99	预提费用	—	5018962.26
存货	60556229.45	44433430.91	待扣税金	—	(1599833.74)
流动资产合计	428719135.44	316564955.34	流动负债合计	129856031.51	151914731.57
长期投资:			长期负债:		
长期投资	67746091.09	8280950.98	长期应付款	15077693.41	15787922.41
固定资产:			长期负债合计	15077693.41	15787922.41
固定资产原价	107283110.83	70434727.51	股东权益:		
减:累计折旧	20301620.67	14298149.34	股本	77170000.00	57870000.00
固定资产净值	86981490.16	56136578.17	资本公积金	359560836.92	173610000.00
在建工程	77923589.74	3445403.89	未分配利润	99365329.59	4648781.40
固定资产合计	164905079.90	59581982.06	股东权益合计	536096166.51	236128781.40
无形资产及其他资产:					
无形资产	16839585.00	17183250.00			
长期待摊费用	2820000.00	2220297.00			
无形及其他资产合计	19659585.00	19403547.00			
资产总计	681029891.43	403831435.38	负债及股东权益总计	681029891.43	403831435.38

利润及利润分配表

佛山电器照明股份有限公司　　单位:人民币元

项　目	1993年度	1992年度	项　目	1993年度	1992年度
一、主营业务收入	422753896.91	235811367.57	三、营业利润	110256707.02	59416209.76
减:营业成本	227949017.28	101207996.34	加:投资收益	3245755.41	4120403.53
销售费用	20948579.37	6629509.49	营业外收入	712579.24	—
管理费用	26183194.38	28116,240.59	减:营业外支出	2783808.51	1228663.46
财务费用	(10471611.50)	(2468460.37)	四、利润总额	111431233.16	62307949.83
营业税金	51004813.71	43710629.48	加:以前年度利润调整	—	565880.00
二、主营业务利润	107139903.67	58615452.04	减:所得税	16714684.97	14630000.00
加:其他业务利润	3116803.35	800757.72	五、税后利润总额	94716548.19	48243829.83

65. TCL 通讯设备股份有限公司

一、1993 年经营业绩和近三年财务指标

惠州 TCL 通讯设备股份有限公司是一家经营电话生产的专业公司，该公司于 1993 年下半年向社会公开发行股票并在深圳证券交易所挂牌上市。在 1993 年，该公司狠抓产品质量和国内外两个市场的开拓，在激烈的竞争中实现了高速发展，超额完成了全年生产计划，取得了显著的经济效益，全年实现产值 57000 万元，产量 480 万台，创汇 1400 万美元，利润 5653.15 万元，与年初的预测相比超额了 35.96%。该公司近三年的财务指标如下(单位：万元)：

项目指标	1991 年	1992 年	1993 年	1993 年增长率(%)
营业收入	27116	38220	61013	59.63
利润总额	1664	2754	5653	105.29
税后利润	1459	2443	4982	103.93
资产总额	9945	22816	49803	118.28
股东权益	2525	10206	26134	156.05
每股净资产(元)		1.91	3.67	92.15
每股收益(元)			0.70	
每股红利(元)			0.385	
股东权益比率		0.4473	0.5247	17.3
净资产收益率		0.3837	0.2741	−28.56

二、前次募集资金的运用情况

该公司募集资金的使用情况基本如招股说明书所述，其投向如下：

1. 投资 400 万美元与日本电器香港有限公司、香港兴达投资有限公司在惠州市江北开发区合资兴建"TCL 移动通讯设备有限公司"，生产、销售、维修日本电器株式会社(NEC)设计的 NEC 数据显示传呼机等通讯产品。

2. 投资 500 万港币与台湾东讯股份有限公司在惠州建立合资公司，生产经营集团电话、数字环路载波等通讯产品，其中数字环路载波具有国际先进水平。

3. 投资 30 万美元和深大电话有限公司、TCL 通讯设备(香港)有限公司在深圳合资兴建"深大(TCL)通讯设备有限公司"，主要开发、生产、经营各式电话机、传真机、传呼机、程控交换机等。

4. 投资 1000 万港元、30 万美元用于技术设备更新，购买先进仪器，提高产品质量，加快产品的更新换代。

5. 投资 3500 万元，用于建造 12 层的 TCL 大厦和员工宿舍，解决产品供不应求的问题和员工的后顾之忧。

三、1994 年经营展望

在 1994 年，该公司将进一步扩大生产规模，提高产品质量，扩大市场覆盖率。争取生产电话机 650 万台，实现产值 90000 万元，创汇 2000 万美元，实现税后利润 7500 万元。

四、股本结构和股东持股情况

1. 1993 年末股本结构：

股权	数量(万股)	比例(%)
法人股	2492	35
外资股	1780	25
社会公众股	1780	25
内部职工股	1068	15
总股本	7120	100

2. 前 10 名大股东持股情况：

名称	持股数(股)	占总股本比例(%)
TCL 通讯设备(香港)有限公司	17800000	25
惠州市邮电通讯发展公司	11264235	15.8
惠州经贸投资公司	7592500	10.7
惠州市电子通讯工业总公司	3393250	4.8
惠州市通讯器材工业公司	1200000	1.7
惠州市通讯发展总公司	900000	1.3
惠州市外贸企业发展总公司	300000	0.42
惠州市 TCL 云天集团公司	270000	0.38
李爱莲	175800	0.24
盛敬纯	131200	0.18

五、1993 年度资产负债表和利润及利润分配表

资产负债表

1993年12月31日

TCL通讯设备股份有限公司　　单位：人民币元

资　产	期末数	年初数	负债及股东权益	期末数	年初数
流动资产：			流动负债：		
货币资金	99240872.86	56477270.32	短期借款		10000000.00
短期投资	3424956.82	225400.00	应付帐款	30832580.94	78786255.33
应收帐款	215811086.26	86516870.00	预收货款	45747334.12	
预付货款	7663539.21		应付福利费	4552417.30	2228926.61
坏帐准备	1216337.63	432584.95	未付股利	3899513.70	3581443.69
应收预付净额	222258287.84	86084285.65	未交税金	7694654.05	8161235.30
其他应收款	8328345.44	27655657.75	其他应付款	38916146.95	16871457.21
应收关联企业款	19792900.95		应付关联企业款	104188230.30	
待摊费用	1800445.99	108270.00	预提费用	860100.00	3543222.15
存货	60507476.70	19603564.21	流动负债合计	236690976.73	123172540.29
流动资产合计	415353286.60	190154440.00	长期借款：		2919490.00
长期投资：	12246622.05	6115501.33	长期负债合计		2919490.00
固定资产原值	37096811.25	25776148.86	股本	71200000.00	53400000.00
累计折旧	9081677.65	5740140.56	普通股	71200000.00	53400000.00
固定资产净值	28015133.60	20022008.80	资本公积金	131610319.61	33508965.07
在建工程	42416235.59	11854520.06	盈余公积金	8711997.92	2268521.52
固定资产合计	70431369.19	31886528.36	其中：公益金	3960632.39	2207589.47
			未分配利润	49817983.58	12886952.81
			股东权益合计	261340301.11	102064439.40
资产总计	498031277.84	228156169.69	负债及股东权益总计	498031277.84	228156469.69

利润及利润分配表

1993年度

TCL通讯设备股份有限公司 单位:人民币元

项目	本期累计数	上年同期数	项目	本期累计数	上年同期数
一、主营业务收入	610129078.97	382197689.45	加:年初未分配利润	12886952.81	14616507.95
减:营业成本	499629252.22	328546881.19	年初未分配利润调整数	4639.61	(14183.32)
销售费用	8817366.37	5986687.49	五、可分配利润	69423112.71	42139233.31
管理费用	12935491.09	5282856.36	减:应交所得税	6718176.32	3108552.89
财务费用	9610844.35	(86016.75)	提取法定盈余公积	1288695.28	
营业税金及附加	26792128.65	16491511.28	提取公益金	1933042.92	1973150.85
二、主营业务利润	52343996.29	52975769.88	六、可供股东分配的利润	59483198.19	37057529.57
加:其他业务利润			减:提取任意盈余公积	3221738.20	1860640.43
三、营业利润	52343996.29	25975769.88	转作资本金		9955266.61
加:投资收益	4280602.85	1692121.79	已分原合资公司股利		12354669.72
营业外收入	441277.37	398949.67	已分原股(内部股)股利	6443476.41	
减:营业外支出	534356.22	529932.66			
四、利润总额	56531520.29	27536908.68	七、未分配利润	49817983.58	12886952.81

66. 皖能股份有限公司

一、1993年经营业绩和近三年财务指标

皖能股份有限公司是安徽省经营电力产品的一家上市公司。该公司于1993年向社会公开发行股票并在深圳证券交易所挂牌。1993年该公司共发电21.9亿千瓦时,销售19.6亿千瓦时,分别占安徽全省发电量和用电量的8.30%和8.54%。实现主营业务收入和利润较上年分别增长19.34%和106.91%,税后利润完成年度溢利预测的104.4%。该公司近三年的财务指标如下:

项目指标	单位	1993年	1992年	1991年	1993年增长%
主营业务收入	万元	50560	42365	34639	19.34
利润总额	万元	15481	7482	4716	106.91
税后利润	万元	14851	7482	4716	98.49
资产总额	万元	111951	35967	36690	211.26
股东权益	万元	108565	34320	35878	216.33
每股净资产	万元	1.96			
每股收益	元	0.27			
每股红利	元	0.20			
股东权益比率	%	96.98			
净资产收益率	%	20.79			

二、前次募集资金的运用情况

1993年该公司发行股票共募集资金56062.5万元。招股说明书安排资金用途主要为电力建设,占募集资金的93.29%。具体办电项目为:

1.投资芜湖电厂三期9800万元。

2.投资马鞍山电厂一期36000万元。

3.投资洛河电厂二期等6500万元。

该公司董事会考虑到上述电力项目投资周期较长,发生效益慢,有一定风险;按照第一次股东大会决议授权董事会"如有更好的提高皖能效益的机遇,皖能公司董事会还会适当改变上述投资方向"的要求,将募股资金在不改变投资电力建设的前提下,具体项目改为收购已产生效益的马鞍山电厂#11、#12机组。这两台机组分别于1991年4月和次年2月投产。

三、1994年经营展望

1994年该公司将充分利用股份制企业和电力行业的优势,致力于"以电力建设为龙头,以开发与能源相关产业为支柱,积极发展其他行业"的发展战略,以市场为导向,以经济效益为中心,立足安徽,面向全国,外引内联,不断开拓,朝多元化集团公司迈进,从而较快地提高公司经济效益和社会效益,创建绩优公司。同时规避市场风险,保证股东的投资回报在稳定提高的基础上能得到较快增长。争取实现税后利润23807万元。

四、股本结构和股东持股情况

1.1993年末股本结构:

股权	数量(万股)	比例(%)
国有法人股	32500	58.56
法人股	16000	28.83
社会个人股(含内部职工股700万股)	7000	12.61
总股本	55500	100.00

2.截止1993年12月31日该公司10大股东和持股数、所占股本比率与上市公告书上所披露的无任何变化。

五、1993年度资产负债表和利润及利润分配表

资产负债表

1993年12月31日

皖能股份有限公司　　　　单位:人民币元

资　　产	行次	年 初 数	年 末 数	负债及股东权益	行次	年 初 数	年 末 数
流动资产:				流动负债:			
货币资金	1	5400128.52	270461804.13	短期借款	41	5000000.00	5000000.00
短期投资	2		10000000.00	应付票据	42		
应收票据	3			应付帐款	43	5400128.52	14132708.35
应收帐款	4			预收货款	44		
减:备抵坏帐	5			应付福利费	45		226042.20
应收款项净额	6			未付股利	46		
预付货款	7		529320.91	未交税金	47		6296360.84
其他应收款	8	4922180.88	28318966.54	其他未交款	48	93786.18	
待摊费用	9		4400136.65	其他应付款	49		7201379.97
存货	10	10722355.29	23390066.57	预提费用	50	5887271.78	
流动资产合计	18	21044644.69	337095294.80	待扣税金	51		
长期投资:				一年内到期的长期负债	52		
长期投资	19		298094895.58	流动负债合计	55	16381186.49	33856480.36
固定资产				长期负债:			
固定资产原价	21	411611998.92	470049906.12	长期借款	56		
减:累计折旧	22	77855738.86	10785820.64	应付债券	57		
固定资产净值	23	333756260.06	59264085.48	长期应付款	58		
在建工程	24	4864820.82	7753544.33	长期负债合计	62		
固定资产清理	25			股东权益:			
固定资产合计	26	338620880.88	467017629.81	股本	66	341766365.99	555000000.00
				资本公积	67		494969256.57
				盈余公积	68		
无形及其他资产				其中:公益金	69		
无形资产	30		17297304.84	未分配利润	70	1517973.09	36679378.10
递延资产	31						
无形及其他资产合计	34		17297304.84	股东权益合计	75	343284339.08	1085648634.67
待处理财产损失:							
待处理流动资产损失(减收益)	36						
待处理固定资产损失(减收益)	38						
待处理财产损失合计	39						
资产总计	40	359665525.67	1119505125.03	负债及股东权益总计	80	359665525.67	1119505125.03

利润及利润分配表

1993 年度

皖能股份有限公司　　单位:人民币元

项　目	行次	93.10—12	全年累计	项　目	行次	93.10—12	全年累计
一、主营业务收入	1	141831060.00	505603120.00	四、利润总额(亏损以"—"号表示)	14	41975738.94	154805424.41
减:营业成本	2	91819677.44	317563482.69	加:年初未分配利润(未弥补亏损以"—"号表示)	15		
销售费用	3	2791950.00	9795720.00	上年利润调整(减少上年利润以"—"号表示)	16		
管理费用	4	66521.29	66521.29	盈余公积转入	17		
财务费用	5	—2547275.28	—2452901.97	五、可分配利润	18	41975738.94	154805424.41
进货费用	6			提取法定盈余公积	20		
营业税及附加	7	7614358.40	25184672.00	减:应交所得税	19	6296360.84	6296360.84
二、主营业务利润(亏损以"—"号表示)	8	42085828.15	155455625.99	提取公益金	21		
加:其他业务利润(亏损以"—"号表示)	9			六、可供股东分配的利润	22		
三、营业利润(亏损以"—"号表示)	10	42085828.15	155445625.99	减:已分配优先股股利	23		
加:投资收益(亏损以"—"号表示)	11			提取任意公积金	24		
营业外收入	12			已分配普通股股利	25		
减:营业外支出	13	110089.21	640201.58	七、未分配利润(未弥补亏损以"—"号表示)	26	35679378.10	148509063.57

67.郑州白鸽(集团)股份有限公司

一、1993年经营业绩和近三年财务指标

郑州白鸽(集团)股份有限公司于1993年11月向社会公开发行股票并在深圳证券交易所挂牌上市。在1993年,该公司把握市场对高、新、尖磨料磨具产品需求量增加的机会,面对市场激烈竞争,调整产品结构,扩大经营范围,提高产销率,取得了良好的经济效益。其中,该企业的市场综合占有率为20%,实现利润4017万元,超过了3697万元的年度计划。该公司近三年的主要财务指标如下(单位:元):

项目指标	1991年	1992年	1993年	增长率
营业收入	259097939	270754809	313865579	15.92%
利润总额	29689502	45282585	51752347	14.29%
税后利润	20529127	33781300	40175932	18.93%
资产总额	398363005	420470649	787597970	87.31%
股东权益	97161277	104411886	347988786	233.28%
股东权益比率	24.39%	24.83%	44.18%	77.93%
净资产收益率	21.13%	32.35%	11.55%	
每股收益			0.27	
每股净资产			2.32	
每股红利			0.21	

二、前次募集资金的运用情况

该公司1993年发行股票共筹集资金15750万元人民币(未扣除承销费用),其主要投向如下:

1.引进倾倒式棕刚玉冶炼炉投资2621万元。

2.精密砂轮、磨钢球砂轮生产线980万元。

3.郑州高新技术开发区之白鸽高新技术产品有限公司投资2500万元。

4.上海白鸽华新公司投资233.5万元。

5.登封联营磨料厂追加投资200万元用于扩建工程。

6.投资150万元建立白鸽树脂磨具厂。

三、1994年经营展望

1994年该公司计划生产磨料27000吨,磨具15300吨,商品块6200吨,人造金刚石制品70万克拉,涂附磨具420万平方米。实现工业产值24500万元,争取主营业务收入达30520万元,实现利润总额10328万元,税后利润8405万元。

四、股本结构及股东持股情况

1.1993年末股本结构:

股权	数量(万股)	比例(%)
国家股	10500	70.00
个人股	4500	30.00
其中内部职工股	450	3.00
总股本	15000	100.00

2.前10名股东持股情况如下:

股东名称	持股数(股)	占总股本比例%
郑州市国有资产管理局	105000000	70
王绍元	753600	0.5
王蕾	455500	0.3
张蕾	439000	0.29
顾红	400000	0.27
雷晖	213500	0.14
薛小连	191000	0.13
翟美玉	162500	0.11
蒲元刚	153500	0.10
袁宏	90500	0.06
合计	107859100	71.90

五、1993年度资产负债表和利润表

资产负债表(合并)

1993年12月31日

郑州白鸽(集团)股份有限公司 单位:人民币元

资 产	行次	年初数	年末数	负债及所有者权益	行次	年初数	年末数
流动资产:				流动负债:			
货币资金	1	13393100	56095150	短期借款	41	118540000	203060000
短期投资	2			应付票据	42		
应收票据	3			应付帐款	43	8735968	19683959
应收帐款	4	68152908	23281511	预收货款	44		180236
减:备抵坏帐	5	204459	104122	应付福利费	45	3214624	5616662
应收帐款净额	6	67948449	23177389	未付股利	46		
预付货款	7	1573812	5873336	未交税金	47	4330992	1451377
其他应收款	8	24684153	125105954	其他未交款	48	10873009	10061625
待摊费用	9	4719647	4394748	其他应付款	49	59214038	84348515
存货	10	122122365	218911648	预提费用	50		3857343
流动资产合计	15	234441526	433558225	待扣税金	51		
长期投资:				一年内到期长期负债	52		
长期投资	16	12528505	60897858	流动负债合计	49	204908631	325356963
固定资产:				长期负债:			
固定资产原价	18	243482377	332142413	长期借款	56	105745731	104495731
减:累计折旧	19	180309602	213336658	应付债券	57		
固定资产净值	20	63172775	118805755	长期应付款	58		
在建工程	21	107411368	110301932	长期负债合计	56	105745731	104495731
固定资产清理	22			少数股权		5404401	9756490
固定资产合计	25	170584143	229107687	股东权益			
无形及其他资产				股本	66	104411886	150000000
无形资产	26	2374807	34520187	资本公积金	67		157812854
递延资产	30		29514013	盈余公积金	68		
	31			未分配利润	70		40175932
无形及其他资产合计	35	2374807	64034200				
待处理财产损失:				股东权益合计	80	104411886	347988786
待处理流动资产损失	36	541668					
待处理固定资产损失	37						
待处理财产损失合计	38	541668					
资产总计	40	420470649	787597970	负债及股东权益总计	49	420470649	787597970

利润表(合并)

1993年度

郑州白鸽(集团)股份有限公司　　单位:人民币元

项　　目	行次	金　额	项　　目	行次	金　额
一、主营业务收入	1	313865579	营业外收入	12	771233
减:营业成本	2	198331159	减:营业外支出	13	3950564
销售费用	3	13352071	四、利润总额	14	51752347
管理费用	4	23700755	减:所得税(税率15%)	15	8054005
财务费用	5	18513741	五、税后利润	16	43698342
进货费用	6		减:少数股权利润	17	3522410
营业税金及附加	7	10040644	六、减少数股权后的利润	18	40175932
二、主营业务利润	8	49927209	七、提取法定盈余公积金	19	4017593
加:其他业务利润	9	4903669	八、提取公益金	20	4071593
三、营业利润	10	54830878			
加:投资收益	11	100800	九、可供股东分配的利润	21	32140746

68. 吉林制药股份有限公司

一、1993年经营业绩和近三年主要财务指标

吉林制药是一个在深圳证券交易所挂牌的上市公司。在1993年，该公司集中力量抓好生产，力争产品适销对路。经过全体员工的努力，主要经济技术指标均创历史最好水平。其中，生产退热冰5219.15吨，阿斯匹林1982.20吨，水扬酸1940.63吨，实现利润2063.5万元，完成溢利预测的99.8%。该公司近三年的主要财务指标如下：

项目指标	1993年	年增长率%	1992年	1991年
主营业务收入(万元)	16281.0	7	15216.8	1398.8
利润总额(万元)	2063.5	145	841.7	571.8
税后利润(万元)	1754.0	157.6	680.8	462.2
资产总额(万元)	33720.3	88.34	17904.2	11552.3
股东权益(万元)	25360.5		7926.6	
每股净资产(元)	2.39			
每股收益(元)	0.17			
每股红利(元)	0.14			
股东权益比率	75.21%			
净资产收益率	10.5%			

二、前次募集资金的运用情况

1993年该公司募集股金15000万元，扣除发行费700万元后的资金均按招股说明书所列计划使用，其投向如下：

1. 医药基地一期工程土建安装投入1750万元。
2. 医药基地一期工程公用工程及征地投入930万元。
3. 医药基地一期工程计划94年分期投入11000万元。
4. 待完工试车费用620万元。

三、1994年经营展望

在1994年，该公司将强化现代化企业管理制度，努力开发、研制新产品，加快化学合成原料药基地建设的步伐，力争早投产，多创效益。同时，办好第三产业，发展多种经营，开展证券投资活动，拓展业务范围，争取1994年实现主营业收入12820万元，税后利润2210万元。

四、股本结构和股东持股情况

1. 1993年末股本结构：

股权	数量(万股)	比例(%)
国有股	2605	24.58
法人股	3535	33.34
个人股 (含内部职工股)	4460	42.08
总股本	10600	100

2. 持股超过1%的大股东持股情况：

股东名称	持股数(万股)	占总股本比例(%)
吉林市国有资产管理局	2605	24.58
深圳投资基金管理公司	1682.5	15.87
深圳经济特区房地产总公司	1682.5	15.87
吉林市银丰物资经销公司	120	1.13

五、1993年度资产负债表和利润及利润分配表

资产负债表(合并)

1993年末

吉林制药股份有限公司 单位:人民币元

资 产	1992年12月31日	1993年12月31日	负债及股东权益	1992年12月31日	1993年12月31日
流动资产:			流动负债:		
货币资金	41091041.93	66099354.64	短期借款	35386000.00	36470000.00
短期投资		54200500.00	应付票据		
应收票据			应付账款	13906204.00	19910308.60
应收帐款	31412031.87	46005683.05	预收货款	7246383.40	5387315.07
减:备抵坏帐	94236.10	114744.95	应付福利费	32065.47	-171246.23
应收账款净额	31317795.77	45890938.10	未付股利		
预付货款	4318122.41	6065607.08	未交税金	1526303.09	-340397.38
其他应收款	9177651.76	3563036.19	其他未交款	175056.18	-23162.80
待摊费用	168896.15	586719.36	其他应付款	9648296.27	2382883.68
存货	44182122.69	52674616.27	预提费用	404024.84	86770.00
流动资产合计	130755630.71	229080771.64	应付工资	1410916.89	46479.78
长期投资:			一年内到期的长期负债		
长期投资	1352538.29	1599990.54	流动负债合计	69735250.14	63728950.72
固定资产:			长期负债:		
固定资产原价	39558016.61	69557000.57	长期借款	25037000.00	14715000.00
减:累计折旧	10221806.69	12766248.65	应付债券		
固定资产净值	29336210.92	66790751.92	长期应付款		
在建工程	16613091.43	42688089.99	长期负债合计	25037000.00	14715000.00
固定资产合计	45949302.35	99478841.91	股东权益:		
无形及其他资产:			股本	76000000.00	106000000.00
无形资产	786866.67	6905620.00	资本公积		126788610.00
其中:土地	590000.00		盈余公积金	489944.74	3120977.72
递延资产	198317.67	138317.57	其中:公益金	163314.91	1040325.90
无形及其他资产合计	984984.34	7043937.67	未分配利润	2776358.53	17685540.40
			股东权益合计	79266298.27	253605128.12
			少数股权	600390728	5154462.92
资产总计	179042455.69	337203541.76	负债及股东权益总计	179042455.69	337203541.76

利润及利润分配表(合并)

1993年12月

吉林制药股份有限公司　　单位:人民币元

项　　目	行次	金　　额	项　　目	行次	金　　额
一、主营业务收入	1	162810223.60	四、利润总额(亏损以一号表示)	15	20635552.77
减:营业成本	2	121146591.71	加:年初未分配利润(未弥补亏损以一号表示)	15	2776353.50
销售费用	3	1798482.94	上年利润调整数(减少上年利润以一表示)	16	
管理费用	4	9935495.95	公积金转入	17	
财务费用	5	3229418.39	五、可分配利润	18	23411906.30
进货费用	6		减:应交所得税	19	3095332.92
城建税及教育费附加	7	5051019.28	提取法定盈余公积金	20	1754021.99
二、主营业务利润(亏损以一号表示)	8	21649212.33	提取公益金	21	877010.99
加:其他业务利润(亏损以一号表示)	9	6183.52	六、可供股东分配的利润	22	17685540.40
三、营业利润(亏损以一号表示)	10	21655395.85	减:已分配优先股股利	23	
加:投资收益(损失以一号表示)	11	306750.73	提取任意公积金	24	
营业外收入	12	436823.93	已分配普通股股利	25	
减:营业外支出	13	1762255.06			
少数股权的投资收益	14	1162.68	七、未分配利润(未弥补亏损以一号表示)	26	17685540.40

69. 吉林轻工股份有限公司

一、1993年经营业绩和近三年财务指标

1993年，吉林轻工股份有限公司向社会公开发行股票并在深圳证券交易所挂牌上市。这一年，是该公司由贸易型公司向工业实体转轨的起步年，该公司根据所制定的以贸养工，以工促贸，科工贸并举的经营方针，扩大企业的经营规模，壮大工业基础，拓展房地产和证券业务，取得了预期的经济效益，累计完成税后利润2242万元，比年度溢利预测高9.18%。该公司近三年的财务指标如下：

项目指标	1993年	增长率	1992年	1991年
营业收入(万元)	11577	76.64	6554	4331
利润总额(万元)	2409	1052.63	209	111
税后利润(万元)	2242	1270.41	163.6	86.5
资产总额(万元)	26424	87.12	14121	5128
股东权益(万元)	20741	155.31	8146	978
每股净增产(元/股)	1.94		1.02	
每股收益(元/股)	0.21		0.02	
每股红利(元/股)	0.16		0.01	
股本权益比率(%)	78.49	36.05	57.69	
净资产收益率(%)	15.52		3.6	

二、前次募集资金的运用情况

1993年，该公司发行股票募集股金1.08亿元，扣除发行费810万 元，均按招股说明书所列计划使用，具体投向如下：

1. 投入2272.34万元在长春高科技开发区兴建“长春辐照实业有限公司”。

2. 投入1811.3万元与香港中银集团合资兴办具有国际医药GMP标准的“珠海万顺制药有限公司”。

3. 投入1588.76万元用于建设珠海白山不锈钢制品有限公司的二期工程。

4. 投入4000多万元用于扩大贸易经营规模，开展短线贸易。

三、1994年业务展望

1994年该公司将在巩固原有贸易的基础上，不断开拓新的经营项目，努力办好三个支柱企业，加强房地产、证券业的建设，继续按照投资、参股的方针、向外发展。该公司预计1994年实现税后利润3373.5万元。

四、股本结构及股东持股情况

1. 1993年末股本结构：

股权	数量(万股)	比例(%)
国家股	1330	12.43
法人股	5070	47.39
社会公众股	2700	25.23
内部职工股	1600	14.95
总股本	10700	100.00

2. 前10名股东持股情况：

股东名称	数量(万股)	占总股本比例(%)
深圳投资基金管理公司	1000	9.35
海南顺兴房地产开发公司	1000	9.35
海南顺丰股份有限公司	800	7.48
交通银行长春分行	500	4.67
中国宝安集团股份有限公司	250	2.33
海南化纤工业股份有限公司	250	2.33
深圳兰天基金管理公司	213	1.99
吉林省国际信托投资公司	200	1.87
沈阳东毛实业有限公司	200	1.87
海南亿丰拍卖有限公司	200	1.87

五、1994年度资产负债表和利润及利润分配表

资　产　负　债　表

1993年12月31日

吉林轻工股份有限公司　　　　单位：人民币元

资　产	行次	年　初　数	期　末　数	负债及所有者权益	行次	年　初　数	期　末　数
流动资产：				流动负债：			
货币资金	1	14372933.00	28463019.03	短期借款	46	21600000.00	26566592.43
短期投资	2		32667232.28	应付票据	47		
应收票据	3	3700000.00	741727.82	应付账款	48		7637652.09
应收账款	4	36034996.00	41831810.99	预收账款	49	17794114.00	3199409.38
减：坏账准备	5		32838.74	其他应付款	50		11206547.96
应收账款净额	6	36034996.00	41798972.25	应付工资	51		2600000.00
预付账款	7	37299732.00	38020935.84	应付福利费	52		－94361.56
应收补贴款	8			未交税金	53	653029.00	1207283.08
其他应收款	9	25466001.00	21746531.07	未付利润	54		－75402.30
存货	10	4941333.00	18765164.57	其他未交款	55	19703492.00	
待转其他业务支出	11			预提费用	56		387147.02
待摊费用	12	45301.00	42522.48	其中：原大修理基金结余转入数	57		
其中：原待核销基建支出科目转入数	13			一年内到期的长期负债	58		
原库存商品科目转入数	14			其他流动负债	59		
原大修理基金赤字转入数	15						
其他转入数	16						
待处理流动资产净损失	17						
一年内到期的长期债券投资	18						
其他流动资产	19						
流动资产合计	20	121860296.00	182246105.34	流动负债合计	65	59750635.00	52634868.10
长期投资：		4657440.00	35331789.54	长期负债：			
长期投资	21	4657440.00	35331789.54	长期借款	66		
固定资产：				应付债券	67		
固定资产原价	24	13074717.00	37826575.47	长期应付款	68		
减：累计折旧	25	541012.00	1014344.50	其他长期负债	75		
固定资产净值	26	12533705.00	36812230.97	长期负债合计	76		
固定资产清理	27			股东权益：			
在建工程	28	1237874.00	2667372.42	股本	78	80000000.00	107000000.00
待处理固定资产净损失	29			资本公积	79		76657563.55
固定资产合计	30	13771579.00	39479603.39	盈余公积	80		5895853.01
无形及递延资产：		919197.00	7178736.64	未分配利润	81	1457877.00	17861390.25
无形资产	31	600000.00	6330676.00	所有者权益合计	85		207414806.81
递延资产	32	319197.00	848060.64	少数股东权益：			4186560.00
其中：原待核销基建支出科目转入数	33			少数股东权益	87		4186560.00
原库存商品科目转入数	34						
原大修理基金赤字转入数	35						
其他转入数	36						
无形及递延资产合计	40						
其他长期资产：							
其他长期资产	41						
资产总计	45	141208512.00	264236234.91	负债及所有者权益总计	90	141208512.00	264236234.91

利润及利润分配表

吉林轻工股份有限公司　　单位：人民币元

项　目	行次	本年累计数	项　目	行次	本年累计数
一、商品销售收入	1	115773225.94	财务费用	18	－2464837.21
其中：采用托收承付结算方式尚未收到的货款	2		其中：递延资产转入数	19	
减：销售折扣与折让	3		汇兑损失	20	
商品销售收入净额	4	115773225.94	四、营业利润	23	4744464.40
减：商品销售成本	5	105153999.91	加：投资收益	24	12244438.58
经营费用	6	1022826.76	补贴收入	25	
商品销售税金及附加	7	908450.82	营业外收入	26	7310664.52
二、商品销售利润	10	8687948.45	减：营业外支出	27	204873.54
加：代购代销收入	11		五、利润总额	28	24094693.96
三、主营业务利润	14	8687948.45	六、应交所得税、调节税、利润	29	1673383.91
加：其他业务利润	15	204739.08	月末未交所得税、调节税、利润	30	1110927.70
减：管理费用	16	6613060.34			
其中：递延资产转入数	17		七、可分配利润	31	22421310.05

70. 福建省福发股份有限公司

一、1993年经营业绩和近三年财务指标

福建省福发股份有限公司是一家主营发电设备的上市公司，其股票在深圳证券交易所挂牌。1993年，该公司全面推进企业转换经营机制，促进了各项工作的全面发展，企业产销两旺，经济效益稳步增长。据统计，1993年该公司共完成工业总产值10800万元，完成年计划的120%；实现销售收入10696万元，完成年计划的118.84%，实现利润总额1074.31万元，完成计划的101.16%，该公司近三年的财务指标如下(单位:元)

项目指标	1993年	1992年	1993年增长	1991年
主营业务收入	106959482	65039563	64.45%	46107413
利润总额	10743145	5725453	87.64%	3894038
税后利润	9179583	4351.344	110.96%	2959469
资产总额	161964874	92914981	74.32%	56071132
股东权益	90794639	35346164	156.8%	12,137,833
每股净资产	1.71			
每股收益	0.17			
股东权益比率(%)	56.06			
净资产收益率(%)	10.11			

二、前次募集资金的运用情况

该公司于1993年11月向社会公开发行股票股，扣除发行费用后共募资金5060万元，所募资金主要运用于：

1. 总投资为2362万元的发展E系列发电机及特殊用途机组技术改造项目，于1993年3月动工，至年底已投入资金900万元。

2. 投资600万元与沈阳冠信房地产开发公司合作进行房地产开发。

3. 归还福州市工商银行技改贷款370万元。

4. 补充流动资金1143万元。

5. 长期投资上海柴油机股份有限公司(法人股)104万元。

6. 投资743万元用于股票、证券等短期投资业务。

7. 为扩大公司的经营规模，投资200万元征用土地9.27亩。

三、1994年经营展望

在1994年，该公司将充分利用新的运行机制，推行"一业为主，多种经营"的经济战略，以高科技产品为先导，立足国内市场，开拓国际市场，抓紧在建工程的竣工投产，涉足房地产开发、金融投资、商业贸易等，扩大盈利来源，分散经营风险。争取完成营业收入11000万元，实现利润1900万元。

四、股本结构和股东持股情况

1. 1993年末股本结构：

股权	数量(万股)	比例(%)
国家股	3122	58.66
社会个人股	2200	41.34
(内含公司职工股200万股)		
总股本	5322	100

2. 公司前10名股东持股情况(1994年3月31日)：

股东名称	持股数(股)	占总股本比例(%)
国家持股	31220000	58.66
林楠	422200	0.79
高锦辉	343600	0.64
林榕	250000	0.47
邹亦武	250000	0.47
孙宝琪	105000	0.20
贵州证券	102200	0.192
太克公司	100000	0.189
金正海	90000	0.169
古达奇	80000	0.150
合计	32962100	61.94

五、1993年度资产负债表和利润及利润分配表

资 产 负 债 表

1993年12月31日

福建福发股份有限公司 单位：人民币元

资　产	行次	年 初 数	期 末 数	负债及股东权益	行次	年 初 数	年 末 数
流动资产：				流动负债：			
货币资金	1	1937287.31	12470173.98	短期借款	41	23170000	24950000
短期投资	2	102707.40	7434618.80	应付工资	42		3954975.22
应收票据	3			应付账款	43	2462862.60	4316072.38
应收款项	4	2244808.35	3475142.47	预收货款	44	7474349.16	14706779.52
减:备抵坏账	5		17375.71	职工福利基金	45		411551.50
应收款项净额	6	2244808.35	3457766.76	未付股利	46		
预付货款	7	4187134.16	4257805.22	未交税金	47	388184.55	－1244862.49
其他应收款	8	1228619.71	34172944.10	其他未交款	48	966883.93	535251.18
待摊费用	9	39342.24	51811.11	其他应付款	49	9301322.35	4589432.99
存货	10	34114292.96	42496032.25	预提费用	50	5214.74	
流动资产合计	15	43854192.13	104341152.22	待扣税金	51		471034.16
长期投资：				一年内到期的长期负债	52		
长期投资	16	936142.89	8145119.08	流动负债合计	55	43768817.33	52770236.16
固定资产：				长期负债：			
固定资产原价	18	29866435.83	30695982.46	长期借款	56	13800000	18400000
减:累计折旧	19	6932160.39	7386675.41	应付债券	57		
固定资产净值	20	22934275.44	23309307.05	长期应付款	58		
在建工程	21	3918594.98	4988468.38	长期负债合计	65	13800000	18400000
固定资产清理	22			股东权益：			
固定资产合计	25	26852870.42	28297775.43	股本	66	31220000	53220000
无形及其他资产：				资本公积金	67	4926164.11	33413433.60
无形资产	26	22071776	21180827.36	盈余公积金	68		933443.60
开办费	30				69		
长期待摊费用	31			未分配利润	70		3227761.73
无形及其他资产合计	35	22071776	21180827.36	股东权益合计	75	36146164.11	90794638.93
待处理财产损失：							
待处理流动资产损失（减收益）	36						
待处理固定资产损失（减收益）	37						
待处理财产损失合计	38						
资产总计	40	93714981.44	161964874.09	负债及股东权益总计	80	93714981.44	161964874.09

利润及利润分配表

1993年度

福建福发股份有限公司　　单位:人民币元

项　目	行次	金　额	项　目	行次	金　额
一、主营业务收入	1	106959482.43	四、利润总额(亏损以"－"号表示)	14	10743145.19
减:营业成本	2	79649857.40	加:年初未分配利润(未弥补亏损以"－"号表示)	15	
销售费用	3	4088305.11	上年利润调整(减少上年利润以"－"号表示)	16	－4230060.75
管理费用	4	7645088.25	盈余公积转入	17	
财务费用	5	2041479.68	五、可分配利润	18	6513084.44
进货费用	6		减:应交所得税	19	1563562.19
营业税金及附加	7	2143559.55	提取法定盈余公积	20	1531892.18
二、主营业务利润(亏损以"－"号表示)	8	11391192.44	提取公益金	21	189868.34
加:其他业务利润(亏损以"－"号表示)	9	108468.81	六、可供股东分配的利润	22	3227761.73
三、营业利润(亏损以"－"号表示)	10	11499661.25	减:已分配优先股股利	23	
加:投资收益(损失以"－"号表示)	11		提取任意公积	24	
营业外收入	12	568773.75	已分配普通股股利	25	
减:营业外支出	13	1325289.81	七、未分配利润(未弥补亏损以"－"号表示)	26	3227761.73

71. 长沙中意电器股份有限公司

一、1993年经营业绩和近三年主要财务指标

长沙中意电器股份有限公司是一家主营家用电器的上市公司，该公司于1993年向社会公开发行股票，随后在深训证券交易所挂牌。在1993年，该公司主导产品电冰箱、空调器、冷柜全年生产量达37.5万台，销售量为38.5万台，产品产销率为102.6%，其中电冰箱销售率为103.8%冷柜销售率为96%，空调器销售率为100%。全年共完成工业总产值6.89亿元，实现销售收入7.66亿元，分别较上年同期增长32.5%和66.7%，利税总额首次突破亿元大关，达1.18亿元。该公司全年实现利润7462.5万元(已扣除少数股东权益)，比溢利预测高21.17%。其中公司本部制造业创利润6999.4万元，公司商贸经营利润385万元，房地产业利润71.9万元，投资收益237.7万元。该公司近三年的财务指标如下：

项目指标	1993年	1992年	1993年比1992年(±%)	1991年
主营业务收入(万元)	72378	38892	86.10	28330
利润总额(万元)	7462	6059	23.16	4963
税后利润(万元)	6258	4060	54.16	3325
总资产(万元)	67892	35581	91.08	28406
股东权益(万元)	40862	15953	156.14	12708
每股收益(元)	0.33	—	—	—
每股净资产(元/股)	2.17	—	—	—
每股红利(元/股)	0.27	—	—	—
净资收益率(%)	22.03	28.33	-22.24	30.89

二、前次募集资金的运用情况

该公司1993年公开发行股票募集的资金扣除发行费后，用于投资出口家电产品生产基地、冰箱空调项目的技术改造，房地产、研制开发三温磁化多功能饮水器等项目，均已如数投入。

三、1994年经营展望

1994年是该公司实现第二次腾飞的关键性的一年，该公司将继续以家电工业为基础，大力发展房地产业、商业贸易、金融证券等业务，为争取全年实现税后利润9781.08万元，该公司将采取如下措施：

1. 实现高品质家用空调器的规模生产，逐步扩大其市场占有率。

2. 引进国外先进设备，加速建设出口家电产品基地，开发高档豪华无氟节能冰箱等新一代家电产品。

四、股本结构和股东持股情况

该公司股本结构及前10名股东持股情况已在上市公告书上详细披露，截止1993年12月31日没有变化。

五、1993年度资产负债表和利润及利润分配表

资产负债表

1993年12月31日

长沙中意电器股份有限公司　　单位:人民币元

项目	行次	年初数	年末数	负债及股东权益	行次	年初数	年末数
流动资产:				流动负债:			
货币资金	1		52716816.55	短期借款	41		106810600.00
短期投资	2			应付票据	42		
应收票据	3			应付帐款	43		108265526.60
应收帐款	4		122099980.36	预收货款	44		12631182.55
减:备抵坏帐	5		598284.05	应付福利费	45		1088697.45
应收款项净额	6		121501696.31	未付股利	46		
预付货款	7		20073594.79	未交税金	47		−7153043.51
其他应收款	8		41527159.38	其他未交款	48		2904198.01
待摊费用	9		420743.84	其他应付款	49		21542903.85
存　货	10		143134424.54	预提费用	50		5467491.03
流动资产合计	18		379374435.41	待扣税金	51		
长期投资:				一年内到期的长期负债	52		
长期投资	19		14461123.51	流动负债合计	55		251557555.98
固定资产:				长期负债:			
固定资产原价	21		241587597.11	长期借款	56		
减:累计折旧	22		45210541.23	应付债券	57		
固定资产净值	23		196377055.88	长期应付款	58		
在建工程	24		78812957.18	长期负债合计	62		
固定资产清理	25			股东权益:			
固定资产合计	26		275190013.06	股本	66		187870000.00
无形资产及其他资产:				资本公积	67		158166639.88
无形资产	30		5889585.00	盈余公积	68		12515843.00
递延资产	31		4003554.57	其中:公益金	69		6257921.50
无形及其他资产合计	34		9893139.57	未分配利润	70		50063371.96
待处理财产损失					71		
待处理流动资产损失(减收益)	35		3988.00	本企业股东权益合计	75		408615854.84
待处理固定资产损失(减收益)	36			少数股东权益	76		18749288.73
待处理财产损失合计	38		3988.00	所有股东权益合计	77		
资产总计	40		678922699.55	负债及股东权益总计	80		678922699.55

利润及利润分配表

1993 年度

长沙中意电器股份有限公司 单位：人民币元

项 目	本年累计金额	项 目	本年累计金额
一、主营业务收入	723781175.87	四、利润总额(亏损以"－"号表示)	74624752.52
减:营业成本	536303891.49	加:年初未分配利润	
销售费用	32438748.17	上年利润调整数(调整上年全资、控股公司损亏)	－1002146.68
管理费用	41220242.99	盈余公积转入	
财务费用	12391796.99	五、可分配利润	73622605.84
进货费用		减:应交所得税	11043390.88
营业税金及附加	31432937.77	提取法定盈余公积金	6257921.50
二、主营业务利润(亏损以"－"号表示)	69993558.46	提取公益金	6257921.50
加:其它业务利润(亏损以"－"号表示)	5546832.12	六、可供股东分配的利润	
三、营业利润(亏损以"－"号表示)	75540390.58	减:已分配优先股股利	
加:投资收益(亏损以"－"号表示)	2377112.49	提取任意公积金	
营业外收入	762938.00	已分配普通股股利	
减:营业外支出	965173.72		
少数股权	3090514.83	七、未分配利润(未弥补亏损"－"号表示)	50063371.96

72. 株洲火炬火花塞股份有限公司

一、1993年经营业绩和近三年财务指标

株洲火炬火花塞股份有限公司于1993年组建并向社会公开发行股票，现在是深圳证券交易所的上市公司。1993年，该公司的各项经济技术指标均创历史最高水平，工业总产值累计完成9369万元，实现净营业收入10333.49万元，实现税后利润1022.68万元，超额溢利预测的13.5%完成了全年计划。该公司全年共生产火花塞3119.49万只，水封件43.3万套，标准件2125.28万件，其它特种陶瓷产品90万件。主导产品火花塞全年共销售3190.27万只，其中出口500万只。在全国同行业中，出口排名第一，内销排名第二，国内市场占有率30.17%。该公司近三年的财务指标如下：

项目指标	1993年	年增长率%	1992年	1991年
营业收入(万元)	10333.49	44.16	7168.10	5675.45
利润总额(万元)	1292.79	87.78	688.45	508.19
税后利润(万元)	1022.68	74.76	585.18	402.77
资产总额(万元)	22859.08	35.79	16834.68	12095.18
股东权益(万元)	13333.84	192.58	4557.36	4323.47
每股净资产(元)	1.96	—	—	—
每股收益(元)	0.15	—	—	—
每股红利(元)	0.11	—	—	—
股东权益比率(%)	58.33	106.41	28.26	35.75
净资产收益率(%)	7.72	－37.24	12.30	9.32

二、前次募集资金的运用情况

该公司首次发行股票募集资金净额7548万元，基本上按招股说明书上所规定的用途使用，火花塞生产技术和装配线引进项目、火花塞壳体制造工艺技术改造冷挤压节材项目、新建装配大楼项目均相继如数投入。瓷球项目因引进设备报价过高，尚在选择之中，没有开项实施。

三、1994年经营展望

该公司在1994年将以市场需求为导向，以科技进步为基础，以火花塞产品为龙头，实现多元化经营、多业并举，拓展与本行业相关联的证券投资、进出口贸易、房地产开发，使该公司逐步发展成为具有国际市场竞争力的跨国经营实体。争取全年实现利润为1560万元。

四、股本结构和股东持股情况

1.1993年末股本结构：

股权	数量(万股)	比例(%)
国有股	3400	50.00
个人股(含内部职工股)：	3400	50.00
总股本	6800	100.00

2.前10名股东持股情况：

股东名称	持股数(万股)	占总股本比例
株洲市国有资产管理处	3400	50%
温亮	26	3.8‰
01476331	21.1	3.1‰
01132908	15	2.21‰
00039476	15	2.21‰
李志华	13.95	2.05‰
00388718	12.88	1.89‰
00075228	12.30	1.81‰
梁沛光	11.60	1.71‰
00855481	11.50	1.69‰

五、1993年度资产负债表和利润及利润分配表

资产负债表

1993年12月31日

株洲火炬火花塞股份有限公司 单位:人民币元

项目	行次	年初数	年末数	负债及股东权益	行次	年初数	年末数
流动资产:				流动负债:			
货币资金	1	906956.19	6221112.22	短期借款	41	21790000.00	46180000.00
短期投资	2	728750.00	843966.00	应付票据	42		
应收票据	3			应收款帐	43	5395952.97	5729340.65
应收帐款	4	3158127.11	18578094.90	预收货款	44	4174561.48	329214.13
减:备抵坏帐	5	15790.64	92871.61	应付福利费	45		—241257.11
应收款项净额	6	3142336.47	18485223.29	未付股利	46		353410.96
预付货款	7	2088273.81	14301083.25	未交税金	47	605637.93	220218.51
其他应收款	8	9918989.56	46208.00	其他未交款	48	21969.60	125425.47
待摊费用	9			其他应付款	49	7270912.87	759781.06
存货	10	44561278.28	51158886.68	预提费用	50		
流动资产合计	18	6134658431	91056479.44	待扣税金	51		
长期投资:				一年内到期的长期负债	52		
长期投资	19	593783.43	238816.00	流动负债合计	55	39259034.85	53456133.67
固定资产:				长期负债:			
固定资产原价	21	69360277.56	105734897.94	长期借款	56	62760000.00	41719106.00
减:累计折旧	22	16112503.29	25228855.46	应付债券	57		
固定资产净值	23	53247774.27	80506042.48	长期应付款	58		77095.00
在建工程	24	25318010.42	44250767.61	长期负债合计	62	62760000.00	41796201.00
固定资产清理	25			股东权益:			
固定资产合计	26	78565784.69	124756810.09	股本	66	38487117.58	68000000.00
无形资产及其他资产				资本公积	67		54825268.21
无形资产	30			盈余公积	68		3165153.44
递延资产	31		12538656.29	其中:公益金	69		915886.04
无形及其他资产合计	34		12538656.29	未分配利润	70		6411202.25
待处理财产损失					71		
待处理流动资产损失(减收益)	35			本企业股东权益合计	75	38487117.53	132401623.90
待处理固定资产损失(减收益)	36			少数股东权益	76		936803.25
待处理财产损失合计	38			所有股东权益合计	77	38487117.58	133338427.15
资产总计	40	140506152.43	228590761.82	负债及股东权益总计	80	140506152.43	228590761.82

利润及利润分配表

1993 年 12 月

株洲火炬火花塞股份有限公司　　单位:人民币元

项　　目	本年累计金额	项　　目	本年累计金额
一、主营业务收入	103334922.63	四、利润总额(亏损"－"号表示)	12957851.79
减:营业成本	61383152.63	加:年初未分配利润	
销售成本	1666720.81	上年利润调整数	
管理费用	16672797.64	盈余公积转入	
财务费用	8071402.68	五、可分配利润	12957851.79
进货费用		减:应交所得税	2731087.81
营业税金及附加	4304162.49	上交承包利润超收分成	929106.00
二、主营业务利润(亏损"－"号表示)	11236686.38	罚没支出	83500.00
加:其它业务利润(亏损"－"号表示)	2512324.88	提取法定盈余公积金	935875.92
三、营业利润(亏损"－"号表示)	13749011.28	提取公益金	951193.77
加:投资收益(损失"－"号表示)	17016.00	六、可供股东分配的利润	7327088.29
营业外收入	162693.10	减:已分配优先股股利	
减:营业外支出	872868.57	提取任意公积金	915886.04
		已分配普通股股利	
少数股权	98000.00	七、未分配利润(未弥补亏损"－"号表示)	6411202.25

73. 江铃汽车股份有限公司

一、1993年经营业绩和近三年财务指标

江铃汽车股份有限公司是一个主营汽车生产和销售的上市公司，该公司于1993年发行股票并在深圳证券交易所上市。1993年该公司根据市场的变化，采取了有效的营销策略。全年生产汽车20051辆，比上年增长50.05%；销售汽车19812辆，比上年增长48.12%，营业收入209854万元，实现利润27629万元，在江西省工交企业名列第一位，在全国轻型汽车行业名列第二位，并被国家授予"全国现场管理先进单位"。产品全年一次交检合格率为97.38%，江铃车蝉联全国汽车拉力赛冠军综合大奖，可靠性第一；并获国家在海南试验基地组织的全国轻型汽车试验可靠性行检第一。在中国开展的"质量万里行"和经济效益纵深行"活动中，该公司进入中国质量效益100强行列(全国汽车行业仅4家)，正在为实现1995年底形成年产12万辆汽车的综合生产能力而努力，全面进行技术改造工程也进展顺利。该公司近三年财务指标如下(单位：元)：

项目指标	1993年	1992年	1991年	1993年增长%
营业收入	2098542183	1333805003	685730845	57.33
利润总额	276294315	252715426	147206874	9.33
税后利润	233418065	147695579	101098831	58.04
资产总额	2595246375	1177113764	485528918	120.48
股东权益	985717066	379427075	271107125	159.79
每股净资产	1.99	1.24	1.29	60.48
每股收益	0.47	0.19	0.48	147.37
股东权益比率	0.3798	0.3223	0.5584	17.84
净资产收益率	0.3420	0.4541	0.3729	-24.69

二、前次募集资金的使用情况

该公司于1993年募集资本9800万股，共募集资金34398万元。该笔资金主要用于扩建"八五"技改项目，投资新建4J系列柴油发动机分厂、模具中心项目、西区联合厂房工程、扩建车轮分厂、前桥分厂、开发轿卡车项目和补充生产所需的流动资金。资金使用完全符合招股说明书的限定范围。

三、1994年度经营展望

该公司1994年度的发展规划：

生产目标：汽车产量	35000辆	比1993年增长75%
其中：五十铃系列	32000辆	比1993年增长83%
井岗山系列	3000辆	比1993年增长18%

经营目标：实现主营业务收入44亿元，利润总额3.5亿元。

四、股本结构和股东持股情况

1.1993年末股本结构：

股权	数量(万股)	比例(%)
国家股	36793	74.48
法人股	2807	5.68
社会公众股	9800	19.84
其中内部职工股	980	1.98
总股本	49400	100.00

2.前10名股东持股情况：

股东名称	持股数(万股)	占总股本比例(%)
江铃汽车集团公司	36.793	74.47
中国宝安集团股份有限公司	1000	2.02
太原兆和投资发展有限公司	500	1.01
哈尔滨竟有经济贸易发展公司	250	0.5
吉林省九州开发公司	250	0.5
赵俊帮	107.72	0.22
广东省机电公司	100	0.2
深圳机场候机楼有限公司	100	0.2
广东省汽车贸易中心	50	0.1
彭顾琼	48.95	0.099

五、1993年度资产负债表和利润及利润分配表

资　产　负　债　表

1993年12月31日

江铃汽车股份有限公司　　单位:人民币元

资　产:	1993年12月31日	1992年12月31日	负债及资本	1993年12月31日	1992年12月31日
流动资产			流动负债		
货币资金	312708714.18	171143294.95	短期借款	778965741.34	303120424.91
短期投资	104508325.20	3989038.00	应付帐款	95347687.23	23685438.23
应收帐款	108609267.51	40186996.35	预收货款	1087635.93	30583724.60
减:坏帐准备	537992.10	200934.98	应付福利费	(2173859.75)	50575444.14
应收款项净额	108071275.41	39986061.37	未交税金	(83649663.64)	25374681.21
预付货款	64228356.11	97299516.35	其他未交款	88588597.55	45268407.39
其他应收款	291166977.22	438783651.61	其他应付款	331234689.85	315685279.75
待摊费用	12652872.91	2474575.51	预提费用	10345854.81	1393288.74
存货	583397932.90	135336841.38	内部往来	——	——
流动资产合计	1476734453.93	889012979.17	待扣税金	55970792.21	——
长期投资:			一年内到期的长期负债	12000000.00	——
长期投资	1000000.00		流动负债合计	1287717475.53	795686688.97
拨付所属资金			长期负债:		
固定资产:			长期借款	289840000.00	2000000.00
固定资产原价	188907988.47	155206319.69	长期负债合计	289840000.00	2000000.00
减:累计折旧	48075360.06	36279964.07	少数股东权益:		
固定资产净值	140832628.41	118926355.62	少数股东权益	31971833.45	——
在建工程	910664854.88	148424697.36	少数股东权益合计	31971833.45	——
固定资产合计	1051697483.29	267351052.98	股东权益:		
无形及其他资产:			股本	494000000.00	306748519.94
无形资产	31776729.62	20188150.80	资本公积	258639702.16	72678554.63
递延资产	34037708.54	——	盈余公积	255525.64	——
无形及其他资产合计	65814438.16	20188150.80	其中:公益金	255525.64	——
待处理财产损失:			未分配利润	232821838.60	——
待处理流动资产损失	——	561580.59	股东权益合计	985717066.40	379427074.57
待处理财产损失合计	——	561580.59			
资产总计	2595246375.38	1177113763.54	负债及股东权益总计	2595246375.38	1177113763.54

利润及利润分配表

1993年度

江铃汽车股份有限公司 单位:人民币元

项　目	1993年12月31日	1993年12月31日	项　目	1993年12月31日	1993年12月31日
一、主营业务收入	2098542182.59	1333805082.74	上年利润调整	——	(16128509.36)
减:营业成本	1599600938.36	843082172.87	五、可分配利润	276294315.05	236645175.66
销售费用	55620171.47	65284846.98	减:应交所得税	39554416.50	105019846.61
管理费用	85522462.34	47552022.96	能源交通重点建设基金		
财务费用	46600715.17	6690462.50	和预算调节基金	——	21481332.26
汇兑损益	20498437.27	24359448.30	提取公积金	——	22735842.08
营业税金及附加	59772166.52	90724549.11	提取公益金	631401.72	28819355.36
二、主营业务利润	230837291.46	256117580.02	提取公积金	——	22735842.08
加:其他业务利润	30868103.83	——	提取公益金	631401.72	28819355.36
三、营业利润	261705400.29	256117580.02	提取公积金	——	22735842.08
加:投资收益	14016302.49	——	提取公益金	631401.72	28819355.36
营业外收入	5997347.30	5550235.39	提取公积金	——	22735842.08
减:营业外支出	5424735.03	8952389.43	提取公益金	631401.72	28819355.36
四、利润总额	276294315.05	252715 425.98	提取公积金	——	22735842.08
加:年初未分配利润	——	58259.04	提取公益金	631401.72	28819355.36

74. 湖北沙隆达股份有限公司

一、1993年经营业绩和近三年主要财务指标

湖北沙隆达股份有限公司是一家主营农药生产的上市公司，该公司于1993年11月向社会公开发行股票并在深圳证券交易所挂牌。在1993年，该公司通过转换企业经营机制，适时调整产品结构，努力开发新产品和技术改造，紧紧抓住国内外两个市场，不断扩大市场占有率，农药的产销量逆势而上，从1990年行业中的第六位，上升为1992年的第一位。1993年该公司产量为8768吨，保持并巩固了全国第一名的地位。该公司全年实现税后利润2755万元，完成《上市公告书》中公告的利润计划的108.2%，其近三年财务指标如下(单位:万元)：

项目指标	1993年	增长率%	1992年	1991年
营业收入	26116	32.43	19721	16703
利润总额	3241	46.19	2217	2458
税后利润	2755	60.45	1717	1691
资产总额	41866	70.33	24580	17580
股东权益	22003	120.74	9968	6691
每股净资产	2.09元			
每股收益	0.26元			
每股红利	0.20元			
股东权益比率%	52.56	29.62	40.55	38.06
净资产收效率%	17.70	−16.50	20.60	25.00

二、前次募集资金的运用情况

1993年11月，该公司通过公开发行股票募集资金8820万元，主要的资金投向如下：

1.用于烧碱扩改、盐矿开发、盐井开发等工程，现已完成投资1979.78万元；

2.呋喃酚、毒死蜱项目已完成可行性研究评估、设计审批、环境评估等前期工作，已投入212.8万元用于购置部分设备及土建工程；

3.短期投资3000万元；

4.其它用于补充流动资金。

三、1994年经营展望

1.生产农药产品9800吨，烧碱产品27000吨，实现主营业务收入30000万元；

2.积极组织新品种、新剂型的开发，争取有5个以上的新品种、剂型投入市场；

3.进一步开拓国际市场，完成创汇收入1000万美元；

4.努力开拓全方位的经营，以公司为核心，组建企业集团。搞好对外的长、短期投资，为公司多创效益。

该公司预计1994年可实现利润总额5024万元，按15%所得税计，税后利润为4270.4万元。

四、股本结构及股东持股情况

1.1993年末股本结构：

股权	数量(万股)	比例(%)
国家股	5966.34	56.86
个人股	4527.05	43.14
其中：内部职工股	1527.05	
总股本	10493.39	

2.持有普通股1%以上的股东情况：

股东名称	持股数(万股)	占总股本比例(%)
沙市国有资产管理局	5746.79	54.77
江陵国有资产管理局	219.55	2.09

五、1993年度资产负债表和利润表

资产负债表

湖北沙隆达股份有限公司 单位:人民币元

资产	1993年12月31日	1992年12月31日	负债及股东权益	1993年12月31日	1992年12月31日
流动资产			流动负债		
货币资金	35902360	5696568	短期借款	60481046	39710000
短期投资	30000000		应付帐款	28826839	12177325
应收帐款	59780974	35985469	预收货款	3289561	
减:备抵坏帐	1598395	994023	应付福利费	－2139554	
应收帐款净额	58182579	34991446	未付股利		
预付货款	1148313		未交税金	1991234	775200
其他应收款	43772931	1561925	其他未交款	6319137	7172601
待摊费用	7480922	551502	其他应付款	27855507	37608301
存货	62734264	40938828	预提费用	663981	
流动资产合计	239221369	83740270	流动负债合计	127287751	94443427
长期投资			长期负债		
长期投资	10958128	3806615	长期负债	71338145	48680000
固定资产			应付债券		
固定资产原值	128564781	138192990	长期应付款		
减:累计折旧	32443428	33986250	长期负债合计	71338145	48680000
固定资产净值	96121353	104206740			
在建工程	49587205	37426255	股东权益		
固定资产合计	145708558	141632995	股本	104933900	74933900
无形资产及其他资产:			资本公积金	87553771	24743258
无形资产	21048785	16620705	未分配利润	27545299	
递延资产	1722031				
无形及其他资产合计	22770816	16620705	股东权益合计	220032970	99677158
待处理财产损失					
待处理财产损失合计					
资产总计	418658866	245800585	负债及权益合计	418658866	245800585

利　润　表

1993 年度

湖北沙隆达股份有限公司　　单位:人民币元

项　目	1993年1月1日—12月31日	1992年1月1日—12月31日	项　目	1993年1月1日—12月31日	1992年1月1日—12月31日
一、主营业务收入	261161487	197211992	三、营业利润	30945935	22716638
减:营业成本	208234555	146241561	加:投资收益	1735606	
销售费用	2526429	3676913	营业外收入	765694	56449
管理费用	14067566	16712824	减:营业外支出	1041001	602405
财务费用	5315838	693310	四、利润总润	32406234	22170682
进货费用	3821760	2503831	税前还贷	1000000	
营业税金	6642034	5728987	上交所得税	4860935	5000000
二、主营业务利润	20553305	21654566			
加:其他业务利润	10392630	1062072	五、税后利润	27545299	16170682

75. 山东泰山石化股份有限公司

一、1993年经营业绩和近三年财务指标

山东泰山石化股份有限公司是一家在深圳证券交易所挂牌的上市公司。在1993年，该公司创营业收入83231万元，实现税后利润5530万元，较为圆满地完成了年度计划。该公司近三年的财务指标如下(单位:万元)：

项目指标	1993年	增长率%	1992年	1991年
主营业务收入	83231	94.18	42864	27863
利润总额	6505	262.19	1796	1509
税后利润	5530	584.41	808	879
资产总额	47688	191.89	16337	13325
股东权益	36991	478.85	6390	4004
每股净资产(元)	3.47			
每股收益(元)	0.52			
每股红利(元)	0.36			
股东权益比率	0.7757	98.34	0.3911	0.3005
净资产收益率	0.1495	18.28	0.1264	0.1696

二、前次募集资金运用变动的说明

1.技改资金投入增加800余万元。其原因一是在建项目进度加快,资金相应投入增加;二是有新的技改项目开工。

2.营运资金投入减少近2000万元。

3.对外投资增加近2000万元。为适应多元化经营的需要，该公司把资金及时注入到房地产项目上,加快开发进度,力图把房地产经营办成该公司的支柱产业。

三、1994年经营展望

该公司1994年经营计划为:实现主营业务收入146381万元,利润总额15040万元,税后利润12784万元。

四、股本结构和股东持股情况

1.1993年未股本结构：

股权	数量(万股)	比例(%)
国家股	5466	51.25
个人股	5200	48.75
含职工股	520	4.87
总股本	10666	100

2.股东持股情况：

持有该公司5%以上发行在外股票的股东为山东省国有资产管理局,持国家股5466万股,占总股本的51.25%

五、1993年度资产负债表和利润表

资　产　负　债　表

1993年12月31日

山东泰山石化股份有限公司　　单位:人民币元

资　产	行次	1993年12月31日	1992年12月31日	负债及所有者权益	行次	1993年12月31日	1992年12月31日
一、流动资产				一、流动负债			
货币资金	1	58154753.46	13787484.63	短期借款	26	26963000.00	29774000.00
短期投资	2		182960.00	应付票据	27		
应收票据	3			应付帐款	28	16603510.86	24480716.26
应收帐款	4	41013032.45	9083717.89	预收货款	29	1976848.91	28636748.40
减:备抵坏帐	5	164052.13	36334.87	应付福利费	30	－318069.14	－623611.80
应收帐款净额	6	40848980.32	9047383.02	未付股利	31	40796699	1529357.82
预付货款	7	147437600.88	8537513.19	未交税金	32	1515298.17	1116624.33
其他应收款	8	80055467.28	36342636.35	其他未交款	33	38557.86	2870021.48
待摊费用	9	1022920.15		其他应付款	34	39242842.81	11520933.59
存货	10	12489621.19	41769286.75	预提费用	35	1971427.20	11400.00
流动资产合计	11	340009343.28	109667263.94	待扣税金	36		
二、长期投资				一年内到期的长期负债	37		
长期投资	12	10167191.00	1246591.00	流动负债合计	38	87993416.67	99316190.08
三、固定资产				二、长期负债			
固定资产原价	13	74353082.33	57815984.19	长期借款	39	500000.00	150000.00
减:累计折旧	14	23769753.98	20025940.20	应付债券	40		
固定资产净值	15	50583328.35	37790043.99	长期应付款	41		
在建工程	16	57601719.72	1052439.68	长期负债合计	42	500000.00	150000.00
固定资产清理	17			三、少数股权			
固定资产合计	18	108185048.07	38842483.67	少数股权	43	18460000.00	
四、无形及其它资产				四、所有者权益			
无形资产	19	17354358.40	13614408.00	股本	44	106660000.00	54660000.00
递延资产	20	1144028.88		资本公积	45	207728795.43	2228.93
无形资产及其它资产合计	21	18498387.28	13614408.00	盈余公积	46	224052.28	109240.80
五、待处理财产损失				未分配利润	47	55295849.21	9133086.80
待处理流动资产损失(减收益)	22	2143.96		所有者权益合计	48	369908696.92	63904556.53
待处理固定资产损失(减收益)	23						
待处理财产损失合计	24	2143.96					
资产总计	25	476862113.59	163370746.61	负债及所有者权益总计	49	476862113.59	163370746.61

利 润 表

1993年度

山东泰山石化股份有限公司 单位:人民币元

项 目	行次	1993年	1992年	项 目	行次	1993年	1992年
一、主营业务收入	1	832311976.70	428639228.15	二、主营业务利润(亏损以"—"号表示)	8	35347654.55	19984670.67
减:营业成本	2	738318571.86	374961981.30	加:其他业务利润(亏损以"—"号表示)	9	19971117.75	—1109373.33
销售费用	3	2155181.71	997289.51	三、营业利润(亏损以"—"号表示)	10	55318772.30	18875297.34
管理费用	4	23551197.69	17813748.46	加:投资收益(亏损以"—"号表示)	11	8800000.00	430085.12
财务费用	5	2314863.36	1855292.77	营业外收入	12	2150464.84	631822.85
进货费用	6	19396635.46	7217813.18	减:营业外支出	13	1215296.89	1974369.70
营业税金及附加	7	11227872.07	5808432.26	四、利润总额(亏损以"—"号表示)	14	65053940.25	17962835.61

76. 珠海华电股份有限公司

一、1993年经营业绩和近三年主要财务指标

珠海华电股份有限公司是一个以经营电力生产为主业的上市公司，该公司于1993年向社会公开发行股票并在深圳证券交易所挂牌。在1993年，该公司在生产经营上坚持"一业为主，多种经营，全面发展"的方针，取得了较为理想的经济效益。在电力生产方面，全年发电量达到27351.43万千瓦时，比1992年增长11.04%，售电量25515.74万千瓦时，比上年增长11.10%。在经营效益方面，该公司累计实现税后利润6505万元，完成计划的140.83%。该公司近三年的财务指标如下(单位:元)：

项目指标	1993年	年增长率(%)	1992年	1991年
主营业务收入	145837230	29.9	112235772	67771491
利润总额	65050651	99.7	32564148	28939024
税后利润	65050651	135	32564148	28939024
资产总额	746085395	66.1	449047701	158831162
股东权益	500953732	102	248334662	42467170
每股收益	0.66	46.7	0.45	—
每股净资产	5.07	49	3.41	—
每股红利	0.39	50	0.26	—
股东权益比率	68%	22	56%	
净资产收益率	17.4%	－22.3	22.4%	52.9%

二、前次募集资金的运用情况

该公司1993年度新股发行所募集的资金已全部按招股说明书上所列项目分配运用：

1. 拨付825万元用于该公司现有柴油机发电厂作为自有流动资金周转金使用；

2. 投资350万元对该公司现有发电厂进行技术改造，包括改造现有蒸气机系统和将现有设备运行监测系统由人工改为电脑控制；

3. 投资16531.2万元用于兴建珠海华电洪湾柴油机发电厂；

4. 投资1232万元用于收购珠海经济特区电力开发(集团)公司在珠海经济特区华电船务公司的股份。

三、1994年经营展望

在1994年，该公司将继续坚持"一业为主，多种经营"的原则，以电力生产为主，综合经营，稳健发展，确保社会效益和股东利益的统一，为把企业实力和活力迅速增强，使公司形成集团化、多元化、跨行业、跨地区的发展格局，成为经营业务丰富，技术管理先进，融资投资活跃，效率效益一流的现代化企业作出新的努力，使1994年全年实现税后利润达到8139万元。

四、股本结构和股东持股情况

1. 1993年末股本结构：

股权	数量(万股)	比例(%)
国家股	4262	43.13
法人股	2500	25.30
个人股	3120	31.57
(含内部职工股)	650	6.57
总股本	9882	100

2. 前10名大股东持股情况：

持股股东	股数(万股)	占总股本比例(%)
珠海经济特区电力开发(集团)公司	4262	43.34
珠海经济特区珠光(集团)公司	600	6.07
国际银行家(珠海)俱乐部	325	3.29
珠海经济特区珠明公司	250	2.53
中国人民建设银行珠海市信托投资公司	195	1.97
珠海市裕发实业投资有限公司	150	1.52
珠海经济特区银星科技开发服务公司	150	1.52
中国深圳国际经济技术合作公司	100	1.01
珠海国际信托投资公司	50	0.51
珠海供电局	50	0.51

五、1993年度资产负债表和利润及利润分配表

资产负债表

1993年度

珠海华电股份有限公司 单位:人民币元

资产	年末数	年初数	资产	年末数	年初数
流动资产:			流动负债:		
货币资金	166359675	471646	短期借款	23000000	2875900
应收帐款	16413331	10802880	应付帐款	2911595	44964
减:坏帐准备	94370	495270	应付福利费	15535	1757849
应收帐款净额	16318961	10307609	未交税金	(12593)	—
其他应收款	144182183	226124628	其他应付款	33544688	70688148
预付帐款	5467092	—	预提费用	155674	1151869
待摊费用	3430190	1277736	应付股利	38401713	—
外汇价差	18404823	—	流动负债合计	98016613	76518731
存货	18857567	13312079	长期负债		
在建开发产品	84588203	—	股东借款	129715048	124194307
流动资产合计	457608698	251493699	负债合计	227731662	200713039
长期投资:			少数股东权益	17400000	—
长期投资	5919009	2528380	股东权益:		
固定资产:			股本	98820000	72815730
固定资产原价	314388973	216030008	资本公积金	388020341	147057426
减:累计折旧	74860948	28874691	盈余公积金	14113391	9623118
固定资产净值	239528025	187155317	未分配利润	—	18838388
在建工程	34770195	—	股东权益合计	500953732	248334662
固定资产合计	274298220	187155317			
无形资产及递延资产:					
土地使用权	6483948	7870304			
开办费	1775517	—			
无形资产及递延资产合计	8259466	7870304			
资产总计	746085395	449047701	负债及股东权益总计	746085395	449047701

利润及利润分配表(合并)

珠海华电股份有限公司　单位:人民币元

项　目	1993年	1992年	项　目	1993年	1992年
一、主营业务收入	145837230	112235772	四、利润总额	65050651	32564148
减:营业成本	82729583	67001654	加:年初未分配利润	18838388	—
管理费用	3764657	2839918	减:股份制改组时		
销售费用	378381	—	未分配利润调整数	31283952	1921256
财务费用	3857918	2370852	五、可分配利润	52605086	30642892
汇兑损益	(11497034)	5270568	减:应交所得税	—	—
营业税金及附加		2365453	提取法定盈余公积金	7890763	—
主营业务利润	67746172	32387325	提取公益金	6312610	—
二、加:其他业务利润	131197	—	六、可供股东分配的利润	38401713	30642892
营业利润	67877370	32387325	减.提取任意盈余公积金	—	11804503
三、加:营业外收入	397650	900671	已公配普通股股利	38401713	—
减:营业外支出	2081921	723847	七、未分配利润	—	18838388

77. 重庆市房地产开发股份有限公司

一、1993 年经营业绩和近两年主要财务指标

重庆市房地产开发股份有限公司是一家主营房地产业务的上市公司，其股票在深圳证券交易所挂牌。在1993年，该公司完成总投资1.15亿元，商品房销售面积达30,030.7平方米；创营业收入7108万元，实现利润总额1499万元。其近三年的财务指标如下：

项目指标	单位	1992年	1993年	1993年增长％
营业收入	千元	57106	71084	24.45
利润总额	千元	11126	14991	34.74
税后利润	千元	9458	13280	40.41
资产总额	千元	181316	265348	46.34
股东权益	千元	57711	132335	129.31
每股净资产	元	1.07	1.76	69.49
每股收益	元	0.175	0.176	0.57
每股红利	元	0.105	0.123	17.14
净资产收益率％		16.39	14	—14.6

二、前次募集资金的运用情况

该公司前次募集的资金共计5651.1万元，已逐步投入以下工程运用：

1. 中二路片区工程，占地2.5万平方米，建设规模10万平方米，总计需投资2.3亿元。

2. 江北华新广场工程，占地2.2万平方米，建设规模18万平方米，计划总投资3.2亿元。

3. 和平路片区工程，建设规模5.1万平方米，总投资1.7亿元。以上项目进度均符合计划进度，不足的资金以贷款解决。

三、1994 年经营展望

该公司1994年经营规划为：开发工作量达11,503万元，施工面积36.27万平方米，其中跨年20.8万平方米，新开工15.47万平方米，竣工面积5.7万平方米，销售收入达到6,378.79万元，实现利润1720万元，税后利润1462万元。

四、股本结构和股东持股情况

1. 1993年末股本结构：

股权	数量(万股)	比例(％)
国有股	3582	47.54
法人股	1180.8	15.67
社会公众股	2520	33.45
内部职工股	252	3..34
总股本	7534.8	100.00

2. 前10名大股东持股情况：

股东名称	持股数（万股）	占总股本比例(％)
重庆市国有资产管理局	3582	47.54
深圳市安信投资发展公司	458.08	6.08
惠阳鹏飞实业有限公司	358.2	4.75
深圳巨安投资有限公司	200	2.66
武汉市中南证券部深圳业务部	164.52	2.18
王润奎	10.808	0.14
李绍华	5.9	0.078
刘建伟	5.445	0.072
黄志伟	5.12	0.068
管基师	3.5	0.046

五、1993 年度资产负债表和利润分配表

资　产　负　债　表

1993年12月31日

重庆市房地产开发股份有限公司　　单位:人民币元

资　产	金额 1992年	金额 1993年	负债及股东权益	金额 1992年	金额 1993年
流动资产			流动负债		
货币资金	36610212.81	21546441.85	短期借款	18000000.00	15000000.00
应收帐数	9744778.72	5587957.28	应付帐款	1401932.92	1123278.92
减坏帐准备	29566.52	55822.34	预收帐款	70224793.24	92970829.53
应收帐款净额	9715212.20	5532134.94	应付福利费	1678554.04	1613922.28
预付帐款	46039297.81	64456,852.25	未付股利	5651019.76	269019.76
其他应收款	5044073.31	31571587.37	未交税金	924973.96	−70074.55
存货	59053897.82	109167666.25	其他应交款	−343602.74	57530.57
流动资产合计	156462699.95	232274682.66	其他应付款	2833851.91	3415627.49
长期投资	14442461.73	23789760.50	预提费用	383405.15	111583.26
固定资产原价	7934300.11	8731625.76	流动负债合计	100754928.24	114491717.26
减累计折旧	686664.20	1029072.18	长期负债:		
固定资产净值	7247635.91	7702553.58	长期借款	1500000.00	1500000.00
固定资产合计	7247635.91	7702553.58	应付债券	21350000.00	17021550.00
递延资产	3162914.79	1581457.39	长期负债合计	22850000.00	18521550.00
无形资产及其他资产合计	3162914.79	1581457.39	股东权益:		
			股本	53819235.83	75347235.83
			资本公积	84821.20	39901374.70
			盈余公积	3806721.11	7790677.67
			未分配利润		9295898.67
			股东权益合计	57710778.14	132335186.87
资产总计	181315706.38	265348454.13	负债及股东权益合计	181315706.38	265348454.13

利润分配表

1993年12月31日

重庆市房地产开发股份有限公司　　单位:人民币元

项　目	1993年度	1992年度	项　目	1993年度	1992年度
一、利润总额	14990782.00	11126753.97	提取公益金	1327985.52	945774.09
加:年初未分配利润			三、可供股东分配的利润	10623884.19	7566192.69
上年利润调整	632577.10		减:已分配优先股股利		
公积金转入数			提取任意公积金	132798552	1915172.93
二、可分配利润	15623359.10	11126753.97	已分配普通股股利		5651019.76
减:应交所得税	2343503.87	1669013.10			
提取法定盈余公积金	1327985.52	945774.09	四、未分配利润	9295898.67	

78. 昆明百货大楼（集团）股份有限公司

一、1993 年经营业绩和近三年财务指标

在 1993 年，该公司由定向募集公司转为社会募集公司并随后在深圳证券交易所挂牌上市。面对激烈的竞争，该公司采取灵活多变的经营策略，开拓新市场，积极扩大经营销售，使公司取得了销售收入增长水平高于全市平均销售增长水平（41.69%）8.31 个百分点、销售收入占全市商品零售总额的 5.3%的较好成绩。1993 年该公司营业额达 47154 万元，比去年增长 50%，实现利润 3330 万元，比预测数增加 4.09%。该公司近三年的财务指标如下：

项目指标	1993 年	1992 年	1993 年增长率（%）	1991 年
营业收入（万元）	47154.75	31540.72	49.50	20980.06
利润总额（万元）	3330.85	1278.96	160.43	1080.64
税后利润（万元）	2831.23	762.86	271.13	631.60
资产总额（万元）	40067.75	12951.81	209.36	4817.35
股东权益（万元）	23790.77	9049.71	162.89	1656.38
每股净资产（元）	1.98	1.01	96.04	
每股收益（元）	0.24			
每股红利（元）	0.18	0.04		
股东权益比率	59.38%	69.87%	—15.01	
净资产收益率	17.24%	14.25%	20.98	

二、前次募集股金的运用情况

定向募集的 9000 万元总股本中，除发起人折股投入的实物资产 3226.19 万元外，共募得资金 5773.81 万元，按招股说明书公布的资金投向主要用于：

1. 投入 4900 万元于昆明世界广场商业大厦的拆迁准备工作。

2. 投入 700 余万元于原有营业场地的装修及扩建工程。

3. 投入 140 万元于瑞丽新世纪宾馆的土建工程。

4. 房地产公司的经营开发，1993 年投入 500 万元。

1993 年 12 月，该公司向社会公开发行 3000 万股，扣除费用后共募得资金 11400 万元，这笔资金于 12 月 25 日到位，故 1993 年度尚未投入经营。

三、1994 年经营展望

努力扩大经营规模，使公司的营业额继续保持 15%以上的增长率，年销售达到 5 亿元以上，利润增长 50%，争取税后利润达 3350 万元。

四、股本结构和股东持股情况

1. 1993 年末股本结构

股权	数量（万股）	比例（%）
国有法人股	3226.19	26.88
社会法人股	3973.81	33.12
社会公众股	4800.00	40.00
其中：内部职工股	1800.00	15.00
总股本	12000.00	100.00

2. 前 10 名股东的持股情况：

股东名称	持股数（万股）	占总股本比例（%）
昆明百货大楼	3226.19	26.88
昆明市县乡企业开发公司	1111.18	9.26
西南商业大厦股份有限公司	700	5.83
昆明三联百货经营部	522.63	4.36
昆明继达工贸公司	400	3.33
昆明卷烟厂	300	2.5
深圳鸿基运输实业股份有限公司	250	2.08
昆明一商边贸有限责任总公司	200	1.67
珠海英君科技有限公司昆明分公司	200	1.67
云南民航经营开发公司	80	0.67

五、1993 年度资产负债表和利润及利润分配表

资产负债表(合并)

1993年12月31日

昆明百货大楼(集团)股份有限公司　　单位:人民币元

资　　产	行次	期初数	期末数	负债及股东权益	行次	期初数	期末数
流动资产:				流动负债			
货币资金	1	21503732	46224723	短期借款	41	13940000	6500000
短期投资	2			应付票据	42		
应收票据	3			应付帐款	43	11905756	76613766
应收帐款	4	3221230	21619264	预收货款	44	8588366	125875
减:备抵坏帐	5	9635	67282	应付福利费	45		16397
应收款项净额	6	3211595	21551982	未付股利	46	3758066	3006453
预付货款	7	2035759	1693598	未交税金	47	445746	4508889
其它应收款	8	7350925	103216253	其它未交款	48		7336
待摊费用	9		302004	其它应付款	49	5365901	5878184
存货	10	32462683	124536716	预提费用	50	17214	557891
流动资产合计	15	66564694	297525276	待扣税金	51		
长期投资:				一年内到期的长期负债	52		
长期投资	16	15697957	16509236	流动负债合计	55	39021048	155714791
固定资产:				长期负债			
固定资产原价	18	31068396	28655750	长期债款	56		
减:累计折旧	19	10360536	10407289	应付债券	57		
固定资产净值	20	20707860	18248461	长期应付款	58		6100000
在建工程	21	7103380	55672687	长期负债合计	60		6100000
固定资产清理	22			少数股权	61		954952
固定资产合计	25	27811240	73921148	股东权益:			
无形资产其他资产:				股本	66	90000000	120000000
无形资产	26	19545429	8483283	资本公积金	67		89502377
递延资产	30		4250743	盈余公积金	68	497080	5755532
无形及其他资产合计	35	19545429	12734026	未分配利润	69		22649802
待处理财产损失:				股东权益合计	70	90497080	237907711
待处理流动资产损失(减收益)	36	—101192	—12232				
待处理固定资产损失(减收益)	37						
待处理财产损失合计	38	—101192	—12232				
资产总计	40	129518128	400677454	负债及股东权益合计	80	129518128	400677454

利润及利润分配表(合并)

1993年度

昆明百货大楼(集团)股份有限公司　　单位:人民币元

项　目	行次	金　额	项　目	行次	金　额
一、主营业务收入	1	471547470.29	四、利润总额	1	3331724559
减:营业成本	2	388405084.84	加:年初未分配利润(未弥补亏损以"－"号表示)	2	
费用	3	31767398.05	上年利润调整(减少上年利润以"－"号表示	3	
其中;销售费用	4	219778679	减:少数股权利润	4	8614.66
管理费用	5	23048712.71	五、可分配利润	5	33308531.53
财务费用	6	1370080.61	减:应交所得税	6	4996279.80
进货费用	7	5150864.74	提取法定盈余公积金	7	2831225.17
营业税金	8	18850526.53	提取公益金	8	2831225.17
二、主营业务利润	9	3252446037	六、可供股东分配的利润	9	22649801.39
加:其他业务利润(亏损以"－"号表示)	10	829098.25	减:已分配优先股股利	10	
三、营业利润(亏损以"－"号表示)	11	33353559.12	提取任意公积金	11	
加:投资收益(损失以"－"号表示)	12		已分配普通股股利	12	
营业外收入	13	34820.83			
减:营业外支出	14	71234.36	七、未分配利润(未弥补亏损以"－"号表示)	13	22649801.39

79. 万向钱潮股份有限公司

一、1993年经营业绩和近三年财务指标

万向钱潮股份有限公司是一家专营汽车万向节生产的上市公司,其股票在深圳证券交易所挂牌。在1993年,该公司的主要经济指标又改写了历史纪录,创造了较好的业绩。这一年该公司实现产值19303万元,实现销售19695万元,出口创汇835.9万美元,国内市场的占有率达65%,已连续9年保持了同行业第一。这一年,该公司共开发万向节新品种38个,其中D30044163CM超大型驱动万向节的开发填补了国内空白。该公司1993年累计实现利润3153.78万元,超额1.21%完成了预测指标。该公司近三年的财务指标如下(单位:元):

项目指标	1993年	1992年	1991年	1993年增长%
营业收入	196947699	139195353	87368175	41.49
利润总额	31537145	24877761	12393527	26.77
税后利润	26806573	24877761	10669775	7.75
资产总额	234815603	111154341	73905649	111.25
股东权益	224920240	86727167	54216908	159.34
每股净资产	2.06			
每股收益	0.246			
每股红利	——			
股东权益比率(%)	95.79	78.02	73.36	22.78
净资产收益率(%)	11.92	28.69	19.68	

二、前次募集资金的运用情况

该公司于1993年12月发行股票共募集资金11000万元,按招股说明书确定的项目,主要用来扩大万向节的生产规模,资金的投向如下:

1. 机加工部分扩建项目投资2426万元和热处理车间的改造项目投资940万元。
2. 总投资981万元的公用配套设施项目、总投资1360万元的锻造改造项目以及投资为1550万元的引进日本冷撞压设备项目,因募集资金到位已近年底,目前项目均在顺利实施阶段,计划94年10月全部完成。
3. 该公司将原定投资于萧山发展大厦350.1万美元(约3000万元人民币)改用于投资万向集团公司下属收益高的企业。

三、1994年经营展望

该公司1994年的经营目标为:扩大生产规模,争取年产量从1993年的1000万套增加到1500万套;开发新产品95种;积极开展投资业务,短期投资、股权投资、中长期投资合理配置,使该公司的投资业务能积极开展;争取实现利润总额4670万元。

四、股本结构和股东持股情况

1. 1993年末股本结构:

股权	数量(万股)	比例(%)
法人股	7900	72.48
社会公众股	3000	27.52
总股本	10900	100

2. 前10名大股东持股情况:

股东名称	持股数(万股)	占总股本比例(%)
万向集团公司	7236.93	66.39
中国汽车工业投资开发公司	463.15	4.25
中国工程与农机进出口公司	100	0.92
华联汽车发展有限公司	100	0.92
沈志军	28.05	0.257
陈栋	27.9	0.256
高存班	21.8	0.207
俞志华	21.3	0.195
刘霞飞	18.75	0.172
葛黎明	18.7	0.171
总计	8036.58	73.73

五、1993年度资产负债表和利润及利润分配表

资产负债表

1993年12月31日

万向钱潮股份有限公司 单位：人民币元

资　　产	行次	年初数	年末数	负债及股东权益	行次	年初数	年末数
流动资产：							
货币资金	1	1824079	484860	流动负债：			
短期投资	2			短期借款	41	20000000	
应收票据	3			应付票据	42		
应收帐款	4	6473	23917047	应付帐款	43	2552286	2562856
减：备抵坏帐	5	26	95668	预收货款	44	1161669	686409
应收帐款净额	6	6447	23821379	应付工资	45		
预付货款	7	3474028	11519468	应付福利费	46	212596	993437
其它应收款	8	18615330	59974840	未付股利	47		
待摊费用	9	1200	755884	未交税金	48		683652
存货	10	36777231	66536402	其它未交款	49	22832	69916
流动资产合计	15	60693315	163092833	其它应付款	50	477791	4542433
长期投资：				预提费用	51		356660
长期投资	16		1069000	待扣税金	52		
固定资产：				一年内到期的长期负债	53		
固定资产原值	18	55289120	75280911	流动负债合计	55	24427174	9895363
减：累计折旧	19	11309549	15731881	其它负债：			
固定资产净值	20	43979571	59549030	筹建期利息收益	56		
在建工程	21	3576855	8177614	其它负债合计			
固定资产清理	22			股东权益：			
固定资产合计	25	47556426	67726644	股本	66	79000888	109000888
无形及递延资产：				资本公积	67	7726279	89112779
无形资产	26	2899600	2609640	盈余公积	68		
递延资产	30		317486	未分配利润	69		26806573
无形及递延资产合计	35	2899600	2927126	股东权益合计	75	86727167	224920240
其它资产：							
其它长期资产	36						
资产合计	40	111154341	234815603	负债及股东权益合计	80	111154341	234815603

利润及利润分配表

1993年度

西安民生百货(集团)股份有限公司　单位:人民币元

项　　目	行次	金　　额	项　　目	行次	金　　额
一、主营业务收入	1	196947699	四、利润总额(亏损以"－"号表示)	14	31537145
减:营业成本	2	135337548	加:年初未分配利润(未弥补亏损以"－"号表示)	15	
销售费用	3	1547810	上年利润调整(减少上年利润以"－"号表示)	16	
管理费用	4	10178500	公积金	17	
财务费用	5	4982645	五、可分配利润	18	
进货费用	6		减:应交所得税	19	4730572
营业税金	7	15113567	提取法定盈余公积金	20	
二、主营业务利润(亏损以"－"号表示)	8	29787629	提取公益金	21	
加:其他业务利润(亏损以"－"号表示)	9	2266876	六、可供股东分配的利润	22	26806573
三、营业利润(亏损以"－"号表示)	10	32054505	减:已分配优先股股利	23	
加:投资收益(损失以"－"号表示)	11	54000	提取任意公积金	24	
营业外收入	12	32329	已分配普通股股利	25	
减:营业外支出	13	603689	七、未分配利润(未弥补亏损以"－"号表示)	26	

80.西安民生百货(集团)股份有限公司

一、1993年经营业绩和近三年财务指标

西安民生百货(集团)股份有限公司在1993年由定向募集公司转为公众募集公司,其股票在深圳证券交易所挂牌上市。在过去的一年里,该公司根据市场的变化,采取了灵活有效的营销策略,使各项经济指标都超过了年初制订的目标:全年营业收入达41976万元,实现利润2383万元,分别比上年增长26.32%和245.44%,均居西北地区商业企业之首。根据国务院发展研究中心等单位联合评比,该公司被评为全国500家最大服务业企业中零售业企业第25名。该公司近三年财务指标如下:

项目指标	单位	1993年	1992年	1991年	1993年增长率%
营业收入	千元	419762	332293	206085	26.32
利润总额	千元	23832	6899	4549	245.44
税后利润	千元	20257	5866	3867	245.45
资产总额	千元	327176	231748	45685	41.18
股东权益	千元	166330	132190	6287	25.83
每股净资产	元	2.27	1.81		25.41
每股受益	元	0.28	0.08		250.00
每股红利	元	0.22	0.07		214.29
股东权益比率	%	50.84	57.04		—10.87
净资产收益率	%	13.57	8.47		60.21

二、前次募集资金的使用情况

该公司于1992年募集股本金4000万元,发行溢价收入6000万元共计10000万元。该笔资金主要用于归还该公司营业大楼一期工程投资的贷款及拓展新的业务。

三、1994年经营展望

该公司1994年经营发展的原则是:面向市场,调整结构,一业为主,多角经营,深化改革,搞活机制;主攻强项,突出服务;加强管理,高效前进,经营目标将比上年有很大程度的提高,营业收入实现5.3亿元,利润4000万元,税后利润3400万元。

四、股本结构及股东持股情况

1.1993年末股本结构:

股权	数量(股)	比例(%)
国家股	30131792	41.20
发起人法人股	3003138	4.11
社会法人股	4040000	5.52
社会公众股	35960000	49.17
其中内部职工股	14380000	19.66
总股本	73134930	100.00

2.前10名股东持股情况:

股东名称	持股数(万股)	占总股本比例(%)
西安市国有资产管理局	3013.18	41.20
西安市民生百货商店劳动服务公司	300.31	4.11
陕西省电视台广告经营部	30.00	0.41
西安市工行解放路办事处劳动服务公司	30.00	0.41
陕西工商学院	20.00	0.27
西北电业管理局	20.00	0.27
西北五棉集团	20.00	0.27
中国人民保险公司西安市分公司	20.00	0.27
人行西安分行信托投资公司	20.00	0.27
西安市电信局	10.06	0.14

五、1993年度资产负债表和利润及利润分配表

资产负债表

1993年12月31日

西安民生百货(集团)股份有限公司 单位:人民币元

资产	行次	年初数	年末数	负债及股东权益	行次	年初数	年末数
流动资产:	01			流动负债:	01		
货币资金	02	3007311.56	21236052.25	短期借款	02	5500000.00	56900000.00
短期投资	03	517247.03	474756.63	应付票据	03		
应收票据	04			应收帐款	04	13978600.66	42214308.14
应收帐款	05	1634875.48	2411638.45	预收货款	05	1489097.67	2911370.35
减:备抵坏帐	06		13427.92	应付福利费	06	−1028339.76	512206.28
应收款项净值	07	1634875.48	2398210.53	未付股利	07		
预付货款	08	4194009.35	2258039.41	未交税金	08	−466285.21	2411015.91
其他应收款	09	99614586.02	26967000.82	其他未交款	09	315736.85	
待摊费用	10	140568.43	281207.49	其他应付款	10	4866699.04	29526432.80
存货	11	32285306.93	45560929.14	预提费用	11	53367.08	10000.00
流动资产合计	12	141393904.80	99176196.27	待扣税金	12		
长期投资:	13			一年内到期的长期负债	13		
长期投资	14	498910.00	6023300.00	流动负债合计	14	24708876.33	134485333.48
固定资产:	15			长期负债:	15		
固定资产原价	16	74747848.27	90936784.37	长期借款	16	71441766.11	17256627.53
减:累计折旧	17	6823153.29	6272928.02	应付债券	17		
固定资产净值	18	67924694.98	84663856.35	长期应付款	18		9104207.48
在建工程	19		113469524.78	长期负债合计	19	71441766.11	26360835.01
固定资产清理	20			股东权益:	20		
固定资产合计	21	67924694.98	198133381.13	股本	21	73134930.00	73134930.00
无形及其他资产:	22			资本公积	22	58231679.90	68723157.49
无形资产	23	21656000.00	23278800.00	盈余公积	23	823710.48	4859591.75
递延资产	24	274205.00	440495.80	其中:公益金	24	397866.48	2408059.17
	25			未分配利润	25	3406751.96	19612260.55
无形及其他资产合计	26	21930205.00	23719295.80	股东权益合计	26	135597072.34	166329939.79
待处理财产损失:	27				27		
待处理流动资产损失	28		123935.08		28		
待处理固定资产损失	29				29		
待处理财产损失合计	30		123935.08		30		
资产总计	31	231747714.78	327176108.28	负债及股东权益总计	31	231747714.78	327176108.28

利润及利润分配表

1993年度

万向钱潮股份有限公司　　　　单位:人民币元

项目	行次	金额	项目	行次	金额
一、主营业务收入	01	419762108.41	四、利润总额(亏损以"－"号表示)	01	23831630.30
营业成本	02	349266352.72	加:年初未分配利润(未弥补亏损以"－"号表示)	02	3406751.96
销售费用	03	14218694.39	上年利润调整(减少上年利润以"－"号表示)	03	
管理费用	04	15806586.19	公积金转入	04	
财务费用	05	—3989685.76	五、可分配利润	05	23831630.30
进货费用	06	4268914.11	减:应交所得税	06	3574744.55
营业税金	07	15562055.72	提取法定盈余公积金	07	2025688.58
二、主营业务利润(亏损以"－"号表示)	08	24629191.04	提取公益金	08	2025688.58
加:其他业务利润(亏损以"－"号表示)	09		六、可供股东分配的利润	09	16205508.59
三、营业利润(亏损以"－"号表示)	10	24629191.04	减:已分配优先股股利	10	
加:投资收益(损失以"－"号表示)	11	678591.40	提取任意公积金	11	
营业外收入	12	360789.15	已分配普通股股利	12	
减:营业外支出	13	1836941.29	七、未分配利润(未弥补亏损以"－"号表示)	13	19612260.55

81. 贵阳中天(集团)股份有限公司

一、1993年经营情况和近三年财务指标

贵阳中天(集团)股份有限公司是一家主营房地产开发等业务的上市公司,其股票在深圳证券交易所挂牌。在1993年,该公司完成施工面积23.8万平方米,为原计划的158.96%,实际竣工面积10.28万平方米,为原计划的128.5%,工程优良品率约70%,全部销售房屋面积32658平方米,实现销售收入4544万元,税后利润590.99万元,完成计划的34.34%。该公司近三年的财务指标如下(单位:万元):

项目指标	1993年度	1992年度	1991年度	1993年增长%
营业收入	4544.46	3419.27	1544.68	32.91
利润总额	590.99	1007.84	410.63	—41.36
税后利润	270.41	455.01	186.27	—40.57
资产总额	29961.05	11464.35	6210.66	161.34
股东权益	13857.2	4164.5	1763.59	232.75
每股净资产(元)	2.182			
每股收益(元)	0.04			
每股红利(元)	————			
股东权益比率	46.77%	37.60%	28.4%	24.39
净资产收益率	3.00%	15.35%	10.56%	—69.97

二、前次募集资金的运用情况

该公司1993年发行股票所募集资金于1993年12月31日到位,本年度未能使用。

三、1994年发展规划

在1994年,该公司将立足贵阳市的房地产业,形成完整配套的房地产开发建设服务体系,以市场为导向,有计划积极稳妥地向其它城市的房地产渗透;立足贵州资源,逐步向旅游业、保健制药业渗透;审慎地向证券业进军。争取实现税后利润1711.9万元。

四、股本结构及股东持股情况

1.1993年末股本结构:

股本类别	数量(股)	股权比例%
发起人股	34218053	53.29
其中:国家股	30218053	47.06
法人股	4000000	6.23
法人股	10000000	15.53
社会公众股	20000000	31.14

2.前10名股东持股情况:

股东名称	持股数	占总股本比例(%)
贵阳市国有资产管理办公室	30218053	47.06
中国宝安集团股份有限公司	3500000	5.45
威海经济技术开发区国际合作公司	2500000	3.89
深圳五星企业公司	2000000	3.11
中国光大银行	1400000	2.18
深圳蛇口安达实业股份有限公司	1300000	2.02
北海元亨物业股份有限公司	1300000	2.02
深圳巨安咨询有限公司	1000000	1.58
贵阳中天(集团)建筑安装公司	314000	0.49
贵阳中天(集团)岩土工程公司	200000	0.31

五、1993年度资产负债表和利润表

资产负债表

1993年12月31日

贵阳中天(集团)股份有限公司 单位:人民币元

资产	行次	年初数	年末数	负债及股东权益	行次	年初数	年末数
流动资产:				流动负债:			
货币资金	1	16259327.00	87682502.04	短期借款	41	20460000.00	41660000.00
短期投资	2			应付票据	42		
应收票据	3			应付帐款	43	8750465.94	11986212.03
应收帐款	4	5705863.60	6523273.25	预收货款	44	24374918.36	42318125.66
减:备抵坏帐	5	453799.45	64728.72	应付福利费	45		593823.78
应收帐款净额	6	5252064.15	6458544.53	未付股利	46		
预付货款	7	217039.09	8114875.05	未交税金	47	1401719.97	932684.67
其他应收款	8	690678.60	12344727.50	其他未交款	48	1851750.28	937825.49
待摊费用	9	299824.04	1643650.95	其他应付款	49	447619.62	11718279.72
存货	10	84768251.76	169582159.51	预提费用	50	14156244.68	24452344.13
		35559376.94	86115661.11	待扣税金	51		
流动资产合计	15	107487184.64	285826459.58	一年内到期的长期负债	52		
长期投资:							
长期投资	16	1081364.00	2117411.00	流动负债合计	55	71442718.85	134599295.48
固定资产:				长期负债:			
固定资产原价	18	7833402.81	10993214.93	长期借款	56		
减:累计折旧	19	1815623.66	1488289.86	应付债券	57		18797246.16
固定资产净值	20	6017779.15	9504925.07	长期应付款	58		
在建工程	21			长期负债合计	65		18797246.16
固定资产清理	22			少数股权资产	66		6006000.00
固定资产合计	25	6017779.15	9504925.07	股东权益			
无形及其他资产:				股本	67	30218053.00	64218053.00
无形资产	26	57120.00	57120.00	资本公积金	68	11426521.34	73079003.71
递延资产	30		2104665.94	盈余公积金	69		1274828.64
				未分配利润	70		
无形及其他资产合计	35		2161785.94	代管非经营性资金	71	1556154.60	1556154.60
待处理财产损失:				股东权益合计	75	43200728.94	140128039.95
待处理流动资产损失(减收益)	36						
待处理固定资产损失(减收益)	37						
待处理资产损失合计	38						
资产总计	40	114643447.79	299610581.59	负债及股东权益总计	80	114643447.79	299610581.59

利　润　表

贵阳中天(集团)股份有限公司　　单位:人民币元

项　目	1993年度	上年数	项　目	1993年度	上年数
一、主营业务收入	45444597.64	34192736.55	加:投资收益		31200.00
减:营业成本	33674637.52	22437476.26	营业外收入	7071357	3509446.02
销售费用	315865.84	237658.96	减:营业外支出	345814.34	247663.19
管理费用	2509471.66	1492056.60	四、利润总额	5909864.89	10078401.01
财务费用	346176.13	781473.59	减:应交所得税	3205786.43	5528290.55
进货费用			五、税后利润	2704078.46	4550110.46
营业税金	2517460.13	2585322.92	减:应交财政特种基金	673988.55	1137527.62
二、主营业务利润	6080986.36	6658248.22	六、可供分配利润	2030089.91	3412582.84
加:其他业务利润	103979.30	127169.96			
三、营业利润	6184965.66	6785418.18	减:提取盈余公积金	2030089.91	3412582.84

82. 广州恒运热电股份有限公司

一、1993年经营业绩和近三年财务指标

广州恒运热电股份有限公司是一个经营电力生产和热能供应的上市公司，该公司于1993年向社会公开发行股票并在深圳证券交易所挂牌。在1993年，该公司在燃煤价格上涨27%而电价基本维持不变的情况下，通过开源节流，强化管理，全年共发电1.57亿千瓦时，供热4.7万百万千焦，共实现税后利润1907.75万元，完成年度计划的100.04%。该公司近三年的财务指标如下：

项目指标	1993年	1992年	1993年增长%	1991年
主营业务收入(元)	60217589.00	57857310.04	4.08	54597105.73
利润总额(元)	22444175.92	13030674.32	72.24	16958212.86
税后利润(元)	19077549.53	11079973.17	72.18	14083708.78
资产总额(元)	242388258.57	116096701.28	108.78	83913591.37
股东权益(元)	219346488.32	90172091.95	143.25	79456433.58
每股收益(元/股)	0.23	0.18	27.78	—
每股净资产(元/股)	2.60	1.68	54.76	—
每股红利(元/股)	0.20	0.15	26.67	—
股东权益比率(%)	90.49	77.67	16.51	—
净资产收益率(%)	12.33	13.06	−5.59	—

二、前次募集资金的运用情况

该公司1993年向社会公开发行了A股股票2110万股，净收入人民币9,495万元；1992年末向内部职工发售内部股960万股，每股溢价1.88元，募集资金1800万元，这两笔资金按招股说明书规定的投向投资以下项目：

1. 投资恒运热电B厂8600万元；
2. 投资原有机组的技术改造2395万元。

三、1994年经营展望

在1994年，该公司将以电力生产经营为主，克服目前经营项目单一等不利因素，在保证在建项目建设的同时，努力向房地产、运输、金融投资、进出口贸易等行业拓展，使该公司逐步成为一个多元化、国际化的集团公司，争取全年实现税后利润4042万元。

四、股本结构和大股东持股情况

1. 1993年末股本结构：

股权	数量(股)	比例(%)
法人股	53700000	63.62
社会公众股	21100000	25
内部职工股	9600000	11.38
总股本	84400000	100

2. 大股东持股情况：

股东名称	持股数(股)	占总股本比例(%)
广州经济技术开发区发展总公司	31068992	36.81
广州经济技术开发区国际信托投资公司	17261008	20.45
广州经济技术开发区黄电电力技术发展公司	5370000	6.36

除上述股东外，其他股东持有的股份数均未达到需报告的数量规定。

五、1993年度资产负债表和利润及利润分配表

资产负债表

1993年12月31日

广州恒运热电股份有限公司　　　　单位:人民币元

资　产	附注	年初数	期末数	负债及股东权益	附注	年初数	期末数
流动资产:				流动负债			
货币资金	(1)	24800783.46	35582732.95	短期借款			
短期投资				应付票据			
应收票据				应付帐款		3900250.78	4224123.24
应收帐款		1294130.80	4271492.36	预收货款			
减:备抵坏帐				应付福利费			561.83
应收帐款净额				末付股利	(5)	2415381.67	16880000.00
预付货款				未交税金		1273952.02	1680971.46
其他应收款	(2)	5034052.16	48113890.27	其他未交款			
待摊费用		572855.00	745774.49	其他应付款		1133121.93	256113.72
存货		1306846.10	9000658.67	预提费用			
				待扣税金			
				一年内到期的长期负债			
流动资产合计		33008667.52	97714548.74				
长期投资:				流动负债合计		8722706.40	23041770.25
长期投资	(3)		56000000.00				
固定资产:				长期负债:			
固定资产原价	(4)	92919813.00	106649646.00	长期借款			
减:累计折旧		10806524.58	18513366.75	应付债券			
				长期应付款			
固定资产净值		82113288.42	88130279.25				
在建工程		973745.34	536700.00	长期负债合计			
固定资产清理				股东权益:			
				股本	(6)	63300000.00	84400000.00
固定资产合计		83087033.76	88672979.25	资本公积金	(7)	44072994.88	129117046.93
				盈余公积金	(8)		5742924.29
无形资产及其他资产:				集体福利基金			
无形资产				未分配利润			86517.10
开办费							
递延资产							
无形资产及其他资产合计				股东权益合计		107372994.88	219346488.32
待处理财产损失:							
待处理流动资产损失(减收益)			730.58				
待处理固定资产损失(减收益)							
待处理财产损失合计			730.58				
资产总计		116095701.28	242388258.57	负债及股东权益总计		116095701.28	242388258.57

利润及利润分配表

1993年度

广州恒运热电股份有限公司　　单位:人民币元

项　目	本年累计数	项　目	本年累计数
一、主要业务收入	60217589.00	四、利润总额(亏损以"—"号表示)	22444175.92
减:营业成本	49499176.15	加:年初未分配利润	
销售费用	10000.00	上年利润调整	
管理费用	3293389.09	公积金转入	
财务费用	—310719.37	五、可分配利润	22444175.92
进货费用		减:应交所得税	3366626.39
营业税金及附加	1758499.31	提取法定盈余公积金	1907754.95
二、主营业务利润(亏损以"—"号表示)	5967243.82	提取公益金	953877.48
加:其他业务利润(亏损以"—"号表示)	4580864.19	六、可供股东分配的利润	16215917.10
三、营业利润(亏损以"—"号表示)	10548108.01	减:已分配优先股股利	
加:投资收益(损失以"—"号表示)		提取任意公积金	
营业外收入	12203333.71	已分配普通股股利	16129400.00
减:营业外支出	307265.80	七、未分配利润	86517.10

83. 汕头电力发展股份有限公司

一、1993年经营业债和近三年主要财务指标

汕头电力发展股份有限公司是一个主营电力生产的上市公司，该公司于1993年向社会公开发行股票并在深圳证券交易所挂牌。该公司近三年的主要财务指标如下(单位：万元)：

项目指标	1991年	1992年	1993年	增长率%
营业收入	6507	8025	10044	25.16
其中：主营业务收入	6507	8007	9231	15.29
利润总额	799	591	3447	483.25
税后利润	799	586	3447	488.23
资产总额	23453	41286	59110	43.66
股东权益	13.673	29872	50590	69.36
每股净资产(元)		3.85(元)	4.89	27.01
每股收益(元)			0.44	
每股红利(元)			0.20	
股东权益比率(%)	58.3	72.4	85.30	17.82
净资产收益率(%)	5.84	2.69	8.57	247.45

二、前次募集资金的运用情况

1992年末，该公司定向募集股本获1.45亿元资金，93年度公开发行股票募集1.6亿元资金，共3.05亿元，其投向为：

1.热电厂一、二期工程和6333万元；

2.收购赤窖电厂4252万元；

3.沙角C厂3500万元；

4.参加省、市集资办电5500万元

5.投资房地产1700万元；

6.南澳环岛公路投资1500万元。

三、1994年经营展望

在1994年，该公司将坚持以“一业为主、多种经营”为方针，进行多元化经营，充分发挥公司本部各业务部门的作用，开展进出口贸易、房地产开发、证券投资等。运用“长短线投资并举”的投资策略，提高资金回报率。争取实现利润5970万元。

四、股本结构和股东持股情况

1.1993年末股本结构：

股权	数量(万股)	比例(%)
国有股	4125	39.88
法人股	2075	20.06
社会公众股	2593	25.07
内部职工股	1550	14.98
总股本	10343	100.00

2.该公司前10大股东持股情况：

股东名称	持股数(万股)	占总股本比例(%)
汕头市电力开发公司	3063	29.61
汕头市鮀光发电公司	1062	10.27
建设银行汕头市信托投资公司	750	7.25
工商银行汕头市信托投资公司	625	6.04
汕头市城市建设开发总公司	375	3.63
交通银行汕头分行	250	2.42
陈松龄	27.5	0.27
汕头电力经济发展公司	25	0.24
汕头特区金宏发展总公司	12.5	0.12
汕头市信托投资公司	12.5	0.12
合计	6202.5	59.97

五、1993年度资产负债表和利润及利润分配表

资产负债表

1993年12月31日

汕头电力发展股份有限公司　　　　单位：人民币元

资产	期末数	年初数	负债及股东权益	期末数	年初数
流动资产：			流动负债：		
货币资金	90637020.49	51905532.58	短期借款	2277200.00	2000000.00
短期投资	2091314.65	1000000.00	应付票据	—	—
应收票据	—	—	应付帐款	9486676.81	10003660.75
应收帐款	8085525.97	—	预付货款	—	—
减：坏帐准备	24256.57	—	应付福利费	1984467.39	2972072.81
应收帐款净额	8061269.40	—	未付股利	6200000.00	—
预付货款	7736430.00	12935923.98	未交税金	72619.82	368706.88
其他应收款	40601933.90	68580233006	其它未交款	35832.69	35030.33
应收关联企业款	36983128.19	—	其他应付款	4459827.18	5818115.22
预交税金	—	—	应付关联企业款	—	—
待摊费用	51035.00	1299140.39	应付工资	—	—
存货	27981792.07	5915963.14	预提费用	404987.11	—
流动资产合计	214143923.70	141636793.15	待扣税金	—	—
长期投资：			一年内到期长期负债	12277571.29	57112653.64
长期投资	58037403.44	20521261.40	流动负债合计	37199182.29	78310239.63
固定资产：			长期负债：		
固定资产原值	246704229.81	231296985.84	长期借款	48009428.45	33837072.17
减：累计折旧	6560752.14	12359728.74	应付债券	—	—
固定资产净值	240143477.67	218937257.10	长期应付款	—	2000000.00
在建工程	52266021.57	18240581.55	长期负债合计	48009428.45	35837072.17
固定资产清理	—	—	股东权益：		
固定资产合计	292409499.24	237177838.65	股本	103430000.00	77500000.00
无形及其他资产：			普通股	103430000.00	77500000.00
无形资产	25919585.63	13526902.84	其中：A股（面值1元，发行103430000股）	103430000.00	77500000.00
递延资产	594452.85	—	B股(面值　元,发行　股)	—	—
无形及其他资产合计	26514038.48	13526902.84	优先股(面值　元,发行　股)	—	—
			资本公积金	374492004.27	233430927.42
			盈余公积金	2137960.49	—
			其中:公益金	833796.05	—
			未分配利润	25836289.36	12215443.18
			股东权益合计	505896254.12	298715484.24
资产总计	591104864.86	412862796.04	负债及股东权益总计	591104864.86	412862796.04

利润及利润分配表

1993年1月1日至12月31日

汕头电力发展股份有限公司　　　　单位:人民币元

项　　目	本期累计数	上年同期数	项　　目	本期累计数	上年同期数
一、主营业务收入	92308722.74	80069168.71	四、利润总额	34474751.02	5908185.53
减:营业成本	74996217.98	66004242.64	加:年初未分配利润	(12215443.18)	(5769885.83)
销售费用	919174.82	519960.62	上年利润调整	2372606.31	—
管理费用	7817974.10	973117.70	资本公积金转入	13464033.52	—
财务费用	(9611325.17)	4770553.38	五、可分配利润	38095947.67	138299.70
汇兑损益	(8899564.01)	—	减:应交所得税	—	52246.31
进货费用	—	—	提取法定盈余公积	833796.05	5399189.65
营业税金及附加	679441.48	2020931.79	提取公益金	833796.05	606396.86
二、主营业务利润	26406803.54	5780362.58	已分改组前利润	3921697.82	6295910.06
加:其他业务利润	9465.47	84.00	六、可供股东分配的利润	32506657.75	(12215443.18)
三、营业利润	26416269.01	5780446.58	减:已分配优先股股利	—	—
加:投资收益	8117900.26	177316.00	提取任意公积	470368.39	—
营业外收入	—	7595.00	已分配普通股股利	6200000.00	—
减:营业外支出	59418.25	57172.05	七、未分配利润	25836289.36	12215443.18

84. 深圳世纪星源股份有限公司

一、1993年经营业绩和财务指标

深圳世纪星源股份有限公司是一家在深圳证券交易所挂牌的上市公司。在1993年,该公司顺利地完成了重组工作,恢复了股票的复牌交易,完成营业收入3406.8万元,利润亏损3500.7万元,该公司1993年的财务指标如下(单位:元):

项目指标	1993年
营业收入	34068666.07
利润总额	(—)35007622.33
税后利润	(—)35188326.88
资产总额	692008637.22
股东权益	148736544.81
每股净资产	1.65
每股收益	(—)0.391
股东权益比例	21.49%
净资产收益率	(—)26.74%

二、1994年经营展望

在1994年,该公司将采取有效措施提高经济效益,首先将恢复原有的生产经营能力,并进行技术改造,扩大经营规模;二是利用国内外大股东的优势,加紧筹办盈利高的投资项目,使之尽快上马,尽快产生效益;三是加速怡都大厦、华乐大厦房地产项目的完工,尽快开发景田商住楼房地产项目;四是对原有产业进一步调整,合理使用公司原有的土地资源,使公司的资源配置和产业结构更加合理。实现公司立足深圳,面向国内,跨出国门,将公司建成多功能、综合性的第一流集团式公司的战略目标,争取实现税后利润4886.89万元。

三、股本结构及股东持股情况

1.1993年末股本结构:

股权	数量(万股)	比例(%)
香港中国投资有限公司	3441.15	38.235
深圳市城建开发(集团)公司	1125	12.5
社会公众股	4433.85	49.265
总股本	9000	100.00

2.前10名股东持股情况:

股东名称	持股数(股)	占总股本比例(%)
香港中国投资有限公司	34411500	38.23
深圳市城建开发(集团)公司	11250000	12.50
上海万国证券	10237000	11.37
满丰布厂	1410000	1.57
上海海通	397000	0.44
蛇口新能源有限公司	300000	0.33
北京国投	189500	0.21
美芝电器	150000	0.17
海南证券	104000	0.12
南华证券	103000	0.11

四、1993年度资产负债表和利润及利润分配表

资产负债表

1993年12月31日

深圳世纪星源股份有限公司　　单位：人民币元

资产类	1993年12月31日	1993年3月1日	负债及股东权益	1993年12月31日	1993年3月1日
流动资产：			流动负债		
货币资金	80157642.42	12088935.04	短期借款	177799000.00	170508000.00
短期投资	153700.00	153700.00	应付票据	—	—
应收票据	—	—	应付帐款	9396769.71	11249902.05
应收帐款	64678267.00	62333036.35	预收货款	14903339.69	158500264.08
预付货款	148845576.40	136425353.15	应付福利费	102592543	710005.26
其他应收款	117545897.58	109750602.56	未付股利	—	—
减：坏帐准备	15468523.57	16734579.89	未交税金	1994667.34	842546.28
应收预付款项净额	315601207.41	291774412.17	其他未交款	—	—
应收关连企业款	—	—	其他应付款	228144169.63	72546324.13
预交税金	—	—	应付关连企业款	—	—
待摊费用	764327.79	1066970.29	应付工资	1138138.04	531235.81
存货	60521288.93	59987113.41	预提费用	46352938.57	26145839.50
流动资产合计	457198166.55	365071130.91	待扣税金	—	—
长期投资：			一年内到期长期负债	62517134.00	—
长期投资	(5890770.81)	3705238.55	流动负债合计	543272082.41	441034117.11
固定资产：			长期负债：		
固定资产原值	253716153.41	253368540.77	长期借款	—	58384684.00
减：累计折旧	42860691.26	34305366.16	应付债券	—	—
固定资产净值	210855462.15	219063174.61	长期应付款	—	—
在建工程	7107759.24	7467221.81	长期负债合计	—	58384684.00
固定资产清理	—	—	股东权益：		
固定资产合计	217963221.39	226530396.42	股本	90000000.00	90000000.00
无形及其他资产			普通股	90000000.00	90000000.00
无形资产	15223883.30	15656216.70	其中：A股(面值1.00元，发行9000万股)	90000000.00	90000000.00
递延资产	7514136.79	2849126.02	B股(面值——元，发行——股)	—	—
			优先股(面值——元，发行——股)	—	
无形及其他资产合计	22738020.09	18505342.72	资本公积金	93779989.49	155049188.15
待处理财产损失：	—	—	盈余公积金	181907.74	—
待处理流动资产损失(减收益)	—	—	其中：公益金	—	—
待处理固定资产损失(减收益)	—	—	未分配利润	(35225342.42)	(130655880.66)
待处理财产损失合计	—	—	股东权益合计	148736554.81	114393307.49
资产总计	692008637.22	613812108.60	负债及股东权益总计	692008637.22	613812108.60

利润及利润分配表

1993年3月1日至12月31日

深圳世纪星源股份有限公司 单位:人民币元

项 目	本期累计数	项 目	本期累计数
一、主营业务收入	34068666.07	四、利润总额	(35007622.33)
减:营业成本	26407687.24	加:年初未分配利润	(130655880.66)
销售费用	1620692.19	盈余公积转入	130655880.66
管理费用	14031161.51	上年利润调整	(87775.82)
财务费用	18369136.74	五、可分配利润	(35095398.15)
汇兑损益	3363304.17	减:应交所得税	92928.73
进货费用	—	提取法定盈余公积	37015.54
营业税金及附加	426695.84	提取公益金	—
二、主营业务利润	(30150011.62)	六、可供股东分配的利润	(35225342.42)
加:其他业务利润	4756253.14	减:已分配优先股股利	—
三、营业利润	(25393758.48)	提取任意公积	—
加:投资收益	(9569009.36)	已分配普通股股利	—
营业外收入	513732.00		
减:营业外支出	531586.49	七、未分配利润	(35225342.42)

85. 甘肃长风宝安实业股份有限公司

一、1993年经营业绩和近三年财务指标

甘肃长风宝安实业股份有限公司是一家经营家电产品的上市公司，其股票在深圳证券交易所挂牌。在1993年，该公司坚持按市场需求调整产品产业结构，强化营销管理和市场建设，发展规模经营，取得了较好成绩。全年生产洗衣机、电视机、电冰箱314699台，销售351181台。出口洗衣机、电冰箱17577台，创汇134万美元，实现主营业务收入22009万元，利润总额2145万元，超额完成年度溢利预测的1.27%。该公司近三年的财务指标如下：

项目指标	单位	1993年	年增长%	1992年	1991年
营业收入	万元	22009	10.03	20003	28476
利润总额	万元	2145	18.05	1817	1614
税后利润	万元	1823	122.86	818	726
资产总额	万元	36244	124.87	16118	16065
股东权益	万元	25258	329.2	5884.9	3661
每股净资产	元	2.06			
每股收益	元	0.15			
每股红利	元	0.12			
股东权益比率	%	69.69			
净资产收益率	%	11.71			

二、前次募集资金的运用情况

该公司1993年发行股票实际募集奖金17550万元，其投向如下：

1. 开发生产双桶大容量洗衣机投资1950万元。

2. 开发与制造图文传真机投资1000万元，1993年已在广东惠州与台湾天群公司合作做好了有关准备工作，1994年开始投入。

3. 开发全自动洗衣机投资2910万元，1994年做好前期准备工作。

4. 双桶洗衣机生产线增容改造投资2000万元，拟在1994年全部投入。

5. 关于电冰箱生产线增容改造投资910万元，该项目因故推后。

6. 开发生产多制式彩电和新型多功能低氟、无氟电冰箱拟投资550万元将在1994年投入并见成效。

7. 关于新建洗衣机减速器生产线投资816万元和建立包装材料厂投资2884万元，此两项目由于建设周期较长和国家产业政策等原因，暂不投入，其资金将转投于金融、证券等第三产业。

三、1994年经营展望

在1994年，该公司将贯彻“一业为主，多种经营，广开创利门路，提高质量，加速开发，促进规模经营；”的经营方针，争取使产品销售收入达3.6亿元，出口创汇200万美元；完成税后利润3230万元，比上年增长77.2%。

四、股本结构及股东持股情况

1. 1993年末股本结构：

股权	数量(万股)	比例(%)
国家股	5100	41.63
法人股	2550	20.82
个人股	4600	37.55
其中：公司职工股	410	8.91
总股本	12250	100.00

2. 前10名股东持股情况：

股东名称	持股数(万股)	占总股本比例(%)
甘肃电子集团公司	5100	41.63
中国宝安集团股份有限公司	1300	10.61
甘肃电子集团物业公司	300	2.45
深圳市宝安电子工业公司	200	1.63
深圳宝安对外经济发展公司	200	1.63
深圳宝安金属建材公司	160	1.31
海南化纤工业股份有限公司	100	0.82
张涛	60.6	0.49
甘肃省工业交通投资公司	60	0.49
天泰新产业投资租赁公司	50	0.41
深圳银康实业股份有限公司	50	0.41

五、1993年度资产负债表和利润及利润分配表

资产负债表

1993年12月31日

甘肃长风宝安实业股份有限公司 单位:人民币元

项目	行次	年初数	年末数	负债及股东权益	行次	年初数	年末数
流动资产:				流动负债:			
货币资金	1	3996542.31	81632927.22	短期借款	41	110151000.00	92377064.70
短期投资	2			应付票据	42		
应收票据	3			应付帐款	43	6747481.65	7884153.32
应收帐款	4	79371697.13	48535448.42	预收货款	44		
减:备抵坏帐	5	4923627.61	179193.45	应付福利费	45		−135207.24
应收款项净额	6	74448069.52	48356254.97	未付股利	46		
预付货款	7	436801.77		未交税金	47	2000410.86	634361.10
其他应收款	8	178556.75	55694705.78	其他未交款	48		104449.84
待摊费用	9		18967794.93	其他应付款	49		4241870.82
存货	10	47163764.55	85956329.41	预提费用	50		4700000.00
流动资产合计	16	126223734.90	290608012.31	待扣税金	51		
长期投资:				一年内到期的长期负债	52		
长期投资	19			流动负债合计	55	118898892.51	109806692.54
固定资产				长期负债:			
固定资产原价	21	67360999.22	74443939.96	长期借款	56		
减:累计折旧	22	17397148.29	23010126.06	应付债券	57	5000000.00	
固定资产净值	23	49963850.93	51433813.90	长期应付款	58		60957.00
在建工程	24			长期负债合计	62	5000000.00	60959.00
固定资产清理	25						
固定资产合计	26	49963850.93	51433813.90	股东权益:			
无形及其他资产:				股本	66	51000000.00	122500000.00
无形资产	30	6560000.00	6232000.00	资本公积	67	7848693.32	111848693.32
递延资产	31		14168099.64	盈余公积	68		
无形及其他资产合计	34	6500000.00	20400099.64	其中:公益金	69		
待处理财产损失:				未分配利润	70		18229546.09
待处理流动资产损失(减收益)	35						
待处理固定资产损失(减收益)	36		3965.10	股东权益合计	75	58848693.32	252578239.41
待处理财产损失合计	38		3965.10				
资产总计	40	182747585.83	362445890.95	负债及股东权益总计	80	182747585.83	362445890.95

利润及利润分配表

1993年度

甘肃长风宝安实业股份有限公司　　单位:人民币元

项　目	行次	金　额	项　目	行次	金　额
一、主营业务收入	1	220094206.66	四、利润总额(亏损以"—"号表示)	15	21446524.81
减:营业成本	2	156891738.28	加:年初未利润(未弥补亏损以"—"号表示)	16	
销售费用	3	13045437.61	上年利润调整(减少上年利润以"—"号表示)	17	
管理费用	4	13043762.38	盈余公积转入	18	
财务费用	5	8618420.28	五、可分配利润	19	21446524.81
汇兑损益	6		减:应交所得税	20	3216978.72
进货费用	7		提取法定盈余公积	21	
营业税金及附加	8	6460973.52	提取公益金	22	
二、主营业务利润(亏损以"—"号表示)	9	22033874.39	六、可供股东分配的利润	23	18229546.09
加:其他业务利润(亏损以"—"号表示)	10	28616.21	减:已分配优先股股利	24	
三、营业利润(亏损以"—"号表示)	11	22062490.60	提取任意公积	25	
加:投资收益(亏损以"—"号表示)	12		已分配普通股股利	26	
营业外收入	13				
减:营业外支出	14	615965.79	七、未分配利润(未弥补亏损以"—"号表示	27	18229546.09

86. 广东万家乐股份有限公司

一、1993年经营业绩和近三年主要财务指标

广东万家乐股份有限公司是一家以生产燃气具为主业的上市公司。该公司于1993年底发行股票并在深圳证券交易所挂牌。在1993年，该公司各项业务均长足进步，共实现各项业务收入148975万元，完成年度计划的112%；实现税后利润17291万元，完成年度计划的119.5%。该公司近三年的主要财务指标如下：

项目指标	1993年	增长率%	1992年	1991年
营业收入(万元)	148975	72.4	86403	52345
利润总额(万元)	19515	125.1	8670	4778
税后利润(万元)	17291	153.0	6835	4111
资产总额(万元)	178128	28.4	138735	89134
股东权益(万元)	97141	61.3	60220	17813
每股净资产(元)	2.36	44.8	1.63	
每股收益(元)	0.42	133.3	0.18	
每股红利(元)	0.32			
股东权益比率	0.545	25.6	0.434	0.20
股东权益收益率	0.22	25.7	0.175	0.231

二、募集资金的运用情况

1993年度该公司向社会公开发行股票4120万股，共筹集资金16.691万元，这笔资金的投向如下：

(1)投资6000万元于大型程控电话交换机项目；

(2)投资3000万元于燃气具项目；

(3)投资2500万元于小型程控电话交换机项目。

(4)投资1500万元于建筑装饰玻璃项目；

(5)补充流动资金3691万元；

三、1994年经营展望

在1994年，该公司将继续以制造业为主、第三产业为辅的多元化经营战略，加速正在进行的高科技、高附加值项目建设，积极利用外部资源，更加优化内部资源配置。建立和不断完善现代化的企业管理机制，努力实现并争取超额完税后利润21900万元。

四、股本结构和股东持股情况

1.1993年末股本结构：

股权	数量(万股)	比例(%)
法人股	26569.6	64.61
社会公众股	4120	10.02
内部职工股	10430.4	25.37

2.前10名股东持股情况：

股东名称	持股数(万股)	占总股本比例(%)
广东万家乐集团公司	235924934	57.37
南方证券有限公司	5333333	1.30
工商银行广东省信托托资公司	533333	1.30
顺德市顺发投资公司	4640000	1.13
广东国际信托投资公司	3744400	0.91
广东证券公司	3680000	0.89
中国银行广州信托投资咨询公司	3520000	0.86
顺德市建设财务公司	3520000	0.86
广发基金会	800000	0.20
黄小玉	800000	0.20

五、1993年度资产负债表和利润表

资产负债表(合并)

1993年12月31日

广东万家乐股份有限公司　　单位:人民币元

资　　产	1993年12月31日	负债及股东权益	1993年12月31日
流动资产:		流动负债:	
货币资金	63663159	短期借款	193083395
短期投资	130069588	应付帐款	228375511
应收票据	660200	预收货款	2416992
应收帐款	152691020	应付福利费	8954.16
减坏帐准备	749159	未付股利	14634890
应收帐款净值	151941861	未交税金	24840755
预付贷款	23087690	其他未交款	898091
其它应收款	151721380	其它应付款	89789995
待摊费用	11479839	应付工资	7295850
存货	377332284	预提费用	11451126
流动资产合计:	909955999	流动负债合计	584040774
长期投资:		长期负债:	
长期投资	39953761	长期借款	85510000
固定资产:		应付债券	86369872
固定资产原值	514410349	长期应付款	1030389
减:累计折旧	122355070	长期负债合计	172910261
固定资产净值	392055279	负债合计	756961035
在建工程	244459260	少数股东权益:	
固定资产合计	636514539	少数股东权益	52916572
无形资产及其他资产:		股东权益:	
无形资产	170439662	股本	411200000
递延资产	24417567	资本公积金	374608378
		未分配利润	185606543
无形资产及其他资产合计	194857229	股东权益合计	971414921
资产总计	1781281528	负债及股东权益总计	1781281528

利润表(合并)

1993年度

广东万家乐股份有限公司 单位:人民币元

项目	1993年度	项目	1993年度
一、产品销售收入	1489745473	加:投资收益	38522739
减:产品销售成本	1017066408	营业外收入	2936790
产品销售费用	133016738	减:营业外支出	1966678
产品销售税金	46184276	四、利润总额	195151075
二、产品销售利润	293478051	减:企业所得税	9554589
加:其他业务利润	1548487	五、税后利润	185596486
减:管理费用	94844673	减:少数股东权益	12684699
财务费用	44523641		
三、营业利润	155658224	六、减少数股东权益后税后利润	172911787

87. 新疆宏源信托投资股份有限公司

一、1993年经营业绩和近三年财务指标

新疆宏源信托投资股份有限公司于1993年完成股份制改组工作并向社会公开发行股票，其股票在深圳证券交易所挂牌。在1993年，该公司克服困难，勇于开拓，使信托、委托存贷款业务、证券业务、房地产业务及其它投资业务都有很大的发展，累计实现税后利润2253.67万元，完成《上市公告书》中公告的利润计划的99.32%，该公司近三年的财务指标如下：

项目指标	1993年	年增长率	1992年度	1991年度
营业收入	1597.79万元	56.71%	1019.56万元	829.08万元
利润总额	2629.75万元	976.84%	244.21万元	276.52万元
税后利润	2253.67万元	2266.31%	95.24万元	107.84万元
资产总额	53773.44万元	22.94%	43740.25万元	
股东权益	31993.41万元			
每股净资产	1.83元			
每股税后利润	0.13元			
股东权益比率	59.5%			
净资产收益率	11.99%			

二、前次募集资金的运用情况

该公司募集法人股股金13500万元，加上公司原有资金5000万元，用于证券投资2161万元，其中，国债投资661万元，企业债券投资1500万元，房地产投资8326万元，主要投资于杭州、海南等地，公司传流业务营运资金8000万元。

该公司公众股股金11000万元于12月26日到位，没有参与1993年营运。

三、1994年经营展望

该公司1994年的经营战略为：以金融信托业为龙头，以证券业、房地产为重点，大力发展投资、租赁、商贸业，积极稳妥地拓展其它相关产业。立足新疆，依托内地，面向沿海及中亚，积极参与边境贸易，提高公司在更广泛范围内的竞争能力，使公司业务得以全方位发展，争取1994年实现税后利润5321万元。

四、股本结构和股东持股情况

1. 1993年末股本结构：

股权	数量(万股)	比例(%)
发起人持股	8750	50.00
定向法人股	3750	21.43
社会公众股	5000	28.57
(含公司职工股)	500	2.86
总股本	17500	100

2. 前10名大股东持股情况：

股东名称	持股数(万股)	占总股数比例(%)
中国人民建设银行新疆分行	5000	28.6
中国人民建设银行新疆融资中心	1300	7.4
新疆电力公司	1000	5.7
中国宝安集团股份有限公司	1000	5.7
新疆生产建设兵团	1000	5.7
新疆建设房地产开发公司	800	4.6
广东中创科技设备租赁公司	500	2.8
深圳宏成电脑有限公司	500	2.8
新疆建设设备租赁公司	400	2.3
新疆金融市场	300	1.7

五、1993年度资产负债表和利润分配表

资产负债表

1993年12月31日

新疆宏源信托投资股份有限公司 单位:人民币元

资产	年初数	期末数	负债及所有者权益	年初数	期末数
一、流动资产:			一、流动负债:		
现金及银行存款	11090593.98	130463010.33	短期存款	6700.02	23892.07
存放中央银行款项	22573779.20	5381000.00	财政性存款		
折放同业	16475000.00	5175000.00	向中央银行借款		
折放金融性公司	0	3000000.00	同业存放款项		
短期贷款	40100000.00	39050651.45	联行存放款项	5400000.00	0
代理其他业务	6574400.00	10232092.00	同业折入	171000000.00	46985582.56
应收帐款	5456905.52	7572009.29	金融性公司折入		
减:坏帐准备金	0	23149.08	代理其他业务	16574400.00	5148800.00
其他应收及暂付款	213894.30	21092243.74	借入款项		5300000.00
待摊费用	707128.33	12483.20	委托存款	109633582.03	101365345.13
委托贷款	103649062.08	92988162.08	应付代理证券款项		19610690
自营证券	11250837.78	9494683.36	应付帐款	4851483.66	2715114.94
流动资产合计	218091601.19	333438186.37	其他应付款	18111489	9099631.38
二、长期资产:			应付工资		313708.96
中长期贷款	727000.00	5250000.00	应付福利费		144941.02
减:贷款呆帐准备金	215548.02	627792.60	应交税金	1552582.24	4973185.37
租赁资产	57262100.00	46073571.55	应付利润		
减:待转租赁资产			预提费用		168501.98
长期投资	150077756.00	129941812.41	流动负债合计	309199862.89	176434810.31
减:投资风险准备金		450233.27	二、长期负债:		
固定资产原值	4981769.63	4964898.51	长期存款	69607928.87	38049388.78
减:累计折旧	65,225.18	128,839.25	保证金	2725708.39	3316105.84
固定资产净值	4916544.45	4566059.26	长期借款		
在建工程	0	7544000.00	长期应付款		
长期资产合计	219310852.43	192297417.35	长期负债合计	72333637.26	4136549462
三、递延及其他资产:			三、所有者权益		
递延资产	0	11998824.54	股本	50000000.00	175000000.00
递延及其他资产合计	0	11998824.54	资本公积金	4916544.45	124044162.51
			盈余公积金	0	4357527.84
			公益金		
			未分配利润	95240902	16532432.98
			所有者权益合计	55868953.47	319934123.33
资产总计	437402453.62	537734428.26	负债及所有者权益合计	437402453.62	53773442826

利润分配表

1993年度

新疆宏源信托投资股份有限公司

单位:人民币元

项目	金额		项目	金额	
	1992年末	1993年末		1992年末	1993年末
一、利润总额	2442074.42	26297502.95	减:上年所得税调整		
减:应交所得税			二、可供分配利润	952409.02	23489103.64
调节税	1489665.40	3760803.33	减:盈余公积金		4357527.84
税后利润	952409.02	22536694.62	减:公益金		
加:年初未分配利润		952409.02	减:提取与上交利润	2599142.82	26
上年利润调整			三、期末未分配利润	952409.02	16532432.98

统计资料

统计资料

目 录

国内有价证券发行情况

(1981—1993年)

单位：亿元

项　目		1981年	1982年	1983年	1984年	1985年	1986年	1987年	1988年	1989年	1990年	1991年	1992年	1993年	合　计
一.国债	发行额	48.66	43.83	41.58	42.53	60.61	62.51	116.87	188.77	223.91	197.23	281.25	460.78	381.31	2149.84
	兑付额						6.65	18.41	21.66	13.22	76.22	111.60	238.05	*123.29	609.1
	期末余额	48.66	92.49	134.07	176.60	237.21	293.07	391.53	558.64	769.33	890.34	1059.99	1282.72	1540.74	1540.74
1.国库券	发行额	48.66	43.83	41.58	42.53	60.61	62.51	62.87	92.16	56.07	93.46	199.41	395.64	314.77	1514.10
	兑付额						6.65	18.41	21.66	13.22	49.59	106.65	120.41	105.75	442.34
	期末余额	48.66	92.49	134.07	176.60	237.21	293.07	337.53	408.03	450.88	494.75	587.51	862.74	1071.76	1071.76
2.财政债券	发行额								66.07	0.00	71.09	64.63	65.14	66.54	333.47
	兑付额												0.02	9.38	9.40
	期末余额								66.07	66.07	137.16	201.79	266.91	324.07	324.07
3.国家建设债券	发行额								30.54	0.00	0.00	0.00	0.00	0.00	30.54
	兑付额										21.58	4.95	2.25	0.90	29.68
	期末余额								30.54	30.54	8.96	4.01	1.76	0.86	0.86
4.国家重点建设债券	发行额							54.00	0.00	0.00	0.00	0.00	0.00	0.00	54.00
	兑付额										5.05				5.05
	期末余额							54.00	54.00	54.00	48.95	48.95	48.95	48.95	48.95
5.特种国债	发行额									42.84	32.68	17.21	0.00	0.00	92.73
	兑付额														0.00
	期末余额									42.84	75.52	92.73	92.73	92.73	92.73
6.保值公债	发行额									125.00	0.00	0.00	0.00	0.00	125.00
	兑付额												115.37	7.26	122.63
	期末余额									125.00	125.00	125.00	9.63	2.37	2.37
二.国家投资债券	发行额											95.00	60.00		155.00
	兑付额														0.00
	期末余额											95.00	155.00		155.00
三.国家投资公司债券	发行额							30.00	90.00	22.53	6.15	2.29	8.01		158.98
	兑付额											0.83	2.04		2.87
	期末余额							30.00	120.00	142.53	148.68	150.14	156.11		156.11
四.中央企业债券	发行额												74.10		74.10
	兑付额														0.00
	期末余额												74.10		74.10
五.金融机构债券	发行额					5.00	30	630.00	65.00	60.66	64.40	66.91	76.98		428.95
	兑付额						5.00	30.00	40.00	70.11	50.07	33.67	30.00		258.85
	期末余额					5.00	30.00	60.00	85.00	75.55	89.88	123.12	170.10		170.10
1.金融债券	发行额					5.00	30.00	60.00	65.00	60.66	64.40	66.91	406.55		406.97
	兑付额						5.00	30.00	40.00	70.11	50.07	33.67	30.00		258.85
	期末余额					5.00	30.00	60.00	85.00	75.55	89.88	123.12	148.12		148.12

国内有价证券发行情况

续表　　（1981—1993年）　　单位：亿元

项　目		1981年	1982年	1983年	1984年	1985年	1986年	1987年	1988年	1989年	1990年	1991年	1992年	1993年	合　计
2.信托受益证券	发行额												12.18		12.18
	兑付额														0.00
	期末余额												12.18		12.18
3.投资基金证券	发行额												9.80		9.80
	兑付额														0.00
	期末余额												9.80		9.80
六.企业债券	发行额						100.00	30.00	75.41	75.26	126.37	249.96	517.80		1174.80
	兑付额						16.23	27.42	46.72	43.94	77.29	114.31	195.00		520.91
	期末余额						83.77	86.35	115.04	146.36	195.44	331.09	653.89	653.89	653.89
1.地方企业债券	发行额						100.00	30.00	30.00	14.83	49.33	115.25	258.77	20.06	618.24
	兑付额						16.23	27.42	46.72	15.32	22.05	25.34	37.26		190.34
	期末余额						83.77	86.35	69.63	69.14	96.42	186.33	407.84	427.90	427.90
2.短期融资券	发行额								11.72	29.72	50.15	104.44	228.53		424.56
	兑付额									14.74	32.73	60.03	111.27		218.77
	期末余额								11.72	26.70	44.12	88.53	205.79	205.79	205.79
3.内部债券	发行额								33.69	30.71	26.89	30.27	111.51		233.07
	兑付额									13.88	22.51	28.94	44.23		109.56
	期末余额								33.69	50.52	54.90	56.23	123.51	123.51	123.51
4.住宅建设债券	发行额												6.43		6.43
	兑付额														0.00
	期末余额												6.43		6.43
5.地方投资公司债券	发行额												4.37		4.37
	兑付额														0.00
	期末余额												4.37		
七.股票	发行额							10.00	25.00	6.62	4.28	30.98	125.72	90.62	293.22
	其中：A股							10.00	25.00	6.62	4.28	29.52	114.59	37.43	227.44
	H股													40.41	40.41
	B股											1.46	11.13	12.78	25.37
合计	发行额	48.66	43.83	41.58	42.53	65.61	192.51	246.87	444.18	388.98	398.43	726.39	1323.39	491.99	4454.96
	兑付额						27.88	75.83	108.38	127.27	203.58	260.41	465.09	123.29	1391.73
	期末余额	48.66	92.49	134.07	176.60	242.21	406.84	577.88	913.68	1175.39	1370.24	1836.22	2694.52	3063.22	3063.22
八.大额可转让存单	发行额								59.26	141.80	503.53	426.85	500.00		1631.44
	兑付额									77.96	231.63	391.60	300.00		1001.19
	期末余额								59.26	123.10	395.00	430.25	630.25		630.25
总计	发行额	48.66	43.83	41.58	42.53	65.61	192.51	246.87	503.44	530.78	901.96	1153.24	1823.39	491.99	6086.39
	兑付额						27.88	75.83	108.38	205.23	435.21	652.01	765.09	123.29	2392.92
	期末余额	48.66	92.49	134.07	176.60	242.21	406.84	577.88	972.94	1298.49	1765.24	2266.47	3324.77	3693.47	3693.47

注：1.国债的发行、兑付额由财政部国债司提供；地方企业债发行额由人民银行金管司提供；股票发行由证监会提供。

2.表中“*”1993年国债兑付额与国家决算数不完全对应，是由于跨年度执行调整造成的。

有价证券流通转让统计汇总表

（1987－1993 年）

单位：万元

	1987 年	1988 年	1989 年	1990 年	1991 年	1992 年	1993 年	合　计
一.国家债券		242085	212600	1159353	3701728	10825742	8305649.2	24447157
1.国库券		238309	209417	1048864	3395479	10502365	8301737.6	23696172
2.财政债券								0
3.国家建设债券			1484	466				1950
4.重点建设债券		3776	1699	975	2949			9399
5.特种国债券								0
6.保值公债券				109048	303300	323377	3911.57	739636.57
二.国家投资债券						516055	146896.78	662951.78
三.国家投资公司债券	0	0	861	2567	21624	315945	54324.45	395321.45
1.重点企业债券			262					262
2.基本建设债券			599	2567	21624			24790
四.金融债券	1200	6958	4611	4622	78147	350192	222476.96	668206.96
五.地方企业债券	9163	11587	7909	10558	246328	1282293	2345091.8	3912929.8
六.企业股票	800	922	2315	181237	867400	13624800	73340600	88018074
小计	11163	261552	228296	1358337	4915227	26915027	84415039	118104641
七.大额定期存单地		1285	1216	4159	10227	27861	30742.05	75490.05
八.企业短期融资券			648	3431	101429	308021	300208.97	713737.97
合计	11163	262837	230160	1365927	5026883	27250909	84745990	1188933869

注：1.此表由中国人民银行金管司提供。

2.股票交易量为双向统计，包括买入和卖出，其中 1991、1992、1993 年是以交易所提供的数据进行了调整。

全国股票交易统计总表

	合计				上海				深圳			
	1990年	1991年	1992年	1993年	1990年	1991年	1992年	1993年	1990年	1991年	1992年	1993年
上市公司数(个)	13	14	53	183	8	8	29	106	5	6	24	77
上市证券数(个)		14	72	218		8	39	123		6	33	95
其中:A股		14	54	177		8	30	101		6	24	76
B股			18	41			9	22		0	9	19
总股本(亿元)	2.61	6.29	73.21	328.68	2.61	2.72	46.94	206.62		3.57	26.27	122.06
其中:A股	2.61	6.29	61.00	300.19	2.61	2.72	38.89	188.67		3.57	22.11	111.52
B股	0.00	0.00	12.21	28.49		0.00	8.05	17.95		0.00	4.16	10.54
市价总额(亿元)	12.34	109.19	1048.13	3522.47	12.34	29.43	558.40	2195.69		79.76	489.73	1326.77
其中:A股	12.34	109.19	978.08	3310.12	12.34	29.43	520.55	2067.66		79.76	457.53	1242.46
B股		0.00	70.05	212.35		0.00	37.85	128.04		0.00	32.20	84.31
成交金额(亿元)		43.37	681.24	3667.03		8.07	247.18	2380.36		35.30	434.07	1286.67
其中:A股		43.37	650.16	3562.37		8.07	232.72	2301.50		35.30	417.44	1260.87
B股		0.00	31.08	104.66		0.00	14.45	78.86		0.00	16.63	25.80
成交股数(百万股)		303.84	3795.39	23422.17		4.26	1883.40	15507.51		299.58	1911.99	7914.66
其中:A股		303.84	3336.80	21682.20		4.26	1570.41	14133.63		299.58	1766.39	7548.57
B股			458.59	1739.97			312.99	1373.88		0.00	145.60	366.09
交易所会员总数			348	907			171	481		15	177	426
其中:异地会员			288	832			131	438		0	157	394
最高综合股价指数							1429.01	1558.40		136.94	312.21	359.44
其中:A股					127.61	292.75	1511.27	1640.71			285.84	379.07
B股							140.85	105.78			142.03	185.45
最低综合股价指数							292.76	750.48		45.66	107.08	203.91
其中:A股					95.79	104.96	292.76	765.58			169.04	214.89
B股							56.81	51.01			105.72	80.63

注:此表数据根据上海交易所和深圳交易所历年年报及提供的数据整理。

上海、深圳交易所市场统计表

1993 年

	总计	上海			深圳		
		合计	A股	B股	合计	A股	B股
年底上市公司数(个)	183	106			77		
年底上市证券数(个)	218	123	101	22	95	76	19
年底总股本(亿元)	328.681	206.617	188.667	17.95	122.064	111.52	10.544
年底市价总额(亿元)	3522.467	2195.694	2067.655	128.039	1326.773	1242.463	84.31
累计成交金额(亿元)	3667.025	2380.355	2301.496	78.859	1286.67	1260.87	25.8
累计成交股数(百万股)	23422.17	15507.51	14133.63	1373.88	7914.66	7548.57	366.09
当年新上市品种(个)	147	85	72	13	62	52	10
最高股价指数		1558.95 (02/16)	1640.71 (02/16)	105.78 (12/31)	359.4403 (02/22)	379.0684 (02/22)	185.4458 (02/08)
最低股价指数		750.48 (12/20)	765.58 (12/20)	51.01 (07/21)	203.9103 (07/21)	214.8934 (07/21)	80.6326 (08/06)

注:此表数据由上海交易所和深圳交易所提供。

上市公司统计报表

		股权结构(单位:亿元)					公司数量(单位:家)							
		国家股	法人股	个人股	B股及H股	小计	工业类	商业类	房地产	公事类用业	金融类	综合类	其它	小计
1992	上交所	22.93	7.12	4.22	8.05	42.32	22	3	1	1	0	2	0	29
	深交所	4.39	11.93	7.89	4.04	28.25	11	1	2	0	1	7	2	24
	总计	27.32	19.05	12.11	12.09	70.57	33	4	3	1	1	9	2	53
	比重	38.71%	26.99%	17.16%	17.13%	100.00%	62.26%	7.55%	5.66%	1.89%	1.89%	16.98%	3.77%	100.00%
1993	上交所	149.05	47.79	35.59	39.83	272.26	67	16	8	8	0	7	0	106
	深交所	45.70	32.02	27.73	9.06	114.51	47	4	3	6	1	12	4	77
	总计	194.75	79.81	63.32	48.89	386.77	114	20	11	14	1	19	4	183
	比重	50.35%	20.64%	16.37%	12.64%	100.00%	62.30%	10.93%	6.01%	7.65%	0.55%	10.38%	2.19%	100.00%

注:(1)此表由中国证监会上市公司部提供。

(2)因对上市公司的分类标准交易所及有关部门尚未商定,此表中分类统计仅供参考。

(3)深交所在“B股及H股”项目中含B股法人股,无H股。

股份有限公司情况统计表

(1993年12月31日)

序号	企业名称	公司数	股本					
			股本总额	国家股	法人股	个人股		外资股
						内部职工股	社会个人	
1	北京市	68	830391	32765	754812	28545	4269	10000
2	天津市	21	375895	239817	58809	22992	54276	
3	河北省	79	585752	168140	334422	79191		4000
4	山西省	28	378211	45389	276325	56497		
5	内蒙古自治区	27	74833	34339	35910	2964	1620	
6	辽宁省	228	2263000	904000	925000	403000	27000	4000
7	吉林省	135	1509375	777199	432562	284921	14693	
8	黑龙江	86	683756	258745	302816	122195		
9	上海市	120	2796153	1394946	822111	64155	167169	347773
10	江苏省	115	916130	393056	434433	57316	31325	
11	浙江省	126	814785	130376	573291	73359	35559	2200
12	安徽省	36	775425	469324	54336	28172	50300	173293
13	福建省	43	305429	147596	118880	6571	27002	5380
14	江西省	34	57400	44600	1400	240	11160	
15	山东省	236	767423	299777	265263	113549	51468	37366
16	河南省	174	276979	105991	100441	37481	24181	8886
17	湖北省	176	812544	257414	415381	139750		
18	湖南省	98	487568	132207	264920	78111	12330	
19	广东省	229	3327280	728103	2141619	383346	43722	30490
20	广西省	105	919525	213631	531803	149591	4500	20000
21	海南省	96	1572780	92667	1234550	232537	13026	
22	四川省	47	494764	166868	220680	68726	38490	
23	贵州省	20	154164	30639	94267	22998	6260	
24	云南省	19	234923	32783	175386	10114	10140	6500
25	西藏自治区	0	0					
26	陕西省	24	238818	78631	110221	34441	15525	
27	甘肃省	11	70972	11900	37114	6918	15040	
28	青海省	0	0					

股份有限公司情况统计表

续表

(1993年12月31日)

序号	企业名称	公司数	股本					
			股本总额	国家股	法人股	个人股		外资股
						内部职工股	社会个人	
29	宁夏自治区	8	22053	711	16060	1942	3340	
30	新疆自治区	22	67757	9928	40632	12697	4500	
31	重庆市	34	289060	125699	126882	20855	10120	5504
32	沈阳市	50	590461	321129	167654	75193	22750	3735
33	大连市	83	545750	95113	310362	133181	7094	
34	哈尔滨市	26	156748	59945	65554	14615	16635	
35	武汉市	90	433176	102416	254013	76748		
36	广州市	50	527875	174818	254614	63674	14659	20111
37	西安市	14	100221	22381	57484	4831	15525	
38	青岛市	30	162585	50184	84403	13998	14000	
39	宁波市	12	48459	5493	37450	1758	3758	
40	厦门市	13	99684	26597	56676	5246	4995	6171
41	深圳市	209	1494411	936654	197475	92935	112602	154745
42	成都市	83	719120	136336	204148	331709	46928	
43	南京市	20	134273	70361	49483	9430	5000	
44	长春市	39	305932	145221	99398	61313		
45	济南市	21	111197	45015	28813	13036	21932	2400
46	民用航空局	1	10000	7900	2100			
47	国家教委	1	12000		10000	2000		
48	公安部	1	16000	8544	4256	3200		
49	司法部	1	1231		1231			
50	中国石化	16	808570	470999	92155	32581	43240	169594
51	国家科委		0					
52	科学院	1	8104	5874	730	300	1200	
53	国内贸易部	1	6000	2000	4000			
54	交通部	2	34947		32447	2500		
55	对外贸易部	1	6000	2000	4000			
	合计	3210	28335670	9993839	12861287	3476590	991807	1012146

注：此表由国家体改委生产司提供。

全国证券中介机构统计表

	合　计	证券公司	证券营业部	会计师事务所	律师事务所	资产评估机构
从事证券业务机构数	2178	126	1733	65	172	82
从事证券业务人员数	17078	3648	10650	520	660	1600

注:证券公司及证券营业部的统计数字由中国人民银行提供,律师事务所的统计数字由证监会法律部提供,会计师事务所、资产评估机构的统计数字由证监会首席会计师办公室提供。

从事证券业务的资产评估机构名单

（1993年度　共82家）
（以下排名次序不分先后）

1. 中发国际资产评估公司
2. 中华会计师事务所
3. 北京立达建筑审计事务所
4. 中信会计师事务所
5. 中国投资咨询公司
6. 中洲会计师事务所
7. 兴业会计师事务所
8. 北京中机审计事务所
9. 北京会计师事务所
10. 深圳市资产评估事务所
11. 深圳中华会计师事务所
12. 蛇口中华会计师事务所
13. 上海市会计师事务所
14. 上海大华会计师事务所
15. 广州资产评估公司
16. 天津审计事务所
17. 江苏省会计师事务所
18. 吉林省国有资产评估事务所
19. 浙江国有资产评估中心
20. 沈阳资产评估中心
21. 鞍山市资产评估公司
22. 长春市资产评估中心
23. 哈尔滨市资产评估中心
24. 南京会计师事务所
25. 武汉资产评估公司
26. 湖北资产评估公司
27. 湖南资产评估事务所
28. 安徽会计师事务所
29. 四川省资产评估事务所
30. 广东资产评估公司
31. 珠海市资产评估事务所
32. 昆明会计师事务所
33. 青岛市资产评估中心
34. 大连中华会计师事务所
35. 大连会计师事务所
36. 山东审计师事务所
37. 山东会计师事务所
38. 苏州资产评估公司
39. 德阳市资产评估公司
40. 成都资产评估事务所
41. 西安正衡资产评估公司
42. 陕西岳华会计师事务所
43. 宁波市资产评估中心
44. 天津市中环财务咨询服务公司
45. 羊城会计师事务所
46. 湖南省会计师事务所
47. 河南审计事务所
48. 甘肃第三会计师事务所
49. 厦门大学资产评估事务所
50. 福建省资产评估中心
51. 厦门资产评估事务所
52. 贵阳会计师事务所
53. 长城会计师事务所
54. 中国审计事务所
55. 中庆会计师事务所
56. 北京中惠会计师事务所
57. 中咨资产评估事务所
58. 海南资产评估事务所
59. 海南大正会计师事务所
60. 南宁市资产评估事务所
61. 柳州市资产评估事务所
62. 深圳蛇口信德会计师事务所
63. 宜宾地区资产评估事务所
64. 重庆审计事务所
65. 上海东亚会计师事务所
66. 上海长信会计师事务所

67.上海中华社科会计师事务所
68.山东济南审计师事务所
69.无锡公证会计师事务所
70.福州资产评估事务所
71.黑龙江兴业会计师事务所
72.山西省资产评估中心
73.河北省资产评估公司
74.新疆审计师事务所
75.北京德威评估公司
76.武汉市审计事务所
77.天津会计师事务所
78.天津市资产评估事务所
79.江西会计师事务所
80.南昌会计师事务所
81.辽宁资产评估公司
82.辽宁资产评估中心

从事证券业务的会计师事务所名单

（1993年度　共64家）
（以下排名次序不分先后）

1. 中华会计师事务所
2. 中洲会计师事务所
3. 中信会计师事务所
4. 北京会计师事务所
5. 毕马威华振会计师事务所
6. 安达信华强会计师事务所
7. 安永华明会计师事务所
8. 中庆会计师事务所
9. 黑龙江兴业会计师事务所
10. 哈尔滨会计师事务所
11. 吉林会计师事务所
12. 辽宁会计师事务所
13. 沈阳会计师事务所
14. 大连会计师事务所
15. 陕西会计师事务所
16. 成都会计师事务所
17. 蜀都会计师事务所
18. 云南会计师事务所
19. 湖南省会计师事务所
20. 广州会计师事务所
21. 羊城会计师事务所
22. 深圳蛇口信德会计师事务所
23. 蛇口中华会计师事务所
24. 深圳金鹏会计师事务所
25. 深圳中华会计师事务所
26. 武汉中华会计师事务所
27. 湖北省会计师事务所
28. 浙江会计师事务所
29. 江苏省会计师事务所
30. 安徽省会计师事务所
31. 福州会计师事务所
32. 厦门会计师事务所
33. 福建华兴会计师事务所
34. 上海会计师事务所
35. 上海立信会计事务所
36. 上海大华会计师事务所
37. 南京会计师事务所
38. 海南会计师事务所
39. 海口会计师事务所
40. 天津会计师事务所
41. 厦门大学会计师事务所
42. 山东会计师事务所
43. 上海沪江德勤会计事务所
44. 重庆会计师事务所
45. 深圳会计师事务所
46. 黑龙江会计师事务所
47. 新疆会计师事务所
48. 昆明会计师事务所
49. 珠江会计师事务所
50. 合肥会计师事务所
51. 内蒙古会计师事务所
52. 无锡公正会计师事务所
53. 湖北大信会计师事务所
54. 上海中华社科会计师事务所
55. 普华大华会计师事务所
56. 柏德豪信德会计师事务所
57. 珠海会计师事务所
58. 山东维坊会计师事务所
59. 石家庄会计师事务所
60. 大连中华会计师事务所
61. 甘肃第二会计师事务所
62. 江苏苏州会计师事务所
63. 山东青岛会计师事务所
64. 黑龙江会计师事务所

从事证券法律业务的律师事务所名单

（1993年度　共161家）
（排名次序不分先后）

北京市

1. 中信律师事务所
2. 中国法律事务中心
3. 康达律师事务所
4. 中国环球律师事务所
5. 中国律师事务中心
6. 北京市君合律师事务所
7. 北京市对外经济律师事务所
8. 北京市通商律师事务所
9. 北京市经纬律师事务所
10. 北京市海问律师事务所
11. 北京市中银律师事务所
12. 北京市大地律师事务所
13. 北京市大成律师事务所
14. 北京市第一律师事务所
15. 北京市华信律师事务所
16. 北京市开元律师事务所
17. 北京市商海律师事务所
18. 北京市陆通律师事务所
19. 北京市中北律师事务所
20. 北京市竞天律师事务所
21. 北京市大众律师事务所
22. 北京市北方律师事务所
23. 北京市融商律师事务所
24. 北京市经济律师事务所
25. 北京市金杜律师事务所
26. 北京市华夏律师事务所
27. 北京市隆安律师事务所
28. 北京市金城律师事务所
29. 北京市中伦律师事务所
30. 天平律师事务所
31. 中咨国际经济律师事务所
32. 长城律师事务所
33. 华联律师事务所

天津市

34. 天津市对外经济律师事务所
35. 天津市金融律师事务所
36. 天津市第一律师事务所
37. 天津市东方律师事务所
38. 天津市保税区律师事务所
39. 天津市四方涉外经济律师事务所
40. 天津汇川对外律师事务所

河北省

41. 河北省经济律师事务所
42. 河北省律师事务所

山西省

43. 山西省经济律师事务所
44. 太原市第五律师事务所

内蒙古自治区

45. 内蒙古自治区经济律师事务所
46. 内蒙古自治区律师事务所
47. 内蒙古自治区法苑律师事务所
48. 呼和浩特市第一合作制律师事务所

辽宁省

49. 辽宁省沈阳市商贸金融律师事务所
50. 辽宁省大连联合律师事务所
51. 沈阳市第四律师事务所
52. 大连市第一律师事务所
53. 辽宁省律师事务所

吉林省

54. 吉林省律师事务所
55. 吉林省第二律师事务所
56. 长春市律师事务所

黑龙江省

57. 黑龙江远东涉外经济律师事务所

上海市

58. 上海市浦东涉外律师事务所
59. 上海市对外经济律师事务所
60. 上海市第一律师事务所
61. 上海市第二律师事务所
62. 上海市经济贸易律师事务所
63. 上海市联合律师事务所
64. 上海市华联律师事务所
65. 上海市李国机律师事务所
66. 上海市新华律师事务所
67. 上海市中新律师事务所
68. 上海市国际经济贸易律师事务所

江苏省

69. 南京市经济律师事务所
70. 江苏省对外经济律师事务所
71. 江苏省苏州市涉外经济律师事务所

浙江省

72. 浙江省经济律师事务所
73. 杭州市第二律师事务所
74. 杭州市对外经济律师事务所
75. 宁波市律师事务所
76. 宁波市对外律师事务所
77. 金华市第一律师事务所
78. 温州市第三律师事务所

安徽省

79. 安徽省第三经济律师所
80. 安徽省经济律师事务所
81. 安徽省对外经济律师事务所
82. 合肥市经济律师事务所

福建省

83. 福建省对外经济律师事务所
84. 福建省厦门对外经济律师事务所
85. 福建经济贸易律师事务所
86. 三明市律师事务所
87. 福建侨务经济律师事务所
88. 福州市对外经济律师事务所

江西省

89. 江西省律师事务所
90. 江西省经济律师事务所
91. 江西省涉外经济律师事务所

山东省

92. 山东省对外律师事务所
93. 青岛市律师事务所
94. 青岛市国际贸易律师事务所
95. 山东省律师事务中心
96. 青岛海事律师事务所
97. 济南市经济律师事务所
98. 济南市涉外律师事务所

河南省

99. 河南省经济律师事务所
100. 河南省涉外律师事务所
101. 河南省洛阳市经济律师事务所

湖北省

102. 湖北省武汉市金融商务律师事务所
103. 湖北省第二律师事务所
104. 宜昌市涉外经济律师事务所
105. 武汉市对外律师事务所
106. 湖北省第二律师事务所
107. 湖北省沙市市第二律师事务所

湖南省

108. 湖南省金融经济律师事务所
109. 湖南省第一律师事务所
110. 长沙市涉外经济律师事务所
111. 岳阳市第一律师事务所

广东省

112. 广东省对外经济律师事务所
113. 广东南方律师事务所
114. 广州市对外经济律师事务所
115. 广州市律师事务所
116. 广东珠江律师事务所
117. 珠海市对外经济律师事务所
118. 珠海市国际商务律师事务所
119. 广东省江门市对外经济律师事务所
120. 珠海市亚太合作律师事务所
121. 珠海市律师事务所

122. 广东明大合作律师事务所
123. 广东商务金融律师事务所
124. 广州金鹏合作律师事务所
125. 汕头市律师事务所
126. 广东证券律师事务所
127. 广州市金融海商律师事务所
128. 深圳特区经济贸易律师事务所
129. 深圳市金融房产律师事务所
130. 深圳国际商务律师事务所
131. 深圳对外经济律师事务所
132. 深圳市振昌律师事务所
133. 深圳市律师事务所
134. 深圳市罗湖律师事务所

广西自治区

135. 广西柳州市律师事务所
136. 广西金融贸易律师事务所

海南省

137. 海南省第三律师事务所
138. 海南省济峰证券房地产律师事务所
139. 海南省君合投资金融房地产律师事务所
140. 海南诚信工贸地产律师事务所
141. 海南华合涉台知识产权律师事务所

四川省

142. 四川省投资与证券律师事务所
143. 成都市第三律师事务所
144. 四川省海峡律师事务所
145. 成都市第一律师事务所
146. 四川省律师事务所
147. 四川省行政律师事务所
148. 重庆市第一律师事务所
149. 重庆市涉外律师事务所
150. 四川省经济律师事务所

贵州省

151. 贵州省经济律师事务所

云南省

152. 云南海合律师事务所
153. 云南省律师事务所
154. 云南省商贸律师事务所

陕西省

155. 陕西对外经济律师事务所

甘肃省

156. 甘肃省经济律师事务所
157. 甘肃金城经济贸易律师事务所
158. 兰州融通律师事务所

宁夏自治区

159. 宁夏金融房地产律师事务所

新疆自治区

160. 乌鲁木齐市经济律师事务所
161. 新疆律师事务所

证券市场大事记

证券市场大事记

1月3日 深圳证券交易所新交易大厅正式启用。证券商席位由32个增至210个,日撮合能力由原来每日2万笔提高到每日6万笔。

1月11日 深圳对上市证券编码进行统一修正,并正式启用。

1月13日 上海万国证券公司与中国新技术创业投资公司和香港李嘉诚先生的长江实业公司联手,成功收购了香港大众国际投资有限公司51%的股权。

2月5日 司法部、中国证券监督管理委员会联合发出《司法部、中国证券监督管理委员会关于从事证券法律业务及律师事务所资格确认的暂行规定》。对证券法律业务的内容、从事证券法律业务的律师和律师事务所资格的申请、批准、取消以及两者活动的监督等都作了明确的规定。

2月6日 中国人民银行深圳分行公布零股交易办法,以加强柜台证券零股交易的管理。

2月7日 根据《中华人民共和国会计法》、《中华人民共和国注册会计师条例》及《注册会计师执行股份制试点企业有关业务的暂行规定》,财政部再次批准11家会计师事务所及90余名注册会计师具有执行股份制试点企业、社会募集公司业务资格,并发给许可证。

2月10日 广东汽车集团通过其香港控股公司——骏威投资公司,在港公开招股集资4.02亿港元,成为首家内地在港上市的企业。投资者认购金额超过集资额660倍,创香港股市有史以来的最高纪录。

2月20日 深圳证券公司上海业务部与深圳证券交易所正式联网。至此上海股民可以直接买卖深圳上市公司股票。

3月1日 上海证券交易所决定调整零股交易专场时间,定为每个月的第一个星期六上午办理。

3月4日 中国证券监督管理委员会在中组部招待所召开"全国股票发行程序工作会议"。

3月12日 财政部和中国证券监督管理委员会公布45家会计师事务所可从事证券业务。

3月19日 中国证券监督管理委员会正式指定《证券市场周刊》、《金融时报》、《中国证券报》、《中国日报》、(英文版)为上市公司披露信息的全国性指定报刊。

3月22日 深圳证券交易所B股交易改用美元挂牌。考虑到B股投资者均在境外,深圳B股市盈率Ⅱ终止公布。

3月24日 司法部和中国证券监督管理委员会公布首批取得从事证券业务资格的35家律师事务所和20家资产评估机构。

3月27日 中国人民银行上海分行发出《关于严格本市银行、保险公司及其工作人员涉及股票交易的若干规定》。《规定》要求金融从业人员不得集资炒股,已购买者要清理,不得再进行买入。银行、保险公司及其分支机构不得将其柜台出租给证券经营机构经办业务。银行工作人员与证券经营机构人员要分开。

3月28日 1993年股票公开发行研讨会在天津召开,证券界有关人士900余人出席了会议,刘鸿儒主席做了题为"股票市场的风险与管理"的报告。

3月29日 深圳证券交易所正式与路透社的IND网络联通,为全世界传送深圳A、B股及债券等的即时报价。

4月7日 国务院办公厅转发国家体改委、国家经贸委、国务院证券委《关于立即制止发行内部职工股不规范做法的意见》。《意见》强调,任何机关、团体、部队、企事业单位和个人不得利用职权索取和非法购买企业内部职工股,不得以法人名义购买企业内部职工股,也不得以法人名义购买法人股后分给个人。对违反国家有关规定的定向募集股份有限公司,要进行严肃查处,今后一律不得转为社会募集股份有限公司。

4月8日 我国首批证券商信用评级结果由中国诚信证券评估有限公司向社会公布,中诚信公司是目前全国唯一一家经中国人民银行许可开展证券商信用评级业务的金融中介机构。

4月9日 上海证券中央登记结算公司正式投入营运,这是上海B股市场一次较大的全面改善,B股交易系统也随之作一次新的调整。上海证券中央登记结算公司指定花旗银行为收付款代理银行并聘请其为公司的技术顾问。

4月13日 深圳证券交易所的股市行情借助卫星通信手段传送到北京亚运村的建行北京信托投资公司证券部。利用卫星通信技术传送行情在我国尚属首次。

4月15日 国务院发出坚决制止乱集资和加强债券发行管理的通知。据通知内容,对违反国家有关规定擅自突破国家下达的债券发行计划、擅自设立或批准发行计划外券种、发行或变相发行地方政府债券和以高于国债利率进行各种形式集资的,主管部门要予以通报批评,对情节严重的,要追究主要领导和直接责任者的责任。

4月20日 上海证券交易所分别为上海申银证券公司、海通证券公司和万国证券公司的境外代理商设B股交易专席。这三家境外代理商依次为:渣打证券有限公司、怡富证券有限公司、霸菱兄弟有限公司。

4月22日 经李鹏总理签署的国务院令第112号,《股票发行与交易管理暂行条例》正式颁布实施。

4月26日 上海证券交易所卫星信息系统正式投入使用,覆盖面积达全国和海外部分城市。

4月29日　中国证券监督管理委员会重申，凡是企业到境外公开发行股票和上市，均应事先报国务院证券委审批，中国证监会对获得批准到境外发行股票和上市的企业及其业务活动进行监管。

4月30日　美国证监会(SEC)已正式承认上海证券交易所及深圳的3家结算银行为合格证券托管机构。

5月3日　上海证券交易所分类股价指数首日公布。上证分类指数分为工业、商业、地产业、公用事业及综合共五大类。

5月5日　我国首部期货市场法规——《期货经纪公司登记管理暂行办法》由国家工商行政管理局正式公布。

5月8日　广东省高级法院就深圳工商银行等三家专业银行起诉深圳原野股份公司、香港润涛公司的抵押贷款纠纷案件作出终审判决宣布：撤销一审判决，深圳原野公司清偿贷款，润涛公司负责连带责任。

5月9日　中共中央办公厅、国务院办公厅发出通知，严禁党政机关及其工作人员在公务活动中接受和赠送礼金、有价证券。

5月10日　上海证券中央登记结算公司正式投入营运。上海全新的B股登记结算系统正式全面投入运作。该系统是按国际标准结合上海证券中央登记结算公司的运作规则开发设计的。此系统的运作，提高了上交所B股结算交收的效率和准确率。

5月11日　深圳证券交易所公布《A股零股交易清算办法》与《A股认股权证交易清算办法》。

5月15日　经国务院批准，中国人民银行决定提高人民币存、贷款利率，各档次定期存款年利率平均提高2.18个百分点，各项贷款利率平均提高0.82个百分点。

5月16日　财政部决定将1993年3年期国库券的票面利率由10%提高到12.52%，5年期国库券的票面利率由11%提高到14.06%。今年5年期国库券期满3年后，也可按3年期国库券条件兑付本息。

5月17日　深圳证券交易所A股交易单位统一为每手100股。此举将有利异地股民买卖深圳股票，并能减少零股交易带来的不便。

5月22日　国务院证券委员会决定，STAQ和NET两系统的法人股交易市场进行整顿，暂不批准新的法人股上市交易。

5月24日　国家体改委正式界定内部股持股范围。购买和持有公司内部职工股仅限5种人，即在公司募集股份时，在公司工作并在劳动工资花名册上列名的正式职工；公司派驻子公司、联营企业工作，但劳动人事关系仍在本公司的人员；公司的董事、监事；公司全资子公司的在册职工；公司及其全资子公司在册管理的离退休职工等。

5月31日　证监会发布《关于颁发"股票发行审核程序与工作规则"的通知》，并附《股票发行审核程序与工作细则》和《股票发行审核委员会名单》。

6月1日　上海、深圳证券交易所联合编制的"中华股价指数"正式向各会员公司和国内外新闻媒介发布，这是证券市场发展进程中又一"界标"。

6月4日　上海证券交易所35家会员公司完成对信用交易的自查，共查出透支金额6800余万元。

6月7日　为保证境外投资者能够及时了解深圳B股上市公司的重大信息，以维护市场的公开和公正，深圳证券交易所发出通知，对B股上市公司在境外公告信息的内容、时间和方式作出要求，并已开始实施。

6月9日　上海证券交易所第三交易大厅正式开始启用。至此，上海证券交易所交易席位增至1086个。

6月12日　中国证券监督管理委员会发布《公开发行股票公司信息披露实施细则(试行)》。

6月19日　《监管合作备忘录》在京签署，此份备忘录的签订为内地及香港证券市场监管机构之间的合作奠定了稳固的基础。

6月28日　财政部和中国证券监督管理委员会对18家金融机构的国债一级自营商资格完成审查和确认。

6月29日　青岛啤酒股份有限公司在香港正式招股上市，成为中国内地首家在香港上市的国有企业。

6月31日　中国证券监督管理委员会发布《申请公开发行股票公司报送材料的标准格式(试行)》和《招股说明书的内容与格式(试行)》。

7月7日　国务院证券委员会发布《证券交易所管理暂行办法》。全文共分8章，分别就证券交易所的设立、组织、活动、解散等具体问题做了详细规定。这是继国务院发布《股票发行与交易管理暂行条例》之后国家规范证券市场的又一个重要行政法规。

7月10日　深圳证券交易所公布《深圳市证券经营机构自营业务管理办法》，明确所谓"自营业务"是指证券商自行买卖在深交所挂牌交易的股票，认股权证、可转换债券和其它派生证券。

7月11日　中国人民银行决定自即日起，提高人民币存、贷款利率。

7月15日　青岛啤酒H股在香港联合交易所上市。

7月24日　中国证券监督管理委员会公布《中国证券监督管理委员会工作人员守则》。

7月26日　上海石化H股在香港联合交易所挂牌。

8月6日　上海证券交易所所有上市A股均采用集合竞价。

广船国际、北人印刷H股在香港联合交易所上市。

8月10日　深圳证券交易所实施B股对敲交易。

8月13日　上海证券交易所公布基金证券上市试行办法。

8月15日　经国务院批准，证券委发布《禁止证券欺诈行为暂行办法》。

8月17日　国务院证券委发布《关于授权中国证券监督管理委员会查处证券违法违章行为的通知》。

8月17日　部分使用卫星传输系统接收沪市行情的异地证券柜台出现行情传输中断，开市后近一小时才恢复。

8月18日　国务院证券委员会发布《关于一九九三年股票发售与认购办法的意见》。

8月18日　渣打、里昂、新鸿基、高诚、柏毅五家境外证券商成为深圳证券交易所首批特许经纪商，可直接进场作B股交易。

8月20日　淄博基金在沪上市，从而使基金这种金融工具进入资本市场。

8月28日　中国证券监督管理委员会公布"八·一七"事件调查结果。经过专家调查，8月17日上海卫星行情中断一事，是由于机械事故造成的。

8月30－31日　全国股票发行与认购工作会议在天津举行，会议提出新股发行审核四原则。原则上不允许金融企业发行股票，严格控制房地产企业发行股票，适当控制商业企业发行股票,鼓励国有大中型企业及“瓶颈”产业发行股票。

9月3日 中国证券监督管理委员会与日本野村证券株式会社“野村·中国证券实务讲座”培训协议在北京签字。

9月3日 上海证券交易所和上海证券中央登记结算公司联合发出通知,决定除国家法律、法规规定不准参与股票交易的之外,所有机构投资者均可开户交易。

9月4日—11日 “野村·中国证券实务讲座”第一期培训班在北京举办。

9月28日 全国股票承销工作会议在京召开,确定明年新股发行仍将控制规模。

9月底 海南证券交易中心开办的深指期货交易全部平仓并停止交易。

9月30日 中国宝安集团股份有限公司宣布持有上海延中实业股份有限公司发行在外的普通股超过5%,由此揭开中国收购上市公司第一页。

10月12日 青岛海尔股票发行中,首次采用专项定额存单方式发售,并创下高达18.9898%的中签率。

10月22日 中国证券监督管理委员会就“宝延事件”公布处理意见,肯定宝安集团上海公司购入延中公司股票是市场行为,持股有效。同时对宝安公司在购入延中股票过程中的若干违规行为作了处罚。

10月24日 上海证券交易所设立上市委员会。

10月25日 上海证券交易所向社会公众开放国债期货交易。

10月28—30日 国务院证券委、体改委、经贸委召开全国上市公司转换经营机制座谈会。

11月3日 马钢H股在香港联合交易所上市。

11月4日 国务院决定,对期货市场试点工作的指导、规划和协调、监管工作由国务院证券委员会负责,具体工作由中国证券监督管理委员会执行。

11月5日 深圳证券交易所本年度交易量突破1000亿元。

11月9日 中国证券监督管理委员会新闻发言人发表谈话称:所谓“广西北海正大置业有限公司”收购江苏昆山三山实业股份有限公司5%股票一事,经初步查证无此事,有关情况正作进一步调查。

11月22日 深圳证券交易所推出T+0回转交易。

12月8日 昆明机床H股在香港联合交易所上市。

12月15日 中国证券交易系统有限公司自我解冻,证监会电令其停牌。

12月17日 中国证券监督管理委员会公布《上市公司送配股的有关规定》。

12月29日 八届人大常委会五次会议通过《公司法》。

Yearbook of China Securities Markets
Table of Contents

Section 1 Important Documents

Section 3 Securities Laws and Regulations

Section 4 Annual Reports of Listed Companies

2. Companies Listed in shenzhen stock Exchange

Section 5 Statistical Data

Section 6 Chronicle of Events in Securities Markets